한국 상법전 50년사

임 홍 근 편저

성균관대학교 명예교수

法 文 社

The 50 Years' History of the Korean Commercial Code

Honguine Rhim

Emeritus Professor of Law
Sung Kyun Kwan University

Bobmun Sa

머 리 말

한국상사법학회의 2012년도 사업계획에 한국 상법전 50년사의 정립이 포함되어 있었다. 지난해 7월 중순경 편저자는 학회의 회장으로부터 한 통의 전화를 받았다. 금년이 바로 우리 상법전이 시행된 지 50년이 되는 해이니 50년사의 집필을 맡아달라는 내용이었다. 그리고 가능하면 내용을 300페이지 내외로 하되 기한은 2013년 2월 28일까지 끝내달라는 것이었다.

이렇게 해서 원고 집필은 맡기는 하였어도 구상이나 전망이 그리 쉽지만은 않았다. 그로부터 두어 달 이상을 이 생각 저 생각으로 골몰하다가, 역사기행을 한다고 생각을 잡고, 우선 키워드를 정리해서 우리 상법전의 행보를 찾아가 보자고 다짐했다.

그리고 나서 상법전의 제정위원을 중심으로 그분들이 어디서 상법학을 학습하였는가를 더듬어 보았다. 경성제국대학, 혹은 일본 경도제대 및 서울대학교 법과대학이 역사의 현장으로 나온다. 그 위로 조선의 말기에 법조인의 양성을 목표로 설치된 법관양성소는 어떠한가, 또 법관양성소의 교관으로 선 분들은 누구인가, 대부분이 관비유학생들이었다. 관비유학생들의 일본에 파견하게 되는 동기는 어디서 얻게 되는가, 일명 1881년의 신사유람단이었다. 거기서 한 5, 6년 거슬러 올라가면 운양호사건으로 강화도조약이 체결되는 과정이 나온다. 불평등조약이었다. 쇄국의 장막은 일본함포가 쏜 포탄들이 날려 보냈다. 그리고 나선 조선 땅에서 무슨 변란이 일어날 때마다 일본이 내미는 것은 불평등조약이었다.

이 땅에 서양법이 수용된 기점을 쇄국의 장막이 올라간 때부터 친다면, 강화도조약이 시발점이 되는 셈이다. 거기서부터 상법학 여행은 시작된다. 원래가 상법사는 제도사(制度史)에다 학술사(學術史)가 섞여야 광이 나고 빛이 나는 법. 많은 인물들이 등장한다. 개국 20여 년 만에 문을 연 법관양성소에서 처음으로 상법이라는 과목이 들어간 해가 1906년이었다. 그래도 조선조 말기에 저술된 9권의 상법교과서들이 보성전문학교의 후신인 고려대학교 도서관에 보관되고 있다. 문제는 일제 강점기의 상법학이다. 1924년에 문을 열고 1945년 8월 14일까지 존속한 경성제대는 한국의 상법학의 암흑기를 대변한다. 아주 다행스러운 것은 조수의 신분으로 쓴 논문이 일본의 저명한 교수의 논문을 비판한 것으로 일본의 유명한 민상법잡지에 실려 화제가 되었다는 사실이다. 독일의 시성(詩聖) Johann Wolfgang von Goethe (1789-1832)의 "학문과 예술은 세계성이 있고, 이 학문과 예술 앞에는 국경의 울타리도 소멸한다"(Wissenschaft und Kunst gehören die Welt an, and vor ihnen verschwinden die Schranken der Nationalität)는 명구가 생각난다.

1962년 1월 20일 한국 상법전이 탄생하기까지 역사의 진행이 결코 순탄치만 않았다. 아무것도 가진 것 없이 맞이한 8.15 해방, 곧 이은 미군정시대, 1948년 8월 15일 건국하고 2년 만에 겪는 6.25 한국전쟁, 3년 만에 정전이 되자 모든 것이 잿더미가 된 자리에서 모든 것을 다시 세우는 가운데 맞은 5.16 군사혁명. 구법령정리계획사업의 끝날이 바로 1962년 1월 20일이었다. 한국 상법전은 이러한 어려운 환경 속에서 우리 제정위원들의 꿈과 이상이 결집된 노고(勞苦)의 작품이었다. 그리고 나서 50년이란 세월이 지나왔다. 발전의 계기가 15번이나 있었다. 상법전을 열과 정성으로 가꾸고 다듬어 온 개정위원들의 노고의 덕이라고 생각한다. 지금도 발전 중에 있으니 앞으로 60년사, 70년사, …, 100년사도 쓰여 질 것이다.

이러한 50년사를 계획한 한국상사법학회장(2012.3.1.－2013.2.28.) 최준선 교수에게 감사드린다. 뜻깊은 자리에 부족한 필자가 참여하는 바람에 모양새가 어긋나지나 않았는지 매우 두렵다. 여러분들의 따뜻한 도움에 힘입어 집필이 가능하였다고 생각한다. 먼저 법사학자 최종고 교수를 만나서 많은 것을 배우고, 정보도 많이 얻었다. 여덟 분의 제정위원 중 살아 생존하신 분은 조규대 변호사님이 계신다. 그 분을 직접 만나 뵙고 제정과정을 들을 수 있었던 것이 많은 격려가 되었다. 또 우리 선배들이 최초로 만든 상법초안을 거뜬히 얻게 해 준 정성진 변호사, 법제처 이재원 (전)처장님, 제정부 처장님, 고려대에 관한 자료는 김정호 교수, 연세대에 관한 자료는 홍복기 부총장, 박영화 교수에 관한 인적 사항에 대해서는 경희대의 장경환 교수, 귀중한 문헌을 구해준 서강대 법학전문대학원 박준우 교수에게 감사드린다. 서돈각, 정희철 교수님의 사진을 앨범에서 복사해 준 언론학자 김옥조 교수에게 고맙다는 말을 하고 싶다. 우리가 알아야 할 것은 법무부에 2007년부터 상사법무과가 생겨서 상법전의 발전에 추진력을 발휘하고 있는 정부기관이다. 이번 50년사의 집필에도 물심양면으로 많은 지원을 아끼지 않았다. 서봉규 과장님께 감사드린다. 이번 역사기행에서 집필자의 손과 발이 되어 준 성균관대 박사과정의 홍운기, 안현종 군에게 감사의 말씀을 드린다. 종이출판이 어렵다는 얘기는 어제오늘의 이야기가 아니다. 그럼에도 불구하고 이 책의 출판을 해 주신 도서출판 법문사와 조판을 맡아 주신 대경문화사에게도 감사의 말씀을 드린다. 끝으로 출판비를 지원해주신 전국경제인연합회 배상근 상무님께 감사하는 바이다.

2013년 2월 20일

편저자 임홍근 씀

차 례

제1장 서 장 1

제1절 상법사의 장을 열며 ······ 1

Ⅰ. 상법발전의 도정 ······ 1

1. 성문상법의 탄생 2
2. 법의 계수 4
3. 국제적 통일화 7

Ⅱ. 우리 상법전의 향방 ······ 8

1. 우리 상법사의 전개 8
2. 상법전 제정 50년사의 범위 9

제2절 개화기의 상법학 ······ 10

Ⅰ. 강요된 개국의 전개 ······ 10

Ⅱ. 관비유학생과 일본상법의 내력 ······ 13

1. 일본상법학에 경도된 조선의 상법학 13
2. 관비유학생 및 상법교과서 13
3. 일본상법의 내력 23

Ⅲ. 법관양성소의 상법학 ······ 24

1. 서 설 24
2. 법관양성소의 설치 25
3. 이수과목 26
4. 교수진 27
5. 법관양성소에 대한 평가 31

Ⅳ. 보성전문학교의 상법학 ······ 32

1. 시대적 배경 32
2. 법학교과 33

3. 교강사진 34
4. 학술지로서의「法政學界」 35
Ⅴ. 일제강압기의 상법학 ······ 36
1. 시대적 배경 36
2. 경성제국대학의 상법학 36
3. 경성법학전문학교의 역할 40
4. 일제강압기의 보전(普專) 상법학 41
5. 연희전문학교에서의 상법학 43

제 2 장 한국 상법전의 탄생 46

제 1 절 상법초안의 준비작업 ······ 46
Ⅰ. 8.15해방과 미군정 치하의 법전기초(起草)위원회 ······ 46
1. 시대적 상황 46
2. 민상법통일론의 대두 48
Ⅱ. 정부수립 후의 법전편찬위원회 ······ 52
1. 법전편찬위원회의 구성 52
2. 기초위원들의 요강안 55

제 2 절 의용상법과 상법안의 비교검토 ······ 65
Ⅰ. 서 언 ······ 65
Ⅱ. 상법안의 일반적 특색 ······ 66
Ⅲ. 상법안의 중점검토 ······ 74
1. 제1편 총칙에 대한 검토 74
2. 제2편 상행위에 대한 검토 82
3. 여타 편에 대한 검토 101

제 3 절 상법초안의 심의과정 ······ 104
Ⅰ. 상법전의 제정위원 ······ 104
Ⅱ. 상법안심의소위원회의 역할 ······ 113
1. 상법안심의소위원회의 구성 113
2. 상법심의소위원회의 심의과정 114

제 3 장 한국 상법전의 발전 134

제 1 절 한국 상법의 개정사 ······ 134
Ⅰ. 개정사의 배경 ······ 134
Ⅱ. 개정사의 경과 ······ 135
1. 지난 상법사에 대한 회고 135
2. 1962년 12월 12일의 상법개정(법률 제1212호) 135

제 2 절 1984년의 상법개정(법률 제3724호) ······ 159
Ⅰ. 상법개정의 논의 ······ 159
1. 개정안성립의 경위 159
2. 개정상법의 성립 160
Ⅱ. 총칙편의 개정내용 ······ 162
1. 등기상호의 행정구역 162
2. 과태료의 현실화 162
3. 상업장부의 종류와 재산목록의 폐지 및 자산평가의 원칙 163
Ⅲ. 회사편의 개정내용 ······ 164
1. 주식회사의 설립 164
2. 주 식 167
3. 주식의 양도 167
4. 주식회사의 기관 177
5. 주식회사의 자금조달 191
6. 주식회사의 계산 208
7. 휴면회사의 정리 219
8. 유한회사 220

제 3 절 1990년대의 상법개정 ······ 221
Ⅰ. 1991년의 상법개정(법률 제4372호) ······ 221
1. 개정의 이유 221
2. 개정의 내용 222
Ⅱ. 1991년의 상법개정(법률 제4470호) ······ 223

1. 개정의 논의 223
2. 개정의 이유 224
3. 보험편의 개정내용 226
4. 해상편의 개정내용 254
Ⅲ. 1995년의 상법개정(법률 제5053호) ······ 277
1. 개정의 배경 277
2. 총칙편의 개정내용 278
3. 상행위편의 개정내용 281
4. 회사편의 개정내용 285
Ⅳ. 1998년의 상법개정(법률 제5591호) ······ 310
1. 개정의 배경 및 경과 310
2. 주식제도에 관련된 사항의 개정내용 312
3. 소수주주권과 중간배당제도의 개정내용 313
4. 이사와 이사회에 관한 규정의 개정내용 317
5. 합병에 관한 사항의 개정내용 319
6. 회사의 분할·분할합병의 개정내용 322
Ⅴ. 1999년의 상법개정(법률 제6086호) ······ 326
1. 개정의 논의 326
2. 개정의 내용 327

제 4 절 2000년대의 상법개정 ······ 335
Ⅰ. 2001년의 상법개정(법률 제6488호) ······ 335
1. 개정의 논의 335
2. 개정의 이유 336
3. 개정의 특색 336
Ⅱ. 2001년의 상법개정(법률 제6545호) ······ 345
1. 개정의 경위 345
2. 개정의 이유 345
3. 개정의 특색 346
Ⅲ. 2007년의 상법개정(법률 제8581호) ······ 347
1. 개정의 배경 347
2. 개정의 이유 348

3. 개정법의 주요특징 349
Ⅳ. 2009년의 상법개정(법률 제9362호) ········· 376
1. 개정의 경위 376
2. 개정의 이유 377
3. 개정의 특색 377
Ⅴ. 2009년의 상법개정(법률 제9746호) ········· 386
1. 개정의 경위 386
2. 개정의 이유 387
3. 개정의 특색 387
Ⅵ. 2010년의 상법개정(법률 제10281호) ········· 393
1. 개정의 경위 393
2. 개정의 이유 394
3. 개정내용의 특색 394
Ⅶ. 2011년의 상법개정(법률 제10600호) ········· 401
1. 개정의 경위 401
2. 개정의 이유 402
3. 개정내용의 특색 402
Ⅷ. 2011년의 상법개정(법률 제10696호) ········· 430
1. 개정의 배경 430
2. 개정의 경위 432
3. 개정의 이유 433
4. 개정의 특색 433

제 4 장 마지막 장 445

Ⅰ. 50년 한국 상법사에 대한 평가 ········· 445
1. 상법초안 및 상법전의 제정에 대한 평가 445
2. 1900년대까지의 개정에 대한 평가 446
3. 2000년대 이후의 개정에 대한 평가 448
Ⅱ. 입법에의 제언 ········· 450
1. 상관습에 관한 명문규정의 신설제안 450
2. 상사매매제도에 관한 근본적인 입법제안 451

Ⅲ. 상법전 50년사를 마무리하면서 ……… 453

참고문헌 ……… 455

부 록 ……… 459

商法(草案) 461
大韓民國 商法典 535
어음법 603
수표법 613

찾아보기 ……… 621

제 1 장 서　　장

제 1 절　상법사의 장을 열며

"로마는 세 번 세계에 대하여 성문법(Gesetze)을 교시(教示)하였고, 세 번 이민족을 하나로 통합하였다. 첫 번째는 로마민족이 아직 국력이 충만한 때에 국가의 통일로, 두 번째는 국력이 이미 쇠한 후에 교회의 통일로, 세 번째는 중세에 로마법의 계수(Reception des römischen Rechts)의 결과 법의 통일로 이끌었다. 첫 번째는 무력의 외부강제를 통해서, 다른 두 번째는 정신의 힘(die Macht des Geistes)을 통해서였다. 한마디로 요약하건대, 로마의 세계사적인 의미와 사명은 보편주의의 사상을 통한 국가수의원식의 극복이다.[1)]"

Ⅰ. 상법발전의 도정

위의 문구는 유스티니아누스황제의 「로마법대전」(로마法大全)의 위대함과 로마법이 장래에 미치는 영향을 천명한 것이고,[2)] 이 명언은 독일의 법사학자로서 법제

---

1) 원문은 다음과 같다.

"Drei Mal hat Rom der Welt Gesetze diktiert, drei Mal the Völker zur Einheit verbunden, das erste Mal, als das römischen Volk in the Fülle seiner Kraft stand, zur Einheit des Staats, das zweite Mal, nachdem dasselbe bereits untergegangen, zur Einheit der Kirche, das dritte Mal infolge der Reception des römischen Rechts im Mittelalter durch die Macht der Waffen, die beiden anderen Male durch die Macht des Geistes. Die welthistorische Bedeutung und Mission Roms in Ein Wort zusammengefasst is die Überwindung des Nationalitätsprinzips durch den Gedanken der Universalität."

2) F.G. Lawson, *A Common Lawyer Looks at the Civil Law*, The Thomas M. Cooley Lectures – University of Michigan Law School, 1953, p. 10 et seq.에 의하면, 로마법대전(Corpus Juris)에 法學提要(Institutiones) – 이것은 가이우스의 法學提要(Gaius's Institutiones)를 기초로 완성한 일종의 교과서이고, 법의 기본원리를 명쾌하게 배열, 설명하고 있다 – 가 포함되지 않았다면, 이 로마법의 집성은 사용하기 어려웠을 것이다. 그러나 法學提要는 로마법대전의 30분의 1에서 40분의 1을 차지할 뿐이고, 따라서 만일 이것만이 후세대에 남겨졌다면 로마법의 장래를 좌우하는 일은 없었을 것이다. 다른 부분으로서 學說彙纂(Digesta) – 로마법 중에서 가

도의 새로운 방향을 제시한 루돌프 폰 예링(Rudolf von Jhering)(1818-1892)이 그의 저서 「로마법의 여러 발전단계에 있어서의 로마법의 정신」(Der Geist des römischen Rechts auf den verschiedenen Stufen seiner Entwicklung)(1852-1865) 제1권 1면 첫 구절에서 나온다.[3] 상법사(Geschichte des Handelsrechts)에 위의 예링의 명언을 조명한다면, 성문상법, 법의 계수 및 국제적인 통일화로 화두(話頭)를 잡을 수 있을 것 같다. 그 명언은 상법사에도 시사하는 바가 많기 때문이다.

1. 성문상법의 탄생

세계에서 최고(最古)의 상법은 함무라비법전이다. 기원전 20세기 전에 바빌로니아왕(Hammurabi, B.C. 1728-1686)이 편찬한 법전 속에는 오늘날의 매매·임치·운송·중개 등의 단편적인 규정들이 존재하였다고 한다. 또 기원전 4세기 전에 시행되었던 로오드도(島)(The Rhodes Island)의 해법(海法)은 그리스의 해법을 계수한 것이라 한다. 이 해법을 통해서 환전·임대·임차·신용장·소지인출급식과 지시식 증권의 제도가 발생하였다고 한다. 이처럼 우선 상업이 발달하고, 이에 종사하는 상인들이 사회적 세력을 형성할 필요가 있는 여건에서는 상관습법(law merchant)으로서 성립하였다.[4] 그러나 로마제국의 천년의 역사에서는 성문상법은 존재하지 아니하였다.[5] 그런데 로마제정의 말기에 이르러 사정은 크게 달라졌다.

장 중요한 부분이 있다. 이것은 주로 기원후 2, 3세기의 고전기의 법학자의 저작에서 발췌한 것에서 이루어진 것이지만, 300년후에 學說彙纂의 편찬자의 손에 의하여 다대한 수정을 받은 것이다. 勅法彙纂(Codex)은 황제의 칙법을 집록한 것이고, 新勅法(Novellae)은 유스티니아누스황제 자신의 칙법을 배열한 것이고, 4, 5, 6세기의 것이다.

3) 曺圭昌, 독일法史(春齊玄承鍾先生九秩華誕紀念著書) 下, 109-110면에서, "… 예링은 그의 저서에서 로마인의 법기술을 기술하려고 하였으나 사실은 이 시대가 요구하는 법학방법론에 관한 놀라운 구상을 제시하는 한편 새로운 방법에 따른 법학의 창조적인 기능을 강조하였다. 예링에 의하면 법학은 제한된 단순한 요소의 결합을 통하여 새로운 개념을 창조한다고 하였다. 이와 같이 기본적 법개념은 그 자체가 고정된 것이 아니라 창조적인 새로운 개념을 창설하는 자기 발전적인 인자(因子)를 내포하고 있다고 하였다."고 요약한다. "… 예링의 걸작인 로마법의 정신은 로마법의 단계적 발전을 기술한 로마법의 유형적 발달론(Typologie)에 해당한다. 그의 저서는 여러 외국에서 번역되었고 특히 그의 법사상과 법이론 및 법학방법이 독일학계는 물론이고 외국에 소개되어 독일법학의 학문적 업적으로 세계적으로 확산되었다. …"라고 쓰고 있다.

4) 일반인의 경제생활의 기초는 여전히 주로 농업·목축 등을 중심으로 하는 자연경제와 노예경제에 바탕을 두고 있었으므로, 영업경제생활을 대상으로 하는 포괄적인 상법은 존재하지 아니하였다.

5) 고대로마에 있어서는 그 초기에 아직 생산경제와 소비경제가 완전히 분리되지 못하고 자족경제 또는 직접 교환경제의 영역을 이탈하지 못하였다. 4세기경부터 공화제시대에 걸쳐 화폐경제가

융성한 상업도시가 발흥하여 그곳의 상인들이 강력한 사회적 세력을 형성하게 된 것이다. 당시 시행된 일반사법은 로마법 · 게르만법 및 교회법이었다. 그 로마법은 고전적 로마법이 아니라, 후기 로마법이었으며, 또 풍부한 탄력성을 잃어 상거래에 적당하지 아니한 경향을 보이고 있었다.

9세기경부터 이탈리아를 중심으로 한 지중해연안에는 아말피(Amalfi), 피사(Pisa), 제노바(Genova), 베네치아(Venezia) 등의 많은 상업도시가 발달하였다. 처음에는 상인들도 도시의 재판권과 도시법에 복종하였다. 그러나 점점 동업자조합(trade union; Innungen), 즉 길드(guild; corporation)를 조직하여 자치권(Autonomie)과 재판권을 그 수중에 넣게 되었다. 특히 그 대상인 및 은행업자의 길드는 조합원과 비조합원을 지배하는 영업관계에만 국한된 영업법(Gewerberecht)으로 발전하였다. 우선 길드는 그 자치권에 바탕을 두고 조합의 자치규약(statuta mercatorium)을 만들었다.[6] 조합의 재판권은 상관습법의 발달에 중요한 의미를 가지고 있었다. 처음에는 조합원에 관한 사건만을 취급하다가 점차 조합원 이외의 자에게 확장되는 동시에, 객관적인 표준에 의하여 정해진 상사(Handelssache)의 개념을 만들어 내고, 상업은 상인을 위한 계급법(Standesrecht)에서 생겨나서 상사에 관한 특별법(Sonderrecht)으로 이행으로 가는 기초를 다졌다.[7]

중세의 봉건제도가 붕괴되고, 정치적으로는 중앙집권국가가 성립하며, 경제적으로 길드 및 도시국가에 갈음하여 국가경제(Staatswirtschaft)가 자리를 잡게 되면서부터 상법도 현저한 변화를 경험하게 된다. 종래의 관습법 이외에 성문법이 중요성을 더해가고, 그 성문법은 점점 국가법(staatliche Gesetze)으로 추이해 갔다. 상사입법의 최초의 것은 프랑스의 루이 14세가 제정한 1673년의 상사조례(Ordonnance

---

급속히 발달하였고, 또 제정시대에는 상업경제가 융성하였기 때문에, 예컨대 선장 또는 사용인에 대항 선박소유자 또는 주인의 책임, 수치인의 수치물보관책임, 은행업자의 인수, 해상모험대차, 공동해손 등의 제도가 개별적으로 발달을 보였다. 그러나 한편으로 노예경제가 시행됨으로써 상업(Handelsgewerbe)을 천시하였으므로 일반시민의 상인계급이 발달하지 못하고, 또한 일반사법, 특히 만민법(jus gentium)이 극히 탄력성이 많아서 상거래의 요구를 충족시켰기 때문에 상법은 단편적이었고, 또 소량에 불과하였다. 졸저, 商法總則, 1987, 54면.

6) 이 자치규약의 모든 규정은 조합원인 상인에게 적용된 것인데, 그런 의미에서 그것은 상인법(lex mercatoria)이라고 할 수 있다.

7) Ernst von Caemmerer, The Influence of the law of international trade on the development and character of the commercial law in the civil law, in: *The Sources of the Law of International Trade* (ed. Clive M. Schmitthoff), 1964, p. 89.

sur le commerces)와 1681년의 해사조례(Ordonnance de la marine)이다.[8] 뒤이어 독일에 있어서도 1794년 보통프로이센국법(das Allegemeine Preussische Landrecht)이 포괄적인 상사입법으로서 제정되었다.[9] 그러나 본격적으로 법전시대에 들어선 것은 19세기 이후의 일이다. 근대상법의 최초의 입법은 1807년에 프랑스상법전(Code de commerce)이다. 이 법전은 국민의 전계층을 포괄하는 민법전(Code civil)이 별도로 존재함에도 불구하고, 상(商)에 대한 특별법전으로서 제정된 것, 특히 이제까지의 상법에서 보아 온 상인계급을 위한 계급법적인 입장을 떨쳐버리고, 상사에 관한 특별법으로서의 입장을 취하였다는 점에서 상법사상 획기적인 의의를 가지는 것이었다. 이에 뒤를 잇는 근대적인 상법이라 한다면, 보통독일상법(das Allegemeine Deutsche Handelsgesetzbuch)을 든다.[10] 독일에서는 1794년에 보통프로이센국법이 성립하였으나, 독일 전체에 통하는 상법은 없었고, 란트(Land)마다 법률이 달랐기 때문에 경제생활이 매우 불편하였다. 그러므로 독일관세동맹이 계기가 되어 점점 상법 및 어음법통일의 필요성이 통감되었다. 그 결과 1848년에 보통독일어음조례(die Allegemeine Deutsche Wechselordnung)가 성립한 다음 뒤이어 1861년에 보통독일상법전(ADHGB)이 성립함으로써 상법의 성립이 실현되었다. 동법은 1871년 독일제국의 성립과 함께 제국법(Reichsgesetz)으로 되었다. 이른바 독일구상법이라고 하는 법전이다. 보통독일상법전이 제정된 후에도 그 수정・추보가 행해졌으나, 특히 민법전(BGB)의 제정에 수반하여 이것과의 조화를 위하여 상법의 개정이 불가피하였다. 1897년 5월 10일에 독일제국상법전(das Handelsgesetzbuch für das Deutsche Reich: HGB)이 성립하여 민법전과 함께 1900년 1월 1일에 시행되고 있다.

2. 법의 계수

유럽사람들은 로마법의 계수(繼受)라고 하면 독일법을 떠올린다. 확실히 독일법

8) 전자는 편찬위원인 파리의 상인 사바리(Jacques Savary)의 영향 밑에서 편찬되었기 때문에, 사바리법전(Code Savary)이라고도 한다. 후자는 그 당시 유명한 꼴베르(Colbert)의 영향 밑에서 성립하였으나, 그 편찬자는 분명치가 않다.

9) 大隅健一郎, 商法總則(新版)(法律學全集 27), 1984, 7면.

10) 이것을 일반적으로 ADHGB라고 약칭한다.

의 상징인 독일민법(BGB)이야말로 로마법계수의 700년 역사를 간직한 독일법학이 이룩한 최고의 걸작품이다.[11] 분명한 것은 이 계수(繼受, Rezeption)라는 말이 법문화의 이전적 현상을 가리키는 것으로 사용되는 것도 상당히 이전부터 행해지고 있다는 점이다.[12] 그러나 법문화의 이전적 현상, 즉 법을 형성·유지해 온 본래의 인간집단·사회·풍토 등의 여러 조건에서 일응 분리되어, 법이 다른 인간집단·사회·풍토의 조건 중에 수용된다고 하는 현상이라 하더라도, 거기에는 상당히 서로 다른 여러 가지의 양식이 병존하고 있는 것이다. 이것은 식민에 의하여 영국법이 미국에 전파된 경우, 정복에 의하여 네덜란드법이 남아프리카의 일부에 전파된 경우, 서구화의 이름하에 스위스법이 터키에 전파된 경우, 법전화의 요청에 의하여 프랑스법이 벨기에 등 유럽 여러 국가에 전파된 경우 등 대비해 본다면 매우 용이하게 이해할 수 있을 것이다.[13][14]

---

11) 曺圭昌 교수는 앞의 책, 215면에서, "… 독일민법은 19세기 독일법학의 연구성과와 독일의 법사상과 법적 사고 및 법기술이 농축된 독일문화의 정수(精髓)로서 독일민법을 제외하고 독일법을 언급할 수 없을 정도로 독일민법과 독일법문화는 동일어로 사용하였다. 이 점에서 프랑스민법이 프랑스법문화의 표상이 된 것과 마찬가지로 독일민법을 독일법문화의 결정체이다.…"라고 하고 있다.

12) 로마법계수의 역사를 대변하는 Franz Wiacker, *Privatrechtsgeschichte der Neuzeit*, 2., neubearb. Auflage, 1967, Vandenboeck & Ruprecht, Zweiter Teil und Dritter Teil, SS. 97-248에서 Rezeption에 관한 상세한 서술이 되고 있다. 특히 인상적인 문장은 "Rezeption" ist als Aufnahme jedoch erst mit der Assimilation vollendet. Ohne diese wäre die lebendige Fortbildung des rezipierten Rechtsstoffs ebenso unmöglich wie eine Wissenschaft von dem in Deutschland (und nur hier) wirklich "geltenden" Recht. Diese Assimilation vollzog sich erst langsam and mühsam, seit praktisch Erfahrung und zunehmende Vertrautheit und Reife des Umgangs mit den europäischen Documenten des Gemeinen Rechts die deutschen Juristen befähigte, die besonderen Aufgaben in ihrem Land, und zwar auf allen Sachgebieten des Rechts, angemessen zu erfassen. Diese Juristen haben zum erstenmal eine deutsche Gemeinrechtswissenschaft mit zusammenhängender und gesicherter Tradition konsolidiert. (그렇지만 法의 繼受란 同化와 함께 수용할 때에 비로소 완성된다. 이러한 사실이 없이는 계수된 法的 主題의 활발한 형성은 독일 안에서(만) 효력을 가지는 現行法(geltendes Recht)에 관한 지식과 마찬가지로 불가능할 것이다. 이 同化는 보통법의 유럽기록을 취급하면서 실제로 경험하고 날로 친숙하며 성숙한 경험을 한 이후에 독일의 법률가들이 자기네의 란트의 특별문제와 심지어 法의 전문분야에까지 알맞게 이해할 능력이 있는 경우에 비로소 천천히 그리고 꾸준히 실현하였다. 이러한 법률가들은 처음으로 독일의 보통법학을 서로 관련되고 꼭 지켜야 할 전통과 결합하였다.)(Seite 204)

13) 澤木敬郎, II 法の繼受(岩波講座 現代法, 第14卷), 1966, 115면.

14) 우리나라가 미군정 치하에 놓여 있던 1945년 9월 7일부터 1948년 8월 15일 대한민국 정부가 수립되기 전까지의 기간 중 국법체제와 관련된 논의에서, 조선법전을 어떻게 정립할 것인가의 문제를 다룬 논문이 있다. 즉, 洪璡基의 「英美法과 大陸法」「法政」誌 통권 2, 3, 4호, 특히 4호 28

19세기 내지 20세기에 행해진 유럽대륙의 선진국법의 뛰어난 입법의 계수를 법전적 계수(法典的 繼受)라고 한다. 이를 법전적 계수라고 하는 이유는, 계수의 모법이 법전이라는 것, 다른 한편 그 계수가 법전화를 하나의 계기로 삼아 행해진 것에 착안한 것이다. 이 법전적 계수의 현상은 그 규모와 영향이 큰 점에서 전세계의 법사(法史)에서 로마법의 계수와 더불어 획기적인 사건이라 할 것이다. 이 시기의 계수를 촉진한 중심적인 요소는 법전화(法典化), 즉 국가법의 통일이나 또는 서구화·근대화이다. 법전화의 요청은 비교적 선진국에 있어서는 종래의 법제의 정비, 명확화의 경우나, 혁명 또는 그것에 준하는 사회사정에 의한 새로운 법이념의 도입 필요성이 생긴 경우에 일어난다. 또 후진국이 경우에 있어서는, 근대화·서구화가 근대국가로서 출발하기 위한 불가결한 전제가 되어, 그 구체적 방법의 하나로서, 법전화가 요청된 것이다. 그리고 이러한 요소가 보다 깊은 공통의 기반으로서, 강력한 중앙집권을 수반한 근대적 시민국가의 탄생이라고 하는 점과 결부되고 있다는 것을 간과해서는 안 될 것이다. 어떻든 19세기는 근대시민국가화·서구화의 시대, 즉 혁명의 시대였기 때문에, 그 하나의 구체적인 수단으로서 세계적인 법전화가 생긴 것이다.[15]

법전적 계수에 있어서 다른 하나의 공통된 특색은 그것이 선택적 계수(選擇的 繼受)라고 하는 점이다. 로마법의 계수는 유스티니아누스법전의 전부에 대하여 행해진 포괄적 계수(包括的 繼受)를 의미한다는 것이다. 그러나 그것은 기껏해야 소송법을 포함할 뿐이지 실질적으로는 사법(私法)의 체계인 것에 불과하였다. 그러나 그 후의 법률학의 발전은 법의 학문적 분화를 초래하여, 법전편찬을 기점으로 하여 민법전, 상법전 등 개별적인 법전이 형성되기에 이르른다. 따라서 법전적 계수의

면에서 계수라는 말이 나온다. "무릇 계수 reception, Rezeption이란 한 나라에서 생성발전한 法을 수입하야 다른 나라 法으로 함을 말한다. 그리고 이 계수의 系列이 곧 법계를 이른다. 그러나 계수하는 것은 법률이란 형식적 기술이다. 계수될 실질적 기초는 그 나라의 현실 속에 있는 것이다. 그러므로 계수할 나라의 문화적·경제적 기초가 계수하여 오는 나라의 그것과 같아야 한다. 만일 그것이 전혀 다르다면 계수하여 온 법은 사회의 현실에서 유리하야 마침내 지상(紙上)의 존재로서 그칠 것이다. … 현대 계수의 방식으로 일반적으로는 (가) 관습적 계수냐 입법적 계수냐, (나) 포괄적 계수냐 부분적 계수냐 하는 유별에 있다. … 장래의 조선법제가 관습법주의가 아니라 제정된 성문법전을 가진다는 것을 당연한 전제같이 되어 있기 때문이다. 그러니 문제는 미국법을 포괄적으로 계수할 것이냐 또는 부분적으로 계수할 것이냐 하는 것으로 집중된다고 하고 있다.

15) 앞의 책, 131-132면.

대상이 된 것은 이러한 개개의 법전이지, 전국가법질서 내지 전사법질서가 아닌 것이다. 이와 같은 계수의 방식을 채용하는 이상 민법전, 상법전, 소송법전을 각각의 국가에서 계수하는 것도 논리상 가능하며, 사실 예컨대 터키에서 민법전을, 스위스에서 상법전을 독일에서 계수하고, 그때 스위스채무법 중에서 상사규정을 삭제한다고 하는 일이 행해진 것처럼, 각국에서 행해진 것이다.

그리고 이 선택적 계수(選擇的 繼受)는 1개의 법부문에 관하여도 생긴다. 일본의 경우와 같이, 법전편찬과정에서 같은 시기에, 독일민법 제1초안과 프랑스민법전의 규정을 혼합하여 계수하는 것과 같다. 또 남미 여러 국가에서 보는 바와 같이, 19세기의 법전편찬을 할 때에는 프랑스민법전을 전면적으로 계수하면서, 20세기에 있어서 개정할 때에는 독일민법전의 부분적 계수(部分的 繼受)를 하는 등과 같다. 물론 이 후자의 경우에 단순한 모방·차용이라는 견해도 성립할 것이지만, 금후의 비교법의 융성은 점점 이러한 경향을 증대시켜 갈 것을 의심하지 않는다.[16]

3. 국제적 통일화

예링의 명언과 같이, 20세기에 들어서면서 상법의 영역에 새로운 국면이 전개되었다. 상법이 상인계급 사이에서 공통으로 적용되던 관습 또는 관습법으로부터 출발하여 주권국가의 국법으로 분열됨에 따라 국내법화(nationalization)·고정화(solidification)·법전화(codification)의 경향이 나타나게 되었다.[17] 그러나 국가입법화한 상법의 이러한 경향은 경제적 합리주의를 기초로 하고 있는 상법의 본질과 세계거래법적인 요청에 역행하는 것이므로 상법의 국제적 통일을 위한 노력이 인류공동의 과제로서 19세기말 이후 꾸준히 계속되어 오다가 최근에는 국제연합이 상법의 국제적 통일을 위한 사업을 적극적으로 추진하였다. 즉 국제연합총회는 1966년 국제거래의 전진적 발전(progressive development of the law of international trade)에 관한 국제연합사무총장의 보고서를 채택하고,[18] 상법의 국제적 통일을 위

16) 위의 책, 132-133면.

17) Honnold, John, The Influence of the Law of International Trade on the Development and Character of England and American, in: *The Sources of the Law of International Trade* (ed. Schmitthoff), 1964, p. 73.

18) Report of the Secretary-General, U.N. Doc. A/6393, 23 September, 1966. 국제연합 제20차 총회(1965)는 상법의 세계적인 통일 내지 조화의 가능성을 조사할 목적으로 국제거래법의

한 국제연합 국제거래법위원회(The United Nations Commission on International Trade Law: UNCITRAL)의 설치를 의결하였다. 이것은 상법사상 하나의 신기원을 이룩한 것이며, 상법의 국제적 통일화를 위한 방향을 정립한 것이라고 생각한다.[19]

Ⅱ. 우리 상법전의 향방

1. 우리 상법사의 전개

상법전 제정 50년사의 연구는 그 자체가 하나의 문화사적 의의가 있을 뿐만 아니라, 현행상법의 해석학에 있어서 매우 가치있는 작업이다. 왜냐하면 현행상법이 하나의 연속된 역사적 발전의 소산인 이상 그것이 포함하는 각종의 제도가 어떻게 발생하였는가, 과거에는 어떠한 의미를 가졌고, 그리고 어떠한 방향으로 발전하였는가를 이해하는 것은 이러한 제도의 현대적 의의를 명확히 하고, 그 장래의 귀추를 전망하는 데에 긴요하기 때문이다.

그러나 지나온 50년사의 연구는 결코 쉬운 일이 아니며, 또 충분하게 사료가 갖춰졌다고 말하기도 어렵다. 상법의 대상인 생활관계의 성질상 경제사와의 관련교섭을 필요로 하는데다가, 사물을 법률기술적인 입장에서뿐만 아니라, 아울러 경제적·사회학적으로 관찰하고 파악하여야 하기 때문이다. 또 상법이 애당초에는 일종의 국제법으로서 입법의 대상이 되지 않다가, 국내법화된 다음에 그것을 관습 및 관습법에 대한 불안전한 추종인 경우가 많고, 현실의 법으로서는 반드시 그러한 불문법을 참조하여야 할 터이다. 더군다나 관습 및 관습법의 존재는 성질상 구체적인 기록으로서 남아 있는 경우가 적고, 특히 상사생활과 같이 비형식주의가 두드러진 영역에 있어서는 더욱 그러하다.[20]

진전적 발전에 관한 포괄적인 보고를 제21차 총회에 제출하도록 사무총장에게 요청하였다. 이 보고서는 국제연합사무총장의 위촉으로 C. M. Schmitthoff 교수(영국)가 기초하여 Argus 박사(아르헨티나), Elias 박사(나이지리아), Eorsi(헝가리), Reese(미국), 그리고 Yasseen 교수(이라크) 등의 평석이 첨부된 것이다. 이것은 상법의 국제적 통일화에 관한 중요한 자료로 평가되고 있다. 이 보고서에 관한 일본의 문헌으로서는 道田信一郎, 國際商法の世界的統一と國連總會決議, 「商事法の硏究」(大隅先生還曆記念), 1968, 458면 이하 참조; 朴吉俊, 「商法의 國際的 統一과 國際商法」(崇田大學校論文集 第13輯), 1971, 363면 이하.

19) 朴吉俊, 위의 논문, 3면.

20) 西原寬一, 日本商法論 第1卷改訂版, 1950, 138-140면.

그러면 앞으로의 상법은 어떠한 모습으로 발전해 갈 것인가? 20세기에 들어와서 법발전(Rechtsentwicklung)에 있어서, 두드러진 특징의 분야로서 국제거래법(law of international)이 출현하였다는 사실이다. 말하자면 전통적인 상법을 국내거래에 적용되는 법률과 국제거래에 적용되는 법률로 나누어 놓은 것이다. 나아가 상법은 국내법에 그 뿌리를 내리고 있음에 반하여, 국제거래법은 국내법의 구속으로부터 벗어나 국제공통의 장을 확립해 가는 경향을 보이고 있다.

2. 상법전 제정 50년사의 범위

상법전 제정 50년사는 총 4개 장으로 나눈다. 제1장 서장은 우선 제1절 상법사의 장을 열면서 상법사에서 우리 상법전이 식민에 의한 법의 계수라는 전제하에 법의 계수를 정리한 다음, 우리 상법전이 지향하여야 할 지표를 제시하였다. 제2절에서는 개화기의 상법학으로 방향을 잡았다. 여기서 개화기란 조선왕조말엽 개국기(開國期)이래 고종시대말까지 잡기로 하며, 서구화사상(westernization) 또는 서양주의(westernism)를 지향하던 시기이다.[21] 개화기에서 상법학도 관비유학생에서 찾고, 이들이 일본에서 배운 일본상법의 내력을 언급하며, 조선에서는 1895년 갑오경장(甲午更張) 이래에 설치된 법관양성소(法官養成所)를 제도적으로 살핀다. 뿐만 아니라 관학(官學) 이외에 사학으로서 보성전문학교(普成專門學校)를 세워 주체적으로 상법학을 건설하려는 과정을 언급한다, 제2절에서 마지막으로 일제강압기의 상법학을 정리해 보았다. 조선정부의 개화기의 종말이 일제강점이라는 결론으로 난 것이지만, 자주적인 상법학의 싹은 지하에 들어가서 새로운 발아(發芽)를 준비하여야 했다. 제2장에서는 해방과 함께 맞이한 군정과 남한정부의 수립, 3년간의 6.25 한국전쟁, 환도이후의 정치적 변혁기 후의 5.16 군사혁명 기간 동안에 제정된 상법전의 제정이 갖춘 주된 내용, 그야말로 한국 상법전의 탄생이다. 제3장은 눈부신 경제발전에 힘입어 오늘날에 이르기까지 15여 차례에 걸친 상법전의 발전사이다. 반백년에 걸친 발전사에서 괄목할 만한 상법전의 개정은 1984년의 개정사이지만, 상법전 중의 보험편과 해상편의 개정을 한 1990년도의 개정사도 지적할 만하다. 그러나 2011년의 개정은 우리 상법전에 질적인 면은 물론이거니와, 양적인 면

21) 田鳳德, 韓國近代法思想, 1981, 61면.

에서도 거의 제정에 가까운 변화를 주었다. 제4장은 마지막 장이다. 상법학, 앞으로의 전망과 제언의 자리이다. 종래 필자가 품어왔던 생각을 펴 보이면서 끝을 맺기로 하는 것으로 50년사의 범위를 잡았다.

제 2 절 개화기의 상법학

Ⅰ. 강요된 개국의 전개

"꽝, 꽝, 꽈앙…" 일본의 군함 운양호(雲揚號)의 함재포가 서해안의 초지진(草芝鎭)의 포대를 파괴하였을 때에 조선의 정부가 내세웠던 쇄국정책의 장벽도 한번에 날려버렸다. 우선 눈앞의 결과는 우리 측의 수병 35명의 전사자와 포로 16명을 냈으며, 대포 36문과 화승총 130여 정에 무수한 군기(軍器)・총탄 등을 약탈당하고 말았다.[22] 전투결과는 우리 측의 참담한 패배였음에도 불구하고, 우리 연안해안포가 먼저 발포하였다는 구실로 일본은 이듬해 黑田淸隆를 특권전권대신으로 하여 군함 6척과 400여명의 군인을 강화도에 보내 위협시위를 하면서 조선정부에 협상을 요구하였다. 당시 우의정이던 朴珪壽가 통상관계를 맺는 것이 유리하다는 주장을 끝내 관철시켜 결국 申櫶을 전권대신으로 강화도에 파견하여 1876년 2월 3일 일본과 강화도조약(일명 병자수호조약)을 체결하였다. 이 조약은 전문 12조로 되어 있었는데, 중요한 내용은 다음과 같다.

1조: 조선은 자주지방(自主之邦)으로 일본과 평등한 권리를 보유한다.
2조: 일본은 15개월후 사신을 서울에 파견한다.
4조: 조선은 부산 외 두 항구를 개방한다.
7조: 일본은 조선의 연해를 자유로이 측정할 수 있다.
10조: 일본인의 조선에서의 범죄는 일본관헌이 심판한다.

이상의 내용을 보면 이 조약은 불평등조약이었다.[23] 즉 조차지(租借地)의 설정,

---

22) 李瑄根, 韓國史[最近世編], 震檀學會, 1971, 376-377면.

연해측량의 자유, 치외법권 등은 조선에 일방적으로 불리한 내용들이며, 정치 · 경제 · 사회적으로 일본의 침략을 위한 발판을 마련한 것이었다.[24] 불평등조약이라 하면 일본이 뼈저리게 경험한 것이었다. 1854년 미국에 의하여 강제로 통상조약을 체결하여 문호를 개방한 일본은 그 후 서양 여러 국가와 불평등통상조약을 체결하였고, 1868년에 명치유신(明治維新)을 단행하여 근대국가체제를 갖추자 국내정치의 가치지향을 불평등조약의 극복과 법치에 두고 국정의 지표를 삼았다. 그러니까 일본은 자기들이 겪은 불평등조약을 조선정부에 들이댄 것이다. 일본의 법전편찬에 특수한 영향을 미친 불평등조약이란 무엇인가? 세계자본주의시장의 형성과정에 있어서, 미국과 유럽의 근대자본주의열강과, 그와 발전단계를 달리하는 동양 여러 국가와의 접촉이 발생하였다. 거기서 생기는 관계는 양자의 정치적 · 군사적 · 경제적 역학관계에 의하여 대등한 독립국 상호간의 관계에서 완전한 식민지지배에 이르는 중간의 어느 단계까지 동양 여러 국가를 세계시장에 편입하는 것이며, 그 편입되는 쪽을 법적으로 표현하는 것이야말로 조약이다. 일본이 개국에 의하여 열강과 체결한 불평등조약을 조선에 적용한 경우이다. 열강과 체결된 불평등조약의 공통된 골격은 법권(法權)에 있어서의 속인주의(이른바 治外法權)와 편무적 협정관세제도(이른바 관세자주권의 상실)이고, 그리고 이러한 것에 부가된 편무적 최혜국대우조항(the most-favored nation clause)이 어느 1국가가 획득한 조건을 체약국 전체에 적용시키게 하였다.[25] 조선은 1876년 개국이후 일본에 의하여 1910년 합병당할 때까지 조약을 체결할 때마다 무력에 의한 시달림으로 이러한 불평등조약으로 침략의 기반을 제공한 셈이 되었다.[26]

---

23) 이 강화도조약의 교섭과정은 앞의 책, 379면 이하에서 서술되고 있을 뿐만 아니라, 한일수호조약전문 및 그 修好條規附錄, 通商章程의 貿易規則十則을 싣고 있다. 그리고 저자는 "조선 측이 소위 무역규칙을 협정할 때부터 무지 · 졸렬한 데서 기인하였으니, 저들의 유도전술에 속아서 부산항의 수출입세를 징수 않기로 약정해 놓고 알아본즉, 청국이나 일본도 대외무역에 있어 과세를 징수치 않는 일이 없는지라 비로소 후회하여 새삼스레 부산, 豆毛鎭에 세관을 설치하고 수출입세를 부과키로 하되 저들과의 말썽을 피하기 위하여 아국 商民에게만 내세웠던 것이다"라고 쓰고 있다.

24) 邊太燮, 韓國史通論(4訂版), 2012, 378면.

25) 長谷川正安 · 利谷信義, 日本近代史(岩波講座 現代法, 第14卷), 1966, 35면.

26) 田鳳德博士는 韓國近代司法制度史(5), 大韓辯護士協會誌, 제11호, 1975. 5.에서, "…淸日戰爭 · 露日戰爭의 兩次戰爭후의 일제침략은 각종조약의 체결을 문약한 조선정부에 일방적으로 강요하여 왕권에 도전하고 왕권을 찬탈(簒奪)하여 법률적으로 멸망시키는 근대적 제국주의적 침략이었다. 치외법권을 설정하는 불평등조약(병자수호조약)의 강요, 駐兵權의 획득, 교통통신시설의 이권강취, 주권제한의 조약체결에서 주권강취에 이르기까지 일보일보 조선을 멸망에 몰고 갔다. …

조선정부는 외국의 새로운 문물을 수용하기 위하여 일본에 신사유람단(紳士遊覽團)을 파견하고,[27] 淸에는 영선사(領選使)를 파견하였다(1881). 신사유람단은 朴定陽·趙準永·魚允中·洪永植 등 12명의 조사(朝士)와 수행원을 합쳐 68명으로 구성되었고, 70여 일 동안 일본의 정부기관과 산업·세관·교육·군사 등의 시설을 살펴보고 귀국하여 국왕에게 보고서를 제출하였다. 한편 淸에 파견된 영선사는 군비의 강화를 위한 군기제조술의 학습이 주된 목적이었다. 金允植이 인솔한 학도와 공장 38명은 천진에 있는 機器局에서 화약·탄약의 제조법, 전기·화학·제련·기계 등과 외국어를 학습하였다. 그러나 근대기술에 대한 기본지식이 부족하여 중도 탈락자가 많았고, 게다가 정부의 재정지원이 부족하여 큰 성과를 보지 못하고 있던 차에 본국에서 임오군란(壬午軍亂)이 일어나자 1년 만에 전원 철수하였다.[28] 이에 비하여, 일본의 경우는 1872년(明治 5년, 고종 9년)에 이미 유신(維新)정치의 총수령이라고 할 수 있는 岩倉俱視(右大臣)를 단장으로 木戶孝允, 大久保利通, 伊藤博文, 久米邦武 등 20여 명의 현직대신과 고위관료, 학자의 歐美回覽使節團의 1년에 걸친 시찰(미국에서만 7개월 체류), 외국유학생의 장려에 의한 법학자의 대량양성, G. E. Boissonade, H. Roesler, H. T. Terry 등 프랑스, 독일, 영국의 저명한 법학자의 초빙으로 법학교육을 진흥하는 정책을 취하였다.[29] 일본의 명치(明治)정부는 서구화의 모델국을 독일을 비롯한 유럽의 여러 국가의 법치제도의 학습에 두었음에 대하여, 조선정부는 가까운 일본이 서구화되어 가는 제도의 학습에 목표를 두었다고 볼 수 있다.

이것은 근대적 제국주의적 법률적 주권침탈행위의 성질을 가지는 것이었다고 稱할 수 있을 것이다."라고 하고 있다.

27) 紳士遊覽團이란 용어가 우선 마음에 들지 않지만, 어떻게 해서 신사유람단을 일본에 파견하게 되었는지가 궁금하다. 田鳳德, 앞의 책, 66-67면에 의하면, 常民僧인 李東仁은 일찍이 볼모로 일본에 건너가서 불교를 공부하고 돌아왔다. 일본어에 능통한 까닭에 부산에 거주하고 있던 日本人僧 楓玄哲과 사귀게 되었고, 楓玄哲을 따라 서울에 올라와서 봉원사에 자리잡았다. 그때에 개화파의 지도자인 劉大致를 알게 되어 劉大致의 소개로 개화파의 金玉均을 만나게 되었고, 나중에는 朴泳教, 朴泳孝, 洪英植 등과 같이 그의 개화론을 듣고 많은 감화를 받았다. 李東仁은 1880년 9월에 수신사 金弘集을 만나 그의 호의로 수신사의 귀국길에 동행이 허락되어 귀국하자 金弘集의 소개로 閔氏戚閥의 젊은 실력자 閔泳翊을 알게 되어 일본국정으로부터 세계정세까지 고종에게 몰래 上奏할 수 있었다. 紳士遊覽團도 일본파견도 이렇게 이루어진 것이라고 한다.

28) 邊太燮, 앞의 책, 383면.

29) 田鳳德, 韓國近代司法制度史[5], 大韓辯護士會報 Vol. 11, (1975. 5.),

Ⅱ. 관비유학생과 일본상법의 내력

1. 일본상법학에 경도된 조선의 상법학

유교중심적인 전통법학, 말하자면 잡학 내지는 기술학으로서의 율학에서부터 실학자들에 의하여 17세기 후반부터 서양법학의 초기접촉이 이루어졌으나,[30] 본격적으로 한국법학의 근대화 내지는 진정한 의미의 현대법학의 출발은 19세기 말에서 20세기 초, 구체적으로는 1900년대에 와서야 실현되었다. 이때까지 주로 부연사신(赴燕使臣)과 한역서학서(漢譯西學書)를 통한 중국으로부터의 서양법학의 소개, 신사유람단과 수신사(修信使)를 통한 일본으로부터의 서양법학의 소개로 넌지시 아는 정도였다. 여기서는 1900년도에 한국인이 주체적으로 서양법학을 받아서 한국법학으로 소화하는 과정, 말하자면 한국법학의 초석을 놓는 과정에서,[31] 상법학의 시각에서 중점적으로 조명하려고 한다.

2. 관비유학생 및 상법교과서

(1) 관비유학생

역사는 사람이 만든다. 사람이 만드는 역사에서 리더의 역할은 결정적이다.

조선정부는 일본에 유학생을 파견하여 신학문을 수학케 하여 새 인재를 양성할 것을 목적(敎育立國)으로 관비유학생(官費留學生)을 선발하여 일본에 보냈다. 선발된 자는 張燾(1895), 李冕宇(1895), 劉文煥(1895), 柳東作(1901), 申佑善(1895), 兪鎭明(1895), 朴晩緖(1895), 張憲植(1895) 등이다. 이들은 일본에서 수학한 후에 나중에 설립된 법관양성소의 교관으로 봉사한 사람들인데, 특히 상법학과 관계가 있는 李冕宇, 張憲植, 兪致衡, 申佑善의 약력을 살펴보면 다음과 같다.

1) 李冕宇는 1879년에 진사 李會來의 아들로 태어나 1894년에 관립 일어학교에 입학하여 1895년 3월 26일에 관비유학생으로 일본에 건너갔다. 동경 慶應義塾

30) 崔鍾庫, 傳統的 韓國法學과 西洋法學의 初期接觸, 「法史와 法思想」, 1980, 383-420면.

31) 崔鍾庫, 開化期의 法學敎育과 韓國法律家의 形成 - 「法官養成所」와 「普專」의 敎科와 敎授陣을 中心으로, 서울대학교 법학, 제22권 1호(1981), 63면.

에서 배워 1년 3개월 만에 보통과를 졸업하고, 1899년 7월 22일에는 동경의 법학원(현 중앙대학의 전신)에서 3년간 전공하여 온 법률학과를 졸업하였다. 동기생으로는 張燾, 劉文煥, 朴晩緖, 兪致衡이 있었다. 귀국하여 처음에는 어려움을 겪다가 1902년 8월 26일에 농상공부 임시박람회 사무소 주사로 되었다. 1905년에 보성전문학교가 설립되면서 강사로 나갔고, 나중에는 법관양성소의 소장도 되었다. 1904년 6월 18일에는 한성재판소 검사가 되었고, 이어서 평리원 판사로 되었다.

광무(光武)변호사법(1905년)에 의하여 최초로 洪在祺, 丁明燮과 함께 변호사등록을 하였고, 1907년에 한성변호사회가 발족되면서 초대회장에 당선되었다. 일제시에는 판사로 지낼 수 없다며 시종 재야법조인으로 지냈다. 그는 보성전문학교 교수로 회사법을 저술하였고, 대한협회회보(大韓協會會報) 등 한말학술지에 법학논문들을 발표하였다. 일본의 유학시절부터 수재로 이름을 날려 일본법률신문에 사진까지 곁들여 소개가 되기도 하였다.[32] 상법총론과 회사법이라는 교과서의 저자이기도 하였다.

2) 張憲植은 관비유학생으로 선발되어 일본에 건너가 경응의숙(慶應義塾)에서 보통과와 고등과를 졸업하고, 일본 사법성재판소 검사부에서 견습하고, 동경대학 법학과를 졸업하였다. 대장성을 견학하고, 귀국하여 학부 참사관이 되었다가 1905년 관립외국어학교 교장이 되었다. 1906년에는 학부 편집국장 사무를 임시대리하였고, 1907년에는 일본 황태자가 내한하였을 때 한성부윤으로 芮宗錫과 함께 한성부민회를 조직하여 회장으로서 송영(送迎)활동을 하였다. 1910년 이후 총독부 설치와 더불어 평남 참여관(參與官)을 지내고, 1917년에 충북도지사, 1921년에 전남도지사를 지내고 참의(參議)를 지냈다. 그는 법관양성소와 보성전문학교에서 행정법을 가르치고, 『行政法大意』라는 책을 출판하기도 하였다. 위의 李冕宇著 상법총론의 부록으로 상행위로 붙인 책도 저술하였다.[33]

3) 兪致衡은 현민 유진오 박사의 부친이었고, 1877년 5월 14일에 태어났다. 1895년 3월에 관비유학생으로 일본에 가서, 경응의숙(慶應義塾)에서 보통과를 마치고, 동경의 중앙대학에 입학하여 3년간 법학을 공부하고 1899년 7월 12일에 졸

32) 崔鍾庫, 앞의 논문, 68-69면. 「大韓辯護士協會誌」 제31집, 1977년 10월호 「사진으로 보는 法制史料」(田鳳德博士解說)에는 李冕宇의 이력과 함께 사진까지 소개되고 있다.

33) 崔鍾庫, 위의 논문, 207면.

업하였다. 이어서 일본사법성과 각 재판소에서 견습을 하고 귀국하였다. 1900년 8월에 사립철도학교 교사로 있다가, 1902년 9월 12일에 법률기초위원으로 임명되었다. 1904년 2월 7일에는 주영공사관 참사관으로 임명되어 임지로 떠나려 했다가, 노일전쟁의 발발로 떠나지 못하였다. 1905년 2월 7일에 내각 회계과장을 사임하고 10월 5일에 제실제도(帝室制度)정리국 비서로 근무하였다. 1906년 2월 7일에 궁내부제도국 참사관이 되었고, 그해 11월 2일에는 가례비검오(嘉禮費儉鏊) 위원으로 되었다. 12월 16일부터 제실(帝室)재정회의 기사장에 임명되었고, 1907년 6월 1일에는 수학원(修學院) 교관으로 되었다. 이 해부터 보성전문학교와 대동법률전문학교(大東法律專門學校)에 출강하여 헌법, 민법, 해상법 등을 가르쳤다. 같은 해 6월 6일부터는 궁내부 참사관과 궁내부 대관(大官), 관방내사과장(官房內事課長)을 겸임하였다. 1908년 8월에는 어원(御院) 사무국 이사로 임명되어 3년간 근무하였다. 일제에 의한 합방이 되고 1911년 2월 1일에는 이왕직(李王職)사무관으로 임명되었다. 이듬해에 정육위(正六位)로 서품되었는데, 그는 이를 거절하였다. 1920년에는 한성은행 취체역에 오르고 만년을 조용히 지내다가 1933년 9월 10일 서울에서 56세로 사망하였다.[34] 해상법이 그가 남긴 저술이다.

4) 申佑善은 1895년 3월 관비유학생으로 선발되어 일본에 건너가 보통과와 고등과를 졸업하고, 1900년 7월에 경제학과를 졸업하였다(이력서에는 어느 대학인지 분명히 적지 않고 있다). 1901년 6월 30일 일본대장성에서의 견습을 마치고 귀국하였다. 그러나 그 역시 바로 자리를 잡지 못하고 있다가 1904년 7월 15일에 법관양성소 교관으로 임명되어 이듬해 1월 13일까지 봉사하였다. 그러나 이듬해(1905) 4월에 육군무관학교 교관으로, 다음해(1906) 1월에는 육군유년학교 교관으로 옮겼다가 동년 5월에 탁지부(度支部) 수도국 사무관을 거쳐 탁지부 서기관으로 승격하였다. 그 후의 자세한 이력은 알려지지 않고 있다.[35] 그는 어험법론(魚驗法論)을 남겼다.

---

34) 위의 논문, 213면.
35) 앞의 책, 216면.

(2) 개화기의 상법교과서와 논문

개화기에 일본에 유학한 한국인이 쓴 상법교과서는 당시 법관양성소와 보성전문학교에서 교재로 사용된 것으로 보이는 9권을 들 수 있을 것 같다.[36] 개항과 함께 외국과의 통상조약에 따른 근대적 법지식이 현실적으로 크게 요청되어 국제법과 상법에 대한 관심이 높아졌다는 이유도 있겠으나, 뒤에 설명하는 법관양성소 및 기타 법학교육기관에서 교과과목에 상법이 들어갔기 때문에 필요에 의하여 상법교과서가 저술된 것이 아닌가 짐작해 본다.

1) 商法總論(李冕宇著)

본서는 국판(菊判) 크기에 국한문혼용 총 115면에 이르며, 서론에 제1장 상법제정의 可否, 제2장의 상법의 연혁을 두고 있고, 이어 제1편 본론에서는 제1장 상법의 범위, 제2장 상사(商事)에 관한 법률의 적용을 기술하고 있다. 제2편에서는 상행위, 제3편에서는 상인을 서술하고 있다. 제3편은 다시 제1장 상인의 의의, 제2장 상인능력, 제3장 상사고인(商事雇人, 상업사용인을 가리킨다)으로 구성되어 있다. 제4편에서 상호를 다루고 있는데, 그 제1장은 상호의 의의를, 제2장은 상호의 등기를, 그리고 제3장에서는 상호의 속용을 다루고 있다. 제5편에서는 상업장부를 기술하고 있는데, 그 제1장에서 상업장부의 조제 및 보존을, 제2장에서 상업장부의 교부 및 제출의무를, 제3장에서 상업장부의 증거력을 취급하고 있다. 끝으로 제6편에서 상업등기를 기술하고 있다. 책의 내용을 전반적으로 살펴보면, 현행 상법과 크게 다를 것이 없지만, 다만 영업 및 영업양도에 관한 부분이 없어서 아쉽다. 이 교과서의 특징을 나타내는 서술로 상관습을 설명하는 부분을 옮겨 보기로 하면 다음과 같다.

> "商慣習이라 홈은 商事上에 關ᄒᆞ야 商人間에 行ᄒᆞᄂᆞᆫ 慣習을 指ᄒᆞ이니 商法에 규정이 無ᄒᆞ 此ᄂᆞᆫ 此ᄅᆞᆯ 適用홈이 甚히 緊要ᄒᆞᆫ 者ㅣ라 然이나 舊商法 제1조의 法文은 商法으로서 商慣習에 優先홈을 表示홈에ᄂᆞᆫ 必要ᄒᆞᆯ지나 其 以外에ᄂᆞᆫ 何等의 意味도 無ᄒᆞ니 何者오 民法에 公共ᄒᆞᆫ 秩序에 관계ᄒᆞᆫ 法令規定에 違反치 아니ᄒᆞᆯ 慣習이 有ᄒᆞᆫ 경우에 當事者가 此에 依ᄒᆞᆯ 意思가 有ᄒᆞᆯ 時에ᄂᆞᆫ 其 慣習을 從홈이라 旣定ᄒᆞ얏스

36) 朱定均의 商法總論을 포함하여 9권인데, 문헌에만 언급될 뿐이지 직접 손에 넣을 수 없어서 언급하기만 한다. 崔鍾庫, 開化期의 韓國商法學, 서울대학교 법학, 제26권 1호(1985), 207면.

니 此規定의 結果로 商法에 特別ᄒᆞᆫ 規定이 無ᄒᆞ야도 其無ᄒᆞᆫ 者ᄂᆞᆫ 商慣習을 當然適用홈이라"(동저 27면).[37]

2) 商行爲(張憲植著)

위의 李冕宇著 상법총론의 부록으로 붙인 책이다. 37면에 이른다. 이 책의 내용은 제1편에 2장을 나누어 서술하고 있다. 제1장 총론, 제2장 각론이고, 제2장에서 다시 제1절 객관적 상행위, 제2절 주관적 상행위, 제3절 부속적 상행위, 제4절 추정적 상행위, 그리고 제5절 일방적 및 양방적 상행위로 나누어 서술하고 있다. 위의 李冕宇가 상법총론에서 언급하지 아니한 부분을 보충한 것이라고 생각된다.

3) 商法總論(金祥演著)

국한문혼용 72면에 이른다. 본서는 9개장으로 되어 있다. 제1장은 상(商)의 의의를, 제2장은 상의 분류를, 제3장은 상법을 다루고 있다. 제3장은 다시 제1절 상법의 의의, 제2절 상법의 성질로 나뉜다. 제4장에서는 상법의 연혁을, 제5장에서는 상법의 연원을, 그리고 제6장에서 상법적용의 범위를 다루고 있다. 이어 제7장에서 상인을, 제8장에서 영업의 설비를 다루면서, 세부적으로 다시 제1절 영업, 제2절 영업소, 제3절 영업등기로 나눈다. 끝으로 제9장에서는 상호를 다룬다. 그리고 다시 제1절 상호의 의의, 제2절에서 상호의 등기, 제3절에서 상호의 양도, 제4절에서는 상업장부, 제5절에서는 영업보조인(營業補助人, 상업사용인), 제6절에서는 대리상을 각각 다루고 있다. 이 책에서 지배인에 대하여 설명하는 대목을 소개하면 다음과 같다.

"支配人이 상인이 本店又ᄂᆞᆫ 支店에셔 其商業을 營ᄒᆞ기 爲ᄒᆞ야 支配人의 名稱으로써 選任ᄒᆞᆫ 使用人이라 支配人과 不然ᄒᆞᆫ 商業使用人의 識別ᄒᆞᄂᆞᆫ 標準은 支配人의 名稱有無에 在ᄒᆞ니 故로 縱令主人의 商業上에 廣汎ᄒᆞᆫ 代理權을 有ᄒᆞᆫ 使用人이라도 支配人의 名稱으로써 選任되지 아니ᄒᆞᆫ 者ᄂᆞᆫ 支配人이 아니니 支配人은 本店 又ᄂᆞᆫ 支店의 商業을 營ᄒᆞ기 爲ᄒᆞ야 選任ᄒᆞᆫ 者ㅣ오 選任의 行爲ᄂᆞᆫ 一個 雇傭의 契約이라 然이나 오즉 支配人의 選任은 반다시 代理의 權限을 發生ᄒᆞᄂᆞ니 是乃一般의 雇傭契約과 相異ᄒᆞᆫ바ㅣ라 其代理權의 範圍ᄂᆞᆫ 商法 第三十條에 規定ᄒᆞ얏고 支配人을 選任

37) 김정호, 고대 법대와 한국법학의 발전 상사법분야(고려대학교 법과대학 학술사소재), 2011, 고려대학교 출판부, 284면.

ᄒᆞᆫ 時ᄂᆞᆫ 本店又支店의 所在地에셔 主人이 此ᄅᆞᆯ 登記ᄒᆞᆷ을 要ᄒᆞᄂᆞ니 此ᄂᆞᆫ 選任의 登記ᄅᆞᆯ 謂ᄒᆞᆷ이라"(동저 63면).[38]

4) 商行爲法(安國善著)

국한문혼용 161면에 달하는 저술이다. 본서는 제1장 총칙에서 상행위법의 총론적 서술을 하고 있다. 그 제1절에서 상행위범론(汎論)을, 제2절에서 각종의 상행위속에 제1관 절대적 상행위, 제2관 상관적 상행위, 제3관에서 부속적 상행위를 다루고 있다. 제3절에서는 각종의 상행위에 관한 통칙적 설명을 하고 있는데, 제1관에서 범론(汎論), 제2관에서 계약의 신입 및 승낙(申込及承諾), 제3관 보수 및 이식(利息), 제4관 다수채무자, 제5관 이행의 처소와 때(時), 제6관 지도채권 및 무기명채권(指圖債權及無記名債權), 제7관 유치권 및 질권, 제8관 시효 등을 다루고 있다. 제2장에서 매매를 다루고 있다. 다시 제1절에서는 물품수취의 거절과 불능, 제2절에서는 매매계약의 해제, 제3절에서는 물품검사, 제4절에서는 주문 이외의 물품을 다루고 있다. 제3장에서는 교호계산(交互計算), 제4장에서는 익명조합(匿名組合), 제5장에서 중립영업(仲立營業), 제6장에서 문옥영업(問屋營業), 제7장에서 운송취급영업(運送取扱營業), 제8장에서 운송영업(運送營業), 제9장에서 기탁(寄託), 제10장 보험으로 되어 있다. 본서에서 상행위의 관념에 관하여 다음과 같이 설명하고 있다.

"商行爲의 觀念은 商의 觀念과 可히 相離치 못ᄒᆞᆯ 것이오 其範圍도 ᄯᅩᄒᆞᆫ 商의 範圍로 由ᄒᆞ야 定ᄒᆞᄂᆞᆫ지라 商事ᄂᆞᆫ 商法適用의 法律關係오 商行爲ᄂᆞᆫ 商事의 一部되ᄂᆞᆫ 一種의 法律行爲라 故로 商事가 總히 商行爲됨은 아니오 法律行爲가 아니면 商行爲되지 못ᄒᆞᄂᆞ니라"(동저 1면).[39]

5) 會社法(李冕宇著)

이 책의 목차를 보면, 서언에 이어 제1장 회사의 정의, 제2장 회사의 종류, 제3장 회사의 설립, 제4장 회사의 영업, 제5장 합명회사, 제6장 합자회사, 제7장 고본회사(股本會社), 제8장 고본합자회사, 제9장 외국회사로 되어 있다. 이는 당시의 일

38) 위의 논문, 285-286면.
39) 위의 논문, 286-287면.

본에서 입법된 상법회사편의 규정순서를 따른 서술방법이다. 여기서 주목할 것은 고본회사라고 이름붙인 주식회사에 관한 서술부분에서 저자가 사용하고 있는 독특한 용어에 관하여 보기로 한다.

> "股本會社ᄂᆞᆫ 資本을 股本에 分割ᄒᆞ야 社員은 其所有ᄅᆞᆯ 股本의 金額을 限하여 責任을 負擔ᄒᆞᄂᆞᆫ 會社니…"

위에서 설명하고 있는 것으로도 알 수 있는 바와 같이, 우리가 주식이라고 하는 것을 고본(股本)이라고 표현하고 있다. 고자(股字)는 나눈다는 뜻이 있으므로 말하자면 자본을 나눈 것, 즉 자본을 분할한 것이라는 뜻이다. 이 고자(股字)라는 말은 1894년 7월 24일 議案 米商會社設立에 관한 건에서 竝許合股結社라고 한 것도 주식(출자)을 합하여 회사를 설립한다는 뜻으로 풀이되며, 저자의 독창적인 술어는 아닌 것 같다. 그러나 이미 일본에서 주식회사라는 용어를 사용하고 있는 때에도 불구하고 股本會社라고 정한 것은 은연중 조선의 독창성을 과시한 것이 아닌가 생각한다.[40]

이 저술에서 정관의 법적 성질에 관하여는

> "定款의 性質에 就ᄒᆞ야 一般 學者의 解說을 依ᄒᆞᆯ 진ᄃᆡ 或은 日 定款은 會社의 設立을 目的으로 ᄒᆞᄂᆞᆫ 一種 契約이라ᄒᆞ야 其內容의 絕對的 必要事項으로서 會社設立契約의 要素로 認定ᄒᆞᄂᆞᆫ 者ㅣ有ᄒᆞ나 余는 此ᄅᆞᆯ 贊同키 不能ᄒᆞ니 蓋法律은 絕對的 必要事項을 定款에 記載ᄒᆞᆷ이 可ᄒᆞ다 明白히 規定ᄒᆞ고 更히 會社設立의 事爲로 設立된 者ㅣ라ᄒᆞᆫ 以上은 定款은 卽 會社의 基礎되ᄂᆞᆫ 條件을 確定ᄒᆞᆫ 文字ㅣ라 謂ᄒᆞᆷ이 可ᄒᆞᆯ지라 故로 法典에 事項을 記載ᄒᆞ야 署名ᄒᆞᆯᄲᅮᆫ이니 論者의 說明은 會社로써 普通團體의 契約을 想像ᄒᆞᆷ에 不過ᄒᆞᆫ者ㅣ로다 會社ᄂᆞᆫ 卽 法人인 故로 會社에ᄂᆞᆫ 基礎되기 可ᄂᆞᆫ 規則을 必要ᄒᆞᄂᆞ니 此 規則은 卽 會社設立內容을 作成ᄒᆞᄂᆞᆫ 者오 此ᄅᆞᆯ 記載ᄒᆞᄂᆞᆫ 文字ᄂᆞᆫ 定款이니라"(동저서 13면)

라고 쓰고 있다.[41]

---

40) 鄭熙喆, 股本會社 Kobon Hoesa - The old title of the Korean stock corporation(鄭熙喆 외 共著, 企業法의 行方所收), 1991, 109-110면.

41) 김정호, 위의 논문 288면.

6) 會社法(金祥演著)

金祥演은 일본의 와세다대학(早稻田大學)의 정경과를 졸업(수학기간: 1899-1902)하고 1908년부터 1908년 9월까지 보성전문의 강사를 역임하였다. 그는 총 166면에 달하는 회사법을 한국최초로 저작하는 심경을 다음과 같이 술회하고 있다.

> “嗚呼라 此篇也ᄂᆞᆫ 我韓第一日初發行之會社法也로다 現今은 商業競爭之時代인ᄃᆡ 其商業中心點之要素ᄂᆞᆫ又惟會社足已라 然이나 若無軌道無規程ᄒᆞ고 但蠢蠢然行動而己면 豈會社云乎아 目下有志人士가 觀察世界之風潮ᄒᆞ고 深憾商界之凋殘ᄒᆞ야 會社之發起ᄂᆞᆫ 往往有焉이로ᄃᆡ 法律之觀念이 不明ᄒᆞ고 組織之方針이 不良ᄒᆞ야 惟其自然法習慣法으로 以此而趨而己ᄂᆞᆫ 以此而欲作興商界之人才ㅣ달得乎아 此ㅣ此篇之所由刊也라 有心於斯業者ㅣ置諸座右ᄒᆞ면 其非迷途之津梁哉아 付諸剞劂而爲之序ᄒᆞ노라
>
> 隆熙 元年 八月 壽松金祥演 序”

본서는 총 5개장으로 구분하고 있다. 제1장은 총론이다. 제1장을 다시 제1절 회사의 의의, 제2절 회사의 종류, 제3절 회사의 설립(다시 제1관 정관의 작성, 제2관 설립의 등기), 제4절 회사의 주소, 제5절 회사의 영업이다. 제2장은 합명회사는 3개절로 나눈다. 제1절 합명회사의 의의, 제2절 합명회사의 설립, 제3절 회사의 법률관계(다시 제1관 회사의 내부관계, 제2관 회사외부의 관계), 제4절 사원(다시 제1관 사원자격의 취득, 제2관 사원된 자격의 상실), 제5절 회사의 해산, 제6절 해산의 등기, 제7절 청산, 제3장에서는 합자회사이다. 제1절은 합자회사의 의의, 제2절 합자회사의 설립, 제3절 회사내부의 관계, 제4절 회사외부의 관계, 제5절 회사의 해산 및 청산으로 나누어 서술하고 있다. 제4장은 주식회사에 관한 기술이다. 제1절 주식회사의 의의, 제2절 주식회사의 설립, 제3절 주주의 권리의무(다시 제1관 주식 및 주권, 제2관 주식의 취득, 제3관 주주의 권리, 제4관 주주의 의무), 제4절 회사의 기관(다시 제1관 주주총회, 제2관 취체역, 제3관 감사역), 제5절 회사의 계산, 제6절 사채, 제7절 정관의 변경, 제8절 해산, 제9절 청산으로 각각 기술하고 있다. 제5장은 주식합자회사이다. 다시 절로 나누지 않고 제1 설립, 제2 기관, 제3 해산, 제4 청산 및 조직변경으로 나누어 언급하고 있다.

7) 魚驗法論(申佑善著)

총 250면에 달하는 어음법교과서이다. 그 내용을 개관하면, 제1편은 서론으로 되어 있다. 우선 제1장 어험 및 어험법, 제2장 어험의 경제적 기능, 제3장 어험의 이론으로 되어 있다. 제2편은 총론으로 명명하고 어험법총론에 해당하는 서술이다. 제1장은 어험의 의의 및 특질, 제2장은 어험행위의 특질, 제3장은 어험의 위조 및 기타 효과, 제4장은 어험채권의 행사 및 권리보전의 처소, 제5장은 어험시효, 제6장은 이득상환청구, 제7장은 민사어험법을 각각 다루고 있다. 제7장은 다시 제1절 어험능력, 제2절 어험대리, 제3절 어험예약, 제4절 원인관계, 제5절 자금관계, 제6절 어험의 수수가 기존한 법률관계에 미치는 효력을 그 내용으로 세분하여 서술하고 있다. 이상이 어험법의 총론적 서술이고, 제3편은 각론이라는 제목하에 그 제1장은 환체어험(換遞魚驗, 환어음)을, 제2장은 약속어험을, 제2장은 소추표(小推票, 수표)를, 제4장은 국제어험법을 각 다루고 있다. 출간연도가 1908년으로 추산되는 이 저서는 제네바통일조약이 아직 만들어지기 전인데도, 오늘의 어음수표법 교과서와 내용면에서 크게 다를 바 없다고 생각된다. 어험행위독립의 원칙에 관하여 다음과 같이 기술하고 있는 것을 보아도 알 수 있다.[42)]

> "魚驗行爲의 獨立은 形式上 完全ᄒᆞᆫ 魚驗에 署名ᄒᆞᆫ 者가 善意所持人에 對ᄒᆞ야 獨立ᄒᆞ야 魚驗上 債務ᄅᆞᆯ 負ᄒᆞ고 外他 魚驗行爲가 法律上 無效되고 或 繳小됨을 得ᄒᆞᆷ을 因ᄒᆞ야 影響을 受ᄒᆞᆷ이 無ᄒᆞᆷ을 謂ᄒᆞᆷ이라 詳言ᄒᆞ면 各 署名者가 別個 獨立ᄒᆞᆫ 魚驗을 書出ᄒᆞᆫ 者와 洽同ᄒᆞ야 外他 魚驗行爲와 互相 牽聯ᄒᆞᆷ이 無ᄒᆞ고 各其 魚驗에 署名ᄒᆞᆷ을 因ᄒᆞ야 魚驗上 債務ᄅᆞᆯ 負ᄒᆞᄂᆞ니라 故로 僞造變造의 魚驗이라도 此에 署名ᄒᆞᆫ 者ᄂᆞᆫ 其 僞造變造ᄒᆞᆫ 魚驗의 文句ᄅᆞᆯ 因ᄒᆞ야 責任을 負ᄒᆞ고 또 魚驗의 保證을 行ᄒᆞᆫ 者ᄂᆞᆫ 其 主債務가 無效된 時라도 被保證者 卽 主債務者와 同一ᄒᆞᆫ 責任을 負ᄒᆞ고 一張에 對ᄒᆞᆫ 支拂이 擔當ᄒᆞᆫ 外他 一張의 效力을 失케 ᄒᆞᆷ이 無ᄒᆞᄂᆞ니라"(동저술 55면).

8) 海商法(俞致衡著)

총 289면에 달하는 해상법교과서로서, 해상문제에 관한 선구적 문헌이다. 그 내용을 살펴보면, 제1편에서는 선박을 다루고 있다. 제2편에서는 선박소유자를 다루면서 선주의 유한책임제도를 비롯하여 선박공유자, 선박관리인, 선박세차인(선박임

---

42) 김정호, 위의 논문, 289-290면.

차인)에 대한 상세한 서술을 하고 있다. 제3편에서는 선장, 제4편에서는 해원, 제5편에서는 물품운송, 제6편에서는 여객운송, 제7편에서는 海損(그 속에서 다시 공동해손과 선박충돌을 취급하고 있다), 제8편에서는 보험(해상보험), 그리고 끝으로 제9편에서는 선박채권자(그 속에서 선취특권, 선박질권, 건조중의 선박에 대한 담보권 등을 서술하고 있다)를 다루고 있다.

이상과 같이, 개화기의 상법교과서들은, 우리나라의 法史學의 길을 연 崔鍾庫 교수의 「開化期의 商法學」에서부터 세상에 나오게 되었다.[43] 위의 저자들은 모두 1890년대에 관비유학생으로 일본으로 가서 법률이나 경제를 배우고 일본관청에서 연수를 받은 사람도 있고, 한편 우리나라에는 유럽법을 계수한 법전의 편찬도 없었던 터이라 그 책의 내용이 일본법을 해설한 것이 되고 일본의 저서들을 번역하다시피 한 것도 있다. 이 책들이 출간된 1907년 전후의 일본의 영향력을 고려할 때에 부득이하였다고 할 수밖에 없다. 이런 법제도도 법전도 없는 상황에서 우리나라를 법치주의로 근대화시켜야 하겠다는 당시의 법조인들의 뜻을 높이 평가하면 하였지 결코 평가절하할 것이 아니라고 한 의견에는 찬성하는 바이다. 다만, 이 책들이 일본법서(日本法書)를 요약하여 번역하는 데만 급급하였지 그 내용에 깊은 연구가 없었다는 점이며, 따라서 이 책들은 우리나라의 초유의 법률교재였었다는 의미가 있을 뿐이지 오늘날의 상법학의 원조 내지 뿌리라고 볼 수 없다고 할 것이다.[44]

또한 상법에 관한 당시의 논문 및 논설을 추려보면 다음과 같다.[45] 우선 조선의 부국정책으로는 산업사회로 발전하기 위하여는 회사조직을 이용하여야 한다는 것을 역설한 兪吉濬의 「회사규칙」과 「회사설」이 1882년에 나왔고, 이것이 회사제도를 소개한 최초의 글로 보인다. 이어 1900년대 들어와서는 崔弘植의 「상업의 의의」, 安國善의 「회사의 종류」, 「회사법초략」, 李範星의 「회사법」 등의 글이 당시의 각종 신문 또는 월계간지에 발표된 것이 있다. 그 내용에 있어서는 별로 거론할 만한 것이 없고 모두 계몽적인 것이었음은 당시의 제반사정에 미루어 부득이하였다

43) 崔鍾庫, 開化期의 韓國商法學, 서울대학교 法學, 제26권 1호(1985), 205면 이하.

44) 鄭熙喆, 法律文化의 脈 연구 (商法), 考試界 통권 400호(1990. 6.)(鄭熙喆 外 共著, 企業法의 行方所收, 13면).

45) 崔鍾庫, 開化期의 韓國商法學, 서울대학교 法學, 제26권 1호(1985), 220면 이하 참조.

고 볼 수밖에 없으며, 아마 그 당시로서는 매우 진보적이고 개척적인 것이었다고 생각된다.[46)]

3. 일본상법의 내력

일본에 간 관비유학생들이 일본에서 배우고 익힌 일본상법의 내력을 살펴볼 필요가 있을 것 같다. 이는 나중에 한일합방에 의하여 일제의 법률이 조선에 현행법으로 효력을 가지게 되므로 이를 이해하는 데에도 전제가 되는 까닭이다.

일본의 구민법의 기초가 프랑스인 보아소나드(Emil Boissonade)에 의하여 이루어진 것에 대하여, 상법전의 기초는 독일인 뢰슬러(Hermann Roesler)의 손에 의하여 이루어졌다. 즉, 명치(明治) 초기의 개별적인 상사법규의 편찬의 뒤를 이어서, 1881년에 태정관(太政官)은 상법전의 편찬을 하기로 용단을 내리고, 뢰슬러에게 초안의 기초를 위임하고, 그는 동년 4월부터 기초(起草)에 착수하기 시작하였다. 당시 특히 필요한 것은 회사법과 수형법(手形法)이었으므로, 일본정부는 우선 이 양자에 관하여 단행법을 제정하기로 하며, 먼저 뢰슬러 초안에서 어음의 부분을 추려내어 정정(訂正)을 가한 것이 「爲替手形約束手形條例」(3장 47조)로서 1882년 12월 11일 태정관포고(太政官布告) 제57호로서 공포되었다. 한편 회사법에 관하여는, 상법편찬위원은 뢰슬러가 기고한 초안에 개삭(改削)을 가한 160조의 초안을 1882년 9월에 상정하였으나 그대로 되었다. 이 사이에 뢰슬러의 기초는 진행되어 1884년 1월에는 상법전부의 초안과 축조이유서를 완성하였다. 그 후 다시 단행법이 되는 회사조례나 파산법의 제정의 움직임이 있어서 상법편찬이 중지되는 등 곡절을 겪은 다음, 1887년 4월 민상법은 일원적으로 외무성의 법률취조위원회(이 위원회는 동년 10월 사법성에 이관되었다)에서 편찬되게 되었다. 여기서 뢰슬러가 기초한 상법초안을 조사 수정한 것이 1890년 4월 27일 공포되고, 익년 1월 1일부터 시행되게 되었다. 이것이 일본구상법이다. 이 일본구상법은 그러나 법전논쟁[47)]의 결과, 그 시행이 연기되게 되었다. 민법(구민법)과의 조화가 되어 있지 않다는 점이나, 오로지

---

46) 鄭熙喆, 法律文化의 脈 탐구 (商法), 企業法의 行方(鄭熙喆 外 共著), 1991, 14-15면.

47) 이 민상법에 대하여, 반대론이 주창되어 이른바 법전논쟁으로 발전되어 단행론과 연기론의 격렬한 논전이 전개되었다. 끝내 연기론이 승리를 거두어 1892년 11월 법률에 의하여 1896년 12월 31일까지 민상법의 시행이 연기되게 되었다.

외국법을 모방하여 일본고유의 관습을 고려하지 않고 있다는 점이라는 이유가 연기론의 주장이었다. 1892년 민상법의 시행을 연기하는 법률이 제정되고 법전조사회가 설치되었다. 岡野敬次郎, 梅謙次郎, 田部芳의 3기초위원에 의하여 기초된 신상법은 1899년 3월 9일 법률 제48호로서 공포되어, 동년 6월 16일부터 시행되었다. 일본신상법은 수형법(手形法)이 포함되고 있는 점을 제외하면 대체로 독일구상법(ADHGB)[48]에 유사하며, 내용도 또한 독일구상법을 모체로 하고 있다.

일본신상법은 1911년, 200여 조에 달하는 개정을 하지만, 이 개정법도 주로 독일법을 따라 한 것이며, 상법의 독일법계의 색채는 한층 더 농후해졌다.[49]

Ⅲ. 법관양성소의 상법학

1. 서 설

개국이래 파란만장한 역사의 격랑을 겪으며 20여 년이 지나서 조선 정부는 갑오경장(甲午更張)을 선포하기에 이르렀다. 그동안에 국가의 동력은 쇠진하여 일본의 간섭을 받아서 개혁을 하는 처지가 되었다. 이런 근대화작업에서 사법제도의 근대화가 천명되었다. 어쨌거나 법치에 한 발짝 다가가는 접근이었다. 우선 사법권을 행정기구로부터 분리, 독립시켜 재판을 담당하게 하는 재판소구성법의 공포가 있었다.[50] 종래에는 행정관이 곧 사법관이었다. 재판소구성법에 의하여 일괄적으로 관찰사 이상의 행정관을 판사로 임명하긴 하였으나, 근대화된 사법제도를 운영할 사법요원의 양성이 필요하게 되었다. 이러한 이유에서 법무대신 徐光範이 3, 4개월 전에 국왕에게 상주(上奏)하여 허락을 받아 칙령 제49호로 법관양성소규정(規程)을 제정하게 되었으니, 재판소구성법이 제정, 공포된 같은 날에 공포되었으며, 4월 1일부터 시행되기에 이르렀다.[51] 법관양성소의 모델은 일본의 사법성법학교(司法省

---

48) 1861년에 「普通獨逸商法」으로서 성립하여 1871년에 독일제국의 성립과 함께 「제국법(帝國法)」이 되었다. 그리고, 독일신상법은 1900년부터 시행된다.

49) 奥田昌道, 日本における外國法の攝取(伊藤正己編, 外國法と日本法, 岩波講座 現代法14), 224-225면.

50) 裁判所構成法은 일본의 憲政下의 裁判所構成法을 본받은 입법으로 장래 사업권의 독립을 염두에 두고, 행정권에서 분리된 사법재판소의 창설을 목적으로 한 것이다. 田鳳德, 韓國近代司法史制度史(2), 大韓辯護士協會誌, 1972. 5, 90면.

法學校)[52]에서 따온 것이 아닌가 한다.

2. 법관양성소의 설치

법관양성소규정(規程) 제1조에 의하면, "법관양성소는 속성함을 기하고, 생도를 범모(汎募)하야 규정하는 학과를 교수하고, 졸후(卒後)에 사법관으로 채용함이 가한 자격을 양성하는 처(處)라"라고 하여, 재판소구성법에 의한 사법제도의 근대화에 부응하여 사법업무를 담당할 사법관을 속성으로 양성하기 위한 것이었다. 소정의 입학시험에 합격한 20세 이상의 관공서의 현직관리 중에서 선발하여 재학기간 6월에 법학통론, 민법, 형법, 민사소송법, 형사소송법, 기타 현행법률을 교수하여 졸업시험에 합격한 자에게는 졸업증서를 주고, 법관이나 검사에 임명한 것이다. 교수로서는 미국인 具禮(C. Greathouse), 일본인 日下部三九郎 등이 위촉되었다. 개국 504년 2월 13일 咸台永 외 47명이 제1회 졸업생으로 배출되었으며, 각 재판소의 판사, 검사에 임명되었다. 제2회 졸업생 39명이, 제3회 원생들이 다음해 개국 505년 4월에 졸업한 후에 법관양성소는 일시 폐쇄되었다.[53]

1906년 신재판소구성법의 공포, 실시와 때를 같이 하여, 법부(法部)직할인 법관양성소를 개편하였다. 융희원년(隆熙元年) 12월 13일 칙령 제53호로 법관양성소관제가 공포되었고, 동 융희 2년 1월 17일 법무령 제1호로 법관양성소령이, 동 3월 6일 법부고시 제1호 법관양성소학칙이 각 공포되었다.

법관양성소에는 소장(勅任 또는 奏任) 1인, 교수전임 3인(奏任), 간사(奏任) 1인, 조교수전임 3인(奏任 또는 判任), 주사(判任), 번역관보 2인(判任)을 두며, 수업연한

51) 梁承斗, 法官養成所에 관한 小考, 世林韓國學論叢 第1輯, 1977, 487면.

52) 일본에서 明治維新 초기에 프랑스법교육의 중심이 된 것은 뭐니뭐니 해도, 明治 4년(1871)에 사법성내에 설치된 明法寮에 만들어진 法學校－후의 司法省法學校－이고, 이 학교가 프랑스법을 공부한 법률가의 양성을 맡는 기관이 된다. 이 학교에서는 프랑스의 법학자를 초빙하여 강의를 담당하게 하였지만, 학생을 모집할 때에는 漢字시험을 치렀기 때문에, 모든 청강생이 프랑스어에 의한 강의를 충분히 이해하였으리라고 생각되지 않는다. 司法省法學校는 明治 18년(1885)에 東京大學에 합병되고, 다시 명치 19년에 東京帝國大學으로 되자, 다음해 20년에는 프랑스법은 영국법, 독일법과 더불어 모두 26강좌 중의 하나를 차지하게 되고, 司法省法學校의 사명은 여기서 끝나게 된다. 그리고 明法寮라고 할 때에, 寮란 것은 明治 초년에는 오늘날의 각 省내의 局과 같은 의미로 사용되어, 明法寮도 단순한 법학도양성의 기관이 아니라, 「법률을 申明」하고, 「新法을 議章」하고, 「各國의 法을 講究」하고, 「各例를 選修」하고, 「維新 이래 布告法章을 編纂 · 考證」하는 등의 사명을 가지고 있었다. 澤木敬郎, 위의 논문, 200-205頁.

53) 田鳳德, 近代司法制度史(2), 大韓辯護士協會誌, 1972. 5, 會報 3호, 61면.

은 3개년, 학년은 4월 1일부터 시작하여 익년 3월 31일에 종료하고 현재 재학중인 학생은 구규칙에 의하여 법학통론, 민법, 민사소송법, 형법, 형사소송법, 상법, 국법학, 행정법, 국제공법, 국제사법, 명률(明律), 경제학, 실무연습, 외국어, 한문, 수학, 부기, 및 체조 등이었다. 입학자격은 17세 이상 35세 이하인 자로서 관립일어학교 또는 관립고등학교를 졸업한 자 또는 그와 동등 이상의 학력이 유(有)한 자로 규정하고 있다.

신제 법관양성소의 신입생은 융희 2년 3월 27일까지 품청장(稟請狀, 入學志願書)을 제출하고, 3월 30일 입학시험을 국한문의 독서작문, 산술, 역사지리, 일어 등의 각 과목에 관하여 행하고, 동년 4월에 50명의 학생을 입학허가하였다. 졸업자에게는 성법학사(成法學士)의 칭호를 주게 되어 있다. 그러나 입학자의 학력의 부족을 절실히 느끼고 동년 4월 20일 법관양성소 예과학원 100명을 임시로 모집하고, 법학통론, 논리학, 역사, 지리, 수학, 일본어학 등을 교수하여 1년 후에 본과에 무시험으로 편입키로 하였다.

신제법관양성소 소장에는 법부참여관(法部參與官) 野澤武之助가 임명되었고, 교수에는 長連恒, 劉文煥, 간사에는 岩間 亮, 조교수에는 秋山幸衛, 石鎭衡, 번역관(飜譯官)에는 金敎明 등이 임명되었다.[54]

3. 이수과목

이수과목은 ① 법학통론, ② 민법, ③ 형법, ④ 민사소송법, ⑤ 형사소송법, ⑥ 기타현행법률, ⑦ 연습(演習)으로 되어 있다. 그리고 이 시점에서 상법은 과목에 들어가 있지 않았다.

1906년(光武 10년) 3월 30일에 법부령 제1호로써 법관양성소규칙이 개정되고 그 제2조에 의하여, 교과목이 형법대전, 명률, 무면록(無冕錄), 법학통론, 헌법, 형법, 민법, 상법, 형사소송법, 민사소송법, 행정학, 국제법, 경제학, 재정학, 외국어로 대폭 늘어나고 있다. 1906년 11월 6일에는 법부령 제5호로 법관전고(銓考)세칙이 제정되고, 고과목(考課目)에 행정법대의, 민사소송법, 민법, 형법, 형사소송법, 상법대의, 국제법대의, 경제학대의로 정하여 상법도 그 자리를 굳히게 되었다. 1908년

54) 田鳳德, 韓國近代司法制度史(8), 大韓辯護士協會誌, 1976. 9, 29면.

1월 17일에는 법부령 제1호 법관양성소령이 새로 제정되어 수업연한이 3년이 되었으며, 동년 3월 6일 법부고시 제5호 법관양성소학칙이 정해졌다. 그 제1조는 교과목으로서 법학통론, 민법, 민사소송법, 형법, 형사소송법, 상법, 국제법, 행정법, 국제공법, 국제사법, 명률, 이재학, 실무연습, 일본어, 한문, 수학, 부기, 체조 등을 나열하고 있다.[55]

1908년 법관양성소(소장: 金洛憲)의 교과과목을 보면 아래와 같다.[56]

교과 과목	담당 교수	교과 과목	담당 교수
法學通論	張 燾	平時國際公法	石鎭衡
民法總論	申佑善	相 續 法	朴晩緖
民事訴訟法	洪在祺	經 濟 法	未 詳
刑法總論	張 燾	會 社 法	未 詳
刑事訴訟法	劉文煥	刑法各論	李冕宇
商行爲法	羅 瑨	商法總則	未 詳
債權法 第1部	石鎭衡	魚 驗 法	未 詳
債權法 第2部	申佑善	數 學	未 詳
物權法 第1部	柳東作	日語實務演習	未 詳
物權法 第2部	梁大卿		

4. 교수진

법관양성소의 강의를 담당한 교수로는 관비유학생출신, 법관양성소출신, 관리직에 있던 자들로 나눌 수 있다. 우선 법관양성소의 초기에는 주로 관리직이었던 자들이 법관양성소의 강단에 섰던 것 같고, 1907년 이래 법관양성소의 강사로서는 관비유학생출신들이 담당하였다. 예컨대 張燾(1895), 李冕宇(1895), 劉文煥(1895), 柳東作(1901), 申佑善(1895), 俞鎭明(1895), 朴晩緖(1895), 張憲植(1895) 등이 있었다. 법관양성소출신으로 나중에 강당에 섰던 분들은 李漢吉, 尹憲求, 尹邦鉉, 尹泰榮, 宋太煥, 具健書, 尹性普, 尹光普, 直世煥 등이다. 그리고 관리직에 있던 자들이 법관양성소의 강단에 섰던 분으로는 丁明燮, 石鎭衡, 崔 鎭, 趙慶九, 李信宇,

55) 鄭熙喆, 股本會社(企業法의 行方所收), 1991, 108면.

56) 이 교과내용은 1908년(隆熙2년) 法官養成所 졸업생 李祖遠(1888. 11. 24.-1947. 2. 24.)의 차남 李台濬 공인회계사가 대한변호사협회에 제공한 자료에 의함. 大韓辯護士協會誌 36호, 1978년 4월 참조. 崔鍾庫, 위의 책, 27면.

崔炳玉, 方承憲, 鄭基學, 金榮淑, 金廷植 등이 있었다. 관비유학생출신들은 위에서 살펴본 바가 있어서, 법관양성소출신과 관리직에 있던 자들을 이력을 살펴보면 다음과 같다.[57]

(1) 李漢吉은 1885년 1월 23일생이다. 1903년 9월에 법관양성소에 입학하여 이듬해 7월에 졸업하였다. 이어서 이듬해 1월에 한성법학교에 입학하는 한편, 같은 달에 법관양성소 박사(判任官 6등)로 임명되었다. 그해 9월에는 보성전문학교로 옮겨서 법률학을 공부하였고, 1906년 10월 12일에 법관양성소 교관에 임명되었다. 그가 보성전문학교 법학과를 졸업한 날짜가 1907년 2월 2일이니 법관양성소 교관으로 있으면서 보전(普專)의 학생이었다는 이야기가 된다.

(2) 尹憲求는 1871년 9월 24일생이고, 외부견습생으로 있다가, 1903년 2월에 법관양성소에 입학하여 이듬해 7월 6일에 졸업하였다. 같은 달 26일에 법관양성소 박사로 임명되었다가, 다음해 12월 13일 동교의 교관으로 임명되었다.

(3) 尹邦鉉은 1875년생이다. 1895년에 일본에 건너가 동경 慶應義塾에 입학하여 이듬해 4월 보통과를 졸업하였다. 이어서 일본 사법성과 농상무성에서 견습하고 7월에 귀국하였다. 1899년 8월에 농상공부 기사로 서용(敍用)되어 일하다가 중추원 의관(議官)으로 임명되었다. 1901년 10월에는 내부 회계국장이 되었다. 12월에 법부 참서관으로 옮겼다가 다시 한성재판소 판사로 임명되었다. 1903년 7월 7일 법부 법률기초위원 및 법관양성소 교수로 임명되었다.

(4) 尹泰榮은 1883년생으로 1898년 9월에 관립일어학교에 입학하였다가 퇴학하고 1903년 2월에 법관양성소에 입학하여 이듬해 7월 15일에 졸업하였다. 같은 달 26일 법관양성소 박사로 임명되었으나, 28일에 의원면직하고 법부사무를 견습하면서 지내다가 이듬해 3월 10일에 법관양성소 교관으로 임명되었다.

(5) 宋太煥은 학생 宋相錡의 아들로 태어나 1902년 12월에 법관양성소를 졸업하고 이듬해 6월 24일에 법부대신으로부터 법관양성소 교수로 임명되었다. 9월 4일에 동교의 교관으로 임명되었다.

(6) 鄭彦朝는 通訓大夫行 開寧縣監 鄭基興의 아들로 태어나 1887년 3월에 생원시에 합격하여 홍릉참봉(弘陵參奉)으로 있다가 1897년 11월에 법부주사로 임명

57) 崔鍾庫, 앞의 논문, 69면 이하.

되었다. 같은 달 명성황후(明成皇后)의 인산시(因山時) 활동이 커 상을 하사받았다. 1899년 6월에는 한성재판소 주사가 되었다가 7월에는 평리원(平理院) 주사로 옮겼다. 이듬해에는 중추원 의관(議官)에 임명되었으나, 의원면직하고 법관양성소의 교관으로 임명된 것은 1904년 7월 21일이었다.

(7) 安宅重은 학생 安奎洪의 아들로 태어나서 가정학습을 한 외에 별다른 학력도 없고 관직의 이력도 없는 인물인데, 1903년 6월 24일에 바로 법부대신으로부터 법관양성소 교수로 임명받았다. 이어서 9월 4일에는 법관양성소 교관으로 임명되었다.

(8) 安致潤은 1869년생으로 집에서 자습하여 1902년에 법부주사로 발탁되었다. 1903년 8월 7일에는 직무에 소홀하다는 이유로 견책을 받았지만, 12월 13일에 법관양성소 교관으로 임명되었다. 그러나 그는 곧장 의원면직하고 다시 법부주사로 임명되었다. 1906년 2월 한성재판소 검사로 되었다가 같은 해 5월 8일에는 평리원 판사가 되었다.

(9) 權炳勳은 1864년 8월 28일에 태어나 1896년 2월에 양주군(陽州郡) 세무주사로 임명되어 지방관리로 있다가, 1903년 6월 24일에 법관양성소 교수로 임명되고, 9월 4일에 동교의 교관으로 되었다. 그러나 법관양성소의 폐교와 함께 1905년 3월 20일 육군유년학교 교관에 임명되었다.

(10) 具健書는 幼學 具然泰의 아들로 綾城에서 태어나 1895년 4월 법관양성소의 개교와 함께 입학하여 그 해 11월 10일 제1회 졸업생으로 졸업하였다. 수년간 별다른 이력없이 지내다가 1903년 9월 14일에 법관양성소의 박사로 서임(敍任)되었다. 그러나 이듬해 4월에 한성재판소 주사로 임명되었다가 1905년 5월 16일 법관양성소 교관에 임명되었다. 그러나 본직도 그해 12월 11일에 의원면직하고 이듬해 12월 20일에 법부주사로 임명되었다.

(11) 尹性普는 1861년 12월 29일에 서울에서 태어나 감시초시(監試初試)에 합격하여 진사가 되었다. 1895년 법관양성소가 개교하자 1기생으로 입학하여 그해 11월에 졸업하였다. 이듬해 2월 10일 법부주사로 임명되었고, 11월에 고등재판소 검사로 되었다. 1905년 11월에는 법부 법률기초위원을 겸임하면서 평리원 판사가 되었다. 그가 법관양성소 교관으로 임명된 것은 1903년 12월 14일이었고, 이듬해 6

월 29일에는 교관직을 사임하고 형법교정관(刑法矯正官)이 되었다.

(12) 尹光普는 1860년 5월 4일에 태어나 감시(監試)에 합격하여 지방관리로 생활하다가 1903년 2월에 법관양성소에 입학하여 이듬해 7월 15일 졸업하였다. 이어서 법관양성소 박사 판임관으로 되고, 법부 사무와 평리원 사무를 견습하였다. 그가 법관양성소 교관으로 임명된 것은 1905년 4월 25일이었다.

(13) 曺世煥은 學生 曺秉元의 아들로 昌寧에서 태어나 1895년 3월에 법관양성소 1기생으로 입학하여 6개월의 속성수업을 마치고, 동년 11월 10일 제1회 졸업생으로 졸업하였다. 1897년 11월 1일에 한성재판소 주사로 임명되었다가 이듬해 한성재판소가 폐지됨에 따라 해임되었다. 그의 이력서에는 그로부터 5년간의 활동이 전혀 기록되고 있지 않았으며, 1903년 7월에야 비로소 법부대신에 의하여 법관양성소 교관으로 임명되었다.

(14) 趙慶九는 贈崇政大夫 議政府 參政大臣 行通訓大夫 工曹定郎 趙東奭의 아들로 태어나 독학으로 관계에 진출하여 1900년에 중추원 의관(議官)을 지내고 법부 주사, 참서관(參書官)으로 되었다가, 동년 10월 24일에 법부의 법률기초위원으로 되었다. 이듬해 3월에는 평리원 판사가 되었다. 그가 법관양성소 교관으로 임명된 것은 1903년 9월 7일이었고, 이듬해 10월 14일에는 형법교정관을 겸임하였다.

(15) 李信宇는 李會植의 아들로 태어나 관립일어학교를 1901년 2월에 졸업하였다. 이어서 그는 법관양성소에 진학하여 속성으로 법학을 공부하였다. 프랑스어를 할 줄 아는 그를 법부고문 끄레마지(L. Crémazy)가 추천하여 1903년 6월 24일 법관양성소 교관으로 임명되었다.

(16) 崔炳玉은 수원에서 司果 崔健植의 아들로 태어나 1897년 9월에 관립법어학교에 입학하여 프랑스어를 배웠다. 1901년 3월에 법어학교를 우등으로 졸업하여 법부에서 법부고문 끄레마지(L. Crémazy)로부터 프랑스법률을 공부하였다. 프랑스어와 프랑스법을 공부한 그를 끄레마지는 법부대신에게 추천하여 1904년 3월 19일 법관양성소 교관으로 임명되었다.

(17) 方承憲은 溫陽에서 通政大夫 折衝將軍 行龍驤衛副護軍 方孝隣의 아들로 태어나 1895년 12월 제1기생으로 관립법어학교에 입학하여 프랑스어를 배웠다. 1898년 6월 19일에 駐箚英德義公使館 서기생으로 임명되어 해외생활을 하였다.

1900년 4월 12일 동직에서 해임되어 통신원 번역관으로 임명되었다. 그가 법관양성소 교관으로 임명된 것은 1903년 7월 11일이었다. 그가 프랑스어에 밝고 외국사정을 아는 사람이니 「외국율례」라는 과목을 담당하였다.

(18) 鄭基學은 경주에서 司勇 鄭龍爀의 아들로 태어나 1898년 3월에 관립법어학교에 입학하여 프랑스어를 배우고, 이어서 법부고문 끄레마지(L. Crémazy)에게서 프랑스법을 배웠다. 끄레마지의 추천으로 1903년 6월 24일 법부대신으로부터 법관양성소 교관으로 임명되었다.

(19) 金榮淑은 김해에서 학생 金相湖의 아들로 태어나 별다른 학업도 없이 1902년 2월에 충청남도 관찰부 주사로 되었다가 이듬해에 조경묘(肇慶廟)를 개수할 때 별군으로 발탁되었다. 1904년 6월 29일 법관양성소 교관으로 임명되었다.

(20) 金廷植은 司果 金益河의 아들로 1897년(광무 1년) 3월에 관립법어학교에 입학하여 프랑스어를 배웠다. 법어학교는 1895년 10월에 설립되어 馬太乙(Emile Martel)과 李能和, 安于商, 金漢箕 등에 의하여 교수받았는데, 1906년 1월에 제1회 졸업생을 내고 1910년까지 6회에 걸쳐 26명의 졸업생을 내었다.[58] 당시 법률고문으로 있던 끄레마지(L. Crémazy)가 프랑스인 법률가였으므로 이들 프랑스어를 할 줄 아는 사람들과 친교를 가지게 되었다. 金廷植은 2년간에 걸친 프랑스법학의 수업이 인정되어 1903년 6월 24일 법부대신에 의하여 법관양성소 교관으로 임명되었다.

5. 법관양성소에 대한 평가

법관양성소는 본래 갑오경장(甲午更張) 당시에 근대적 재판제도 창설의 일환으로 사법요원의 양성을 위하여 설립된 것이었다. 그러나 그 동안 사법요원의 양성에는 3회 졸업생을 속성양성한 후에 폐소되었으며, 재판사무는 구태의연하게 행정관이 겸무하고, 사법요원의 양성에 조선정부가 무관심하였던 것이다. 1907년 정미조약(丁未條約)을 계기로 법관양성소가 개편되고, 소장 이하에 일본인이 임명되었으나, 교수, 조교수를 합하여 3, 4명의 진용으로 사법요원을 양성한다는 것은 언어도단이었다. 국가제도나 법치의 실현은 서구법학의 도입정도가 성패를 좌우하게 된

58) 이에 대하여는, 李光麟, 舊韓末의 官立外國語學校, 「韓國開化史研究」, 1969, 134-158면.

다. 법학교육의 진흥이 그 원동력임을 일본은 자국개화의 경험으로 잘 알고 있었으나, 통감부하에서 조선에서의 법학교육을 등한하게 만들고, 법관양성소의 교육을 명목만에 그치게 한 것은 통탄해 마지않을 수 없다. 법관양성소 교관을 무정견하게 임명한 것만 보더라도, 통감부가 의도적으로 법학교육의 중요성을 약화하려고 한 것이 아닌가 하는 의구심이 든다.[59)]

Ⅳ. 보성전문학교의 상법학

1. 시대적 배경

1905년 을사조약(乙巳條約)으로부터 1910년의 경술국치(庚戌國恥)에 이르기까지 대한제국의 국운은 그야말로 풍전등화와 같았다. 이미 외교권과 군사권을 일제에 빼앗긴 이 기간 조선의 선각자들은 젊은 청년들에게 신학문을 가르쳐 훌륭한 인재를 기르는 것만이 국권을 수호하는 유일한 길임을 뒤늦게 깨닫게 된다. 보성전문학교 역시 그러한 시대적 사명으로 창립되었다.[60)]

1905년(광무 9년) 1월에 군부대신으로 있던 李容翊이 申海永에게 "학교를 설립하여 인재를 배양하여 국가의 기초를 완성하고 국민의 지식을 발달케 할 차(次)로 전탁(專託)하고 유지방법은 영원히 본인이 담당할지라"라는 뜻을 밝혔다.[61)] 이 뜻에 감격한 申海永은 두세 동지와 학교의 설립방법을 연구하여 당시 국내에 전문학교가 없으니, 법률, 경제, 농업, 상업, 공업 5개 전문과를 병설하기로 하였다. 그러나 실제방법에 있어서는 우선 법률학과 경제학의 양 전문과를 설립하고 4월 3일에 교명을 「보성전문학교」라고 짓고, 번동(磻東, 현재 수송동)의 전 아어(俄語)학교를 빌려서 개교하였다. 교장은 申海永, 교감은 趙齊桓, 학감은 鄭永澤이 취임하였고, 강사진으로는 申佑善, 俞承兼, 俞致衡, 張燾, 張憲植, 洪在祺, 劉文煥, 石鎭衡 등을 초빙하였다. 또 같은 해 9월에는 전 한성법학교 학생 22명을 인수받아서 야학과를 설치하였다. 이듬해 2월에 제2회 법률과 주야간 학생을 모집하니 140명이 모

59) 田鳳德, 앞의 논문(8), 29면.
60) 김정호, 앞의 논문, 280면.
61) 「法政學界」(普成專門學校刊), 제1집, 53면 "本校沿革"(高麗大學校 圖書館所藏).

였다. 이것이 조선에서의 자주적인 사학법학교육의 첫출발이었다.[62)]

2. 법학교과

보성전문학교에서 설강되는 교과과목은 2년 4학기의 기간 중 오늘날의 법과대학에서 교수하는 거의 모든 과목을 이수시킨 것으로 보인다. 교과과정의 내용도 오늘날의 그것과 비교해 볼 때에 조금도 뒤처지거나 모자란 것이 없을 정도다. 오히려 국제법 같은 과목은 평시국제법과 전시국제법으로, 나아가 민사소송법 역시 민사소송법과 증거법으로 나누어 자세히 설강하였다. 상법분야도 초창기에는 상법총론만을 강의하다가, 곧이어 상행위법, 회사법, 어험법(어음수표법) 내지 해상법까지 설강하였다.[63)]

보성전문의 초창기의 법학교육의 내용은 1905년도 창립 당시의 커리큘럼을 보면 알 수 있다.

[1학년]

第 1 學 期		第 2 學 期	
法學概論	債權法	法學概論	債權法
民法總論	經濟學	民法概論	經濟學
刑法總論	國際公法大意	刑法總論	國際公法大意
刑事訴訟法	警察學	民事訴訟法	警察學
物權法	算術	物權法	算術
합 10		합 10	

위에서 보는 바와 같이 1학년 1학기 때부터 본격적으로 (속성으로) 법학과목 전반을 수강시켰던 것이다. 그리고 제2학년의 커리큘럼은 아래와 같았다.

[2학년]

第 1 學 期	第 2 學 期
外交官・領事館制度 商法總論	外交官・領事館制度 商法總論

62) 崔鍾庫, 開化期의 法學教育과 韓國法律家의 形成 －「法官養成所」와 「普專」의 教課와 教授陣을 中心으로－, 서울대학교 법학, 제22권 1호(1981), 80면.
63) 김정호, 위의 논문, 281-282면.

國際私法 行政法各論 行政警察論 國際警察論 監獄學 銀行簿記學 行政裁判法論 算術	國際私法 行政法各論 行政警察論 國際警察論 監獄學 地方制度論 官廳簿記學 訴訟演習 算術
합 10	합 11

3. 교강사진

초창기 보성전문의 법과교강사들은 대부분이 관비로 일본에 건너갔던 관비유학생 출신들이었다. 그것도 특히 게이오의숙(慶應義塾) 출신들이 태반이다. 법관양성소 교강사에서 스카웃된 張燾, 李冕宇, 洪在祺, 劉文煥, 申佑善, 石鎭衡, 俞承兼, 張憲植, 趙齊桓 등이다. 이들은 법관양성소에서보다 보성전문에 와서 교재도 발간하고 학문을 하는 기쁨을 맛보기도 하였을 것이다. 마침 번동(磻東) 교내에 「普成館」이라는 출판부를 두어 대체로 일본의 대학들이 사용하는 강의안을 참고하면서 해당과목의 교과서들을 저술하도록 하여 출판을 한 것이었다. 즉, 俞致衡의 법학통론, 헌법, 해상법, 石鎭衡의 채권법, 평시국제공법, 張燾의 형법총론, 형법각론, 申佑善의 민법총론, 魚驗法, 李冕宇의 상법총론, 회사법, 洪在祺의 민사소송법, 증거법, 張憲植의 행정법, 劉文煥의 형사소송법, 朴晩緖의 물권법, 상속법, 파산법 등이다.[64]

여기서 보성전문학교 제1회 졸업생에 朱定均이라는 사람을 소개하려고 한다. 그는 원래 인천에서 소학교 교원을 지내고 서울에 와서 한성사범학교 교원으로 있으면서 야간에 보성전문학교에 다녔던 것이다. 졸업을 하고 군부 군법과 주사가 되었다가, 모교인 보성전문학교의 강사가 되어 법학통론을 강의하였다. 강의교재로 삼기 위해선지 1908년에 500페이지에 달하는 법학통론 교과서를 저술, 출판하였고, 상법총론도 출간하였다. 일본유학을 하지 않고도 순수하게 국내에서 법학교육을

64) 김정호, 위의 논문, 283면.

수학한 사람이 전문학교 강단에 섰다는 것은 매우 특기할 만한 일이었지만, 그의 후일 이력에 대해서는 아직까지 자세히 밝혀지지 않고 있다.[65)]

4. 학술지로서의 「法政學界」

법관양성소는 사법요원의 양성을 위한 속성교육으로 학문으로서의 법학보다도 실무학습에 역점을 두었고, 따라서 교과서나 법학논문 같은 것은 변변히 출간된 것이 없었다. 기껏해야 법관양성소 교관들이 일반학술지에 기고하여 게재하는 것이 고작이었고, 그것이 어쩌면 법관양성소에서 가르치는 강의안과 같은 것이었다. 그러나 보성전문은 위에서 본 바와 같이 법학교과서들은 정식으로 편찬하였을 뿐만 아니라, 교수진이 중심이 되어 「法政學界」라는 법학전문학술지를 발간하기 시작하였다.[66)] 보성전문은 우리나라의 최초의 법률저널인 「法政學界」를 발간함으로써 매우 의미있는 이정표(milestone)를 남기게 되었다. 「法政學界」는 매월 1회 발간되었는데, 이 속에 당시의 시대상황과 법학연구의 수준을 가늠할 수 있는 귀중한 자료들을 가득 담고 있었다. 아쉬운 것은 이 잡지가 계속 발간되지 못하고 1909년 5월 제24호를 끝으로 폐간되고 말았다는 사실이다. 그럼에도 우리나라의 최초의 전문법학학술지로서 그 의미는 매우 큰 것이다. 현재 남아 있는 것은 1907년 5월에 발간된 제1호를 시작으로 13권에 불과하다. 현존하는 「法政學界」 각호 속에서 발견되는 상사법관련 논문을 뽑아 보면 다음 4편이 발견된다. 그 중 3편이 어음수표법에 관련된 논문이다.[67)]

① 卞榮晩, 法人의 意義 及 必要, 「法政學界」, 제14호, 1907년 10월 발간, 8-12면.
② 卞榮晩, 書出의 魚驗行爲를 先ᄒᆞ야 外他 魚驗行爲를 行ᄒᆞᆫ 魚驗行爲의 效力을 論ᄒᆞᆷ, 「法政學界」, 제17호, 1908년 10월 5일 간행, 9-10면.
③ 南亨祐, 魚驗行爲ᄂᆞᆫ 如何한 行爲인가? 「法政學界」, 제19호, 1908년 12월 5일 간행, 5-11면.
④ 南亨祐, 普通債權과 魚驗債權의 差異, 「法政學界」, 제21호, 1909년 2월 5일 발간, 13-17면.

65) 崔鍾庫, 韓國의 西洋法受容史, 1982, 350면.
66) 崔鍾庫, 위의 논문, 84면.
67) 김정호, 위의 논문, 294면.

V. 일제강압기의 상법학

1. 시대적 배경

일제는 1911년(明治 44년) 법률 제30호 「조선에 시행할 법령에 관한 법률」을 공포, 시행하여 식민지지배법제의 기초를 마련하였다. 이에 의하면, 조선에서 법률을 요하는 사항은 조선총독의 명령으로 규정하며, 이 명령을 「제령」이라 칭하고, 제령의 개정에는 내각총리대신을 거쳐 천황의 칙재를 받아야 하였다. 만약 긴급을 요하는 경우에는 총독이 즉시 발할 수 있으나, 후에 칙재를 받아야 하였다.

조선민사령 제1조의 8호 내지 10호에 의하여 일본의 상법, 수형법, 소절수법, 유가증권법, 명치 33년 법령 제50호(상법중 서명을 하여야 할 경우에 관한 건, 상법시행법, 상법중 개정법률시행법 등)이었다.[68] 이 의용상법은 1911년부터 1945년까지 일제에 의한 식민통치를 받은 시기에는 말할 것도 없고, 1945년 8월 15일 해방과 더불어 미군정법령 제21호 제1조 및 제2조에 의하여, 대한민국의 수립 이후에는 헌법 제100조의 경과규정에 의하여 1962년 1월 20일 우리나라의 상법이 제정, 공포되고, 1963년 1월 1일부터 시행되기까지 우리나라에서 효력을 가지게 되었다.

이 일본상법을 배우고 읽히며, 연구하고 가르친 학자와 교육기관은 어디며, 어떤 연구활동을 하였는가를 살펴보기로 한다.

2. 경성제국대학의 상법학

(1) 경성제국대학의 설치

일제는 1924년 5월 2일 칙령 제103호로서 경성제국대학관제를 공포하고, 동년 5월 9일부터 예과수업을 시작하였다. 2년 후인 1926년 3월 15일에 예과 제1회 수료식을 거행하니 예과과정은 2년이고, 다시 조선총독부령 제30호로서 대학규정을

68) 일본상법은 제령의 형식으로 시행되었기 때문에 내용상으로는 일본국의 법률이지만, 예컨대 조선민사령 제1조에서 「민사에 관한 사항은 본령 기타의 법령에 특별한 규정이 있는 경우를 제외하고 左의 법률에 의한다. 八. 商法」과 같이, 「법률의 依用」형식을 취하였으므로, 이를 의용상법이라고 한다.

발표하니 4년과정의 학부가 시작되었다. 이로써 일제에 의하여 설립되기는 하였으나, 한반도의 유일한 최초의 대학이 탄생을 한 것이었다. 경성제국대학은 1926년 4월 1일부터 법문학부와 의학부를 설치하고, 법문학부에 법률학과, 철학과, 사학과, 문학과를 나누었다. 1926년에 개설한 각 학부의 강좌는 법문학부 25강좌(법학관계 6강좌, 문학관계 19강좌), 의학부 12강좌였다. 연차적으로 강좌를 증설하여 완성년도에는 법문학부 51강좌, 의학부 29강좌로 할 예정이었다. 헌법·행정법 1강좌, 민법·민사소송법 4강좌, 상법 2강좌, 형법·형사소송법 2강좌, 국제공법 1강좌, 국제사법 1강좌, 경제학 2강좌, 로마법·법리학·법제사 등이 각각 1강좌씩 개설되었다.[69]

(2) 경성제국대학의 교수진

경성제국대학 법문학부 교수는 모두 일본인으로 채워져 있었다. 법문학부 교원은 1941년 현재 교수 39명, 조교수 13명, 강사 8명, 조수 13명 중에 조선인은 강사 1명(權純九: 「朝鮮式 漢文」 담당), 조수 3명에 불과하였다. 경성제국대학은 본교 졸업생 외의 조선인도 자기 강좌를 담당할 수 있는 교수는 물론 조교수로도 가능한 한 채용하지 않았고, 대학학부 창립 당시의 공약과는 달리 본교의 조선인 졸업생도 학자로 키우지 않았다. 즉, 경성제국대학의 학생은 장래 졸업 후 의연히 학술연구에 나아가는 것과 事功(취업)으로 나아가는 것, 두 가지 방향으로 나누어질 것으로 공언되었지만, 법문학부 출신의 조선인들은 事功으로 나아가 주로 관료로 취업하거나 중등학교 교원으로 진출하였다. 당시 수재로 이름이 높았던 법학과 1회 졸업생 俞鎭午도 잠시동안 예과강사를 한 것 이외에는 교수로서 편입되지 않고, 보성전문학교 교수로 자리잡았다.[70] 그러나 일본인 교수진은 대개가 신진 학자들이 많았고, 법문학부에는 전후 동경대학으로 돌아간 尾高朝雄(법철학), 船田享二(로마법·법사상사) 등 일류급 학자도 없지 않았다. 전후 모교인 동경대학 교수로는 돌아가지는 못했으나, 재임 중에 많은 한국인 제자들에게 상법학의 진미를 가르쳐 준 西原寛一 교수가 있었다. 당시 일본은 모든 것을 독일로부터 배운다는 것이 모토이었으

69) 정선이, 경성제국대학연수, 2002, 109-110면.

70) 위의 책, 117-118면. 俞鎭午, 「片片野話」, 1974. 4. 26.자 동아일보.

므로 법률학도 자연히 독일법학을 강하게 가르쳤다. 이러한 환경 속에서도 경성제국대학에는 자주 재주 있는 법학도들이 끼어서 졸업을 하였으니, 姜聲郃・俞鎭午(이상 1회 1929년 졸업), 金鍾烈・林文碩・崔容達(이상 2회), 崔淳文(3회), 朴元善・裵廷鉉・張厚永(4회), 金聖煥・申基碩・崔 栻(이상 5회), 玄錫虎(6회), 桂哲淳・金甲洙・崔海泰・尹泰林(이상 7회), 徐載元・李根七・林漢璟(이상 8회), 金炳華・高在鎬・閔復基(이상 9회), 林奎孫(10회), 南興祐(11회), 桂昌業・文鴻柱・李恒寧・田鳳德・車洛勳・洪璡基(이상 12회 1940년 졸업), 朴在灄・黃山德(이상 13회), 朴光緖・夫琓爀(이상 14회), 朴一慶・李英燮・朱宰璜(이상 15회), 申鉉碻・趙敬熙・朱愈淳・玄勝鍾(이상 16회), 金曾漢(17회), 高光林・金箕範・徐壹敎・徐壬壽(이상 18회) 등을 들 수 있다. 8.15 해방이 되자 경성대학으로 이름을 바꾸어 1946년 12명의 졸업생을 내었는데, 金基善・徐燉珏・鄭熙喆 등이 포함되었다.[71)]

(3) 西原寬一 교수의 제자들

1) 경성제국대학 및 이에 이은 경성대학을 졸업한 자로서, 8.15 해방 이후 서울대학교 법과대학을 비롯하여 고려대학교, 연세대학교 등 여러 대학에서 상법학 교수로서 강단에 서게 된 분들은 연세대의 朴元善 교수, 고려대의 車洛勳 교수, 서울대학교의 徐燉珏 교수,[72)] 鄭熙喆 교수 등이지만, 이 분들이 대학재학시절에서 상법학의 가르침을 준 일본인 교수인 西原寬一 교수와 학계로 진출하지 않은 분이지만, 경성제국대학 법문학부 조수의 신분으로 쓴 「株式會社の合併における交付金」이라는 논문으로 상법학계의 큰 반향을 일으킨 洪璡基 선생을 잠시 조명하고 넘어가기로 한다.

西原寬一 교수는 1928년 7월에 경성제국대학 법문학부 조교수로 시작해서 1945년 12월 일본으로 돌아가기까지 정교수로 재직하면서 많은 한국인 제자들에게

---

71) 崔鍾庫, 위의 책, 353-354면. 崔鍾庫 교수는 이 책에서 경성제국대학 법문학부의 졸업자로 게시하지 못한 분은 서울대학교 법과대학동창회회원명부를 참조하라고 주를 달고 있다. 그러나 李忠雨, 京城帝國大學, 1980, 265면 이하 제6장 附錄－朝鮮人入學生名單을 보면 예과입학에서 학부를 졸업한 자의 명단을 싣고 있다.

72) 徐燉珏 교수는 원래 일본경도제국대학 법문학부 3학년까지 재학 중이었다가, 학병으로 끌려가서 졸업을 못하고, 전쟁이 끝나 귀국하였다. 당시 일본사회사정이 혼란스러운 데다가, 집안 부모님께서 만류하는 바람에 경성대학에 편입생으로 들어가서 경성대학을 졸업하게 되었다고 한다.

강렬한 인상을 남겼다고 한다. 재직하면서 1930년부터 2년간 재외연구원으로서 스위스, 독일, 영국 및 미국에 유학한 바 있지만, 귀국한 후 발표한 상법의 대상론에 관한 기업설을 제창한 것으로 오래 기억되는 학자였다.[73] 그동안 일본 본토에서는 동경대학의 스승인 田中耕太郎 교수의 상적색채설(商的色彩說)이 자리를 잡아가고 있는 터에 스위스학자인 Karl Wieland의 소설(所說)을 수용한 것이었으나, 그 후 일본 본토에서는 물론이고 우리나라에서도 제자들을 통해서 아직도 통설로 자리잡고 있는 학설이다. 니시하라(西原寬一) 교수는 상법총론을 비롯하여 상행위법 등의 교과서뿐만 아니라, 수많은 주옥같은 논문을 남긴 분이었다.

니시하라 교수를 이야기하게 되면 洪璡基 선생을 떠올리지 않을 수 없다. 필자는 洪璡基 선생의 화갑기념논문증정식의 자리에서 당시 경도제국대학의 竹田 省라고 하는 일본상법학계의 경도학파 거장교수와 논문으로 논쟁하는 계기가 있었다는 회고담을 들을 수 있었다. 洪璡基 선생이 고등문관시험사법과에 응시하고 그 결과를 기다리면서 조수의 신분으로 니시하라 교수의 지도로 「株式會社の合併における交付金」이라는 논문을 경성제대 「法學會論集」(제13권 제1호)에 발표한 것에 대해서, 다께다 쇼(竹田 省) 교수가 오늘날 일본의 유명한 법률잡지로 자리잡고 있는 民商法雜誌 제16권 제6호(1942년 12월 발행)에 「再び會社の合併について」라고 하는 논문으로 응수하였다는 것이다.[74] 洪璡基 선생의 화갑기념논문집 하사(賀辭)에서 俞鎭午 박사는 "維民(洪璡基 선생의 호)이 만일 일본인이었다면 십중팔구 그는 그대로 상법학 교수의 대로를 걸어 나갔을 것이지만, 維民도 틀림없는 한민족의 일원이었기에 논문 발표 후 얼마 안 되어 그는 학계를 떠나 법관생활로 들어가게 되었는데, 그 후 불과 몇 해 지나지 않아 8.15 해방을 맞이한 것을 생각하면 維民과 같은 유능한 인재가 실무에 손을 대게 된 것을 대한민국정부 수립 전후의 복잡다단하였던 우리나라 실정을 생각하면 도리어 뜻있는 일이었다 할 수 있을지도 모른다"로 기리고 있다. 일제강압기의 상법학이 인정받는 장면이었다고 생각한다. 西原寬一 교수의 제자들이 8.15 해방 후 한국상법학을 이끌어간 선도자들었으니까 학문에는 국경이 없다고 말할 수 있지 않을까? 모를 일이다.

---

73) 西元寬一先生追悼論文集, 企業と法 上, 1977, 367頁 이하 西元寬一先生略歷에서.

74) 이상의 논문들은 1977년 4월에 발간된 洪璡基선생의 화갑기념논문집 「法學의 諸問題」에 실려 있다.

2) 洪璡基 선생 이외에도 경성제대 법학과출신으로서 대학사법연구실의 조수로 있으면서 상법에 관한 탁월한 논문을 발표한 분들이 있다. 崔容達의 「企業自體에 관하여」, 李鍾甲의 「相次運送契約에 관하여」가 그것이다.[75] 이 논문들은 모두 일어로 쓰여진 것이기는 하지만, 그 내용이 탁월하여 동 대학의 교수논문집인 「法學會論集」에 게재된 것들이다. 식민지대학이라는 핸디캡이 있었음에도 불구하고 일어로 연구논문을 발표할 수 있었다는 것은 매우 놀라운 일이 아닐 수 없다.

역시 일어로 쓰여진 것으로서 한국의 상사제도에 관한 저서로 몇 권이 있다. 柳子原의 「朝鮮貨幣考」, 文宅昌의 「朝鮮의 市場」, 崔虎鎭의 「朝鮮近代經濟史」 등이 그것이며, 이러한 연구는 8.15 해방 후에 朴元善의 「負褓商」, 「客主」, 「居間」, 「座商」 등의 연구로 이어지고, 金容泰의 「韓國在來의 商事制度」도 그 맥을 이은 것이며, 또 경제학자인 李聲熏의 「開城簿記의 양식과 기장에 관하여」, 국사학자인 韓沽劤 교수의 「韓國開港期의 商業硏究」도 우리나라 상사제도의 본격적인 연구업적으로 손꼽을 수 있을 것이다.[76]

3. 경성법학전문학교의 역할

한말의 법관양성소가 법학교라고 이름을 바꾸었던 것이 다시 경성전수학교로 변하여 1922년 3월에 제1회 졸업생 24명을 배출하고, 1926년 3월까지 5회에 걸쳐 128명의 졸업생을 내었다. 여러 가지 외부적 제약 속에서나마 명맥을 유지시켜 1917년부터는 경성전수학교라고 불렀다. 대부분이 일본인 교수들한테서 법률을 배웠고, 한국인은 梁大卿, 金炳魯 등 소수에 불과하였다. 1923년부터는 경성법학전문학교로 개칭하고, 1946년 4월까지 25회에 걸쳐 매년 평균 40명 정도씩의 졸업생을 내었다. 白漢成・趙鎭滿(이상 1회), 方俊卿・韓格晩(이상 2회), 李弘圭(7회), 金致傑(10회), 方順元(13회), 太完善(14회), 閔文基・金容達(이상 16회), 梁炳皓・李埛鎬(이상 18회), 金顯泰・金泰淸(이상 19회), 任恒準・金允行(이상 22회) 등 여러 법률가들이 여기 출신이었다.[77]

---

75) 崔容達, 李鍾甲 두 분은 6.25 후 이북에 계셨고, 李鍾甲씨는 8.15 후 경성대학에서 상법 교수로 계셨다고 한다.

76) 鄭熙喆, 法律文化의 脈 탐구(商法), 「企業法의 行方」, 14-15면.

77) 崔鍾庫, 앞의 책, 352-353면.

4. 일제강압기의 보전(普專) 상법학

(1) 시대상황

보성전문학교는 1910년부터 1915년까지는 일제의 무단통치를 받으며 학문연구나 후진양성 모두에 있어서 상당히 위축되기는 하였으나 학교명은 그대로 유지할 수 있었다. 1915년부터 1922년까지 일제의 간섭 때문에 교명에 「전문학교」라는 글자를 넣을 수 없었다. 이때의 교명은 「사립보성법률상업학교」였다. 다시 1922년부터 1944년까지 3.1운동의 여파로 일제의 무단정치가 다소 누그러지는 와중에 교명에 「전문」이라는 글자를 회복하였다. 그리고 1944년부터 1945년 8월까지 태평양전쟁의 와중에서 아예 교명이 「경성척식(拓植)경제전문학교」로 바뀌었다.

보전은 학문적 측면에서 보았을 때에는, 일제의 강압기에 초창기의 활기를 잃었고, 나아가 초기에는 재정 면에서도 매우 어려움이 많아 거의 암흑기였기 때문이다. 1932년 仁村의 보선인수 후에야 비로소 재성석 기초가 틀이 삽히게 되었고, 그때까지는 적지 않은 혼란만 되풀이되었다. 1934년 안암동 캠퍼스에 현재의 본관건물이 완공되면서 보전은 새로운 반석 위에 놓이게 되지만, 학문연구와 후진양성이라는 전문교육기관의 역할 면에서는 여전히 타율적인 제한이 잦아서 제대로 빛을 발할 수 없었던 시기였다.[78]

(2) 일제강압기의 보전 상법학교수들과 그들의 연구업적

1) 南亨祐(1875-1943)는 1911년부터 1917년 10월까지 봉직하였다. 경북 고령사람으로 1909년에 서상일, 김동삼과 함께 대동청년단을 결성하여 활동하였고, 서울에 올라와 보성전문학교를 졸업한 후 모교에서 교수로 활동하였다. 南亨祐 교수가 민법을 담당하였다는 기록은 있으나,[79] 상법도 강의하였는지는 명확하지가 않다. 그러나 그가 남긴 상사법 관련논문이 있는 것을 보면 상법도 강의한 것 같다. 보성전문이 발간한 「法政學界」에 발표한 논문으로는 다음과 같다.

"魚驗行爲는 如何ᄒᆞᆫ 行爲인가" 제19호, 1908년 12월 5일, 5-11면. "普通債權과 魚驗債權의 差異" 제21호, 1909년 2월 5일, 13-17면.

---

78) 김정호, 앞의 논문, 296-297면.
79) 高麗大學校 70년誌, 1978, 74면 참조.

2) 卞榮晩(1899-1954)은 1910년에서 1912년까지 봉직하였다. 그는 역시 南亨祐와 함께 일제하 보전 초기의 교강사였다. 그는 경기도 출신으로서 관립 법관양성소와 보성전문학교를 졸업하고 1908년에 법관이 되어 광주지방재판소 판사로 부임하였다가 사법권이 일본에 이양되자 변호사개업을 하였다. 중국에 망명하였다가 1918년 귀국하여 한문학과 영문학을 연구하였다고 한다. 그가 普專에 봉직하면서 「法政學界」에 남긴 상법 관련 논문은 다음과 같다.

"法人의 意義 及 必要" 제14호, 1907년 10월, 8-12면. "書出의 魚驗行爲를 先ᄒᆞ야 外他 魚驗行爲를 行ᄒᆞᆫ 魚驗行爲의 效力을 論ᄒᆞᆷ" 제17호, 1908년 10월 5일, 9-10면.

3) 崔泰永(1900-2005)은 재직기간이 1925년에서 1945년까지이고, 일제하에서 보전 상법학을 상징하는 중요한 분이었다. 그는 상법학과 법철학을 중심으로 연구를 하였을 뿐만 아니라, 해방 이후에는 서울대학교 법과대학장을 하시고, 학술원회원으로 운명(殞命)을 하기까지 많은 업적을 남기신 학자였다. 崔泰永 교수는 1900년 음력 3월 28일 단군의 유적이 있는 구월산 북쪽 황해도 장련에서 출생하여 일본 명치대학 영문학과를 졸업하고, 귀국 후 1925년부터 보성전문학교 법률학과의 최초 상법교수가 되었다. 그의 연구분야는 법률학에 그치지 않고 역사학에도 이어져 「韓國上古史」 등 사학 저술에도 관심을 보였다.[80] 해방 후 보전을 떠나 1946년 부산대 문과대학장, 1947년 서울법대학장, 1949년에는 중앙대학교 교수가 되었으며, 1957년부터 1977년까지 한국상사법학회 회장을 역임하였다. 그는 1931년 「有價證券世界統一法」이라는 논문을 동아일보에 발표한 이래, 1934년부터 1937년까지 「普專學會論集」에 3회에 걸쳐 "히브리법(Torah)연구"를 발표하였고, "東西洋法思想의 類似點과 內容의 差異(Differences and Similarities in Western and Oriental Legal Thoughts)"(學術院主催 제8회 國際學術講演會論文集, 1980, 35-54면) 등 법철학 관련 논문을 발표하였다. 상법학 관련 논문은 다음과 같다.

"有價證券世界統一法" 1931, 동아일보에 발표된 논문이고, 기사형 논문이 아닌가

80) 崔泰永 교수의 이야기는 고대법학 100년 학술사에서 김정호 교수는 다음과 같이 소개하고 있다. "그는 보성전문 법과에서 형법과 해상법만 빼고 상법, 민법, 법철학, 영미법, 행정법 등을 모두 강의하였다고 술회하고 있다. … 〈高大校友會報〉는 「독립운동가, 법학자, 사학자 … 100세의 열혈 청년학자」라는 제목의 기사에서 그의 학문적 열정을 잘 그리고 있다. …"

생각된다.

"현행 어음 · 수표법" 중앙대학출판부, 1953. 어음수표법의 교과서이다. 그는 이 책에서 어음이라는 말의 유래에 관하여 "魚驗(물고기를 상징하는 지느러미처럼 절단한 것)이라는 말은 그 證券의 의미를 나타내는 한자어였고, 그 다음 어엄이라는 말은 魚驗의 변음이요, 於音이라는 말은 어엄이라는 말의 발음을 그린 한자어라고 설명하고 있다.[81]

4) 崔容達은 함흥고보를 졸업하고 경성제대 법문학부에서 법학사의 학위를 얻은 후 그곳에서 조수를 담당하다가 1933년부터 보전에서 상법, 민법 및 국제법 등을 담당하였다. 보전과 관계를 맺은 것은 경성제대에서는 조수 이상은 희망이 없어 보이자 普專으로 간 것이 아닌가 생각된다. 그는 수재로 알려졌으며, 연구업적으로는 「普專學會論集」 제2집(1935년)에 기고한 "盜人의 占有權"에 관한 연구 등이 있다. 여타 상법 관련 연구업적에 대해서는 별로 알려진 것이 없으며 해방 후 월북하였다고 전해진다.[82]

5. 연희전문학교에서의 상법학

일찍이 연희전문학교의 교장 에비슨은 변호사 양성을 교육목표로 제시하였고, 이에 문과 및 상과에서 법학교육이 일찍부터 이루어지고 있었다. 즉, 개교 직후인 1918년부터 상과에 법률담임교수로서 일본인 쯔다(津田猛哉) 교수가 재직하였다. 1921년 이후 상과에서는 법학을 독립한 학과목으로 선정하여 민법, 상법, 형법 등을 개설하였고, 계속해서 문과에서는 "법제 경제"가 개설되었다. 상과에서는 1학년에서 3학년까지 3년 동안 법학강의를 하였다. 1학년에는 민법이 주당 4시간, 2학년에는 상법, 민법 및 형법이 각각 주당 4시간, 2시간, 1시간 강의되었다. 3학년에는 상법과 국제사법이 각각 주당 4시간, 그리고 1시간 강의되었다(1921년 연전 학칙). 1924년 상과에서의 법학강의는 조금 줄어들었다. 즉, 민법(총칙, 물권, 채권)이 2학년에 주당 4시간, 상법(총칙, 회사, 상행위, 수형)이 2학년과 3학년에 각각 2시간, 3시간씩 강의가 개설되었다. 1934년에 와서야 연희전문에서 비로소 선택과목이라는 개념이 생겨났다. 새로운 학칙에 따라 상과에 법학과목이 선택과목으로 추가되었

81) 김정호, 앞의 논문, 302면.
82) 위의 논문, 303면.

다. 공법과 특수법령이 각각 주당 2시간씩 강의되었다. 이들 법학과목에 강의를 누가 담당했는지는 아직 확인되지 않고 있다.

1940년대 연희전문에서의 법학교육은 양적으로 축소되었다. 1938년 시작된 중일전쟁을 시작으로 전시체제로, 그리고 대동아공영권 확립을 위한 개편기에 들어갔으며, 이는 연희전문의 교육과정에도 영향을 미쳤다. 이 시기에 兪億兼과 함께 鄭光鉉, 高秉國 등이 법학 강의를 담당하였다.[83]

1) 쯔다타께야(津田猛哉)는 1915년 일본 동경제국대학 영법과를 졸업하고, 같은 해 조선총독부 임시토지조사국 서기로 임명되었다. 그리고 1918년 연희전문의 교수로 부임하였으며, 동시에 경성지방재판소 소속 변호사로 등록하였다. 쯔다 교수가 연희에 교수로 재직한 기간은 짧았다. 1920년 조선사법관시보가 되었고, 1921년 판사로 임명되어 1943년까지 경성, 대구, 평양 등 각지에서 판사로 재직하였다. 쯔다 교수가 오랫동안 우리나라에서 활동한 계기가 무엇이었는지는 명확치가 않다. 다만, 그의 종교가 기독교였고, 淸州에서 기독교회 청년회 회장 등을 역임한 사실로 보아 연희와의 인연은 이러한 종교적 배경이 작용하지 않았는가 짐작이 갈 뿐이다.[84]

2) 兪億兼(1895-1947)은 일본동경제국대학 법학부를 졸업하고 1920년 연희전문의 상과교수로 부임하여 법학을 강의하였다. 兪億兼 교수가 연희와 인연을 맺은 것은 그가 오랫동안 조선기독교청년회에서 활동을 하였던 사실과 관련이 있다. 그는 1934년 10월부터 1938년 5월까지 부교장직을 맡았다. 그는 일제에 의하여 조작된 이른바 흥업구락부사건(興業俱樂部事件)으로 연희를 사직하게 된다. 1941년 미일관계가 악화되면서 퇴직한 원한경 교수의 후임으로 원한경 교수의 추천으로 윤치호가 교장으로 선출되었다. 이때 윤치호 교수는 1938년에 퇴직한 兪億兼 교수를 복직시키는 조건을 묵인 받았으며, 이에 兪億兼 교수는 1941년에 다시 복직하여 부교장을 맡아 사무직을 보았으나, 교수직으로 복직할 수는 없었다. 그는 1942년 윤치호 교수가 사임하고 일본인이 교장으로 오자 1942년 다시 사임하였다. 兪億兼 교수는 1945년 연희전문의 교장이 되었다. 그리고 1946년에는 美軍政 하에서 문교

83) 연세법학 90년사(1921-2011), 2011, 79-80면.

84) 위의 책, 84-85면.

부장에 취임하였다.[85)]

3) 鄭光鉉은 1928년 일본 동경제국대학 법학부 영법과를 졸업하고서 1928년 평양숭실전문학교 교수를 거쳐 1930년 연희전문의 법학교수로 부임하였다. 재직 중 1938년 배일사상 혐의로 구속되어 연희전문을 잠깐 떠나 있게 되었다. 이 기간 高秉國 교수가 鄭光鉉을 대신하여 연희에서 법학강의를 담당하였다. 그는 1941년 4월 다시 연희로 돌아왔으나, 복직 후에도 교수는 할 수 없었다. 1944년 조선총독부 중추원 구관습 제도조사과 연구원으로 친족상속에 관한 관습을 조사하면서 친족상속법을 개척하는 계기를 맞았다. 이후 鄭光鉉 교수는 1950년 서울대학교 법과대학으로 자리를 옮겨 학문연구 및 강의를 계속하면서 수많은 연구를 발표하고, 후학을 양성하였다.[86)]

4) 高秉國 교수(1909-1976) 역시 일본 동경제국대학 법학부를 졸업하였다. 일본 고등문관시험 사법과와 행정과를 합격한 후 대학원에 진학하여 호즈미시게토(穗積重遠) 교수의 지도로 민법학을 연구하였다. 1937년 귀국 후에 서울에서 변호사 개업을 한 후 1938년 연희전문의 교수로 부임하였고, 1941년까지 재직하였다. 高秉國 교수는 해방 후 1946년 서울대학교 법과대학장에 취임하여 6년 동안 학장직을 수행하였고, 이후 1961년 경희대학교 총장에 취임하였다. 「영미법사전」(1958년), 「법률학사전」(1954년)의 편찬을 주도하였으며, 「법률사관」(1954년), 「법의 새로운 길」(1961년)을 번역하였다.[87)]

---

85) 위의 책, 85-86면.
86) 위의 책, 87면.
87) 위의 책, 87면.

제 2 장 한국 상법전의 탄생

제 1 절 상법초안의 준비작업

Ⅰ. 8.15해방과 미군정 치하의 법전기초(起草)위원회

1. 시대적 상황

1945년 8월 15일. "만세! 대한 만세! 해방 만세!"

하늘을 찌를 듯 힘차게 나오는 우렁찬 함성소리 속에서 광복의 날은 왔다. 거리마다 쏟아져 나온 사람들은 노소의 차이없이 손에 든 태극기가 커다란 물결을 이루었다. 일제가 연합국에 항복함으로써 제2차 세계대전이 종결되는 동시에 우리 민족도 식민지 지배에서 벗어나 해방을 맞이하게 된 것이다. 한반도 북쪽에 소련군이 진주하여 남쪽으로 내려오고 있다는 소문이 돌기가 무섭게, 1945년 9월 7일 인천에 상륙한 미군은 건국준비위원회의 후신인 조선인민공화국과 중경(重慶)의 대한민국임시정부를 모두 인정하지 아니하고 자신들의 군사정부만이 3・8선 이남에 있어서 유일한 행정부임을 선언하였다. 그러나 미국은 당시 한국에 대한 정보를 거의 갖지 못하고 있었을 뿐만 아니라, 어떠한 정치적 구상도 마련하고 있지 않았기 때문에 일제의 총독부 체제를 그대로 이용하였으며, 이에 따라 한국인 가운데 친일분자들이 미군정에 참여하여 그 세력을 그대로 온존시키는 결과를 초래하고 말았다.[1)]

8.15해방 후 우리나라 상법전의 제정을 담당한 최초의 기관은 미군정하 남조선과도정부가 1947년 6월 30일에 조직한 「법전기초위원회」였다. 행정명령 제3호로 발표된 동 위원회의 설치령에 의하면, "남조선과도정부・사법부간에서 수개월에

---

1) 邊太燮, 韓國史通論(四訂版), 三英社, 2012, 473면.

南朝鮮過渡政府 行政命令 第三號
法典起草委員會

南朝鮮過渡政府 司法府內에서 數個月에 亘하야 各審理院審判官 及 檢察官의 基礎法典의 起草事業을 統括, 調整, 促進하며 朝鮮在來의 司法行政을 現代化하며 民主主義化하기 爲하야 法典起草委員會를 이에 設置함.

一. 法典起草委員會는 民權, 財産權, 親族關係, 商業關係, 犯罪의 處罰, 法律의 施行 及 司法行政, 諸手續에 關한 現行法에 代替하야 採用될 基礎法典의 完全한 草案을 作成할 使命이 有함.
起草에는 朝鮮의 慣習法과 傳統에 特히 留意하여 民主主義的 原理와 健全하고 現代的인 傾向이 잇도록 작성할 것임.

二. 法典起草委員會는 그 事業進行에 關하야 軍政長官에게 定期報告를 提出하며 個個의 法典이 完成되는 時는 朝鮮過度立法議院에 回附하며 軍政長官의 同意를 얻기 爲하야 軍政長官에게 提出하여야 할 것임.

三. 法典起草委員會는 그 事務의 助成을 爲하야 南朝鮮過渡政府의 官吏 又는 愛國的 民間人士로 法律知識이 有한 委員으로 任命할 權限이 있음.
如斯한 委員은 委員會의 規定에 依하야 任務를 遂行할 것이며 그 成案에 對하야는 承認을 受함을 要함.
南朝鮮過渡政府官吏는 委員으로서 履行한 奉仕에 對하야 俸給 以外에 附加報酬를 受함을 不得하며 委員會 又는 委員의 業務에 關하야 生하는 必要한 費用은 會計法規에 依하야 司法府 及 審理院의 豫算으로써 支出함.

四. 法典起草委員會는 南朝鮮過渡政府의 各部, 處, 代行機關 及 補助機關으로부터 援助 及 情報를 要求할 權限이 있으며 國立圖書館, 市立圖書館, 國立法律圖書館, 各 審理院圖書館 及 國立서울大學圖書館에 自由로 出入하야 書籍을 閱覽할 수 있음.

五. 左記 諸氏를 法典起草委員會의 委員으로 임명함.
그에 對하야는 俸給以外에 附加報酬는 支拂치 않이함.

委員 及 委員長 (大法院長)	金 用 茂
委　員 (司法部長)	金 炳 魯
委　員 (大檢察總長)	李　仁

六. 法典起草委員會의 其他 委員은 必要에 應하야 隨時 任命함.

七. 本令은 公布日로부터 效力이 生함.

一九四七年 六月 三十日

右 建議함.

民 政 長 官　安 在 鴻

右 認准함.

軍政長官代理

美國陸軍大將　시 · 지 · 헬믹

당하야 각 심리원, 재판관 및 검찰관의 기초법전의 기초작업을 통괄, 조정, 촉진하며, 조선 재래의 사법행정을 현대화하며 민주주의화하기 위하야" 설치하는 것이었다. 이는 "법전기초위원회는 민권, 재산권, 친족관계, 범죄의 처벌, 법률의 시행 및 사법행정의 제수속에 관한 현행법에 대체하야 채용된 기초법전의 완전한 초안을 작성할 사명이 유함"이 그 목적이었으며, "기초에는 조선의 관습법과 전통에 특히 유의하여 민주주의적 원리와 건전하고 현대적인 경향이 있도록 작성할 것임"이란 과제도 부과되었다. 그 위원은 "남조선과도정부의 관리 또는 애국적 민간인사로 법률지식이 유한 자"로 임명된다고 규정하면서, 위원장에 金用茂(당시 대법원장), 위원에 金炳魯(당시 사법부장), 李 仁(당시 대검찰총장)을 임명하고 기타 위원은 '필요에 응하야 수시로 임명함'이라 하였다. 상법분야의 기초위원으로서는 李相基(총칙, 상행위), 金準枰(수표), 崔丙柱(해상), 洪璡基(보험, 회사법)이고, 일반위원으로는 李純鐸, 李明燮, 崔泰永, 金又說, 韓格晩, 玄相允 등이었다. 그런데 군정하에서는 더 이상의 위원은 정식으로 임명된 것 같지는 않고, 회의도 3, 4차례밖에 열리지 않았던 것이라고 한다.[2)]

2. 민상법통일론의 대두

(1) 상법의 자주성(Autonomie)을 법전편찬상 부정하는 것이 민상법통일론이다. 이것은 1847년 이탈리아 몬타넬리(Montanelli)로부터 비롯하여 1888년에 뷔반테(Vivante) 교수에 의한 역설(力說)[3)]이 있은 다음, 이탈리아는 물론 각국의 법학자 사이에서 격론을 불러 일으켰다. 그 후 1925년 동 교수는 그 개설(改設)을 발표하면서 상법전의 독립을 주장하였으나, 통일론은 아직도 세력을 가지고 있는데다가,[4)]

2) 崔鍾庫, 韓國商法典의 制定過程, 商事法硏究 第9輯, 210-211면.

3) 뷔반테 교수는 1892년 볼로냐대학에서 그 취임연설 중에서 민상법통일론을 지지하였지만, 그 후 이 견해를 포기하였다. 그 이유는 민법과 상법이 입법상의 방법이 상위하다는 것(즉, 전자는 일반개념체계의 요구와 논리적 · 연역적 정신이 우월한 반면에, 후자는 기술적 현상의 경험적 연구와 귀납적 · 관찰적 정신이 우위를 차지하고 있다는 것)과 상법의 세계적 성질 · 신용증권에 관한 규정 · 격지거래 및 대량거래 등에서 볼 때에 民商二法의 통일은 부적당하다는 데에 있다. Vivante, Trattato du diritte commerciale, vol. 1, 1934, p. 1 e segg.

4) 이탈리아에서 1942년에 民商二法을 통일한 新民法典(codice civilis)이 성립된 것은 특히 파시즘의 정치원리의 적용에 바탕을 둔 것이었다. 즉, 모든 국민의 활동은 사회전체의 이익으로 될 생산성이 있어야 하며, 따라서 경제활동 전체에서 볼 때에 商에 관한 法이 독립하여 존재하여야 할 만한 아무런 이유도 없다는 것이 그 기본이념이다(Hamel-Lagarde, Traité de droit commercial,

1911년에 스위스, 1929년에는 중화민국, 또 1942년에 이탈리아에서는 입법화되기까지 하였다. 민상법통일론을 주장하는 논거[5]와 그것에 대한 비판[6]에 이어서 민상이법분리론의 전개가 지배적인 이론으로 자리잡게 되었다.

(2) 민상법통일론을 한국인으로 맨 먼저 주장한 것으로 당시 사법부 법률조사국장으로 있던 金甲洙의 「民法典의 編別과 朝鮮의 立法」이라는 논문이 「法政」誌 2권 9호(1947년 9월)에 실렸다. 우리나라 사법의 제정방식을 놓고 비교적 긴 학술논문으로는 의미가 깊은 글이라고 생각한다.[7] 金甲洙 국장[8]은 앞에서 민법전 편별에 관한 방식을 연혁체, 편년체, 운부체(韻府體), 및 논리체의 4종류로 분류할 수 있다고 전제한 다음, 현재 각국 민법전이 채용하고 있는 방식을 소위 논리체의 법전이다. 이 점을 전제로 하여 우리 민법전에 나가야 할 방향을 제시하고 있다.[9] 즉,

"그러면 조선의 민법전은 어떠한 편별이 구상될 것인가? 민법전의 편별은 민상법통일문제와 밀접한 관계가 있을 것으로 먼저 이 문제를 작정치 않고는 결정할 수 없는 문제이다. 따라서 이에 대한 깊은 연구가 필요할 것이나 이미 제한된 지면을 초과하였으므로 이것을 상론할 여유가 없다. 간단히 결론을 말하면 민상법은 통일을 원칙으로 하되 상법 중 회사법, 수형법, 소절수법, 보험법, 해상법 등은 각각 이것을 단행법으로 제정하고 종래의 상법총칙, 상행위에 관한 규정만을 민법 각편에 적당하게 배열하여 민법전과의 통일을 기할 것으로 생각한다. 그렇다면 장래할 조선민법전의 편별도 종래의 편별방식과 커다란 차이는 있을 수 없을 것이며, 결국 독일식 편별을 기준으로 하여 이에 적당한 수정을 가하는 데 그쳐야 할 것이다. 즉, 사견에 의하면 장래의 조선민법전은 역시 총칙, 물권, 채권, 친족, 상속의 5편으로 편별하고 … 전기한 바와 같이

1954, p. 11 : Asquini, Das Handelsrect an einer historischen Wende, ZAKDR., 8 Jg. Heft 9, S. 138ff). 그리고 이와 다르지만, 독일에서도 나찌스시대에 民商二法의 통일이 니퍼다이(Nipperdey, Das System des bürgerlichen Rechts, in : Zur Erneuerung des Bürgerlichen Rechts, 1938)에 의하여 주장되었다.

5) 졸저, 商法總則, 1987, 18-19면 참조.

6) 위의 책, 19-20면 참조.

7) 崔鍾庫, 위의 논문, 219-220면 참조.

8) 金甲洙 局長의 약력은 대략 다음과 같다. 1912년 3월 7일생 경기도 안성출신이다. 1930년에 京畿高普 졸업, 1935년 京城帝國大學 法文學部 法學科 卒業, 1935년 일본고등문관시험 司法科合格, 1937년 平壤地法 판사, 1941년 平壤覆審院 판사, 해방 후 1945년 京城帝大 법문학부 교수, 1946년 美軍政廳 사법부 조사국장, 1948년 법무부 법무국장, 1949년 6월-1950년 3월까지 제3대 법무부 차관, 1950년 3월-1950년 9월까지 제4대 내무부차관, 1952년 동국대 법대학장, 1953년 6월-1960년 6월까지 대법관, 1960년 8월-1961년 5월까지 民議院議員(경기안성, 무소속), 1964년 변호사 개업, 1973년 3월 헌법위원회 위원 역임.

9) 金甲洙, 民法典의 編別와 朝鮮의 立法, 「法政」 2권 9호(1947년 9월), 17면 이하.

> 총칙편 중 법인에 관한 규정을 회사법으로, 금치산, 준금치산, 실종의 수속에 관한 규정을 인사소송법 또는 비소송사건수속법으로, 채권편 중 고용에 관한 규정을 노동법으로 각각 옮기는 점에 있어서는 다소 변경을 가하여야 할 것으로 생각한다. 결국 이러한 견해는 현재에 있어서 가장 논리적인 편별방법이 독일식이라는 데 유래하는 것이다. 잠시 논리적 우열의 문제를 떠나서 실제의 편부(便否)문제를 가지고 논한다 하더라도 종래 습숙(習熟)하여 온 독일식을 일조(一朝)에 버리고 새로운 미지의 방식을 채용하는 것은 그것이 논리적으로 극히 우월한 것이 아닌 이상 일시적으로라도 공연한 운용상의 불편을 느끼게 할 뿐이요 별다른 소득이 없을 것이다."

요컨대 민상법체제의 관점에서 민상법은 통일을 원칙으로 하되 상법 중 회사법, 수형법, 소절수법, 보험법, 해상법 등은 각각 이것을 단행법으로 제정하고 종래의 상법총칙, 상행위에 관한 규정만을 민법 각편에 적당하게 배열하여 민법전과의 통일을 기하자는 것이다.

(3) 이에 대하여, 洪璡基는 「法政」誌 2권 9호(1947년 9월)에 「商法典編纂에의 基本課題」라는 논문을 실어, 우리나라 상법전 편찬의 방향과 방식에 대하여 폭넓은 식견을 제시하고 있다.

> "상법전은 하나의 독립한 단일법전 uno codice으로서 존립할 것이냐. 상법전의 형태문제는 여기에 집중된다.
>
> 그런데 이러한 상법전의 자주성에 대한 의심은 이르는 바 민상이법통일론에서 시초하였다. 즉 상법전은 따로히 하나의 독립한 법전으로서 있을 것이 아니라 민법과 합쳐서 민법전 속에 통일되어야 한다는 것이다. 그러니 이 문제는 다른 한편 민법전의 형태론이 되기도 하기 때문에 본호 민법편에서도 평론이 있을 것이로되 여기서도 민상이법통일론의 윤곽을 소묘하면서 그것을 에워싸고 우리의 신상법전으로서의 가질 바 태도를 규정지워 보련다.
>
> 민상이법통일론이 처음 학설로서 주창된 것은 이미 1847년 이탈리아의 Pisa 대학교수 Montanelli의 「實定商法의 硏究에의 哲學的 序說」 Introduziono filosofica allo studio del diritto commerciale positivo, Pisa, 1847에서 시작하였고 이어서 1888년 동국 상법학계의 기숙(耆宿) Vivante의 이를 지지하는 「債務法統一을 爲하여」 Per uno codice unico del obligazione, Bologna, 1888에 의하여 세계적으로 득세 전파되게 된 후 일본에서는 일찍이 1910年 松本丞治의 「民商二法統一論」(法學志林 第12卷 第1號 및 第4號)에 의하여 계승주장되었던 것이다. 그리하여 이 통일론이 실제로 실천된 것은 우선 1911년의 스위스채무법 Obligationenrecht을 비롯하여서 그 외의 여러

가지 점에도 이 채무법의 영향을 다분히 받은 1922年의 소련민법(혁명이전 제정시의 1893년 내지 1907년의 민법 제1 내지 제4초안이 다 통일법전주의이었으니, 이 영향도 있었겠지만) 및 1929년의 중국민법이 함께 그 뒤를 쫓았고 최근에 이르러서는 1942년의 이탈리아의 「국민법전」 Il Codice Civile이 민상법은 물론 노동법·경제법까지도 한데 뭉쳐서 미증유의 대법전을 이루었다. …

원래 민상이법통일론의 근거로 하는 바는 ① 상법은 본시 중세기의 상인단체의 자족적 자치법으로서 생성된 것이나 오늘에 있어서는 商에 관한 법제는 일반생활에 활용되고 있으니 상법전의 독립이란 오직 연혁의 유물에 불과한 것이다. ② 상인고유의 이익보호를 목적으로 하는 계급법으로서의 상법을 일반인에게 굴종시키게 되니, 법률평등의 사상에 어그러진다. ③ 민상이법 구별의 표준이 적확치 못하여 법률안전 및 재판의 능률에 해가 된다. ④ 사법이론의 진보를 조해한다는 것이다.

이에 대하여 지배적 다수설은 ①의 이유에 대하여 상법은 기업을 그의 자주적 대상으로 하니 기업이 가진 특별한 수요가 특별한 법제를 요구하는 것은 당연하고 아무런 연혁의 유물도 아니다. ②의 이유는 민상법을 통일하더라도 있을 것이다.③의 이유가 민상법의 경계정비의 방책에 관한 것이라면 그것은 입법기술의 활용으로 해결될 것이다. ④의 이유에 대하여 오히려 사법이론의 진보는 민상법의 분업적·협력적 연구로서 기대될 것이다라고 반박한다.

무릇 민법과 상법은 원래가 자본주의적 경제조직 밑에서 다 같이 사유재산의 유지·증식을 사명으로 하는 행위와 조직을 규율하는 것이다. 그리고 자본주의의 발전은 필연적으로 온갖 경제생활의 상화(Kommerzialierung des Wirtschaftslebens)를 가져온다. 이리하여 한편 상법의 제도나 원리가 일반화하야 민법으로 침윤(浸潤)하여 가고 또 다른 한편 그와 반대로 민법에 속하였던 제도가 점점 상법으로 옮겨오는 현상(民法의 商化 Kommerzialierung des bürgerlichen Rechts)이 일어난다. 그 결과 법률이전의 역사적 사실은 자본주의의 진전에 따라 점차로 초록으로 물들어져 간다. 민상이법통일론의 역사적 근거는 여기에 있다.

그러나 첫째 민법 그것의 속에는 자본주의의 발전이 고도화하여 민법의 상화가 아무리 진전하더라도 상법이 침범할 수 없는 영역으로서 신분법·물권법같은 부분이 있고, 또 광·림·농같은 쉽사리는 전면적 상화를 기대할 수 없는 분야가 있고, 둘째 상법 속에는 집단성·대규모성·반복성·영리성을 강하게 그의 본질적 전제로 하여서 도저히 일반화되지 않을 곳이 있고, 또 새로운 수요와 기술에 응하여 새로운 제도와 원리가 꾸준히 생성되어 가서(商法의 進步性·流動性) 필경 추상적·일반적인 민법과 구체적·특별적인 상법은 그의 경계선을 항상 이동시키면서도 의연히 병존을 지속할 것이다. Goldschmidt의 적절한 비유대로, 요컨대 상법은 마치 빙하의 길같이 「하류에서는 녹아 흘러가는 만년설이 다른 침전물과 섞이게 되자 상류에서는 항상 새로운 만년설을 형성하고 있다」고 할 것이다.[10)"11)]

Ⅱ. 정부수립 후의 법전편찬위원회

1. 법전편찬위원회의 구성

(1) 1948년 8월 15일 대한민국 정부수립선포식이 거행된 후 꼭 한 달 후인 9월 15일에 대통령령 제4호로 다시 법전편찬위원회 직제가 공포되었다. 7월 17일에 선포된 헌법 제100조에 "현행법령은 헌법에 저촉되지 않는 한 효력을 가진다"고 규정되어 당장 법률의 공백은 막아놓고 있었지만, 일제시대 혹은 군정시기의 법령을 그대로 시행할 수밖에 없었다.

大統領令 第四號

法典編纂委員會職制

第一條 司法에 關한 法典을 편찬하기 爲하여 法典編纂委員會를 設置한다.
法典編纂委員會는 大統領의 監督에 屬한다.

第二條 法典編纂委員會는 民事, 商事 및 刑事의 基礎法典과 其他訴訟, 行刑等 司法法規의 資料를 蒐集調査하며 그 草案을 起草, 審議한다.

第三條 法典編纂委員會에 委員長 一人, 副委員長 二人, 委員 五十人以內를 둔다. 委員長, 副委員長 및 委員은 判事, 檢事, 辯護士, 行政各部門의 法律事務擔任職員, 法科大學의 法律學敎授 및 其他學識經驗이 있는 者中에서 大統領이 委囑한다.

第四條 委員長은 會務를 掌理한다.
副委員長은 委員長을 補佐하며 委員長이 有故時에는 委員長이 指名한 副委員長이 그 職務를 代理한다.
委員은 委員長의 命에 依하여 司法에 關한 法典 및 其他司法法規의 資料를 蒐集調査하며 그 草案의 起草, 審議에 從事한다.

第五條 法典編纂委員會에 分科委員會를 둘 수 있다.
分科委員會의 組織 및 分掌事務는 委員長이 定한다.

第六條 法典編纂委員會는 特別한 事項의 調査審議 또는 事務上 必要가 있는 때는 臨時委員은 委員長이 委囑한다.
臨時委員은 委員에 關한 規定을 準用한다.

第七條 法典編纂委員會에 幹事 一人을 둔다.
幹事는 委員長이 委囑한다.
幹事는 委員長의 命에 依하여 庶務를 整理한다.

第八條 法典編纂委員會에 書記官 五人以內 書記若干人을 둔다.

---

10) Levin Goldschmidt, Universalgeschichte des Handelsrects, S. 12.
11) 洪璡基, 商法典編纂에의 基本課題, 「法政」 2권 9호(1947년 9월), 25-26면.

書記官 및 書記는 上司의 指揮에 依하여 庶務에 從事한다.

第九條 法典編纂委員會의 庶務規定은 委員會의 議決을 經하여 委員長이 定한다.

附 則

本會는 公布한 날로부터 施行한다.

법전편찬위원회는 직제에 이어 1948년 9월 15일 「官報」에 위원을 임명하였다. 법전편찬위원회 위원장에 金炳魯, 기초위원으로 李相基(총칙 · 상행위), 金準枰(수형), 崔炳柱(해상), 洪璡基(보험 · 회사법)이고, 일반위원으로는 李純鐸, 李明燮, 崔泰永, 金又說. 韓格晩, 玄相允이었다. 1948년 9월 25일자로 위원장 金炳魯의 명의로 위와 같이 분과위원회의 사무분장을 결정하여 공포하였다.

1948년 전후의 우리나라의 시대상황은 모든 것이 들떠 있는 상태라 사회적으로 안정되지 않은 분위기였다. 무엇보다 어떠한 내용을 가진 상법을 제정할 것인가를 두고 의논이 있을 수 있었지만, 선뜻 이를 제시할 계제를 찾기가 쉽지 않은 형편이었다. 이런 여건 속에서 그런대로 새로운 상법제정의 이념을 찾아서 제시한 논문이 우리의 눈길을 끈다. 당시 서울고등법원 판사로 있던 韓桓鎭 판사[12)]가 쓴 「法政」誌 3권 11호(1949년)에 실린 「우리 商法 새 理念의 考察」이라는 논문이다. 韓판사는 "무릇 어떤 이념이 그 이념으로서의 타당성을 주장하려면 위선 그 대상의 진상을 파악하여야 한다. 우리가 우리 상법의 새 이념을 창건하려면 먼저 상법의 대상을 검토하여 볼 필요가 있다. 그리고 우리는 상법의 이념의 포지주체(抱持主體)인 국가의 상법에 대한 태도에 조감(照鑑)하여 검토하여야 할 것이다. 그래야만 추상적 이념이 구체적 타당성을 가질 수 있는 까닭이다"라고 전제한 다음, 첫째 상법의 대상과 그 국가성, 둘째 우리 헌법상의 경제조항의 지향하는 기업에 대한 태도, 셋째 기업 자체에서 나오는 새 이념의 일단, 넷째 상법의 진보적 통일적 경향에서 유래하는 새 이념으로 나누어 설명하고 있다.

12) 韓桓鎭 판사의 약력은 대략 살펴보면, 1916년 2월 2일생이고, 평남 평원군 출신이다. 1939년 日本岡山(第6高普) 졸업, 1941년 京都帝大 法文學部 法律學科 졸업, 1943년 同大學 大學院修了, 1942년 日本高等文官試驗 司法科 합격, 1945년 平壤地法 판사, 1946년 서울지법 판사, 1947년 서울고등법원 판사, 1950년 법전편찬위원, 1951년 서울고등법원 부장판사, 1952년 미국 George Washington Uni. 수료, 1954년-1959년 대법원 대법관대리, 1959년-1960년 1월 대구지방법원장, 1960년 1월-1961년 7월 대법관, 1961년 변호사 개업, 1973년-1981년 대법원 판사, 1981년 변호사 개업.

첫째, 상법의 대상과 그 국가적 중요성에서는 다시 ① 주식회사를 통하여 본 기업과 그 국가적 중요성과, ② 주식회사의 구조변천과 이에 대한 국가의 역할의 질적 확대로 나눈다. 거기서 韓판사는 주식회사가 근대적 대기업의 전형적 형태가 됨에 따라 국민경제의 자본의 대부분은 주권에 집중하고, 전체경제의 운용이 주식회사의 수중에 장악되고 사무원 혹은 노동자 등의 근로자로서의 막대한 인원이 여기서 근무하게 되었으니 실로 주식회사는 국민경제사회에 있어서 국민 대다수의 재산관리자로 국가경제의 생산 교역기관이요 또 국민 다수의 직장화 하였다. 이 단계에 이르자 주식회사는 단지 주주의 사적 이익추구의 수단에 그치지 않고 실로 국가기관성질을 대유(帶有)하고 있다는 사실을 점차 인식하게 되었다. 이 주식회사의 공공적 성질의 인식이 국가의 주식회사에 대한 심대한 관심의 원천이 되어져 소위 기업 자체의 사상(Unternehmen an sich)을 창도(唱導)하게 하였고, 타면 노동문제, 통제경제 등의 일반사회문제가 회사법에 영향을 주는 이유인 것이다."라고 설명하고 있다.

그는 주식회사에 있어서의 대주주와 소주주의 이해대립과 국가의 간섭과 관련하여, "주식회사에서는 본시 주주는 소위 주주평등의 원칙에 의하여 회사의 최고의 사기관인 주주총회에서 민주주의적 다수결의 원리에 따라 주주가 출석하여 자유토론과 표결을 통하여 회사의 의사를 결정한다는 소위 민주주의적 경영을 하자는 데 법의 정신은 있으나 이 주주평등의 원칙은 주식의 수를 단위로 하는 것이므로 주식평등의 원칙에 불과한 것이다. 이것은 소주주의 무력과 대주주의 과두전제정치의 긍정을 의미하는 것이다. 자본집중 및 기업합동현상이라는 주식회사의 구조변혁은 소수주주의 회사공동관리권, 특히 의결권을 축소 내지 상실케 하는 반면, 이사 특히 이사의 기업지배권을 확대강화하는 작용을 한다. 설상가상으로 의결권, 저장주, 자격양도, 백지위임장에 의한 의결권의 대리행사 등은 이 경향을 조장한다. … 이사 내지 대주주의 책임강화, 의결권남용의 단속규정의 제정, 소수주주권의 강화, 결산검사인에 의한 결산서의 강제, 검사 등 국가의 적극적 간섭에 의지할 수밖에는 도리가 없다"[13]고 주장한다. 그는 유가증권 일반에 대한 규정에 대해서도 언급하고 있다. "현금의 유가증권에는 수형소절수를 위시하여 화물인환증 선하증권

13) 韓桓鎭, 우리 商法 새 理念의 考察, 「法政」, 3권 11호(1949), 18-20면.

창고증권 주권, 국채 공사채권 상품권 저당증권 주권 또는 신주식의 인수권을 표시하는 증서 및 외국 또는 외국법인이 발행하는 증권 또는 증서 이익분배계약에 있어서의 지분증권 또는 참가증권(certificate of interest or participation in any profit-sharing agreement) 기타 양도가능한 지분(transferable share) 등이 상기되는 바 개중에는 그 성질이 미분명하여 일반투자자의 이익을 해하는 바 막대하다. 그러므로 투자자에게 적정한 판단을 주기 위하여 — 경제적 약자인 주로 중산계급을 보호하기 위하여 — 유가증권에 관한 필요하고 중요한 사실(material facts)의 개시(disclosure)를 강제하여 유가증권매각에 관한 사기 및 부실표시를 방지하고 겸하여 그 거래의 원활화를 기할 필요가 있다고 믿는다."[14] 이때까지 우리 상법이 제정되기 전에 장래를 내다본 혜안을 높이 평가해야 할 것이라고 생각한다.

2. 기초위원들의 요강안

여기서는 법전편찬위원으로 임명되면서 발표된 기초위원들의 요강을 살펴 볼까 한다. 우선 金準枰 편찬위원의 요강부터 들여다 보자.

1) 金準枰의 상법총칙 및 상행위법요강안[15]

(가) 상법총칙요강

一. 本法에서 商人이라 함은 자기의 이름으로써 商業을 하는 者를 말한다.
左의 各號에 該當한 行爲를 營業으로 함을 商業이라 한다.
1. 商法 第501조 제502조의 各行爲
2. 商法 第4條 第2項의 行爲

二. 商法 第503條를 商法總則에 둘 것.
(해설) 무엇을 商行爲로 할 것인가에 하는 점에 있어서 主觀主義, 客觀主義 및 折衷主義의 3가지로 나뉜다. 기초위원은 依用商法의 태도를 지양하여 主觀主義로 나갈 것을 주장하고 있다.

三. 未成年者 또는 準禁治産者가 영업을 할 때에는 登記함으로 요한다(妻의 등기규정은 삭제함)
(해설) 依用商法 제5조에 의하면, 「未成年者 또는 妻는 營業을 할 때에는 登記를 함을 要한다」라고 규정되어 있을 뿐이고 準禁治産者가 영업을 할 때에 관한 규정이 없는 까닭이다.

四. 會社의 無限責任社員됨이 허용된 未成年者 또는 準禁治産者는 社員된 資格에 基因한 行爲에 關해서는 此를 能力者로 看做한다. (妻에 關한 부분을 削除함)

---

14) 위의 논문, 22면.
15) 金準枰, 商法總則及商行爲法要綱解說, 「法政」 3권 9호(1948), 20-23면.

(해설) 이것은 商法 제6조에 관한 부분이다. 準禁治産者는 保佐人의 동의를 얻어 영업을 할 때에는 보통성인과 동일한 능력이 있는 것과 같이 補佐人의 동의를 얻어 회사의 無限責任社員이 될 수 있고, 이러한 경우에는 社員된 자격에 기인한 행위에 관하여는 이를 能力者로 간주하여야 할 것이다.

五. 資本金 二十萬圓 未滿의 商人 露店商人 또는 行商으로서 會社가 아닌 者를 小商人이라 한다.

(해설) 小商人에게 의용상법상 商業登記 및 商業帳簿에 관한 규정을 적용하지 않으므로 小商人의 범위를 적용하는 것은 의미가 있는 셈이다. 露店商人과 行商으로서 會社가 아닌 자를 小商人이라고 할 것을 주장하는 데에 눈길을 끈다.

六. 登記를 함을 要하는 때 其他 登記事項이 發生한 때부터 2週間內에 登記를 하지 않을 때에는 金5萬圓 以下의 過料에 處한다.

(해설) 登記할 사항을 태만히 하였을 때에 會社法에서는 依用商法 제498조 제1호에 규정되고 있으나, 商法總則에는 그러한 규정이 없다. 要登記事項은 登記者의 利益을 위하기보다도 法律關係의 紛糾를 피할 자료를 주어 제3자를 보호함이 그 목적이기 때문에 登記를 독려할 필요가 있다.

七. 商人은 公共의 利益을 害하지 않는 限 그 姓名 其他의 名稱을 商號로 할 수 있다.

(해설) 예컨대 「大統領商會」, 「寡婦食堂」과 같은 명칭을 商號로 사용한다면 이는 세상 사람들의 오해를 사고, 선량한 질서 기타 사회질서를 문란케 하여 공공의 이익을 해할 우려가 있으므로 상호사용의 제한을 붙인 것이다.

八. 不確實한 債權은 그 概算價格을 記入하고 그 回收不能의 債權은 이를 控除함을 要한다.

(해설) 債權에는 확실한 것뿐만 아니라, 부정확한 것, 또는 回收不能의 것도 있어 각기 가치가 다르고, 또 債權의 기재방법에 관하여도 정확한 기재를 하게 필요가 있다는 것이다.

九. 財産目錄 及 貸借對照表에는 商人이 署名함을 要한다.

(해설) 依用商法 제33조 제4항에는 단지 「財産目錄 及 貸借對照表에는 作成者 此에 署名함을 要한다」고 되어 있을 뿐, 作成責任者인 商人이 이에 署名함을 要한다고 하는 것이 더 분명하다.

十. 支配人以外의 商業使用人에게 支配人의 競業禁止에 관한 規定을 準用한다.

(해설) 商業이 점점 대규모화하여 가는 이때에 支配人뿐만 아니라, 그 이외의 商業使用人에게 營業主와의 競業禁止할 필요가 있다.

十一. 代理商은 通常의 營業費用에 대하여 特別한 合意 또는 商慣習이 없는 한, 그 賠償을 청구할 수 없다.

(해설) 代理商의 통상의 營業費用이 民法上의 必要費用에 해당하는가는 반드시 명확치 않으므로, 獨逸商法 제90조를 참고로 하여 명확한 규정을 두어 법률관계를 명확히 해 두자는 것이다.

(나) 상행위법요강

一. 絕對的 商行爲와 相對的 商行爲의 구별을 없이 하여 이같은 種類의 商行爲로 하고, 이에 관한 규정과 附隨的 商行爲에 관한 규정은 商法總則에 옮겨 둘 것.

(해설) 위의 商法總則要綱 해설 一과 二의 해설 참조.

二. 本章의 規定은 請負人에게 材料를 提供하야, 特定한 動産을 製作할 경우에도 이를 適

用한다.

(해설) 請負에 관하여서는 商法에 특별한 規定이 없고 위와 같은 경우에도 賣買와 같이 취급하여 法律關係를 해결함이 타당한 까닭에 이러한 規定을 두고자 한다.

三. 개개의 金額에 대하여 특별한 擔保가 있을 때에는 그 擔保는 특별한 合意가 있을 때를 제외하고, 그 제공자가 總計算의 殘額을 支拂할 때까지 消滅치 아니한다.

(해설) 相互計算은 當事者 雙方이 各各 相對者에게 數多의 債權을 有하여 一定한 期間內의 거래상 계산을 相殺하여 債務殘額을 授受하는 것인 바, 그 數多의 채권 중 어떠한 한 개의 채권에 대하여 특별한 담보가 있을 때에 설혹 그 채권은 相互計算으로 인하여 소멸되었다고 하더라고 다른 債權의 殘額이 未支拂로 남아 있는 한 위 擔保는 위의 殘額을 위하여 債權者의 손에 남아있게 함을 原則으로 함이 信義誠實의 原則上 타당하다고 생각된다.

四. 匿名組合은 특별한 의사표시로써 손실을 부담할 수 있다.

(해설) 이것은 獨逸商法 제336조를 참고로 한 것이다. 匿名組合契約은 出資者는 단지 利益分配되는 것만 먹고 損失이 생기는 때에도 단지 利益配當을 청구할 수만 없을 뿐이지, 그 이상의 損失은 부담하지 않는 有限責任的 存在이지만, 特別한 契約으로써 營業者의 內部關係에 있어서는 無限責任的으로 損失을 부담할 수 있도록 契約을 할 수 있게 하자는 것이다.

五. 仲介人은 언제든지 當事者의 請求에 依하여 帳簿의 抄本을 作成交付할 義務가 있다. 前項의 抄本에는 仲介人이 署名을 하고 또 媒介한 行爲에 關하여 仲介人의 帳簿에 記入한 一切를 記載함을 요한다.

(해설) 依用商法 제547조 제2항을 개정하여, 동조에는 帳簿의 謄本이라고 하였으나 請求當事者에 관한 부분만 필요하지 帳簿內容이 전부는 필요치 않을 것이니 抄本이면 족하고 抄本이라 하더라고 請求當事者의 利害關係가 있는 부분은 전부가 필요할 것이니 그 部分의 一切를 기재케 한 것이다.

六. 仲介人이 仲介에 관한 帳簿와 그 抄本의 作成 및 保管에 關한 規定에 違反하는 때에는 금 10萬圓 以下의 過料에 처한다.

(해설) 仲介人의 不正行爲를 없도록 하기 위함이다.

七. 客主가 委託者의 指定보다 더 有利한 條件으로 契約을 締結한 때에는 特別한 合意가 없는 한, 이를 委託者의 利益으로 한다. 特히 客主의 販賣한 代價가 委託者의 定한 最低 價格을 超過한 때 또는 客主의 買入한 代價가 委託者의 定한 最高價格에 達하지 아니할 때에도 또한 같다.

(해설) 獨逸商法 제387조의 규정을 참고로 한 것이다. 委託者가 客主에게 이렇게 해 주십시오라고 委託하고, 그 이상으로 利益이 되는 것은 당신의 몫이요라고만 한 때에는 별문제지만, 이상 당신 몫이라는 말을 하지 아니한 때에는 그 以上을 委託者의 利益으로 함이 客主에게 損害되지 않는 일이요, 信義則上 당연한 일이므로 賣買의 條件, 代金金額等에 이러한 일이 있을 경우에 위와 같이 처리함이 可할 것이다.

八. 客主가 物品을 保險에 부칠 것을 怠慢히 한 것에 關하여는 委託者로부터 保險에 부치라는 指示가 있는 때에 限하여 그 責任을 負擔한다.

(해설) 巨額의 價格의 商品을 貯藏한 倉庫가 火災로 하루아침에 燒失되는 일이 많이 생기는 것을 생각해 보면, 保險에 관한 規定을 둘 必要가 있는 때 客主가 善良한 管理者의 임의로써 受託商品을 保管하려면 保險에 부쳐야 할 일이다.

九. 運送取扱人 中에 空中運送人에 依한 物品運送의 引受를 함을 業으로 하는 者도 포함시킬 것.

(해설) 商法은 陸上運送과 海上運送만을 對象으로 하여 運送取扱人을 규정한 것이지만, 空中運送도 점차 盛行할 것이므로 명확히 해 둘 필요가 있다. 具體的인 條文으로는 「運送取扱人이라 함은 自己의 名義로 委託者를 爲하여 陸上運送人, 空中運送人 또는 海上運送人에 依한 物品運送의 引受를 함을 業으로 하는 者를 말한다.」라고 함이 可하겠다.

十. 運送人 中에 物品 또는 旅客의 空中運送을 함을 業으로 하는 者를 包含시킬 것.

(해설) 陸上運送人과 海上運送人에 관한 規定은 商法에 있으나 空中運送人에 관하여 商法에 아무런 規定이 없으므로 이런 規定을 두자는 것이다.

十一. 客이 損害의 發見後 卽時 이를 場屋의 主人에게 通知하지 아니할 때에는 客의 請求權은 消滅한다.

(해설) 怠慢을 부린 客에 대하여 場屋의 主人을 보호하자는 것이다.

2) 洪璡基의 새 회사법의 요강해설

1948년 11월 당시 법무부 조사국장인 洪璡基 국장은 1948년 11월에 「法政」誌에 실린 「새 會社法의 要綱解說」에서 수준 높은 요강해설을 하고 있다.

(가) 기초이념

우리는 우리 법전을 하루빨리 편찬하여야 하겠다는 시급성이 최고이념이라고 여긴다. 이리하여 손쉽게 빨리 성취하기 위하여는 현재의 일본법전을 토대로 하고 이것을 번역하는 정도라도 속히 기초하자는 실천방침이 법전편찬위원회에서 결정되었다. 일본회사법은 다른 법역의 회사법보다 특이한 점이 하나 있다. 그것은 일본회사법이 세계의 회사법 중에서도 최신 입법의 하나라는 점이다. 당시의 일본회사법이란 1938年(昭和 13年) 법률 제72호 상법중 개정법률로서 개정된 상법 제2편 회사와 동년 법률 제74호로서 성립된 유한회사법과 이의 부수법들을 가리킨다. 그러나 그렇다고 해서 우리는 일본회사법을 그대로 추수하기만 되는 것은 아니다. 첫째로, 일본회사법에는 학리상으로 미비 또 오류라고 할 규정들이 혼입되어 있다면 그대로 받아들일 수 없고 이를 과감히 시정하여야 한다. 둘째로, 장래에 문제가 될 외자의 유입은 법적으로 회사법의 문제로 다루어야 한다. 그러면 제정당시부터 이 문제에 정신을 차려야 하는데 일본회사법은 충분치가 못하다. 셋째로, 후기자본주의에 있어서 여러 가지 이유로 기업집중(특히 콘체른)이 필연적이다. 그러므로 회사법은 이에 대한 규정을 두어야 한다. 그런데 일본법은 이것을 의식하면서도 철저하지 못하였다.

(나) 이론적 정비

현행 의용상법에는 두 가지 의미에서 이론적으로 정비되어야 할 난점이 있다. 하나는 일본상법전이 전체적으로 취하고 있는 어떠한 주의가 회사법에 투사되었고, 1938년 개정회사법에서도 그 주의를 이탈할 수 없음으로 해서 개정되지 못하는 후진성이다. 다른 하나는 국부적으로는 입법의 실수 · 불완전성이다. 우리는 일본법의 기본적 구조에는 터치하지 않는다고 해도, 현대회사법학의 지배적 통설로 되어 있는 점을 섭취하지 않을 수 없다. 이러한 의미에서 나온 요강은 다음과 같다.

① 회사정의규정을 상행위개념에서 해방할 것

의용상법 제52조 제1항은 「本法에 있어 會社란 商行爲를 함을 業으로 할 目的으로써 設立한 社團을 말한다.」 즉, 회사는 상행위를 업으로 하여야 한다. 그러면 농업 · 광업 · 수산업 같은 원시생산업(Urproduktion)은 상행위가 아니므로(의상 501조 · 502조 · 503조 참조), 이것을 경영하는 것을 목적으로 하고는 상사회사가 될 수 없다. 그러므로 그 제2항으로써 「營利를 目的으로 하는 社團으로서 本編의 規定에 의하여 설립한 것은 상행위를 업으로 아니하더라도 이를 회사로 간주한다」고 하였다. 이것이 이른바 민사회사이다. 그러니 이 민사회사는 민법 제35조에 의하여 그 설립에 있어 「商事會社 設立의 條件에 좇아」 설립될 뿐만 아니라, 설립후도 이 회사에 대하여는 상사회사에 관한 모든 법규가 적용되고, 또 상법 제4조 제2항에 의하여 민사회사도 상인으로 간주되나니 결국 민사회사와 상사회사의 차이는 개념상 거의 아무것도 없다. 그러면 민사회사를 상사회사에서 구별하는 이유는 회사(상사회사)의 정의규정에 있어 상행위를 그 개념요소로 쓴 탓밖에 없다. 또 회사법의 기초개념인 회사의 정의규정에서 상행위를 그 개념요소로 쓴 이유는 오직 의용상법이 이른바 상행위주의에 좇아 상행위개념으로써 상법전편을 관류시키는 의도에서 나온 것이다. 그러나 이렇게 「看做」란 의제(擬制)를 쓰지 않으면 안되는 것은 벌써 한 개념이 그 완전성을 잃고 새로 확대된 외연을 포섭할 수 있는 새 개념을 찾고 있는 증좌인 것이다.[16)]

---

16) 洪璡基, 새 會社法의 要綱解說, 「法政」 11호(1948. 11), 13-14면.

② 주식회사를 경제적 목적 이외의 목적을 위하여도 설립할 수 있게 할 것

영리적 목적을 가지지 않는 「정신적 목적을 가진 주식회사」(AG mit idealen Zwecken)도 주식회사로서 승인하여 주식회사란 편리한 기구를 개방하는 것을 저지할 아무런 이유가 없다. 독일법이 주식회사 및 주식합자회사(주식법 3조, 219조 3항), 유한책임회사(유한책임회사법 1조, 13조 3항)에 대하여 이것을 승인하였고, 스위스법(채무법 620조)도 그러하다. 이리하여 주식회사제도가 자선, 오락, 후생 같은 법적으로 허용되는 모든 목적을 위하여 이용될 수 있게 한 것이다.

③ 취체역회에 관한 규정을 둘 것

법이 정한 주식회사의 기관은 아니로되 현재 주식회사로서 취체역회(board of directors; Verwaltungsrat)를 정관으로써 규정하지 않은 회사는 드물다. 그래서 스위스법(채무법 712조 내지 716조)에는 이것을 법속에 규정하였다. 이제부터는 법이 실제에서 생성된 이 취체역회를 성문법으로써 섭취할 단계에 이르렀다.

④ 취체역의 이익참가에 관한 규정을 둘 것

주주의 자격으로서가 아니라 취체역은 정규의 보수 이외에는 이익에 참가할 수가 없다. 그러나 취체역이 유효한 활동을 하여 이익이 났을 때에는 그 보답이 있어야 한다. 현재 상여금의 형식으로 주는 것도 주주총회를 통해야 한다. 법은 이것에 대하여 무관심하다. 여기서 오히려 부정·부당이 양성될 염려가 있다. 독일주식법 제77조는 취체역의 이익참가(Gewinnbeteiligung)를 정면으로 용인하면서, 그러나 다른 한편으로 그 경과를 법적으로 감시하여 회사의 이익이 주주에게 가지 않고 취체역에게도 부당히 유출되는 것을 막는다.

⑤ 사후설립을 단속하는 규정을 둘 것

사후설립(Nachgründung)이란 회사설립후 단기간에 회사가 유상적으로 하는 재산취득행위로서 이것을 무조건으로 허용한다면 그 재산의 성질·대가를 보아 설립에 있어서의 현물출자·재산인수 같은 단속규정을 잠탈(潛脫)하기 위하여 이런 방법을 취할 염려가 있다. 그러므로 이것도 자본충실의 원칙 밑에 단속을 하여야 할 텐데 현행상법 제246조는 너무나 간략하다. 독일주식법 제45조처럼 그 재산취득에 있어 재산평가에까지 감시할 수 있도록 상세화하여야 할 것이다.

⑥ 이익배당청구권의 단기소멸기간을 정할 것

이익배당청구권은 보통의 채권으로서 또 상행위도 없으니 민법의 10년의 시효로써 소멸될 것이므로 회사의 업무처리를 위하여서도 단기의 제척기간을 정함이 좋다.

⑦ 자본증가는 주금전액불입후에만 할 수 있게 할 것

구 상법 제210조는 이 요강과 같았던 것을 신개정법이 이 시기의 제한은 삭제하였다. 그것은 근소한 주금의 미불입이 있을 때 증자를 시켜 회사를 갱생시킬 필요가 있을 때라도 증자를 못하는 것이 불편하다는 이유였다. 그러나 주금의 전액불입이란 불입의 수속의 완료를 의미할 뿐이고 조금이라도 체납금액이 있어서는 안 된다는 뜻은 아니므로 (독일주식법 149조 말단은 이것을 명문으로 나타냈다) 위의 개정은 오해에서 나온 것이다. 그러므로 다시 이 조문을 살리어 회사가 함부로 신주를 액면이상으로 발행하여 초과액을 회사가 투기적으로 이득하는 것을 방시하여야 한다.

⑧ 자본증가를 무효로 하는 판결이 확정한 때는 자본증가로 말미암아 발행한 신주는 장래로 향하여 자본감소로 하도록 할 것

현 상법 제373조에 의하면 이 경우에 신주는 장래에 향하여 무효로 된다. 소급효를 주지 않은 점은 거래의 안전을 어느 정도 고려한 것으로 볼 수 있으나 그래도 이리하면 신주주에게 주금의 불려(拂戾)를 하게 되니 증자는 염두에 두고 회사와 거래한 제3자를 위하여서는 자본감소때와 같이 채권자의 이의권(현 상법 제376조 2항, 3항)을 주어야 할 것이어늘 그러기 위해서는 장래로 향하여 자본감소를 하도록 하여야 할 것이다.

⑨ 인허자본제를 인용할 것

인허자본(Genehmigtes Kapital, Authorisiertes Kapital)이란 정관으로써 취체역에 대하여 신주발행에 의하여 증가할 수 있는 권한을 부여한 자본을 말한다. 영미회사법의 authorized capital(수권자본)에서 계수해 온 제도다. 그러나 양자는 다르다. 후자에 있어서는 이른바 자본확정의 원칙이 없고 (이른바 창립주의) 기본정관에 수권자본이 게기되어도 그것은 주식을 발행할 수 있는 최고한도를 의미할 뿐 설립에

있어서는 7인 이상의 발기인이 1주 이상씩만 인수하면 등기를 마치고서 회사는 성립할 수 있고 그 잔부의 자본은 취체역이 필요에 응하여 주식을 발행한다(발행주식, issued capital). 그러나 독일법에 있어서는 회사의 전자본은 인수되어야 하므로 여기 인허자본이란 전혀 자본의 증가로서만 씌우는 것이다. 자본증가의 번잡스런 수속을 간략화하여 정관에서 수권한 한도 안에서는 총회의 의결을 거치지 않고 응시(應時)에 주식을 발행하여 자본을 손쉽게 조달하는 것을 목적으로 한다. 독일주식법 제169조 이하에 규정되어 있다.

⑩ 주주의 신주인수권을 인정할 것

독일에 있어서는 신주발행에 의하여 자본증가를 할 때 주주에게 신주인수권(Bezugsrecht)을 준다(주식법 153조). 그것은 자본증가로 해서 구주주의 소유주의 가격이 감소하여 손해를 입지 않도록 하기 위함이다. 스위스채무법 제652조도 이것을 인정하였다.

(다) 외자유입에 대한 대비

외자의 유입은 필연적이다. 빈곤한 새 국민의 건설은 외국자본을 요청할 것이라기보다 친절한 외국인들은 그 자본의 원조도 견제할 것이다. 나라로서는 차관을 들어오는 것이 가장 좋을 것이로되 외국의 민간자본도 아니 들어오지는 않을 것이다. 이것이 현재의 정세다.

필자의 법률적 안목으로 본다면 차관 외에는 사법적으로 상법 특히 회사법의 영역에서 일어나는 현상으로 귀일된다. 즉, 첫째는 본점이 외국에 있는 회사가 그 지점을 한국 안에 설치하면서 새로 회사를 설립하든가 또는 기성회사의 주식을 사가지고 나타나는 경우고, 셋째는 한국 내국회사의 사채를 외국인이 사가지고 나타나는 경우다. 즉, 외국회사 주식 사채 모두가 회사법적 현상이다. 외자유입의 통로는 이 세 가지로 집약된다. 그러면 새 회사법은 이 세 곳에서 외자유입에 대비하는데 정신을 차려야 하겠다.

(라) 기업집중(특히 콘체른)에 대한 규정

기업집중은 자본주의 경제에 있어 필연적이다. 더구나 후기자본주의경제에 있어서는 기업집중 특히 콘체른(Konzern)은 필연적이다. 그런데 현상법은 이에 대한 규정을 소홀히 하였다. 물론 아주 없는 것도 아니다. 현 상법 제245조로써 콘체른관계에 회사가 들어가려면 주주총회의 특별결의가 있어야 한다고 규정한다. 즉 (A) 영업의 임대계약(Verpachtung des Betriebs), (B) 영업의 경영의 위임(Betriebsüberlassungsvertrag), 이익공동관계(Interessengemeinschaft) 등의 콘체른계약을 맺는 것에 관하여는 규정이 있다. 그러나 그 외에는 콘체른에 대하여는 전혀 없고, 다만 합병에 관한 규정이 이것도 불충분하게 있을 뿐이다. 일본상법은 모두에서 서술한 바와 같이 비교적 신입법인데도 불구하고 이 점에 있어 불충분하다. 이것을 보충하기 위한 요강으로, 첫째 콘체른에 대한 규정을 둘 것, 둘째 합병에 관한 규정의 정비가 필요한 것을 제의한다.[17]

3) 崔丙柱의 해상법 보험법의 기초소감

(가) 기초성과

과도정부사법부소속 법제편찬위원의 한 사람으로 임명된 영광을 혜몽(惠蒙)하였으니 일단 기초의 책임을 부담한 이상 힘이 미치는 한 노력을 하여야 하겠기에 중국법과 일본법을 주로 참고로 하여 요강과 원안을 작성하였다.[18]

(나) 기초상 유의한 점

① 해상법

첫째로, 선박법, 선원법, 해상법의 삼자는 상호관련되어 불가분의 관계에 있다. 따라서 선박법, 선원법 중 해상법에 절실히 필요한 것만은 일부분식 해상법에 규정아니 할 수 없었다.

둘째로, 우리나라가 금후 발전을 하려면 해운에 주력하여야 할 것이며 해운의 발전은 위선 선박의 한국국적상실을 가급적 방지할 것과 선박소유자책임의 제한책이 필요할 것이다. 따라서 이 점에 관하여 종래 취하여 오던 해상법 및 선박법상의 원칙에 불소한 변개를 하였다.

셋째로, 선장과 선원간에 하극상의 악폐가 있다. 그러나 그러한 악폐는 근절되

17) 위의 논문, 19-20면.

18) 崔丙柱, 海上法·保險法起草所感, 「法政」 3권 9호(1948. 9), 24면.

어야 한다. 이 사정을 참작하여 해상법 중 선장, 선원에 관한 장절 중에 약간의 신규정을 규정하였다. 즉 선장에게 선원통솔권을 위하여 상당한 범위의 권력을 주게 규정하였다. 그러나 선원의 대부분은 근로자로서 그 지위는 사회정책(social justice)의 견지에서 충분히 보호되어야 할 것이므로 이에 응한 신규정도 등한하지 아니하였다.

넷째로, 선박소유자나 선장이나 선원에게 부담된 각종 책무 중 공익상 중대한 관계성을 가진 것은 벌칙으로 강행시킬 필요성이 있으므로 이에 관한 독립한 일장을 신규정하였다.

② 보험법

첫째로, 보험에 관한 신입법에 보험약관을 무시할 수 없으므로 이 점을 고려하였다. 보험업법도 보험에 관하여 반면의 법규이지만, 그 실체가 행정적 경제통제에 관한 것이며 독립하는 법체계로 되어야 할 것이므로, 신입법에는 이를 참작치 아니하고 구체계와 같이 보험계약법에만 신입법의 한계를 두었다.

둘째로, 각종의 사회보험제도의 도입을 고려하여야 할 것이다. 이러한 사회보험이 보험의 전역을 차지할 것이요, 종래 영리보험은 극소범위에서 명맥을 유지할 것이다. 그러나 사회보험법은 이 법제편찬위원회의 취급한 범위내 일에 속하지 아니하였다.

셋째로, 종래의 보험법체계는 비윤리적인 감이 있었음으로 신입법의 장별체계는 대체로 중국법의 그것을 채택하였다. 즉, 제1장에 손해보험 인신보험에 공통되는 총칙을 신규정하였고 제2장 손해보험을 화재보험, 운송보험 책임보험의 삼종절별에 제1절 통칙을 가하여 규정하였고 제2장 인신보험을 생명보험과 상해보험의 2절별에 제1절 통칙을 가하여 규정하였다.

③ 입법과 국시 — 총력사회주의

첫째로, 해상보험을 해상법에 둘 것일까, 보험법에 둘 것인가의 문제가 있다. 해상법에서 상행위의 조문을 의용할 때 상행위법의 확정없이 어떻게 그 의용을 할 수 있을까. 해상법을 독립법으로 할 것인지 상법의 1편별로 할 것인가. 민상법의 통일은 여하? 각종 경제통제법령과 자본주의체계에서 편성된 기존상법의 원칙을 어느 정도로 변개시킬 것일까? 등등의 제문제가 있다. 하나도 지도적 정치이념을 떠나서 해결될 것이 아니다. 오직 명확한 정치이념만이 이러한 문제를 모순당착없이 종합적 연결을 지우며 계통적 통일을 할 수 있을 것이다. 우리 한국의 신입법에 제1선결로 요구되는 것은 이 지도적 정치이념이 아니고 무엇일까? 사물에 본말이 있고 순서가 있어야 한다.

둘째로, 대한민국에도 헌법과 정부조직법이 제정공포되어 통치형식의 구비는 되었으나, 실지 직접으로 국민을 지도할 정치이념은 아직 서지 못하였다 하여도 과언이 아닐 것이다. 입법을 지도하고 행정기관의 활동과 기획을 결정하고, 사법기구의 판단해석에 지침을 주어 전진하는 전민족에 통일과 매력을 내게 한 것은 우리 한국현실타개에 적합하고 민심에 부합하며 이지(理知)의 조리에 합치되는 지도적 정치이념일 뿐이다. 그 이념을 없다 할 것인가? 필자는 그것을 「총력사회주의」라 하고 싶다.

제 2 절　의용상법과 상법안의 비교검토

Ⅰ. 서　　언

법전편찬위원회가 작성한 전문 1,016조, 부칙 47조로 된 상법초안은 정부에 이동된 지 2년 만인 1959년 11월 29일 드디어 국무회의의 의결을 얻어 정식의 정부안으로 국회에 제출되었다.

정부원안으로서 제출된 상법초안은 법전편찬위원회의 초안에 제안이유서를 첨부한 것에 지나지 않으며, 이제까지 여러 가지 비판은 전혀 참고된 바 없으니 입법과정에서 지적된 문제점들이 신중히 고려되어야 할 것이다. 상법은 기업법이라고 불리울 정도로 그 나라의 산업경제부분과 불가분의 관계에 있고, 또 기술법으로서 국제적으로 통일되는 경향이 있어 이것에 관한 국제조약도 많고, 국제관습도 발달되어 있는 현상이므로 우리나라의 산업경제부분에 종사하는 실업가의 의견이 많이 반영되어야 할 것은 물론이요, 법조실무자를 비롯한 법학자의 두뇌와 지식을 활용되어야 할 것이다. 다행히 한국법학원 산하 상사법연구회에서 본격적인 상법초안의 검토를 시작하여 의견을 발표할 태세에 들어갔다.[19] 여기서는 상법안 전반에 걸쳐 의용상법과의 차이점을 지적하려고 한다.

Ⅱ. 상법안의 일반적 특색

상법안이 의용상법에 비겨 가지고 있는 일반적 특색이라고 하는 것을 가려 보기로 한다.

먼저 정부의 제안이유서에서 의용상법과 다른 주요한 점이라고 열거한 것을 소개하고, 이것에 지적되지 않는 것으로서 중요한 문제를 첨가하기로 한다. 정부의 제안이유서에서 열거한 차이점은 37개 항목으로 나누어 설명하고 있다.[20]

① 편별상 의용상법이 4편으로 되어 있고, 유한회사법·수형법·소절수법이 단행법으로 존재하던 것을 이들을 통틀어 상법전에 포함시켜 제1편 총칙, 제2편 상행위, 제3편 회사, 제4편 보험, 제5편 해상, 제6편 증권법의 6편으로 나누었으며, 거절증서규칙을 상법전에 포함시켰다.

의용상법상 상호의 장에 규정되었던 영업양도에 관한 규정을 독립장으로 규정하였고, 총칙에 규정이 있던 대리상을 상행위편으로 옮겼으며, 합명회사의 설립의 무효와 취소에 관한 규정을 독립절로 하였다. 그리고 상행위편 및 해상편에 있던 보험에 관한 규정을 일괄하여 보험편을 만들었다.

---

19) 孫珠瓚 교수는 商法典制定에 對한 小見(1), 「法曹」, 1961. 2월호, 13면에서 "먼저 政府案으로서의 商法草案은 그 규모에 있어서 세계입법의 유례가 없을 정도로 방대하다. 전6편(제1편, 총칙·제2편 상행위·제3편 회사·제4편 보험·제5편 해상·제6편 증권), 1016개조문에 부칙이 47조로 된 상법전초안은 첫째 전4편 851개조문으로 된 현행의용상법보다 양적으로 더 발전하였으며 단일법전으로서는 모법이었던 독일상법전의 905개조, 프랑스상법의 648개조문에 비할 때에 엄청나게 팽창한 것이 되어 있다. 상법전으로서는 질이나 양적으로나 프랑스상법이나 독일상법은 세계에 자랑하는 대단한 것으로 알려져 있는데, 우리 상법초안은 다시 그 상위를 가고 있으니, 상사입법으로서는 세계에 으뜸이라 하겠다. 이것은 잡다한 현행법상으로는 특별단행법으로 되어 있는 것을 모두 한 그릇 속에 담다 보니 이렇게도 훌륭한 것이 된 것이니, 도대체 복잡한 각종 상사법규를 체계도 고려하지 아니하고 한 법전속에 포섭하는 것 자체가 다시 생각하여 할 점이며, 어느 나라의 입법례에도 찾아 볼 수 없는 현상이다"라고 있다.

20) 鄭熙喆, 現行商法과 商法案의 比較檢討(1), 「法曹」, 1960. 11, 41면 이하.

② 의제상인(의용상법 제4조 2항)에 관한 규정을 없앴다.

③ 처의 무능력에 관한 규정을 삭제하고 한정치산자는 지배인을 두어 영업을 할 수 있도록 하였다(안5조 · 8조).

④ 상업사용인이 경업금지의무에 위반한 경우에 영업주의 보호를 후하게 하는 규정을 두었다(안17조 2항 후단 및 3항).

⑤ 등기상호의 중복등기금지지역을 동일 특별시 · 시 · 읍 · 면으로 하였다(안23조).

⑥ 영업양도인의 경업금지기간을 10년 또는 20년으로 단축하였다(안30조).

⑦ 절대적 상행위를 없애고 영업적 상행위의 종류를 증가하였다(안46조).

⑧ 위탁매매인이 파산한 경우 또는 재산이 압류된 경우의 위탁자보호의 규정을 신설하였다(안103조).

⑨ 위탁매매인의 위탁물에 대한 주의의무에 관하여 규정을 두었다(안108조).

⑩ 상인인 위탁자가 그 영업부류에 속하는 물건의 매수를 위탁한 경우에 상인간의 매매에 관한 규정을 준용하는 규정을 두었다(안111조, 68조-70조).

⑪ 운송장에 허위 또는 부정확한 기재를 한 송하인의 손해배상책임을 인정하였다(안129조).

⑫ 순차운송인의 구상권에 관한 규정을 신설하였다(안142조).

⑬ 수하인을 확인할 수 없거나 수하인의 수령거절 또는 수령불능의 운송물을 경매하기 위한 최고의 상대방 또는 경매후의 통지의 상대방 중에 「알은 화물상환증소지인」을 가하였고(안146조, 147조), 최고 또는 통지의 상대방을 모르는 경우의 공시최고절차를 정하였다(안148조).

⑭ 창고증권에 관하여 창하증권제도만을 인정하는 일권주의를 채용하였다(안160조).

⑮ 창고업자의 임치물검사의무 및 멸실, 훼손의 통지의무를 규정하였다(안164-166조).

⑯ 주식합자회사제도를 폐지하였다.

⑰ 회사합병에 관한 제한규정(안56조 2항)을 삭제하였다.

⑱ 합명회사의 설립등기에 총사원의 공동신청을 요하게 하였다(안190조 1항).

⑲ 합명회사의 사원총회에 관한 규정을 신설하였다(안202-204조).

⑳ 의용상법상의 합명회사의 책임이행의 조건 및 자칭사원의 책임에 관한 규정을 삭제하였다.

㉑ 의용상법상의 합명회사에 있어서 자칭 무한책임사원과 책임을 변경한 사원의 책임에 관한 규정을 삭제하였다.

㉒ 주식회사의 발기인의 수를 7인 이상인 것을 5인 이상으로 하였다(안291조).

㉓ 주식의 제1회 납입금을 액면의 2분의 1 이상으로 하였다(안199조 1항).

㉔ 위임주식제도를 창설하였다(안293조 4호 및 298조).

㉕ 주식회사의 검사역의 제3자에 대한 책임에 관한 규정을 신설하였다(안340조 2항).

㉖ 통상결의의 정족수를 정하고 특별결의에 있어서의 정족수를 강화하고 또 가결의제도를 삭제하였다(안378조 1항, 381조, 435조 2항).

㉗ 주식회사에서 이사회를 법정기관으로 하였다(안393조-395조).

㉘ 주식회사의 특별청산제도를 삭제하였다.

㉙ 유한회사에 있어서의 출자의 전액이행주의(유한회사법 12조)를 분할납입주의로 하였다(안536조).

㉚ 유한회사의 사원의 수에 대한 제한을 철폐하였다.

㉛ 외국회사는 지점을 설치하지 아니할 때라도 대한민국에서 영업을 하기 위하여는 대표자와 영업소에 관한 등기를 하여야 한다(안583조).

㉜ 보험의 목적물이 집합물인 경우에 보험기간중의 개개의 대체를 인정하였다(안658조 · 659조).

㉝ 강 · 호(湖) · 천(川) 간의 물건운송보험에 육상운송보험의 규정을 적용하는 규정을 두었다(안660조 2항).

㉞ 책임보험제도를 신설하였다(안689조 이하).

㉟ 생명보험에 있어서 18세 미만자 · 심신상실자 또는 심신박약자의 사망을 보험사고로 하는 보험계약을 무효로 하는 규정을 두었다(안697조).

㊱ 선원법에 규정이 있는 노동법적 규정을 상법에 설치하였다(안760조 - 770조). 선원의 권리를 존중하여 고용주로부터 일방적인 해임을 인정하지 않는다(이것은 의

용상법에도 인정되고 있음. 의용상법 721조, 안743조).

㊲ 공동해손으로 인한 손실의 부담평가의 기준지를 도달지로 하였으며, 하자로 인한 공동해손에는 구상권을 인정하였다(안823조 · 825조).

이상은 정부가 상법안을 국회에 제출할 때에 제안이유서에 기재되어 있는 의용상법과 상법안과의 차이점이다.

그러나 鄭熙喆 교수는 이외에도 74항목에 달하는 차이점을 지적하고 있어[21] 여기에 소개한다.

① 의용상법상 지배인에게만 인정되는 경업금지의무를 상업사용인 전반에 대하여 인정하는 대신에, 의용상법상 지배인의 경업금지의무 중 영업금지의무를 삭제하였고, 이 의무를 위반한 때의 영업주의 구제책으로서 제3자를 위하여 경업금지의무위반을 한 경우의 손해배상청구권을 명문으로 규정하였다(안17조 2항).

② 영업주와 상업사용인과의 고용관계에 적용한다는 민법규정을 삭제하였다.

③ 본점을 주영업소, 지점을 분영업소라고 명칭을 비꾸었다(안10조 · 14조 · 21조).

④ 상호단일주의 및 주영업소와 분영업소의 주종관계의 표시를 명문으로 규정하였다(안12조).

⑤ 행상과 소상인의 범위에 대한 규정을 신설하였다(부칙 5조).

⑥ 영업적 상행위의 수를 늘리고 전파 · 수도물의 공급, 대금업, 통신정보업, 광물 또는 토석의 채취를 이것에 포함시키고 있다(안46조 4호 · 7호 · 8호 · 17호).

⑦ 공중운송에 관하여 육상운송에 관한 규정을 준용한다는 명문규정을 두었다(안127조).

⑧ 운송장의 법정기재사항에 수하인의 주소 또는 영업소와 운임 및 그 선급 또는 착급의 별을 증가하였다(안128조 3호 · 4호).

⑨ 물품운송인의 손해배상책임에 관하여 불가항력이나 운송물의 성질 등에 의한 경우만을 제외하는 무거운 책임을 지우고 있으니, 이는 의용상법상 무과실을 입증하여 면책되는 규정과 대조적이다(의용상법 577조).

---

21) 위의 논문, 44면 이하.

⑩ 공중접객업자(장옥거래주)의 책임의 시효를 1년이던 것을 6월로 단축하였다(안158조).

⑪ 각 회사에 대하여 그 정의를 내린 규정을 신설하였다(안187조 · 272조 · 291조 · 532조).

⑫ 흡수합병과 신설합병의 두 합병방식을 명문으로 규정하였다(안183조).

⑬ 회사해산명령청구의 경우에 회사가 담보제공을 청구자에게 청구하는 때의 청구자의 악의소명의무를 규정하는 한편, 해산명령청구가 각하된 경우 그들에게 악의 또는 중대한 과실이 있는 때의 손해배상책임에 관한 규정을 없앴다(안185조).

⑭ 회사해산명령청구사유에 「회사가 부정행위를 목적으로 하여 설립된 것인 때」를 첨가하였다(안 동조 1항 1호).

⑮ 합명회사의 정관의 절대적 기재사항에 작성년월일을 첨가하었으며(안189조 6호), 총사원의 기명날인뿐 아니라 공동작성을 요건으로 정하였다.

⑯ 합명회사의 내부관계에 민법의 조합에 관한 규정을 준용한다는 의용상법의 규정(68조)을 없애고 출자의 이행에 관하여 상세한 규정을 두었다(안195조).

⑰ 합명회사의 사원이 경업금지의무를 위반한 경우의 회사의 개입권행사에 대하여 경우를 나누어 규정하고, 개입권의 제척기간을 사원이 한 때부터 2주간이던 것(의용상법 74조 3항)을 3월로 연장하였다(안197조 2항).

⑱ 회사설립무효와 취소의 소의 제소기간을 2년이던 것을 1년으로 하였다(안217조).

⑲ 합명회사해산의 경우 회사재산의 처분방법을 정함에 정관 또는 총사원의 동의로써 하게 되었던 것(117조 1항)을 총사원의 3분의 2로써 할 수 있게 하였다(안253조).

⑳ 청산인의 선임결의를 총사원의 3분의 2 이상으로 그 결의정족수를 높였다(안255조).

㉑ 의용상법상의 법정청산(120조)에 해당하는 규정을 없앴다.

㉒ 변제기미달의 채무를 변제함에 있어 회사에 유리하게 규정되었던 조항(125조 2항 · 3항)을 없앴다.

㉓ 주식회사의 정관의 인증을 공증인이 할 수 있었던 것을 법원도 할 수 있게

하였다(안294조).

㉔ 상환주식제도를 창설하였다(안307조).

㉕ 창립총회의 결의에 관한 정족수를 주식인수인의 반수 이상의 자본의 반액 이상을 인수한 자의 출석으로 하던 것(의상 180조)을, 주식인수인의 반수 이상 및 주식총수의 3분의 2 이상을 인수한 자의 출석으로 하였다(안315조 1항).

㉖ 창립총회의 의결권의 수를 1주 1개로 하는 규정을 두었다(안 동조 3항).

㉗ 회사성립전의 주권발행뿐만 아니라 가주권의 무효를 규정하고(안334조), 이러한 주권소지인에 대한 발행인의 손해배상책임을 규정하였다(안 동조 2항).

㉘ 1주의 금액을 2백환 이상으로 하였다(안343조 3항).

㉙ 소수주주권을 인정하는 한도를 낮추어 발행주식의 총액 백분의 5 이상에 해당하는 주식을 소유하는 주주가 행사할 수 있도록 하였다(안402조 · 405조 등).

㉚ 취체역은 이사, 감사역을 감사로 명칭을 바꾸었다.

㉛ 법정준비금의 종류를 증가하여 이익준비금 · 액면초과액 이외에 재평가이익금 자본감소시의 상환초과금 · 합병시의 신설회사의 자본금 또는 존속회사의 증가자본금을 초과하는 승계재산액 등을 열거하고 있다(안466조).

㉜ 건설이자의 이율에 관한 제한을 철폐하였다(안469조 1항).

㉝ 자본증가시의 건설이자배당에 관한 규정을 없앴다.

㉞ 사채모집의 주주총회의 결의는 특별결의에 의하여 하게 되어 있는 것(296조)을 보통결의의 방법으로 할 수 있도록 하였다(안473조).

㉟ 사채의 금액을 5백환 이상으로 하였다(안476조).

㊱ 사채모집의 수탁회사가 해임된 후의 사무승계자에 관한 규정(314조)을 없앴다.

㊲ 사채권자집합에 관한 규정을 전부 삭제하였다.

㊳ 현물출자에 관하여 의용상법은 제1회 불입시에 전부를 인도하게 되어 있는데 대하여, 이를 분할급부할 수 있도록 정하고 있다(안299조 3항).

㊴ 현물출자에 관하여 등기, 등록 기타 권리의 설정 또는 이전을 요하는 경우에는 제1회 불입시에 이것에 관한 서류를 완비하여 제공하여야 할 것으로 하고 있다(안 동조 동항).

㊵ 제2회 이후의 주금납입에 관하여 주주총회에서 결의를 할 수 있도록 하였다(안382조, 383조).

㊶ 의결권에 관하여 1주 1개의 원칙의 예외인 11주 이상의 주식을 가진 주주의 의결권을 제한할 수 있다는 규정을 없애고, 우선권에 한하여 의결권을 정관을 가지고 박탈할 수 있게 하고 있다(안379조).

㊷ 제2회 이후의 체납주식을 처분함에 있어서 의용상법상 인정되는 주식양도인의 담보책임에 관한 규정(216조 이하)을 없앴고, 따라서 제1회 납입의 때와 같이 일정한 최고기간이 경과된 때에는 실권되도록 하고 다만 새로 주식을 모집하는 대신 그 주식을 경매하도록 규정하고 있다(안384조, 385조).

㊸ 주주명부폐쇄에 관한 규정을 신설하였다(안367조).

㊹ 대표이사를 필수기관으로 하여 대표이사가 사무집행과 회사대표를 하도록 규정하는 한편(안391조), 그것이 결한 때에는 이사가 각자 대표하도록 하고 있다(안392조).

㊺ 이사의 해임을 소수주주도 청구할 수 있도록 하였다(안405조).

㊻ 의용상법상 재산목록 등에 기재할 영업용고정재산의 평가에 관하여는 「취득가액 또는 제작가액에서 상당한 감손액을 공제한 가액을 붙일 수 있다」고 규정한데 대하여, 상법안은 「…을 기재하여야 한다」고 규정함으로써(안37조 2항), 종래의 시가주의와 원가주의의 택일을 인정하는 주장에 종지부를 찍고 주식회사의 영업용고정재산의 평가원칙과 통일시켰다(안462조).

㊼ 전환사채제도를 삭제하였다.

㊽ 회사정리에 관한 규정을 간소화하였다.

㊾ 주주의 주식회사의 해산판결을 구하는 권리를 인정하고 있다(안507조).

㊿ 합명회사에 있어서 회사재산으로써 회사의 채무를 완제할 수 없는 때에 각 사원이 연대하여 변제책임이 있도록 규정하고 있던 것(80조)을 사원은 회사채무에 대하여 회사와 연대하여 변제할 책임이 있도록 하였다(안213조).

51 유한회사에서 감사를 필요상설기관으로 하였다(안550조).

52 희망이익보험에 관한 규정을 삭제하였다.

53 생명보험증권에 특유한 기재사항에 관하여 규정을 두지 않았다.

㉔ 선박법에 규정된 사항이 중복규정된 것이 많다(안707조-714조).

㉕ 등기불요의 선박을 총톤수 10톤 미만 또는 적재량 백석 미만(종전에는 20톤 미만 또는 2백석 미만)으로 하였다(안716조).

㉖ 선박소유자의 유한책임제도에 관하여 선가책임주의(안720조)와, 위임주의(안721조)를 병행하여 채용하였다. 따라서 선가결정의 표준에 관한 상세한 규정을 두었으며(안723조), 책임제한할 수 있는 채무책임의 범위를 확대하고 이를 예시하고 있다(안720조).

㉗ 선박공유자는 선박관리인을 필요에 따라 선임할 수 있도록 하였으나, 이는 의용상법이 이를 필수적 기관으로 하고 있는 것과 대조적이다(안733조).

㉘ 선원법에 규정된 사항을 중복적으로 규정한 것이 많다.

㉙ 선박관리인의 선임과 대리권의 소멸은 등기할 뿐 아니라 해무관청에 등록을 하도록 하고 있다(안733조 3항).

㉚ 선박임차인은 선박소유자에게 임대차등기에 협력할 것을 청구할 수 있고 또 등기의 대세적 효력을 인정하고 있다(안739조).

㉛ 종전의 해원에 대한 개념으로 선원이란 용어를 사용하고 있다.

㉜ 선박충돌 및 해난구조에 관하여 수면의 여하·선박의 여하를 불문하고 본법의 적용되도록 규정하고 있다(안831조·837조).

㉝ 선박의 충돌로 인하여 발생한 채권의 시효기간을 1년에서 2년으로 하였다(안836조).

㉞ 예선(曳船)의 본선에 대한 구조가 해난구조로써 구조의 보수를 청구할 수 있는 요건을 규정하고 있다(안844조).

㉟ 동일한 소유자에 속한 선박상호간에서도 구조료청구권을 인정한다(안845조).

㊱ 보수(구조료)는 구조에 의하여 보존된 목적물의 가격을 초과하지 못한다고 하였다(안839조 2항).

㊲ 선박채권의 범위를 제한하고 있다(안850조).

㊳ 선박선취특권의 목적물을 선박, 운임뿐 아니라 선박과 운임에 부수한 채권에도 인정하고(안 동조), 그 부수채권의 내용을 법정하고 있다(안851조).

㊴ 목적물이 보험금으로 변한 경우에는 이것에 선취특권이 미치지 않는 것으로

하고 있다(안853조).

⑩ 기수의 운임을 육산(陸産)과 구별하기 어려운 까닭에 미수운임에 대하여만 선취특권의 행사를 인정하고 기수(旣收)의 것이라도 선박소유자 또는 그 대리인이 소지한 금액에 대하여는 선취특권을 행사할 수 있도록 하고 있다(안852조).

⑪ 그 외에 1926년의 해상선취특권 및 저당권에 관한 규정을 많이 따르고 있다.

⑫ 의용수형법·소절수법상의 국제사법적 규정을 섭외사법에 미루고 이를 삭제하였다.

⑬ 제6편의 규정에 서명을 요할 경우에는 기명날인 외에 기명날인을 할 수 있도록 규정하고 있다(안 부칙41조).

⑭ 수형법·소절수법이 동일편에 규정된 관계상 중복규정을 삭제하여 조문수의 감소를 가져오게 하였다.

Ⅲ. 상법안의 중점검토

1. 제1편 총칙에 대한 검토

상법안 제1편 총칙 제1장은 의용상법이 법례(法例)라고 한 것을 상법안이 통칙이라고 한 것 이외에 제1조 내지 제3조의 규정은 표현의 차이가 있을 뿐 양자간에 본질적인 차이가 없다.

제2장 상인에 관하여 의제상인제도를 폐지한 것과 법정대리인의 등기를 필요로 하는 경우를 확대수정하고 한정치산자에 관한 규정을 신설한 점에서 의용상법과 차이가 있다.

의 용 상 법	상 법 안
第4條 [商人의意義, 擬制商人] ①本法에서商人이라함은自己의名義로商行爲를함을業으로하는者를 이른다. ②店鋪其他이에類似한設備에依하여物品의 販賣를業으로하는者또는鑛業이나砂鑛業을經營	第4條 自己名義로商行爲를하는者를商人이라 한다. 〈삭 제〉

하는者는商行爲를하는것을業으로하지않더라도 이를商人으로看做한다. 第52條第2項의회사도 또한같다.	
第501條 [絕對的商行爲] 左에揭記한行爲는商行爲로한다. 1. 利益을얻고讓渡할意思로써動産, 不動産或은有價證券또는그取得한것의讓渡를目的으로하는行爲 2. 他人으로부터取得할動産, 不動産 或은有價證券의有償取得또는그取得한것의讓渡를目的으로으로하는行爲	第46條 營業으로하는다음의行爲를商行爲로 한다. (생 략) 17. 鑛物또는 土石의 採取
第7條 [無能力者와 法定代理人] ①法定代理人이親族會의同意를얻어無能力者를爲하여第4條의營業을하는때에는登記를하여야한다. ② (생 략)	第7條 法定代理人이未成年者또는禁治産者를 爲하여商行爲를하는때에는登記를하여야한다. (생 략) 第8條 限定治産者는後見人의同意를얻어支配人을選任하여商行爲를할수있다.
第52條 [會社의意義] ① (생 략) ②營利를目的으로하는社團으로서本編의規定에依하여設立한것은商行爲를함을業으로하지아니하더라도이를會社로看做한다.	第177條 本法에會社라함은商行爲를營業의目的으로하여 設立된社團을이른다.

먼저 상인의 개념부터 본다면, 의용상법이 「商人이라 함은 自己의 名義로 商行爲를 함을 業으로 하는 者를 이른다」고 한 것을 상법안이 「自己名義로 商行爲를 하는 者를 商人이라 한다」고 하였다. 상법안이 「업으로 하는」이라는 말을 뺀 것은 상법안이 영업적 상행위만을 인정하고 절대적 상행위를 삭제한 때문이다. 상행위의 개념 속에는 영업요소를 전제로 하고 있는 까닭이다.

다음에 의제상인제도를 부인한 이유는 첫째 「店鋪 其他 이것과 類似한 設備에 依하여 物品의 販賣를 業으로 하는 者」는 의용상법이 제501조에서 절대적 상행위를 인정하고 그 제1호 및 제2호에서 이른바 투기구입과 그 실행매각과 그 실행구입에서 유상취득을 요건으로 하고 있으므로 원시생산업과 같이 유상취득에 의하지 않고 취득한 물품을 판매하는 자의 행위에 대하여 상법을 적용할 수 없었던 입법상의 애로를 타개하기 위하여 규정한 것이라고 할 것이다. 상법안은 제46조 제1호에서 「動産, 不動産 또는 有價證券의 賣買」라고 하여 유상취득을 요건으로 하고 있지 않기 때문에 원시생산업자가 점포 등을 가지고 그 취득한 물품을 판매하는 경우를 입법적으로 해결한 것이다.[22] 다음에 광업 또는 사광업을 하는 자도 이것도 상법안이 「鑛物 또는 土石의 採取」를 상행위로 하였기 때문에 이것을 영업으로 함으로써 상인성을 가지게 된 것이다. 그리고 민사회사에 관한 것을 보면 의용상법 제52조나 상법안 제177조가 모두 「상행위를 영업으로 하는 사단을 회사」라고 하였고, 「商行爲 이외의 행위를 영업으로 하는 社團을 會社」로 의제하고 있는 점에서 공통이고, 뒤의 민사회사를 다시 상인으로 의제하는 규정이 의용상법에 있었던 것을 상법안이 삭제한 것이다.[23]

의용상법 제7조는 「法定代理人이 親族會의 同意를 얻어」 무능력자를 위하여 영업행위를 할 때에 등기를 하여야 한다고 규정한다. 따라서 친권자가 법정대리인으로서 무능력자를 대리하는 경우에는 친족회의 동의없이도 당연히 대리권을 행사할 수 있으므로 등기가 필요없고(민920조) 후견인이 무능력자를 대리하여 영업을 하는 때에 친족회의 동의를 필요로 하므로(민950조) 이 경우에 한하여 등기를 하도록 요구하고 있다. 이에 대하여 상법안은 제7조에서 「法定代理人이 未成年者 또는 禁治産者를 爲하여 商行爲를 하는 때에는 登記를 하여야 한다」고 하여 법정대리인이 무능력자를 위하여 영업대리를 하는 때에는 친족회의 동의를 필요하든 안 하든 가리지 않고 모든 경우에 등기를 하여야 하도록 하여 법정대리인의 범위를 확장하였다.[24]

---

22) 鄭熙喆·李時潤, 現行商法과 商法案의 比較檢討(2), 「法曹」, 1960. 12, 28면.

23) 徐燉珏 교수는 「商法案과 提案理由書」, 考試界 通卷 제48호에서 "… 어떠한 입법조치에 의하여 새로운 사항이 형식적으로는 상행위에 해당 또는 관련되지 않으나 특히 이것에도 상법상의 제법규를 적용한다고 하는 경우를 인정하지 않을 수 없다. 따라서 상법안이 현행상법상의 절대적 상행위를 삭제하였다고 하여 현행상법상의 의제상인까지 삭제하여 버리고 상행위도 아니고 또 이것과 관련되지 않으나 특히 상법을 적용하는 사항을 규정하지 아니하였다는 것은 불비한 점이라 아니할 수 없다"고 하고 있다. 또한 孫珠瓚 교수도 위의 논문에서 "… 상인개념의 기초를 제한적 상행위에 국한한다는 것은 부단하게 진전하는 경제발전의 수요에 즉응하지 못하는 결함을 가지게 되므로 (일본이) 1938년 상법개정시에 제2항을 추가하여 의제상인제도를 규정하여 실질적으로는 상법상의 상행위를 영위하는 자는 아니나, 그 형식적인 경영방식이나 시설 등의 면에서 실질적인 상인과 같이 취급하게 상법을 적용하게 된 것이다. … 결국 초안은 1938년의 개정전의 상태로 되돌아 간 것밖에 아무것도 아니다"라고 하고 있다.

24) 위의 논문에서 鄭熙喆·李時潤 두 분은 굳이 이러한 친권자인 법정대리인의 등기에 어떠한 의미를 찾는다면 거래상대방에 대해 본인이 아니고 대리인임을 공시하는 것밖에 없을 것인데, 대리인 일반에 등기제도는 인정하지 않는 법제하에서 유독 법정대리인에 한하여 등기를 필요로 한 이유를 없다고 할 것이다. 이렇게 볼 때 의용상법을 그대로 유지함이 옳을 줄로 안다고 하고 있다.

상법안 제8조는 「限定治産者는 後見人의 同意를 얻어 支配人을 選任하여 商行爲를 할 수 있다」는 조문을 신설하였다.[25] 이러한 규정은 구민법에서와 같이 한정치산자(준금치산자)의 행위능력을 미성년자의 그것과 별도로 규정(구민 12조)하고 있는 때에는 의미가 있는 조항이 될 수 있으나, 신민법은 제10조에서 한정치산자의 능력을 미성년자와 동일하게 규정하고 있으므로 사실상 무용의 규정화하였다.

제3장에서는 의용상법과 그 순서를 바꾸어 상업사용인에 관한 규정을 하고 있다. 그 내용은 의용상법의 그것과 대동소이하다. 다만 법전상의 개념을 바꾼 것이 있고, 상업사용인의 경업금지의무에 관한 규정을 수정 증보하였다는 것이 의용상법과 차이가 나는 점이다.

우선 상법안 제14조에서 「本店」 대신에 「主營業所」, 「支店」 대신에 「分營業所」라는 말로 대치한 것이 보인다. 본점이나 지점이라는 말은 고래로 관용어로 사용하는 말인데도 불구하고 굳이 「主營業所」, 「分營業所」로 말을 바꾸어 사용할 필요가 있을까 싶다.

다음 상법안 제17조의 경업금지의무에 관한 규정에서 ① 첫째로, 그 의무자의 범위를 확대하고, ② 둘째로, 일반적인 영업은 이를 막지 않기로 하며, ③ 의무위반의 효과에 관한 몇 항목을 새로이 신설첨가하였다는 점에서 의용상법과 차이를 나타내고 있다.

의용상법 제41조는 상업사용인 중에서 지배인에 한하여 경업금지의무를 지우고 있으나, 상법안 제17조는 널리 「商業使用人」이라 하여 최고위급의 경영보조자인 지배인은 물론이고, 부분적 포괄대리권을 가진 상업사용인 기타의 자에게도 이 의무를 부과하여 그 의무자의 범위를 확장하였다. 이에 반하여 의용상법이 금하고 있는 영업주의 영업부류에 속하지 않는 일반적인 영업을 허용함으로써 영업주를 불리하게 하는 좋은 대조를 이루고 있다.[26]

25) 孫珠瓚, 商法典制定에 對한 小見(2), 「法曹」, 1961. 2월호에서, 현행법상 이미 인정되고 있는 능력규정이지 결코 신설된 규정은 아니며, 결국 불필요한 조안이다라고 하고 있다.

26) 이렇게 되면 상업사용인의 일반영업경영의 자유가 그 영업주를 위한 일신전속적인 충실의무와 양립할 수 있을려는지 지극히 의문시된다. 따라서 독일상법 제60조에서와 같이, 원칙적으로 상업사용인에 일반영업경영도 허용하지 않으면서, 다만 예외적으로 영업주가 그 사용인을 고용하는 때 營業經營을 알고 있었거나 또는 그 經營의 廢止를 明約하지 아니하면 營業主가 그 經營에 同意한 것으로 看做하여 商業使用人이 되기 前부터 經營하여 오는 營業을 이후 繼續維持할 수 있도

상법안 제17조의 신설항목은 동 2항 후단에서 상업사용인이 경업금지의무를 위반하여 상행위를 할 경우에 그 행위가 제3자를 위한 것일 때 개입권을 행사할 수 없으나, 영업주는 그 이득의 상환을 청구할 수 있음을 규정하고, 동 제3항은 이 경우에 개입권 및 이득상환과 손해배상청구의 경합이 가함을 새로 규정하고, 이것은 종래부터 해석론상 통설로 되어오던 견해이다.

의 용 상 법	상 법 안
〈신 설〉	第21條 同一한營業의同一한營業所에는單一商號를使用하여야 한다. 分營業所의商號에는主營業所의從屬關係를表示하여야 한다.

끝으로 상업사용인의 장에서 상법안이 의용상법 제45조와 같은 고용관계에 관한 민법규정의 적용규정을 삭제하였다는 것이다. 영업주와 상업사용인간에 고용관계가 있어야 한다는 것은 명문의 규정을 빌릴 필요도 없이 당연한 전제라고 보았기 때문이다.

상법안 제1편 통칙 제4장은 상호에 관한 규정이다. 의용상법이 상호의 장속에 영업양도에 관한 규정까지 규정하던 것을 따로 제5장으로 분리시키고 오로지 상호만의 장으로 규정하고 있는 것이 특색이다. 본장에서는 내용상 별다른 수정된 부분이 없고 의용상법과 같이 상호자유주의를 원칙으로 하고, 이로 인한 폐단을 막기 위하여 적당한 제한을 가하는 절충주의에 유사한 입장은 그대로이다. 다만 상법안 제21조가 제1항, 제3항에 걸쳐 모두 신설조문이다.

제1항은 「同一한 營業의 同一한 營業所에는 單一商號를 使用하여야 한다」고 규정하여 상호가 기업의 동일성을 인식케 하는 표식이라는 것에 비추어 그 혼동, 오인을 막기 위하여 학설상 인정되던 상호단일의 원칙을 명문화하였다. 동 제2항은 「分營業所의 商號에는 主營業所의 從屬關係를 表示하여야 한다」는 규정을 신설하였다. 이에 관한 의용상법하에서 동일한 영업에 관하여 수개의 영업소가 있는 경우 각 영업소에 대하여 별개의 상호를 사용함을 허용하는가 하는 문제를 둘러싸

록 함이 立法的으로는 적당하다고 한다. 앞의 논문, 32면.

고 적극설과 소극설이 대립되어 왔다. 상법안은 신설조항을 두어 다수설인 소극설에 동조한 것이다.[27)]

의 용 상 법	상 법 안
第41條 [支配人의義務] ①支配人은營業主의許諾없이는營業을하거나自己또는第三者를爲하여營業主의營業의部類에屬하는去來를하며또는會社의無限責任社員,取締或은他商人의使用人이될수없다. ②支配人이前項의規定에違反하여自己를爲하여去來를한때에는營業主는이로써自己를爲하여한것으로看做할수있다. ③前項에定한權利는營業主가그去來를안때부터2週間이를行使하지아니하는때에는消滅한다. 去來로부터1年을經過한때에도같다. 第45條 [雇傭關係에對한民法의適用] 本章의規定은營業主와商業使用人사이의雇傭關係에對하여民法이適用됨을排斥하지아니한다.	第14條 主營業所또는分營業所의營業主任其他類似한名稱있는使用人은主營業所또는分營業所의支配人과同一한權限이있는것으로看做한다. 但裁判上行爲에關하여는例外로한다. 前項의規定은相對方이惡意인境遇에는適用하지아니한다. 第17條 商業使用人은營業主의許諾없이自己또는第三者를爲하여營業主의營業部類에屬한商行爲를하거나會社의無限責任社員, 理事또는다른商人의使用人이되지못한다. 商業使用人이前項의規定에違反하여商行爲를할境遇에그行爲가自己를爲한것인때에는營業主는이를營業主를爲한것으로看做할수있고第三者를위한것인때에는營業主는使用人에對하여이로因한利得의讓渡를請求할수있다. 前項의規定은營業主로부터使用人에對한契約의解止또는 損害賠償의請求에影響이없다. 第2項에規定한權利는營業主가그行爲를알은날로부터2週間內그行爲있은날로부터1年內에行使하여야한다.

상법안 제1편 제5장에서는 영업양도의 장을 신설하였다. 종래 상호의 장에 산재하고 있던 영업양도의 규정을 한곳에 묶었을 뿐 의용상법의 내용과 대차가 없다. 다만 현저하게 수정된 것은 상법안 제30조의 영업양도인의 경업금지에 관한 규정이다.

의 용 상 법	상 법 안
第25條 [營業讓渡人의競業禁止] ①營業을讓渡한 境遇에當事者가別途의意思를表示하지아니하였을때에는讓渡人은同市邑面및隣接한市邑面內에서는20年間同一한營業을할수없다.	第30條 營業을讓渡한境遇에特別한約定이없으면讓渡人은10年間同一한特別市, 市, 邑, 面및隣接特別市, 市, 邑, 面에서同種의營業을하지못한다.

27) 위의 논문, 34면.

②讓渡人이同一한營業을하지아니할것을特約한때에는 그特約은同特別市, 道및隣接特別市, 道內에서또30年을넘지않는範圍내에서만그의效力이있다. ③讓渡人은前2項의規定에不拘하고不正한競爭의目的으로써同一한營業을할수없다.	讓渡人이同種의營業을하지아니함을約定한때에는同一한特別市, 市, 郡에限하여20年을超過하지아니한範圍에서그效力이있다.

의용상법 제25조는 당사자간의 특약이 없는 때에는 영업양도인은 20년간 동일영업을 할 수 없게 하고, 또 동일영업을 하지 않기로 당사자간에 특약있는 때에는 30년을 초과하지 않는 범위내에서 효력이 있다고 하는데 대하여, 상법안은 특약이 없는 때에는 10년, 특약이 있는 때에는 20년으로 하여 각각 10년식 영업양도인의 경업금지기간을 단축하고 있다. 또한 상법안은 동조에서 의용상법이 경업금지의 특약이 있은 때 그 효력있는 구역을 동일도 및 인접도내로 한 것은 이를 축소하여 그 효력을 동일특별시, 시, 군내 및 인접특별시, 시, 군내에 국한시키고 있다.

제1편 통칙 제6장은 상업장부에 관한 규정이다. 상법안 제37조가 의용상법과 본질적인 차이를 낳을 뿐 기타의 규정은 내용상의 차이가 없고, 다만 표현상의 차이는 있다. 이 장에서 특히 주목을 끄는 규정으로서는 제35조 제2항의 규정이다.

의 용 상 법	상 법 안
第8條 [小商人] 本法中商業登記, 商號및商業帳簿에關한規定은小商人에게는이를適用하지아니한다.	**第9條** 商號, 商業帳簿및商業登記에關한規定은行商其他小商人에適用하지아니한다.
第32條 [日記帳]① (생 략) ②小賣의去來는現金販賣와外上販賣로나누어每日의 賣上總額만을記載할수있다.	**第35條** (생 략) 小商人은現金販賣와外上販賣로區分하여每日總額만을記載할수있다.
第34條 [財産評價原則] ①財産目錄에는動産, 不動産, 債權其他의財産의價額을붙여이를記載하여야한다. 그價額은財産目錄調製時의價格을넘을수없다. ②營業用의固定財産에있어서는前項의規定에不拘하고그의取得價額또는製作價額에서相當한減損額을控除한價額을붙일수있다.	**第37條** 財産目錄에는動産,不動産,債權其他財産의價額을目錄作成當時의價額에依하여正確히記載하여야한다. 營業用固定財産에對하여는前項規定에不拘하고取得價額또는製作가액으로부터相當한減損額을控除한價額을記載하여야한다.

상법안 제35조 제2항은 「小商人」이 일기장을 작성함에 있어서 현금판매와 외상판매로 구분하여 매일 총액만을 기재할 수 있다고 규정한다. 의용상법 제32조 제2항에서는 소상인 아닌 자의 소매거래에 있어서 일기장의 작성상 이와 같은 편의적인 방법을 규정하였는데, 상법안은 소상인에 한하여 도, 산매를 구별하지 않고 일기장의 작성상 어떠한 취지의 규정을 둔 것이라고 말할 수는 있겠다. 그런데 상법안 제9조는 소상인에 대하여는 일기장과 같은 상업장부의 조제를 필요로 하고 있지 않음은 의용상법 제8조의 규정과 다름이 없다. 그런데도 상법안 제32조 제2항에서 소상인에게 일기장의 작성을 전제하고 그 작성에 간편한 방법을 사용해도 무방하다는 규정을 정한 것은 넌센스다.[28] 「現金販賣」, 「外上販賣」 등의 용어를 쓰고 있는 본항의 문맥상 소상인 중에서도 오로지 매매를 목적으로 하는 업에 종사하는 자에게만 적용될 것이라는 해석을 하여야 할 터이다. 거기다가 상법안대로 따른다면 소상인아닌 자가 소매거래를 함에 있어서는 일기장작성상 현재에 인정되는 바와 같은 편의적인 방법의 원용은 불가능한 일이 되는데, 현시의 거래계의 실정이 소상인아닌 소매상인에게 이러한 편의를 박탈할 것을 강력히 요구하는가 하는 것도 의문이다. 이렇게 볼 때에 상법안 제32조 제2항의 「小商人」은 「小賣商人」으로 할 것을 입법기술상의 잘못을 저지른 것이 아닌가 생각된다.[29]

다음에 상법안 제37조를 의용상법 제34조의 규정을 비교검토하건대, 상법안 제37조 제2항은 독일상법 제40조 제1항의 예에 따라 재산목록을 작성할 때에 「作成當時의 價格에 의하여 정확히 記載」하도록 하여 의용상법 제34조 제1항의 규정과 약간의 차이를 두고 있다. 그 가액의 시가(교환가액)를 초과하는 이른바 과대평가를 명문으로 금하고 시가 이하의 가액, 즉 과소평가가 가능할 수 있는가는 학설에 일임하고 있다. 이에 대하여 상법안에서는 재산목록작성 당시의 가액에 의하여 정확히 평가하도록 하였으므로 시가(교환가액)와 일치하지 않는 과대평가는 물론 과소평가로 불가능하게 하여 이로써 의용상법에서의 과소평가에 관한 학설상의 논쟁

28) 孫珠瓚, 商法典制定에 對한 小見, 「法曹」, 1961. 2월호, 17면에서, "추측컨대 초안의 위 규정은 현행상법 제32조 제2항의 「소매의 거래는 현금판매와 외상판매로 나누어 매일의 매상총액만을 기재할 수 있다」라는 규정을 착각하여 그와 같이 표현한 것이 아닐까 하나 문맥상으로는 분명히 초안 제9조와 상반되는 모순을 보여 주고 있다"라고 하고 있다.

29) 위의 논문, 35면.

을 입법적으로 해소시키고 있다.[30)]

2. 제2편 상행위에 대한 검토

의용상법은 제1편 총칙을 이어 제2편 회사, 제3편 상행위의 차례로 편성하던 것은 상법안은 그 순서를 바꾸어 제2편 상행위, 제3편 회사로 하고 있다. 이론적으로 보면 기업주체로서의 상인과 그 인적·물적 설비를 규율대상으로 하는 총칙편과 기업활동 말하자면 기업의 동적 측면을 규율하는 상행위편은 서로 대등한 입장에서 양자를 통합하여 이른 상인론의 일부를 구성한다고 할 것이다.

제1장 통칙에 들어가서, 상법안에서는 의용상법상의 절대적 상행위를 없애고, 영업적 상행위를 앞에 내세웠다는 점이 뚜렷하게 돋보이는 착상이다. 즉, 상법안은 의용상법 제501조의 행위주체의 기업성의 유무에 관계없이 행위 자체의 객관적 성질에서 상행위가 되는 이른바 절대적 상행위에 관한 규정을 없애고, 의용상법이 절대적 상행위들로 지목되었던 행위 중에서 어음 기타 상업증권에 관한 규정을 제외한 나머지 3종의 행위를 행위의 주체의 기업성과 관련하여 상행위로 되는 영업적(상대적) 상행위 속에 흡수하고 있다.

우선 영업적 상행위의 범위를 확대하고 있다. 상법안 제46조는 17개 항목에 걸쳐 영업적 상행위의 종류를 열거함으로써 의용상법 제502조가 12개 종류의 행위를 열거한 것에 비해서 5개 종류의 행위를 새로 부가하였다. 즉 동산·부동산의 매매, 동산·부동산의 임대차, 통신 또는 정보, 신탁, 광물 또는 토석의 채취의 행위이다. 기업의 끊임없는 분화, 발전에 대응하고자 하는 것이다. 다만, 의용상법 제502조 단서와 같은 규정을 두지 않은 점은 의문이다. 동 단서는 「오로지 賃金을 받은 目的으로써 製造하고 또는 받을 目的으로써 物件을 製造하고 또는 勞務에 服하는 자의 行爲는 此限에 不在한다」고 규정하고 있다. 상법안이 이런 규정을 없앤 것은 이러한 소규모의 행위까지 상행위에 포함시키지 않은 것은 명문의 규정을 필요로 하지 않을 만큼 자명한 이치로 본 것 같다.[31)]

---

30) 위의 논문, 35-36면.

31) 위의 논문은 그 근거로서 상법안 제46조 제3호에서 「수공업 아닌 상품의 제조 또는 가공」이라 하여 대규모의 공장기계공업의 상품제조·가공행위만을 상행위로 하고 수공업적인 규모가 작은 상품의 제조·가공행위까지 이를 상행위에서 배제함에 비추어 명백하다고 한다.

의 용 상 법	상 법 안
第501條 [絕對的商行爲] 左에揭記한行爲는이를商行爲로한다. 1. 利益을얻고讓渡할意思로써動産,不動産或은有價證券의有償取得또는그取得한것의讓渡를目的으로하는 行爲 2. 他人으로부터取得할動産또는有價證券의供給契約및그履行을爲하여하는有償取得을目的으로하는行爲 3. 去來所에서하는去來 4. 手形其他의商業證券에關한行爲 **第502條** [營業的商行爲] 左에揭記한行爲는營業으로서이를하는때에는이를商行爲로한다. 但오로지賃金을받을目的으로써製造하고또는받을目的으로써物件을製造하고또는勞務에服하는者의行爲는此限에不在한다. 1. 賃貸할意思로써하는不動産의有償取得이나賃借또는그取得이나賃借한物件의賃貸를目的으로하는行爲 2. 他人을爲하여하는製造또는加工에關한行爲 3. 電氣또는瓦斯의供給에關한行爲 4. 運送에關한行爲 5. 作業또는勞務의請負 6. 出版, 印刷또는撮影에關한行爲 7. 客의來集을目的으로하는場所의去來 8. 換金其他의銀行去來 9. 保險 10. 寄託의引受 11. 仲立〈仲介또는取次〉斡旋에關한行爲 12. 商行爲의代理의引受	**第46條** 營業으로하는다음의行爲를商行爲라한다. 1. 動産, 不動産또는有價證券의賣買 2. 動産, 不動産또는有價證券의賃貸借 3. 手工業아닌商品의製造또는加工 4. 電氣, 電波, 瓦斯또는水道의供給 5. 作業또는勞務의都給 6. 出版, 印刷또는撮影 7. 通信또는情報 8. 貸金, 換金其他金融業 9. 客의來集을爲한處所의提供 10. 代理商 11. 仲介業 12. 委託賣買業 13. 任置 14. 運送斡旋또는運送業 15. 信託 16. 保險 17. 鑛物또는土石의採取
第507條 [對話者間의申込의拘束力] 隔地者間에있어서契約의申込을받은者가即時承諾을하지아니한때에는申込은그效力을잃는다.	**第51條** 對話者間의契約要請은相對方이即時承諾하지아니한때에는그效力이없다.
第508條 [隔地者間의 申込의 拘束力] ①隔地間에있어서承諾期間을定함이없이契約의申込을받은者가相當한期間內에承諾의通知를하지아니한때에는申込을그效力을잃는다. ②民法제530條의規定은前項의境遇에이를準用한다.	**第52條** 隔地者間의契約要請은承諾期間이없으면相對方이相當한期間內에承諾通知를發送하지아니한때에는그效力이없다. 民法(草案)第521條의規定은前項의境遇에準用한다.

상법안 제51조와 제52조는 의용상법 제507조와 제508조의 규정과 같이, 대화자간에서 청약은 즉시 승낙을 발하지 않는 때에는 실효하는 것으로 하고, 격지자간에서는 상당한 기간내에 승낙통지를 발하지 않으면 청약은 실효하게 하고 있는 바, 동 규정들의 존치가 문제가 있다. 신민법 제529조는 「承諾期間을 定하지 아니한 契約의 請約을 請約者가 相當한 期間內에 承諾의 通知를 받지 못한 때에는 그 效力을 잃는다」고 규정하고 있다. 먼저 ① 동조가 승낙기간을 정하지 아니하는 청약에 있어서 청약이 대화자간인가, 격지자간인가를 구별하지 않고 있으며, ② 승낙통지없이 상당한 기간을 도과한 때에는 구민법 제529조에서와 같이, 이를 청약의 취소원인으로 하지 않고 무효원인으로 하겠다는 데에서, ⓐ 대화자간의 「相當한 期間」이란 곧 상법안 제51조의 「卽時」를 말하고, ⓑ 동 민법규정에서 격지자간에서의 「承諾의 通知를 받지 못한 때」라 함은 상법안 제52조의 「承諾通知를 發送하지 아니한 때」와 그 의미가 다름없는가 하는 것인데, 다름없다고 해석할 수 있다면 동 신민법의 규정은 민법의 상화규정으로 될 것이다.[32]

ⓑ 민법 제529조의 청약의 상대방이 승낙의 통지를 받지 못한 때에 그 효력을 잃는다는 것은 어떤 내용인가. 이 규정은 발신주의의 특칙에 대하여 도달주의의 일반원칙으로써 중대한 제한을 가한 것이다. 말하자면, 상당한 기간내의 불도달을 해제조건으로 하여 승낙의 발신시에 그 효력이 발생한다는 취지의 규정이라는 것이다. 상법안 제52조의 「承諾通知를 發送하지 아니할 때」 청약은 효력을 잃는다는 규정도 위의 민법규정의 내용과 다름없이 해석할 수 있다면 민법은 상화한 것이라고 볼 수 있겠다. 생각하건대, 상법안 제52조 제2항에서 준용하기로 한 민법 제530조의 규정에서의 「延着된 承諾」이란 청약이 승낙적격있는 때에 발한 승낙으로서 특별한 사정으로 도달이 늦은 것을 말하는 것이 아니니, 바꾸어 말하면 청약이 승낙기간이 정하여져 있는 때에는 그 기간내, 승낙기간을 정하지 아니하였을 때에는 상당한 기간내에 발한 승낙으로서 도달이 뒤늦은 것을 말하는 것이 아니다. 왜냐하면 이 경우에 있어서는 민법 제530조에서 규정한 「새로운 請約으로 볼 수 있다」는 규정의 적용을 받는 것이 아니라, 민법 제528조 제2항 및 제3항의 규정을 적용하여야 하는 점으로 보아 명백한 까닭이다. 이와 같이 상법안 제52조 제2항(민 530조)

32) 위의 논문, 28-29면.

에서의 연착된 승낙이란 승낙적격있는 상당한 기간내의 승낙으로 뒤늦게 도달한 것이 아니고, 그 기간경과후의 승낙으로 발신당초부터 늦은 것으로, 그것을 규율의 대상으로 한다면 상법안 제52조 제1항을 발신주의의 원칙을 관철하고 있는 규정으로 보아도 동 제2항의 민법준용규정이 무용화할 수 없는 것이다. 다음에 발신주의의 특칙을 관철한 것이라 해석한다면, 계약은 승낙을 발신하는 데 완전히 성립되어 그 불도달의 위험은 청약자가 부담하게 되어 부당하다고 하는데, 승낙기간을 정하지 아니한 청약에 있어서 청약자가 승낙불도달의 불이익을 애초부터 안고 있고, 따라서 이를 감수할 용의가 있는 자일 것인데, 구태여 법이 보호하려고 할 필요가 있는가? 그때의 불도달의 위험은 고려하고 그로부터 받은 손실이 크다면 승낙기간을 정한 청약을 하여 그 위험을 승낙자에게 전가시켰을 것이 아닌가? 그러므로 우리는 이러한 기교적인 해석으로서 동 상법의 규정을 민법의 내용과 같이 이해하려는 태도를 피하여 상법안 동조를 정면으로 해석하여 상법규정을 발신주의의 특칙에 입각하고 있고, 민법의 동 규정을 위에서 설명한 바와 같이, 도달주의의 원칙에 의한 발신주의의 특칙에 대한 제한이라 해석한다.[33]

의 용 상 법	상 법 안
第516條 [債務履行의場所] ①商行爲로因하여생긴債務의履行을할場所가그行爲의性質또는當事者의意思表示에依하여定하여지지아니한때에는特定物의引渡는行爲의當時그物件이存在한場所에서이를하고其他의履行은債權者의現時의營業所, 萬若營業所가없는때에는그住所에서이를하여야한다. ②指示債權및無記名債權의辨濟는債務者의現時의營業所, 萬若營業所가없는때에는그住所에서이를하여야한다. ③ (생 략)	第54條 商行爲로因한債務의法定利率은年6分으로한다. 第56條 商行爲로因한債務履行의處所가그行爲의性質또는當事者의意思表示에依하여特定되지아니한境遇에는特定物의引渡는行爲當時의物件所在處所, 其他履行은債權者의營業所, 營業所가없는때에는그住所에서하여야한다. 分營業所의商行爲에對하여는그分營業所를履行處所의營業所로看做한다.
第517條 [流通證券의提示와履行遲滯] 指示債權또는無記名債權의債務者는그履行에關하여그期限의定함이있는때라할지라도그期限이到來한後所持人이그證券을提示하여履行의請求를한때부터遲滯의責任을진다.	第57條 指示債權이나無記名債權의辨濟는債務者의營業所, 營業所가없는때에는그住所에서하여야한다. 第58條 指示債權또는無記名債權의債務者는履行期限이있는境遇에도그期限이到來한後所持人이그證券을提示하고履行의請求를한때부터遲
第518條 [有價證券喪失의境遇의特則] 金錢其他	

33) 위의 논문, 30-31면.

<table>
<tr>
<td>의 物品또는有價證券의給付를目的으로하는有價證券의所持人이그證券을喪失한境遇에公示催告의申立을한때에는債務者로하여금그債務의目的物을供託하게하고또는相當한擔保를提供하여그證券의趣旨에따라履行을하게할수있다.
第519條 [有價證券과手形法・小切手法의規定의準用] 手形法第12條乃至第14條 〈背書의要件, 方法, 白地式背書의效力〉과小切手法第5條第2項 〈選擇無記名式手票의效力〉, 第19條및第21條 〈善意取得〉의規定은金錢其他의物品또는有價證券의給付를目的으로하는有價證券에이를準用한다.</td>
<td>滯責任이있다.

第61條 金錢, 有價證券其他物件의支給을目的으로한有價證券의所持人이그證券을喪失하여公示催告의申請을한때에는債務者에게對하여그債務의目的物의供託을請求할수있고相當한擔保의提供을條件으로그證券債務의履行을請求할수있다.

第66條 第885條乃至第887條第2項 第956條第2項 第956條 第965條및第967條의規定은金錢, 有價證券其他物件의支給을目的으로한有價證券에準用한다.</td>
</tr>
</table>

상사채무의 이행장소에 관한 문제이다. 상법안 제56조 전단은 상사채무의 이행장소에 대하여 의용상법 제516조 제1항과 같은 내용의 규정을 하고 있다. 신민법 제467조는 상화하여 구민법이 인도채무의 이행장소를 채권「發生」당시의 목적물이 존재한 장소를 표준으로 하던 것을「成立」당시로 바꾸어 상법의「行爲」당시를 표준으로 하는 입장과 그 궤를 같이 하였고, 그 이외의 지참(소지)채무에 대하여는 구민법이 채권자의 현시를 주소로 하였던 것을 상법에서와 같이 제1차로 채권자의 영업소, 제2차로 채권자의 주소로 하기에 이르러 본 규정이 민법에 대한 특칙으로서의 의의를 상실하고 만 것이다. 그러므로 상법안 제56조 전단의 규정은 앞으로 삭제되어야 할 규정인 것이다.[34]

끝으로, 유가증권에 관한 문제이다. 상법안 제56조(유가증권상의 채무의 이행장소), 제58조(유가증권의 제시와 이행장소), 제61조(유가증권상실의 경우의 특칙) 및 제66조(수형법・소절수법규정의 준용) 등 일련의 유가증권에 관한 특칙적인 규정은 의용상법 제516조 제2항, 제517조, 제518조, 및 제519조의 규정을 그대로 좇고 있다. 신민법의 상화에 의하여 이러한 여러 규정들을 거의 전부 흡수하고 있으므로[35] 상행위편에서 이를 중복해서 규정할 필요는 없을 것 같다.

제2장 매매, 제3장 상호계산에서는 의용상법과 약간의 표현을 달리하였을 뿐

34) 위의 논문, 32면.

35) 다만, 상법안 제66조에서 준용하기로 한 제885조, 수형법 제13조의 배서의 요건에 해당하는 민법의 규정은 없다.

이렇다 할 실질상 내용이 수정된 면은 없다. 다만 상법안 제67조의 자조매각에 관한 규정에서 부분적인 변화가 있을 뿐이다. 의용상법 제524조에서는 매도인이 자조매각을 할 때에 매수인에게 최고할 것을 필요로 하고 오로지 손패하기 쉬운 물건에 한하여 최고를 할 필요가 없다고 하고 있다. 따라서 의용상법에서는 가령 매수인의 성명불명으로 인하여 최고할 수 없을 때에 어떻게 할 것인가의 문제가 생겼다. 그런데 상법안 제67조는 최고를 불요하는 경우로서 「買主에 대한 催告를 할 수 없」을 때를 하나 더 첨가하여 이러한 문제를 해결하였다.

의 용 상 법	상 법 안
第524條 [賣渡人의 目的物의 供託・競賣權] ① 商人間의賣買에있어서買受人이그目的物을受取할것을拒否하거나또는이를受取할수없는때에는賣渡人은그物을供託하거나또는相當한期間을정하여催告한後이를競賣할수있다. 이境遇에있어서遲滯없이買受人에對하여그通知를發하여야한다. ②損敗하기쉬운物은前項의催告를하지아니하고이를競賣할수있다. ③前2項의規定에依하여賣渡人이賣買의目的物을競賣한때에는그代價를供託하여야한다. 但그全部또는一部를代金에充當하여도無妨하다.	第67條 商人間의賣買에있어買主가目的物의受領을拒否하거나이를受領할수없는때에는賣主는그物件을供託하거나相當한期間을定하여催告한後競賣할수있다. 이境遇에는遲滯없이買主에對하여그事由의通知를發送하여야 한다. 前項의境遇에買主에對한催告를할수없거나目的物이滅失또는毁損될念慮가있는때에는催告없이競賣할수있다. 前2項의規定에依하여그目的物을競賣한때에는그代金에서競賣費用을控除한殘額을供託하여야한다. 但그全部나一部를賣買代金에充當할수있다.
第528條 [利益配當] 出資가損失로因하여減少한때에는그塡補의後가아니면匿名組合員은利益의配當을請求할수없다.	第82條 匿名組合員의出資가損失로因하여減少된때에는그損失을塡補한後가아니면利益配當을請求하지못한다. 損失이出資額을超過한境遇에도匿名組合員은이미받은利益의返還또는增資할義務가없다. 前2項의規定은當事者間의다른特約이있으면適用하지아니한다

그리고 상법안 제67조 제3항에서는 의용상법이 매도인이 목적물을 경매하는 때 단순히 「代金」을 공탁하도록 한 것을 「競賣代金에서 競賣費用을 控除한 殘額」은 공탁하도록 하고 있다. 의용상법하에서도 경매법 제15조의 경매완결후의 처리에 관한 일반원칙에 따라서 단순한 경락금을 공탁할 것이 아니라, 경매비용을 공제할 것이라 해석하여 왔는데, 이제 동 조항은 이 점을 명문으로 적시하였다.[36]

36) 위의 논문, 35-36면.

제4장 익명조합에 관한 규정도 의용상법과 대차가 없다. 그러나 주목할 조문은 상법안 제82조이다. 동조 제1항은 의용상법 제538조의 내용 그대로이다. 동 제2항 및 제3항의 규정은 전혀 신설조항이다. 즉, 동조 제2항은 「손실이 출자액을 초과한 경우에도 익명조합원은 이미 받은 이익의 반환 또는 증자할 의무없다」고 규정하고 있다. 본항은 익명조합에서 이익분배의무는 익명조합의 본질적 의무로되, 손실분담이란 익명조합계약의 요소가 아니라는 점에 착안하여 비록 명문이 없었지만, 동일하게 해석되어 오던 것을 명문화한 것이다(독일상법 제337조 참조). 이로써 익명조합원의 책임의 한도는 출자액을 한도로 하는 유한책임임이 명백해 졌으며, 이 점에서 익명조합원의 지위는 합자회사의 유한책임사원과 유사하게 되었다.

그리고 동 제3항은 「전 2항의 규정은 당사자간의 다른 특약이 있으면 적용하지 아니한다」는 규정을 신설하여 종래부터 해석론에서 인정되어 오던 것을 명문화한 것이다.

제5장은 대리상에 관한 규정이다. 의용상법은 대리상의 규정을 제1편 총칙편에 두고 있었는데, 이를 상법안은 제2편 상행위편으로 옮긴 것이다. 의용상법이 총칙편에 두고 있는 것은 대리상의 보조상으로서의 면을 중시한 것이지만, 본래 대리상은 중개인 및 위탁매매인과 더불어 독립된 보조자이며, 이를 제1편 총칙편에서 영업주와 고용관계에 있는 상업사용인과 동등한 취급을 하고 있는 것은 배열상 불합리하다는 의론이 우세하였기 때문이다.

상법안 제87조는 「일정한 상인을 위하여 상시 그 영업부류에 속한 상행위의 대리 또는 중개를 업으로 하는 자를 대리상이라 한다」라고 규정한다. 이것은 대리상의 정의에 관한 규정이며, 의용상법 제46조에서와 같이, 「使用人」이 아님을 명시하고 있지는 아니하다. 상법안에서는 대리상을 상행위편에서 중개인이나 위탁매매인과 같이 취급할 때에 있어서는 대리상이 사용인이 아니라 독립한 상인임을 자명해지므로, 구태여 규정할 필요가 없다는 점에서 삭제된 것이다.[37]

상법안 제91조는 의용상법 제51조와 같이, 대리상의 유치의 목적물을 「本人을 爲하여 占有하는 有價證券 其他의 物件」으로 하여 대리점유[38]의 목적물로 한다.

37) 앞의 논문, 35면.

38) 구민법은 점유에 관한 주관주의입장(구민법 181조 참조)에서 간접점유 대신에 대리점유(구민법 181조 참조)를 인정하였다.

의용상법 제51조는 이러한 민법의 입장과 일관성을 짓기 위하여 대리상의 유치의 목적물에 대해서 대리점유의 개념을 빌어 왔다. 따라서 상법안은 의용상법 그대로 「本人을 爲하여 占有…」라고 하여 여전히 대리점유의 목적물로 하고 있다.[39)]

제6장 중개업(의용상법은 仲立業)은 의용상법과 아무런 차이가 없고, 제7장 위탁매매업(의용상법은 問屋)에서는 신설, 증보된 조문만을 차례로 검토한다.

먼저 의용상법이 위탁매매의 대상을 규정상 「物品」으로 한정하고 해석상 이에 유가증권까지 포함시켜 왔는데, 상법안은 「有價證券其他의 物件」이라고 하여 명문으로 유가증권의 위탁매매의 대상임을 명백히 하고 있다.

상법안 제103조는 위탁매매인의 실행행위의 효과의 귀속에 관한 신설조문이다. 의용상법 제552조 제2항(상법안 113조)은 위탁매매인과 위탁자와의 관계에 관하여 「代理에 關한 規定을 準用」하도록 하고 있음에 대하여, 상법안은 위탁매매인이 취득한 권리나 위탁자와 위탁매매인 또는 위탁매매의 상대방 이외의 위탁매매인의 채권자에 대한 관계에서 이를 위탁자의 소유 또는 채권으로 간주한다고 하고 있다. 이 규정은 위탁매매인이 취득한 채권이나 소유권이 특별한 이전행위를 하지 않고도 직접 위탁자에 귀속한다는 의미가 있을 뿐 제3자에 대항력을 인정치 않는 까닭에 만족스런 해결을 가져오지 못하였다. 이 규정이 불합리한 결과를 가져옴은 위탁매매인이 파산당한 경우이다. 위탁매매인은 법률상의 대리는 아니라고 하더라도, 적어도 경제상의 대리요 또 상법이 이것을 제도로서 인정하고 있는 이상, 절충적인 해결책으로서 위탁자는 위탁매매인의 상대방에 대하여는 위탁매매인이 취득한 권리를 직접 주장할 수는 없지만, 위탁매매인이 채권자에 대하여는 이것을 위탁매매인의 인격의 연장으로 보아 이에 대하여 권리를 주장할 수 있도록 해석할 것이라는 것이 유력설이었다. 이러한 해석상의 견해를 입법한 것이다.[40)]

39) 이에 대하여 鄭熙喆 · 李時潤 두 분은 "의용상법의 해석에서도 민법의 대리점유에 관한 기본개념이 없어졌으므로 해석상 문제될 것 같다. 이 점 우리나라 상법학자들이 아직 착안을 하고 있지 아니하다"고 말하고 있다. 신민법은 독일민법과 같이 주관주의입장(신민법 192조 참조)에서 점유에서 어떤 의사를 배제하고 사실상의 지배만을 요소로 함으로써 이에 대응하여 대리점유 대신에 간접점유를 인정하고 있다. 객관주의하의 독일상법 제88a조 제1항은 대리상의 유치의 목적물을 「自己(代理商)에 맡겨진 手段」(an ihn zur Verfügung gestellte Unterlagen)이라 하여 간접점유를 대상으로 하고 있다.

40) 위의 논문, 36-37면.

상법안 제104조는 위탁매매인의 통지의무와 계산서제출의무를 규정하고 있다. 의용상법 제557조의 규정에서도 대리상의 통지의무에 관한 규정(의용상법 제47조)을 준용함으로써 이를 부과하였는데, 이제 상법초안은 종전과 같이 준용규정을 두지 않고, 그 통지의무를 제104조의 규정에서 부과하고 있다. 동조는 이러한 통지의무와 아울러 전혀 새로운 계산서제출의무를 부과하고 있음을 주의할 필요가 있다. 위탁관계에서는 당연히 위탁매매인은 위탁자에 대하여 수임인으로서의 전말보고의무를 부담한다(민법 제683조). 따라서 상법안에서 위탁매매인에게 계산서제출의무를 부과한 것은 수임인의 전말보고의무를 위탁매매업이라는 특수한 위탁관계에서 구체화한 것에 불과하다.[41)]

상법안 제108조는 신설된 조항이다. 동조 제1항은 위탁매매인이 물건의 인도를 받은 후 그 물건에 대한 하자통지의무를 규정하고, 동조 제2항은 위탁자의 지시불능의 경우 위탁매매인의 처분권을 규정하고 있다. 독일상법 제388조 제2항의 규정은 이를 긴급매각권(자조매각권)이라고 하고 있다. 의용상법에 있어서도, 위탁매매인은 실행의무, 통지의무를 부담하고 있는데, 상법안이 새로 수취한 물건의 하자통지의무까지 부과함으로써 위탁매매인의 통지의무를 확대하고 있다.

상법안 제110조의 위탁매매인의 보수청구권에 관한 규정을 신설한 조문이다. 제1항에서는 「위탁매매인은 위탁을 받은 매매행위를 종료한 때에는 위탁자에 대한 보수를 청구할 수 있다」고 하여 보수지급시기에 관한 것이고, 동조 제2항은 「위탁매매인이 책임없는 사유로 인하여 매매행위를 실행하지 못한 경우에도 위탁물건이 수도 및 보관에 관한 보수를 청구할 수 있다」고 하여 실행불능의 경우 보수규정을 두고 있다. 동일한 규정은 민법 제686조 제2항과 제3항의 수임인의 보수청구권에 관한 규정에서도 찾아 볼 수 있다.

의 용 상 법	상 법 안
第51條 [代理商의 留置權] 代理商은去來의代理또는媒介를한것으로因하여생긴債權이辨濟期에있는때에는그辨濟를받을때까지本人을爲하여占有하는物件또는有價證券을留置할수있다. 但	第87條 一定한商人을爲하여常時그營業部類에屬한商行爲의代理또는仲介를業으로하는者를代理商이라한다. 第91條 代理商은代理行爲또는仲介로因한債權이

41) 위의 논문, 37면.

別途의意思表示가있는때에는此限에不在한다.	辨濟期에있는때에는그辨濟를받을때까지本人을爲하여占有한有價證券其他物件을留置할수있다. 但當事者間에다른特約이있으면例外로한다.
第552條 [委託賣買人의地位] ① (생 략) ②委託賣買人과委託者間에있어서는本章의規定外에委任및代理에關한規定을準用한다. 第554條 [指定價額遵守義務] 委託賣買人은委託者가指定한金額보다廉價로서販賣를하거나또는高價로買入한境遇에自身이그差額을負擔하는때에는그販賣또는買入은委託者에對하여그效力이있다	第103條 委託賣買人이委託者로부터받은有價證券其他物件이나委託賣買로因하여取得한權利또는有價證券其他物件은委託者와委託賣買人또는그委託賣買의相對方以外의委託賣買人의債權者에對한關係에는이를委託者의所有또는債權으로看做한다. 第104條 委託賣買人이委託한賣買行爲를實行한때에는遲滯없이委託者에對하여그契約條項및相對方의住所姓名을通하여야하며計算書를제출하여야한다.
第557條 [通知義務·留置權] 第47條〈代理商의通知義務〉및第51條〈留置權〉의規定은委託賣買人에게이를準用한다.	第106條 委託者의指定한價額보다低價로賣渡하거나高價로買收한境遇에도委託賣買人이그差額을負擔한때에는그賣買는委託者에對하여效力이있다.
	第108條 委託賣買人이委託物件의引渡를받은後그物件의毁損또는瑕疵있음을發見하거나腐敗할念慮또는價格變動의狀況을안때에는遲滯없이委託者에게通知하여야한다. 前項의境遇에委託者의指示를받을수없거나그指示가遲延되는때에는委託賣買人은委託者의利益을爲하여適當한處分을할수있다.
〈신 설〉	第110條 委託賣買人은委託을받은賣買行爲를終了한때에는委託者에對한報酬를請求할수있다. 委託賣買人이責任없는事由로因하여賣買行爲를實行하지못한境遇에도委託物件이受渡및保管에關한報酬를請求할수있다.
〈신 설〉	第111條 商人인委託者가其營業部類에屬한物件의買收를委託한境遇에는委託者와委託賣買人의關係에對하여第68條乃至第70條의規定을準用한다.

상법안 제111조는 독일상법 제391조를 따른 신설조문이다. 동조는 「商人인 委託者가 그 營業部類에 屬한 物件의 買收를 委託한 경우에는 委託者와 委託賣買人의 關係에 대하여 第68條 내지 第70條의 規定을 準用한다」는 규정이다. 이것은

위탁매매인이 매입위탁을 받은 경우 확정기매매의 해제, 목적물검사·통지의무·매수인의 보관·공탁 및 경매의무에 관한 규정 등의 상사매매에 관한 규정을 준용하기로 한 것을 말한다. 상법안 제111조에서는 특히 상인인 위탁자가 그 영업부류에 속하는 물건의 매수를 위탁한 경우에는 위탁자와 위탁매매인의 관계는 상사매매에 있어서 매수인과 매도인의 관계와 흡사하다는 점에 착안하여 상사매매에 관한 세 규정을 준용하게 한 것이다.[42]

상법안 제8장 운송알선업에서는 몇 군데 용어와 표현을 바꾸었을 뿐 의용상법의 운송취급업의 장과 별로 차이가 없다. 다만 특기할 만한 것은 운송알선인의 배상책임에 관한 규정이 수정된 것이다 의용상법 제560조는 「運送斡旋人은 自己 또는 그 使用人이 運送品의 受取, 引渡, 保管, 運送人 또는 他運送斡旋의 選擇 其他 運送에 關한 注意를 게을리 하지 아니한 것을 證明하지 않으면 運送品의 滅失, 毁損 또는 延着에 대하여 損害賠償의 責任을 免하지 못한다」고 규정한다. 즉, 운송알선인의 과실있는 행위로 인한 손해에 대하여서만 책임을 인정하되 운송알선인은 무과실의 거증책임을 부담하도록 하였다. 이에 대하여 상법안 제116조는 「運送斡旋人은 自己나 使用人이 運送物의 受領, 引渡, 保管 및 運送人 또는 中間運送斡旋人의 選擇 其他 他運送에 關하여 注意를 懈怠한 때에는 運送物의 滅失, 毁損 또는 延着으로 인한 損害를 賠償할 責任이 있다」고 하여 의용상법과 같이 과실책임을 인정하면서도 그 거증책임만을 의용상법과 달리 운송알선인에서 면제시키고 주장하는 쪽인 피해자로 하여금 부담하도록 하였다. 말하자면 상법안은 거증책임을 운송알선인으로부터 하주로 전도시켰고 따라서 운송알선인의 책임에 있어서 의용상법에 비하여 유리하게 한 것이다.[43]

상법안 제9장 운송업에서는 특히 여러 군데에서 개정을 하였다.

상법안 제127조에서 공중운송에 관한 규정을 신설하였다. 즉, 「本章의 規定은 다른 法律의 規定이 없으면 空中運送業을 業으로 하는 者에 準用한다」. 민간항공이 비약적인 발전으로 국내외로 공중운송이 일반운송분야에서 차지하는 비중이 점차 높아져 가고 있는 터에, 상법안이 이에 관한 규정을 신설하였다는 것은 매우

---

42) 위의 논문, 39면.
43) 鄭熙喆·李時潤, 現行商法과 商法案과의 比較檢討(4完), 「法曹」 10권 2호(1961. 2.), 23면.

시의에 맞는 입법이었다. 국제공중운송분야는 1927년 폴란드의 수도 와르소(Warsaw)에서 체결하는 통일조약이 있다. 당시 많은 국가들이 본조약에 가입하고 이를 국내법화하고 있는 추세였다. 그런데도 상법안에서 겨우 1개조문의 준용규정을 입법한 것에 그쳤고, 이 조약의 여러 규정들을 흡수하지 못한 것은 매우 안타까운 일이 아닐 수 없었다.[44)]

상법안 제128조는 운송장의 작성에 있어서 송하인의 기명날인을 요하게 하고, 그 법정기재사항을 더 상세하게 규정하였다. 의용상법 제570조에서는 명문으로 송하인의 운송장에 서명을 하여야 하고, 다만 해석상 기명날인으로 이를 대치할 수 있도록 하였던 것인데, 상법안은 고유의 관습에 따라 오로지 기명날인만을 요하도록 고치고, 의용상법이 오로지 수하인의 성명 또는 상호를 기재하여야 하도록 한데 그쳤으나, 수하인의 그것뿐만 아니라, 그의 주소나 영업소를 기재하게 하였고, 운송인의 성명 또는 상호나 주소 또는 영업소도 새로운 기재사항으로 하고 있다. 또한 상법안 제128조 제2항 4호에서 「運賃 및 그 先給 또는 着給」도 새로운 기재사항으로 부가하여 운송인의 기재사항을 상세하게 하고 있다. 이것은 독일상법 제426조 및 프랑스상법 제102조의 예를 참조한 것 같다.

의 용 상 법	상 법 안
第570條 [運送狀] ①送荷人은運送人의請求에依하여運送狀을交付하고送荷人이이에署名하여야한다. ②運送狀에는左의事項을記載하고送荷人이이에署名하여야한다. 1. 運送品의 種類, 重量또는容積및그荷造의種類, 個數와記號 2. 到達地 3. 受荷人의姓名또는商號 4. 運送狀의作成地및作成年月日	第127條 本章의規定은다른法律의規定이없으면空中運送을業으로하는者에準用한다. 第128條 送荷人은運送人의請求에依하여運送狀을送付하여야한다. 運送狀에다음의事項을記載하고送荷人이記名捺印하여야한다. 1. 運送物의種類, 重量또는容積, 包裝의種別및個數, 記號 2. 到着地 3. 受荷人및運送人의姓名또는商號, 住所또는營業所

44) 공중운송에 대해서, 어떤 법을 준용할 것인가에 관하여는 3학설이 나뉜다. ① 육상운송법을 준용하여야 한다는 설, ② 해상운송법을 준용할 것이라는 설, ③ 성질에 따라 육상운송법을 준용할 경우와 해상운송법을 준용할 경우를 나누어 고려하여야 한다는 설이다. 이 3학설에서 상법안은 ①설을 택한 것이다. 그러나 孫珠瓚 교수는 위의 논문(2), 41면에서, "… 그러나 공중운송의 사법적인 면은 육해상운송의 그것과 상이한 특수성을 가지고 있으므로, 그에 관한 자족적인 특수입법을 서둘러야 할 것이다. …"라고 하고 있다.

	4. 運賃및그先給또는着給 5. 運送狀의作成地및作成年月日 第129條 送荷人이運送狀에虛僞또는不正確한記載를한때에는運送人에對하여이로因한損害를賠償할責任이있다. 前項의規定은運送人이惡意인境遇에는適用하지아니한다. 第130條 運送人은送荷人의請求에對하여貨物相換證을交付하여야한다. 貨物相換證에는다음事項을記載하고運送人이記名捺印하여야한다. 1. 第128條第2項第1號乃至第3號의事項 2. 送荷人의 姓名또는商號, 住所또는營業所 3.運賃其他運送物에關한費用및그先給또는着給 4. 貨物相換證作成地 및 作成年月日 第131條 運送人은送荷人의請求에依하여貨物相換證에證券所持人에게運送物을引渡할것을記載하여야한다.
〈신 설〉	第135條 貨物相換證을作成한境遇에는運送物에關한處分은貨物相換證으로써하여야한다.
第580條［損害賠償의額］①運送品의全部滅失의境遇에있어서의損害賠償의額은그引渡가있어야할날의到達地의價格에依하여이를定한다. ②運送品의一部滅失또는毁損의境遇의損害賠償의額은그引渡를한날에있어서의到達地의價格에依하여이를定한다. 但延着의境遇에있어서는前項의規定을準用한다. ③ (생 략) 第581條［惡意・重過失의境遇와賠償額］運送品이運送人의惡意또는重大한過失로因하여滅失毁損또는延着한때에는運送人은一切의損害를賠償할責任을진다.	第138條 運送人은運送物을받은때부터인도할때까지그滅失, 毁損또는延着으로因한損害를賠償할責任이있다. 但그滅失, 毁損또는延着이不可抗力에因하거나運送物의性質또는送荷人이나貨物相換證所持人의指示에因한境遇에는例外로한다. 第139條 運送人은使用人이나그運送의實行에使用한者또는그選擇한運送斡旋人의過失에關하여前條의規定과同一한範圍의責任이있다. 第141條 運送物이全部滅失또는延着된境遇의損害賠償額은引渡할날의到着地價格에依한다. 運送物의一部滅失또는毁損된境遇의損害賠償額은引渡한날의到着地價格에依한다. 運送物이滅失,毁損또는延着이運送人의故意나過失로因한때에는運送人은一切의損害를賠償하여야한다. 運送物이滅失또는毁損으로因하여支給을要하지아니한運賃其他費用은前3項의賠償額에서控除하여야한다. 第142條 (생 략) 運送人中1人이前項의規定에依하여損害를賠償한때에는그損害의原因된行爲者에對하여求償

	할수있다. 그損害의原因된行爲者를알수없는때에는各運送人은그運賃額의比例로損害를分擔한다.

상법안 제129조는 「送荷人이 運送狀에 虛僞 또는 不正確한 記載를 한 때에는 運送人에 대하여 이로 因한 損害를 賠償할 責任이 있다」고 하는 신설조항이다. 이런 규정이 없던 의용상법의 해석에 있어서도 운송인은 운송장의 기재에 따라 운송의 준비, 기타 운송인이 실행에 관한 행위를 할 것이므로, 송하인의 부실한 기재 때문에 운송인에게 손해를 끼친 경우에는 이를 배상하여야 할 것이라고 주장되었다.

상법안 제130조는 화물상환증의 작성에 있어서 운송장과 같이 운송인의 서명이 아니고 오로지 기명날인만을 요하게 하고, 법정기재사항으로 새로이 「送荷人이나 受荷人의 住所 또는 營業所」를 기재하게 하여 그들의 소재를 명확히 하게 하고, 「運送賃의 先給 또는 着給」을 명백히 하도록 하였다.

상법안 제131조는 화물상환증에 새로이 인도문구의 기재를 요하게 하고 있다. 즉, 상법안 제131조는 「運送人은 送荷人의 請求에 依하여 貨物相換證에 證券所持人에게 運送物을 引渡할 것을 記載하여야 한다」는 규정을 신설하였다. 이러한 규정이 없는 의용상법에서는 해석상 화물상환증에 인도문구의 기재를 필요로 하는가 하는 문제를 두고 소극설과 적극설과 대립되어 왔다. 상법안은 적극설을 따른 것이다.

상법안은 물건운송인의 책임 및 책임범위에 관하여 의용상법과 다른 입장을 취한 면이 있다. 먼저 상법안 제138조는 「運送人은 運送物을 받은 때부터 引渡할 때까지 그 滅失, 毁損 또는 延着으로 因한 損害를 賠償할 責任이 있다. 但 그 滅失, 毁損 또는 延着이 不可抗力에 因하거나 運送物의 性質 또는 送荷人이나 貨物相換證所持人의 指示에 因한 境遇에는 例外로 한다」고 하고, 상법안 제139조는 이행보조자의 과실에 대하여 별도의 규정에서 「運送人은 使用人이나 그 運送의 實行에 使用한 者 또는 그 選擇한 運送斡旋人의 過失에 關하여 前條의 規定과 同一한 範圍의 責任이 있다」고 하여 그의 과실에 대하여는 운송인 자신의 행위에 대하여서와 같이 결과책임주의를 관철시키고 있다. 의용상법 제577조는 운송인 자신의 행위나 이행보조자의 과실에 대하여 운송인의 과실책임주의를 채택하고 있는 것이어서 따라서 상법안의 입장은 의용상법에 비해서 운송인의 책임을 매우 가중하게 한 것이라 할 수 있다.[45)]

연혁적으로 상법안이 채택한 결과책임주의는 로마법의 Receptum 책임에서 유래한다. 이러한 로마법상의 원칙은 근세대륙법국가의 입법에서 많이 계수되어 널리 적용되기에 이르렀다. 그러나 통신기관의 발달로 운송인에 대한 감독이 용이하다든가, 손해보험제도의 발달로 보험금에 의하여 손해전보가 가능할 수 있게 되었다든가, 또는 경제적으로 취약한 운송업에 정책적으로 보호가 있어야 할 것이라는 이유 등을 들어 로마법상의 원칙이 축소 내지 완화되어 가고 있는 추세에 있다. 상법안이 로마법상의 Receptum 책임으로 복고하였는데, 결과책임주의를 채택할 때에는 그 적용범위를 운송물의 멸실・훼손으로 인한 손해에 한하고, 연착으로 인한 손해에 대하여는 완화하여 과실있는 때에 책임을 지도록 해야 할 것이다.[46)]

상법안 제141조 제1항은 「運送物이 全部滅失 또는 延着된 境遇의 損害賠償額은 引渡할 날의 到着地價格에 依한다」고 규정하고 있다. 의용상법 제508조 제2항 단서에서의 「延着」이 일부연착인지 또는 연착전반인지는 규정 자체로는 모호하여 의견이 대립하고 있었으나, 상법안이 이를 명문으로 해결한 셈이었다. 상법안 제141조 제3항은 운송인에게 고의 또는 과실이 있는 때에는 동조 제1항 제2항에서 정한 제한된 배상액을 부담할 혜택을 받지 못하고 일반채무자와 같이 일체의 손해를 배상하도록 하였다. 의용상법 제581조는 운송인의 악의 또는 중대한 과실이 있는 때에 일체의 손해를 배상할 책임을 지우고, 다만 경과실로 인한 손해에 대하여서만 정형화된 배상액을 부담할 혜택을 주고 있다. 이에 대해 상법안은 중과실이던 경과실이던 불문하고, 과실로 인하여 손해를 발생하게 하였을 때에는 일체의 손해를 배상하게 하고, 다만 무과실(상법안 제138조 단서에 열거한 면책사유에 해당하지 않는다)로 인하여 발생한 손해에 대하여서만은 정액배상주의를 취하기로 변경하였다.[47)]

상법안 제142조는 연대책임을 지는 순차운송인의 구상관계를 신설한 규정이다. 상법안에서 순차운송인 중의 손해를 배상한 때에는 그 손해의 원인된 행위자에 대

45) 鄭熙喆・李時潤, 위의 논문, 28면; 孫珠瓚, 위의 논문(3), 54면 참조.
46) 위의 논문, 29면.
47) 위의 논문, 30면.

하여 구상할 수 있고, 그 손해의 원인된 행위자를 알 수 없는 때에는 각 운송인은 그 운임액의 비례로 손해를 분담한다고 하였다.[48]

상법안 제143조 제3항은 화물상환증을 발행한 때에는 운송물처분청구권이 송하인에게 없고, 오로지 화물상환증소지인만이 이러한 권한을 가지도록 하는 규정을 신설하였다. 이는 의용상법 제573조(상법안 제135조)가 화물상환증을 작성할 때에는 운송물에 관한 처분을 화물상환증으로써 하여야 한다고 규정하고 있음에 비추어 당연한 것이다.[49]

상법안 제146조 제2항은 운송물을 경매하려면 먼저 운송물의 처분에 대한 지시를 최고할 것을 요하게 되어 있는데, 이 때 최고의 상대방을 의용상법이 송하인에게만 하도록 되어 있는 것을 「알은 貨物相換證所持人」에 하여도 무방하고, 동조 제3항은 그 공탁 · 경매의 상대방도 송하인뿐만 아니라 「알은 貨物相換證所持人」에 하여도 좋도록 하였다.

상법안 제147조는 운송물의 경매 · 공탁할 수 있는 경우의 하나로서 의용상법이 「運送物의 引渡에 關하여 紛爭이 있는 경우」로 한 것을 「運送物의 受領拒否 또는 受領不能의 경우」로 하여, 그 의미를 명확히 하고, 이때 공탁 · 경매의 통지를 송하인에 대하여서뿐만 아니라, 수하인에게도 필요하던 의용상법 제586조 제3항의 규정을 삭제하여 송하인에게만 통지를 발하면 충분한 것으로 하고 있다.[50]

상법안 제148조는 공고에 의한 경매규정을 신설한 것이다. 상법안은 송하인 · 화물상환증소지인 및 송하인의 어느 누구도 알 수 없을 때에는 6월 이상의 기간을 정하여 그 기간내에 공고할 것을 요하게 하며, 그 기간내에 어느 누구도 권리를 주장하지 않는 때에는 경매하게 하도록 하고 있다.

상법안 제150조는 운송인이 책임이 소멸하는 경우로서, 수하인의 운송물을 수령할 때뿐만 아니라, 새로이 화물상환증소지인이 이를 수령할 때를 첨가하였다.

상법안 제152조는 무과실의 거증책임을 여객에게 전도시키고 있다. 의용상법 제590조 제1항이 「旅客의 運送人은 自己 또는 그 使用人이 運送에 關하여 注意를 게을리 하지 않은 것을 證明하지 않으면 旅客이 運送에 依하여 받은 損害를

48) 孫珠瓚, 위의 논문(3), 55면 참조.
49) 위의 논문(3), 55면 참조.
50) 위의 논문(3), 56면 참조.

賠償할 責任을 免할 수 없다」고 한 것을 상업안 제152조는 「運送人은 自己 또는 使用人이 運送에 關한 注意를 懈怠한 때에는 旅客에 對하여 運送으로 因한 損害를 賠償할 責任이 있다」고 바꾸어 놓았다.

그리고 상법안은 의용상법 제590조 제2항의 배상액산정에 관한 특칙적인 규정을 삭제하였다. 우리나라 사회실정으로 보아 보험제도가 일반화함에는 가까운 장래에 실현될 일이 아니다. 더군다나 상법안이 거증책임까지 여객에게 전도시키고 그 위에 이런 규정까지 삭제한 것은 너무나 여객의 이익을 희생시키면서 여객운송인의 보호에 편중하는 것이 아닌가 하는 의심이 든다고 할 것이다.[51)]

의 용 상 법	상 법 안
제573조 [貨物相換證의處分證券性] 貨物相換證을作成한때에는運送品에關한處分을貨物相換證으로써하지않으면이를할수없다.	第143條 送荷人또는貨物相換證所持人은運送人에對하여運送의中止, 運送物의返還其他處分을請求할수있다. 이境遇에運送人은이미運送한程度에相應한運賃, 替當金및그處分으로因한費用의支給을請求할수있다. 前項送荷人의權利는運送物이到着地에到着한後受荷人이그引渡를請求한때에는消滅한다. 貨物相換證이發行된때에는送荷人은第1項의權利를行使하지못한다. 第146條 受荷人을確認할수없는때에는運送人은運送物을供託할수있다. 前項의境遇에運送人은送荷人또는알은貨物相換證所持人에對하여相當한期間을定하여運送物의處分에對한指示를催告하고그期間內에 指示를받지못한때에는運送物을競賣할수있다. 運送人이前2項의規定에依하여運送物의供託또는競賣를한때에는遲滯없이送荷人또는貨物相換證所持人에게그事由를通知하여야한다.
第586條 [運送人의責任消滅] ①前條의規定은運送品의引渡에關하여紛爭이있는境遇에이를準用한다. ②運送人이競賣를함에는미리受荷人에對하여相當한期間을定하여運送品의受領을催告하고그期間經過後에다시送荷人에對하여催告를하여야한다. ③前項의規定은運送人에게惡意가있는境遇에	第147條 前條의規定은受荷人이運送物의受領을拒否하거나受領할수없는境遇에準用한다. 但運送人은送荷人또는貨物相換證所持人에對한催告前에受荷人에對하여相當한期間을定하여運送物의受領을催告하여야한다. 第148條 送荷人, 貨物相換證所持人및受荷人을알수없는때에는運送人은權利者에對하여6月以上의期間을定하여그期間內에權利를主張할것을

51) 위의 논문, 34면.

는이를適用하지아니한다.	公告하여야한다. 前項公告는官報나日刊新聞紙에2回以上하여야한다. 第150條 運送人의責任은受荷人또는貨物相換證所持人이留保없이運送物을受領한때에는消滅한다. 但運送物에即時發見할수없는毁損또는一部滅失이있는境遇에運送物을受領한날로부터2週間內에運送人에게그事由를通知한때에는例外로한다. 前項의規定은運送人또는그使用人이惡意인때에는適用하지아니한다. 第152條 運送人은自己또는使用人이運送에關한注意를懈怠한때에는旅客에對하여運送으로因한損害를賠償할責任이있다.
第590條 [旅客이입은損害의賠償責任] ①旅客의運送人은自己또는그使用人이運送에關하여注意를게을리하지않은것을證明하지않으면旅客이運送에依하여받은損害를賠償할責任을免할수없다. ②損害賠償의額을定함에있어서는裁判所는被害者및그家族의情況을參酌하여야한다.	第153條 運送人은旅客의委託을받은手荷物에關하여는運賃을받지아니한境遇에도物品運送人과同一한責任이있다. 手荷物이到着地에到着한날로부터10日內에旅客이그引渡를請求하지아니한때에는第67條의規定을準用한다

상법안 제10장 임치의 장에서는 몇 가지 문제에 관하여 검토하기로 한다.

첫째로, 창고업자의 통지의무에 관한 문제이다. 상법안 제164조, 165조 및 166조는 위탁매매인의 통지의무 등에 관한 상법안 제108조(신설)와 비슷한 취지의 선관자로서의 주의의무를 창고업자에게 인정하고 있다. 즉 창고업자는 임치물을 받은 때에는 지체없이 검사하여 멸실 또는 훼손이 있으면 즉시 임치인 및 알은 창하증권소지인에게 그 사유를 통지하여야 하며(안164조), 또 창고업자는 임치물에 변질 기타 가격저하의 염려가 있음을 알았을 경우에는 임치인 및 알고 있는 창하증권소지인에게 그 사유를 통지하여 한다(안165조). 더군다나 이상의 통지를 할 것을 창고업자가 해태하였을 때에는 손해배상의 책임까지 지게 하고 있다(안166조). 이러한 초안의 규정들은 독일상법 제417조와 그 취지가 공통된다.[52]

둘째로, 창고업자의 손해배상책임에 있어서의 부주의의 거증책임의 소재에 관한 문제이다. 임치물의 멸실 또는 훼손으로 인한 손해가 창고업자의 주의의 해태에

52) 孫珠瓚, 商法典制定에 대한 小見(3), 「法曹」, 1961. 3, 58면.

기인하는 경우, 창고업자의 부주의(사용인의 부주의도 포함)에 관한 거증책임을 의용상법에서는 창고업자에게 부담시키고 있는 것을 상법안에서는 임치인에게 인정하고 있다(의상617조 · 안167조). 이것은 여객운송인의 경우(안152조)와 같다. 임치인이 자기의 점유를 떠난 물건의 멸실 · 훼손의 원인인 수탁자의 부주의를 입증하여야 한다고 하면, 실제에 있어서는 창고업자의 손해배상책임에 관한 동 규정을 거의 무의미하게 될 것이다. 그러면 임치인이 보호받을 가능성은 거의 없는 셈이다. 그리고 이것은 선관자로서의 창고업자의 책임을 의용상법에서보다 무겁게 한 상법안 제164조 내지 제166조의 정신에 비추어 입법취지에 어긋나는 일이 아닌가하는 생각이 든다.[53)]

셋째로, 임치인의 책임사유로 인하여 보관기간전에 임치가 종료된 경우의 보관료청구권의 문제이다. 상법안 제170조도 신설규정이며, 임치인의 책임사유로 인하여 보관기간전에 임치가 끝났을 때에는 창고업자는 보관료의 전액을 청구할 수 있게 하고 있다. 창고영업에서는 운송업과는 달리 창고의 공간을 언제라고 이용할 수 있을 것이므로 이용하지 않는 부분에 관하여 출고전의 임치인의 부담에서 창고업자에게 이중으로 이익을 가질 수 있게 할 필요는 없을 것이다. 상법안의 이 규정은 의용상법의 해석상의 종래의 견해와는 상반되고 있다고 할 것이다.[54)]

그밖에 ① 창고증권에 있어서 의용상법이 단권주의와 복권주의의 병용주의를 취하고 있는 것을 상법안에서는 단권주의(창하증권)로 일원화하였고, ② 창고증권에 대하여 화물상환증에 관한 상법안 제131조(신설), 제132조(의상 제585조), 제133조(의상 제574조), 제134조(의상 제572조), 제135조(의상 제573조) 및 제136조(의상 제575조)의 각 규정을 준용하고 있으며(안 제161조), ③ 창고영업에 있어서 임치기간을 약정하지 않은 때, 임치물을 반환하는 경우에는 2주간전에 예고하도록 하였고(안 제171조 2항), ④ 창고업자의 임치인 또는 창하증권소지인에 대한 채권의 소멸시효에 관한 규정을 신설하여 임치물의 출고일부터 1년으로 한 것(안 제175조) 등의 주요한 변경 또는 신설규정을 두고 있다.[55)]

53) 위의 논문, 58-59면.
54) 위의 논문, 59면.
55) 위의 논문, 59면, 88면.

3. 여타 편에 대한 검토

(1) 상법안 제3편 회사편에서 위임주식제도와 이사회제도의 창설, 제4편 보험편에서 책임보험제도의 신설, 제5편 해상편에서 약간의 문제와 제6편 증권법의 문제를 언급하고자 한다.

먼저, 위임주식제도는 미국의 수권자본제(authorized capital system)에 해당하는 제도로서, 주식회사의 자본조달의 편의와 외자도입의 편의상 자본구성에 탄력성을 부여한 것이다. 그 결과 업무집행기관인 취체역이 주주총회의 의결을 거치지 아니하고 주식을 발행할 수 있도록 그 권한을 강화하여야 하기 때문에 경영기구에도 변화가 있어야 한다. 따라서 미국법에서는 주주총회의 권한을 삭감하고 취체역회(board of directors)를 두어 일상 업무집행의 내용을 결정하고 그 집행을 취체역회에서 선출된 임원(officer)에게 맡기고 있다. 그런데 상법초안은 이사회제도를 두었으나 상술한 바와 같이 권한이 강화된 기관은 아니고 현행실무상의 취체역회와 대차가 없는 것으로 되어 있다. 그리고 감사역의 권한도 회계검사에 한 것이 아니고 취체역의 업무집행의 감독권한을 인정하고 있다.[56]

(2) 상법안은 사채제도에 있어서 사채권자집회제도를 인정하지 아니하였는데, 그 이유를 알 수 없다. 세계의 입법례는 사채권자보호에 부심하여 사채권자집회제도에서 진일보하여 사채권자집회의 대표자로 하여금 주주총회에 참석케 하고 의견의 진술 및 의결권의 행사까지 인정하는 경향(독일, 이탈리아, 스페인, 벨기에, 미국)이 있는데, 상법안이 사채권자집회조차 전연 규정하지 아니 하였다는 것은 이러한 경향에 역행하는 것이다. 그런데 제안이유서에는 사채권자집회에 관하여 일언반구의 언급조차 없다.[57]

(3) 제4편 보험편에서 책임보험제도의 신설을 들고 있다. 상법안은 종래 의용상법상 상행위편과 해상편에 산재하였던 보험계약에 관한 규정을 「제4편 保險」으로 하여 독립한 편으로 규정하고 있다. 특히 최근에 발달한 책임보험에 관하여 손해보험의 일종으로서 6개조문을 명문화한 것은 그 특색이라 할 수 있다. 그러나 규

56) 徐燉珏, 앞의 논문, 16면.
57) 위의 논문, 같은 면.

정내용을 책임보험제도의 발달에 비추어 볼 때에는 아직도 불완전한 것이다.[58]

(4) 상법안은 제5편에서 해상에 관하여 규정하고 있다. 특히 해상법의 분야에서는 19세기 후반 이래의 경제의 변혁에 따른 해상기업의 변천으로 인하여 여러 가지 새로운 법률문제가 발생하여서 각국의 제정법과 해운실무 사이에는 상당한 간극이 생기게 되었다. 또 19세기 이후의 국제무역의 발달과 세계경제의 조직적 발전에 따라 해상법에 관한 섭외적 법률관계가 빈번히 발생하여 그 국제적 통일이 요구되어 해상법통일운동이 대두되었다. 해상법은 통일적 경향이 농후한 상법 중에서도 비교적 통일이 용이한 영역이므로 통일을 위한 여러 가지의 국제회의가 개최되었고, 그 결과 많은 통일조약이 성립하였다. 따라서 1920년대에서 1930년대에 대다수의 국가는 각종의 통일조약을 참작하여 해상법을 개정하고 있다. 그런데 상법안을 보면 선박충돌, 해난구조와 선박채권에 관한 규정에서 약간 통일조약의 규정을 참작하였을 뿐 다른 점에서는 현행상법의 규정을 답습하고 있다. 현행해상법은 근소한 예외를 제외하고 19세기 후반기의 독일구상법에 의한 것인데, 19세기말엽부터 20세기에 걸쳐서 발달한 새로운 해상기업경영을 모르는 것이었다. 또 상법안은 선원보호에 관한 노동법의 규정(안 제5편 제3장 참조)과 선박행정에 관한 규정(안 제708조-제715조 참조)을 증가하여 그 특색을 이루는 것 같이 보이지만, 이것은 시대에 역행하고 있는 것이다. 해상법은 상법의 일부로서 해상기업에 특유한 사법규정이므로, 기업법과는 이념을 달리하는 선원보호의 규정을 노동법의 영역으로 옮겨가야 할 것은 오늘날 주지하는 바이다. 의용상법에서도 옛날에 존재하였던 해원에 관한 규정은 제2차 세계대전 후인 1947년에도 일본에서는 선장의 감항능력검사의무(상 708조), 재선의무(상 719조), 항해성취의무(상 711조) 등을 삭제하여 선원법으로 옮겼다. 그러므로 당연히 상술한 선원보호에 관한 여러 규정은 선원법에서 규정되어야 할 것이고, 선박행정에 관한 규정도 선박법에 있어야 할 성질의 것이다. 더군다나 1961년 2월에 국회를 통과한 선박법에 이에 관한 규정이 들어 있으므로 중복된 규정을 두고 있다. 또한 지금 정부가 국회에 제출하고 있는 선원법안에도 역시 동일한 선원보호의 규정이 있는데, 이를 정리하지도 못한 채 상법안을 그냥 국회에 제출하고 있다. 그리고는 제안이유서(제36항목)에서는 상법안이 선원

58) 위의 논문, 같은 면.

의 고용에 관한 규정이 있음을 특색이라고 특서하고 있다. 그 반면에 전기한 바와 같이 선박충돌, 해난구조와 선박채권에 관한 규정에서 국제통일조약을 참작한 점에 대해서는 법전편찬위원회의 수고에 감사할 따름이다.[59]

(5) 이 외에도 제6편을 증권법이라 하여 어음과 수표에 관한 규정을 두고 거절증서규칙까지 합하여 1060조에 이르는 대법전안을 이루고 있다. 어음과 수표에 관한 규정을 상법전내에 두어야 할 것인지 또는 절차법규인 거절증서에 관한 것을 상법전내 둘 것인지 의문이 한두 가지가 아니다. 세계의 입법례를 보면 프랑스상법을 제외하고는 대다수의 입법에는 상법의 일편으로 하지 아니하고 단행법으로 하고 있다(영국, 미국, 독일, 일본, 이탈리아, 스웨덴, 노르웨이 등). 이것은 1930년의 어음법통일조약, 1931년의 수표법통일조약의 성립후에는 종래 상법의 일편으로 하고 있던 여러 국가에서도 단행법으로 개정하였다. 이것은 어음과 수표에 관한 법을 통일조약에 맞추어 제정한다는 이유도 있거니와 어음과 수표에 관한 법을 상법으로부터 분리시키는 이유가 있다. 연혁적으로는 어음거래가 환전상과 일반상인 간에만 행하여졌으므로 어음능력이 상인에 국한되어 있었다. 그러나 어음능력에 대한 법률상의 연혁적 제한을 세계적 경향으로서 철폐되고, 경제상으로도 일반적인 경제생활의 합리화와 더불어 이미 기업거래라는 영역을 넘어서 일반인에게 개방되어 있으므로, 어음에 관한 법규를 상법에만 속하게 하는 것은 무리하고 생각한다. 이런 점에서는 옛날에 상법의 영역에서 발달하여 상인의 특유한 제도로 되어 왔던 파산제도가 상법으로부터 분리하여 독립한 법역을 이루고 있는 것과 다름 없다. 어음법은 권리와 증권을 결부시켜서 유통성을 확보하고자 하는 객관적 증권에 관한 법규로서의 특성을 가지고 있으므로 외면적 특성의 유사성에서 이것을 기업법으로서의 상법에 속한다고 하기 어렵다. 그러므로 어음법과 수표법은 상법에만 속하게 할 것이 아니라 유통성의 확보라는 이념에 의한 법기술적인 해결을 통일적으로 요구하는 법분야로서 사법체계 중에 독자적인 지위를 차지하여야 할 것이다. 그렇다면 상법안에서 제6편을 없애고 증권에 관한 법을 단행법으로 할 것이다.[60]

(6) 법조문상의 용어의 정리를 제안한다. 예컨대 현행법상의 「手形」, 「小切手」

59) 위의 논문, 17-18면.
60) 위의 논문, 17-18면.

를 신민사소송법에서 분명히 「어음」, 「手票」로 확정하고 있음에도 상법안에서는 「換證券」, 「約束證券」, 「支給證券」으로 하고 있다. 또 제안이유서에는 의용상법과의 차이점에 관하여 많은 사항이 열거되어 있으나, 형식적인 차이를 지적하였지 실질적인 차이를 지적하지 못한 것이 많다.

예컨대 제18항목에 있어서 「合名會社의 設立登記에는 總社員의 共同申請을 要하게 하였다(안 제190조 제1항 참조)」라고 하여 의용상법 제64조 제1항과의 차이를 지적하였으나, 의용상법하에서도 비송사건수속법 제179조 제1항이 「合名會社의 設立의 登記는 總社員의 申請으로 因하여 이를 한다」고 규정하고 있으므로 실질적인 차이가 못된다.[61)]

제3절 상법초안의 심의과정

Ⅰ. 상법전의 제정위원

국가재건최고회의의 법제사법위원회 산하 상법심의소위원회의 위원은 다음과 같다.

委員長: 劉 敏 相

委　員: 車洛勳, 徐燉珏, 鄭熙喆, 朴元善, 孫珠瓚, 曺圭大, 朴永華

(1) 劉敏相은 1921년 서울 출생으로 경기고보를 졸업하고 1939년에 경성제대 예과에 입학하여, 경성제대 법문학부를 1944년에 졸업하였다. 8.15 해방 후 1948년에 서울대학교 법과대학에 강사로 임명된 바 있고, 1950년에 6.25 전쟁이 발발하자 1950년부터 6년간 공군장교(중령 제대)로서 참전한 바 있다. 1957년 제대 후에는 국회법사위원회 전문위원으로 근무하다가 이화여대 법정대학 부교수로 대학강단에 서신 바 있다. 1961년 5.16 군사혁명이 일어나자 국가재건최고회의 법제사법위원회

61) 위의 논문, 19면.

좌로부터 車洛勳, 徐燉珏, 鄭熙喆, 朴元善, 孫珠瓚, 曺圭大, 朴永華 委員,
하단중앙은 劉敏相 委員長

의 자문위원으로 근무하였다. 이 때 상법진 제정에 참여하여 법제사법위원회 산하 상법심의소위원회 심의위원장을 맡았으며, 법제처 차장에 임명받았다. 1969년 1월 10일부터 1973년 3월까지 제7대 법제처장으로 국가에 봉직하였다. 법제처장을 그만 두고 나서 1973년 9대 국회의원(유정회 소속)으로 유정회(維政會) 정책위원 겸 경제과학위원장으로 일한 바 있다. 1978년에는 한국과학원 감사로 임명되고 1982년에는 법제처 행정자문위원으로 근무한 후 공직을 떠났다. 劉敏相은 숙환으로 고생하시다가 기록에는 2000. 12. 29일에 작고한 것으로 나와 있다.

(2) 車洛勳은 1912년 서울 출생으로 경기고보를 나와서 경성제대 법문학부와 동 대학원을 졸업하고 1948년에 고려대학 정법대학 부교수로 피임되었다. 그는 30여년의 봉직기간 내내 온화한 인품과 해박한 학식으로 해방 후 고려대학교 초기의 상법학을 이끌어 갔고, 이러한 그의 인품은 그를 총장직으로 자연스럽게 이끌었다.

그는 1955년 일조각에서 「商法槪論(上)」을 출간한 이래 1956년 양문사에서 「商法(1)」을 출간하였다. 다시 1957년에는 일조각에서 「商法槪論(下)」를, 그리고 1966년에는 고려대학교출판부에서 「商法(上)」을 출간하였다. 이러한 저서들은 상법의 전분야에 걸친 것들이었으며, 해방 후 일제가 남긴 학문적 잔재들을 뒤로 하고 나름대로 새운 시각에서 정리한 저작들이다.

車洛勳 교수는 다수의 상사법 관련 논문을 남기었으니, "현대상법의 의무" 「법조」 3권, 5, 6 합병호, 1955. 1., "상법학의 임무" 「법조」 5권, 1, 2, 3 합병호, 1956, 7., "주식회사의 자본에 관한 법의 관여" 「법조」 6권, 5, 6 합병호, 1957. 7., "이사의 책임" 「법정」, 1963. 4., "주식회사의 준비금제도" 「법정」 1968. 10., "미국주식회사법의 발전경향과 주주보호문제" 「고려대 법률행정논집」 11집, 1975. 6. 등 다수에 이른다.[62)]

(3) 徐燉珏은 1920년 대구 출생으로 대구고보와 일본의 송강고등학교를 졸업하고 경도대학 법학부에 수학하다가 3학년 때에 일본군에 징집되어 중국전선까지 끌려갔다. 마침 전쟁이 끝나고 무사히 환국하여 다시 일본으로 가서 졸업을 할 것인지 고민하다가 부친의 권유로 새로 시작한 경성대학 법문학부 법학과에 편입한 후 졸업하였다. 1949년 2월께 서울법대 조교로 임명되었고, 동년 11월 1일 서울법대 전임강사로 발령을 받았다. 그리고 1950년 5월 12일에 서울대학교 대학원에서 법학석사학위를 받았다. 1953년 환도 이후 미국 법률가 스토리(Robert Storey) 학장이 내한하여 영미법강의를 실시하였다. 徐燉珏 교수는 그의 추천으로 1955년 9월에 Southern Methodist University에 1년간 유학할 기회를 얻었다. 여기서 배운 상법학 지식은 후일 우리나라 상법전의 제정과 상법학의 건설에 기초가 되었다고 할 것이다. 1961년 5월 군사혁명이 일어나자 徐燉珏 교수는 최고회의 자문위원으로 임명되었고, 군사정부가 상법전의 제정을 서두르면서 徐燉珏 교수는 주도적인 역할을 맡았다. 이런 중에 그는 경희대학교에서 「新株式會社法의 基本問題」라는 논문으로 제1호 법학박사학위를 받는다. 1970년 3월 2일부터 서울대학교 법과대학장에 임명되어 1972년 5월 24일까지 봉직하였고, 이 무렵 동국대학교 총장으로 자리를 옮겨서 24년간 봉직한 서울법대를 떠나게 되었다. 그리고 그는 제8대 경북대학교 총장으로 1981년 3월까지 3년간 재임하였다. 그 후 국민대학교 교수로 부임하여 1986년 2월 28일 정년을 맞는다.

徐燉珏 교수는 많은 사회활동을 하였다. 국제법률가협회장(1967. 12-1969. 12.),

62) 김정호, 고대법대와 한국법학의 발전 상사법분야(고려대학교 법과대학 학술사: 고대법학 100년과 한국법의 발전소재), 2011, 303-304면.

한국법학원 부원장(1968. 1.-1971. 4.), 한국공인회계사회장(1970. 4.-1971. 4.), 한국법학교수회 회장(1970. 5.-1979. 9.)을 비롯하여 한국상사법학회장(1971. 8.-1979. 3.), 한국해법학회 회장(1978. 8.-1989. 2.), 법 및 사회철학회(IVR) 한국학회 회장(1983. 2.-1990.)을 역임하였다. 1988년 6월 26일에 대한민국 학술원 회장에 피선되어 1992년 8월 25일까지 재임하였다. 1992년 12월 11일부터 재단법인 불교진흥원 이사장에 취임하여 2004년 8월에 작고하실 때까지 재임하셨다. 특기할 만한 일은 평생을 「부처님과 함께」 살아오신 徐燉珏 교수는 1993년부터는 직접 출연한 無碍文化財團을 설립하여 매년 대학생 4, 5명과 고교생 20명에게 장학금을 수여하고 있고, 한국상사법학회가 매년 선정하는 무애학술상에 후원하고 있다는 것이다.

徐燉珏 교수의 학문업적 및 저술은 기재하기가 너무 많아 간략하게 설명하려 해도, 서울대학교 출판부가 출판한 崔鍾庫 교수의 「한국의 법학자」에 실린 논저는 「상법총론, 회사법」, 1955년을 비롯하여 11권, 번역서는 「법에 있어서의 상식」(Common Sense in Law, Paul Vinogradoff, 합동도서(주)), 1954을 위시하여 10권, 주요논문으로 들 수 있는 숫자만도 「무액면주식(Non-Par Stock)제도」, 법대학보(서울대학교) 창간호, 1954. 6. 이하 33편이다.[63]

(4) 鄭熙喆은 1919년 청주시에 출생하여 1932년에 경성사범학교 보통과에 입학하여 동교 연습과를 졸업하였다. 곧바로 경북 안동시 안동공립학교에 훈도로 교사생활을 2년간 한 후 더 큰 뜻을 품고 1940년 4월에 경성제국대학 예과에 입학하였다. 2년 후 1942년 10월에 경성제국대학 법문학부 법학과에 입학하여 해방된 다음 해 1946년 7월에 졸업하였다. 재학 중에 독일에서 유학한 신진상법학자 니시하라 간이찌(西原寬一) 교수의 영향을 많이 받았다.

1946년 9월에 휘문중학교 교사로 출발하였지만, 1948년 9월에 中央大學校 法政大學에 전임강사로 발령을 받았다. 1950년 한국전쟁이 발발하자 교향인 청주로 내려가서 1951년 10월까지 얼마동안 청주고등학교 독일어 교사로 재직하기도 하였다. 1954년 4월에 계철순 교수의 초청으로 경북대학교 법정대학에 조교수로 부임하였다. 4년 후 1958년에 서울대학교 법과대학 교수로 부임하였다. 1985년에 정년을 할 때까지 26년간 상법학의 분야에서 수많은 제자를 양성하였다. 1961년 10월

63) 崔鍾庫 교수의 「한국의 법학자」, 서울대학교 출판부, 2009, 416-435면.

에는 군사혁명 후 구법령정리사업과 함께 설치된 상법심의위원회 위원으로 활동하였다. 1963년 9월에는 독일 함부르크대학에서 1년간 상법을 연구하였다. 1967년 8월에는 서울대학교에서 「주식회사법리의 사회화경향」이란 논문으로 법학박사학위를 취득하였다. 1968년 3월에는 다시 독일에 가서 함부르크의 막스 플랑크 비교법연구소에서 1년간 연구하였다. 1971년 2월에 서울대학교 법학연구소장에 취임하여 판례교재의 편찬과 법학지의 간행 등 법학연구에 기여하였다. 1972년 7월에는 법률구조협회 중앙심의위원, 1974년 1월에는 법무부 법무자문위원, 한국상사중재협회 중재인을 역임하였고, 1979년 3월에는 한국상사중재협회 연구위원회 위원장을 맡았다. 이러한 학문적 활동이 인정되어 1982년 5월에는 국민훈장 모란장을 서훈(敍勳)받았다. 1985년 2월에 서울대학교 법과대학에서 정년퇴임하였다. 그 후 캐나다 토론토에서 거주하시며 여생을 보내셨다.

鄭熙喆 교수의 학문적 업적으로는 교과서로서 「상법 I, II」, 1958-1960, 박영사를 비롯한 10권, 주요논문으로 「물권으로 등장한 전세권」, 법정, 1955년 10월호를 비롯하여 33편, 역서로서는 「코잉법철학」, 1959, 동신문화사 3권이 있다.[64]

(5) 朴元善은 1907년 1월 5일 평양에서 태어났다. 1910년 한일합방이 되던 해 아버지를 여의고, 일본인의 토지조사사업에 의하여 유산인 토지를 거의 잃고 빈궁한 살림으로 전락하였다. 어린 朴元善의 꿈은 성경·꿈에 깊은 연구를 하는 대학자 또는 성직자가 되는 것이었다. 어려서부터 외숙으로부터 한문을 배웠는데, 그것은 후일 "우리나라의 옛것을 연구함에는 반드시 한자의 문헌이 나오는데, 어렸을 때 연습했던 한문의 지식이 큰 자산이 된 것도 외숙의 은혜이다"라고 할 수 있는 실력이었다.

1927년 4월 1일에 경성제국대학 예과를 거쳐 법문학부에 입학하였다. 처음부터 법학에 대하여 학문적 매력을 느끼지 못하였지만, 사명감을 가지고 공부한 결과 1932년 3월 31일 경성제대 법학과를 졸업하고 이어서 1936년 3월 31일까지 동 대학 조수로 남아 연구를 계속하였다. 박원선은 학생시절부터 농촌운동에 관심을 가지고, 조그만 농장을 마련하여 친구들과 분담하여 농사일을 손수 하기도 하였다. 그러나 일제가 물러가고 한국전쟁을 겪는 동안에 1936년 4월부터 15년간이나 경영

64) 앞의 책, 348-355면.

해 온 농장일을 접고 1952년 4월 초하루부터 국립서울대학교 사범대학에 강사로 출강하였다. 그리고 그는 개인적으로 기독교적 배경이 강하였기 때문에 연세대학교에 마음이 끌려 1953년 4월에 연세대학교 법정대학 전임강사로 발령을 받았다. 그 후 흐트럼없는 자세로 1977년 연세대학교를 정년퇴임할 때까지 교수로, 학장으로 연세인으로 일관하였다. 1957년 9월부터 평생토록 한국상사법학회 회원과 이사를 역임하였다. 1959년 9월부터 1960년 1월 31일까지는 미국 워싱턴주립대학에 초빙교수로 가 있으면서 미국 상법학과 법학교육제도를 관찰하였고, 1961년 5월 23일부터 1962년 7월 31일까지는 국가재건최고회의 법제사법위원회 자문위원으로 위촉되었다. 그리고 1961년 9월 19일부터 12월 31일까지는 대한민국 상법전 제정에 대한 심의위원으로 위촉되어 헌신하였다.

1966년 3월 15일부터 평생토록 대한민국학술원 회원이 되었고, 1968년 2월 17일부터 1971년 4월 1일에는 민족문화추진회 회원으로 있었다. 1969년 4월 1일부터 1972년 2월 28일까지는 연세대학교부설 법률연구소 소장을 맡았고, 1969년 6월 2일부터 1975년 12월 31일까지는 법제조사위원회 위원으로 위촉되었다. 그리고 1971년 9월 16일부터 이듬해 7월 3일까지는 일본 국제기독교대학에 초빙교수로 가 있었다.

1973년 3월 3일에는 한국법사학회의 이사로 피임되었고, 같은 해 4월 1일에는 연세대학교 공해연구소 연구교수로 임명되었고, 1975년 6월에는 공해방지협회 이사로 피임되었다. 1976년 5월 27일에는 한독법률학회 이사로 되었고, 같은 해 3월에는 문교부 교과편찬위원회 위원이 되었다. 또 상법개정작업이 추진되자 1976년에는 법무부 자문위원으로 상법개정심의를 담당하였다. 1977년에 연세대학교를 정년퇴임하였지만, 대학원 강의는 그래도 계속하였다. 1981년부터 세종대학교 초빙교수로 재직하여, 그의 마지막 영결식도 세종대학의 학교장으로 거행되었다.

朴元善 교수는 단아한 삶이면서 학문적으로는 다면적으로 활동한 보람이 있어 1966년 9월 15일에 연세대학교에서 법학박사학위를 수여받았고, 1969년 7월 17일에는 대한민국학술원장, 1969년 11월 17일에는 서울 제일변호사회에서 수여하는 법률문화상, 1975년 5월 22일에는 제1회 KMA 경제경영도서문화상, 1976년 3월 28일에는 제1회 평화교수아카데미상을 수상하였다.

朴元善교수는 학문적 업적으로는 저서로는 「상법학강의(상)」, 연세대학교출판부, 1960을 비롯하여 19권, 주요논문으로는 「상업과 일상생활」, "화백(和白)" 창간호, 연세대학교, 1955. 5.를 비롯한 145편의 논문이 있다.[65)]

(6) 孫珠瓚은 1923년 경북 경주시의 명문가정에서 태어났다. 일본에서 법학을 수학하다가 해방 후 다시 서울대학교 법과대학을 졸업하고, 동 대학원에서 석사학위를 받았다. 이어서 중앙대학교에서 법학박사학위를 받았다. 1976년부터 두 차례에 걸쳐 독일 프라이부르크대학에서 상법학연구를 하였다. 孫珠瓚 교수는 상법학뿐만 아니라, 항공법, 경제법, 비교법학 등 국제적으로 다방면으로 학문적 업적을 보인 한국을 대표하는 상법학자이다. 항상 제자들이나 후배들에게 모범을 보인 학문에 대한 열정은 누구에게나 감동을 주었다.

孫珠瓚 교수는 1957년 한국상사법학회가 설립될 무렵부터 서돈각, 권경식 교수 등과 논의하여 1958년에 한국상사법연구회라는 이름으로 출발시켰다. 그 후 이름을 한국상사법학회로 고쳐 오늘에 이르고 있다. 초대 회장은 崔泰永 박사이고, 2대 회장은 徐燉珏 박사였으며, 1979년부터 3대 회장을 맡았다. 경제사회의 변천에 따라 상법 개정이 논의될 때마다 항상 상사법학회가 중심이 되어 연구를 진행시켰으며, 1981년 12월에 법무부에 민법, 상법개정 특별위원회가 설치되었을 때 孫珠瓚 교수는 상법개정분과위원회의 위원장으로 활동하였다. 孫珠瓚 교수는 회장을 맡은 이래 상사법학회의 활동이 활발하게 되어 「商事法研究」라는 학회지를 매년 발간하였고, 문교부, 아시아재단 등으로부터 지원을 받아 「商法改正의 論点」, 「英美商事法比較研究」 등의 연구논문집을 출간하였다. 그는 이미 1975년에 한국보험학회 회장을 역임하였고, 1993년 봄까지 한국해양법학회 회장, 1991년 5년간 한독법률학회 회장, 한국항공법학회 회장을 역임하였다. 그리고 경제기획원의 약관심사위원회 위원장으로 활동하기도 하였다.

孫珠瓚 교수는 정부와 경제계를 위하여 법무부의 정책자문위원, 재무부의 보험심의위원, 대한상사중재원의 중재인, 한국공인회계사회의 법규분과위원장 등으로 활동하였다. EAIC(동부아시아보험회의), PIC(태평양보험회의), 서독비교법학회, 일본보험학회 등의 많은 국제회의에 참석하여 학술논문을 발표하기도 하였다. 1989년

65) 앞의 책, 190-213면.

에는 프랑스, 스웨덴, 독일의 약관심사, 소비자보호제도, 1992년에는 스페인, 영국의 약관심사, 소비자보호제도에 관한 경제기획원의 사찰에 참가하였으며, 1990년에는 독일보험학회, 1992년에는 일본보험학회, 1993년에는 IMO(국제해사기구)의 대회에 참가하였다.

孫珠瓚 교수의 학문업적은 너무나 엄청나고, 또 다양하다. 우선 저서로서는, 「商法」(上·下)를 비롯하여 「상법대의」, 「학설판례주석어음법, 수표법」, 「축조신상법해설」, 「회사기업법의 재건」, 「항공기업의 민사책임」, 「상사법의 제문제」 등의 국내저서와 서독비교법학회의 외국주식회사법 총서의 하나로 독일어판 「한국주식회사법」(Das koreanische Aktienrecht)이 출간되었다. 1990년에는 「株式發行」과 「신공정거래법」을 내었고, 1991년부터 1993년까지 주저서인 「商法」(上·下)를 상법개정에 따라 제5증보판으로 수정하였다. 1993년에는 「경제법」도 출간하였다.

孫珠瓚 교수는 비교법분야에서도 우리나라에서는 독보적인 학자이다. 그는 1972년에 「독일주식법」을 번역하여 국회도서관에서 출간한 바가 있다. 한국법을 세계에 알리는 데에 관심을 기울이고 특히 한국상법을 독일어로 소개하고 번역도 하였다. 1983년에는 "Der Koreanische Aktienrecht"를 프랑크푸르트의 메츠너(Alfred Metzner)출판사에서 출간하였고, 이 책은 1989년에 제2판이 나왔다. 그는 1985년에는 한독법률학회(Koreanische Deutsche Gesellschaft für Rechtswissenschaft)의 회장이 되어 한독법학교류를 위하여 노력하였다. 1990년에는 레빈더(Manfred Rehbinder) 교수와 공동편집으로 「한국에서의 독일법수용」(Zur Rezeption des deutschen Rechts in Korean)이라는 독일책을 바덴바덴의 노모스(Nomos) 출판사에서 출간하였다. 레빈더, 현승종, 최종고, 조규창, 정종욱, 비가노(Adriano Vigano) 등의 논문들로 구성된 이 책은 孫珠瓚 교수의 논문 「한국주식회사법의 발전」(Die Entwicklung des koreanischen Gesellschaftsrecht)도 실려 있다.[66]

(7) 曺圭大는 충남 서천 출신이다. 1941년에 경기중학교 4학년을 수료한 후 일본 경도 제3고등학교 입학하여(문과 을류) 2년 후에 졸업하였다. 그는 1943년 9월에 동경제국대학 법문학부 법률학과에 입학한다. 1945년 8월 15일 해방으로 귀국하여 서울대학교 법과대학에 편입하여 1946년 7월에 졸업하였다. 그리고 1946년

66) 위의 책, 498-506면.

10월에 실시된 제1회 변호사시험에 합격하였다. 1947년 4월부터 사법관시보를 마친 다음 1950년 2월에 서울지방법원 판사로 임명되었다. 1953년 9월에는 미국을 건너가서 컴버랜드대학 법학과에서 1년 동안 미국법을 연구할 기회를 얻은 다음 1954년 9월에 하버드대학 Law School 대학원에 입학하여 1955년 6월에 L.L.M을 획득하였다. 그는 1956년 6월에 S.J.D. Candidate가 된다. 그런 다음 1957년에 귀국하여 판사에 복직하였다. 그 뒤에 그는 서울고등법원 부장판사로까지 승진하여 10여년 이상 법관생활을 한 후 1969. 9월 이래 변호사로 활동하였다.

상법전 제정심의위원으로 필자가 만나 뵐 수 있는 생존하신 유일한 분이셨다. 대학 3학년(1960년)때 영미법을 수강한 바가 있었는데, 마침 저서라고 건네주신 책은 법무자료 제31집 미국통일상법전이었다. 법무부법무국에서 출간한 선생님 모습 그대로 단아한 책자이고, 역자는 결어에서 다음과 같은 말로 끝을 맺고 있다.

> "… 이 통일상법전이 세계최신의 상법전이며 자본주의경제체제의 표본이고 세계의 상권을 장악하고 있는 미국의 상법전이라는 점 특히 영미법의 장점을 섭취하려는 기운이 점점 높아가고 있는 이 시대에 있어서 이 법전이 바로 영미법의 기초위에 서 있다는 점 등으로 미루어 그 내용의 자세한 연구는 비단 비교법학이라는 학문적 흥미에서 뿐만 아니라 우리의 당면의 과제의 하나의 신상법전의 기초작업에도 기여하는 바 있을 것으로 믿는다. …"

(8) 朴永華는 1911년 4월 10일 평남 平原郡 公德面 香岩里 684번지에서 출생하였다. 1930년 3월에 평양고보를 졸업하고, 1935년에 경성제대 법문학부에 졸업하였다. 경성제국대학의 학생은 장래 졸업 후 "의연히 학술연구에 나아가는 것과 事功(취업)으로 나아가는 것, 두 가지 방향으로 나누어질 것으로 공언되었지만, 법문학부 출신의 조선인들은 사공으로 나아가 주로 관료로 취업하거나 중등학교 교원으로 진출하였다. 朴永華는 사공의 길로 나가서 1935년 1월부터 순안(順安)중학교 교원으로 출발하여 1951년 10월에는 대성여자중학교 교장까지 봉직하였다. 그리고 1952년 4월에 청주대학교 교수로 임명된 이후 자리를 옮겨 1956년 4월 경희대학교 법과대학 교수로 재직한 이래 1976년 3월에 정년을 맞을 때까지 학문연구에 임하였다.

경희대학교 법과대학 교수를 정년한 다음 1977년 3월부터 1978년 2월까지 서울대학교 법과대학 대우교수로 발령받은 바 있고, 1982년 3월부터 1988년 2월까지 동교 법학대학 강사로 출강한 경력이 있다.

Ⅱ. 상법안심의소위원회의 역할

1. 상법안심의소위원회의 구성

신상법의 제정으로 한국도 이제 이른바 고유의 6법을 갖추게 되었음을 자못 경하할 일이다. 상법전은 한국의 6법 중에서 맨 나중에 이루어진 법전이므로, 그만큼 우여곡절도 심하였다. 법전편찬위원회에서 상법초안이 처음 기초에 착수한 것은 어언 10여년 전인 1949년 2월 4일이었고, 그 동안 6.25 한국전쟁의 와중에서도 꾸준히 진행되어 1957년 11월 21일 드디어 그 기초가 완료되었다. 그리히여 그것이 정부로 이송된 것은 그 이듬해인 1958년 3월 3일이었는데, 법제실에서는 법전편찬위원회의 안에 사구도 수정하지 아니하고 그대로 1960년 1월 30일에 국회에 제출하였다. 그러나 민주당의 영도하에 있던 국회에서는 상법안의 심의에 착수하지도 못하고, 1961년 1월 1일에 폐기되어 정부에 반송되었고, 정부는 그것은 동년 1월 31일에 또다시 국회에 제출하였으나, 이것도 그 심의회를 가져 보지도 못하고, 5.16군사혁명으로 인한 국회해산과 함께 자동적으로 폐기되고 말았다.

혁명정부는 그 정책의 일환으로 구법령정리사업에 착수하여 1961년 7월 15일에 구법령정리에 관한 특별조치법을 공포하였는데, 연말까지 일제의 법령, 군정시의 법령을 모두 정리하고, 정리되지 아니한 구법령은 1962년 1월 20일로써 효력을 상실한다고 규정하였다. 이에 따라 정리대상이 된 법령도 많았다. 그 중에서 가장 비중을 차지하는 것이 상법전이었다. 혁명정부는 구법령정리위원회로 하여금 상법초안을 조사 심사케 하여 각의를 통과를 시키고 국가재건최고회의에 제출한 것은 1961년 9월 18일이었다. 연말까지 3개월여를 남기고 이 대법전의 심의를 맡은 법제사법위원회에서는 곧 상법안심의소위원회를 구성하여 심의에 착수하였다.[67)]

67) 徐燉珏, 商法案의 審議經過와 新商法의 特色, 「法制月報」 4권 1호(1962년), 13-14면.

2. 상법심의소위원회의 심의과정

상법심의소위원회의 첫 번째 회합은 1961년 9월 20일에 있었다. 이 모임에서는 상법안의 심의방법을 토의하였다. 이 대법전을 단기간에 심의한다는 것은 불가능할 뿐만 아니라, 만일 그대로 강행한다면 졸속으로 인하여 매우 내용이 부실한 법전이 될 우려가 많다는 데에서 시간은 걸리더라도 신중한 심의를 하도록 하자는 논의가 유력하였다. 제정위원들이 예비심의를 하고자 하는 상법안은 여러 법전편찬위원들의 노고로 이루어진 것이긴 하지만, 상법의 기반인 경제, 사회생활의 변천에 유의하지 하지 아니하고 19세기 후반기의 독일상법을 계수한 의용상법을 따랐을 뿐더러, 달라진 점이 오히려 시대에 역행하고 있으므로 이것을 토대로 심의한다면 대폭적인 수정을 가하여야 하기 때문에, 시간이 더 소요된다는 것이다. 여기서 이 상법초안은 폐기하고 심의위원회에서 새로운 대안을 만들자는 의견까지도 나왔다. 그러나 내각에서 제출한 원안을 무시하기가 곤란하다는 법제사법위원회의 고충과 구법령정리특별조치법과의 관계로 3개월내에 종결을 지어야만 된다는 점에서 다음과 같은 원칙적인 합의를 보았다.

첫째로, 원초안을 토대로 하여 기일내에 심의를 마칠 수 있도록 중점적으로 수정을 하자는 것.

둘째로, 상법초안이 어음 · 수표에 관한 규정까지 포함하여 1,000여조에 걸치는 대법전으로 되어 있으나, 세계적으로 상법의 각 부분을 단행법화하는 입법경향이 있고, 게다가 단시일에 제정하면 졸속으로 인하여 앞으로 개정할 필요가 많이 생길 것이므로, 상법안 중의 각편을 분리하여 단행법으로 하자는 의견도 있었지만, 모두가 원칙에는 동의하나 우선 내용검토를 마친 후에 형식의 토의는 뒤에 미루기로 한 것.

셋째로, 상법안을 편별로 각 위원이 분담하여 주심을 보되 준비되는 대로 각편을 병행하여 심의하기로 하였다.

그러나, 심의를 거듭함에 따라, 조문마다 수정을 가하지 않을 수 없게 되어 축조심의를 하였고, 어떠한 부분에 있어서는 원안의 흔적을 찾기가 어려울 정도로 수정하기도 하였다. 따라서 심의에 많은 시간을 요하게 되어 처음에는 1주일에 두 번씩 가지던 심의회가 1주에 세 번씩이 되고, 다시 네 번이 되고, 나중에는 매일 심의회를 열어 야간까지 걸리게 되어 1961년 12월 29일 제49차 회의로써 예비심의에 1단락을 짓고, 원안에 못지 않는 방대한 수정안을 작성하게 되었다. 그동안 12월 21일에는 공청회를 열어서 널리 공론을 듣기도 하였으며, 각계로부터 들어온 많은 의견을 참작하였다. 그리고 뒤로 미룬 단행법화문제도 시간관계로 어음법과 수표법만을 특별단행법으로 독립시켰으나, 다른 부분은 단일법전인 상법에 포함시키기로 하여 전문 874조와 부칙 12개조로 구성하였다.

상법안예비심의소위원회에서는 3개월에 49회의 회의로, 무려 190여 시간에 걸쳐서 상법안의 검토를 마치고, 수정안을 작성하였다. 평상시 같으면 수년을 요하게 될 심의를 단기간에 마친 것은 심의위원 자신들도 놀라고 있었고, 이것도 혁명기이니까 성취할 수 있었던 것이 아닐까 하는 회포가 깃들어 있었을 것이다. 다만, 심의에 참가한 심의위원들로서는 단기간에 이 대법전을 심의하는 데 각 위원이 최대의 성의를 다하였으나, 어떤 착오가 있지나 않았을까하는 염려도 있었을 것이다. 그동안 법제사법위원회에서는 이 수정안에 맞추어 조문을 정리하여, 1월 19일에 국가재건최고회의의 상임위원회에 상정함으로써 그 통과를 보았으며, 1월 20일 드디어 법률 제1000호로서 어음법(법률 제1001호)과 수표법(법률 제1002호)과 더불어 그 공포를 보아 상법초안의 기초가 착수된 지 13년 만에 그 결실을 보게 되었다.[68]

새로 제정된 한국의 상법의 특색은 방대한 초안 · 수정안 · 의용상법을 비교하면서 나열하자면, 한량이 없을 것이지만, 그 중에서 가장 특색을 이루는 신제도를 중심으로 살펴보면 다음과 같다.[69]

I. 총칙편

(1) 상인개념의 정립

상인개념의 정립에 있어서 당연상인과 의제상인으로 나누어 각각 규정하였다. 신상법(신상 4조, 5조)에서 상인개념의 기초가 되는 상행위를 신법에서는 의용상법과는 달리, 영업적 상행위를 열거하고, 절대적 상행위를 배제하여 주관적인 입법을

68) 앞의 논문, 14-16면.
69) 이하 위의 논문, 16-27면.

한 것은 상법안 자체의 특색이었다. 이 영업적 상행위를 열거하고 있음으로 인하여 상법의 대상이 기업생활의 진전에 따라서 「商行爲」에 해당 또는 연관되지 않는 새로운 기업생활에 특유한 사항에 상법을 적용할 필요가 생겼을 때를 위하여 수정안에서는 의용상법 제4조 제2항 「形式에 依한 商人」과 거의 같은 규정을 두어서 「店鋪 其他 類似한 設備에 限하여 商人的 方法으로 營業을 하는 자는 商行爲를 하지 아니하더라도 商人으로 본다」(신상 5조)라고 하여 의제상인을 인정하였는데, 여기서 「商人的 方法」이란 용어를 사용함으로써 의용상법에서보다 그 범위를 확장한 것이다.

의 용 상 법	신 상 법
第4條 [商人의 意義, 擬制商人] ① (생략) ②店鋪其他이에類似한設備에依하여物品의販賣를業으로하는者또는鑛業이나砂鑛業을經營하는者는商行爲를業으로하지않더라도이를商人으로看做한다. 第52條第2項의會社도또한같다.	第4條 (商人－當然商人) 自己名義로商行爲를하는者를商人이라한다. 第5條 (同前－擬制商人) ①店鋪其他類似한設備에依하여商人的方法으로營業을하는者는商行爲를하지아니하더라도商人으로본다. ②會社는商行爲를하지아니하더라도前項과같다.

(2) 상업사용인의 경업금지의무의 일반화

상법은 상업사용인의 경업금지의무를 일반화하였다. 의용상법상에서는 지배인에게만 인정하던 경업금지의무를 상업사용인 일반으로 확장함으로써 이에 위반한 경우에 자기의 계산으로 한 때에는 영업주의 개입권을, 제3자의 계산으로 한 것인 때에는 이로 인한 경제적 이득을 탈취하는 권리를 인정하여 독일상법 제61조와 같이 하였다(신상 17조).

의 용 상 법	신 상 법
第41條 [支配人의 義務] ①支配人은營業主의許諾없이는營業을하거나, 自己또는第3者를爲하여營業主의營業의部類에屬하는去來를하며또는會社의無限責任社員, 取締役或은他商人의使用人이될수없다. ②支配人이前項의規定에違反하여自己를爲하여去來를한때에는營業主는이로써自己를爲하여한것으로看做할수있다.	第17條 (商業使用人의義務) ①商業使用人은營業主의許諾없이自己또는第3者의計算으로營業主의營業部類에屬한去來를하거나會社의無限責任社員, 理事또는다른商人의使用人이되지못한다. ②商業使用人이前項의規定에違反하여去來를한境遇에그去來가自己의計算으로한것인때에는營業主는이를營業主를爲한것으로볼수있고第3

③前項에定한權利는營業主가그去來를안때부터2週間이를行使하지아니하는때에는消滅한다. 去來時부터1年은經過한때에도또한같다.	者의計算으로한것인때에는營業主는使用人에對하여이로因한利得의讓渡를請求할수있다. ③前項의規定은營業主로부터使用人에對한契約의解止또는損害賠償의請求에影響을미치지아니한다. ④第2項에規定한權利는營業主가그去來를안날로부터2週間을經過하거나그去來가있은날로부터1年을經過하면消滅한다.

(3) 재산평가의 원칙확정

상법은 재산평가의 원칙을 확정하고, 특히 영업용 고정재산의 평가에 있어서는 취득가액 또는 제작가액으로부터 상당한 감손액을 공제한 사용가액에만 의하도록 하였다(신상 31조).

신 상 법
第31條 (財産評價의 原則) ①財産目錄에는動産, 不動産, 債權其他의財産의價額을目錄作成當時의價格에依하여正確히記載하여야한다. ②營業用固定財産에對하여는前項의規定에不拘하고取得價額또는製作價額으로부터相當한減損額을控除한金額을記載하여야한다.

(4) 상업등기의 공고유예

상업등기의 공고에 관하여 현실정을 참작하여 당분간 그 공고를 유예할 수 있는 규정을 부칙에 두었다(신상 부칙3조).

신 상 법
附則 第3條 (商業登記公告의 猶豫) ①第36條의公告에關한規定은相當한期間이를適用하지아니한다. 이期間은大法院規則으로定한다. ②前項의境遇에그期間中에登記한때에公告한것으로본다.

(5) 영업양도에 관한 규정의 독립화

상법은 영업양도에 관한 규정을 총칙편에 맨 끝장으로 독립시켰다. 이것은 독립한 영업주의 교체와 영업재산의 이전이기 때문이다. 따라서 영업양수인의 경업금지기간을 10년, 20년으로 단축하였다(신상 41조).

신 상 법
第41條 (營業讓渡人의競業禁止) ①營業을讓渡한境遇에다른約定이없으면讓渡人은10間同一한特別市, 市, 邑, 面과 隣接特別市, 市, 邑, 面에서同種營業을하지못한다. ②讓渡人이同種營業을하지아니할것을約定한때에는同一한特別市, 市, 郡과 隣接特別市, 市, 郡에 限하여20年을超過하지아니한範圍內에서그效力이있다.

Ⅱ. 상행위편

(1) 영업적 상행위만의 규정

상법은 상행위를 정하면서, 절대적 상행위를 배제하고 영업적 상행위만으로 하여 물의 공급, 대금(貸金), 무진(無盡) 등과 같이 그 종류를 추가하였다(신상 46조). 이것은 주관주의적 입법이라고 지적한 바이다. 따라서 상행위에 관한 통칙에서는 민법에 맞추어서 민법의 특칙적인 규정만을(예컨대, 신상 48조, 51조 등) 남기고, 중복규정은 거의 삭제하였다. 유가증권에 관한 규정이 거의 삭제된 것이 그 예인데, 이것은 민법의 지시채권과 무기명채권에 관한 규정과 중복되기 때문이다.

신 상 법
第48條 (代理의方式) 商行爲의代理人이本人을爲한것임을表示하지아니하여도그行爲는本人에對하여효력이있다. 그러나相對方이本人을爲한것임을알지못한때에는代理人에對하여도履行의請求를할 수있다. 第51條 (對話者間의請約의拘束力) 對話者間의契約의請約은相對方이卽時承諾하지아니때에는그效力을잃는다. 第52條 (隔地者間의請約의拘束力) ①隔地者間의契約의請約은承諾期間이없으면相對方이相當한期間內承諾의通知를發送하지아니한때에는그效力을잃는다. ②民法第530條의規定은前項의境遇에準用한다. 第53條 (請約에對한諾否通知義務) 商人이常時去來關係에있는者로부터그營業部類에屬한契約의請約을받은때에는諾否의通知를發送하여야 한다. 이를懈怠한때에는承諾한것으로본다.

(2) 대리상을 상행위편에서 규정함

상법에서는 의용상법상 상법총칙에 규정하였던 대리상을 상행위편으로 옮겼다(신상 87조 이하). 이것은 특정한 상인의 보조자이기도 하지만, 독립한 상인으로서 업태를 이루기 때문이다.

신 상 법
第5章 代理商 第87條 (意義) 一定한商人을爲하여商業使用人이아니면서常時그營業部類에屬하는去來의代理또는仲介를營業으로하는者를代理商이라한다. ---------- (생략) ----------- 第92條 (契約의解止) ① (생략) ②(생략)

(3) 과실책임주의로 환원한 운송인의 손해배상책임(신상 135조)

상법초안에서는 로마법의 Receptum책임에 가까운 결과책임주의에 따랐으나(초안 138조, 139조), 이러한 결과책임주의는 운송물이 송하인의 점유·감시를 떠나서 운송인의 보관하에 운송되므로 사고가 발생한 경우에 그것이 운송업자의 과실에 기인하였느냐를 송하인에게 증명시키는 것은 무리하다고 생각되므로 송하인의 보호를 위하여 운송업자에 내하여 이와 같은 무서운 책임을 과한 것이다. 그러나 오늘날은 통신기관의 발달 등으로 인하여 운송인에 대한 충분한 감독이 가능하며, 일반채무에 관하여 과실책임주의를 취하므로 운송인에 대해서도 동일하게 취급하는 것이 타당하다. 따라서 손해보험제도의 발달에 따라 송하인은 보험을 이용함으로써 운송물의 손실을 보상받을 수 있으므로 반드시 운송인에게 결과책임을 부담시킬 필요가 없다. 또한 독일상법 등 세계의 입법경향이 과실책임주의를 취하고 있는 점에서 상법초안심의에서 과실책임주의로 환원시킨 것이다. 다만, 운송인의 책임중 연착의 경우를 멸실, 훼손과 동일하게 취급하였다(신상 135조).

상 법 초 안	신 상 법
第138條 運送人은運送物을받은때로부터引渡할때까지그滅失, 毁損또는延着으로因한損害를賠償할責任이있다. 但그滅失,毁損또는延着이不可抗力에因하거나運送物의性質또는送荷人이나貨物相換證所持人의指示에因한 境遇에는例外로한다. 第139條 運送人은使用人이나그運送의實行에使用한者또는그選擇한運送斡旋人의過失에關하여도前條의規定과同一한範圍의責任이있다.	第135條 (損害賠償責任) 運送人은自己또는運送周旋人이나使用人其他運送을爲하여使用한者가運送物의受領,引渡,保管과運送에關하여注意를懈怠하지아니하였음을證明하지아니하면運送物의滅失,毁損또는延着으로因한損害를賠償할責任을免하지못한다.

(4) 공중접객업의 신설

상법은 제10장에서 공중접객업을 신설하여 의용상법과 상법초안의 「임치」에 관한 총칙규정을 없앴다. 이것은 다른 장이 업태별로 장명을 둔 것에 맞춘 것이다.

의 용 상 법	상 법 안	신 상 법
第9章 寄 託 第1節 總 則 第593條 [寄託을 받은 商人의 責任] (생략)	第10章 任 置 第1節 總 則 第155條 (생략)	第10章 公衆接客業 第151條 (意義) 劇場, 旅館, 飮食店其他客의集來를爲한施設에依한去來를營業으로하는者를公衆接客業者라한다.

(5) 단권주의를 채용한 창고증권

상법은 창고증권에서 단권주의를 채용하였다(신상 156조). 의용상법에서는 복권주의와 단권주의를 병용하도록 하였다. 이것은 단권주의만에 의하면 법제는 간단하지만, 한번 입질을 위하여 증권을 교부하였을 때에는 양도가 곤란하여 금융상 불편하므로 상품매매의 금융상의 효용을 얻기 위하여 복권주의를 병용한 것이다. 그러나 복권주의에 의한 법제는 매우 복잡하고 예증권소지인은 물적 유한책임을 부담하므로 임치물이 채권 이하로 하락하였을 경우에 당면한 채무자인 예증권소지인은 변제하지 아니하는 것이 보통이다. 따라서 융자하는 은행은 입질증권에 의한 대출을 하지 아니하고 채권의 담보로서는 반드시 예증권과 입질증권을 다같이 배서양도시키기 때문에 다만 증권의 수가 2매일 뿐이지 그 실질에 있어서는 1매 증권과 아무런 차이가 없다. 이러한 실제적인 면을 고려하여 단권주의로 한 것이다.

의 용 상 법	상 법 안
第598條 [預證券·質入證券交付義務] 倉庫營業者는寄託者의請求에依하여寄託物의預證券및質入證券을交付하여야한다. 第590條 [倉庫證券의記載事項] 預證券및質入證券에는左의事項및番號를記載하고倉庫業者가이에署名하여야한다. 1. 受寄物의種類, 品質, 數量및그荷造의種類, 個數의記載 2. ~ 7. (생략)	第156條 (倉庫證券의 發行) ①倉庫業者는任置人의請求에依하여倉庫證券을交付하여야 한다. ①倉庫證券에는다음의事項을記載하고倉庫業者가記名捺印하여야한다. 1. ~ 7. (생략)

第627條 [倉荷證券의發行] ①倉庫營業者는寄託者의請求가있는때에는預證券및質入證券에가름하여 倉荷證券을交付하여야한다. ②倉荷證券에는預證券에關한規定을準用한다.	

Ⅲ. 회사편

신상법 중 가장 큰 변혁을 가져 온 부분이 회사편이다. 특히 주식회사제도의 변혁이 주의할 만하다. 주식회사제도는 상법초안에서 새로운 제도를 가장 많이 담고 있어서 수정안에서도 가장 많은 수정이 가해졌다. 그 달라진 부분은 상당히 광범한 것이지만, 다음의 3가지로 요약할 수 있다. 첫째로, 주식회사의 자금조달의 편의를 제공하기 위하여 수권자본제도를 비롯하여 여러 가지의 영미법상의 제도를 채용한 것, 둘째로, 회사기관의 권한의 분배를 달리함으로 인한 회사경영기구의 합리화를 도모한 것, 셋째로는 주주의 지위를 강화히기 위한 여러 가지의 제도를 마련하였다는 점이다. 이것은 이론적으로 보아서 내면적으로 관련하고 있다.

(1) 주식회사에 있어서 수권자본제도의 채용

수권자본제도(authorized capital system)는 대륙법의 이른바 자본확정의 원칙(Grundsatz des festen Kapitals)에 대립하는 것으로, 주식회사의 설립시에 정관에 정한 자본총액에 대한 주식인수가 있음을 요하지 아니하는 원칙이다. 신상법에 의하면 정관에 절대적 기재사항으로 「會社가 發行할 株式의 總數」(신상 289조 1항 3호)와 「會社의 設立時에 發行하는 株式의 總數」(신상 동조 5호)를 기재하도록 하여 회사설립시에는 발행할 주식의 총수의 2분의 1 이상만 발행하면 되고, 잔여주식은 회사성립후 실제의 자금사정에 따라서 필요한 한도에서 이사회가 이것을 나누어 발행할 수 있는 것이다. 이로써 회사의 금융조작에 의한 자금조달의 편의를 얻을 수 있게 한 것이다. 그러나 설립시에 수권자본인 발행예정주식의 2분의 1 이상을 발행시킴으로써 거대한 수권자본을 게기하여 일반공중을 기망하는 것을 방지하고 있다.

신 상 법
第289條 (定款의作成, 絶對的記載事項) ①發起人은定款을作成하여이에다음의事項을記載하고發起人全員이記名捺印하여야한다. 1. ~ 2. (생략) 3. 會社가發行할株式의總數 4. (생략) 5. 會社의設立時에發行하는株式의總數 6. ~ 9. (생략) ②會社의設立時에發行하는株式의總數는會社가發行할株式의總數의2分의1以上이어야한다. ③ (생략)

(2) 주금의 전액납입제도의 채택

의용상법과 상법안은 주금납입에 있어서 분할납입을 인정하여 회사설립시에 주식을 인수시켜서 설립당초에는 경영자금이 많이 필요한 것이 아니기 때문에, 일부를 납입시키고, 회사성립후에 필요에 따라서 분할하여 납입시킴으로써 자금에 탄력성을 부여하였다. 그러나 신상법에서는 수권자본제도를 채용하였으므로, 자금조달에서 탄력성이 있고, 종래 주식인수인이 확정되었으면 주금은 미납이라도 법률적으로는 회사채권자의 담보가 된다고 할 수 있으나, 실제로는 그렇지 못하여 전액납입주의를 취하게 되었다(신상 295조).

신 상 법
第295條 (發起設立의 境遇의 納入과 現物出資의 履行) ①發起人이會社의設立時에發行하는株式의總數를引受한때에는遲滯없이各株式에對하여그引受價額의全額을納入하여야한다. ②現物出資를하는發起人은納入期日에遲滯없이出資의目的인財産을引渡하고登記, 登錄其他權利의設定또는移轉을要할境遇에는이에關한書類를完備하여交付하여야한다.

(3) 주식의 할인발행제도의 채용

수권자본제도에 의하여 회사성립후에 이사회가 신주를 발행하는데 원칙적으로 액면 이하로 발행하지 못한다(신상 330조). 그러나 신주발행시에 전에 발행한 주식의 시가가 액면을 하회하고 있다면 신주발행이 불가능하여 자금조달에 편의를 제공하고자 하는 수권자본제도의 취지에 어긋나므로, 엄격한 요건하에 주식의 액면 이하 발행을 인정한 것이다(신상 417조).

신 상 법
第330條（額面以下發行의制限）株式은額面以下의價額으로發行하지 못한다. 그러나第417條의境遇에는그러하지아니하다. 第417條（額面以下의發行）①會社가成立한날로부터2年을經過한後에株式을發行하는境遇에는會社는第434條의規定에依한株主總會의決議와法院의認可를얻어서株式을額面以下로發行할수있다. ②前項의株主總會의決議에서는株式의最低發行價額을定하여야한다. ③法院은會社의現況과諸般事情을參酌하여最低發行價額을變更하여認可할수있다. 이境遇에法院은會社의財産狀態其他必要한事項을調査하게하기爲하여檢査人을選任할수있다. ③第1項의株式은法院의認可를얻은날로부터1月內에發行하여야한다. 法院은이期間을年長하여認可할수있다.

(4) 상환주식제도의 채용

의용상법하에서도 정관의 정함에 따라 이익으로써 주식의 소각을 인정할 수 있었으나(의상 212조), 이것은 주주평등의 원칙에 따라야 하며, 또한 일부주식만을 대상으로 하는 이익소각을 인정할 수가 없었다. 그러나 예를 들면 회사가 자금조달을 위하여 일시 우선주를 발행하여 장래 어떤 시기에 상환하여 소각하는 회사경리상의 부담을 경감하는 것이 편리하기 때문에, 장래 일정한 조건하에 소각할 수 있다는 이른바 상환조항을 붙여서 발행할 수 있도록 하였다(신상 345조). 이것은 미국에서 널리 행해지고 있는 제도이다.

의 용 상 법	신 상 법
第212條［株式의 消却］①株式은資本減少의規定에依하지않으면이를消却할수없다. 但定款의規定에基하여株主에配當할利益으로써하는境遇에는此限에不在한다. ②第377條〈株式併合의節次〉의規定은株式을消却하는境遇에이를準用한다.	第345條（償還株式）①前條의境遇에는利益配當에關하여優先的內容이있는株式에對하여利益으로써消却할수있는것으로할수있다. ②前項의境遇에는償還價額, 償還期間, 償還方法과數를定款에記載하여야한다.

(5) 주식양도성의 확보

의용상법에서는 주식의 양도는 원칙으로 자유이지만, 정관으로 제한할 수 있었다(의상 204조 단서). 그러나 주식이 유가증권화되어 거래의 대상이 되는 것은 근대주식회사제도의 경제적 특질의 하나이기 때문에 신상법에서는 정관으로도 양도를 금지하거나 제한하지 못한다고 하였다(신상 335조).

의 용 상 법	신 상 법
第204條 ①株式은이를他人에게讓渡할수있다. 但定款으로써그讓渡의制限을定하여도無妨하다. ②株券의發行前에한株式의讓渡는會社에對하여그效力이생기지아니한다.	第335條 (株式의 讓渡性) ①株式의讓渡는定款에依하여도이를禁止하거나制限하지못한다. ②株券發行前에한株式의讓渡는會社에對하여效力이없다.

(6) 회사의 경영기구의 합리화

수권자본제도의 채용과 더불어 그 기동성을 보장하기 위하여 신주발행의 권한을 주주총회에 주지 아니하고, 이사회제도를 확립하여 이에 그 권한을 부여하였다(신상 416조). 이사회의 권한확대에 따라 주주총회의 권한의 축소를 가져오게 되고(신상 361조), 이사회에서 결정한 업무집행은 대표이사가 하도록 하였다(신상 389조). 따라서 대표이사의 업무집행의 감독권한을 이사회가 가질 수 있기 때문에 감사의 권한을 영미법상의 auditor와 같이 회사감사권한만으로 한정하였다(신상 412조).

신 상 법
第416條 (發行事項의決定) 會社가그成立後에株式을發行하는境遇에는다음의事項으로서定款에規定이없는것은理事會가이를決定한다. 그러나本法에다른規定이있거나定款으로株主總會에서決定하기로定한境遇에는그러하지아니하다. 1. 新株의種類와數 2. 新株의發行價額과納入期日 3. 新株의引受方法 4. 現物出資를하는者의姓名과그目的인財産의種類, 數量, 價額과이에對하여付與할株式의種類와數 第361條 (株主總會의 權限) 株主總會는本法또는定款에定하는事項에限하여決議할수있다. 第412條 (報告請求, 調査權限) ①監事는언제든지會計의帳簿와書類를閱覽또는謄寫할수있고理事에對하여會計에關한報告를要求할수있다. ②監事는그職務의遂行을위하여特히必要한때에는會社의業務와財産狀態를調査할수있다.

(7) 주주의 지위의 강화

주주총회의 권한의 축소와 이사회의 권한확대에 대응하여 주주의 지위를 강화하기 위하여 앞서 말한 주식의 양도성의 확보는 물론 소수주주의 자격을 완화하고 있다. 의용상법상 자본의 10분의 1 이상의 주식을 가져야 하는데(의상 237조), 신상법은 발행주식의 100분의 5 이상으로 하였다. 또 이사가 위법한 행위를 함으로써 회사에 회복할 수 없는 손해가 생길 염려가 있는 경우에는 영미의 injunction 제도를 도입하여 소수주주가 이사의 행위를 유지시키는 권리를 인정하고(신상 402조), 소수주주가 이사에 대한 책임을 추궁할 수 있도록 하기 위하여 미국법상의 대표소송제도를 인정하였다(신상 403조). 또 주주에 의한 회사사업의 감독을 강화하기 위하여 미국법상의 장부열람권과 같이 소수주주에 의한 회사의 회계장부와 서류의 열람권 또는 등사권을 인정하고(신상 466조), 회사의 업무집행상 난국에 처하여 타개하지 못하는 경우에는 소수주주가 법원에 회사의 해산을 청구하는 제도는 인정하였다(신상 520조).

의 용 상 법	신 상 법
第237條 [少數株主에依한召集의請求] ①資本의10分의1以上에該當하는株主는會議의目的이되는事項및召集의事由를記載한書面을取締役에게提出하여總會의召集을請求할수있다. ②前項의請求後2週間內에取締役이總會召集의手續을하지않는때에는請求를한株主는裁判所의許可를얻어그召集을할수있다. ③前2항의規定에依하여召集한總會에있어서는召集의費用은請求를한株主의負擔으로한다는것을定할수있다.	第402條 (留止請求權) 理事가法令또는定款에違反한行爲를하여이로因하여會社에回復할수없는損害가생길念慮가있는境遇에는發行株式의總數의100分의5以上에該當하는株式을가진株主는會社를爲하여理事에對하여그行爲를留止할것을請求할수있다. 第403條 (株主의代表訴訟) ①發行株式의總數의100分의5以上에該當하는株式을가진株主는會社에對하여理事의責任을追窮할訴의提起를請求할수있다. ②前項의請求는그理由를記載한書面으로하여야한다. ③會社가前項의請求를받은날로부터30日內에訴를提起하지아니한때에는第1項의株主는卽時會社를爲하여訴를提起할수있다. ④前項의期間의經過로因하여會社에回復할수없는損害가생길念慮가있는境遇에는前項의規定에不拘하고第1項의株主는卽時訴를提起할수있다. ⑤第176條第3項, 第4項과第186條의規定은本條의訴에準用한다. 第466條 (株主의會計帳簿閱覽權) ①發行株式의總數의100分의5以上에該當하는株式을가진株主는理由를붙인書面으로會計의帳簿와書類의閱覽또는謄寫를請求할수있다. ②會社는前項의株主의請求가不當함을證明하

	지아니하면이를拒否하지못한다. 第520條 (解散判決) ①다음의境遇에不得已한事由가있는때에는發行株式의總數의100分의10以上에該當하는株式을가진株主는會社의解散을法院에請求할수있다. 1. 會社의業務가顯著한停頓狀態를繼續하여回復할수없는損害가생긴때또는생길念慮가있는때 2 會社財産의管理또는處分의顯著한失當으로因하여會社의存立을危殆롭게한때 ②第186條와第191條의規定은前項의請求에準用한다.

(8) 사채권자집회제도의 인정

사채제도에 있어서 상법안에서는 사채권자집회제도를 인정하지 아니하였으나, 세계의 입법례와 사채권자보호의 요청에 따라 수정안에서는 이를 인정하고, 회사의 자금조달의 편의를 도모하였다(수정안 454호, 신상 490조 이하).

신 상 법
第2款 社債權者集會 第490條 (決議事項) 社債權者集會는本法에다른規定이있는境遇外에는法院의許可를얻어社債權者의利害에重大한關係가있는事項에關하여決議를할수있다. 第491條 ~ 第512條 (생 략)

(9) 회사정리제도의 삭제

회사의 정리제도가 회사채권자 전원의 동의를 얻어야만 정리종결을 지울 수 있기 때문에 그 실효를 거두지 못할 뿐만 아니라, 채무유예 등에 악용되기 때문에 철저한 회사갱생법으로 대체하기로 하고 신상법에서는 이를 삭제하였다(수정안 455호).

(10) 주식합자회사제도의 폐지와 유한회사제도의 편입

신상법은 주식합자회사제도를 폐지하고 유한회사제도를 상법전 내에 편입, 규정하였다. 전자의 연혁은 오래 된 것이기는 하지만, 그 조직이 복잡하여 그다지 이용되지 아니하기 때문에 신상법에서는 이를 폐지하기로 하였고, 후자는 의용상법상에서는 새로운 제도로서 상법전에의 편입이 어려웠고, 또 신제도이니만큼 개정의 편의를 고려하여 단행법으로 하고 있었으나, 우리나라에서 시행된 후 상당한 기간이 경과한 것이므로 이를 신상법에서는 상법전에 편입한 것이다.

Ⅳ. 보험편

(1) 보험계약의 통칙규정의 신설

보험계약에 관한 규정을 독립된 편으로 하고, 그 통칙규정을 신설하였으며, 특히 보험계약의 개념규정을 추상적·통일적인 것으로 하였다(신상 638조). 의용상법상 상행위편과 해상편에 산재하던 것을 통일된 편(제4편)으로 하는 동시에, 손해보험과 인보험에 공통된 통칙규정을 둠으로써 선진제국의 입법례를 따랐다.

신 상 법
第4編 保 險 第1章 通 則 第638條 (意義) 保險契約은當事者一方이約定한保險料를支給하고相對方이財産또는生命이나身體에關하여不確定한事故가생길境遇에一定한保險金額其他의給與를支給할것을約定함으로써效力이생긴다.

(2) 손해보험과 인보험으로의 구분

의용상법상 손해보험과 생명보험으로 분류하던 것을 손해보험과 인보험으로 하였다. 신상법은 전자를 다시 화재보험, 운송보험, 해상보험, 책임보험으로 구분하고, 후자를 생명보험과 상해보험으로 구분하여 그 유형을 확장하였다.

의 용 상 법	신 상 법
第10章 保 險 第1節 損害保險 第1款 總 則 第629條 [意義] 損害保險契約은當事者의一方이偶然한一定한事故로因하여생길수있는損害를塡補할것을約하고相對方이이에報酬를줄것을	第4編 保 險 第1章 通 則(638조~664조) 第2章 損害保險 第1節 通 則(665조~682조) 第2節 火災保險(683조~687조) 第3節 運送保險(688조~692조)

約함으로써그效力이있다. 第630條 ～ 第672條 (생 략) 第2節 生命保險 第673條 [意義] 生命保險契約은當事者의一方이相對方또는第3者의生死에關하여一定한金額을支拂할 것을約하고相對方이이에報酬를줄것을約함으로因하여그效力이생긴다.	第4節 海上保險(693조~718조) 第5節 責任保險(719조~726조) 第3章 人保險 第1節 通 則(727조~729조) 第2節 生命保險(730조~736조) 第3節 傷害保險(737조~739조)

(3) 보험계약자보호의 규정신설

보험계약자를 보호하는 규정을 신설하였다. 보험계약은 부합계약(contrat d'adhésion)으로서 보통거래약관(보험자의 의사)(Allgemeine Geschäftsbedingungen)에 의하여 성립되며, 보험계약자는 불이익을 입는 경우가 많다. 따라서 신법은 종래의 폐단을 일소하기 위하여 특약으로도 보험계약자 등의 불이익으로 변경할 수 없도록 하는 강행규정을 두었다(신상 663조).

신 상 법
第663條 (保險契約者等의不利益變更禁止) 本章의規定은當事者間의特約으로保險契約者또는被保險者나保險受益者의不利益으로變更하지못한다.

(4) 초과보험과 중복보험의 효과변경

의용상법에서는 초과보험의 경우에 초과부분에 대하여는 당연히 무효로 하였으며, 중복보험의 경우 보험금액을 초과한 때에는 각 보험자의 보상책임은 각자의 보험금액의 비율로 감소된다(의상 631조, 632조). 그러나 이것은 당사자가 피보험이익이 존재하지도 않는데, 이를 악용하여 투기에 의한 불법행위를 방지하고자 하는 데 있다. 그러하여 신법에서는 독일과 프랑스의 선진 여러 국가의 입법례와 같이 초과보험의 경우 당사자의 선의, 악의를 불문하고 당연무효로 하지 아니하고, 선의의 경우에는 감액청구권을 인정하고, 사기의 경우에는 초과부분뿐만 아니라, 계약전체를 무효로 하였다(신상 668조). 따라서 중복보험에 있어서도 사기의 경우를 제외하고는 보험계약의 체결이 동시이거나 순차이거나를 불문하고 보험자는 각자의 보험금액의 한도에서 연대하여 책임을 지도록 하였다(신상 672조).

의 용 상 법	신 상 법
第631條 [超過保險] 保險金額이保險契約의目的의價額을超過한때에는그超過한部分에對하여는保險契約을無效로한다. 第632條 [同時重複保險] ①同一한目的에對하여同時에數個의保險契約을한境遇에그保險金額이保險價額을超過한때에는各保險者의負擔額은그各自의保險金額의比率에依하여이를定한다. ②數個의保險契約의日字가同一한때에는그契約은同時에한것으로推定한다.	第672條 (重複保險) ①同一한目的과同一한事故에關하여數個의保險契約이同時에또는順次로締結된境遇에그保險金總額이保險價額을超過한때에는保險者는各自의保險金額의比率에따라保險金額의限度에서補償할責任을진다. 이境遇에는各保險者는各自의保險金額의限度에서連帶責任이있다. ②前項의境遇에는保險契約者는各保險者에對하여各保險契約의內容을通知하여야 한다. ③第669條第4項의規定은第1項의保險契約에準用한다.

(5) 책임보험에 관한 절의 신설

의용상법에서는 화재보험의 경우에만 인정되던 것(의상 667조)을 신법에서는 기업 기타 경제생활의 발전에 따라 최근에 발달한 책임보험에 관한 절을 신설하여 많은 규정을 두었다(신상 719조 내지 726조).

의 용 상 법	신 상 법
第667條 [他人의物의保管者의責任保險] 賃借人其他他人의物品을保管하는者가그支拂하게될지도모르는損害賠償을爲하여그物品을保險에付한때에는所有者는保險者에對하여直接그損害의塡補를請求할수있다.	第719條 (責任保險者의責任) 責任保險契約의保險者는被保險者가保險期間中의事故로因하여第三者에게賠償할責任을진境遇에이를補償할責任이있다. 第726條 (再保險에의 適用) 本節의規定은再保險契約에適用한다.

(6) 인보험제도의 신설

의용상법에서는 손해보험에 대응하는 것을 생명보험으로 하였으나, 신법에서는 이를 인보험으로 하고 생명보험과 상해보험으로 구분하여 통칙규정을 둠으로써 명문화한 상해보험은 물론, 질병 기타 인보험의 특수성을 살릴 터전을 마련하였다(신상 4편 3장 참조).

V. 해상편

(1) 중복규정의 삭제

본편에서는 의용상법과 상법안에 들어 있던 선원법, 선박법과 중복되는 규정을 모두 삭제하였다.

(2) 선박소유자의 책임변화

1) 선박소유자의 유한책임제도에 있어서 의용상법에서는 위부주의(690조)를 취하고 있었으나, 이는 입법상 낡은 것일 뿐만 아니라, 오늘날의 해운에도 맞지 않기 때문에 선가책임주의와 금액책임주의를 병용하는 1924년의 통일조약에 따랐다(신상 746조, 747조).

의 용 상 법	신 상 법
第690條 [船舶所有者의免責委付] ①船舶所有者는船長이그法定의權限內에서한行爲또는船長其他他의船員이그職務를遂行함에있어서他人에게加한損害에關하여는航海의終末에있어서船舶, 運賃및船舶所有者가그船舶에關하여가지는損害賠償또는報酬의請求權을債權者에게委付하여그責任을免할수있다. 但船舶所有者에게過失이있는때에는此限에不在한다. ②前項의規定은雇傭契約으로因하여생긴船員의權利에對하여는이를適用하지아니한다.	第746條 (船舶所有者의 有限責任) 船舶所有者는航海에使用한船舶과그屬具, 運賃, 그船舶에關한損害賠償또는報酬의請求權其他航海附屬物의價額을限度로그航海에關하여생긴다음의事項의責任을진다. 1. 船長, 海員, 導船士其他의船舶使用人의故意또는過失로因하여第三者에게加한損害의賠償 2. 運送하기爲하여船長에게引渡된運送物또는그船內에있는모든物件에對한損害의賠償 3. 船荷證券으로因한債務 4. 運送契約履行中의航海過失로因한損害의賠償 5. 沈沒船舶의破損物除去의義務와이에關聯한債務 6. 海難求助와船舶引揚에對한報酬 7. 共同海損에 對한 船舶所有者의 分擔債務 8. 船長이船籍港外에서船舶保存또는航海繼續의現實的必要로그法定權限에依하여締結한契約또는處分行爲로因하여생긴債務, 그러나그必要가航海準備의不充分으로裝備또는補給品의不足이나缺陷으로因한것인때에는그러하지아니하다. 第747條 (責任의限度) 前條의責任은第1號乃至

	第5號의債務에對하여그船舶積量每噸當15萬환의總額을超過하지못한다.

2) 선박소유자의 발항당시의 감항능력담보의무에 관하여 의용상법에서는 무과실책임(결과책임)주의를 취하였다(의상 738조). 그러나 해상운송의 발달로 인하여 복잡한 구조를 가지는 선박에 의한 운송이 보통 행해지는 오늘날에는 무과실책임주의는 선박소유자에게 가혹하다. 따라서 신법은 이를 과실책임으로 하여 선박소유자의 책임을 경감하여 주는 반면에, 주의불해태의 거증책임을 선박소유자에게 부담지웠다(신상 787조).

의 용 상 법	신 상 법
第738條 [堪航能力擔保義務] 船舶所有者는傭船者또는送荷人에對하여發航의當時船舶이安全한航海를勘當한나는것을擔保한다.	第787條 (堪航能力注意義務) 船舶所有者는自己또는船員其他의船舶使用人이發航當時다음의事項에關하여注意를懈怠하지아니하였음을證明하지아니하면運送物의滅失, 毁損또는延着으로因한損害를賠償할責任을免하지못한다. 1. 船舶이安全하게航海를할수있게할것. 2. 必要한船員의乘船, 船舶艤裝과必要品의補給 3. 船艙, 冷藏室其他運送物을積載할船舶의部分을運送物의受領, 運送과保存을爲하여適合한狀態에둘것.

(3) 선박소유의 면책사유의 제한완화

선박소유자의 상법상의 손해배상책임과 면책약관에 관하여 의용상법은 특약이 있는 때라 하더라도 선원 기타 사용인의 경과실의 경우를 제외하고는 면책을 인정하지 아니하였다(의상 739조). 그러나 신법에서는 항해과실과 상사과실로 구분하여 전자에 대하여서는 선박소유자의 책임을 면제하고, 후자의 경우에는 그 책임을 인정하고 불해태의 거증책임에 관하여는 위 (2)의 2)와 같다(신상 788조, 789조).

의 용 상 법	신 상 법
第739條 [免責約款의 制限] 船舶所有者는特約을할때라할지라도自己의過失, 船員其他의使用	第788條 (運送物에 關한 注意義務) ①船舶所有者는自己또는船員其他의船舶使用人이運送物

人의惡意또는重大한過失또는船舶이航海를勘當하지못함으로因하여發生한損害를賠償할責任을免할수없다.	의受領, 船積, 積付, 運送, 保管, 揚陸과引渡에關하여注意를懈怠함으로因하여생긴運送物의滅失, 毁損또는延에關한損害를賠償할責任이있다. ②前項의規定은船長, 海員, 導船士其他의船舶使用人의航海또는船舶의管理에關한行爲또는船舶에서의火災로因하여생긴損害에는適用하지아니한다. 그러나, 船舶所有者의故意또는過失로因한火災를除外한다. 第789條 (同前-免責事由) ①船舶所有者는前條의注意를다하였음을證明하지아니하면그責任을免하지못한다. ②船舶所有者는다음各號의事實이있었다는것과運送物에關한損害가그事實로因하여普通생길수있는것임을證明한때에는前項의規定에不拘하고前條의責任을免한다. 그러나同條의注意를다하였더라면그損害를避할수있었음에도不拘하고그注意를다하지아니하였음을證明한때에는그러하지아니하다. 1. 海上其他航行할수있는水面에서의危險또는事故 2. ～ 10. (생 략)

(4) 수령선하증권과 선적선하증권의 구분

선하증권을 수령선하증권과 선적선하증권의 2종으로 하여 수령후에 발행한 선하증권은 선적후에는 그 증권상에 「선적」의 표시를 하도록 하였다(신상 813조).

신 상 법
第813條 (船荷證券의發行) ①船舶所有者는運送物을受領한後傭船者또는送荷人의請求에依하여1通또는數通의船荷證券을交付하여야한다. ②船舶所有者는運送物을船積한後傭船者또는送荷人의請求에依하여1通또는數通의"船積"船荷證券을交付하거나前項의船荷證券에船積의뜻을表示하여야한다. ③船舶所有者는船長또는其他의使用人에게船荷證券의交付또는前項의表示를委任할수있다.

(5) 공동해손분담시의 잔존주의

공동해손분담의 경우 보존요건으로 의용상법에서 인과주의를 취한 것을 신법은 「그 위험을 면한 선박 또는 적하」로 하여 잔존주의를 채택하였다(신상 833조). 인과주의를 취하면 처분이 주효하지 아니한 때에는 희생으로 된 재산이 이해관계인은 선박 또는 적하가 다른 원인으로 인하여 잔존하여도 손해의 분담을 청구하지 못하며, 따라서 선장에게도 제약을 가져오기 때문이다. 잔존주의는 독일법을 비롯하여 영미법과 앤트워프규칙(Antwerp Rules)이 채택하고 있다.

신 상 법
第833條 (共同海損의分擔) 共同海損은그危險을免한船舶또는積荷의價額과運賃의半額과共同海損의額과의比率에따라各利害關係人이이를分擔한다.

(6) 선박충돌의 장의 독립화

선박충돌에 관한 규정을 독립의 장으로 하였다. 의용상법은 단독해손 가운데 선박충돌에 관하여 공동해손의 장에 2개조문을 두었던 것을 이를 분리하여 독립의 장으로 하고, 통일조약에 따라 수개조를 신설하였다(신상 843조 내지 848조).

신 상 법
第6章 船舶衝突 第843條 (船舶衝突에의適用法規) 航海船相互間또는航海船과內水抗行船間의衝突이있은境遇에船舶또는船舶內에있는物件이나사람에關하여생긴損害의賠償에對하여는어떠한水面에서衝突한때라도本章의規定을適用한다.

(7) 「선박선취특권」을 「선박우선특권」로의 용어변경

선박채권 중 「선박선취특권」을 「선박우선특권」이라는 용어를 사용하여 종래 의용민법하에서의 선취특권에 관한 규정이 우리나라 민법에 규정되어 있지 않기 때문에 「우선특권의 내용, 물권과의 관계」와 우선특권에 관한 일반규정을 신설하였다(신상 863조 이하). 이것은 대체로 통일조약에 따른 것이다.

의 용 상 법	신 상 법
第842條 [船舶先取特權있는債權] 左에揭記한債權을가진者는船舶, 그屬具및未受取의運賃위에先取特權을가진다. 1. 船舶과그屬具의競賣에關한費用및競賣手續開始後의保存費 2. ~ 9. (생략)	第863條 (運賃에對한優先特權) 運賃에對한優先特權은支給을받지아니한運賃, 支給을받은運賃으로船舶所有者나그代理人이所持한金額에限하여이를行使할수있다.

제 3 장 한국 상법전의 발전

제 1 절 한국 상법의 개정사

Ⅰ. 개정사의 배경

(1) 상법은 경제적 합리주의가 지배하는 기업적 생활관계를 규율대상으로 삼고 있으므로, 경제의 발전에 따라 그 수요를 만족하기 위하여서는 그때그때 개정이 절실히 요구되는 법분야이다. 1963년 1월 1일부터 상법이 시행된 이래 기업의 규모와 경제적 여건이 급속하게 변화해 왔다. 그러므로 개정이 늦어진다면 경제적 현실과 상법전의 규정 사이에 괴리가 극심하여 경제사회의 새로운 수요를 채우지 못하게 된다. 따라서 상법전의 개정작업을 시의에 잘 맞추어야 한다. 그때그때의 경제사회의 수요가 있기 마련이다.

(2) 경제의 고도성장에는 경제규모의 확충과 경제기업활동의 활성화를 위한 기반인 기업환경의 개선을 전제로 한다. 따라서 경제적 여건과 기업의 실태를 참작하여 회사제도의 남용으로 인한 부실기업의 발생을 원천적으로 제거하고, 기업의 자금조달의 편의와 재무구조의 개선을 촉진하여야 한다. 또한 주식회사기관의 합리적인 재편과 운영의 효율화를 도모하고, 투자자의 이익보호를 위한 제도적 장치를 마련함으로써 기업활동의 활력을 불어넣는 필요가 요구된다.

Ⅱ. 개정사의 경과

1. 지난 상법사에 대한 회고

1963년 1월 1일 상법전이 시행된 이후 약 20여년간은 상법의 개정이 뜸하던 시기도 있었다. 그렇다고 상법개정을 위한 시도가 없었던 것은 아니다. 특히 1974년 10월에 재무부에 의하여 상법개정안이 발표되자, 각계로부터 많은 개정의견이 제시되었지만, 개정의 실현에는 이르지 못하였다. 오랜 준비 끝에 1984년의 개정작업이 물길을 내자 우리나라의 경제여건의 진전과 경제사회적 수요의 요청에 따라 개정작업은 일정한 간격으로 진행되어 왔다. 상법전의 제정 이래 오늘에 이르기까지(2013. 2.1.) 50년이 지나면서, 육법전서(六法全書)에서 나오는 개정횟수로는 1984. 4. 10. 법률 제3724호, 1991. 5. 31. 법률 제4372호, 1991. 12. 31. 법률 세4470호, 1995. 12. 29. 법률 제5053호, 1998. 12. 28. 법률 제5591호, 1999. 12. 31. 법률 제6086호, 2001. 7. 24. 법률 제6488호, 2001. 12. 29. 법률 제6545호, 2007. 8. 3. 법률 제8581호, 2009. 1. 30. 법률 제9362호, 2009. 5. 28. 법률 제9746호, 2010. 5. 14. 법률 제10281호, 2011. 4. 14. 법률 제10600호 및 2011. 5. 23. 법률 제10696호의 14번이 표시되어 있으나, 사실은 상법전이 1963년 1월 1일부터 시행되기 전에 1962. 12. 12, 법률 제1212호로 일부개정이 있었음을 먼저 언급하는 것이 순서라고 생각한다.

2. 1962년 12월 12일의 상법개정(법률 제1212호)

(1) 개정이유

보통 상법전이 시행된 이후에 개정의 문제가 나오는 것이 순서일텐데, 시행일을 20일도 채 남지 않은 기일을 앞두고 상법전이 일부개정된 것밖에 밝혀진 것이 없다. 어떻든 정부가 개정이유를 든 것을 보면, "1962년 1월 20일자로 제정된 새 상법 중 준용조문의 중복, 누락, 용어통일의 결여 등 미비점을 보완하려는 것"이라는 데 있다. 그리고 구체적으로 지적한 것은 다음과 같다.

① 회사의 설립의 무효는 그 사원 및 이사와 감사에 한하여, 설립의 취소는 그

취소권있는 자에 한하여 회사성립의 날로부터 2년 내에 소만으로 이를 주장할 수 있도록 한다.

② 이사와 회사간의 거래는 감사가 있는 때에는 감사의 승인이 있는 때에, 감사가 없는 때에는 사원총회의 승인이 있는 때에 한하여 자기 또는 제3자의 계산으로 할 수 있도록 한다.

③ 임시총회는 감사도 소집할 수 있도록 한다.

④ 유한회사가 주식회사로 조직을 변경할 경우에는 회사에 현존하는 순재산액이 조직변경시에 발행하는 주식의 발행가액의 총액에 부족하는 때에는 조직변경결의 당시의 이사·감사와 사원은 회사에 대하여 연대하여 그 부족액을 지급하도록 한다.

(2) 개정내용

상법 중 일부개정된 내용은 다음과 같다.

◇ 제17조 제2항 중 "營業主를 爲한 것으로"를 "營業主의 計算으로 한 것으로"로 한다.

상 법 전	개 정 상 법
第17條 (商業使用人의 義務) ①商業使用人은 營業主의 許諾없이 自己 또는 第三者의 計算으로 營業主의 營業部類에 屬한 去來를 하거나 會社의 無限責任社員, 理事 또는 다른 商人의 使用人이 되지 못한다. ②商業使用人이 前項의 規定에 違反하여 去來를 한 境遇에 그 去來가 自己의 計算으로 한 것인 때에는 營業主는 이를 營業主를 爲한 것으로 볼 수 있고 第三者의 計算으로 한 것인 때에는 營業主는 使用人에 對하여 이로 因한 利得의 讓渡를 請求할 수 있다. ③前項의 規定은 營業主로부터 使用人에 對한 契約의 解止 또는 損害賠償의 請求에 影響을 미치지 아니한다. ④第2項에 規定한 權利는 營業主가 그 去來를 안 날로부터 2週間을 經過하거나 그 去來가 있은 날로부터 1年을 經過하면 消滅한다.	第17條 (商業使用人의 義務) ① (商法典과 같음) ②商業使用人이 前項의 規定에 違反하여 去來를 한 境遇에 그 去來가 自己의 計算으로 한 것인 때에는 營業主는 이를 營業主의 計算으로 한 것으로 볼 수 있고 第三者의 計算으로 한 것인 때에는 營業主는 使用人에 對하여 이로 因한 利得의 讓渡를 請求할 수 있다. 〈일부개정 1962. 12. 12〉 ③ ~ ④ (商法典과 같음)

◇ 제54조 중 "年6分로"를 "年6分으로"로 한다.

상 법 전	개 정 상 법
第54條 (商事法定利率) 商行爲로 因한 債務의 法定利率은 年6分로 한다.	**第54條** (商事法定利率) 商行爲로 因한 債務의 法定利率은 年6分으로 한다. 〈일부개정 1962. 12. 12〉

◇ 제65조 중 "第526條"를 "第525條"로 한다.

상 법 전	개 정 상 법
第65條 (有價證券과 準用規定) 金錢, 物件 또는 有價證券의 支給을 目的으로 하는 有價證券에는 民法 第508條 乃至 第526條의 規定을 適用하는 外에 어음法 第12條第1項, 第2項의 規定을 準用한다.	**第65條** (有價證券과 準用規定) 金錢, 物件 또는 有價證券의 支給을 目的으로 하는 有價證券에는 民法 第508條 乃至 第525條의 規定을 適用하는 外에 어음法 第12條第1項, 第2項의 規定을 準用한다. 〈일부개정 1962. 12. 12〉

◇ 제121조 제2항 중 "引渡한 날"을 "引渡할 날"로 한다.

상 법 전	개 정 상 법
第121條 (運送周旋人의 責任의 時效) ①運送周旋人의 責任은 受荷人이 運送物을 受領한 날로부터 1年을 經過하면 消滅時效가 完成한다. ②前項의 期間은 運送物이 全部滅失한 境遇에는 그 運送物을 引渡한 날로부터 起算한다. ③前2項의 規定은 運送周旋人이나 그 使用人이 惡意인 境遇에는 適用하지 아니한다.	**第121條** (運送周旋人의 責任의 時效) ① (상법전과 같음) ②前項의 期間은 運送物이 全部滅失한 境遇에는 그 運送物을 引渡할 날로부터 起算한다. 〈일부개정 1962. 12. 12〉 ③ (상법전과 같음)

◇ 제168조 중 "第142條 乃至 第146條"를 "와 第146條"로 한다.

상 법 전	개 정 상 법
第168條 (準用規定) 第108條, 第142條 乃至 第146條의 規定은 倉庫業者에 準用한다.	**第168條** (準用規定) 第108條와 第146條의 規定은 倉庫業者에 準用한다. 〈일부개정 1962. 12. 12〉

◇ 제198조 제2항 중 "會社의 計算으로 한 것으로 보고"를 "會社의 計算으로 한 것으로 볼 수 있고"로 한다.

상 법 전	개 정 상 법
第198條 (社員의 競業의 禁止) ①社員은 다른 社員의 同意가 없으면 自己 또는 第三者의 計算으로 會社의 營業部類에 屬하는 去來를 하지 못하며 同種營業을 目的으로 하는 다른 會社의 無限責任社員 또는 理事가 되지 못한다. ②社員이 前項의 規定에 違反하여 去來를 한 境遇에 그 去來가 自己의 計算으로 한 것인 때에는 會社는 이를 會社의 計算으로 한 것으로 보고 第三者의 計算으로 한 것인 때에는 그 社員에 對하여 會社는 이로 因한 利得의 讓渡를 請求할 수 있다. ③前項의 規定은 會社의 그 社員에 對한 損害賠償의 請求에 影響을 미치지 아니한다. ④第2項의 權利는 다른 社員過半數의 決議에 依하여 行使하여야 하며 다른 社員의 1人이 그 去來를 안 날로부터 2週間을 經過하거나 그 去來가 있은 날로부터 1年을 經過하면 消滅한다.	第198條 (社員의 競業의 禁止) ① (商法典과 같음) ②社員이 前項의 規定에 違反하여 去來를 한 境遇에 그 去來가 自己의 計算으로 한 것인 때에는 會社는 이를 會社의 計算으로 한 것으로 볼 수 있고 第三者의 計算으로 한것인 때에는 그 社員에 對하여 會社는 이로 因한 利得의 讓渡를 請求 할 수 있다. 〈일부개정 1962. 12. 12〉 ③ (商法典과 같음) ④ (商法典과 같음)

◇ 제265조 중 "第399條" 다음에 ", 第401條"를 삽입한다.

상 법 전	개 정 상 법
第265條 (準用規定) 第199條, 第207條, 第208條, 第209條第2項, 第210條, 第382條第2項과 第399條의 規定은 淸算人에 準用한다.	第265條 (準用規定) 第199條, 第207條, 第208條, 第209條第2項, 第210條, 第382條第2項과 第399條, 第401條의 規定은 淸算人에 準用한다. 〈일부개정 1962. 12. 12〉

◇ 제302조 제2항 제3호 중 "存立時期"를 "存立期間"으로 하고, 제3항 중 "民法 第107條" 다음에 "第1項"을 삽입한다.

상 법 전	개 정 상 법
第302條 (株式引受의 請約, 株式請約書의 記載事項) ①株式引受의 請約을 하고자 하는 者는 株式請約書 2通에 引受할 株式의 種類 및 數와 住所를 記載하고 記名捺印하여야 한다. ②株式請約書는 發起人이 이를 作成하고 다음의 事項을 記載하여야 한다. 1. 定款의 認證年月日과 公證人의 姓名 2. 第289條第1項과 第290條에 揭記한 事項 3. 會社의 存立時期 또는 解散事由를 定한 때	第302條 (株式引受의 請約, 株式請約書의 記載事項) ① (商法典과 같음) ②株式請約書는 發起人이 이를 作成하고 다음의 事項을 記載하여야 한다. 1. ~ 2. (商法典과 같음) 3. 會社의 存立期間 또는 解散事由를 定한 때에는 그 規定 〈일부개정 1962. 12. 12〉

에는 그 規定 4. 各發起人이 引受한 株式의 種類와 數 5. 第291條에 揭記한 事項 6. 開業前에 利子를 配當할 것을 定한 때에는 그 規定 7. 株主에게 配當할 利益으로 株式을 消却할 것을 定한 때에는 그 規定 8. 一定한 時期까지 創立總會를 終結하지 아니한 때에는 株式의 引受를 取消할 수 있다는 뜻 9. 納入을 맡을 銀行 其他 金融機關과 納入場所 ③民法 第107條 但書의 規定은 株式引受의 請約에는 適用하지 아니한다.	4. ～ 9. (商法典과 같음) ③ (商法典과 같음)

◇ 제313조 제1항 제3호 중 "第290條"를 "第310條第2項"으로 한다.

상 법 전	개 정 상 법
第313條 (理事, 監事의 調査, 報告) ①理事와 監事는 遲滯없이 다음의 事項을 調査하여 創立總會에 報告하여야 한다. 1. 會社設立時에 發行하는 株式總數에 對한 引受의 正確與否 2. 第305條의 規定에 依한 納入과 現物出資의 履行의 正確與否 3. 第290條의 規定에 依한 檢査人의 報告書의 正確與否 ②理事와 監事中 發起人이었던 者 또는 會社成立後 讓受할 財産의 契約當事者인 者는 前項의 調査報告에 參加하지 못한다. ③理事와 監事의 全員이 이에 該當한 때에는 總會는 第1項에 揭記한 事項을 調査하게 하기 爲하여 檢査人을 選任하여야 한다.	**第313條** (理事, 監事의 調査, 報告) ① 理事와 監事는 遲滯없이 다음의 事項을 調査하여 創立總會에 報告하여야 한다. 1. ～ 2. (商法典과 같음) 3. 第310條 第2項의 規定에 依한 檢査人의 報告書의 正確與否 〈일부개정 1962. 12. 12〉 ② ～ ③ 商法典과 같음)

◇ 제317조 제2항 제1호 중 "第1號 乃至 第5號"를 "第1號 乃至 第4號, 第6號"로 한다.

상 법 전	개 정 상 법
第317條 (設立의 登記) ①株式會社의 設立登記는 發起人이 會社設立時에 發行한 株式의 總	**第317條** (設立의 登記) ① (商法典과 같음)

數를 引受한 境遇에는 第299條와 第300條의 規定에 依한 節次가 終了한 날로부터, 發起人이 株主를 募集한 境遇에는 創立總會가 終結한 날 또는 第314條의 規定에 依한 節次가 終了한 날로부터 2週間內에 이를 하여야 한다.	
②前項의 設立登記에 있어서는 理事의 共同申請으로 다음의 事項을 登記하여야 한다. 1. 第289條第1項第1號 乃至 第5號와 第7號에 揭記한 事項 2. 資本의 總額 3. 發行株式의 總數, 그 種類와 各種株式의 內容과 數 4. 會社의 存立期間 또는 解散事由를 定한 때에는 그 期間 또는 事由 5. 開業前에 利子를 配當할 것을 定한 때에는 그 規定 6. 株主에게 配當할 利益으로 株式을 消却할 것을 定한 때에는 그 規定 7. 轉換株式을 發行하는 境遇에는 第347條에 揭記한 事項 8. 理事와 監事의 姓名과 住所 9. 會社를 代表할 理事의 姓名 10. 數人의 代表理事가 共同으로 會社를 代表할 것을 定한 때에는 그 規定	②前項의 設立登記에 있어서는 理事의 共同申請으로 다음의 事項을 登記하여야 한다. 1. 第289條第1項第1號 乃至 第4號, 第6號와 第7號에 揭記한 事項 〈일부개정 1962. 12. 12〉 2. ~ 10. (商法典과 같음)
③第181條 乃至 第183條의 規定은 株式會社의 登記에 準用한다.	③第181條 乃至 第183條의 規定은 株式會社의 登記에 準用한다.

◇ 제330조 중 "額面以下"를 "額面未達"로 한다.

상 법 전	개 정 상 법
第330條 (額面未達發行의 制限) 株式은 額面以下의 價額으로 發行하지 못한다. 그러나 第417條의 境遇에는 그러하지 아니하다.	**第330條** (額面未達發行의 制限) 株式은 額面未達의 價額으로 發行하지 못한다. 그러나 第417條의 境遇에는 그러하지 아니하다. 〈일부개정 1962. 12. 12〉

◇ 제389조 제3항 중 "第209條" 다음에 "第210條"를 삽입한다.

상 법 전	개 정 상 법
第389條 (代表理事) ①會社는 理事會의 決議로 會社를 代表할 理事를 選定하여야 한다. 그러나, 定款으로 株主總會에서 이를 選定할 것을	**第389條** (代表理事) ① (商法典과 같음)

定할 수 있다. ②前項의 境遇에는 數人의 代表理事가 共同으로 會社를 代表할 것을 定할 수 있다. ③第208條第2項, 第209條와 第386條의 規定은 代表理事에 準用한다.	② (商法典과 같음) ③第208條 第2項, 第209條, 第210條와 第386條의 規定은 代表理事에 準用한다. <일부개정 1962. 12. 12>

◇ 제397조 제2항 중 "會社의 計算으로 한 것으로 보고 "를" 會社의 計算으로 한 것으로 볼 수 있고"로 한다.

상 법 전	개 정 상 법
第397條 (競業禁止) ①理事는 株主總會의 承認이 없으면 自己 또는 第三者의 計算으로 會社의 營業部類에 屬한 去來를 하거나 同種營業을 目的으로 하는 다른 會社의 無限責任社員이나 理事가 되지 못한다. ②理事가 前項의 規定에 違反하여 去來를 한 境遇에 會社는 株主總會의 決議로 그 理事의 去來가 自己의 計算으로 한 것인 때에는 이를 會社의 計算으로 한 것으로 보고 第三者의 計算으로 한 것인 때에는 그 理事에 對하여 이로 因한 利得의 讓渡를 請求할 수 있다. ③前項의 權利는 去來가 있는 날로부터 1年을 經過하면 消滅한다.	第397條 (競業禁止) ① (商法典과 같음) ②理事가 前項의 規定에 違反하여 去來를 한 境遇에 會社는 株主總會의 決議로 그 理事의 去來가 自己의 計算으로 한 것인 때에는 이를 會社의 計算으로 한 것으로 볼 수 있고 第三者의 計算으로 한 것인 때에는 그 理事에 對하여 이로 因한 利得의 讓渡를 請求할 수 있다. <일부개정 1962. 12. 12> ③ (商法典과 같음)

◇ 제405조 제1항 중 "會社에 對하여" 다음에 "訴訟費用外의"를 삽입한다.

상 법 전	개 정 상 법
第405條 (提訴株主의 權利義務) ①第403條第3項과 第4項의 規定에 依하여 訴를 提起한 株主가 勝訴한 때에는 그 株主는 會社에 對하여 訴訟으로 因한 實費額의 範圍內에서 相當한 金額의 支給을 請求할 수 있다. ②第403條第3項과 第4項의 規定에 依하여 訴를 提起한 株主가 敗訴한 때에는 惡意인 境遇外에는 會社에 對하여 損害를 賠償할 責任이 없다.	第405條 (提訴株主의 權利義務) ①第403條第3項과 第4項의 規定에 依하여 訴를 提起한 株主가 勝訴한 때에는 그 株主는 會社에 對하여 訴訟費用外의 訴訟으로 因한 實費額의 範圍內에서 相當한 金額의 支給을 請求할 수 있다. <일부개정 1962. 12. 12> ② (商法典과 같음)

◇ 제417조 제목 중 "額面以下"를 "額面未達"로, 제1항 중 "額面以下"를 "額面未達의 價額"으로 한다.

상 법 전	개 정 상 법
第417條 (額面以下의 發行) ①會社가 成立한 날로부터 2年을 經過한 後에 株式을 發行하는 境遇에는 會社는 第434條의 規定에 依한 株主總會의 決議와 法院의 認可를 얻어서 株式을 額面以下로 發行할 수 있다. ②前項의 株主總會의 決議에서는 株式의 最低發行價額을 定하여야 한다. ③法院은 會社의 現況과 諸般事情을 參酌하여 最低發行價額을 變更하여 認可할 수 있다. 이 境遇에 法院은 會社의 財産狀態 其他 必要한 事項을 調査하게 하기 爲하여 檢査人을 選任할 수 있다. ④第1項의 株式은 法院의 認可를 얻은 날로부터 1月內에 發行하여야 한다. 法院은 이 期間을 延長하여 認可할 수 있다.	第417條 (額面未達의 發行) ①會社가 成立한 날로부터 2年을 經過한 後에 株式을 發行하는 境遇에는 會社는 第434條의 規定에 依한 株主總會의 決議와 法院의 認可를 얻어서 株式을 額面未達의 價額으로 發行할 수 있다. 〈일부개정 1962. 12. 12〉 ② ~ ④ (商法典과 같음)

◇ 제427조 중 "株式請約書의" 다음에 "要件의"를 삽입한다.

상 법 전	개 정 상 법
第427條 (引受의 無效主張, 取消의 制限) 新株의 發行으로 因한 變更登記를 한 날로부터 1年을 經過한 後에는 新株를 引受한 者는 株式請約書의 欠缺을 理由로 하여 그 引受의 無效를 主張하거나 詐欺, 强迫 또는 錯誤를 理由로 하여 그 引受를 取消하지 못한다. 그 株式에 對하여 株主의 權利를 行使한 때에도 같다.	第427條 (引受의 無效主張, 取消의 制限) 新株의 發行으로 因한 變更登記를 한 날로부터 1年을 經過한 後에는 新株를 引受한 者는 株式請約書要件의 欠缺을 理由로 하여 그 引受의 無效를 主張하거나 詐欺, 强迫 또는 錯誤를 理由로 하여 그 引受를 取消하지 못한다. 그 株式에 對하여 株主의 權利를 行使한 때에도 같다. 〈일부개정 1962. 12. 12〉

◇ 제430조 중 "第192條" 다음에 "와 第377條"를 삽입한다.

상 법 전	개 정 상 법
第430條 (準用規定) 第186條 乃至 第192條의 規定은 前條의 訴에 準用한다.	第430條 (準用規定) 第186條 乃至 第192條와 第377條의 規定은 前條의 訴에 準用한다. 〈일부개정 1962. 12. 12〉

◇ 제446조 중 "第176條第3項, 第4項과"를 削除하고, "第192條" 다음에 "와 第377條"를 삽입한다.

상 법 전	개 정 상 법
第446條 (準用規定) 第176條第3項, 第4項과 第186條 乃至 第192條의 規定은 前條의 訴에 準用한다.	第446條 (準用規定) (삭제) 第186條 乃至 第192條와 第377條의 規定은 前條의 訴에 準用한다. 〈일부개정 1962. 12. 12〉

◇ 제448조 제1항 중 "定期總會日"을 "定期總會會日"로 한다.

상 법 전	개 정 상 법
第448條 (計算書類의 備置, 公示) ①理事는 定期總會日의 1週間前부터 前條에 揭記한 書類와 監事의 意見書를 本店에 備置하여야 한다. ②株主와 會社債權者는 營業時間內에 언제든지 前項의 備置書類를 閱覽할 수 있으며 會社가 定한 費用을 支給하고 그 書類의 謄本이나 抄本의 交付를 請求할 수 있다.	第448條 (計算書類의 備置, 公示) ①理事는 定期總會會日의 1週間前부터 前條에 揭記한 書類와 監事의 意見書를 本店에 備置하여야 한다. 〈일부개정 1962. 12. 12〉 ② (商法典과 같음)

◇ 제467조 제3항 중 "第310條第2項" 다음에 "과 第313條第1項第3號"를 삽입한다.

상 법 전	개 정 상 법
第467條 (會社의 業務, 財産狀態의 檢査) ①會社의 業務執行에 關하여 不正行爲 또는 法令이나 定款에 違反한 重大한 事實이 있음을 疑心할 事由가 있는 때에는 發行株式의 總數의 100分의 5以上에 該當하는 株式을 가진 株主는 會社의 業務와 財産狀態를 調査하게 하기 爲하여 法院에 檢査人의 選任을 請求할 수 있다. ②檢査人은 그 調査의 結果를 法院에 報告하여야 한다. ③法院은 前項의 報告에 依하여 必要하다고 認定한 때에는 代表理事에게 株主總會의 召集을 命할 수 있다. 第310條第2項의 規定은 이 境遇에 準用한다. 〈일부개정 1962. 12. 12〉	第467條 (會社의 業務, 財産狀態의 檢査) ① (商法典과 같음) ② (商法典과 같음) ③法院은 前項의 報告에 依하여 必要하다고 認定한 때에는 代表理事에게 株主總會의 召集을 命할 수 있다. 第310條第2項과 第313條 第1項 第3號의 規定은 이 境遇에 準用한다. 〈일부개정 1962. 12. 12〉

◇ 제478조 제2항 중 "理事"를 "代表理事"로 한다.

상 법 전	개 정 상 법
第478條 (債券의 發行) ①債券은 社債全額의 納	第478條 (債券의 發行) ① (商法典과 같음)

入이 完了한 後가 아니면 이를 發行하지 못한다. ②債券에는 다음의 事項을 記載하고 理事가 記名捺印하여야 한다. 1. 債券의 番號 2. 第474條第2項第1號, 第4號, 第5號, 第7號, 第8號, 第10號와 第13號에 揭記한 事項	②債券에는 다음의 事項을 記載하고 代表理事가 記名捺印하여야 한다. 〈일부개정 1962. 12. 12〉 1. ~ 2. (商法典과 같음)

◇ 제482조 중 "社債募集을 委託한 會社는"을 삭제한다.

상 법 전	개 정 상 법
第482條 (受託會社의 解任) 社債募集을 委託한 會社는 社債募集의 委託을 받은 會社가 그 事務를 處理함에 不適任하거나 其他 正當한 事由가 있을 때에는 法院은 社債를 發行하는 會社 또는 社債權者集會의 請求에 依하여 이를 解任할 수 있다.	第482條 (受託會社의 解任) (삭제) 社債募集의 委託을 받은 會社가 그 事務를 處理함에 不適任하거나 其他 正當한 事由가 있을 때에는 法院은 社債를 發行하는 會社 또는 社債權者集會의 請求에 依하여 이를 解任할 수 있다. 〈일부개정 1962. 12. 12〉

◇ 제507조 제1항 중 "社債募集의 委託을 받은 會社" 다음에 ","를 삽입한다.

상 법 전	개 정 상 법
第507條 (受託會社等의 報酬, 費用) ①社債募集의 委託을 받은 會社, 代表者 또는 執行者에 對하여 줄 報酬와 그 事務處理에 要할 費用은 社債를 執行한 會社와의 契約에 約定이 있는 境遇外에는 法院의 許可를 얻어 會社로 하여금 이를 負擔하게 할 수 있다. ②社債募集의 委託을 받은 會社, 代表者 또는 執行者는 償還을 받은 金額에서 社債權者에 優先하여 前項의 報酬와 費用의 辨濟를 받을 수 있다.	第507條 (受託會社等의 報酬, 費用) ①社債募集의 委託을 받은 會社, 代表者 또는 執行者에 對하여 줄 報酬와 그 事務處理에 要할 費用은 社債를 執行한 會社와의 契約에 約定이 있는 境遇外에는 法院의 許可를 얻어 會社로 하여금 이를 負擔하게 할 수 있다. 〈일부개정 1962. 12. 12〉 ② (商法典과 같음)

◇ 제542조 제2항 중 "第373條第2項"을 "第373條"로, "第388條 乃至 第391條, 第393條, 第394條"를 "第388條 乃至 第394條"로 한다.

상 법 전	개 정 상 법
第542條 (準用規定) ①第245條, 第252條 乃至 第255條, 第259條, 第260條와 第264條의 規定은 株式會社에 準用한다.	第542條 (準用規定) ① (商法典과 같음) ②第362條, 第366條, 第367條, 第373條, 第376條, 第377條, 第382條第2項, 第386條, 第388條

②第362條, 第366條, 第367條, 第373條第2項, 第376條, 第377條, 第382條第2項, 第386條, 第388條 乃至 第391條, 第393條, 第394條, 第396條, 第398條 乃至 第408條, 第411條 乃至 第413條, 第414條第3項, 第448條 乃至 第450條, 第465條와 第466條의 規定은 清算人에 準用한다.	乃至 第394條, 第396條, 第398條 乃至 第408條, 第411條 乃至 第413條, 第414條第3項, 第448條 乃至 第450條, 第465條와 第466條의 規定은 清算人에 準用한다. 〈일부개정 1962. 12. 12〉

◇ 제549조 제3항 중 "第181條와 第182條"를 "第181條 乃至 第183條"로 한다.

상 법 전	개 정 상 법
第549條 (設立의 登記) ①有限會社의 設立登記는 前條의 納入 또는 現物出資의 履行이 있은 날로부터 2週間内에 하여야 한다. ②前項의 登記에서 다음의 事項을 登記하여야 한다. 1. 第179條第2號와 第5號에 揭記한 事項 2. 第543條第2項第2號와 第3號에 揭記한 事項 3. 理事의 姓名과 住所 4. 代表理事를 定한 때에는 그 姓名 5. 數人의 理事가 共同으로 會社를 代表할 것을 定한 때에는 그 規定 6. 存立期間 其他의 解散事由를 定한 때에는 그 期間과 事由 7. 監事가 있는 때에는 그 姓名과 住所 ③第181條와 第182條의 規定은 有限會社의 登記에 準用한다.	**第549條** (設立의 登記) ① (商法典과 같음) ② (商法典과 같음) ③第181條 乃至 第182條의 規定은 有限會社의 登記에 準用한다. 〈일부개정 1962. 12. 12〉

◇ 제550조 제2항을 다음과 같이 신설한다.

②前項의 社員의 責任은 免除하지 못한다.

상 법 전	개 정 상 법
第550條 (現物出資等에 關한 會社成立時의 社員의 責任) 第544條第1號와 第2號의 財産의 會社成立當時의 實價가 定款에 定한 價格에 顯著하게 不足한 때에는 會社成立當時의 社員은 會社에 對하여 그 不足額을 連帶하여 支給할 責任이 있다. 〈신 설〉	**第550條** (現物出資等에 關한 會社成立時의 社員의 責任) ①第544條第1號와 第2號의 財産의 會社成立當時의 實價가 定款에 定한 價格에 顯著하게 不足한 때에는 會社成立當時의 社員은 會社에 對하여 그 不足額을 連帶하여 支給할 責任이 있다. ②前項의 社員의 責任은 免除하지 못한다. 〈개정 1962. 12. 12〉

◇ 제551조 중 "社員과 理事"를 "社員, 理事와 監事"로 하고, 同條 第2項과 第3項을 다음과 같이 신설한다.

②前項의 社員의 責任은 免除하지 못한다.

③第1項의 理事와 監事의 責任은 總社員의 同意가 없으면 免除하지 못한다.

상 법 전	개 정 상 법
第551條 (出資未畢額에 對한 會社成立時의 社員等의 責任) 會社成立後에 出資金額의 納入 또는 現物出資의 履行이 完了되지 아니하였음이 發見된 때에는 會社成立當時의 社員과 理事는 會社에 對하여 그 納入되지 아니한 金額 또는 履行되지 아니한 現物의 價額을 連帶하여 支給할 責任이 있다.	**第551條** (出資未畢額에 對한 會社成立時의 社員等의 責任) ①會社成立後에 出資金額의 納入 또는 現物出資의 履行이 完了되지 아니하였음이 發見된 때에는 會社成立當時의 社員, 理事와 監事는 會社에 對하여 그 納入되지 아니한 金額 또는 履行되지 아니한 現物의 價額을 連帶하여 支給할 責任이 있다.
〈신 설〉	②前項의 社員의 責任은 免除하지 못한다. 〈개정 1962. 12. 12〉
〈신 설〉	③第1項의 理事와 監事의 責任은 總社員의 同意가 없으면 免除하지 못한다. 〈개정 1962. 12. 12〉

◇ 제552조를 다음과 같이 한다.

第552條 (設立無效, 取消의 訴) ①會社의 設立의 無效는 그 社員, 理事와 監事에 限하여, 設立의 取消는 그 取消權있는 者에 限하여 會社成立의 날로부터 2年內에 訴만으로 이를 主張할 수 있다.

②第184條第2項과 第185條 乃至 第193條의 規定은 前項의 訴에 準用한다.

상 법 전	개 정 상 법
第552條 (社員等의 特別責任免除) ①前2條의 社員의 責任은 免除하지 못한다.	**第552條** (設立無效, 取消의 訴) ①會社의 設立의 無效는 그 社員, 理事와 監事에 限하여, 設立의 取消는 그 取消權있는 者에 限하여 會社成立의 날로부터 2年內에 訴만으로 이를 主張할 수 있다.
②前條의 理事의 責任은 總社員의 同意가 없으면 免除하지 못한다.	②第184條 第2項과 第185條 乃至 第193條의 規定은 前項의 訴에 準用한다. 〈전조개정 1962. 12. 12〉

◇ 제556조 제3항 중 "第1項의 規定에 不拘하고" 다음에 "定款으로"를 삽입한다.

상 법 전	개 정 상 법
第556條 (持分의 讓渡) ①社員은 第585條의 規定에 依한 社員總會의 決議가 있는 때에 限하여 그 持分의 全部 또는 一部를 他人에게 讓渡할 수 있다. 그러나 定款으로 讓渡의 制限을 加重할 수 있다. ②讓渡로 因하여 社員의 總數가 第545條의 規定에 依한 制限을 超過하는 境遇에는 遺贈의 境遇를 除外하고는 그 讓渡는 效力이 없다. ③社員相互間의 持分의 讓渡에 對하여는 第1項의 規定에 不拘하고 다른 定함을 할 수 있다. 〈일부개정 1962. 12. 12〉	第556條 (持分의 讓渡) ① (商法典과 같음) ② (商法典과 같음) ③社員相互間의 持分의 讓渡에 對하여는 第1項의 規定에 不拘하고 定款으로 다른 定함을 할 수 있다. 〈일부개정 1962. 12. 12〉

◇ 제564조 제목 중 "業務執行의 決定" 다음에 ", 理事와 會社間의 去來"를 삽입하고, 제3항을 다음과 같이 신설한다.

③理事는 監事가 있는 때에는 그 承認이, 監事가 없는 때에는 社員總會의 承認이 있는 때에 限하여 自己 또는 第三者의 計算으로 會社와 去來를 할 수 있다. 이 境遇에는 民法 第124條의 規定을 適用하지 아니한다.

상 법 전	개 정 상 법
第564條 (業務執行의 決定) ①理事가 數人인 境遇에 定款에 다른 定함이 없으면 會社의 業務執行과 支配人의 選任 또는 解任은 理事過半數의 決議에 依하여야 한다. ②社員總會는 前項의 規定에 不拘하고 支配人의 選任 또는 解任을 할 수 있다. 〈신 설〉	第564條 (業務執行의 決定, 理事와 會社間의 去來) ① (商法典과 같음) ② (商法典과 같음) ③理事는 監事가 있는 때에는 그 承認이, 監事가 없는 때에는 社員總會의 承認이 있는 때에 限하여 自己 또는 第三者의 計算으로 會社와 去來를 할 수 있다. 이 境遇에는 民法 第124條의 規定을 適用하지 아니한다. 〈개정 1962. 12. 12〉

◇ 제567조 중 "第208條第2項,"을 삭제하고, "第385條第1項"을 "第385條"로, "第397條 乃至 第402條"를 "第397條, 第399條 乃至 第402條"로 각각한다.

상 법 전	개 정 상 법
第567條 (準用規定) 第208條第2項, 第209條, 第210條, 第382條, 第385條第1項, 第386條, 第	第567條 (準用規定) (삭제) 第209條, 第210條, 第382條, 第385條, 第386條, 第388條, 第395條,

388條, 第395條, 第397條 乃至 第402條, 第407條와 第408條의 規定은 有限會社의 理事에 準用한다.	第397條, 第399條 乃至 第402條, 第407條와 第408條의 規定은 有限會社의 理事에 準用한다. 〈일부개정 1962. 12. 12〉

◇ 제571조 제1항 단서를 다음과 같이 신설한다.

그러나 臨時總會는 監事도 이를 召集할 수 있다.

상 법 전	개 정 상 법
第571條 (社員總會의 召集) ①社員總會는 本法에 다른 規定이 있는 境遇外에는 理事가 이를 召集한다. ②社員總會를 召集함에는 會日을 定하고 1週間前에 各社員에 對하여 書面으로 그 通知를 發送하여야 한다. 그러나 이 期間은 定款으로 短縮할 수 있다. ③第363條第2項과 第364條의 規定은 社員總會의 召集에 準用한다.	第571條 (社員總會의 召集) ①社員總會는 本法에 다른 規定이 있는 境遇外에는 理事가 이를 召集한다. 그러나 臨時總會는 監事도 이를 召集할 수 있다. 〈단서신설 1962. 12. 12〉 ② (商法典과 같음) ③ (商法典과 같음)

◇ 제579조 제1항 제5호 중 "事項"을 "議案"으로 한다.

상 법 전	개 정 상 법
第579條 (計算書類의 作成) ①理事는 每決算期에 다음의 書類를 作成하여야 한다. 1. 財産目錄 2. 貸借對照表 3. 營業報告書 4. 損益計算書 5. 準備金과 利益配當에 關한 事項 〈일부개정 1962. 12. 12〉 ②監事가 있는 때에는 理事는 定期總會의 會日로부터 2週間前에 前項의 書類를 監事에게 提出하여야 한다.	第579條 (計算書類의 作成) ①理事는 每決算期에 다음의 書類를 作成하여야 한다. 1. ~ 4. (商法典과 같음) 5. 準備金과 利益配當에 關한 議案 〈일부개정 1962. 12. 12〉 ② (商法典과 같음)

◇ 제582조 제3항 중 "認定한 때에는"을 "認定한 境遇에는 監事가 있는 때에는 監事에게, 監事가 없는 때에는"으로 한다.

상 법 전	개 정 상 법
第582條 (業務, 財産狀態의 檢査) ①會社의 業	第582條 (業務, 財産狀態의 檢査) ① (商法典과

務執行에 關하여 不正行爲 또는 法令이나 定款에 違反한 重大한 事由가 있는 때에는 資本總額의 100分의 5以上에 該當하는 出資座數를 가진 社員은 會社의 業務와 財産狀態를 調査하게 하기 爲하여 法院에 檢査人의 選任을 請求할 수 있다.	같음)
②檢査人은 그 調査의 結果를 書面으로 法院에 報告하여야 한다.	② (商法典과 같음)
③法院은 前項의 報告書에 依하여 必要하다고 認定한 때에는 理事에게 社員總會의 召集을 命할 수 있다. 第310條第2項의 規定은 이 境遇에 準用한다.	③法院은 前項의 報告書에 依하여 必要하다고 認定한 境遇에는 監事가 있는 때에는 監事에게, 監事가 없는 때에 는 理事에게 社員總會의 召集을 命할 수 있다. 第310條第2項의 規定은 이 境遇에 準用한다. 〈일부개정 1962. 12. 12〉

◇ 제593조 제2항 중 "第552條第1項"을 "第550條第2項과 第551條第2項"으로 한다.

상 법 전	개 정 상 법
第593條 (現物出資等에 關한 社員의 責任) ①第586條第1號와 第2號의 財産의 資本增加當時의 實價가 資本增加의 決議에 依하여 定한 價格에 顯著하게 不足한 때에는 그 決議에 同意한 社員은 會社에 對하여 그 不足額을 連帶하여 支給할 責任이 있다.	**第593條** (現物出資等에 關한 社員의 責任) ① (商法典과 같음)
②第552條第1項의 規定은 前項의 境遇에 準用한다.	② 第550條第2項과 第551條第2項의 規定은 前項의 境遇에 準用한다. 〈일부개정 1962. 12. 12〉

◇ 제594조 제1항 및 제2항 중 "理事"를 "理事와 監事"로, 제3항 중 "第552條第2項"을 "第551條第3項"으로 한다.

상 법 전	개 정 상 법
第594條 (未引受出資等에 關한 理事等의 責任) ①資本增加後에 아직 引受되지 아니한 出資가 있는 때에는 理事가 共同으로 이를 引受한 것으로 본다.	**第594條** (未引受出資等에 關한 理事等의 責任) ①資本增加後에 아직 引受되지 아니한 出資가 있는 때에는 理事와 監事가 共同으로 이를 引受한 것으로 본다. 〈일부개정 1962. 12. 12〉
②資本增加後에 아직 出資全額의 納入 또는 現物出資의 目的인 財産의 給與가 未畢된 出資가 있는 때에는 理事는 連帶하여 그 納入 또는 給與未畢財産의 價額을 支給할 責任이 있다.	②資本增加後에 아직 出資全額의 納入 또는 現物出資의 目的인 財産의 給與가 未畢된 出資가 있는 때에는 理事와 監事는 連帶하여 그 納入 또는 給與未畢財産의 價額을 支給할 責任이 있다.

③第552條第2項의 規定은 前項의 境遇에 準用한다.	③第551條第3項의 規定은 前項의 境遇에 準用한다. 〈일부개정 1962. 12. 12〉

◇ 제595조 제1항 중 "社員 또는 理事"를 "社員, 理事 또는 監事"로 한다.

상 법 전	개 정 상 법
第595條 (增資無效의 訴) ①資本增加의 無效는 社員 또는 理事에 限하여 第591條의 規定에 依한 本店所在地에서의 登記를 한 날로부터 6月內에 訴만으로 이를 主張할 수 있다. ②第430條 乃至 第432條의 規定은 前項의 境遇에 準用한다.	**第595條** (增資無效의 訴) ①資本增加의 無效는 社員, 理事 또는 監事에 限하여 第591條의 規定에 依한 本店所在地에서의 登記를 한 날로부터 6月內에 訴만으로 이를 主張할 수 있다. 〈일부개정 1962. 12. 12〉 ② (商法典과 같음)

◇ 제596조 중 "第427條,"를 삭제한다.

상 법 전	개 정 상 법
第596條 (準用規定) 第334條, 第427條, 第548條와 第576條第2項의 規定은 資本增加의 境遇에 準用한다.	**第596條** (準用規定) 第334條, (삭제) 第548條와 第576條第2項의 規定은 資本增加의 境遇에 準用한다. 〈일부개정 1962. 12. 12〉

◇ 제603조 중 "第234條 乃至 第240條"를 "第234條, 第235條, 第237條 乃至 第240條"로 한다.

상 법 전	개 정 상 법
第603條 (準用規定) 第231條, 第232條, 第234條 乃至 第240條, 第443條, 第522條第1項・第2項, 第523條, 第524條, 第526條, 第527條와 第529條의 規定은 有限會社의 合倂의 境遇에 準用한다.	**第603條** (準用規定) 第231條, 第232條, 第234條 第235條, 第237條 乃至 第240條, 第443條, 第522條第1項・第2項, 第523條, 第524條, 第526條, 第527條와 第529條의 規定은 有限會社의 合倂의 境遇에 準用한다. 〈일부개정 1962. 12. 12〉

◇ 제605조 제2항 중 "第552條"를 "第550條第2項과 第551條第2項, 第3項"으로 한다.

상 법 전	개 정 상 법
第605條 (理事, 株主의 純財産額塡補責任) ①前條의 組織變更의 境遇에 會社에 現存하는 純	**第605條** (理事, 株主의 純財産額塡補責任) ① (商法典과 같음)

財産額이 資本의 總額에 不足하는 때에는 前條第1項의 決議當時의 理事와 株主는 會社에 對하여 連帶하여 그 不足額을 支給할 責任이 있다. ②第552條의 規定은 前項의 境遇에 準用한다.	②第550條 第2項과 第551條 第2項, 第3項의 規定은 前項의 境遇에 準用한다. 〈일부개정 1962. 12. 12〉

◇ 제607조 제4항을 다음과 같이 한다.

④제1항의 조직변경의 경우에 회사에 현존하는 순재산액이 조직변경시에 발행하는 주식의 발행가액의 총액에 부족하는 때에는 제1항의 결의당시의 이사, 감사와 사원은 회사에 대하여 연대하여 그 부족액을 지급할 책임이 있다. 이 경우에 제550조 제2항과 제551조 제2항, 제3항의 규정을 준용한다.

상 법 전	개 정 상 법
第607條 (有限會社의 株式會社에의 組織變更) ①有限會社는 總社員의 一致에 依한 總會의 決議로 그 組織을 變更하여 이를 株式會社로 할 수 있다. ②前項의 境遇에는 組織變更時에 發行하는 株式의 發行價額의 總額은 會社에 現存하는 純財産額을 超過하지 못한다. ③第1項의 組織變更은 法院의 認可를 얻지 아니하면 그 效力이 없다. ④第605條의 規定은 第1項의 境遇에 있어서 會社에 現存하는 純財産額이 組織變更時에 發行하는 株式의 總額에 不足한 때에 準用한다. 〈전문개정 1962. 12. 12〉 ⑤第340條第3項, 第601條第1項, 第604條第3項과 前條의 規定은 第1項의 組織變更의 境遇에 準用한다.	**第607條** (有限會社의 株式會社에의 組織變更) ① (商法典과 같음) ② (商法典과 같음) ③ (商法典과 같음) ④第1項의 組織變更의 境遇에 會社에 現存하는 純財産額이 組織變更時에 發行하는 株式의 發行價額의 總額에 不足하는 때에는 第1項의 決議當時의 理事, 監事와 社員은 會社에 對하여 連帶하여 그 不足額을 支給할 責任이 있다. 이 境遇에 第550條第2項과 第551條第2項, 第3項의 規定을 準用한다. 〈전문개정 1962. 12. 12〉 ⑤ (商法典과 같음)

◇ 제613조 제1항 중 "제184조 내지 제188조, 제190조, 제192조, 제194조,"와 "제328조,"를 삭제하고, "제532조내지"를 "제520조, 제531조 내지"로 한다.

상 법 전	개 정 상 법
第613條 (準用規定) ①第184條 乃至 第188條,	**第613條** (準用規定) ① (삭제) 第228條, 第245

第190條, 第192條, 第194條, 第228條, 第245條, 第252條 乃至 第255條, 第259條, 第260條, 第264條, 第328條, 第532條 乃至 第537條, 第540條와 第541條의 規定은 有限會社에 準用한다. ②第208條第2項, 第209條, 第366條第2項・第3項, 第367條, 第373條第2項, 第376條, 第377條, 第382條第2項, 第386條, 第388條, 第398條, 第399條, 第401條, 第407條, 第408條, 第411條 乃至 第413條, 第414條第 3項, 第448條, 第449條第1項, 第450條, 第465條, 第466條第2項, 第562條, 第563條, 第566條, 第571條, 第 572條第1項과 第581條의 規定은 有限會社의 清算人에 準用한다.	條, 第252條 乃至 第255條, 第259條, 第260條, 第264條, (삭제) 제520條, 第531條 乃至 第537條, 第540條와 第541條의 規定은 有限會社에 準用한다. 〈일부개정 1962. 12. 12〉 ② (商法典과 같음)

◇ 제613조 제2항 중 "第208條第2項,"과 "第398條,"를 삭제하고, "第209條," 다음에 "第210條,"를, "第466條第2項," 다음에 "第539條,"를, "第563條," 다음에 "第564條第3項, 第565條"를 삽입하고, "第399條, 第401條"를 "第399條 乃至 第402條"로 한다.

상 법 전	개 정 상 법
第613條 ②第208條第2項, 第209條, 第366條第2項・第3項, 第367條, 第373條第2項, 第376條, 第377條, 第382 條第2項, 第386條, 第388條, 第398條, 第399條, 第401條, 第407條, 第408條, 第411條 乃至 第413條, 第414條第3項, 第448條, 第449條第1項, 第450條, 第465條, 第466條第2項, 第562條, 第563條, 第566條, 第571條, 第572條第1項과 第581條의 規定은 有限會社의 清算人에 準用한다.	**第613條** ②(삭제) 第209條, 第210條, 第366條第2項・第3項, 第367條, 第373條第2項, 第376條, 第377條, 第382條第2項, 第386條, 第388條, (삭제) 第399條 乃至 第402條, 第407條, 第408條, 第411條 乃至 第413條, 第414條第3項, 第448條, 第449條第1項, 第450條, 第465條, 第466條第2項, 第539條, 第562條, 第563條, 第564條第2項, 第565條, 第566條, 第571條, 第572條第1項과 第581條의 規定은 有限會社의 清算人에 準用한다. 〈일부개정 1962. 12. 12〉

◇ 제614조 제4항 중 "第209條" 다음에 "와 第210條"를 삽입한다.

상 법 전	개 정 상 법
第614條 (代表者, 營業所의 設定과 登記) ①外國會社가 大韓民國에서 營業을 하고자 하는 때에는 大韓民國에서의 代表者를 定하고 營業所를 設置하여야 한다. ②前項의 境遇에는 外國會社는 그 營業所의	**第614條** (代表者, 營業所의 設定과 登記) ① (商法典과 같음) ② (商法典과 같음)

設置에 關하여 大韓民國에서 設立되는 同種의 會社 또는 가장 類似한 會社의 支店과 同一한 登記를 하여야 한다.	
③前項의 登記에서는 會社設立의 準據法과 大韓民國에서의 代表者의 姓名과 그 住所를 登記하여야 한다.	③ (商法典과 같음)
④第209條의 規定은 外國會社의 代表者에게 準用한다.	④第209條와 第210條의 規定은 外國會社의 代表者에게 準用한다. 〈일부개정 1962. 12. 12〉

◇ 제619조 제1항 제3호 중 "公序良俗"을 "善良한 風俗 其他 社會秩序"로 한다.

상 법 전	개 정 상 법
第619條 (營業所閉鎖命令) ①外國會社가 大韓民國에 營業所를 設置한 境遇에 다음의 事由가 있는 때에는 法院은 利害關係人 또는 檢事의 請求에 依하여 그 營業所의 閉鎖를 命할 수 있다. 1. 營業所의 設置目的이 不法한 것인 때 2. 營業所의 設置登記를 한 後 正當한 事由없이 1年內에 營業을 開始하지 아니하거나 1年以上 營業을 休止한 때 또는 正當한 事由없이 支給을 停止한 때 3. 會社의 代表者 其他 業務를 執行하는 者가 法令 또는 公序良俗에 違反한 行爲를 한 때 ②第176條第2項 乃至 第4項의 規定은 前項의 境遇에 準用한다.	**第619條** (營業所閉鎖命令) ① (商法典과 같음) 1. ～ 2. (商法典과 같음) 3. 會社의 代表者 其他 業務를 執行하는 者가 法令 또는 善良한 風俗 其他 社會秩序를 한 때 〈일부개정 1962. 12. 12〉 ② (商法典과 같음)

◇ 제622조 제목 중 "理事 其他" 다음에 "의"를 삽입한다.

상 법 전	개 정 상 법
第622條 (發起人, 理事 其他 任員等의 特別背任罪) ①會社의 發起人, 業務執行社員, 理事, 監事 또는 第386條第2項, 第407條第1項, 第415條 또는 第567條第1項의 職務代行者, 支配人 其他 會社營業에 關한 어느 種類 또는 特定한 事項의 委任을 받은 使用人이 그 任務에 違背한 行爲로써 財産上의 利益을 取하거나 第三者로 하여금 이를 取得하게 하여 會社에 損害를 加한 때에는 10年以下의 懲役 또는 2百萬환	**第622條** (發起人, 理事 其他의 任員等의 特別背任罪) ① (商法典과 같음) 〈일부개정 1962. 12. 12〉

以下의 罰金에 處한다. ②會社의 淸算人 또는 第542條第2項의 職務代行者, 第175條의 設立委員이 前項의 行爲를 한 때에도 前項과 같다.	② (商法典과 같음)

◇ 제631조 제1항 제2호 중 "또는"을 ","으로 하고, "社債權者" 다음에 "또는 資本의 100分의 5以上에 該當하는 出資座數를 가진 社員"을 삽입한다.

상 법 전	개 정 상 법
第631條 (權利行使妨害等에 關한 贈收賂罪) ① 다음의 事項에 關하여 不正한 請託을 받고 財産上의 利益을 收受, 要求 또는 約束한 者는 1年以下의 懲役 또는 20萬환以下의 罰金에 處한다. 1. 創立總會, 社員總會, 株主總會 또는 社債權者集會에서의 發言 또는 議決權의 行使 2. 第3編에 定하는 訴의 提起, 發行株式의 總數의 100分의 5以上에 該當하는 株主 또는 社債總額의 10分의 1以上에 該當하는 社債權者의 權利의 行使 〈일부개정 1962. 12. 12〉 3. 第402條 또는 第424條에 定하는 權利의 行使 ② 前項의 利益을 約束, 供與 또는 供與의 意思를 表示한 者도 前項과 같다.	第631條 (權利行使妨害等에 關한 贈收賂罪) ① (商法典과 같음) 1. (商法典과 같음) 2. 第3編에 定하는 訴의 提起, 發行株式의 總數의 100分의 5以上에 該當하는 株主, 社債總額의 10分의 1以上에 該當하는 社債權者 또는 資本의 100分의 5以上에 該當하는 出資座數를 가진 社員의 權利의 行使 〈일부개정 1962. 12. 12〉 3. (商法典과 같음) ② (商法典과 같음)

◇ 제635조 제1항 제19호 중 "第355條第2項"을 "第355條第1項, 第2項"으로 하고, 제21호 중 "第448條 第1項," 다음에 "第465條第1項, 第510條第2項,"을 삽입한다.

상 법 전	개 정 상 법
第635條 (過怠料에 處할 行爲) ①會社의 發起人, 設立委員, 業務執行社員, 理事, 監事, 外國會社의 代表者, 檢査人, 支配人, 淸算人, 社債募集의 委託을 받은 會社와 그 事務承繼者 또는 第386條第2項, 第407條第1項, 第415條, 第542條第2項 또는 第567條의 職務代行者가 다음의 事項에 該當한 行爲를 한 때에는 50萬환以下의 過怠料에 處한다. 그러나 그 行爲에 對하여 刑을 科할 때에는 그러하지 아니하다. 1. ~ 19. (생 략)	第635條 (過怠料에 處할 行爲) ① (商法典과 같음) 1. ~ 18. (商法典과 같음)

19. 第355條第2項 또는 第618條의 規定에 違反하여 株券을 發行한 때 20. (생 략) 21. 第396條第1項, 第448條第1項, 第542條第2項, 第566條第1項 또는 第583條의 規定에 違反하여 帳簿 또는 書類를 備置하지 아니한 때 〈일부개정 1962. 12. 12〉 22. ~ 27. (생 략) ②發起人 또는 理事가 株式의 引受로 因한 權利를 讓渡한 때에도 前項과 같다.	19. 第355條第1項, 第2項 또는 第618條의 規定에 違反하여 株券을 發行한 때 20. (商法典과 같음) 21. 第396條第1項, 第448條第1項, 第465條第1項, 第510條第2項, 第542條第2項, 第566條第1項 또는 第583條의 規定에 違反하여 帳簿 또는 書類를 備置하지 아니한 때 〈일부개정 1962. 12. 12〉 ② (商法典과 같음)

◇ 第655조 중 "前4條"를 "第650條 乃至 第653條"로 한다.

상 법 전	개 정 상 법
第655條 (契約解止와 保險金額請求權) 保險事故가 發生한 後에도 保險者가 前4條의 規定에 依하여 契約을 解止한 때에는 保險金額을 支給할 責任이 없고 이미 支給한 保險金額의 返還을 請求할 수 있다. 그러나 告知義務에 違反한 事實 또는 危險의 顯著한 變更이나 增加된 事實이 保險事故의 發生에 影響을 미치지 아니하였음이 證明된 때에는 그러하지 아니하다.	**第655條** (契約解止와 保險金額請求權) 保險事故가 發生한 後에도 保險者가 第650條 乃至 第653條의 規定에 依하여 契約을 解止한 때에는 保險金額을 支給할 責任이 없고 이미 支給한 保險金額의 返還을 請求할 수 있다. 그러나 告知義務에 違反한 事實 또는 危險의 顯著한 變更이나 增加된 事實이 保險事故의 發生에 影響을 미치지 아니하였음이 證明된 때에는 그러하지 아니하다. 〈일부개정 1962. 12. 12〉

◇ 第675조 중 "危險"을 "保險事故"로 한다.

상 법 전	개 정 상 법
第675條 (事故發生 後의 目的滅失과 補償責任) 保險의 目的에 關하여 保險者가 負擔할 損害가 생긴 境遇에는 그 後 그 目的이 保險者가 負擔하지 아니하는 危險의 發生으로 因하여 滅失된 때에도 保險者는 이미 생긴 損害를 補償할 責任을 免하지 못한다.	**第675條** (事故發生 後의 目的滅失과 補償責任) 保險의 目的에 關하여 保險者가 負擔할 損害가 생긴 境遇에는 그 後 그 目的이 保險者가 負擔하지 아니하는 保險事故의 發生으로 因하여 滅失된 때에도 保險者는 이미 생긴 損害를 補償할 責任을 免하지 못한다. 〈일부개정 1962. 12. 12〉

◇ 第697조 중 "船積한 때와 곳의" 다음에 "積荷의"를 삽입한다.

상 법 전	개 정 상 법
第697條 (積荷保險의 保險價額) 積荷의 保險에 있어서는 船積한 때와 곳의 價額과 船積 및 保	**第697條** (積荷保險의 保險價額) 積荷의 保險에 있어서는 船積한 때와 곳의 積荷의 價額과 船

險에 關한 費用을 保險價額으로 한다.	積 및 保險에 關한 費用을 保險價額으로 한다. 〈일부개정 1962. 12. 12〉

◇ 제732조 중 "心身"을 "心神"으로 한다.

상 법 전	개 정 상 법
第732條 (18歲未滿者等에 對한 契約의 禁止) 18歲未滿者, 心身喪失者 또는 心神薄弱者의 死亡을 保險事故로 한 保險契約은 無效로 한다.	**第732條** (18歲未滿者等에 對한 契約의 禁止) 18歲未滿者, 心神喪失者 또는 心神薄弱者의 死亡을 保險事故로 한 保險契約은 無效로 한다. 〈일부개정 1962. 12. 12〉

◇ 제734조 제2항 중 "第2項"을 "第1項"으로 한다.

상 법 전	개 정 상 법
第734條 (保險受益者指定權等의 通知) ①保險契約者가 契約締結後에 保險受益者를 指定 또는 變更할 때에는 保險者에 對하여 그 通知를 하지 아니하면 이로써 保險者에게 對抗하지 못한다. ②第731條第2項의 規定은 前項의 指定 또는 變更에 準用한다.	**第734條** (保險受益者指定權等의 通知) ① (商法典과 같음) ②第731條 第1項의 規定은 前項의 指定 또는 變更에 準用한다. 〈일부개정 1962. 12. 12〉

◇ 제749조 제2항 제1호 중 "到着할 때까지 생긴 것" 다음에 "과 共同海損으로 因하여 생긴 것"을 삽입하고, "碇船"을 "碇泊"으로 한다.

상 법 전	개 정 상 법
第749條 (船舶等의 價額에 對한 證明과 評價의 基準) ①第746條의 規定에 依하여 責任의 制限을 主張하는 船舶所有者는 船舶, 運賃과 附屬物의 價額을 證明하여야 한다. ②船舶의 評價는 다음의 時期에 있어서의 船舶狀態를 基準으로 한다. 1. 衝突 其他의 事故의 境遇에는 이와 關聯되는 모든 債權으로서 事故後 最初의 港口에 到着할 때까지 생긴 것에 對하여는 最初의 港口에 到着하였을 때의 船舶狀態에 依한다. 이 境遇에는 契約으로 因한 債權을 包含한다. 위의 時期 以前에 前事故와 關聯없는	**第749條** (船舶等의 價額에 對한 證明과 評價의 基準) ① (商法典과 같음) ②船舶의 評價는 다음의 時期에 있어서의 船舶狀態를 基準으로 한다. 1. 衝突 其他의 事故의 境遇에는 이와 關聯되는 모든 債權으로서 事故後 最初의 港口에 到着할 때까지 생긴 것과 共同海損으로 因하여 생긴 것에 對하여는 最初의 港口에 到着하였을 때의 船舶狀態에 依한다. 이 境遇에는 契約으로 因한 債權을 包含한다. 위의

<table>
<tr><td>새로운 事故가 船舶의 價額을 減少시킨 때에는 그 價額의 減少는 前事故에 關聯되는 債權에 對하여는 이를 算入하지 아니한다. 船舶이 港口에 碇舶中에 생긴 事故에 對하여는 事故後 그 港口에서의 船舶狀態에 依한다.</td><td>時期 以前에 前事故와 關聯없는 새로운 事故가 船舶의 價額을 減少시킨 때에는 그 價額의 減少는 前事故에 關聯되는 債權에 對하 여는 이를 算入하지 아니한다. 船舶이 港口에 碇舶中에 생긴 事故에 對하여는 事故後 그 港口에서의 船舶狀態에 依한다. 〈일부개정 1962. 12. 12〉</td></tr>
<tr><td>2. 前號의 境遇를 除外하고 積荷에 關한 債權 또는 船荷證券으로 因하여 생긴 債權에 對하여는 積荷의 目的港 또는 航海를 中止한 곳에서의 船舶狀態에 依한다. 積荷의 目的港이 數個인 境遇에 損害가 같은 原因에서 생긴 때에는 最初의 港口에서의 船舶狀態에 依한다.
3. 第746條에 規定한 以外의 모든 境遇에 있어서는 그 航海를 終了한 때에 있어서의 船舶狀態에 依한다.</td><td>2. ~ 3. (商法典과 같음)</td></tr>
<tr><td>③運賃은 定額으로 하고 發航時에 있어서의 船舶價額이 100分의 10으로 한다. 그 航海에서 定額의 運賃을 얻지 못한 境遇에도 그 定額을 支給하여야 한다.
④ 船舶이 航海의 開始後에 입은 物質上의 損害로서 아직 賠償 받지 아니한 것에 對한 請求權은 船舶 附屬物로 한다. 保險金, 奬勵金, 補助金 其他의 國家援助金은 船舶附屬物로 하지 아니한다.</td><td>③ ~ ④ (商法典과 같음)</td></tr>
</table>

◇ 제777조 중 "不能하게 될 때"를 "不能하게 된 때"로 한다.

상 법 전	개 정 상 법
第777條 (船舶競賣權) 船籍港外에서 船舶이 修繕하기 不能하게 될 때에는 船長은 海務官廳의 認可를 얻어 이를 競賣할 수 있다.	**第777條** (船舶競賣權) 船籍港外에서 船舶이 修繕하기 不能하게 된 때에는 船長은 海務官廳의 認可를 얻어 이를 競賣할 수 있다. 〈일부개정 1962. 12. 12〉

◇ 제831조 중 "第806條, 第808條"를 "第806條 乃至 第809條"로 한다.

상 법 전	개 정 상 법
第831條 (同前) 旅客運送을 하기 爲하여 傭船契約을 締結한 境遇에는 船舶所有者와 傭船者의 關係에는 第781條 乃至 第784條, 第786條, 第	**第831條** (同前) 旅客運送을 하기 爲하여 傭船契約을 締結한 境遇에는 船舶所有者와 傭船者의 關係에는 第781條 乃至 第784條, 第786條, 第

789條 乃至 第798條, 第800條 乃至 第802條, 第806條, 第808條, 第809條와 第811條의 規定을 準用한다.	789條 乃至 第798條, 第800條 乃至 第802條, 第806條 乃至 第809條와 第811條의 規定을 準用한다. 〈일부개정 1962. 12. 12〉

◇ 제812조 중 "第138條"를 "第141條"로 한다.

상 법 전	개 정 상 법
第812條 (準用規定) 第121條, 第134條, 第136條 乃至 第138條와 第146條의 規定은 船舶所有者에 準用한다.	**第812條** (準用規定) 第121條, 第134條, 第136條 乃至 第141條와 第146條의 規定은 船舶所有者에 準用한다. 〈일부개정 1962. 12. 12〉

◇ 제852조 제2항 중 "優先特權者"를 "그 優先特權者"로 한다.

상 법 전	개 정 상 법
第852條 (救助料의 限度) ①救助의 報酬額은 다른 約定이 없으면 救助된 目的物의 價額을 超過하지 못한다. ②先順位의 優先特權이 있을 때에는 救助의 報酬額은 優先特權者의 債權額을 控除한 殘額을 超過하지 못한다.	**第852條** (救助料의 限度) ① (商法典과 같음) ②先順位의 優先特權이 있을 때에는 救助의 報酬額은 그 優先特權者의 債權額을 控除한 殘額을 超過하지 못한다. 〈일부개정 1962. 12. 12〉

◇ 제859조 제2항 중 "救助料"를 "救助"로 한다.

상 법 전	개 정 상 법
第859條 (救助料支給에 關한 船長의 權限) ①船長은 報酬를 支給할 債務者에 갈음하여 그 支給에 關한 裁判上 또는 裁判外의 모든 行爲를 할 權限이 있다. ②船長은 그 報酬에 關한 訴訟의 當事者가 될 수 있고 그 確定判決은 救助料의 報酬額의 債務者에 對하여도 效力이 있다. 〈일부개정 1962. 12. 12〉	**第859條** (救助料支給에 關한 船長의 權限) ① (商法典과 같음) ②船長은 그 報酬에 關한 訴訟의 當事者가 될 수 있고 그 確定判決은 救助의 報酬額의 債務者에 對하여도 效力이 있다. 〈일부개정 1962. 12. 12〉

◇ 부칙 제7조 중 "供託局에"를 "供託은 供託公務員에게"로 한다.

상 법 전	개 정 상 법
附則 第7條 (無記名式債券所持人의 供託의 方	**附則 第7條** (無記名式債券所持人의 供託의 方

法) 第491條第4項, 第492條第2項 또는 그 準用規定에 依하여야 할 供託局에 이를 하지 아니하는 境遇에는 大法院長이 定하는 銀行 또는 信託會社에 하여야 한다.	法) 第491條第4項, 第492條第2項 또는 그 準用規定에 依하여야 할 供託은 供託公務員에 이를 하지 아니하는 境遇에는 大法院長이 定하는 銀行 또는 信託會社에 하여야 한다. 〈일부개정 1962. 12. 12〉

부칙

◇ 本法은 1963年 1月 1日부터 施行한다.

제 2 절 1984년의 상법개정(법률 제3724호)

Ⅰ. 상법개정의 논의

1. 개정안성립의 경위

1) 1974년 10월에 재무부에 의한 상법개정안이 발표된 이래, 공·사단체로부터 많은 개정의견이 나왔다. 나아가 1981년 7월에 정부의 성장·발전저해법령의 정비 차원에서 현행상법의 개정문제가 거론되자, 한국상사법학회에서는 동년 7월말 곧 상법개정심포지움을 개최하고,[1)] 그 결과와 그 밖의 각계의 공·사기관과 논자들의 의견을 광범하게 수합·분석하여 「商法改正의 論点」(1981년 발간)[2)]이라는 책자를

1) 정확히 말하면, 商法改正問題심포지움이다. 시기는 1981년 7월 31일, 주최는 韓國商事法學會이고, 후원은 行政改革委員會, 法務部, 文敎部이며, 장소는 韓國證券去來所 國際會議場이었다. 주제발표자는 회사일반에 관한 개정의견(朴元善 교수), 주식회사설립(李院錫 교수), 주식회사의 자금조달(朴吉俊 교수), 주식회사기관(주주총회·이사회)에 관한 개정의견(宋相現 교수), 監事(徐廷甲 교수), 주식회사계산규정(金驃鎭 證券管理委員會 常任委員), 유한회사법의 개정방향(鄭東潤 교수) 보험편(梁承圭 교수) 해상편(李均成 교수)으로 나누어 개정의견을 제시하고 그 이유를 제시하는 방식으로 엮어졌다. 아마 곧이어 출간되는 상법개정의 논점과 함께 귀중한 문헌으로 평가할 수 있다고 생각한다. 이 팜플렛으로 되어 있는 책자는 30년 이상을 보관하고 있다가 필자에게 우송해 주신 서울대학교 명예교수이신 黃迪仁 교수가 보내 주신 것이다.

2) 1981년 9월에 발간된 韓國商事法學會編의 「商法改正의 論点」은 구성과 기획에 있어서 가히 결정판이었다고 생각된다. 우선 내용면에서 보면, 제1편 總則에 관한 改正意見(孫珠瓚), 제2편 商行爲編에 관한 改正意見(孫珠瓚), 제3편 會社編에서는 다시 ① 會社法一般에 관한 改正意見(朴元善), ② 株式會社設立에 관한 改正意見(李院錫), ③ 株式會社機關(株主總會·理事會)에 관한 改正意見, ④ 監事에 관한 改正意見(李範燦), ⑤ 株式會社의 資金調達에 관한 改正意見(朴吉俊),

펴내었다. 다른 한편, 법무부에 민법·상법개정특별심의위원회가 1981년 12월에 발족되어, 그 상법분과위원회(위원장: 한국상사법학회 회장 孫珠瓚)에서 상법의 개정문제를 공식적으로 다루어 왔다. 상법분과위원회에서는 편의상 소위원회(위원: 孫珠瓚, 李範燦, 梁承圭, 朴吉俊, 李均成)를 구성하여, 거기서 마련한 상법개정심의자료를 토대로 심의하여 「상법개정시안」을 확정하였다.[3] 법무부는 이를 공표하여 각계각층의 의견을 조회하고, 그 결과를 마무리하여 1982년 12월 9일 정부의 「상법중개정법률안」을 확정하였다.[4]

2) 법무부에서 확정한 「상법중개정법률안」은 1983년 1월 5일 정부안으로 국회에 제출되었다.[5] 이 개정안은 그 동안 내외의 어려운 사정으로 국회에서 본격적으로 심의되지 못하였다. 그러나, 1984년에 와서 활발하게 심의의 대상이 되기 시작하였다. 즉, 1984년 1월 31일에 국회법제사법위원회에서 상법중개정법률안을 놓고 각계각층의 인사들의 참여로 공청회가 열렸다. 이 국회의 공청회에서 감사에 대한 업무감사권의 부여 등 몇 가지 주요사항에 관한 이견이 제시되기도 하였으나, 대체로 정부안에 대한 찬의가 표시되었다. 다만, 정부안에 포함되지 않은 사항으로, 주식회사의 주식의 상호주보유제한의 규제, 감사의 직능적 자격, 주식양도의 제한, 주권발행전의 주식양도방법의 법정 등에 관한 제안이 있었는데, 이 문제에 대하여는 찬반양론이 대립하였다.

이러한 공청회의 결과와 국회법제사법위원회 내에서의 검토가 마무리되어, 국회본회의의 심의를 거쳐 1984년 중으로 국회에서 통과될 것이 기대되었다.[6]

2. 개정상법의 성립

1) 1982년 12월 9일에 정부안으로 확정되어 다음 해 1983년 1월 5일에 국회에

---

⑥ 株式會社의 計算規定에 관한 改正意見(金驃鎭), ⑦ 有限會社法의 改正意見(鄭東潤), 제4편 保險法에 관한 改正意見(梁承圭), 제5편 海商法에 관한 改正意見(李均成)으로 나누어 집필한 것이고, 기획으로서는 부록편에서 상법개정에 대한 각 단체의 의견으로서 한국상장회사협의회의 개정의견을 비롯하여 9개의 공·사단체의 개정의견을 수합하고, 거기다가 상법개정심포지움에서 나온 개별적 의견의 종합까지 실은 것이다. 편집대표인 李均成 교수의 공적이라 아니할 수 없다.

3) 이 「상법개정시안」은 商事法硏究 제2집(1982) 《자료》 467-546면에 실려 있다.

4) 孫珠瓚·李範燦·梁承圭·朴吉俊·李均成, 「改正商法解說」, 1984, 11-12면.

5) 이 「상법중개정법률안」은 商事法硏究 제3집(1984) 《자료》 215-288면에 실려 있다.

6) 위의 책, 12면.

제출되었다.

정부가 정부안을 제출할 때에 제기한 일부개정안 제출이유는 다음과 같다.

"1963년 상법이 시행된 이래 기업의 규모와 경제적 여건의 변화에도 불구하고 20년간이나 개정되지 아니하여 기업현실과 상법규정간의 괴리가 극심하고, 기업사회의 새로운 요구에 부응하지 못하고 있는 바, 이에 최근의 경제적 여건과 기업의 실태를 참작하여 회사제도의 남용에 의한 부실기업의 발생을 원천적으로 제거하고, 기업의 자금조달의 편의와 재무구조의 개선을 촉진하며, 주식회사기관의 합리적 재편과 운영의 효율화를 도모하고, 투자자의 이익보호를 위한 제도적 장치를 마련함으로써 우리의 기업현실에 적합한 기업기본법으로서의 체제를 갖추려는 것이다.

① 기업자금조달의 원활화를 도모하기 위하여 수권자본과 발행자본의 비율을 2 대 1에서 4 대 1로 한다.
② 명의개서절차의 신속성과 안전성을 보장하기 위하여 상장법인에 한하여 인정되는 명의개서대리인제도를 일반화한다.
③ 주식의 신탁 등 명의상 주주와 실질상 주주가 다른 현상에 대비하여 실질주주의 이익을 보호할 수 있도록 의결권의 불통일행사를 인정한다.
④ 불공정한 가액으로 신주를 발행하는 것을 방지하기 위하여 현저히 불공정가액으로 주식을 인수한 자의 책임을 정한다.
⑤ 회사의 자주적 감시기능을 강화하기 위하여 회사감사권만 있는 감사에게 업무감사권을 부여하는 등 감사의 권한을 강화하고, 그 임기도 1년에서 2년으로 연장한다.
⑥ 기업경영의 안정과 능률화를 기하기 위하여, 이사의 임기를 2년에서 3년으로 연장한다.
⑦ 주식관리의 적정을 기할 수 있도록 1주의 금액 "5천환"과 사채금액 "천환"을 주식 "5천원", 사채 "1만원"으로 각각 인상 조정한다.
⑧ 주식회사의 최저자본을 5천만원으로 법정하되, 기존회사를 보호하기 위하여 3년간 경과기간을 두도록 한다.
⑨ 최후의 등기후 5年을 경과한 회사에 대하여는 영업의 폐지 여부를 법원에 신고하도록 하고, 신고를 하지 아니한 회사는 해산된 것으로 간주하여 휴면회사를 정리한다.
⑩ 상업장부의 종류에서 일기장, 재산목록을 삭제하고, 그 대신 회계관행에 따라 회계장부에 의하여 대차대조표를 작성하도록 하는 것이다."

2) 정부가 제출한 「상법중개정법률안」에 대하여는, 1984년 2월 28일부터 열린 제121회 임시국회에서 법제사법위원회의 심의중에 여야국회의원에 의하여 상호주취득금지의 규정의 신설에 관한 발의가 있었다. 법제사법위원회에서는, 1984년 3월

16일에 정부제출의 원안에 국회의원이 발의한 상호주보유제한에 관한 규정안을 추가하여,[7] 법제사법위원회 위원장 명의로 「상법중개정법률안(대안)」으로 개정안을 확정하여 국회본회의에 상정하였다. 이 개정안은 다음날인 3월 17일에 국회에서 통과를 보았다.[8] 이 개정법은 원칙으로 1984년 9월 1일부터 시행된다(부칙 제1조).

이로써, 우리나라의 상법은 1962년 1월 20일에 제정되어 1963년 1월 1일부터 시행된 이래 실로 21년 만에 대개정을 본 것이다. 개정상법은 국회법제사법위원회에서 추가로 제안되어 통과된 상호주보유제한에 관한 규정(개정법 제342조의2, 제369조 제3항, 제625조의2, 부칙 제9조)을 제외하고는 정부원안이 그대로 채택되었다.[9]

Ⅱ. 총칙편의 개정내용

1. 등기상호의 행정구역

타인이 등기한 상호는 동일한 특별시, 시, 읍, 면에서 동종영업의 상호를 등기하지 못한다고 하던 것을 동일한 서울특별시, 직할시, 시, 읍, 면에서 동종영업의 상호를 등기하지 못한다고 하여 행정구역을 구체적이고 직할시를 적시할 것으로 개정하였다(개정법 제22조, 제23조 제4항).

개 정 전 상 법	개 정 상 법
第22條 (商號登記의 效力) 他人이 登記한 商號는 同一한 特別市, 市, 邑, 面에서 同種營業의 商號로 登記하지 못한다.	第22條 (商號登記의 效力) 他人이 登記한 商號는 同一한 서울特別市·直轄市·市·邑·面에서 同種營業의 商號로 登記하지 못한다. <개정 1984. 4. 10>

2. 과태료의 현실화

상호부정사용에 대한 제재로서 위반자에게 10만환 이하의 과태료를 50만원으로

7) 이때의 국회법제사법위원회의 회의장면은 제121회 法制司法委員會會議錄 제6호에 잘 표현되고 있다.
8) 상법중개정법률안(대안)이 상정되어 확정되는 장면은 제121회 國會會議錄 제10호에 잘 표현되어 있다.
9) 앞의 책, 13면.

인상하였다(개정법 제28조).

개 정 전 상 법	개 정 법
第28條 (商號不正使用에 對한 制裁) 第20條와 第23條第1項에 違反한 者는 10萬환以下의 過怠料에 處한다.	第28條 (商號不正使用에 對한 制裁) 第20條와 第23條第1項에 違反한 者는 50萬원 이하의 過怠料에 處한다. 〈개정 1984. 4. 10〉

3. 상업장부의 종류와 재산목록의 폐지 및 자산평가의 원칙

1) 개정전 상법은 상업장부로서 일기장(제29조)과 재산목록 및 대차대조표(제30조)의 3가지를 규정하고 있었다. 이에 대하여 개정상법은 이 중에서 「일기장」을 「회계장부」라는 용어로 부르기로 하고, 재산목록을 폐지하였으므로,[10] 상업장부로서 회계장부와 대차대조표의 2가지를 작성하면 되는 것으로 하고 있다. 개정법은 제29조 제2항에서 「商業帳簿의 作成에 관하여 이 法에 규정한 것을 제이하고는 일반적으로 公正·妥當한 會計慣行에 의한다」고 하여 새로이 상업장부작성의 준칙을 회계관행으로 함을 명인하고 있다.

2) 개정상법은 재산목록을 삭제함에 따라 제31조(資産評價의 原則)에서도 (유도법의 적용을 전제로) 「회계관행」에 기재할 자산의 평가방법을 규정하고 있으며, 그 내용은 유동자산과 고정자산으로 나누고 있다.

유동자산의 평가는 취득가액, 제작가액(원가주의) 또는 시가에 의함을 원칙으로 하며, 시가가 원가보다 현저하게 낮은 때에는 시가에 의하도록 요구하고 있다(제31조 제1호). 고정자산의 평가에 관하여 개정법은 상업장부의 평가에 관한 제31조 제2호로 옮겨서 신설규정으로 하고 있다. 그 상업장부의 경우와 계산서류의 경우의 평가가 일치한 셈이 된 것이다. 개정법은 고정자산의 평가방법에 있어서 통상감가상각을 요구하면서, 「豫測하지 못한 減損이 생긴 때에도 상당한 감액을 하여야 한다」고 하여 상업장부의 경우에도 우발감가를 요구하게 된 점이 달라지고 있는 셈이다.[11]

---

10) 재산목록의 폐지는 오늘날 기업회계에서 대차대조표를 재산목록을 기초로 작성하는 것(재산목록법, inventory method)이 아니고, 유도법(derivative method)에 의하여 회계장부를 기초로 하여 작성하고 있으므로 대차대조표의 작성을 위하여 재산목록을 작성할 필요가 없게 된 것이다.

11) 위의 책, 20면.

개 정 전 상 법	개 정 상 법
第29條 (日記帳) ①商人은 帳簿를 備置하고 日常의 去來와 其他 財産에 影響있는 事項을 明記하여야 한다. 그러나, 家事費用은 每月 總額만을 記載할 수 있다. ②少額의 去來는 現金去來와 外上去來로 分類하여 每日 總額만을 記載할 수 있다.	第29條 (商業帳簿의 種類·作成原則) ①商人은 營業上의 財産 및 損益의 狀況을 明白히 하기 위하여 會計帳簿 및 貸借對照表를 作成하여야 한다. ②商業帳簿의 作成에 관하여 이 法에 規定한 것을 제외하고는 一般的으로 公正·妥當한 會計慣行에 의한다. [전문개정 1984. 4. 10]
第30條 (財産目錄, 貸借對照表) ①商人은 營業을 開始한 때와 每年 1回以上 定期로 動産, 不動産, 債權, 債務 其他의 財産의 目錄과 貸借對照表를 作成하여야 한다. ②會社는 成立한 때와 每決算期에 前項의 書類를 作成하여야 한다. ③財産目錄과 貸借對照表는 作成者가 이에 記名捺印하고 特別帳簿에 記載하거나 別冊으로 編綴하여야 한다.	第30條 (商業帳簿의 作成方法) ①會計帳簿에는 去來와 기타 營業上의 財産에 影響이 있는 事項을 記載하여야 한다. ②商人은 營業을 開始한 때와 每年 1回이상 一定時期에, 會社는 成立한 때와 每決算期에 會計帳簿에 의하여 貸借對照表를 作成하고, 作成者가 이에 記名捺印하여야 한다. [전문개정 1984. 4. 10]
	第31條 (資産評價의 原則) 會計帳簿에 記載될 資産은 다음의 方法에 의하여 評價하여야 한다. 1. 流動資産은 取得價額·製作價額 또는 時價에 의한다. 그러나, 時價가 取得價額 또는 製作價額보다 현저하게 낮은 때에는 時價에 의한다. 2. 固定資産은 取得價額 또는 製作價額으로부터 상당한 減價額을 控除한 價額에 의하되, 豫測하지 못한 減損이 생긴 때에도 상당한 減額을 하여야 한다. [전문개정 1984. 4. 10]

Ⅲ. 회사편의 개정내용

1. 주식회사의 설립

(1) 기본방향

개정상법에서는 주식회사의 설립에 관한 현행법의 테두리를 그대로 두면서, 다른 정관의 절대적 기재사항 중에 지점의 소재지와 정관의 작성년월일을 삭제하도록 하고(개정전 상법 제289조 제1항 제6호, 제9호), 수권주식의 범위를 확대하며(제289조 제2항), 최저자본제를 도입하여 회사의 설립시부터 5,000만원 이상의 기본자본을 가지도록 하고, 또 1주의 금액을 500원에서 5,000원 이상으로 상향조정하도록 한 데에 그 특징이 있다(개정상법 제329조 참조).

(2) 정관의 절대적 기재사항

개정상법에서는 정관의 절대적 기재사항에서 「支店의 所在地」를 삭제하고 등기에 의하여 공시하도록 하고 있다(개정상법 제317조 제2항 제3호의2). 그리고 지점의 설치·이전 또는 폐지는 이사회의 결의에 의하도록 하여(개정상법 제393조 제1항) 거래의 실정에 맞도록 조정하고 있다. 이러한 주식회사의 지점에 관한 사항은 유한회사의 경우에도 그대로 따르고 있다(개정상법 제543조 제2항, 제564조 제1항). 그리고 주식회사의 정관은 공증인의 인증을 받음으로써 효력이 생기므로(제292조), 굳이 정관의 작성년월일을 절대적 기재사항으로 하여 그것의 기재가 없으면 정관을 무효로 할 필요는 없어서 개정상법에서는 정관의 작성년월일은 절대적 기재사항에서 삭제하였다.

개 정 전 상 법	개 정 상 법
第289條 (定款의 作成, 絶對的 記載事項) ①發起人은 定款을 作成하여 이에 다음의 事項을 記載하고 發起人全員이 記名捺印하여야 한다. 1. ~ 5. (생 략) 6. 本店, 支店의 所在地 7. ~ 8. (생략) 9. 定款의 作成年月日 ②會社의 設立時에 發行하는 株式의 總數는 會社가 發行할 株式의 總數의 2分의 1以上이어야 한다. ③會社의 公告는 官報 또는 時事에 關한 事項을 揭載하는 日刊新聞紙에 하여야 한다.	第289條 (定款의 作成, 絶對的 記載事項) ①發起人은 定款을 作成하여 이에 다음의 事項을 記載하고 發起人全員이 記名捺印하여야 한다. 〈개정 1984. 4. 10〉 1. ~ 5. (현행과 같음) 6. 本店의 所在地 7. ~ 8. (現行과 같음) 9. 삭 제 〈1984. 4. 10〉 ②會社의 設立時에 發行하는 株式의 總數는 會社가 發行할 株式의 總數의 4分의 1이상이어야 한다. 〈개정 1984. 4. 10〉 ③會社의 公告는 官報 또는 時事에 關한 事項을 揭載하는 日刊新聞에 하여야 한다. 〈개정 1984. 4. 10〉
第317條 (設立의 登記) ① (생 략) ②前項의 設立登記에 있어서는 理事의 共同申請으로 다음의 事項을 登記하여야 한다. 1. ~ 3. (생 략) 〈신 설〉 4. ~ 10. (생 략) 〈신 설〉 ③ (생 략)	第317條 (設立의 登記) ① (현행과 같음) ②第1項의 設立登記에 있어서는 理事의 共同申請으로 다음의 事項을 登記하여야 한다. 1. ~ 3. (現行과 같음) 3의 2. 支店의 所在地 4. ~ 10. (現行과 같음) 11. 名義改書代理人을 둔 때에는 그 姓名·住所 및 營業所 ③ (現行과 같음)

(3) 주식회사의 자본

1) 수권자본의 확대

개정상법은 회사의 설립시에 발행예정주식총수의 4분의 1 이상의 주식을 발행하여 회사의 기업확대에 따라 자본조달을 조화있게 할 수 있도록 꾀하고, 회사의 규모가 커져 정관을 변경하여 그 발행예정주식총수를 증가시키는 경우에도 이미 발행한 주식총수의 4배까지 증가시킬 수 있도록 함으로써 자본조달의 기동성과 탄력성을 살리도록 하였다.

2) 주식회사의 최저자본제도의 도입

우리나라에서는 크든 작든 기업경영을 위하여 주식회사형태를 이용하고 있고, 이를 남용함으로써 부실·휴면회사 등이 나타나 기업거래를 어지럽게 하는 일도 생기는 실정이었다. 개정상법은 이러한 폐단을 막고 건전한 회사기업의 풍토를 유도하도록 하기 위하여 주식회사의 기본자본제도를 끌어들여 5,000만원 이상의 자본을 가지도록 하였다(개정상법 제329조 제1항). 그리고 개정상법은 최저자본이 5,000만원에 미달하는 기존회사를 보호하기 위하여 개정법이 시행된 때로부터 3년간의 경과기간을 두어 그 동안에 자본을 증가하거나 유한회사로 조직변경을 하도록 하고 있다(개정상법 부칙 제4조).

(4) 주식의 액면가 인상

증권시장에서 상장되어 있는 대다수의 주식의 금액이 500원으로 되어 있으나, 개정법은 1주의 금액을 5,000원 이상으로 하여 경제현실과 부합하도록 하고 있다(개정상법 제329조 제4항). 그리고 1주 금액의 인상으로 말미암아 기존주식거래의 혼란을 막기 위하여 3년간의 경과기간을 두어 그 동안에 주주총회의 특별결의를 거쳐 주식의 액면을 5,000원 이상으로 하기 위하여 주식의 병합절차를 밟도록 하였다(개정상법 부칙 제5조).

개 정 전 상 법	개 정 상 법
第329條 (資本의 構成, 株式의 券面額) ①株式會社의 資本은 이를 株式으로 分割하여야 한	第329條 (資本의 構成, 株式의 券面額) ①株式會社의 資本은 5千萬원이상이어야 한다. 〈신설

다. ②株式의 金額은 均一하여야 한다. ③1株의 金額은 5千환以上으로 하여야 한다.	1984. 4. 10〉 ② (현행 제1항과 같음) ③ (현행 제2항과 같음) ④1株의 金額은 5千원이상으로 하여야 한다. 〈개정 1984. 4. 10〉

2. 주 식

(1) 기본방향

개정상법에서는 학설과 판례에서 가장 논란이 많았던 주권발행전의 주식양도에 관하여 회사성립 후 또는 신주납입기일 후 6월이 경과하면 주권없이 한 주식양도의 효력을 인정하도록 하고(제335조 제2항 단서), 주식양도의 방법은 기명주식의 경우에도 주권의 교부만으로 할 수 있도록 하였다(제336조). 그리고 주식의 유통을 원활하게 하고 명의개서를 쉽게 할 수 있도록 하기 위하여 명의개서대리인제도를 끌어들이고(제337조 제2항), 자기주식취득과 질취의 범위를 확대하고 있다(제341조, 제341조의2). 또 자회사에 의한 모회사의 주식취득을 금지하고(제342조), 상호주식보유의 경우 의결권을 배제하고(제369조 제3항), 주식을 장기적으로 보유하고자 하는 주주의 이익을 보호하기 위하여 정적 안정을 꾀할 수 있도록 하기 위하여 이른바 주권불소지제도를 받아들이도록 하고 있다(제358조의2).

3. 주식의 양도

(1) 주권발행전의 주식양도

실제 거래계에서는 상당수의 회사가 주권을 발행하지 아니하고, 그 거래가 이루어지고 있는 실정과 관련하여 학설은 대체로 신의칙설 또는 합리적 시기설을 취하여 주권발행 전의 주식양도의 효력을 인정하여야 한다는 입장이 강하게 나타나고 있었다. 이에 개정상법은 상법 제335조 제2항 단서를 신설하여 회사성립후 또는 신주의 납입기일후 6월이 지나면 주권이 발행되지 아니한 경우에도 주식양도의 효력을 인정하고 있다. 그리고 개정법 부칙 제6조는 개정전의 주식거래에 대하여서도 개정상법 제336조 제2항 단서를 적용한다고 규정하고 있다.

(2) 주권교부에 의한 주식양도

개정상법은 상법 제336조에서 주식의 양도는 주권의 교부만에 의하도록 하고, 주권점유자는 이를 적법한 소지인으로 추정한다고 하고 있다. 개정전 상법상으로 기명주식의 양도방법은 「주권의 배서 또는 株券과 이에 株主로 표시된 者의 記名捺印 있는 讓渡背書의 交付」만으로 제한되어 있다(제336조 제1항). 결국 기명주식의 양도방법으로 규정된 배서나 양도증서는 모두 양도인의 「기명날인」을 요건으로 하는 요식행위가 되며, 반대로 양도인의 「기명날인」이 없이는 기명주식의 양도가 불가능하고 그 법률효과도 생기지 아니한다. 그런데 기명주식양도에 관한 우리나라의 거래실태를 보면, 기명주식양도를 위한 법정요식행위로서의 「기명·날인」 가운데(상법 제336조 제1항, 제2항, 어음법 제13조) 「기명」의 요건이 흠결된 채 「날인」만에 의하여 당사자간에서 주식이 이전되고, 또 발행회사에 대하여 명의개서를 청구하며, 회사도 이에 응하는 것이 통례이었다. 이러한 기명생략과 불완전날인의 관행은 주식의 집단적·대량적 거래와 거래상대방의 불특정성에 기인한다. 이것은 「기명」의 번잡한 절차를 생략한 채 「(불완전)날인」만에 의한 간편한 양도방법에 의존하려는 성향이 나타나고, 주권을 선택무기명증권에 준하여 취급하려는 풍조가 형성되었다. 기명주식의 거래관행으로 비추어 본다면 현행상법이 「기명·날인」을 필요로 하는 배서·양도증서만으로 기명주식양도방법을 법정하는 것은 아무런 실질적 의의도 없이 무용의 형식적 절차만 강요하는 것이며, 이는 결구 주식양도의 효력마저 불안정하게 만드는 요소를 지니고 있었다. 개정법은 상법 제336조에서 주식의 양도는 주권의 교부만에 의하도록 하고, 주권점유자는 이를 적법한 소지인으로 추정하도록 함으로써, 「기명·날인」이라는 무용의 형식절차를 강요치 않는 동시에, 「교부」를 필요한다는 점에서 주식의 유통성과 거래의 안전성을 전부 도모할 수 있게 되었다. 그렇다면 그 당연한 귀결로서 주권의 점유에 자격수여적 효력과 선의취득효과를 부여하게 될 것이다(개정법 제336조 제2항, 민법 제200조 참조). 이에 따라 주식의 선의취득에 관하여는 수표법 제21조의 규정을 준용하도록 하고 있다(개정상법 제359조).

개 정 전 상 법	개 정 상 법
第335條 (株式의 讓渡性) ① (생 략) ② 株券發行前에 한 株式의 讓渡는 會社에 對하여 效力이 없다. 〈단서신설〉	**第335條** (株式의 讓渡性) ① (현행과 같음) ②株券發行前에 한 株式의 讓渡는 會社에 對하여 效力이 없다. 그러나 會社成立후 또는 新株의 納入期日후 6月이 경과한 때에는 그러하지 아니하다. 〈개정 1984. 4. 10〉
第336條 (記名株式의 讓渡方法) ①記名株式의 讓渡는 株券의 背書 또는 株券과 이에 株主로 表示된 者의 記名捺印 있는 讓渡證書의 交付에 依하여서만 이를 한다. ②어음法 第12條, 第13條, 第14條第2項과 第16條第1項의 規定은 株券의 背書에 準用한다. ③記名式의 株券의 占有者가 第1項의 讓渡證書에 依하여 權利를 證明한 때에는 이를 適法한 所持人으로 推定한다. 그 證明書에 讓受人의 姓名이 記載되지 아니한 境遇에도 같다.	**第336條** (株式의 讓渡方法) ①株式의 讓渡에 있어서는 株券을 交付하여야 한다. ②株券의 占有者는 이를 適法한 所持人으로 推定한다. [전문개정 1984. 4. 10] 〈신 설〉 **第358條의2** (株券의 不所持) ①株主는 定款에 다른 정함이 있는 경우를 제외하고는 그 記名株式에 대하여 株券의 所持를 하지 아니하겠다는 뜻을 會社에 申告할 수 있다. 이 경우에 이미 발행된 株券이 있는 때에는 이를 會社에 제출하여야 한다. ②第1項의 申告가 있는 때에는 會社는 遲滯없이 株券을 발행하지 아니한다는 뜻을 株主名簿와 그 複本에 記載하고, 그 事實을 株主에게 통지하여야 한다. ③會社가 第2項의 規定에 의한 記載를 한 때에는 그 株券의 발행을 할 수 없으며, 第1項 後段의 規定에 의하여 會社에 제출된 株券은 이를 無效로 한다. ④第1項의 申告를 한 경우에도 株主는 언제든지 會社에 대하여 株券의 발행을 請求할 수 있다. 〈개정 1984. 4. 10〉
第359條 (株券의 善意取得) 手票法 第21條의 規定은 株券이 無記名式인 때 또는 記名式의 株券의 所持人이 第336條第2項 또는 第3項의 規定에 依하여 그 權利를 證明하는 때에 準用한다. 〈신 설〉	**第359條** (株券의 善意取得) 手票法 第21條의 規定은 株券에 관하여 이를 準用한다. [전문개정 1984. 4. 10] **附則 第6條** (株券發行前의 株式讓渡에 관한 經過措置) 第335條第2項 但書의 改正規定은 이 法施行전에 株券의 發行없이 이루어진 株式의 讓渡에 관하여도 이를 適用한다.

(3) 명의개서대리인

개정상법은 제337조 제2항을 신설하여 회사는 정관에 정하는 바에 따라 명의개서대리인을 들 수 있도록 하고, 이 경우에는 명의개서대리인이 취득자의 성명과 주소를 주주명부의 복본에 기재한 때에는 명의개서가 있는 것으로 보도록 하고 있다.

상법상 기명주식의 이전은 취득자의 성명과 주소를 주주명부에 기재하지 아니하면 회사에 대하여 대항하지 못한다(제337조). 기명주식의 양도는 회사에 대항하기 위하여는 주주명부에 명의개서가 있어야 하는데, 주주명부는 회사의 본점에 비치되어 있다(제396조 제1항). 그러므로 기명주식의 양수인이 주주로서 회사에 대하여 권리를 행사하고자 하면 주주명부에 명의개서를 하여야 하고, 이를 위하여는 주권을 회사의 본점에 보내야만 한다. 이것은 적은 규모의 주식거래에 있어서는 무난하나, 오늘날같이 주식거래가 증권거래소를 통하여 대량적·집단적으로 이루어지고 있는 실정에서는 매우 불편하다. 여기서 명의개서대리인제도의 필요성이 생겨난다.

명의개서대리인은 회사를 위하여 주식의 명의개서사무를 대행하는 자이고, 그 자격은 대통령령으로 정하도록 하고 있다(개정법 부칙 제8조). 그리고 회사가 정관에 의하여 명의개서대리인을 둔 경우에는 주주명부를 회사의 본점에 두지 않고 명의개서대리인의 영업소에 비치할 수 있고, 또 주주명부를 본점에 두고 그 복본을 명의개서대리인의 영업소에 비치할 수도 있다(개정상법 제396조 제1항 후단).

명의개서대리인은 주식에 대한 명의개서를 할 수 있음은 물론 질권의 등록(상법 제340조 제1항), 기명사채에 대한 사채원부에의 명의개서를 할 수 있다(개정상법 제479조 제2항). 회사가 명의개서대리인을 둔 때에는 그 성명, 주소 및 영업소를 등기하여야 하고(개정상법 제317조 제2항 제11호), 주식청약서·신주인수권증서, 사채청약서 등에 이를 기재하여야 한다(개정상법 제302조 제2항 제10호, 제420조 제2호, 제420조의2, 제476조 제2항 제15호).

개 정 전 상 법	개 정 상 법
第337條 (記名株式의 移轉의 對抗要件) 記名株式의 移轉은 取得者의 姓名과 住所를 株主名簿에 記載하지 아니하면 會社에 對抗하지 못한다. 〈신 설〉	第337條 (記名株式의 移轉의 對抗要件) ①記名株式의 移轉은 取得者의 姓名과 住所를 株主名簿에 記載하지 아니하면 會社에 對抗하지 못한다. ②會社는 定款이 정하는 바에 의하여 名義改書代理人을 둘 수 있다. 이 경우 名義改書代理人이 取得者의 姓名과 住所를 株主名簿의 複本에 記載한 때에는 第1項의 名義改書가 있는 것

	으로 본다. 〈개정 1984. 4. 10〉
第396條 (定款等의 備置, 公示義務) ①理事는 會社의 定款, 株主總會의 議事錄을 本店과 支店에, 株主 名簿, 社債原簿와 理事會의 議事錄을 本店에 備置하여야 한다. 〈후단신설〉	第396條 (定款等의 備置, 公示義務) ①理事는 會社의 定款, 株主總會의 議事錄을 本店과 支店에, 株主名簿, 社債原簿와 理事會의 議事錄을 本店에 備置하여야 한다. 이 경우 名義改書代理人을 둔 때에는 株主名簿나 社債原簿 또는 그 複本을 名義改書代理人의 營業所에 備置할 수 있다. 〈개정 1984. 4. 10〉
②株主와 會社債權者는 營業時間內에 언제든지 前項의 書類의 閱覽 또는 謄寫를 請求할 수 있다.	②株主와 會社債權者는 營業時間內에 언제든지 第1項의 書類의 閱覽 또는 謄寫를 請求할 수 있다. 〈개정 1984. 4. 10〉
〈신 설〉	附則 第8條 (名義改書代理人에 관한 經過措置) ①이 法 施行전에 資本市場育成에관한法律 第11條의6의 規定에 의하여 둔 名義改書代理人은 이 法 第337條第2項의 改正規定에 의하여 둔 것으로 본다. ②이 法에 의한 名義改書代理人의 資格은 大統領令으로 정한다.

(4) 자기주식

1) 자기주식의 취득

개정상법은 ① 제341조에서 자기주식의 취득만을 규정하고, 「단주(端株)의 처리를 위하여 필요한 때」에도 자기주식을 취득할 수 있도록 하고, ② 제341조의2를 신설하여 발행주식총수의 20분의 1의 범위 내에서 자기주식의 질취를 인정하고, 다만 회사의 합병 또는 영업의 양수로 인한 경우와 권리실행을 위하여 부득이한 때에는 그 한도를 초과할 수 있도록 하고 있다.

회사가 자기의 계산으로 자기회사의 주식을 취득하는 것이 이른바 자기주식의 취득이다. 이 경우 회사가 자기의 계산으로 주식을 취득하는 이상 자기의 이름으로 취득하든 타인의 이름으로 취득하느냐는 상관없으며, 개정상법은 「자기의 계산으로」라는 문구를 삽입하여 그 뜻을 명백히 하고 있다.

개정전 상법은 제341조에서 회사가 자기주식을 취득할 수 있는 예외적인 경우를 ① 주식을 소각하기 위한 때, ② 회사의 합병 또는 다른 회사의 영업 전부의 양수로 인한 때, ③ 회사의 권리를 실행함에 있어 그 목적을 달성하기 위하여 필요한 때로 한정하고 있고, 그 요건은 매우 엄격하였다. 그러나 개정상법에서는 자기주식취득을 원칙적으로 금지하는 개정전 상법의 입장을 그대로 살리면서, 다만 단주의 처리를 위하여 필요한 때에도 자기주식을 취득할 수 있는 예외적인 경우를 인정하도록 하고 있다(개정상법 제341조 제4호).

개 정 전 상 법	개 정 상 법
第341條 (自己株式의 取得等) 會社는 다음의 境遇外에는 自己의 株式을 取得하거나 質權의 目的으로 이를 받을 수 없다. 1. 株式을 消却하기 爲한 때 2. 會社의 合併 또는 다른 會社의 營業全部의 讓受로 因한 때 3. 會社의 權利를 實行함에 있어 그 目的을 達成하기 爲하여 必要한 때 〈신 설〉 〈신 설〉	第341條 (自己株式의 取得) 會社는 다음의 境遇外에는 자기의 計算으로 자기의 株式을 取得하지 못한다. 〈개정 1984. 4. 10〉 1. ~ 3. (현행과 같음) 4. 端株의 처리를 위하여 필요한 때 第341條의2 (自己株式의 質取) 會社는 發行株式의 總數의 20分의 1을 초과하여 자기의 株式을 質權의 目的으로 받지 못한다. 그러나 第341條 第2號 및 第3號의 경우에는 그 限度를 초과하여 質權의 目的으로 할 수 있다. 〈개정 1984. 4. 10〉

2) 자기주식의 질취

회사가 자기주식의 질취를 할 수 없도록 전적으로 금지하는 것은 채무자에게 회사의 주식 이외에 담보물이 없는 경우에도 이를 담보로 할 수 없다는 불편이 따르고, 또한 부동산을 담보로 하는 것보다 그 담보권설정비용이 싸게 먹혀 채권자·채무자에게 다 같이 유리함에도 불구하고 이것을 막는 결과가 된다. 이에 따라 개정상법은 자기주식의 질취에 관하여 거래의 실정에 맞추어 어느 정도 완화하여 회사는 발행주식의 20분의 1을 초과하지 아니하는 범위 안에서는 자유로 자기주식의 질취를 허용하도록 하였다. 그리고 회사가 합병을 하거나 다른 회사의 영업을 양수하는 때 또는 회사의 권리를 실행함에 있어 그 목적을 달성하기 위하여 필요한 때에는 예외적으로 발행주식의 20분의 1을 초과하여서도 그 질권취득을 인정하고 있다(개정상법 제341조의2).

	개 정 상 법
〈신설〉	**第341條의2** (自己株式의 質取) 會社는 發行株式의 總數의 20分의 1을 초과하여 자기의 株式을 質權의 目的으로 받지 못한다. 그러나 第341條第2號 및 第3號의 경우에는 그 限度를 초과하여 質權의 目的으로 할 수 있다. 〈개정 1984. 4. 10〉

3) 자기주식의 처분

개정전 상법은 자기주식의 취득 또는 질취를 금지하고 있으므로 예외적으로 그 주식을 취득 또는 질취한 때에는 그에 대한 적절한 처분을 하도록 하고 있다. 개정법에서는 현행법을 그대로 따라 단주의 처리를 위하여 자기주식을 취득한 경우에도 상당한 기간 안에 처분하도록 하고, 질취의 경우에는 발행주식의 20분의 1을 초과하여 자기주식의 질취를 한 때에는 이를 처분하여 회사재산의 악화를 방지하도록 하고 있다(개정상법 제342조).

개 정 전 상 법	개 정 상 법
第342條 (自己株式의 處分) 會社는 前條第1號의 境遇에는 遲滯없이 株式失效의 節次를 밟아야 하며 第2號와 第3號의 境遇에는 相當한 時期에 株式 또는 質權의 處分을 하여야 한다.	**第342條** (自己株式의 處分) 會社는 第341條第1號의 경우에는 遲滯없이 株式失效의 節次를 밟아야 하며 同條第2號 내지 第4號와 第341條의2 但書의 경우에는 相當한 時期에 株式 또는 質權의 處分을 하여야 한다. 〈개정 1984. 4. 10〉

4) 유한회사에의 준용

개정상법이 자기주식의 취득과 질취를 구분하여 제341조와 제341조의2에서 각각 규정하고 있는데, 이를 모두 유한회사의 지분에 준용하도록 하고 있다. 이것은 현행법과 다를 바 없다(개정상법 제560조 제1항).

개 정 전 상 법	개 정 상 법
第560條 (準用規定) ①第339條, 第340條第1項·第2項, 第341條, 第342條와 第343條第1項의 規定은 社員의 持分에 準用한다. ②第353條의 規定은 社員에 對한 通知 또는 催告에 準用한다.	**第560條** (準用規定) ①第339條, 第340條第1項·第2項, 第341條, 第341條의2, 第342條와 第343條第1項의 規定은 社員의 持分에 準用한다. 〈개정 1984. 4. 10〉 ② (현행과 같음)

(5) 주식의 상호보유제한

개정상법은 ① 제342조의2에서 다른 회사의 발행주식의 총수의 100분의 40을 초과하는 주식을 가진 회사를 모회사라고 하고 자회사에 의한 모회사의 주식취득을 금지한다. 예외적으로 그 주식을 취득하는 경우에도 그 주식을 취득한 날로부터 6월 이내에 모회사의 주식을 처분하도록 하고, ② 제369조 제3항에서 회사, 모회사 및 자회사 또는 자회사가 다른 회사의 발행주식의 총수의 10분의 1을 초과하는 주식을 가지고 있는 경우 그 다른 회사가 가지고 있는 회사 또는 모회사의 주식의 의결권을 배제하고 있다.

1) 자회사에 의한 모회사주식의 취득제한

갑회사가 을회사의 발행주식의 총수의 100분의 40을 초과하는 주식을 가지고 있는 경우 갑회사를 모회사(parent company), 을회사를 자회사(subsidiary company)라고 하고, 자회사에 의한 모회사의 주식취득을 원칙으로 금지하고 있다(개정상법 제342조의2 제1항). 즉 다른 회사의 100분의 40에 해당하는 주식을 가지고 있으면 이를 모회사로 규정하여 그 보유주식의 비율을 낮추고 있다. 개정상법은 손회사(孫會社)의 개념을 전제로 하여, 모회사와 자회사가 다른 회사의 주식을 각각 가지고 있는 경우에 그 합계가 다른 회사의 발행주식의 총수의 100분의 40을 초과하거나 또는 자회사가 단독으로 다른 회사의 발행주식의 100분의 40을 초과하는 주식을 가지고 있는 경우, 이를 손회사의 경우에도 모회사로 다루어 모회사의 주식취득을 제한한다(개정상법 제342조의2 제3항).

자회사가 모회사의 주식을 가지고 있는 경우 그 모회사의 주식에 대하여 모회사의 경영자(이사)의 지시에 따르는 등 의결권행사가 왜곡되고, 경영자의 지배를 조장하는 폐단이 생긴다. 자회사가 모회사의 주식을 가지는 것은 자본의 공동화현상을 가져올 우려가 있기 때문에, 자회사에 의한 모회사의 주식취득을 금지할 필요가 있다. 여기서 개정상법은 자회사가 ① 회사의 합병 또는 다른 회사의 영업전부의 양수로 인한 때, ② 회사의 권리를 실행함에 있어 그 목적을 달성하기 위하여 필요한 때를 제외하고는 모회사의 주식을 취득할 수 없도록 하고 있다(개정상법 제342조의2 제1항). 예외적으로 자회사가 모회사의 주식을 취득한 경우에는 자회사는 그 주식을 취득한 날로부터 6월 이내에 모회사의 주식을 처분하여야 한다(개정상법 제342조의2 제2항).

자회사가 모회사의 주식취득제한을 위반하여 모회사의 주식을 취득하거나 처분하지 아니한 때에는 이사 또는 감사는 2,000만원 이하의 벌금을 처한다(개정상법 제625조의2).

또한 개정상법은 경과조치로서 이 법 시행당시(1984년 9월 1일)에 자회사가 모회사의 주식을 가지고 있는 때에는 그 자회사는 이 법시행일로부터 3년 이내에 그 주식을 처분하도록 하고, 이에 위반하여 주식처분을 하지 아니한 때에는 벌금을 처하도록 하고 있다(개정상법 부칙 제9조). 개정상법은 회사가 다른 회사의 발행주식의 총수의 10분의 1을 초과하는 주식을 가지고 있을 때에 그 다른 회사는 상대방회사의 주식에 대한 의결권행사를 제한하고 있을 뿐(개정상법 제369조 제3항) 그 취득제한을 하고 있는 것은 아니므로, 한 회사가 다른 회사의 주식을 발행주식의 총수의 100분의 40을 초과하여 취득하였을 때에도 그 다른 회사는 그 회사의 주식을 처분하여야 할 것이다.

2) 모자관계가 없는 회사간의 주식보유의 규제

갑회사와 을회사 사이에 서로 상대방회사의 주식을 가지고 있을 때에 이것을 주식의 상호보유 또는 상호소유(cross-ownership; wechselseitige Beteiligung)라고 한다. 이러한 주식의 상호보유는 회사간의 결합을 강하게 하여 서로 협조관계를 유지할 수 있는 이점도 있으나, 자본의 공동화를 가져오고, 의결권행사의 왜곡 등에 의하여 기업지배에 영향을 미치는 등 폐단이 생길 수 있다. 개정상법은 주식의 상호보유에 관하여 전면적으로 금지하지 아니하고, 다만 직접적인 상호보유의 경우에 의결권행사를 제한하는 데 그치고 있다. 즉, 개정상법은 제369조 제3항은 첫째로, 주식회사(갑회사)가 다른 주식회사(을회사)의 발행주식총수의 10분의 1을 초과하는 주식을 가지는 경우, 둘째로 모회사(갑회사)와 자회사가 합쳐서 다른 회사(을회사)의 발행주식총수의 10분의 1을 초과하여 가지고 있는 경우, 셋째로 자회사가 단독으로 그 주식을 가지고 있는 경우에는 그 다른 회사(을회사)가 가지고 있는 회사(갑회사) 또는 모회사(갑회사)의 주식에 대하여는 의결권이 없다고 규정하고 있다. 이 경우에 모회사, 자회사의 개념은 개정상법 제342조의2 제1항과 제3항에 따른다.

	개 정 상 법
〈신설〉	第342條의2 (子會社에 의한 母會社株式의 取得) ①다른 會社의 發行株式의 總數의 100分의 40을 초과하는 株式을 가진 會社(이하 "母會社"라 한다)의 株式은 다음의 경우를 제외하고 는 그 다른 會社(이하 "子會社"라 한다)가 이를 取得할 수 없다. 1. 會社의 合併 또는 다른 會社의 營業全部의 讓受로 인한 때 2. 會社의 權利를 實行함에 있어 그 目的을 達成하기 위하여 필요한 때 ②第1項 各號의 경우 子會社는 그 株式을 取得한 날로부터 6月이내에 母會社의 株式을 처분하여야 한다. ③다른 會社의 發行株式의 總數의 100분의 40을 초과하는 株式을 母會社 및 子會社 또는 子會社가 가지고 있는 경우 그 다른 會社는 이 法의 適用에 있어 그 母會社의 子會社로 본다. 〈개정 1984. 4. 10〉
〈신설〉	附則 第9條 (子會社에 의한 母會社株式의 取得에 관한 經過措置) ①이 法施行當時 第342條의2의 規定에 의한 子會社가 同規定에 의한 母會社의 株式을 가지고 있는 때에는 그 子會社는 이 法施行日로부터 3年이내에 그 株式을 處分하여야 한다. ②第625條의2의 規定은 第1項의 規定에 違反하여 株式의 처분을 하지 않은 경우에 이를 準用한다.

(6) 주권불소지제도

개정상법은 제358조의2를 신설하여 주권불소지제도를 인정하여 기명주식의 주주가 회사에 대하여 주권을 소지하지 아니하겠다는 뜻을 신고한 때에는 회사는 그 주식에 대한 주권을 발행하지 않도록 하고 있다.

주권불소지제도는 바로 주식을 장기간 안전하게 보유할 것을 목적으로 하여 기명주식의 정적 안정을 보호하기 위하여 생겨난 제도이다. 개정상법은 자본시장육성에 관한 법률 제11조의7에서 이미 공개법인과 상장법인의 경우에 인정하고 있는 주권불소지제도를 상법상의 일반제도로 받아들인 것이다. 이에 따라 기명주식의 주주가 정관에 그것을 배제한다는 정함이 없는 한 주권의 소지를 하지 아니하겠다는 뜻을 회사에 신고한 때에는 회사는 주권을 발행하지 아니한다는 뜻을 주주명부와 그 복본에 기재하고, 그 사실을 주주에게 통지하여야 한다(개정상법 제358조의2 제1항 · 제2항). 이 경우에 이미 발행된 주권은 회사에 제출하여야 하고, 제출된 주권은 무효로 되며, 주권불소지를 신고한 주주의 청구가 없는 한 주주명부 또는 복본에 주권불발행의 뜻을 기재한 주권의 발행은 할 수 없다(개정상법 제358조의2 제3

항 · 제4항).

개 정 상 법	
〈신설〉	第358條의2 (株券의 不所持) ①株主는 定款에 다른 정함이 있는 경우를 제외하고는 그 記名 株式에 대하여 株券의 所持를 하지 아니하겠다는 뜻을 會社에 申告할 수 있다. 이 경우에 이미 발행된 株券이 있는 때에는 이를 會社에 제출하여야 한다. ②第1項의 申告가 있는 때에는 會社는 遲滯없이 株券을 발행하지 아니한다는 뜻을 株主名簿와 그 複本에 記載하고, 그 事實을 株主에게 통지하여야 한다. ③會社가 第2項의 規定에 의한 記載를 한 때에는 그 株券의 발행을 할 수 없으며, 第1項 後段의 規定에 의하여 會社에 제출된 株券은 이를 無效로 한다. ④第1項의 申告를 한 경우에도 株主는 언제든지 會社에 대하여 株券의 발행을 請求할 수 있다. 〈개정 1984. 4. 10〉
〈신설〉	附則 第10條 (株券의 不所持에 관한 經過措置) 이 法施行전에 資本市場育成에관한法律 第11條의7의 規定에 의하여 株券의 不發行에 관한 措置를 한 것은 이 法 第358條의2의 改正規定에 의하여 한 것으로 본다. 〈개정 1984. 4. 10〉

4. 주식회사의 기관

(1) 주주총회

1) 기본입장

주주총회에 관하여 개정상법에서는 그 구조 또는 권한분배 등의 기본적 지위문제를 다루지 않고, 총회운영의 효율화 · 원활화의 측면에서 현행조항을 수정, 보완하고 있다. 그 대표적인 것이 의결권의 불통일행사에 관한 규정(개정상법 제368조의2)의 신설이고, 또 주주의 권리행사에 관한 이익공여금지에 관한 규정(개정상법 제467조의2)도 널리 이 카테고리에 속한다고 할 수 있다. 그리고 주주총회의 개최와 관련된 주주명부의 폐쇄기간 또는 이른바 기준일과 주주의 권리행사일 사이의 기간의 신장에 관한 개정규정(개정상법 제354조 제1항~제3항)을 주주총회 자체에 관한 개정이라기보다, 감사제도의 개정에 따른 반사적인 수정이라고 할 수 있다. 또한 주주총회결의부존재확인의 소를 명정한 개정조항(개정상법 제380조)도, 이 문제에 대한 종래의 다툼을 입법적으로 해결한 데에 그 의미가 있다.[12]

12) 손주찬 등 4인 해설, 위의 책, 71면.

2) 의결권불통일행사의 인정

개정상법은 주주의 의결권불통일행사의 원칙을 인정하는 규정을 신설하고 있다.[13]

개정상법에 의하면 주주는 원칙으로 그 의결권의 불통일행사를 할 수 있으나(개정상법 제368조의2 제1항 1문), 회사가 미리 불통일행사를 할 주주 및 그 의결권의 수를 파악하는 등 총회의 운영상의 편의를 위하여 주주가 의결권의 불통일행사를 하는 데에는 주주총회 회일의 3일 전에 회사에 대하여 그 취지를 통지하여야 한다(동조 제1항 2문). 또 주주의 의결권의 불통일행사를 허용하는 것은 명의상의 주주가 실질적인 주주의 지시에 따라 의결권을 여러 다른 방향으로 나누어 행사할 필요가 있는 경우에 대비하기 위한 것이므로, 그러한 실제상의 필요성을 인정할 수 없는 경우에는 회사로서는 그 불통일행사를 거부할 수 있게 되어 있다(동조 제2항).

그리고 주주의 의결권불통일행사는 창립총회의 경우에도 인정되어야 할 것이므로, 개정상법은 제368조의2의 규정은 창립총회의 결의에 관하여서도 준용되도록 개정전 상법 제308조의 규정을 개정하고 있고, 또 회사설립시의 창립총회에 관한 개정조항이 주식회사의 신설합병의 경우의 창립총회에 대하여 그대로 적용됨으로써(개정상법 제527조 제3항) 신설합병의 경우의 창립총회에서도 의결권의 불통일행사가 인정되고 있다. 이러한 주주총회 또는 창립총회에서의 의결권의 불통일행사는 개정상법의 시행일로부터 2주간 이후에 개최되는 총회에서부터 적용되게 되어 있다(개정상법 부칙 제12조).

	개 정 상 법
〈신설〉	第368條의2 (議決權의 不統一行使) ①株主가 2이상의 議決權을 가지고 있는 때에는 이를 統一하지 아니하고 行使할 수 있다. 이 경우 會日의 3日전에 會社에 대하여 書面으로 그 뜻과 이유를 통지하여야 한다. ②株主가 株式의 信託을 引受하였거나 기타 他人을 위하여 株式을 가지고 있는 경우 외에는 會社는 株主의 議決權의 不統一行使를 拒否할 수 있다. 〈개정 1984. 4. 10〉
〈신설〉	附則 第12條 (議決權의 不統一行使에 관한 經過措置) 第368條의2의 改正規定(第308條第2項, 第527條第3項에서 準用하는 경우를 포함한다)은 이 法施行日로부터 2週間내의 날을 會日로 하는 株主總會 또는 創立總會에 있어서의 議決權의 行使에 관하여는 이를 適用하지 아니한다. 〈개정 1984. 4. 10〉

13) 李範燦, 議決權行使에 관한 몇 가지 問題, 「商事法硏究」 제4집(1986), 229-248면 참조.

3) 주주총회결의부존재확인의 소의 명문화

개정상법은 주주총회 또는 창립총회의 부존재확인의 소를 둘러싼 불명확성을 제거하기 위하여 개정전 상법 제380조의 규정을 다음과 같이 개정하고 있다. 결의부존재확인의 소, 즉 「총회의 소집절차 또는 결의방법에 총회결의가 존재한다고 볼 수 없을 정도의 중대한 하자가 있는 것을 이유로 하여 결의부존재의 확인을 청구하는 소」를 명문으로 규정하고, 소의 절차 및 판결의 효력(개정상법 제186조~제188조, 제190조, 제191조, 제377조, 제378조)을 결의무효확인의 소의 경우와 같이 인정하고 있다.

그리고 총회결의부존재의 확인청구의 소에 관한 법률관계를 통일적으로 처리하기 위하여 개정조항은 이미 이루어진 소송행위의 효력은 제외하고는 개정상법의 시행일전의 총회(주주총회 및 창립총회)의 결의에 관한 부존재확인을 청구하는 소에 대하여도, 그 소가 제기된 시기가 개정상법의 시행전인가 시행후인가를 묻지 아니하고 적용하도록 하고 있다(개정상법 부칙 제13조).

개 정 전 상 법	개 정 상 법
第380條 (決議無效確認의 訴) 第186條 乃至 第188條, 第190條, 第191條, 第377條와 第378條의 規定은 總會의 決議의 內容이 法令 또는 定款에 違反하는 것을 理由로 하여 決議無效의 確認을 請求하는 訴에 準用한다.	第380條 (決議無效 및 不存在確認의 訴) 第186條 乃至 第188條, 第190條, 第191條, 第377條와 第378條의 規定은 總會의 決議의 內容이 法令 또는 定款에 違反하는 것을 理由로 하여 決議無效의 확인을 請求하는 訴와 總會의 召集節次 또는 決議方法에 總會決議가 存在한다고 볼 수 없을 정도의 중대한 瑕疵가 있는 것을 이유로 하여 決議不存在의 확인을 請求하는 訴에 이를 準用한다. 〈개정 1984. 4. 10〉
〈신 설〉	附則 第13條 (總會決議不存在確認의 訴에 관한 經過措置) 第380條의 改正規定(第308條第2項, 第578條에서 準用하는 경우를 포함한다)은 이 法施行당시 法院에 係屬된 事件에 관하여도 이를 適用한다. 그러나, 이 法施行전의 訴訟行爲의 效力에는 影響을 미치지 아니한다.

4) 주주 등에 대한 이익공여의 금지

개정상법은 총회꾼에 의한 주주총회의 형해화를 방지하고 그 활성화를 기하기 위하여 상법에 제467조의2의 조항을 신설하여 그 제1항에서 주주의 권리행사에 관한 일체의 이익공여를 금지하고 있다. 다음에 개정상법 제467조의2 제2항에서 회사가 특정의 주주에 대하여 한 무상의 이익공여 및 반대급부가 현저하게 적은 유상의 이익공여를 주주의 권리행사에 관하여 한 것이라고 추정하고 있다. 이는 추정에 의하여 이익의 공여가 주주의 권리의 행사에 의하여 이루어진 것이라는 입증을 용이하게 하기 위한 것이다.

개정상법 제467조의2의 규정에 위반하면 벌금규정이 신설되어 6월 이하의 징역 또는 50만원 이하의 벌금의 제재가 인정된다(개정상법 제634조의2). 또 이익공여의 금지에 관한 신설규정은 개정상법의 시행 전에 한 행위에 대하여는 적용되지 않고, 개정상법의 시행 후의 이익제공에 대하여만 적용된다(개정상법 부칙 제11조).

	개 정 상 법
〈신설〉	第467條의2 (利益供與의 금지) ①會社는 누구에게든지 株主의 權利行使와 관련하여 財産上의 利益을 供與할 수 없다. ②會社가 特定의 株主에 대하여 無償으로 財産上의 利益을 供與한 경우에는 株主의 權利行使와 관련하여 이를 供與한 것으로 推定한다. 會社가 特定의 株主에 대하여 有償으로 財産上의 利益을 供與한 경우에 있어서 會社가 얻은 利益이 供與한 利益에 비하여 현저하게 적은 때에도 또한 같다. ③會社가 第1項의 規定에 違反하여 財産上의 利益을 供與한 때에는 그 利益을 供與받은 者는 이를 會社에 返還하여야 한다. 이 경우 會社에 대하여 對價를 支給한 것이 있는 때에는 그 返還을 받을 수 있다. ④第403條 내지 第406條의 規定은 第3項의 利益의 返還을 請求하는 訴에 대하여 이를 準用한다. 〈개정 1984. 4. 10〉

5) 주주명부폐쇄기간의 연장

개정상법에 의하면, 감사의 결산감사를 위하여 이사가 감사에게 재무제표(종래의 계산서류)와 영업보고서를 제출하여야 하는 시기가 현재의 정기총회 회일의 2주간 전에서 6주간 전으로 당겨지고 있다(개정상법 제447조의3). 또 감사의 결산감사기간도 현재의 1주에서 4주로 연장되어, 감사가 이사에게 감사보고서를 제출하여야 할 시기가 현재의 정기총회 회일의 1주간 전까지에서 2주간 전까지로 당겨지고 있다(개정상법 제447조의4). 이러한 개정상법 아래에서는 주주명부의 폐쇄기간 및 기준일과 주주와 질권자의 권리행사일 사이의 기간이 현재와 같이 최장한(最長限) 2월로 한정되어 있어서는 재무제표와 영업보고서 곧 결산서류의 작성기간은 사실상 없게 된다. 따라서 현행상법 제354조 제2항 및 제3항의 규정을 개정하여 주주명부의 폐쇄기간의 최장한(最長限)을 2월에서 3월로 연장하고 기준일과 권리행사일 사이의 기간을 2월에서 3월로 연장하고 있다.

이 개정규정은 개정법의 시행일로부터 2주간 내의 날을 주주명부의 폐쇄기간 또는 기준일로 하는 때에는 적용하지 아니하고, 이를 현행상법에 따르게 되어 있다(개정상법 부칙 제11조).

개 정 전 상 법	개 정 상 법
第447條 (計算書類의 作成) ①理事는 定期總會會日의 2週間前에 다음의 書類를 作成하여 監事에게 提出하여야 한다. 1. 財産目錄 2. 貸借對照表 3. 營業報告書 4. 損益計算書 5. 準備金과 利益이나 利子의 配當에 關한 議案 ②前項第1號의 財産目錄은 貸借對照表附屬明細表로써 갈음할 수 있다.	第447條 (財務諸表의 作成) 理事는 每決算期에 다음의 書類와 그 附屬明細書를 作成하여 理事會의 承認을 얻어야 한다. 1. 貸借對照表 2. 損益計算書 3. 利益剩餘金處分計算書 또는 缺損金處理計算書
〈신 설〉	第447條의2 (營業報告書의 作成) ①理事는 每決算期에 營業報告書를 作成하여 理事會의 承認을 얻어야 한다. ②營業報告書에는 大統領令이 정하는 바에 의하여 營業에 관한 중요한 事項을 記載하여야 한다. 〈개정 1984. 4. 10〉
〈신 설〉	第447條의3 (財務諸表등의 제출) 理事는 定期總會會日의 6週間전에 第447條 및 第447條의2의 書類를 監事에게 제출하여야 한다.
〈신 설〉	第447條의4 (監査報告書) ①監事는 第447條의3의 書類를 받은 날로부터 4週間내에 監査報告書를 理事에게 제출하여야 한다. ②第1項의 監査報告書에는 다음의 事項을 記載하여야 한다. 〈개정 1984. 4. 10〉 1. 監査方法의 概要 2. 會計帳簿에 記載할 事項의 記載가 없거나 不實記載된 경우 또는 貸借對照表나 損益計算書의 記載가 會計帳簿의 記載와 合致되지 아니하는 경우에는 그 뜻 3. 貸借對照表 및 損益計算書가 法令 및 定款에 따라 會社의 財産 및 損益狀態를 정확하게 표시하고 있는 경우에는 그 뜻

	4. 貸借對照表 또는 損益計算書가 法令 또는 定款에 違反하여 會社의 財産 및 損益狀態가 정확하게 표시되지 아니하는 경우에는 그 뜻과 事由 5. 貸借對照表 또는 損益計算書의 作成에 관한 會計方針의 變更이 妥當한지의 與否와 그 이유 6. 營業報告書가 法令 및 定款에 따라 會社의 狀況을 정확하게 표시하고 있는지의 與否 7. 利益剩餘金處分計算書 또는 缺損金處理計算書가 法令 및 定款에 적합한지의 與否 8. 利益剩餘金處分計算書 또는 缺損金處理計算書가 會社財産의 狀態 기타의 事情에 비추어 현저하게 부당한 경우에는 그 뜻 9. 第447條의 附屬明細書에 記載할 事項의 記載가 없거나 不實記載된 경우 또는 會計帳簿·貸借對照表·損益計算書나 營業報告書의 記載와 合致되지 아니하는 記載가 있는 경우에는 그 뜻 10. 理事의 職務遂行에 관하여 不正한 行爲 또는 法令이나 定款의 規定에 違反하는 중대한 事實이 있는 경우에는 그 事實 11. 監査를 하기 위하여 필요한 調査를 할 수 없었던 경우에는 그 뜻과 이유
〈신 설〉	附則 第11條 (株主名簿 閉鎖期間과 基準日에 관한 經過措置) 株主名簿의 閉鎖期間과 基準日에 관하여 이 法 施行日로부터 2週間내의 날을 그 期間 또는 날로 하는 때에는 종전의 規定에 의한다. 〈개정 1984. 4. 10〉

(2) 이사 및 이사회

1) 개정의 취지

주식회사의 운영실제를 보면 회사경영의 실권은 대표이사나 대주주를 등에 업은 일부의 이사에 집중되어 이사회는 회사의 중추적인 경영기관으로서 그 기능을 발휘하지 못하고, 거의 유명무실화 내지 형해화(形骸化)하고 있다. 여기서 개정상법은 이사회를 활성화하기 위하여 이사회의 권한과 운영에 관하여 개선책을 강구함과 더불어, 그 전제로서 개개의 이사의 지위안정에 관한 개정을 하고 있다.

2) 이사의 임기의 신장

개정상법에서는 주식회사기업의 경영의 능률화와 경영기관임원의 지위의 안정성을 확보하기 위하여 주식회사의 이사의 임기를 신장하고 있다. 현재의 2년에서 1년을 더 연장하여 그 최장기간을 3년으로 하고 있다. 이는 이른바 단임정신을 반영시켜 경영자의 신진대사를 원활히 하고 경영의 체질을 개선하려는 것이다.

개 정 전 상 법	개 정 상 법
第383條 (員數, 任期) ① (생 략) ②理事의 任期는 2年을 超過하지 못한다. ③前項의 任期는 定款으로 그 任期中의 最終의 決算期에 關한 定期株主總會의 終結에 이르기까지 延長할 수 있다.	第383條 (員數, 任期) ① (현행과 같음) ②理事의 任期는 3年을 超過하지 못한다. 〈개정 1984. 4. 10〉 ③第2項의 任期는 定款으로 그 任期中의 最終의 決算期에 關한 定期株主總會의 終結에 이르기까지 延長할 수 있다. 〈개정 1984. 4. 10〉

3) 이사회의 결의방법

개정상법은 이사회의 결의에 관하여 그 결의요건을 완화하고(제391조 제1항), 아울러 당해 결의에 특별이해관계가 있는 이사의 의결권에 관하여 주주총회결의의 경우의 규정(제371조 제2항)을 준용한다는 뜻을 명정하고 있다(개정상법 제391조 제2항). 이사회를 기동성있게 개최하고 회사의 운영을 원활히 하기 위하여 개정법은 원칙으로 이사 전원의 과반수를 이사회결의의 정족수로 하고, 이 과반수로써 결의가 성립될 수 있도록 그 요건을 완화하고 있다(개정상법 제391조 제1항 본문). 다만, 소수의 이사에 의한 이사회의 자의적인 운영의 염려가 있는 회사에서는 정관상의 특별한 정함으로써 이 정족수 및 결의의 요건을 가중할 수 있게 하고 있다(동조 제1항 단서). 문제는 당해 결의에 대하여 특별한 이해관계를 가지는 이사의 의결권에 관한 경우이다. 그런 이사는 주주총회의 경우와 마찬가지로(상법 제368조 제4항), 그 결의의 공정성을 확보하기 위하여 의결권을 행사할 수 없게 하는 것이 당연하다고 할 것이다. 개정상법은 이 점을 명백히 하기 위하여 주주총회의 경우에 관한 상법 제371조 제2항의 규정을 준용하여 특별이해관계가 있는 이사는 결의에 필요한 출석이사의 과반수에 산입하지 않는다는 뜻을 명정하고 있다(개정상법 제391조 제2항).

개 정 전 상 법	개 정 상 법
第391條 (理事會의 決議方法) ①理事會의 決議는 理事全員의 過半數로 하여야 한다. ②第368條第4項의 規定은 前項의 境遇에 準用한다.	第391條 (理事會의 決議方法) ①理事會의 決議는 理事 過半數의 출석과 出席理事의 過半數로 하여야 한다. 그러나 定款으로 그 比率을 높게 정할 수 있다. ②第368條第4項 및 第371條第2項의 規定은 第1項의 경우에 이를 準用한다. [전문개정 1984. 4. 10]

4) 이사회의 권한

개정전 상법은 이사회의 법정권한사항으로 주주총회의 소집(제362조), 대표이사의 선임(제389조), 이사와 회사간의 소에 관한 대표의 선정(제394조 제1항), 이사와 회사간의 거래의 승인(제398조), 신주의 발행(제416조), 사채의 발행(제469조) 등을 규정하고 있는 외에, 제393조에서 업무집행결정에 관한 일반적인 전속적 권한으로 「會社의 業務執行과 支配人의 選任이나 解任은 理事會의 決議로 한다」고 규정하고 있다. 개정상법은 이에 더하여 지점의 설치 등에 관한 결정권을 이사회의 권한사항으로 하고(제393조 제1항), 아울러 이사회의 이사에 대한 업무집행의 감독권을 명정하고 있다(동조 제2항).

개 정 전 상 법	개 정 상 법
第393條 (業務執行의 決定) 會社의 業務執行과 支配人의 選任이나 解任은 理事會의 決議로 한다.	第393條 (理事會의 權限) ①會社의 業務執行, 支配人의 選任 또는 解任과 支店의 設置·移轉 또는 廢止는 理事會의 決議로 한다. ②理事會는 理事의 職務의 執行을 監督한다. [전문개정 1984. 4. 10]

(3) 감 사

1) 기본방향

개정상법은 주식회사의 감사제도의 개편을 위하여 몇 가지 획기적인 조치를 취하고 있다. 첫째로, 감사의 독립성확보를 위하여 임기를 연장하였고, 둘째로 감사의 권한을 확대, 강화하기 위하여 업무감사에 관한 권한을 인정하였다. 그리고 업무감사권의 부여에 수반하는 여러 가지의 권한을 함께 부여하였다. 셋째로, 감사의 성실한 감사를 도모 내지 담보하기 위한 제도적 장치를 마련하였으니, 감사보고서의 기재사항을 상세히 법정하고, 감사의 조사 · 보고의무의 폭을 넓혔으며, 감사록의 작성을 의무화하고, 감사기간을 연장한 것 등을 들 수 있다.[14]

2) 감사의 임기 신장

개정상법은 개정전 상법 제409조(선임 · 임기)의 표제를 「선임」으로 고치고, 제410조(선임방법)의 표제도 「임기」로 바꾸면서 현행법 제410조 제1항과 제2항을 개정상법 제409조의 제2항과 제3항으로 각각 그 위치를 옮기는 한편, 제409조 제2항의 내용을 수정하여 개정상법 제410조에 규정하였다.

감사의 임기에 관하여는 상법상의 최장기 1년이 2년으로 연장되면서 임기중의 최종의 결산기에 관한 정기총회의 종결시까지 계속되는 것으로 정하여졌다. 개정상법에서 감사의 임기가 2년으로 연장된 이유는 무엇보다도 감사의 지위를 안정시켜 감사의 실효를 기두지는 데 있다. 그리고 상법상 최초감사의 임기의 시기는 회사성립시인가 아니면 취임시인가, 또 회사성립후에 선임된 감사의 임기의 시기도 선임결의시인가, 취임인가 하는 의문의 여지가 있었다. 그러나 개정상법은 이를 입법적으로 해결하여 회사성립 전후를 불문하고 취임시를 그 임기의 기산점으로 하였다. 한편, 임기의 종기에 관하여 개정전 상법은 임기의 최장한(最長限)을 정하기 때문에, 시기가 결정되면 곧 종기도 결정되었으나, 개정상법은 종기에 관하여 취임 후 2년 내에 최종의 결산시에 관한 정기총회의 종결시까지로 한다고 정함으로써 시기가 정하여졌다고 하여 당연히 종기가 결정되는 것은 아니다. 「就任後 2年內의 最終의 決算期에 관한 定期總會의 終結時」란 취임 후 2년 내에 몇 회의 정기총회가 개최되든 임기중의 최종결산기에 관한 정기총회를 의미한다. 이렇게 정하면 취임시기 여하에 따라서 또는 임기중에 정관으로 결산기를 변경함에 따라 구체적인 임기는 2년보다 길 수도 짧을 수도 있게 된다. 개정법은 제410조에서 감사의 임기를 취임 후 2년 내의 최종의 결산기에 관한 정기총회의 종결시까지로 한다고 정하였으므로, 「理事의 任期는 定款으로 그 任期中의 最終의 決算期에 관한 定期株主總會의 終結에 이르기까지 延長할 수 있다」고 정한 개정전 상법 제393조 제3항을

14) 朴吉俊, 監事의 法的 地位에 관한 小考, 商事法硏究 제4집(1986), 319-337면 참조.

감사에게 준용할 필요가 없어졌다. 따라서 개정상법은 제415조에서 제383조 제3항을 감사에 준용한다는 규정을 삭제하였다.

<table>
<tr><th>개 정 전 상 법</th><th>개 정 상 법</th></tr>
<tr><td>第409條 (選任, 任期) ① (생 략)
②監事의 任期는 1年을 超過하지 못한다.

〈신 설〉</td><td>第409條 (選任) ① (현행과 같음)
②議決權없는 株式을 제외한 發行株式의 總數의 100分의 3을 초과하는 數의 株式을 가진 株主는 그 초과하는 株式에 관하여 第1項의 監事의 選任에 있어서는 議決權을 行使하지 못한다. 〈개정 1984. 4. 10〉
③會社는 定款으로 第2項의 比率보다 낮은 比率을 정할 수 있다. 〈개정 1984. 4. 10〉</td></tr>
<tr><td>第410條 (選任方法) ①議決權없는 株式을 除外한 發行株式의 總數의 100分의 3을 超過하는 數의 株式을 가진 株主는 그 超過하는 株式에 關하여는 前條第1項의 監事의 選任에 있어서는 議決權을 行使하지 못한다.
②會社는 定款으로 前項의 比率보다 낮은 比率을 定할 수 있다.</td><td>第410條 (任期) 監事의 任期는 就任후 2年내의 最終의 決算期에 관한 定期總會의 終結時까지로 한다.
[전문개정 1984. 4. 10]</td></tr>
</table>

3) 감사의 권한강화

개정상법은 먼저 제412조 제1항에서 감사는 이사의 「직무의 집행」을 감사한다고 정하여, 감사의 직무권한을 회계감사뿐만 아니라, 소위 「업무감사」에도 미친다는 점을 명백히 하고, 이어 제2항에서는 감사는 언제든지 이사에 대하여 「영업전반」에 관한 보고를 요구하거나 회사의 업무와 재산상태를 조사할 수 있다고 정하여, 「회계」에 관하여만 보고를 요구할 수 있고, 「특히 필요한 때」에 한하여 조사권을 인정하고 있는 개정전 상법 동조에 비하여 감사의 권한을 크게 확대시켰다. 그리고 개정법 제413조에서도 감사는 이사가 주주총회에 제출할 「의안 및 서류」 전부를 조사하여 「法令 또는 定款에 違反하거나 현저하게 不當한 事項이 있는지의 與否」에 관하여 주주총회에 그 의견을 진술하여야 할 감사의 의견에 포함되어야 할 사항을 구체적으로 명시하였다.

상법상 이사회소집통지는 각 이사에게만 하면 되도록 되어 있고(제390조 제2항), 이사회는 이사 전원의 동의가 있는 때에는 소집통지절차를 생략하고 언제든지 회의를 할 수 있도록 되어 있다(제390조 제3항). 이에 비하여 개정상법은 각 이사뿐만 아니라, 감사에게도 이사회소집통지를 하도록 하는 한편(개정상법 제390조 제2항), 이사회소집절차의 생략도 이사 전원의 동의 외에 감사의 동의도 받아야 하도록 규정하였다(개정상법 제390조 제3항). 이것은 감사의 이사회출석을 확보하기 위한 조치이다. 즉, 개정상법은 감사에게 회계감사권뿐만 아니라, 업무감사권까지도 인정하고 제391조의2의 규정을 신설하여 감사도 이사회에 출석하여 그 의견을 진술할 권한을 부여하였다.

개정상법은 제391조의2의 규정을 신설하여 감사의 이사회출석 · 의견진술권(제1항)과 이사회에서의 보고의무를 명문화하였다(제2항). 감사의 업무감사권의 실효를 거두기 위하여는 감사가 이사회에 출석하여 그 의견을 진술할 권한이 반드시 부여되어야 할 것이다. 또 이사회가 그 업무집행을 위한 의사를 결정함에 있어 감사는 자기의 의견을 진술하고, 위법 또는 현저히 부당한 결의가 성립하는 것을 사전에 방지하여 회사의 업무집행의 적정을 기할 수 있게 하는 것이 합리적인 것이다(개정상법 제391조의2 제1항).

그리고 개정상법에서는 감사는 이사가 「法令 또는 定款에 違反한 行爲를 하거나 그 行爲를 할 염려가 있다고 인정한 때」에는 그러한 이사의 위법행위를 이사회에 보고하여, 구체적 손해가 문제가 될 때까지 기다리지 아니하고, 사전에 이를 견제할 법적 장치를 마련하였다(개정상법 제391조의2 제2항).

개정상법은 제391조의3의 규정을 신설하여 그 제1항에서 「理事會의 議事에 관하여는 議事錄을 作成하여야 한다」고 정하고, 그 제2항에서는 「議事錄에는 議事의 經過要領과 그 結果를 記載하고 출석한 理事 및 監事가 記名捺印하여야 한다」고 정하였다.

개정상법은 회사와 이사간의 소에 관하여는 감사가 당연히 그 소에 관한 회사대표권을 갖는 것으로 하고, 이사회 또는 주주총회에 의한 회사대표자의 선정은 인정하지 아니하였다(개정상법 제394조 1문). 이와 관련하여 소수주주가 이사의 책임을 추궁하는 소(訴)를 회사에 청구하였을 경우(제403조)에도 역시 감사가 회사를 대표하여 문제된 이사를 상대로 한 소를 제기하도록 하였다(개정상법 제394조 2문). 개정전 상법에는 이사의 위법행위에 대한 유지청구권은 소수주주에게만 인정되고 있는데, 개정상법은 감사에게도 이를 인정하였다(개정법 제402조). 이것 역시 개정상법에서 감사의 직무권한이 확대되어 업무감사까지 인정됨에 따라 취하여진 일련의 조치 중의 하나이다.

그 밖에 개정상법에 의하면, 이사 및 주주에 추가하여 감사에게도 각종의 소권(訴權)이 부여되고 있다. 예컨대 회사설립무효의 소권(제328조)을 비롯하여, 총회결의취소의 소권(개정법 제376조), 신주발행무효의 소권(제429조), 자본감소무효의 소권(개정법 제445조), 합병무효의 소권(제529조) 등과 같다.

개 정 전 상 법	개 정 상 법
第390條 (理事會의 召集) ① (생 략) ②理事會를 召集함에는 會日을 定하고 그 1週間前에 各理事에 對하여 通知를 發送하여야 한다. 그러나 그 期間은 定款으로 短縮할 수 있다. ③理事會는 理事全員의 同意가 있는 때에는 前項의 節次없이 언제든지 會議할 수 있다.	第390條 (理事會의 召集) ① (현행과 같음) ②理事會를 召集함에는 會日을 定하고 그 1週間前에 各理事 및 監事에 對하여 通知를 發送하여야 한다. 그러나 그 期間은 定款으로 短縮할 수 있다. 〈개정 1984. 4. 10〉 ③理事會는 理事 및 監事全員의 同意가 있는 때에는 第2項의 節次없이 언제든지 會議할 수 있다. 〈개정 1984. 4. 10〉
〈신 설〉	第391條의2 (監事의 理事會出席・意見陳述權) ①監事는 理事會에 출석하여 의견을 陳述할 수 있다. ②監事는 理事가 法令 또는 定款에 違反한 行爲를 하거나 그 行爲를 할 염려가 있다고 인정한 때에는 理事會에 이를 보고하여야 한다. 〈개정 1984. 4. 10〉
〈신 설〉	第391條의3 (理事會의 議事錄) ①理事會의 議事에 관하여는 議事錄을 作成하여야 한다. ②議事錄에는 議事의 經過要領과 그 결과를 記載하고 출석한 理事 및 監事가 記名捺印하여야 한다. 〈개정 1984. 4. 10〉
第394條 (理事와 會社間의 訴에 關한 代表) ①會社가 理事에 對하여 또는 理事가 會社에 對하여 訴를 提起하는 境遇에는 理事會는 그 訴에 關하여 會社를 代表할 者를 選定하여야 한다. ②株主總會는 前項의 規定에 不拘하고 會社를 代表할 者를 選定할 수 있다.	第394條 (理事와 會社間의 訴에 관한 代表) 會社가 理事에 대하여 또는 理事가 會社에 대하여 訴를 提起하는 경우에 監事는 그 訴에 관하여 會社를 代表한다. 會社가 第403條第1項의 請求를 받음에 있어서도 같다. [전문개정 1984. 4. 10]
第412條 (報告請求, 調査權限) ①監事는 언제든지 會計의 帳簿와 書類를 閱覽 또는 謄寫할 수 있고 理事에 對하여 會計에 關한 報告를 要求	第412條 (職務와 報告要求・調査의 權限) ①監事는 理事의 職務의 執行을 監査한다. ②監事는 언제든지 理事에 대하여 營業에 관한

할 수 있다. ②監事는 그 職務의 遂行을 爲하여 特히 必要한 때에는 會社의 業務와 財産狀態를 調査할 수 있다.	보고를 要求하거나 會社의 業務와 財産狀態를 調査할 수 있다. [전문개정 1984. 4. 10]
第413條 (調査, 報告의 義務) 監事는 理事가 株主總會에 提出할 會計에 關한 書類를 調査하여 株主總會에 그 意見을 陳述하여야 한다.	第413條 (調査・보고의 義務) 監事는 理事가 株主總會에 제출할 議案 및 書類를 調査하여 法令 또는 定款에 違反하거나 현저하게 부당한 事項이 있는지의 與否에 관하여 株主總會에 그 의견을 陳述하여야 한다. [전문개정 1984. 4. 10]

4) 감사의 충실화 도모

개정상법에 있어 감사의 의무에 관한 개정사항은 2가지이다. 하나는 감사의 조사・보고의무의 강화(제413조)이고, 다른 하나는 신설조항인 감사록의 작성(제413조의2)이다. 신설한 감사록의 작성에 있어서는 감사에게 감사록작성의무를 부과하고(제413조의2 제1항), 동시에 그 기재사항을 법정하였으며, 그 감사록에 기명날인을 할 것을 의무화하였다. 감사록에 기재하여야 할 사항이란 감사실시요령 및 그 실시결과이다.

개정상법은 제447조의4의 규정을 신설하여 감사에게 감사보고서를 이사에게 제출할 의무를 부과하면서 그 제출시기를 법정함(제1항)과 동시에, 감사보고서의 기재사항을 구체화하여 11가지를 명시하였다(제2항). 개정전 상법하에서도 감사는 감사보고를 할 의무가 있으나(제413조), 개정상법에서는 「감사보고서」라는 명확한 용어를 사용하였다. 또 개정상법에서는 재무제표의 제출시기를 그것을 받은 날로부터 4주간 내라고 정하여 충분한 감사기간이 확보되도록 하였다. 실질적인 감사기간을 현재의 1주간에서 4주간으로 연장한 것이다. 개정법에서는 이사가 정기총회 회일의 6주간 전에 재무제표와 영업보고서를 감사에게 제출하면(제447조의3) 감사는 그 서류를 받은 날로부터 4주간 내에 감사보고서를 이사에게 제출하고(제447조의4 제1항), 이사는 다시 이러한 서류와 감사보고서를 정기총회 회일의 1주간 전부터 본점에는 5년간 그 등본을, 지점에는 3년간 비치하게 되어 있으므로(제448조 제1항) 감사기간이 4주간으로 연장된 것이다.[15]

---

15) 孫珠瓚 外 4인 共著, 위의 책, 100면.

개 정 전 상 법	개 정 상 법
第412條 (報告請求, 調査權限) ①監事는 언제든지 會計의 帳簿와 書類를 閱覽 또는 謄寫할 수 있고 理事에 對하여 會計에 關한 報告를 要求할 수 있다. ②監事는 그 職務의 遂行을 爲하여 特히 必要한 때에는 會社의 業務와 財産狀態를 調査할 수 있다.	第412條 (職務와 報告要求・調査의 權限) ①監事는 理事의 職務의 執行을 監査한다. ②監事는 언제든지 理事에 대하여 營業에 관한 보고를 要求하거나 會社의 業務와 財産狀態를 調査할 수 있다. [전문개정 1984. 4. 10]
第413條 (調査, 報告의 義務) 監事는 理事가 株主總會에 提出할 會計에 關한 書類를 調査하여 株主 總會에 그 意見을 陳述하여야 한다.	第413條 (調査・보고의 義務) 監事는 理事가 株主總會에 제출할 議案 및 書類를 調査하여 法令 또는 定款에 違反하거나 현저하게 부당한 事項이 있는지의 與否에 관하여 株主總會에 그 의견을 陳述하여야 한다. [전문개정 1984. 4. 10]
〈신 설〉	第413條의2 (監査錄의 作成) ①監事는 監査에 관하여 監査錄을 作成하여야 한다. ②監査錄에는 監査의 實施要領과 그 결과를 記載하고 監査를 實施한 監事가 記名捺印하여야 한다. 〈개정 1984. 4. 10〉
〈신 설〉	第447條의4 (監査報告書) ①監事는 第447條의3의 書類를 받은 날로부터 4週間내에 監査報告書를 理事에게 제출하여야 한다. ②第1項의 監査報告書에는 다음의 事項을 記載하여야 한다. 〈개정 1984. 4. 10〉 1. 監査方法의 槪要 2. 會計帳簿에 記載할 事項의 記載가 없거나 不實記載된 경우 또는 貸借對照表나 損益計算書의 記載가 會計帳簿의 記載와 合致되지 아니하는 경우에는 그 뜻 3. 貸借對照表 및 損益計算書가 法令 및 定款에 따라 會社의 財産 및 損益狀態를 정확하게 표시하고 있는 경우에는 그 뜻 4. 貸借對照表 또는 損益計算書가 法令 또는 定款에 違反하여 會社의 財産 및 損益狀態가 정확하게 표시되지 아니하는 경우에는 그 뜻과 事由 5. 貸借對照表 또는 損益計算書의 作成에 관한 會計方針의 變更이 妥當한지의 與否와 그 이유 6. 營業報告書가 法令 및 定款에 따라 會社의 狀況을 정확하게 표시하고 있는지의 與否 7. 利益剩餘金處分計算書 또는 缺損金處理計

	算書가 法令 및 定款에 적합한지의 與否 8. 利益剩餘金處分計算書 또는 缺損金處理計算書가 會社財産의 狀態 기타의 事情에 비추어 현저하게 부당한 경우에는 그 뜻 9. 第447條의 附屬明細書에 記載할 事項의 記載가 없거나 不實記載된 경우 또는 會計帳簿·貸借對照表·損益計算書나 營業報告書의 記載와 合致되지 아니하는 記載가 있는 경우에는 그 뜻 10. 理事의 職務遂行에 관하여 不正한 行爲 또는 法令이나 定款의 規定에 違反하는 중대한 事實이 있는 경우에는 그 事實 11. 監査를 하기 위하여 필요한 調査를 할 수 없었던 경우에는 그 뜻과 이유

5. 주식회사의 자금조달

(1) 기본방향

금번 상법개정작업의 초점을 이루었던 자금조달에 관한 개정의 기본원리는 첫째, 자금조달의 탄력성·기동성·효율성의 확보, 둘째 채권자보호주의 반성, 셋째 자본의 자유화·국제화에의 대비 등으로 요약할 수 있다. 이와 관련하여 최저자본의 법정, 수권자본제도의 강화, 주식양도방법의 개선, 이사회의 준비금자본전입권의 인정, 주식배당제도의 도입을 이미 언급한 것을 제외하고, 앞으로 다룰 주식회사의 계산에서 다루기로 하고, 여기서는 신주발행과 사채제도에 관하여 설명하기로 한다.

(2) 신주인수권의 양도성

개정전 상법에는 신주인수권의 양도에 관하여 명시적 규정이 없으므로 개정상법에서는 이를 명문화하고, 그 방법은 신주인수권증서의 교부에 의하도록 하였다.

1) 신주인수권의 양도성의 명문화

신주인수권(preemptive rights)이란 회사성립 후 발행되는 신주의 배정을 우선적으로 받을 수 있는 권리이며, 이 권리가 주주에게 부여되어 있는 경우에는 주주의 신주인수권이라 하고, 제3자에게 부여되어 있는 경우에는 제3자의 신주인수권이라 한다. 개정상법에서는 주주의 신주인수권을 원칙적으로 이사회의 결의에 의하여 양도할 수 있음을 명문화하고(제416조 제5호), 양도방법으로서는 신주인수권증서제도를 도입하였다(제420조의3 제1항). 다만 모든 주주가 신주인수권을 양도하지 않을 것이므로, 회사의 사무번잡과 신주인수권증서의 상실에 대비하기 위하여 신주인수권증서의 발행을 일반적으로 강제하지 아니하고, 이사회의 결의로 주주의 청구가 있는 때에만 발행한다는 것과 그 청구기간을 정할 수 있도록 하였다(제416조 제6호).

신주인수권의 양도를 인정하고 신주인수권증서제도를 도입함에 따라 신주인수권자에 대한 실권예고부최고에 있어서도 신주인수권을 양도할 수 있다는 것과 신주인수권증서의 청구기간을 통지·공고하도록 하여 주주의 이익보호에 만전을 기하였다(개정상법 제419조 제1항, 제2항). 통지·공고의 기간은 개정전 상법에 있어서와 같이 신주청약기일의 2주간 전까지로 하였다(개정상법 제419조 제3항).

개 정 전 상 법	개 정 상 법
第416條 (發行事項의 決定) 會社가 그 成立後에 株式을 發行하는 境遇에는 다음의 事項으로서 定款에 規定이 없는 것은 理事會가 이를 決定한다. 그러나 本法에 다른 規定이 있거나 定款으로 株主總會에서 決定하기로 定한 境遇에는 그러하지 아니하다. 1. ~ 4. (생 략) 〈신 설〉 〈신 설〉	第416條 (發行事項의 決定) 會社가 그 成立後에 株式을 發行하는 境遇에는 다음의 事項으로서 定款에 規定이 없는 것은 理事會가 이를 決定한다. 그러나 本法에 다른 規定이 있거나 定款으로 株主總會에서 決定하기로 定한 境遇에는 그러하지 아니하다. 〈개정 1984. 4. 10〉 1. ~ 4. (현행과 같음) 5. 株主가 가지는 新株引受權을 讓渡할 수 있는 것에 관한 事項 6. 株主의 請求가 있는 때에만 新株引受權證書를 발행한다는 것과 그 請求期間
第419條 (新株引受權者에 對한 催告) ①會社는 一定한 期日을 定하고 그 期日의 2週間前에 新株의 引受權을 가진 者에게 그 者가 引受權을 가지는 株式의 種類와 數 및 그 期日까지 株式引受의 請約을 하지 아니하면 그 權利를 잃는다는 뜻의 通知를 하여야 한다. ②會社가 無記名式의 株券을 發行한 때에는 前項의 期日의 2週間前에 前項의 事項을 公告하여야 한다.	第419條 (新株引受權者에 대한 催告) ①會社는 新株의 引受權을 가진 者에 대하여 그 引受權을 가지는 株式의 種類 및 數와 一定한 期日까지 株式引受의 請約을 하지 아니하면 그 權利를 잃는다는 뜻을 통지하여야 한다. 이 경우 第416條第5號 및 第6號에 規定한 事項의 정함이 있는 때에는 그 내용도 통지하여야 한다. ②會社가 無記名式의 株券을 발행한 때에는 第1項의 事項을 公告하여야 한다.

〈신 설〉	③第1項의 통지 또는 第2項의 公告는 第1項의 期日의 2週間전에 이를 하여야 한다.
③前2項의 通知 또는 公告에도 不拘하고 그 期日까지 株式引受의 請約을 하지 아니한 때에는 新株의 引受權을 가진 者는 그 權利를 잃는다.	④第1項의 통지 또는 第2項의 公告에도 불구하고 그 期日까지 株式引受의 請約을 하지 아니한 때에는 新株의 引受權을 가진 者는 그 權利를 잃는다. [전문개정 1984. 4. 10]

2) 신주인수권의 양도방법

개정상법은 신주인수권의 양도성을 명문화하면서 그 양도방법으로서는 신주인수권증서제도를 도입하였다. 즉, 주식의 양도방법을 주권교부에 의하도록 개정한 것(제336조 제1항)과 균형을 맞추어 신주인수권의 양도방법도 신주인수권증서의 교부로 제한하였다(제420조의3 제1항). 또 신주인수권증서의 점유자를 적법한 소지인으로 추정하고 신주인수권증서의 선의취득을 인정하는 것도 주식에 있어서와 같다(개정상법 제420조의3 제2항, 제336조 제2항, 제359조)

신주인수권증서의 발행은 그 청구기간을 정한 때(개정상법 제416조 제6호)에는 그 기간내에, 그 기간을 정하지 아니한 때에는 신주청약기일(제419조 제1항)의 2주간전에 발행하여야 한다. 실무상으로는 실권예고부최고의 통지와 함께(제419조 제1항 및 제3항) 신주인수권증서를 모든 주주에게 송부하게 될 것이다. 신주인수권증서는 신주인수권을 표창하는 유가증권인 동시에 주식청약에 필요한 서류이므로(제420조의4), ① 신주인수권증서라는 뜻의 표시, ② 주식청약서의 기재사항(제420조), ③ 신주인수권의 목적인 주식의 종류와 수, ④ 일정기일까지 주식의 청약을 하지 아니한 때에는 그 권리를 잃는다는 뜻 등을 기재하고 대표이사가 기명날인하도록 하였다(제420조의2 제2항).

	개 정 상 법
〈신설〉	第420條의2 (新株引受權證書의 발행) ①第416條第5號에 規定한 事項을 정한 경우에 會社는 同條第6號의 정함이 있는 때에는 그 정함에 따라, 그 정함이 없는 때에는 第419條第1項의 期日의 2週間전에 新株引受權證書를 발행하여야 한다. ②新株引受權證書에는 다음 事項과 番號를 記載하고 理事가 記名捺印하여야 한다. 1. 新株引受權證書라는 뜻의 표시 2. 第420條에 規定한 事項 3. 新株引受權의 目的인 株式의 種類와 數 4. 一定期日까지 株式의 請約을 하지 아니할 때에는 그 權利를 잃는다는 뜻

	〈개정 1984. 4. 10〉
〈신설〉	第420條의3 (新株引受權의 讓渡) ①新株引受權의 讓渡는 新株引受權證書의 交付에 의하여서만 이를 행한다. ②第336條第2項 및 手票法 第21條의 規定은 新株引受權證書에 관하여 이를 準用한다. 〈개정 1984. 4. 10〉

3) 신주인수권증서에 의한 청약

신주인수권증서(新株引受權證書)를 발행한 경우에는 신주인수권은 신주인수권증서에 화체되어 유통되기 때문에 신주의 청약은 반드시 신주인수권증서에 의하도록 하고(개정상법 제420조의4 제1항), 신주인수권증서의 교부에 의하여 권리자인 것을 증명하지 아니하면 그 권리를 행사할 수 없도록 하였다. 다만 신주인수권증서를 상실한 경우에 그 재발행은 공시최고절차에 의한 제권판결이 있어야 할 것이나(상법 제360조, 민사소송법 제463조), 신주인수권증서와 같이 극히 단기간의 유통만이 예정된 유가증권에는 이를 인정할 실익이 없다. 그러므로 신주인수권증서를 상실한 자에 대하여는 주식청약서에 의하여 청약을 할 수 있도록 그 구제조치를 마련하고 있다(개정상법 제420조의4 제2항 본문). 그러나, 주식청약서 이외에 신주인수권증서에 의한 이중의 청약이 상충될 우려가 있으므로, 이 경우에는 신주인수권증서에 의한 청약을 주식청약서에 의한 청약에 우선시켜야 할 것이다(개정상법 제420조의4 제2항 단서). 이는 신주인수권증서의 점유자를 적법한 소지인으로 추정하기 때문이다(개정상법 제420조의3 제2항).

이와 같이 주식의 청약은 주식청약서뿐만 아니라, 신주인수권증서에 의하여서도 하게 되므로(개정법 제420조의4), 신주인수권증서의 요건이 흠결된 경우에는 주식인수의 무효를 주장할 수도 있으나 변경등기 후 1년을 경과한 때에는 주식청약서요건의 흠결의 경우와 같이 이를 주장할 수 없다(개정상법 제427조).

개 정 상 법	
〈신설〉	第420條의4 (新株引受權證書에 의한 請約) ①新株引受權證書를 발행한 경우에는 新株引受權證書에 의하여 株式의 請約을 한다. 이 경우에는 第302條第1項의 規定을 準用한다. ②新株引受權證書를 喪失한 者는 株式請約書에 의하여 株式의 請約을 할 수 있다. 그러나, 그 請約은 新株引受權證書에 의한 請約이 있는 때에는 그 效力을 잃는다. 〈개정 1984. 4. 10〉

(3) 불공정가액에 의한 신주인수인의 책임

개정상법은 제424조의2를 신설하여 불공정한 가액으로 신주를 인수한 자의 책임을 정하였다. 즉, 이사와 통모하여 현저하게 불공정한 발행가액으로 주식을 인수한 자는 회사에 대하여 공정한 발행가액과의 차액에 상당한 금액을 지급할 의무가 있다고 규정하였다(제424조의2 제1항). 신주의 발행가액은 이사회가 결정하도록 되어 있는데(개정전상법 제416조 제2호), 이사와 신주인수인이 통모하여 현저하게 불공정한 가액으로 신주를 발행·인수시킨 이사는 물론 이로 인하여 회사가 입은 손해를 배상할 책임을 지게 되지만(제399조), 인수인은 아무런 책임도 없다. 그러나 이와 같은 경우에는 현저히 불공정한 가액으로 신주를 인수한자에 대하여도 그 책임을 물어 회사와 주주의 손해보전에 만전을 기하도록 함이 옳을 것이다.

주주는 신주인수권을 행사하는 경우라도, 예컨대 단주나 실권주를 현저하게 불공정한 발행가액으로 제3자에게 처분하면 개정상법 제424조의2의 적용을 받게 된다. 요컨대 불공정가액에 의한 주식인수인의 책임은 회사와 주주의 이익보호 이외에 시가발행의 간접유도, 이사회의 단주·실권주처리에 있어서의 신중, 총회꾼 대책 등의 가중효과를 거둘 수 있을 것이다. 개정상법은 이어서 불공정가액에 의한 주식인수인의 차액납입의무이행을 확보하기 위하여 주주의 대표소송제도(제403조 내지 제406조)를 준용하도록 하였다(개정법 제424조의2 제2항). 그리고 불공정가액에 의한 주식인수인의 차액납입이 있더라도 이사의 회사 및 주주에 대한 손해배상책임(제399조, 제401조)이 면제되지 않는다는 점을 명시하였다(개정법 제424조의2 제3항).

	개 정 상 법
〈신설〉	第424條의2 (不公正한 價額으로 株式을 引受한 者의 責任) ①理事와 通謀하여 현저하게 不公正한 發行價額으로 株式을 引受한 者는 會社에 대하여 公正한 發行價額과의 差額에 상당한 金額을 支給할 義務가 있다. ②第403條 내지 第406條의 規定은 第1項의 支給을 請求하는 訴에 관하여 이를 準用한다. ③第1項 및 第2項의 規定은 理事의 會社 또는 株主에 대한 損害賠償의 責任에 影響을 미치지 아니한다. 〈개정 1984. 4. 10〉

(4) 신주배정일

개정상법에서는 회사가 신주발행시 신주배정일을 지정·공고하게 하여 주식인수인이 신주배정일 이전에 명의개서를 할 수 있도록 하였다. 주주권행사를 위한 일반적인 기준일제도(제354조) 이외에 신주배정일제도를 따로 설정하여 현재의 기업관행을 강행법규로 명문화하고, 실질적인 주주인 현재의 주식인수인이 명의개서를 해태하여 신주인수권행사의 기회를 잃어버리는 일이 없도록 하여야 한다. 그러므로 신주인수시에는 반드시 신주배정일을 정하고 그 2주간 전에 이를 공고하도록 하였다(개정상법 제418조 제2항 본문). 다만 신주배정일이 주주명부폐쇄기간중인 경우에는 명의개서의 시간적 여유를 보장하기 위하여 폐쇄 2주간 전에 공고하도록 하였다(개정상법 제418조 제2항 단서). 그리고 신주인수권의 양도를 인정한 경우에는 그 뜻도 공고의 내용에 포함시키도록 하였다(개정상법 제418조 제2항 본문).

신주배정일제도는 무상의 신주발행인 준비금의 자본전입시에도 원용된다. 개정상법이 준비금의 자본전입권을 주주총회에서 이사회로 넘김에 따라 유상의 신주발행의 경우에도 신주배정일제도를 도입하였다. 즉, 이사회의 자본전입결의후 일정한 날을 정하여 그 날에 주주명부에 기재한 주주가 무상신주의 주주가 되는 것으로 하고, 이를 그 2주간 전에 공고하도록 하였다(개정상법 제461조 제3항). 따라서 정관에 의하여 자본전입권이 주주총회에 부여되어 있는 경우(개정상법 제461조 제1항 단서)에는 별도의 신주배정일이나 명의개서는 불필요하므로, 주주가 되는 시기를 현행상법에 있어서와 같이 주주총회의 결의일로 하였다(개정상법 제461조 제4항).

개 정 전 상 법	개 정 상 법
第418條 (新株引受權의 內容) 株主는 定款에 다른 定함이 없으면 그가 가진 株式의 數에 따라서 新株의 配定을 받을 權利가 있다. 〈신 설〉	第418條 (新株引受權의 내용 및 配定日의 指定·公告) ①株主는 定款에 다른 定함이 없으면 그가 가진 株式의 數에 따라서 新株의 配定을 받을 權利가 있다. ②會社는 一定한 날을 정하여 그 날에 株主名簿에 記載된 株主가 第1項의 權利를 가진다는 뜻과 新株引受權을 讓渡할 수 있을 경우에는 그 뜻을, 그 날의 2週間전에 公告하여야 한다. 그러나, 그 날이 第354條第1項의 期間중인 때에는 그 期間의 初日의 2週間전에 公告하여야 한다. 〈개정 1984. 4. 10〉

(5) 신주의 효력발생시기

개정상법은 신주발행시 주주가 되는 시기를 상법상 「납입기일」로 되는 것을

「납입기일의 다음날」로 조정하였다. 주주가 되는 시기가 불명확하거나 획일적으로 처리되지 못함으로써 해석론적으로 의문도 생길 뿐만 아니라 주권의 발행시기, 배당금의 산정, 의결권 등 주주권의 행사에 관한 실무적인 문제까지 야기시킨다. 그러므로 납입기일은 납입해태의 효과가 발생하는 기일로서만 규정하고(개정상법 제423조 제2항), 주주가 되는 시기는 납입기일의 익일로 한 것이다(개정상법 제423조 제1항).

개 정 전 상 법	개 정 상 법
第423條 (株主가 되는 時期, 納入懈怠의 效果) ①新株의 引受人은 納入 또는 現物出資의 履行을 한 때에는 納入期日로부터 株主의 權利義務가 있다. ②新株의 引受人이 納入期日에 納入 또는 現物出資의 履行을 하지 아니한 때에는 그 權利를 잃는다. ③前項의 規定은 新株의 引受人에 對한 損害賠償의 請求에 影響을 미치지 아니한다.	第423條 (株主가 되는 時期, 納入懈怠의 效果) ①新株의 引受人은 納入 또는 現物出資의 履行을 한 때에는 納入期日의 다음 날로부터 株主의 權利義務가 있다. 〈개정 1984. 4. 10〉 ② (생 략) ③第2項의 規定은 新株의 引受人에 對한 損害賠償의 請求에 影響을 미치지 아니한다. 〈개정 1984. 4. 10〉

(6) 사 채

1) 사채발행한도

사채총액을 실효성이 없이 제한하게 되면 기업의 자금조달의 길만 막고 결국 운영자금의 고갈로 흑자도산을 속출시키는 결과를 초래하게 된다. 따라서 이론적으로는 아무 실효성없는 사채총액의 한도를 없애거나 아예 그 제한을 철폐해 버리자는 의견도 나올 수 있다. 개정상법은 상법상으로 사채의 모집한도를 자본과 준비금의 총액의 2배 또는 회사에 현존하는 순재산액이 이에 미달되는 경우에는 순재산액의 2배의 범위 내로 확대하여도 무방하다(제470조)는 입장을 취하였다.

개 정 전 상 법	개 정 상 법
第470條 (總額의 制限) ①社債의 總額은 資本과 準備金의 總額을 超過하지 못한다. ②最終의 貸借對照表에 依하여 會社에 現存하는 純財産額이 資本과 準備金의 總額에 達하	第470條 (總額의 制限) ①社債의 總額은 資本과 準備金의 總額의 2倍를 超過하지 못한다. 〈개정 1984. 4. 10〉 ②最終의 貸借對照表에 依하여 會社에 現存하는 純財産額이 資本과 準備金의 總額에 達하

지 못할 때에는 社債의 總額은 그 財産額을 超過하지 못한다. ③ (생 략)	지 못할 때에는 社債의 總額은 그 財産額의 2倍를 초과하지 못한다. 〈개정 1984. 4. 10〉 ③ (현행과 같음)

2) 사채의 금액

개정상법에서는 주식회사의 주금액을 5,000원 이상(제329조 제4항), 유한회사의 출자단위금액을 5,000원 이상(제546조 제2항)으로 각각 인상한 것과 균형을 맞추기 위하여, 사채금액을 10,000원 이상으로 조정하였다(제472조 제1항).

개 정 전 상 법	개 정 상 법
第472條 (社債의 金額) ①各社債의 金額은 千圜以上으로 하여야 한다. ② (생 략)	**第472條** (社債의 金額) ①各社債의 金額은 1萬원이상으로 하여야 한다. 〈개정 1984. 4. 10〉 ② (현행과 같음)

3) 사채등기제도

사채등기에 관한 개정전 상법 제477조를 삭제하여 사채등기제도를 폐지하였다. 사채는 자본과는 달리 회사의 조직 자체에 직접적 관계가 없고, 일정기간 후에 상환하여야 할 채무에 불과하므로 공시의 실익이 거의 없기 때문이다. 다만 전환사채와 신주인수권부사채는 잠재적 주식이므로 등기할 필요가 있으므로 이를 존치시켰다(개정상법 제514조의2, 제516조의7).

전환사채를 발행한 경우에는 ① 전환사채의 총액, ② 각 전환사채의 금액, ③ 각 전환사채의 납입금액, ④ 전환사채청약서기재사항 등을 사채총액의 납입일로부터 2주(본점), 또는 3주(지점) 이내에 등기하여야 하며(개정상법 제514조의2 제1항), 전환사채를 외국에서 모집하고 등기사항이 외국에서 생긴 때에는 등기기간은 통지도달일로부터 기산한다(개정상법 제514조의2 제4항).

회사가 신주인수권부사채를 발행한 경우에도 ① 신주인수권부사채라는 뜻, ② 신주의 인수권의 행사로 인하여 발행한 주식의 발행가액의 총액, ③ 각 신주인수권부사채의 금액, ④ 각 신주인수권부사채의 납입금액, ⑤ 신주인수권부사채의 총액, ⑥ 각 신주인수권부사채에 부여된 신주의 인수권의 내용, ⑦ 신주의 인수권을 행사할 수 있는 기간을 등기하여야 한다(개정법 제516조의7 제1항). 등기기간의 기산일 등에 관하여는 전환사채의 등기규정(개정법 제514조의2)을 준용하고 있다(개정상법 제516조의7 제2항).

개 정 전 상 법	개 정 상 법
第477條 (登記) ①會社는 前條의 規定에 依한 納入이 完了한 때에는 그 完了의 날로부터 本店所在地에서는 2週間內, 支店所在地에서는 3週間內에 社債의 登記를 하여야 한다. ②前項의 登記에서는 다음의 事項을 登記하여야 한다. 1. 第474條第2項第4號, 第5號, 第7號, 第8號와 第13號에 揭記한 事項 2. 各社債의 納入金額 ③第183條의 規定은 前項의 登記에 準用한다. ④外國에서 社債를 募集한 境遇에 登記할 事項이 外國에서 생긴 때에는 登記期間은 그 通知가 到達한 날로부터 起算한다.	제477조를 폐지한다. 〈개정 1984. 4. 10〉

4) 전환사채

전환사채(convertible bonds)란 주식으로의 전환권이 인정되는 사채이므로 사채와 주식의 중간적인 성질을 가지고 있으며, 따라서 주식회사의 자금조달방법으로서 가장 이상적인 형태에 속한다. 따라서 전환사채의 발행을 유도하기 위하여서는 전환사채발행권을 이사회에 부여하는 것이 바람직하며, 신주발행이나 일반사채발행이 원칙적으로 이사회결의사항이기 때문에 개정상법은 법제의 균형을 이루기 위하여 전환사채의 발행도 원칙상 이사회결의로 하고, 예외적으로 정관의 규정이나 주주총회의 보통결의에 의하여서도 전환사채를 발행할 수 있도록 하였다(제513조 제2항). 다만 기존주주를 보호하기 위하여 전환사채인수권을 주주에게 부여하여야 하며, 그렇지 않은 경우에는 정관이나 주주총회의 특별결의를 요하게 하는 동시에(제513조 제3항), 그러한 주주총회의 소집절차·공고에는 의안의 요령까지 기재하도록 하였다(제513조 제4항).

이와 같이 전환사채의 발행권을 이사회가 가지나 주주보호의 요청상 그 인수권은 원칙적으로 주주에게 부여하였다(개정상법 제513조 제2항). 이 경우에 주주의 전환사채인수권은 신주인수권에 있어서와 같이 지주수에 비례하도록 하여 주주평등의 원칙에 부합하도록 하였으나(개정상법 제513조의2 제2항 본문), 단수(端數)사채에 대하여는 주주의 전환사채인수권을 배제하여 주주평등의 원칙의 예외를 명문화하였다(개정상법 제513조의2 제1항 단서). 또 주주의 전환사채인수권행사를 보장하기 위하여 배정일을 설정하고 그 공고를 강제하는 것은 신주인수권의 경우와 전혀 같다(개정상법 제418조 제2항, 제416조 제3항).

주주가 전환사채의 인수권을 가지는 경우에는 일정한 기일까지 사채청약을 하지 아니하면 그 권리를 잃는다는 취지의 실권예고부통지를 하여야 한다. 이러한 실권예고부통지에는 ① 주주가 인수권을 가지는 전환사채의 액, ② 발행가액, ③ 전환조건, ④ 전환으로 인하여 발행할 주식의 내용, ⑤ 전환을 청구할 수 있는 기간, ⑥ 일정한 기일까지 전환사채의 청약을 하지 아니하면 그 권리를 잃는다는 뜻 등이 포함되어야 한다(개정상법 제513조의3 제1항). 또 통지의 내용이나 통지기간, 청약해태의 효과 등은 신주인수권에 있어서와 전혀 같다(개정상법 제513조의3 제2항).

개정상법은 전환사채의 발행권을 원칙적으로 이사회에 부여함에 따라 회사가 법령 또는 정관에 위반하거나 현저하게 불공정한 방법에 의하여 전환사채를 발행함으로써 주주가 불이익을 받을 염려가 있는 경우에는 신주발행에 있어서와 같이 주주의 전환사채발행유지청구권을 인정하였다(제516조 제1항, 제424조). 또 불공정가액에 의한 주식인수금지규정이 신설되었으므로(제424조의2), 이사와 통모하여 현저하게 불공정한 발행가액으로 전환사채를 인수한 자도 회사에 대하여 공정한 발행가액과의 차액에 상당한 금액을 지급하도록 하였다(제516조 제1항).

개 정 전 상 법	개 정 상 법
第513條 (轉換社債의 發行) ①會社는 轉換社債를 發行할 수 있다. ②前項의 境遇에는 定款 또는 第434條의 決議로써 轉換의 條件, 轉換으로 因하여 發行할 株式의 內容과 轉換을 請求할 수 있는 期間을 定하여야 한다. ③第346條第2項의 規定은 第1項의 境遇에 準用한다.	第513條 (轉換社債의 발행) ①會社는 轉換社債를 발행할 수 있다. ②第1項의 경우에 다음의 事項으로서 定款에 規定이 없는 것은 理事會가 이를 決定한다. 그러나, 定款으로 株主總會에서 이를 決定하기로 정한 경우에는 그러하지 아니하다. 1. 轉換社債의 總額 2. 轉換의 條件 3. 轉換으로 인하여 발행할 株式의 내용 4. 轉換을 請求할 수 있는 期間 5. 株主에게 轉換社債의 引受權을 준다는 뜻과

개정전	개정후
	引受權의 目的인 轉換社債의 額
〈신 설〉	6. 株主외의 者에게 轉換社債를 발행하는 것과 이에 대하여 발행할 轉換社債의 額
〈신 설〉	③株主 외의 者에 대하여 轉換社債를 발행하는 경우에 그 발행할 수 있는 轉換社債의 額, 轉換의 條件, 轉換으로 인하여 발행할 株式의 내용과 轉換을 請求할 수 있는 期間에 관하여 定款에 規定이 없으면 第434條의 決議로써 이를 정하여야 한다. 〈개정 1984. 4. 10〉
〈신 설〉	④第3項의 決議에 있어서 轉換社債의 발행에 관한 議案의 要領은 第363條의 規定에 의한 통지와 公告에 記載하여야 한다. [전문개정 1984. 4. 10]
〈신 설〉	**第513條의2** (轉換社債의 引受權을 가진 株主의 權利) ①轉換社債의 引受權을 가진 株主는 그가 가진 株式의 數에 따라서 轉換社債의 配定을 받을 權利가 있다. 그러나 各轉換社債의 金額중 最低額에 미달하는 端數에 대하여는 그러하지 아니하다. ②第418條第2項의 規定은 株主가 轉換社債의 引受權을 가진 경우에 이를 準用한다. 〈개정 1984. 4. 10〉
〈신 설〉	**第513條의3** (轉換社債의 引受權을 가진 株主에 대한 催告) ①株主가 轉換社債의 引受權을 가진 경우에는 各株主에 대하여 그 引受權을 가지는 轉換社債의 額, 發行價額, 轉換의 條件, 轉換으로 인하여 발행할 株式의 내용, 轉換을 請求할 수 있는 期間과 一定한 期日까지 轉換社債의 請約을 하지 아니하면 그 權利를 잃는다는 뜻을 통지하여야 한다. ②第419條第2項 내지 第4項의 規定은 第1項의 경우에 이를 準用한다. 〈개정 1984. 4. 10〉
第514條 (轉換社債發行의 節次) ①轉換社債에 關하여는 社債請約書, 債券과 社債原簿에 다음의 事項을 記載하여야 한다. 1. 社債를 株式으로 轉換할 수 있다는 뜻 2. 轉換의 條件 3. 轉換으로 因하여 發行할 株式의 內容 4. 轉換을 請求할 수 있는 期間 ②社債의 登記에 있어서는 前項에 揭記한 事項을 登記하여야 한다.	**第514條** (轉換社債發行의 節次) ①轉換社債에 關하여는 社債請約書, 債券과 社債原簿에 다음의 事項을 記載하여야 한다. 1. 社債를 株式으로 轉換할 수 있다는 뜻 2. 轉換의 條件 3. 轉換으로 因하여 發行할 株式의 內容 4. 轉換을 請求할 수 있는 期間 ②삭 제 〈1984. 4. 10〉
〈신 설〉	**第514條의2** (轉換社債의 登記) ①會社가 轉換社債를 발행한 때에는 第476條의 規定에 의한 納入이 完了된 날로부터 本店所在地에서는 2週

	間내, 支店所在地에서는 3週間내에 轉換社債의 登記를 하여야 한다. ②第1項의 規定에 의하여 登記할 事項은 다음 各號와 같다. 1. 轉換社債의 總額 2. 各轉換社債의 金額 3. 各轉換社債의 納入金額 4. 第514條第1號 내지 第4號에 정한 事項 ③第183條의 規定은 第2項의 登記에 대하여 이를 準用한다. ④外國에서 轉換社債를 모집한 경우에 登記할 事項이 外國에서 생긴 때에는 登記期間은 그 통지가 到達한 날로부터 起算한다. 〈개정 1984. 4. 10〉
第515條 (轉換의 請求) ①轉換을 請求하는 者는 請求書 2通에 債券을 添附하여 會社에 提出하여야 한다. ②前項의 請求書에는 轉換하고자 하는 社債와 請求의 年月日을 記載하고 記名捺印하여야 한다.	**第515條** (轉換의 請求) ①轉換을 請求하는 者는 請求書 2通에 債券을 添附하여 會社에 提出하여야 한다. ②前項의 請求書에는 轉換하고자 하는 社債와 請求의 年月日을 記載하고 記名捺印하여야 한다.
第516條 (準用規定) 第339條, 第348條, 第349條第3項, 第350條와 第351條의 規定은 社債의 轉換의 境遇에 準用한다.	**第516條** (準用規定) ①第346條第2項, 第424條 및 第424條의2의 規定은 轉換社債의 발행의 경우에 이를 準用한다. ②第339條, 第348條, 第349條第3項, 第350條 및 第351條의 規定은 社債의 轉換의 경우에 이를 準用한다. [전문개정 1984. 4. 10]

5) 신주인수권부사채

신주인수권부사채란 사채권자에게 신주인수권이 부여된 사채를 말한다. 개정전 상법하에서도 정관에 의하여 제3자에게 신주인수권을 부여할 수 있으므로 신주인수권부사채의 발행이 가능하기는 하지만(제418조 제1항, 제420조 제5호 참조), 자금조달의 대량화를 기하기 위하여는 그 내용을 정형화 · 일반화할 필요가 있으므로, 개정상법은 이에 관한 것을 상법에 신설하였다(제516조의2 내지 제516조의10).

신주인수권부사채도 전환사채에 있어서와 같이 그 발행권을 원칙으로 이사회에 부여하고(개정상법 제516조의1 제2항 본문), 인수권을 주주 외의 자에게 주는 경우에는 정관의 규정이나 주주총회의 특별결의에 의하도록 하였다(개정상법 제516조의2 제4항). 신주인수권부사채를 발행하는 경우에는 ① 신주인수권부사채의 총액, ②

각 신주인수권부사채에 부여된 신주의 인수권의 내용, ③ 신주의 인수권을 행사할 수 있는 기간, ④ 신주의 인수권만을 양도할 수 있는 것, ⑤ 신주의 인수권을 행사하려는 자의 청구가 있는 때에는 신주인수권부사채의 상환에 갈음하여 그 발행가액으로 신주발행가액의 전액납입이 있는 것으로 본다는 뜻, ⑥ 이익 · 이자의 배당에 관하여는 신주발행가액의 전액납입을 한 때가 속하는 영업년도말에 신주의 발행이 있는 것으로 본다는 뜻, ⑦ 주주에게 신주인수권부사채를 준다는 뜻과 인수권의 목적인 신주인수권부사채의 액, ⑧ 주주 외의 자에게 신주인수권부사채의 액을 결정하여야 한다(개정상법 제516조의2 제2항). 또 전환사채의 전환에 의한 신주발행총액은 반드시 사채발행총액과 일치하나(개정상법 제516조, 제348조), 신주인수권의 행사에 의한 주식발행총액은 사채총액의 범위 내에서 발행회사가 자유로이 조절할 수 있다(개정상법 제516조의2 제3항).

우리 상법은 인수권을 주주 외의 자에게 부여하는 경우에는 사채의 발행 자체에 정관이나 주주총회 특별결의를 요건으로 하는 관계상(개정상법 제516조의2 제4항) 이를 따로 규정하지 아니하였다. 다만 신주인수권부사채를 분리형으로 발행하는 경우에는 발행사항의 결정에 있어서 이를 따로 정하는 동시에(개정상법 제516조의2 제2항 제4호), 실권예고부최고시 주주에게 그 뜻을 통지하여야 한다(개정상법 제516조의3 제1항 후단).

신주인수권부사채도 전환사채와 법적 성질이 유사하므로 실권예고부최고의 통지를 하여야 한다(개정상법 제516조의3). 이 통지에는 ① 신주인수권부사채의 액, ② 발행가액, ③ 신주인수권의 내용, ④ 신주인수권의 행사기간, ⑤ 일정기일까지 신주인수권부사채의 청약을 하지 아니하면 실권한다는 뜻, ⑥ 신주인수권만의 양도성, ⑦ 대용납입의제 등이 포함되어야 한다(개정상법 제516조의3 제1항). 신주인수권부사채를 발행하면서 분리형 사채의 발행 또는 이익 · 이자배당에 관한 신주발행의 효력발생시기를 영업년도말로 정한 때에는 실권예고부최고시에 이것도 통지하여야 한다. 그 밖에 통지기간, 청약해태의 효과 등은 전환사채에 있어서와 같이(개정상법 제513조의3 제2항) 신주인수권에 관한 규정을 준용한다(개정법 제516조의3 제2항, 제419조 제2항 내지 제4항).

신주인수권부사채도 사채이므로 일반사채에 있어서의 사채청약서(개정상법 제

474조 제2항)·채권(제478조 제2항)·사채원부(제488조)의 기재사항 이외에 신주인수권부사채로서의 기재사항을 따로 법정하였다. 그 기재사항은 ① 신주인수권부사채라는 뜻, ② 신주인수권의 내용, ③ 신주인수권의 행사기간, ④ 분리형 신주인수권부사채, ⑤ 대용납입의제, ⑥ 납입기관 등이다(개정상법 제516조의4). 다만 분리형 신주인수권부사채에 있어서 신주인수권증서를 따로 발행하는 경우에는 신주인수권증권에 이들이 기재되므로 채권에 이를 중복기재할 필요가 없도록 하였다(개정상법 제516조의4 단서).

신주인수권부사채에는 분리형과 비분리형이 있으며, 분리형에 있어서도 사채권과 별도로 신주의 인수권만을 따로 양도할 수 있다(제516조의2 제2항 제4호). 그런데 분리형 신주인수권부사채에 있어서 신주인수권의 양도는 신주인수권증권의 교부에 의하여서만 가능하므로(개정법 제516조의6), 채권과 함께 신주인수권증권을 따로 발행하여야 한다(개정상법 제516조의5 제1항). 또 신주인수권증권은 유가증권이므로 ① 신주인수권증권이라는 뜻의 표시, ② 회사의 상호, ③ 각 신주인수권부사채에 부여된 신주인수권의 내용, ④ 신주인수권의 행사기간, ⑤ 대용납입의제, ⑥ 납입기관과 납입장소 등의 법정기재사항 이외에 증권의 번호를 기재하고 대표이사가 기명날인하여야 한다(개정상법 제516조의5 제2항). 신주인수권증권의 기재사항은 채권의 기재사항과 거의 같으므로 채권에 이러한 사항의 기재를 따로 강제할 필요가 없어진다(개정상법 제516조의4 제1항 단서).

분리형 신주인수권부사채에 있어서는 사채권과 신주인수권을 표창하는 증권을 각각 별도로 발행하므로, 신주인수권의 양도는 신주인수권증권의 교부에 의하도록 하였다(개정상법 제516조의6 제1항). 이는 주식의 양도방법을 주권의 교부로 제한하고(개정법 제336조 제1항), 신주발행의 경우에 있어서 신주인수권의 양도방법을 신주인수권증권의 교부로 제한한 것(개정상법 제420조의3)과 입법적 취지를 같이 한다. 따라서 신주인수권증권에 있어서도 주권이나 신주인수권증서에 있어서와 같이 증권의 점유자를 적법한 소지인으로 추정하고(개정상법 제336조 제2항), 소지인에게 선의취득의 효과를 인정하며(수표법 제21조), 제권판결과 재발행제도까지(제360조) 도입하였다(개정상법 제516조의6 제2항). 신주발행시의 신주인수권증서에 있어서는 권리추정력과 선의취득만 인정되고, 제권판결제도는 인정치 아니한다(개정상법 제

420조의3 제2항).

분리형 신주인수권부사채에 있어서의 사채권과 비분리형 신주인수권부사채에 있어서의 사채권 및 신주인수권의 양도는 모두 채권에 의한다(민법 제523조, 개정상법 제479조 참조).

신주인수권의 행사에 있어서는 인수할 주식의 종류 · 수 및 주소를 기재하고 기명날인한 청구서 2통을 작성하여 회사에 제출하여야 한다(개정상법 제516조의8 제1항). 여기서 분리형 신주인수권부사채의 경우에는 채권을 제시하여야 한다(개정상법 제516조의8 제2항). 신주인수권의 행사에 있어서는 전액납입주의의 원칙에 따라 신주의 발행가액의 전액을 납입시켜야 하며(개정상법 제516조의8 제1항), 납입장소도 채권 또는 신주인수권증권에 기재된 은행 기타 금융기관으로 제한하였다(개정상법 제516조의8 제3항). 따라서 납입보관자의 변경 및 납입금보관자의 증명과 책임에 관한 규정도 준용한다(개정상법 제516조의8 제4항). 그러나, 신주인수권을 행사하려는 자의 청구가 있는 때에는 신주인수권부사채의 상환에 갈음하여 그 발행가액으로 주금납입을 의제할 수 있다(개정상법 제516조의2 제2항 제5호).

신주인수권부사채는 전환사채와는 달리 신주인수권자에게 주금납입의무가 있으므로(개정법 제516조의8 제1항), 신주의 발행가액의 전액을 납입한 때에 신주인수권 행사로 인하여 주주가 된다(개정상법 제516조의9). 다만 신주인수권부사채의 상환에 갈음한 주금납입의제의 경우(개정상법 제516조의2 제2항 제5호)에는 현실적인 주금납입이 없으므로, 신주인수권행사를 위한 청구서에 신주인수권증권이나 채권을 첨부하여 회사에 제출한 때에 주주가 된다(개정상법 제516조의8 제1항 · 제2항 참조). 그러나, 이익 · 이자의 배당에 관하여는 회사의 사무적인 편의를 도모하여 영업년도 말에 주주가 되는 것으로 보도록 하였다(개정법 제516조의2 제2항 제6호, 제516조의9 후단, 상법 제350조 단서).

신주인수권을 행사하는 경우 이익이나 이자의 배당 이외에는 주금을 납입한 때에는 그 효력이 생기게 되기 때문에(개정상법 제516조의9), 의결권 등에 관한 사무적인 번잡을 피하기 위하여 전환사채와 같이 주주명부폐쇄기간 중에는 신주인수권을 행사할 수 없도록 하고(개정상법 제516조의10, 상법 제349조 제3항), 또한 신주인수권의 행사가 있으면 등기사항인 신주인수권부사채의 총액이 감소하고 발행주식총수와 자본의 총액이 증가하여 그 뜻의 변경등기를 하여야 하므로, 그 등기기간에 관하여 전환의 등기에 관한 상법 제351조를 준용하도록 하였다(개정상법 제516조의10). 그 밖에 전환사채와 같이 신주인수권부사채의 경우에도 주주의 인수권배정일의 지정공고(개정상법 제513조의2), 신주인수권부사채발행의 유지청구권(개정상법 제424조), 불공정가액에 의한 인수인의 차액지급의무(개정상법 제424조의2) 등을 준용하고 있다(개정상법 제516조의10).

	개 정 상 법
〈신설〉	第516條의2 (新株引受權附社債의 발행) ①會社는 新株引受權附社債를 발행할 수 있다. ②第1項의 경우에 다음의 事項으로서 定款에 規定이 없는 것은 理事會가 이를 決定한다. 그러나 定款으로 株主總會에서 이를 決定하도록 정한 경우에는 그러하지 아니하다. 1. 新株引受權附社債의 總額 2. 各 新株引受權附社債에 부여된 新株引受權의 내용 3. 新株引受權을 行使할 수 있는 期間 4. 新株引受權만을 讓渡할 수 있는 것에 관한 事項 5. 新株引受權을 行使하려는 者의 請求가 있는 때에는 新株引受權附社債의 償還에 갈음하여 그 發行價額으로 第516條의8第1項의 納入이 있는 것으로 본다는 뜻 6. 利益이나 利子의 配當에 관하여는 第516條의8第1項의 規定에 의한 納入을 한 때가 속하는 營業年度末에 新株의 발행이 있는 것으로 본다는 뜻 7. 株主에게 新株引受權附社債의 引受權을 준다는 뜻과 引受權의 目的인 新株引受權附社債의 額 8. 株主외의 者에게 新株引受權附社債를 발행하는 것과 이에 대하여 발행할 新株引受權附社債의 額 ③各新株引受權附社債에 부여된 新株引受權의 行使로 인하여 발행할 株式의 發行價額의 合計額은 各新株引受權附社債의 金額을 초과할 수 없다. ④株主외의 者에 대하여 新株引受權附社債를 발행하는 경우에 그 발행할 수 있는 新株引受權附 社債의 額, 新株引受權의 내용과 新株引受權을 行使할 수 있는 期間에 관하여 定款에 規定이 없으면 第434條의 決議로써 이를 정하여야 한다. ⑤第513條第4項의 規定은 第4項의 경우에 이를 準用한다. 〈개정 1984. 4. 10〉
〈신설〉	第516條의3 (新株引受權附社債의 引受權을 가진 株主에 대한 催告) ①株主가 新株引受權附社債의 引受權을 가진 경우에는 各株主에 대하여 引受權을 가지는 新株引受權附社債의 額, 發行價額, 新株引受權의 내용, 新株引受權을 行使할 수 있는 期間과 一定한 期日까지 新株引受權附社債의 請約을 하지 아니하면 그 權利를 잃는다는 뜻을 통지하여야 한다. 이 경우 第516條의2第2項第4號 또는 第5號에 規定한 事項의 정함이 있는 때에는 그 내용도 통지하여야 한다. ②第419條第2項 내지 第4項의 規定은 第1項의 경우에 이를 準用한다. 〈개정 1984. 4. 10〉
〈신설〉	第516條의4 (社債請約書 · 債券 · 社債原簿의 記載事項) 新株引受權附社債에 있어서는 社債請約書 · 債券 및 社債原簿에 다음의 事項을 記載하여야 한다. 그러나, 第516條의5第1項의 新株引受權證券을 발행할 때에는 債券에는 이를 記載하지 아니한다. 1. 新株引受權附社債라는 뜻

	2. 第516條의2第2項第2號 내지 第5號에 정한 事項 3. 第516條의8의 規定에 의하여 納入을 맡을 銀行 기타 金融機關과 納入場所 〈개정 1984. 4. 10〉
〈신설〉	第516條의5 (新株引受權證券의 발행) ①第516條의2第2項第4號에 規定한 事項을 정한 경우에는 會社는 債券과 함께 新株引受權證券을 발행하여야 한다. ②新株引受權證券에는 다음의 事項과 番號를 記載하고 理事가 記名捺印하여야 한다. 1. 新株引受權證券이라는 뜻의 표시 2. 會社의 商號 3. 第516條의2第2項第2號 · 第3號 및 第5號에 정한 事項 4. 第516條의4第3號에 정한 事項 〈개정 1984. 4. 10〉
〈신설〉	第516條의6 (新株引受權의 讓渡) ①新株引受權證券이 발행된 경우에 新株引受權의 讓渡는 新株引受權證券의 交付에 의하여서만 이를 행한다. ②第336條第2項, 第360條 및 手票法 第21條의 規定은 新株引受權證券에 관하여 이를 準用한다. 〈개정 1984. 4. 10〉
〈신설〉	第516條의7 (新株引受權附社債의 登記) ①會社가 新株引受權附社債를 발행한 때에는 다음의 事項을 登記하여야 한다. 1. 新株引受權附社債라는 뜻 2. 新株引受權의 行使로 인하여 발행할 株式의 發行價額의 總額 3. 各 新株引受權附社債의 金額 4. 各 新株引受權附社債의 納入金額 5. 第516條의2第2項第1號 내지 第3號에 정한 事項 ②第514條의2第1項 · 第3項 및 第4項의 規定은 第1項의 登記에 관하여 이를 準用한다. 〈개정 1984. 4. 10〉
〈신설〉	第516條의8 (新株引受權의 行使) ①新株引受權을 行使하려는 者는 請求書 2通을 會社에 제출하고, 新株의 發行價額의 全額을 納入하여야 한다. ②第1項의 規定에 의하여 請求書를 제출하는 경우에 新株引受權證券이 발행된 때에는 新株引受權證券을 첨부하고, 이를 발행하지 아니한 때에는 債券을 提示하여야 한다. ③第1項의 納入은 債券 또는 新株引受權證券에 記載한 銀行 기타 金融機關의 納入場所에서 하여야 한다. ④第302條第1項의 規定은 第1項의 請求書에, 第306條 및 第318條의 規定은 第3項의 納入을 맡은 銀行 기타 金融機關에 이를 準用한다. 〈개정 1984. 4. 10〉
〈신설〉	第516條의9 (株主가 되는 時期) 第516條의8第1項의 規定에 의하여 新株引受權을 行使한 者는 同項의 納入을 한 때에 株主가 된다. 이 경우 第350條 但書의 規定을 準用한다. 〈개정 1984. 4. 10〉
〈신설〉	第516條의10 (準用規定) 第349條第3項 및 第351條의 規定은 新株引受權의 行使가 있는 경우에, 第513條의2 및 第516條第1項의 規定은 新株引受權附社債에 관하여 이를 準用한다. 〈개정 1984. 4. 10〉

6. 주식회사의 계산

(1) 재무제표제도

1) 재무제표의 종류와 용어

개정상법 제447조는「계산서류」라는 용어를「재무제표」로 바꾸면서, 그 종류로는 대차대조표, 손익계산서 및 이익잉여금처분계산서 또는 결손금처리계산서의 3종만을 열거하고 있다. 개정상법 동조는 동시에 이 서류의 부속명세서도 함께 작성하도록 요구하고 있다. 또한 개정상법은 영업보고서는 분리하여 이사가 별도로 작성하도록 하고(제447조의2), 정기총회에서는 그 내용을 보고하는 데 그치며(제449조 제2항), 승인대상에서 제외하고 있다(상법 동조 제1항). 그리고 개정상법 제447조는 제3호에서 이익이 생긴 경우를 위하여는 이익잉여금처분계산서를, 또 손실이 생긴 경우를 위하여는 결손금처리계산서를 각각 작성하여 정기총회의 승인을 얻도록 규정하고 있다(제449조 제1항).

개 정 전 상 법	개 정 상 법
第447條 (計算書類의 作成) ①理事는 定期總會會日의 2週間前에 다음의 書類를 作成하여 監事에게 提出하여야 한다. 1. 財産目錄 2. 貸借對照表 3. 營業報告書 4. 損益計算書 5. 準備金과 利益이나 利子의 配當에 關한 議案 ②前項 第1號의 財産目錄은 貸借對照表附屬明細表로써 갈음할 수 있다.	第447條 (財務諸表의 作成) 理事는 每決算期에 다음의 書類와 그 附屬明細書를 作成하여 理事會의 承認을 얻어야 한다. 1. 貸借對照表 2. 損益計算書 3. 利益剩餘金處分計算書 또는 缺損金處理計算書 [전문개정 1984. 4. 10]
〈신 설〉	第447條의2 (營業報告書의 作成) ①理事는 每決算期에 營業報告書를 作成하여 理事會의 承認을 얻어야 한다. ②營業報告書에는 大統領令이 정하는 바에 의하여 營業에 관한 중요한 事項을 記載하여야 한다. 〈개정 1984. 4. 10〉
〈신 설〉	第447條의3 (財務諸表등의 제출) 理事는 定期總會會日의 6週間전에 第447條 및 第447條의2의 書類를 監事에게 제출하여야 한다. 〈개정 1984.

	4. 10〉
〈신 설〉	第447條의4 (監査報告書) ①監事는 第447條의3의 書類를 받은 날로부터 4週間내에 監査報告書를 理事에게 제출하여야 한다. ②第1項의 監査報告書에는 다음의 事項을 記載하여야 한다. 〈개정 1984. 4. 10〉 1. 監査方法의 概要 2. 會計帳簿에 記載할 事項의 記載가 없거나 不實記載된 경우 또는 貸借對照表나 損益計算書의 記載가 會計帳簿의 記載와 合致되지 아니하는 경우에는 그 뜻 3. 貸借對照表 및 損益計算書가 法令 및 定款에 따라 會社의 財産 및 損益狀態를 정확하게 표시하고 있는 경우에는 그 뜻 4. 貸借對照表 또는 損益計算書가 法令 또는 定款에 違反하여 會社의 財産 및 損益狀態가 정확하게 표시되지 아니하는 경우에는 그 뜻과 事由 5. 貸借對照表 또는 損益計算書의 作成에 관한 會計方針의 變更이 妥當한지의 與否와 그 이유 6. 營業報告書가 法令 및 定款에 따라 會社의 狀況을 정확하게 표시하고 있는지의 與否 7. 利益剩餘金處分計算書 또는 缺損金處理計算書가 法令 및 定款에 적합한지의 與否 8. 利益剩餘金處分計算書 또는 缺損金處理計算書가 會社財産의 狀態 기타의 事情에 비추어 현저하게 부당한 경우에는 그 뜻 9. 第447條의 附屬明細書에 記載할 事項의 記載가 없거나 不實記載된 경우 또는 會計帳簿·貸借對照表·損益計算書나 營業報告書의 記載와 合致되지 아니하는 記載가 있는 경우에는 그 뜻 10. 理事의 職務遂行에 관하여 不正한 行爲 또는 法令이나 定款의 規定에 違反하는 중대한 事實이 있는 경우에는 그 事實 11. 監査를 하기 위하여 필요한 調査를 할 수 없었던 경우에는 그 뜻과 이유
第448條 (計算書類의 備置, 公示) ①理事는 定期總會日의 1週間前부터 前條에 揭記한 書類와 監事의 意見書를 本店에 備置하여야 한다.	第448條 (財務諸表등의 備置·公示) ①理事는 定期總會會日의 1週間전부터 第447條 및 第447條의2의 書類와 監査報告書를 本店에 5年間, 그 謄本을 支店에 3年間 備置하여야 한다. 〈개정 1962. 12. 12, 1984. 4. 10〉
②株主와 會社債權者는 營業時間內에 언제든	②株主와 會社債權者는 營業時間內에 언제든

지 前項의 備置書類를 閱覽할 수 있으며 會社가 定한 費用을 支給하고 그 書類의 謄本이나 抄本의 交付를 請求할 수 있다.	지 第1項의 備置書類를 閱覽할 수 있으며 會社가 定한 費用을 支給하고 그 書類의 謄本이나 抄本의 交付를 請求할 수 있다. 〈개정 1984. 4. 10〉
第449條 (計算書類의 承認, 公告) ①理事는 第447條에 揭記한 書類를 定期總會에 提出하여 그 承認을 要求하여야 한다.	**第449條** (財務諸表등의 承認 · 公告) ①理事는 第447條 各號에 規定한 書類를 定期總會에 提出하여 그 承認을 要求하여야 한다. 〈개정 1984. 4. 10〉
〈신 설〉	②理事는 第447條의2의 書類를 定期總會에 제출하여 그 내용을 보고하여야 한다. 〈개정 1984. 4. 10〉
②理事는 前項의 書類에 對한 總會의 承認을 얻은 때에는 遲滯없이 貸借對照表를 公告하여야 한다.	③理事는 第1項의 書類에 對한 總會의 承認을 얻은 때에는 遲滯없이 貸借對照表를 公告하여야 한다. 〈개정 1984. 4. 10〉

2) 재무제표의 이사회 승인

개정상법 제447조는 재무제표와 그 부속명세서를 이사가 작성하여 이사회의 승인을 얻도록 하고 있으며, 개정상법 제447조의2 제1항에 의하면 영업보고서도 이사가 작성하여 이사회의 승인을 받도록 규정하고 있다. 전자는 정기주주총회에 제출하여 승인을 얻기 전에, 그리고 후자는 총회에 그 내용을 보고하기 전에 대표이사가 각각 작성하여 이사회에서 확정할 필요가 있는 것이다.

3) 재무제표 등의 제출시기와 감사기간

개정상법은 신설조문인 제447조의3에서 재무제표를 영업보고서와 더불어 총회회일의 6주간 전에 이사가 감사에게 제출하도록 하고, 감사는 이 서류를 받은 날로부터 4주간 내에 감사보고서를 이사에게 제출하도록 규정하고 있다(제447조의4 제1항). 따라서 감사의 재무제표감사기간이 1주간에서 4주간으로 늘어나게 된 셈이다. 그만큼 감사의 실효를 기할 수 있게 된 것이다.

유한회사의 경우는 총회회일의 4주간 전에 재무제표를 감사에게 제출하고, 감사는 받은 날로부터 3주간 내에 감사보고서를 이사에게 제출하도록 개정상법은 규정하고 있다(제579조 제2항).

개 정 전 상 법	개 정 상 법
第579條 (計算書類의 作成) ①理事는 每決算期에 다음의 書類를 作成하여야 한다. 1. 財產目錄 2. 貸借對照表 3. 營業報告書 4. 損益計算書 5. 準備金과 利益配當에 關한 事項 ②監事가 있는 때에는 理事는 定期總會의 會日로부터 2週間前에 前項의 書類를 監事에게 提出하여야 한다. 〈신 설〉	第579條 (財務諸表의 作成) ①理事는 每決算期에 다음의 書類와 그 附屬明細書를 作成하여야 한다. 1. 貸借對照表 2. 損益計算書 3. 利益剩餘金處分計算書 또는 缺損金處理計算書 ②監事가 있는 때에는 理事는 定期總會會日로부터 4週間전에 第1項의 書類를 監事에게 제출하여야 한다. ③監事는 第2項의 書類를 받은 날로부터 3週間내에 監査報告書를 理事에게 제출하여야 한다. 〈개정 1984. 4. 10〉

4) 재무제표 등의 비치기간

개정상법 제448조는 재무제표와 영업보고서 및 감사보고서를 본점에서는 5년간, 지점에서는 그 등본을 3년간 비치하도록 규정하고 있다. 특히 그 등본을 비치하게 한 것은 본점에서 떨어져 있는 주주와 회사채권자의 편익을 위한 것이다.

5) 이익준비금의 적립기준과 적립률

개정상법은 제462조의2의 신설규정에 의하여 주식배당제도를 인정하여 주주총회의 결의에 의하여 이익배당총액의 2분의 1에 상당하는 금액을 초과하지 아니하는 범위에서 이익의 배당을 새로이 발행하는 주식으로써 적립할 수 있음을 규정하고 있다. 이리하여 개정상법은 이익준비금의 적립기준을 명확히 하는 동시에 주식배당제의 채택을 감안하여 회사는 그 자본의 2분의 1에 달할 때까지 매결산기의 금전에 의한 이익배당액의 10분의 1 이상의 금액을 이익준비금으로 적립하도록 규정하고 있다. 즉, 개정상법에 따르면 「매결산기의 이익」이 적립의 기준이 되는 것이 아니고, 매결산기의 이익배당액 중에서 주식배당금액(배당주식의 권면액)을 제외한 금전에 의한 이익배당액이 준비금적립의 기준이 되므로 명백하게 되는 셈이며, 이 기준금액은 결산기의 이익보다도 적은 것이므로 준비금의 적립률은 상향조정하여 금전이익배당액의 「10분의 1 이상」으로 하고 있다(제458조).

6) 자본준비금의 조절

개정전 상법 제459조 제3호의 합병잉여금에서는 「그러나 消滅된 會社의 任意準備金에 相當하는 額은 積立하지 아니할 수 있다」라고 하는 단서규정을 두고 있었다. 회계실무상 이 단서의 규정은 무의미한 규정이었으므로, 개정상법 제459조 제3호에서는 이를 삭제하고 있다. 그리고 개정상법은 제459조 제4호를 신설하여 「기타 資本去來에서 발생한 剩餘金」을 자본준비금의 하나로 추가규정하고 있으며, 이렇게 함으로써 상법상의 자본준비금과 기업회계에서의 자본잉여금의 간격을 좁힐 수 있게 되는 것이다.

7) 준비금의 자본전입

개정상법은 개정전 상법 제461조(준비금의 자본전입)의 규정을 개정하여 준비금의 자본전입권을, 정관에 특별히 이를 주주총회에서 결정한다는 정함이 없는 한, 주주총회에서 이사회로 넘기고(제461조 제1항), 준비금의 자본전입으로 인하여 신주를 발행할 때에 단수(端數)가 생긴 경우에는 이에 해당하는 신주를 발행하고 그 신주를 경매 또는 기타의 방법으로 매각한 대금을 종전의 주주에게 지주비율에 따라 지급하도록 하였으며(동조 제2항, 개정상법 제443조 제1항), 주식양수인이 명의개서를 하지 아니하여 신주배정을 받을 기회를 잃게 되는 일이 없도록 신주발행의 경우와 같이 신주배정일제도를 채택하였다(개정상법 제461조 제3항).

준비금을 자본전입하는 과정에서 반드시 단주가 생기게 되는데, 개정상법은 이 경우에는 자본감소로 인한 주식병합의 경우의 단주처리방법(제443조)을 준용하도록 하였다(제461조 제2항 2문). 우선 개정상법은 준비금의 자본전입시에 발생하는 단주(端株)의 처리방법은 자본감소의 경우에 발생하는 단주의 처리방법(제443조 제1항)을 준용하도록 정하고, 다만 신주발행의 경우에 생기는 단주처리방법은 약간의 문제점이 있어 종래의 관행에 맡겨 두었다.

개정상법은 개정전 상법 제443조(端株의 처리)의 규정을 개정하여 자본감소를 위한 주식병합의 경우에 있어서 거래소의 시세있는 주식은 거래소를 통하여 단주를 매각할 수 있도록 하였다(제1항). 그리고 개정상법은 거래소의 시세있는 주식에 관하여는 거래소를 통하여 매각하게 하고, 거래소의 시세없는 주식은 개정전 상법에서와 같이 법원의 허가를 얻어 경매 외의 방법으로 이를 매각할 수 있도록 하였다. 이러한 단주처리방법은 자본감소를 위한 주식병합의 경우에 발생하는 단주에 대하여 적용될 뿐만 아니라, 준비금의 자본전입의 경우(개정상법 제461조 제2항) 및 회사합병으로 인한 주식병합의 경우(상법 제590조 제3항)에도 준용된다.

개정상법은 준비금의 자본전입에 의하여 무상신주를 발행하는 경우에도 신주발행의 경우에 있어서와 같이(제418조 제2항), 신주배정일제도를 인정하였다(제461조 제3항). 즉, 이사회의 자본전입결의후 일정한 날을 정하여 그 날에 주주명부에 기재된 주주가 무상신주의 주주가 되는 것으로 하고, 이러한 뜻을 지정된 날의 2주간 전에 공고하도록 하였다. 다만 자본전입권이 정관에 의하여 주주총회에 부여되어 있는 경우에는 별도의 신주발행일이나 명의개서는 불필요하므로, 주주가 되는 시기를 기존상법에 있어서와 같이 주주총회의 결의일로 한다고 정하였다(개정상법 제461조 제4항, 상법 제461조 제2항).

개 정 전 상 법	개 정 상 법
第443條 (端株의 處置) ①併合에 適當하지 아니한 數의 株式이 있는 때에는 그 併合에 適當하지 아니한 部分에 對하여 發行한 新株를 競賣하여 各株數에 따라 그 代金을 從前의 株主에게 支給하여야 한다. 그러나 法院의 許可를 얻어 競賣以外의 方法으로 株式을 賣却할 수 있다.	第443條 (端株의 처리) ①併合에 適當하지 아니한 數의 株式이 있는 때에는 그 併合에 適當하지 아니한 部分에 對하여 發行한 新株를 競賣하여 各株數에 따라 그 代金을 從前의 株主에게 支給하여야 한다. 그러나, 去來所의 時勢있는 株式은 去來所를 통하여 賣却하고, 去來所의 時勢없는 株式은 法院의 許可를 받아 競賣외의 方法으로 賣却할 수 있다. <개정 1984. 4. 10>
②前條의 規定은 前項의 境遇에 準用한다.	②第442條의 規定은 第1項의 境遇에 準用한다. <개정 1984. 4. 10>
第461條 (準備金의 資本轉入) ①會社는 株主總會의 決議에 依하여 準備金의 全部 또는 一部를 資本에 轉入할 수 있다.	第461條 (準備金의 資本轉入) ①會社는 理事會의 決議에 의하여 準備金의 全部 또는 一部를 資本에 轉入할 수 있다. 그러나 定款으로 株主總會에서 決定하기로 정한 경우에는 그러하지 아니하다. <단서신설 1984. 4. 10>
②前項의 境遇에는 株主에 對하여 그가 가진 株式의 數에 따라 株式을 發行하여야 한다. 이 境遇에는 株主는 前項의 決議가 있은 때로부터 新株의 株主가 된다.	②第1項의 경우에는 株主에 대하여 그가 가진 株式의 數에 따라 株式을 발행하여야 한다. 이 경우 1株에 미달하는 端數에 대하여는 第443條 第1項의 規定을 準用한다.
<신 설>	③第1項의 理事會의 決議가 있은 때에는 會社는 一定한 날을 정하여 그 날에 株主名簿에 기

	재된 株主가 第2項의 新株의 株主가 된다는 뜻을 그 날의 2週間전에 公告하여야 한다. 그러나 그 날이 第354條第1項의 期間중인 때에는 그 期間의 初日의 2週間전에 이를 公告하여야 한다.
③第1項의 決議가 있은 때에는 理事는 遲滯없이 新株를 받은 株主와 株主名簿에 記載된 質權者에 對하여 그 株主가 받은 株式의 種類와 數를 通知하고 無記名式의 株券을 發行한 境遇에는 그 決議의 內容을 公告하여야 한다.	④第1項 但書의 경우에 株主는 株主總會의 決議가 있은 때로부터 第2項의 新株의 株主가 된다.
〈신 설〉	⑤第3項 또는 第4項의 規定에 의하여 新株의 株主가 된 때에는 理事는 遲滯없이 新株를 받은 株主와 株主名簿에 記載된 質權者에 대하여 그 株主가 받은 株式의 種類와 數를 통지하고, 無記名式의 株券을 발행한 경우에는 第1項의 決議의 내용을 公告하여야 한다.
④第339條의 規正은 第2項의 規定에 依하여 株式의 發行이 있는 境遇에 準用한다.	⑥第339條의 規定은 第2項의 規定에 의하여 株式의 발행이 있는 경우에 이를 準用한다. [전문개정 1984. 4. 10]

8) 주식배당

개정상법은 제462조의2의 규정을 신설하여 주식배당제도를 도입하였다. 주식배당(stock dividends, share dividends)이란 이익배당의 전부 또는 일부를 주식으로 배당하는 것을 말한다. 개정상법에서는 이익배당총액의 2분의 1을 초과하지 아니하는 범위 내에서 주주총회의 결의에 의하여 이익배당을 신주로 할 수 있다고 정하였다(제462조의2 제1항). 이익배당총액의 2분의 1을 초과하지 아니하는 범위 내에서 주식배당을 하게 한 것은 배당금 전부를 주식으로만 배당하는 경우에는 특히 주가가 액면액을 하회하는 경우에 기업이 이를 악용할 우려가 크고, 주주는 현금배당을 받지 못하기 때문에, 별도의 현금을 마련하여 세금을 내어야 하는 부담을 생기게 된다. 그리고 주식배당결의는 이익배당결의와 균형이 맞도록 주주총회의 보통결의에 의하도록 하였다.

주식배당은 주식의 권면액에 의한다(개정상법 제462조의2 제2항). 그러므로 주식시세가 어떠하냐에 따라 주식배당으로 인하여 주주에게 실질적으로 손익이 발생할 가능성이 있게 되었다. 만약 권면액에 미달되는 단주금액에 대하여는 금전으로 배당하도록 하였다(개정상법 제462조의2 제3항).

주식배당의 경우에 주주가 되는 시기는 주주총회가 종결한 때이다(개정상법 제462조의2 제4항). 그러므로 배당된 주식에 관하여는 주주와 질권자에게 통지 또는 공고를 하여야 하며(동조 제5항), 질권자의 물상대위권을 인정하는 것은 이익배당의 경우에서와 같다(동조 제6항, 상법 제340조 제3항).

개 정 상 법	
〈신설〉	第462條의2 (株式配當) ①會社는 株主總會의 決議에 의하여 利益의 配當을 새로이 발행하는 株式으로써 할 수 있다. 그러나 株式에 의한 配當은 利益配當總額의 2分의 1에 상당하는 金額을 초과하지 못한다. ②第1項의 配當은 株式의 券面額으로 한다. ③株式으로 配當할 利益의 金額중 株式의 券面額에 미달하는 端數가 있는 때에는 그 部分에 대하여는 金錢으로 配當한다. ④株式으로써 配當을 받은 株主는 第1項의 決議가 있는 株主總會가 終結한 때부터 新株의 株主가 된다. ⑤理事는 第1項의 決議가 있는 때에는 遲滯없이 配當을 받을 株主와 株主名簿에 記載된 質權者에게 그 株主가 받을 株式의 種類와 數를 통지하고, 無記名式의 株券을 발행한 때에는 第1項의 決議의 내용을 公告하여야 한다. ⑥第340條第1項의 質權者의 權利는 第1項의 規定에 의한 株主가 받을 株式에 미친다. 이 경우 第340條第3項의 規定을 準用한다. 〈개정 1984. 4. 10〉

9) 배당금지급시기

개정상법은 제464조의2(배당금지급시기)의 규정을 신설하여 배당금의 지급시기를 주주총회에서 재무제표승인결의가 있은 후 2개월 내로 제한하고, 다만 주주총회의 결의에 의하여서만 이 기간을 연장 또는 단축할 수 있도록 하고(제1항), 배당금지급청구권의 소멸시효도 명문화하여 5년으로 법정하였다(제2항). 개정상법은 현재 상장법인의 경우 대부분 배당결의 후 2개월 내에는 배당을 실시하고 있는 관행에 좇아 결의 후 2개월 내에 배당금을 지급하도록 규정한 것이다.

한편, 배당금지급청구권의 소멸시효에 관하여 현행상법에 아무런 정함이 없으므로 이를 민사시효로 보는 견해와 상사시효로 보는 견해가 나누어지고 있었으나, 회사에 따라서는 정관에 제척기간을 정하여 이를 단축시키는 경우가 많았다. 그러므로 현실적으로 배당금지급에 관한 회사의 사무적 부담을 경감시키고 배당금지급청구권의 소멸시효에 관한 해석상의 다툼을 종식시키는 의미에서 개정상법은 이를 5년으로 명문화하였다.

	개 정 상 법
〈신설〉	第464條의2 (配當金支給時期) ①會社는 第464條의 規定에 의한 配當金을 第449條第1項의 承認이 있은 날로부터 2月이내에 支給하여야 한다. 그러나 第449條第1項의 總會에서 配當金의 支給時期를 따로 정한 경우에는 그러하지 아니하다. ②第1項의 配當金의 支給請求權은 5年間 이를 行使하지 아니하면 消滅時效가 完成한다. 〈개정 1984. 4. 10〉

10) 주식회사 청산대차대조표 등의 제출

개정상법은 재산목록을 재무제표 등에서 삭제한 것과 같은 취지에서 청산인이 청산시에 작성하여 정기총회의 승인을 받을 서류에서 재산목록을 삭제하고, 대차대조표 및 사업보고서와 그 부속명세서로 하고 있으며, 감사에게 제출하여야 할 시기를 정기총회회일로부터 4주간 전으로 정하는 동시에(제534조 제1항) 감사로 하여금 정기총회회일로부터 1주간 전에 위의 서류에 관한 감사보고서를 청산인에게 제출하도록 규정함으로써(동조 제2항), 감사에 의한 감사기간을 현행법의 경우보다 길게 하고 있다. 이것은 존속중의 회사의 재무제표를 정기총회 회일의 6주간 전에 감사에게 제출하도록 하여 재무제표의 감사기간을 현행법의 경우보다 길게 한 것(제447조의3, 제448조 제1항 참조)과 더불어 감사의 만전을 기하기 위한 것이다.

개 정 전 상 법	개 정 상 법
第534條 (監事에 對한 計算書類提出義務) 清算人은 財産目錄, 貸借對照表와 事務報告書를 作成하여 定期總會의 會日로부터 2週間前에 監事에게 提出하여야 한다.	第534條 (貸借對照表·事務報告書·附屬明細書의 제출·監査·公示·承認) ①清算人은 定期總會會日로부터 4週間전에 貸借對照表 및 그 附屬明細書와 事務報告書를 作成하여 監事에게 제출하여야 한다.
〈신 설〉	②監事는 定期總會會日로부터 1週間전에 第1項의 書類에 관한 監査報告書를 清算人에게 제출하여야 한다.
〈신 설〉	③清算人은 定期總會會日의 1週間전부터 第1項의 書類와 第2項의 監査報告書를 本店에 備置하여야 한다.
〈신 설〉	④第448條第2項의 規定은 第3項의 書類에 관하여 이를 準用한다.
〈신 설〉	⑤清算人은 貸借對照表 및 事務報告書를 定期總會에 제출하여 그 承認을 要求하여야 한다. [전문개정 1984. 4. 10]

11) 유한회사의 재무제표의 종류와 작성시기 및 비치

개정상법은 유한회사의 재무제표의 종류도 대차대조표, 손익계산서 및 이익잉여금처분계산서 또는 결손금처분계산서의 3종으로 하여(제579조 제1항), 주식회사의 경우와 일치시키고 있다. 그 작성시기도 개정상법은 정기총회 회일의 4주간 전에 감사에게 제출하도록 하고, 감사는 받은 날로부터 3주간 내에 감사보고서를 이사에게 제출하도록 하고 있다(제579조 제2항, 제3항).

개정상법은 유한회사의 재무제표의 종류를 위와 같이 함으로써 영업보고서는 이를 분리하여 작성하도록 규정하고 있으나(제579조의2), 그 작성의 시기·감사에 대한 제출 및 이에 대한 감사보고서의 이사에 대한 제출 등에 관하여는 재무제표의 경우와 같다(동조 제2항). 이밖에 개정법은 재무제표와 영업보고서 및 감사보고서를 정기총회 會日의 1주간 전부터 5년간 본점에 비치하도록 새로이 요구하고 있으며(제579조의3), 이것도 주식회사의 경우(제448조)와 같은 취지이다.

개 정 전 상 법	개 정 상 법
第579條 (計算書類의 作成) ①理事는 每決算期에 다음의 書類를 作成하여야 한다. 1. 財産目錄 2. 貸借對照表 3. 營業報告書 4. 損益計算書 5. 準備金과 利益配當에 關한 事項 ②監事가 있는 때에는 理事는 定期總會의 會日로부터 2週間前에 前項의 書類를 監事에게 提出하여야 한다. 〈신 설〉	第579條 (財務諸表의 作成) ①理事는 每決算期에 다음의 書類와 그 附屬明細書를 作成하여야 한다. 1. 貸借對照表 2. 損益計算書 3. 利益剩餘金處分計算書 또는 缺損金處理計算書 ②監事가 있는 때에는 理事는 定期總會會日로부터 4週間전에 第1項의 書類를 監事에게 제출하여야 한다. 監事는 第2項의 書類를 받은 날로부터 3週間내에 監査報告書를 理事에게 제출하여야 한다. [전문개정 1984. 4. 10]

12) 합병대차대조표의 사전공시

개정상법은 개정전 상법 제231조의 규정을 삭제하여 각종회사의 합병결의후의 재산목록·대차대조표의 작성이 필요없는 것으로 하고 있다. 합병결의 후에 이것을 작성한다는 것은 실익이 없기 때문이며, 오히려 출자자가 합병결의에 찬성할 것인가 또는 반대할 것인가를 판단하기 위해서는 그 결의를 하기 전에 합병당사회사의 재무구조 등을 공시할 필요가 있다. 개정상법은 이러한 필요에서 사후작성을 필요없는 것으로 하는 대신에, 제522조의2의 신설조문을 두고, 주식회사의 이사는 회사합병승인결의를 위한 주주총회 회일의 2주간 전부터 합병을 위한 각 회사의 대차대조표를 본점에 비치하도록 규정하고(제1항), 주주와 회사채권자는 언제든지 이것은 열람할 수 있게 하고 있다(제2항).

이 개정상법의 규정은 유한회사의 합병에도 준용되고 있다(제603조).

	개 정 상 법
〈신설〉	**第522條의2** (合併貸借對照表의 公示) ①理事는 第522條第1項의 株主總會會日의 2週間전부터 合併을 하는 各會社의 貸借對照表를 本店에 備置하여야 한다. ②株主 및 會社債權者는 營業時間내에는 언제든지 第1項의 貸借對照表의 閱覽을 청구하거나, 會社가 정한 費用을 支給하고 그 謄本 또는 抄本의 交付를 請求할 수 있다. 〈개정 1984. 4. 10〉

13) 자본감소·조직변경의 경우의 대차대조표 등 작성의 불필요

개정상법은 주식회사의 자본감소에 관한 제439조 제2항과 제608조에서 개정전 상법 제231조의 규정을 삭제함으로써 그 감자결의 또는 조직변경결의 후의 대차대조표 등의 서류작성이 필요없는 것으로 하고 있다.

개 정 전 상 법	개 정 상 법
第231條 (財産目錄, 貸借對照表의 作成) 會社가 合併決議를 한 때에는 그 決議가 있은 날로부터 2週間內에 財産目錄과 貸借對照表를 作成하여야 한다. 第439條 (資本減少의 方法, 節次) ①資本減少의 決議에서는 그 減少의 方法을 定하여야 한다. ②第231條와 第232條의 規定은 資本減少의 境遇에 準用한다. ③社債權者가 異議를 함에는 社債權者集會의 決議가 있어야 한다. 이 境遇에는 法院은 利害關係人의 請求에 依하여 社債權者를 爲하여 異議의 期間을 延長할 수 있다.	**第439條** (資本減少의 方法, 節次) ①資本減少의 決議에서는 그 減少의 方法을 定하여야 한다. ②第232條의 規定은 資本減少의 境遇에 準用한다. 〈개정 1984. 4. 10〉 ③社債權者가 異議를 함에는 社債權者集會의 決議가 있어야 한다. 이 境遇에는 法院은 利害關係 人의 請求에 依하여 社債權者를 爲하여 異議의 期間을 延長할 수 있다.
第608條 (準用規定) 第231條와 第232條의 規定은 第604條와 前條의 組織變更의 境遇에 準用	**第608條** (準用規定) 第232條의 規定은 第604條와 第607條의 組織變更의 境遇에 準用한다.

한다.	〈개정 1984. 4. 10〉

7. 휴면회사의 정리

(1) 정리의 필요성

개정상법은 휴면회사(休眠會社)를 제거하여 거래의 안전을 보호하고 주식회사 제도의 운영에 대한 신뢰를 제고한다는 취지에서 제520조의2를 규정을 신설하고 있다.

개 정 상 법	
〈신설〉	第520條의2 (休眠會社의 解散) ①法院行政處長이 最後의 登記후 5年을 경과한 會社는 本店의 所在地를 管轄하는 法院에 아직 營業을 廢止하지 아니하였다는 뜻의 申告를 할 것을 官報로써 公告한 경우에, 그 公告한 날에 이미 最後의 登記後 5年을 경과한 會社로서 公告한 날로부터 2月이내에 大統領令이 정하는 바에 의하여 申告를 하지 아니한 때에는 그 會社는 그 申告期間 이 滿了된 때에 解散한 것으로 본다. 그러나 그 期間내에 登記를 한 會社에 대하여는 그러하지 아니하다. ②第1項의 公告가 있는 때에는 法院은 해당 會社에 대하여 그 公告가 있었다는 뜻의 통지를 發送하여야 한다. ③第1項의 規定에 의하여 解散한 것으로 본 會社는 그 후 3年이내에는 第434條의 決議에 의하여 會社를 계속할 수 있다. ④第1項의 規定에 의하여 解散한 것으로 본 會社가 第3項의 規定에 의하여 會社를 계속하지 아니한 경우에는 그 會社는 그 3年이 경과한 때에 淸算이 終結된 것으로 본다. 〈개정 1984. 4. 10〉

(2) 휴면회사의 해산 · 청산의 의제

개정상법에 의한 휴면회사정리에 관한 신설조항의 내용을 보면, 최근 5년간 아무 등기도 하지 않고 있는 휴면회사에 대하여 그 법률관계를 신중히 처리하기 위하여 그것을 바로 해산한 것으로 보아 정리하지 않고, 법원행정처장으로 하여금 관보에서 영업을 폐지하고 있지 않은 회사는 그 본점소재지의 법원에 대통령령으로 정하는 절차에 따라 공고일로부터 2월 내에 그 영업계속의 뜻을 신고하도록 하고, 아울러 본점소재지의 법원으로 하여금 그 회사에 대하여 공고가 있었다는 것을 개별적으로 통지하게 한 다음, 그 신고가 없거나 또는 그 기간 내에 아무 등기도 하지 않은 회사에 대하여 비로소 공고일로부터 2월이 경과한 시점에서 해산한 것으로 보도록 규정하고 있다(제520조의2 제1항, 제2항).

또 개정상법은 기업유지의 견지에서 해산의제일(解散擬制日)로부터 3년 내에 주주총회의 특별결의에 의하여 회사를 계속할 수 있는 기회를 부여하고 있다(제520조의2 제3항). 그리고 해산으로 처리되는 휴면회사는 그 해산의제만으로 회사의 법률관계가 완전히 정리되는 것이 아니다. 따라서 개정법은 다시 휴면회사가 해산의제일로부터 3년 내에 회사를 계속하지 않는 경우에는, 그 3년이 경과한 때에 청산까지 종결된 것으로 의제하여, 그 휴면회사의 등기부를 폐쇄할 수 있게 하고 있다(동조 제4항).

8. 유한회사

(1) 최저자본의 인상

개정상법에 있어서는 주식회사의 최저자본액 5,000만원의 5분의 1 또는 소상인의 자본금액 1,000만원과 같은 수준으로 법정최저자본총액을 조정하고 있다(제546조 제1항). 이 유한회사의 자본금액의 증가에 대하여는 주식회사자본의 경우와 같이 3년간 경과조치가 인정되고 있다(개정상법 부칙 제24조).

개 정 전 상 법	개 정 상 법
第546條 (資本總額, 出資 1座의 金額의 制限) ① 會社의 資本總額은 百萬圜以上으로 하여야 한다. ②出資 1座의 金額은 萬圜以上으로 均一하게 하여야 한다.	**第546條** (資本總額, 出資 1座의 金額의 制限) ① 會社의 資本總額은 1千萬원이상으로 하여야 한다. 〈개정 1984. 4. 10〉 ②出資1座의 金額은 5千원이상으로 均一하게 하여야 한다. 〈개정 1984. 4. 10〉
〈신 설〉	**附則 第24條** (有限會社 資本總額등에 관한 經過措置) ①이 法施行전의 有限會社로서 이 法 施行당시 그 資本總額과 出資 1座의 金額이 第546條의 改正規定에 정한 金額에 미달한 會社는 이 法施行日로부터 3년이내에 資本總額을 1千萬원이상으로, 出資 1座의 金額을 5千원이상으로 增額하여야 한다. ②第1項의 期間내에 資本總額을 增額하지 아니한 會社는 解散된 것으로 본다.

(2) 출자 1좌금액의 조정

유한회사의 출자좌는 주식회사의 경우의 주식과 그 성격이 반드시 같다고는 할 수 없으나, 개정상법에서 주금액을 5,000원으로 인상하고 있는 것과 관련하여(제329조 제4항), 이 출자 1좌의 금액을 적어도 주금액의 수준으로 조정할 필요가 있었다. 따라서 개정상법은 유한회사의 출자 1좌의 최저금액을 5,000원으로 인상, 조정하고 있는 것이다(제546조 제2항). 그리고 이 출자 1좌의 금액에 대하여도 3년간의 경과조치기간이 인정된다(개정상법 부칙 제24조).

제 3 절 1990년대의 상법개정

Ⅰ. 1991년의 상법개정(법률 제4372호)

1. 개정의 이유

법률 제3724호 상법중개정법률안은 1991년 2월 6일 金德龍 의원 외 21인으로부터 발의되어 같은 달 7일 국회 법제사법위원회에 회부되어 심의된 후[16]에 동년 5월 8일 국회본회의에서 통과를 본 것이다.[17]

법률 제3724호 상법중개정법률은 제305조에서 주식회사의 경우 그 자본을 5천만원 이상으로 규정하면서 그 부칙 제4조에 자본이 이에 미달하는 회사는 동 개정상법 시행일부터 3년 내에 자본증가 또는 유한회사로의 조직변경의 절차를 밟도록 유예기간을 정하였다. 그리고 이 기간 내에 필요한 조치를 하지 아니한 때에는 해산된 것으로 본다는 경과규정을 두는 한편, 제546조에서 유한회사도 자본총액을 1천만원 이상으로, 출자 1좌의 금액은 5천원 이상으로 규정하면서 그 부칙 제24조에 주식회사의 경우와 같은 경과규정을 두고 있었다. 해당 기업의 대부분이 필요한 조치를 하지 못함으로써 해산된 상태에서 기업경영을 계속하고 있는 실정을 감안

16) 1991년 2월 7일자 제152회 法制司法委員會會議錄 제4호, 3면 참조.
17) 1991년 5월 8일자 제154회 國會本會議會議錄 제11호, 5-6면 참조.

하여 이들 회사들이 구제될 수 있도록 자본증가 또는 조직변경의 기간을 두려는 것이다.

① 주식회사가 자본을 증가하거나 유한회사로 조직변경을 하지 아니하여 해산된 것으로 보는 회사 중 청산이 종결되지 아니한 회사는 이 법 시행일부터 1년 내에 주주총회의 특별결의에 의하여 회사를 계속할 수 있도록 한다.

② 유한회사가 자본총액 및 출자 1좌의 금액을 증액하지 아니하여 해산된 것으로 보는 회사 중 청산이 종결되지 아니한 회사는 이 법 시행일부터 1년 내에 사원총회의 특별결의에 의하여 회사를 계속할 수 있도록 한다.

2. 개정의 내용

상법중 다음과 같이 개정한다.

◇ 법률 제3724호 상법중개정법률 부칙 제4조에 제3항을 다음과 같이 신설한다.

③ 제2항의 규정에 의하여 해산된 것으로 보는 회사 중 청산이 종결되지 아니한 회사는 이 법 시행일부터 1년 이내에 제434조의 규정에 의한 특별결의로 제1항의 절차를 밟아 회사를 계속할 수 있다.

개 정 상 법	
〈신설〉	第4條 (株式會社의 最低資本額에 관한 經過措置) ①이 法施行전에 成立한 株式會社로서 이 法 施行당시 資本金額이 5千萬원미만인 會社는 이 法施行日로부터 3年 이내에 5千萬원이상으로 資本을 增加하거나 有限會社로 組織을 變更하여야 한다. ②第1項의 期間내에 同項의 節次를 밟지 아니한 會社는 解散된 것으로 본다. ③第2項의 規定에 의하여 解散된 것으로 보는 會社 중 清算이 終結되지 아니한 會社는 이 法施行日부터 1年 이내에 第434條의 規定에 의한 特別決議로 第1項의 節次를 밟아 會社를 계속할 수 있다. 〈개정 1991. 5. 31〉

◇ 법률 제3724호 상법중개정법률 부칙 제24조에 제3항을 다음과 같이 신설한다.

③ 제2항의 규정에 의하여 해산된 것으로 보는 회사 중 청산이 종결되지 아니한 회사는 이 법 시행일부터 1년 이내에 제585조의 규정에 의한 특별결의로 제1항의 절차를 밟아 회사를 계속할 수 있다.

	개 정 상 법
〈신설〉	第24條 (有限會社 資本總額등에 관한 經過措置) ①이 法施行전의 有限會社로서 이 法 施行당시 그 資本總額과 出資 1座의 金額이 第546條의 改正規定에 정한 金額에 미달한 會社는 이 法施行日로부터 3년 이내에 資本總額을 1千萬원이상으로, 出資 1座의 金額을 5千원이상으로 增額하여야 한다. ②第1項의 期間내에 資本總額을 增額하지 아니한 會社는 解散된 것으로 본다. ③第2項의 規定에 의하여 解散된 것으로 보는 會社중 淸算이 終結되지 아니한 會社는 이 法施行日부터 1年 이내에 第585條의 規定에 의한 特別決議로 第1項의 節次를 밟아 會社를 계속할 수 있다. 〈개정 1991. 5. 31〉 부칙 이 法은 공포한 날부터 시행한다.

Ⅱ. 1991년의 상법개정(법률 제4470호)

1. 개정의 논의

1981년 12월에 설치된 「상법개정특별심의위원회」에서 상법전의 개정작업의 일환으로 보험편과 해상편에 대한 개정시안을 마련한 바 있었다. 그러나 법무부의 상법개정특별심의위원회의 개정작업의 결과 1984년 4월 1일에 법률 제3742호로 개정된 상법전은 제1편 총칙 중의 상업장부 및 제3편의 회사법, 특히 주식회사법의 개정이 그 중심이었으며, 제4편 보험 및 제5편 해상의 개정은 일시에 상법전 전편을 개정하는 일이 당시로서는 무리였다고 보아 차후로 미루어졌다. 그 이후 법무부는 상법 제4편의 보험법과 함께, 제5편의 해상법의 개정을 위한 자문기구로서, 1985년 11월 법무자문위원회에 상법개정특별분과위원회를 설치하여, 그 중의 보험법개정실무소위원회와 해상법개정실무소위원회를 중심으로 보험법과 해상법의 개정작업이 진행되었다. 우선 개정시안을 마련하여 공청회를 통한 각계의 의견수렴을 한 후 약간의 수정을 거쳐서 1989년 10월에 정기국회에 제출되었다. 이 법률안이 국회에 제출된 지 2년 이상이 지난 1991년 12월 16일 국회본회의에서 「상법중개정법률」(1991년 12월 31일 공포, 법률 제4470호)로 통과되었다. 이 개정법은 1993년 1월 1일부터 시행되었다.

이 보험법과 해상법을 중심으로 하는 상법전이 개정되기까지는 우리 경제의 발전과 더불어, 보험·해운부분에 괄목할 만한 발전을 이룩하여 보험·해상편의 규정 중에는 기업의 현실과 맞지 않고, 국제추세에 뒤진 면이 적지 않다는 점이 제기되었다. 법무부는 1984년 12월에 이처럼 경제현실에 맞지 않거나 국제현실에 뒤떨어진 보험·해상편에 대한 개정작업을 추진하고자 사계의 권위자들로 상법개정연구위원회를 구성하여 보험·해상편의 개정방향에 대하여 심도있게 연구를 진행하였다. 그 연구결과물이 바로 「保險·海商法의 改正論点」(法務資料 제57집)이었다.[18] 이 연구물들은 개정법의 해석에 많은 도움을 주었음은 물론이다.[19]

2. 개정의 이유

법무부가 상법중개정법률안을 국회에 제출하면서 개정이유로 든 것은 다음과 같다.

보험산업의 대중화에 따라 보험가입자를 보호하고, 보험업을 합리적으로 육성하기 위하여 보험거래현실에 부적합한 규정을 정비하며, 해상거래 당사자의 이익을 조정하고, 해운업의 국제화 추세에 부응하기 위하여 해운실무에 맞지 않는 규정을 개정하며 주요해운국가들이 수용·채택한 국제조약의 주요내용을 입법화함으로써 상사거래의 기본법으로서의 체제를 갖추려는 것이다.

① 보험가입자의 부보에 대한 합리적인 기대를 보호하기 위하여 보험자가 보험계약의 청약과 함께 보험료상당액의 지급을 받은 경우에는 30일 내에 낙부의 통지를 발송하도록 하고, 승낙 이전에 보험사고가 발생한 경우에도 보험금을 지급하도록 한다.

---

18) 「保險·海商法의 改正論点」에는 제1편 保險과 제2편 海商으로 나누어, 제1편에는 ○孫珠瓚 교수의 保險契約法의 問題點에 관한 立法論的檢討, ○梁承圭 교수의 告知義務에 관한 法改正方向, ○崔秉秀 사장의 保險編의 改正方向檢討, ○李尙勳 판사의 保險契約의 成立, ○權奇範 교수의 商法 제679조에 관한 立法論的 考察, ○大韓損害保險協會의 損害保險編의 改正意見, ○生命保險協會의 商法 保險編改正에 관한 몇 가지 제안이 들어 있고, 제2편 海商에는 ○李均成 교수의 海上企業關係者 責任制限制度의 改編方向, ○裵炳泰 교수의 海商法改正의 基本方向, ○鄭燦亨 교수의 船荷證券에 관한 立法論的 考察, ○徐憲濟 교수의 複合運送의 發達과 그 國際的 規律의 전개, ○韓國船主協會의 國際海商法趨勢와 現行海商法의 쟁점이 실려 있다.

19) 이 외에도 참조할 논문으로서는 李均成, 海商法改正의 一意見, 商事法硏究 제4집(1986), 445-464면; 孫珠瓚, 그리스(希臘)船主有限責任制度, 商事法硏究 제4집(1986), 465-479면; 李均成, 最近의 國際海運立法의 動向과 海商法改正의 方向, 商事法硏究 제5집 (1987), 109-148면; 朴容燮, 海商法改正의 基本方向과 改正試案例, 商事法硏究 제5집(1987), 149-172면.

② 보험계약자에게 보험약관을 알 수 있는 기회를 제공하기 위하여 보험자에게 보험약관의 교부·명시의무를 부과한다.

③ 보험가입자를 보호하기 위하여 불이익변경금지원칙의 적용범위를 보험편 전체규정에 확대하여 당사자간의 특약으로 보험가입자 등에게 불이익으로 변경할 수 없도록 한다.

④ 수개의 책임보험가입자의 부당이익을 방지하기 위하여 보험금액의 총액이 제3자에 대한 손해배상액을 초과하는 때에는 각 보험자는 보험금액의 비율에 따른 보상책임만 부담하도록 한다.

⑤ 보험계약성립 후의 분쟁과 도덕적 위험을 방지하기 위하여 타인의 생명보험에 있어서는 보험계약체결시에 타인의 서면에 의한 동의를 얻도록 한다.

⑥ 보험이용자의 편의를 도모하기 위하여 계약체결시 보험계약상의 이익을 받을 자를 확정할 수 없는 경우가 많으므로 불특정타인을 위한 보험을 인정한다.

⑦ 보험거래실무와 일치시키기 위하여 보험자는 보험계약이 성립하면 지체없이 보험계약자에게 보험증권을 교부하도록 한다.

⑧ 1924년 선주책임제한조약을 수용한 현행상법은 책임한도액이 톤당 15,000원에 불과하여 선박사고시 법적 절차에 의한 해결보다는 집단행동에 호소하는 등 실정법에 대한 불신이 적지 않았으므로, 주요해운국가들이 수용한 1976년 조약의 주요내용을 입법화하여 책임제한주체의 책임한도액을 증액한다.

⑨ 해상기업활동의 다양화에 대응한 합리적인 책임제한제도를 확립하기 위하여 책임제한주체의 범위를 용선자, 이행보조자, 구조자까지 확대한다.

⑩ 개정전 상법이 해상물건운송에 관한 1924년 헤이그규칙을 수용함에 있어 해상운송인의 포장당 책임제한제도를 채택하지 아니한 것은 입법의 불비이고, 국제입법동향에도 낙후되었으므로 1924년 헤이그규칙을 개정한 1968년 헤이그·비스비규칙을 수용하여 포장당 책임제한을 인정하고, 이를 불법행위책임과 사용인의 책임에까지 확장한다.

⑪ 선박과 운송물의 공동안전을 위하여 위험성이 있는 운송물은 해상운송인이 그 성질을 알고 선적한 경우에도 그 운송물이 선박이나 다른 운송물에 위해를 미칠 위험성이 있는 때에는 선장은 무해조치할 수 있도록 한다.

⑫ 운송인과 적하이해관계인의 권리관계를 신속히 확정하기 위하여 운송인의 적하이해관계인에 대한 채권 및 채무는 운송물을 인도한 날로부터 1년 내에 재판상 청구가 없으면 소멸하도록 한다.

⑬ 해운실무상 정기용선이 성행하고 있으므로 정기용선계약의 성립에 관한 규정을 신설하고, 선장 등 선박사용인이 정기용선자의 정당한 지시에 위반하여 손해가 발생하면 선박소유자가 이를 배상하도록 한다.

⑭ 정기용선자가 용선료를 지체한 경우 해운실무관행을 반영하여 선박소유자는 최고없이 계약을 해제 또는 해지할 수 있도록 한다.

3. 보험편의 개정내용

(1) 기본방향

보험편의 기본개정방향은 보험산업의 대중화에 따라 보험가입자를 보호하고, 보험산업을 합리적으로 육성하기 위하여 보험거래 현실에 부적합한 규정을 정비함으로써 상법전 제4편으로 하여금 보험거래의 기본법으로서의 체제를 갖추도록 하는 것이었다. 따라서 이번 보험편의 개정의 주요골자는 첫째로 보험산업의 대중화에 따른 보험가입자의 보호(예컨대, 개정상법 제638조의2, 제638의3, 제663조 본문), 둘째로 보험의 선의성의 보장(예컨대, 개정상법 제725조의2, 제731조), 셋째로 보험거래 현실에 부적합한 규정의 정비(예컨대, 개정상법 제639조, 제640조) 등으로 나눌 수 있다.[20]

(2) 보험통칙

1) 보험계약성립전 사고발생시의 보험계약자의 보호

보험계약자가 보험료 상당액의 지급과 함께 청약을 하였으나, 보험자가 청약내용의 심사를 이유로 승낙이나 거절의 의사표시를 하지 않는 동안에 보험사고가 발생한 경우에는 계약의 일반원칙에 따라 그때까지 보험자의 승낙이 없었으므로 보험계약의 성립을 인정할 수 없고, 따라서 보험계약자는 보험금지급을 청구할 수 없

20) 張敬煥, 改正保險契約法의 概觀(上), 「考試界」, 1992. 2, 77면.

게 된다. 그러나 이러한 결과는 보험자의 낙부의 의사표시를 지체하고 있었던 경우에는 보험계약자에게 가혹한 처사가 되며, 청약을 하고 보험료까지 지급하고 나면 보험보호를 받는 것으로 기대하는 보험계약자의 신뢰에 반한다. 개정상법은 제638조의2(보험계약의 성립)의 규정을 신설하여, 보험자가 보험계약자로부터 보험계약의 청약과 함께 보험료 상당액의 전부 또는 일부의 지급을 받은 때에는 다른 약정이 없으면 30일 내에 그 상대방에 대하여 낙부의 통지를 발송하여야 한다(동조 제1항). 이를 보험자의 낙부통지의무라고 한다. 이 기간의 기산일은 인보험계약의 피보험자가 신체검사를 받아야 할 경우에는 그 기간은 신체검사를 받은 날부터 시작한다. 보험자가 통지기간 내에 낙부의 통지를 해태한 때에는 승낙한 것으로 본다(동조 제2항).

보험자가 보험계약자로부터 보험계약의 청약과 함께 보험료 상당액의 전부 또는 일부를 받은 경우에 그 청약을 승낙하기 전에 보험계약에서 정한 보험사고가 생긴 때에는 그 청약을 거절할 사유가 없는 한 보험자는 보험계약상의 책임을 진다. 청약을 거절할 사유의 유무, 즉 적격피보험자 여부는 보험사고의 발생 당시를 기준으로 판단한다. 따라서 인보험계약의 피보험자가 신체검사를 받아야 하는 경우에 그 검사를 받지 아니한 때에는 보험보호를 받지 못한다(동조 제3항).

	개 정 상 법
〈신설〉	第638條의2 (保險契約의 成立) ①保險者가 保險契約者로부터 保險契約의 請約과 함께 保險料 相當額의 전부 또는 일부의 支給을 받은 때에는 다른 약정이 없으면 30日내에 그 相對方에 대하여 諾否의 통지를 發送하여야 한다. 그러나 人保險契約의 被保險者가 身體檢査를 받아야 할 경우에는 그 期間은 身體檢査를 받은 날부터 起算한다. ②保險者가 第1項의 規定에 의한 期間內에 諾否의 통지를 懈怠한 때에는 승낙한 것으로 본다. ③保險者가 保險契約者로부터 保險契約의 請約과 함께 保險料 相當額의 전부 또는 일부를 받은 경우에 그 請約을 승낙하기 전에 保險契約에서 정한 保險事故가 생긴 때에는 그 請約을 거절할 사유가 없는 한 保險者는 保險契約上의 責任을 진다. 그러나 人保險契約의 被保險者가 身體檢査를 받아야 하는 경우에 그 檢査를 받지 아니한 때에는 그러하지 아니하다. 〈개정 1991. 12. 31〉

2) 보험약관의 교부·명시의무

보험계약의 특수성을 고려하여 보험약관의 교부·설명의무제도를 마련하고자 개정법은 제638조의3의 규정을 신설하였다. 따라서 앞으로는 보험약관의 교부・설명에 관하여는 약관규제법 제3조 및 제16조의 적용을 배제하고 개정상법 제638조의3의 규정이 적용된다.[21)]

보험자는 보험계약을 체결할 때에 보험계약자에게 보험약관을 교부하고 그 약관의 중요한 내용을 알려주어야 한다(개정상법 제638조의3 제1항). 보험자가 약관의 교부・설명의무를 위반한 때에는 보험계약자는 보험계약이 성립한 날부터 1월 내에 그 계약을 취소할 수 있다(개정상법 제638조의3 제2항). 이 규정에 의하여 보험자의 의무이행이 확보된 셈이다.

	개 정 상 법
〈신설〉	第638條의3 (保險約款의 교부・명시義務) ①保險者는 保險契約을 체결할 때에 保險契約者에게 保險約款을 교부하고 그 約款의 중요한 내용을 알려주어야 한다. ②保險者가 第1項의 規定에 위반한 때에는 保險契約者는 保險契約이 成立한 날부터 1月 내에 그 契約을 取消할 수 있다. 〈개정 1991. 12. 31〉

3) 타인을 위한 보험

개정상법은 제639조에서 보험거래실무상의 필요를 고려하여 불특정타인을 위한 보험계약을 명문화하였고, 타인을 위한 보험계약관계자 간의 이해조정을 위하여 손해보험의 계약자로 하여금 타인의 위임없음을 고지하도록 하였으며, 타인에게 손해배상을 한 계약자의 보험금청구권을 인정하였다. 그밖에 개정상법은 제649조 제1항 단서에서 계약해지에 관하여 계약자와 타인 사이의 관계를 조정하였고, 제650조 제3항에서 타인의 제2차적 보험료지급의무자로서의 지위를 고려하여 그에 대한 보험료지급의 최고를 명문화하였다.[22)]

21) 위의 논문, 80-81면 참조. 그러나 위의 논문 83면에서 張敬煥 교수는 法文의 標題에 대하여서는 「保險約款의 交付・說明義務」로 표기해야 한다고 설명한다. 李鴻旭, [判例評釋] 普通保險約款의 改正과 그 開示, 商事法硏究 제4집(1986), 357-379면; 金英鎬, 保險約款의 開示, 商事法硏究 제5집(1987), 63-81면 참조.

22) 안강현, 보험료 납입 전의 보험증권의 발행과 타인을 위한 보험계약의 증권소지인의 지위－사례를 중심으로－, 商事法硏究 제17권 제2호(1998)(통권 제21호), 521-553면 참조; 盟守錫, 第3者에 대한 保險者代位에 관한 硏究, 商事法硏究 제15권 제2호(1996), 297-326면; 金載杰, 他人을 위한 生命保險契約에 있어서의 保險受益者에 대한 法律的인 考察－日本의 判例를 中心으로 하여－, 商事法硏究 제16권 제2호(1997), 535-568면; 박세민, 保險者의 告知義務에 관한 硏究－英國의 Skandia 사건의 判決文 分析을 중심으로－, 商事法硏究 제17권 제2호(1998)(통권 제21호), 371-405면.

보험계약자는 위임을 받거나 위임을 받지 아니하고 특정 또는 불특정의 타인을 위하여 보험계약을 체결할 수 있다. 그러나 손해보험의 경우에 그 타인의 위임이 없는 때에는 보험계약자는 이를 보험자에게 고지하여야 하고, 그 고지가 없는 때에는 타인이 그 보험계약이 체결된 사실을 알지 못하였다는 사유로 보험자에게 대항하지 못한다(개정상법 제639조 제1항). 그런 경우에는 그 타인은 당연히 그 계약의 이익을 받는다. 그러나, 손해보험계약의 경우에 보험계약자가 그 타인에게 보험사고의 발생으로 생긴 손해의 배상을 한 때에는 보험계약자는 그 타인의 권리를 해하지 아니하는 범위 안에서 보험자에게 보험금액의 지급을 청구할 수 있다(개정상법 제639조 제2항).

개 정 전 상 법	개 정 상 법
第639條 (他人을 爲한 保險) ①保險契約者는 委任을 받거나 委任을 받지 아니하고 他人을 爲하여 保險契約을 締結할 수 있다. 이 境遇에는 그 他人은 當然히 그 契約의 利益을 받는다.	**第639條** (他人을 爲한 保險) ①保險契約者는 委任을 받거나 委任을 받지 아니하고 특정 또는 불특정의 他人을 위하여 保險契約을 締結할 수 있다. 그러나 損害保險의 경우에 그 他人의 委任이 없는 때에는 보험계약자는 이를 보험자에게 告知하여야 하고, 그 告知가 없는 때에는 他人이 그 保險契約이 체결된 사실을 알지 못하였다는 사유로 保險者에게 對抗하지 못한다.
②前項의 境遇에는 保險契約者는 保險者에 對하여 保險料를 支給할 義務가 있다. 그러나 保險契約者가 破産宣告를 받거나 保險料의 支給을 遲滯한 때에는 그 他人이 그 權利를 抛棄하지 아니하는 限 그 他人도 保險料를 支給할 義務가 있다.	②第1項의 경우에는 그 他人은 당연히 그 契約의 이익을 받는다. 그러나, 損害保險契約의 경우에 保險契約者가 그 他人에게 保險事故의 발생으로 생긴 損害의 賠償을 한 때에는 保險契約者는 그 他人의 權利를 해하지 아니하는 범위안에서 保險者에게 保險金額의 支給을 請求할 수 있다. <신설 1991. 12. 31> ③第1項의 境遇에는 保險契約者는 保險者에 對하여 保險料를 支給할 義務가 있다. 그러나 保險契約者가 破産宣告를 받거나 保險料의 支給을 遲滯한 때에는 그 他人이 그 權利를 抛棄하지 아니하는 限 그 他人도 保險料를 支給할 義務가 있다.
第649條 (事故發生前의 任意解止) ①保險事故가 發生하기 前에는 保險契約者는 언제든지 契約의 全部 또는 一部를 解止할 수 있다. ②前項의 境遇에는 當事者間에 다른 約定이 없으면 未經過保險料의 返還을 請求할 수 있	**第649條** (事故發生前의 任意解止) ①保險事故가 發生하기 前에는 保險契約者는 언제든지 契約의 全部 또는 一部를 解止할 수 있다. 그러나 第639條의 保險契約의 경우에는 保險契約者는 그 他人의 同意를 얻지 아니하거나 保險證券을

다.	所持하지 아니하면 그 契約을 解止하지 못한다. 〈단서신설 1991. 12. 31〉
〈신 설〉	②保險事故의 발생으로 保險者가 保險金額을 支給한 때에도 保險金額이 減額되지 아니하는 保險의 경우에는 保險契約者는 그 事故發生후에도 保險契約을 解止할 수 있다.
	③第1項의 境遇에는 保險契約者는 當事者間에 다른 約定이 없으면 未經過保險料의 返還을 請求할 수 있다.
第650條 (保險料不支給으로 因한 契約解止) 保險料가 適當한 時期에 支給되지 아니한 때에는 保險者는 相當한 期間을 定하여 保險契約者에게 催告하고 그 期間內에 支給하지 아니한 때에는 契約을 解止할 수 있다.	第650條 (保險料의 支給과 지체의 效果) ①保險契約者는 契約締結후 지체없이 保險料의 전부 또는 第1回 保險料를 支給하여야 하며, 保險契約者가 이를 支給하지 아니하는 경우에는 다른 약정이 없는 한 契約成立후 2月이 경과하면 그 契約은 解除된 것으로 본다.
〈신 설〉	②繼續保險料가 약정한 時期에 支給되지 아니한 때에는 保險者는 상당한 期間을 정하여 保險契約者에게 催告하고 그 期間內에 支給되지 아니한 때에는 그 契約을 解止할 수 있다. 〈개정 1991. 12. 31〉
〈신 설〉	③특정한 他人을 위한 保險의 경우에 保險契約者가 保險料의 支給을 지체한 때에는 保險者는 그 他人에게도 상당한 期間을 정하여 保險料의 支給을 催告한 후가 아니면 그 契約을 解除 또는 解止하지 못한다. 〈개정 1991. 12. 31〉

4) 보험증권의 교부

개정상법은 제640조의 규정을 개정하여 보험거래의 실무를 받아들이고 있다. 즉, 보험자는 계약성립시 계약자의 청구를 기다릴 필요가 없이 지체없이 보험증권을 작성하여 계약자에게 교부하여야 한다(제640조 제1항 본문). 그러나 계약자가 보험료의 전부 또는 최초의 보험료를 지급하지 아니한 때에는 그러하지 아니하다(제640조 제1항 단서). 그리고 기존의 계약을 연장하거나 변경한 경우에는, 보험자는 기존의 보험증권에 그 사실을 기재함으로써 보험증권의 교부에 갈음할 수 있다(제640조 제2항). 보험계약의 조건을 변경하는 것이므로 이를 물론 보험자의 동의를 요한다.

개 정 전 상 법	개 정 상 법
第640條 (保險證券의 交付) 保險者는 保險契約者의 請求에 依하여 保險證券을 作成하여 保險契約者에게 交付하여야 한다. 〈신 설〉	第640條 (保險證券의 交付) ①保險者는 保險契約이 成立한 때에는 지체없이 保險證券을 作成하여 保險契約者에게 交付하여야 한다. 그러나 保險契約者가 保險料의 전부 또는 최초의 保險料를 支給하지 아니한 때에는 그러하지 아니하다. 〈단서신설 1991. 12. 31〉 ②기존의 保險契約을 연장하거나 變更한 경우에는 保險者는 그 保險證券에 그 사실을 기재함으로써 保險證券의 교부에 갈음할 수 있다. 〈개정 1991. 12. 31〉

5) 제645조(보험사고의 주관적 확정의 효과)의 삭제

개정전 상법 제645조는 제644조(보험사고의 객관적 확정의 효과)로부터 당연히 결과하는 내용이기 때문에 불필요하여 개정상법에서는 삭제되었다.

6) 보험사고발생전의 임의해시

개정상법은 제649조 제1항에 단서를 신설함으로써, 타인을 위한 보험계약의 해지의 경우에 계약자와 타인의 관계를 조정하여, 계약자로 하여금 보험증권을 소지한 때에는 임의로 사고발생 전에 해지할 수 있게 하였지만, 그렇지 아니한 때에는 타인의 동의를 얻어야만 해지할 수 있도록 하였다. 보험사고가 발생하면 보험금지급으로 계약관계가 종료하는 것이 보통이다. 제649조 제1항 본문은 계약자의 임의해지를 사고발생 전에 한하여 인정하고 있다. 그러나 개정상법에서는 사고발행으로 보험금이 지급된 후에도 보험금액이 감액되지 아니하는 보험의 경우에는 사고발생 후에도 계약자로 하여금 임의해지를 할 수 있게 하였다(제649조 제2항).

7) 보험료의 지급과 지체의 효과

개정상법은 제650조 제1항을 신설하여 최초보험료의 지급시기와 그 지급지체의 효과로서 계약해제의 의제를 규정하고 있다.

계약자는 계약체결후 지체없이 보험료의 전부 또는 제1회 보험료를 지급하여야 하며(제650조 제1항 전단), 이를 지급하지 아니하는 경우에는 다른 약정이 없는 한 계약성립 후 2월이 경과하면 계약의 해제가 의제된다(제650조 제1항 후단). 그리고 계속보험료의 불지급에 있어서는 계약자로 하여금 되도록 보험보호를 잃어버리지 아니하도록 하게 하기 위하여, 보험료 납입기일이 경과해도 그대로 보험계약의 효력을 상실케 하지 않고 보험자에게 상당기간을 정하여 최고를 하도록 하게 하고 있다(제650조 제2항). 보통 제1회 보험료(die erste Prämie)는 최초보험료가 되며, 제2회 이후의 보험료(die folgende Prämien)는 계속보험료가 된다.[23)]

8) 보험계약의 부활

보험거래실무에서는 계속보험료의 불지급으로 인하여 계약이 해지되거나 실효약관에 의하여 실효된 경우에는 새로이 계약을 체결하는 데 따르는 계약자의 불이익을 덜어주고자, 계약자의 청구에 따라 해지·실효된 계약의 부활을 허용하고 있다. 개정상법은 제650조의2의 규정을 신설하여 이러한 실무의 관행을 명문화하였다.

	개 정 상 법
〈신설〉	第650條의2 (保險契約의 復活) 第650條第2項에 따라 保險契約이 解止되고 解止還給金이 支給되지 아니한 경우에 保險契約者는 일정한 期間내에 延滯保險料에 約定利子를 붙여 保險者에게 支給하고 그 契約의 復活을 請求할 수 있다. 第638條의2의 규정은 이 경우에 準用한다. 〈개정 1991. 12. 31〉

9) 고지의무

개정전 상법 제651조는 고지의무위반에 대한 보험자의 계약해지권의 행사기간을 5년으로 규정하였으나, 개정법은 보험거래의 실정상 지나치게 장기간이므로 3년으로 단축하였다.

또한 보험고객은 보험전문가가 아니므로 스스로 무엇이 중요한 사항인가를 탐지하여 고지하게 하는 것은 지나치다는 이유로 오늘날 고지의무는 계약청약서나 별도의 고지서에 나와 있는 질문사항에 답변하는 것으로 이행하는 것이 일반적이다(고지의무의 수동화현상). 개정상법은 제651조의2를 신설하여 그 중에서 질문표, 기재사항의 중요성추정만을 명문화하였다.[24)]

개 정 전 상 법	개 정 상 법
第651條 (告知義務違反으로 因한 契約解止) 保	第651條 (告知義務違反으로 因한 契約解止) 保

23) 張敬煥, 앞의 논문, 92면.

24) 참고논문: 金元奎, 保險契約法上 告知義務에 있어서 '重要한 事項'의 意味, 商事法研究 제16권 제1호(1997), 175-200면.

險契約當時에 保險契約者 또는 被保險者가 故意 또는 重大한 過失로 因하여 重要한 事項을 告知하지 아니하거나 不實의 告知를 한 때에는 保險者는 그 事實을 안 날로부터 1月內에, 契約을 締結한 날로부터 5年內에 限하여 契約을 解止할 수 있다. 그러나 保險者가 契約當時에 그 事實을 알았거나 重大한 過失로 因하여 알지 못한 때에는 그러하지 아니하다. 〈신 설〉	險契約當時에 保險契約者 또는 被保險者가 故意 또는 重大한 過失로 因하여 重要한 事項을 告知하지 아니하거나 不實의 告知를 한 때에는 保險者는 그 事實을 안 날로부터 1月內에, 契約을 締結한 날로부터 3年內에 限하여 契約을 解止할 수 있다. 그러나 保險者가 契約當時에 그 事實을 알았거나 重大한 過失로 因하여 알지 못한 때에는 그러하지 아니하다. 第651條의2 (書面에 의한 質問의 效力) 保險者가 書面으로 質問한 사항은 중요한 사항으로 推定한다. 〈개정 1991. 12. 31〉

10) 위험변경·증가와 보험료증액 및 계약해지

보험계약자 또는 피보험자가 객관적 위험변경·증가의 통지의무를 이행한 경우의 계약관계에 대해서는 아무런 규정이 없었다. 개정상법은 제652조 제2항을 신설하여 이를 규정하게 되었다. 개정전 상법 제653조는 주관적 위험변경·증가의 경우에는, 객관적 위험변경·증가의 경우와는 달리, 이에 대해서는 아무리 계약자 등의 책임있는 위험변경·증가가 있더라고, 계약관계의 운명을 보험사가 아무 때나 결정하게 하는 것은 계약자 등의 지위를 지나치게 불안정하게 하는 것으로 부당하다는 비판이 있었다. 개정상법에서는 제653조 후단은 개정하여 보험자가 주관적 위험변경·증가의 사실을 안 날로부터 1월 내에 보험료의 증액을 청구하거나 계약을 해지할 수 있게 하였다.

개 정 전 상 법	개 정 상 법
第652條 (危險變更增加의 通知와 契約解止) 保險期間中에 保險契約者 또는 被保險者가 事故發生의 危險이 顯著하게 變更 또는 增加된 事實을 안 때에는 遲滯없이 保險者에게 通知하여야 한다. 이를 懈怠한 때에는 保險者는 그 事實을 안 날로부터 1月內에 限하여 契約을 解止할 수 있다.	第652條 (危險變更增加의 通知와 契約解止) ① 保險期間中에 保險契約者 또는 被保險者가 事故發生의 危險이 顯著하게 變更 또는 增加된 事實을 안 때에는 遲滯없이 保險者에게 通知하여야 한다. 이를 懈怠한 때에는 保險者는 그 事實을 안 날로부터 1月內에 限하여 契約을 解止할 수 있다. ②保險者가 第1項의 危險變更增加의 통지를 받은 때에는 1月내에 保險料의 增額을 請求하거나 契約을 解止할 수 있다. 〈일부개정 1991. 12. 31〉
第653條 (保險契約者等의 故意나 重過失로 因한	第653條 (保險契約者等의 故意나 重過失로 因한

危險增加와 契約解止) 保險期間中에 保險契約者, 被保險者 또는 保險受益者의 故意 또는 重大한 過失로 因하여 事故發生의 危險이 顯著하게 變更 또는 增加된 때에는 保險者는 契約을 解止할 수 있다.	危險增加와 契約解止) 保險期間中에 保險契約者, 被保險者 또는 保險受益者의 故意 또는 重大한 過失로 因하여 事故發生의 危險이 顯著하게 變更 또는 增加된 때에는 保險者는 그 사실을 안 날부터 1月내에 保險料의 增額을 請求하거나 契約을 解止할 수 있다.

11) 보험사고발생시의 통지의무와 보험금지급

개정전 상법 제657조는 계약자 또는 피보험자나 보험수익자가 보험사고의 발생을 안 때에는 지체없이 보험자에게 이 사실을 통지하도록 하는 보험사고발생의 통지의무만을 규정하였을 뿐, 의무를 게을리한 때의 법적 효과에 대해서는 규정한 바가 없었다. 이에 개정상법에서는 제657조 제2항을 신설하여, 계약자 등이 사고발생의 통지의무를 해태함으로 인하여 손해가 증가된 때에는 보험자는 그 증가된 손해를 보상할 책임이 없다는 점을 분명히 하였다.

그리고 개정전 상법 제658조는 약정기간이 없는 때에는 사고발생의 통지수령일로부터 10일 내에 보험금을 지급하도록 규정한 데 대하여, 개정상법 제658조는 약정기간이 없는 때에는 사고발생의 통지수령 후 보험금을 확정하고 그 확정일로부터 10일 내에 지급하도록 하였다.

개 정 전 상 법	개 정 상 법
第657條 (保險事故發生의 通知義務) 保險契約者 또는 被保險者나 保險受益者는 保險事故의 發生을 안때에는 遲滯없이 保險者에게 그 通知를 發送하여야 한다. 〈신 설〉	第657條 (保險事故發生의 通知義務) ①保險契約者 또는 被保險者나 保險受益者는 保險事故의 發生을 안 때에는 遲滯없이 保險者에게 그 通知를 發送하여야 한다. ②保險契約者 또는 被保險者나 保險受益者가 第1項의 通知義務를 懈怠함으로 인하여 損害가 增加된 때에는 保險者는 그 增加된 損害를 補償할 責任이 없다. 〈개정 1991. 12. 31〉
第658條 (保險金額의 支給) 保險者는 保險金額의 支給에 關하여 約定期間이 있는 때에는 그 期間內에, 約定期間이 없는 때에는 前條의 通知를 받은 날로부터 10日內에 保險金額을 保險受益者에게 支給하여야 한다.	第658條 (保險金額의 支給) 保險者는 保險金額의 支給에 관하여 約定期間이 있는 경우에는 그 期間내에 約定期間이 없는 경우에는 第657條第1項의 통지를 받은 후 지체없이 支給할 保險金額을 정하고 그 정하여진 날부터 10日내에 被保險者 또는 保險受益者에게 保險金額을 支給하여야 한다. 〈개정 1991. 12. 31〉

12) 보험자의 면책사유에 관한 조문의 정비

보험자의 면책사유에 관한 개정전 상법의 태도에 대해서 비판의 목소리가 있자, 개정법은 다음과 같이 면책사유에 관한 조문을 정비하였다. 첫째, 상법 제659조 제1항의 고의·중과실에 대한 면책규정은 그대로 개정상법 제659조 제1항으로 놓아두고, 둘째 상법 제659조 제2항에서 상해보험을 삭제하여 이 보험에 대하여는 제1항의 적용대상이 되게 하였으며, 셋째 상법 제659조 제2항 단서를 삭제하였고, 넷째 그 결과 남게 된 현행상법 제659조 제2항은 사망보험에서의 중과실에 대한 책임규정만을 지니게 되었기 때문에, 조문의 체계상 생명보험에 관한 개정상법 제732조의2로 옮겨 놓았다.

개 정 전 상 법	개 정 상 법
第659條 (保險者의 免責事由) ①保險事故가 保險契約者 또는 被保險者나 保險受益者의 故意 또는 重大한 過失로 因하여 생긴 때에는 保險者는 保險金額을 支給할 責任이 없다. ②死亡 또는 傷害를 保險事故로 한 保險契約에는 事故가 保險契約者 또는 被保險者나 保險受益者의 重大한 過失로 因하여 생긴 境遇에도 保險者는 保險金額을 支給할 責任을 免하지 못한다. 그러나 死刑의 執行으로 因하여 死亡한 때에는 그러하지 아니하다.	第659條 (保險者의 免責事由) ①保險事故가 保險契約者 또는 被保險者나 保險受益者이 故意 또는 重大한 過失로 因하여 생긴 때에는 保險者는 保險金額을 支給할 責任이 없다. ② (삭제) <개정 1991. 12. 31>
<신 설>	第732條의2 (重過失로 인한 保險事故) 死亡을 保險事故로 한 保險契約에는 事故가 保險契約者 또는 被保險者나 保險受益者의 중대한 過失로 인하여 생긴 경우에도 保險者는 保險金額을 支給할 責任을 免하지 못한다. <개정 1991. 12. 31>

13) 보험계약자 등 불이익변경금지원칙의 적용범위의 확대

개정상법은 제663조의 본문의 개정을 통하여 이 원칙의 적용범위를 제4편 보험계약법의 규정 전부에 미치도록 하였다. 이와 아울러 제663조 단서의 신설을 통하여 이 원칙을 재보험, 해상보험 그 밖의 이와 유사한 보험에는 그 적용이 없게 하였다.

개 정 전 상 법	개 정 상 법
第663條 (保險契約者等의 不利益變更禁止) 本章의 規定은 當事者間의 特約으로 保險契約者 또는 被保險者나 保險受益者의 不利益으로 變更하지 못한다.	第663條 (保險契約者等의 不利益變更禁止) 이 編의 規定은 當事者間의 特約으로 保險契約者 또는 被保險者나 保險受益者의 不利益으로 變更하지 못한다. 그러나 再保險 및 海上保險 기타 이와 유사한 保險의 경우에는 그러하지 아니하다. 〈단서신설 1991. 12. 31〉

(3) 손해보험통칙

1) 손해보험증권의 서명발행의 명문화

보험실무에서는 손해보험증권을 발행할 경우 보험사가 기명날인 대신에 서명을 하는 것이 관행화되어 있다. 개정상법은 이 실무관행을 반영하여 손해보험증권을 발행할 경우에 보험자가 기명날인 또는 서명을 할 수 있도록 하였다(제666조 본문).

개 정 전 상 법	개 정 상 법
第666條 (損害保險證券) 損害保險證券에는 다음의 事項을 記載하고 保險者가 記名捺印하여야 한다. 1. ~ 9. (생 략)	第666條 (損害保險證券) 損害保險證券에는 다음의 事項을 記載하고 保險者가 記名捺印 또는 署名하여야 한다. 1. ~ 9. (생 략) 〈개정 1991. 12. 31〉

2) 중복보험 및 병존보험

개정전 상법 제672조 제1항은 중복보험자의 책임으로서 보험자간의 내부적 책임분담에 관한 비례보상주의를 먼저 규정하고 계약자에 대한 연대책임주의를 나중에 규정하고 있다. 그러나 개정상법은 동조 동항은 연대책임주의를 먼저 규정하고 비례보상주의를 나중에 규정하였다.

보험금액은 계약에서 정한 보험자의 최고보상한도액을 의미하고, 보험금은 사고발생시 보험금액의 한도 내에서 손해액에 따라 실제로 지급되는 금액이다. 수개의 보험계약이 중복보험이 되기 위하여는 보험금액의 총액이 보험금액을 초과하여야 한다. 개정상법은 동조 동항의 「同一한 目的」을 피보험이익의 동일성을 뜻하는 「同一한 保險契約의 目的」(제668조 참조)으로, 「保險金額總額」을 「保險金額의 總額」으로 고쳤다.

중복보험과 병존보험에는 보험자끼리 연결되어 있지 않으므로 계약자가 다른 보험자와의 계약내용을 각 보험자에게 통지할 필요가 있다. 병존보험의 경우 각 계약의 보험금액의 총액이 보험가액을 초과하지 않더라도, 각 보험자는 위험의 관리, 손해방지비용의 부담, 보험자의 대위 등에서 서로 이해관계를 가지게 된다. 이러한 점으로 고려하면, 병존보험에서도 중복보험에서와 같이 계약자는 다른 보험자와의 계약내용을 각 보험자에게 통지하여야 할 필요가 있다. 따라서 개정상법 제672조 제2항은 개정전 상법 동조 동항의 「前項의 境遇」를 「同一한 보험계약의 목적과 동일한 사고에 관하여 수개의 보험계약을 체결하는 경우」로 개정함으로써, 병존보험의 경우까지 포함하여 계약자의 계약내용의 통지의무를 규정하였다.

개 정 전 상 법	개 정 상 법
第672條 (重複保險) ①同一한 目的과 同一한 事故에 關하여 數個의 保險契約이 同時에 또는 順次로 締結된 境遇에 그 保險金總額이 保險價額을 超過한 때에는 保險者는 各自의 保險金額의 比率에 따라 保險金額의 限度에서 補償할 責任을 진다. 이 境遇에는 各保險者는 各自의 保險金額의 限度에서 連帶責任이 있다. ②前項의 境遇에는 保險契約者는 各保險者에 對하여 各保險契約의 內容을 通知하여야 한다.	第672條 (重複保險) ①동일한 保險契約의 目的과 동일한 事故에 관하여 數個의 保險契約이 동시에 또는 順次로 체결된 경우에 그 保險金額의 總額이 保險價額을 초과한 때에는 保險者는 各自의 保險金額의 限度에서 連帶責任을 진다. 이 경우에는 各保險者의 補償責任은 各自의 保險金額의 比率에 따른다. ②동일한 保險契約의 目的과 동일한 事故에 관하여 數個의 保險契約을 체결하는 경우에는 保險契約者는 各保險者에 대하여 各保險契約의 내용을 통지하여야 한다. 〈전면개정 1991. 12. 31〉
③第669條第4項의 規定은 第1項의 保險契約에 準用한다.	③第669條 第4項의 규정은 第1項의 保險契約에 準用한다.

3) 제1차 위험보험의 명문화

보험금은 항상 손해액의 금액에 못 미친다. 그러나 당사자간의 특약으로 보험자가 보험금액의 한도 내에서 손해액의 전액을 보험금으로 지급할 것을 정할 수 있다. 이러한 특약의 일부보험을 제1차 위험보험 또는 실손보상계약이라고 한다. 개정상법 제674조 단서를 신설하여 이 제1차 위험보험을 명문화하였다.

개 정 전 상 법	개 정 상 법
第674條 (一部保險) 保險價額의 一部를 保險에	第674條 (一部保險) 保險價額의 一部를 保險에

붙인 境遇에는 保險者는 保險金額의 保險價額에 對한 比率에 따라 補償할 責任을 진다.	붙인 境遇에는 保險者는 保險金額의 保險價額에 對한 比率에 따라 補償할 責任을 진다. 그러나, 當事者間에 다른 약정이 있는 때에는 保險者는 保險金額의 限度내에서 그 損害를 補償할 責任을 진다. <단서신설 1991. 12. 31>

4) 신가보험의 명문화

독일, 영국, 프랑스, 일본 등 외국에서는 손해액을 보험목적의 신품가액(건물의 경우 신축지, 동산의 경우 재조달가격)을 기준으로 하여 산정하는 이른바 신가보험(新價保險)이 이용되고 있고, 점차 그 이용되는 보험영역을 넓혀가고 있다. 개정상법은 이러한 외국의 예를 감안하여 제676조 제1항 단서를 신설하여 신가보험을 명문화하였다.

개 정 전 상 법	개 정 상 법
第676條 (損害額의 算定基準) ①保險者가 補償할 損害額은 그 損害가 發生한 때와 곳의 價額에 依하여 算定한다.	第676條 (損害額의 算定基準) ①保險者가 補償할 損害額은 그 損害가 發生한 때와 곳의 價額에 依하여 算定한다. 그러나, 當事者間에 다른 약정이 있는 때에는 그 新品價額에 의하여 損害額을 算定할 수 있다. <단서신설 1991. 12. 31>
②前項의 損害額의 算定에 關한 費用은 保險者의 負擔으로 한다.	②第1項의 損害額의 算定에 關한 費用은 保險者의 負擔으로 한다.

5) 보험목적의 양도

개정전 상법 제679조에서 보험목적의 양도시에 계약상의 권리만 승계되는 것으로 추정하였다. 이에 대하여 개정상법 제679조 제1항은 보험목적의 양도시에는 양수인이 계약상의 권리와 의무를 승계하는 것으로 추정하였다. 그 뿐만 아니라, 제679조 제2항은 보험목적의 양도의 통지의무를 명문화하면서, 「대항」이라는 용어를 사용하지 않았고, 양도인뿐만 아니라 양수인도 통지의무자로 규정한 점으로 보아 합리적인 규정이라고 하겠다.[25]

---

25) 張敬煥, 위의 논문(하), 1992. 4월호, 123면; 李用石, 保險目的의 讓渡에 관한 考察 -通知義務를 中心으로-, 商事法硏究 제15권 제2호 (1996), 267-295면 참조; 박세민, 현행 보험목적의 양도 규정 및 입법 불비에 대한 해석상 문제점과 그 개정방안에 관한 연구 - 구 상법, 현행 상법 및 보험법 개정안 분석을 중심으로 -, 商事法硏究 제27권 제4호(2009)(통권 제61호), 281-317면 참조.

개 정 전 상 법	개 정 상 법
第679條 (保險目的의 讓渡) 被保險者가 保險의 目的을 讓渡한 때에는 保險契約으로 因하여 생긴 權利를 同時에 讓渡한 것으로 推定한다. 〈신 설〉	第679條 (保險目的의 讓渡) 被保險者가 保險의 目的을 讓渡한 때에는 讓受人은 保險契約上의 權利와 義務를 承繼한 것으로 推定한다. ②第1項의 경우에 保險의 目的의 讓渡人 또는 讓受人은 保險者에 대하여 지체없이 그 사실을 통지하여야 한다. 〈개정 1991. 12. 31〉

6) 손해방지의무내용의 명확화

개정전 상법 제680조 제1항은 손해방지의무의 내용으로서 손해의 방지만을 규정하였으나, 개정상법은 손해의 방지뿐만 아니라, 손해의 경감을 위해서도 노력할 것으로 규정함으로써, 이 의무의 내용을 명확히 하였다. 그리고 개정상법은 제680조 제1항의 단서를 채택하지 아니하였다.[26]

개 정 전 상 법	개 정 상 법
第680條 (損害防止義務) ①保險契約者와 被保險者는 損害의 防止에 努力하여야 한다. 그러나 이를 爲하여 必要 또는 有益하였던 費用과 補償額이 保險金額을 超過한 境遇라도 保險者가 이를 負擔한다. ②第674條의 規定은 前項但書의 境遇에 準用한다.	第680條 (損害防止義務) ①保險契約者와 被保險者는 損害의 방지와 輕減을 위하여 노력하여야 한다. 그러나 이를 爲하여 必要 또는 有益하였던 費用과 補償額이 保險金額을 超過한 境遇라도 保險者가 이를 負擔한다. ② 〈삭제 1991. 12. 31〉

(4) 해상보험

1) 해상보험자의 손해보상책임

개정전 상법 제693조는 해상보험자가 「항해」에 관한 사고로 인하여 생길 손해를 보상하는 것으로 규정하였으나, 개정상법은 해상사업에 부수하는 육상위험까지 담보하도록 하기 위하여 「해상사업」에 관한 사고로 인하여 생길 손해를 보상하는 것으로 규정하였다.

그리고 일부보험에서의 비례부담에 관한 개정상법 제674조 본문은 손해보험의 통칙규정으로서 당연히 해상보험자의 공동해손분담액의 보상에도 적용되기 때문

26) 姜熙甲, 商法 제680조의 損害防止義務, 商事法硏究 제5집(1987), 83-107면 참조.

에, 개정전 상법 제694조 단서는 불필요하게 되었다. 개정상법은 이를 삭제하였다. 대신에 공동해손분담가액이 보험가액을 초과할 때에는 그 초과액에 대한 분담액은 보상하지 아니한다는 규정을 제694조 단서로 두게 되었다.

개정상법은 제694조의2와 제694조의3을 신설하여 해상보험자의 구조료와 특별비용의 보상책임을 규정하였다. 구조료분담가액이 보험가액을 초과할 때에는 그 초과액에 대한 분담액은 보험자에게 지나친 부담을 지우지 않기 위하여 보상하지 않도록 하였다. 보험의 목적의 안전이나 보존을 위하여 지급하는 특별비용은 일반 손해보험의 손해방지비용에 해당하는 것으로 당연히 해상보험자가 부담하여야 한다. 그러나 일반 손해보험의 손해방지비용과는 달리 특별비용은 보험금액의 한도 내에서만 보상되도록 하였다(제680조 제1항 단서 참조).

개 정 전 상 법	개 정 상 법
第693條 (海上保險者의 責任) 海上保險契約의 保險者는 航海에 關한 事故로 因하여 생길 損害를 補償할 責任이 있다.	第693條 (海上保險者의 責任) 海上保險契約의 保險者는 海上事業에 關한 事故로 因하여 생길 損害를 補償할 責任이 있다. 그러나, 保險의 目的의 共同海損分擔價額이 保險價額을 초과할 때에는 그 超過額에 대한 分擔額은 補償하지 아니한다. 〈단서신설 1991. 12. 31〉
第694條 (共同海損分擔額의 補償) 保險者는 被保險者가 支給할 共同海損의 分擔額을 補償할 責任이 있다. 그러나, 保險價額의 一部를 保險에 붙인 境遇에는 保險者의 負擔額은 保險金額의 保險價額에 對한 比率에 따라 이를 定한다.	第694條 (共同海損分擔額의 補償) 保險者는 被保險者가 支給할 共同海損의 分擔額을 補償할 責任이 있다. 그러나, 保險價額의 一部를 保險에 붙인 境遇에는 保險者의 負擔額은 保險金額의 保險價額에 對한 比率에 따라 이를 定한다. 그러나, 保險의 目的의 共同海損分擔價額이 保險價額을 초과할 때에는 그 超過額에 대한 分擔額은 補償하지 아니한다. 〈단서신설 1991. 12. 31〉
〈신 설〉	第694條의2 (救助料의 補償) 保險者는 被保險者가 保險事故로 인하여 발생하는 損害를 방지하기 위하여 支給할 救助料를 補償할 責任이 있다. 그러나 保險의 目的物의 救助料分擔價額이 保險價額을 초과할 때에는 그 超過額에 대한 分擔額은 補償하지 아니한다. 〈개정 1991. 12. 31〉
〈신 설〉	第694條의3 (特別費用의 補償) 保險者는 保險의 目的의 安全이나 보존을 위하여 支給할 特別費用을 保險金額의 限度內에서 補償할 責任이 있다. 〈개정 1991. 12. 31〉

2) 해상보험증권의 기재사항

개정상법 제695조 제1호는 선박보험증권의 기재사항 중에서 선장의 성명을 삭제하였다. 통신기술의 발달, 선박의 과학화, 해상기업의 지점망확립 등으로 인하여 선장의 비중이 크게 감소하였기 때문이다. 또한 선장의 변경은 해상보험계약의 효력에 영향을 미치지 아니한다는 개정전 상법 제705조는 당연한 규정으로서 특별히 규정해 놓을 필요가 없으므로 역시 개정상법에서는 이를 삭제하였다.

그리고 희망이익보험에 관하여는 별도의 규정을 둘 필요가 없기 때문에 개정상법 제695조 제2호는 개정전 상법상의 「積荷의 到着으로 인하여 얻을 利益 또는 報酬를 保險에 붙인 境遇」라는 문구를 삭제하였다.

개정상법 제695조 제2호에서는 운송약관(transit clause; 이를 일명 창고간조항(warehouse to warehouse clause)이라고도 한다.)이 사용되는 경우를 고려하여 「出荷地와 到着地를 정한 때에는 그 地名」을 적하보험증권의 기재사항의 하나로 규정하였다.

개 정 전 상 법	개 정 상 법
第695條 (海上保險證券) 海上保險證券에는 第666條에 揭記한 事項外에 다음의 事項을 記載하여야 한다. 1. 船舶을 保險에 붙인 때에는 그 船舶의 名稱, 國籍과 種類, 船長의 姓名, 發航港과 到着港, 寄航할 豫定이 있는 때에는 그 寄航港 2. 積荷를 保險에 붙이거나 積荷의 到着으로 因하여 얻을 利益 또는 報酬를 保險에 붙인 境遇에는 船舶의 名稱, 國籍과 種類, 船積港과 揚陸港 3. 保險價額을 定한 때에는 그 價額	**第695條** (海上保險證券) 海上保險證券에는 第666條에 揭記한 事項外에 다음의 事項을 記載하여야 한다. 1. 船舶을 保險에 붙인 경우에는 그 船舶의 名稱, 國籍과 종류 및 航海의 범위 2. 積荷를 保險에 붙인 경우에는 船舶의 名稱, 國籍과 종류, 船積港, 揚陸港 및 出荷地와 到着地를 정한 때에는 그 地名 〈일부개정 1991. 12. 31〉 3. 保險價額을 定한 때에는 그 價額

3) 보험기간의 개시와 종료

개정상법 제699조와 제700조는 개정전 상법의 조문상의 「保險者의 責任」을 조문의 표제와 일치되게 「保險期間」으로 대체하였다. 개정상법 제699조 제2항은 개정전 상법상의 희망이익보험에 관한 문구를 삭제하였다. 그리고 운송약관이 사용되는 경우를 고려하여 개정상법 제699조 제2항 단서는 출하지를 정한 경우에는 그

곳에서 운송에 착수한 때 보험기간이 개시한다고 규정하였고, 제700조 후문은 도착지에서 하물을 인도한 때 보험기간이 종료한다로 규정하였다.[27]

개 정 전 상 법	개 정 상 법
第699條 (海上保險의 保險期間의 開始) ①航海單位로 船舶을 保險에 붙인 境遇에는 保險者의 責任은 荷物 또는 底荷의 船積에 着手한 때에 開始한다. ②積荷를 保險에 붙이거나 積荷의 到着으로 因하여 얻을 利益 또는 報酬를 保險에 붙인 境遇에는 保險者의 責任은 그 荷物의 船積에 着手한 때에 開始한다. ③荷物 또는 底荷의 船積에 着手한 後에 前2項의 保險契約이 締結된 때에는 保險者의 責任은 契約이 成立한 때에 開始한다.	第699條 (海上保險의 保險期間의 開始) ①航海單位로 船舶을 保險에 붙인 경우에는 保險期間은 荷物 또는 底荷의 船積에 着手한 때에 開始한다. ②積荷를 保險에 붙인 경우에는 保險期間은 荷物의 船積에 着手한 때에 開始한다. 그러나 出荷地를 정한 경우에는 그곳에서 運送에 着手한 때에 開始한다. ③荷物 또는 底荷의 船積에 着手한 후에 第1項 또는 第2項의 規定에 의한 保險契約이 체결된 경우에는 保險期間은 契約이 成立한 때에 開始한다. 〈전면개정 1991. 12. 31〉
第700條 (海上保險의 保險期間의 終了) 保險者의 責任은 前條第1項의 境遇에는 到着港에서 荷物 또는 底荷를 揚陸한 때에, 前條第2項의 境遇에는 荷物을 揚陸한 때에 終了한다. 그러나 不可抗力으로 因하지 아니하고 揚陸이 遲延된 때에는 그 揚陸이 普通終了될 때에 終了된 것으로 한다.	第700條 (海上保險의 保險期間의 終了) 保險期間은 第699條第1項의 境遇에는 到着港에서 荷物 또는 底荷를 揚陸한 때에 同條第2項의 경우에는 揚陸港 또는 到着地에서 荷物을 引渡한 때에 終了한다. 그러나 不可抗力으로 因하지 아니하고 揚陸이 遲延된 때에는 그 揚陸이 普通終了될 때에 終了된 것으로 한다. 〈일부개정 1991. 12. 31〉

4) 사정변경으로 인한 보험자의 면책

개정전 상법 제702조는 해상보험의 특수성을 고려하지 못하여 개정상법에서는 제702조의 내용을 삭제해 버리고, 사정변경의 한 경우인 발항 또는 항해의 지연을 제702조의 내용으로 하였다. 개정전 상법 제701조는 발항항의 변경과 도착항의 변경을 명확히 구분하지 않고 막연히 항해의 변경으로 규정하였으므로, 개정상법은 이들을 명확히 구분하여 체계있게 규정하였다. 또한 개정법은 제701조의2를 신설하여 이로(離路)에 관한 규정을 두었다. 또 제703조의2를 신설하여 선박에 관하여 일정한 사정변경이 발생하는 경우 보험자의 동의가 없는 한 계약을 종료하게 하였다. 특히 선박의 양도는 일반 보험목적의 양도(제679조)에 대한 예외가 된다.[28]

---

27) 張敬煥, 위의 논문(하), 127면; 徐憲濟, [判例評釋] 積荷保險에 있어서의 保險期間의 終期, 商事法硏究 제4집(1986), 395-415면 참조.

개 정 전 상 법	개 정 상 법
第701條 (航海變更의 效果) ①保險者의 責任이 開始하기 前에 航海를 變更한 때에는 保險契約은 그 效力을 잃는다. ②保險者의 責任이 開始한 後에 保險契約者 또는 被保險者의 責任있는 事由로 因하여 航海를 變更한 때에는 保險者는 그 變更後의 事故에 對하여 責任을 지지 아니한다. ③到着港을 變更하여 그 航海를 開始한 境遇에는 그 航行이 原航路를 떠나지 아니한 때라도 航海를 變更한 것으로 본다.	第701條 (航海變更의 效果) ①船舶이 保險契約에서 정하여진 發航港이 아닌 다른 港에서 出港한 때에는 保險者는 責任을 지지 아니한다. ②船舶이 保險契約에서 정하여진 到着港이 아닌 다른 港을 向하여 出港한 때에도 第1項의 경우와 같다. ③保險者의 責任이 開始된 후에 保險契約에서 정하여진 到着港이 變更된 경우에는 保險者는 그 航海의 變更이 決定된 때부터 責任을 지지 아니한다. 〈전면개정 1991. 12. 31〉
〈신 설〉	第701條의2 (離路) 船舶이 정당한 사유없이 保險契約에서 정하여진 航路를 離脫한 경우에는 保險者는 그때부터 責任을 지지 아니한다. 船舶이 損害發生전에 原航路로 돌아온 경우에도 같다. 〈신설개정 1991. 12. 31〉
第702條 (危險의 顯著한 變更等의 效果) 被保險者가 不可抗力 또는 正當한 事由없이 發航 또는 航海를 懈怠하거나 航路의 變更 其他의 方法으로 危險을 顯著하게 變更 또는 增加하게 한 때에는 保險者는 그 變更 또는 增加後의 事故에 對하여 責任을 지지 아니한다. 그러나, 그 危險의 變更 또는 增加가 事故 의 發生에 影響을 미치지 아니한 때에는 그러하지 아니하다.	第702條 (發航 또는 航海의 遲延의 效果) 被保險者가 정당한 사유없이 發航 또는 航海를 遲延한 때에는 保險者는 發航 또는 航海를 지체한 이후의 事故에 대하여 責任을 지지 아니한다. 〈전면개정 1991. 12. 31〉
第703條 (船舶變更의 效果) 積荷를 保險에 붙이거나 積荷의 到着으로 因하여 얻을 利益이나 報酬를 保險에 붙인 境遇에 保險契約者 또는 被保險者의 責任있는 事由로 因하여 船舶을 變更한 때에는 그 變更後의 事故에 對하여 責任을 지지 아니한다.	第703條 (船舶變更의 效果) 積荷를 保險에 붙인 경우에 保險契約者 또는 被保險者의 責任있는 事由로 因하여 船舶을 變更한 때에는 그 變更後의 事故에 對하여 責任을 지지 아니한다. 〈전면개정 1991. 12. 31〉
〈신 설〉	第703條의2 (船舶의 讓渡등의 效果) 船舶을 保險에 붙인 경우에 다음의 사유가 있을 때에는 保險契約은 종료한다. 그러나 保險者의 同意가 있는 때에는 그러하지 아니하다. 1. 船舶을 讓渡할 때 2. 船舶의 船級을 變更한 때 3. 船舶을 새로운 管理로 옮긴 때 〈개정 1991. 12. 31〉

5) 선박미확정의 적하예정보험

개정상법 第704조 제1항은 실무의 관행에 따라서 통지사항으로 개정전 상법이

28) 위의 논문(하), 128면.

규정한 사항 이외에 하물의 종류, 수량과 가격을 추가하였다. 그리고 보험자가 그 사실을 안 날로부터 1월 내에 계약을 해지할 수 있는 것으로 하였다.

개정전 상법	개정 상법
第704條 (船舶未確定의 豫定保險) ①保險契約의 締結當時에 荷物을 積載할 船舶을 指定하지 아니한 境遇에 保險契約者 또는 被保險者가 그 荷物이 船積되었음을 안 때에는 遲滯없이 保險者에 對하여 그 船舶의 名稱과 國籍의 通知를 發送하여야 한다. ②保險契約者 또는 被保險者가 前項의 通知를 懈怠한 때에는 保險契約은 그 效力을 잃는다.	第704條 (船舶未確定의 積荷豫定保險) ①保險契約의 締結當時에 荷物을 積載할 船舶을 指定하지 아니한 境遇에 保險契約者 또는 被保險者가 그 荷物이 船積되었음을 안 때에는 遲滯없이 保險者에 對하여 그 船舶의 名稱, 國籍과 荷物의 종류, 數量과 價額의 通知를 發送하여야 한다. ②第1項의 통지를 懈怠한 때에는 保險者는 그 사실을 안 날부터 1月내에 契約을 解止할 수 있다. 〈일부개정 1991. 12. 31〉

6) 소액손해부담보규정의 삭제

소액손해부담보는 손해가 일정한 한도를 초과할 때 보험금액의 한도 내에서 손해전부를 보상하는 전액보상주의(franchise)와 그 한도액을 공제하고 나머지 손해만 보험금액의 한도 내에서 보상하는 초과액보상주의(deductible franchise; excess franchise)로 나뉜다. 개정전 상법 제707조는 전액보상주의를 취하고 있다. 실무에서는 약관규정, 시장관행, 보험금액에 따라 다양하다. 또 실무상 선박보험은 초과액보상주의를, 적하보험은 전액보상주의를 취하는 것이 보통이다. 이러한 점을 고려하여 개정상법에서는 소액손해부담보를 일률적으로 규정하기보다도 당사자간의 특약으로 정하게 하는 것이 합리적이라는 판단에서 개정전 상법 제707조를 삭제하였다.[29]

개정전 상법	개정 상법
第705條 (船長變更의 效果) 保險契約에서 船長이 指定된 境遇에도 船長의 變更은 契約의 效力에 影響을 미치지 아니한다.	第705條를 삭제한다. 〈개정 1991. 12. 31.〉
第707條 (少額의 損害나 費用에 對한 免責) ①共同海損이 아닌 損害 또는 費用이 그 計算에	第707條를 삭제한다. 〈개정 1991. 12. 31.〉

29) 위의 논문(하), 129면.

關한 費用을 算入하지 아니하고 保險價額의 100分의 2를 超過하지 아니하는 때에는 保險者는 이를 補償할 責任이 없다. ②前項의 損害 또는 費用이 保險價額의 100分의 2를 超過한 때에는 保險者는 그 全額을 支給하여야 한다. ③前2項의 規定은 當事者가 契約으로써 保險者가 負擔하지 아니하는 損害 또는 費用의 比率을 定한 때에 準用한다. ④前3項에 定한 比率은 航海單位로 計算한다.	

7) 선박분손시의 손해액산정기준의 명문화

개정전 상법 제709조에서는 적하분손시(積荷分損時)의 손해액산정기준을 규정하였으면서도 선박분손시(船舶分損時)에 관하여는 아무런 규정도 두지 않았다. 개정상법은 제707조의2를 신설하여 선박분손시의 손해액산정기준을 완전수선, 일부수선, 비수선의 3 경우로 나누어서 규정하였다.

개 정 전 상 법	개 정 상 법
〈신 설〉	第707條의2 (船舶의 一部損害의 補償) ①船舶의 일부가 훼손되어 그 훼손된 부분의 전부를 修繕한 경우에는 保險者는 修繕에 따른 費用을 1回의 事故에 대하여 保險金額을 限度로 補償할 責任이 있다. ②船舶의 일부가 훼손되어 그 훼손된 부분의 일부를 修繕한 경우에는 保險者는 修繕에 따른 費用과 修繕을 하지 아니함으로써 생긴 減價額을 補償할 責任이 있다. ③船舶의 일부가 훼손되었으나 이를 修繕하지 아니한 경우에는 保險者는 그로 인한 減價額을 補償할 責任이 있다. 〈개정 1991. 12. 31〉
第709條 (積荷賣却으로 因한 損害의 補償) ①航海途中에 不可抗力으로 保險의 目的인 積荷를 賣却 한 때에는 保險者는 그 代金에서 運賃 其他 必要한 費用을 控除한 金額과 保險價額과의 差額을 補償하여야 한다. ②前項의 境遇에 買受人이 代金을 支給하지 아니한 때에는 保險者는 그 金額을 支給하여야 한다. 保險者가 그 金額을 支給한 때에는 被保險者의 買受人에 對한 權利를 取得한다.	第709條 (積荷賣却으로 因한 損害의 補償) ①航海途中에 不可抗力으로 保險의 目的인 積荷를 賣却한 때에는 保險者는 그 代金에서 運賃 其他 必要한 費用을 控除한 金額과 保險價額과의 差額을 補償하여야 한다. ②第1項의 境遇에 買受人이 代金을 支給하지 아니한 때에는 保險者는 그 金額을 支給하여야 한다. 保險者가 그 金額을 支給한 때에는 被保險者의 買受人에 對한 權利를 取得한다.

8) 보험위부 및 선박 행방불명

개정전 상법 제710조는 보험위부의 원인으로서 5가지를 열거하였으나, 개정상법은 영국해상보험법과 협회보험약관을 고려하여 새롭게 3가지를 열거하였다. 그리고 개정전 상법 제713조 제1항은 위부의 통지기간을 「2월」로 한정하였는데, 개정상법은 「상당한 기간」으로 하였다. 또 재보험에서는 위부의 통지가 필요없기 때문에 개정전 상법 제713조 제2항은 개정법에서 삭제하였다.

개정전 상법 제711조 제1항은 선박의 행방불명의 판정기간을 3월로 규정하였으나, 개정법에서는 2월로 단축하였다. 그리고 개정상법에서는 선박의 행방불명을 보험위부의 원인에서 제외하였으므로 개정전 상법 제711조 제2항의 규정은 필요없게 되었다. 대신 개정상법은 이 규정의 내용을 삭제하고 선박의 행방불명을 전손으로 추정한다는 내용을 제711조 제2항의 내용으로 하였다.

개 정 전 상 법	개 정 상 법
第710條 (保險委付의 原因) 다음의 境遇에는 被保險者는 保險의 目的을 保險者에게 委付하고 保險金額의 全部를 請求할 수 있다. 1. 船舶이 沈沒된 때 2. 船舶의 行方이 不明한 때 3. 船舶이 修繕할 수 없게 된 때 4. 船舶 또는 積荷가 捕獲된 때 5. 船舶 또는 積荷가 官公署에 押收되어 6月以上 還付되지 아니한 때	第710條 (保險委付의 原因) 다음의 境遇에는 被保險者는 保險의 目的을 保險者에게 委付하고 保險金額의 全部를 請求할 수 있다. 1. 被保險者가 保險事故로 인하여 자기의 船舶 또는 積荷의 占有를 상실하여 이를 회복할 可能性이 없거나 회복하기 위한 費用이 회복하였을 때의 價額을 초과하리라고 豫想될 경우 2. 船舶이 保險事故로 인하여 심하게 훼손되어 이를 修繕하기 위한 費用이 修繕하였을 때의 價額을 초과하리라고 豫想될 경우 3. 積荷가 保險事故로 인하여 심하게 훼손되어서 이를 修繕하기 위한 費用과 그 積荷를 目的地까지 運送하기 위한 費用과의 合計額이 到着하는 때의 積荷의 價額을 초과하리라고 豫想될 경우
第711條 (船舶의 行方不明) ①船舶의 存否가 3月間 分明하지 아니한 때에는 그 船舶의 行方이 不明한 것으로 한다. ②保險期間의 定함이 있는 境遇에 그 期間이 前項의 期間內에 經過한 境遇라도 被保險者는 委付를 할 수 있다. 그러나, 船舶이 保險期間內에 滅失되지 아니한 證明이 있는 때에는 그 委付는 無效로 한다.	第711條 (船舶의 行方不明) ①船舶의 存否가 2月間 分明하지 아니한 때에는 그 船舶의 行方이 不明한 것으로 한다. ②第1項의 경우에는 全損으로 推定한다. <개정 1991. 12. 31>

第712條 (代船에 依한 運送의 繼續과 委付權의 消滅) 第710條第3號의 境遇에 船長이 遲滯없이 다른 船舶으로 積荷의 運送을 繼續한 때에는 被保險者는 그 積荷를 委付할 수 없다.	**第712條** (代船에 依한 運送의 繼續과 委付權의 消滅) 第710條第2號의 境遇에 船長이 遲滯없이 다른 船舶으로 積荷의 運送을 繼續한 때에는 被保險者는 그 積荷를 委付할 수 없다.
第713條 (委付의 通知) ①被保險者가 委付를 하고자 할 때에는 第710條第1號, 第3號와 第4號의 境遇에는 그 事由를 안 날로부터, 第2號의 境遇에는 第711條第1項의 期間이 經過한 날로부터, 第5號의 境遇에는 그 期間이 經過한 날로부터 2月內에 保險者에 對하여 그 通知를 發送하여야 한다.	**第713條** (委付의 通知) ①被保險者가 委付를 하고자 할 때에는 상당한 期間내에 保險者에 대하여 그 통지를 發送하여야 한다.
②再保險의 境遇에는 前項의 期間은 그 被保險者가 自己의 被保險者로부터 委付의 通知를 받은 날로부터 起算한다.	② (삭제) 〈개정 1991. 12. 31〉

(5) 책임보험

1) 제3자의 직접청구권의 명문화

개정상법은 제3자의 직접청구권의 채택으로 인하여 불필요하게 된 개정전 상법 제724조 제2항의 내용을 삭제하고, 제3자가 직접청구할 수 있다는 뜻과 피보험자의 제3자에 대한 항변을 보험자가 원용할 수 있다는 뜻을 제724조 제2항의 내용으로 하였다. 또 제724조 제3항과 제4항을 신설하여 각각 보험자의 통지의무와 피보험자의 협조의무를 규정하였다.

개 정 전 상 법	개 정 상 법
第724條 (保險者와 第三者와의 關係) ①保險者는 被保險者가 責任을 질 事故로 因하여 생긴 損害에 對하여 第三者가 그 賠償을 받기 前에는 保險金額의 全部 또는 一部를 被保險者에게 支給하지 못한다.	**第724條** (保險者와 第三者와의 關係) ①保險者는 被保險者가 責任을 질 事故로 因하여 생긴 損害에 對하여 第三者가 그 賠償을 받기 前에는 保險金額의 全部 또는 一部를 被保險者에게 支給하지 못한다.
②保險者는 保險契約者에게 通知를 하거나 保險契約者의 請求가 있는 때에는 第三者에게 保險金額의 全部 또는 一部를 直接 支給할 수 있다.	②第三者는 被保險者가 責任을 질 事故로 입은 損害에 대하여 保險金額의 限度내에서 保險者에게 직접 補償을 請求할 수 있다. 그러나, 保險者는 被保險者가 그 事故에 관하여 가지는 抗辯으로써 第三者에게 對抗할 수 있다.
〈신 설〉	③保險者가 第2項의 規定에 의한 請求를 받은 때에는 지체없이 被保險者에게 이를 통지하여야 한다. 〈개정 1991. 12. 31〉

〈신 설〉	④第2項의 경우에 被保險者는 保險者의 요구가 있을 때에는 필요한 書類·증거의 提出, 證言 또는 證人의 출석에 協助하여야 한다. 〈개정 1991. 12. 31〉

2) 수개의 책임보험에서의 중복보험규정의 준용

수개의 계약상의 보험금액의 총액이 피보험자의 제3자에 대한 손해배상액을 초과하는 때에는, 피보험자는 보험사고를 통하여 이득을 취하게 되므로, 중복보험에 관한 규정을 준용할 필요가 있게 된다. 이러한 점을 고려하여 개정상법은 제725조의2를 신설하였다.

	개 정 상 법
〈신설〉	第725條의2 (數個의 責任保險) 被保險者가 동일한 事故로 第三者에게 賠償責任을 짐으로써 입은 損害를 補償하는 數個의 責任保險契約이 동시 또는 順次로 체결된 경우에 그 保險金額의 總額이 被保險者의 第三者에 대한 損害賠償額을 초과하는 때에는 第672條와 第673條의 規定을 準用한다. 〈개정 1991. 12. 31〉

(6) 자동차보험

1) 자동차보험에 관한 조문의 신설

개정상법은 자동차보험에 관한 3개의 조문을 신설하였다. 제726조의2는 자동차보험자의 책임을, 제726조의3은 자동차보험증권의 기재사항을, 제726조의4는 자동차의 양도를 규정하였다.[30]

30) 자동차보험은 제3자의 사망·상해로 인한 自動車損害賠償保障法에 의한 배상책임을 담보하는 自動車損害賠償責任保險(强制對人賠償責任保險)이다. 이 보험에 추가하여 드는 任意對人賠償責任保險, 제3자의 재물의 멸실·훼손으로 인한 배상책임을 담보하는 任意對物賠償責任保險, 피보험자의 상해를 담보하는 자손사고보험(상해보험), 피보험자의 자동차의 멸실·훼손을 담보하는 차량보험(물건보험)으로 나뉘며, 이 모두를 자동차종합보험이라고 한다. 張敬煥, 위의 논문(하), 132면; 李秉奭, 自動車事故에 있어서 保障請求權과 共同不法行爲, 商事法硏究 제17권 제2호(1998)(통권 제21호), 407-424면 참조; 金英仙, 自動車保險事故에 관한 硏究-判例를 中心으로-, 商事法硏究 제17권 제1호(1997)(통권 제20호), 369-427면 참조; 張德祚, 노폴트(No-Fault) 自動車保險의 意義와 必要性에 대한 硏究, 商事法硏究 제24권 제3호 (2005) (통권 제48호), 225-248면 참조; 張德祚, 人身損害에 대한 無過失補償과 自動車保險-뉴질랜드制度의 評價를 中心으로-, 商事法硏究 제25권 제3호(2006), 195-220면 참조.

	개 정 상 법
〈신설〉	第726條의2 (自動車保險者의 責任) 自動車保險契約의 保險者는 被保險者가 自動車를 所有, 사용 또는 管理하는 동안에 발생한 事故로 인하여 생긴 損害를 補償할 責任이 있다. 〈개정 1991. 12. 31〉
〈신설〉	第726條의3 (自動車 保險證券) 自動車 保險證券에는 第666條에 게기한 사항 외에 다음의 사항을 기재하여야 한다. 〈개정 1991. 12. 31〉 1. 自動車所有者와 그 밖의 保有者의 姓名과 生年月日 또는 商號 2. 被保險自動車의 登錄番號, 車臺番號, 車型年式과 機械裝置 3. 車輛價額을 정한 때에는 그 價額

2) 자동차의 양도

개정상법 제726조의4 제1항은 자동차의 양도시에 보험자의 승낙을 얻은 경우에 한하여 계약상의 권리와 의무가 승계되도록 하고 있다. 이는 보험목적의 양도에 대해서 계약상의 권리와 의무의 승계를 추정하고 통지의무를 지우는 개정상법 제679조에 대한 예외이다. 자동차의 양도시에 보험자의 승낙이 지체되는 때에는 양수인은 그동안 무보험상태에 놓이게 된다. 따라서 제726조의4 제2항은 양수인을 보호하기 위하여, 보험자가 양수인의 양수통지를 받은 날로부터 10일 내에 낙부의 통지를 하지 아니하면 그의 승낙을 의제하고 있다.

	개 정 상 법
〈신설〉	第726條의4 (自動車의 讓渡) ①被保險者가 保險期間중에 自動車를 讓渡한 때에는 讓受人은 保險者의 승낙을 얻은 경우에 한하여 保險契約으로 인하여 생긴 權利와 義務를 承繼한다. ②保險者가 讓受人으로부터 讓受事實을 통지받은 때에는 지체없이 諾否를 통지하여야 하고 통지 받은 날부터 10日 내에 諾否의 통지가 없을 때에는 승낙한 것으로 본다. 〈개정 1991. 12. 31〉

(7) 인보험통칙

1) 인보험증권의 기재사항으로서의 생년월일의 추가

피보험자의 생년월일을 중요한 사항이다. 개정상법 제728조는 피보험자와 수익자의 주소 · 성명 이외에 생년월일을 인보험증권의 기재사항으로 규정하였다.

개 정 전 상 법	개 정 상 법
第728條(人保險證券) 人保險證券에는 第666條에 揭記한 事項外에 다음의 事項을 記載하여야 한다. 1. 保險契約의 種類 2. 被保險者의 住所와 姓名 3. 保險受益者를 定한 때에는 住所와 姓名	第728條(人保險證券) 人保險證券에는 第666條에 揭記한 事項外에 다음의 事項을 記載하여야 한다. 1. 保險契約의 種類 2. 被保險者의 住所·姓名 및 生年月日 3. 保險受益者를 定한 때에는 그 住所·姓名 및 生年月日 〈개정 1991. 12. 31〉

2) 상해보험에서의 보험자대위의 허용

인보험에서는 손해보상원칙이나 이득금지의 원칙에 근거하는 보험자대위(保險者代位)가 허용되지 않는다. 개정전 상법 제729조(개정상법 제729조 본문)는 바로 이 점을 규정한 것이다. 그러나 상해보험은 인보험이면서도 생명보험과는 달리 손해보험성을 지니고 있다. 예컨대 상해로 인하여 소요되는 의료비와 약품값 등의 실비를 보험금으로 지급하는 경우에는 손해보험성이 인정된다. 개정상법은 이 점을 고려하여 제729조 단서의 규정을 신설하여 상해보험에서의 보험자대위를 허용하였다.

개 정 전 상 법	개 정 상 법
第729條(第三者에 對한 保險代位의 禁止) 保險者는 保險事故로 因하여 생긴 保險契約者 또는 保險受益者의 第三者에 對한 權利를 代位하여 行使하지 못한다.	第729條(第三者에 對한 保險代位의 禁止) 保險者는 保險事故로 因하여 생긴 保險契約者 또는 保險受益者의 第三者에 對한 權利를 代位하여 行使하지 못한다. 그러나 傷害保險契約의 경우에 當事者間에 다른 약정이 있는 때에는 保險者는 被保險者의 權利를 해하지 아니하는 범위안에서 그 權利를 代位하여 행사할 수 있다. 〈단서신설 1991. 12. 31〉

(8) 생명보험

1) 타인의 생명보험에서의 동의의 시기와 방식

개정전 상법 제731조 제1항에 의하면 타인의 생명보험(사망보험)에서의 도덕적 위험을 방지하기 위한 타인(피보험자)의 동의의 시기과 방식에 대하여는 아무런 제한을 하지 않았다. 개정상법은 동의를 계약체결시에 서면에 의하도록 함으로써 그 시기와 방식을 제한하였다.[31] 또 타인의 생명보험에서 피보험자의 동의를 받아야 하는 경우로는 여기의 계약체결의 경우 이외에 제731조 제2항의 경우와 제734조 제2항의 경우가 있다.

개 정 전 상 법	개 정 상 법
第731條 (他人의 生命의 保險) ①他人의 死亡을 保險事故로 하는 保險契約에는 被保險者의 同意를 얻어야 한다. ②保險契約으로 因하여 생긴 權利를 被保險者가 아닌 者에게 讓渡하는 境遇에도 前項과 같다.	第731條 (他人의 生命의 保險) ①他人의 死亡을 保險事故로 하는 保險契約에는 保險契約 締結時에 그 他人의 書面에 의한 同意를 얻어야 한다. 〈일부개정 1991. 12. 31〉 ②保險契約으로 因하여 생긴 權利를 被保險者가 아닌 者에게 讓渡하는 境遇에도 第1項과 같다.
第734條 (保險受益者指定權等의 通知) ①保險契約者가 契約締結後에 保險受益者를 指定 또는 變更할 때 에는 保險者에 對하여 그 通知를 하지 아니하면 이로써 保險者에게 對抗하지 못한다. ②第731條第1項의 規定은 前項의 指定 또는 變更에 準用한다. 〈개정 1962. 12. 12〉	第734條 (保險受益者指定權等의 通知) ①保險契約者가 契約締結後에 保險受益者를 指定 또는 變更할 때에는 保險者에 對하여 그 通知를 하지 아니하면 이로써 保險者에게 對抗하지 못한다. ②第731條第1項의 規定은 第1項의 指定 또는 變更에 準用한다. 〈개정 1962. 12. 12〉 〈일부개정 1991. 12. 31〉

2) 15세 미만자에 대한 사망보험계약의 금지

거래실정상 18세 미만의 근로자들에게도 후생복지를 위한 단체보험에 가입하도록 하게 할 필요가 있고, 학생들의 단체연수 또는 훈련에 수반하는 위험을 담보하는 보험이 필요하다. 개정상법은 이러한 거래실정을 감안하여 18세 미만자를 15세 미만자로 연령을 인하하였다.

개 정 전 상 법	개 정 상 법
第732條 (18歲未滿者等에 對한 契約의 禁止) 18歲未滿者, 心神喪失者 또는 心神薄弱者의 死亡을 保險事故로 한 保險契約은 無效로 한다.	第732條 (15歲未滿者等에 對한 契約의 禁止) 15歲未滿者, 心神喪失者 또는 心神薄弱者의 死亡을 保險事故로 한 保險契約은 無效로 한다. 〈개정 1991. 12. 31〉

31) 조지현, 타인의 생명보험계약의 추인-피보험자의 추인 및 무효인 보험에서의 법적 문제점을 중심으로-, 商事法硏究 제26권 제2호(2007)(통권 제55호), 43-63면 참조.

3) 사망보험에서의 중과실사고에 대한 보험자의 불면책

개정상법 제732조의2는 개정전 상법 제659조 제2항의 내용을 상해보험에 관한 부분과 사형집행에 관한 단서를 삭제하여 옮겨 놓은 것이다.

개 정 전 상 법	개 정 상 법
第659條 (保險者의 免責事由) ①保險事故가 保險契約者 또는 被保險者나 保險受益者의 故意 또는 重大한 過失로 因하여 생긴 때에는 保險者는 保險金額을 支給할 責任이 없다. ② 死亡 또는 傷害를 保險事故로 한 保險契約에는 事故가 保險契約者 또는 被保險者나 保險受益者의 重大한 過失로 因하여 생긴 境遇에도 保險者는 保險金額을 支給할 責任을 免하지 못한다. 그러나 死刑의 執行으로 因하여 死亡한 때에는 그러하지 아니하다.	〈신 설〉 第732條의2 (重過失로 인한 保險事故) 死亡을 保險事故로 한 保險契約에는 事故가 保險契約者 또는 被保險者나 保險受益者의 중대한 過失로 인하여 생긴 경우에도 保險者는 保險金額을 支給할 責任을 免하지 못한다. 〈개정 1991. 12. 31〉

4) 사망수익자의 지정·재지정전의 보험사고발생시의 보험수익자의 확정

개정전 상법 제733조 제2항과 제3항은 계약자가 수익자를 지정하거나 재지정하기 전에 보험사고가 발생한 때의 수익자의 확정에 관하여는 규정한 바가 없었다. 개정상법에서는 제733조 제4항의 신설에 의하여 이를 규정하였다.

개 정 전 상 법	개 정 상 법
第733條 (保險受益者의 指定 또는 變更의 權利) ①保險契約者는 保險受益者를 指定 또는 變更할 權利가 있다. ②保險契約者가 前項의 指定權을 行使하지 아니하고 死亡한 때에는 被保險者를 保險受益者로 하고 保險契約者가 前項의 變更權을 行使하지 아니하고 死亡한 때에는 保險受益者의 權利가 確定된다. 그러나, 保險契約者가 死亡한 境遇에는 그 承繼人이 前項의 權利를 行使할 수 있다는 約定이 있는 때에는 그러하지 아니하다. ③保險受益者가 保險存續中에 死亡한 때에는 保險契約者는 다시 保險受益者를 指定할 수 있다. 이 境遇에 保險契約者가 指定權을 行使하지 아니하고 死亡한 때에는 保險受益者의 相續人을 保險受益者로 한다.	第733條 (保險受益者의 指定 또는 變更의 權利) ①保險契約者는 保險受益者를 指定 또는 變更할 權利가 있다. ②保險契約者가 第1項의 指定權을 行使하지 아니하고 死亡한 때에는 被保險者를 保險受益者로 하고 保險契約者가 前項의 變更權을 行使하지 아니하고 死亡한 때에는 保險受益者의 權利가 確定된다. 그러나, 保險契約者가 死亡한 境遇에는 그 承繼人이 第1項의 權利를 行使할 수 있다는 約定이 있는 때에는 그러하지 아니하다. ③保險受益者가 保險存續中에 死亡한 때에는 保險契約者는 다시 保險受益者를 指定할 수 있다. 이 境遇에 保險契約者가 指定權을 行使하지 아니하고 死亡한 때에는 保險受益者의 相續人을 保險受益者로 한다.

〈신 설〉	④保險契約者가 第2項과 第3項의 指定權을 행사하기 전에 保險事故가 생긴 경우에는 被保險者 또는 保險受益者의 相續人을 保險受益者로 한다. 〈개정 1991. 12. 31〉

5) 연금보험과 단체보험

연금보험은 보험사고 발생시에 보험금액을 연금으로 분할하여 지급하는 보험이다. 개정상법은 연금보험에 관한 제735조의2를 신설하였다. 연금보험은 실무상 주로 노후생활대책의 하나로 활발히 이용되고 있다.

개 정 상 법	
〈신설〉	第735條의2 (年金保險) 生命保險契約의 保險者는 被保險者의 生命에 관한 保險事故가 생긴 때에 약정에 따라 保險金額을 年金으로 分割하여 支給할 수 있다. 〈개정 1991. 12. 31〉

6) 단체보험에 관한 조문의 신설

개정상법은 단체보험에 관한 제735조의3을 신설하였다. 단체보험계약은 단체의 대표자가 보험계약자로서 단체의 구성원의 일부나 전부를 피보험자로 하여 체결하므로 타인의 생명보험계약이 되며, 그들의 후생복지를 위하여 그들을 보험수익자로 하여 체결하기 때문에 타인을 위한 생명보험계약이 되기도 한다. 개정법은 단체보험이 타인의 생명보험임에도 불구하고 개개의 피보험자의 동의를 요하지 않는 것으로 하였다(제734조의3 제1항).[32]

개 정 상 법	
〈신설〉	第735條의3 (團體保險) ①團體가 規約에 따라 構成員의 전부 또는 일부를 被保險者로 하는 生命保險契約을 체결하는 경우에는 第731條를 適用하지 아니한다. ②第1項의 保險契約이 체결된 때에는 保險者는 保險契約者에 대하여서만 保險證券을 교부한다. 〈개정 1991. 12. 31〉

32) 주기종, 단체보험계약의 기본적 법률관계, 商事法硏究 제20권 제2호(2001)(통권 제30호), 505-529면 참조.

7) 보험적립금반환의무의 소멸시효규정의 삭제

개정전 상법 제736조 제2항은 통칙규정이 제662조와 중복되기 때문에 불필요하다. 개정상법은 이를 삭제하였다.

개 정 전 상 법	개 정 상 법
第736條 (保險積立金返還義務等) ①第649條 乃至 第655條의 規定에 依하여 保險契約이 解止된 때, 第659條와 第660條의 規定에 依하여 保險金額의 支給責任이 免除된 때에는 保險者는 保險受益者를 爲하여 積立한 金額을 保險契約者에게 支給하여야 한다. 그러나 다른 約定이 없으면 第659條第1項의 保險事故가 保險契約者에 依하여 생긴 境遇에는 그러하지 아니하다. ②前項의 規定에 依한 保險者의 義務는 2年을 經過하면 消滅時效가 完成한다.	第736條 (保險積立金返還義務等) ①第649條 乃至 第655條의 規定에 依하여 保險契約이 解止된 때, 第 659條와 第660條의 規定에 依하여 保險金額의 支給責任이 免除된 때에는 保險者는 保險受益者를 爲하여 積立한 金額을 保險契約者에게 支給하여야 한다. 그러나 다른 約定이 없으면 第659條第1項의 保險事故가 保險契約者에 依하여 생긴 境遇에는 그러하지 아니하다. ② (삭 제) 〈개정 1991. 12. 31〉

4. 해상편의 개정내용

(1) 기본방향

1991년 12월 31일에 국회에서 통과된 개정상법 중 제5편 해상의 기본방향은 ① 해운거래의 실정에 맞게 개정전 상법의 규정이나 제도를 개정・보완하고, ② 주요 해운관계의 신조약을 채택함으로써 해상기업관계자 간의 이익을 합리적으로 조정하고자 하는 것을 그 목적으로 삼고 있다.[33]

(2) 선박에 관한 규정의 개정

종래 개정의 대상이 주로 거론되어 온 것은 선박의 담보가치의 이용의 법률관계이었다. 특히 개정전 해상법상 선박 및 선박을 목적물로 하는 법정담보물권인 선박우선특권에 관한 법률관계이다. 선박우선특권은 그 내용과 효력 여하에 따라서는 선박저당권에 대한 위협적인 존재로서, 이로 인한 해상기업금융을 저해할 소지를 안고 있다. 따라서 선박우선특권에 관한 법제의 중심은 선박저당권자의 지위보

33) 李均成, 海商法改正의 一意見, 商事法硏究 제4집(1986), 445-464면 참조; 李均成, 最近의 國際海運立法의 動向과 海商法改正의 方向, 商事法硏究 제5집(1987), 109-148면 참조; 朴容燮, 海商法改正의 基本方向과 改正試案例, 商事法硏究 제5집(1987), 149-172면 참조.

호문제와의 조화라는 견지에서, 그 성립 내지 효력을 합리적으로 제한하는 데에 있다. 국제조약은 먼저 1926년 선박우선특권·저당권조약이 성립되었는데도, 개정전 상법은 이 조약의 입장을 거의 그대로 채용하고 있다(제861조 이하).

그러나 이 1926년의 조약은 발효되기는 하였으나, 1967년 같은 이름의 조약으로 대치되었다. 이 신조약에서는 우선특권에 의하여 담보되는 피담보채권의 범위를 축소하고, 담보의 목적물을 선박에만 한정하는 것 등을 그 내용으로 하고 있다. 특히, 저당권에 우선하는 선박우선특권의 피담보채권을 될 수 있으면 제한하여, 필요불가결한 경우에만 우선특권을 인정하고 있다. 그런데 1967년 조약에 대하여는 IMO(국제해사기구)와 UNCTID에서 1981년 이래 CMI(국제해사위원회)의 협력을 얻어 다시 그 개정작업을 진행하고 있다. 그러므로 이번 해상법의 개정에서는 선박우선특권에 관한 규정에 대한 본질적인 수정은 이 조약개정작업이 마무리될 때까지 미루기로 하였다. 다만 실무상 문제가 되고 있는 선박우선특권의 피담보채권에 관한 규정만을 개정하는 데 그쳤다. 즉, 해상물건운송계약의 목적물이 적하(수하물 포함)의 손해에 관한 채권(상법 제861조 제1항 제4호) 및 최후의 항해준비에 요한 선박의 장비·식량과 연료에 관한 채권(동조 제1항 제6호)을 선박우선특권의 피담보채권에서 제외한 것이다(개정상법 제861조 제1항 참조). 그 결과 개정전 상법 제870조 제2항의 규정은 최후의 항해준비관계채권이 선박우선특권의 피담보채권에서 제외되고 있는 것과 관련하여 개정상법에서 삭제되었다.[34)]

개 정 전 상 법	개 정 상 법
第861條 (船舶優先特權있는 債權) ①다음의 債權을 가진 者는 船舶, 그 屬具, 그 債權이 생긴 航海의 運賃, 그 船舶과 運賃에 附隨한 債權에 對하여 優先特權이 있다 1. 債權者의 共同利益을 爲한 訴訟費用, 船舶과 屬具의 競賣에 關한 費用, 航海에 關하여 船舶에 課한 諸稅金, 導船料와 曳船料, 最後入港後의 船舶과 그 屬具의 保存費와 檢査費 2. 船員 其他의 船舶使用人의 雇傭契約으로 因한 債權	第861條 (船舶優先特權있는 債權) ①다음의 債權을 가진 者는 船舶, 그 屬具, 그 債權이 생긴 航海의 運賃, 그 船舶과 運賃에 附隨한 債權에 對하여 優先特權이 있다 1. 債權者의 共同利益을 爲한 訴訟費用, 船舶과 屬具의 競賣에 關한 費用, 航海에 關하여 船舶에 課한 諸稅金, 導船料와 曳船料, 最後入港後의 船舶과 그 屬具의 保存費와 檢査費 2. 船員 其他의 船舶使用人의 雇傭契約으로 因한 債權

34) 李均成, 改正海商法의 槪要, 「考試界」, 1992. 2, 95-96면.

3. 船舶의 救助에 對한 報酬와 共同海損의 分擔에 對한 債權	3. 船舶의 救助에 對한 報酬와 共同海損의 分擔에 對한 債權
4. 船舶의 衝突 또는 其他의 航海事故로 因한 航海施設 및 航路에 對한 損害, 船員이나 旅客의 生命, 身體에 對한 損害와 積荷 및 手荷物에 對한 損害의 賠償債權	4. 船舶의 충돌로 인한 損害 기타의 航海事故로 인한 航海施設, 港灣施設 및 航路에 대한 損害와 船員이나 旅客의 生命, 身體에 대한 損害의 賠償債權
5. 船舶의 保存 또는 航海繼續의 必要로 因하여 船長이 船籍港外에서 그 權限에 依하여 締結한 契約 또는 그 履行으로 因한 債權	5. (삭 제) 〈개정 1991. 12. 31〉
6. 最後의 航海準備에 要한 船舶의 裝備, 糧食과 燃料에 關한 債權	6. (삭 제) 〈개정 1991. 12. 31〉
②前項의 優先特權을 가진 船舶債權者는 本法 其他의 法律의 規定에 따라 前項의 財産에 對하여 다른 債權者보다 自己債權의 優先辨濟를 받을 權利가 있다. 이 境遇에는 그 性質에 反하지 아니 하는 限 民法의 抵當權에 關한 規定을 準用한다.	②第1項의 優先特權을 가진 船舶債權者는 이 法 其他의 法律의 規定에 따라 第1項의 財産에 對하여 다른 債權者보다 自己債權의 優先辨濟를 받을 權利가 있다. 이 境遇에는 그 性質에 反하지 아니하는 限 民法의 抵當權에 關한 規定을 準用한다.

(3) 해상기업주체에 관한 규정의 개정

1) 개정의 대상

해상기업의 주체에 관한 개정전 상법의 개정문제도 선주책임제한제도가 중심이 되고, 선장에 관한 규정 중에도 현실에 맞지 않는 불합리한 규정이 개정의 대상이 되어 왔다. 선박공유제도는 주식회사라는 자본집중 내지 위험분산의 공동기업형태가 발달하고 있는 현실에서 그 자체가 존립할 만한 실익이 거의 사라졌지만, 그대로 두고, 개정전 상법상 선박관리인에 관하여 선박공유의 임의기관인 것같이 규정되어 있는 것을 손질하여 선박공유의 경우 선박관리인의 선임을 강제하도록 명확히 하였다(개정법 제760조 제1항 1문).

개 정 전 상 법	개 정 상 법
第760條 (船舶管理人의 選任, 登記) ①船舶共有者는 船舶管理人을 選任할 수 있다. 船舶共有者가 아닌 者를 船舶管理人으로 選任함에는 共有者全員의 同意가 있어야 한다.	第760條 (船舶管理人의 選任, 登記) ①船舶共有者는 船舶管理人을 選任하여야 한다. 船舶共有者가 아닌 者를 船舶管理人으로 選任함에는 共有者全員의 同意가 있어야 한다. 〈개정 1991. 12. 31〉
②船舶管理人의 選任과 그 代理權의 消滅은 이를 登記하여야 한다.	②船舶管理人의 選任과 그 代理權의 消滅은 이를 登記하여야 한다.

2) 선주책임제한제도

개정전 상법은 선주책임제한제도에 관하여, 병용주의(선가주의와 금액주의, 그리고 항해주의와 사고주의)에 입각한 1924년의 선주책임제한조약을 채용하고 있다. 그 후 1976년에는 이를 개편한 「해사채권책임제한조약」(Convention on Limitation of Liability for Maritime Claims)이 성립하기에 이르렀다.

개정전 상법상의 선주책임제한제도는 병용주의에 내재한 각종의 결함뿐만 아니라, 선박의 기준톤에 대한 책임한도액(15,000원: 제747조, 제750조 제1항)은 명목적인 소액으로 줄어져 있었다. 개정상법은 상법 제746조 내지 제752조의 규정을 1976년의 조약의 입장을 좇은 조항(제746조 내지 제752조의2)으로 대치하여 선주책임제한제도를 전면적으로 개편하고 있다.

개정전 해상법은 상법 소정의 책임의 제한을 할 수 있는 자, 즉 책임제한의 주체를 선박소유자중심주의에 바탕을 두고, 선박의 소유자(선박공유자를 포함한 선박소유자)와 이에 준하는 선박임차인으로 한정하고 있다(제746조, 제750조 제1항, 제752조, 제766조 제1항). 그러나 개정상법은 이를 확대하여 용선자 등의 선박이용항해활동 내지 선박운항의 주체(개정법 제750조 제1항 제1호), 그리고 헬리콥터에 의한 구조자 등의 해난구조자에 대하여도 그 책임을 제할 수 있는 책임제한의 주체성을 인정하고 있다(개정상법 제752조의2). 동시에 이러한 책임제한주체의 책임보험자도, 책임보험관계에서의 피해자의 직접청구권에 관한 보험법의 개정과 관련하여 그 피보험자인 선주 등의 책임제한권을 원용할 수 있게 되어 있다(개정상법 제724조 제2항 단서).

책임제한주체인 선박소유자 등의 구조자의 사용인과 대리인(개정상법 제750조 제1항 제3호), 그리고 선박공유의 경우 선박관리인(동조 제1호), 또한 선박소유자 등과 구조자가 회사 기타의 법인인 경우, 특히 무한책임사원도 책임제한을 주장할 수 있게 하고 있다(동조 제2호).

개정전 상법은 책임제한의 주체가 그 책임을 제한할 수 있는 대상에 관하여 제746조 제1호 내지 제8호 및 제750조 제1항에서 규정하고 있었다. 개정상법은 이를 재개편하여, ① 선박에서 또는 선박의 운항이나 구조활동에 직접 관련하여 발생한 사람의 사망, 신체의 상해 또는 선박 이외의 물건의 멸실 또는 훼손으로 인하여 생긴 손해에 관한 채권, ② 운송물, 여객 또는 수하물의 운송의 지연으로 생긴 손해에 관한 채권, ③ ①·② 이외에 선박의 운항 또는 구조활동에 직접 관련하여 발생한 계약상의 권리 이외의 타인의 권리의 침해로 인하여 생긴 손해에 관한 채권 및 ④ ① 내지 ③의 채권의 원인이 된 손해를 방지 또는 경감하기 위한 조치에 관한 채권 또는 그 조치의 결과로 인하여 생긴 손해에 관한 채권을 책임제한의 대상으로 하고 있다(개정상법 第746조 제1호 내지 제4호, 제752조의2 제1항). 이러한 책임제한의 대상인 채권은 그 청구원인이 무엇인가를 따지지 않고 인정된다(개정법 제746조 頭文: "선박소유자는 청구원인의 여하에 불구하고 다음 각호의 채권에 대하여 제747조의 규정에 의한 금액을 한도로 그 책임을 제할 수 있다.").

그리고 이와 관련하여 개정상법은 수인의 책임제한의 주체가 동일한 사고에서 생긴 채무에 대하여 서로 반대채권을 가지는 경우에는, 상호간의 채권에 관한 상계를 한 후의 잔액의 채무를 부담하는 자가 법정의 책임제한을 주장할 수 있다는 뜻의 규정을 두고 있다(개정상법 제749조).

개정전 해상법상 책임의 제한이 인정되지 않은 경우에 관한 제748조 제2호와 제3호 및 제750조 제3항에 대하여, 개정상법에서는 ① 선박의 업무 또는 구조활동에 관련된 직무를 수행하는 선박소유자 등 또는 구조자의 사용인(선장 등)의 선박소유자 또는 구조자에 대하여 가지는 채권, ② 해난구조 또는 공동해손분담에 관한 채권, ③ 1969년 유탁민사책임조약 또는 그 개정조항이 적용되는 유류오염손해에 관한 채권, ④ 침몰·파손·좌초·유기된 선박 및 그 선박 안에 있거나 있었던 적하 기타의 물건의 인양·제거·파괴·무해조치에 관한 채권 및 ⑤ 원자력손해에 관한 채권은 책임의 제한을 할 수 없는 것으로 되어 있다(개정상법 제748조, 제752조의2 제1항). 이 중에서 ③의 경우와 관련하여, 1969년 유탁민사책임조약에서는 유조선선주의 책임은 매적량톤 2,000포앙카레 프랑(133 S.D.R.)으로 제한되며, 이 조약은 이를 보충하기 위한 1971년 유탁기금조약과 함께 특별법의 제정을 위한 법무부 상법개정특별분과위원회의 입법작업에 진행 중에 있다.

다음에, 책임제한주체의 책임제한권의 상실사유에 관하여는, 개정전 해상법 제748조 제1호의 선박소유자 자신의 「故意 또는 過失」(actual fault or privitiy)에 대하여 개정법은 당해 채권이 비록 위 ③의 책임제한의 대상에 속하는 것이라도, 책임제한주체(선박소유자 등 또는 구조자) 자신의 고의 내지 중과실행위, 즉「故意 또는 損害發生의 염려가 있음을 인식하면서 無謀하게 한 行爲 또는 不作爲」로 인한 손해에 관한 채권에 대하여는 책임제한권이 배제된다고 하고 있다(개정상법 제746조 본문 단서, 제750조 제1항, 제752조의2 제1항).

책임제한의 방식과 한도액에 관하여는, 개정법은 1976년 조약상의 체감적톤수비례(sliding scale)의 금액주의와 사고주의로 일원화하여 그 구체적인 책임제한액을 규정하고 있다(개정상법 제747조 제1항 내지 제4항). 이와 관련된 선박의 기준톤수는 외항선의 경우 선박법상의 국제총톤수, 그리고 내항선의 경우 총톤수이며(개정상법 제751조), 계산단위는 IMF특별인출권(SDR; 현재 1SDR은 약 1,050원)으로 하고 있다(개정상법 제747조 제5항).

개정상법에 의한 책임한도액을 보면, 여객의 사상에 관한 채권에 대하여는 당해 선박마다 매사고 2,500만 SDR을 상한으로 하여, 여객의 선박검사증상의 정원에 46,666 SDR을 곱하여 얻은 금액이 선박소유자 등의 책임한도액이 된다(개정상법 제747조 제1항 제1호). 여객사상 이외의 손해의 경우에는, 먼저 인적손해만 발생한 경우의 책임한도액은 선박마다 매사고, 300톤 미만의 선박은 250,000 SDR 및 300~500톤의 선박의 경우 500,000 SDR의 정액이며, 501톤 이상의 선박의 경우 500,000 SDR에 501~3,000톤에는 매톤 375 SDR, 7,001톤 이상은 매톤 250 SDR의 총액을 단계적으로 더하여 얻은 금액이며(동조 제1항 제2호 및 제4항 전단), 물적손해만 발생한 경우에는 선박마다 매사고, 300톤 미만의 선박은 83,500 SDR, 과 300~500톤의 선박은 167,000 SDR의 정액이고, 500톤을 초과하는 선박은 167,000 SDR에 501~30,000톤에는 매톤 167 SDR, 30,001톤~70,000톤에는 매톤 125 SDR, 70,001톤 이상은 83 SDR을 곱하여 얻는 금액을 단계적으로 더한 금액이 책임한도액이 된다(동 제1항 제3호).

다음에 인적손해(여객의 경우 제외)와 물적손해가 병발한 경우의 책임한도액은, 위 인적손해만 발생한 경우의 한도액(제1 기금)과 같은 금액으로 하되, 이 중에서 300톤 미만의 선박의 경우 167,000 SDR과 300~500톤의 선박의 경우 333,000 SDR의 정액 및 501톤 이상의 선박의 경우 330,000 SDR에 501~3,000톤에는 매톤 500 SDR, 3,001~30,000톤에는 매톤 333 SDR, 30,001~ 70,000톤에는 매톤

250 SDR, 70,001톤 이상은 매톤 167 SDR의 총액을 단계적으로 더한 금액(제2 기금)을 먼저 인적손해의 채권을 위한 변제에 우선적으로 충당하여, 이로써 인적손해를 완제할 수 없는 때에는 변제를 받지 못한 부분의 인적손해의 채권과 물적손해의 채권이 경합하여 그 잔액(제1기금에서 제2기금을 공제하여 얻은 금액)의 한도액에 대하여 동순위로 참가하여 배당을 받는다(개정상법 제747조 제4항 후단). 그리고 선박을 사용하지 않는 해난구조의 경우의 구조자의 책임한도액을 구조자마다 매사고 1,500톤의 선박의 소유자의 한도액과 같다(개정상법 제752조의1 제2항, 제3항).[35]

개정상법에서는 상법 소정의 책임의 제한은 그 책임을 제한하고자 하는 책임제한의 주체가 채권자로부터 책임한도액을 초과하는 청구금액을 명시한 서면에 의한 청구를 받은 날로부터 1년 내에 책임제한절차개시의 신청을 함으로써 이루어지도록 하고 있다(개정법 제752조 제1항). 아울러 이 책임제한절차개시의 신청, 책임제한기금의 형성, 공고, 참가, 배당 기타 필요한 사항은 따로 정하게 되어 있다(개정상법 제752조 제2항).[36]

개 정 전 상 법	개 정 상 법
第746條 (船舶所有者의 有限責任) 船舶所有者는 航海에 使用한 船舶과 그 屬具, 運賃, 그 船舶에 關한 損害賠償 또는 報酬의 請求權 其他 航海附屬物의 價額을 限度로 그 航海에 關하여 생긴 다음의 事項의 責任을 진다. 1. 船長, 海員, 導船士 其他의 船舶使用人의 故意 또는 過失로 因하여 第三者에게 加한 損害의 賠償 2. 運送하기 爲하여 船長에게 引度된 運送物 또는 그 船內에 있는 모든 物件에 對한 損害의 賠償 3. 船荷證券으로 因한 債務 4. 運送契約履行中의 航海過失로 因한 損害의 賠償 5. 沈沒船舶의 破損物除去의 義務와 이에 關聯한 債務	第746條 (船舶所有者의 有限責任) 船舶所有者는 請求原因의 如何에 불구하고 다음 各號의 債權에 대하여 第747條의 規定에 의한 금액의 限度로 그 責任을 제한할 수 있다. 그러나 그 債權이 船舶所有者 자신의 故意 또는 損害發生의 염려가 있음을 認識하면서 無謀하게 한 作爲 또는 不作爲로 인하여 생긴 損害에 관한 것인 때에는 그러하지 아니하다. <개정 1991. 12. 31> 1. 船舶에서 또는 船舶의 運航에 직접 관련하여 발생한 사람의 死亡, 身體의 傷害 또는 그 船舶 이외의 물건의 滅失 또는 훼손으로 인하여 생긴 損害에 관한 債權 2. 運送物, 旅客 또는 手荷物의 運送의 遲延으로 인하여 생긴 損害에 관한 債權 3. 第1號 및 第2號 이외에 船舶의 運航에 직접 관련하여 발생한 契約上의 權利 이외의 他

35) 李均成, 위의 논문, 100-102면.

36) 이를 좇아 「船舶所有者 등의 責任制限節次에 관한 法律」이 상법중개정법률과 함께 동시에 제정되었다. 孫珠瓚, 그리스(希臘)船主有限責任制度, 商事法研究 제4집(1986), 465-479면 참조.

6. 海難求助와 船舶引揚에 對한 報酬
7. 共同海損에 對한 船舶所有者의 分擔債務
8. 船長이 船籍港外에서 船舶保存 또는 航海繼續의 現實的 必要로 그 法定權限에 依하여 締結한 契約 또는 處分行爲로 因하여 생긴 債務. 그러나 그 必要가 航海準備의 不充分으로 裝備 또는 補給品의 不足이나 缺陷으로 因한 것인 때에는 그러하지 아니하다.

第747條 (責任의 限度) 前條의 責任은 第1號 乃至 第5號의 債務에 對하여 그 船舶積量 每톤當 15萬환의 總額을 超過하지 못한다.

人의 權利의 침해로 인하여 생긴 損害에 관한 債權

4. 第1號 내지 第3號의 債權의 원인이 된 損害를 방지 또는 輕減하기 위한 措置에 관한 債權 또는 그 措置의 결과로 인하여 생긴 損害에 관한 債權

第747條 (責任의 限度額) ①船舶所有者가 제한할 수 있는 責任의 限度額은 다음 各號의 금액으로 한다. 〈개정 1991. 12. 31〉

1. 旅客의 死亡 또는 身體의 傷害로 인한 損害에 관한 債權에 대한 責任의 限度額은 그 船舶의 船舶檢査證書에 기재된 旅客의 定員에 4萬6千6百6拾6 計算單位를 곱하여 얻은 금액과 2千5百萬 計算單位에 상당하는 금액중 적은 금액으로 한다.
2. 旅客 이외의 사람의 死亡 또는 身體의 傷害로 인한 損害에 관한 債權에 대한 責任의 限度額 은 그 船舶의 톤數에 따라서 다음 各目에 정하는 바에 의하여 計算된 금액으로 한다. 그러나, 3百톤미만의 船舶의 경우에는 1拾6萬7千 計算單位에 상당하는 금액으로 한다.
   가. 5百톤이하의 船舶의 경우에는 3拾3萬3千 計算單位에 상당하는 금액
   나. 5百톤을 초과하는 船舶의 경우에는 가目의 금액에 5百톤을 초과하여 3千톤까지의 부분에 대하여는 每톤當 5百 計算單位, 3千톤을 초과하여 3萬톤까지의 부분에 대하여는 每톤當 3百3拾3 計算單位, 3萬톤을 초과하여 7萬톤까지의 부분에 대하여는 每톤當 2百5拾 計算單位 및 7萬톤을 초과한 부분에 대하여는 每톤當 1百6拾7 計算單位를 각 곱하여 얻은 금액을 順次로 加算한 금액
3. 第1號 및 第2號 이외의 債權에 대한 責任의 限度額은 그 船舶의 톤數에 따라서 다음 各目에 정하는 바에 의하여 計算된 금액으로 한다. 그러나 3百톤미만의 船舶의 경우에는 8萬3千 計算單位에 상당하는 금액으로 한다.
   가. 5百톤이하의 船舶의 경우에는 1拾6萬7千 計算單位에 상당하는 금액
   나. 5百톤을 초과하는 船舶의 경우에는 가目

의 금액에 5百톤을 초과하여 3萬톤까지의 부분에 대하여는 每톤當 1百6拾7 計算單位, 3萬톤을 초과하여 7萬톤까지의 부분에 대하여는 每톤當 1百2拾5 計算單位 및 7萬톤을 초과한 부분에 대하여는 每톤當 8拾3 計算單位를 각 곱하여 얻은 금액을 順次로 加算한 금액

②第1項 各號의 規定에 의한 각 責任限度額은 船舶마다 동일한 事故에서 생긴 各 責任限度額에 대응하는 船舶所有者에 대한 모든 債權에 미친다.

③第746條의 規定에 의하여 責任이 제한되는 債權은 第1項 各號의 規定에 의한 各 責任限度額에 대하여 各 債權額의 比率로 競合한다.

④第1項第2號에 의한 責任限度額이 同號의 債權의 辨濟에 부족한 때에는 第3號에 의한 責任限度額을 그 殘額債權의 辨濟에 충당한다. 이 경우에 동일한 事故에서 第3號의 債權도 발생한 때에는 이 債權과 第2號의 殘額債權은 第3號에 의한 責任限度額에 대하여 各 債權額의 比率로 競合한다.

⑤第1項에서 "計算單位"라 함은 國際通貨基金의 1特別引出權에 상당하는 금액을 이른다.

第748條 (有限責任의 排除) 前2條의 規定은 다음의 債務에 對한 船舶所有者의 責任에 適用하지 아니한다.

1. 船舶所有者의 故意 또는 過失로 因한 債務
2. 船舶所有者가 第746條第8號의 行爲를 許可 또는 追認한 境遇의 債務
3. 船長, 海員 其他의 船舶使用人에 對한 雇傭契約으로 因한 債務

第748條 (有限責任의 排除) 船舶所有者는 다음 各號의 債權에 대하여는 그 責任을 制限하지 못한다. 〈개정 1991. 12. 31〉

1. 船長, 海員 기타의 使用人으로서 그 職務가 船舶의 業務에 관련된 者 또는 그 相續人, 被扶養者 기타의 利害關係人의 船舶所有者에 대한 債權
2. 海難救助 또는 共同海損分擔에 관한 債權
3. 1969年 11月 29日 成立한 油類汚染損害에 대한 民事責任에 관한 國際條約 또는 그 條約의 改正條項이 適用되는 油類汚染損害에 관한 債權
4. 沈沒, 難破, 坐礁, 遺棄 기타의 海難을 당한 船舶 및 그 船舶안에 있거나 있었던 積荷 기타의 물건의 引揚, 제거, 破壞 또는 無害措置에 관한 債權
5. 原子力損害에 관한 債權

第749條 (船舶等의 價額에 對한 證明과 評價의 基準) ①第746條의 規定에 依하여 責任의 制限을 主張하는 船舶所有者는 船舶, 運賃과 附屬物의 價額을 證明하여야 한다.

第749條 (동일한 事故로 인한 反對債權額의 控除) 船舶所有者가 責任의 제한을 받는 債權者에 대하여 동일한 事故로 인하여 생긴 損害에 관한 債權을 가지는 경우에는 그 債權額을 控

②船舶의 評價는 다음의 時期에 있어서의 船舶狀態를 基準으로 한다.

1. 衝突 其他의 事故의 境遇에는 이와 關聯되는 모든 債權으로서 事故後 最初의 港口에 到着할 때까지 생긴 것에 對하여는 最初의 港口에 到着하였을 때의 船舶狀態에 依한다. 이 境遇에는 契約으로 因한 債權을 包含한다. 위의 時期 以前에 前事故와 關聯없는 새로운 事故가 船舶의 價額을 減少시킨 때에는 그 價額의 減少는 前事故에 關聯되는 債權에 對하여는 이를 算入하지 아니한다. 船舶이 港口에 碇舶中에 생긴 事故에 對하여는 事故後 그 港口에서의 船舶狀態에 依한다.
2. 前號의 境遇를 除外하고 積荷에 關한 債權 또는 船荷證券으로 因하여 생긴 債權에 對하여는 積荷의 目的港 또는 航海를 中止한 곳에서의 船舶狀態에 依한다. 積荷의 目的港이 數個인 境遇에 損害가 같은 原因에서 생긴 때에는 最初의 港口에서의 船舶狀態에 依한다.
3. 第746條에 規定한 以外의 모든 境遇에 있어서는 그 航海를 終了한 때에 있어서의 船舶狀態에 依한다.

③運賃은 定額으로 하고 發航時에 있어서의 船舶價額의 100分의 10으로 한다. 그 航海에서 定額의 運賃을 얻지 못한 境遇에도 그 定額을 支給하여야 한다.

④ 船舶이 航海의 開始後에 입은 物質上의 損害로서 아직 賠償 받지 아니한 것에 對한 請求權은 船舶附屬物로 한다. 保險金, 奬勵金, 補助金 其他의 國家援助金은 船舶附屬物로 하지 아니한다.

第750條 (死亡·傷害의 境遇의 責任의 限度) ① 船長, 海員, 導船士 其他의 船舶使用人의 故意 또는 過失로 因하여 생긴 死亡 또는 身體의 傷害의 境遇에는 船舶所有者는 被害者 또는 그 利害關係人에 對하여 第747條의 規定에 依한 限度를 超過하여 船舶의 積量 每톤當 15萬환의 總額을 限度로 責 任을 진다. 同一한 事故의 被害者 또는 그 利害關係人은 責任範圍의 金額에 對하여 競合한다.

②被害者 또는 利害關係人이 前項의 限度內에서 그 賠償額을 다 받지 못한 때에는 그 殘額除한 殘額에 한하여 責任의 제한을 받는 債權으로 한다. 〈개정 1991. 12. 31〉

第750條 (責任制限을 할 수 있는 者의 범위) ① 다음 各號에 게기한 者는 이 章의 規定에 의하여 船舶所有者의 경우와 동일하게 責任을 제한할 수 있다. 〈개정 1991. 12. 31〉

1. 傭船者, 船舶管理人 및 船舶運航者
2. 法人인 船舶所有者 및 第1號에 게기한 者의 無限責任社員
3. 자기의 행위로 인하여 船舶所有者 또는 第1號의 게기한 者에 대하여 第746條 各號의 規定에 의한 債權이 成立하게 한 船長, 海員, 導船士 기타 船舶所有者 또는 第1號에 게기

에 關하 여는 第747條의 規定에 依한 金額에 對하여 다른 債權者와 競合한다. 이 境遇에는 優先特權의 順位에 影響을 미치지 아니한다. ③前2項의 規定에 依한 責任의 制限은 船長, 海員 其他의 船舶使用人에 對하여는 適用하지 아니한다. ④第1項의 規定은 旅客의 運送에 從事하지 아니하는 積量3百톤未滿의 船舶所有者가 旅客의 死亡 또는 身體의 傷害로 因한 責任을 지는 境遇에는 適用하지 아니한다.	한 者의 使用人 또는 代理人 ②동일한 事故에서 발생한 모든 債權에 대한 船舶所有者 및 第1項에 게기한 者에 의한 責任制 限의 總額은 船舶마다 第747條의 規定에 의한 責任限度額을 초과하지 못한다. 〈개정 1991. 12. 31〉 ③船舶所有者 또는 第1項 各號에 게기한 者의 1人이 責任制限節次開始의 決定을 받은 때에는 責任制限을 할 수 있는 다른 者도 이를 援用할 수 있다. 〈개정 1991. 12. 31〉
第751條 (船舶積量톤數의 計算方法) 船舶의 積量의 톤數는 다음과 같이 計算한다. 1. 汽船과 其他의 發動機船에 있어서는 純톤數를 定하기 爲하여 總톤數에서 控除된 發動機가 차지하고 있는 容積을 純톤數에 加算한 것 2. 前號外의 모든 船舶에 있어서는 純톤數	第751條 (責任制限을 위한 船舶톤數) 第747條第1項에서 規定하는 船舶의 톤數는 國際航海에 종사 하는 船舶의 경우에는 船舶法에서 規定하는 國際總톤數로 하고 그 밖의 船舶의 경우에는 同法에서 規定하는 總톤數로 한다. 〈개정 1991. 12. 31〉
第752條 (同時船長인 境遇의 責任에 關한 特則) 船舶所有者나 共有者가 船長인 때에는 單純한 航海上의 過失 또는 海員 其他의 船舶使用人의 過失의 境遇以外에는 船長의 過失에 對하여 그 責任의 制限을 主張하지 못한다.	第752條 (責任制限의 節次) ①이 章의 規定에 의하여 責任을 제한하고자 하는 者는 債權者로부터 責任限度額을 초과하는 請求金額을 명시한 書面에 의한 請求를 받은 날부터 1年내에 法院에 責任制限節次開始의 申請을 하여야 한다. 〈개정 1991. 12. 31〉 ②責任制限節次開始의 申請, 責任制限의 基金의 形成, 公告, 참가, 配當 기타 필요한 사항은 따로 法律로 정한다. 〈개정 1991. 12. 31〉
〈신 설〉	第752條의2 (海難救助者의 有限責任) ①第746條 내지 第752條의 規定은 海難救助者의 救助活動에 직접 관련하여 발생한 債權에 대한 責任의 제한에 準用한다. 〈개정 1991. 12. 31〉 ②救助活動을 船舶으로부터 행하지 아니한 救助者 또는 救助를 받는 船舶에서만 행한 救助者는 第747條의 規定에 의한 責任의 限度額에 관하여 1千5百톤의 船舶에 의한 救助者로 본다. 〈개정 1991. 12. 31〉 ③救助者의 責任의 限度額은 救助船마다 또는 第2項의 경우에는 救助者마다 동일한 事故로 인하여 생긴 모든 債權에 미친다. 〈개정 1991. 12. 31〉

3) 선장에 관한 규정

개정전 상법상 선장에 관한 규정은 먼저 독립된 장(章)으로 그 선임의 주체인 선주(선박소유자 및 선박임차인)의 대리인으로서의 각종의 직무 · 권한과 책임을 규정하고 있고, 아울러 해상운송인인 선주의 이행보조자로서의 선장의 직무 · 권한에 관한 개별적인 규정이 산재하고 있다. 개정상법은 그밖에 해상위험에 관한 해상법 특유의 법률요건과 관련하여 선장의 권한에 관한 규정도 두고 있다(제832조, 제853조 제2항, 제859조). 이러한 선장에 관한 규정은 과거 선장의 지위가 강대하였던 이른바 선장만능의 시대의 유물이라 할 수 있는 것이었다. 선장의 지위가 약화되고 그 권한이 축소되어 있는 현시점에서 부적당한 것이 있을 수 있다. 특히 선장의 직무상의 주의책임에 관한 규정(제770조)은 가혹하다는 이유로 삭제되어야 한다는 점에 거의 이론이 없었다고 한다. 선장의 해원감독상의 책임에 관한 규정(제771조)도 상법에 존치할 필요가 없다는 데에 의견이 일치하였다. 따라서 이러한 규정들은 개정상법에서 삭제되었다.

개 정 전 상 법	개 정 상 법
第770條 (職務上의 注意責任) ①船長은 그 職務執行에 關하여 過失이 없음을 證明하지 아니하면 船舶所有者, 傭船者, 送荷人 其他의 利害關係人에 對한 損害賠償의 責任을 免하지 못한다. ②船長의 職務執行이 船舶所有者의 指示에 따른 境遇에도 船舶所有者 以外의 利害關係人에 對한 前項의 責任을 免하지 못한다. 第771條 (海員의 選任監督의 責任) 船長은 海員의 選任監督에 過失이 없음을 證明하지 아니하면 海員의 그 職務執行에 關하여 他人에게 加한 損害賠償의 責任을 免하지 못한다.	第770條 및 第771條를 각각 삭제한다. 〈개정 1991. 12. 31〉

(4) 해상기업상의 법률요건에 관한 규정의 개정

1) 해상기업상의 법률요건의 구성과 개정의 대상

해상기업상의 법률요건 중에서 이번 개정상법에서 관련된 부분은 널리 해상법상의 소멸시효를 제척기간으로 개정한 것과 관련하여(개정상법 제811조, 제812조의6, 제870조 등), 종래의 소멸시효기간을 제척기간으로 한 것(개정상법 제842조, 제848조, 제860조) 및 해난구조료의 결정에 있어 최근의 해난구조관계의 국제적 입법추이를 좇아 「환경손해방지를 위한 노력」도 참작하도록 한 것(개정상법 제850조) 이외에는 없다.

그리고 해상운송계약 중의 해상여객운송계약의 경우에는, 운송인의 감항능력주의의무에 관한 규정과 함께, 해상물건운송인의 책임의 경감금지에 관한 규정을 준용하도록 하는 등, 준용규정에 관한 개정을 제외하고는 특별한 개정을 하고 있지 아니하다(개정상법 제830조, 제831조 참조).

해상물건운송계약에 관한 개정전 해상법의 규정은 1924년 선하증권조약(International Convention for the Unification of Certain Rules of Law relating to Bills of Lading), 속칭 「헤이그규칙」을 기본원칙으로 채용하는 등 약간의 근대해상운송법의 편린을 엿보이게 하는 것이 있기는 하다. 그러나 전체적으로 19세기까지의 범선시대의 부정기해운을 기반으로 하여 형성된 구세대의 틀을 벗어나지 못하고 있었다. 각종의 해운관계조약 또는 국제적 보통거래약관인 해상해운관계의 약관 내지 해운관습 등을 참작하여 현행해상물건운송계약법을 개정할 필요가 있다.[37]

개 정 전 상 법	개 정 상 법
第811條 (船舶所有者의 債權의 時效) 船舶所有者의 傭船者, 送荷人 또는 受荷人에 對한 債權은 1年間 行使하지 아니하면 消滅時效가 完成한다.	第811條 (運送人의 債權·債務의 消滅) 運送人의 傭船者, 送荷人 또는 受荷人에 대한 債權 및 債務는 그 請求原因의 如何에 불구하고 運送人이 受荷人에게 運送物을 引渡한 날 또는 引渡할 날부터 1年내에 裁判上 請求가 없으면 消滅한다. 그러나, 이 期間은 當事者의 合意에 의하여 연장할 수 있다. 〈전면개정 1991. 12. 31〉
〈신 설〉	第812條의6 (定期傭船契約上의 債權의 消滅) 定期傭船契約에 관하여 발생한 當事者間의 債權은 船舶이 船舶所有者에게 返還된 날부터 1年내에 裁判上 請求가 없으면 消滅한다. 그러나, 第811條 但書의 規定은 이 경우에 準用한다. 〈개정 1991. 12. 31〉
第870條 (優先特權의 時效等) ①船舶債權者의 優先特權은 그 債權이 생긴 날로부터 1年間 行使하지 아니하면 消滅時效가 完成한다. ②第861條第1項第6號의 規定에 依한 優先特權은 그 船舶의 發航으로 因하여 消滅한다.	第870條 (優先特權의 消滅) ①船舶債權者의 優先特權은 그 債權이 생긴 날로부터 1年내에 實行하지 아니하면 消滅한다. 〈일부개정 1991. 12. 31〉 ② (삭 제) 〈일부개정 1991. 12. 31〉

37) 李均成, 앞의 논문, 106면.

2) 해상운송관계의 주체

해상운송계약에 관한 개정상법은 해상물건운송관계의 주체에 관하여, 개정전 해상법상의 「선박소유자중심주의」를 지양하고, 근대해상운송법의 추이를 좇아 「운송인중심주의」를 채용하고 있다.

개정전 해상법에서 해상운송관계 또는 책임관계의 주체에 관한 조항의 「선박소유자」를 「운송인」으로 개정하고 있다(제782조 제1항, 제3항, 제784조 제3항, 제787조, 제788조, 제790조, 제798조 제3항, 제804조 제1항, 제810조, 제811조 참조). 이러한 운송인중심주의로의 이행은 해상여객운송관계에서도 동일하다(개정상법 제822조, 제823조 제1항, 제824조, 제827조, 제831조 참조). 개정상법에서는 재운송계약의 경우, 재운송인인 용선자의 운송관계에서의 주체성을 전제로 하여 선박소유자(선박임차인 포함, 개정전 상법 제766조 제1항)도 그 계약의 이행이 선장의 직무에 속하는 범위 안에서 재운송의 위탁자에 대하여 손해배상의 책임(개정전 상법 제787조, 제788조)을 지는 것으로 규정하고 있다(개정법 제806조). 따라서 재운송에 대한 주운송관계의 주운송인인 선박소유자 또는 선박임차인은 종래의 헤이그규칙체제를 개편하고 있는 1978년 유엔해상물건운송계약(United Nations Convention on the Carriage of Goods by Sea) 속칭 「함부르크규칙」(Hamburg Rules. 미발효)의 실행운송인(actual carrier)(제1조 제2항, 제10조, 제11조)에 준하는 지위에 놓이게 된다고 할 수 있다.[38)]

개 정 전 상 법	개 정 상 법
第822條 (食事提供義務) 旅客의 航海中의 食事는 다른 約定이 없으면 船舶所有者의 負擔으로 한다.	**第822條** (食事提供義務) 旅客의 航海中의 食事는 다른 約定이 없으면 運送人의 負擔으로 한다. 〈개정 1991. 12. 31〉
第823條 (船舶修繕中의 居處, 食事提供義務) ① 航海의 中途에서 船舶을 修繕하는 境遇에는 船舶所有者는 그 修繕中 旅客에게 相當한 居處와 食事를 提供하여야 한다. 그러나 旅客의 權利를 害하지 아니하는 範圍內에서 上陸港까지의 運送의 便宜를 提供한 때에는 그러하지 아니하다. ②前項의 境遇에 旅客은 航海의 比率에 따른 運賃을 支給하고 契約을 解止할 수 있다.	**第823條** (船舶修繕中의 居處, 食事提供義務) ① 航海의 中途에서 船舶을 修繕하는 境遇에는 運送人은 그 修繕中 旅客에게 相當한 居處와 食事를 提供하여야 한다. 그러나 旅客의 權利를 害하지 아니하는 範圍內에서 上陸港까지의 運送의 便宜를 提供한 때에는 그러하지 아니하다. ②第1項의 境遇에 旅客은 航海의 比率에 따른 運賃을 支給하고 契約을 解止할 수 있다. 〈개정 1991. 12. 31〉

38) 위의 논문, 107면.

第824條 (手荷物無賃運送義務) 旅客이 契約에 依하여 船內에서 携帶할 수 있는 手荷物에 對하여는 船舶所有者는 다른 約定이 없으면 따로 運賃을 請求하지 못한다.	第824條 (手荷物無賃運送義務) 旅客이 契約에 依하여 船內에서 携帶할 수 있는 手荷物에 對하여는 運送人은 다른 約定이 없으면 따로 運賃을 請求하지 못한다. 〈개정 1991. 12. 31〉
第827條 (法定事由에 依한 解除) 旅客이 發航前에 死亡, 疾病 其他의 不可抗力으로 因하여 航海할 수 없게 된 때에는 船舶所有者는 運賃의 10分의 3을 請求할 수 있고 發航後에 그 事由가 생긴 때에는 船舶所有者의 選擇으로 運賃의 10分의 3 또는 運送의 比率에 따른 運賃을 請求할 수 있다.	第827條 (法定事由에 依한 解除) 旅客이 發航前에 死亡, 疾病 其他의 不可抗力으로 因하여 航海할 수 없게 된 때에는 運送人은 運賃의 10分의 3을 請求할 수 있고 發航後에 그 事由가 생긴 때에는 運送人의 選擇으로 運賃의 10分의 3 또는 運送의 比率에 따른 運賃을 請求할 수 있다. 〈개정 1991. 12. 31〉
第831條 (同前) 旅客運送을 하기 爲하여 傭船契約을 締結한 境遇에는 船舶所有者와 傭船者의 關係에는 第781條 乃至 第784條, 第786條, 第789條 乃至 第798條, 第800條 乃至 第802條, 第806條 乃至 第809條와 第811條의 規定을 準用한다.	第831條 (同前) 旅客運送을 하기 위하여 傭船契約을 체결한 경우에는 運送人과 傭船者의 관계에는 第781條, 第782條第1項, 第783條, 第784條, 第786條, 第787條, 第790條第1項, 第791條, 第792條 내지 第797條, 第802條, 第807條, 第808條와 第811條의 規定을 準用한다.

3) 정기용선조약에 관한 규정의 신설

용선계약의 한 형태로 정기용선계약(time charterparty)이 많이 이용되고 있지만, 개정전 해상법은 이에 관하여 아무런 규정도 두고 있지 않다. 개정상법은 실무의 표준약관인 이른바 총괄약관(let and hire clause) 내지 선박이용약관(disposal clause)을 참작하여, 먼저 정기용선계약의 정의규정(제812조의2)을 두고, 아울러 선원사용약관(employment clause) 및 용선계약상의 채권의 소멸(제척기간 1년)과 같은 정기용선계약의 당사자간의 내부관계의 규정(개정상법 제812조의2, 제812조의3, 제812조의6)과 함께, 특히 정기용선자에 의한 제3자와의 재운송의 경우와 관련하여, 운송물에 대한 선장의 유치권(제800조 제2항)과 선박소유자의 운송인으로서의 경매권(제804조)을 정기용선자의 재운송의 운임 등의 채권의 액을 한도로 하여 인정하되, 정기용선자가 발행한 선하증권의 선의의 취득자에 대한 관계에서는 이를 행사할 수 없도록 하고 있다(개정상법 제812조의4).[39]

39) 위의 논문, 108면.

개 정 상 법	
〈신설〉	第812條의2 (定期傭船契約의 意義) 定期傭船契約은 船舶所有者 또는 賃借人이 傭船者에게 船員이 乘務하고 航海裝備를 갖춘 船舶을 일정한 期間동안 航海에 사용하게 할 것을 약정하고 傭船者가 이에 대하여 期間으로 정한 傭船料를 支給할 것을 약정함으로써 그 效力이 생긴다. 〈개정 1991. 12. 31〉
〈신설〉	第812條의3 (定期傭船者의 船長指揮權) ①定期傭船者는 약정한 범위안의 船舶의 사용을 위하여 船長을 指揮할 權利가 있다. ②船長, 海員 기타의 船舶使用人이 定期傭船者의 정당한 指示에 위반하여 定期傭船者에게 損害가 발생한 경우에는 船舶所有者가 이를 賠償할 責任이 있다. 〈개정 1991. 12. 31〉
〈신설〉	第812條의4 (船舶所有者의 運送物留置權 및 競賣權) ①第800條第2項과 第804條의 規定은 定期傭 船者가 船舶所有者에게 傭船料, 替當金 기타 이와 유사한 定期傭船契約에 의한 債務를 이행하지 아니하는 경우에 準用한다. 그러나, 船舶所有者는 定期傭船者가 발행한 船荷證券을 善意로 取得한 第三者에게 對抗하지 못한다. ②第1項의 規定에 의한 船舶所有者의 運送物에 대한 權利는 定期傭船者가 運送物에 관하여 약정한 傭船料 또는 運賃의 범위를 넘어서 이를 행사하지 못한다. 〈개정 1991. 12. 31〉
〈신설〉	第812條의5 (傭船料의 延滯와 契約解止등) ①定期傭船者가 傭船料를 約定期日에 支給하지 아니한 때에는 船舶所有者는 契約을 解除 또는 解止할 수 있다. ②定期傭船者가 第三者와 運送契約을 체결하여 運送物을 船積한 후 船舶의 航海중에 船舶所有者가 第1項의 規定에 의하여 契約을 解除 또는 解止한 때에는 船舶所有者는 積荷利害關係人에 대하여 定期傭船者와 동일한 運送義務가 있다. ③船舶所有者가 第2項의 規定에 의한 契約의 解除 또는 解止 및 運送繼續의 뜻을 積荷利害關係人에게 書面에 의한 통지를 한 때에는 船舶所有者의 定期傭船者에 대한 傭船料, 替當金 기타 이와 유사한 定期傭船契約上의 債權을 擔保하기 위하여 定期傭船者가 積荷利害關係人에 대하여 가지는 傭船料 또는 運賃의 債權을 目的으로 質權을 設定한 것으로 본다. ④第1項 내지 第3項의 規定은 船舶所有者 또는 積荷利害關係人의 定期傭船者에 대한 損害賠償 請求에 영향을 미치지 아니한다. 〈개정 1991. 12. 31〉
〈신설〉	第812條의6 (定期傭船契約上의 債權의 消滅) 定期傭船契約에 관하여 발생한 當事者間의 債權은 船舶이 船舶所有者에게 返還된 날부터 1年내에 裁判上 請求가 없으면 消滅한다. 그러나, 第811條 但書의 規定은 이 경우에 準用한다. 〈개정 1991. 12. 31〉

4) 해상운송인의 손해배상책임

개정전 해상법은 운송물의 손해에 대한 해상운송인의 배상책임에 관하여, 그 책임의 원인 내지 조건에 대하여만 1924년 헤이그규칙의 입장을 따르고 있다. 즉, 과실책임주의를 원칙으로 하되, 선박불감항과실 내지 상업과실에 대하여서는 운송인의 강행적인 책임을 법정하고, 선장 등에 의한 항해과실과 선박실화에 대한 법정의 당연면책 및 불가항력 기타의 무과실사유에 해당하는 이른바 면책카탈로그(catalogue of exceptions)를 규정하고 있다(제787조 내지 제790조).

이에 대하여 개정상법은 종래의 헤이그규칙 내지 이를 개정한 1968년 비스비규칙(Visby Rules), 나아가 1978년 유엔해상물건운송계약 속칭 함부르크규칙(Hamburg Rules)의 입장을 참작하여, 해상운송인의 책임에 관한 규정을 다음과 같이 대폭적으로 신설, 확충하고 있다(개정상법 제789조 제11호). 이 운송인책임조항의 개정은 선주책임제한제도의 개정과 함께, 개정해상법의 2대 특징이라고 할 수 있다.[40]

1924년 헤이그규칙은 운송물의 멸실·훼손에 대한 운송인의 책임을 운송물의 1포장·단위에 대해(per package or unit) 영국金貨 100파운드로 제한하고 있으며(동조약 제4조 제5항), 이를 개정한 1968년 비스비규칙 아래에서는, 운송인의 책임이 운송물 1포장·단위에 대한 666.67 SDR과 1kg에 대한 2 SDR의 합계액 중에서 많은 금액으로 제한된다(동 제2조). 그리고 함부르크규칙은 이 비스비규칙상의 한도액을 25% 인상하고(즉 835 SDR과 2.5 SDR), 아울러 운송물의 인도지연(delay in delivery)에 대한 책임제한에 관한 규정의 신설 및 이에 따른 조항의 조정을 하고 있다(동조약 제6조). 개정법은 운송물의 손해에 대한 운송인의 책임의 개별적인 제한에 관한 규정을 신설하고 있다. 구체적인 금액은 우리나라와 가장 긴밀한 교역상대국인 미국(500달러)과 일본(10만엔)의 예에 준하는 수준으로 결정하고 있다.

즉, 해상운송인은 그 고의[내지 중과실] 행위(운송인 자신의 고의 또는 운송물의 손해가 생길 염려가 있음을 인식하면서 무모하게 한 작위 또는 부작위)로 인하여 일어났다는 것이 증명된 경우를 제외하고, 운송물 1포장 또는 1선적단위에 대한 500 SDR을 한도로 그 책임을 제한할 수 있다(제789조의2 제1항).

개정상법은 1924년 헤이그규칙의 입장을 좇아 수하인이 운송물의 일부멸실 또는 훼손을 발견한 경우, 운송물의 수령후 지체없이 또는 그 손해가 즉시 발견할 수 없는 것인 때에는 수령일로부터 3일 내에 그 통지를 발송하지 아니한 경우에는, 운송인 또는 그 사용인이 악의인 경우를 제외하고 운송물이 멸실 또는 훼손없이 수하인에게 인도된 것으로 추정된다(개정상법 제800조의2 제1항 내지 제3항). 이와 관련하여 운송물에 멸실 또는 훼손이 발생하였거나 그 의심이 있는 경우에는, 운송인과 수하인은 서로 운송물의 검사를 위하여 필요한 편의를 제공하여야 한다(동 제4항).

40) 위의 논문, 109면.

운송물이 운송인의 고의·과실로 인하여 멸실 또는 훼손된 경우에는, 운송물의 소유권침해로서 위법성을 띠는 것이므로 별도로 불법행위(민법 제750조 내지 제756조)의 성립요건을 충족하는 것이 보통이다. 이때에 운송인의 채무불이행책임 또는 계약책임과 불법행위책임이 서로 독립적으로 성립·병존하는가 또는 그러하지 않는가. 나아가 이러한 해상운송인 자신의 채무불이행책임과 불법행위책임의 경합문제의 연장선에서, 실제의 가해자인 선장 등 해상운송인의 이행보조자 또는 사용인이 불법행위책임을 추궁당하는 경우, 그 책임의 범위 또는 내용과 운송인 자신의 책임과의 관계도 문제가 된다.

개정법에서는 1968년 비스비규칙 및 1978년 함부르크규칙의 입장을 좇아 이 문제를 명문의 조항을 신설하여 해결하고 있다. 즉, 운송인을 상대로 하는 운송물의 손해에 대한 배상청구가 불법행위를 청구원인으로 하는 경우에도, 상법상의 운송인책임규정이 적용된다는 것을 명정하고 있다(개정상법 제789조의3 제1항). 나아가서 하주가 해상운송인의 사용인이나 대리인 또는 실제운송인, 예컨대 선장, 하수운송인(sub-carrier) 등에 대하여 불법행위책임을 묻는 경우에도, 그러한 자들은 해상운송인의 이행보조자로서 직무집행의 과정에서 생긴 운송물의 손해에 대하여는, 원칙적으로 운송인에게 인정되는 면책사유 기타의 항변 및 책임의 한도를 원용할 수 있다는 이른바 히말라야조항(Himalaya clause)으로 두고 있다(동조 제2항, 제4항). 그 결과 해상운송인 및 이러한 해상운송인의 이행보조자들로부터 회수할 수 있는 배상액의 총액은 원칙적으로 상법상의 책임한도액을 초과하지 못한다(동조 제3항).

해상물건운송인의 손해배상책임에 관한 규정은 하주 측을 보호하기 위한 이른바 상대적 강행규정이다(제790조). 개정상법은 이러한 기본원칙을 견지하되(개정법 제790조 제1항 1문, 제800조의2 제4항), 운송물의 손해에 관한 보험의 이익을 운송인에게 양도하는 특약 기타 이와 유사한 특약을 금지하는 규정, 이른바 보험이익불공여조항을 신설하고 있다(개정상법 제790조 제1항 2문).

반면에, 헤이그규칙의 입장에 좇아, 항해상의 특수한 위험이 따르는 산 동물(live animal)의 운송 및 선하증권 기타의 운송서류에 갑판적으로 운송할 뜻은 기재하고 또한 실제로 갑판적으로 운송하는 갑판적화물(on-deck cargo)의 운송의 경우

에는, 운송인의 강행적 책임에 관한 규정이 적용되지 아니한다(개정상법 제790조 제2항).[41]

개 정 전 상 법	개 정 상 법
第787條 (堪航能力注意義務) 船舶所有者는 自己 또는 船員 其他의 船舶使用人이 發航當時 다음의 事項에 關하여 注意를 懈怠하지 아니하였음을 證明하지 아니하면 運送物의 滅失, 毁損 또는 延着으로 因한 損害를 賠償할 責任을 免하지 못한다. 1. 船舶이 安全하게 航海를 할 수 있게 할 것 2. 必要한 船員의 乘船, 船舶艤裝과 必要品의 補給 3. 船艙, 冷藏室 其他 運送物을 積載할 船舶의 部分을 運送物의 受領, 運送과 保存을 爲하여 適合한 狀態에 둘 것	第787條 (堪航能力注意義務) 運送人은 自己 또는 船員 其他의 船舶使用人이 發航當時 다음의 事項에 關하여 注意를 懈怠하지 아니 하였음을 證明하지 아니하면 運送物의 滅失, 毁損 또는 延着으로 因한 損害를 賠償할 責任이 있다. 〈개정 1991. 12. 31〉 1. 船舶이 安全하게 航海를 할 수 있게 할 것 2. 必要한 船員의 乘船, 船舶艤裝과 必要品의 補給 3. 船艙, 冷藏室 其他 運送物을 積載할 船舶의 部分을 運送物의 受領, 運送과 保存을 爲하여 適合한 狀態에 둘 것
第788條 (運送物에 關한 注意義務) ①船舶所有者는 自己 또는 船員 其他의 船舶使用人이 運送物의 受領, 船積, 積付, 運送, 保管, 揚陸과 引渡에 關하여 注意를 懈怠함으로 因하여 생긴 運送物의 滅失, 毁損 또는 延着에 關한 損害를 賠償할 責任이 있다. ②前項의 規定은 船長, 海員, 導船士 其他의 船舶使用人의 航海 또는 船舶의 管理에 關한 行爲 또는 船舶에서의 火災로 因하여 생긴 損害에는 適用하지 아니한다. 그러나, 船舶所有者의 故意 또는 過失로 因한 火災를 除外한다.	第788條 (運送物에 關한 注意義務) ①運送人은 자기 또는 船員 기타의 船舶使用人이 運送物의 受領, 船積, 積付, 運送, 보관, 揚陸과 引渡에 관하여 주의를 懈怠하지 아니하였음을 증명하지 아니하면 運送物의 滅失, 훼손 또는 延着으로 인한 損害를 賠償할 責任이 있다. 〈개정 1991. 12. 31〉 ②運送人은 船長, 海員, 導船士 기타의 船舶使用人의 航海 또는 船舶의 管理에 관한 행위 또는 火災로 인하여 생긴 損害를 賠償할 책임을 면한다. 그러나, 船舶所有者의 故意 또는 過失로 인한 火災의 경우에는 그러하지 아니하다. 〈개정 1991. 12. 31〉
第789條 (同前-免責事由) ①船舶所有者는 前條의 注意를 다하였음을 證明하지 아니하면 그 責任을 免하지 못한다. ②船舶所有者는 다음 各號의 事實이 있었다는 것과 運送物에 關한 損害가 그 事實로 因하여 普通 생길 수 있는 것임을 證明한 때에는 前項의 規定에 不拘하고 前條의 責任을 免한다. 그러나 同條의 注意를 다하였더라면 그 損害를 避할 수 있었음에도 不拘하고 그 注意를 다하지 아니하였음을 證明한 때에는 그러하지 아니하다. 1. 海上 其他 航行할 수 있는 水面에서의 危險	第789條 (同前-免責事由) ① (삭 제) 〈개정 1991. 12. 31〉 ②運送人은 다음 各號의 事實이 있었다는 것과 運送物에 關한 損害가 그 事實로 因하여 普通 생길 수 있는 것임을 證明한 때에는 이를 賠償할 責任을 免한다. 그러나 第787條와 第788條 第1項의 規定에 의한 注意를 다하였더라면 그 損害를 避할 수 있었음에도 不拘하고 그 注意를 다하지 아니하였음을 證明한 때에는 그러하지 아니하다. 1. 海上 其他 航行할 수 있는 水面에서의 危險

41) 위의 논문, 111-112면.

또는 事故
2. 不可抗力
3. 戰爭, 暴動 또는 內亂
4. 海賊行爲 其他 이에 準한 行爲
5. 裁判上의 押留, 檢疫上의 制限 其他 公權에 依한 制限
6. 送荷人 또는 運送物의 所有者나 그 使用人의 行爲
7. 同盟罷業 其他의 爭議行爲 또는 船舶閉鎖
8. 海上에서의 人命이나 財産의 救助行爲 또는 이로 因한 離路 其他 正當한 理由로 因한 離路
9. 運送物의 包裝의 不充分 또는 記號의 表示의 不完全
10. 運送物의 特殊한 性質 또는 숨은 瑕疵

〈신 설〉

〈신 설〉

또는 事故
2. 不可抗力
3. 戰爭, 暴動 또는 內亂
4. 海賊行爲 其他 이에 準한 行爲
5. 裁判上의 押留, 檢疫上의 制限 其他 公權에 依한 制限
6. 送荷人 또는 運送物의 所有者나 그 使用人의 行爲
7. 同盟罷業 其他의 爭議行爲 또는 船舶閉鎖
8. 海上에서의 人命이나 財産의 救助行爲 또는 이로 因한 離路 其他 正當한 理由로 因한 離路
9. 運送物의 包裝의 不充分 또는 記號의 表示의 不完全
10. 運送物의 特殊한 性質 또는 숨은 瑕疵
11. 船舶의 숨은 瑕疵 〈일부개정 1991. 12. 31〉

第789條의2 (責任의 限度) ①第787條 내지 第789條의 規定에 의한 運送人의 損害賠償의 責任은 당해 運送物의 每包裝當 또는 船積單位當 500計算單位의 金額을 限度로 이를 制限할 수 있다. 그러나, 運送物에 관한 損害가 運送人 자신의 故意 또는 그 損害가 생길 염려가 있음을 認識하면서 無謀하게 한 作爲 또는 不作爲로 인하여 생긴 것인 때에는 그러하지 아니하다. 〈개정 1991. 12. 31〉

②第1項의 適用에 있어서 運送物의 包裝 또는 船積單位의 數는 다음과 같이 정한다. 〈개정 1991. 12. 31〉

1. 컨테이너 기타 이와 유사한 運送容器가 運送物을 統合하기 위하여 사용되는 경우에 그러한 運送容器에 內藏된 運送物의 包裝 또는 船積單位의 數를 船荷證券 기타 運送契約을 증명하는 文書에 기재 한 때에는 그 各 包裝 또는 船積單位를 하나의 包裝 또는 船積單位로 본다. 이 경우를 제외하고는 이러한 運送容器내의 運送物 전부를 하나의 包裝 또는 船積單位로 본다.
2. 運送人이 아닌 者가 供給한 運送容器 自體가 滅失 또는 훼손된 경우에는 그 容器를 別個의 包裝 또는 船積單位로 본다.

③第1項과 第2項의 規定은 送荷人이 運送人에게 運送物을 引渡할 때에 그 종류와 價額을 告知하고 船荷證券 기타 運送契約을 증명하는 文書에 이를 기재한 경우에는 適用하지 아니한다.

	그러나, 送荷人이 運送物의 종류 또는 價額을 故意로 현저하게 不實의 告知를 한 때에는 運送人은 자기 또는 그 使用人이 惡意인 경우를 제외하고 運送物의 損害에 대하여 責任을 免한다. ④第1項 내지 第3項의 規定은 第746條 내지 第752條의 規定의 適用에 영향을 미치지 아니한다. ⑤第1項의 計算單位는 第747條第5項의 規定에 의한 計算單位를 이른다. 〈개정 1991. 12. 31〉
〈신 설〉	第789條의3 (非契約的 請求에 대한 適用) ①이 章의 運送人의 責任에 관한 規定은 運送人의 不法行爲로 인한 損害賠償의 責任에도 이를 適用한다. ②運送物에 관한 損害賠償請求가 運送人의 使用人 또는 代理人에 대하여 제기된 경우에 그 損害가 그 使用人 또는 代理人의 職務執行에 관하여 생긴 것인 때에는 그 使用人 또는 代理人은 運送人이 主張할 수 있는 抗辯과 責任制限을 援用할 수 있다. 그러나, 그 損害가 그 使用人 또는 代理人의 故意 또는 運送物의 滅失, 훼손 또는 延着이 생길 염려가 있음을 認識하면서 無謀하게 한 作爲 또는 不作爲로 인하여 생긴 것인 때에는 그러하지 아니하다. ③第2項 本文의 경우에 運送人과 그 使用人 또는 代理人의 運送物에 대한 責任制限金額의 總額은 第789條의2第1項의 規定에 의한 限度를 초과하지 못한다. ④第1項 내지 第3項의 規定은 運送物에 관한 損害賠償請求가 運送人 이외의 實際運送人 또는 그 使用人이나 代理人에 대하여 제기된 경우에도 이를 適用한다. 〈개정 1991. 12. 31〉
第790條 (船舶所有者의 責任等의 輕減禁止) 前3條의 規定에 反하여 船舶所有者의 義務 또는 責任을 輕減하는 當事者間의 特約은 效力이 없다.	第790條 (運送人의 責任輕減禁止) ①第787條 내지 第789條의3의 規定에 반하여 運送人의 義務 또는 責任을 輕減 또는 免除하는 當事者間의 特約은 效力이 없다. 運送物에 관한 保險의 이익을 運送人에게 讓渡하는 약정 또는 이와 유사한 약정도 또한 같다. ②第1項의 規定은 산動物의 運送 및 船荷證券 기타 運送契約을 증명하는 文書의 表面에 甲板積으로 運送할 취지를 기재하여 甲板積으로 행하는 運送에 대하여는 適用하지 아니한다. ③第1項의 規定은 第787條의 規定에 반하는 경우를 제외하고 傭船契約에는 이를 適用하지 아

	니한다. 그러나, 傭船契約에 따라 船荷證券이 발행된 경우에 傭船者 이외의 船荷證券所持人에 대한 運送人의 義務 또는 責任에 관하여는 그러하지 아니하다. 〈전면개정 1991. 12. 31〉

5) 선하증권에 관한 규정

개정상법은 선하증권발행의 주체에 관하여서도 해상운송관계의 주체를 운송인 중심주의의 원칙에 따라 개편한 것과 관련하여, 「선박소유자」를 「운송인」으로 개정하고 있다(개정상법 제813조). 헤이그규칙 내지 비스비규칙의 입장을 좇아 선하증권의 기재사항으로, 선장만능시대의 유물인 개정전 해상법상의 선장의 성명(제814조 제2항 제2호)을 삭제하고, 운송물의 동일성의 인식에 필요한 사항은 송하인이 서면으로 통지한 바에 따라서 기재하도록 하고(개정상법 제814조 제1항 제2호), 아울러 그 통지의 정확성에 관하여 송하인은 운송인에게 담보한 것으로 본다고 규정하고 있다(동조 제3항). 또 그 서면에 의한 통지가 운송인이 수령한 운송물을 정확하게 표시하고 있지 아니하다고 의심할 만한 상당한 이유가 있는 때 또는 그 정확성에 관한 확인을 할 적당한 방법이 없는 때에는, 운송물의 종류와 포장의 종별을 제외하고, 그 중량, 용적, 개수 또는 기호에 대한 기재를 생략할 수 있다(동조 제2항). 그 밖에 운송물의 외관상태(동조 제1항 제3호) 및 통지수령인(notify party. 동조 제1항 제5호, 제4호)도 새로이 법정기재사항이 되고 있다.

다음에 선하증권의 기재의 효력에 관하여, 개정전 해상법이 절대적 증거력을 인정하고 있는 데 대하여(상법 제820조, 제131조), 개정상법은 헤이그규칙·비스비규칙과 함부르크규칙의 입장을 좇아 증권의 기재에 대하여 운송물의 수령 또는 선적에 관한 추정적 효력을 인정하되, 선하증권의 선의의 취득자에 대한 관계에서는 반증으로 대항하지 못한다고 하고 있다(개정상법 제814조의2).

개 정 전 상 법	개 정 상 법
第813條 (船荷證券의 發行) ①船舶所有者는 運送物을 受領한 後 傭船者 또는 送荷人의 請求에 依하여 1通 또는 數通의 船荷證券을 交付하여야 한다. ②船舶所有者는 運送物을 船積한 後 傭船者	第813條 (船荷證券의 發行) ①運送人은 運送物을 受領한 後 傭船者 또는 送荷人의 請求에 依하여 1通 또는 數通의 船荷證券을 交付하여야 한다. ②運送人은 運送物을 船積한 後 傭船者 또는

또는 送荷人의 請求에 依하여 1通 또는 數通의 "船積" 船荷證券을 交付하거나 前項의 船荷證券에 船積의 뜻을 表示하여야 한다.	送荷人의 請求에 依하여 1通 또는 數通의 "船積" 船荷證券을 交付하거나 第1項의 船荷證券에 船積의 뜻을 表示하여야 한다.
③船舶所有者는 船長 또는 其他의 使用人에게 船荷證券의 交付 또는 前項의 表示를 委任할 수 있다.	③運送人은 船長 또는 其他의 代理人에게 船荷證券의 交付 또는 第2項의 表示를 委任할 수 있다.
第814條 (船荷證券의 記載事項) 船荷證券에는 다음의 事項을 記載하고 發行者가 記名捺印하여야 한다. 1. 船舶의 名稱, 國籍과 톤數 2. 船長의 姓名 3. 運送物의 種類, 重量 또는 容積, 包裝의 種別, 個數와 記號 4. 傭船者 또는 送荷人의 姓名 또는 商號 5. 受荷人의 姓名 또는 商號 6. 船積港 7. 揚陸港 8. 運賃 9. 作成地와 그 作成年月日 10. 數通의 船荷證券을 作成한 때에는 그 數	**第814條** (船荷證券의 기재사항) ①船荷證券에는 다음의 사항을 기재하고 運送人이 記名捺印 또는 署名하여야 한다. 〈개정 1991. 12. 31〉 1. 船舶의 名稱, 國籍과 톤數 2. 送荷人이 書面으로 통지한 運送物의 종류, 重量 또는 容積, 包裝의 種別, 個數와 記號 3. 運送物의 外觀狀態 4. 傭船者 또는 送荷人의 姓名 또는 商號 5. 受荷人 또는 通知受領人의 姓名 또는 商號 6. 船積港 7. 揚陸港 8. 運賃 9. 發行地와 그 發行年月日 10. 數通의 船荷證券을 발행한 때에는 그 數
〈신 설〉	②第1項第2號의 기재사항중 運送物의 重量, 容積, 個數 또는 記號가 運送人이 실제로 受領한 運送物을 정확하게 표시하고 있지 아니하다고 疑心할 만한 상당한 이유가 있는 때 또는 이를 확인할 적당한 방법이 없는 때에는 그 기재를 생략할 수 있다. 〈개정 1991. 12. 31〉
〈신 설〉	③送荷人은 第1項第2號의 기재사항이 정확함을 運送人에게 擔保한 것으로 본다. 〈개정 1991. 12. 3 1〉
〈신 설〉	④運送人이 船荷證券에 기재된 通知受領人에게 運送物에 관한 통지를 한 때에는 傭船者 또는 送荷人 및 船荷證券所持人 기타 受荷人에게 통지한 것으로 본다. 〈전면개정 1991. 12. 31〉
〈신 설〉	**第814條의2** (船荷證券 기재의 效力) 第814條第1項의 規定에 따라서 船荷證券이 발행된 경우에는 運送人이 그 證券에 기재된 대로 運送物을 受領 또는 船積한 것으로 推定한다. 그러나 運送人은 船荷證券을 善意로 취득한 第三者에게 對抗하지 못한다. 〈개정 1991. 12. 31〉

Ⅲ. 1995년의 상법개정(법률 제5053호)

1. 개정의 배경

우리 상법전이 1962년 1월 20일에 제정(법률 제1000호)되어 1963년 1월 1일부터 시행된 지 약 20여년 만인 1984년 4월 10일에 1차 개정(법률 제3275호)이 있었고(1984년 9월 1일부터 시행), 그 후 다시 약 7년이 지난 1991년 12월 31일에 2차 개정(법률 제4470호)이 있었다(1993년 1월 1일부터 시행). 제4편 보험과 제5편 해상은 1차 개정시에 시안까지 만들었다가 더 검토할 부분이 있다고 해서 2차 개정으로 연기되었다. 이 2차 개정에서 총칙편, 상행위편 및 회사편에서도 개정을 요하는 대목이 지적되었지만, 이러한 문제는 앞으로 3차 개정시에 다루기로 하였다.

법무부는 1990년 4월에 상법개정특별분과위원회를 구성하여 이 작업에 착수하였으나, 다시 효율적인 작업의 진행을 위하여 실무소위원회를 구성하여 1994년 7월까지 전체회의를 8회, 실무소위원회를 31회에 걸쳐서 열고 제기된 문제들은 검토하여 3차 상법개정(총칙, 상행위 및 회사)을 위한 시안을 작성하였다. 1994년 5월 25일에는 시안에 대한 각계의 의견을 수렴하기 위하여 공청회를 개최한 바 있었다. 위원회에서 완성된 개정안은 소정의 절차를 거쳐서 1994년 10월에 국회에 제출되었다.

정부안의 전 단계인 개정시안의 작성에는 대법원을 비롯하여 구재무부 등의 정부행정기관, 은행감독원, 증권거래소, 한국상장회사협의회, 대한증권업협회, 전국경제인연합회, 대한상공회의소 등의 유관기관, 대한변호사회, 한국공인회계사회, 세무사회 등의 여러 기관의 개정요망사항이 크게 참고가 되었으며, 이렇게 만들어진 시안(試案)에 대하여는 다시 대법원 등 34개 기관에 대한 의견조회가 있었으므로 각계각층의 의견이 총망라된 개정시안이 되었다.[42] 이 개정시안이 국회에 제안된 날이 1994년 11월 11일이고, 회부일자는 1994년 11월 25일이지만, 국회에의 상정일자는 제177회 국회(정기회) 제8차위원회에 상정된 일자가 1995년 11월 6일이고, 제

42) 鄭東潤·李基秀·金敎昌·梁承圭·李範燦·朴吉俊·孫珠瓚(이하 鄭東潤 외 共著라고 약칭함) 共著, 「商法改正案解說」, 1995, 머리말에서.

12차 법사위에 상정되어 여러 번의 수정안을 거치면서 최종적으로 1995년 12월 29일 국회본회의에 상법중개정법률안으로 통과되었다.

2. 총칙편의 개정내용

(1) 행정구역의 수정

개정전 상법 제22조에서는 타인이 등기한 상호는 동일한 특별시, 직할시, 시, 군에서 동종영업의 상호로 등기하지 못한다고 규정하고 있으나, 지방자치법의 개정으로 행정구역의 범위 및 명칭이 변경되었기 때문에, 서울특별시, 직할시, 시, 군에서 서울특별시, 광역시, 시, 군으로 수정되었다(개정상법 제22조).

(2) 상호의 가등기제도의 도입

개정상법은 제22조의2를 규정하여 상호의 가등기제도를 도입하였다.[43] 가등기란 원래 부동산등기의 일종으로서 소유권 등 부동산상의 권리의 설정·이전·변경 또는 소멸의 청구권을 보전하려고 할 때 하는 등기이다(부동산등기법 제3조). 개정상법에서 가등기한 상호는 본등기한 상호와 같이 보기 때문에(제22조의2 제4항) 사실상 가등기한 시점부터 상호를 선점하는 효과가 있다. 주식회사 또는 유한회사를 설립하고자 할 때에는 본점의 소재지를 관할하는 등기소에 상호의 가등기를 신청할 수 있다(제22조의2 제1항). 회사가 상호나 목적, 또는 상호와 목적을 변경하고자 할 때에는 본점의 소재지를 관할하는 등기소에 상호의 가등기를 신청할 수 있다(제22조의2 제3항).

개 정 전 상 법	개 정 상 법
第22條 (商號登記의 效力) 他人이 登記한 商號는 同一한 서울特別市·直轄市·市·邑·面에서 同種 營業의 商號로 登記하지 못한다. 〈개정 1984. 4. 10〉	第22條 (商號登記의 效力) 他人이 登記한 商號는 同一한 서울特別市·廣域市·市·邑·面에서 同種營業의 商號로 登記하지 못한다. 〈개정 1984. 4. 10〉〈개정 1995. 12. 29〉
〈신 설〉	第22條의2 (商號의 假登記) ①株式會社 또는 有限會社를 設立하고자 할 때에는 本店의 所在地를 관할하는 登記所에 商號의 假登記를 申請할 수 있다.

43) 梁承圭, 商號의 假登記와 商業登記의 公告問題, 商事法硏究 제13집(1994), 9-15면 참조.

	②會社는 商號나 目的, 또는 商號와 目的을 변경하고자 할 때에는 本店의 所在地를 관할하는 登記所에 商號의 假登記를 申請할 수 있다. ③會社는 本店을 移轉하고자 할 때에는 移轉할 곳을 관할하는 登記所에 商號의 假登記를 申請할 수 있다. ④商號의 假登記는 第22條의 적용에 있어서는 商號의 登記로 본다. ⑤商號의 假登記에 있어서 本登記를 할 때까지의 기간, 供託金의 供託과 그 回收, 假登記의 抹消 기타 필요한 節次는 大法院規則으로 정한다. 〈개정 1995. 12. 29〉
第23條 (主體를 誤認시킬 商號의 使用禁止) ① 누구든지 不正한 目的으로 他人의 營業으로 誤認할 수 있는 商號를 使用하지 못한다. ②第1項의 規定에 違反하여 商號를 使用하는 者가 있는 境遇에 이로 因하여 損害를 받을 念慮가 있는 者 또는 商號를 登記한 者는 그 廢止를 請求할 수 있다. 〈개정 1984. 4. 10〉 ③第2項의 規定은 損害賠償의 請求에 影響을 미치지 아니한다. 〈개정 1984. 4. 10〉 ④同一한 서울特別市 · 直轄市 · 市 · 邑 · 面에서 同種營業으로 他人이 登記한 商號를 使用하는 者는 不正한 目的으로 使用하는 것으로 推定한다. 〈개정 1984. 4. 10〉	第23條 (主體를 誤認시킬 商號의 使用禁止) ① 누구든지 不正한 目的으로 他人의 營業으로 誤認할 수 있는 商號를 使用하지 못한다. ②第1項의 規定에 違反하여 商號를 使用하는 者가 있는 境遇에 이로 因하여 損害를 받을 念慮가 있는 者 또는 商號를 登記한 者는 그 廢止를 請求할 수 있다. 〈개정 1984. 4. 10〉 ③第2項의 規定은 損害賠償의 請求에 影響을 미치지 아니한다. 〈개정 1984. 4. 10〉 ④同一한 서울特別市 · 廣域市 · 市 · 邑 · 面에서 同種營業으로 他人이 登記한 商號를 使用하는 者는 不正한 目的으로 使用하는 것으로 推定한다. 〈개정 1984. 4. 10〉 〈일부개정 199 5. 12. 29〉

(3) 상업장부의 보존기간의 단축 및 보존방법의 현실화

개정전 상법에서는 모든 상업장부 및 영업에 관한 중요서류는 10년간 보존하여야 하였다. 그것은 법률관계에 관한 분쟁이 있을 경우에 대비하여 그에 관한 증거를 보전하기 위함이다. 그런데 상사시효가 5년이므로 이미 분쟁이 발생한 사안에 관한 것이 아닌 한 10년이나 장기간에 걸쳐 서류를 보존하여야 하는가 하는 의문이 생긴다. 개정상법에서는 일반적으로 상업장부 및 중요서류는 종전와 같이 10년간 보존하되 전표나 개별적인 현금이나 물품의 출납을 증거하는 서류는 5년으로 보존기간을 단축하였다(개정상법 제33조 제1항). 뿐만 아니라, 거래가 활발할수록 보관해야 할 서류의 분량이 많아지고 그 보관과 관리를 위한 비용부담도 만만치 않아서 개정상법은 그런 서류들을 마이크로필름이나 기타의 전산정보처리조직에 의하여 보존할 수 있게 하였다(개정상법 제34조의2).

개 정 전 상 법	개 정 상 법
第33條 (商業帳簿等의 保存) ①商人은 10年間 商業帳簿와 營業에 關한 重要書類를 保存하여야 한다.	**第33條** (商業帳簿等의 保存) ①商人은 5年間 商業帳簿와 營業에 關한 重要書類를 保存하여야 한다. 다만, 傳票 또는 이와 유사한 書類는 5年間 이를 보존하여야 한다.
②前項의 期間은 商業帳簿에 있어서는 그 閉鎖한 날로부터 起算한다.	②前項의 期間은 商業帳簿에 있어서는 그 閉鎖한 날로부터 起算한다. 다만, 傳票 또는 이와 유사한 書類는 5年間 이를 보존하여야 한다.
〈신 설〉	③第1項의 帳簿와 書類는 마이크로필름 기타의 電算情報處理組織에 의하여 이를 보존할 수 있다.
〈신 설〉	④第3項의 規定에 의하여 帳簿와 書類를 보존하는 경우 그 보존방법 기타 필요한 사항은 大統領令으로 정한다. 〈단서 이하 개정 1995. 12. 29〉
〈신 설〉	**第34條의2** (電算情報處理組織에 의한 商業登記) ①商業登記事務는 그 전부 또는 일부를 電算情報處理組織에 의하여 처리할 수 있다. ②第1項의 規定에 의한 商業登記事務의 處理節次는 大法院規則으로 정한다. 〈개정 1995. 12. 29〉

(4) 상업등기사무의 자동화 및 공고제도의 폐지

등기행정을 전산처리조직에 의하여 처리할 수 있도록 하는 규정과 더불어, 개정상법 제36조와 제37조는 등기사무의 공고제도를 항구적으로 폐지하였다. 개정전 상법하에는 등기할 사항은 공고하게 하였고(제36조), 공고 후에야 등기의 공시력을 인정하였다. 그러나 공고제도는 제도준비의 미비로 지금까지 시행이 보류되어 오다가 금번개정에서 항구적으로 폐지한 것이다.[44]

개 정 전 상 법	개 정 상 법
第36條 (登記事項의 公告) ①登記한 事項은 法院이 遲滯없이 公告하여야 한다.	**第36條**를 삭제한다. 〈개정 1995. 12. 29〉

44) 등기가 공시력이 생명인데, 공고가 없는 공시력은 문제가 된다. 이에 관하여는 적절한 지적은 李哲松, 「95年 改正商法」, 1996, 31면 이하 참조.

②公告가 登記와 相違한 때에는 公告없는 것으로 본다.	
第37條 (登記, 公告의 效力) ①登記할 事項은 登記와 公告後가 아니면 善意의 第三者에게 對抗하지 못한다. ②登記와 公告後라도 第三者가 正當한 事由로 因하여 이를 알지 못한 때에는 前項과 같다.	第37條 (登記의 효력) ①登記할 사항은 이를 登記하지 아니하면 善意의 第三者에게 對抗하지 못한다. ②登記한 후라도 第三者가 정당한 사유로 인하여 이를 알지 못한 때에는 第1項과 같다. 〈전문개정 1995. 12. 29〉

3. 상행위편의 개정내용

(1) 기본적 상행위의 일부내용의 수정 및 리스·프랜차이즈 및 팩토링의 추가

종래 기본적 상행위로 규정되어 있던 행위 중에서 제46조 제8호 「貸金, 換金 기타의 금융거래」를 「受信·與信·換 기타의 金融去來」로 고치고, 제16호 「無盡」을 「相互賦金 기타 이와 유사한 행위」로 고쳤으며, 새로 제19호 「機械, 施設 기타 財産의 物融에 관한 행위」를, 제20호로서 「商號, 商標 등의 使用許諾에 의한 營業에 관한 행위」를, 제21호로서 「營業上 債權의 買入, 回收 등에 관한 행위」를 각각 추가하였다. 기본적 상행위에 포함시킬 영업행위를 재정비할 필요가 있었기 때문이다. 이번 개정은 이러한 시대적 요청을 받아들인 것이다.[45)]

개 정 전 상 법	개 정 상 법
第46條 (基本的 商行爲) 營業으로 하는 다음의 行爲를 商行爲라 한다. 그러나 오로지 賃金을 받을 目的으로 物件을 製造하거나 勞務에 從事하는 者의 行爲는 그러하지 아니하다.	第46條 (基本的 商行爲) 營業으로 하는 다음의 行爲를 商行爲라 한다. 그러나 오로지 賃金을 받을 目的으로 物件을 製造하거나 勞務에 從事하는 者의 行爲는 그러하지 아니하다. 〈일부개정 1991. 12. 31〉
1. ~ 7. (생 략)	1. ~ 7. (현행과 같음)
8. 貸金, 換金 其他의 金融去來	8. 受信·與信·換 기타의 金融去來
9. ~ 15. (생 략)	9. ~ 15. (현행과 같음)
16. 無盡 〈신 설〉	16. 相互賦金 기타 이와 유사한 행위
17. ~ 18. (생 략)	17. ~ 18. (현행과 같음)
〈신 설〉	19. 機械·施設 기타 財産의 物融에 관한 행위
〈신 설〉	20. 商號·商標등의 使用許諾에 의한 營業에 관한 행위
〈신 설〉	21. 營業상 債權의 買入·回收등에 관한 행위

45) 鄭東潤 외 共著, 17면.

(2) 서명제도의 도입

서명(signature)제도가 거래일반에 확산됨에 따라 이의 제도화가 요망되어 개정 전 상법상의 모든 증거문서 및 유가증권에 기명날인과 서명을 선택적으로 사용할 수 있도록 서명제도를 추가하였다(개정상법 제30조 제2항, 제96조, 제126조, 제128조 제2항, 제156조 제2항 등). 또한 어음법과 수표법(1995년 12월 6일, 법률 제5009호 및 제5010호)에서도 서명을 추가하여 어음행위와 수표행위에 있어서도 기명날인 이외에 서명으로 할 수 있도록 하였다.

(3) 매수인의 목적물의 보관·공탁의무 적용배제의 요건수정

목적물의 인도장소와 매도인의 영업소가 다같이 서울특별시인 경우에도 목적물의 인도장소가 매수인이 지정하는 서울특별시에 있는 매수인의 창고인 때에는 매수인에게 보관·공탁의무가 있는 것이고, 목적물의 인도장소는 서울특별시, 매도인의 영업소는 인천에 있는 경우에도 목적물의 인도장소가 서울특별시에 있는 창고이고, 그 인도받은 물건이 매매의 목적물과 상위하거나 약정한 수량을 초과한 때에는 매수인에게 보관·공탁의무가 없는 것이다.[46] 개정상법 제70조 제3항이 적용되는 경우이다.

개 정 전 상 법	개 정 상 법
第70條 (買受人의 目的物保管, 供託義務) ①第69條의 境遇에 買受人이 契約을 解除한 때에도 賣渡人의 費用으로 賣買의 目的物을 保管 또는 供託하여야 한다. 그러나 그 目的物이 滅失 또는 毁損될 念慮가 있는 때에는 法院의 許可를 얻어 競賣하여 그 代價를 保管 또는 供託하여야 한다. 〈개정 1984. 4. 10〉 ②第1項의 規定에 의하여 買受人이 競賣한 때에는 遲滯없이 賣渡人에게 그 通知를 發送하여야 한다. 〈개정 1984. 4. 10〉 ③第1項 및 第2項의 規定은 賣渡人과 買受人의 營業所, 營業所가 없는 境遇에는 그 住所가 同一한 서울特別市·直轄市·市·邑·面에 있는 때에는 適用하지 아니한다. 〈개정 1984. 4. 10〉	**第70條** (買受人의 目的物保管, 供託義務) ①第69條의 境遇에 買受人이 契約을 解除한 때에도 賣渡人의 費用으로 賣買의 目的物을 保管 또는 供託하여야 한다. 그러나 그 目的物이 滅失 또는 毁損될 念慮가 있는 때에는 法院의 許可를 얻어 競賣하여 그 代價를 保管 또는 供託하여야 한다. 〈개정 1984. 4. 10〉 ②第1項의 規定에 의하여 買受人이 競賣한 때에는 遲滯없이 賣渡人에게 그 通知를 發送하여야 한다. 〈개정 1984. 4. 10〉 ③第1項 및 第2項의 規定은 目的物의 引渡場所가 賣渡人의 營業所 또는 住所와 동일한 特別市·廣域市·市·郡에 있는 때에는 이를 적용하지 아니한다. 〈개정 1995. 12. 29〉

46) 鄭東潤 외 共著, 위의 책, 20면.

(4) 대리상의 보상청구권 및 영업비밀준수의무의 신설

대리상의 활동으로 본인이 새로운 고객을 획득하거나 영업거래가 현저하게 증가하고 이로 인하여 대리상계약의 종료 후에도 본인상인이 이익을 얻고 있는 경우에는 대리상으로 하여금 본인에 대하여 상당한 보상금을 청구할 수 있도록 하였다(개정상법 제92조의2 제1항). 이 경우의 보상금액은 계약의 종료 전 5년간의 평균연보수액을 초과할 수 없으며, 계약의 존속기간이 5년 미만이 경우에는 그 기간의 평균연보수액을 기준으로 한다(동조 제2항). 다만 보상청구권은 계약이 종료한 날로부터 6월 내에 행사하여야 한다(동조 제3항). 개정상법은 대리상에게 계약종료 후에도 계약과 관련된 영업비밀준수의무(Verschwiegenheitspflicht)도 부과하고 있다(제92조의3). 이것은 독일상법에서 들어온 것이다.[47]

개 정 상 법	
〈신실〉	第92條의2 (代理商의 補償請求權) ①代理商의 活動으로 本人이 새로운 顧客을 획득하거나 營業상의 去來가 현저하게 증가하고 이로 인하여 契約의 종료후에도 本人이 이익을 얻고 있는 경우에는 代理商은 本人에 대하여 상당한 補償을 請求할 수 있다. 다만, 契約의 종료가 代理商의 責任있는 사유로 인한 경우에는 그러하지 아니하다. ②第1項의 規定에 의한 補償金額은 契約의 종료전 5年間의 平均年報酬額을 초과할 수 없다. 契約의 存續期間이 5年미만인 경우에는 그 기간의 平均年報酬額을 기준으로 한다. ③第1項의 規定에 의한 補償請求權은 契約이 종료한 날부터 6月을 경과하면 消滅한다. 〈개정 1995. 12. 29〉
〈신설〉	第92條의3 (代理商의 營業秘密遵守義務) 代理商은 契約의 종료후에도 契約과 관련하여 알게 된 本人의 營業상의 秘密을 준수하여야 한다. 〈개정 1995. 12. 29〉

(5) 수하인지위의 명확화

수하인의 지위를 규정하고 있는 개정전 상법 제139조 제2항 「…送荷人의 權利는 運送物이 到着地에 到着한 後 受荷人이 그 引渡를 請求한 때에는 消滅한다」는 규정을 개정상법 제140조 제2항으로 옮기면서, 「運送物이 到着地에 到着한 후 受荷人이 그 引渡를 請求한 때에는 受荷人의 權利가 送荷人의 權利에 우선한다」로 수정하였다. 수하인이 운송물의 인도를 청구한 후에 수령을 거부하거나 수령할

47) Vergl. Schlegelberger, HGB Kommentar, Bd. II, 1973, §90 Anm. I.; 尹南順, 유럽聯合의 代理商法, 商事法硏究 제17권 제1호(1998)(통권 제20호), 9-45면 참조; 정홍식, 국제대리상계약상의 주요 법적쟁점-ICC 모델 대리상계약서를 중심으로-, 商事法硏究 제30권 제1호(2011. 5.)(통권 제70호), 207-240면 참조.

수 없는 상황이 발생한 경우 송하인이 권리자로서 운송물의 인도를 청구할 수 있도록 함으로써 수하인의 지위를 명확히 하였다(개정상법 제140조 제2항).[48]

(6) 운송물의 처분에 관한 송하인과 수하인의 지위

운송물에 관하여 화물상환증이 발행되지 않은 경우 운송물에 대한 처분권의 귀속은 운송물의 이동에 따라 4단계로 변화한다. 첫 단계는 도착지에 도착하기 전에는 운송인이 배타적으로 처분권을 가지지만(상법 제139조 제1항), 제2단계로는 도착지에 도착한 후에는 운송인과 수하인이 병존적으로 처분권을 가진다(제140조 제1항). 그리고 제3단계로, 수하인이 인도청구권을 행사한 후에는 송하인이 처분권을 행사할 수 없으나, 인도청구를 한 수하인이 운송물의 수령을 거부하거나, 수령할 수 없는 경우에는 송하인이 처분할 수 있는 기회를 가진다(제143조 제1항). 제4단계로, 수하인이 운송물을 인도받은 후에는 송하인은 어떤 권리도 갖지 못한다. 개정전 상법 제139조 제2항은 제3단계를 규정한 것이고, 제140조 제1항은 제2단계를 규정한 것이다. 조문의 순서가 양자의 시간적 순위와 달라 이를 바로 잡기 위해서 제139조 제2항을 제140조 제2항으로 옮긴 것이다.[49]

개 정 전 상 법	개 정 상 법
第139條 (運送物의 處分請求權) ①送荷人 또는 貨物相換證이 發行된 때에는 그 所持人이 運送人에 對하여 運送의 中止, 運送物의 返還 其他의 處分을 請求할 수 있다. 이 境遇에 運送人은 이미 運送한 比率에 따른 運賃, 替當金과 處分으로 因한 費用의 支給을 請求할 수 있다. ②前項의 送荷人의 權利는 運送物이 到着地에 到着한 後 受荷人이 그 引渡를 請求한 때에는 消滅한다.	第139條 (運送物의 處分請求權) ①送荷人 또는 貨物相換證이 發行된 때에는 그 所持人이 運送人에 對하여 運送의 中止, 運送物의 返還 其他의 處分을 請求할 수 있다. 이 境遇에 運送人은 이미 運送한 比率에 따른 運賃, 替當金과 處分으로 因한 費用의 支給을 請求할 수 있다. ② (삭 제) 〈개정 1995. 12. 29〉
第140條 (受荷人의 地位) 運送物이 到着地에 到着한 때에는 受荷人은 送荷人과 同一한 權利를 取得한다. 〈신 설〉	第140條 (受荷人의 地位) ①運送物이 到着地에 到着한 때에는 受荷人은 送荷人과 同一한 權利를 取得한다. ②運送物이 到着地에 到着한 후 受荷人이 그 引渡를 請求한 때에는 受荷人의 權利가 送荷人의 權利에 우선한다. 〈개정 1995. 12. 29〉

48) 崔星根, '95年 商法改正에 대한 檢討, 「法制硏究」, 1996. 10, 104면.
49) 李哲松, 위의 책, 53-54면.

4. 회사편의 개정내용

(1) 주식회사의 설립절차의 간소화

주식회사의 설립시에 발기인의 수를 종래의 7인에서 3인으로 축소하고(개정상법 제288조), 종래의 발기인으로 한정하고 있던 현물출자자의 자격제한을 철폐하였다(개정상법 제294조 삭제). 또한 종래에는 발기설립의 경우 변태설립사항이 없더라도 법원이 선임한 검사인에 의한 설립경과의 조사를 받도록 하였으나, 개정상법은 발기설립과 모집설립의 구분없이 이사·감사가 설립경과를 조사, 보고하도록 하고(개정상법 제298조 및 제313조), 변태설립사항이 있는 경우에는 원칙적으로 법원이 선임한 검사인으로 하여금 조사, 보고토록 함과 아울러 이의 대체방법으로 변태설립사항 중 발기인의 특별이익과 설립비용, 발기인의 보수는 공증인의 조사, 보고로, 현물출자와 회사성립후 양수할 것을 약정한 재산은 감정인의 보고로 갈음할 수 있도록 하였다(개정상법 제299조의2 및 제310조).

개 정 전 상 법	개 정 상 법
第288條 (發起人) 株式會社의 設立에는 7人以上의 發起人이 있어야 한다.	第288條 (發起人) 株式會社의 設立에는 3人以上의 發起人이 있어야 한다. 〈일부개정 1995. 12. 29〉
第294條 (現物出資者) 現物出資는 發起人에 限하여 이를 할 수 있다.	第294條 (삭 제) 〈개정 1995. 12. 29〉
第298條 (檢査人의 選任) 理事는 就任後 遲滯없이 會社設立의 經過를 調査하게 하기 爲하여 檢査人의 選任을 法院에 請求하여야 한다.	第298條 (理事·監事의 調査·보고와 檢査人의 選任請求) ①理事와 監事는 就任후 지체없이 會社의 設立에 관한 모든 사항이 法令 또는 定款의 規定에 위반되지 아니하는지의 여부를 調査하여 發起人에게 보고하여야 한다. ②理事와 監事중 發起人이었던 者·現物出資者 또는 會社成立후 讓受할 財産의 契約當事者인 者는 第1項의 調査·보고에 참가하지 못한다. ③理事와 監事의 全員이 第2項에 해당하는 때에는 理事는 公證人으로 하여금 第1項의 調査·보고를 하게 하여야 한다. ④定款으로 第290條 各號의 사항을 정한 때에는 理事는 이에 관한 調査를 하게 하기 위하여 檢査人의 選任을 法院에 請求하여야 한다. 다

	만, 第299條의2의 경우에는 그러하지 아니하다. 〈전면개정 1995. 12. 29〉
〈신 설〉	第299條의2 (現物出資등의 증명) 第290條第1號 및 第4號에 기재한 사항에 관하여는 公證人의 調査·보고로, 第290條第2號 및 第3號의 規定에 의한 사항과 第295條의 規定에 의한 現物出資의 이행에 관하여는 公認된 鑑定人의 鑑定으로 第299條第1項의 規定에 의한 檢査人의 調査에 갈음할 수 있다. 〈개정 1995. 12. 29〉
第310條 (變態設立의 境遇의 調査) ①定款으로 第290條에 揭記한 事項을 定한 때에는 發起人은 이에 關한 調査를 하게 하기 爲하여 檢査人의 選任을 法院에 請求하여야 한다. ②前項의 檢査人의 報告書는 이를 創立總會에 提出하여야 한다.	第310條 (變態設立의 境遇의 調査) ①定款으로 第290條에 揭記한 事項을 定한 때에는 發起人은 이에 關한 調査를 하게 하기 爲하여 檢査人의 選任을 法院에 請求하여야 한다. ②前項의 檢査人의 報告書는 이를 創立總會에 提出하여야 한다. ③第298條第4項 但書 및 第299條의2의 規定은 第1項의 調査에 관하여 이를 準用한다. 〈일부개정 1995. 12. 29〉
第313條 (理事, 監事의 調査, 報告) ①理事와 監事는 遲滯없이 다음의 事項을 調査하여 創立總會에 報告하여야 한다. 〈개정 1962.12.12〉 1. 會社設立時에 發行하는 株式總數에 對한 引受의 正確與否 2. 第305條의 規定에 依한 納入과 現物出資의 履行의 正確與否 3. 第310條第2項의 規定에 依한 檢査人의 報告書의 正確與否 ②理事와 監事中 發起人이었던 者 또는 會社成立後 讓受할 財産의 契約當事者인 者는 前項의 調査報告에 參加하지 못한다. ③理事와 監事의 全員이 이에 該當한 때에는 總會는 第1項에 揭記한 事項을 調査하게 하기 爲하여 檢査人을 選任하여야 한다.	第313條 (理事, 監事의 調査, 報告) ①理事와 監事는 就任후 지체없이 會社의 設立에 관한 모든 사항이 法令 또는 定款의 規定에 위반되지 아니하는지의 여부를 調査하여 創立總會에 보고하여야 한다. ②第298條第2項 및 第3項의 規定은 第1項의 調査와 보고에 관하여 이를 準用한다. 〈일부개정 1995. 12. 29〉 ③ (삭 제) 〈일부개정 1995. 12. 29〉

(2) 주식에 관한 사항

1) 주식양도제한의 허용

개정전 상법에는 주식의 자유양도성을 보장하기 위하여 정관에 의하여도 주식의 양도를 제한할 수 없었다(제335조 제1항). 그러나 주식회사의 절대다수를 차지하는 비상장회사의 경우 인적 폐쇄성을 유지하며 경영할 필요가 있는 것이 현실이고 보면 개정상법은 정관에 의하여 양도를 제한할 수 있게 하였다. 개정상법이 허용하는 양도제한의 방법은 정관에 규정을 두어 주식의 양도에 대하여 이사회의 승인을 얻도록 하는 것이다(제335조 제1항). 이사회가 승인을 하지 않는 경우에는 주주의 자본회수를 허용하여야 하므로 주식회사에 대하여 매수를 지정해 줄 것을 청구하거나 주식매수를 청구할 수 있게 하였다(제335조의2 제4항). 한편 이사회의 승인 없는 양도도 당사자간에는 유효한 것을 전제로 하여, 양수인도 회사에 대하여 양수의 승인을 청구할 수 있고, 거절당하는 경우 회사에 대하여 매수인을 지정해 주거나 주식을 매수할 것을 청구할 수 있게 하였다(제335조의7 제2항).[50]

개 정 전 상 법	개 정 상 법
第335條 (株式의 讓渡性) ①株式의 讓渡는 定款에 依하여도 이를 禁止하거나 制限하지 못한다.	第335條 (株式의 讓渡性) ①株式은 他人에게 이를 讓渡할 수 있다. 다만, 株式의 讓渡는 定款이 정하는 바에 따라 理事會의 승인을 얻도록 할 수 있다.
〈신 설〉	②第1項 但書의 規定에 違反하여 理事會의 승인을 얻지 아니한 株式의 讓渡는 會社에 대하여 效力이 없다. 〈개정 1995. 12. 29〉
②株券發行前에 한 株式의 讓渡는 會社에 對하여 效力이 없다. 그러나 會社成立후 또는 新株의 納入期日후 6月이 경과한 때에는 그러하지 아니하다. 〈개정 1984. 4. 10〉	③株券發行前에 한 株式의 讓渡는 會社에 對하여 效力이 없다. 그러나 會社成立후 또는 新株의 納入期日후 6月이 경과한 때에는 그러하지 아니하다. 〈개정 1984. 4. 10〉
〈신 설〉	第335條의2 (讓渡承認의 請求) ①株式의 讓渡에 관하여 理事會의 승인을 얻어야 하는 경우에는 株式을 讓渡하고자 하는 株主는 會社에 대하여 讓渡의 相對方 및 讓渡하고자 하는 株式의 종류와 數를 기재한 書面으로 讓渡의 승인을 請求할 수 있다. ②會社는 第1項의 請求가 있는 날부터 1月이내에 株主에게 그 승인여부를 書面으로 통지하여야 한다. ③會社가 第2項의 기간내에 株主에게 거부의 통지를 하지 아니한 때에는 株式의 讓渡에 관하여 理事會의 승인이 있는 것으로 본다. ④第2項의 讓渡承認拒否의 통지를 받은 株主

50) 張敬煥, 株式讓渡의 制限, 商事法硏究 제13집(1994), 59-86면 참조; 鄭鎭世, 理事會 承認 없는 讓渡制限株式 讓渡의 效力, 商事法硏究 제16권 제2호(1997), 293-332면 참조.

	는 통지를 받은 날부터 20日내에 會社에 대하여 讓渡의 相對方의 지정 또는 그 株式의 買受를 請求할 수 있다. 〈개정 1995. 12. 29〉
〈신 설〉	第335條의7 (株式의 讓受人에 의한 承認請求) ①株式의 讓渡에 관하여 理事會의 승인을 얻어야 하는 경우에 株式을 취득한 者는 會社에 대하여 그 株式의 종류와 數를 기재한 書面으로 그 취득의 승인을 請求할 수 있다. ②第335條의2第2項 내지 第4項, 第335條의3 내지 第335條의6의 規定은 第1項의 경우에 이를 準用한다. 〈개정 1995. 12. 29〉

2) 다른 회사주식취득의 통지

1984년의 개정상법에 의하여 일정한 수준의 상호주에 대하여 의결권을 제한하는 제도가 신설되었다. 즉, 갑회사가 을회사의 주식을 을회사의 발행주식총수의 10분의 1 이상을 취득한 경우에는 을회사가 갑회사의 주식을 취득하더라도 의결권을 행사하지 못한다(제369조 제3항, 상호주의 의결권제한). 이 제도를 쌍방회사에 공정하게 적용하기 위하여는 갑회사가 을회사의 주식을 10분의 1 이상 취득할 경우 을회사에 통지하여야 할 것이나 개정전 상법에는 이러한 제도가 없어 상호주규제가 불완전하였다. 개정상법에서는 이 점을 보완하여 회사가 다른 회사의 주식을 그 발행주식총수의 10분의 1을 초과하여 취득한 경우에는 그 다른 회사에 대하여 통지하게 하였다(제342조의3).

개 정 상 법	
〈신설〉	第342條의3 (다른 會社의 株式取得) 會社가 다른 會社의 發行株式總數의 10分의 1을 초과하여 취득한 때에는 그 다른 會社에 대하여 지체없이 이를 통지하여야 한다. 〈개정 1995. 12. 29〉

3) 우선주배당률의 확정요구

상장회사에서는 보통주의 배당률에 액면가의 1%를 가산하는 식의 유사우선주를 발행하고 의결권을 박탈하는 폐단이 자주 있으므로, 이를 시정하기 위하여 우선주를 발행할 경우에는 정관으로 최저배당률을 정하게 하였다(제344조 제2항).

개 정 전 상 법	개 정 상 법
第344條 (數種의 株式) ①會社는 利益이나 利子의 配當 또는 殘餘財産의 分配에 關하여 內容이 다른 數種의 株式을 發行할 수 있다. ②前項의 境遇에는 定款으로 各種의 株式의 內容과 數를 定하여야 한다. ③會社가 數種의 株式을 發行하는 때에는 定款에 다른 定함이 없는 境遇에도 株式의 種類에따라 新株의 引受, 株式의 併合, 消却 또는 合併으로 因한 株式의 配定에 關하여 特殊한 定함을 할 수 있다.	第344條 (數種의 株式) ①會社는 利益이나 利子의 配當 또는 殘餘財産의 分配에 關하여 內容이 다른 數種의 株式을 發行할 수 있다. ②第1項의 경우에는 定款으로 각종의 株式의 내용과 數를 정하여야 하며, 利益配當에 관하여 우선적 내용이 있는 종류의 株式에 대하여는 定款으로 最低配當率을 정하여야 한다. 〈개정 1995. 12. 29〉 ③會社가 數種의 株式을 發行하는 때에는 定款에 다른 定함이 없는 境遇에도 株式의 種類에 따라 新株의 引受, 株式의 併合, 消却 또는 合併으로 因한 株式의 配定에 關하여 特殊한 定함을 할 수 있다.

4) 전환주식 및 기타 신주의 배당기준

개정상법에서는 전환주식이 전환된 경우 전환의 효력은 전환과 동시에 발생하지만, 개정상법은 이익배당에 관하여는 영업연도 말에 전환된 것으로 보아 전환일이 속하는 영업연도분의 배당은 구주식을 기준으로 하도록 하였다. 이것은 회사의 편의를 위한 것이고, 법으로 강제할 필요는 없기 때문에 정관에 규정을 두어 직전 영업연도의 말에 전환된 것으로 보아 신주식을 기준으로 배당할 수 있게 하였다(제350조 제3항). 그리고 전환사채나 신주인수권사채에 근거하여 신주가 발행된 경우 또는 유상신주(제416조)를 발행하거나 준비금을 자본전입하거나 주식배당을 하는 경우에도 정관에 규정을 두어 이익배당에 관한 한 직전 영업연도말에 신주가 발행된 것으로 볼 수 있게 하였다(제423조 제1항 후단, 제461조 후단, 제462조의2 제4항, 제516조, 제516조의9).[51)]

개 정 전 상 법	개 정 상 법
第350條 (轉換의 效力發生) 株式의 轉換은 그 請求를 한 때에 效力이 생긴다. 그러나 利益이나 利子의 配當에 關하여는 그 請求를 한때가 屬하는 營業年度末에 轉換된 것으로 본다.	第350條 (轉換의 효력발생) ①株式의 轉換은 그 請求를 한 때에 효력이 생긴다. ②第354條第1項의 기간중에 轉換된 株式의 株主는 그 기간중의 總會의 決議에 관하여는 議決權을 행사할 수 없다. ③第1項의 轉換權을 행사한 株式의 이익이나

51) 李哲松, 위의 책, 8면.

	利子의 配當에 관하여는 그 請求를 한 때가 속하는 營業年度末에 轉換된 것으로 본다. 이 경우 新株에 대한 이익이나 利子의 配當에 관하여는 定款이 정하는 바에 따라 그 請求를 한 때가 속하는 營業年度의 직전 營業年度末에 轉換된 것으로 할 수 있다. 〈개정 1995. 12. 29〉
第423條 (株主가 되는 時期, 納入懈怠의 效果) ①新株의 引受人은 納入 또는 現物出資의 履行을 한 때에는 納入期日의 다음 날로부터 株主의 權利義務가 있다. 〈개정 1984. 4. 10〉 ②新株의 引受人이 納入期日에 納入 또는 現物出資의 履行을 하지 아니한 때에는 그 權利를 잃는다. ③第2項의 規定은 新株의 引受人에 對한 損害賠償의 請求에 影響을 미치지 아니한다. 〈개정 1984. 4. 10〉	**第423條** (株主가 되는 時期, 納入懈怠의 效果) ①新株의 引受人은 納入 또는 現物出資의 履行을 한 때에는 納入期日의 다음 날로부터 株主의 權利義務가 있다. 〈개정 1984. 4. 10〉 이 경우 第350條第3項 後段의 規定을 準用한다. 〈후단신설 1995. 12. 29〉 ②新株의 引受人이 納入期日에 納入 또는 現物出資의 履行을 하지 아니한 때에는 그 權利를 잃는다. ③第2項의 規定은 新株의 引受人에 對한 損害賠償의 請求에 影響을 미치지 아니한다. 〈개정 1984. 4. 10〉
第461條 (準備金의 資本轉入) ① ~ ⑤ (생 략) 〈신 설〉 ⑥ (생 략) [전문개정 1984. 4. 10]	**第461條** (準備金의 資本轉入) ① ~ ⑤ (현행과 같음) ⑥第350條第3項 後段의 規定은 第1項의 경우에 이를 準用한다. 〈개정 1995. 12. 29〉 ⑦ (현행 第6項과 같음) [전문개정 1984. 4. 10]

5) 불소지신고된 주권의 처리

개정전 상법에는 주권이 발행된 후 불소지신고가 있으면 주권을 무효로 하였다(제358조의2 제3항). 그러나 개정상법에서는 불소지신고된 주권을 회사의 선택에 따라 무효로 할 수도 있고 명의개서대리인에게 임치할 수도 있게 하였다(제358조의2 제3항). 종전에 주권을 무효로 함에 따라 주권을 폐기하고 추후 주주의 발행청구에 의하여 재발행하여야 하는 데 소요되는 비용을 절감하기 위한 것이다.

개 정 전 상 법	개 정 상 법
第358條의2 (株券의 不所持) ①株主는 定款에 다른 정함이 있는 경우를 제외하고는 그 記名株式에 대하여 株券의 所持를 하지 아니하겠다는 뜻을 會社에 申告할 수 있다. 이 경우에 이미	**第358條의2** (株券의 不所持) ①株主는 定款에 다른 정함이 있는 경우를 제외하고는 그 記名株式에 대하여 株券의 소지를 하지 아니하겠다는 뜻을 會社에 申告할 수 있다.

발행된 株券이 있는 때에는 이를 會社에 제출하여야 한다. ②第1項의 申告가 있는 때에는 會社는 遲滯없이 株券을 발행하지 아니한다는 뜻을 株主名簿와 그 複本에 記載하고, 그 事實을 株主에게 통지하여야 한다. ③會社가 第2項의 規定에 의한 記載를 한 때에는 그 株券의 발행을 할 수 없으며, 第1項 後段의 規定에 의하여 會社에 제출된 株券은 이를 無效로 한다. ④第1項의 申告를 한 경우에도 株主는 언제든지 會社에 대하여 株券의 발행을 請求할 수 있다. 〈개정 1984. 4. 10〉	②第1項의 申告가 있는 때에는 會社는 지체없이 株券을 발행하지 아니한다는 뜻을 株主名簿와 그 複本에 기재하고, 그 사실을 株主에게 통지하여야 한다. 이 경우 會社는 그 株券을 발행할 수 없다. ③第1項의 경우 이미 발행된 株券이 있는 때에는 이를 會社에 제출하여야 하며, 會社는 제출된 株券을 無效로 하거나 名義改書代理人에게 任置하여야 한다. ④第1項 내지 第3項의 規定에 불구하고 株主는 언제든지 會社에 대하여 株券의 발행 또는 반환을 請求할 수 있다. 〈전면개정 1995. 12. 29〉

(3) 주주총회에 관한 사항

1) 주주총회의 소집통지의무의 완화

주주의 주소가 변동된다면 주주가 새로운 주소를 회사에 통지하여야 할 것이지만, 최근 특히 상장회사의 소수주주들은 양도차익에 역점을 두는 투자자들이 대부분이어서 회사에 대한 권리행사에는 별다른 관심이 없고, 따라서 변동된 주소를 회사에 신고하지 아니하는 주주들이 많다. 특히 증권회사를 통하여 위탁거래를 하는 주주들의 경우에는 대부분 명의개서를 게을리하여 증권예탁원의 이름으로 명의개서를 하고 실질주주명부를 작성하는데, 실질주주명부상의 주주의 주소는 증권회사를 통하여 보고되는 탓에 더욱 정확도가 떨어진다. 그러다 보니 회사는 구주소로 계속 무익한 통지를 할 수밖에 없는 실정이다. 개정상법은 이러한 주주관리상의 낭비를 제거하고자 3년간 통지가 주주에게 도달되지 않는 경우 회사의 통지의무를 면하도록 하였다(제363조 제1항 단서).

개 정 전 상 법	개 정 상 법
第363條 (召集의 通知, 公告) ①總會를 召集함에는 會日을 定하여 2週間前에 各株主에 對하여 書面으로 通知를 發送하여야 한다.	**第363條** (召集의 通知, 公告) ①總會를 召集함에는 會日을 定하여 2週間前에 各株主에 對하여 書面으 로 通知를 發送하여야 한다. 다만, 그 통지가 株主名簿상의 株主의 住所에 계속 3年間 도달하지 아니한 때에는 會社는 당해 株主에게 總會의 召集을 통지하지 아니할 수 있다. 〈단서

② ~ ④ (생 략)	신설 1995. 12. 29〉 ② ~ ④ (현행과 같음)

2) 주주총회의 의사정족수의 제한철폐

종래의 주주총회의 보통결의는 발행주식총수의 과반수 출석(의사정족수)과 그 의결권의 과반수(의결정족수) 찬성으로 성립하였으나(개정전 상법 제368조), 개정상법은 의사정족수의 제한을 없애고 출석한 주주의 의결권의 과반수와 발행주식총수의 4분의 1 이상의 다수로써 보통결의가 성립하도록 함으로써 총회성립의 편의를 도모하였다(제368조 제1항). 이에 더하여 종래의 주주총회의 특별결의는 발행주식총수의 과반수 출석과 그 의결권의 3분의 2 이상의 찬성으로 성립하였으나(개정전 상법 제434조), 개정상법은 보통결의의 경우와 동일한 취지에서 의사정족수의 제한을 없애도 출석한 주주의 의결권의 3분의 2 이상의 수와 발행주식총수의 3분의 1 이상의 수로써 특별결의가 성립하도록 하였다(제434조).

개 정 전 상 법	개 정 상 법
第368條 (總會의 決議方法, 議決權의 行使) ① 總會의 決議는 本法 또는 定款에 다른 定함이 있는 境遇外에는 發行株式의 總數의 過半數에 該當하는 株式을 가진 株主의 出席으로 그 議決權의 過半數로써 하여야 한다. ② ~ ④ (생 략)	第368條 (總會의 決議方法, 議決權의 行使) ① 總會의 決議는 本法 또는 定款에 다른 定함이 있는 境遇外에는 發行株式의 總數의 過半數에 該當하는 株式을 가진 株主의 出席으로 그 議決權의 過半數로써 하여야 한다. 〈개정 1995. 12. 29〉 ② ~ ④ (현행과 같음)
第434條 (定款變更의 特別決議) 前條 第1項의 決議는 發行株式의 總數의 過半數에 該當하는 株式을 가진 株主의 出席으로 그 議決權의 3分의 2以上의 多數로써 하여야 한다.	第434條 (定款變更의 特別決議) 第433條第1項의 決議는 출석한 株主의 議決權의 3分의 2이상의 數와 發行株式總數의 3分의 1이상의 數로써 하여야 한다. 〈전면개정 1995. 12. 29〉

3) 종류주주총회의 결의

종래 수종의 주식을 발행한 경우의 종류주주총회의 결의는 그 종류의 발행주식총수의 과반수 출석과 그 의결권의 3분의 2 이상의 다수로써 결의가 성립하였으나(개정전 상법 제435조 제2항), 개정상법은 보통결의 및 특별결의의 경우와 동일한 취지에서 의사정족수의 제한을 없애고 출석한 주주의 의결권의 3분의 2 이상의 수와 그 종류의 발행주식총수의 3분의 1 이상의 수로써 결의가 성립하도록 하였다(제435조).

개 정 전 상 법	개 정 상 법
第435條 (種類株主總會) ① (생 략) ②어느 種類의 株主의 總會의 決議는 그 種類의 發行株式의 總數의 過半數에 該當하는 株式을 가진 株主의 出席으로 그 議決權의 3分의 2以上의 多數로써 하여야 한다. ③ (생 략)	第435條 (種類株主總會) ① (현행과 같음) ②第1項의 決議는 출석한 株主의 議決權의 3分의 2이상의 數와 그 종류의 發行株式總數의 3分의 1이상의 數로써 하여야 한다. <개정 1995. 12. 29> ③ (현행과 같음)

4) 반대주주의 주식매수청구권제도의 신설

주식매수청구권(appraisal right of dissenters)은 주주의 이해관계에 중대한 영향을 미치는 의안이 주주총회에서 결의되었을 때, 그 결의에 반대하였던 주주가 자신의 소유주식을 회사로 하여금 매수하게 할 수 있는 권리이다. 이 제도에 의하여 다수파주주는 그들이 추진하려고 하는 본래의 계획을 차질없이 수행할 수 있는 반면에, 소수파주주는 그 투하자본을 객관적으로 공정한 가액으로 회수할 수 있게 된다. 주식매수청구권이 인정되는 것은 3경우이다. 첫째는 회사가 주주의 주식양도승인을 거부한 경우(상법 제335조의2 제4항 내지 제335조의7)이고, 둘째가 개정상법 제374의2의 영업양도 등의 주주총회결의에 주주가 반대하는 경우이다. 셋째는 주주가 회사합병에 반대하는 경우(제522조의3)이다. 개정상법 제374조의2에서는, 즉 영업양도 등의 주주총회결의에 주주가 반대하는 경우에 그 반대주주에게 주식매수청구권을 인정하는 경우이다. 주식매수청구권제도는 본시 증권거래법 제191조에서 상장회사의 주주에게만 인정되던 것인데, 이번 개정상법에서 이를 일반화한 것이다.

주식매수청구권을 행사하려는 주주는 우선 그 결의가 이루어질 주주총회에 앞서 회사에 대하여 서면으로 그 결의에 반대하는 의사표시를 통지하여야 한다. 이와 같은 통지가 필요한 이유는 매수청구의 예고를 함으로써 회사에 대하여는 의안제출 여부를 재고하도록 하고 결의성립을 위한 대책을 강구할 수 있도록 하기 위한 것이다. 반대의사의 통지는 개회선언까지는 그 서면을 회사에 제출하면 충분하다. 서면의 형식에 관하여는 규정이 없지만, 자기가 주주인 사실과 의안에 반대한다는 취지의 기재가 필요하고, 조건부 반대의 취지를 기재한 서면은 허용되지 않는다고 할 것이다. 회사는 주식매수청구가 있은 날로부터 2개월 이내에 주식을 매수하여야 한다. 2개월 내에 협의가 이루어지지 않아 회계전문가에 의한 가액결정이 있고, 이 매수가액에 대하여는 회사 또는 주식의 매수를 청구한 주주가 보유한 주식의 100분의 30 이상이 불만이 경우에는 회계전문가에 의한 가액결정이 있은 때부터 다시 30일 내에 법원에 대하여 매수가액의 결정을 청구할 수 있게 된다(제4항).

주주가 주식매수청구권을 행사하게 되면 회사는 자기주식을 취득하게 된다. 따라서 제341조의 자기주식의 취득에 관한 규정에 제5호가 추가되어 「주주가 주식매수청구권을 행사한 때」에도 자기주식의 취득이 인정된다. 다만, 이 때에 취득한 자기주식은 상당한 시기에 처분하여야 한다(제342조).[52]

개 정 상 법	
〈신설〉	第374條의2 (反對株主의 株式買受請求權) ①第374條의 規定에 의한 決議事項에 반대하는 株主 는 株主總會전에 會社에 대하여 書面으로 그 決議에 反對하는 의사를 통지한 경우에는 그 總會의 決議日부터 20日내에 株式의 종류와 數를 기재한 書面으로 會社에 대하여 자기가 所有하고 있는 株式의 買受를 請求할 수 있다. ②會社는 第1項의 請求를 받은 날부터 2月이내에 그 株式을 買受하여야 한다. ③第2項의 規定에 의한 株式의 買受價額은 株主와 會社間의 協議에 의하여 決定한다. 다만, 協議가 이루어지지 아니하는 경우에는 會計專門家에 의하여 算定된 價額을 買受價額으로 한다. ④會社 또는 株式의 買受를 請求한 株主가 보유한 株式의 100分의 30이상이 第3項 但書의 規定에 의하여 決定된 買受價額에 反對하는 경우에는 그 價額을 決定한 때부터 30日내에 法院에 대하여 買受價額의 決定을 請求할 수 있다. 〈개정 1995. 12. 29〉

5) 주주총회결의하자의 소에 대한 불소급효의 적용여부 명확화

종래에는 주주총회결의취소의 소, 결의무효확인의 소 또는 결의부존재확인의 소의 효력과 관련하여 개정전 상법 제190조가 그대로 준용되도록 하여 동조 단서(판결의 불소급효)의 준용 여부에 관한 학설, 판례의 입장이 대립되고 있었다. 개정상법은 준용조문 중에서 제190조 단서의 규정을 삭제함으로써 소급효의 유무를 구체적인 경우에 따라 판단하도록 하여 해석상 의견대립이 있던 사항을 명확히 하였다(제376조 제2항 및 제380조).

---

52) 鄭東潤 외 共著, 위의 책, 121-122면; 강 헌, 상법상 주식매수청구권제도의 문제점, 商事法硏究 제21권 제2호(2002)(통권 제34호), 397-420면 참조.

개 정 전 상 법	개 정 상 법
第376條 (決議取消의 訴) ①總會의 召集節次 또는 決議方法이 法令 또는 定款에 違反하거나 顯著하게 不公正한 때에는 株主·理事 또는 監事는 決議의 날로부터 2月內에 決議取消의 訴를 提起할 수 있다. 〈개정 1984. 4. 10〉 ②第186條 乃至 第188條, 第190條와 第191條의 規定은 第1項의 訴에 準用한다. 〈개정 1984. 4. 10〉	第376條 (決議取消의 訴) ①總會의 召集節次 또는 決議方法이 法令 또는 定款에 違反하거나 顯著하게 불공정한 때 또는 그 決議의 내용이 定款에 위반한 때에는 株主·理事 또는 監事는 決議의 날로부터 2月內에 決議取消의 訴를 提起할 수 있다. 〈개정 1984. 4. 10〉 〈일부개정 1995. 12. 29〉 ②第186條 乃至 第188條, 第190條 本文과 第191條의 規定은 第1項의 訴에 準用한다. 〈개정 1984. 4. 10〉 〈일부개정 1995. 12. 29〉
第380條 (決議無效 및 不存在確認의 訴) 第186條 乃至 第188條, 第190條, 第191條, 第377條와 第378條의 規定은 總會의 決議의 內容이 法令 또는 定款에 違反하는 것을 理由로 하여 決議無效의 확인을 請求하는 訴와 總會의 召集節次 또는 決議方法에 總會決議가 存在한다고 볼 수 없을 정도의 중대한 瑕疵가 있는 것을 이유로 하여 決議不存在의 확인을 請求하는 訴에 이를 準用한다. 〈개정 1984. 4. 10〉	第380條 (決議無效 및 不存在確認의 訴) 第186條 乃至 第188條, 第190條 本文, 第191條, 第377條와 第378條의 規定은 總會의 決議의 內容이 法令에 위반한 것을 理由로 하여 決議無效의 확인을 請求하는 訴와 總會의 召集節次 또는 決議方法에 總會決議가 存在한다고 볼 수 없을 정도의 중대한 瑕疵가 있는 것을 이유로 하여 決議不存在의 확인을 請求하는 訴에 이를 準用한다. 〈개정 1984. 4. 10〉 〈일부개정 1995. 12. 29〉

(4) 이사에 관한 사항

1) 이사선임의 결의요건완화

종래 이사의 선임에 관하여는 다른 정함이 있는 경우라도 발행주식총수의 과반수출석과 그 의결권의 과반수로 이사를 선임하도록 하여 통상의 주주총회 보통결의와는 달리 정관으로도 결의요건을 완화할 수 없도록 하였다(개정전 상법 제384조). 개정상법은 이 규정을 삭제하여 보통결의의 방법으로 이사를 선임할 수 있도록 하였다(제384조 삭제, 제368조 제1항 참조).

개 정 전 상 법	개 정 상 법
第368條 (總會의 決議方法, 議決權의 行使) ①總會의 決議는 本法 또는 定款에 다른 定함이 있는 境遇外에는 發行株式의 總數의 過半數에 該當하는 株式을 가진 株主의 出席으로 그 議決權의 過半數로써 하여야 한다. ② ~ ④ (생 략)	第368條 (總會의 決議方法과 議決權의 행사) ①總會의 決議는 이 法 또는 定款에 다른 정함이 있는 경우를 제외하고는 출석한 株主의 議決權의 過半數와 發行株式總數의 4分의 1이상의 數로써 하여야 한다. 〈전면개정 1995. 12. 29〉 ② ~ ④ (생 략)

第384條 (選任決議의 定足數) 理事의 選任決議는 定款에 다른 定함이 있는 境遇에도 發行株式의 總數의 過半數에 該當하는 株式을 가진 株主의 出席으로 그 議決權의 過半數로 하여야 한다.	第384條 (삭 제) 〈개정 1995. 12. 29〉

2) 이사의 경업행위와 자기거래에 대한 승인 등의 요건완화

개정전 상법에서는 이사의 경업행위에 대한 승인 및 자기거래의 승인에 대하여 주주총회의 결의를 요하도록 하였다(제397조). 개정상법은 그 요건을 완화하여 주주총회의 결의를 이사회의 결의로 대체하게 하였다(제397조). 말하자면 종래의 주주총회의 결의사항이었던 것을 이사회의 결의사항으로 바꾼 것이다. 이에 관하여 자기거래에 대한 판단은 회사의 재산관리에 관한 문제이므로 당연히 이사회의 권한에 속하는 문제이지만, 경업은 회사의 영리기회를 유용하는 행위이므로 이로 인하여 얻을 수 있는 이익을 얻지 못한다는 소극적 손실이 염려가 되어 제한하는 것이니 출자자들이 결정할 문제라는 것이다.[53]

개 정 전 상 법	개 정 상 법
第397條 (競業禁止) ①理事는 株主總會의 承認이 없으면 自己 또는 第三者의 計算으로 會社의 營業部類에 屬한 去來를 하거나 同種營業을 目的으로 하는 다른 會社의 無限責任社員이나 理事가 되지 못한다. ②理事가 前項의 規定에 違反하여 去來를한 境遇에 會社는 株主總會의 決議로 그 理事의 去來가 自己의 計算으로 한 것인 때에는 이를 會社의 計算으로 한 것으로 볼 수 있고 第三者의 計算으로 한 것인 때에는 그 理事에 對하여 이로 因한 利得의 讓渡를 請求할 수 있다. 〈개정 1962. 12. 12〉 ③前項의 權利는 去來가 있는 날로부터 1年을 經過하면 消滅한다.	第397條 (競業禁止) ①理事는 理事會의 承認이 없으면 自己 또는 第三者의 計算으로 會社의 營業部類에 屬한 去來를 하거나 同種營業을 目的으로 하는 다른 會社의 無限責任社員이나 理事가 되지 못한다. 〈일부개정 1995. 12. 29〉 ②理事가 第1項의 規定에 違反하여 去來를한 境遇에 會社는 理事會의 決議로 그 理事의 去來가 自己의 計算으로 한 것인 때에는 이를 會社의 計算으로 한 것으로 볼 수 있고 第三者의 計算으로 한 것인 때에는 그 理事에 對하여 이로 因한 利得의 讓渡를 請求할 수 있다. 〈개정 1962. 12. 12〉〈일부개정 1995. 12. 29〉 ③第2項의 權利는 去來가 있는 날로부터 1年을 經過하면 消滅한다.

3) 이사의 보고의무의 신설

개정상법은 이사로 하여금 회사에 현저하게 손해를 미칠 염려가 있는 사실을

53) 李哲松, 위의 책, 189면.

발견한 때에는 즉시 감사에게 이를 보고토록 의무화하고 있다(제412조의2).

개 정 상 법	
〈신설〉	第412條의2 (理事의 報告義務) 理事는 會社에 현저하게 損害를 미칠 염려가 있는 사실을 발견한 때에는 즉시 監事에게 이를 보고하여야 한다. 〈개정 1995. 12. 29〉

(5) 감사에 관한 사항

1) 감사임기의 연장

개정전 상법에서는 감사의 임기는 「취임후 2년 내의 최종의 결산기에 관한 정기총회의 종결일까지」라고 규정하였는데(제410조), 개정법은 종래의 「2년」에서 「3년」으로 연장한 것이다. 감사의 임기연장을 감사의 지위를 안정시켜 이사에 대한 감시기능을 강화하겠다는 취지이다. 그런데 개정전 상법 제383조 제2항은 「理事의 任期는 3년을 초과하지 못한다」고 규정하고 있는데, 개정상법 제410조는 이사의 경우와는 달리 「…3년 내의 …定期總會의 終結時로 한다」하여 감사의 임기는 정관으로 달리 정할 수 없는 것으로 해석된다.[54)]

개 정 전 상 법	개 정 상 법
第410條 (任期) 監事의 任期는 就任후 2年내의 最終의 決算期에 관한 定期總會의 終結時까지로 한다. [전문개정 1984. 4. 10]	第410條 (任期) 監事의 任期는 就任후 3年내의 最終의 決算期에 관한 定期總會의 終結時까지로 한다. [전문개정 1984. 4. 10] 〈일부개정 1995. 12. 29〉

2) 감사의 해임에 대한 의견진술권의 신설

감사는 주주총회에서 감사의 해임에 관하여 의견을 진술할 수 있다(제409조의2). 개정상법에서 신설된 제도이다. 감사의 감사업무의 객관성을 보장하기 위하여는 신분이 안정되어야 한다. 감사도 이사와 같이 주주총회의 특별결의에 의하여 해임될 수 있다(제415조, 제385조 제1항). 이때에 그 결의가 주주들에게 보다 접근의 기회가 많은 이사들에 의하여 오도될 우려가 있으므로 결의의 공정을 촉구할 기회를 준 것이다.[55)]

54) 위의 책, 194면 참조.

	개 정 상 법
〈신설〉	第409條의2 (監事의 解任에 관한 意見陳述의 權利) 監事는 株主總會에서 監事의 解任에 관하여 의견을 陳述할 수 있다. 〈개정 1995. 12. 29〉

3) 자회사에 대한 조사권 부여

개정상법은 감사가 직무를 위한 범위 내에서 자회사의 영업에 관하여도 보고를 요구하거나 조사할 수 있는 권능을 부여하였다. 이에 따라 모회사의 감사는 그 직무를 수행하기 위하여 필요한 때에는 자회사에 대하여 영업의 보고를 요구할 수 있다(제412조의4 제1항). 자회사는 법적으로는 독립된 회사이나 일상적인 업무에 관하여는 모회사의 지배에 복종하는 것이 현실이다. 모회사는 자회사의 가격이전거래(transfer pricing)를 하거나 분식결산을 함으로써 모회사의 진실한 현황을 은폐하는 수가 많다. 뿐만 아니라 이사가 모회사의 자산을 부당유출하는 도관으로 자회사를 이용하기도 하고 자회사의 자산을 부당히 유입하기도 한다. 그래서 모회사의 현황을 자회사의 영업과 연결지어 파악하지 않으면 모회사의 적정한 감사가 불가능한 경우가 많으므로 감사업무의 실효성을 높이기 위하여 자회사에 관한 제한된 조사를 허용한 것이다.[56]

	개 정 상 법
〈신설〉	第412條의4 (子會社의 調査權) ①母會社의 監事는 그 職務를 수행하기 위하여 필요한 때에는 子會社에 대하여 營業의 보고를 요구할 수 있다. ②母會社의 監事는 第1項의 경우에 子會社가 지체없이 보고를 하지 아니할 때 또는 그 보고의 내용을 확인할 필요가 있는 때에는 子會社의 業務와 財産狀態를 調査할 수 있다. ③子會社는 정당한 이유가 없는 한 第1項의 規定에 의한 보고 또는 第2項의 規定에 의한 調査를 거부하지 못한다. 〈개정 1995. 12. 29〉

4) 주주총회의 소집권 부여

개정상법 제412조의3 제1항은 감사에게 주주총회소집권을 부여하고 있다. 이 규정은 개정법에서 신설된 규정이다. 이 규정에 의하여 감사는 회의의 목적과 소집의 이유를 기재한 서면을 이사회에 제출하여 임시총회의 소집을 청구할 수 있으며,

55) 위의 책, 191면.

56) 李哲松, 위의 책, 204면. 李哲松 교수는 이 규정을 이해하기에 따라서는 위헌시비의 소지가 있다고 한다. 재미있는 착상이라고 생각한다. 더욱 자세한 내용은 204면을 참조할 것.

이 청구가 있은 후 이사회가 지체없이 총회소집절차를 밟지 아니하는 경우에는 감사는 법원의 허가를 얻어 총회를 소집할 수 있다(제412조의3 제2항). 이 규정은 감사권의 실효성을 높이기 위한 것이라고 이해할 수 있는 면이 있고, 이사회의 총회소집권의 독점에 대한 견제를 위하여 소수주주의 주주회회소집권의 보완적인 수단으로 마련된 것으로 이해되는 면이 있다.[57]

	개 정 상 법
〈신설〉	第412條의3 (總會의 召集請求) ①監事는 會議의 目的事項과 召集의 이유를 기재한 書面을 理事會에 제출하여 臨時總會의 召集을 請求할 수 있다. ②第366條第2項의 規定은 監事가 總會를 召集하는 경우에 이를 準用한다. 〈개정 1995. 12. 29〉

5) 감사의 겸임금지 확대

개정전 상법에서도 감사는 당해 회사의 이사나 사용인의 지위를 겸하지 못한다는 규정을 두었다. 개정상법은 한발 더 나아가 자회사의 이사를 겸임하지 못한다고 규정하고 있다(제411조). 부적정한 감사임용을 차단하기 위한 조치이다.

개 정 전 상 법	개 정 상 법
第411條 (兼任禁止) 監事는 理事 또는 支配人 其他의 使用人의 職務를 兼하지 못한다.	第411條 (兼任禁止) 監事는 會社 및 子會社의 理事 또는 支配人 其他의 使用人의 職務를 兼하지 못한다. 〈일부개정 1995. 12. 29〉

(6) 정관의 변경에 관한 사항 – 발행예정주식총수의 증가에 대한 제한 철폐

개정전 상법에는 정관의 발행예정주식총수를 증가하는 경우에는 현재의 발행주식총수의 4배를 초과하지 못한다고 규정하고 있다(제437조). 이런 규정을 둔 것은 회사설립시에 발행예정주식총수가 발행주식총수의 4배를 초과할 수 없다는 것(제289조 제2항)과 균형을 이루고자 하는 뜻이며, 그 취지는 설립시와 마찬가지로 신주발행에 관하여 이사회가 지나치게 광범한 재량을 가지는 것을 억제하고, 납입자본과 동떨어진 과대한 수권자본을 표방하여 일반인을 현혹시키는 것을 방지하기 위함이었다. 그러나 특히 상장회사들은 사업의 확장과 증권시장의 규모팽창에 따

57) 위의 책, 199-200면 참조.

라 기하급수적으로 자본증가를 하고 있는 터에 이 4배수라는 제약에 번거로움을 느꼈을 것이다. 개정상법은 업계의 사정을 감안하여 이 제한을 철폐하였다(제437조 철폐).[58]

개 정 전 상 법	개 정 상 법
第437條 (發行豫定株式總數의 增加) 會社가 發行할 株式의 總數를 增加하는 境遇에는 發行株式의 總數의 4倍를 超過하지 못한다. 〈개정 1984. 4. 10〉	第437條 (삭 제) 〈개정 1995. 12. 29〉

(7) 회사의 계산에 관한 사항

1) 이연자산의 항목 추가

종래에는 상법상 대차대조표에 자산으로 계상하여 수년에 걸쳐 상각하는 것을 허용하는 이연자산으로 창업비(제453조), 신주발행비용(제454조), 사채발행비용(제456조 제3항, 제454조 준용), 액면미달금액(제455조), 사채차액(제456조) 및 배당건설이자(제457조)의 6개 항목이 인정되었다. 개정상법은 기업회계와의 조화를 꾀하기 위하여 개발비(제453조의2, 상각기간 3년)와 연구개발비(제457조의2, 상각기간)의 2개 항목을 추가하였다.[59]

개 정 상 법	
〈신설〉	第453條의2 (開業費의 計上) ①開業의 準備를 위하여 支出한 금액은 貸借對照表 資産의 部에 計上할 수 있다. ②第1項의 計上金額은 開業후 3年내의 每決算期에 均等額이상의 償却을 하여야 한다. 〈개정 1995. 12. 29〉
〈신설〉	第457條의2 (研究開發費의 計上) ①新製品 또는 新技術의 研究 또는 開發과 관련하여 특별히 발생한 費用은 貸借對照表 資産의 部에 計上할 수 있다. ②第1項의 計上金額은 그 支出후 5年내의 每決算期에 均等額이상의 償却을 하여야 한다. 〈개정 1995. 12. 29〉

58) 李哲松 교수는 이 규정에 대한 개정의 타당성과 해석론에 있어서 많은 시사점을 던지고 있다. 위의 책, 220-222면 참조.

59) 기업회계기준은 이연자산으로 창업비, 개업비, 신주발행비, 사채발행비 및 연구개발비의 5개 항목을 정하고 있다(기업회계기준 제23조).

2) 합병시 소멸회사의 이익준비금 기타 법정준비금의 승계

개정상법 제459조 제2항과 같은 규정이 없었던 개정전 상법에 있어서는 합병차익이 발생할 경우에 제459조 제3호의 규정에 의하여 합병차익 전액을 자본준비금으로 계상하여야 하였으므로 소멸회사의 이익준비금이나 다른 법에 의한 특수한 목적의 준비금을 존속회사(또는 신설회사)가 다시 적립하여야 하는 불편이 있었다. 개정상법은 이러한 실무상의 불편을 덜어 주고자 소멸회사의 준비금을 같은 성격의 준비금의 형태로 승계하도록 허용하였다.[60]

개 정 전 상 법	개 정 상 법
第459條 (資本準備金) 會社는 다음의 金額을 資本準備金으로 積立하여야 한다. 〈개정 1984. 4. 10〉 1. 額面以上의 株式을 發行한 때에는 그 額面을 超過한 金額 2. 資本減少의 境遇에 그 減少額이 株式의 消却, 株金의 返還에 要한 金額과 缺損의 塡補에 充當한 金額을 超過한 때에는 그 超過金額 3. 會社合併의 境遇에 消滅된 會社로부터 承繼한 財産의 價額이 그 會社로부터 承繼한 債務額, 그 會社의 株主에게 支給한 金額과 合併後 存續하는 會社의 資本增價額 또는 合併으로 因하여 設立된 會社의 資本額을 超過한 때에는 그 超過金額 4. 기타 資本去來에서 발생한 剩餘金	第459條 (資本準備金) ① (현행과 같음)
〈신 설〉	②第1項第3號의 超過金額 중 合併으로 인하여 消滅하는 會社의 利益準備金 기타 法定準備金은 合併후 存續하는 會社 또는 合併으로 인하여 設立되는 會社가 이를 承繼할 수 있다. 〈개정 1995. 12. 29〉

3) 주식의 종류별 주식배당

개정전 상법에서는 수종의 주식, 특히 보통주식과 우선주식을 발행한 회사가 주식배당을 할 경우에 종류별로 다른 주식을 배당하여야 할 것인가, 아니면 모두 보통주식으로 발행하여야 할 것인가에 관하여, 견해의 대립이 있었다.[61] 개정상법은

60) 李哲松, 위의 책, 227면.

회사의 선택으로 종류별로 달리 발행할 수 있음을 규정하였다(제462조의2 제3항, 제4항 참조).

개정전 상법	개정 상법
第462條의2 (株式配當) ①會社는 株主總會의 決議에 의하여 利益의 配當을 새로이 발행하는 株式으로써 할 수 있다. 그러나 株式에 의한 配當은 利益配當總額의 2分의 1에 상당하는 金額을 초과하지 못한다. ②第1項의 配當은 株式의 券面額으로 한다. ③株式으로 配當할 利益의 金額중 株式의 券面額에 미달하는 端數가 있는 때에는 그 部分에 대하여는 金錢으로 配當한다. ④株式으로써 配當을 받은 株主는 第1項의 決議가 있는 株主總會가 終結한 때부터 新株의 株主가 된다. ⑤理事는 第1項의 決議가 있는 때에는 遲滯없이 配當을 받을 株主와 株主名簿에 記載된 質權者에게 그 株主가 받을 株式의 種類와 數를 통지하고, 無記名式의 株券을 발행한 때에는 第1項의 決議의 내용을 公告하여야 한다. ⑥第340條第1項의 質權者의 權利는 第1項의 規定에 의한 株主가 받을 株式에 미친다. 이 경우 第340條第3項의 規定을 準用한다. 〈개정 1984. 4. 10〉	第462條의2 (株式配當) ①會社는 株主總會의 決議에 의하여 利益의 配當을 새로이 발행하는 株式으로써 할 수 있다. 그러나 株式에 의한 配當은 利益配當總額의 2分의 1에 상당하는 金額을 초과하지 못한다. ②第1項의 配當은 株式의 券面額으로 하며, 會社가 數種의 株式을 발행한 때에는 각각 그와 같은 종류의 株式으로 할 수 있다. 〈개정 1995. 12. 29〉 ③株式으로 配當할 이익의 금액중 株式의 券面額에 미달하는 端數가 있는 때에는 그 부분에 대하여는 第443條第1項의 規定을 準用한다. 〈개정 1995. 12. 29〉 ④株式으로 配當을 받은 株主는 第1項의 決議가 있는 株主總會가 終結한 때부터 新株의 株主가 된다. 이 경우 第350條第3項 後段의 規定을 準用한다. 〈개정 1995. 12. 29〉 ⑤ ~ ⑥ (현행과 같음)

4) 이익배당금의 지급시기의 단축

종래에는 회사가 이익배당금을 총회에서의 재무제표 승인후 2월내에 지급하도록 하고 있었다(개정전 상법 제464조의2 제2항). 회사의 사정에 따라서는 이보다 앞서 지급할 수 있었음에도 불구하고 상법규정을 이유로 불필요하게 배당금의 지급을 지연하는 사례가 있었다. 개정상법은 이러한 지연을 방지하기 위하여 이익배당금의 지급시기를 「2월내」에서 「1월내」로 단축하였다(제464조의2 제1항).

개정전 상법	개정 상법
第464條의2 (配當金支給時期) ①會社는 第464	第464條의2 (配當金支給時期) ①會社는 第464條

61) 예컨대 수종의 주식에 대한 주식배당을 같은 종류로 하여야 한다는 주식분할설과 다른 종류로 할 수 있다는 이익배당설의 대립이 그것이다.

條의 規定에 의한 配當金을 第449條第1項의 承認이 있은 날로부터 2月이내에 支給하여야 한다. 그러나 第449條第1項의 總會에서 配當金의 支給時期를 따로 정한 경우에는 그러하지 아니하다. ② (생 략)	의 規定에 의한 配當金을 第449條第1項의 承認이 있은 날로부터 1月이내에 支給하여야 한다. 그러나 第449條第1項의 總會에서 配當金의 支給時期를 따로 정한 경우에는 그러하지 아니하다. 〈개정 1995. 12. 29.〉 ② (현행과 같음)

(8) 사채의 발행한도

상법 제470조에서는 사채의 발행한도를 설정하고 있다. 채권자보호의 관점에서 사채를 발행하는 회사의 상환능력을 고려하여서다. 개정상법에서는 사채를 발행할 때에 그 총액은 최종 대차대조표에 의하여 회사에 현존하는 순재산액의 4배를 초과하지 못한다고 규정하고 있다(제470조 제1항). 종래에는 자본과 준비금의 합계액의 2배수, 동시에 순재산액의 2배수를 넘지 못하게 하였으나, 개정상법에서는 자본과 준비금을 기준에서 제거하는 동시에 한도를 4배수로 늘렸다.[62)]

개 정 전 상 법	개 정 상 법
第470條 (總額의 制限) ①社債의 總額은 資本과 準備金의 總額의 2倍를 超過하지 못한다. 〈개정 1984. 4. 10〉 ②最終의 貸借對照表에 依하여 會社에 現存하는 純財産額이 資本과 準備金의 總額에 達하지 못할 때에는 社債의 總額은 그 財産額의 2倍를 초과하지 못한다. 〈개정 1984. 4. 10〉 ③舊社債를 償還하기 爲하여 社債를 募集하는 境遇에는 舊社債의 額은 社債의 總額에 算入하지 아니한다. 이 境遇에는 新社債의 納入期日, 數回에 分納하는 때에는 第1回의 納入期日로부터 6月內에 舊社債를 償還하여야 한다.	第470條 (總額의 制限) ① 社債의 總額은 最終의 貸借對照表에 의하여 會社에 現存하는 純資産額의 4倍를 초과하지 못한다. 〈개정 1995. 12. 29〉 ② (삭 제) 〈개정 1995. 12. 29〉 ③舊社債를 償還하기 爲하여 社債를 募集하는 境遇에는 舊社債의 額은 社債의 總額에 算入하지 아니한다. 이 境遇에는 新社債의 納入期日, 數回에 分納하는 때에는 第1回의 納入期日로부터 6月內에 舊社債를 償還하여야 한다.

(9) 합병에 관한 사항

1) 합병승인절차의 간소화

종래에는 회사가 합병을 하는 경우에 합병계약서를 작성하여 반드시 주주총회의 특별결의에 의한 승인을 얻어야 하였다(상법 제522조 제1항). 개정상법은 비상장

62) 李哲松, 위의 책, 239면.

회사를 흡수합병하거나 존속회사가 소멸회사의 발행주식총수를 취득하는 경우에 합병절차를 간소화할 수 있도록 하기 위하여, 소멸회사의 총주주의 동의가 있거나 소멸회사의 발생주식총수를 존속회사가 가지고 있는 경우(100% 모회사·자회사관계에 있는 모회사에 의한 자회사의 흡수합병)에는 소멸회사의 주주총회의 특별결의에 의한 합병승인은 이사회의 승인으로 갈음할 수 있도록 하였다(개정상법 제522조 제1항 단서).

개 정 전 상 법	개 정 상 법
第522條 (合併契約書와 그 承認決議) ①會社가 合併을 함에는 合併契約書를 作成하여 株主總會의 承認을 얻어야 한다. ②合併契約의 要領은 第363條에 定한 通知와 公告에 記載하여야 한다. ③第1項의 決議는 第434條의 規定에 依하여야 한다.	第522條 (合併契約書와 그 承認決議) ①會社가 合併을 함에는 合併契約書를 作成하여 株主總會의 承認을 얻어야 한다. 다만, 合併할 會社의 一方이 合併후 存續하는 경우에 合併으로 인하여 消滅하는 會社의 總株主의 同意가 있거나 또는 그 會社의 發行株式總數를 合併후 存續하는 會社가 所有하고 있는 경우에는 合併으로 인하여 消滅하는 會社의 株主總會의 승인은 이를 理事會의 승인으로 갈음할 수 있다. 〈단서신설 1995. 12. 29〉 ② ~ ③ (현행과 같음)

2) 합병에 반대하는 주주에 대한 주식매수청구권

주식회사의 합병이란 영업양도 등에 못지않게 주주들의 이해관계에 중대한 영향을 미치는 사건이다. 이에 합병의 경우에도 주주들에게 주식매수청구권을 부여하게 된다. 이 제도는 미국모범사업법(Model Business Corporation Act)에 일찍이 들어 있는 제도이다 증권거래법에 의하여 우리나라에 도입된 바 있다. 합병승인결의시의 이 청구권행사에 관하여 제374조 제2항, 제374조의2 제2항 내지 제4항이 준용된다(제530조 제2항). 이들은 영업양도 등 승인결의시의 이 청구권행사에 관한 규정들이다.[63]

개 정 상 법	
〈신설〉	第522條의3 (合併反對株主의 株式買受請求權) 第522條第1項의 規定에 의한 決議事項에

63) 강 헌, 상법상 주식매수청구권제도의 문제점, 商事法硏究 제21권 제2호(2002)(통권 제34호), 397-420면 참조.

	관하여 理事會의 決議가 있는 때에 그 決議에 反對하는 株主는 株主總會전에 會社에 대하여 書面으로 그 決議에 反對하는 의사를 통지한 경우에는 그 總會의 決議日부터 20日 이내에 株式의 종류와 數를 기재한 書面으로 會社에 대하여 자기가 所有하고 있는 株式의 買受를 請求할 수 있다. 〈개정 1995. 12. 29〉

3) 합병보고절차의 간소화

개정전 상법에서는 합병을 위한 실질절차가 완료된 후 등기하기 전에 주주총회를 열어 이사가 합병에 관한 사항을 보고하게 하였다(제526조 제1항). 그러나 이 보고총회는 단지 합병경과의 보고에 그칠 뿐 결의를 요하는 절차가 아니므로 달리 결의할 사항이 없는 한 비경제적인 절차라는 비판이 있었다. 개정상법은 합병사항의 공고로 보고총회에 갈음할 수 있는 길을 열어 주었다.

개 정 전 상 법	개 정 상 법
第526條 (吸收合併의 報告總會) ①合併을 하는 會社의 一方이 合併後 存續하는 境遇에는 그 理事는 第232條의 節次의 終了後, 合併으로 因한 株式의 併合이 있을 때에는 그 效力이 생긴 後, 併合에 適當하지 아니한 株式이 있을 때에는 合併後, 存續하는 會社에 있어서는 第443條의 處分을 한 後 遲滯없이 株主總會를 召集하고 合併에 關한 事項을 報告하여야 한다. ②合併當時에 發行하는 新株의 引受人은 前項의 株主總會에서 株主와 同一한 權利가 있다. 〈신 설〉	第526條 (吸收合併의 報告總會) ① ~ ② (현행과 같음) ③第1項의 경우에 理事會는 公告로써 株主總會에 대한 보고에 갈음할 수 있다. 〈개정 1995. 12. 29〉

(10) 합명회사, 합자회사 및 유한회사에 관한 사항

1) 합명회사와 합자회사의 정관기재사항의 간소화

합명회사와 합자회사의 정관의 절대적 기재사항 중 「支店의 소재지」를 삭제하였다(개정상법 제179조 제5호, 제270조 참조). 그 결과 지점의 설치, 폐지는 총사원의 동의를 요하지 않고 통상적인 업무집행방법으로 결정할 수 있게 되었다.

또한 합명회사의 설립등기신청과 관련하여 「總社員의 共同申請으로」라는 부분을 삭제하였다(개정상법 제180조, 비송사건절차법 제149조 참조).

그리고 합병회사의 등기사항 중 대표사원 이외의 사원의 주소를 제외시킴(개정상법 제180조 제1호 단서)과 아울러 지점설치등기에서는 「다른 支店의 소재지」를 등기사항에서 제외시켰다(개정상법 제181조 제1항).

개 정 전 상 법	개 정 상 법
第179條 (定款의 絕對的記載事項) 定款에는 다음의 事項을 記載하고 總社員이 記名捺印하여야 한다. 1. 目的 2. 商號 3. 社員의 姓名과 住所 4. 社員의 出資의 目的과 價格 또는 評價의 標準 5. 本店과 支店의 所在地 6. 定款의 作成年月日	第179條 (定款의 絕對的記載事項) 定款에는 다음의 事項을 記載하고 總社員이 記名捺印 또는 署名하여야 한다. 1. ～ 2. (현행과 같음) 3. 社員의 姓名·住民登錄番號 및 住所 〈개정 1995. 12. 29〉 4. (현행과 같음) 5. 本店의 所在地 〈개정 1995. 12. 29〉 6. (현행과 같음)
第180條 (設立의 登記) 合名會社의 設立登記에 있어서는 總社員의 共同申請으로 다음의 事項을 登記하여야 한다. 1. 前條第1號 乃至 第3號와 第5號에 揭記한 事項 2. 社員의 出資의 目的, 財産出資에는 그 價格과 履行한 部分 3. 存立期間 其他 解散事由를 定한 때에는 그 期間 또는 事由 4. 會社를 代表할 社員을 定한 때에는 그 姓名 5. 數人의 社員이 共同으로 會社를 代表할 것을 定한 때에는 그 規定	第180條 (設立의 登記) 合名會社의 設立登記에 있어서는 다음의 事項을 登記하여야 한다. 1. 第179條第1號 내지 第3號 및 第5號의 사항과 支店을 둔 때에는 그 所在地. 다만, 會社를 代表할 社員을 정한 때에는 그외의 社員의 住所를 제외한다. 〈개정 1995. 12. 29〉 2. ～ 5. (현행과 같음)
第181條 (支店設置의 登記) ①會社의 設立과 同時에 支店을 設置하는 境遇에는 設立登記를 한 後 2週間內에 支店所在地에서 前條에 揭記한 事項을 登記하여야 한다. ②會社의 成立後에 支店을 設置하는 境遇에는 本店所在地에서는 2週間內에 그 支店所在地와 設置 年月日을 登記하고 그 支店所在地에서는 3週間內에 前條에 揭記한 事項을 登記하여야 하며 다른 支店이 있는 때에는 그 支店所在地에서 同期間內에 新設支店所在地와 設置年月日을 登記하여야 한다. ③會社가 本店 또는 支店所在地의 登記管轄區	第181條 (支店設置의 登記) ①會社의 設立과 同時에 支店을 設置하는 境遇에는 設立登記를 한 後 2週間內에 支店所在地에서 第180條 各號의 사항(다른 支店의 所在地를 제외한다)을 登記하여야 한다. ②會社의 成立후에 支店을 設置하는 경우에는 本店所在地에서는 2週間내에 그 支店所在地와 設置年 月日을 登記하고, 그 支店所在地에서는 3週間내에 第180條 各號의 사항(다른 支店의 所在地를 제외한다)을 登記하여야 한다. ③ (삭 제) 〈개정 1995. 12. 29〉

域內에 支店을 設置하는 境遇에는 本店과 支店所在地에서 前項의 各期間內에 新設支店所在地와 設置年月日을 登記하여야 한다.	

2) 본점 및 지점의 이전에 관한 등기기간

본점을 이전할 경우에 현행법에는 구본점소재지에서는 2주간 내에, 그리고 신본점소재지에서는 3주간 내에 소정사항을 등기하게 하였으나, 개정법에서는 신·구본점 모두 2주간 내에 등기하도록 통일하였다. 그리고 개정전 상법에서는 2개 이상의 지점이 있는 경우에 어느 한 지점이 이전하면 그 지점의 신구소재지에서 등기를 하여야 함은 물론 다른 지점에서도 등기하도록 하였다. 이것은 다른 지점의 소재지도 지점의 등기사항이므로 당연하기도 하였다. 그러나 개정상법에서는 다른 지점의 소재지가 등기사항이 아니기 때문에 지점의 이전도 다른 지점에서는 등기하지 않도록 하였다.

개 정 전 상 법	개 정 상 법
第182條 (本店, 支店의 移轉登記) ①會社가 本店을 移轉하는 境遇에는 舊所在地에서는 2週間內에 新所在地와 移轉年月日을 登記하고 新所在地에서는 3週間內에 第180條에 揭記한 事項을 登記하여야 한다. ②會社가 支店을 移轉하는 境遇에는 本店과 支店所在地에서는 2週間內에 支店新所在地와 移轉年月日을 登記하고 支店新所在地에서는 3週間內에 第180條에 揭記한 事項을 登記하여야 하며 다른 支店이 있는 때에는 그 支店所在地에서 同期間內에 支店新所在地와 移轉年月日을 登記하여야 한다. ③會社가 本店 또는 支店所在地의 登記管轄區域內에 本店 또는 支店을 移轉하는 境遇에는 本店과 支店所在地에서 2週間內에 新所在地와 移轉年月日을 登記하여야 한다.	**第182條** (本店, 支店의 移轉登記) ①會社가 本店을 移轉하는 경우에는 2週間내에 舊所在地에서는 新所在地와 移轉年月日을, 新所在地에서는 第180條 各號의 사항을 登記하여야 한다. 〈전면개정 1995. 12. 29〉 ②會社가 支店을 移轉하는 경우에는 2週間내에 本店과 舊支店所在地에서는 新支店所在地와 移轉年月日을 登記하고, 新支店所在地에서는 第180條 各號의 사항(다른 支店所在地를 제외한다)을 登記하여야 한다. 〈전면개정 1995. 12. 29〉 ③ (삭 제) 〈개정 1995. 12. 29〉

3) 합명회사와 합자회사의 임의청산에 대한 종결등기의무

현행법에서는 합명회사와 합자회사가 청산을 할 때에 법정청산의 경우에는 청산종결의 등기를 하게 하였으나, 임의청산의 경우에는 청산종결의 등기에 관한 규

정이 없었다. 임의청산을 종결한 경우에도 당연히 등기의 필요성이 있기 때문에 이를 입법의 불비가 분명하여 이번에 시정한 것이다. 따라서 임의청산을 한 경우에도 재산의 처분을 완료한 날로부터 2주간 내에 청산종결의 등기를 하여야 한다(개정법 제247조 제5항).

개 정 전 상 법	개 정 상 법
第247條 (任意淸算) ①解散된 會社의 財産處分方法은 定款 또는 總社員의 同意로 이를 定할 수 있다. 이 境遇에는 解散事由가 있는 날로부터 2週間內에 財産目錄과 貸借對照表를 作成하여야 한다. ②前項의 規定은 會社가 第227條第3號 또는 第6號의 事由로 因하여 解散한 境遇에는 이를 適用하지 아니한다. ③第232條의 規定은 第1項의 境遇에 準用한다. ④第1項의 境遇에 社員의 持分을 押留한 者가 있는 때에는 그 同意를 얻어야 한다. 〈신 설〉	第247條 (任意淸算) ① ~ ④ (현행과 같음) ⑤ 第1項의 會社는 그 財産의 처분을 완료한 날부터 本店所在地에서는 2週間내에, 支店所在地에서는 3週間내에 淸算終結의 登記를 하여야 한다. 〈개정 1995. 12. 29〉

4) 유한회사에의 준용

유한회사와 관련하여서는 별도의 개정은 없었고, 합명회사 또는 합자회사에 관한 개정내용의 일부가 준용된다(개정법 제543조 제2항, 제549조 및 제583조 제1항 참조).

개 정 전 상 법	개 정 상 법
第543條 (定款의 作成, 絶對的 記載事項) ①有限會社의 設立에는 2人以上의 社員이 共同으로 定款을 作成하여야 한다. ②定款에는 다음의 事項을 記載하고 總社員이 記名捺印하여야 한다. 〈개정 1984. 4. 10〉 1. 第179條第1號 내지 第3號에 정한 事項 2. 資本의 總額 3. 出資一座의 金額 4. 各社員의 出資座數	第543條 (定款의 作成, 絶對的 記載事項) ①有限會社의 設立에는 2人以上의 社員이 共同으로 定款을 作成하여야 한다. ②定款에는 다음의 事項을 記載하고 總社員이 記名捺印 또는 署名하여야 한다. 〈개정 1984. 4. 10〉 1. 第179條第1號 내지 第3號에 정한 事項 2. 資本의 總額 3. 出資一座의 金額 4. 各社員의 出資座數

5. 本店의 所在地 ③第292條의 規定은 有限會社에 準用한다.	5. 本店의 所在地 ③第292條의 規定은 有限會社에 準用한다.
第549條 (設立의 登記) ①有限會社의 設立登記는 前條의 納入 또는 現物出資의 履行이 있은 날로부터 2週間內에 하여야 한다. ②前項의 登記에서 다음의 事項을 登記하여야 한다. 1. 第179條第2號와 第5號에 揭記한 事項 2. 第543條第2項第2號와 第3號에 揭記한 事項 3. 理事의 姓名과 住所 4. 代表理事를 定한 때에는 그 姓名 5. 數人의 理事가 共同으로 會社를 代表할 것을 定한 때에는 그 規定 6. 存立期間 其他의 解散事由를 定한 때에는 그 期間과 事由 7. 監事가 있는 때에는 그 姓名과 住所 〈신 실〉 ③第181條 乃至 第183條의 規定은 有限會社의 登記에 準用한다. 〈개정 1962. 12. 12〉	**第549條** (設立의 登記) ①有限會社의 設立登記는 第548條의 納入 또는 現物出資의 履行이 있은 날로부터 2週間內에 하여야 한다. ②第1項의 登記에서 다음의 事項을 登記하여야 한다. 1. 第179條第1號 · 第2號 및 第5號에 規定된 사항과 支店을 둔 때에는 그 所在地 〈개정 1995. 12. 29〉 2. (현행과 같음) 3. 理事의 姓名 · 住民登錄番號 및 住所. 다만, 會社를 代表할 理事를 정한 때에는 그 외의 理事의 住所를 제외한다. 〈개정 1995. 12. 29〉 4. 會社를 代表할 理事를 정한 때에는 그 姓名 〈개정 1995. 12. 29〉 5. 6. (현행과 같음) 7. 監事가 있는 때에는 그 姓名 및 住民登錄番號 〈개정 1995. 12. 29〉 ③有限會社의 支店設置 및 移轉시 支店所在地 또는 新支店所在地에서 하는 登記에 있어서는 第2項 第1號 및 第3號 내지 第6號에 規定된 사항을 登記하여야 한다. 〈개정 1995. 12. 29〉 ④第181條 乃至 第183條의 規定은 有限會社의 登記에 準用한다. 〈개정 1962. 12. 12〉
第583條 (準用規定) ①第449條第1項 · 第2項, 第450條, 第452條, 第453條, 第458條 乃至 第460條, 第462條와 第466條의 規定은 有限會社의 計算에 準用한다. 〈개정 1984. 4. 10〉 ②第468條의 規定은 有限會社와 使用人間에 雇傭關係로 因하여 생긴 債權에 準用한다.	**第583條** (準用規定) ①第449條第1項 · 第2項, 第450條, 第452條, 第453條, 第453條의2, 第457條의2, 第458條 乃至 第460條, 第462條와 第466條의 規定은 有限會社의 計算에 準用한다. 〈개정 1984. 4. 10〉 ②第468條의 規定은 有限會社와 使用人間에 雇傭關係로 因하여 생긴 債權에 準用한다.

Ⅳ. 1998년의 상법개정(법률 제5591호)

1. 개정의 배경 및 경과

(1) 상법개정의 배경

1997년 12월 3일은 우리나라가 외환위기(국가부도위기)를 겪으며 국제통화기금(IMF)에 자금지원양해각서를 체결한 사건이 일어난 날이다. 원인은 정상적인 경제활동을 위한 국가의 외환보유고를 유지, 관리하고 책임지는 시스템이 제대로 작동하지 않았기 때문이다. 1997년에는 1월달부터 이상스럽게 대기업의 부도사건이 연이어 일어났다. 당시 언론에서 공표된 부도사건을 보더라도, 한보철강(1. 23.)을 비롯하여 삼미(3. 20.), 진로그룹(4. 22.), 한신공영그룹(6. 2.), 기아자동차그룹(7. 15.), 쌍방울그룹(10. 15.), 해태그룹(11. 1.)의 부도사건이 터지면서 그 해 10월 22일 기아자동차그룹이 법정관리를 신청하면서 정부의 미흡한 처신이 우리나라의 환란으로까지 몰고 갔다. 대기업들이 부도를 일으키게 되자 외채를 끌어와서 어음할인한 이들 종금사(종합금융회사)들이 연쇄적으로 영향을 받게 되었고, 특히 한보와 기아의 12조원 가량의 대형부도사태는 위기를 결정적으로 악화시키는 결과를 가져왔다. 우리 정부는 4년간 이를 해소하기 위하여 IMF에서 요구하는 조건들은 모두 수행하여야 하였다.[64)]

1997년말부터 국내업계 및 국제기구들로부터 이러한 경제위기에 적극적으로 대응하기 위하여, 경제구조의 합리적인 개편으로서 상법중 회사편의 개정요구가 급증하게 되었다. 말하자면 원활한 기업구조조정을 지원하기 위한 합병절차의 간소화라든지, 회사분할제도의 도입이라든지 제도적 지원책과 기업활동의 편의를 지원하기 위한 주식최저액면가의 인하와 이사회의 자율화 등 규제완화책의 필요성이 힘을 얻는 분위기였다. 다른 한편에서는 기업경영의 투명성을 보장하고 기업경영에 대한 감시제도와 기업경영자의 책임을 강화하여야 하며, 이를 통하여 국내기업의 국제경쟁력을 강화하여야 한다는 의견이 강조되면서 소수주주권의 강화와 집중

64) http//ko.wikipedia.org/wiki/대한민국의 IMF구제금융요청 참조.

투표제의 도입 및 업무집행지시자(사실상 이사)의 책임 조항 등의 도입에 대한 의견이 제시되기도 하였다. 이러한 시대적 시급한 상황 아래에서 빠른 시일내에 상법 중 회사편에 대한 개정안이 시급하게 마련되었다.[65]

(2) 상법개정의 경과

법무부는 1997년 9월에 상법개정사항에 대한 전반적 검토를 시작하여 1997년 10월 IMF 사태의 전후 본격적인 상법개정작업에 돌입하였다. 1997년 12월 19일에 상법개정특별분과위원회를 구성하였고, 1998년 3월 7일까지 6회에 걸친 회의개최를 통하여 상법개정초안을 마련한 뒤, 1998년 4월 1일 공청회를 열어서 각계의 의견을 수렴하였다. 1998년 4월 4일 상법개정분과위원회 7차 회의, 1998년 4월 11일 상법개정분과위원회 8차 회의를 개최하여 각계에서 개진된 의견을 반영한 다음 상법개정안을 마련하였고, 1998년 4월 22일부터 1998년 5월 11일까지 입법예고를 실시하였다. 1998년 6월 25일 제22회 차관회의를 거쳐, 1998년 6월 30일 제29회 국무회의에서 상법중개정법률안이 의결되었고, 1998년 7월 7일까지 상법중개정법률안이 국회에 제출되었다. 국회에 제출된 상법중개정법률안은 1998년 8월 17일 국회법사위원회에 회부된 뒤 1998년 8월 25일 제196회 국회(임시회) 법제사법위원회 제1차 위원회에 상정되었고, 대체토론을 거쳐 심층적 검토를 위하여 국회 법제사법위원회 산하 법무소위원회에 회부되었다. 1998년 11월 19일 제198회 국회(정기회) 법제사법위원회 제6차 위원회에서 상법중개정법률안이 국회 법제사법위원회 산하 법안심사 제1소위원회(위원장 최연희 의원)에 회부되었고, 1998년 11월 30일 법안심사 제1소위원회의 심의, 의결을 거쳐, 1998년 11월 39일 국회 법제사법위원회 제9차 위원회에서 소위원회의 심사보고가 있었으며, 1998년 12월 2일 국회 법제사법위원회 제10차 위원회에서 상법중개정법률안이 수정의결되었다(누적투표제의 명칭 변경 및 시행시기를 공포일부터 6개월후로 수정 등). 1998년 12월 2일 국회 본회의에서 상법중개정법률안이 의결되었고, 국회의결을 마친 상법중개정법률안은 정부이송후 1998년 12월 28일 법률 제5591로로 공포되어 공포일부터 시행되게 되었다.[66]

---

65) 法務部, 改正商法(會社編) 解說, 1999. 3, 7면.
66) 위의 책, 7-9면.

2. 주식제도에 관련된 사항의 개정내용

(1) 주식최저액면가의 인하

개정상법에서는 1주 최저액면금액을 종전의 5천원에서 100원으로 인하하였다(제329조 제4항). 주식의 최저액면가의 인하는 무액면주식제도의 도입 전단계로서 주식분할을 자유롭게 하고 신주발행시 기업자금조달의 편의를 도모하고자 하는 것이다.

주식액면가의 제도를 유지하는 경우, 회사합병 준비단계에서 주가차를 조절하고 고가주의 유통을 원활히 하기 위하여 주식분할을 자유롭게 할 수 있어야 하고, 자유로운 주식분할(stock split)을 위하여는 액면가를 자율적으로 인하할 수 있어야 하지만, 기업들이 주식최저액면금액을 5,000원(상법상 최저액면금액)으로 정하고 있어 자유로운 주식(액면)분할이 불가능하였다. 이에 자유로운 주식분할을 통한 기업자금조달의 다양화 및 기업경영의 편의를 제공하기 위하여 주식최저액면금액을 인하할 필요가 있었다.[67]

개 정 전 상 법	개 정 상 법
第329條 (資本의 構成, 株式의 券面額) ①株式會社의 資本은 5千萬원이상이어야 한다. <新設 1984. 4. 10> ②株式會社의 資本은 이를 株式으로 分割하여야 한다. ③株式의 金額은 均一하여야 한다. ④1株의 金額은 5千원이상으로 하여야 한다. <개정 1984. 4. 10>	第329條 (資本의 構成, 株式의 券面額) ①株式會社의 資本은 5千萬원이상이어야 한다. <新設 1984. 4. 10> ②株式會社의 資本은 이를 株式으로 分割하여야 한다. ③株式의 金額은 均一하여야 한다. ④1株의 金額은 100원이상으로 하여야 한다. <개정 1984. 4. 10>

(2) 주식분할제도의 신설

통상의 신주발행 또는 회사합병의 준비단계에서 주가차의 조절을 위하여 주식분할이 필요한 경우가 있다. 또한, 1주의 주가가 급등하여 유통이 어렵게 된 경우에는 주식분할에 의하여 1주의 주가를 인하함으로써 유통성을 회복할 수 있다. 정관상의 1주의 금액을 인하하는 경우에도 기존 주식의 분할방법을 취할 수 있다. 이

67) 위의 책, 22면.

러한 필요에서 주식분할제도를 도입하게 되었다. 주식분할의 경우 주식병합에 관한 절차, 구주권의 반환과 신주권의 교부, 단주처리 등의 문제를 명확히 처리하기 위하여 이에 관한 준용규정을 둘 필요가 있다.[68]

	개 정 상 법
〈신설〉	第329條의2 (株式의 分割) ①會社는 第434條의 規定에 의한 株主總會의 決議로 株式을 分割할 수 있다. ②第1項의 경우에 分割후의 1株의 금액은 第329條第4項의 規定에 의한 금액미만으로 하지 못한다. ③第440條 내지 第444條의 規定은 第1項의 規定에 의한 株式分割의 경우에 이를 準用한다. 〈개정 1998. 12. 28〉

3. 소수주주권과 중간배당제도의 개정내용

(1) 주주제안제도의 신설

이번 개정상법에서는 발행주식총수의 100분의 3 이상의 주식을 보유한 주주에게 주주총회의 목적사항(의제 또는 의안)을 이사회에 제안할 수 있는 주주제안제도를 도입하였다(제363조의2). 기업경영의 투명성을 제고함과 관련하여 주주의 적극적인 경영참여와 경영감시를 강화하기 위하여 주주에게 주주총회의 의결에 관하여 자신의 의안을 직접·간접으로 제출할 필요를 보장하기 위함이었다. 다만, 무분별한 주주제안을 막기 위하여 소수주주권(발행주식총수의 100분의 3 이상)으로 인정하였고, 회일의 6주간 전에 서면으로 청구하게 하였으며, 제안내용이 법령, 정관에 위반되는 경우에는 주주제안권을 인정하지 아니하였다. 주주제안권이 주주총회에서 일정비율 이상의 찬성을 받지 못한 때에는 관련주주에게 비용을 부담시키는 방안을 검토하자는 의견이 있었으나 주주제안권의 행사가 위축될 가능성을 고려하여 채택되지는 아니하였다.[69]

68) 위의 책, 24-25면.

69) 鄭竣雨, 株主提案權의 行使要件과 그 問題點, 商事法硏究 제21권 제3호(2002)(통권 제35호), 285-314면 참조.

	개 정 상 법
〈신설〉	第363條의2 (株式提案權) ①決定權 없는 株式을 제외한 發行株式總數의 100分의 3이상에 해당하는 株式을 가진 株主는 理事에 대하여 會日의 6週전에 書面으로 일정한 사항을 株主總會의 目的事項으로 할 것을 提案(이하 "株主提案"이라 한다)할 수 있다. ②第1項의 株主는 理事에 대하여 會日의 6週전에 書面으로 會議의 目的으로 할 사항에 추가하여 당해 株主가 제출하는 議案의 要領을 第363條에서 정하는 통지와 公告에 기재할 것을 請求할 수 있다. ③理事는 第1項에 의한 株主提案이 있는 경우에는 이를 理事會에 報告하고, 理事會는 株主提案의 내용이 法令 또는 定款에 위반되는 경우를 제외하고는 이를 株主總會의 目的事項으로 하여야 한다. 이 경우 株主提案을 한 者의 請求가 있을 때에는 株主總會에서 당해 議案을 설명할 기회를 주어야 한다. 〈개정 1998. 12. 28〉

(2) 집중투표제도의 도입

현재 지배주주에 의하여 일방적으로 선임되는 이사선임관행을 시정하여 소수주주의 이익을 보호함과 아울러 기업경영의 투명성을 보장하기 위하여 소수주주들에 의한 이사선임이 가능하도록 하였다. 즉, 소수주주들의 이익을 대변하는 이사를 최소한 1인 정도는 선임할 수 있는 길을 열어줄 필요성이 있다고 한 것이다.

이러한 취지에서 2인 이상 이사선임시 발행주식총수의 100분의 3 이상 주식을 보유한 주주의 청구에 의하여 다른 이사후보자에 대한 의결권을 포기하고 포기한 의결권을 합하여 의결권을 이사후보자 1인에게 집중하여 행사하거나(예컨대, 20% 주식보유주주의 경우 갑, 을, 병 3인의 이사후보 중 갑, 을에 대한 투표시 의결권을 포기하고 丙에 대하여 60%의 의결권을 행사), 2인에게 분산하여 의결권을 행사하는 집중투표제를 신설하였다(제382조의2).[70]

	개 정 상 법
〈신설〉	第382條의2 (集中投票) ①2人이상의 理事의 選任을 目的으로 하는 總會의 召集이 있을 때에는 議決權없는 株式을 제외한 發行株式總數의 100分의 3이상에 해당하는 株式을 가진 株主는 定款에서 달리 정하는 경우를 제외하고는 會社에 대하여 集中投票의 방법으로 理事를 選任할 것을 請求할 수 있다. ②第1項의 請求는 會日의 7日전까지 書面으로 이를 하여야 한다. ③第1項의 請求가 있는 경우에 理事의 選任決議에 관하여 각 株主는 1株마다 選任할 理事의 數와 동일한 數의 議決權을 가지며, 그 議決權은 理事 候補者 1人 또는 數人에게

70) 金性倬, 대주주의 이사선임 독점현상을 시정하기 위한 제도모색 – 집중투표제의 실효성 제고 방안을 중심으로 –, 商事法硏究 제20권 제3호(2001)(통권 제31호), 245-298면 참조.

	集中하여 投票하는 방법으로 행사할 수 있다. ④第3項의 規定에 의한 投票의 방법으로 理事를 選任하는 경우에는 投票의 最多數를 얻은 者부터 順次的으로 理事에 選任되는 것으로 한다. ⑤第1項의 請求가 있는 경우에는 議長은 議決에 앞서 그러한 請求가 있다는 취지를 알려야 한다. ⑥第2項의 書面은 總會가 終結될 때까지 이를 本店에 비치하고 株主로 하여금 營業時間 내에 閱覽할 수 있게 하여야 한다. 〈개정 1998. 12. 28〉

(3) 주주대표소송의 강화

개정상법에서는 기업경영의 투명성을 제고하고 이사의 경영책임을 강화하기 위하여 현재 유명무실한 대표소송제도를 활성화시킬 필요가 있으며, 따라서 대표소송의 행사요건을 완화할 필요가 있다고 보았다. 따라서 주주대표소송의 활성화를 도모하되 남용가능성을 고려하여 개정전 상법의 발행주식총수의 100분의 5를 100분의 1로 하향 조정하였다.

또한 대표소송제기권을 단독주주권으로 하지 아니하는 대신에 대표소송제기후 일부 주주의 이탈로 대표소송이 좌우되는 것을 막기 위하여 대표소송제기권의 지주요건(발행주식총수의 100분의 1)을 제소시에만 충족시키면 충분한 것으로 하였고, 제소시에 대표소송제기권의 지주요건을 갖춘 경우에는 변론종결시까지 일부주주의 이탈이 있더라도(발행주식을 1주도 가지지 못하는 경우는 제외) 제소의 효력에 영향을 주지 않도록 하였다. 그리고 대표소송의 목적을 달성하고 부당한 타협을 방지하기 위하여 소를 제기한 이후에는 법원의 허가를 밟지 않고는 소의 취하, 청구의 포기, 화해 등을 할 수 없도록 하였다(제403조).[71]

개 정 전 상 법	개 정 상 법
第403條 (株主의 代表訴訟) ①發行株式의 總數의 100分의 5以上에 該當하는 柱式을 가진 株主는 會社에 對하여 理事의 責任을 追窮할 訴의 提起를 請求할 수 있다. ②前項의 請求는 그 理由를 記載한 書面으로 하여야 한다. ③會社가 前項의 請求를 받은 날로부터 30日內	**第403條** (株主의 代表訴訟) ①發行株式의 總數의 100分의 1이상에 該當하는 柱式을 가진 株主는 會社에 對하여 理事의 責任을 追窮할 訴의 提起를 請求할 수 있다. 〈개정 1998. 12. 28〉 ②第1項의 請求는 그 理由를 記載한 書面으로 하여야 한다. 〈개정 1998. 12. 28〉 ③會社가 前項의 請求를 받은 날로부터 30日內

71) 김대연, 株主代表訴訟에서의 擔保提供命令制度 - 日本 法制의 現況을 중심으로 -, 商事法研究 제21권 제2호(2002)(통권 제34호), 376-396면 참조.

에 訴를 提起하지 아니한 때에는 第1項의 株主는 卽時 會社를 爲하여 訴를 提起할 수 있다. ④前項의 期間의 經過로 因하여 會社에 回復할 수 없는 損害가 생길 念慮가 있는 境遇에는 前項의 規定에 不拘하고 第1項의 株主는 卽時 訴를 提起할 수 있다.	에 訴를 提起하지 아니한 때에는 第1項의 株主는 卽時 會社를 爲하여 訴를 提起할 수 있다. ④第3項의 期間의 經過로 因하여 會社에 回復할 수 없는 損害가 생길 念慮가 있는 境遇에는 第3項의 規定에 不拘하고 第1項의 株主는 卽時 訴를 提起할 수 있다. 〈개정 1998. 12. 28〉
〈신 설〉	⑤第3項과 第4項의 訴를 제기한 株主의 保有株式이 提訴후 發行株式總數의 100分의 1미만으로 감소한 경우(發行株式을 보유하지 아니하게 된 경우를 제외한다)에도 提訴의 효력에는 영향이 없다. 〈개정 1998. 12. 28〉
〈신 설〉	⑥第3項과 第4項의 訴를 제기한 경우 當事者는 法院의 許可를 얻지 아니하고는 訴의 취하, 請求의 포기·認諾·和解를 할 수 없다. 〈개정 1998. 12. 28〉
⑤第176條第3項, 第4項과 第186條의 規定은 本條의 訴에 準用한다.	⑦第176條第3項, 第4項과 第186條의 規定은 本條의 訴에 준용한다.

(4) 중간배당제도의 도입

개정전 상법상 주식회사는 이익배당한도내에서 회계연도 중 1회 배당을 할 수 있었는데, 주식은 투하자본의 회수기간이 상대적으로 길고, 배당수익률이 공금리수준보다 훨씬 낮아서 배당수익을 기대한 투자관행의 정착에 부정적인 효과를 주고 있었다. 또 1회의 배당은 회사의 입장에서도 자금부담을 줄 우려도 있었다. 따라서, 개정 증권거래법(1998. 4. 1.)상 중간배당제도를 상법에 도입하여 정관에 정하는 자에 따라 이사회결의로써 사업년도중 1회에 한하여 현금으로 이익배당을 할 수 있도록 함으로써 회사에게 자율의 폭을 넓혀 주고자 하는 것이 개정상법 제462조의 3의 취지이다.[72)]

	개 정 상 법
〈신설〉	**第462條의3** (中間配當) ①年 1回의 決算期를 정한 會社는 營業年度중 1回에 한하여 理事會의 決議로 일정한 날을 정하여 그날의 株主에 대하여 金錢으로 利益을 配當(이하 이 條에서 "中間配當"이라 한다)할 수 있음을 定款으로 정할 수 있다. ②中間配當은 직전 決算期의 貸借對照表상의 純財産額에서 다음 各號의 금액을 공제한 額을 한도로 한다. 1.직전 決算期의 資本의 額

72) 위의 책, 72면.

	2.직전 決算期까지 積立된 資本準備金과 利益準備金의 合計額 3.직전 決算期의 定期總會에서 이익으로 配當하거나 또는 지급하기로 정한 금액 4.中間配當에 따라 당해 決算期에 積立하여야 할 利益準備金 ③會社는 당해 決算期의 貸借對照表상의 純財産額이 第462條第1項 各號의 금액의 合計額에 미치지 못할 우려가 있는 때에는 中間配當을 하여서는 아니된다. ④당해 決算期 貸借對照表상의 純財産額이 第462條第1項 各號의 금액의 合計額에 미치지 못함에도 불구하고 中間配當을 한 경우 理事는 會社에 대하여 連帶하여 그 差額(配當額이 그 差額보다 적을 경우에는 配當額)을 賠償할 責任이 있다. 다만, 理事가 第3項의 우려가 없다고 판단함에 있어 주의를 게을리하지 아니하였음을 증명한 때에는 그러하지 아니하다. ⑤第340條第1項, 第344條第1項, 第350條第3項(第423條第1項, 第516條第2項 및 第516條의9에서 準用하는 경우를 포함한다. 이하 이 項에서 같다), 第354條第1項, 第37條第1項, 第457條第2項, 第458條, 第464條 및 第625條第3號의 規定에 적용에 관하여는 中間配當을 第462條第1項의 規定에 의한 이익의 配當으로, 第350條第3項의 規定의 적용에 관하여는 第1項의 일정한 날을 營業年度末로 본다. ⑥第399條第2項·第3項 및 第400條의 規定은 第4項의 理事의 責任에 관하여, 第462條第2項 및 第3項의 規定은 第3項의 規定에 위반하여, 中間配當을 한 경우에 이를 準用한다. 〈개정 1998. 12. 28〉

4. 이사와 이사회에 관한 규정의 개정내용

(1) 이사의 충실의무조항의 신설

주식회사에 있어서 이사와 회사간의 관계는 위임관계로서 이사는 회사에 대하여 선량한 관리자로서의 주의의무를 지고 있다(상법 제382조 제2항, 민법 제681조). 개정상법에서는, 선량한 관리자의 주의의무에는 충실의무로 포함된다고 하는 입장도 있으나, 이를 명확히 함과 아울러 영미법상의 fiduciary duty를 도입하여 이사는 회사의 이익을 위하여 최선을 다하여 직무수행을 하여야 한다는 점을 뚜렷이 규정하고 이사의 책임강화를 선언한 것이다(제382조의3).[73)]

	개 정 상 법
〈신설〉	第382條의3 (理事의 忠實義務) 理事는 法令과 定款의 規定에 따라 會社를 위하여 그 職務를 忠實하게 수행하여야 한다. 〈개정 1998. 12. 28〉

73) 위의 책, 46면; 박기령, 이사의 선관의무와 충실의무의 법사학적 기원에 관한 고찰, 商事法研究 제30권 제2호 (2011. 8.) (통권 제71호), 477-506면 참조; 김병연, 理事의 忠實義務와 英美法上 信認義務(Fiduciary duty), 商事法研究 제24권 제3호 (2005) (통권 제48호), 61-82면 참조.

(2) 이사수의 자율화

개정전 상법은 모든 주식회사에 대하여 3인 이상의 이사를 두도록 하고 있었으나, 소규모의 회사까지 복수의 이사를 두도록 하는 것은 현실에 맞지 아니한다. 현실로도 소규모의 회사의 경우 등기부상 이사는 3인으로 되어 있지만, 실질적으로는 이사로서 활동하는 이사는 1인에 불과한 경우가 허다하며, 나머지는 명의만 이사로 등재해 놓고 있는 실정이다. 개정상법은 따라서 정관의 정함에 의하여 1인 또는 수인의 이사를 두도록 하고, 일정규모 이상의 자본을 가진 주식회사는 3인 이상의 이사를 두되, 경제상황을 감안하여 자본 5억 이상을 기준으로 삼았다(개정상법 제383조).

개 정 전 상 법	개 정 상 법
第383條 (員數, 任期) ①理事는 3人以上이어야 한다. 〈단서신설〉	第383條 (員數, 任期) ①理事는 3人以上이어야 한다. 다만, 資本의 總額이 5億원미만인 會社는 1人또는 2人으로 할 수 있다. 〈단서 1998. 12. 28〉
②理事의 任期는 3年을 超過하지 못한다. 〈개정 1984. 4. 10〉 ③第2項의 任期는 定款으로 그 任期中의 最終의 決算期에 關한 定期株主總會의 終結에 이르기까지 延長할 수 있다. 〈개정 1984. 4. 10〉	② ~ ③ (현행과 같음)
〈신 설〉	④第1項 但書의 規定에 의하여 理事가 1人이 된 경우에는 第302條第2項第5號의2, 第317條第2項第3號의2, 第335條第1項 但書・第2項, 第335條의2第1項・第3項, 第335條의3第1項・第2項, 第335條의7第1項, 第356條第6號의2, 第397條第1項・第2項, 第398條, 第416條 本文, 第461條第1項本文・第3項, 第462條의3第1項, 第464條의2第1項, 第469條, 第513條第2項 本文 및 第516條의2第2項 本文(準用되는 경우를 포함한다) 중 "理事會"는 이를 각각 "株主總會"로 보며, 第522條의3第1項 중 "理事會의 決議가 있는 때"는 "第363條第1項의 規定에 의한 株主總會의 召集通知가 있는 때"로 본다. 〈개정 1998. 12. 28〉
〈신 설〉	⑤第1項 但書의 規定에 의하여 理事가 1人이 된 경우에는 第390條 내지 第392條, 第393條第2項, 第 399條第2項, 第526條第3項, 第527條第4項, 第527條의2, 第527條의3第1項 및 第527條의5第2項의 規定은 이를 적용하지 아니한다. 〈개정 1998. 12. 28〉
〈신 설〉	⑥第1項 但書의 規定에 의하여 理事가 1人이

	된 경우에는 그 理事가 會社를 代表하며, 第362條, 第363條의2第3項, 第366條第1項, 第393條第1項 및 第412條의3第1項에 規定된 理事會의 機能을 담당한다. 〈개정 1998. 12. 28〉

(3) 업무지시자 등(사실상 이사)의 책임조항의 신설

개정전 상법상 주식회사의 1인의 주주 또는 지배주주가 자신의 뜻에 따라 이사를 임면하고 그 이사를 통하여 회사의 경영에 실질적으로 관여하고 있음에도 불구하고 법률상 이사가 아니어서 회사의 이사로서는 전혀 책임을 지지 아니하고 있는 것이 현실이었다. 이러한 업무집행지시자에 대하여는 법률상 이사와 동일한 책임을 부과함으로써 기업경영의 투명성을 꾀할 필요성이 있으나, 개정전 상법으로는 주주대표소송 등의 방법에 의한 책임추궁이 불가능하였다. 따라서 개정상법에서는 지배주주와 그 지배주주의 지시에 따라 회사의 경영에 관여하고 있는 자(가령 집단기업의 비서실장 또는 기조실장 등)에게 회사 및 제3자에 대하여 법률상 이사와 동일한 배상책임을 지우고, 이들의 회사에 대한 책임은 주주의 동의로도 면제할 수 없도록 제401조의2를 규정한 것이다. 「회사에 대한 자신의 영향력을 이용하여 이사에게 업무집행을 지시한 자」라는 문구를 사용한 것은 지배주주의 개념을 특정짓기가 곤란하고 주식 몇 퍼센트 소유로 대상자를 특정하는 경우에는 주식분산 및 명의신탁을 통하여 기업을 지배하는 사실상 지배주주에 대한 책임을 묻기가 곤란한 점 등을 감안한 것이다. 개정상법의 적용대상자는 사실상 회사경영에 관여하는 자를 상정하고 있으며, 구체적 기준은 판례에 의하여 형성될 수밖에 없다고 생각한다.[74]

5. 합병에 관한 사항의 개정내용

(1) 소규모합병제도의 신설

기업의 구조조정, M&A의 활성화를 위하여는 합병의 절차를 간소화하여야 한다. 개정전 상법은 합병의 경우에 합병으로 소멸하는 회사와 합병후 존속하는 회사

74) 위의 책, 55면; 정승욱, 業務執行關與者의 責任, 商事法研究 제17권 제2호 (1998) (통권 제21호), 267-286면 참조.

의 쌍방에 대하여 주주총회의 특별결의를 요구하고, 다만 간이(약식)합병의 경우(상법 제523조 제1항 단서)에 한하여 소멸회사의 주주총회를 생략할 수 있도록 하였다.[75)]

그러나 소멸회사의 자본과 규모가 존속회사에 비하여 매우 소규모인 경우에는 그 합병은 존속회사의 주주에게는 관심 밖의 사항일 수도 있고, 이 경우에는 존속회사의 주주총회도 생략할 수 있는 길을 열어줄 필요가 있다. 특히, 상장회사의 경우 주주총회를 소집하려면 2개월 이상의 기간과 많은 비용이 소요되기 때문에 이러한 번거로움을 제거하여 기업의 구조조정을 간편하게 하는 길을 열어 주어야 할 터이다.

그리하여 존속회사의 규모에 비하여 소규모(발행주식총수의 100분의 5)의 합병의 경우에 존속회사의 주주총회절차를 생략할 수 있도록 하였고, 주주총회를 생략함에 따라 존속회사의 주주보호를 위하여 공고 또는 통지의무를 부과하였고, 그 기산점을 합병계약서의 작성일로 명확히 하였다.

또한, 소규모합병에 반대하는 소수주주의 보호를 위하여 발행주식총수의 100분의 20 이상의 주주가 반대하는 경우에는 소규모의 합병절차로 합병할 수 없도록 하였다. 그리고 원활한 기업의 구조조정을 지원하고, 주식매수청구권이 합병의 최대걸림돌로 작용해 온 점과 주시매수청구권이 행사되는 경우 합병이 지극히 어려운 점을 고려하여 소규모합병의 경우에는 합병반대주주의 주식매수청구권은 인정하지 아니한다.

개 정 상 법	
〈신설〉	第527條의3 (小規模合併) ①合併後 存續하는 會社가 合併으로 인하여 發行하는 新株의 總數가 그 會社의 發行株式總數의 100分의 5를 초과하지 아니하는 때에는 그 存續하는 會社의 株主總會의 승인은 이를 理事會의 승인으로 갈음할 수 있다. 다만, 合併으로 인하여 消

75) M&A에 관하여는 송영화, 한국의 M&A법제와 외국계 펀드규제에 대한 일고찰, 商事法연구 제27권 1호(2008)(통권 제58호), 235-273면을 비롯하여, 특히 商事法研究 제9집 (1991)에서는 특집: 企業買受・合併(M&A)의 法律上 問題點에서, 李文星의 M&A의 序論的 考察, 7-27면; 徐正恒의 外國法上의 M&A, 29-64면; 姜熙甲의 企業의 買受・合併(M&A)과 支配株式의 讓渡, 65-115면; 金敎昌의 M&A에 關聯된 最近 日本의 裁判例, 117-128면; 田石鎭의 M&A의 外部株主들의 經營情報取得權, 129-149면; 宋鍾俊의 證券去來法과 M&A, 151-196면; 宋雙鍾의 M&A와 稅法上의 問題, 197-208면이 실려 있다. 그 외에 이동호, M&A 활성화 방안-기업구조조정과 관련하여-, 商事法研究 제17권 제2호(1998)(통권 제21호), 9-37면 참조.

	滅하는 會社의 株主에게 지급할 금액을 정한 경우에 그 금액이 存續하는 會社의 최종 貸借對照表上으로 현존하는 純資産額의 100分의 2를 초과하는 때에는 그러하지 아니하다. ②第1項의 경우에 存續하는 會社의 合併契約書에는 株主總會의 승인을 얻지 아니하고 合併을 한다는 뜻을 기재하여야 한다. ③第1項의 경우에 存續하는 會社는 合併契約書를 작성한 날부터 2週내에 消滅하는 會社의 商號 및 本店의 所在地, 合併을 한 날, 株主總會의 승인을 얻지 아니하고 合併을 한다는 뜻을 公告하거나 株主에게 통지하여야 한다. ④合併후 存續하는 會社의 發行株式總數의 100分의 20이상에 해당하는 株式을 所有한 株主가 第3項의 規定에 의한 公告 또는 통지를 한 날부터 2週내에 會社에 대하여 書面으로 第1項의 合併에 反對하는 의사를 통지한 때에는 第1項 本文의 規定에 의한 合併을 할 수 없다. ⑤第1項 本文의 경우에는 第522條의3의 規定은 이를 적용하지 아니한다. 〈개정 1998. 12. 28〉

(2) 합병에 관한 공시 강화 · 채권자의 보호절차

1) 합병에 관한 공시 강화

개정상법은 합병의 경우 주주 및 채권자를 보호하기 위하여 공시서류에 합병계약서, 주식배정에 관한 서면, 손익계산시를 추가하였고, 공시기간도 개정전 상법의 「주주총회 회일의 2주간 전부터」를 「주주총회 회일의 2주간 전부터 합병을 한 날 이후 6월이 경과하는 날까지」로 명확히 하였다(제522조의2 제1항). 또 공시서류가 변경됨에 따라 열람 및 등 · 초본 교부대상서류도 수정하였다(제522조의2 제2항).

개 정 전 상 법	개 정 상 법
第522條의2 (合併貸借對照表의 公示) ①理事는 第522條第1項의 株主總會會日의 2週間전부터 合併을 하는 各會社의 貸借對照表를 本店에 備置하여야 한다.	第522條의2 (合併契約書 등의 公示) ①理事는 第522條第1項의 株主總會會日의 2週전부터 合併을 한 날 이후 6月이 경과하는 날까지 다음 各號의 書類를 本店에 비치하여야 한다. 〈전면개정 1998. 12. 28〉 1. 合併契約書 2. 合併으로 인하여 消滅하는 會社의 株主에게 발행하는 株式의 配定에 관하여 그 이유를 기재한 書面 3. 각 會社의 최종의 貸借對照表와 損益計算書
②株主 및 會社債權者는 營業時間내에는 언제든지 第1項의 貸借對照表의 閱覽을 청구하거나, 會社가 정한 費用을 支給하고 그 謄本 또는 抄本의 交付를 請求할 수 있다. 〈개정 1984. 4.	②株主 및 會社債權者는 營業時間내에는 언제든지 第1項 各號의 書類를 청구하거나, 會社가 정한 費用을 支給하고 그 謄本 또는 抄本의 交付를 請求할 수 있다. 〈개정 1984. 4. 10〉 〈부분

10〉	개정 1998. 12. 28〉

2) 합병시 채권자보호절차의 조항신설

주식회사 합병의 경우 개정전 상법 제530조 제2항에서 제232조(채권자의 이의)를 준용하는 문구를 삭제하는 대신에 개정상법에서는 제527조의5를 신설하여 채권자보호절차의 규정을 별도로 마련하였다. 간이합병 및 소규모합병의 경우에는 합병시 주주총회의 승인결의가 생략되기 때문에, 이사회의 승인결의를 주주총회의 승인결의로 보도록 한 것이다.[76]

개 정 상 법	
〈신설〉	第527條의5 (債權者保護節次) ①會社는 第522條의 株主總會의 承認決議가 있은 날로부터 2週내에 債權者에 대하여 合併에 異議가 있으면 1月以上의 기간내에 이를 제출할 것을 公告하고 알고 있는 債權者에 대하여는 따로따로 이를 催告하여야 한다. ②第1項의 規定을 적용함에 있어서 第527條의2 및 第527條의3의 경우에는 理事會의 承認決議를 株主總會의 承認決議로 본다. ③第232條第2項 및 第3項의 規定은 第1項 및 第2項의 경우에 이를 準用한다. 〈개정 1998. 12. 28〉

6. 회사의 분할 · 분할합병의 개정내용

개정상법은 새로이 회사분할제도를 도입하고 있다(제530조의2 내지 제530조의12 신설). 먼저 회사분할에 관한 규정들을 독립한 절(제11절)로 분리하여 규정하고, 분할의 형태로는 단순분할과 분할합병 등을 인정한다(제5302조의2) 회사의 분할을 주주총회의 결의사항으로 하였고(제530조의3), 분할에 의한 회사설립은 주식회사의 설립에 관한 규정에 의하도록 하였다(제530조의4). 이는 기업주조조정 및 M&A의 활성화를 위하여 도입하는 제도로서는 꾸준히 요구되어온 제도이다.[77]

---

76) 위의 책, 100-101면.

77) 洪復基, 商法에 있어서 '會社의 分割'에 관한 규정의 도입검토, 商事法硏究 제17권 제1호(1997)(통권 제20호), 343-368면 참조; 김성호, 상법상 회사분할과 계산, 商事法硏究 제21권 제4호 (2003) (통권 제36호), 9-37면 참조; 김동민, 會社分割에서 債權者保護를 위한 連帶責任 規定의 限界, 商事法硏究 제25권 제4호(2007)(통권 제53호), 195-221면 참조.

(1) 분할의 유형

개정상법 제530조의2 제1항은 단순분할에 관한 규정이다. 예컨대 갑회사가 분할하여 을회사 및 병회사를 설립하고 갑회사는 해산하는 경우(완전분할, 해산분할) 또는 갑회사는 존속하면서 그 일부를 분리하여 을회사를 설립하는 경우(불완전분할, 존속분할)를 가리킨다. 을 및 병회사의 설립시의 발행주식은 갑회사의 주주에게 주주평등의 원칙에 따라서 교부된다.

제530조의2 제2항은 분할합병에 관한 규정이다. 예컨대 갑회사가 존속하면서 그 일부를 분할하기 위하여 기존회사인 병회사와 합치는 경우를 가리킨다. 이 경우 갑회사는 자본감소를 하고 병회사는 그 만큼의 자본증가를 하되 증가하는 만큼의 신주를 발행하여 갑회사와 주주에게 교부한다.

개정상법 제530조의2 제3항은 예컨대 갑회사가 분할하되 그 일부를 을회사(및 병회사)로서 설립하고 동시에 또 일부를 기존회사인 정회사와 합칠 수(합병) 있다는 취지이다(정회사는 자본증가를 한다). 갑회사는 존속하는 경우도 있고(불완전분할), 해산하는 경우(완전분할)도 있다. 을회사(및 병회사)의 설립시의 발행주식과 정회사의 신주는 갑회사의 주주에게 교부된다.

그리고 제4항는 해산사유가 발생한 회사는 분할하되 그 자체가 존속할 수는 없다는 취지이다. 즉, 갑회사에 해산사유가 발생한 경우에는(상법 제517조) 분할을 할 수 있으나, 을회사 및 병회사를 신설하는 방법을 취하거나(단순분할) 또는 존립중의 기존회사인 을 및 병회사와 합병하는 방법으로 할 수는 있다는 것이다. 어느 경우이든 갑회사는 해산하기 때문에 완전분할이 되며, 신설회사인 을 및 병회사의 설립시의 발행주식은 갑회사의 주주에게 주어진다. 또 분할합병의 경우에는 기존회사인 을 및 병회사의 자본증가에 따르는 신주는 갑회사의 주주에게 주어지는 것이다.[78]

	개 정 상 법
〈신설〉	第11節 會社의 分割 第530條의2 (會社의 分割・分割合併) ①會社는 分割에 의하여 1개 또는 수개의 會社를 設立할 수 있다.

78) 위의 책, 111-113면.

	②會社는 分割에 의하여 1개 또는 수개의 存立중의 會社와 合併(이하 "分割合併"이라 한다)할 수 있다. ③會社는 分割에 의하여 1개 또는 수개의 會社를 設立함과 동시에 分割合併할 수 있다. ④解散후의 會社는 存立중의 會社를 存續하는 會社로 하거나 새로 會社를 設立하는 경우에 한하여 分割 또는 分割合併할 수 있다. 〈개정 1998. 12. 29〉

(2) 분할계획서 · 분할합병계약서의 승인

개정상법은 단순분할의 경우에는 피분할회사(위의 예에서 갑회사)가 단독으로 분할을 정하므로 그에 관한 계획서(분할계획서)를 작성하여 주주총회의 승인을 얻도록 하고 있다. 또 분할합병의 경우에는 예컨대 갑회사가 분할하여 그 일부를 기존회사인 을회사와 합병하므로 양 회사의 이에 관한 계약서(분할합병계획서)를 작성하여 양 회사의 주주총회의 승인을 얻도록 하고 이에 관한 규정이다(제530조의3 제1항).

개정상법 제530조의3 제2항은 이 경우의 승인건의는 총회의 특별결의사항의 규정이다.

제3항은 위의 회사분할 또는 분할합병의 결의에는 의결권없는 주식을 가진 주주는 의결권을 행사할 수 있음을 인정한 규정이다. 주주의 보호를 고려한 것이다.

제530조의3 제4항은 총회의 소집통지서 및 공고에는 소집목적인 회사분할 또는 분할합병의 요령을 기재하도록 규정한 것이다.

개정상법 제530조의3 제5항은 예컨대 우선주와 보통주 또는 열후주 등의 수종의 주식을 발행한 회사가 분할을 하는 경우에 그로 인하여 우선주의 주주들에게 손해가 되는 때에는 그 종류의 주식(우선주)의 주주의 총회(종류주주총회)의 승인결의(제435조)를 얻도록 한 규정이다. 예컨대 갑회사의 우선주의 주주에게 신설회사 또는 기존회사인 병회사의 보통주가 주어지는 경우를 생각할 수가 있다.

제6항은 회사분할 또는 분할합병으로 인하여 관계회사의 주주의 부담이 가중되는 경우에는 위의 총회의 특별결의(제2항) 및 종류주주총회의 결의(제5항) 이외에 부담이 가중되는 주주의 동의를 얻도록 규정하고 있다. 이것은 주주유한책임의 원칙(상법 제331조)에서 당연한 것이지만, 주의적으로 규정한 것이다.[79]

79) 위의 책, 116-117면.

	개 정 상 법
〈신설〉	第530條의3 (分割計劃書・分割合併契約書의 승인) ①會社가 分割 또는 分割合併을 하는 때에는 分割計劃書 또는 分割合併契約書를 작성하여 株主總會의 승인을 얻어야 한다. ②第1項의 承認決議는 第434條의 規定에 의하여야 한다. ③第2項의 決議에 관하여는 第370條第1項의 株主도 議決權이 있다. ④分割計劃 또는 分割合併契約의 要領은 第363條에 정한 통지와 公告에 기재하여야 한다. ⑤會社가 數種의 株式을 發行한 경우에 分割 또는 分割合併으로 인하여 어느 종류의 株主에게 損害를 미치게 되는 때에는 第453條의 規定에 의하여 그 종류의 株主의 總會의 決議가 있어야 한다. ⑥會社의 分割 또는 分割合併으로 인하여 分割 또는 分割合併에 관련되는 각 會社의 株主의 부담이 加重되는 경우에는 第2項 및 第5項의 決議외에 그 株主 全員의 同意가 있어야 한다. 〈개정 1998. 12. 28〉

(3) 분할 및 분할합병에 의한 회사의 설립

개정상법 제530조의4 제1항은 회사분할 및 분할합병에 의한 신회사설립의 경우(제530조의2)의 절차에 있어서는 회사분할에 관하여 특별한 규정이 없는 사항에 관하여는 상법의 주식회사설립에 관한 규정(제3편 제4장 제1절)을 준용한다는 취지를 규정한 것이다.

또한 제2항 전단은 제530조의2 제1항과 같은 취지로 볼 수 있다. 후단은 신설되는 을회사의 주식을 갑회사의 주주에게 주주평등의 원칙에 따라서 주는 경우에는 회사설립시의 법원이 선임한 검사인에 의한 조사・보고(상법 제299조)를 생략할 수 있다는 취지를 규정한 것이다. 이 경우에는 주주의 보호를 위한 특별한 배려가 필요없기 때문이고, 설립절차를 간소화하기 위한 것이다.[80]

	개 정 상 법
〈신설〉	第530條의4 (分割에 의한 會社의 設立) ①이 章 第1節의 會社設立에 관한 規定은 第530條의2의 規定에 의한 會社의 設立에 관하여 이를 準用한다. ②第1項의 規定에 불구하고 分割에 의하여 設立되는 會社는 分割되는 會社의 出資만으로도 設立할 수 있다. 이 경우 分割되는 會社의 株主에게 그 株主가 가지는 그 會社의 株式의 比率에 따라서 設立되는 會社의 株式이 발행되는 때에는 第299條의 規定을 적용하지 아니한다. 〈개정 1998. 12. 29〉

80) 위의 책, 118-119면.

(4) 분할 및 분할합병후의 회사의 책임

개정상법(제530조의9)은 분할 또는 분할합병으로 인하여 설립되는 회사 또는 존속하는 회사가 원칙적으로 분할전 회사의 채무에 대하여 연대책임을 지도록 하면서도, 분할되는 회사가 주주총회의 특별결의로, 분할에 의하여 회사를 설립하는 경우에는 설립되는 회사가 분할되는 회사의 채무 중에서 출자한 재산에 관한 채무만을 부담하도록 정할 수 있게 하였다. 이는 기업의 구조조정을 원활히 하기 위한 것이 채무인수의 제한에 따른 채권자의 이익침해의 여지가 있기 때문에 채권자보호의 조치가 필요하고, 이러한 측면에서 합병에 있어서 채권자보호의 절차규정을 준용하도록 하고 있다(제530조의9 제4항).[81]

개 정 상 법	
〈신설〉	第530條의9 (分割 및 分割合併後의 會社의 責任) ①分割 또는 分割合併으로 인하여 設立되는 會社 또는 存續하는 會社는 分割 또는 分割合併前의 會社債務에 관하여 連帶하여 辨濟할 責任이 있다. ②第1項의 規定에 불구하고 分割되는 會社가 第530條의3第2項의 規定에 의한 決議로 分割에 의하여 會社를 設立하는 경우에는 設立되는 會社가 分割되는 會社의 債務중에서 出資한 財産에 관한 債務만을 부담할 것을 정할 수 있다. 이 경우 分割되는 會社가 分割後에 存續하는 때에는 分割로 인하여 設立되는 會社가 부담하지 아니하는 債務만을 부담한다. ③分割合併의 경우에 分割되는 會社는 第530條의3第2項의 規定에 의한 決議로 分割合併에 따른 出資를 받는 存立중의 會社가 分割되는 會社의 債務중에서 出資한 財産에 관한 債務만을 부담할 것을 정할 수 있다. 이 경우에는 第2項 後段의 規定을 準用한다. ④第439條第3項 및 第527條의5의 規定은 第2項의 경우에 이를 準用한다. 〈개정 1998. 12. 28〉

Ⅴ. 1999년의 상법개정(법률 제6086호)

1. 개정의 논의

1999년 9월 14일에 서울 서초동 변호사회관 대회의실(지하 1층)에서 열린 상법개정공청회에서 첫 번째로 주제발표에 나선 朴吉俊 교수는 "외환위기로 야기된 이른바 IMF사태는 모든 부문에 걸친 급격한 변화를 우리에게 강요하였으며, 이는

81) 위의 책, 134면.

입법에 있어서도 예외는 아니었다. 특히 기업관련법에 있어서는 IMF사태를 극복하기 위한 입법조치가 매우 광범위하고 빈번하게 이루어져 왔으며, 기업기본법인 상법도 작년에 이어 금년에 또 다시 개정되어야 하는 운명을 맞게 되었다. 지금까지 진행되어 온 기업관련법의 입법원리를 살펴보면 세 가지로 요약할 수 있다. 첫째는 이른바 IMF체제의 수용이다. IMF는 우리 기업의 국제경쟁력을 강화하기 위하여 ① 기업경영의 투명성 확보, ② 소수주주의 보호강화, ③ 업무집행에 대한 감시철저 등을 입법적으로 제도화할 것을 요구하였다. 둘째는, M&A 등 기업구조조정의 원활·신속성의 보장이다. 셋째로, 기업의 자금조달, 특히 외자유치가 용이하게 이루어질 수 있도록 장치를 마련하는 것이다. 이러한 입법원리에 따라 작년에 이어 금년에도 감사위원회의 도입을 비롯하여 여러 가지의 상법개정안이 마련되었다"고 서두를 밝히고 있다."[82] 이 날에 사회자는 梁承圭 교수가 맡았고, 상법개정요강안에 대한 주제발표(I)는 朴吉俊 교수가, 주제발표(II)는 金建植 교수가 발표하였다. 물론 4인의 지정토론도 있었다.

이러한 과정들을 거친 상법중개정법률안은 정부가 1999년 11월 12일에 국회에 제출하였다. 이 법률안은 동년 11월 26일 법사위를 통과한 후[83] 동년 12월 7일 국회본회의에서 통과되었다.[84]

2. 개정의 내용

(1) 기본방향

이번의 개정상법에서는 먼저 이사·감사 또는 피용자에게 동기를 부여하고, 회사의 유용한 인재확보를 통한 기업발전을 도모하기 위하여 이사 등에게 주식매수선택권(stock option)을 부여하는 제도를 도입하였다(제340조의2 제1항).

주주의 회사경영참여의 기회를 보장하기 위하여 주주의 서면의결권행사를 인정하고, 주주의 이사회 회의록의 열람·등사청구를 명문화하면서, 회사가 그 청구를 거절하는 경우에는 주주가 법원의 허가를 얻어 가능하도록 하며, 또한 주주총회와 관련하여서 주주총회의 의장에게 질서유지권을 부여하고 있다.

---

82) 法務部간행, 商法改正公聽會, 1999. 9. 14, 3-4면.
83) 제208회 국회 法制司法委員會會議錄 제9호, 제8면 참조.
84) 제208회 국회, 國會本會議會議錄 제20호, 제11면 참조.

다음에 이사회의 원활하고도 효율적인 운영을 위하여 통신수단에 의한 이사회의 참가를 허용하고, 정관이 정하는 바에 따라 이사회 내에 각종의 위원회를 설치하도록 하며, 이사회의 투명성을 제고하고자 이사회의 의사록의 기재사항을 추가하고 있다.

또한 감사제도를 변경하여 이사회내의 위원회의 일종으로 감사에 갈음하여 그 권한을 행사할 감사위원회제도를 임의제도로 도입하는 등을 내용으로 하고 있다.

(2) 주식매수선택권제도의 신설

개정상법 제340조의2 제1항에 의하면, 주식매수선택권이란 회사의 설립·경영·기술혁신 등에 기여하였거나 기여할 수 있는 이사·감사·피용자에게 특별히 유리한 가격으로 신주 또는 자기주식의 매수권을 부여하거나 주식의 실질가격과의 차액을 지급하는 제도이다. 이러한 주식매수선택권제도는 회사의 창업이나 경영성과의 향상에 기여하는 임직원에게 장기 incentive로서 상여금 성격의 자기회사주식을 취득할 권리 또는 주식평가차액을 지급받을 수 있는 권리를 부여하여 경영성과의 향상을 유인하기 위한 목적을 지니고 있다.[85] 주식매수선택권은 이미 증권거래법(1997. 1. 13.)과 벤처기업육성에 관한 특별조치법(1998. 12. 30.)에서 「주식매입선택권」이라는 이름으로 상장법인과 벤처기업에 도입되어 있는 제도였다.

개정상법 제340조의2 제2항 및 제3항에 의하면, 대주주 등에 대한 부당한 주식매수선택권을 부여하는 것을 제한하고 또한 그 남용을 방지하기 위하여 발행할 신주 또는 양도할 자기의 주식은 회사의 발행주식총수의 100분의 10을 초과할 수 없도록 부여한도를 설정하고 있다. 그런데 제340조의3 제3항에 의하면 주식매수선택권의 부여는 회사와 주주총회의 특별결의에 의하여 주식매수선택권을 부여받은 자와의 계약서에 의하도록 하되, 동조 제1항에 의하면 일정한 경우에는 이사회의 결의로 주식매수선택권의 부여를 취소할 수 있도록 하고 있다. 즉, 주식매수선택권의 부여는 「정관의 규정」과 「주주총회의 특별결의」로 하면서 그 부여의 취소(제340조

85) 이 제도는 원래 1920년대에 미국에서 시작, 발전되어 CEO보상제도로 정착되었으며, 일본에서는 특별법에 의하여 벤처기업에 대하여만 주식option제도를 실시하다가 1997년의 개정상법에서 이를 일반화하였다(일본상법 제280조의19 내지 제280조의22); 강 헌, 상법상 주식매수청구권제도의 문제점, 商事法研究 제21권 제2호(2002)(통권 제34호), 397-420면 참조.

의3 제1항 제5호)는 「이사회의 결의」로 할 수 있도록 하고 있어서 부여와 취소간의 불균형이 발생할 수 있는 점이 있으나, 이것은 주식매수선택권을 악용하는 경우 주주총회를 소집하여 사실상 이를 취소하기가 곤란하다는 점을 고려한 것으로 보인다. 결국 주식매수선택권의 취소로 인한 법적 분쟁의 경우에는 법원이 최종적으로 해결할 수밖에 없는 것으로 생각한다.

개 정 상 법	
〈신설〉	제340조의2 (株式買受選擇權) ①會社는 定款이 정한 바에 따라 第434條의 規定에 의한 株主總會의 決議로 會社의 設立・경영과 技術革新등에 기여하거나 기여할 수 있는 會社의 理事・ 監事 또는 被用者에게 미리 정한 價額(이하 "株式買受選擇權의 行使價額"이라 한다)으로 新株를 引受하거나 자기의 株式을 買受할 수 있는 權利(이하 "株式買受選擇權"이라 한다)를 부여할 수 있다. 다만, 株式買受選擇權의 行使價額이 株式의 實質金額보다 낮은 경우에 會社는 그 差額을 金錢으로 지급하거나 그 差額에 상당하는 자기의 株式을 讓渡할 수 있다. 이 경우 株式은 株式買受選擇權의 行使日을 기준으로 評價한다. ②다음 各號의 1에 해당하는 者에 대하여는 第1項에 規定된 株式買受選擇權을 부여할 수 없다. 1. 議決權없는 株式을 제외한 發行株式總數의 100分의 10이상의 株式을 가진 株主 2. 理事・監事의 選任과 解任등 會社의 主要經營事項에 대하여 사실상 影響力을 행사하는 者 3. 第1號와 第2號에 規定된 者의 配偶者와 直系尊・卑屬 ③第1項의 規定에 의하여 발행할 新株 또는 讓渡할 자기의 株式은 會社의 發行株式總額의 100分의 10을 초과할 수 없다. ④第1項에 規定한 株式買受選擇權의 行使價額은 다음 各號의 價額 이상이어야 한다. 1. 新株를 발행하는 경우에는 株式買受選擇權의 附與日을 기준으로 한 株式의 實質價額과 株式의 券面額 중 높은 금액 2. 자기의 株式을 讓渡하는 경우에는 株式買受選擇權의 附與日을 기준으로 한 株式의 實質價額 〈개정 1999. 12. 31〉
〈신설〉	제340조의3 (株式買受選擇權의 부여) ①第340條의2第1項의 株式買受選擇權에 관한 定款의 規定에는 다음 各號의 사항을 기재하여야 한다. 1. 일정한 경우 株式買受選擇權을 부여할 수 있다는 뜻 2. 株式買受選擇權의 행사로 발행하거나 讓渡할 株式의 종류와 數 3. 株式買受選擇權을 부여받을 者의 資格要件 4. 株式買受選擇權의 행사기간 5. 일정한 경우 理事會決議로 株式買受選擇權의 부여를 取消할 수 있다는 뜻 ②第340條의2第1項의 株式買受選擇權에 관한 株主總會의 決議에 있어서는 다음 各號의 사항을 정하여야 한다. 1. 株式買受選擇權을 부여받을 者의 姓名 2. 株式買受選擇權의 부여방법 3. 株式買受選擇權의 行使價額과 그 調整에 관한 사항 4. 株式買受選擇權의 행사기간 5. 株式買受選擇權을 부여받을 者 각각에 대하여 株式買受選擇權의 행사로 발행하거나

	讓渡할 株式의 종류와 數 ③會社는 第2項의 株主總會 決議에 의하여 株式買受選擇權을 부여 받은 者와 契約을 체결하고 상당한 기간내에 그에 관한 契約書를 작성하여야 한다. ④會社는 第3項의 契約書를 株式買受選擇權의 행사기간이 종료할 때까지 本店에 비치하고 株主로 하여금 營業時間내에 이를 閱覽할 수 있도록 하여야 한다. 〈개정 1999. 12. 31〉

(3) 주주총회 및 이사회의 운영개선에 관한 사항

1) 주주총회의 질서유지제도에 관한 사항

개정상법 제366조의2에 의하면, 총회 의장은 주주총회의 질서유지를 위하여 질서를 문란하게 하는 행위를 하는 자에 대하여 발언의 정지 또는 취소나 퇴장을 명할 수 있도록 하고, 필요하다고 인정하는 때에는 주주의 발언시간 및 발언회수를 제한할 수 있다고 규정하고 있다. 주주총회 의장의 질서유지권은 증권거래법(1997. 12.)에서 이미 도입하고 있는 점 등을 고려할 때에 그 제도의 도입필요성이 인정되는 것이고, 다만 총회의장의 질서유지권이 적정하게 행사되어 주주의 발언권을 제약하는 일이 없도록 그 운영의 묘가 있어야 할 것이다.[86)]

개 정 상 법	
〈신설〉	第366條의2 (總會의 秩序維持) ①總會의 議長은 定款에서 정함이 없는 때에는 總會에서 選任한다. ②總會의 議長은 總會의 秩序를 유지하고 議事를 整理한다. ③總會의 議長은 故意로 議事進行을 방해하기 위한 發言·행동을 하는 등 현저히 秩序를 문란하게 하는 者에 대하여 그 發言의 정지 또는 退場을 명할 수 있다. 〈개정 1999. 12. 31〉

2) 주주의 서면에 의한 의결권행사

개정상법 제368조의3에 의하면 주주는 정관이 정하는 바에 따라 총회에 출석하지 아니하고 서면에 의하여 의결권을 행사할 수 있도록 하여 서면에 의한 의결권행사제도를 도입하고 있다. 이 제도는 그동안 의결권행사를 용이하게 하는 투표제도의 개선책의 하나의 방책으로 제시된 바 있고, 이것은 국회법제사법위원회에서 제출된 상법개정에 관한 청원에서도 요구된 바 있다고 한다.[87)]

86) 林泓根, 株主總會의 運營上의 問題, 商事法研究 제13집(1994), 141-168면 참조.

따라서 서면투표제도는 소액주주의 회사경영에의 참여를 유도하고, 주주총회의 원활한 진행에 이바지하며, 주주수에 크게 구애받지 않고 주주총회의 장소를 모색할 수 있다. 또한 외국인주주의 의결권행사에 있어서 편의를 도모할 수 있다는 점에서 바람직하다는 보고가 뒤따르고 있다. 다만, 이 제도는 사전 서면에 의한 의결권의 행사로 인하여 의사진행(수정, 반대동의)에 적절하게 대처하기가 쉽지 않고, 주주총회에 출석한 주주들의 토의결과를 반영하기가 어려울 수 있다는 등 자칫 주주총회의 형해화를 불러올 우려가 있다는 점도 지적되고 있다.[88]

	개 정 상 법
〈신설〉	제368조의3 (書面에 의한 議決權의 행사) ①株主는 定款이 정한 바에 따라 總會에 출석하지 아니하고 書面에 의하여 議決權을 행사할 수 있다. ②會社는 總會의 召集通知書에 株主가 第1項의 規定에 의한 議決權을 행사하는데 필요한 書面과 參考資料를 첨부하여야 한다. 〈개정 1999. 12. 31〉

3) 이사회에서의 통신수단에 의한 회의참가

개정상법 제391조 제2항에 의하면, 이사의 전부 또는 일부가 직접 회의에 출석하지 아니하고 모든 이사가 동시에 서로 들을 수 있는 통신수단에 의하여 이사회에 참가할 수 있도록 하여 전화회의나 화상회의가 가능하도록 하고 있다. 이것은 이사회의 운영의 원활함과 편의성을 제고할 수 있고, 첨단의 통신수단을 이사회운영에 적극 활용한다는 점에서 그 의미가 자못 크다고 말할 수 있다. 다만 통신수단에 의한 회의참가가 단순한 회의참가는 물론 의결권행사까지도 할 수 있다고 하는 것이 그 입법취지로 본다면, 의결권까지도 부여하는 규정이 바람직하지 않을까 여겨진다.[89]

개 정 전 상 법	개 정 상 법
第391條 (理事會의 決議方法) ①理事會의 決議는 理事 過半數의 출석과 出席理事의 過半數	제391조 (理事會의 決議方法) ① (현행과 같음)

87) 1999년 12월경 법제사법위원회에 제출된 상법중개정법률안 심사보고서, 8면에서 기록되어 있다.

88) 위의 보고서, 9면; 권종호, 서면투표제도, 과연 입법상의 성과인가? 商事法研究 제17권 제2호(1998)(통권 제21호), 473-497면 참조.

89) 위의 보고서, 10면.

로 하여야 한다. 그러나 定款으로 그 比率을 높게 정할 수 있다. 〈신 설〉	
	②定款에서 달리 정하는 경우를 제외하고 理事會는 理事의 전부 또는 일부가 직접 會議에 출석하지 아니하고 모든 理事가 動映像 및 音聲을 동시에 送·受信하는 通信手段에 의하여 決議에 참가하는 것을 허용할 수 있다. 이 경우 당해理事는 理事會에 직접 출석한 것으로 본다. 〈개정 1999. 12. 31〉
②第368條第4項 및 第371條第2項의 規定은 第1項의 경우에 이를 準用한다. [전문개정 1984. 4. 10]	③ (현행 제2항과 같음)

(4) 이사회내 위원회제도 및 감사위원회제도의 신설

1) 이사회내의 위원회제도

개정상법 제393조의2에 의하면 이사회는 정관이 정하는 바에 따라 이사회 내에 2인 이상의 이사로 구성되는 위원회를 설치할 수 있다고 규정하고, 이사회는 대표이사의 선임 및 해임 등 일부사항을 제외하고 그 권한을 위원회에 위임할 수 있다고 하고 있다. 이것은 이사회의 운영의 효율성을 도모할 수 있는 제도이며, 미국의 경우를 보면 이사회 내의 업무진행위원회, 보수위원회 등이 활성화되어 있다는 점을 볼 때에 이 제도가 가지는 긍정적인 면이 입법화된 것에 작용하지 않았나 생각된다.[90)]

	개 정 상 법
〈신설〉	제393조의2 (理事會내 委員會) ①理事會는 定款이 정한 바에 따라 委員會를 設置할 수 있다. ②理事會는 다음 各號의 사항을 제외하고는 그 權限을 委員會에 위임할 수 있다. 1. 株主總會의 승인을 요하는 사항의 提案 2. 代表理事의 選任 및 解任 3. 委員會의 設置와 그 委員의 選任 및 解任 4. 定款에서 정하는 사항 ③委員會는 2人이상의 理事로 구성한다. ④委員會는 決議된 사항을 각 理事에게 통지하여야 한다. 이 경우 이를 통지받은 각 理事

90) 상법개정공청회에서 주제발표(II)에서 金建植 교수는 "앞으로 이사회의 효율적인 운영을 위하여는 위원회제도를 활성화해야 한다는 판단에 따라 이 기회에 위원회 일반에 대하여 규정을 두기로 하였다."고 밝히고 있다. 金교수의 논문, 19면 이하 참조.

	는 理事會의 召集을 요구할 수 있으며, 理事會는 委員會가 決議한 사항에 대하여 다시 決議할 수 있다. ⑤第386條第1項・第390條・第391條・第391條의3 및 第392條의 規定은 委員會에 관하여 이를 準用한다. 〈개정 1999. 12. 31〉

2) 감사위원회의 설치

개정상법 제415조의2에 의하면 회사는 정관이 정하는 바에 따라 감사에 갈음하는 감사위원회를 설치할 수 있도록 하고 있으며, 감사위원회는 3인 이상의 이사로 구성하고, 위원 중 3분의 2 이상은 사외이사로 선임하도록 하고 있다. 감사위원회제도는 미국 등 선진국에서 이용되는 제도로서, 기업지배구조의 개선과 밀접한 관계를 가지고 있다. 이 제도와 관련하여 사내감사로 인한 감사의 기능이 약화된다고 하는 대안으로 경영자로부터 독립적인 지위에 있는 감사제도의 필요성이 제기되어 온 것이 사실이다. 따라서 감사위원회제도는 그동안의 기업풍토와 감사현실 및 외국의 감사제도 등을 고려하여 그 도입의 필요성이 이번 입법에 실현된 것이다.[91)]

	개 정 상 법
〈신설〉	제415조의2 (監査委員會) ①會社는 定款이 정한 바에 따라 監事에 갈음하여 第393條의2의 規定에 의한 委員會로서 監査委員會를 設置할 수 있다. 監査委員會를 設置한 경우에는 監事를 둘 수 없다. ②監査委員會는 第393條의2第3項의 規定에 불구하고 3人이상의 理事로 구성한다. 다만, 다음 各號에 해당하는 者가 委員의 3分의 1을 넘을 수 없다. 1. 會社의 業務를 담당하는 理事 및 被用者 또는 選任된 날부터 2年이내에 業務를 담당한 理事 및 被用者이었던 者 2. 最大株主가 自然人인 경우 本人・配偶者 및 直系尊・卑屬 3. 最大株主가 法人인 경우 그 法人의 理事・監事 및 被用者 4. 理事의 配偶者 및 直系尊・卑屬 5. 會社의 母會社 또는 子會社의 理事・監事 및 被用者 6. 會社와 去來關係등 중요한 이해관계에 있는 法人의 理事・監事 및 被用者 7. 會社의 理事 및 被傭者가 理事로 있는 다른 會社의 理事・監事 및 被用者 ③監査委員會의 委員의 解任에 관한 理事會의 決議는 理事 總數의 3分의 2이상의 決議로 하여야 한다. ④監査委員會는 그 決議로 委員會를 代表할 者를 선정하여야 한다. 이 경우 數人의 委員이 공동으로 委員會를 代表할 것을 정할 수 있다. ⑤監査委員會는 會社의 費用으로 專門家의 助力을 구할 수 있다. ⑥第296條・第312條・第367條・第387條・第391條의2第2項・第394條第1項・第400

91) 金建植, 위의 논문, 28면 이하 참조.

	條·第402條 내지 第407條·第412條 내지 第414條·第447條의3·第447條의4·第450條·第527條의4·第530條의5第1項第9號·第530條의6第1項第10號 및 第534條의 規定은 監査委員會에 관하여 이를 準用한다. 이 경우 第530條의5第1項第9號 및 第530條의6第1項第10號 중 "監事"는 "監査委員會 委員"으로 본다. 〈개정 1999. 12. 31〉

(5) 분할합병요건의 완화 등 기타사항

개정상법 제530조의11 제2항에 의하면, 주식회사가 소규모로 분할합병하는 경우에는 간이합병 및 소규모합병에 관한 규정을 준용하여 주주총회의 결의에 의하여 이사회의 결의로 분할합병할 수 있도록 그 요건을 완화하고 있다. 이것은 원활한 기업분할을 도모한다는 측면에서 적정한 것이며, 또한 개정상법 제564조 등에 의하면 유한회사의 경우 소수사원의 유지청구권의 제기요건을 자본총액의 100분의 5에서 100분의 3으로 인하하는 등 소수사원권을 강화하고 있다. 기타 관련조문에서 주식회사와 같이 중간배당제도를 도입하는 등 유한회사와 관련된 규정을 정비하고 있다.

개 정 전 상 법	개 정 상 법
第530條의11 (準用規定) ①第234條, 第237條 내지 第240條, 第329條의2, 第440條 내지 第444條, 第526條 第527條, 第528條 및 第529條의 規定은 分割 또는 分割合併의 경우에 이를 準用한다. 다만, 第527條의 設立委員은 代表理事로 한다.	제530조의11 (準用規定) ① (현행과 같음)
②第374條第2項, 第439條第3項, 第522條의3 및 第527條의5의 規定은 分割合併의 경우에 이를 準用한다. 〈신설 1998. 12. 28〉	②第374條第2項, 第439條第3項, 第522條의3, 第527條의2, 第527條의3 및 第527條의5의 規定은 分割合併의 경우에 이를 準用한다. 〈개정 1999. 12. 31〉

개 정 상 법	
〈신설〉	제564조의2 (留止請求權) 理事가 法令 또는 定款에 위반한 행위를 하여 이로 인하여 會社에 회복할 수 없는 損害가 생길 염려가 있는 경우에는 監事 또는 資本의 總額의 100分의 3 이상에 해당하는 出資座數를 가진 社員은 會社를 위하여 理事에 대하여 그 행위를 留止할 것을 請求할 수 있다. 〈개정 1999. 12. 31〉

제 4 절 2000년대의 상법개정

Ⅰ. 2001년의 상법개정(법률 제6488호)

1. 개정의 논의

기업관련법에 있어서는 IMF사태를 극복하기 위한 입법조치가 매우 광범위하고 빈번하게 이루어져 왔으며, 기업기본법인 상법도 작년에 이어 금년에 또 다시 개정되어야 하는 운명을 맞게 되었다. 1999년 12월 12일자로 상법개정을 한 지 1년도 채 되지 않아서 다시 상법개정을 하게 되었다. 2000년 10월 11일 서초동 변호사회관 대회의실(지하 1층)에서 개최된 상법개정공청회의 기업지배구조개선 용역보고서 5대 쟁점 및 현행상법규정 속에서 취급된 논제는 ① 이사·이사회제도개선, ② 소수주주권의 강화, ③ 집중투표제 의무화, ④ 주주의 신주인수권의 강화, ⑤ 이해관계자 거래에 대한 감독 등이었다.

첫째 논제인 이사·이사회제도개선에서 보고서는 이사의 정보접근권의 강화, 이사회승인을 요하는 사항에 대한 명시적 규정, 이사 등의 비밀유지의무의 명시, 상장회사 사외이사 추천절차, 주주에 대한 이사의 충실의무 신설을 나누어 보고하고,

둘째 논제인 소수주주권의 강화에서는 검사인선임청구권의 단독주주권화, 회계장부열람권, 주주대표소송의 개선 등을 살피며,

셋째 논제인 집중투표제 의무화에서는 집중투표제의 실효성 제고를 제의하고,

넷째 논제인 주주의 신주인수권 강화에서는 상장회사의 경우, 주주의 신주인수권을 정관에서 배제할 수 있도록 규정한 조항을 삭제하여야 한다고 지적하였다.

그리고 다섯째 논제인 이해관계자 거래에 대한 감독에서는, 상장회사의 경우와 비상장회사의 경우로 나누어 상장회사 또는 자회사의 이해관계자 거래시 정상적인 거래조건에 따라 시가로 이루어지는 것만 이해관계가 없는 사외이사가 승인하여야 한다는 등을 제안하고, 비상장회사의 경우에는 대규모 이해관계자 거래는 이해관

계 없는 주주 과반수의 승인이 필요하다는 점 등을 권고하기도 하였다.[92)]

이 법률안은 2000년 12월 30일에 정부로부터 제출되어 2001년 1월 3일에 국회 법제사법위원회에 회부되었다. 그 후 2001년 2월 27일에 법제사법위원회에서 심도 있는 심의를 거쳐[93)] 2001년 6월 28일 국회본회의에서 통과를 보았다.[94)]

2. 개정의 이유

정부가 2001년 2월에 국회에 상법중개정법률안의 검토보고에서 밝힌 개정이유는 다음과 같다.

기업경영의 투명성을 제고하고 국제경쟁력을 강화하기 위하여 주주총회의 결의사항을 확대하고, 이사회제도를 개선하며 주주의 신주인수권을 강화하는 등 기업지배구조를 개선하고, 지주회사 설립을 위한 주식의 포괄적 교환·이전제도를 도입하여 기업의 구조조정을 지원하려는 것에 있다.

3. 개정의 특색

2001년 6월에 개정된 상법의 특색을 요약하면 다음과 같다.

(1) 발기인의 정원의 하한철폐

개정상법은 「주식회사를 설립함에는 발기인이 정관을 작성하여야 한다」(제288조)라고 하여 발기인의 정수에 관하여 하한을 두지 않고 발기인은 1인으로 충분한 것으로 하였다. 따라서 개정상법은 회사의 성립시부터 1인회사의 설립을 인정한 것이다. 이 규정은 개정상법 제543조 제1항의 규정에 의하여 유한회사에도 그와 같이 규정하고 있다. 1인회사를 위와 같이 입법으로 해결을 하고 있으나, 분명히 회사의 사단성(제171조 제1항)과 모순되며, 주식회사에 있어서는 하나의 예외현상(Ausnahmeerscheinung)이 아닐 수 없다.[95)]

---

92) 법무부간행, 商法改正公聽會, 2000. 10, 3-16면 참조.

93) 2001년 2월 27일자 제218회 국회(임시회), 法制司法委員會會議錄 제5호, 9-19면 참조.

94) 2001년 6월 28일자 제222회 國會本會議會議錄 제9호, 2-4면.

95) Friedrich Kübler, Gesellschaftsrecht, 2 Aufl. 1986, S. 309에서는 「회사법에 대하여 1인회사는 하나의 예외현상을 의미한다」고 한다. Erich Schanze, Einmanngesellschaft und Durchgriffshaftung - Konzeptionalisierungsprobleme gesellschaftlicher Zurechnung, 1975, Alfred

개 정 전 상 법	개 정 상 법
第288條 (發起人) 株式會社의 設立에는 3人以上의 發起人이 있어야 한다.	제288조 (발기인) 주식회사를 설립함에는 발기인이 정관을 작성하여야 한다. 〈개정 2001. 7. 24〉

(2) 주식매수가액결정 청구절차의 개선

종래의 상법의 규정에 의하면, 주주와 회사간에 주식매수가액에 관하여 협의가 이루어지지 않는 경우에 회계전문가에 의하여 산정된 가액을 매수가액으로 하고, 그 산정된 매수가액에 대하여 반대하는 경우에는 그 가액의 통지를 받은 날로부터 30일 내에 법원에 대하여 매수가액의 결정을 청구할 수 있도록 하였다(제335조의5 제2항). 이런 규정은 자율적인 매수가액의 결정을 존중하려는 취지로 보이나, 다른 한편 주주평등의 원칙에 맞지 아니하고, 나아가서 재판청구권을 사실상 제한하는 문제가 있었다. 따라서 주주와 회사간에 협의가 이루어지지 않는 경우에는 바로 소송으로 가게 되는 점이 개정상법의 특색이라 할 수 있다.

개 정 전 상 법	개 정 상 법
第374條 (營業讓渡, 讓受, 賃貸等) ①會社가 다음의 行爲를 함에는 第434條에 定하는 決議가 있어야 한다. 1. 營業의 全部 또는 重要한 一部의 讓渡 2. 營業全部의 賃貸 또는 經營委任, 他人과 營業의 損益全部를 같이하는 契約 其他 이에 準할 契約의 締結, 變更 또는 解約 3. 다른 會社의 營業全部의 讓受 ②第1項의 행위에 관한 株主總會의 召集의 통지 또는 公告를 하는 때에는 第374條의2第1項 및 第2項의 規定에 의한 株式買受請求權의 내용 및 행사방법을 명시하여야 한다. 〈신설개정 1995. 12. 29〉	제374조 (營業讓渡, 讓受, 賃貸等) ①會社가 다음의 行爲를 함에는 第434條에 定하는 決議가 있어야 한다. 1. ~ 3. (현행과 같음) 4. 회사의 영업에 중대한 영향을 미치는 다른 회사의 영업 일부의 讓受 〈신설개정 2001. 7. 24〉 ② (현행과 같음) 〈신설개정 1995. 12. 29〉
第374條의2 (反對株主의 株式買受請求權) ①第374條의 規定에 의한 決議事項에 반대하는 株主는 株主總會전에 會社에 대하여 書面으로 그 決議에 反對하는 의사를 통지한 경우에는 그 總會의 決議日부터 20日 내에 株式의 종류와 數를 기재한 書面으로 會社에 대하여 자기가	제374조의2 (反對株主의 株式買受請求權) ① (현행과 같음)

Metzner Verlag, SS. 40 이하에서는 법인의 본질과 관련지워 논리적으로 설명을 시도하고 있다.

所有하고 있는 株式의 買受를 請求할 수 있다.	
②會社는 第1項의 請求를 받은 날부터 2月 이내에 그 株式을 買受하여야 한다.	② (현행과 같음)
③第2項의 規定에 의한 株式의 買受價額은 株主와 會社間의 協議에 의하여 決定한다. 다만, 協議가 이루어지지 아니하는 경우에는 會計專門家에 의하여 算定된 價額을 買受價額으로 한다.	③第2項의 規定에 의한 株式의 買受價額은 株主와 會社間의 協議에 의하여 決定한다. (삭제) 〈개정 2001. 7. 24〉
④會社 또는 株式의 買受를 請求한 株主가 보유한 株式의 100分의 30 이상이 第3項 但書의 規定에 의하여 決定된 買受價額에 反對하는 경우에는 그 價額을 決定한 때부터 30日 내에 法院에 대하여 買受價額의 決定을 請求할 수 있다. 〈신설개정 1995. 12. 29〉	④제1항의 청구를 받은 날부터 30일 이내에 제3항의 규정에 의한 협의가 이루어지지 아니한 경우에는 회사 또는 주식의 매수를 청구한 주주는 법원에 대하여 매수가액의 결정을 청구할 수 있다. 〈전문개정 2001. 7. 24〉 ⑤법원이 제4항의 규정에 의하여 주식의 매수가액을 결정하는 경우에는 회사의 재산상태 그 밖의 사정을 참작하여 공정한 가액으로 이를 산정하여야 한다. 〈신설 2001. 7. 24〉
第335條의5 (買受價額의 決定) ①第335條의4의 경우에 그 株式의 買受價額은 株主와 買受請求人間의 協議로 이를 決定한다. 다만, 協議가 이루어지지 아니한 때에는 會社가 지정하는 會計專門家 또는 法院에 그 買受價額의 算定을 請求할 수 있다.	제335조의5 (賣渡價額의 결정) ①第335條의4의 경우에 그 株式의 매도가액은 株主와 매도청구인간의 協議로 이를 決定한다. (삭제)
②株主 또는 買受請求人이 第1項 但書의 規定에 의하여 會計專門家가 算定한 買受價額에 反對하는 경우에는 그 價額의 통지를 받은 날부터 30日 내에 法院에 대하여 買受價額의 決定을 請求할 수 있다. 〈전문신설 1995. 12. 29〉	②제374조의2제4항 및 제5항의 규정은 제335조의4제1항의 규정에 의한 청구를 받은 날부터 30일 이내에 제1항의 규정에 의한 협의가 이루어지지 아니하는 경우에 이를 준용한다. 〈전문개정 2001. 7. 24〉

(3) 모자회사의 요건강화

종래 「…발행주식의 총수의 100분의 40…」을 개정상법 제342조의2의 규정은 「…100분의 50…」으로 고쳤다. 이것은 모자회사의 정의를 단순히 과반수 출자기준에 의하여 규정한 것이다.

개 정 전 상 법	개 정 상 법
第342條의2 (子會社에 의한 母會社株式의 取得) ①다른 會社의 發行株式의 總數의 100分의 40을 초과하는 株式을 가진 會社(이하 "母會社"라 한다)의 株式은 다음의 경우를 제외하고는 그 다른 會社(이하 "子會社"라 한다)가 이를	제342조의2 (子會社에 의한 母會社株式의 取得) ①다른 會社의 發行株式의 總數의 100분의 50을 초과하는 株式을 가진 會社(이하 "母會社"라 한다)의 株式은 다음의 경우를 제외하고는 그 다른 會社(이하 "子會社"라 한다)가 이를

取得할 수 없다. 1. 會社의 合併 또는 다른 會社의 營業全部의 讓受로 인한 때 2. 會社의 權利를 實行함에 있어 그 目的을 達成하기 위하여 필요한 때 ②第1項 各號의 경우 子會社는 그 株式을 取得한 날로부터 6月이내에 母會社의 株式을 처분하여야 한다. ③다른 會社의 發行株式의 總數의 100분의 40을 초과하는 株式을 母會社 및 子會社 또는 子會社가 가지고 있는 경우 그 다른 會社는 이 法의 適用에 있어 그 母會社의 子會社로 본다. [본조신설 1984. 4. 10]	取得할 수 없다. 1. 주식의 포괄적 교환, 주식의 포괄적 이전, 회사의 합병 또는 다른 회사의 영업전부의 讓受로 인한 때 <전면개정 2001. 7. 24> 2. (현행과 같음) ② (현행과 같음) ③다른 會社의 發行株式의 總數의 100분의 50을 초과하는 株式을 母會社 및 子會社 또는 子會社가 가지고 있는 경우 그 다른 會社는 이 法의 適用에 있어 그 母會社의 子會社로 본다. [본조신설 1984. 4. 10]

(4) 주주총회의 특별결의에 의한 주식소각

종래 상법에서는 주식의 소각에는 자본감소의 규정에 의하여 하는 경우와 정관에 정한 바에 따라 주주에게 배당할 이익으로써 하는 경우 2가지가 있었다(제343조). 후자는 다시 특정한 종류의 주식에 관하여만 소각이 인정되는 상환주식의 상환(제345조)과 모든 주식에 대하여 평등하게 소각이 이루어지는 이익소각으로 나누어졌다. 그런데 이번 개정상법에서는 정관의 정함이 없더라도 총회의 특별결의로써 이익으로 소각할 수 있는 길을 열어 놓고 있다. 정관의 정함이 없어도 총회의 특별결의만 있으면 소각할 수 있다는 점에서 종래의 이익소각과 구별된다.

개 정 전 상 법	개 정 상 법
第343條 (株式의 消却) ①株式은 資本減少에 關한 規定에 依하여서만 消却할 수 있다. 그러나 定款의 定한 바에 依하여 株主에게 配當할 利益으로써 株式을 消却하는 境遇에는 그러하지 아니하다. ②第440條와 第441條의 規定은 株式을 消却하는 境遇에 準用한다.	
<신 설>	제343조의2 (총회의 결의에 의한 주식소각) ①회사는 제343조의 규정에 의하는 경우 외에 정기총회에서 제434조의 규정에 의한 결의에 의하여 주식을 매수하여 이를 소각할 수 있다. ②제1항의 규정에 의한 총회의 결의에서는 매수할 주식의 종류, 총수, 취득가액의 총액 및 주식을 매수할 수 있는 기간을 정하여야 한다.

	③제2항의 경우에 매수할 수 있는 주식의 취득가액의 총액은 대차대조표상의 순자산액에서 제462조제1항 각호의 금액을 공제한 액을 초과하지 못한다. ④제2항의 경우에 주식을 매수할 수 있는 기간은 제1항의 결의후 최초의 결산기에 관한 정기총회가 종결한 후로 정하지 못한다. ⑤회사는 당해 영업연도의 결산기에 대차대조표상의 순자산액이 제462조제1항 각호의 금액의 합계액에 미치지 못할 우려가 있는 때에는 제1항의 규정에 의한 주식의 매수를 하여서는 아니된다.
第345條 (償還株式) ①前條의 境遇에는 利益配當에 關하여 優先的 內容이 있는 種類의 株式에 對하여 利益으로써 消却할 수 있는 것으로 할 수 있다. ②前項의 境遇에는 償還價額, 償還期間, 償還方法과 數를 定款에 記載하여야 한다.	⑥당해 영업연도의 결산기에 대차대조표상의 순자산액이 제462조제1항 각호의 금액의 합계액에 미치지 못함에도 불구하고 회사가 제1항의 규정에 의하여 주식을 매수하여 소각한 경우 이사는 회사에 대하여 연대하여 그 미치지 못한 금액을 배상할 책임이 있다. 이 경우 제462조의3 제4항 단서의 규정을 준용한다. 〈개정 2001. 7. 24〉

(5) 주식교환과 주식이전

2001년 개정상법의 최고 하이라이트는 완전모회사를 창설하기 위한 제도로서, 주식의 포괄적 교환제도 및 주식의 포괄적 이전제도가 신설되었다는 점이다. 2001년 개정상법에서 완전모회사의 창설에 관한 규정을 두게 된 계기는 1999년 개정된 독점 및 공정거래에 관한 법률 제8조의 규정을 제도적으로 보완하기 위함이었다. 지주회사(holding corporation)란 것은 다른 회사의 주식을 보유함으로써 그 회사를 지배함을 목적으로 하는 회사이다. 이 지주회사의 제도적 보완책이 바로 주식교환·주식이전의 제도(제360조의2 내지 제360조의23)이다.

주식의 포괄적 교환과 포괄적 이전은 모두 완전한 모회사의 설립을 전제로 한다. 다만 포괄적 주식교환방식은 회사가 신주를 발행하여 다른 회사의 주주가 가진 주신 전부를 교환하도록 함으로써 그 다른 회사의 모회사가 되는 방식이다. 이에 비하여 포괄적 이전방식은 회사가 별도의 완전모회사를 설립하여 주주가 가진 그 회사의 주식 전부를 새로 설립하는 완전모회사에 이전함으로써 완전자회사가 되는 것이다. 주식의 포괄적 교환 또는 이전제도는 현행제도들의 절차, 비용의 한계를 극복하면서 기본적으로 기업의 물적 조직은 그대로 둔 채 인적 조직만 이전시키기 위한 것이고, 완전 모・자회사관계인 순수지주회사의 설립에 대한 상법상 제도적 지원책을 마련한 것이라 볼 수 있다.

개 정 상 법	
〈신설〉	제360조의2 (주식의 포괄적 교환에 의한 완전모회사의 설립) ①회사는 이 관의 규정에 의한 주식의 포괄적 교환에 의하여 다른 회사의 발행주식의 총수를 소유하는 회사(이하 "완전모회사"라 한다)가 될 수 있다. 이 경우 그 다른 회사를 "완전자회사"라 한다. ②주식의 포괄적 교환(이하 이 관에서 "주식교환"이라 한다)에 의하여 완전자회사가 되는 회사의 주주가 가지는 그 회사의 주식은 주식을 교환하는 날에 주식교환에 의하여 완전모회사가 되는 회사에 이전하고, 그 완전자회사가 되는 회사의 주주는 그 완전모회사가 되는 회사가 주식교환을 위하여 발행하는 신주의 배정을 받음으로써 그 회사의 주주가 된다. 〈개정 2001. 7. 24〉
〈신설〉	제360조의15 (주식의 포괄적 이전에 의한 완전모회사의 설립) ①회사는 이 관의 규정에 의한 주식의 포괄적 이전(이하 이 관에서 "주식이전"이라 한다)에 의하여 완전모회사를 설립하고 완전자회사가 될 수 있다. ②주식이전에 의하여 완전자회사가 되는 회사의 주주가 소유하는 그 회사의 주식은 주식이전에 의하여 설립하는 완전모회사에 이전하고, 그 완전자회사가 되는 회사의 주주는 그 완전모회사가 주식이전을 위하여 발행하는 주식의 배정을 받음으로써 그 완전모회사의 주주가 된다. 〈개정 2001. 7. 24〉

(6) 주주총회의 소집통지 및 권한신설

하나는 총회를 소집함에는 종래는 상법 제363조 제1항에서 서면으로 통지를 발송하던 것은, 개정상법에서는 「…서면 또는 전자문서로 통지할 수 있다」고 개정한 것이다. 다른 하나는 종래의 상법 제374조 제1항에 「4. 회사의 영업에 중대한 영향을 미치는 다른 회사의 영업 일부의 양수」에 관한 규정을 신설한 점이다.

개 정 전 상 법	개 정 상 법
第363條 (召集의 通知, 公告) ①總會를 召集함에는 會日을 定하여 2週間前에 各株主에 對하여 書面으로 通知를 發送하여야 한다. 다만, 그 통지가 株主名簿상의 株主의 住所에 계속 3年間 도달하지 아니한 때에는 會社는 당해 株主에게 總會의 召集을 통지하지 아니할 수 있다. 〈단서개정 1995. 12. 29〉 ②前項의 通知書에는 會議의 目的事項을 記載하여야 한다.	제363조 (召集의 通知, 公告) ①總會를 召集함에는 會日을 定하여 2週間前에 各株主에 對하여 書面 또는 전자문서로 通知를 發送하여야 한다. 다만, 그 통지가 株主名簿상의 株主의 住所에 계속 3年間 도달하지 아니한 때에는 會社는 당해 株主에게 總會의 召集을 통지하지 아니할 수 있다. 〈단서개정 1995. 12. 29〉 〈일부개정 2001. 7. 24〉 ② ~ ④ (현행과 같음)

③會社가 無記名式의 株券을 發行한 境遇에는 會日의 3週間前에 總會를 召集하는 뜻과 會議의 目的事項을 公告하여야 한다. ④前3項의 規定은 議決權없는 株主에 對하여는 適用하지 아니한다.	

(7) 이사회에 관한 규정의 신설

개정상법에서는 첫째로 이사의 비밀유지의무, 둘째로 소집권없는 이사에게 이사회의 소집을 할 수 있게 하며, 셋째로 이사의 업무집행에 관한 일반규정인 상법 제393조 제1항의 규정을 대폭 강화하고, 넷째로 평이사의 정보접근권을 강화한 점이 특기할 만하다.

개 정 전 상 법	개 정 상 법
〈신 설〉	제382조의4 (이사의 비밀유지의무) 이사는 재임중 뿐만 아니라 퇴임후에도 직무상 알게 된 회사의 영업상 비밀을 누설하여서는 아니된다. 〈개정 2001. 7. 24〉
第390條 (理事會의 召集) ①理事會는 各理事가 召集한다. 그러나 理事會의 決議로 召集할 理事를 定한 때에는 그러하지 아니하다.	제390조 (理事會의 召集) ① (현행과 같음)
〈신 설〉	②제1항 단서의 규정에 의하여 소집권자로 지정되지 않은 다른 이사는 소집권자인 이사에게 이사회 소집을 요구할 수 있다. 소집권자인 이사가 정당한 이유없이 이사회 소집을 거절하는 경우에는 다른 이사가 이사회를 소집할 수 있다. 〈개정 2001. 7. 24〉
②理事會를 召集함에는 會日을 定하고 그 1週間前에 各 理事 및 監事에 對하여 通知를 發送하여야 한다. 그러나 그 期間은 定款으로 短縮할 수 있다. 〈개정 1984. 4. 10〉	③ (현행 제2항과 같음) 〈개정 1984. 4. 10〉
③理事會는 理事 및 監事全員의 同意가 있는 때에는 第2項의 節次없이 언제든지 會議할 수 있다. 〈개정 1984. 4. 10〉	④理事會는 理事 및 監事全員의 同意가 있는 때에는 第3項의 節次없이 언제든지 會議할 수 있다. 〈개정 1984. 4. 10〉
第393條 (理事會의 權限) ①會社의 業務執行, 支配人의 選任 또는 解任과 支店의 設置·移轉 또는 廢止는 理事會의 決議로 한다. ②理事會는 理事의 職務의 執行을 監督한다.	제393조 (理事會의 權限) ①중요한 자산의 처분 및 讓渡, 대규모 재산의 借入, 支配人의 選任 또는 解任과 支店의 設置·移轉 또는 廢止 등 회사의 업무집행은 理事會의 決議로 한다. 〈일

[전문개정 1984. 4. 10]	부개정 2001. 7. 24〉 ② (현행과 같음)
〈신 설〉	③이사는 대표이사로 하여금 다른 이사 또는 피용자의 업무에 관하여 이사회에 보고할 것을 요구할 수 있다. 〈개정 2001. 7. 24〉
〈신 설〉	④이사는 3월에 1회 이상 업무의 집행상황을 이사회에 보고하여야 한다. 〈개정 2001. 7. 24〉 [전문개정 1984. 4. 10]

(8) 주주의 신주인수권의 보장

개정상법 제418조 제1항에서는 주주에게 신주인수권을 부여하는 것을 원칙으로 하고, 동조 제2항에서는 정관에 정함이 있는 경우 예외적으로만 주주 이외의 제3자에게 신주인수권을 부여할 수 있도록 규정하면서, 전환사채의 발행(제513조) 및 신수인수권부 사채(제516조의2)에 대하여 제418조 제2항 단서를 각각 준용하도록 하고 있다.

개 정 전 상 법	개 정 상 법
第418條 (新株引受權의 내용 및 配定日의 指定・公告) ①株主는 定款에 다른 定함이 없으면 그가 가진 株式의 數에 따라서 新株의 配定을 받을 權利가 있다.	**제418조** (新株引受權의 내용 및 配定日의 指定・公告) ①주주는 그가 가진 주식 수에 따라서 신주의 배정을 받을 권리가 있다. 〈전면개정 2001. 7. 24〉
〈신 설〉	②회사는 제1항의 규정에 불구하고 정관에 정하는 바에 따라 주주 외의 자에게 신주를 배정할 수 있다. 다만, 이 경우에는 신기술의 도입, 財務構造의 개선 등 회사의 경영상 목적을 달성하기 위하여 필요한 경우에 한한다. 〈개정 2001. 7. 24〉
②會社는 一定한 날을 정하여 그 날에 株主名簿에 記載된 株主가 第1項의 權利를 가진다는 뜻과 新株引受權을 讓渡할 수 있을 경우에는 그 뜻을, 그 날의 2週間전에 公告하여야 한다. 그러나, 그 날이 第354條第1項의 期間중인 때에는 그 期間의 初日의 2週間전에 公告하여야 한다. 〈신설 1984. 4. 10〉	③ (현행과 같음)
第513條 (轉換社債의 발행) ①會社는 轉換社債를 발행할 수 있다. ②第1項의 경우에 다음의 事項으로서 定款에	**제513조** (轉換社債의 발행) ①・② (현행과 같음)

規定이 없는 것은 理事會가 이를 決定한다. 그러나, 定款으로 株主總會에서 이를 決定하기로 정한 경우에는 그러하지 아니하다. 1. 轉換社債의 總額 2. 轉換의 條件 3. 轉換으로 인하여 발행할 株式의 내용 4. 轉換을 請求할 수 있는 期間 5. 株主에게 轉換社債의 引受權을 준다는 뜻과 引受權의 目的인 轉換社債의 額 6. 株主외의 者에게 轉換社債를 발행하는 것과 이에 대하여 발행할 轉換社債의 額	
③株主외의 者에 대하여 轉換社債를 발행하는 경우에 그 발행할 수 있는 轉換社債의 額, 轉換의 條件, 轉換으로 인하여 발행할 株式의 내용과 轉換을 請求할 수 있는 期間에 관하여 定款에 規定이 없으면 第434條의 決議로써 이를 정하여야 한다.	③株主외의 者에 대하여 轉換社債를 발행하는 경우에 그 발행할 수 있는 轉換社債의 額, 轉換의 條件, 轉換으로 인하여 발행할 株式의 내용과 轉換을 請求할 수 있는 期間에 관하여 定款에 規定이 없으면 第434條의 決議로써 이를 정하여야 한다. 이 경우 제418조제2항 단서의 규정을 준용한다. 〈후단 2001. 7. 24〉
④第3項의 決議에 있어서 轉換社債의 발행에 관한 議案의 要領은 第363條의 規定에 의한 통지와 公告에 記載하여야 한다. [전문개정 1984. 4. 10]	④ (현행과 같음)
第516條의2 (新株引受權附社債의 발행) ①會社는 新株引受權附社債를 발행할 수 있다. ②第1項의 경우에 다음의 事項으로서 定款에 規定이 없는 것은 理事會가 이를 決定한다. 그러나 定款으로 株主總會에서 이를 決定하도록 정한 경우에는 그러하지 아니하다. 1. 新株引受權附社債의 總額 2. 各 新株引受權附社債에 부여된 新株引受權의 내용 3. 新株引受權을 行使할 수 있는 期間 4. 新株引受權만을 讓渡할 수 있는 것에 관한 事項 5. 新株引受權을 行使하려는 者의 請求가 있는 때에는 新株引受權附社債의 償還에 갈음하여 그 發行價額으로 第516條의8第1項의 納入이 있는 것으로 본다는 뜻 6. 利益이나 利子의 配當에 관하여는 第516條의8第1項의 規定에 의한 納入을 한 때가 속하는 營業年度末에 新株의 발행이 있는 것으로 본다는 뜻 7. 株主에게 新株引受權附社債의 引受權을 준	제516조의2 (新株引受權附社債의 발행) ① ~ ③ (현행과 같음)

다는 뜻과 引受權의 目的인 新株引受權附社債의 額 8. 株主외의 者에게 新株引受權附社債를 발행하는 것과 이에 대하여 발행할 新株引受權附社債의 額 ③各 新株引受權附社債에 부여된 新株引受權의 行使로 인하여 발행할 株式의 發行價額의 合計額은 各 新株引受權附社債의 金額을 초과할 수 없다.	
④株主외의 者에 대하여 新株引受權附社債를 발행하는 경우에 그 발행할 수 있는 新株引受權附社債의 額, 新株引受權의 내용과 新株引受權을 行使할 수 있는 期間에 관하여 定款에 規定이 없으면 第434條의 決議로써 이를 정하여야 한다.	④株主외의 者에 대하여 新株引受權附社債를 발행하는 경우에 그 발행할 수 있는 新株引受權附社債의 額, 新株引受權의 내용과 新株引受權을 行使할 수 있는 期間에 관하여 定款에 規定이 없으면 第434條의 決議로써 이를 정하여야 한다. 이 경우 제418조제2항 단서의 규정을 준용한다. 〈후단 2001. 7. 24〉
⑤第513條第4項의 規定은 第4項의 경우에 이를 準用한다. [본조신설 1984. 4. 10]	⑤ (현행과 같음)

Ⅱ. 2001년의 상법개정(법률 제6545호)

1. 개정의 경위

이번의 상법개정작업은 처음부터 시도된 것이 아니라, 제225회 국회(정기회) 제7차 법제사법위원회 법안심사 제1소위원회(2001. 12. 4.)에서 정부가 제출한 민사집행법안을 심사한 결과 동 법안의 부칙에서 개정하고 있는 상법의 내용이 부칙으로 다른 법률을 개정할 수 있는 범위를 넘어서고 있다고 보아 상법중개정법률안을 성안하여 위원회안으로 제안된 것이다.

2. 개정의 이유

위원회안으로 제안된 상법중개정법률안의 개정이유로 제시된 것은 다음과 같다.

주식회사 및 유한회사의 이사·감사·청산인에 관하여는 그 선임결의 무효의 소 등을 제기하면서 직무집행정지·직무대행자 선임가처분을 신청할 수 있고, 그 명령이 발령된 때에는 이를 등기하도록 규정하고 있으며, 이사와 청산인의 경우에는 가처분명령에서 정함이나 법원의 허가가 있어야만 통상사무를 벗어난 행위를 할 수 있도록 규정하고 있음에 비하여 합명회사 및 합자회사에 관하여는 명문의 규정이 없었으므로, 가처분이 허용될 것인가의 여부에 직무대행자의 업무범위를 놓고 어떻게 정할 것인가에 대하여 학설과 판례에 맡겨져 왔던 바, 이에 관한 규정을 신설한 것이다.

3. 개정의 특색

(1) 기본방향

이번의 상법개정은 첫째로 위원회안이 성안되어 개정법률로 되었다는 점이고, 둘째는 3경우가 전부 신설제도라는 점이다. 문제는 합명회사의 업무집행을 정지하거나 직무대행자를 선임하는 가처분을 하거나 그 변경·취소하는 경우에 등기가 필요한가. 또는 직무대행자가 선임된 경우에 법인의 통상업무에 속하지 아니한 행위를 할 수 있는가이다.

(2) 합명회사의 업무집행을 둘러싼 문제

업무집행(Geschäftsführung)이란 회사의 목적인 사업에 관한 업무를 처분하는 것으로서, 법률행위뿐만 아니라, 사실행위도 포함된다. 그러나 정관의 변경, 회사의 해산 등과 같은 회사의 기본에 관한 행위는 포함되지 아니한다.[96] 합명회사의 업무집행은 업무집행사원의 정함이 없는 경우에는 각 사원이 원칙적으로 회사의 통상의 영업에 속하는 사항에 관하여는 다른 사원과 관계없이 독립하여 행위를 할 수 있다(상법 제200조 제1항). 그러나 정관으로 사원의 1인 또는 수인을 업무집행사원으로 정한 때에는 그 업무집행사원이 각자 회사의 업무를 집행한다(상법 제201조 제1항). 만약 회사를 대표하는 사원(대표사원)이 업무를 집행함에 현저하게 부적임하거나 중대한 의무에 위반한 행위가 있는 때에는 법원은 사원의 청구에 의하여 대표권의 상실을 선고할 수 있다(상법 제216조, 제205조 제1항). 위 판결이 확정된 때에는 본점과 지점의 소재지에서 등기하여야 한다(상법 제216조, 제205조 제2항).[97]

96) 鄭東潤, 會社法[第7版], 2005, 747면.
97) 위의 책, 761면.

여기서 합명회사의 사원의 업무집행을 정지하거나 직무대행자를 선임하는 가처분 하거나 또는 그 변경 · 취소하는 경우에 본 · 지점에서 등기가 필요한가 하는 문제에 대하여, 개정상법은 긍정적으로 판단한 것이다. 직무대행자는 법원의 가처분명령에 따라 행동하는 자이므로 가처분명령에 다른 정함이 있는 경우와 법원의 허가를 얻은 경우 외에는 임시업무만을 할 수 있다고 함이 타당할 것이다.

개 정 상 법	
〈신설〉	제183조의2 (업무집행정지가처분 등의 등기) 사원의 업무집행을 정지하거나 직무대행자를 선임하는 가처분을 하거나 그 가처분을 변경 · 취소하는 경우에는 본점 및 지점이 있는 곳의 등기소에서 이를 등기하여야 한다. 〈개정 2001. 12. 29〉
〈신설〉	제200조의2 (직무대행자의 권한) ①제183조의2의 직무대행자는 가처분명령에 다른 정함이 있는 경우 외에는 법인의 통상업무에 속하지 아니한 행위를 하지 못한다. 다만, 법원의 허가를 얻은 경우에는 그러하지 아니하다. ②직무대행자가 제1항의 규정에 위반한 행위를 한 경우에도 회사는 선의의 제3자에 대하여 책임을 진다. 〈개정 2001. 12. 29〉
〈신설〉	제265조 (준용규정) 제183조의2 · 제199조 · 제200조의2 · 제207조 · 제208조 · 제209조제2항 · 제210조 · 제382조제2항 · 제399조 및 제401조의 규정은 청산인에 준용한다. 〈개정 2001. 12. 29〉

Ⅲ. 2007년의 상법개정(법률 제8581호)

1. 개정의 배경

현행 상법 제5편에 해상에 관한 규정은 19세기말 독일 및 일본의 해상법체계에 기초하여 선박이 바로 해상기업 그 자체이고 해상기업의 주체가 선박소유자임을 전제로 한 것이어서, 오늘날 대규모 선박을 운송수단으로 사용하면서 세계를 무대로 해운업을 영위하는 다양한 형태의 현대적인 해상기업활동을 제대로 반영하지 못하고 있다는 지적을 많이 받아 온 것은 사실이었다.

예를 들면 현행 해상편의 내용이 새로운 해상운송환경에 적합한 여러 국제해상조약의 내용을 제대로 수용하지 못하고 있고, 해상화물운송장제도 등 변화된 현대 해상실무를 적절히 반영하지 못하고 있었다. 구성에 있어서도 「운송」과 「용선」이

혼재되어 이해하기 어렵게 되어 있다는 등의 문제점이 거론되기도 하였다. 이러한 문제의 인식하에 해상법의 체계를 현대화시키려는 시도가 이미 1991년 상법의 개정시에도 있었으나,[98] 전반적인 체계 정립에는 이르지 못하였으며, 그 후 15년 만에 다시 대대적인 개편안을 마련하기에 이르렀다.

그 동안 사단법인 한국해법학회는 현행 상법 해상편의 문제점을 보완하기 위하여 자체적으로 "해상법개정문제연구회"를 구성하여 약 2년 6개월(2001. 9. 28.~2004. 3. 27.) 동안 활동하면서 개정시안을 마련한 바 있었다. 법무부는 여기서 준비한 초안을 바탕으로 하여 공청회를 개최하여[99] 이해관계자들의 의견을 수렴하고 중요한 관계부처인 해양수산부와의 협의를 거쳐 개정안을 마련하였다.

개정안은 이와 같이 약 4년 동안 학계, 업계(한국선주협회 및 한국하주협의회 등) 및 관계부처의 의견을 수렴하고 많은 관계자들의 이해를 조정하여 2006년 1월 17일자로 국회에 제출되었다.[100] 해상편개정법률안은 국회 법제사법위원회에 2006년 11월 24일에 상정되고, 2007년 4월 19일 다시 제267회 국회(임시회) 제5차 법안심사 제1소위원회에 상정된 후 11차 제1소위원회의 심의를 거쳐 2007년 8월 3일 국회 본회의를 통과하였다.

2. 개정의 이유

해상운송계약 관련 법체계를 국제무역 실무에 맞게 재정비하고, 전자선하증권

98) 2005년 9월 26일에 법무부가 주최한 商法(海商編)改正公聽會에서 발표된 주제발표를 한 김현 변호사는 "…1991년 상법개정시에도 이러한 문제점을 인식하고 많은 개선을 시도하였지만 해상법 전반에 걸친 체계를 근대화하지는 못하였다. 이번 개정에 있어서는 전반적인 해상법체계를 근대적인 해운기업에 적합하게 변경하는 데 주력하였다. …"(3면)라고 하고, 해상법 개정시안 토론요지에서, 최종현 교수는 "우리 현행 해상법의 체제는 일본상법의 체제를 그대로 수용한 구상법의 해상편을 1991년에 부분적으로 개정한 것으로서, 그 체계가 논리적이지 못하고 난삽했던 것이 사실이었다. …"라고 말하고 있다(26면).

99) 위의 공청회에서 발표된 토론요지 및 개정시안에 대한 의견은 매우 정성들여 작성되었다는 느낌을 받았다. 발표자를 소개하자면, 주제발표(김현 변호사), 해상법 개정시안토론 요지(최종현 교수), 상법 해상편 개정시안에 대한 지정토론(김인현 교수), 상법 해상편 개정안에 대한 토론요지(이태종 부장판사), 해상법 개정시안에 대한 의견(박찬재 한국선부협회 전무), 상법(해상편) 개정 공청회 토론자료(윤민현 Korean P&I 전무), 상법 "제5편 해상"편 법무부 개정초안 검토의견(한진해운 이정원 변호사) 등이었다.

100) 이것은 國會法制司法委員會 임중호 전문위원이 2006년 11월에 작성한 상법 일부개정법률안(정부제출) 검토보고를 참고로 하였다.

제도 및 해상화물운송장제도 등 새로운 무역환경에 부합하는 제도를 마련하는 한편, 해운강국으로서 세계적인 지위에 걸맞는 해상법제를 마련하기 위하여 선박소유자의 책임한도와 운송물의 포장·선적단위당 책임한도를 국제기준에 맞게 상향조정하는 등 「상법」 제5편 해상 부분을 전면적으로 개선·보완하려는 데에 있다.

3. 개정법의 주요특징

(1) 선박에 관한 규정

1) 선박의 의의와 적용범위

가) 해상편이 적용되는 선박은 항해성, 영리성과 선박으로서의 구조라는 요건이 필요하다. 개정법은 해상편의 적용범위에 대해서 「항해용 선박에 대하여는 상행위 그 밖의 영리를 목적으로 하지 아니하더라도 이 편의 규정을 준용한다」는 규정을 두어 항해하는 선박이 영리성이 없는 경우에도 해상편을 준용하도록 하는 규정을 신설하였다(제741조 본문). 이는 상행위성 없이 항해용으로 사용되는 선박에 대한 해상편의 준용규정을 선박의 등록 등 관리에 관한 선박법에 굳이 따로 규정할 필요성이 적고, 오히려 상법 해상편에 규정하는 것이 논리적으로 일관성이 있다는 것에 근거를 두고 있다.

나) 신설되는 제741조는 단서에서 「국유 또는 공유의 선박에 대하여는 선박법 제29조 단서의 규정에 불구하고 항해의 목적·성질 등을 고려하여 이 편의 규정을 준용하는 것이 적합하지 아니한 경우로서 대통령령이 정하는 경우에는 그러하지 아니하다」는 규정을 두어 국·공유 선박 중에서 대통령령이 정하는 경우(가령 국방용 군함의 경우 등)에는 해상편을 준용하지 아니한다는 단서규정을 두고 있다.

또한 개정법은 해상편이 준용되지 아니하는 국·공유 선박의 범위를 대통령령(항해의 목적·성질 등을 고려하여 해상편을 준용하는 것이 적합하지 아니하는 경우)에서 정할 수 있도록 위임하고 있다.

개 정 전 상 법	개 정 상 법
第740條 (船舶의 意義) 이 法에서 船舶이라 함은 商行爲 其他 營利를 目的으로 航海에 使用하는 船舶을 이른다. 〈개정 1991. 12. 31〉	제740조 (선박의 의의) 이 법에서 "선박"이란 상행위나 그 밖의 영리를 목적으로 항해에 사용하는 선박을 말한다.

第741條 (短艇 또는 櫓櫂船) 이 編의 規定은 短艇 또는 主로 櫓櫂로 運轉하는 船舶에 適用하지 아니한다. 〈개정 1991. 12. 31〉	제741조 (적용범위) ①항해용 선박에 대하여는 상행위나 그 밖의 영리를 목적으로 하지 아니하더라도 이 편의 규정을 준용한다. 다만, 국유 또는 공유의 선박에 대하여는 「선박법」 제29조 단서에도 불구하고 항해의 목적·성질 등을 고려하여 이 편의 규정을 준용하는 것이 적합하지 아니한 경우로서 대통령령으로 정하는 경우에는 그러하지 아니하다. 〈단서신설 2008. 8. 3〉 ②이 편의 규정은 단정(短艇) 또는 주로 노 또는 상앗대로 운전하는 선박에는 적용하지 아니한다. 〈개정 2008. 8. 3〉

2) 선박소유권 이전의 명확화

개정전 상법 제743조는 선박에 관한 권리의 이전에 관하여 당사자간의 합의만으로 효력이 생기는 것으로 하되, 이를 등기하고 선박국적증서에 기재하지 아니하면 제3자에 대항하지 못하도록 규정하고 있었다. 이것은 선박소유권 이전시 비형식주의(의사주의)를 취하되 등기의 효력은 제3자에 대한 대항요건을 밝히는 것이고, 우리의 입법체계는 선박의 등기와 등록요건 및 절차 등에 관하여는 선박법 및 선박등기법에서 규정하고 있고, 이러한 등기의 효력은 상법에서 정하는 구조로 되어 있다. 이러한 현행법체계에 따른다면 100톤 이상의 부선의 경우는 선박법 및 선박등기법상의 등기·등록대상이 되어 이에 따라 등기할 수는 있으나, 상법상의 해상편이 적용되는 선박에는 해당하지 않을 수 있다. 이는 결국 등기·등록된 부선에 대한 소유권의 이전이 당사자간의 합의만으로 효력이 생지지 않게 되는 결과를 가져올 수 있다. 따라서 개정법 제743조는 상법과 선박법·선박등기법상의 선박개념을 일치시키는 것을 전제로 하여 당사자간의 합의만으로 소유권이전의 효력이 발생하는 대상을 「등기 및 등록할 수 있는 선박」으로 제한하여 명확하게 규정하게 되었다.

개 정 전 상 법	개 정 상 법
第743條 (船舶에 關한 權利의 移轉) 船舶에 關한 權利의 移轉은 當事者間의 合意만으로써 效力이 생긴다. 그러나, 이를 登記하고 船舶國籍證書에 記載하지 아니하면 第三者에게 對抗하지 못한다.	제743조 (선박소유권의 이전) 등기 및 등록할 수 있는 선박의 경우 그 소유권의 이전은 당사자 사이의 합의만으로 그 효력이 생긴다. 다만, 이를 등기하고 선박국적증서에 기재하지 아니하면 제3자에게 대항하지 못한다. 〈개정 2008. 8. 3〉

3) 소형선박에 대한 적용배제의 규정삭제

개정전 상법 제745조는 「제743조(선박에 관한 권리의 이전)와 제744조(선박의 압류·가압류)의 규정은 총톤수 20톤 미만의 선박에 적용하지 아니한다」라고 규정하고 있었다. 개정법은 이 규정을 삭제하였다. 그것은 개정전 상법 제745조가 당초의 법무부 초안(제745조의 적용대상인 제743조는 필요없게 되고 제744조는 삭제)을 그대로 받아들였기 때문이다.[101)]

개 정 전 상 법	개 정 상 법
第745條 (小型船舶) 第743條와 第744條의 規定은 總톤數20톤未滿의 船舶에 適用하지 아니한다. 〈개정 1991. 12. 31〉	제744조 (선박의 압류·가압류) ①항해의 준비를 완료한 선박과 그 속구는 압류 또는 가압류를 하지 못한다. 다만, 항해를 준비하기 위하여 생긴 채무에 대하여는 그러하지 아니하다. ②제1항은 총톤수 20톤 미만의 선박에는 적용하지 아니한다. 〈개정 2008. 8. 3〉

(2) 선박소유자 등의 책임제한

1) 선박소유자의 책임한도액의 상향조정

개정전 상법 제747조는 선박소유자가 부담하는 책임한도액에 대하여 「여객의 사망 또는 신체의 상해로 인한 손해에 관한 채권에 대한 책임의 한도액은 그 선박의 선박검사증서에 기재된 여객의 정원에 46,666계산단위(약 7,000만원)를 곱하여 얻은 금액과 2,500만 계산단위[102)]에 상당하는 금액 중 적은 금액」으로 해상여객운송인의 책임을 제한할 수 있도록 규정하고 있었다. 개정법 제770조는 선박의 선박

---

101) 법무부초안에서는 제743조(선박에 관한 권리의 이전)의 경우 당사자간의 합의만으로 소유권이 이전되는 대상을 등기 및 등록할 수 있는 선박으로 명확하게 규정하게 되고, 선박등기법에 따라 등기 및 등록을 할 수 있는 선박이 20톤 이상에 한하도록 되어 있으므로 결국 20톤 미만의 소형선박에 대하여는 제743조를 당연히 적용하지 않게 되었고, 제744조(선박의 압류·가압류)의 경우에는 이를 폐지하기로 하였던 것이다. 2006. 11. 법제사법위원회 임중호 전문위원이 작성한 상법 일부개정법률안(정부제출) 검토보고, 22면 참조.

102) 계산단위란 것은 IMF가 1979년에 사용하는 특별인출권(Special Drawing Right: SDR)으로, 특별인출권의 가치는 미국·영국·일본 등 주요국의 통화가치에 바탕을 두고 결정하여 매일 공표된다(2006. 11. 1.기준으로 1계산단위는 1.164290유로, 1.485280미달러, 173.734000엔, 0.777678파운드, 1,402.555000원에 해당된다. IMF 홈페이지 참조). 따라서 계산단위를 우리 화폐로 환산한 금액은 특별인출권의 가치 및 환율에 따라 변경될 수 있다. 개정법에서 언급된 금액도 개정안 준비를 할 당시를 기준으로 하여 계산단위를 우리 화폐로 환산한 것이다.

검사증서에 기재된 여객의 정원에 175,000계산단위(약 2억원)를 곱하여 얻은 금액으로 책임을 상향하여 규정하고 있다. 선박소유자의 책임한도를 상향조정한 것은 개정전 상법상 선박소유자 등 여객운송인의 책임한도액이 실제 배상액을 반영하지 못하여 이보다 훨씬 높은 금액에서 합의가 이루어지고 있는 상황을 반영하고 「1976년 국제해사채권책임제한조약」의 1996년 개정의정서(Protocol of 1996 to amend the Convention on Limitation of Liability for Maritime Claims) 수준에 맞추려는 것이다.

개정법은 책임한도액의 상향조정에 따른 선박소유자의 부담을 경감하여 주기 위하여 개정법 시행 후 3년간 발생하는 사고에 대하여는 175,000계산단위를 적용하지 아니하고 1/2에 해당하는 87,500계산단위를 적용하도록 하는 경과조치를 두고 있다(부칙 제4조).

개 정 전 상 법	개 정 상 법
第747條 (責任의 限度額) ①船舶所有者가 제한할 수 있는 責任의 限度額은 다음 各號의 금액으로 한다. 1. 旅客의 死亡 또는 身體의 傷害로 인한 損害에 관한 債權에 대한 責任의 限度額은 그 船舶의 船舶檢査證書에 기재된 旅客의 定員에 4萬6千6百6拾6 計算單位를 곱하여 얻은 금액과 2千 5百萬 計算單位에 상당하는 금액중 적은 금액으로 한다. 2. 旅客 이외의 사람의 死亡 또는 身體의 傷害로 인한 損害에 관한 債權에 대한 責任의 限度額은 그 船舶의 톤數에 따라서 다음 各目에 정하는 바에 의하여 計算된 금액으로 한다. 그러나, 3百톤미만의 船舶의 경우에는 1拾6萬7千 計算單位에 상당하는 금액으로 한다. 가. 5百톤이하의 船舶의 경우에는 3拾3萬3千 計算單位에 상당하는 금액 나. 5百톤을 초과하는 船舶의 경우에는 가目의 금액에 5百톤을 초과하여 3千톤까지의 부분에 대하여는 每톤當 5百 計算單位, 3千톤을 초과하여 3萬톤까지의 부분에 대하여는 每톤當 3百3拾3 計算單位, 3萬톤을 초과하여 7萬톤까지의 부분에 대하여는 每톤當 2百5拾 計算單位 및 7萬톤을 초과한 부분에 대	제770조 (책임의 한도액) ①선박소유자가 제한할 수 있는 책임의 한도액은 다음 각 호의 금액으로 한다. 1. 여객의 사망 또는 신체의 상해로 인한 손해에 관한 채권에 대한 책임의 한도액은 그 선박의 선박검사증서에 기재된 여객의 정원에 17만5천 계산단위(국제통화기금의 1 특별인출권에 상당하는 금액을 말한다. 이하 같다)를 곱하여 얻은 금액으로 한다. 2. 여객 외의 사람의 사망 또는 신체의 상해로 인한 손해에 관한 채권에 대한 책임의 한도액은 그 선박의 톤수에 따라서 다음 각 목에 정하는 바에 따라 계산된 금액으로 한다. 다만, 300톤 미만의 선박의 경우에는 16만7천 계산단위에 상당하는 금액으로 한다. 가. 500톤 이하의 선박의 경우에는 33만3천 계산단위에 상당하는 금액 나. 500톤을 초과하는 선박의 경우에는 가목의 금액에 500톤을 초과하여 3천톤까지의 부분에 대하여는 매 톤당 500계산단위, 3천톤을 초과하여 3만톤까지의 부분에 대하여는 매 톤당 333계산단위, 3만톤을 초과하여 7만톤까지의 부분에 대하여는 매 톤당 250계산단위 및 7만톤을 초과한 부분에 대하여는 매 톤

하여는 每톤當 1百6拾7 計算單位를 각 곱하여 얻은 금액을 順次로 加算한 금액 3. 第1號 및 第2號 이외의 債權에 대한 責任의 限度額은 그 船舶의 톤數에 따라서 다음 各目에 정하는 바에 의하여 計算된 금액으로 한다. 그러나 3百톤미만의 船舶의 경우에는 8萬3千 計算單位에 상당하는 금액으로 한다. 가. 5百톤이하의 船舶의 경우에는 1拾6萬7千 計算單位에 상당하는 금액 나. 5百톤을 초과하는 船舶의 경우에는 가目의 금액에 5百톤을 초과하여 3萬톤까지의 부분에 대하여는 每톤當 1百6拾7 計算單位, 3萬톤을 초과하여 7萬톤까지의 부분에 대하여는 每톤當 1百2拾5 計算單位 및 7萬톤을 초과한 부분에 대하여는 每톤當 8拾3 計算單位를 각 곱하여 얻은 금액을 順次로 加算한 금액 ②第1項 各號의 規定에 의한 각 責任限度額은 船舶마다 동일한 事故에서 생긴 各責任限度額에 대응하는 船舶所有者에 대한 모든 債權에 미친다. ③第746條의 規定에 의하여 責任이 제한되는 債權은 第1項 各號의 規定에 의한 各責任限度額에 대하여 各債權額의 比率로 競合한다. ④第1項第2號에 의한 責任限度額이 同號의 債權의 辨濟에 부족한 때에는 第3號에 의한 責任限 度額을 그 殘額債權의 辨濟에 충당한다. 이 경우에 동일한 事故에서 第3號의 債權도 발생한 때에는 이 債權과 第2號의 殘額債權은 第3號에 의한 責任限度額에 대하여 各債權額의 比率로 競合한다. ⑤第1項에서 "計算單位"라 함은 國際通貨基金의 1特別引出權에 상당하는 금액을 이른다. 〈전면개정 1991. 12. 31〉	당 167계산단위를 각 곱하여 얻은 금액을 순차로 가산한 금액 3. 제1호 및 제2호 외의 채권에 대한 책임의 한도액은 그 선박의 톤수에 따라서 다음 각 목에 정하는 바에 따라 계산된 금액으로 한다. 다만, 300톤 미만의 선박의 경우에는 8만3천 계산단위에 상당하는 금액으로 한다. 가. 500톤 이하의 선박의 경우에는 16만7천 계산단위에 상당하는 금액 나. 500톤을 초과하는 선박의 경우에는 가목의 금액에 500톤을 초과하여 3만톤까지의 부분에 대하여는 매 톤당 167계산단위, 3만톤을 초과하여 7만톤까지의 부분에 대하여는 매 톤당 125계산단위 및 7만톤을 초과한 부분에 대하여는 매 톤당 83계산단위를 각 곱하여 얻은 금액을 순차로 가산한 금액 ②제1항 각 호에 따른 각 책임한도액은 선박마다 동일한 사고에서 생긴 각 책임한도액에 대응하는 선박소유자에 대한 모든 채권에 미친다. ③제769조에 따라 책임이 제한되는 채권은 제1항 각 호에 따른 각 책임한도액에 대하여 각 채권액의 비율로 경합한다. ④제1항제2호에 따른 책임한도액이 같은 호의 채권의 변제에 부족한 때에는 제3호에 따른 책임한도액을 그 잔액채권의 변제에 충당한다. 이 경우 동일한 사고에서 제3호의 채권도 발생한 때에는 이 채권과 제2호의 잔액채권은 제3호에 따른 책임한도액에 대하여 각 채권액의 비율로 경합한다. 〈개정 2008. 8. 3〉

2) 구조자의 책임제한채권의 구체화

개정전 상법 제752조의2가 「1976년 국제해사채권책임제한조약」의 내용을 정확하게 반영하지 못하고 있다는 지적이 있어서, 개정법은 조약의 내용과 외국의 입법례를 참작하여 구조자가 구조활동과 관련하여 발생시킨 불가피한 손해에 대하여 책임제한을 주장할 수 있는 채권의 범위를 보다 구체화하였다. 즉, 「구조자 또는 그 피용자의 구조활동과 직접 관련하여 발생한 사람의 사망·신체의 상해, 재산의 멸실이나 훼손, 계약상 권리 외의 타인의 권리의 침해로 인하여 생긴 손해에 관한 채권 및 그러한 손해를 방지 혹은 경감하기 위한 조치에 관한 채권 또는 그 조치의 결과로 생긴 손해에 관한 채권에 대하여는 제769조 내지 제774조(제769조 제2호 및 제770 제1항 제1호 제외)의 규정에 따라 구조자도 책임을 제한할 수 있다」고 규정하고 있다. 그리고 개정법 제775조 제4항에서는 구조자의 책임제한에서 말하는 구조자의 개념이 해난구조에 있어서 구조자의 개념과 다르다는 것을 분명히 하기 위하여 「1976년 국제해사채권책임제한조약」과 같은 내용으로 구조자에 대한 정의규정을 신설하였다.

개 정 전 상 법	개 정 상 법
第752條의2 (海難救助者의 有限責任) ①第746條 내지 第752條의 規定은 海難救助者의 救助活動에 직접 관련하여 발생한 債權에 대한 責任의 제한에 準用한다.	〈신설〉 제775조 (구조자의 책임제한) ①구조자 또는 그 피용자의 구조활동과 직접 관련하여 발생한 사람의 사망·신체의 상해, 재산의 멸실이나 훼손, 계약상 권리 외의 타인의 권리의 침해로 인하여 생긴 손해에 관한 채권 및 그러한 손해를 방지 혹은 경감하기 위한 조치에 관한 채권 또는 그 조치의 결과로 인하여 생긴 손해에 관한 채권에 대하여는 제769조부터 제774조(제769조제2호 및 제770조제1항제1호를 제외한다)까지의 규정에 따라 구조자도 책임을 제한할 수 있다.
②救助活動을 船舶으로부터 행하지 아니한 救助者 또는 救助를 받는 船舶에서만 행한 救助者는 第747條의 規定에 의한 責任의 限度額에 관하여 1千5百톤의 船舶에 의한 救助者로 본다. ③救助者의 責任의 限度額은 救助船마다 또는 第2項의 경우에는 救助者마다 동일한 事故로 인하여 생긴 모든 債權에 미친다. 〈신설개정 1991. 12. 31〉	②구조활동을 선박으로부터 행하지 아니한 구조자 또는 구조를 받는 선박에서만 행한 구조자는 제770조에 따른 책임의 한도액에 관하여 1천500톤의 선박에 의한 구조자로 본다. ③구조자의 책임의 한도액은 구조선마다 또는 제2항의 경우에는 구조자마다 동일한 사고로 인하여 생긴 모든 채권에 미친다. ④제1항에서 "구조자"란 구조활동에 직접 관련된 용역을 제공한 자를 말하며, "구조활동"이란 해난구조시의 구조활동은 물론 침몰·난파·좌초·유기, 그 밖의 해양사고를 당한 선박 및 그 선박 안에 있거나 있었던 적하와 그 밖의 물건의 인양·제거·파괴 또는 무해조치 및 이와 관련된 손해를 방지 또는 경감하기 위한 모든 조치를 말한다. 〈개정 2008. 8. 3〉

(3) 선박우선특권 있는 채권에서 경매 비용의 삭제

개정법은 제777조 제1항 제1호(개정전 상법 제861조 제1항 제1호)에서 선박 등에 대한 일반채권보다 우선하여 행사할 수 있는 선박우선특권이 있는 채권 중에서 「선박과 속구에 관한 경매비용」을 삭제하고 있다. 이것은 선박과 그 속구에 대한 저당권이나 항해의 운임 등보다도 우선하여 변제받을 수 있는 채권적 권리 중에 경매비용을 제외하고자 하는 것이다. 경매비용은 절차법에서 당연히 우선적으로 공제될 절차적 비용이기 때문이다.

개 정 전 상 법	개 정 상 법
第861條 (船舶優先特權있는 債權) ①다음의 債權을 가진 者는 船舶, 그 屬具, 그 債權이 생긴 航海의 運賃, 그 船舶과 運賃에 附隨한 債權에 對하여 優先特權이 있다. 1. 債權者의 共同利益을 爲한 訴訟費用, 船舶과 屬具의 競賣에 關한 費用, 航海에 關하여 船舶에 課한 諸稅金, 導船料와 曳船料, 最後入港後의 船舶과 그 屬具의 保存費와 檢査費 2. 船員 其他의 船舶使用人의 雇傭契約으로 因한 債權 3. 船舶의 救助에 對한 報酬와 共同海損의 分擔에 對한 債權 4. 船舶의 충돌로 인한 損害 기타의 航海事故로 인한 航海施設, 港灣施設 및 航路에 대한 損害와 船員이나 旅客의 生命, 身體에 대한 損害의 賠償債權 〈전면개정 1991. 12. 31〉 ②第1項의 優先特權을 가진 船舶債權者는 이 法 其他의 法律의 規定에 따라 第1項의 財産에 對하여 다른 債權者보다 自己債權의 優先辨濟를 받을 權利가 있다. 이 境遇에는 그 性質에 反하지 아니하는 限 民法의 抵當權에 關한 規定을 準用한다. 〈일부개정 1991. 12. 31〉	제777조 (선박우선특권 있는 채권) ①다음의 채권을 가진 자는 선박·그 속구, 그 채권이 생긴 항해의 운임, 그 선박과 운임에 부수한 채권에 대하여 우선특권이 있다. 1. 채권자의 공동이익을 위한 소송비용, 항해에 관하여 선박에 과한 제세금, 도선료·예선료, 최후 입항 후의 선박과 그 속구의 보존비·검사비 2. 선원과 그 밖의 선박사용인의 고용계약으로 인한 채권 3. 해난구조로 인한 선박에 대한 구조료 채권과 공동해손의 분담에 대한 채권 4. 선박의 충돌과 그 밖의 항해사고로 인한 손해, 항해시설·항만시설 및 항로에 대한 손해와 선원이나 여객의 생명·신체에 대한 손해의 배상채권 ②제1항의 우선특권을 가진 선박채권자는 이 법과 그 밖의 법률의 규정에 따라 제1항의 재산에 대하여 다른 채권자보다 자기채권의 우선변제를 받을 권리가 있다. 이 경우 그 성질에 반하지 아니하는 한 「민법」의 저당권에 관한 규정을 준용한다. 〈개정 2008. 8. 3〉

(4) 개품운송에 관한 규정

1) 개품운송계약의 정의규정의 신설

개정법 제791조는 현대 운송실무에서 주된 계약인 개품운송계약에 관하여 「개품운송계약은 운송인이 개개의 물건을 해상에서 선박으로 운송할 것을 인수하고,

송하인이 이에 대하여 운임을 지급하기로 약정함으로써 효력이 생긴다」라고 정의 규정을 신설하고 있다. 그런데 해상운송실무에서 개품운송계약에서 운임의 지급주체가 송하인 이외에 수하인도 되는 경우도 있음을 고려하여야 할 점을 소홀한 면이 있다.

	개 정 상 법
〈신설〉	제791조 (개품운송계약의 의의) 개품운송계약은 운송인이 개개의 물건을 해상에서 선박으로 운송할 것을 인수하고, 송하인이 이에 대하여 운임을 지급하기로 약정함으로써 그 효력이 생긴다. 〈개정 2008. 8. 3〉

2) 운송인책임한도의 상향조정 및 중량기준의 도입

개정전 상법 제789조의2는 운송인의 손해배상책임을 운송물 매 포장당 또는 선적단위당 500계산단위의 금액을 한도로 제한할 수 있도록 규정하고 있었다. 이는 「헤이그-비스비규칙」을 수용하면서도 내용 그대로를 받아들이는 대신 미국 「해상물건운송법」(Carriage of Goods by Sea Act)을 참조하여 포장당 책임한도를 500계산단위로 정한 것이었다. 또 개정전 상법은 운송물의 중량에 따른 배상책임제한규정을 두고 있지 않기 때문에 자동차 또는 기계 등과 같이 선적단위는 1개이지만, 중량이 무거운 고가물(가령 자동차 또는 핫코일)인 경우에 손해가 발생한다면 제대로 보상을 받지 못하는 불합리한 경우가 생길 수 있는 문제가 있었다. 이에 따라 개정법은 오늘날 세계적으로 널리 통용되고 있고, 주요 해운국들이 수용하고 있는 「헤이그-비스비규칙」에 맞추어 운송인의 책임한도를 매포장당 또는 선적단위당 666.67계산단위로 상향조정하면서 중량기준을 도입하여 중량 1킬로그램당 2계산단위의 금액 중 큰 금액으로 책임한도를 정하도록 하였다.

개 정 전 상 법	개 정 상 법
第789條의2 (責任의 限度) ①第787條 내지 第789條의 規定에 의한 運送人의 損害賠償의 責任은 당해 運送物의 每包裝當 또는 船積單位當 500計算單位의 金額을 限度로 이를 制限할 수 있다. 그러나, 運送物에 관한 損害가 運送人 자신의 故意 또는 그 損害가 생길 염려가 있음을 認識하면서 無謀하게 한 作爲 또는 不作爲	제797조 (책임의 한도) ①제794조부터 제796조까지의 규정에 따른 운송인의 손해배상의 책임은 당해 운송물의 매 포장당 또는 선적단위당 666과 100분의 67계산단위의 금액과 중량 1킬로그램당 2계산단위의 금액 중 큰 금액을 한도로 제한할 수 있다. 다만, 운송물에 관한 손해가 운송인 자신의 고의 또는 손해발생의 염려가 있음을

로 인하여 생긴 것인 때에는 그러하지 아니하다.	인식하면서 무모하게 한 작위 또는 부작위로 인하여 생긴 것인 때에는 그러하지 아니하다.
②第1項의 適用에 있어서 運送物의 包裝 또는 船積單位의 數는 다음과 같이 정한다.	②제1항의 적용에 있어서 운송물의 포장 또는 선적단위의 수는 다음과 같이 정한다.
1. 컨테이너 기타 이와 유사한 運送容器가 運送物을 統合하기 위하여 사용되는 경우에 그러한 運送容器에 內藏된 運送物의 包裝 또는 船積單位의 數를 船荷證券 기타 運送契約을 증명하는 文書에 기재한 때에는 그 各包裝 또는 船積單位를 하나의 包裝 또는 船積單位로 본다. 이 경우를 제외하고는 이러한 運送容器내의 運送物 전부를 하나의 包裝 또는 船積單位로 본다.	1. 컨테이너나 그 밖에 이와 유사한 운송용기가 운송물을 통합하기 위하여 사용되는 경우에 그러한 운송용기에 내장된 운송물의 포장 또는 선적단위의 수를 선하증권이나 그 밖에 운송계약을 증명하는 문서에 기재한 때에는 그 각 포장 또는 선적단위를 하나의 포장 또는 선적단위로 본다. 이 경우를 제외하고는 이러한 운송용기 내의 운송물 전부를 하나의 포장 또는 선적단위로 본다.
2. 運送人이 아닌 者가 供給한 運送容器 自體가 滅失 또는 훼손된 경우에는 그 容器를 別個의 包裝 또는 船積單位로 본다.	2. 운송인이 아닌 자가 공급한 운송용기 자체가 멸실 또는 훼손된 경우에는 그 용기를 별개의 포장 또는 선적단위로 본다.
③第1項과 第2項의 規定은 送荷人이 運送人에게 運送物을 引渡할 때에 그 종류와 價額을 告知하고 船荷證券 기타 運送契約을 증명하는 文書에 이를 기재한 경우에는 適用하지 아니한다. 그러나, 送荷人이 運送物의 종류 또는 價額을 故意로 현저하게 不實의 告知를 한 때에는 運送人은 자기 또는 그 使用人이 惡意인 경우를 제외하고 運送物의 損害에 대하여 責任을 免한다.	③제1항 및 제2항은 송하인이 운송인에게 운송물을 인도할 때에 그 종류와 가액을 고지하고 선하증권이나 그 밖에 운송계약을 증명하는 문서에 이를 기재한 경우에는 적용하지 아니한다. 다만, 송하인이 운송물의 종류 또는 가액을 고의로 현저하게 부실의 고지를 한 때에는 운송인은 자기 또는 그 사용인이 악의인 경우를 제외하고 운송물의 손해에 대하여 책임을 면한다.
④第1項 내지 第3項의 規定은 第746條 내지 第752條의 規定의 適用에 영향을 미치지 아니한다.	④제1항부터 제3항까지의 규정은 제769조부터 제774조까지 및 제776조의 적용에 영향을 미치지 아니 한다. 〈개정 2008. 8. 3〉
⑤第1項의 計算單位는 第747條第5項의 規定에 의한 計算單位를 이른다. 〈전문신설 1991. 12. 31〉	

3) 선박소유자의 책임과 정기용선자의 포함 여부

개정전 상법 제806조는 「재운송계약과 선박소유자의 책임」이라는 제목하에 「용선자가 자기의 명의로 제3자와 운송계약을 체결한 경우에는 그 계약의 이행이 선장의 직무에 속한 범위 안에서 선박소유자도 그 제3자에 대하여 제787조(감항능력주의의무)와 제788조(운송물에 관한 주의의무)의 규정에 의한 책임을 진다」라고 규정하고 있었다. 그런데 용선자의 범위와 관련하여 「항해용선자」가 포함되는 것에 이론이 없으나, 정기용선자도 포함되는지에 관하여는 해석상 많은 논란이 있었다. 따라서 개정법에서는 정기용선된 선박에 적재된 운송물의 수하인 및 선하증권소지인의 보호가 중요하다는 전제하에 정기용선의 경우에도 선박소유자에게 책임을 물을 수 있도록 명문으로 규정을 두었다.

개 정 전 상 법	개 정 상 법
第806條 (再運送契約과 船舶所有者의 責任) 傭船者가 자기의 名義로 第3者와 運送契約을 체결한 경우에는 그 契約의 履行이 船長의 職務에 속한 범위안에서 船舶所有者도 그 第三者에 대하여 第787條와 第788條의 規定에 의한 責任을 진다. 〈전문개정 1991. 12. 31〉	제809조 (항해용선자 등의 재운송계약시 선박소유자의 책임) 항해용선자 또는 정기용선자가 자기의 명의로 제3자와 운송계약을 체결한 경우에는 그 계약의 이행이 선장의 직무에 속한 범위 안에서 선박소유자도 그 제3자에 대하여 제794조 및 제795조에 따른 책임을 진다. 〈개정 2008. 8. 3〉

4) 운송인의 채권(구상채권)의 보호규정의 신설

개정전 상법 제811조는 운송인의 송하인 또는 수하인에 대한 채권 및 채무는 그 청구원인의 여하에 불구하고 운송인이 수하인에게 운송물을 인도한 날 또는 인도할 날로부터 1년 이내에 재판상 청구가 없으면 소멸한다는 규정을 두고 있었다. 제척기간 1년은 운송인과 송하인 또는 수하인간의 1차 계약관계에 적용하는 데에 별다른 문제가 없지만, 운송인과 제3자(운송을 수탁받은 자)간의 제2차 계약관계까지 1년의 제척기간을 적용한다는 것은 그 기간이 너무 짧다는 지적이 있어 왔다. 개정법은 제814조에 제2항을 신설하여 운송이 제3자에게 재위탁된 경우에는 송하인 또는 수하인이 운송인과 배상합의를 하거나 송하인·수하인의 재판상 청구가 있는 경우에는 그 때(합의 또는 청구시)로부터 3개월이 경과하기 이전에 운송인의 제3자에 대한 채권(재운송인에 대한 구상채권)이 소멸되지 않도록 하는 등 운송인의 채권을 보호하기 위한 규정을 두었다.

개 정 전 상 법	개 정 상 법
第811條 (運送人의 債權·債務의 消滅) 運送人의 傭船者, 送荷人 또는 受荷人에 대한 債權 및 債務는 그 請求原因의 如何에 불구하고 運送人이 受荷人에게 運送物을 引渡한 날 또는 引渡할 날부터 1年내에 裁判上 請求가 없으면 消滅한다. 그러나, 이 期間은 當事者의 合意에 의하여 연장할 수 있다. 〈전면개정 1991. 12. 31〉 〈신 설〉	제814조 (운송인의 채권·채무의 소멸) ①운송인의 송하인 또는 수하인에 대한 채권 및 채무는 그 청구원인의 여하에 불구하고 운송인이 수하인에게 운송물을 인도한 날 또는 인도할 날부터 1년 이내에 재판상 청구가 없으면 소멸한다. 다만, 이 기간은 당사자의 합의에 의하여 연장할 수 있다. ②운송인이 인수한 운송을 다시 제3자에게 위탁한 경우에 송하인 또는 수하인이 제1항의 기간

	이내에 운송인과 배상 합의를 하거나 운송인에게 재판상 청구를 하였다면, 그 합의 또는 청구가 있은 날부터 3개월이 경과하기 이전에는 그 제3자에 대한 운송인의 채권·채무는 제1항에도 불구하고 소멸하지 아니한다. 운송인과 그 제3자 사이에 제1항 단서와 동일한 취지의 약정이 있는 경우에도 또한 같다. 〈일부개정 2008. 8. 3〉 ③제2항의 경우에 있어서 재판상 청구를 받은 운송인이 그로부터 3개월 이내에 그 제3자에 대하여 소송고지를 하면 3개월의 기간은 그 재판이 확정되거나 그 밖에 종료된 때부터 기산한다. 〈일부개정 2008. 8. 3〉

5) 복합운송인의 책임

오늘날 물건운송은 항공·해상·육상운송수단을 함께 동원하여 송하인의 문전에서 수하인의 문전까지(door to door) 컨테이너에 운송물을 실어 운송하는 복합운송(intermodal carriage of goods)이라는 특징을 가지고 있다. 그럼에도 불구하고 개정전 상법은 해상편에서 복합운송에 관하여 전혀 규정을 두고 있지 아니하여 실제의 운송상황을 전혀 반영하지 못하고 있었다. 이에 개정법은 관련규정을 신설하게 되었다. 일반적으로 복합운송인의 책임원칙으로는, 복합운송인의 책임을 각 운송구간에 적용되는 운송법상의 책임제도와 연결시키는 방법(통일책임원칙, uniform liability system)[103]과 이를 분리시켜 독자적인 책임원칙에 의하도록 하는 방법(네트워크책임원칙, network liability system),[104] 그리고 양자를 절충하는 방법(수정통일책임원칙, modified uniform liability system)[105] 등 3가지의 방법이 적용되고 있다. 개정법은 1992년 국제복합운송업자연맹(FIATA)의 선하증권, 1980년의 유엔 「국제복합물건운송협약」(Convention on International Multimodal Transport of Goods) 및

103) 이 원칙은 운송물의 멸실 등이 복합운송의 어느 구간에서 발생하였느냐를 묻지 않고 별도의 동일한 기준에 따라 책임을 부담하게 된다.

104) 이 원칙은 손해발생구간이 밝혀지지 않는 경우에는 그 손해가 해상구간에서 발생한 것으로 추정하여 독자적인 책임규정을 적용하고, 손해배상구간이 확인된 경우에는 그 손해발생구간에 적용될 국내법이나 국제조약을 적용하게 된다.

105) 이 원칙은 「국제복합물건운송협약」이 채택하고 있는 것이다. 이에 따르면 손해발생구간의 확인 여부에 관계없이 동일한 책임규정을 적용하되, 손해발생구간이 확인되고 그 구간에 적용될 법에 규정된 책임한도액이 「국제복합물건운송협약」의 책임한도액보다 높은 경우에는 그 구간에 적용되는 법의 책임한도액을 적용한다.

독일 등의 입법례를 참조하여 원칙적으로 운송인은 손해가 발생한 운송구간에 적용될 법에 따라 손해배상책임을 지도록 하고(제1항), 다만 어느 운송구간에서 손해가 발생하였는지 불분명한 경우 및 손해의 발생이 성질상 특정한 지역으로 한정되지 아니하는 경우에는 주된 운송구간에 적용될 법에 따라 책임을 지고, 주된 운송구간을 법원이 운송거리·운임 그 밖의 제반사정을 참작하여 정하도록 하였다.[106)]

개 정 상 법	
〈신설〉	제816조 (복합운송인의 책임) ①운송인이 인수한 운송에 해상 외의 운송구간이 포함된 경우 운송인은 손해가 발생한 운송구간에 적용될 법에 따라 책임을 진다. ②어느 운송구간에서 손해가 발생하였는지 불분명한 경우 또는 손해의 발생이 성질상 특정한 지역으로 한정되지 아니하는 경우에는 운송인은 운송거리가 가장 긴 구간에 적용되는 법에 따라 책임을 진다. 다만, 운송거리가 같거나 가장 긴 구간을 정할 수 없는 경우에는 운임이 가장 비싼 구간에 적용되는 법에 따라 책임을 진다. 〈개정 2008. 8. 3〉

6) 개품운송계약의 적용범위

그 동안의 운송이 우리나라와 외국 사이에 이루어지는 경우 해상편의 적용 여부가 자주 문제가 되었다. 개정법은 우리나라 해상법을 국제적인 준칙에 맞도록 개정함과 동시에 헤이그규칙 및 여러 국가의 입법례를 참조하여, 현대해상운송의 주를 이루고 있는 개품운송계약에 있어서 출발지·도착지 등이 우리나라일 경우 당사자가 준거법의 지정 기타의 방법으로 운송인의 의무 또는 책임에 관한 해상편의 강행규정을 무력화하는 것을 방지하기 위한 규정을 신설하였다. 즉, 운송물의 수령지·선적지·양륙지 등이 실질적으로는 우리나라와 주된 관련이 있는데도 불구하고 특별한 고려 없이 외국법을 준거법으로 하고 있는 그 동안의 관행으로 인하여 우리 상법상의 강행규정의 적용이 배제되는 문제점을 해결한 것이다.

(5) 해상여객운송계약의 정의규정

개정법 제817조는 여객운송에 관하여 「해상여객운송계약은 운송인이 특정한 여객을 출발지에서 도착지까지 해상에서 운송할 것을 인수하고 이에 대하여 상대방이 운임을 지급할 것을 약정함으로써 효력이 생긴다」라고 정의규정을 신설하고 있

106) 김인현, 2010년 법무부 복합운송법 제정안의 성립 경위와 주요내용, 商事法硏究 제30권 제1호(2011. 5.)(통권 제70호), 269-302면 참조.

다. 이외의 조항은 개정전 상법을 유지하고 개품운송규정을 준용하고 있어서 특별한 내용은 없는 셈이다.

개 정 상 법	
〈신설〉	제817조 (해상여객운송계약의 의의) 해상여객운송계약은 운송인이 특정한 여객을 출발지에서 도착지까지 해상에서 선박으로 운송할 것을 인수하고, 이에 대하여 상대방이 운임을 지급하기로 약정함으로써 그 효력이 생긴다. 〈개정 2008. 8. 3〉

(6) 항해용선에 관한 규정

개정법은 개정전 상법의 규정에서 항해용선과 개품운송을 그 법적 성질에 따라서 분류하고 정의규정(제827조 제1항)을 두어 항해용선에 관한 규정을 체계적으로 개편하였다. 그리고 그 성질에 어긋나지 않는 한 여객운송을 목적으로 항해용선계약(제827조 제2항) 및 항해를 단위로 운임을 계산하는 정기용선계약에도 항해용선의 규정이 적용되도록 하는(제827조 제3항) 등의 일부규정을 신설하였고, 그 밖의 대부분의 규정을 개정전 상법의 규정을 그대로 반영하고 있다.

개 정 상 법	
〈신설〉	제827조 (항해용선계약의 의의) ①항해용선계약은 특정한 항해를 할 목적으로 선박소유자가 용선자에게 선원이 승무하고 항해장비를 갖춘 선박의 전부 또는 일부를 물건의 운송에 제공하기로 약정하고 용선자가 이에 대하여 운임을 지급하기로 약정함으로써 그 효력이 생긴다. ②이 절의 규정은 그 성질에 반하지 아니하는 한 여객운송을 목적으로 하는 항해용선계약에도 준용한다. ③선박소유자가 일정한 기간 동안 용선자에게 선박을 제공할 의무를 지지만 항해를 단위로 운임을 계산하여 지급하기로 약정한 경우에도 그 성질에 반하지 아니하는 한 이 절의 규정을 준용한다. 〈개정 2008. 8. 3〉

1) 선박소유자의 책임경감금지

개정법은 감항능력주의의무(제839조, 개정전 상법 제794조)에 반하여 선박소유자의 의무 또는 책임을 경감하거나 면제하는 특약은 효력이 없으며, 운송물에 관한 보험의 이익을 선박소유자에게 양도하는 약정에 대해서도 그 효력을 부인하는 규정을 개정전 상법 제790조 제3항의 규정을 반영하여 신설하였다. 이것은 기본적으로 항해용선 등 용선계약은 계약자유의 원칙이 적용되는 사적 자치의 분야이지만,

선박소유자의 우월적 지위가 남용되는 경우를 대비할 필요가 있으므로 안전하게 항해할 수 있는 선박을 제공하여야 하는 최소한의 감항능력주의의무와 관련하여 선박소유자의 의무 또는 책임을 경감하거나 면제할 수 없도록 한 것이다.[107]

또한 개정법은 개품운송의 경우와 마찬가지로 산동물의 운송 및 선하증권 기타 운송계약을 증명하는 문서의 표면에 갑판적으로 운송할 취지를 기재하고 그에 따라 행하는 운송에 대하여는 이를 적용하지 않도록 하였다(제839조 제2항). 운송물의 특성상 갑판적으로 운송하여야 하는 화물은 선창 내 화물보다 손해를 입기 쉽기 때문에(관습적으로 인정) 이에 대한 선박소유자의 책임 또는 의무를 동일한 수준으로 요구하는 것은 불합리하고 또 주로 컨테이너를 통해 운송되는 개품운송과 그 특성이 비슷하여 이를 구분할 필요가 없다는 점이 반영된 것이다.

개 정 전 상 법	개 정 상 법
第794條 (附隨費用, 替當金等의 支給義務) ①傭船者나 送荷人이 第792條와 第793條第1項의 規定에 따라 契約을 解除 또는 解止를 한 때에도 附隨費用과 替當金을 支給할 責任을 免하지 못한다. ②第792條第2項과 第3項의 境遇에는 傭船者나 送荷人은 第1項에 게기한 것 외에 運送物의 價額에 따라 共同海損 또는 海難救助로 因하여 負擔할 金額을 支給하여야 한다.	〈신설〉 제839조 (선박소유자의 책임경감금지) ①제794조에 반하여 이 절에서 정한 선박소유자의 의무 또는 책임을 경감 또는 면제하는 당사자 사이의 특약은 효력이 없다. 운송물에 관한 보험의 이익을 선박소유자에게 양도하는 약정 또는 이와 유사한 약정도 또한 같다. ②제799조제2항은 제1항의 경우에 준용한다. 〈개정 2008. 8. 3〉

2) 선박소유자의 채권 · 채무의 소멸기간

개정법 제840조 항해용선의 운송인인 선박소유자의 용선자 또는 수하인에 대한 채권 · 채무에 관하여 현행 1년의 제척기간을 2년으로 연장하여 규정하고 있다. 이는 제척기간이 지나치게 짧다는 것에 대한 반응이다. 개정법은 개품운송의 경우와 마찬가지로 당사자간의 합의에 따라 이 기간을 연장할 수 있도록 하고, 기간단축에 대하여 이를 가능하도록 하되 항해용선계약에 명시적으로 기재할 것을 조건으로 하였다.

107) 양석완, 해상고유의 위험의 범위와 요건에 관한 비교 고찰, 商事法硏究 제31권 제3호 (2012. 11.)(통권 제76호), 111-147면 참조.

개 정 상 법	
〈신설〉	第840조 (선박소유자의 채권·채무의 소멸) ①선박소유자의 용선자 또는 수하인에 대한 채권 및 채무 는 그 청구원인의 여하에 불구하고 선박소유자가 운송물을 인도한 날 또는 인도할 날부터 2년 이내에 재판상 청구가 없으면 소멸한다. 이 경우 제814조제1항 단서를 준용한다. ②제1항의 기간을 단축하는 선박소유자와 용선자의 약정은 이를 운송계약에 명시적으로 기재하지 아니하면 그 효력이 없다. 〈개정 2008. 8. 3〉

3) 항해용선의 준용규정

개정법 제841조는 항해용선계약에 의하여 여러 준용규정을 두고 있다. 이것은 개정전 해상운송규정이 항해용선계약을 위주로 되어 있던 것을 개품운송계약 중심으로 개편하면서 규정체계상 뒷부분의 항해용선계약은 앞부분에 규정되어 있는 개품운송계약의 관련된 규정을 준용하는 형식을 취하게 하는 것이 입법기술상 적절하였기 때문이다.

개 정 상 법	
〈신설〉	제841조 (준용규정) ①제134조, 제136조, 제137조, 제140조, 제793조부터 제797조까지, 제798조제1항부터 제3항까지, 제800조, 제801조, 제803조, 제804조제1항부터 제4항까지, 제805조부터 제808조까지와 제810조부터 제813조까지의 규정은 항해용선계약에 준용한다. ②제1항에 따라 제806조의 운임을 계산함에 있어서 제829조제2항의 선적기간 또는 제838조제2항의 양륙기간이 경과한 후에 운송물을 선적 또는 양륙한 경우에는 그 기간경과 후의 선적 또는 양륙기간은 선적 또는 양륙기간에 산입하지 아니하고 제829조제3항 및 제838조제3항에 따라 별도로 보수를 정한다. 〈개정 2008. 8. 3〉

(7) 정기용선계약상의 채권의 소멸기간의 연장

개정법 제4절 정기용선의 규정(제843조 내지 제847조)은 개정전 정기용선에 관한 규정(개정전 상법 제812조의2 내지 제812조의6)을 거의 그대로 반영한 것이고 다음의 경우를 제외하고는 특별한 내용은 없다.

개정상법 제846조는 제1항은 항해용선 및 나용선의 경우와 통일을 기하고 정기용선된 선박이 항해용선되는 등 재용선되는 경우가 많은 사정을 감안하여, 정기용선계약에 관한 채권의 제척기간을 항해용선의 경우와 마찬가지로 1년에서 2년으로 연장하고, 이 기간은 당사자의 합의로 연장할 수 있도록 하였다. 그리고 이 기간을 단축하는 운송인과 용선자간의 약정은 이를 운송계약에 명시적으로 기재하지 아니하면 효력이 없다고 하였다.

개 정 전 상 법	개 정 상 법
第812條의6 (定期傭船契約上의 債權의 消滅) 定期傭船契約에 관하여 발생한 當事者間의 債權은 船舶이 船舶所有者에게 返還된 날부터 1年 내에 裁判上 請求가 없으면 消滅한다. 그러나, 第811條 但書의 規定은 이 경우에 準用한다. 〈신설개정 1991. 12. 31〉	제846조 (정기용선계약상의 채권의 소멸) ①정기용선계약에 관하여 발생한 당사자 사이의 채권은 선박이 선박소유자에게 반환된 날부터 2년 이내에 재판상 청구가 없으면 소멸한다. 이 경우 제814조제1항 단서를 준용한다. ②제840조제2항은 제1항의 경우에 준용한다. 〈개정 2008. 8. 3〉

(8) 나용선에 관한 규정

1) 선체용선계약의 규정의 분리

개정전 해상편에는 선박임대차에 관한 규정(제765조 및 제766조)이 제2장의 선박소유자 부분에 규정되어 있었다. 용선계약의 한 종류로 실무상 많이 이용되고 있는 선체용선계약(bareboat charterparty)을 판례 및 학설에서 선박임대차로 이해하고 있는 점을 감안하여, 개정법에서는 선체용선계약에 관한 독립된 절(節)을 편성하여 규정하였다.[108]

개정법은 선체용선계약을 「선체용선계약은 용선자의 관리ㆍ지배하에 선박을 운항할 목적으로 선박소유자가 용선자에게 선박을 제공할 것을 약정하고 용선자가 이에 따른 용선료를 지급하기로 약정함으로써 그 효력이 생긴다」이라고 정의하여(제847조 제1항), 선체용선계약에는 선장 등 선원의 공급의무가 포함되지 않는 것으로 해석하게 하였다.[109]

선체용선계약에서 선박소유자는 원칙적으로 선장과 해원을 공급할 의무를 지지 않지만, 선박소유자가 해원의 공급의무를 부담하되 선체용선자의 관리ㆍ지배하에 선장 등이 선박을 운항하는 것을 약정하는 내용을 선체용선계약에 추가한 경우에도 나용선자와 선장 등의 관계가 실질적으로 관리ㆍ지배관계이기 때문에 이를 선

108) 정부가 제출한 상법중 개정법률안에서는 선체만을 빌리는 의미인 '나용선'이라고 한 것을 법사위 제1소위원회에서 일본식 표현이라는 지적에 따라 국립국어원의 자문을 받아 '선체용선'으로 수정하였다고 한다. 제268회 국회(임시회) 法制司法委員會會議錄 제11호, 19면 참조.

109) 자세한 해석은 李均成, 新해상법대계, 2010, 208면 이하 참조.

체용선계약으로 보도록 하였다(제847조 제2항).

개 정 상 법	
〈신설〉	第847조 (선체용선계약의 의의) ①선체용선계약은 용선자의 관리 · 지배 하에 선박을 운항할 목적으로 선박소유자가 용선자에게 선박을 제공할 것을 약정하고 용선자가 이에 따른 용선료를 지급하기로 약정함으로써 그 효력이 생긴다. ②선박소유자가 선장과 그 밖의 해원을 공급할 의무를 지는 경우에도 용선자의 관리 · 지배 하에서 해원이 선박을 운항하는 것을 목적으로 하면 이를 선체용선계약으로 본다. 〈개정 2008. 8. 3〉

2) 선체용선계약의 법적 성질

개정법 제848조는 선체용선에 대하여 그 성질에 반하지 아니하는 한, 민법의 임대차에 관한 규정을 준용하도록 하였다. 선체용선의 법적 성격에 대하여 학설 및 판례가 선박임대차로 해석하고 있음을 고려한 입법이라고 생각된다. 또한 개정법은 선체용선과 관련하여 용선기간이 종료된 후에 용선자가 선박을 매수 또는 인수할 권리를 가지는 경우와 금융의 담보를 목적으로 채권자는 선박소유자로 하여금 선체용선계약을 체결한 경우에도 용선기간 중에는 당사자간의 권리와 의무를 선체용선과 관련된 규정에 따라 정하도록 하였다.

개 정 상 법	
〈신설〉	第848조 (법적 성질) ①선체용선계약은 그 성질에 반하지 아니하는 한 「민법」상 임대차에 관한 규정을 준용한다. ②용선기간이 종료된 후에 용선자가 선박을 매수 또는 인수할 권리를 가지는 경우 및 금융의 담보를 목적으로 채권자를 선박소유자로 하여 선체용선계약을 체결한 경우에도 용선기간 중에는 당사자 사이에서는 이 절의 규정에 따라 권리와 의무가 있다. 〈개정 2008. 8. 3〉

3) 선체용선계약상의 채권의 제척기간

개정법 제851조는 항해용선 및 정기용선의 경우와 통일을 기하기 위하여 선체용선계약상 채권의 제척기간도 2년으로 하고, 이 기간은 당사자간의 합의로 연장할 수 있도록 하며, 이 기간을 단축하는 운송인과 용선자의 약정은 이를 운송계약에 명시적으로 기재하지 아니하면 그 효력이 없도록 규정하였다.

	개 정 상 법
〈신설〉	第851조 (선체용선계약상의 채권의 소멸) ①선체용선계약에 관하여 발생한 당사자 사이의 채권은 선박이 선박소유자에게 반환된 날부터 2년 이내에 재판상 청구가 없으면 소멸한다. 이 경우 第814조第1항 단서를 준용한다. ②第840조第2항은 제1항의 경우에 준용한다. 〈개정 2008. 8. 3〉

(9) 운송증서에 관한 규정

개정법은 해상운송계약에 따라 발행되는 선하증권과 해상화물운송장 및 전자선하증권에 관한 규정을 운송증서라는 제목으로 별도의 절(節)에서 규정하고 있다.

개정법에서는 선하증권의 기재사항과 그 법적 효력을 명확히 하였고, 용선계약에 관한 선하증권의 규정을 신설하여 해상편의 새로운 구성에 맞추었으며, 전자선하증권과 해상화물운송장제도를 새로이 신설하였다.

개 정 전 상 법	개 정 상 법
第813條 (船荷證券의 發行) ①運送人은 運送物을 受領한 後 傭船者 또는 送荷人의 請求에 依하여 1通 또는 數通의 船荷證券을 交付하여야 한다. ②運送人은 運送物을 船積한 後 傭船者 또는 送荷人의 請求에 依하여 1通 또는 數通의 "船積" 船荷證券을 交付하거나 第1項의 船荷證券에 船積의 뜻을 表示하여야 한다. ③運送人은 船長 또는 其他의 代理人에게 船荷證券의 交付 또는 第2項의 表示를 委任할 수 있다.	第852조 (선하증권의 발행) ①운송인은 운송물을 수령한 후 송하인의 청구에 의하여 1통 또는 수통의 선하증권을 교부하여야 한다. ②운송인은 운송물을 선적한 후 송하인의 청구에 의하여 1통 또는 수통의 선적선하증권을 교부하거나 제1항의 선하증권에 선적의 뜻을 표시하여야 한다. 〈개정 2008. 8. 3〉 ③ (현행과 같음)

1) 선하증권의 기재사항 추가

개정법 제814조는 선하증권의 기재사항에 실무관행과 국제입법례를 참작하여 운송인의 성명 또는 상호, 운송인의 주된 영업소 소재지를 추가하였다.

개 정 전 상 법	개 정 상 법
第814條 (船荷證券의 기재사항) ①船荷證券에는 다음의 사항을 기재하고 運送人이 記名捺印 또는 署名하여야 한다. 1. 船舶의 名稱, 國籍과 톤數	第853조 (선하증권의 기재사항) ①선하증권에는 다음 각 호의 사항을 기재하고 운송인이 기명날인 또는 서명하여야 한다. 1. ~ 10. (현행과 같음)

2. 送荷人이 書面으로 통지한 運送物의 종류, 重量 또는 容積, 包裝의 種別, 個數와 記號 3. 運送物의 外觀狀態 4. 傭船者 또는 送荷人의 姓名 또는 商號 5. 受荷人 또는 通知受領人의 姓名 또는 商號 6. 船積港 7. 揚陸港 8. 運賃 9. 發行地와 그 發行年月日 10. 數通의 船荷證券을 발행한 때에는 그 數	
〈신 설〉	11. 운송인의 성명 또는 상호 〈개정 2008. 8. 3〉
〈신 설〉	12. 운송인의 주된 영업소 소재지 〈개정 2008. 8. 3〉
②第1項第2號의 기재사항 중 運送物의 重量, 容積, 個數 또는 記號가 運送人이 실제로 受領한 運送物을 정확하게 표시하고 있지 아니하다고 疑心할 만한 상당한 이유가 있는 때 또는 이를 확인할 적당한 방법이 없는 때에는 그 기재를 생략할 수 있나.	② (현행과 같음)
③送荷人은 第1項第2號의 기재사항이 정확함을 運送人에게 擔保한 것으로 본다.	③ (현행과 같음)
④運送人이 船荷證券에 기재된 通知受領人에게 運送物에 관한 통지를 한 때에는 傭船者 또는 送荷人 및 船荷證券所持人 기타 受荷人에게 통지한 것으로 본다. 〈전면개정 1991. 12. 31〉	④운송인이 선하증권에 기재된 통지수령인에게 운송물에 관한 통지를 한 때에는 송하인 및 선하증권소지인과 그 밖의 수하인에게 통지한 것으로 본다. 〈일부개정 2008. 8. 3〉

2) 선하증권 기재의 효력

개정법은 개정전 해상법상 선하증권의 기재효력에 관한 제814조의2의 의미를 명확하게 하였다. 즉, 개정법 제854조 제1항(개정전 상법 제814조의2)은 선하증권이 발행된 경우에 운송인과 송하인간에 선하증권에 기재된 대로 운송물을 수령 또는 선적한 것으로 추정하는 규정 외에 선하증권에 기재된 대로 개품운송계약이 체결된 것으로 추정하는 규정을 추가하고 있다. 또한 선하증권이 선의의 제3자에게 양도된 경우에는 선하증권을 선의로 취득한 소지인에게 대하여 운송인은 선하증권에 기재된 대로 운송물을 수령하거나 선적한 것으로 보고, 선하증권에 기재된 바에 따라 운송인으로서 책임을 진다고 규정하고 있다(제854조 제2항).[110]

110) 김선국, 미국 해상물건운송법의 적용을 받는 선하증권상의 외국중재지조항과 외국법정지조항의 유효성-미국의 판례를 중심으로-, 商事法研究 제20권 제3호(2001)(통권 제31호), 129-154면 참조.

개 정 전 상 법	개 정 상 법
第814條의2 (船荷證券 기재의 效力) 第814條第1項의 規定에 따라서 船荷證券이 발행된 경우에는 運送人이 그 證券에 기재된 대로 運送物을 受領 또는 船積한 것으로 推定한다. 그러나 運送人은 船荷證券을 善意로 취득한 第三者에게 對抗하지 못한다. 〈신설개정 1991. 12. 31〉	제854조 (선하증권 기재의 효력) ①제853조제1항에 따라 선하증권이 발행된 경우 운송인과 송하인 사이에 선하증권에 기재된 대로 개품운송계약이 체결되고 운송물을 수령 또는 선적한 것으로 추정한다. ②제1항의 선하증권을 선의로 취득한 소지인에 대하여 운송인은 선하증권에 기재된 대로 운송물을 수령 혹은 선적한 것으로 보고 선하증권에 기재된 바에 따라 운송인으로서 책임을 진다. 〈신설 2008. 8. 3〉

3) 용선계약과 선하증권

개정전 해상법이 선하증권의 교부를 청구할 수 있는 당사자로 송하인과 용선자를 함께 규정하고 있는 등 선하증권과 관련된 규정에서 송하인과 용선자를 구분하지 아니하고 있는 반면에, 개정법은 선하증권이 주로 개품운송계약에서 발행되는 사정을 감안하여 우선 개품운송계약의 당사자인 송하인의 청구에 따른 선하증권의 발행규정을 두고, 운송물을 인도한 용선자의 청구가 있는 경우의 선하증권의 발행 등에 관한 규정을 별도로 신설하였다(제856조 제1항). 이는 양자를 구분하고 용선계약에 있어서의 선하증권의 발행을 명확하게 한 것이다.

또한 개정법에서는 개품운송계약에서의 운송인이 선하증권을 선의로 취득한 제3자에게 대항하지 못하도록 한 개정전 해상법의 규정의 취지를 용선계약에서 발행한 선하증권에도 적용하여 용선계약에서 선하증권을 취득한 선의의 제3자에게도 선박소유자가 개품운송계약에서와 마찬가지로 운송인으로서의 권리와 의무가 있음을 규정하고 있고(제856조 제3항), 개정전 해상법상 운송인의 책임경감금지(개정법 제799조, 개정전 상법 제790조 제3항 단서)를 위반한 특약의 금지규정도 그대로 반영하고 있다(제856조 제5항).

개정법은 용선자의 청구에 따라 선박소유자가 발행한 선하증권에 대하여는 선박소유자가 선하증권에 기재된 대로 운송물을 수령 또는 선적한 것으로 추정한다는 규정만을 두고 있을 뿐, 개품운송계약에 있어서와 같은 선하증권에 기재된 대로 계약이 체결된 것으로 추정하는 규정을 두고 있지 아니한다. 즉, 개정법은 개품운송계약의 경우 선하증권의 효력을 보다 분명하게 규정하기 위하여 운송물을 수령 또는 선적한 것으로 추정하는 것 외에 운송인과 송하인간에 선하증권에 기재된 대로 개품운송계약이 체결된 것으로 추정하는 규정을 두고 있다(제855조 제2항). 그렇다면 용선자의 청구에 따라 발행된 선하증권에 대하여도 선박소유자와 용선자간에 용선계약이 체결된 것으로 추정하는 규정을 두는 것이 필요하지 않았을까 한다.

개 정 상 법	
〈신설〉	제855조 (용선계약과 선하증권) ①용선자의 청구가 있는 경우 선박소유자는 운송물을 수령한 후에 제852조 및 제853조에 따라 선하증권을 발행한다. ②제1항에 따라 선하증권이 발행된 경우 선박소유자는 선하증권에 기재된 대로 운송물을 수령 또는 선적한 것으로 추정한다. ③제3자가 선의로 제1항의 선하증권을 취득한 경우 선박소유자는 제854조제2항에 따라 운송인으로서 권리와 의무가 있다. 용선자의 청구에 따라 선박소유자가 제3자에게 선하증권을 발행한 경우에도 또한 같다. ①제3항의 경우에 그 제3자는 제833조부터 제835조까지 및 제837조에 따른 송하인으로 본다. ⑤제3항의 경우 제799조를 위반하여 운송인으로서의 의무와 책임을 감경 또는 면제하는 특약을 하지 못한다. 〈개정 2008. 8. 3〉

4) 전자선하증권

가) 현대 해운기업들은 해운활동을 영위하면서 발달한 정보통신기술을 사용하여 비용절감과 업무의 효율성의 증대를 도모하고 있고, 이는 전세계적인 경향이라 할 수 있다. 이러한 현실을 반영하여 개정법은 종이선하증권이 전자적 환경에서 전자적 형태로도 이용될 수 있도록 전자선하증권에 관한 규정을 신설하였다.[111]

국제적으로는 국가 상호간의 무역환경이 IT화됨에 따라 이미 유럽을 중심으로 중앙등록기관에 전자적으로 등록하는 방식에 의한 볼레로(BOLERO)[112]라고 하는 전자선하증권이 이용되는 등 전자무역이 활발하게 이루어지고 있고, 국제해법위원

111) 정완용, 해상법의 IT화 관련 개정의견 - 전자선하증권의 입법론적 고찰을 중심으로 -, 商事法硏究 제24권 제2호(2005)(통권 제47호), 325-362면 참조; 김효신, 전자선하증권도입에 따른 법적 과제, 商事法硏究 제26권 제2호(2007)(통권 제55호), 343-364면 참조.

112) Bill of Lading Electronic Registry Organization의 약자이다. 참조논문: 權載烈, 볼레로型 電子船荷證券에 관한 法的 硏究, 商事法硏究 제21권 제4호(2003)(통권 제36호), 289-323면; 姜善俊, 볼레로型 電子船荷證券의 導入에 關한 硏究, 商事法硏究 제25권 제1호(2006)(통권 제50호), 77-121면; 金仁顯, 디지털 시대의 海商法 - 볼레로 電子船荷證券을 중심으로 -, 商事法硏究 제19권 제2호(2000)(통권 제27호), 67-92면.

회(CMI)는 「1990년 전자선하증권통일규칙(Uniform Rules for Electronic Bills of Lading)」을 제정한 바 있다.

현재 일본 · 중국 · 싱가포르 등과 전자무역을 추진하고 있는 우리나라는 전자무역의 활성화를 위한 선결요건으로 전자선하증권제도의 도입을 위한 법적 근거가 요구되고 있는 형편이었다. 개정법은 운송인이 종이선하증권을 발행하는 대신에 법무부장관이 지정하는 등록기관에 등록하는 방식으로 전자선하증권을 발행하고(제863조 제1항), 전자등록기관을 통하여 전자문서로 등록 · 배서 · 제시되는 전자선하증권의 제도를 이용할 수 있도록 법제화하게 된 것이다.

나) 개정법은 전자선하증권이 유효하기 위하여 종이선하증권에 기재하여야 할 구체적인 정보가 포함되어야 하고, 운송인이 전자서명을 하여 송신하고 용선자 또는 송하인이 이를 수신하여야 그 효력이 생기는 것으로 하였다(제863조 제2항). 전자선하증권의 권리자는 배서의 뜻을 기재한 전자문서를 작성한 다음 전자선하증권을 첨부하여 지정된 등록기관을 통하여 상대방에게 송신하는 방법으로 그 권리를 양도할 수 있고(제863조 제3항). 이러한 전자적 배서를 상대방이 수신하면 선하증권의 배서교부와 동일한 효력이 있으며, 전자문서를 수신한 권리자는 종이선하증권을 교부받은 소지인과 동일한 권리를 취득하게 되는 것으로 하였다(제863조 제4항).

	개 정 상 법
〈신설〉	第862조 (전자선하증권) ①운송인은 제852조 또는 제855조의 선하증권을 발행하는 대신에 송하인 또는 용선자의 동의를 받아 법무부장관이 지정하는 등록기관에 등록을 하는 방식으로 전자선하증권을 발행할 수 있다. 이 경우 전자선하증권은 제852조 및 제855조의 선하증권과 동일한 법적 효력을 갖는다. ②전자선하증권에는 제853조제1항 각 호의 정보가 포함되어야 하며, 운송인이 전자서명을 하여 송신하고 용선자 또는 송하인이 이를 수신하여야 그 효력이 생긴다. ③전자선하증권의 권리자는 배서의 뜻을 기재한 전자문서를 작성한 다음 전자선하증권을 첨부하여 지정된 등록기관을 통하여 상대방에게 송신하는 방식으로 그 권리를 양도할 수 있다. ④제3항에서 정한 방식에 따라 배서의 뜻을 기재한 전자문서를 상대방이 수신하면 제852조 및 제855조의 선하증권을 배서하여 교부한 것과 동일한 효력이 있고, 제2항 및 제3항의 전자문서를 수신한 권리자는 제852조 및 제855조의 선하증권을 교부받은 소지인과 동일한 권리를 취득한다. ⑤전자선하증권의 등록기관의 지정요건, 발행 및 배서의 전자적인 방식, 운송물의 구체적인 수령절차와 그 밖에 필요한 사항은 대통령령으로 정한다. 〈개정 2008. 8. 3〉

5) 해상물건운송장의 발행

현대해상운송은 대형 컨테이너운송이 일반화되고 선박의 운항속력과 항만의 하역속도가 빨라져서 특히 근해해상운송에 있어서는 화물이 목적항에 도착한 후 상당한 시일이 경과하여야 선하증권이 수하인에게 입수되는 상황이 자주 발생하고 있다. 이와 같이 선하증권으로는 운송의 신속화에 대응하지 못하고 있는 문제점을 해결하기 위하여 개정법은 현재 해상운송실무에서 사용되고 있는 해상화물운송장(Sea Waybill)제도를 도입하였다. 해상화물운송장은 실무에서 선하증권과는 달리 유가증권이 아니면서 운송을 증명하고 그 수하인에게 운송물을 인도하면 운송채무가 이행되는 운송증서이다.[113)]

이와 같이 해상화물운송장을 우리나라를 비롯하여 국제적으로 해상운송분야에서 널리 사용하고 있고, 국제해법위원회(CMI)에서도 해상화물운송장통일규칙(Uniform Rules for Sea Waybills, 1990)을 제정한 바 있다.

개정법 제863조에 따르면, 해상화물운송장은 운송인이 송하인 또는 용선자의 청구에 따라 그에게 발행·교부하는 증서이고, 또한 당사자간의 합의에 의하여 전자식으로도 발행할 수 있다.

개 정 상 법	
〈신설〉	제863조 (해상화물운송장의 발행) ①운송인은 용선자 또는 송하인의 청구가 있으면 제852조 또는 제855조의 선하증권을 발행하는 대신 해상화물운송장을 발행할 수 있다. 해상화물운송장은 당사자 사이의 합의에 따라 전자식으로도 발행할 수 있다. ②해상화물운송장에는 해상화물운송장임을 표시하는 외에 제853조제1항 각 호 사항을 기재하고 운송인이 기명날인 또는 서명하여야 한다. ③제853조제2항 및 제4항은 해상화물운송장에 준용한다. 〈개정 2008. 8. 3〉

6) 해상화물운송장의 효력

개정법 제864조에 따르면, 해상화물운송장의 효력은 그 양도성이 없다는 점을 제외하고는 선하증권과 대체로 동일하다고 할 것이다. 선하증권의 경우에는 이 증권과 상환하지 아니하고 무권리자에게 운송물이 인도되면 어떠한 경우에도 운송인을 그 책임을 면하지 못하지만(선하증권의 상환증권성), 해상화물운송장의 경우에는

113) 양석완, 해상운송에 있어서 운송증서상의 수하인의 권리, 商事法硏究 제28권 제2호(2009)(통권 제63호), 319-358면 참조.

운송인이 운송물을 인도할 때에 화물운송장에 기재된 수하인 또는 그 대리인임을 확인하기 위한 모든 합리적인 주의를 다하였음을 증명하는 경우에는 수령인이 권리자가 아니었다고 하더라고 운송인은 그 책임을 면하도록 하고 있다.

	개 정 상 법
〈신설〉	제864조 (해상화물운송장의 효력) ①제863조제1항의 규정에 따라 해상화물운송장이 발행된 경우 운송인이 그 운송장에 기재된 대로 운송물을 수령 또는 선적한 것으로 추정한다. ②운송인이 운송물을 인도함에 있어서 수령인이 해상화물운송장에 기재된 수하인 또는 그 대리인이라고 믿을 만한 정당한 사유가 있는 때에는 수령인이 권리자가 아니라고 하더라도 운송인은 그 책임을 면한다. 〈개정 2008. 8. 3〉

(10) 갑판적화물의 공동해손분담청구

개정전 해상법에 따르면, 갑판적화물이 투하된 경우에는 공동해손액에 포함되지 아니하여 화주는 공동해손분담청구권을 가지지 못하였다(제839조 제2항 본문). 이것은 갑판적화물은 선창내의 화물보다 손해를 입기가 쉽고 공동해손처분행위인 투하로 인한 것인지의 여부를 판단하기 어렵기 때문이다. 그러나 컨테이너 운송이나 원목운송과 같이 갑판적운송이 관습적으로 이루어지는 경우에 대하여도 공동해손분담청구에서 제외하는 것은 형평에 맞지 아니한 측면이 있으므로 개정법 제872조 제2항은 이를 공동해손분담청구에 포함되도록 하였으며, 이와 같이 갑판적이 상관행으로 된 현실을 반영할 수 있도록 보완한 것이라 할 것이다.

개 정 전 상 법	개 정 상 법
第839條 (共同海損分擔請求에서의 除外) ①屬具目錄에 記載하지 아니한 屬具, 船荷證券 其他 積荷의 價格을 定할 수 있는 書類없이 船積한 荷物 또는 種類와 價額을 明示하지 아니한 貸幣나 有價證券 其他의 高價物은 保存된 境遇에는 그 價額을 共同海損의 分擔에 算入하고 損失된 境遇에는 그 價額을 共同海損의 額에 算入하지 아니한다.	제872조 (공동해손분담청구에서의 제외) ① (현행과 같음)
②甲板에 積載한 荷物에 對하여도 第1項과 같다. 그러나 沿岸航行의 境遇에는 그러하지 아니하다.	②갑판에 적재한 하물에 대하여도 제1항과 같다. 다만, 갑판에 선적하는 것이 관습상 허용되는 경우와 그 항해가 연안항행에 해당되는 경우에는 그러하지 아니하다. 〈일부개정 2008. 8. 3〉

(11) 선박충돌에의 적용법규

개정전 해상법의 선박충돌의 규정(제843조)은 선박의 직접충돌의 경우에만 적용된다는 견해와 간접충돌의 경우에도 적용된다고 하는 견해가 대립하고 있었다. 개정법은 「선박충돌에 관한 조약」(1910년), 「충돌손해배상액산정에 관한 리스본규칙」(1987년)을 참조하여, 개정법 제876조 제2항은 「선박의 충돌이라 함은 2척 이상의 선박이 그 운용상 작위 또는 부작위로 선박 상호간에 다른 선박 또는 선박내에 있는 사람 또는 물건에 손해를 생기게 하는 것을 말하며, 직접적인 접촉의 유무를 묻지 아니한다」고 규정하여, 선박충돌의 개념에 간접충돌도 포함되는 것을 입법적으로 명확하게 규정하였다.

개 정 전 상 법	개 정 상 법
第843條 (船舶衝突에의 適用法規) 航海船相互間 또는 航海船과 內水航行船間의 衝突이 있은 境遇에 船舶 또는 船舶內에 있는 物件이나 사람에 關하여 생긴 損害의 賠償에 對하여는 어떠한 水面에서 衝突한 때라도 이 章의 規定을 適用한다. 〈일부개정 1991. 12. 31〉 〈신 설〉	제876조 (선박충돌에의 적용법규) ①항해선 상호간 또는 항해선과 내수항행선 간의 충돌이 있은 경우에 선박 또는 선박 내에 있는 물건이나 사람에 관하여 생긴 손해의 배상에 대하여는 어떠한 수면에서 충돌한 때라도 이 절의 규정을 적용한다. ②이 절에서 "선박의 충돌"이란 2척 이상의 선박이 그 운용상 작위 또는 부작위로 선박 상호간에 다른 선박 또는 선박 내에 있는 사람 또는 물건에 손해를 생기게 하는 것을 말하며, 직접적인 접촉의 유무를 묻지 아니한다. 〈개정 2008. 8. 3〉

(12) 해난구조에 관한 규정

1) 해난구조보수의 결정기준의 구체화

개정법(제882조 내지 제895조)은 해난구조보수의 결정에 관하여 개정전 해상편 제850조의 제반사정의 참작기준을 「해난구조조약」(International Convention on Salvage, 1989) 제13조 제1항의 참작기준을 수용하여 보다 구체화하였다(제883조).

개 정 전 상 법	개 정 상 법
第850條 (救助料의 決定) 救助의 報酬에 關한 約定이 없는 境遇에 그 額에 對하여 當事者間에 合意가 成立하지 아니한 때에는 法院은 當	제883조 (보수의 결정) 구조의 보수에 관한 약정이 없는 경우에 그 액에 대하여 당사자 사이에 합의가 성립하지 아니한 때에는 법원은 당사자

事者의 請求에 依하여 危難의 程度, 救助의 勞力, 費用과 救助의 效果, 環境損害防止를 위한 노력 其他의 諸般事情을 參酌하여 그 額을 定한다. 〈일부개정 1991. 12. 31〉	의 청구에 의하여 구조된 선박·재산의 가액, 위난의 정도, 구조자의 노력과 비용, 구조자나 그 장비가 조우했던 위험의 정도, 구조의 효과, 환경손해방지를 위한 노력, 그 밖의 제반사정을 참작하여 그 액을 정한다. 〈개정 2008. 8. 3〉

2) 환경손해방지작업에 대한 특별보상규정의 신설

일반적으로 해난사고를 당한 선박에 대해서 구조작업을 하게 되면 이에 따른 구조료를 지급하게 된다. 이때에 대체로 불성공-무보수(No cure, No pay)의 원칙이 통용되고 있다. 그러나 해난사고로 인하여 환경오염의 위험이 있는 경우에도 불성공·무보수의 원칙이 적용하게 된다면 구조작업이 적극적으로 시행되지 않을 가능성이 크기 때문에, 개정법은 「해난구조조약」 제14조의 「특별보상제도」(Special Compensation)를 상법에 수용하여 환경손해방지작업을 장려하기 위한 규정을 두었다.

개정법은 선박 또는 그 적하로 인하여 환경손해가 발생할 우려가 있는 경우에 손해의 경감 또는 방지의 효과를 수반하는 구조작업에 종사한 구조자는 구조의 성공 여부 및 보수의 한도에 상관없이 구조에 소요한 비용을 특별보상으로 청구할 수 있고(제885조 제1항), 구조자는 구조작업으로 인하여 발생할 가능성이 있던 환경손해가 실제로 감경 또는 방지된 때에는 보상의 증액을 법원에 청구할 수 있다(제885조 제3항). 구조자의 고의 또는 과실로 인하여 손해의 감경 또는 방지에 지장을 가져 온 경우 법원은 금액을 감액 혹은 부인할 수 있도록 하였다(제885조 제4항).

	개 정 상 법
〈신설〉	제885조 (환경손해방지작업에 대한 특별보상) ①선박 또는 그 적하로 인하여 환경손해가 발생할 우려가 있는 경우에 손해의 경감 또는 방지의 효과를 수반하는 구조작업에 종사한 구조자는 구조의 성공 여부 및 제884조와 상관없이 구조에 소요된 비용을 특별보상으로 청구할 수 있다. ②제1항에서 "비용"이란 구조작업에 실제로 지출한 합리적인 비용 및 사용된 장비와 인원에 대한 정당한 보수를 말한다. ③구조자는 발생할 환경손해가 구조작업으로 인하여 실제로 감경 또는 방지된 때에는 보상의 증액을 청구할 수 있고, 법원은 제883조의 사정을 참작하여 증액 여부 및 그 금액을 정한다. 이 경우 증액된다 하더라도 구조료는 제1항의 비용의 배액을 초과할 수 없다. ④구조자의 고의 또는 과실로 인하여 손해의 감경 또는 방지에 지장을 가져온 경우 법원은

	제1항 및 제3항에서 정한 금액을 감액 혹은 부인할 수 있다. ⑤하나의 구조작업을 시행한 구조자가 제1항부터 제4항까지의 규정에서 정한 특별보상을 청구하는 것 외에 제882조에서 정한 보수도 청구할 수 있는 경우 그 중 큰 금액을 구조료로 청구할 수 있다. 〈개정 2008. 8. 3〉

3) 구조료의 지급의무

개정법 제886조는 해난구조의 구조료에 기존의 해난구조의 「보수」와 환경손해방지작업에 대한 특별 「보상」이 포함된 개념임을 나타내기 위하여 제887조를 신설하였다. 개정전 해상편의 제852조가 해난구조료는 구조된 목적물의 가액을 초과하지 못하도록 규정하고 있기 때문에, 만약에 유류오염이나 환경손해의 방지를 위하여 구조업자가 큰 비용을 사용하여 구조하더라도 구조된 목적물의 가액이 적을 때에는 손해를 보게 되고, 이는 결국 구조자가 구조작업을 포기하고 그 결과 환경손해방지작업을 하지 못하게 되는 불합리한 상황을 발생시킬 수 있는 문제가 있어 이를 개선하기 위한 것이었다.

개 정 전 상 법	개 정 상 법
第852條 (救助料의 限度) ①救助의 報酬額은 다른 約定이 없으면 救助된 目的物의 價額을 超過하지 못한다. ②先順位의 優先特權이 있을 때에는 救助의 報酬額은 그 優先特權者의 債權額을 控除한 殘額을 超過하지 못한다. 〈개정 1962. 12. 12〉	제886조 (구조료의 지급의무) 선박소유자와 그 밖에 구조된 재산의 권리자는 그 구조된 선박 또는 재산의 가액에 비례하여 구조에 대한 보수를 지급하고 특별보상을 하는 등 구조료를 지급할 의무가 있다. 〈일부개정 2008. 8. 3〉

4) 구조약정에 따른 구조에의 적용

개정전 해상법에서 해난구조의 규정은 「의무없이」 구조한 소위 임의구조에 관한 규정이었다. 종래의 통설은 당사자가 미리 구조계약을 하고 그 계약에 따라 구조가 이루어진 계약구조의 경우에도 그 성질에 반하지 아니하는 한, 해난구조에 관한 규정이 적용된다는 것이었다. 개정법은 이러한 통설의 내용을 입법화하여 해난구조에 관한 규정들의 적용범위를 명확히 하고 계약구조에 관한 문제를 입법적으로 해결하였다.

	개 정 상 법
〈신설〉	제887조 (구조에 관한 약정) ①당사자가 미리 구조계약을 하고 그 계약에 따라 구조가 이루어진 경우에도 그 성질에 반하지 아니하는 한 구조계약에서 정하지 아니한 사항은 이 절에서 정한 바에 따른다. ②해난 당시에 구조료의 금액에 대하여 약정을 한 경우에도 그 금액이 현저하게 부당한 때에는 법원은 제883조의 사정을 참작하여 그 금액을 증감할 수 있다. 〈개정 2008. 8. 3〉

Ⅳ. 2009년의 상법개정(법률 제9362호)

1. 개정의 경위

2008년 10월 21일 정부는 「상법 일부개정법률안」을 같은 해 11월 27일 제278회 국회(정기회) 제출하여 제20차 법제사법위원회에 상정되어 법안심의 제1소위원회에 회부되었다. 2008년 11월 28일 제278회 국회(정기회) 제3차 법안심의 제1소위원회에서 심사한 결과 「상법 일부개정법률안」이 상법 회사편을 전면 개정하는 것이어서 그 내용이 방대하여 공청회를 가치는 등 심도있는 심사가 필요하지만, 개정안 중 상장회사에 관한 특례부분은 2009년 2월 4일부터 시행되는 「자본시장과 금융투자업에 관한 법률」로 폐지되는 「증권거래법」의 내용을 반영하는 것으로서 위 법률의 시행시기를 맞출 필요가 있으므로 「상법 일부개정법률안」 중 일부를 발췌하여 위원회안으로 성안하는 것으로 의견을 모았다.

2009년 1월 6일 제279회(임시회) 제1차 법안심사 제1소위원회에서 상장회사에 대한 특례를 신설하는 「상법 일부개정법률안」을 위원회안으로 제안하기로 의결하였다. 이에 2009년 1월 6일 제279회(임시회) 제6차 법제사법위원회에서 법안심사 제1소위원회가 성안하여 보고한 「상법 일부개정법률안」을 상정하여 심사한 결과 이를 위원회안으로 채택하기로 원안가결하였다.[114] 같은 날 그 상법 일부개정법률안은 국회본회의에서 가결되었다.[115]

114) 2009년 1월 6일자 제279회 국회(임시회) 法制司法委員會會議錄 제6호, 51면 참조.
115) 2009년 1월 8일자 제279회 국회(임시회) 국회본회의회의록 제3호, 6면 참조.

2. 개정의 이유

국회 법제사법위원회 법안심의 제1소위원회가 위원회안으로 성안하여 개정안으로 제기한 개정이유는 「자본시장과 금융투자업에 관한 법률」이 제정(법률 제8635호, 2007. 8. 3. 공포, 2009. 2. 4. 시행)됨에 따라 폐지될 예정인 「증권거래법」의 상장법인의 지배구조에 관한 특례규정을 이 법 회사편에 포함시켜 법적용의 계속성을 유지하고 회사법제의 완결성을 추구하려는 것이다.

3. 개정의 특색

(1) 주식매수선택권의 신설

주식매수선택권(stock option)이란 정관이 정한 바에 따라 주주총회의 특별결의에 의하여 회사의 설립·경영 및 기술혁신 등에 기여하였거나 기여할 수 있는 회사의 이사·집행임원·감사 또는 피용자에게 특별히 유리한 가격으로 신주를 인수하거나 자기주식을 매수할 수 있는 권리를 부여하는 제도이다. 주식매수선택권의 제도는 미국의 경우 1933년의 증권법, 1934년의 증권거래법, 1940년의 연방투자회사법 등 연방법과 주법에서 널리 인정되고 있고, 프랑스 회사법에서도 인정되고 있다. 우리나라는 1997년부터 증권거래법에서 주권상장법인에 먼저 도입되었다가 1999년의 개정상법에 의하여 모든 회사로 확대되었으며, 금번의 상법개정에 의하여 증권거래법상 관련조문이 상법에 흡수되게 되었다.

개정상법은 주식매수선택권을, 「회사의 설립·경영 및 기술혁신 등에 기여하거나 기여할 수 있는 회사의 이사·집행임원·감사 또는 피용자에게 미리 정한 가액으로 신주를 인수하거나 자기의 주식을 매수할 수 있는 권리」라고 정의하고 있다(제340조의2 제1항). 주식매수선택권의 제도는 우수인재의 확보, 생산성의 향상, 재무구조의 개선 등의 효과가 있다. 그러나 주식시장이 침체된 경우에는 아무런 소득이 없고, 주식시장이 호황일 때에는 노력 이상의 보상을 받으며, 업무추진에 있어서 단기실적에 급급하게 되는 점 등의 단점이 있다.[116)]

---

116) 崔埈璿, 會社法[제7판], 2012, 284-285면; 權奇範, 現行株式買受請求權에 관한 몇 가지 문제점, 商事法硏究 제7집(1988), 511-537면.

	개 정 상 법
〈신설〉	제542조의3 (주식매수선택권) ① 상장회사는 제340조의2제1항 본문에 규정된 자 외에도 대통령령으로 정하는 관계 회사의 이사, 감사 또는 피용자에게 주식매수선택권을 부여할 수 있다. 다만, 제542조의8제2항제5호의 최대주주 등 대통령령으로 정하는 자에게는 주식매수선택권을 부여할 수 없다. ② 상장회사는 제340조의2제3항에도 불구하고 발행주식총수의 100분의 20의 범위에서 대통령령으로 정하는 한도까지 주식매수선택권을 부여할 수 있다. ③ 상장회사는 제340조의2제1항 본문에도 불구하고 정관으로 정하는 바에 따라 발행주식총수의 100분의 10의 범위에서 대통령령으로 정하는 한도까지 이사회가 제340조의3제2항 각 호의 사항을 결의함으로써 해당 회사의 감사 또는 피용자 및 제1항에 따른 관계 회사의 이사·감사 또는 피용자에게 주식매수선택권을 부여할 수 있다. 이 경우 주식매수선택권을 부여한 후 처음으로 소집되는 주주총회의 승인을 받아야 한다. ④ 상장회사의 주식매수선택권을 부여받은 자는 제340조의4제1항에도 불구하고 대통령령으로 정하는 경우를 제외하고는 주식매수선택권을 부여하기로 한 주주총회 또는 이사회의 결의일부터 2년 이상 재임하거나 재직하여야 주식매수선택권을 행사할 수 있다. ⑤ 제1항부터 제4항까지에서 규정한 사항 외에 상장회사의 주식매수선택권 부여, 취소, 그 밖에 필요한 사항은 대통령령으로 정한다. 〈개정 2009. 1. 30〉

(2) 주주총회의 소집절차상의 특례

상법상 기명식주권을 발행한 경우에는 각 주주에 대하여 총회일의 2주 전에 서면 또는 전자문서로 총회소집의 통지를 발송하여야 한다(제363조 제1항 본문). 이 때에 대부분의 주주에게 소집통지를 하지 아니한 경우는 결의부존재의 원인이 되거나[117] 일부주주에게만 통지를 하지 아니한 경우는 결의취소의 사유가 된다.[118] 개정상법은 주권상장회사의 경우에는 대통령령이 정하는 주식수(발행주식총수의 100분의 1) 이하를 소유하는 주주에 대하여 정관에 정하는 바에 따라 주주총회 회일의 2주 전에 총회를 소집한다는 뜻과 회의의 목적사항을 둘 이상의 일간신문에 각각 2회 이상 공고하거나 금융감독원 또는 한국거래소가 운용하는 전자공시시스템(Data Analysis Betrieval and Transfer System: DART)에 공고함으로써 상법 제363조 제1항의 소집통지에 갈음할 수 있다(제542조의4 제1항)고 하였다. 또한 상장회사가 이사·감사의 선임에 관한 사항을 목적사항으로 하는 주주총회의 소집통지 또는 공고하는 경우에는 이사·감사 후보자의 성명, 약력, 추천인, 후보자와 최대주주와의 관계, 후보자와 해당 회사와의 최근 3년간 거래내역을 통지하거나 공고하

117) 대법원판결 1979. 6. 26. 78다194.

118) 대법원판결 1981. 7. 28. 80다128.

여야 한다(제542조의4 제2항). 그리고 주주총회 소집의 통지 및 공고시 사외이사 등의 활동내역과 보수에 관한 사항, 사업개요 등 대통령령이 정하는 사항도 통지 또는 공고하여야 한다. 다만 인터넷 홈페이지 등에 게재하고 일반인에게 열람케 하는 경우는 제외된다(제542조의4 제3항).[119]

	개 정 상 법
〈신설〉	제542조의4 (주주총회 소집공고 등) ①상장회사가 주주총회를 소집하는 경우 대통령령으로 정하는 수 이하의 주식을 소유하는 주주에게는 정관으로 정하는 바에 따라 주주총회일의 2주 전에 주주총회를 소집하는 뜻과 회의의 목적사항을 둘 이상의 일간신문에 각각 2회 이상 공고하거나 대통령령으로 정하는 바에 따라 전자적 방법으로 공고함으로써 제363조 제1항의 소집통지를 갈음할 수 있다. ②상장회사가 이사·감사의 선임에 관한 사항을 목적으로 하는 주주총회를 소집통지 또는 공고하는 경우에는 이사·감사 후보자의 성명, 약력, 추천인, 그 밖에 대통령령으로 정하는 후보자에 관한 사항을 통지하거나 공고하여야 한다. ③상장회사가 주주총회 소집의 통지 또는 공고를 하는 경우에는 사외이사 등의 활동내역과 보수에 관한 사항, 사업개요 등 대통령령으로 정하는 사항을 통지 또는 공고하여야 한다. 다만, 상장회사가 그 사항을 대통령령으로 정하는 방법으로 일반인이 열람할 수 있도록 하는 경우에는 그러하지 아니하다. 〈개정 2009. 1. 30〉

(3) 소수주주권이 강화된 경우

상법상 발행주식총수(무의결권주식·자기주식은 제외)의 100분의 3 이상에 해당하는 주식을 가지는 소수주주는 회의의 목적사항과 소집의 이유를 기재한 서면 또는 전자문서를 이사회에 제출하여 임시총회의 소집을 청구할 수 있다(제366조 제1항). 그런데 이번 개정법에 의하여 주권상장회사의 경우에는 6월 전부터 계속하여 의결권 있는 주식을 기준으로 발행주식총수의 1,000분의 15 이상에 해당하는 주식을 보유하거나 주주권행사에 관한 위임장을 취득하거나 2인 이상의 주주와 주주권의 공동행사를 위하여 보유한 자는 상법 제366조에 정산 임시총회의 소집을 청구할 수 있다(제542조의6 제1항).

구증권거래법상 주권상장회사의 소수주주들이 임시주주총회를 소집할 경우 위의 상장회사 특례에 의한 소수주주의 요건(6월 전부터 계속하여 의결권 있는 주식을 기준으로 발행주식총수의 1,000분의 15 이상에 해당하는 주식을 소유) 대신에 제366조

119) 崔埈璿, 위의 책, 312-314면.

제1항에서 규정하는 요건, 즉 6개월 이상 보유요건이 없는 대신 소유비율 3% 이상의 요건을 갖추어 소집청구권을 행사할 수도 있다는 판례가 있다. 그러나 이번의 개정상법 제542조의2 이하에서 상장회사특례규정을 두고 있으므로 이러한 해석을 더 이상은 타당하지 않고, 상장회사의 경우에는 6개월 이상 주식을 보유하여야 하는 대신 소유비율을 완화된 특례규정에 의하여야 한다.[120]

개 정 상 법	
〈신설〉	第542조의6 (소수주주권) ①6개월 전부터 계속하여 상장회사 발행주식총수의 1천분의 15 이상에 해당하는 주식을 보유한 자는 제366조(제542조에서 준용하는 경우를 포함한다) 및 제467조에 따른 주주의 권리를 행사할 수 있다. ②6개월 전부터 계속하여 상장회사의 의결권 없는 주식을 제외한 발행주식총수의 1천분의 10(대통령령으로 정하는 상장회사의 경우에는 1천분의 5) 이상에 해당하는 주식을 보유한 자는 제363조의2(제542조에서 준용하는 경우를 포함한다)에 따른 주주의 권리를 행사할 수 있다. ③6개월 전부터 계속하여 상장회사 발행주식총수의 1만분의 50(대통령령으로 정하는 상장회사의 경우에는 1만분의 25) 이상에 해당하는 주식을 보유한 자는 제385조(제415조에서 준용하는 경우를 포함한다) 및 제539조에 따른 주주의 권리를 행사할 수 있다. ④6개월 전부터 계속하여 상장회사 발행주식총수의 1만분의 10(대통령령으로 정하는 상장회사의 경우에는 1만분의 5) 이상에 해당하는 주식을 보유한 자는 제466조(제542조에서 준용하는 경우를 포함한다)에 따른 주주의 권리를 행사할 수 있다. ⑤6개월 전부터 계속하여 상장회사 발행주식총수의 10만분의 50(대통령령으로 정하는 상장회사의 경우에는 10만분의 25) 이상에 해당하는 주식을 보유한 자는 제402조(제542조에서 준용하는 경우를 포함한다)에 따른 주주의 권리를 행사할 수 있다. ⑥6개월 전부터 계속하여 상장회사 발행주식총수의 1만분의 1 이상에 해당하는 주식을 보유한 자는 제403조(제324조, 제415조, 제424조의2, 제467조의2 및 제542조에서 준용하는 경우를 포함한다)에 따른 주주의 권리를 행사할 수 있다. ⑦상장회사는 정관에서 제1항부터 제6항까지 규정된 것보다 단기의 주식 보유기간을 정하거나 낮은 주식 보유비율을 정할 수 있다. ⑧제1항부터 제6항까지 및 제542조의7제2항에서 "주식을 보유한 자"란 주식을 소유한 자, 주주권 행사에 관한 위임을 받은 자, 2명 이상 주주의 주주권을 공동으로 행사하는 자를 말한다. 〈개정 2009. 1. 30〉

(4) 집중투표에 관한 특례

집중투표제(cumulative voting)는 소수주주의 대표자가 이사로 선임될 수 있도록 함으로써 소수주주의 이익을 보호하기 위하여 미국(RMBCA §§7.28, 8.04)과 일본(日商 제256조의3) 등의 입법례에 따라 1998년의 개정상법에서 도입된 것이다.

120) 위의 책, 308-309면.

그런데 금번의 개정상법에서 다시 집중투표에 관한 특례를 도입한 것이다(제542조의7). 즉, 주권상장회사로서 자산규모 등을 고려하여 최근 사업연도말 현재의 자산총액 2조원 이상의 회사는 정관에서 집중투표를 배제하고자 하거나 그 배제된 정관을 변경하고자 하는 경우 의결권 없는 주식을 제외한 발행주식총수의 100분의 3(정관으로 그 비율을 낮게 정한 경우에는 그 비율로 한다)을 초과하는 수의 주식을 가진 주주는 그 초과하는 주식에 관하여 의결권을 행사하지 못한다(제542조의7 제3항)고 규정하였다. 또한 집중투표제의 배제 여부에 관한 정관의 변경을 주주총회의 목적사항으로 하는 의견을 상정하고자 하는 경우에는 그 밖의 사항의 정관의 변경에 관한 다른 의안과 별도로 상정하여 의결하여야 한다(제542조의7 제4항).

주권상장회사의 경우 집중투표의 방법으로 당해 법인의 이사를 선임할 것을 청구하는 경우 주주총회 회일(정기주주총회의 경우에는 직전 연도의 정기주주총회에 해당하는 그 해의 해당일) 6주 전까지 서면 또는 전자문서로 청구하여야 하며(제542조의7 제1항), 최근 사업연도말 현재 자산총액 2조원 이상 주권상장회사의 경우는 집중투표를 청구할 수 있는 자의 주식 보유비율을 의결권 없는 주식을 제외한 발행주식총수의 100분의 1 이상으로 완화하고 있다(제542조의7 제2항). 여기서 의결권 없는 주식이란 무의결권주식은 물론이고, 회사의 자기주식, 모회사의 주식을 가진 자회사, 주식의 상호보유관계에 있는 회사의 주식 등 의결권이 제한되는 모든 주식을 이른다.[121)]

	개 정 상 법
〈신설〉	제542조의7 (집중투표에 관한 특례) ①상장회사에 대하여 제382조의2에 따라 집중투표의 방법으로 이사를 선임할 것을 청구하는 경우 주주총회일(정기주주총회의 경우에는 직전 연도의 정기주주총회일에 해당하는 그 해의 해당일. 이하 제542조의8제5항에서 같다)의 6주 전까지 서면 또는 전자문서로 회사에 청구하여야 한다. ②자산 규모 등을 고려하여 대통령령으로 정하는 상장회사의 의결권 없는 주식을 제외한 발행주식총수의 100분의 1 이상에 해당하는 주식을 보유한 자는 제382조의2에 따라 집중투 표의 방법으로 이사를 선임할 것을 청구할 수 있다. ③제2항의 상장회사가 정관으로 집중투표를 배제하거나 그 배제된 정관을 변경하려는 경우에는 의결권 없는 주식을 제외한 발행주식총수의 100분의 3을 초과하는 수의 주식을 가진 주주는 그 초과하는 주식에 관하여 의결권을 행사하지 못한다. 다만, 정관에서 이보다 낮은 주식 보유비율을 정할 수 있다.

121) 위의 책, 388-389면.

	④제2항의 상장회사가 주주총회의 목적사항으로 제3항에 따른 집중투표 배제에 관한 정관 변경에 관한 의안을 상정하려는 경우에는 그 밖의 사항의 정관 변경에 관한 의안과 별도로 상정하여 의결하여야 한다. 〈개정 2009. 1. 30〉

(5) 사외이사의 선임

사외이사(outsider director)란 해당 회사의 상무에 종사하지 아니하는 이사로서, 다음의 어느 하나에 해당하지 아니하는 자를 한다(제542조의8 제3항).[122] 사외이사가 다음 각 호의 어느 하나에 해당하는 경우에는 그 직을 상실한다. 즉, ① 회사의 상무에 종사하는 이사 및 피용자 또는 최근 2년 이내에 회사의 상무에 종사한 이사·감사 및 피용자, ② 최대주주가 자연인인 경우 본인과 그 배우자 및 직계존·비속, ③ 최대주주가 법인인 경우 그 법인의 이사·감사 및 피용자, ④ 이사·감사의 배우자 및 직계존·비속, ⑤ 회사의 모회사 또는 자회사의 이사·감사 및 피용자, ⑥ 회사와 거래관계 등 중요한 이해관계에 있는 법인의 이사·감사 및 피용자, ⑦ 회사의 이사 및 피용자가 이사로 있는 다른 회사의 이사·감사 및 피용자(상법 제382조 제3항 제2문)뿐만 아니라, 다시 추가결격사유가 더 있다(제542조의8 제2항).

개 정 상 법	
〈신설〉	제542조의8 (사외이사의 선임) ①상장회사는 자산 규모 등을 고려하여 대통령령으로 정하는 경우를 제외하고는 이사 총수의 4분의 1 이상을 사외이사로 하여야 한다. 다만, 자산 규모 등을 고려하여 대통령령으로 정하는 상장회사의 사외이사는 3명 이상으로 하되, 이사 총수의 과반수가 되도록 하여야 한다. ②상장회사의 사외이사는 제382조제3항 각 호 뿐만 아니라 다음 각 호의 어느 하나에 해당되지 아니하여야 하며, 이에 해당하게 된 경우에는 그 직을 상실한다. 1. 미성년자, 금치산자 또는 한정치산자 2. 파산선고를 받고 복권되지 아니한 자 3. 금고 이상의 형을 선고받고 그 집행이 끝나거나 집행이 면제된 후 2년이 지나지 아니

122) 참조논문: 洪福基, 社外理事制度와 그 問題點, 商事法硏究 제7집(1988), 449-509면; 안택식, 기업경쟁력 강화를 위한 사외이사 제도의 개선방안, 商事法硏究 제21권 제2호(2002)(통권 제34호), 245-287면; 金載杰, 株式會社의 社外理事의 責任에 관한 法的 考察-日本의 判例를 중심으로 하여-, 商事法硏究 제21권 제2호(2002)(통권 제34호), 289-329면; 김정호, 이사회구성과 사외이사제도, 商事法硏究 제29권 제2호(2010. 8.)(통권 제67호), 203-245면; 정재규, 금융회사의 사외이사 제도, 商事法硏究 제29권 제4호(2011. 2.)(통권 제69호), 9-44면; 하창효, 주식회사 사외이사의 역할제고를 위한 법적 고찰, 商事法硏究 제26권 제1호(2007)(통권 제54호), 45-84면; 이대희, 社外理事의 役割에 대한 經驗的인 硏究의 考察-미국에서의 論議를 중심으로-, 商事法硏究 제16권 제2호(1997), 353-404면.

	한 자 4. 대통령령으로 별도로 정하는 법률을 위반하여 해임되거나 면직된 후 2년이 지나지 아니한 자 5. 상장회사의 주주로서 의결권 없는 주식을 제외한 발행주식총수를 기준으로 본인 및 그와 대통령령으로 정하는 특수한 관계에 있는 자(이하 "특수관계인"이라 한다)가 소유하는 주식의 수가 가장 많은 경우 그 본인(이하 "최대주주"라 한다) 및 그의 특수관계인 6. 누구의 명의로 하든지 자기의 계산으로 의결권 없는 주식을 제외한 발행주식총수의 100분의 10 이상의 주식을 소유하거나 이사·감사의 선임과 해임 등 상장회사의 주요 경영사항에 대하여 사실상의 영향력을 행사하는 주주(이하 "주요주주"라 한다) 및 그의 배우자와 직계 존속·비속 7. 그 밖에 사외이사로서의 직무를 충실하게 수행하기 곤란하거나 상장회사의 경영에 영향을 미칠 수 있는 자로서 대통령령으로 정하는 자 ③제1항의 상장회사는 사외이사의 사임·사망 등의 사유로 인하여 사외이사의 수가 제1항의 이사회의 구성요건에 미달하게 되면 그 사유가 발생한 후 처음으로 소집되는 주주총회에서 제1항의 요건에 합치되도록 사외이사를 선임하여야 한다. ④제1항 단서의 상장회사는 사외이사 후보를 추천하기 위하여 제393조의2의 위원회(이하 이 조에서 "사외이사후보추천위원회"라 한다)를 설치하여야 한다. 이 경우 사외이사후보추천위원회는 사외이사가 총위원의 2분의 1 이상이 되도록 구성하여야 한다. ⑤제1항 단서의 상장회사가 주주총회에서 사외이사를 선임하려는 경우에는 사외이사후보추천위원회의 추천을 받은 자 중에서 선임하여야 한다. 이 경우 사외이사후보추천위원회가 사외이사 후보를 추천할 때에는 제542조의6제2항에 따른 주주제안권을 행사할 수 있는 요건을 갖춘 주주가 주주총회일의 6주 전에 추천한 사외이사 후보를 포함시켜야 한다. 〈개정 2009. 1. 30〉

(6) 이해관계자와의 거래제한

개정상법에서 상장회사는 주요주주 등 특수관계인을 상대방으로 하거나 그를 위하여 신용공여를 할 수 없도록 하되, 일정한 규모 이하의 거래나 약관 등에 의하여 정형화된 거래는 이사회 승인을 받거나 사후에 주주총회에 보고하도록 하는 방식으로 거래를 허용하고, 이를 위반하는 경우 형벌에 처한다(제624조의2).

	개 정 상 법
〈신설〉	제542조의9 (주요주주 등 이해관계자와의 거래) ①상장회사는 다음 각 호의 어느 하나에 해당하는 자를 상대방으로 하거나 그를 위하여 신용공여(금전 등 경제적 가치가 있는 재산의 대여, 채무이행의 보증, 자금 지원적 성격의 증권 매입, 그 밖에 거래상의 신용위험이 따르는 직접적·간접적 거래로서 대통령령으로 정하는 거래를 말한다. 이하 이 조에서 같다)를 하여서는 아니된다. 1. 주요주주 및 그의 특수관계인 2. 이사(제401조의2제1항 각 호의 어느 하나에 해당하는 자를 포함한다. 이하 이 조에서 같다)

	3. 감사 ②제1항에도 불구하고 다음 각 호의 어느 하나에 해당하는 경우에는 신용공여를 할 수 있다. 1. 복리후생을 위한 이사 또는 감사에 대한 금전대여 등으로서 대통령령으로 정하는 신용공여 2. 다른 법령에서 허용하는 신용공여 3. 그 밖에 상장회사의 경영건전성을 해칠 우려가 없는 금전대여 등으로서 대통령령으로 정하는 신용공여 ③자산 규모 등을 고려하여 대통령령으로 정하는 상장회사는 최대주주, 그의 특수관계인 및 그 상장회사의 특수관계인으로서 대통령령으로 정하는 자를 상대방으로 하거나 그를 위하여 다음 각 호의 어느 하나에 해당하는 거래(제1항에 따라 금지되는 거래는 제외한다)를 하려는 경우에는 이사회의 승인을 받아야 한다. 1. 단일 거래규모가 대통령령으로 정하는 규모 이상인 거래 2. 해당 사업연도 중에 특정인과의 해당 거래를 포함한 거래총액이 대통령령으로 정하는 규모 이상이 되는 경우의 해당 거래 ④제3항의 경우 상장회사는 이사회의 승인 결의 후 처음으로 소집되는 정기주주총회에 해당 거래의 목적, 상대방, 그 밖에 대통령령으로 정하는 사항을 보고하여야 한다. ⑤제3항에도 불구하고 상장회사가 경영하는 업종에 따른 일상적인 거래로서 다음 각 호의 어느 하나에 해당하는 거래는 이사회의 승인을 받지 아니하고 할 수 있으며, 제2호에 해당하는 거래에 대하여는 그 거래내용을 주주총회에 보고하지 아니할 수 있다. 1. 약관에 따라 정형화된 거래로서 대통령령으로 정하는 거래 2. 이사회에서 승인한 거래총액의 범위 안에서 이행하는 거래 〈개정 2009. 1. 30〉

(7) 상근감사 및 감사위원회

개정상법에 의하면, 대통령령으로 정하는 상장회사에 대하여는 1명 이상의 상근감사를 두어야 하고, 대통령령으로 정하는 대규모 상장회사에 대하여는 감사위원회를 의무적으로 설치하도록 한다(제542조의10 및 제542조의11).[123]

개 정 상 법	
〈신설〉	제542조의10 (상근감사) ①대통령령으로 정하는 상장회사는 주주총회 결의에 의하여 회사에 상근하면서 감사업무를 수행하는 감사(이하 "상근감사"라고 한다)를 1명 이상 두어야 한다. 다만, 이 법 및 다른 법률에 따라 감사위원회를 설치한 경우(감사위원회 설치 의무가 없는 상장회사가 이 절의 요건을 갖춘 감사위원회를 설치한 경우를 포함한다)에는 그러하

123) 강희갑, 미국의 주식회사의 감사위원회제도에 관한 최근 동향과 그 시사점, 商事法研究 제20권 제4호(2002)(통권 제32호), 43-82면; 김상규, 감사위원회제도에 관한 연구, 商事法研究 제20권 제4호(2002)(통권 제32호), 83-111면; 任忠熙, 監査委員會制度의 現狀과 課題, 商事法研究 제20권 제3호(2001)(통권 제31호), 299-320면 참조; 전우현, 주식회사 감사위원회제도의 개선에 관한 일고찰-집행임원제 필요성에 관한 검토의 부가-, 商事法研究 제23권 제3호(2004)(통권 제44호), 251-295면 참조.

	지 아니하다. ②다음 각 호의 어느 하나에 해당하는 자는 제1항 본문의 상장회사의 상근감사가 되지 못하며, 이에 해당하게 되는 경우에는 그 직을 상실한다. 1. 제542조의8제2항제1호부터 제4호까지 및 제6호에 해당하는 자 2. 회사의 상무(常務)에 종사하는 이사 및 피용자 또는 최근 2년 이내에 회사의 상무에 종사한 이사 및 피용자. 다만, 이 절에 따른 감사위원회위원으로 재임 중이거나 재임하였던 이사는 제외한다. 3. 제1호 및 제2호 외에 회사의 경영에 영향을 미칠 수 있는 자로서 대통령령으로 정하는 자 〈개정 2009. 1. 30〉
〈신설〉	제542조의11 (감사위원회) ①자산 규모 등을 고려하여 대통령령으로 정하는 상장회사는 감사위원회를 설치하여야 한다. ②제1항의 상장회사의 감사위원회는 제415조의2제2항의 요건 및 다음 각 호의 요건을 모두 갖추어야 한다. 1. 위원 중 1명 이상은 대통령령으로 정하는 회계 또는 재무 전문가일 것 2. 감사위원회의 대표는 사외이사일 것 ③제542조의10제2항 각 호의 어느 하나에 해당하는 자는 제1항의 상장회사의 사외이사가 아닌 감사위원회위원이 될 수 없고, 이에 해당하게 된 경우에는 그 직을 상실한다. ④상장회사는 감사위원회위원인 사외이사의 사임·사망 등의 사유로 인하여 사외이사의 수가 다음 각 호의 감사위원회의 구성요건에 미달하게 되면 그 사유가 발생한 후 처음으로 소집되는 주주총회에서 그 요건에 합치되도록 하여야 한다. 1. 제1항에 따라 감사위원회를 설치한 상장회사는 제2항 각 호 및 제415조의2제2항의 요건 2. 제415조의2제1항에 따라 감사위원회를 설치한 상장회사는 제415조의2제2항의 요건 〈개정 2009. 1. 30〉

(8) 감사위원회의 구성

개정상법에 의하면, 주권상장회사로서 감사위원회의 설치가 의무화되는 자산총액 2조원 이상인 회사는 감사위원회 위원의 선임을 주주총회에서 선임하는 이사 중에서 선임하여야 하며(제542조의12 제1항·제2항), 사외이사인 감사위원회 위임을 선임할 때에는 발행주식총수(의결권 없는 주식은 제외)의 100분의 3(정관에서 이보다 낮은 주식보유비율을 정할 수 있다)을 초과하는 주식에 관하여는 의결권을 행사하지 못한다(제542조의12 제4항)고 규정하였다. 또한 주권상장회사가 사외이사가 아닌 감사위원회 위원을 선임할 때에는 최대주주, 최대주주의 특수관계인, 그 밖의 대통령령이 정하는 자가 소유하는 상장회사의 의결권 있는 주식의 합계가 그 회사의 발행주식총수(의결권 없는 주식은 제외)의 100분의 3(정관에서 이보다 낮은 주식보유비율을 정할 수 있다)을 초과하는 경우 의결권을 행사하지 못한다(제542조의12 제3항).

	개 정 상 법
〈신설〉	第542조의12 (감사위원회의 구성 등) ①제542조의11제1항의 상장회사의 경우 제393조의2에도 불구하고 감사위원회위원을 선임하거나 해임하는 권한은 주주총회에 있다. ②제542조의11제1항의 상장회사는 주주총회에서 이사를 선임한 후 선임된 이사 중에서 감사위원회위원을 선임하여야 한다. ③최대주주, 최대주주의 특수관계인, 그 밖에 대통령령으로 정하는 자가 소유하는 상장회사의 의결권 있는 주식의 합계가 그 회사의 의결권 없는 주식을 제외한 발행주식총수의 100분의 3을 초과하는 경우 그 주주는 그 초과하는 주식에 관하여 감사 또는 사외이사가 아닌 감사위원회위원을 선임하거나 해임할 때에는 의결권을 행사하지 못한다. 다만, 정관에서 이보다 낮은 주식 보유비율을 정할 수 있다. ④대통령령으로 정하는 상장회사의 의결권 없는 주식을 제외한 발행주식총수의 100분의 3을 초과하는 수의 주식을 가진 주주는 그 초과하는 주식에 관하여 사외이사인 감사위원회 위원을 선임할 때에 의결권을 행사하지 못한다. 다만, 정관에서 이보다 낮은 주식 보유비율을 정할 수 있다. ⑤상장회사가 주주총회의 목적사항으로 감사의 선임 또는 감사의 보수결정을 위한 의안을 상정하려는 경우에는 이사의 선임 또는 이사의 보수결정을 위한 의안과는 별도로 상정하여 의결하여야 한다. ⑥상장회사의 감사 또는 감사위원회는 제447조의4제1항에도 불구하고 이사에게 감사보고서를 주주총회일의 1주 전까지 제출할 수 있다. 〈개정 2009. 1. 30〉

V. 2009년의 상법개정(법률 제9746호)

1. 개정의 경위

2009년 4월 13일자 제282회(임시회) 국회 법제사법위원회회의록 제2호를 보면, 상법 일부개정법률안이 6건이나 상정되어 있다. 2건은 정부제출이고, 4건은 의원발의로 상정된 것이다. 김경한 법무부장관의 제안설명에 의하면 1건은 항공운송편에 관한 것이고, 다른 1건은 총칙·상행위편에 관한 개정법률안이었다. 의원발의의 1건은 박영선 의원의 상법 일부개정법률안으로, 이사 등 업무지시자의 구성에 관한 것, 대표소송에 관한 것, 현행법 제406조 제6항과 관련된 사항 등이고, 장제원 의원의 제안안건은 사망을 보험사고로 하는 생명보험이 무효가 되는 대상자에 관한 것이었다.[124] 그런데 동년 4월 29일자 회의록 29면을 보면, 법안심사 제1소위원회장 장윤석 의원이 보고하는 내용에서, 위원회안을 마련한 상법(회사편) 일부개정법률

124) 2009년 4월 13일자 제282회 국회(임시회) 法制司法委員會會議錄 제2호, 26-29면 참조.

안이라고 하여, 경위인 즉 2008년 10월 21일 정부가 제출한 상법(회사편) 일부개정 법률안을 심사한 결과 지난 4월 15일 우리 소위원회에서는 해당 법률안 중 창업절차 간소화 등 부분은 사안의 시급성을 감안하여 우선 처리할 필요가 있다고 판단하였다. 그래서 해당 부분만을 분리하여 위원회안을 만들기로 결정하였고, 이에 성안작업을 거쳐 위원회안을 마련하였다고 하였다는 것이다.

그 주요내용은, 첫째 소규모 회사의 기준을 자본금 총액 5억원에서 10억원으로 상향조정하고, 최저자본금제도를 폐지하며, 소규모회사를 발기설립하는 경우 정관에 대한 공증인의 인증의무를 폐지토록 하는 등 소규모회사의 창업을 용이하도록 하고, 둘째 전자주주명부의 작성과 전자투표의 근거를 마련하고, 전자문서에 의한 소수주주의 주주총회의 소집청구를 인정하여 기업경영의 IT화를 실현하는 등 기업활동의 편의를 도모하려는 내용이었다.[125] 이렇게 해서 성안된 상법중 일부개정법률안이 2009년 4월 29일에 제282회 국회(임시회) 본회의에서 가결되었다.[126]

2. 개정의 이유

경제활성화를 위하여 소규모회사의 창업이 용이하도록 회사설립 시 자본금의 규모나 설립형태를 불문하고 정관에 대하여 일률적으로 공증인의 인증을 받게 하던 것을 발기설립 시 정관에 대한 인증의무를 면제하고, 주주총회의 소집절차를 간소화하는 등 창업절차를 간소화하며, 주주총회의 전자투표제를 도입하여 기업경영의 정보기술(IT)화를 실현하는 등 기업활동의 편의를 도모하려는 데 있다.

3. 개정의 특색

(1) 주식회사의 정관작성시에 공증인의 인증이 면제되는 경우

주식회사의 발기인은 회사의 근본규칙인 정관을 확정하고 이를 서면에 기재한 후, 각 발기인이 정관에 기명날인 또는 서명을 하여 책임의 소재를 분명히 하여야 한다(상법 제289조 제1항). 회사의 설립시에 작성하는 원시정관에는 회사의 설립관계를 명확히 하기 위하여 공증인의 인증을 받아야 그 효력이 생긴다. 그런데 개정

125) 위의 會議錄 제6호, 29면 참조.
126) 2009년 4월 29일자 제282회 국회(임시회) 國會本會議會議錄 제8호, 16면 참조.

상법은 소규모회사, 자본금 총액이 10억원 미만인 회사를 발기설립하는 경우에는 제289조 제1항에 따라 각 발기인이 기명날인 또는 서명함으로써 효력이 생긴다(제292조)고 하였다.

개 정 전 상 법	개 정 상 법
第292條 (定款의 認證) 定款은 公證人의 認證을 받음으로써 效力이 생긴다. 〈신 설〉	제292조 (정관의 효력인증) 정관은 공증인의 인증을 받음으로써 효력이 생긴다. 다만, 자본금 총액이 10억원 미만인 회사를 제295조 제1항에 따라 발기설립하는 경우에는 제289조 제1항에 따라 각 발기인이 정관에 기명날인 또는 서명함으로써 효력이 생긴다. 〈개정 2009. 5. 28〉

(2) 주금액납입금의 보관증명서의 대체방법

주식청약에 대한 배정이 있으면 주식의 인수가 성립하여 주식인수의 청약인은 주식인수인이 되어 배정받은 주식에 대한 주금액납입의무를 부담한다(상법 제303조). 따라서 설립시에 발행하는 주식총수의 인수가 끝나면 발기인은 지체없이 주식인수인에 대하여 인수가액의 전액을 납입시켜야 한다(상법 제305조 제1항). 납입금을 보관한 은행이나 기타 금융기관은 발기인 또는 이사의 청구가 있는 때에는 그 보관금에 관하여 증명서를 교부할 의무가 있으며, 그 증명한 보관금액은 회사성립시까지 보관하여야 하고, 그 이전에 발기인 또는 이사에게 반환하더라고 회사에 대하여 대항하지 못한다. 또한 납입금을 보관한 은행이나 기타의 금융기관은 그 증명한 보관금액에 대하여는 납입이 부실하거나 그 금액의 반환에 제한이 있다는 것을 이유로 회사에 대하여 대항하지 못한다(상법 제318조 제1항 · 제2항). 이것은 가장납입에 의한 회사설립을 방지하기 위하여 인정한 특별한 법정책임이다.[127] 그런데 개정상법이 소규모주식회사를 설립하는 경우에 금융기관이 발행한 주금액납입금 보관증명서를 제출하여야 하는 것이 발급절차가 번거로워 신속한 창업에 지장을 준다는 이유로 금융기관의 잔고증명서로 대체할 수 있다고 하였다(제318조 제3항). 창업을 도와준다고 한 것이 신용을 얕보는 풍토를 조성하는 것이 않을까 걱정된다.

127) 崔埈璿, 위의 책, 148면.

개 정 전 상 법	개 정 상 법
第318條 (納入金保管者의 證明과 責任) ①納入金을 保管한 銀行 其他의 金融機關은 發起人 또는 理事의 請求가 있는 때에는 그 保管金額에 關하여 證明書를 交付하여야 한다. ②前項의 銀行 其他의 金融機關은 證明한 保管金額에 對하여는 納入의 不實 또는 그 金額의 返還에 關한 制限이 있음을 理由로 하여 會社에 對抗하지 못한다.	제318조 (납입금 보관자의 증명과 책임) ①납입금을 보관한 은행이나 그 밖의 금융기관은 발기인 또는 이사의 청구를 받으면 그 보관금액에 관하여 증명서를 발급하여야 한다. ②제1항의 은행이나 그 밖의 금융기관은 증명한 보관금액에 대하여는 납입이 부실하거나 그 금액의 반환에 제한이 있다는 것을 이유로 회사에 대항하지 못한다. ③자본금 총액이 10억원 미만인 회사를 제295조제1항에 따라 발기설립하는 경우에는 제1항의 증명서를 은행이나 그 밖의 금융기관의 잔고증명서로 대체할 수 있다. 〈전면개정 2009. 5. 28〉

(3) 소규모회사의 총회소집절차의 간소화

기명주식의 경우 주주총회의 소집통지는 주주총회일 2주 전에 서면통지를 하거나 주주의 동의를 받아 전자문서로 통지를 발송하여야 한다. 전자문서에 의한 소집통지는 소집절차를 보다 신속하고 간편하게 하기 위하여 2001년 개정상법에 의하여 도입되었다. 금번의 2009년의 개정상법에 의하여 전자문서로 발송시 주주의 사전동의를 명문화하여 주주권침해의 소지를 차단하였다.

총회의 소집통지서가 주주명부상의 주주의 주소에 계속 3년간 도달하지 아니한 때에는 회사는 당해 주주에게 총회의 소집통지를 하지 아니할 수 있다(제363조 제1항 단서). 이는 장기간 소재가 불명한 주주에게 대하여 무의미한 총회소집통지를 생략함으로써 법률적 분쟁을 예방하고, 총회소집비용과 번잡함을 덜어주어 회사운영의 편의를 도모하기 위한 것이다.

개정상법 제363조 제4항에서는 자본금 총액이 10억원 미만인 회사가 주주총회를 소집하는 경우에는 주주총회일의 10일 전에 각 주주에게 서면으로 통지를 발송하거나 각 주주의 동의를 받아 전자문서로 통지를 발송할 수 있다. 또한 자본금 총액이 10억원 미만인 회사는 주주 전원의 동의가 있을 때에는 소집절차 없이 주주총회를 개최할 수 있고, 서면에 의한 결의로써 주주총회의 결의를 갈음할 수 있다. 결의의 목적사항에 대하여는 주주 전원이 서면으로 동의한 경우에는 서면에 의한 결의가 있는 것으로 본다(제363조 제5항).

회사가 무기명주권을 발행한 경우에는 주주총회일의 3주 전에 총회를 소집할 뜻과 회의 목적사항 및 소정사항을 공고하여야 한다(제363조 제3항). 이때에 회사의 공고는 일간신문 또는 전자적 방법 중 정관에 정한 바에 따라야 한다(제289조 제3항). 만일 자본금총액이 10억원 미만인 회사가 무기명식의 주권을 발행한 경우에는 주주총회일의 2주 전에 주주총회를 소집하는 뜻과 회의의 목적사항을 공고할 수 있다(제363조 제4항 후단).

개정전 상법	개정 상법
第363條 (召集의 通知, 公告) ① 總會를 召集함에는 會日을 定하여 2週間前에 各株主에 對하여 서면 또는 전자문서로 通知를 發送하여야 한다. 다만, 그 통지가 株主名簿상의 株主의 住所에 계속 3年間 도달하지 아니한 때에는 會社는 당해 株主에게 總會의 召集을 통지하지 아니할 수 있다. 〈단서개정 1995. 12. 29〉〈일부개정 2001. 7. 24〉 ② 前項의 通知書에는 會議의 目的事項을 記載하여야 한다. ③ 會社가 無記名式의 株券을 發行한 境遇에는 會日의 3週間前에 總會를 召集하는 뜻과 會議의 目的事項을 公告하여야 한다. ④ 前3項의 規定은 議決權없는 株主에 對하여는 適用하지 아니한다.	제363조 (소집의 통지, 공고) ①주주총회를 소집할 때에는 주주총회일의 2주 전에 각 주주에게 서면으로 통지를 발송하거나 각 주주의 동의를 받아 전자문서로 통지를 발송하여야 한다. 다만, 그 통지가 주주명부상 주주의 주소에 계속 3년간 도달하지 아니한 경우에는 회사는 해당 주주에게 총회의 소집을 통지하지 아니할 수 있다. ②제1항의 통지서에는 회의의 목적사항을 적어야 한다. ③회사가 무기명식 주권을 발행한 경우에는 주주총회일의 3주 전에 총회를 소집하는 뜻과 회의의 목적사항을 공고하여야 한다. ④제1항 및 제3항에도 불구하고 자본금 총액이 10억원 미만인 회사가 주주총회를 소집하는 경우에는 주주총회일의 10일 전에 각 주주에게 서면으로 통지를 발송하거나 각 주주의 동의를 받아 전자 문서로 통지를 발송할 수 있고, 무기명식의 주권을 발행한 경우에는 주주총회일의 2주 전에 주주총회를 소집하는 뜻과 회의의 목적사항을 공고할 수 있다. ⑤자본금 총액이 10억원 미만인 회사는 주주 전원의 동의가 있을 경우에는 소집절차 없이 주주총회를 개최할 수 있고, 서면에 의한 결의로써 주주총회의 결의를 갈음할 수 있다. 결의의 목적사항에 대하여 주주 전원이 서면으로 동의를 한 때에는 서면에 의한 결의가 있는 것으로 본다. ⑥제5항의 서면에 의한 결의는 주주총회의 결의와 같은 효력이 있다. ⑦서면에 의한 결의에 대하여는 주주총회에 관한 규정을 준용한다. ⑧제1항부터 제5항까지의 규정은 의결권 없는

	주주에게는 적용하지 아니한다. 〈전면개정 2009. 5. 28〉

(4) 주주총회의 전자투표제도 도입

정보통신 환경의 발달로 전자적 방법에 의한 주주총회 개최가 가능하도록 이를 입법적으로 뒷받침하기 위하여 전자투표제도를 도입하였다. 개정법 제368조의4는 회사는 이사회의 결의로써 주주가 주주총회에 출석하지 아니하고 전자적 방법으로 의결권을 행사할 수 있는 길을 열어 놓았다. 전자투표제도는 정보기술(information technology)의 발전을 기업경영에 접목시켜 인터넷 등 전자적 수단을 이용하여 의결권을 행사할 수 있는 방법이다. 그럼으로써 주주들의 총회에의 참여를 활성화시키고 총회의 개최비용을 절감할 수 있다. 전자투표제도는 강행적인 제도가 아니므로 회사의 여건에 따라 자율적으로 선택할 수 있다.[128)]

개 정 상 법	
〈신설〉	제368조의4 (전자적 방법에 의한 의결권의 행사) ①회사는 이사회의 결의로 주주가 총회에 출석하지 아니하고 전자적 방법으로 의결권을 행사할 수 있음을 정할 수 있다. ②회사는 제363조에 따라 소집통지나 공고를 할 때에는 주주가 제1항에 따른 방법으로 의결권을 행사할 수 있다는 내용을 통지하거나 공고하여야 한다. ③회사가 제1항에 따라 전자적 방법에 의한 의결권행사를 정한 경우에 주주는 주주 확인절차 등 대통령령으로 정하는 바에 따라 의결권을 행사하여야 한다. 이 경우 회사는 의결권행사에 필요한 양식과 참고자료를 주주에게 전자적 방법으로 제공하여야 한다. ④동일한 주식에 관하여 제1항 또는 제368조의3제1항에 따라 의결권을 행사하는 경우 전자적 방법 또는 서면 중 어느 하나의 방법을 선택하여야 한다. ⑤회사는 의결권행사에 관한 전자적 기록을 총회가 끝난 날부터 3개월간 본점에 갖추어 두어 열람하게 하고 총회가 끝난 날부터 5년간 보존하여야 한다. ⑥주주 확인절차 등 전자적 방법에 의한 의결권행사의 절차와 그 밖에 필요한 사항은 대통령령으로 정한다. 〈개정 2009. 5. 28〉

128) 崔埈璿, 위의 책, 331면. 참조논문: 정완용, 주주의 의결권행사의 전자화에 관한 고찰, 商事法硏究 제28권 제3호(2009. 11.)(통권 제64호), 377-406면; 박철영, 의결권 행사의 전산화와 Shadow Voting, 商事法硏究 제29권 제4호(2011. 2.)(통권 제69호), 89-138면; 김재범, 전자식 방법의 상법수용에 관련된 법률문제, 商事法硏究 제28권 제1호(2009)(통권 제62호), 243-270면; 정경영, 전자투표제도 도입을 위한 법제 정비 방안에 관한 연구, 商事法硏究 제23권 제3호(2004)(통권 제44호), 97-167면; 정완용, 바람직한 전자투표 인프라 구축방안, 商事法硏究 제23권 제3호(2004)(통권 제44호), 183-244면; 鄭快永, 株主總會의 電子化에 관한 立法論的 考察, 商事法硏究 제21권 제3호(2002)(통권 제35호), 315-345면.

(5) 소규모 회사의 감사 선임의무 면제

개정상법에 의하면, 자본금의 총액이 10억원 미만인 회사의 경우에 주주총회의 감사선임(제409조 제1항), 발기설립의 경우의 감사선임(제296조 제1항) 및 창립총회의 감사선임(제312조)에도 불구하고 감사를 선임하지 않을 수 있다(제409조 제4항). 이에 따라 감사를 선임하지 아니하는 회사가 이사에 대하여 또는 이사가 그 회사에 대하여 소를 제기하는 경우에, 회사, 이사 또는 이해관계인은 법원에 회사를 대표할 자를 선임하여 줄 것을 신청하여야 한다(제409조 제5항). 제409조 제4항에 따라 감사를 선임하지 아니한 경우에는 감사의 이사에 대한 직무보고요구·조사(제412조), 이사의 감사에 대한 보고의무(제412조의2) 및 감사의 자회사의 조사권(제412조의4 제1항·제2항) 중 "감사"는 각각 "주주총회"로 본다(제409조 제6항).

개 정 전 상 법	개 정 상 법
第409條 (選任) ①監事는 株主總會에서 選任한다. ②議決權없는 株式을 제외한 發行株式의 總數의 100分의 3을 초과하는 數의 株式을 가진 株主는 그 초과하는 株式에 관하여 第1項의 監事의 選任에 있어서는 議決權을 行使하지 못한다. 〈개정 1984. 4. 10〉 ③會社는 定款으로 第2項의 比率보다 낮은 比率을 정할 수 있다. 〈신설 1984. 4. 10〉	제409조 (選任) ① ~ ③ (현행과 같음)
〈신 설〉	④제1항, 제296조제1항 및 제312조에도 불구하고 자본금의 총액이 10억원 미만인 회사의 경우에는 감사를 선임하지 아니할 수 있다. 〈개정 2009. 5. 28〉
〈신 설〉	⑤제4항에 따라 감사를 선임하지 아니한 회사가 이사에 대하여 또는 이사가 그 회사에 대하여 소를 제기하는 경우에 회사, 이사 또는 이해관계인은 법원에 회사를 대표할 자를 선임하여 줄 것을 신청하여야 한다. 〈개정 2009. 5. 28〉
〈신 설〉	⑥제4항에 따라 감사를 선임하지 아니한 경우에는 제412조, 제412조의2 및 제412조의4제1항·제2항 중 "감사"는 각각 "주주총회"로 본다. 〈개정 2009. 5. 28〉

Ⅵ. 2010년의 상법개정(법률 제10281호)

1. 개정의 경위

우리 주변의 기업환경의 변화와 새로운 유형의 상거래 패턴의 등장에 부응하기 위하여 2008년 2월 법무부에 상법전을 현대화하기 위한 상법개정특별위원회가 구성되어 우선 상법총칙 및 상행위편의 개정작업을 추진하게 되었다. 이 특별위원회는 모두 9인의 학계와 법조계 위원으로 구성되었다. 권종호(건국대), 유진희(고려대), 정경영(성균관대), 정순섭(서울대), 강정혜(서울시립대), 송양호(전북대) 등 여러 교수와 장상균 변호사[129]가 개정위원으로 참여하였고, 신현윤(연세대) 교수가 위원장으로서 개정작업을 뒷받침하였다. 특별위원회는 2008년 2월부터 9월까지 8개월간 모두 20여 차례에 걸쳐 법무부에서 마련한 '상법총칙·상행위편 개정 착안사항'을 중심으로 개정논의를 진행하였고, 상법공청회(2008. 6월)[130]와 법무부의 입법예고기간 동안 나타난 각계의 의견을 수렴하여 2008년 9월 20일 최종 개정안을 마련하게 되었다.[131]

상법 일부개정법률안[총칙·상행위편]이 국회에 제출된 것은 2009년 1월 5일이었다. 동년 1월 6일에 법제사법위원회에 회부되었다. 동년 4월에 법제사법위원회에 진정구 전문위원의 동 개정법률안에 대한 검토보고서가 제출되었다. 거의 1년여 만인 2010년 4월에 법제사법위원회에서 심사보고서가 작성되었고, 2010년 4월 14일 제289회 국회(임시회) 제2차 법안심사 제1소위원회에 상정, 심사, 수정의결된 후 동년 2019년 4월 19일 소위원회 심사보고, 수정의결된 다음 국회본회의에 상정되어 2010년 4월 21일에 가결된 것이다.[132]

---

129) 당시는 대법원 재판연구관이었다.

130) 2008년 6월 25일 여의도 증권선물거래소 국제회의장에서 개최된 「상법총칙 및 상행위편 개정안」의 공청회는 신현윤 교수의 사회로 진행되었고, 유진희 교수의 주제발표에 이어서 이형규 교수, 권재열 교수, 김권회 변호사의 지정토론이 있었다.

131) 신현윤 監修, 상법총칙·상행위편 해설(상법 해설서 시리즈 1 - 2010년 개정내용), 법무부, 2012, 監修의 글에서 인용함.

132) 2010년 4월 21일자 제289회 국회(임시회) 國會本會議會議錄 제8호, 9면 참조.

2. 개정의 이유

변화된 현실을 반영하여 새로운 상행위인 리스(lease), 프랜차이즈(franchise), 팩토링(factoring)의 법률관계를 구체적으로 이 법에 규정하는 등 현행 규정의 미비점을 보완하고 법률관계를 명확히 하려는 것으로서, 경제살리기 관련 법안이다.

3. 개정내용의 특색

(1) 기본적 상행위의 변화

오늘날 방송은 Cable TV, IP TV 등 각종 방송매체의 발전에서 보는 바와 같이 전통적인 방식에서 벗어나 다양한 방식으로 상업적 성격도 매우 짙어지고 있음에도 불구하고 상법에서 기본적 상행위 중의 하나로 방송을 포함하고 있지 아니하여 방송과 관련된 경제행위에 상법이 적용되는지 논란이 있을 수 있었다. 이번 개정법에서는 방송을 상행위의 하나로 규정하여 방송과 관련된 경제행위에 상법이 적용된다는 것을 명확히 하고자 하였다. 또한 신용카드, 전자화폐 등을 이용한 지급결제업무의 인수를 새로이 기본적 상행위에 추가함으로써 전자지급수단을 통한 지급결제거래에 대한 상법의 적용을 명확히 하였다. 그리고 「객의 집래를 위한 시설에 의한 거래」를 「공중이 이용하는 시설에 의한 거래」로, 「물융」을 「금융리스」로 알기 쉽게 개정하였다.[133)]

개 정 전 상 법	개 정 상 법
第46條 (基本的 商行爲) 營業으로 하는 다음의 行爲를 商行爲라 한다. 그러나 오로지 賃金을 받을 目的으로 物件을 製造하거나 勞務에 從事하는 者의 行爲는 그러하지 아니하다. 1. ~ 3. (생 략) 4. 電氣, 電波, 까스 또는 물의 供給에 關한 行爲 5.·6. (생 략) 7. 廣告, 通信 또는 情報에 關한 行爲 8. (생 략)	제46조 (基本的 商行爲) 營業으로 하는 다음의 行爲를 商行爲라 한다. 그러나 오로지 賃金을 받을 目的으로 物件을 製造하거나 勞務에 從事하는 者의 行爲는 그러하지 아니하다. 1. ~ 3. (현행과 같음) 4. 전기, 전파, 가스 또는 물의 공급에 관한 행위 5.·6. (현행과 같음) 7. 광고, 통신 또는 정보에 관한 행위 8. (현행과 같음) 9. 공중(公衆)이 이용하는 시설에 의한 거래

133) 신현윤 監修, 위의 책, 13-14면; 김선광, 상행위개념의 변화와 상법개정－방송·지급결제업무를 중심으로－, 商事法硏究 제28권 제2호(2009)(통권 제63호), 9-38면 참조.

9. 客의 集來를 爲한 施設에 依한 去來 10. ~ 18. (생 략) 19. 機械·施設 기타 財産의 物融에 관한 행위 20.·21. (생 략) 〈신 설〉	10. ~ 18. (현행과 같음) 19. 기계, 시설, 그 밖의 재산의 금융리스에 관한 행위 20.·21. (현행과 같음) 22. 신용카드, 전자화폐 등을 이용한 지급결제 업무의 인수 〈개정 2010. 5. 14〉

(2) 격지자간 청약의 구속력

격지자간 계약의 청약에서 승낙기간이 없는 경우에는 개정전 상법 제52조에 따라 발신주의가 적용되고, 승낙기간이 있는 경우에는 민법 제528조에 따라 도달주의가 적용되는 문제점이 있었다. 개정상법은 제52조를 삭제하여 격지자간의 청약에 승낙기간이 있는 경우와 없는 경우 모두 민법상 도달주의가 적용되도록 하여 청약의 효력발생 시기를 동일하게 하였다.

개 정 전 상 법	개 정 상 법
第52條 (隔地者間의 請約의 拘束力) ①隔地者間의 契約의 請約은 承諾期間이 없으면 相對方이 相當한 期間內에 承諾의 通知를 發送하지 아니한 때에는 그 效力을 잃는다. ②民法 第530條의 規定은 前項의 境遇에 準用한다.	제52조 (삭 제) 〈개정 2010. 5. 14〉

(3) 비상인에 대한 법정이자청구권 인정

종래 상인이 영업에 관하여 상인이 아닌 자에게 금전을 대여한 경우 이 법상 법정이자를 청구할 수 있는지 문제되었다. 개정상법은 상인간에는 물론 상인이 그 영업에 관하여 상인이 아닌 자에게 금전을 대여한 경우에도 법정이자를 청구할 수 있도록 하였다(제55조).

개 정 전 상 법	개 정 상 법
第55條 (法定利子請求權) ①商人間에서 金錢의 消費貸借를 한 때에는 貸主는 法定利子를 請求할 수 있다. ②商人이 그 營業範圍內에서 他人을 爲하여 金錢을 替當한 때에는 替當한 날 以後의 法定	제55조 (법정이자청구권) ①상인이 그 영업에 관하여 금전을 대여한 경우에는 법정이자를 청구할 수 있다. ②상인이 그 영업범위 내에서 타인을 위하여 금전을 체당(替當)하였을 때에는 체당한 날 이후

利子를 請求할 수 있다.	의 법정 이자를 청구할 수 있다. 〈2010. 5. 14〉

(4) 지점거래의 채무이행장소

개정전 상법에서는 지점에서의 거래의 경우 채무이행 장소를 그 지점으로 하고 있어, 채무자의 지점에서 거래가 이루어진 경우에는 채무자의 지점이 채무이행 장소가 되어 지참채무(持參債務)의 일반원칙 및 채권자의 현영업소를 채무이행 장소로 하는 민법 제467조 제2항 단서에 배치되는 문제점이 있었다. 개정상법은 채무자의 지점에서 거래가 이루어진 경우에는 민법 제467조 제2항 단서에 따라 채권자의 현영업소에서 채무를 변제하도록 하고, 상법의 규정은 「채권자의 지점에서의 거래」에 대한 것으로 한정하였다(제56조).

개 정 전 상 법	개 정 상 법
第56條 (支店去來의 債務履行場所) 支店에서의 去來로 因한 債務履行의 場所가 그 行爲의 性質 또는 當事者의 意思表示에 依하여 特定되지 아니한 境遇에는 特定物의 引渡以外의 債務의 履行은 그 支店을 履行場所로 본다.	제56조 (지점거래의 채무이행장소) 채권자의 지점에서의 거래로 인한 채무이행의 장소가 그 행위의 성질 또는 당사자의 의사표시에 의하여 특정되지 아니한 경우 특정물 인도 외의 채무이행은 그 지점을 이행장소로 본다. 〈개정 2010. 5. 14〉

(5) 위탁매매인의 개입권

종래 현재 위탁매매인의 개입권의 대상이 물건의 매매로 한정되어 널리 이용되는 유가증권의 매매가 제외되는 문제점이 있었다. 개정상법은 한국거래소 외의 거래소에서 유통되는 유가증권이 있을 수 있으므로 유가증권에도 위탁매매인이 개입권을 행사할 수 있도록 포함시켰다(제107조).

개 정 전 상 법	개 정 상 법
第107條 (委託賣買人의 介入權) ①委託賣買人이 去來所의 時勢있는 物件의 賣買를 委託받은 때에는 直接 그 賣渡人이나 買受人이 될 수 있다. 이 境遇의 賣買代價는 委託賣買人이 賣買의 通知를 發送한 때의 去來所의 時勢에 依한다. ②前項의 境遇에도 委託賣買人은 委託者에 對하여 報酬를 請求할 수 있다.	제107조 (위탁매매인의 개입권) ①위탁매매인이 거래소의 시세가 있는 물건 또는 유가증권의 매매를 위탁받은 경우에는 직접 그 매도인이나 매수인이 될 수 있다. 이 경우의 매매대가는 위탁매매인이 매매의 통지를 발송할 때의 거래소의 시세에 따른다. ②제1항의 경우에 위탁매매인은 위탁자에게 보수를 청구할 수 있다. 〈개정 2010. 5. 14〉

(6) 화물상환증 기재의 추정적 효력

종래 운송에 관한 사항은 화물상환증에 기재된 바에 따르도록 규정되었음에도 불구하고, 운송계약의 내용과 화물상환증의 기재 내용이 다르거나 운송계약을 체결하지 않고 화물상환증을 발행한 경우 화물상환증의 효력이 문제되고 있었다. 개정상법 제131조의 규정은 화물상환증이 발행된 경우 화물상환증에 적힌 대로 운송계약이 체결되고 운송물을 수령한 것으로 추정하되, 추정이 뒤집힌 경우에도 선의의 제3자에게는 운송인이 화물상환증에 적힌 대로 책임을 지도록 규정하였다. 만약 운송인이 화물상환증의 추정적 효력을 깨뜨려 계약내용과 화물상환증의 기재내용이 다름을 입증하는 경우라도 선의의 제3자를 보호하기 위하여 화물상환증을 선의로 취득한 제3자에 대하여는 운송인이 화물상환증에 기재된 대로 채무불이행책임을 지도록 하여, 상법 해상편 제854조와 일치시키고 있다.[134)]

개 정 전 상 법	개 정 상 법
第131條 (貨物相換證의 文言證券性) 貨物相換證을 作成한 境遇에는 運送에 關한 事項은 運送人과 所持人間에 있어서는 貨物相換證에 記載된 바에 依한다. 〈신 설〉	제131조 (화물상환증 기재의 효력) ①제128조에 따라 화물상환증이 발행된 경우에는 운송인과 송하인 사이에 화물상환증에 적힌 대로 운송계약이 체결되고 운송물을 수령한 것으로 추정한다. ②화물상환증을 선의로 취득한 소지인에 대하여 운송인은 화물상환증에 적힌 대로 운송물을 수령한 것으로 보고 화물상환증에 적힌 바에 따라 운송인으로서 책임을 진다. 〈개정 2010. 5. 14〉

(7) 공중접객업자에 대한 엄격책임의 완화(제151조부터 제154조까지)

연혁적으로 선주(船主), 역사(驛舍), 여관 등의 직업층에 대한 신뢰부족 및 잦은 분쟁에서 비롯한 임치물에 대한 특별책임규정을 극장, 음식점 등 모든 공중접객업자에 적용하는 것은 공중접객업자 외 다른 사업자와의 형평에도 어긋나고 현실에도 맞지 않는다는 지적이 있어 왔다. 사실 공중접객업자가 임치받은 물건의 멸실, 훼손에 대하여 무과실책임을 지우는 것은 오늘날 경제현실에 부합하지 아니하므로, 개정법은 숙박업자를 포함한 모든 공중접객업자에 대하여 임치물보관에 관하여 주의를 게을리하지 아니하였음을 입증한 경우에는 면책될 수 있도록 입증책임을 전

134) 신현윤 監修, 위의 책, 64면.

환하는 방법으로 엄격책임(불가항력)을 완화하였다.

개정전 상법	개정 상법
第151條 (意義) 劇場, 旅館, 飮食店 其他 客의 集來를 爲한 施設에 依한 去來를 營業으로 하는 者를 公衆接客業者라 한다.	제151조 (의의) 극장, 여관, 음식점, 그 밖의 공중이 이용하는 시설에 의한 거래를 영업으로 하는 자를 공중접객업자(公衆接客業者)라 한다. 〈개정 2010. 5. 14〉
第152條 (公衆接客業者의 責任) ①公衆接客業者는 客으로부터 任置를 받은 物件의 滅失 또는 毁損에 對하여 不可抗力으로 因함을 證明하지 아니하면 그 損害를 賠償할 責任을 免하지 못한다. ②公衆接客業者는 客으로부터 任置를 받지 아니한 境遇에도 그 施設內에 携帶한 物件이 自己 또는 그 使用人의 過失로 因하여 滅失 또는 毁損된 때에는 그 損害를 賠償할 責任이 있다. ③客의 携帶物에 對하여 責任이 없음을 揭示한 때에도 公衆接客業者는 前2項의 責任을 免하지 못한다.	제152조 (공중접객업자의 책임) ①공중접객업자는 자기 또는 그 사용인이 고객으로부터 임치(任置)받은 물건의 보관에 관하여 주의를 게을리하지 아니하였음을 증명하지 아니하면 그 물건의 멸실 또는 훼손으로 인한 손해를 배상할 책임이 있다. ②공중접객업자는 고객으로부터 임치받지 아니한 경우에도 그 시설 내에 휴대한 물건이 자기 또는 그 사용인의 과실로 인하여 멸실 또는 훼손되었을 때에는 그 손해를 배상할 책임이 있다. ③고객의 휴대물에 대하여 책임이 없음을 알린 경우에도 공중접객업자는 제1항과 제2항의 책임을 면하지 못한다. 〈개정 2010. 5. 14〉
第153條 (高價物에 對한 責任) 貨幣, 有價證券 其他의 高價物에 對하여는 客이 그 種類와 價額을 明示하여 任置하지 아니하면 公衆接客業者는 그 物件의 滅失 또는 毁損으로 因한 損害를 賠償할 責任이 없다.	제153조 (고가물에 대한 책임) 화폐, 유가증권, 그 밖의 고가물(高價物)에 대하여는 고객이 그 종류와 가액(價額)을 명시하여 임치하지 아니하면 공중접객업자는 그 물건의 멸실 또는 훼손으로 인한 손해를 배상할 책임이 없다. 〈개정 2010. 5. 14〉
第154條 (公衆接客業者의 責任의 時效) ①前2條의 責任은 公衆接客業者가 任置物을 返還하거나 客이 携帶物을 가져간 後 6月을 經過하면 消滅時效가 完成한다. ②前項의 期間은 物件이 全部滅失한 境遇에는 客이 그 施設을 退去한 날로부터 起算한다. ③前2項의 規定은 公衆接客業者나 그 使用人이 惡意인 境遇에는 適用하지 아니한다.	제154조 (공중접객업자의 책임의 시효) ①제152조와 제153조의 책임은 공중접객업자가 임치물을 반환하거나 고객이 휴대물을 가져간 후 6개월이 지나면 소멸시효가 완성된다. ②물건이 전부 멸실된 경우에는 제1항의 기간은 고객이 그 시설에서 퇴거한 날부터 기산한다. ③제1항과 제2항은 공중접객업자나 그 사용인이 악의인 경우에는 적용하지 아니한다. 〈개정 2010. 5. 14〉

(8) 금융리스업의 법률관계 구체화

1995년 상법개정시에 새로운 유형의 상행위로 금융리스업을 신설하였으나 구체적인 법률관계에 관한 규정이 없어 약관 등에 의존하여 규율되고 있는 상태였다. 이번의 개정상법은 리스공급자의 의무 등 리스거래의 법률관계를 명확히 하기 위

하여 상법에 관련규정을 두었다(제168조의2 내지 제168조의5).[135]

개 정 상 법	
〈신설〉	제168조의2 (의의) 금융리스이용자가 선정한 기계, 시설, 그 밖의 재산(이하 이 장에서 "금융 리스물건"이라 한다)을 제3자(이하 이 장에서 "공급자"라 한다)로부터 취득하거나 대여 받아 금융리스이용자에게 이용하게 하는 것을 영업으로 하는 자를 금융리스업자라 한다. 〈개정 2010. 5. 14〉
〈신설〉	제168조의3 (금융리스업자와 금융리스이용자의 의무) ①금융리스업자는 금융리스이용자가 금융리스계약에서 정한 시기에 금융리스계약에 적합한 금융리스물건을 수령할 수 있도록 하여야 한다. ②금융리스이용자는 제1항에 따라 금융리스물건을 수령함과 동시에 금융리스료를 지급하여야 한다. ③금융리스물건수령증을 발급한 경우에는 제1항의 금융리스계약 당사자 사이에 적합한 금융리스물건이 수령된 것으로 추정한다. ④금융리스이용자는 금융리스물건을 수령한 이후에는 선량한 관리자의 주의로 금융리스물건을 유지 및 관리하여야 한다. 〈개정 2010. 5. 14〉
〈신설〉	제168조의4 (공급자의 의무) ①금융리스물건의 공급자는 공급계약에서 정한 시기에 그 물건을 금융리스이용자에게 인도하여야 한다. ②금융리스물건이 공급계약에서 정한 시기와 내용에 따라 공급되지 아니한 경우 금융리스이용자는 공급자에게 직접 손해배상을 청구하거나 공급계약의 내용에 적합한 금융리스물건의 인도를 청구할 수 있다. ③금융리스업자는 금융리스이용자가 제2항의 권리를 행사하는 데 필요한 협력을 하여야 한다. 〈개정 2010. 5. 14〉
〈신설〉	제168조의5 (금융리스계약의 해지) ①금융리스이용자의 책임 있는 사유로 금융리스계약을 해지하는 경우에는 금융리스업자는 잔존 금융리스료 상당액의 일시 지급 또는 금융리스물건의 반환을 청구할 수 있다. ②제1항에 따른 금융리스업자의 청구는 금융리스업자의 금융리스이용자에 대한 손해배상청구에 영향을 미치지 아니한다. ③금융리스이용자는 중대한 사정변경으로 인하여 금융리스물건을 계속 사용할 수 없는 경우에는 3개월 전에 예고하고 금융리스계약을 해지할 수 있다. 이 경우 금융리스이용자는 계약의 해지로 인하여 금융리스업자에게 발생한 손해를 배상하여야 한다. 〈개정 2010. 5. 14〉

(9) 가맹업의 법률관계 구체화

1995년의 상법개정시에 새로운 유형의 상행위로 프랜차이즈(franchise)를 신설하면서, 프랜차이즈에 관한 구체적인 법률관계를 규정하지 아니하였다. 따라서 구체적인 법률관계는 약관 등에 의존하여 규율되고 있는 형편이었다. 개정상법은 프랜차이즈라고 불리는 업종형태를 「가맹업」으로 규정하고, 가맹업자는 「가맹상」에

135) 강정혜, 금융리스에 대한 개정 상법안의 쟁점, 商事法硏究 제28권 제2호(2009)(통권 제63호), 39-59면 참조.

게 필요한 지원과 경업을 금지할 의무를 부담하며, 가맹상은 영업비밀의 준수와 가맹업자의 명성을 침해하지 않은 의무를 부담하도록 하였다. 개정상법 상행위편 제13장은 제168조의6에서 제168조의10까지 5개 조문을 신설하고 있다.[136)]

	개 정 상 법
〈신설〉	제168조의6 (의의) 자신의 상호·상표 등(이하 이 장에서 "상호등"이라 한다)을 제공하는 것을 영업으로 하는 자[이하 "가맹업자"(加盟業者)라 한다]로부터 그의 상호등을 사용할 것을 허락받아 가맹업자가 지정하는 품질기준이나 영업방식에 따라 영업을 하는 자를 가맹상(加盟商)이라 한다. 〈개정 2010. 5. 14〉
〈신설〉	제168조의7 (가맹업자의 의무) ①가맹업자는 가맹상의 영업을 위하여 필요한 지원을 하여야 한다. ②가맹업자는 다른 약정이 없으면 가맹상의 영업지역 내에서 동일 또는 유사한 업종의 영업을 하거나, 동일 또는 유사한 업종의 가맹계약을 체결할 수 없다. 〈개정 2010. 5. 14〉
〈신설〉	제168조의8 (가맹상의 의무) ①가맹상은 가맹업자의 영업에 관한 권리가 침해되지 아니하도록 하여야 한다. ②가맹상은 계약이 종료한 후에도 가맹계약과 관련하여 알게 된 가맹업자의 영업상의 비밀을 준수하여야 한다. 〈개정 2010. 5. 14〉
〈신설〉	제168조의9 (가맹상의 영업양도) ①가맹상은 가맹업자의 동의를 받아 그 영업을 양도할 수 있다. ②가맹업자는 특별한 사유가 없으면 제1항의 영업양도에 동의하여야 한다. 〈개정 2010. 5. 14〉
〈신설〉	제168조의10 (계약의 해지) 가맹계약상 존속기간에 대한 약정의 유무와 관계없이 부득이한 사정이 있으면 각 당사자는 상당한 기간을 정하여 예고한 후 가맹계약을 해지할 수 있다. 〈개정 2010. 5. 14〉

(10) 채권매입업의 법률관계 구체화

1995년 상법개정시에 새로운 유형의 상행위로서 팩토링(factoring)을 신설하면서도, 구체적인 법률관계에 대하여는 규율하지 않아서 그 법률관계는 당사자간의 약정 또는 약관에 의존하고 있는 형편이었다. 개정상법은 상행위편 제14장을 신설하여, 2개조문을 규정하고 있다. 우선 팩토링업자를 「채권매입업자」라고 칭하고, 채권매입의 대상에는 상인의 물건·유가증권의 판매, 용역의 제공 등에 의하여 취

136) 최영홍, 프랜차이즈 관련 상법 개정안의 고찰, 商事法硏究 제28권 제2호(2009)(통권 제63호), 69-105면 참조; 林載鎬, 프랜차이즈제공자의 프랜차이즈이용자에 대한 주의의무, 商事法硏究 제17권 제1호(1998)(통권 제20호), 47-82면 참조; 임재호, 프랜차이즈 가맹점의 행위로 인한 사업본사의 책임, 商事法硏究 제20권 제3호(2001)(통권 제31호), 9-45면 참조; 韓昌熙, 프랑스법상의 프랜차이즈계약, 商事法硏究 제15권 제2호 (1996), 9-36면 참조.

득한 채권뿐만 아니라, 앞으로 취득할(장래 채권) 영업상의 채권도 포함되도록 하고, 「영업채권의 매입・회수」라는 행위를 중심으로 채권매입업자를 정의하고 있다(제168조의11).[137]

개 정 상 법	
〈신설〉	제168조의11 (의의) 타인이 물건・유가증권의 판매, 용역의 제공 등에 의하여 취득하였거나 취득할 영업상의 채권(이하 이 장에서 "영업채권"이라 한다)을 매입하여 회수하는 것을 영업으로 하는 자를 채권매입업자라 한다. 〈개정 2010. 5. 14〉
〈신설〉	제168조의12 (채권매입업자의 상환청구) 영업채권의 채무자가 그 채무를 이행하지 아니하는 경우 채권매입업자는 채권매입계약의 채무자에게 그 영업채권액의 상환을 청구할 수 있다. 다만, 채권매입계약에서 다르게 정한 경우에는 그러하지 아니하다. 〈개정 2010. 5. 14〉

Ⅶ. 2011년의 상법개정(법률 제10600호)

1. 개정의 경위

정부가 상법 일부개정법률안으로 2008년 10월에 국회에 제출한 것은 2005년 7월부터 개정작업이 시작된 것이다. 이 때 법무부는 "기업하기 좋은 나라"라는 슬로건 아래 중장기상법개정의 계획을 발표하였고, 그 해 7월 28일 회사법개정위원회를 구성하여 약 1년간의 작업 끝에 2006년 7월 4일 상법개정시안을 발표하는 공청회를 개최하였다. 이 시안을 두고 경제계, 정부 일가, 시민단체들이 각기 쟁점들을 들고 나와서 반대하였으므로, 이 의견들을 부분적으로 반영하여 2008년 10월에 상법 일부개정법률안을 국회에 제출하였다. 그리고 국회 법제사법위원회에 회부된 날은 동년 10월 22일이었다. 그런데 이 개정법률안과 관련된 개정법률안이 6건이나 제의되는 바람에 제298회 국회(임시회) 법제사법위원회는 제4차(2011. 3. 11.)회의에서 본회의에 부의하지 아니하기로 하고, 대신에 국회법 제51조에 따라 위원회 대안으로 제안하기로 의결하였다.[138] 이 개정법률안은 동일 열린 국회본회의에서 통과를 보게 된다.[139]

137) 김홍기, 채권매입업(factoring)의 법적 쟁점과 상법개정안의 검토, 商事法研究 제28권 제2호(2009)(통권 제63호), 107-150면 참조.

138) 2011년 3월 10일자 제298회 국회(임시회) 法制司法委員會會議錄 제4호, 11면.

이 개정상법은 2011년 4월 14일 법률 제10600호로 공포된 것이다. 상행위편에 합자조합이 신설되고 약간의 자구수정이 있는 것을 제외하고는 전부가 회사편에 관한 규정들이다. 매우 큰 폭의 개정이고, 조문수와 관계없이 개정내용의 중요성이나 변화의 크기로 보아 1962년 상법제정 이후 가장 큰 개정이라 할 수 있다. 개정사항이 하도 많아서 기업이 이에 대처할 수 있는 시간을 줄 필요가 있기 때문에 시행시기를 공포한 뒤 1년 늦춰 2012년 4월 15일로 잡았다.[140]

2. 개정의 이유

법무부가 내세운 개정이유는 다음과 같다.

2011년 상법개정은 기업경영의 투명성과 효율성을 높이기 위하여 자금 및 회계 관련 규정을 정비하고, 정보통신 기술을 활용하여 주식 · 사채(社債)의 전자등록제를 도입하며, 합자조합과 유한책임회사 등 다양한 기업 형태를 도입함으로써 국제적 기준에 부합하는 회사법제로 재편하는 한편, 이사의 자기거래 승인 대상범위를 확대하고 이사의 회사기회 유용금지 조항을 신설하여 기업경영의 투명성을 높임으로써 활발한 투자 여건을 조성하고 급변하는 경영환경에 기업이 적절히 대응할 수 있는 법적 기반을 마련하는 것이다.

3. 개정내용의 특색

(1) 기본방향

1) 법문의 한글화

개정상법은 법문의 한글화작업에 박차를 가하는 느낌을 주고 있다. 법문의 한글화는 어제오늘의 일이 아니다. 2000년대 들어와서 상법개정 때마다 개정되는 조문은 한결같이 한글로 표기되었다. 오늘날 문자생활의 추세와 맞추는 의미도 있겠고, 용어를 되도록 쉽게 표현하다 보니 자연스럽게 진행되어 가고 있는 것 같다.

2) 경영자위주의 입법방식

기업의 경쟁력을 높여주기 위하여는 입법방식을 경영자위주의 편의를 고려하는

---

139) 2011년 3월 11일자 제298회 국회(임시회) 國會本會議會議錄 제2호, 15면 참조.
140) 李哲松, 2011 改正商法-축조해설, 2011, 1면.

것도 하나의 방법이 될 수 있다. 예컨대 이사의 책임을 감경할 수 있도록 한 것은 경영자의 모험을 지원한다는 의미가 있기 때문에 바로 기업활동을 활성화하고 경쟁력을 제고하는 의미로 가질 수 있을 것이다.[141]

3) 정관자치의 확대

2011년 개정상법의 특징은 기업형태의 선택에서부터 자본구성법, 지배구조, 재무관리 등 회사법의 세세한 부분에 이르기까지 회사의 자율적 결정을 폭넓게 허용하는 것이라 할 수 있다. 개별적인 법률관계의 형성에 있어서 상법이 구체적인 내용을 정하지 아니하고 정관에 위임하거나, 상법에서 정하되 정관으로 변경할 수 있는 여지를 넓혀 준 것이다.[142]

(2) 회사의 새로운 유형 – 유한책임회사의 허용

최근의 산업구조에서는 벤처기업과 같이 창의적인 인적 자산을 위주로 하는 사업이 번창하고 있다. 이러한 기업의 창업자들이 희망하는 기업형태는 ① 창업자가 단독으로 자유롭게 경영할 수 있거나, 타인과 같이 경영하더라도 구성원간에 강한 유대를 가지는 인적 집단으로서 운영할 수 있고, ② 기업실패로 인한 창업자들의 위험부담을 최대한으로 줄일 수 있는 기업조직이라고 할 수 있다. 2011년 상법개정 전까지는 상법이 제공하는 합명회사, 합자회사, 주식회사 및 유한회사의 4가지의 기업형태가 위의 2가지 욕구를 동시에 충족시키기에는 미흡하기 때문에 개정상법은 이와 같은 새로운 조합적인 방법으로 운영할 수 있는 유한책임회사(제287조의 2 이하)를 신설하였다. 유한책임회사는 미국에서 널리 이용되고 있는 유한책임회사(limited liability company: LLC), 그리고 일본의 2005년에 미국의 유한책임회사를 본받아 신설한 합동회사(日會 제576조 제4항)를 모델로 구성된 것이다.[143]

141) 위의 책, 2-3면.

142) 위의 책, 3면.

143) 위의 책, 44면. 참조논문: 정대익, 상법개정안상 새로운 기업유형에 대한 검토, 商事法硏究 제28권 제3호(2009. 11.)(통권 제64호), 75-126면; 송인방, 유한책임회사(LLC)에서의 법인격부인에 관한 고찰-미국 판례에 나타난 적용요건의 변화를 중심으로-, 商事法硏究 제26권 제3호(2007)(통권 제56호), 301-336면; 金東石, 美國 有限責任會社(LLC)의 특징과 설립, 商事法硏究 제20권 제3호(2001)(통권 제31호), 321-343면; 김재문, 로펌의 企業形態에 관한 法的 考察, 商事法硏究 제22권 제1호(2003)(통권 제37호), 433-460면; 안경봉, 합자조합(LP), 유한책임회사(LLC)의 도입과 법적 문제점, 商事法硏究 제25권 제4호(2007)(통권 제53호), 147-183면.

개 정 상 법	
〈신설〉	제3장의2 유한책임회사 제1절 설 립 제287조의2 (정관의 작성) 유한책임회사를 설립할 때에는 사원은 정관을 작성하여야 한다. 제287조의3 (정관의 기재사항) 정관에는 다음 각 호의 사항을 적고 각 사원이 기명날인하거나 서명하여야 한다. 1. 제179조제1호부터 제3호까지, 제5호 및 제6호에서 정한 사항 2. 사원의 출자의 목적 및 가액 3. 자본금의 액 4. 업무집행자의 성명(법인인 경우에는 명칭) 및 주소 제287조의4 (설립 시의 출자의 이행) ①사원은 신용이나 노무를 출자의 목적으로 하지 못한다. ②사원은 정관의 작성 후 설립등기를 하는 때까지 금전이나 그 밖의 재산의 출자를 전부 이행하여야 한다. ③현물출자를 하는 사원은 납입기일에 지체 없이 유한책임회사에 출자의 목적인 재산을 인도하고, 등기, 등록, 그 밖의 권리의 설정 또는 이전이 필요한 경우에는 이에 관한 서류를 모두 갖추어 교부하여야 한다. 제287조의5 (설립의 등기 등) ①유한책임회사는 본점의 소재지에서 다음 각 호의 사항을 등기함으로써 성립한다. 1. 제179조제1호 · 제2호 및 제5호에서 정한 사항과 지점을 둔 경우에는 그 소재지 2. 제180조제3호에서 정한 사항 3. 자본금의 액 4. 업무집행자의 성명, 주소 및 주민등록번호(법인인 경우에는 명칭, 주소 및 법인등록번호). 다만, 유한책임회사 를 대표할 업무집행자를 정한 경우에는 그 외의 업무집행자의 주소는 제외한다. 5. 유한책임회사를 대표할 자를 정한 경우에는 그 성명 또는 명칭과 주소 6. 정관으로 공고방법을 정한 경우에는 그 공고방법 7. 둘 이상의 업무집행자가 공동으로 회사를 대표할 것을 정한 경우에는 그 규정 ②유한책임회사가 지점을 설치하는 경우에는 제181조를 준용한다. ③유한책임회사가 본점이나 지점을 이전하는 경우에는 제182조를 준용한다. ④제1항 각 호의 사항이 변경된 경우에는 본점소재지에서는 2주 내에 변경등기를 하고, 지점소재지에서는 3주 내에 변경등기를 하여야 한다. ⑤유한책임회사의 업무집행자의 업무집행을 정지하거나 직무대행자를 선임하는 가처분을 하거나 그 가처분을 변경 또는 취소하는 경우에는 본점 및 지점이 있는 곳의 등기소에서 등기하여야 한다. 제287조의6 (준용규정) 유한책임회사의 설립의 무효와 취소에 관하여는 제184조부터 제194조까지의 규정을 준용 한다. 이 경우 제184조 중 "사원"은 "사원 및 업무집행자"로 본다. 제2절 유한책임회사의 내부관계 제287조의7 (사원의 책임) 사원의 책임은 이 법에 다른 규정이 있는 경우 외에는 그 출자금액을 한도로 한다. 제287조의8 (지분의 양도) ①사원은 다른 사원의 동의를 받지 아니하면 그 지분의 전부 또는

일부를 타인에게 양도하지 못한다.

②제1항에도 불구하고 업무를 집행하지 아니한 사원은 업무를 집행하는 사원 전원의 동의가 있으면 지분의 전부 또는 일부를 타인에게 양도할 수 있다. 다만, 업무를 집행하는 사원이 없는 경우에는 사원 전원의 동의를 받아야 한다.

③제1항과 제2항에도 불구하고 정관으로 그에 관한 사항을 달리 정할 수 있다.

제287조의9 (유한책임회사에 의한 지분양수의 금지) ①유한책임회사는 그 지분의 전부 또는 일부를 양수할 수 없다.

②유한책임회사가 지분을 취득하는 경우에 그 지분은 취득한 때에 소멸한다.

제287조의10 (업무집행자의 경업 금지) ①업무집행자는 사원 전원의 동의를 받지 아니하고는 자기 또는 제3자의 계산으로 회사의 영업부류(營業部類)에 속한 거래를 하지 못하며, 같은 종류의 영업을 목적으로 하는 다른 회사의 업무집행자·이사 또는 집행임원이 되지 못한다.

②업무집행자가 제1항을 위반하여 거래를 한 경우에는 제198조제2항부터 제4항까지의 규정을 준용한다.

제287조의11 (업무집행자와 유한책임회사 간의 거래) 업무집행자는 다른 사원 과반수의 결의가 있는 경우에만 자기 또는 제3자의 계산으로 회사와 거래를 할 수 있다. 이 경우에는 「민법」 제124조를 적용하지 아니한다.

제287조의12 (업무의 집행) ①유한책임회사는 정관으로 사원 또는 사원이 아닌 자를 업무집행자로 정하여야 한다.

②1명 또는 둘 이상의 업무집행자를 정한 경우에는 업무집행자 각자가 회사의 업무를 집행할 권리와 의무가 있다. 이 경우에는 제201조제2항을 준용한다.

③정관으로 둘 이상을 공동업무집행자로 정한 경우에는 그 전원의 동의가 없으면 업무집행에 관한 행위를 하지 못한다.

제287조의13 (직무대행자의 권한 등) 제287조의5제5항에 따라 선임된 직무대행자의 권한에 대하여는 제200조의2를 준용한다.

제287조의14 (사원의 감시권) 업무집행자가 아닌 사원의 감시권에 대하여는 제277조를 준용한다.

제287조의15 (법인이 업무집행자인 경우의 특칙) ①법인이 업무집행자인 경우에는 그 법인은 해당 업무집행자의 직무를 행할 자를 선임하고, 그 자의 성명과 주소를 다른 사원에게 통지하여야 한다.

②제1항에 따라 선임된 직무수행자에 대하여는 제287조의11과 제287조의12를 준용한다.

제287조의16 (정관의 변경) 정관에 다른 규정이 없는 경우 정관을 변경하려면 총사원의 동의가 있어야 한다.

제287조의17 (업무집행자 등의 권한상실 선고) ①업무집행자의 업무집행권한의 상실에 관하여는 제205조를 준용한다.

②제1항의 소(訴)는 본점소재지의 지방법원의 관할에 전속한다.

제287조의18 (준용규정) 유한책임회사의 내부관계에 관하여는 정관이나 이 법에 다른 규정이 없으면 합명회사에 관한 규정을 준용한다.

제3절 유한책임회사의 외부관계

제287조의19 (유한책임회사의 대표) ①업무집행자는 유한책임회사를 대표한다.

②업무집행자가 둘 이상인 경우 정관 또는 총사원의 동의로 유한책임회사를 대표할 업무집행자를 정할 수 있다.

③유한책임회사는 정관 또는 총사원의 동의로 둘 이상의 업무집행자가 공동으로 회사를

대표할 것을 정할 수 있다.

④제3항의 경우에 제3자의 유한책임회사에 대한 의사표시는 공동대표의 권한이 있는 자 1인에 대하여 함으로써 그 효력이 생긴다.

⑤유한책임회사를 대표하는 업무집행자에 대하여는 제209조를 준용한다.

제287조의20 (손해배상책임) 유한책임회사를 대표하는 업무집행자가 그 업무집행으로 타인에게 손해를 입힌 경우에는 회사는 그 업무집행자와 연대하여 배상할 책임이 있다.

제287조의21 (유한책임회사와 사원 간의 소) 유한책임회사가 사원(사원이 아닌 업무집행자를 포함한다. 이하 이 조에서 같다)에 대하여 또는 사원이 유한책임회사에 대하여 소를 제기하는 경우에 유한책임회사를 대표할 사원이 없을 때에는 다른 사원 과반수의 결의로 대표할 사원을 선정하여야 한다.

제287조의22 (대표소송) ①사원은 회사에 대하여 업무집행자의 책임을 추궁하는 소의 제기를 청구할 수 있다.

②제1항의 소에 관하여는 제403조제2항부터 제4항까지, 제6항, 제7항 및 제404조부터 제406조까지의 규정을 준용한다.

제4절 사원의 가입 및 탈퇴

제287조의23 (사원의 가입) ①유한책임회사는 정관을 변경함으로써 새로운 사원을 가입시킬 수 있다.

②제1항에 따른 사원의 가입은 정관을 변경한 때에 효력이 발생한다. 다만, 정관을 변경한 때에 해당 사원이 출자에 관한 납입 또는 재산의 전부 또는 일부의 출자를 이행하지 아니한 경우에는 그 납입 또는 이행을 마친 때에 사원이 된다.

③사원 가입 시 현물출자를 하는 사원에 대하여는 제287조의4제3항을 준용한다.

제287조의24 (사원의 퇴사권) 사원의 퇴사에 관하여는 정관으로 달리 정하지 아니하는 경우에는 제217조제1항을 준용한다.

제287조의25 (퇴사 원인) 사원의 퇴사 원인에 관하여는 제218조를 준용한다.

제287조의26 (사원사망 시 권리승계의 통지) 사원이 사망한 경우에는 제219조를 준용한다.

제287조의27(제명의 선고) 사원의 제명에 관하여는 제220조를 준용한다. 다만, 사원의 제명에 필요한 결의는 정관으로 달리 정할 수 있다.

제287조의28 (퇴사 사원 지분의 환급) ①퇴사 사원은 그 지분의 환급을 금전으로 받을 수 있다.

②퇴사 사원에 대한 환급금액은 퇴사 시의 회사의 재산 상황에 따라 정한다.

③퇴사 사원의 지분 환급에 대하여는 정관으로 달리 정할 수 있다.

제287조의29 (지분압류채권자에 의한 퇴사) 사원의 지분을 압류한 채권자가 그 사원을 퇴사시키는 경우에는 제224조를 준용한다.

제287조의30 (퇴사 사원의 지분 환급과 채권자의 이의) ①유한책임회사의 채권자는 퇴사하는 사원에게 환급하는 금액이 제287조의37에 따른 잉여금을 초과한 경우에는 그 환급에 대하여 회사에 이의를 제기할 수 있다.

②제1항의 이의제기에 관하여는 제232조를 준용한다. 다만, 제232조제3항은 지분을 환급하더라도 채권자에게 손해를 끼칠 우려가 없는 경우에는 준용하지 아니한다.

제287조의31 (퇴사 사원의 상호변경 청구권) 퇴사한 사원의 성명이 유한책임회사의 상호 중에 사용된 경우에는 그 사원은 유한책임회사에 대하여 그 사용의 폐지를 청구할 수 있다.

제5절 회계 등

제287조의32 (회계 원칙) 유한책임회사의 회계는 이 법과 대통령령으로 규정한 것 외에는

일반적으로 공정하고 타당한 회계관행에 따른다.

제287조의33 (재무제표의 작성 및 보존) 업무집행자는 결산기마다 대차대조표, 손익계산서, 그 밖에 유한책임회사의 재무상태와 경영성과를 표시하는 것으로서 대통령령으로 정하는 서류를 작성하여야 한다.

제287조의34 (재무제표의 비치·공시) ①업무집행자는 제287조의33에 규정된 서류를 본점에 5년간 갖추어 두어야 하고, 그 등본을 지점에 3년간 갖추어 두어야 한다.

②사원과 유한책임회사의 채권자는 회사의 영업시간 내에는 언제든지 제287조의33에 따라 작성된 재무제표(財務諸表)의 열람과 등사를 청구할 수 있다.

제287조의35 (자본금의 액) 사원이 출자한 금전이나 그 밖의 재산의 가액을 유한책임회사의 자본금으로 한다.

제287조의36 (자본금의 감소) ①유한책임회사는 정관 변경의 방법으로 자본금을 감소할 수 있다.

②제1항의 경우에는 제232조를 준용한다. 다만, 감소 후의 자본금의 액이 순자산액 이상인 경우에는 그러하지 아니하다.

제287조의37 (잉여금의 분배) ①유한책임회사는 대차대조표상의 순자산액으로부터 자본금의 액을 뺀 액(이하 이 조에서 "잉여금"이라 한다)을 한도로 하여 잉여금을 분배할 수 있다.

②제1항을 위반하여 잉여금을 분배한 경우에는 유한책임회사의 채권자는 그 잉여금을 분배받은 자에 대하여 회사에 반환할 것을 청구할 수 있다.

③제2항의 청구에 관한 소는 본점소재지의 지방법원의 관할에 전속한다.

④잉여금은 정관에 다른 규정이 없으면 각 사원이 출자한 가액에 비례하여 분배한다.

⑤잉여금의 분배를 청구하는 방법이나 그 밖에 잉여금의 분배에 관한 사항은 정관으로 정할 수 있다.

⑥사원의 지분의 압류는 잉여금의 배당을 청구하는 권리에 대하여도 그 효력이 있다.

第6절 해 산

제287조의38 (해산 원인) 유한책임회사는 다음 각 호의 어느 하나에 해당하는 사유로 해산한다.

1. 제227조제1호·제2호 및 제4호부터 제6호까지에서 규정한 사항에 해당하는 경우
2. 사원이 없게 된 경우

제287조의39 (해산등기) 유한책임회사가 해산된 경우에는 합병과 파산의 경우 외에는 그 해산사유가 있었던 날부터 본점소재지에서는 2주 내에 해산등기를 하고, 지점소재지에서는 3주 내에 해산등기를 하여야 한다.

제287조의40 (유한책임회사의 계속) 제287조의38의 해산 원인 중 제227조제1호 및 제2호의 경우에는 제229조제1항 및 제3항을 준용한다.

제287조의41 (유한책임회사의 합병) 유한책임회사의 합병에 관하여는 제230조, 제232조부터 제240조까지의 규정을 준용한다.

제287조의42 (해산청구) 유한책임회사의 사원이 해산을 청구하는 경우에는 제241조를 준용한다.

第7절 조직변경

제287조의43 (조직의 변경) ①주식회사는 총회에서 총주주의 동의로 결의한 경우에는 그 조직을 변경하여 이 장에 따른 유한책임회사로 할 수 있다.

②유한책임회사는 총사원의 동의에 의하여 주식회사로 변경할 수 있다.

제287조의44 (준용규정) 유한책임회사의 조직의 변경에 관하여는 제232조 및 제604조부터

	제607조까지의 규정을 준용한다. 제8절 청 산 제287조의45 (청산) 유한책임회사의 청산(淸算)에 관하여는 제245조, 제246조, 제251조부터 제257조까지 및 제259조부터 제267조까지의 규정을 준용한다.

(3) 무액면주식제도의 도입

상법은 과거 액면주식만 인정해 왔으나, 개정상법은 기업의 재무관리의 편의성을 제고해 주기 위하여 무액면주식제도를 허용하였다. 무액면주식(no par value stock; Quotenaktie)이란 1주당의 금액을 가지지 아니하고 주권에는 주식의 수만이 기재되어 있는 주식을 이른다. 액면가는 없고 주식을 발행할 때마다 회사가 정하는 발행가가 있을 뿐인데, 이 발행가 중 일부만을 자본금에 계상하고 잔액은 준비금으로 적립할 수 있다(제415조 제2항). 발행가는 수시로 변할 수 있고, 그 중 자본에 계상되는 금액도 상이하므로 자본금과의 비교치 내지는 산출근거가 되는 가격이 존재하지 아니한다. 따라서 주주의 비례적인 지위는 회사의 발행주식총수에서 주주가 소유하는 주식수의 비율만으로 인식된다. 무액면주식은 원래 액면미달발행을 하였을 때 생길 수 있는 이사의 책임문제를 해소하기 위하여 1912년 미국 뉴욕주법(州法)에서 처음 채택한 제도이다. 미국에서는 지금 미국의 거의 모든 주가 무액면주식을 활용하고 있다.[144)]

개 정 전 상 법	개 정 상 법
第329條 ①(삭 제) 〈개정 2009. 5. 28〉	제329조 (자본금의 구성) ①회사는 정관으로 정한 경우에는 주식의 전부를 무액면주식으로 발행할 수 있다. 다만, 무액면주식을 발행하는 경우에는 액면주식을 발행할 수 없다. 〈신설 2011. 4. 14〉
②株式會社의 資本은 이를 株式으로 分割하여야 한다. ③株式의 金額은 均一하여야 한다. ④1株의 金額은 100원 이상으로 하여야 한다. 〈개정 1984. 4. 10, 1998. 12. 28〉	②액면주식의 금액은 균일하여야 한다. ③액면주식 1주의 금액은 100원 이상으로 하여야 한다. ④회사는 정관으로 정하는 바에 따라 발행된 액면주식을 무액면주식으로 전환하거나 무액면주식을 액면주식으로 전환할 수 있다. 〈신설 2011. 4. 14〉

144) 위의 책, 67면; 鄭東潤 監修, 상법 회사편 해설, 2012, 3면 註3) 참조.

	⑤제4항의 경우에는 제440조, 제441조 본문 및 제442조를 준용한다. 〈신설 2011. 4. 14〉

(4) 자기주식취득의 규율

상법은 자기주식의 취득을 엄격히 제한하는 입장을 견지해 왔으나(개정전 제341조), 상장회사를 대상으로 하여 1994년부터 구증권거래법에 의하여 배당가능이익으로 자기주식을 취득할 수 있는 길을 열어주었고, 현행 자본시장법도 이 정책을 이어받고 있다(제162조의2). 그리하여 상장회사와 비상장회사간에 자기주식취득에 대한 법규율이 괴리를 보였다. 2011년 개정상법은 자기주식취득의 제한을 완화하는 것이 세계적인 추세임을 감안하여 자본시장법과 같이 배당가능이익의 범위에서 자기주식취득을 허용하는 쪽으로 입법정책을 선회하였다. 그러나 배당가능이익 외의 재원으로 취득하는 것은 종전의 금지원칙을 유지하고 있다(제341조의2).[145]

개 정 전 상 법	개 정 상 법
第341條 (自己株式의 取得) 會社는 다음의 境遇外에는 자기의 計算으로 자기의 株式을 取得하지 못한다. 〈개정 1984. 4. 10〉〈개정 2011. 4. 14〉	제341조 (자기주식의 취득) ①회사는 다음의 방법에 따라 자기의 명의와 계산으로 자기의 주식을 취득할 수 있다. 다만, 그 취득가액의 총액은 직전 결산기의 대차대조표상의 순자산액 에서 제462조제1항 각 호의 금액을 뺀 금액을 초과하지 못한다.
1. 株式을 消却하기 爲한 때 2. 會社의 合併 또는 다른 會社의 營業全部의 讓受로 因한 때 3. 會社의 權利를 實行함에 있어 그 目的을 達成하기 爲하여 必要한 때 4. 端株의 처리를 위하여 필요한 때 5. 株主가 株式買受請求權을 행사한 때 〈신설 개정 1995. 12. 29〉	1. 거래소에서 시세(時勢)가 있는 주식의 경우에는 거래소에서 취득하는 방법 2. 제345조제1항의 주식의 상환에 관한 종류주식의 경우 외에 각 주주가 가진 주식 수에 따라 균등한 조건으로 취득하는 것으로서 대통령령으로 정하는 방법 ②제1항에 따라 자기주식을 취득하려는 회사는 미리 주주총회의 결의로 다음 각 호의 사항을 결정하여야 한다. 다만, 이사회의 결의로 이익배

145) 참조논문: 송종준, 상장회사의 자기자본질서의 변화와 법적 과제 - 개정상법과 자본시장법 개정안상 몇 가지 쟁점을 중심으로 -, 商事法硏究 제31권 제2호(2012. 8.)(통권 제75호), 143-179면; 최준선, 개정상법상 자기주식의 취득과 처분, 商事法硏究 제31권 제2호(2012. 8.)(통권 제75호), 219-241면; 황남석, 상법상 배당가능이익에 의한 자기주식 취득의 쟁점, 商事法硏究 제31권 제3호(2012. 11.)(통권 제76호), 59-109면; 박세화, 주식회사 자금조달의 활성화를 위한 새로운 주식제도, 商事法硏究 제24권 제3호(2005)(통권 제48호), 183-223면; 안성포, 자기주식취득의 허용에 따른 법적 쟁점, 商事法硏究 제30권 제2호(2011. 8.)(통권 제71호), 73-104면.

第341條의2 (株式買受選擇權附與目的등의 自己株式取得) ①會社는 第340條의2第1項의 規定에 의하여 자기의 株式을 讓渡할 目的으로 취득하거나 退職하는 理事·監事 또는 被用者의 株式을 讓受함으로써 자기의 株式을 취득함에 있어서는 發行株式總數의 100分의 10을 초과하지 아니하는 범위안에서 자기의 計算으로 자기의 株式을 취득할 수 있다. 다만, 그 취득금액은 第462條第1項에 規定된 利益配當이 가능한 한도이내이어야 한다.

②會社가 第1項의 株式을 發行株式總數의 100分의 10이상의 株式을 가진 株主로부터 有償으로 취득하는 경우에는 다음 各號의 사항에 관하여 第434條의 規定에 의한 株主總會의 決議가 있어야 한다. 이 경우 會社는 株主總會 決議후 6月이내에 株式을 취득하여야 한다.

1. 株式을 讓渡하고자 하는 株主의 姓名
2. 취득할 株式의 종류와 數
3. 취득할 株式의 價額

③會社가 第1項의 規定에 의하여 자기의 株式을 취득한 경우에는 상당한 時期에 이를 처분하여야 한다.

④第433條第2項의 規定은 第2項의 株主總會에 관하여 이를 準用한다. 〈개정 2011. 4. 14〉

당을 할 수 있다고 정관으로 정하고 있는 경우에는 이사회의 결의로써 주주총회의 결의를 갈음할 수 있다.

1. 취득할 수 있는 주식의 종류 및 수
2. 취득가액의 총액의 한도
3. 1년을 초과하지 아니하는 범위에서 자기주식을 취득할 수 있는 기간

③회사는 해당 영업연도의 결산기에 대차대조표상의 순자산액이 제462조제1항 각 호의 금액의 합계액에 미치지 못할 우려가 있는 경우에는 제1항에 따른 주식의 취득을 하여서는 아니 된다. 〈개정 2011. 4. 14〉

④해당 영업연도의 결산기에 대차대조표상의 순자산액이 제462조제1항 각 호의 금액의 합계액에 미치지 못함에도 불구하고 회사가 제1항에 따라 주식을 취득한 경우 이사는 회사에 대 하여 연대하여 그 미치지 못한 금액을 배상할 책임이 있다. 다만, 이사가 제3항의 우려가 없다고 판단하는 때에 주의를 게을리하지 아니하였음을 증명한 경우에는 그러하지 아니하다.

제341조의2 (특정목적에 의한 자기주식의 취득) 회사는 다음 각 호의 어느 하나에 해당하는 경우에는 제341조에도 불구하고 자기의 주식을 취득할 수 있다. 〈일부개정 2011. 4. 14〉

1. 회사의 합병 또는 다른 회사의 영업전부의 양수로 인한 경우
2. 회사의 권리를 실행함에 있어 그 목적을 달성하기 위하여 필요한 경우
3. 단주(端株)의 처리를 위하여 필요한 경우
4. 주주가 주식매수청구권을 행사한 경우

第341條의3 (自己株式의 質取) 會社는 發行株式의 總數의 20分의 1을 초과하여 자기의 株式을 質權의 目的으로 받지 못한다. 그러나 第341條第2號 및 第3號의 경우에는 그 限度를 초과하여 質權의 目的으로 할 수 있다. [본조신설 1984. 4. 10] <개정 2011. 4. 14>	제341조의3 (자기주식의 질취) 회사는 발행주식 총수의 20분의 1을 초과하여 자기의 주식을 질권의 목적으로 받지 못한다. 다만, 제341조의2 제1호 및 제2호의 경우에는 그 한도를 초과하여 질권의 목적으로 할 수 있다.

(5) 종류주식의 다양화

종류주식이란 법률에 의하여 인정된 권리내용이 다른 주식을 말한다. 이것은 권리내용이 다른 복수의 주식을 발행하는 것을 전제로 하는 개념이다.[146] 종류주식의 발행은 회사측에 자금조달의 방법에 있어서 유연성을 제공하지만, 한편으로는 주주평등원칙의 예외가 되기 때문에 법정의 종류주식만 허용된다.[147] 개정상법에는 특정사항에 관하여 의결권이 없거나 제한되는 주식의 발행을 허용하여 종류주식을 다양화하고, 기존의 무의결권주식에서 우선배당조건을 삭제하고, 발행한도를 발행주식총수의 1/4로 하여 기업의 자금조달의 편의를 도모하고 있다. 개정상법이 인정하는 종류주식은 이익배당이나 잔여재산의 분배에 관한 종류주식(제344조 제1항, 제344조의2), 의결권의 행사에 관한 종류주식(제344조 제1항, 제344조의3), 상환에 관한 종류주식(제345조), 전환에 관한 종류주식(제346조)이 있다.

개 정 전 상 법	개 정 상 법
第344條 (數種의 株式) ①會社는 利益이나 利子의 配當 또는 殘餘財産의 分配에 關하여 內容	제344조 (종류주식) ①회사는 이익의 배당, 잔여재산의 분배, 주주총회에서의 의결권의 행사, 상환

146) 여기서 문제는 종류주식의 개념에는 보통주가 포함되는가 여부이다. 일단 긍정설을 취하는 것이 타당하다고 생각하지만, 향후 논의가 필요한 부분이다. 崔埈璿, 위의 책, 189면 참조. 참고논문으로서는 정동윤, 보통주와 종류주의 개념에 관하여-개정상법의 해석과 관련하여-, 商事法硏究 제32권 제1호(2012. 5.)(통권 제74호), 37-53면; 김순석, 주식제도의 개선-종류주식을 중심으로-, 商事法硏究 제28권 제3호(2009. 11.)(통권 제64호), 131-173면; 양만식, 종류주식의 다양화가 기업지배에 미치는 영향, 商事法硏究 제30권 제2호(2011. 8.)(통권 제71호), 35-71면; 송종준, 상장회사의 자기자본질서의 변화와 법적 과제-개정상법과 자본시장법 개정안상 몇 가지 쟁점을 중심으로-, 商事法硏究 제31권 제2호(2012. 8.)(통권 제75호), 143-179면; 문준우, 영국 회사법의 종류주식과 그 시사점, 商事法硏究 제29권 제4호(2011. 2.)(통권 제69호), 179-208면; 박세화, 주식회사 자금조달의 활성화를 위한 새로운 주식제도, 商事法硏究 제24권 제3호 (2005) (통권 제48호), 183-223면; 朴哲泳, 種類株式의 擴大와 株主間 利害調整, 商事法硏究 제24권 제2호 (2005)(통권 제47호), 43-89면 등이 있다.

147) 鄭東潤, 위의 책, 127면.

이 다른 數種의 株式을 發行할 수 있다. ②第1項의 경우에는 定款으로 각종의 株式의 내용과 數를 정하여야 하며, 利益配當에 관하여 우선적 내용이 있는 종류의 株式에 대하여는 定款으로 最低配當率을 정하여야 한다. 〈전문개정 1995. 12. 29〉 ③會社가 數種의 株式을 發行하는 때에는 定款에 다른 定함이 없는 境遇에도 株式의 種類에따라 新株의 引受, 株式을 併合·分割·消却 또는 會社의 合併·分割로 인한 株式의 配定에 關하여 特殊한 定함을 할 수 있다.	및 전환 등에 관하여 내용이 다른 종류의 주식(이하 "종류주식"이라 한다)을 발행할 수 있다. ②제1항의 경우에는 정관으로 각 종류주식의 내용과 수를 정하여야 한다. ③회사가 종류주식을 발행하는 때에는 정관에 다른 정함이 없는 경우에도 주식의 종류에 따라 신주의 인수, 주식의 병합·분할·소각 또는 회사의 합병·분할로 인한 주식의 배정에 관하여 특수하게 정할 수 있다. ④종류주식 주주의 종류주주총회의 결의에 관하여는 제435조제2항을 준용한다. 〈개정 2011. 4. 14〉

(6) 주식의 전자적 관리방식

개정상법은 주식과 채권 및 기타 유가증권의 전자등록제도는 도입하였다. 주식의 전자등록제도란 회사가 주권의 발행에 갈음하여 상법의 규정에 의하여 유가증권 등의 전자등록 업무를 취급하는 것으로 지정된 기관(전자등록기관)의 전자등록부에 주식을 등록하는 것을 말한다(제356조의2 제1항). 전자등록에 의하여 과거 유체물로 존재하던 주권에 갈음하여 주식은 전자문서에 의하여 관리된다. 이로써 전자등록이 주식에 관한 권리의 소재가 되는 까닭에 주식의 양도·입질도 전자등록에 의하여 하여야 한다.[148)]

	개 정 상 법
〈신설〉	제356조의2 (주식의 전자등록) ①회사는 주권을 발행하는 대신 정관으로 정하는 바에 따라 전자등록기관(유가증권 등의 전자등록 업무를 취급하는 것으로 지정된 기관을 말한다. 이하 같다)의 전자등록부에 주식을 등록할 수 있다. ②전자등록부에 등록된 주식의 양도나 입질(入質)은 전자등록부에 등록하여야 효력이 발생한다. ③전자등록부에 주식을 등록한 자는 그 등록된 주식에 대한 권리를 적법하게 보유한 것으로 추정하며, 이러한 전자등록부를 선의(善意)로, 그리고 중대한 과실 없이 신뢰하고 제2항의 등록에 따라 권리를 취득한 자는 그 권리를 적법하게 취득한다.

148) 李哲松, 위의 책, 120면. 商事法硏究 제22권 제23호(2007)(통권 제39호)는 特輯號로서 전자증권제도의 도입에 따른 법적 과제로 잡고 있다. 여기에 실린 특집논문으로서는, 정찬형, 電子證券制度의 導入에 따른 法的 課題, 11-72면; 손진화, 주식 등의 전자등록제도의 도입방안, 73-119면; 정경영, 전자증권의 법적 성질과 전자등록제도에 관한 고찰, 121-178면; 電子株主總會 制度의 導入, 179-224면; 정대익, 전자공시제도에 대한 법적 고찰, 225-277면; 김순석, 주식 등의 전자증권제도 도입에 따른 주주 보호방안, 279-327면 등이다.

	④전자등록의 절차 · 방법 및 효과, 전자등록기관의 지정 · 감독 등 주식의 전자등록 등에 관하여 필요한 사항은 대통령령으로 정한다. 〈개정 2011. 4. 14〉

(7) 주식의 강제매도 · 매수청구

개정상법은 소정의 대주주가 영세한 주주들을 상대로 그 보유주식의 매도를 청구할 수 있는 제도 및 반대로 영세주주들이 대주주를 상대로 그 보유주식의 매수를 청구할 수 있는 제도를 신설하였다. 매도를 청구할 수 있는 대주주를 지배주주, 그 상대방이 되는 동시에 반대로 매수를 청구할 수 있는 영세주주를 소수주주라고 부른다. 지배주주 및 소수주주라는 용어는 상법 제360조의24 이하에서 규정하는 소액주식의 강제매수 · 강제매도에 국한하여 사용하는 용어이고, 회사제도 일반에 걸쳐 사용될 수 있는 용어는 아니다. 지배주주의 매도청구권제도는 발행주식 전부를 지배주주 1인의 소유로 함으로써 회사지배의 효율화 및 저비용화를 도모하기 위한 제도이고, 한편 소수주주의 매수청구권제도는 회사의 지배 내지는 경영참가에 관한 한 무의미한 주식보유를 지속해야 하는 부담을 덜어주는 동시에 시장성을 상실한 주식의 환가를 가능하게 해 주는 제도이다.[149]

개정상법에 의하면, 회사의 발행주식총수의 100분의 95 이상을 자기의 계산으로 보유하고 있는 주주(지배주주)는 회사의 경영상 목적으로 달성하기 위하여 필요한 경우에는 회사의 다른 주주(소수주주)에게 그 보유하는 주식의 매도를 청구할 수 있다(제360조의24 제4항). 지배주주의 소유주식의 수는, 지배주주가 회사인 경우에는 그 모회사 및 자회사가 보유한 주식을 합산하여 100분의 95 이상 여부를 계산하고, 지배주주가 자연인인 주주의 경우에는 그가 발행주식총수의 100분의 50을 초과하는 주식을 가진 회사가 보유하는 주식도 그 주주가 보유하는 주식과 합산하여 100분의 95 이상 여부를 계산한다(제360조의24 제2항).

149) 위의 책, 126-127면. 매수청수권에서는 소수주주의 재산권(헌법 제23조 제1항)에 대한 침해이고, 자기결정권(헌법 제10조)의 제한이어서 위헌의 소지가 있다는 견해도 있다. 서완석, 상법상의 소수주주 축출제도 - 소수주식 강제매수제도와 교부금 합병제도를 중심으로, 商事法硏究 제30권 제2호(2011. 8.)(통권 제71호), 385-443면 참조; 노혁준, 소수주주 축출제도의 도입에 관한 연구 - 도입형태와 가격산정을 중심으로, 商事法硏究 제26권 제4호(2008)(통권 제57호), 231-271면 참조; 김성호, 독일 주식법상의 소수주주축출제도와 그 시사점, 商事法硏究 제24권 제3호(2005)(통권 제48호), 83-112면 참조.

한편, 지배주주가 있는 회사의 소수주주는 언제든지 지배주주에게 그 보유하는 주식의 매수를 청구할 수 있다(제360조의25 제1항). 지배주주의 매도청구와 달리 소수주주의 매수청구는 소수주주의 각자의 이익을 위한 개별적 행동이므로 일부 주주만이 매수청구를 할 수 있음은 물론이다. 그리고 지배주주의 매도청구에서와는 달리, 소수주주는 의사표시의 일반원칙에 따라 지배주주가 인지할 수 있도록 매수청구의 의사표시를 하여야 한다.[150]

개 정 상 법	
〈신설〉	제360조의24 (지배주주의 매도청구권) ①회사의 발행주식총수의 100분의 95 이상을 자기의 계산으로 보유하고 있는 주주(이하 이 관에서 "지배주주"라 한다)는 회사의 경영상 목적을 달성하기 위하여 필요한 경우에는 회사의 다른 주주(이하 이 관에서 "소수주주"라 한다)에게 그 보유하는 주식의 매도를 청구할 수 있다. ②제1항의 보유주식의 수를 산정할 때에는 모회사와 자회사가 보유한 주식을 합산한다. 이 경우 회사가 아닌 주주가 발행주식총수의 100분의 50을 초과하는 주식을 가진 회사가 보유하는 주식도 그 주주가 보유하는 주식과 합산한다. ③제1항의 매도청구를 할 때에는 미리 주주총회의 승인을 받아야 한다. ④제3항의 주주총회의 소집을 통지할 때에는 다음 각 호에 관한 사항을 적어야 하고, 매도를 청구하는 지배주주는 주주총회에서 그 내용을 설명하여야 한다. 1. 지배주주의 회사 주식의 보유 현황 2. 매도청구의 목적 3. 매매가액의 산정 근거와 적정성에 관한 공인된 감정인의 평가 4. 매매가액의 지급보증 ⑤지배주주는 매도청구의 날 1개월 전까지 다음 각 호의 사실을 공고하고, 주주명부에 적힌 주주와 질권자에게 따로 그 통지를 하여야 한다. 1. 소수주주는 매매가액의 수령과 동시에 주권을 지배주주에게 교부하여야 한다는 뜻 2. 교부하지 아니할 경우 매매가액을 수령하거나 지배주주가 매매가액을 공탁(供託)한 날에 주권은 무효가 된다는 뜻 ⑥제1항의 매도청구를 받은 소수주주는 매도청구를 받은 날부터 2개월 내에 지배주주에게 그 주식을 매도하여야 한다. ⑦제6항의 경우 그 매매가액은 매도청구를 받은 소수주주와 매도를 청구한 지배주주 간의 협의로 결정한다. ⑧제1항의 매도청구를 받은 날부터 30일 내에 제7항의 매매가액에 대한 협의가 이루어지지 아니한 경우에는 매도청구를 받은 소수주주 또는 매도청구를 한 지배주주는 법원에 매매가액의 결정을 청구할 수 있다. ⑨법원이 제8항에 따라 주식의 매매가액을 결정하는 경우에는 회사의 재산상태와 그 밖의 사정을 고려하여 공정한 가액으로 산정하여야 한다. 〈개정 2011. 4. 14〉
〈신설〉	제360조의25 (소수주주의 매수청구권) ①지배주주가 있는 회사의 소수주주는 언제든지 지배주주에게 그 보유주식의 매수를 청구할 수 있다.

150) 李哲松, 위의 책, 132면.

	②제1항의 매수청구를 받은 지배주주는 매수를 청구한 날을 기준으로 2개월 내에 매수를 청구한 주주로부터 그 주식을 매수하여야 한다. ③제2항의 경우 그 매매가액은 매수를 청구한 주주와 매수청구를 받은 지배주주 간의 협의로 결정한다. ④제2항의 매수청구를 받은 날부터 30일 내에 제3항의 매매가액에 대한 협의가 이루어지지 아니한 경우에는 매수청구를 받은 지배주주 또는 매수청구를 한 소수주주는 법원에 대하여 매매가액의 결정을 청구할 수 있다. ⑤법원이 제4항에 따라 주식의 매매가액을 결정하는 경우에는 회사의 재산상태와 그 밖의 사정을 고려하여 공정한 가액으로 산정하여야 한다. 〈개정 2011. 4. 14〉 제360조의26 (주식의 이전 등) ①제360조의24와 제360조의25에 따라 주식을 취득하는 지배주주가 매매가액을 소수주주에게 지급한 때에 주식이 이전된 것으로 본다. ②제1항의 매매가액을 지급할 소수주주를 알 수 없거나 소수주주가 수령을 거부할 경우에는 지배주주는 그 가액을 공탁할 수 있다. 이 경우 주식은 공탁한 날에 지배주주에게 이전된 것으로 본다. 〈개정 2011. 4. 14〉

(8) 영업양도의 결의에 관한 개정

개정전에는 다른 회사의 영업전부를 양수할 때와 영업의 일부를 양수한 때를 구분하여 전자는 예외없이 주주총회의 특별결의를 얻도록 하고, 후자는 회사의 영업에 중대한 영향을 미치는 경우에 한하여 주주총회의 특별결의를 얻도록 하였다. 개정상법은 영업의 전부와 일부를 구별하지 아니하고 영업에 중대한 영향을 미치는 경우에 주주총회의 특별결의를 얻도록 하였다. 말하자면 회사의 영업에 중대한 영향을 미치지 아니하는 영업의 양수는 개정상법하에서는 주주총회의 특별결의가 필요없게 된 것이다.

개 정 전 상 법	개 정 상 법
第374條 (營業讓渡, 讓受, 賃貸等) ①會社가 다음의 行爲를 함에는 第434條에 定하는 決議가 있어야 한다. 1. 營業의 全部 또는 重要한 一部의 讓渡 2. 營業全部의 賃貸 또는 經營委任, 他人과 營業의 損益全部를 같이하는 契約 其他 이에 準할 契約의 締結, 變更 또는 解約 3. 다른 會社의 營業全部의 讓受 4. 회사의 영업에 중대한 영향을 미치는 다른 회사의 영업 일부의 讓受 〈신설개정 2001. 7. 24〉 ②第1項의 행위에 관한 株主總會의 召集의 통지 또는 公告를 하는 때에는 第374條의2第1項	제374조 (영업양도, 양수, 임대 등) ①회사가 다음 각 호의 어느 하나에 해당하는 행위를 할 때에는 제434조에 따른 결의가 있어야 한다. 〈개정 2001. 7. 24〉 1. (현행과 같음) 2. 영업 전부의 임대 또는 경영위임, 타인과 영업의 손익 전부를 같이 하는 계약, 그 밖에 이에 준하는 계약의 체결·변경 또는 해약 3. 회사의 영업에 중대한 영향을 미치는 다른 회사의 영업 전부 또는 일부의 양수 ②(현행과 같음) 〈신설개정 1995. 12. 29〉

및 第2項의 規定에 의한 株式買受請求權의 내용 및 행사방법을 명시하여야 한다. 〈신설개정 1995. 12. 29〉	

(9) 사외이사의 소극적 자격요건

상법 제382조 제3항은 사외이사의 독립성을 높이기 위하여 최대주주 기타 회사와 소정의 특수관계에 해당하는 자를 제척사유로 규정하는데, 특수관계를 특정함에 있어서 예컨대 「이사·감사의 배우자」와 같이 이사·감사라는 지위가 연결점을 이룬다. 개정상법에서는 집행임원제가 신설되는데, 집행임원을 이사·감사와 동렬의 연결점에 놓기 위하여 조문을 정리하였다.

개 정 전 상 법	개 정 상 법
第382條 (이사의 선임, 회사와의 관계 및 사외이사) ①이사는 주주총회에서 선임한다. ②회사와 이사의 관계는 「민법」의 위임에 관한 규정을 준용한다.	제382조 (이사의 선임, 회사와의 관계 및 사외이사) ①·② (현행과 같음)
③사외이사(社外理事)는 해당 회사의 상무(常務)에 종사하지 아니하는 이사로서 다음 각 호의 어느 하나에 해당하지 아니하는 자를 말한다. 사외이사가 다음 각 호의 어느 하나에 해당하는 경우에는 그 직을 상실한다.	③사외이사(社外理事)는 해당 회사의 상무(常務)에 종사하지 아니하는 이사로서 다음 각 호의 어느 하나에 해당하지 아니하는 자를 말한다. 사외이사가 다음 각 호의 어느 하나에 해당하는 경우에는 그 직을 상실한다. 〈개정 2011. 4. 14〉
1. 회사의 상무에 종사하는 이사 및 피용자 또는 최근 2년 이내에 회사의 상무에 종사한 이사·감사 및 피용자	1. 회사의 상무에 종사하는 이사·집행임원 및 피용자 또는 최근 2년 이내에 회사의 상무에 종사한 이사·감사·집행임원 및 피용자
2. 최대주주가 자연인인 경우 본인과 그 배우자 및 직계 존속·비속	2. (현행과 같음)
3. 최대주주가 법인인 경우 그 법인의 이사·감사 및 피용자	3. 최대주주가 법인인 경우 그 법인의 이사·감사·집행임원 및 피용자
4. 이사·감사의 배우자 및 직계 존속·비속	4. 이사·감사·집행임원의 배우자 및 직계 존속·비속
5. 회사의 모회사 또는 자회사의 이사·감사 및 피용자	5. 회사의 모회사 또는 자회사의 이사·감사·집행임원 및 피용자
6. 회사와 거래관계 등 중요한 이해관계에 있는 법인의 이사·감사 및 피용자	6. 회사와 거래관계 등 중요한 이해관계에 있는 법인의 이사·감사·집행임원 및 피용자
7. 회사의 이사 및 피용자가 이사로 있는 다른 회사의 이사·감사 및 피용자 〈전조개정 2009. 1. 30〉	7. 회사의 이사·집행임원 및 피용자가 이사·집행임원으로 있는 다른 회사의 이사·감사·집행임원 및 피용자

(10) 이사에 의한 회사기회의 유용금지

개정상법은 이사가 이사회의 승인없이 회사의 이익이 될 수 있는 소정의 사업기회를 이용하는 것을 금하는 제도를 신설하였다. 이 제도는 미국의 판례법에서 이사의 충실의무(duty of loyalty)의 일부로서 요구받는 회사기회유용금지의 원칙(usurpation of corporate opportunity doctrine)을 본받은 제도이다. 이사, 임원 기타 회사경영자는 회사에 속하는 영업기회를 자신의 기회로 만들어서는 안된다는 원칙으로서, 이사가 사익(私益)을 도모하려는 일체의 유혹을 근절하기 위한 정책적 고려에서 이사가 신의를 저버리고 얻은 이익 전부를 박탈하여 회사에 귀속시키는 것을 내용으로 한다. 개정법은 경업금지 및 자기거래에 해당하지 않는 제3유형의 이익충돌로서 「회사의 사업기회의 이용」이라는 행위를 반규범적 행위로 창설하여 규율하기에 이르렀다.[151]

	개 정 상 법
〈신설〉	제397조의2 (회사의 기회 및 자산의 유용 금지) ①이사는 이사회의 승인 없이 현재 또는 장래에 회사의 이익이 될 수 있는 다음 각 호의 어느 하나에 해당하는 회사의 사업기회를 자기 또는 제3자의 이익을 위하여 이용하여서는 아니된다. 이 경우 이사회의 승인은 이사 3분의 2 이상의 수로써 하여야 한다. 1. 직무를 수행하는 과정에서 알게 되거나 회사의 정보를 이용한 사업기회 2. 회사가 수행하고 있거나 수행할 사업과 밀접한 관계가 있는 사업기회 ②제1항을 위반하여 회사에 손해를 발생시킨 이사 및 승인한 이사는 연대하여 손해를 배상할 책임이 있으며 이로 인하여 이사 또는 제3자가 얻은 이익은 손해로 추정한다. 〈개정 2011. 4. 14〉

(11) 이사의 책임경감

근래 우리나라에서는 이사의 책임을 추궁하는 대표소송이 번번해지면서 경영자들이 책임추궁을 두려워하여 공격적·모험적 경영을 회피하는 현상을 보이기 때문에, 개정법은 미국과 일본의 입법례를 본받아 이사의 책임을 경감할 수 있게 하는

151) 위의 책, 148-149면. 참조논문: 權純姬, 상법개정안 제398조 제3항 (회사기회의 유용금지)에 관한 이론적 검토, 商事法研究 제26권 제3호(2007)(통권 제56호), 27-54; 천경훈, 개정상법상 회사기회유용 금지규정의 해석론 연구, 商事法研究 제30권 제2호(2011. 8.)(통권 제71호), 143-213면; 권재열, 회사기회의 법리 - 2007년 2월 조정된 상법개정안의 비교법적 검토 -, 商事法研究 제25권 제4호(2007)(통권 제53호), 71-112면; 許憲會, 理事의 會社機會流用에 대한 規制 - ALI의 Principles of Corporate Governance를 중심으로 -, 商事法研究 제20권 제2호(2001)(통권 제30호), 473-503면.

규정을 신설하였다. 즉, 회사는 정관으로 정하는 바에 따라 상법 제399조에 따른 이사의 손해배상책임을 이사가 원인이 된 행위를 한 날 이전 최근 1년간의 보수액의 6배를 초과하는 금액에 대하여 면제할 수 있다(제400조 제2항 본문). 사외이사의 책임은 연간보수의 3배까지로 제한할 수 있다. 그리고 개정상법은 1년간의 보수에는 상여금과 주식매수선택권의 행사로 인한 이익 등도 포함한다고 규정한다(제400조 제2항). 그런데 이사의 고의 또는 중대한 과실로 인하여 손해를 발생시킨 경우에는 이 제도의 적용대상에서 제외한다(제400조 제2항 단서).

개 정 전 상 법	개 정 상 법
第400條 (會社에 對한 責任의 免除) 前條의 規定에 依한 理事의 責任은 總株主의 同意로 免除할 수 있다. 〈신 설〉	제400조 (회사에 대한 책임의 감면) ①제399조에 따른 이사의 책임은 주주 전원의 동의로 면제할 수 있다. ②회사는 정관으로 정하는 바에 따라 제399조에 따른 이사의 책임을 이사가 그 행위를 한 날 이전 최근 1년간의 보수액(상여금과 주식매수선택권의 행사로 인한 이익 등을 포함한다)의 6배(사외이사의 경우는 3배)를 초과하는 금액에 대하여 면제할 수 있다. 다만, 이사가 고의 또는 중대한 과실로 손해를 발생시킨 경우와 제397조 제397조의2 및 제398조에 해당하는 경우에는 그러하지 아니하다. 〈개정 2011. 4. 14〉

(12) 집행임원제도

개정상법은 현재의 대표이사를 대신하는 업무집행기관으로서 집행임원을 신설하였다. 이 제도는 사외이사(outsider director), 각종의 위원회(committees), 집행임원(officers)을 요소로 하는 미국기업의 지배구조에서 비롯한다. 그러나, 개정상법상의 집행임원제도는 직접적으로는 이러한 미국식 제도를 기업지배구조의 한 선택지로서 수용한 일본회사법의 관련 규정들은 본받은 것이다.[152)]

실무계에서는 과거 회사의 정관이나 내규로써 미국의 최고집행임원(Chief Executive Officer: CEO)과 같은 의미의 집행임원을 두는 회사가 많이 있었지만, 법률상으로는 아무런 근거규정이 없었다가, 이번 개정법에서 이를 입법화한 것이

152) 위의 책, 166면. 일본에서의 집행임원제도는 미국기업의 지배구조와 같이, 사외이사 및 감사위원회와 결합하여 설계되고 있다(日會 402조 제1항).

다. 집행임원을 둠으로써 종래 이사회의 업무집행기능과 감독기능을 분리하여 업무집행기능은 집행임원에게 맡기고 이사회는 감독기능을 충실히 하도록 한 것이 입법취지이다.[153)]

집행임원을 둘지 여부는 회사의 자율에 맡기고 있다. 집행임원을 둔 회사(집행임원 설치회사)는 대표이사를 두지 못한다(제408조의2 제1항). 그러나 이사와 집행임원은 겸직이 가능하다. 2명 이상의 집행임원이 선임된 경우에는 이사회의 결의로 집행임원 설치회사를 대표할 대표집행임원을 선임하여야 한다. 다만, 집행임원이 1명인 경우에는 그 집행임원이 대표집행임원이 된다(제408조의5 제1항). 집행임원은 ① 집행임원 설치회사의 업무집행, ② 정관이나 이사회의 결의에 의하여 위임받은 업무집행에 관한 의사결정 등의 권한을 가진다(제408조의4). 그리고 집행임원을 3개월에 1회 이상 업무의 집행상황을 이사회에 보고하여야 한다(제408조의6 제1항). 그러나 집행임원은 이사회의 요구가 있으면 언제든지 이사회에 출석하여 요구한 사항을 보고하여야 한다(제408조의6 제2항). 또한 집행임원은 고의 또는 과실로 법령이나 정관을 위반한 행위를 하거나 그 임무를 게을리 한 경우에는 그 집행임원은 집행임원 설치회사에 손해를 배상할 책임이 있다(제408조의8 제1항), 뿐만 아니라, 집행임원이 고의 또는 중대한 과실로 그 임무를 게을리한 경우에는 그 집행임원은 제3자에게 손해를 배상할 책임이 있다(제408조의8 제2항).

개 정 상 법	
〈신설〉	제408조의2 (집행임원 설치회사, 집행임원과 회사의 관계) ①회사는 집행임원을 둘 수 있다. 이 경우 집행임원을 둔 회사(이하 "집행임원 설치회사"라 한다)는 대표이사를 두지 못한다. ②집행임원 설치회사와 집행임원의 관계는 「민법」 중 위임에 관한 규정을 준용한다. ③집행임원 설치회사의 이사회는 다음의 권한을 갖는다. 1. 집행임원과 대표집행임원의 선임ㆍ해임 2. 집행임원의 업무집행 감독 3. 집행임원과 집행임원 설치회사의 소송에서 집행임원 설치회사를 대표할 자의 선임

153) 崔埈璿, 위의 책, 512-513면; 최완진, 집행임원제도에 관한 재조명 - 2008년 상법개정안을 중심으로 -, 商事法硏究 제29권 제3호(2010. 11.)(통권 제68호), 267-292면 참조; 김태진, 개정 상법하의 집행임원제 운용을 위한 법적 검토, 商事法硏究 제30권 제2호(2011. 8.)(통권 제71호), 295-384면 참조; 강희갑, 집행임원제도의 도입과 기업환경, 商事法硏究 제25권 제4호(2007)(통권 제53호), 11-25면 참조.

4. 집행임원에게 업무집행에 관한 의사결정의 위임(이 법에서 이사회 권한사항으로 정한 경우는 제외한다)
5. 집행임원이 여러 명인 경우 집행임원의 직무 분담 및 지휘·명령관계, 그 밖에 집행임원의 상호관계에 관한 사항의 결정
6. 정관에 규정이 없거나 주주총회의 승인이 없는 경우 집행임원의 보수 결정

④집행임원 설치회사는 이사회의 회의를 주관하기 위하여 이사회 의장을 두어야 한다. 이 경우 이사회 의장은 정관의 규정이 없으면 이사회 결의로 선임한다. 〈개정 2010. 4. 14〉

〈신설〉 제408조의3 (집행임원의 임기) ①집행임원의 임기는 정관에 다른 규정이 없으면 2년을 초과하지 못한다.

②제1항의 임기는 정관에 그 임기 중의 최종 결산기에 관한 정기주주총회가 종결한 후 가장 먼저 소집하는 이사회의 종결 시까지로 정할 수 있다. 〈개정 2010. 4. 14〉

〈신설〉 제408조의4 (집행임원의 권한) 집행임원의 권한은 다음 각 호의 사항으로 한다. 〈개정 2010. 4. 14〉

1. 집행임원 설치회사의 업무집행
2. 정관이나 이사회의 결의에 의하여 위임받은 업무집행에 관한 의사결정

〈신설〉 제408조의5 (대표집행임원) ①2명 이상의 집행임원이 선임된 경우에는 이사회 결의로 집행임원 설치회사를 대표할 대표집행임원을 선임하여야 한다. 다만, 집행임원이 1명인 경우에는 그 집행임원이 대표집행임원이 된다.

②대표집행임원에 관하여는 이 법에 다른 규정이 없으면 주식회사의 대표이사에 관한 규정을 준용한다.

③집행임원 설치회사에 대하여는 제395조를 준용한다. 〈개정 2010. 4. 14〉

〈신설〉 제408조의6 (집행임원의 이사회에 대한 보고) ①집행임원은 3개월에 1회 이상 업무의 집행 상황을 이사회에 보고하여야 한다.

②집행임원은 제1항의 경우 외에도 이사회의 요구가 있으면 언제든지 이사회에 출석하여 요구한 사항을 보고하여야 한다.

③이사는 대표집행임원으로 하여금 다른 집행임원 또는 피용자의 업무에 관하여 이사회에 보고할 것을 요구할 수 있다. 〈개정 2010. 4. 14〉

〈신설〉 제408조의7 (집행임원의 이사회 소집 청구) ①집행임원은 필요하면 회의의 목적사항과 소집이 유를 적은 서면을 이사(소집권자가 있는 경우에는 소집권자를 말한다. 이하 이 조에서 같다)에게 제출하여 이사회 소집을 청구할 수 있다.

②제1항의 청구를 한 후 이사가 지체 없이 이사회 소집의 절차를 밟지 아니하면 소집을 청구한 집행임원은 법원의 허가를 받아 이사회를 소집할 수 있다. 이 경우 이사회 의장은 법원이 이해관계자의 청구에 의하여 또는 직권으로 선임할 수 있다. 〈개정 2010. 4. 14〉

〈신설〉 제408조의8 (집행임원의 책임) ①집행임원이 고의 또는 과실로 법령이나 정관을 위반한 행위를 하거나 그 임무를 게을리한 경우에는 그 집행임원은 집행임원 설치회사에 손해를 배상할 책임이 있다.

②집행임원이 고의 또는 중대한 과실로 그 임무를 게을리한 경우에는 그 집행임원은 제3자에게 손해를 배상할 책임이 있다.

③집행임원이 집행임원 설치회사 또는 제3자에게 손해를 배상할 책임이 있는 경우에 다른 집행임원·이사 또는 감사도 그 책임이 있으면 다른 집행임원·이사 또는 감사와 연대하여 배상할 책임이 있다. 〈개정 2010. 4. 14〉

〈신설〉 제408조의9 (준용규정) 집행임원에 대하여는 제382조의3, 제382조의4, 제396조, 제397조, 제397조의2, 제398조, 제400조, 제401조의2, 제402조부터 제408조까지, 제412조 및 제412조의2를 준용한다. 〈개정 2010. 4. 14〉

(13) 감사의 이사회 소집청구

개정상법에서 감사의 이사회 소집청구가 감사의 직무수행의 실효성을 높이기 위하여 신설되었다. 감사는 이사회에 출석하여 의견을 진술할 수 있고(제412조의4 제2항), 이사가 법령 또는 정관에 위반한 행위를 하거나 그러한 행위를 할 염려가 있다고 인정한 때에는 이사회에 이를 보고하여야 한다(제391조의2). 이와 같이 의견을 진술하거나 이사회에 보고를 하기 위하여는 이사회가 소집되어야 할 것이므로 제412조의2 제1항에서 「필요하면」이라고 하는 것은 감사가 상법 제391조의2에 의하여 의견을 진술하거나 이사회에 보고하기 위하여 필요한 경우를 의미한다.

집행임원도 이사회의 소집을 청구할 수 있다. 집행임원의 소집청구에 대하여는 이사가 지체없이 이사회의 소집절차를 밟지 아니하면 법원의 허가를 받아 집행임원이 이사회를 소집할 수 있으나(제408조의7 제2항), 감사는 같은 경우에 직접 이사회를 소집할 수 있다.[154)]

개 정 상 법	
〈신설〉	제412조의4 (감사의 이사회 소집 청구) ①감사는 필요하면 회의의 목적사항과 소집이유를 서면에 적어 이사(소집권자가 있는 경우에는 소집권자를 말한다. 이하 이 조에서 같다)에게 제출하여 이사회 소집을 청구할 수 있다. ②제1항의 청구를 하였는데도 이사가 지체 없이 이사회를 소집하지 아니하면 그 청구한 감사가 이사회를 소집할 수 있다. 〈개정 2011. 4. 14〉

(14) 신주인수권의 전자등록

개정상법 제420조의4는 주식을 전자등록할 수 있게 함에 따라 신주인수권증서의 전자등록도 가능하도록 하였다. 실물 신주인수권증서를 발행하는 대신에 전자등록이 가능하도록 하며, 주식의 전자등록에 관한 일부 규정(개정상법 제356조의2 제2항부터 제4항)을 준용하도록 하였다.

개 정 상 법	
〈신설〉	제420조의4 (신주인수권의 전자등록) 회사는 신주인수권증서를 발행하는 대신 정관으로 정하는 바에 따라 전자등록기관의 전자등록부에 신주인수권을 등록할 수 있다. 이 경우 제356조의2제2항부터 제4항까지의 규정을 준용한다. 〈개정 2011. 4. 14〉

154) 李哲松, 위의 책, 177면.

(15) 회사의 회계에 관한 규정[155]

1) 이사회의 재무제표의 승인

재무제표의 승인은 주주총회의 권한이지만(제449조 제1항), 정관에 규정을 두어 이사회가 재무제표를 승인하게 할 수도 있다는 것이 개정상법이 신설한 규정(제449조의2 제1항)이다. 정관에 규정이 있더라도 이사회가 승인하기 위하여는 재무제표의 각 서류가 법령 및 정관에 따라 회사의 재무상태 및 경영성과를 적정하게 표시하고 있다는 외부감사인의 의견이 있고, 감사(또는 감사위원) 전원의 동의가 있어야 한다(제449조의2 제1항 1호·2호). 정관으로 추가의 요건을 정할 수 있음은 물론이다. 이러한 요건을 구비하여 이사회가 승인한 경우에는 이사는 재무제표의 내용을 주주총회에 보고하여야 한다(제449조의2 제2항).

개 정 상 법	
〈신설〉	제449조의2 (재무제표 등의 승인에 대한 특칙) ①제449조에도 불구하고 회사는 정관으로 정하는 바에 따라 제447조의 각 서류를 이사회의 결의로 승인할 수 있다. 다만, 이 경우에는

155) 현재 회사의 계산과 회계제도로서 존재하고 있는 상법의 계산규정과 기업회계기준의 이원적 규범체계를 입법적으로 조정하는 데에 입법의 초점을 맞추고 개정작업에 임하고 있다. 안수현, 21세기 회사법 개정의 논리－2008년 법무부 상법개정작업 기초실무 자료(기업재무편), 제2판, 2008, 213면 이하 참조. 그 밖의 회사계산 및 회계제도에 관한 논문을 소개하면 다음과 같다. 황남석, 기업회계기준의 법규성 재고(再考), 商事法硏究 제32권 제1호(2012. 5.)(통권 제74호), 251-285면; 심 영, 우리나라 회사회계제도의 현황과 발전방향, 商事法硏究 제28권 제3호(2009. 11.)(통권 제64호), 349-376면; 양기진, 개정상법과 국제회계기준의 조화 모색, 商事法硏究 제30집 제2호(2011. 8.)(통권 제71호), 105-141면; 심 영, 영국 회사법상 회계제도에 관한 연구, 商事法硏究 제27권 제4호(2009)(통권 제61호), 201-234면; 송종준, 회사법상 회계관련규정의 개정 및 새로운 제도의 도입, 商事法硏究 제25권 제3호(2006)(통권 제51호), 255-289면; 박정우·정래용, 파트너십 회계처리기준 및 과세제도 도입에 관한 연구, 商事法硏究 제24권 제3호 (2005) (통권 제48호), 261-316면; 鄭埈雨, 企業會計規範으로서의 商業帳簿規定의 問題點, 商事法硏究 제23권 제3호(2004)(통권 제44호), 463면; 왕순모, 기업회계법의 구축과 전망(1)－「기업회계기준」의 법적 지위, 商事法硏究 제21권 제4호(2003)(통권 제36호), 109-149면; 홍복기·박정우, 회사의 계산제도 개선에 관한 연구－배당가능이익 산정을 중심으로－, 商事法硏究 제20권 제3호(2001)(통권 제31호), 47-95면; 金斗煥, 商法上 固定資産評價原則에 관한 硏究, 商事法硏究 제16권 제2호(1997), 449-479면; 金斗煥, 株式會社의 計算·公開에 關한 日本商法의 改正試案에 對한 考察, 商事法硏究 創刊號(1980), 129-148면; 金敎昌, 商法 중 會社의 計算에 관한 改正意見, 商事法硏究 創刊號(1980), 85-100면; 孫珠瓚, 計算書類와 財務諸表, 商事法硏究 創刊號(1980), 39-54면; 姜渭斗, 商法上의 公正·妥當한 會計慣習의 理論, 商事法硏究 創刊號(1980), 55-72면; 李台濬, 加速的으로 有名無實化하는 商法의 會計實態規定－商法上 每決算期의 利益의 多元化와 會計實態規定의 運用實態－, 商事法硏究 創刊號(1980), 73-83면.

	다음 각 호의 요건을 모두 충족하여야 한다. 1. 제447조의 각 서류가 법령 및 정관에 따라 회사의 재무상태 및 경영성과를 적정하게 표시하고 있다는 외부감사인의 의견이 있을 것 2. 감사(감사위원회 설치회사의 경우에는 감사위원을 말한다) 전원의 동의가 있을 것 ②제1항에 따라 이사회가 승인한 경우에는 이사는 제447조의 각 서류의 내용을 주주총회에 보고하여야 한다. 〈개정 2011. 4. 14〉

2) 자본금의 인식

개정상법에서는 무액면주식이 발행될 수 있으므로 제451조 제1항은 자본에 관한 일반원칙이 아니고, 액면주식을 발행한 경우에 국한된 자본의 인식방법이다.[156] 자본이 발행주식의 액면총액이라는 것은 일반원칙이고, 상환주식의 상환(제345조), 자기주식의 취득(제341조)과 같이 주주에게 배당할 이익으로 주식을 소각할 때에는 자본에 영향을 주지 않기 때문에 제451조 제1항에 정하는 바, 「이 법에서 달리 정하는」 예외가 생긴다.[157]

무액면주식을 발행하는 경우 자본금은 제451조 제2항이 정하는 바와 같이 발행가의 2분의 1 이상이라는 수준을 준수하는 한 이사회가 자유롭게 정할 수 있다. 회사의 자본금은 액면주식을 무액면주식으로 전환하거나 무액면주식을 액면주식으로 전환함으로써 변경할 수 없다(제451조 제3항).[158]

개 정 전 상 법	개 정 상 법
第451條 (資本) 會社의 資本은 本法에 다른 規定이 있는 境遇外에는 發行株式의 額面總額으로 한다. 〈신 설〉	제451조 (자본금) ①회사의 자본금은 이 법에서 달리 규정한 경우 외에는 발행주식의 액면총액으로 한다. ②회사가 무액면주식을 발행하는 경우 회사의 자본금은 주식 발행가액의 2분의 1 이상의 금액으로서 이사회(제416조 단서에서 정한 주식발행의 경우에는 주주총회를 말한다)에서 자본금으로 계상하기로 한 금액의 총액으로 한다. 이 경우 주식의 발행가액 중 자본금으로 계상하지 아니하는 금액은 자본준비금으로 계상하여야 한다. 〈개정 2011. 4. 14〉

156) 송옥렬, 자본제도의 개정방향: 2008년 상법개정안을 중심으로, 商事法研究 제28권 제3호(2009. 11.)(통권 제64호), 257-292면 참조.

157) 위의 책, 196면.

158) 제451조 제3항의 깊은 뜻은 위의 책, 197-198면 참조.

	〈신 설〉	③회사의 자본금은 액면주식을 무액면주식으로 전환하거나 무액면주식을 액면주식으로 전환함으로써 변경할 수 없다. 〈개정 2011. 4. 14〉

3) 준비금의 감소

개정상법은 「준비금의 감소」라는 제도를 신설하였다. 준비금은 자기자본을 구성하는 고정된 금액이므로 자본충실에는 기여하지만, 과다하게 적립될 경우 배당가능이익의 산출을 어렵게 한다. 따라서 준비금이 자본과 적절한 비례관계에서 유지되는 한 이익처분에 탄력성을 부여하고자 신설한 제도이다. 개정상법에서 신설된 「준비금의 감소」란 준비금으로서의 용도를 포기하고 미처분상태의 잉여금으로 전환시키는 것을 말한다. 그러므로 신설된 준비금의 감소는 실은 미처분잉여금의 증액이라는 의미가 크다. 이에 의하여 배당가능이익이 증액되고, 향후 배당가능이익의 산출을 위한 공제항목이 감소하는 효과가 생긴다.[159]

자본준비금 및 이익준비금의 합계액이 자본금의 1.5배를 초과할 때 초과분의 전부 또는 일부를 감소할 수 있다. 준비금의 감소는 주주총회의 보통결의에 의한다(제461조의2).

	개 정 상 법
〈신설〉	제461조의2 (준비금의 감소) 회사는 적립된 자본준비금 및 이익준비금의 총액이 자본금의 1.5배를 초과하는 경우에 주주총회의 결의에 따라 그 초과한 금액 범위에서 자본준비금과 이익준비금을 감액할 수 있다. 〈개정 2011. 4. 14〉

4) 현물배당

개정상법은 이익배당을 현물배당으로 할 수 있다는 규정을 신설하고(제462조의4), 상환주식의 상환, 합병교부금의 지급도 현물로 할 수 있다는 규정을 두었다. 현물배당이란 회사의 결정에 의하여 당초 배당의 목적이 현물로 정해지는 것을 말하고, 배당이 금전으로 확정된 후 회사와 주주간의 합의로 금전에 갈음하여 현물로 지급하는 것은 대물변제(민법 제466조)이고 현물배당은 아니다.[160]

---

159) 王舜模, 法定準備金의 過度積立現象을 是正하기 위한 立法論的 考察, 商事法研究 제14집 제1호(1995), 325-352면 참조; 김순석, 주식회사 법정준비금제도의 재검토, 商事法研究 제23권 제3호(2004)(통권 제44호), 323-361면 참조.

	개 정 상 법
〈신설〉	제462조의4 (현물배당) ①회사는 정관으로 금전 외의 재산으로 배당을 할 수 있음을 정할 수 있다. ②제1항에 따라 배당을 결정한 회사는 다음 사항을 정할 수 있다. 1. 주주가 배당되는 금전 외의 재산 대신 금전의 지급을 회사에 청구할 수 있도록 한 경우에는 그 금액 및 청구할 수 있는 기간 2. 일정 수 미만의 주식을 보유한 주주에게 금전 외의 재산 대신 금전을 지급하기로 한 경우에는 그 일정 수 및 금액 〈개정 2011. 4. 14〉

(16) 사채에 관한 규정

1) 사채의 발행

상법상 사채에 관한 규정을 둔 것은 회사의 자금조달의 수단으로 사채를 규정하고, 전환사채와 신주인수권부사채 등 신종사채에 대한 발행근거와 방법을 규정하기 위한 것이라 할 수 있다.[161] 그러나 종래 상법은 사채제도를 비탄력적으로 이해하여 전환사채에 관한 제513조부터 제516조까지와 신주인수권부사채에 관한 제516조의2부터 제516조의10까지를 신종사채의 종류로서 특별히 허용하는 규정이라고 전제하고, 상법상 사채의 종류와 발행방법 등을 제한하여 사채제도를 비탄력적으로 운용하도록 하였다. 개정상법에서는 사채발행근거를 탄력적·무제한적 규정으로 해석·운용할 수 있는 장치가 필요하기 때문에 다양한 사채를 발행할 수 있는 발행근거를 두기로 하였다(제469조 제1항). 또한 회사제도의 기본원칙에 위반하는 내용의 사채발행을 방지하기 위하여 주식으로의 전환가능성을 내포한 사채에 대하여는 극히 제한적으로 내용통제의 규정을 두었다.[162] 그리고 사채발행의 기동성을 위하여 사채발행의 결정을 대표이사에게 위임할 수 있도록 하였다(제469조 제4항).

160) 위의 책, 211면.

161) 박 준, 상법상 사채의 속성, 商事法硏究 제31권 제3호(2012. 11.)(통권 제76호), 9-58면 참조; 崔完鎭, 特殊社債에 관한 法的 問題點 考察, 商事法硏究 제7집(1988), 401-448면 참조.

162) 鄭東潤 監修, 위의 책, 357면. 참조논문: 윤영신, 상법개정안과 사채제도의 개선방향, 商事法硏究 제28권 제3호(2009. 11.)(통권 제64호), 297-344면; 박철영, 전자등록제도 하에서의 사채관리에 관한 검토, 商事法硏究 제30권 제2호(2011. 8.)(통권 제71호), 215-252면; 심인숙, 주식 및 사채의 전자등록제 도입에 관한 상법개정안 고찰, 商事法硏究 제28권 제3호(2009. 11.)(통권 제64호), 215-248면.

개 정 전 상 법	개 정 상 법
第469條 (社債의 募集) 會社는 理事會의 決議에 依하여 社債를 募集할 수 있다.	제469조 (사채의 발행) ①회사는 이사회의 결의에 의하여 사채(社債)를 발행할 수 있다.
〈신 설〉	②제1항의 사채에는 다음 각 호의 사채를 포함한다. 1. 이익배당에 참가할 수 있는 사채 2. 주식이나 그 밖의 다른 유가증권으로 교환 또는 상환할 수 있는 사채 3. 유가증권이나 통화 또는 그 밖에 대통령령으로 정하는 자산이나 지표 등의 변동과 연계하여 미리 정하여진 방법에 따라 상환 또는 지급금액이 결정되는 사채
〈신 설〉	③제2항에 따라 발행하는 사채의 내용 및 발행방법 등 발행에 필요한 구체적인 사항은 대통령령으로 정한다.
〈신 설〉	④제1항에도 불구하고 정관으로 정하는 바에 따라 이사회는 대표이사에게 사채의 금액 및 종류를 정하여 1년을 초과하지 아니하는 기간 내에 사채를 발행할 것을 위임할 수 있다. 〈개정 2011. 4. 14〉

2) 사채의 발행

개정상법에 의하면, 회사는 채권을 발행하는 대신에 정관에서 정하는 바에 따라 전자등록기관의 공인된 전자등록부에 채권자의 권리를 등록할 수 있다(제478조 제3항). 그리고 사채관리회사의 신설에 따라 채권에 사채관리회사의 상호·주소 및 사채관리회사의 권한을 기재하도록 하였다(제478조 제2항 제2호).

개 정 전 상 법	개 정 상 법
第478條 (債券의 發行) ①債券은 社債全額의 納入이 完了한 後가 아니면 이를 發行하지 못한다.	제478조 (債券의 發行) ① (현행과 같음)
②債券에는 다음의 事項을 記載하고 代表理事가 記名捺印 또는 署名하여야 한다. 〈개정 1962. 12. 12〉	②채권에는 다음의 사항을 적고 대표이사가 기명날인 또는 서명하여야 한다.
1. 債券의 番號	1. 채권의 번호
2. 第474條第2項第1號, 第4號, 第5號, 第7號, 第8號, 第10號와 第13號에 揭記한 事項	2. 제474조제2항제1호·제4호·제5호·제7호·제8호·제10호·제13호·제13호의2 및 제13호의3에 규정된 사항
〈신 설〉	③회사는 제1항의 채권(債券)을 발행하는 대신 정관으로 정하는 바에 따라 전자등록기관의 전

	자 등록부에 채권(債權)을 등록할 수 있다. 이 경우 제356조의2제2항부터 제4항까지의 규정을 준용한다. 〈개정 2011. 4. 14〉

3) 사채관리회사의 신설

종래의 상법은 사채모집의 위탁을 받은 수탁회사를 둘 수 있도록 규정하였다. 따라서 수탁회사는 그 명의로 위탁회사를 위하여 사채청약서를 작성하고 사채의 납입을 받을 수 있고(제476조 제2항), 수탁회사는 사채권자를 위하여 사채의 상환을 받음에 필요한 재판상·재판외의 모든 행위를 할 수 있었다(제484조 제1항). 개정법은 「모집」이라는 용어의 사용으로 인한 혼란을 줄이기 위하여 사채모집의 위탁을 받은 회사를 사채관리회사로 명칭을 변경하고 기능을 사채관리로 단일화하였다. 회사가 사채를 발행하는 경우에는 사채관리회사를 정하여 변제의 수령, 채권의 보전, 그 밖에 사채의 관리를 위탁할 수 있도록 하였다(제480조의2).[163]

개정법은 사채권자의 이해가 충돌되지 않도록 사채관리회사의 자격을 규정하고 있다. 즉 은행, 신탁회사, 그 밖에 대통령령으로 정하는 자가 사채관리회사가 될 수 있도록 하고(제480조의3 제1항), 사채관리의 공정을 기하기 위하여 사채의 인수인이나, 발행회사와 특수이해관계자는 사채관리회사를 할 수 없도록 하였다(제480조의3 제2항·제3항).

개 정 상 법	
〈신설〉	제480조의2 (사채관리회사의 지정·위탁) 회사는 사채를 발행하는 경우에 사채관리회사를 정하여 변제의 수령, 채권의 보전, 그 밖에 사채의 관리를 위탁할 수 있다.
〈신설〉	제480조의3 (사채관리회사의 자격) ①은행, 신탁회사, 그 밖에 대통령령으로 정하는 자가 아니면 사채관리회사가 될 수 없다. ②사채의 인수인은 그 사채의 사채관리회사가 될 수 없다. ③사채를 발행한 회사와 특수한 이해관계가 있는 자로서 대통령령으로 정하는 자는 사채관리회사가 될 수 없다. 〈개정 2011. 4. 14〉

4) 신주인수권부사채

제516조의7 및 제516조의9 제2항 단서를 제외한 나머지 개정사항은 제516조의

163) 권종호, 사채관리회사제도의 운영상의 쟁점과 과제, 商事法硏究 제31권 제2호 (2012. 8.)(통권 제75호), 181-209면 참조.

7이 신설됨으로써 조문번호가 변경되고 인용조문이 변경되었다. 개정상법 제516조의7은 주식의 전자등록제도의 도입에 따라 신주인수권증권도 지정된 전자등록기관의 전자등록부에 신주인수권을 등록할 수 있도록 하였다. 그리고 개정상법 제516조의9는 전자등록부에 등록한 신주인수권부사채의 경우에 해당 채권이나 신주인수권 행사시 이를 증명할 수 있는 자료를 회사에 제출하도록 하고 있다.[164)]

개 정 전 상 법	개 정 상 법
第516條의8 (新株引受權의 行使) ①新株引受權을 行使하려는 者는 請求書 2通을 會社에 제출하고, 新株의 發行價額의 全額을 納入하여야 한다. ②第1項의 規定에 의하여 請求書를 제출하는 경우에 新株引受權證券이 발행된 때에는 新株引受 權證券을 첨부하고, 이를 발행하지 아니한 때에는 債券을 提示하여야 한다. ③第1項의 納入은 債券 또는 新株引受權證券에 記載한 銀行 기타 金融機關의 納入場所에서 하여야 한다. ④第302條第1項의 規定은 第1項의 請求書에, 第306條 및 第318條의 規定은 第3項의 納入을 맡은 銀行 기타 金融機關에 이를 準用한다. [본조신설 1984. 4. 10]	제516조의7 (신주인수권의 전자등록) 회사는 신주인수권증권을 발행하는 대신 정관으로 정하는 바에 따라 전자등록기관의 전자등록부에 신주인수권을 등록할 수 있다. 이 경우 제356조의2제2항부터 제4항까지의 규정을 준용한다. 제516조의8 (新株引受權附社債의 登記) ①會社가 新株引受權附社債를 발행한 때에는 다음과 같은 事項을 登記하여야 한다. 1. 新株引受權附社債라는 뜻 2. 新株引受權의 行使로 인하여 발행할 株式의 發行價額의 總額 3. 各 新株引受權附社債의 金額 4. 各 新株引受權附社債의 納入金額 5. 第516條의2第1項・第1號 내지 第3號에 대한 事項 ②第514條의2第1項・第3項 및 第4項의 規程은 第1項의 登記에 관하여 이를 準用한다. [본조신설 1984. 4. 10] 제516조의9 (新株引受權의 行使) ①新株引受權을 行使하려는 者는 請求書 2通을 會社에 제출하고, 新株의 發行價額의 全額을 納入하여야 한다. 다만, 제478조제3항 또는 제516조의7에 따라 채권(債券)이나 신주인수권증권을 발행하는 대신 전자등록기관의 전자등록부에 채권(債權)이나 신주인수권을 등록한 경우에는 그 채권이나 신주인수권을 증명할 수 있는 자료를 첨부하여 회사에 제출하여야 한다. <단서개정 2011. 4. 14> ②第1項의 規定에 의하여 請求書를 제출하는 경우에 新株引受權證券이 발행된 때에는 新株引受權證券을 첨부하고, 이를 발행하지 아니한

164) 高濬煥・洪承仁, 新株引受權附社債制度에 관한 硏究, 商事法硏究 제5집(1987), 191-214면 참조.

	때에는 債券을 提示하여야 한다. ③ · ④ (현행과 같음)

(17) 준법지원인

최근 기업의 준법·윤리경영 및 사회적 책임에 대한 국민들의 기대와 관심이 어느 때보다 높아지고 있고, 다국적 기업들은 준법통제 프로그램을 도입하고 준법지원부서를 설치하여 변호사 등 법률전문가를 준법지원인으로 임명하고 있다. 그러나 우리나라의 경우 금융기관을 제외한 대부분의 기업에서는 법적 분쟁이 발생한 다음에야 사후적으로 이를 해결하고 있을 뿐 사전에 변호사 등 법률전문가의 개입이 이루어져 위법행위나 법적 분쟁을 미리 예방하도록 하는 장치가 없었다. 이번에 개정상법은 제542조의13의 규정을 설정하여 준법통제기준 및 준법지원인에 관한 규정을 입법하게 되었다. 즉, 자산 규모 등을 고려하여 대통령령으로 정하는 상장회사는 법령을 준수하고 회사경영을 적정하게 하기 위하여 임직원이 그 직무를 수행할 때 따라야 할 준법통제에 관한 기준 및 절차(이하 "준법통제기준"이라 한다)를 마련하여야 한다고 하고 있다. 이러한 상장회사는 준법통제기준의 준수에 관한 업무를 담당하는 사람(이하 "준법지원인"이라 한다)을 1명 이상 두어야 한다(동법 제2항). 준법지원인을 임명하려면 이사회 결의를 거쳐야 한다(동법 제4항). 준법지원인의 자격은 변호사 등 법률적 지식과 경험이 풍부한 사람으로서 대통령령에서 정하는 사람이어야 한다(동법 제5항). 그리고 임기는 3년으로 하고, 준법지원인은 상근으로 한다(동법 제6항).[165]

개 정 상 법	
〈신설〉	제542조의13 (준법통제기준 및 준법지원인) ①자산 규모 등을 고려하여 대통령령으로 정하는 상장회사는 법령을 준수하고 회사경영을 적정하게 하기 위하여 임직원이 그 직무를 수행할 때 따라야 할 준법통제에 관한 기준 및 절차(이하 "준법통제기준"이라 한다)를 마련하여야 한다.

165) 박세화, 준법지원인제도의 안정적이고 효율적인 운용을 위한 법적 과제, 商事法研究 제30권 제2호(2011. 8.)(통권 제71호), 253-293면 참조; 정병석, 기업의 준법관리제도 도입을 위한 시론, 商事法研究 제26권 제2호(2007)(통권 제55호), 261-286면 참조; 서완석, 내부통제시스템의 본질과 내부통제의무 위반에 대한 법적 책임, 商事法研究 제31권 제2호(2012. 8.)(통권 제75호), 271-329면 참조.

②제1항의 상장회사는 준법통제기준의 준수에 관한 업무를 담당하는 사람(이하 "준법지원인"이라 한다)을 1명 이상 두어야 한다.
③준법지원인은 준법통제기준의 준수여부를 점검하여 그 결과를 이사회에 보고하여야 한다.
④제1항의 상장회사는 준법지원인을 임면하려면 이사회 결의를 거쳐야 한다.
⑤준법지원인은 다음 각 호의 사람 중에서 임명하여야 한다.
1. 변호사 자격을 가진 사람
2. 「고등교육법」 제2조에 따른 학교에서 법률학을 가르치는 조교수 이상의 직에 5년 이상 근무한 사람
3. 그 밖에 법률적 지식과 경험이 풍부한 사람으로서 대통령령으로 정하는 사람
⑥준법지원인의 임기는 3년으로 하고, 준법지원인은 상근으로 한다.
⑦준법지원인은 선량한 관리자의 주의로 그 직무를 수행하여야 한다.
⑧준법지원인은 재임 중 뿐만 아니라 퇴임 후에도 직무상 알게 된 회사의 영업상 비밀을 누설하여서는 아니된다.
⑨제1항의 상장회사는 준법지원인이 그 직무를 독립적으로 수행할 수 있도록 하여야 하고, 제1항의 상장회사의 임직원은 준법지원인이 그 직무를 수행할 때 자료나 정보의 제출 을 요구하는 경우 이에 성실하게 응하여야 한다.
⑩제1항의 상장회사는 준법지원인이었던 사람에 대하여 그 직무수행과 관련된 사유로 부당한 인사상의 불이익을 주어서는 아니된다.
⑪준법지원인에 관하여 다른 법률에 특별한 규정이 있는 경우를 제외하고는 이 법에서 정하는 바에 따른다. 다만, 다른 법률의 규정이 준법지원인의 임기를 제6항보다 단기로 정하고 있는 경우에는 제6항을 다른 법률에 우선하여 적용한다.
⑫그 밖의 준법통제기준 및 준법지원인에 관하여 필요한 사항은 대통령령으로 정한다. 〈개정 2011. 4. 14〉

Ⅷ. 2011년의 상법개정(법률 제10696호)

1. 개정의 배경

우리나라의 항공법 내지 상법에는 항공운송인의 민사책임에 관한 규정이 한 조문도 들어 있지 않아서 항공기사고가 발생할 때에는 손해배상사건에 대하여 항공사의 운송약관 또는 민·상법상의 육상운송 내지 해상운송에 관한 규정을 준용하고 있었으므로 항공기사고의 특수성으로 고려할 때에 여러 가지의 문제점들이 제기되고 있었다.

그러나 항공기사고는 육상 또는 해상사고와 다른 특수한 성질을 가지고 있기 때문에 국내항공운송에 관하여 독자적인 입법이 필요하다고 주장하는 의견이 제시

된 바 있다.[166] 국제항공운송에 있어서 항공기사고가 발생할 때에 우리나라는 1955년의 헤이그의정서 및 1999년의 몬트리올조약에 가입하고 있었기 때문에 이들 조약에 의하여 항공기사고를 해결하면 되지만, 국내항공운송사건의 해결이 늘 문제가 되어 왔었다.

1986년도부터 법무부의 상법개정심의위원회에서 상법 중 제4편 보험법 및 제5편 해상법의 개정작업을 본격적으로 시작하여 1989년 5월 20일에 끝났지만, 이 때 당시 상법개정(보험·해상편) 시안이 작성된 바 있었다. 1990년 4월 1일에는 법무부내에 「항공운송계약법 제정실무위원회」가 신설되었고, 실무위원회 위원장에는 손주찬 교수, 위원으로는 이윤영, 김두환, 양승규, 홍순길, 최완식, 이강빈, 이균성 교수 등의 학계 이사와 서울고등법원 부장판사, 법무부 법무실 소속 부장검사, 대한변협 소속 변호사 등 실무계인사로 구성되었다. 이 실무위원회는 1990년 4월 1일부터 5월 21일까지 회의를 10회 개최한 바 있으며, 5월 21일 제10회 실무위원회에서 전문 24개조문과 부칙 1개조문으로 구성된 「항공운송계약법제정(시안)」이 작성되었고, 그 후 여러 차례 심의를 한 끝에 1990년 9월 1일, 「항공운송계약법제정(요강안)」이 만들어졌다.[167] 그러나 이 최종시안은 제8조에서 규정되어 있는 여객 1인당 항공여객운송인의 책임한도액에 관하여 10만 계산단위(unit of account: SDR)라고 규정하고 있었기 때문에 이 책임한도액에 관하여 실무위원회에서는 위원들간에 합의가 성사되지 않아서 입법추진은 2007년까지 더 이상 추진되지 아니

166) 항공기사고의 특수성이란 전손성, 순간성, 손해의 거액성, 지상종속성, 국제성, 입증의 곤란성 등을 고려할 때에 독자적인 입법체계가 필요하다고 하는 학위논문이 있다. 金斗煥, 「항공기운송인의 책임과 그 입법화에 관한 연구」, 1984, 101-102면; 崔埈璿, Warsaw System에 있어서의 金價値論爭-美國聯邦大法院 1984. 4. 17. 判決, Franklin Mint Corp., et al. vs. Trans World Airlines, Inc.를 중심으로-, 商事法硏究 제4집(1986), 481-503면 참조.

167) 이 「항공운송계약법요강(요강안)」은 여러 차례 심의한 결과 1993년 6월 19일 「항공운송계약법의 최종시안」이 확정되었다. 그 내용은 제1장의 총칙이 3개 조문, 제2장의 여객운송이 13개조문, 제3장의 화물운송이 13개조문, 합계 29개조문으로 구성되어 있었다. 구체적으로 살펴보면, ① 여객항공권, 수하물표 또는 항공화물운송장의 기재사항, ② 항공여객, 수하물 또는 항공화물운송인의 책임(과실추정책임주의의 채택) 및 책임한도액, ③ 피해자의 기여과실에 기인하는 항공운송인의 책임면제 또는 감경, ④ 항공운송인의 책임감면약정의 금지, ⑤ 항공운송인의 책임한도의 적용배제(고의 또는 인식있는 중대한 과실(wilful misconduct), ⑥ 항공운송사용인에 대한 배상청구액의 한도, ⑦ 항공운송인에 대한 비계약적(불법행위책임 등) 청구의 인정, ⑧ 항공화물의 처분청구권의 인정, ⑨ 항공운송인에 대한 제소청구권의 시효 등으로 구성되고 있었다. 金斗煥, 「우리 상법의 입법경위와 일부개정 내용 및 한국상사법학회의 창립경위서」, E-mail: doohwank3@kornet.net p. 9에서 주11) 참조.

하였다.[168)]

2. 개정의 경위

2006년 9월 7일 서울 여의대방로에 위치하고 있는 공군회관에서 개최된 공군본부 법무실이 주최한 「2006년도 항공우주법세미나」에 참석한 당시 법무부 법무실장이 "만약 항공기사고가 발생하여 운송계약 당사자간에 손해배상문제를 해결하기 위하여 사건이 법원에 계류될 때에 재판관이 재판을 할 수 있는 판결의 기준이 되는 항공운송인의 민사책임에 관한 규정이 현행 항공법이나 민・상법에 한 조문도 규정이 들어 있지 않아서 문제점이 제기되고 있음이 사실이다. 따라서 가해자와 피해자간의 분쟁도 심화되고 있어 이를 해결하기 위한 방안으로는 현행상법 제6편에 항공운송계약관계와 항공운송인의 민사책임에 관한 규정을 신설하는 방안이 바람직하다는 의견"에 아이디어를 착안하여, 「항공관련 법제도 정비연구용역(연구과제명: 항공운송 및 우주개발관련 국제조약 및 외국입법례분석과 우리나라 법제의 개선과제)」을 발주하기에 이르른다. 법무부의 공동연구과제를 수행하는 연구진은 책임연구원으로는 홍순길 교수, 연구원 김두환, 이강빈, 김종복, 김선이 교수 모두 5명이었다. 이 연구과제에서 주장한 「상법개정시안(제6편 항공운송관계조문의 신설)」의 입법안이 정식으로 받아들여졌다.

2008년 1월 29일 법무부는 상법항공운송법제정 특별분과위원회를 구성하였다. 위원장에는 성균관대학교 최준선 교수가 임명되었으며, 위원으로는 최종현 변호사, 김종복 교수, 한덕규 변호사, 김갑유 변호사, 김영기 부장(대한항공 법무실), 정진영 검사(법무부 상사법무과), 박재홍 법무연구관(법무부 상사법무과) 등으로 구성되었다. 위 위원회는 계속 작업을 하여서 2008년 6월 상법개정시안(42개조문)을 새로이 작성하였다. 2008년 12월 31일 정부는 위의 상법 일부개정법률안(제6편 항공운송, 40개조문)을 국회에 제출하여 2009년에 1월 2일에 국회 법제사법위원회에 회부되었다. 한편 국회 법제사법위위원회에서는 실무계(항공사 등), 학계 및 법조계 등의 의견을 수렴하기 위하여 2010년 11월 23일 「상법일부개정법률안(제6편 항공운송)」에 관한 공청회를 개최한 바 있었다.[169)] 2011년 4월 28일 제299회 국회(임시회) 법제사법위

---

168) 위의 논문, 10면.

원회회의에서 원안대로 의결되었다.[170] 그리고 다음날 동년 4월 29일 국회본회의에서 압도적 다수표로 가결되었다.[171]

3. 개정의 이유

우리나라는 지속적인 경제발전과 국민소득의 증가 및 국제교류의 확대 등에 힘입어 항공운송사업이 꾸준히 성장해 왔다. 그 결과 현재 우리나라의 항공운송산업의 규모는 세계 8위권이다. 이처럼 항공운송산업이 지속적으로 성장해 왔음에 따라 항공운송을 둘러싼 사법적 분쟁도 신속히 증가해 왔다. 앞으로 더욱 증가할 것은 예상된다. 그런데 우리나라에는 항공운송에 관한 사법적 법률관계를 규율하는 법률이 마련되어 있지 아니하였기 때문에 이러한 분쟁을 효율적으로 해결하는 데 많은 문제가 있었다. 따라서 항공운송에 관한 법의 공동(空洞)상태를 시급히 해소할 필요가 있어 이에 상법 제6편 항공운송편의 개정을 제안하는 바이다.[172]

4. 개정의 특색

(1) 개정의 기본방향

상법 제6편 항공운송의 신설원칙은 첫째, 항공운송인의 책임부분은 국제항공운송과의 일관성을 위하여 조약의 내용을 대부분 그대로 수용하였다. 이에 따라 제정안이 수용한 조약은 몬트리올 협약(Montreal Convention for the Unification of Certain Rules for International Carriage by Air), 실제운송인의 책임관계를 정한 1961년 과다라하라협약(Guadalajara Convention),[173] 지상 제3자에 대한 손해배상책임에 관한 1952년 로마협약(Convention On Damage Caused by Foreign Aircraft To Third Parties On The Surface (Rome Convention 1952) 및 이에 대한 1978년 몬트

169) 주제발표문은 최종현 교수의 「상법 항공운송편 제정시안에 관한 해설」이었고, 이에 대한 토론문을 제출하여 토론에 참석한 자는 황석연(국토해양부 항공정책과 과장), 정준우 교수, 및 임경렬 팀장(아시아나항공 법무팀) 등이었다. 그리고 최준선 교수는 商事法硏究 제27권 제4호(2009)(통권 제61호), 319-340면에서 "航空運送編 制定案의 意義"이라는 논문을 발표하고 있다.

170) 2011년 4월 28일자 제299회 국회(임시회) 法制司法委員會會議錄 제7호, 19면 참조.

171) 2011년 4월 29일자 제299회 국회(임시회) 國會本會議會議錄 제8호, 14면, 92면 참조.

172) 崔埈璿 監修, 상법항공운송편해설(상법 해설서 시리즈 III), 2012, 2면.

173) 정식의 명칭은 Convention Supplementary to the Warsaw Convention for the Unification of Certain Rules relating to International Carriage by Air performed by a Person Other than the Contracting Carrier, Guadalajara Convention of 1961이다.

리올 개정의정서(Protocol To Amend The Convention On Damage Caused By Foreign Aircraft To Third Parties On the Surface, signed at Rome on 7 October 1952, Signed at Montreal, on 23 September 1978(Montreal Protocol 1978) 등이다. 둘째, 상법전의 규정 중 그 밖의 사항에 관하여는 상법내의 육상운송 및 해상운송규정의 일관성을 유지하도록 하였다. 이에 따라 항공운송편의 규정은 육상운송 및 해상운송의 조문을 준용하거나 표현방식 등을 참조하여 조문을 제정하였다. 셋째, 국내의 다른 관련 법령, 특히 항공법, 항공기저당법, 항공기등록령, 항공철도사고조사에 관한 법률 및 항공운송사업진흥법 등과 중복 또는 충돌되지 않도록 하였다.

(2) 항공기의 의의 및 적용범위

「상법」 항공운송편의 대상으로서 항공기는 항공법상의 항공기와는 달리 상행위나 그밖의 영리를 목적으로 운항에 사용하는 경우에 한하도록 하였다. 기구류, 행글라이더 등 초경량비행장치에 의한 운송까지 상법의 적용을 확대하는 것은 입법취지에 맞지 않는다고 판단되어 이 법의 적용에서 제외되는 항공기로서 대통령령에서 그 종류를 구체적으로 정하도록 하였다(제896조).[174)]

개정상법 제897조는 운항용 항공기에 대해서는 유·무상 모두 적용하는 것으로 하되, 다만 국가항공기 등 특수한 목적에 사용되는 항공기에 대해서는 일률적으로 준용할 수 없는 경우가 예상되어 대통령령에서 그 구체적인 항공기의 종류를 정하도록 단서규정을 두었다.

	개 정 상 법
〈신설〉	제896조 (항공기의 의의) 이 법에서 "항공기"란 상행위나 그 밖의 영리를 목적으로 운항에 사용하는 항공기를 말한다. 다만, 대통령령으로 정하는 초경량비행장치(超輕量飛行裝置)는 제외한다. 〈개정 2011. 5. 23〉
〈신설〉	제897조 (적용범위) 운항용 항공기에 대하여는 상행위나 그 밖의 영리를 목적으로 하지 아니하더라도 이 편의 규정을 준용한다. 다만, 국유(國有) 또는 공유(公有) 항공기에 대하여는 운항의 목적·성질 등을 고려하여 이 편의 규정을 준용하는 것이 적합하지 아니한 경우로서 대통령령으로 정하는 경우에는 그러하지 아니하다. 〈개정 2011. 5. 23〉

174) 崔埈璿 監修, 위의 책, 11-12면; 최종현, 「상법 항공운송법 제정시안에 관한 해설」(법무부 간행, 상법총칙 및 상행위편 개정안·상법 항공운송편 제정안), 2008, 100면; 현덕규, 〈발표자료〉 상법 항공운송편 제정안 각조해설, 商事法硏究 제29권 제1호(2010)(통권 제66호), 49면 참조.

(3) 운송인 및 항공기 운항자의 책임감면

개정법 제898조는 손해배상청구권자의 과실과의 상계를 규정한 것이다. 여객의 사망 또는 상해로 인한 손해나 운송물의 멸실·훼손으로 인한 송하인의 손해가 여객이나 송하인 등 손해배상청구권자의 과실 또는 그 밖의 불법한 작위 또는 부작위(negligence or other wrongful act or omission)로 발행한 경우에는 항공운송인의 책임을 그 정도에 따라 감면하여 주도록 규정한 것이다.[175]

	개 정 상 법
〈신설〉	제898조 (운송인 등의 책임감면) 제905조제1항을 포함하여 이 편에서 정한 운송인이나 항공기 운항자의 손해배상책임과 관련하여 운송인이나 항공기 운항자가 손해배상청구권자의 과실 또는 그 밖의 불법한 작위나 부작위가 손해를 발생시켰거나 손해에 기여하였다는 것을 증명한 경우에는, 그 과실 또는 그 밖의 불법한 작위나 부작위가 손해를 발생시켰거나 손해에 기여한 정도에 따라 운송인이나 항공기 운항자의 책임을 감경하거나 면제할 수 있다. 〈개정 2011. 5. 23〉

(4) 비계약적 청구에 대한 적용 등

개정상법 제899조 제1항은 몬트리올 협약 제29조를 반영하여 비계약적 청구에 대한 적용은 운송계약으로 인한 여객 및 물건운송 모두에 적용된다. 이를 위하여 "이 장의 운송인의 책임에 관한 규정은…"라고 규정하고 있다. 동조 제2항은 몬트리올 협약 제30조 제1항을 반영한 규정이다. 민법상의 이행보조자의 책임에 따라 운송인의 사용인이나 대리인에 대하여 손해배상청구가 제기된 경우에 그 손해가 그들의 정당한 직무수행과정에서 생긴 것일 때에는 운송인의 항변과 책임제한을 원용할 수 있도록 함으로써 사용인 등의 정당한 직무집행을 보호하고자 하는 것이다.[176] 소위 히말라야 약관(Himalaya clause)으로서 역시 여객·운송과 물건운송에 모두 적용된다.[177] 동조 제3항은 몬트리올 협약 제22조 제5항, 제30조 제2항을 반영하여, 여객운송의 경우에 여객이나 수하물에 대한 손해가 사용인이나 대리인의 고의나 고의적 행위 등으로 인한 경우에는 운송인의 항변과 책임제한을 원용하지 못하고 야기한 손해 전부에 대한 책임을 지도록 하는 규정이다.

175) 위의 책, 20면; 현덕규, 위의 논문, 51면 참조.
176) 위의 책, 26-27면; 현덕규, 위의 논문, 52-53면 참조.
177) 李均成, 新해상법대계, 2010, 766-768면 참조.

	개 정 상 법
〈신설〉	제899조 (비계약적 청구에 대한 적용 등) ①이 장의 운송인의 책임에 관한 규정은 운송인의 불법행위로 인한 손해배상의 책임에도 적용한다. ②여객, 수하물 또는 운송물에 관한 손해배상청구가 운송인의 사용인이나 대리인에 대하여 제기된 경우에 그 손해가 그 사용인이나 대리인의 직무집행에 관하여 생겼을 때에는 그 사용인이나 대리인은 운송인이 주장할 수 있는 항변과 책임제한을 원용할 수 있다. ③제2항에도 불구하고 여객 또는 수하물의 손해가 운송인의 사용인이나 대리인의 고의로 인하여 발생하였거나 또는 여객의 사망·상해·연착(수하물의 경우 멸실·훼손·연착)이 생길 염려가 있음을 인식하면서 무모하게 한 작위 또는 부작위로 인하여 발생하였을 때에는 그 사용인이나 대리인은 운송인이 주장할 수 있는 항변과 책임제한을 원용할 수 없다. ④제2항의 경우에 운송인과 그 사용인이나 대리인의 여객, 수하물 또는 운송물에 대한 책임 제한금액의 총액은 각각 제905조·제907조·제910조 및 제915조에 따른 한도를 초과하지 못한다. 〈개정 2011. 5. 23〉

(5) 실제운송인에 대한 청구

개정상법 제900조는 몬트리올 협약과 과다라하라 협약을 참조하여 계약운송인의 위임을 받아 운송의 전부 또는 일부를 수행한 실제운송인이 책임을 규정한 것이다. 이 규정이 없으면 실제운송인은 불법행위법리에 따라 책임을 져야 하지만, 이 규정에 의하여 실제운송인은 자기가 수행한 운송에 관하여 계약운송인과 연대하여 책임을 부담한다.[178)]

	개 정 상 법
〈신설〉	제900조 (실제운송인에 대한 청구) ①운송계약을 체결한 운송인(이하 "계약운송인"이라 한다)의 위임을 받아 운송의 전부 또는 일부를 수행한 운송인(이하 "실제운송인"이라 한다)이 있을 경우 실제운송인이 수행한 운송에 관하여는 실제운송인에 대하여도 이 장의 운송인의 책임에 관한 규정을 적용한다. 다만, 제901조의 순차운송에 해당하는 경우는 그러하지 아니하다. ②실제운송인이 여객·수하물 또는 운송물에 대한 손해배상책임을 지는 경우 계약운송인과 실제운송인은 연대하여 그 책임을 진다. ③제1항의 경우 제899조제2항부터 제4항까지를 준용한다. 이 경우 제899조제2항·제3항 중 "운송인"은 "실제운송인"으로, 같은 조 제4항 중 "운송인"은 "계약운송인과 실제운송인"으로 본다. ④이 장에서 정한 운송인의 책임과 의무 외에 운송인이 책임과 의무를 부담하기로 하는 특약 또는 이 장에서 정한 운송인의 권리나 항변의 포기는 실제운송인이 동의하지 아니하는 한 실제운송인에게 영향을 미치지 아니한다. 〈개정 2011. 5. 23〉

178) 현덕규, 위의 논문, 54-55면 참조. 전삼현, 신 몬트리올조약상 항공물건운송인의 책임, 商事法研究 제23권 제3호(2004)(통권 제44호), 553-576면 참조.

(6) 순차운송

모든 순차운송인의 연대책임을 규정하고 있는 육상운송과는 달리, 몬트리올 협약은 여객, 수하물 혹은 운송물에 관하여 각 책임의 주체를 달리 정하고, 상법 제138조는 운송인 사이의 내부적 책임관계만을 규정하고 있으므로 국제항공운송 및 국내항공운송에 관한 법제를 통일하기 위하여 항공운송의 경우는 별도로 몬트리올 협약의 상세한 규정을 최대한 반영하여 규정하였다.

제1항은 몬트리올 협약 제36조 제1항에 따라 자기의 운송구간에 관하여는 각 운송인도 최초의 운송인(혹은 계약운송인)과 함께 운송계약의 당사자로 간주하는 규정이다. 제2항은 여객의 사망, 상해 또는 연착으로 인한 손해배상에 대한 규정으로, 몬트리올 협약 제36조 제2항에 따라 이러한 여객의 사망 등이 발생한 구간의 운송인에게만 손해배상청구를 할 수 있는 것으로 규정하였다. 제1항에 따라 이러한 운송인은 그 구간에 관하여는 운송계약의 당사자로 간주되므로 그 운송인이 손해배상책임을 부담하는 것은 당연하다. 제3항은 여객 수하물의 멸실, 훼손, 연착으로 인한 손해배상에 대한 규정으로, 몬트리올 협약 제36조 제3항에 따라 여객이 최초의 운송인과 최종의 운송인 모두에게 손해배상을 청구할 수 있고, 만일 어느 운송구간에서 이러한 사고 혹은 연착이 발생하였는지가 확인되면 그 구간의 운송인에게도 손해배상의 청구를 할 수 있도록 하였다. 제4항은 운송물의 멸실, 훼손 또는 연착으로 인한 손해배상에 대한 규정이다. 그리고 제5항은 몬트리올 협약 제36조 제3항에 따라 이들 운송인의 책임을 연대책임으로 규정하였다. 제6항은 몬트리올 협약 제37조에 따라 순차운송인간의 구상권은 각국의 국내법에 맡기고 있는데, 제5항은 상법 제138조 제2항의 취지를 유추하여 손해를 배상한 최초 또는 최종 운송인이 실제 사고를 발생한 구간의 운송인에 대하여 그 사실을 구상할 수 있도록 규정하였다.[179)]

개 정 상 법	
〈신설〉	제901조 (순차운송) ①둘 이상이 순차(順次)로 운송할 경우에는 각 운송인의 운송구간에 관하여 그 운송인도 운송계약의 당사자로 본다. ②순차운송에서 여객의 사망, 상해 또는 연착으로 인한 손해배상은 그 사실이 발생한 구간

179) 崔埈璿 監修, 위의 책, 47-50면; 현덕규, 위의 논문, 56-58면 참조.

	의 운송인에게만 청구할 수 있다. 다만, 최초 운송인이 명시적으로 전 구간에 대한 책임을 수하기로 약정한 경우에는 최초 운송인과 그 사실이 발생한 구간의 운송인이 연대하여 그 손해를 배상할 책임이 있다. ③순차운송에서 수하물의 멸실, 훼손 또는 연착으로 인한 손해배상은 최초 운송인, 최종 운송인 및 그 사실이 발생한 구간의 운송인에게 각각 청구할 수 있다. ④순차운송에서 운송물의 멸실, 훼손 또는 연착으로 인한 손해배상은 송하인이 최초 운송인 및 그 사실이 발생한 구간의 운송인에게 각각 청구할 수 있다. 다만, 제918조제1항에 따라 수하인이 운송물의 인도를 청구할 권리를 가지는 경우에는 수하인이 최종 운송인 및 그 사실이 발생한 구간의 운송인에게 그 손해배상을 각각 청구할 수 있다. ⑤제3항과 제4항의 경우 각 운송인은 연대하여 그 손해를 배상할 책임이 있다. ⑥최초 운송인 또는 최종 운송인이 제2항부터 제5항까지의 규정에 따라 손해를 배상한 경우에는 여객의 사망, 상해 또는 연착이나 수하물·운송물의 멸실, 훼손 또는 연착이 발생한 구간의 운송인에 대하여 구상권을 가진다. 〈개정 2011. 5. 23〉

(7) 운송인책임의 소멸

몬트리올 협약 제35조 제1항을 반영하여 개정상법 제902조는 운송인의 여객, 송하인 또는 수하인에 대한 책임은 2년 이내에 재판상 청구하지 아니하면 소멸하는 것으로 규정한다. 이때의 기간은 소멸시효가 아니라 제척기간이다. 상법 해상편 제814조 제2항 및 제3항은 항공운송의 경우에는 운송인이 인수한 운송을 다시 제3자에 위탁하는 계기가 거의 없을 것으로 예상되어 실효가 적으므로 규정하지 않기로 하였다.[180]

개 정 상 법	
〈신설〉	제902조 (운송인 책임의 소멸) 운송인의 여객, 송하인 또는 수하인에 대한 책임은 그 청구원인에 관계없이 여객 또는 운송물이 도착지에 도착한 날, 항공기가 도착할 날 또는 운송이 중지된 날 가운데 가장 늦게 도래한 날부터 2년 이내에 재판상 청구가 없으면 소멸한다. 〈개정 2011. 5. 23〉

(8) 계약조항의 무효

개정상법 제903조는 몬트리올 협약 제26조의 내용을 반영하고 상법 해상편 제799조 제1항을 참조하여 여객운송과 물건운송 모두에 대하여 운송인의 책임을 감면하거나 책임한도액을 낮게 정하는 특약은 무효라고 규정하였다.

180) 위의 책, 53면; 최종현, 위의 책, 103면; 현덕규, 위의 논문, 59면 참조.

개 정 상 법	
〈신설〉	제903조 (계약조항의 무효) 이 장의 규정에 반하여 운송인의 책임을 감면하거나 책임한도액을 낮게 정하는 특약은 효력이 없다. 〈개정 2011. 5. 23〉

(9) 운송인의 여객 손해에 대한 책임 및 책임한도액

항공기상 또는 승강(乘降)과정 중에 발생한 여객의 사망 또는 신체의 상해로 인한 손해에 대하여 여객 1명당 10만 계산단위까지는 운송인이 무과실책임을 지도록 하고, 10만 계산단위를 초과하는 손해는 운송인이 과실책임을 지되, 그 과실이 없음을 증명하면 면책될 수 있도록 하는 한편, 여객의 연착으로 인한 손해에 대하여 운송인이 그 과실 없음을 증명한 경우에만 면책될 수 있도록 하고, 여객 1명당 4,150계산단위를 한도로 그 책임을 제한하였다.[181)]

개 정 상 법	
〈신설〉	제904조 (운송인의 책임) 운송인은 여객의 사망 또는 신체의 상해로 인한 손해에 관하여는 그 손해의 원인이 된 사고가 항공기상에서 또는 승강(乘降)을 위한 작업 중에 발생한 경우에만 책임을 진다. 〈개정 2011. 5. 23〉
〈신설〉	제905조 (운송인의 책임한도액) ①제904조의 손해 중 여객 1명당 10만 계산단위의 금액까지는 운송인의 배상책임을 면제하거나 제한할 수 없다. 〈개정 2011. 5. 23〉 ②운송인은 제904조의 손해 중 여객 1명당 10만 계산단위의 금액을 초과하는 부분에 대하여는 다음 각 호의 어느 하나를 증명하면 배상책임을 지지 아니한다. 1. 그 손해가 운송인 또는 그 사용인이나 대리인의 과실 또는 그 밖의 불법한 작위나 부작위에 의하여 발생하지 아니하였다는 것 2. 그 손해가 오로지 제3자의 과실 또는 그 밖의 불법한 작위나 부작위에 의하여만 발생하였다는 것
〈신설〉	제907조 (연착에 대한 책임) ①운송인은 여객의 연착으로 인한 손해에 대하여 책임을 진다. 다만, 운송인이 자신과 그 사용인 및 대리인이 손해를 방지하기 위하여 합리적으로 요구되는 모든 조치를 하였다는 것 또는 그 조치를 하는 것이 불가능하였다는 것을 증명한 경우에는 그 책임을 면한다. ②제1항에 따른 운송인의 책임은 여객 1명당 4천150계산단위의 금액을 한도로 한다. 다만, 여객과의 운송계약상 그 출발지, 도착지 및 중간 착륙지가 대한민국 영토 내에 있는 운송

181) 참조논문: 崔埈璿, 國際航空運送人의 損害賠償責任에 관한 연구－항공테러리즘으로 인한 손해배상책임을 中心으로－, 商事法硏究 제6집(1988), 251-284면; 金斗煥, 슈퍼소닉 붐의 規制와 損害賠償責任에 대한 硏究, 商事法硏究 제4집(1986), 505-532면; 鄭埈雨, 旅客의 人的 損害에 대항 航空運送人의 責任－2008년 商法 航空運送編 制定案을 중심으로－, 商事法硏究 제28권 제3호(2009. 11.)(통권 제64호), 441-475면.

	의 경우에는 여객 1명당 500계산단위의 금액을 한도로 한다. ③제2항은 운송인 또는 그 사용인이나 대리인의 고의로 또는 연착이 생길 염려가 있음을 인식하면서 무모하게 한 작위 또는 부작위에 의하여 손해가 발생한 것이 증명된 경우에는 적용하지 아니한다. 〈개정 2011. 5. 23〉

(10) 선급금의 지급의무

개정상법 제906조는 여객의 사망 또는 상해사고가 발생한 경우, 운송인에게 선급금(先給金)을 지급의무가 있음을 분명히 하고, 선급금의 범위 및 절차에 대하여 대통령령으로 정하도록 하고 있다.

개 정 상 법	
〈신설〉	제906조 (선급금의 지급) ①여객의 사망 또는 신체의 상해가 발생한 항공기사고의 경우에 운송인은 손해 배상청구권자가 청구하면 지체 없이 선급금(先給金)을 지급하여야 한다. 이 경우 선급금의 지급만으로 운송인의 책임이 있는 것으로 보지 아니한다. ②지급한 선급금은 운송인이 손해배상으로 지급하여야 할 금액에 충당할 수 있다. ③선급금의 지급액, 지급 절차 및 방법 등에 관하여는 대통령령으로 정한다. 〈개정 2011. 5. 23〉

(11) 수하물의 멸실, 훼손, 연착에 대한 운송인의 책임 및 책임한도액

몬트리올 협약 제17조, 제19조, 제22조를 반영하여 개정상법 제908조에서 제910조까지의 규정들은 여객의 수하물 중 위탁수하물이 운송인의 관리 아래에 있는 기간 중에 멸실 또는 훼손된 경우에는 운송인의 무과실책임 및 면책사유를 규정하고, 개인소지품 등 휴대수하물이 멸실 또는 훼손된 경우에는 운송인의 과실책임을 규정하며, 수하물의 연착으로 인한 손해에 대하여 운송인의 과실책임을 분명히 하는 한편, 수하물의 멸실, 훼손, 연착에 대한 운송인의 책임이 여객 1명당 1,000계산단위로 제한됨을 규정하고 있다.

개 정 상 법	
〈신설〉	제908조 (수하물의 멸실 · 훼손에 대한 책임) ①운송인은 위탁수하물의 멸실 또는 훼손으로 인한 손해에 대하여는 그 손해의 원인이 된 사실이 항공기상에서 또는 위탁수하물이 운송인의 관리하에 있는 기간 중에 발생한 경우에만 책임을 진다. 다만, 그 손해가 위탁수하물의 고유한 결함, 특수한 성질 또는 숨은 하자로 인하여 발생한 경우에는 그 범위에서 책임을 지지 아니한다.

	②운송인은 휴대수하물의 멸실 또는 훼손으로 인한 손해에 대하여는 그 손해가 자신 또는 그 사용인이나 대리인의 고의 또는 과실에 의하여 발생한 경우에만 책임을 진다. 〈개정 2011. 5. 23〉
〈신설〉	제909조 (수하물의 연착에 대한 책임) 운송인은 수하물의 연착으로 인한 손해에 대하여 책임을 진다. 다만, 운송인이 자신과 그 사용인 및 대리인이 손해를 방지하기 위하여 합리적으로 요구되는 모든 조치를 하였다는 것 또는 그 조치를 하는 것이 불가능하였다는 것을 증명한 경우에는 그 책임을 면한다. 〈개정 2011. 5. 23〉
〈신설〉	제910조 (수하물에 대한 책임한도액) ①제908조와 제909조에 따른 운송인의 손해배상책임은 여객 1명당 1천 계산단위의 금액을 한도로 한다. 다만, 여객이 운송인에게 위탁수하물을 인도할 때에 도착지에서 인도받을 때의 예정가액을 미리 신고한 경우에는 운송인은 신고 가액이 위탁수하물을 도착지에서 인도할 때의 실제가액을 초과한다는 것을 증명하지 아니하는 한 신고가액을 한도로 책임을 진다. ②제1항은 운송인 또는 그 사용인이나 대리인의 고의로 또는 수하물의 멸실, 훼손 또는 연착이 생길 염려가 있음을 인식하면서 무모하게 한 작위 또는 부작위에 의하여 손해가 발생한 것이 증명된 경우에는 적용하지 아니한다. 〈개정 2011. 5. 23〉

(12) 운송물 손해에 대한 운송인의 책임 및 책임한도액

몬트리올 협약 제18조 제1항, 제19조 및 제22조 제3항을 반영하여 개정상법 제913조에서 제915조까지의 규정들은 항공운송 중 발생한 운송물의 멸실·훼손·연착으로 인한 손해에 대하여 운송인의 책임 및 면책사유를 규정하고, 그 손해배상책임액이 운송물 1킬로그램당 17계산단위를 한도로 제한됨을 규정하고 있다.

개 정 상 법	
〈신설〉	제913조 (운송물의 멸실·훼손에 대한 책임) ①운송인은 운송물의 멸실 또는 훼손으로 인한 손해에 대하여 그 손해가 항공운송 중(운송인이 운송물을 관리하고 있는 기간을 포함한다. 이하 이 조에서 같다)에 발생한 경우에만 책임을 진다. 다만, 운송인이 운송물의 멸실 또는 훼손이 다음 각 호의 사유로 인하여 발생하였음을 증명하였을 경우에는 그 책임을 면한다. 1. 운송물의 고유한 결함, 특수한 성질 또는 숨은 하자 2. 운송인 또는 그 사용인이나 대리인 외의 자가 수행한 운송물의 부적절한 포장 또는 불완전한 기호 표시 3. 전쟁, 폭동, 내란 또는 무력충돌 4. 운송물의 출입국, 검역 또는 통관과 관련된 공공기관의 행위 5. 불가항력 ②제1항에 따른 항공운송 중에는 공항 외부에서 한 육상, 해상 운송 또는 내륙 수로운송은 포함되지 아니한다. 다만, 그러한 운송이 운송계약을 이행하면서 운송물의 적재(積載), 인도 또는 환적(換積)할 목적으로 이루어졌을 경우에는 항공운송 중인 것으로 추정한다. ③운송인이 송하인과의 합의에 따라 항공운송하기로 예정된 운송의 전부 또는 일부를 송하인의 동의 없이 다른 운송수단에 의한 운송으로 대체하였을 경우에는 그 다른 운송수단에 의한 운송은 항공운송으로 본다. 〈개정 2011. 5. 23〉

〈신설〉	제914조 (운송물 연착에 대한 책임) 운송인은 운송물의 연착으로 인한 손해에 대하여 책임을 진다. 다만, 운송인이 자신과 그 사용인 및 대리인이 손해를 방지하기 위하여 합리적으로 요구되는 모든 조치를 하였다는 것 또는 그 조치를 하는 것이 불가능하였다는 것을 증명한 경우에는 그 책임을 면한다. 〈개정 2011. 5. 23〉
〈신설〉	제915조 (운송물에 대한 책임한도액) ①제913조와 제914조에 따른 운송인의 손해배상책임은 손해가 발생한 해당 운송물의 1킬로그램당 17계산단위의 금액을 한도로 하되, 송하인과의 운송계약상 그 출발지, 도착지 및 중간 착륙지가 대한민국 영토 내에 있는 운송의 경우에는 손해가 발생한 해당 운송물의 1킬로그램당 15계산단위의 금액을 한도로 한다. 다만, 송하인이 운송물을 운송인에게 인도할 때에 도 착지에서 인도받을 때의 예정가액을 미리 신고한 경우에는 운송인은 신고가액이 도착지에서 인도할 때의 실제가액을 초과한다는 것을 증명하지 아니하는 한 신고가액을 한도로 책임을 진다. ②제1항의 항공운송인의 책임한도를 결정할 때 고려하여야 할 중량은 해당 손해가 발생된 운송물의 중량을 말한다. 다만, 운송물의 일부 또는 운송물에 포함된 물건의 멸실, 훼손 또는 연착이 동일한 항공화물운송장(제924조에 따라 항공화물운송장의 교부에 대체되는 경우를 포함한다) 또는 화물수령증에 적힌 다른 운송물의 가치에 영향을 미칠 때에는 운송인의 책임한도를 결정할 때 그 다른 운송물의 중량도 고려하여야 한다. 〈개정 2011. 5. 23〉

(13) 운송증서

개정상법은 여객운송의 경우에 발행되는 여객항공권 및 수하물표에 대하여 운송인의 교부의무, 여객항공권의 기재사항 및 전자여객항공권의 발행에 관하여 규정하고, 화물운송의 경우에 발행되는 항공화물운송장 및 화물수령증에 대하여 그 작성, 교부 및 기재사항 등을 규정하는 한편, 항공운송증서에 관한 규정의 위반효과, 항공화물운송장의 기재사항에 관한 책임 및 항공운송증서, 기재의 효력을 규정하고 있다(제921조부터 제929조).

	개 정 상 법
〈신설〉	제921조 (여객항공권) ①운송인이 여객운송을 인수하면 여객에게 다음 각 호의 사항을 적은 개인용 또는 단체용 여객항공권을 교부하여야 한다. 1. 여객의 성명 또는 단체의 명칭 2. 출발지와 도착지 3. 출발일시 4. 운항할 항공편 5. 발행지와 발행연월일 6. 운송인의 성명 또는 상호 ②운송인은 제1항 각 호의 정보를 전산정보처리조직에 의하여 전자적 형태로 저장하거나 그 밖의 다른 방식으로 보존함으로써 제1항의 여객항공권 교부를 갈음할 수 있다. 이 경우 운송인은 여객이 청구하면 제1항 각 호의 정보를 적은 서면을 교부하여야 한다. 〈개정

	2011. 5. 23〉
〈신설〉	제922조 (수하물표) 운송인은 여객에게 개개의 위탁수하물마다 수하물표를 교부하여야 한다. 〈개정 2011. 5. 23〉

(14) 지상 제3자에 대한 손해배상책임

항공기 사고는 지상의 인명·재산에 대하여 손해를 야기하기 마련이다. 이러한 경우에 대하여 항공기운항자의 법정책임을 인정함으로써 항공운송계약을 통하여 보호받을 수 없는 지상 제3자를 합리적으로 보호하고, 항공기운항자는 항공기운항에 따른 위험부담범위를 사전에 예측할 수 있게 하여 항공기운항에 따른 이익의 합리적인 재분배가 가능하도록 할 필요가 있다. 개정상법은 항공기의 추락 또는 항공기로부터 떨어진 물건 등으로 인하여 지상의 제3자가 신체 또는 재산상 손해를 입은 경우에 항공기운항자의 무과실책임 및 면책사유를 규정한다. 하나의 사고에 대한 항공기운항자의 유한책임을 규정하여 항공기의 최대이륙중량에 따른 총체적 책임제한과 인적 손해에 따른 1명당 12,5000계산단위의 금액을 한도로 하는 개별적 책임제한에 관한 규정을 두는 한편, 항공기운항자의 유한책임의 배제사유, 책임에 관한 제척기간 및 책임제한의 절차에 대하여 규정하고 있다(제930조부터 제935조까지의 규정).

개 정 상 법	
〈신설〉	제930조 (항공기 운항자의 배상책임) ①항공기 운항자는 비행 중인 항공기 또는 항공기로부터 떨어진 사람이나 물건으로 인하여 사망하거나 상해 또는 재산상 손해를 입은 지상(지하, 수면 또는 수중을 포함한다)의 제3자에 대하여 손해배상책임을 진다. ②이 편에서 "항공기 운항자"란 사고 발생 당시 항공기를 사용하는 자를 말한다. 다만, 항공기의 운항을 지배하는 자(이하 "운항지배자"라 한다)가 타인에게 항공기를 사용하게 한 경우에는 운항지배자를 항공기 운항자로 본다. ③이 편을 적용할 때에 항공기등록원부에 기재된 항공기 소유자는 항공기 운항자로 추정한다. ④제1항에서 "비행 중"이란 이륙을 목적으로 항공기에 동력이 켜지는 때부터 착륙이 끝나는 때까지를 말한다. ⑤2대 이상의 항공기가 관여하여 제1항의 사고가 발생한 경우 각 항공기 운항자는 연대하여 제1항의 책임을 진다. ⑥운항지배자의 승낙 없이 항공기가 사용된 경우 운항지배자는 이를 막기 위하여 상당한 주의를 하였음을 증명하지 못하는 한 승낙 없이 항공기를 사용한 자와 연대하여 제932조에서 정한 한도 내의 책임을 진다. 〈개정 2011. 5. 23〉

〈신설〉	제931조 (면책사유) 항공기 운항자는 제930조제1항에 따른 사망, 상해 또는 재산상 손해의 발생이 다음 각 호의 어느 하나에 해당함을 증명하면 책임을 지지 아니한다. 〈개정 2011. 5. 23〉 1. 전쟁, 폭동, 내란 또는 무력충돌의 직접적인 결과로 발생하였다는 것 2. 항공기 운항자가 공권력에 의하여 항공기 사용권을 박탈당한 중에 발생하였다는 것 3. 오로지 피해자 또는 피해자의 사용인이나 대리인의 과실 또는 그 밖의 불법한 작위나 부작위에 의하여서만 발생하였다는 것 4. 불가항력
〈신설〉	제932조 (항공기 운항자의 유한책임) ①항공기 운항자의 제930조에 따른 책임은 하나의 항공기가 관련된 하나의 사고에 대하여 항공기의 이륙을 위하여 법으로 허용된 최대중량(이하 이 조에서 "최대중량"이라 한다)에 따라 다음 각 호에서 정한 금액을 한도로 한다. 1. 최대중량이 2천킬로그램 이하의 항공기의 경우 30만 계산단위의 금액 2. 최대중량이 2천킬로그램을 초과하는 항공기의 경우 2천킬로그램까지는 30만 계산단위, 2천킬로그램 초과 6천킬로그램까지는 매 킬로그램당 175계산단위, 6천킬로그램 초과 3만킬로그램까지는 매 킬로그램당 62.5계산단위, 3만킬로그램을 초과하는 부분에는 매 킬로그램당 65계산단위를 각각 곱하여 얻은 금액을 순차로 더한 금액 ②하나의 항공기가 관련된 하나의 사고로 인하여 사망 또는 상해가 발생한 경우 항공기 운항자의 제930조에 따른 책임은 제1항의 금액의 범위에서 사망하거나 상해를 입은 사람 1명당 12만5천 계산단위의 금액을 한도로 한다. ③하나의 항공기가 관련된 하나의 사고로 인하여 여러 사람에게 생긴 손해의 합계가 제1항의 한도액을 초과하는 경우, 각각의 손해는 제1항의 한도액에 대한 비율에 따라 배상한다. ④하나의 항공기가 관련된 하나의 사고로 인하여 사망, 상해 또는 재산상의 손해가 발생한 경우 제1항에서 정한 금액의 한도에서 사망 또는 상해로 인한 손해를 먼저 배상하고, 남는 금액이 있으면 재산상의 손해를 배상한다. 〈개정 2011. 5. 23〉
〈신설〉	제933조 (유한책임의 배제) ①항공기 운항자 또는 그 사용인이나 대리인이 손해를 발생시킬 의도로 제930조제1항의 사고를 발생시킨 경우에는 제932조를 적용하지 아니한다. 이 경우 항공기 운항자의 사용인이나 대리인의 행위로 인하여 사고가 발생한 경우에는 그가 권한 범위에서 행위하고 있었다는 사실이 증명되어야 한다. ②항공기를 사용할 권한을 가진 자의 동의 없이 불법으로 항공기를 탈취(奪取)하여 사용하는 중 제930조제1항의 사고를 발생시킨 자에 대하여는 제932조를 적용하지 아니한다. 〈개정 2011. 5. 23〉

제4장 마지막 장

Ⅰ. 50년 한국 상법사에 대한 평가

1. 상법초안 및 상법전의 제정에 대한 평가

이 땅에 서양법학이 수용된 이래 여하튼 간에 우리 손으로 상법초안을 만들었다는 것은 상법사에 있어서는 매우 특기할 만한 일이다. 1948년 정부수립 이후 구성된 법전편찬위원회의 기초위원들은 대부분이 법조실무자들이었다. 李相基(총칙·상행위), 金準枰(어음), 崔炳柱(해상), 洪璡基(보험·회사법)이고, 일반위원으로는 李純鐸, 李明燮, 崔泰永, 金又說, 韓格晩, 玄相允이었다. 상법전의 기초위원으로 임명되면서 발표된 기초위원들의 요강에서 본다면, 특히 洪璡基 위원의 새 회사법의 요강해설은 빼어났다.[1] 그는 "우리 법전을 편찬한다는 최고이념을 빨리 성취하기 위하여는 현재의 일본법전을 토대로 하고 이것을 번역하는 정도라도 속히 기초하자는 실천방침이 법전편찬위원회에서 결정되었다면서, 일본회사법은 다른 법역의 회사법보다 특이한 점이 하나 있다. 그것은 일본회사법이 세계의 회사법 중에서도 최신입법의 하나라는 점이다"라고 설명한다. 내용도 매우 구체적이고, 현행 일본의 상법의 오류와 과오를 지적하면서 독일상법을 해설하는 방식이 매우 설득력이 있어 보인다. 그분들의 요강해설이 초안기초에 많은 도움이 되었겠지만, 법전편찬위원회가 작성한 전문 1,016조, 부칙 47조로 된 상법초안이 정부에 제출되어 1959년 11월 29일에 정부안으로 국회에 제출된 것까지 알려진 사실이다. 그러나 구체적으로 그 초안작성과정은 알려진 바가 없다.

1962년 당시, 상법제정작업에 대한 관심을 그 만큼 큰 정도는 아니었던 것 같고,

---

1) 이 책 58-63면 참조.

상법전제정은 이른바 상법전제정심의위원들의 노고에 의한 작품이었다. 그렇지만, 그것은 5.16군사혁명정부의 통치라는 정치적 상황 밑에서 제정된 것이었다. 또 그것은 독일구상법과 그 후의 독일의 신상법(HGB)에 따라 개정된 일본의 상법전이 존재하였으므로 제정하는 것이 가능하였다고 할 수 있다. 그리고 한국상법전 중에는 상법전제정심의위원들의 이상주의적 사고가 반영되고 있는 부분도 볼 수 있다. 경제제일주의에 중점을 두고 있던 군사정부는 경제실무와 이상과의 갭을 크게 넓혀서 제정된 상법 중에는 회사경영을 곤란하게 하고 있는 규정들이 들어 있었을 수 있기 때문이다. 영국에서는, 회사법은 10년마다 개정되도록 하고 있다는 점을 고려해 본다면, 1984년의 개정작업은 시간적으로 늦은 감이 있었다고 생각된다.

2. 1900년대까지의 개정에 대한 평가

1963년 1월 1일부터 상법전이 시행된 이래 2013년 2월 중순경까지, 상법의 개정은 대충 15번의 개정의 발전을 보았지만, 상법사에 기록될 만한 대개정은 1984년의 개정, 1991년의 개정, 1995년의 개정, 2011년의 개정을 꼽을 수 있을 것이다. 그런데 1998년 외환위기를 맞으면서 IMF체제의 관리를 받으면서 4년간의 개정작업을 연속해서 하게 되지만, 결과적으로는 기업경영의 투명화와 소주주의 권익보호라는 대의명문이 본격적으로 상법전에서 구현하기에 이르렀다.

우선 1984년의 개정작업은 1974년에 재무부가 내놓은 상법개정안이 시발의 원초가 된다. 1981년 7월에 정부의 성장 · 발전저해법령의 정비차원에서 현행상법의 개정문제가 거론되었다. 한국상사법학회에서는 동년 7월말 곧 상법개정심포지움을 개최하고, 그 결과와 그 밖의 각계의 공 · 사기관과 논자들의 의견을 광범하게 수합 · 분석하여 「商法改正의 論点」(1981년 발간)이라는 책자를 펴내었다. 그리고 법무부에 민법 · 상법개정특별심의위원회가 1981년 12월에 발족되어, 그 상법분과위원회(위원장: 한국상사법학회 회장 孫珠瓚)에서 상법의 개정문제를 공식적으로 다루어 왔다. 상법분과위원회에서는 편의상 소위원회(위원: 孫珠瓚, 李範燦, 梁承圭, 朴吉俊, 李均成)를 구성하여, 거기서 마련한 상법개정심의자료를 토대로 심의하여 「상법개정시안」을 확정하였다. 법무부는 이를 공표하여 각계각층의 의견을 조회하고, 그 결과를 마무리하여 1982년 12월 9일 정부의 「상법중개정법률안」을 확정하였다.

국내외의 복잡한 사정에 밀려서 1984년에 와서야 활발하게 심의의 대상이 되기 시작하고, 1984년 1월 31일에 국회법제사법위원회에서 상법중개정법률안을 놓고 각계각층의 인사들의 참여로 공청회가 열린다. 이러한 공청회의 결과와 국회법제사법위원회 내에서의 검토가 마무리되어, 국회본회의의 심의를 거쳐 국회에서 통과된 것이 1984년의 개정상법전이다.

1991년의 보험법과 해상법의 개정은 약 30년 만의 작업이었으므로 현실과 이상과의 갭을 메우는 작업이 크게 필요로 하는 때였다. 왜냐하면 보험산업의 급격한 발전에 따라 우리나라는 세계의 톱 10위권에 들어갈 정도의 보험입국으로 되기에 이르렀고, 해상법에 있어서도 입법의 기초가 되고 있던 국제조약의 개정관계로 말미암아 해운실무와 관행을 존중할 필요가 생겼기 때문이다. 1995년의 개정은 총칙·상행위법 및 회사법에 걸쳐서 행해졌지만, 신제도로서는 전산정보처리시스템, 기계·시설 기타의 재산의 임대차에 관한 행위(lease), 상호·상표 등의 사용허락에 의한 영업에 관한 행위(franchise), 영업상의 채권의 매입·회수 등에 관한 행위(factoring), 대리상의 보상청구권 등이 도입되었다. 또 회사법에 관하여는 증권거래법상의 제도에 맞는 입법의 경향이 나타나게 되어 이것은 입법사항에 관한 관할권문제로서, 기본법인 상법전의 역할과 그 기능을 확실히 저하시키고 있었다. 1998년의 개정은 강제적인 상황하에서 작성된 것이다. 왜냐하면, 그 개정은 IMF관리체제하의 이른바 IMF list에 포함되고 있는 사항에 대응하는 형식으로 정부가 제출한 것이기 때문이다. 또한 OECD 권고안이나 IBRD도 상법 및 그 주변법규의 개정을 요구하고 있고, 그 요지는 외국의 투자자가 투자가능한 기업환경을 정비하라는 것이었다. 최근의 경제위기에 대응함과 아울러 원활하고 합리적인 경제구조개편의 필요성이 제기됨에 따라, 회사합병절차의 간소화와 회사의 분할제도의 도입 등을 통하여 기업의 구조조정을 제도적으로 지원할 필요가 있었다. 그리고, 주식최저액면액의 인하·주식분할제도 및 중간배당제도의 도입 등을 통하여 자본조달의 편의를 제공하는 것이다. 소수주주권의 강화 및 집중투표제도의 도입 등을 통하여 기업경영에 대한 감시제도와 기업경영자의 책임을 강화하고 기업경영의 투명성을 보장함으로써 건전한 기업발전을 도모하며 궁극적으로 우리 기업의 국제경쟁력을 제고하려는 데 개정의 목표를 세웠다.

3. 2000년대 이후의 개정에 대한 평가

2000년대에 들어와서 상법전은 8번의 개정을 보게 된다.

(1) 2001년 2월에 국회에서 가결된 상법중개정법률은 기업경영의 투명성을 제고하는 데에 초점을 맞추었다. 국제경쟁력을 강화하기 위하여 주주총회의 결의사항을 확대하고, 이사회제도를 개선하며 주주의 신주인수권을 강화하는 등 기업지배구조를 개선하였다. 지주회사 설립을 위한 주식의 포괄적 교환·이전제도를 도입하여 기업의 구조조정을 지원하려는 것이었다. 2001년 12월에 국회에 상정된 개정안은 처음부터 시도된 개정작업이 아니라, 제225회 국회(정기회) 제7차 법제사법위원회 법안심사 제1소위원회(2001. 12. 4.)에서 정부가 제출한 민사집행법안을 심사한 결과 동 법안의 부칙에서 개정하고 있는 상법의 내용이 부칙으로 다른 법률을 개정할 수 있는 범위를 넘어서고 있다고 보아 상법중개정법률안을 성안하여 위원회안으로 제안으로 개정된 것이었다.

(2) 2007년에 개정된 개정상법은 해상법의 체계를 현대화시키려는 시도를 발현하는 개정이었다. 이미 1991년 상법의 개정시에도 있었다. 그러나, 전반적인 체계정립에는 이르지 못하였으며, 그 후 15년 만에 다시 대대적인 개편안을 마련하기에 이르렀다. 그 동안 사단법인 한국해법학회는 현행 상법 해상편의 문제점을 보완하기 위하여 자체적으로 "해상법개정문제연구회"를 구성하여 약 2년 6개월(2001. 9. 28.~ 2004. 3. 27.) 동안 활동하면서 개정시안을 마련한 것이었다. 정부는 「상법 일부개정법률안」을 2008년 11월 27일 제278회 국회(정기회)에 제출하자, 법안심의 제1소위원회에서 심사한 결과 「상법 일부개정법률안」이 상법 회사편을 전면 개정하는 것이어서 그 내용이 방대하여 공청회를 거치는 등 심도있는 심사가 필요하였다. 개정안 중 상장회사에 관한 특례부분은 2009년 2월 4일부터 시행되는 「자본시장과 금융투자업에 관한 법률」로 폐지되는 「증권거래법」의 내용을 반영하는 것으로서 위 법률의 시행시기를 맞출 필요가 있으므로 「상법 일부개정법률안」 중 일부를 발췌하여 위원회안으로 성안되어 개정상법이 된 것이 2009년의 개정상법이었다. 그러니까 정부는 2005년부터 "기업하기 좋은 나라"의 슬로건 아래 꾸준히 개정상법안을 준비하고 있었던 셈이다.

(3) 2009년 4월 15일 국회 법안심의 소위원회에서는 해당 법률안 중 창업절차 간소화 등 부분은 사안의 시급성을 감안하여 우선 처리할 필요가 있다고 판단하였다. 소규모 회사의 기준으로 자본금 총액 5억원에서 10억원으로 상향조정하고, 최저자본금제도를 폐지하며, 소규모회사를 발기설립하는 경우 정관에 대한 공증인의 인증의무를 폐지토록 하는 등 소규모회사의 창업을 용이하도록 하였다. 전자주주명부의 작성과 전자투표의 근거를 마련하고, 전자문서에 의한 소수주주의 주주총회의 소집청구를 인정하여 기업경영의 IT화를 실현하는 등 기업활동의 편의를 도모하려는 내용이었다. 이렇게 해서 성안된 상법중 일부개정법률안이 2009년 4월 29일에 제282회 국회(임시회) 본회의에서 가결되었다.

(4) 상법전의 현대화작업의 일환으로 우선 상법총칙 및 상행위편의 개정작업을 추진하게 되었다. 변화된 현실을 반영하여 새로운 상행위인 리스(lease), 프랜차이즈(franchise), 팩토링(factoring)의 법률관계를 구체적으로 상법전에 규정하는 등 현행 규정의 미비점을 보완하고 법률관계를 명확히 하려는 것으로서, 경제살리기 관련 법안이었다. 2010년 4월 21일에 가결된 개정상법이었다.

2011년 4월 14일 법률 제10600호로 공포된 것은 대폭적인 개정상법이다. 상행위편에 합자조합이 신설되고 약간의 자구수정이 있는 것을 제외하고는 전부가 회사편에 관한 규정들이다. 매우 큰 폭의 개정이고, 조문수와 관계없이 개정내용의 중요성이나 변화의 크기로 보아 1962년 상법제정 이후 가장 큰 개정이라 할 수 있다. 이번의 상법개정은 기업경영의 투명성과 효율성을 높이기 위하여 자금 및 회계 관련 규정을 정비하고, 정보통신 기술을 활용하여 주식·사채(社債)의 전자등록제를 도입하며, 합자조합과 유한책임회사 등 다양한 기업 형태를 도입함으로써 국제적 기준에 부합하는 회사법제로 재편하는 것이었다. 그리고, 이사의 자기거래 승인 대상범위를 확대하고 이사의 회사기회 유용금지 조항을 신설하여 기업경영의 투명성을 높임으로써 활발한 투자 여건을 조성하고 급변하는 경영환경에 기업이 적절히 대응할 수 있는 법적 기반을 마련하는 것이었다.

가장 최근의 개정상법은 상법 제6편 항공운송편의 신설에 관한 것이다. 1991년부터 대망의 개정작업이 시작된 지 20여년 만에 정부는 위의 상법 일부개정법률안(제6편 항공운송, 40개조문)을 국회에 제출하여 2011년 4월 28일 제299회 국회(임시회) 법제사법위원회 회의에서 원안대로 의결되었다. 다음날 동년 4월 29일 국회 본회의에서 압도적 다수표로 가결되었다.

Ⅱ. 입법에의 제언

1962년 1월 20일 상법전이 제정된 이후 50년간 조문숫자상으로 볼 때, 어음법 및 수표법을 제외하고 874조이던 상법전이 1,126조문으로 발전하였다. 물론 회사법이 499개 조문이었던 것이 664개 조문으로 많이 증가한 것이 사실이다. 형식상으로 보면 우선 근래에 보여준 상법 제5편 해상과 제6편 항공운송과 같이 나머지의 제1편 총칙, 제2편 상행위, 제3편 회사 및 제4편 보험의 한글화가 진행되어야 할 것을 물론, 「제…조의…」라는 형식의 조문도 일소되어야 할 것이다. 내용상으로는 거래법상 상법의 법원문제인 상관습의 신설과 상사매매에 관한 문제에 관하여 언급하기로 한다.

1. 상관습에 관한 명문규정의 신설제안

(1) 상법이 중세의 상인계급의 관습법(Gewohnheitsrecht)을 연원(淵源)으로 하고, 게르만법적 성격을 가지면서, 독립한 상사법원에서 발달해 온 것에 대하여, 민법은 근대 로마법학의 도움을 받아 로마법의 근대화에 의하여 하나의 체계를 형성해 온 것이라고 이해되고 있다. 현행의 우리 상법전은 일본의 상법전을 모델로 한 것인 바, 일본의 상법전은 그 성립당시에 시행되고 있던 독일구상법전(ADHGB)을 모법으로 하면서, 대체로 성립하기는 하였으나, 아직 시행전이던 독일신상법(HGB) 등의 영향을 받은 탓으로 민법적 규정들을 대부분 삭제하여 민법에 이행하였기 때문에, 상행위통칙 자체는 서로간에 맥락이 끊어지는 규정들이 열거되고 있다. 우리 상법전은 이를 답습한 것이다. 우리 한국상법전을 보다 활성화한 것으로 해 가기 위하여는, 독일과 같이, 본래의 상법의 원류(原流)에 해당하는 상관행, 상관습에 관한 규정을 복원하여야 한다고 생각한다.

(2) 상법 제63조, 제94조 및 제105조 본문에서는, 「관습」이 규정되고 있지만, 상법 자체는 상관습 자체의 효력 및 내용에 관한 규정을 두고 있지 아니하다. 기업

활동의 국제화경향에 따라 상법전이 국제거래에 적용된다든지, 외국법, 특히 미국통일상법전이 우리나라의 상인과 미국의 상인간의 상거래에 적용되는 경우도 많이 있다. 이 경우, 미국통일상법전에서 규정 또는 예정되고 있는 custom, usage of trade 및 course of dealing을 포함하는 상법상의 규정이 필요하다고 생각한다. 따라서 상인간의 관례, 관행 및 관습이 발전된 것이 상관습이라고 생각한다면, 우리나라의 상법에 있어서도 독일상법 제346조와 같은 상관습에 관한 일반규정을 신설하는 것이 바람직하다고 생각하여 상관행 및 상관습에 관한 규정의 입법을 제안하는 바이다.[2)]

2. 상사매매제도에 관한 근본적인 입법제안

(1) 우리나라 법률에 있어서는 민법에서 매매에 관한 규정이 있는 것(민법 제563조 내지 제595조), 이외에 상법에서도 매매에 관한 규정이 있으나(제67조 내지 제71조), 이러한 규정들은 지금부터 100여년전에 제정된 것이 거의 기본 틀에서 변경되지 않고 있는 것이라서 현재의 비즈니스의 요구에 맞지 않는 부분이 적지 아니하다. 따라서 판례에 의하여 보충을 받아야 할 입장에 놓여 있다. 예컨대 미국에서는 이미 20세기초 전후로 하여 물품의 매매(sales of goods)에 관한 제정법(statute)의 제정의 움직임이 활발하여 물품매매법이 크게 발달해 오고 있으므로, 우리나라의 매매법이 도저히 따라갈 수 없는 입장에 있다.[3)]

2) 현실의 상사매매에 있어서는 많은 상관습이나 당사자의 특약, 그것에 각종의 표준서식 내지 보통거래약관 등에 근거해서 계약이 체결되고 있다. 특히 국제매매에 있어서는 각종의 약관이나 거래조건인 CIF 약관, FOB 약관이 현저하다. 우리는 국제상업회의소(International Chameber of Commerce: ICC)가 1936년이래 작

---

2) 졸저, 荷換信用狀의 法的 構造, 1991, 276-277면.

3) 미국의 통일상법전(Uniform Commercial Code)은 통일매매법에 포함된 원칙의 많은 부분을 채용함과 동시에, 법원의 판례법(case law)에 포함된 원리를 채용하였다. 더군다나 일반적으로 인정된 상거래의 실무라고 볼 수 있는 관행을 채용한 것 이외에, 상인간에만 적용되는 특칙을 설정함으로써, 상인간의 매매에 적합하도록 하였다. 또 통일상법전의 매매에 관한 규정은 매매거래에서 발생한 다툼을 중재(arbitration)나 소송(litigation)에 의하여 해결할 기준이 되는 많은 원칙을 정하고 있다. 모두 104조에 달하는 매매편(Articles Sales)은 다시 7개장으로 나누고 있다. 상세한 내용은 졸고, 對美貿易賣買法(I): 賣買契約의 條件, 성균관법학 제5호(1994), 271면 이하, 377면 이하 참조.

성한 각종의 거래조건의 해석에 관한 국제규칙인 인코텀즈(International Commercial Terms)를 국제매매에서는 주의를 하여야 한다.[4] 뿐만 아니라, 국제매매에 있어서는, 그 동안 국제통일법을 제정하려고 하는 운동이 활발하였다.[5] 로마에 본거지를 두고 있는 사법통일국제협회(Institut international pour unification du droit prive: UNIDROIT)는 1930년 이래 각국의 통일매매법의 초안의 작성작업을 하고 있었으나, 결국 1964년에 헤이그에서 국제물품매매계약의 성립의 통일법에 관한 협약(Convention relating to a Uniform Law on the Formation of Contracts for International Sale of Goods, 1964)이 채택되고, 1972년에는 이 협약이 발효하였다.[6] 그러나 이 협약이 발효하기 전인 1968년에 국제연합에서는 국제상거래위원회(United Nations Commission on International Trade Law: UNCITRAL)가 설치되어 매매법의 통일화작업에 착수하여 1974년에는 뉴욕에서 국제물품매매에 있어서 제한기간에 관한 협약(Convention on the Limitation Period in the International Sale of Goods, 1974)이, 1980년에는 비엔나에서 국제매매계약에 관한 협약(Convention on the Contracts for the International Sale of Goods, 1980)이 채택되었다.[7] 이와 같이 국제연합이 매매법통일화작업에 참여하게 된 것은 새로운 동향이라 할 수 있다. 그

---

4) 국제상법회의소는 1936년에 거래조건의 해석에 관한 일련의 국제규칙을 발표하였다. 이 규칙을 Incoterms 1936이라고 한다. 그 후 이 규칙은 현재의 국제무역관행과 일치시키기 위하여 1953년, 1967년, 1976년, 1980년, 1990년, 2000년 및 2010년에 개정과 추가가 이루어졌다.

5) Vgl. Kropholler, Jan., Internationales Einheitsrecht, 1975, S. 44ff.

6) Cf. Graveson/Cohn/Graveson, The Uniform Laws on International Sales Act, 1967, pp. 1-3; vgl. Mertens/Rehbinnder, Internationales Kaufrecht, Kommentar zu den Einheitlichen Kaufgesetzen, 1975, SS. 81-83.

7) See Honnold, John, Uniform Law for International Sales–under the 1980 United Nations Convention, 2nd Ed., 1991, pp. 2-34. 商事法硏究 제7집(1989)에서는 特輯: 유엔國際賣買契約에 관한 協約上의 諸問題에서 다루고 있다. 金建植, 總說: 비엔나條約의 歷史, 現狀, 將來, 41-71면; 林泓根, 비엔나協約의 適用範圍와 解釋原則, 73-108면; 李均成, 國際賣買契約의 成立, 109-130면; 李泰熙, 國際物品賣買契約에 관한 UN協約上의 當事者의 義務, 131-161면; 梁明朝, 權利移轉과 危險負擔, 163-189면. 趙慶根, 國際物品賣買協約에 있어서 當事者의 權利救濟, 191-233면; 金東石, 賣渡人의 瑕疵擔保責任, 235-277면; 辛永茂, 國際聯合國際物品賣買協約上 損害賠償義務의 內容과 限界, 279-347면; 孫京漢, UN國際物品賣買協約과 契約의 解除, 349-369면의 논문들이 실려 있다. 그 후 2002년 8월에 발간된 商事法硏究 제21권 제2호(2002)(통권 제34호)에서는 〈학회발표논문〉으로서 김선국, 국제물품매매협약에 관한 미국판례의 동향, 9-39면; 石光現, 국제물품매매협약 가입과 한국법에의 수용, 41-134면; 유럽契約法原則(Principles of European Contract Law, 1998)과 韓國法, 135-182면; 崔埈璿, 韓國商事契約에 관한 UNIDROIT 原則과 韓國法, 183-215면 등이 실려 있다.

리고 1988년 1월 1일부터 1980년의 국제물품매매계약에 관한 협약이 발효되는 바람에 국제매매법의 분야에서 이 협약의 중요성이 크게 부각되고 있다. 우리나라는 지난 2004년 2월 14일 이 협약에 가입기탁하였다. 따라서 이 협약은 2005년 3월 1부터 국내법과 동일한 효력을 가지게 되었다. 우리도 상사매매에 관한 근본적인 검토 및 입법에의 준비를 할 때가 되었다고 생각한다.

Ⅲ. 상법전 50년사를 마무리하면서

상법학이라는 촬영기를 메고 우리 역사의 120여년 전에 거슬러 올라가서, 주마간산(走馬看山)식으로 이 순간까지 빠르게 찍은 것을 정리해 보자.

1895년에 법관양성소가 설립된 후 1904년부터 교과과목에 상법이 들어 있었다고 하니, 우리나라에 상법학이 대두된 지가 100여년이나 지나갔다. 1905년에 이용익이 세운 보성전문학교의 교과과목에도 상법이 들어가 있는 것을 보면 상법학을 하는 환경은 어설프지만, 형성되었다고 볼 수 있다. 그런데 국운이 쇠퇴하여 일제의 지배를 받는 과정에서 3.1운동 이후 경성제국대학이 설립되면서, 西原寬一 교수[8]가 상법담당교수로 와서 1945년 일제가 패망하기까지 많은 제자에게 서구식의 상법학을 가르친다. 상법전의 제정심의위원들이 그분의 제자들이었다. 그 제자분들이 바로 우리들의 스승이셨고 은사님이었으며, 우리 상법전의 제정에 앞장을 서시고, 강단에서 학문후속세대에게 상법학을 가르쳐 주신 분들이었다. 그리고 역사의 바통을 이어받은 개정심의위원들이 열과 성을 다하여 상법전의 발전의 틀을 마련

---

8) 중앙일보 대기자 김영희 지음, 「이 사람아, 공부해 – 홍진기 이야기」, 2011, 78면 이하에서는, "1940년 3월 홍진기는 경성제대를 졸업하고, 4월부터 법문학부 법학과 조수(助手)로 근무하게 되었다. 조수는 교수와 조교수를 보좌하는 자리이다. 일본인 교수 중에는 민족차별을 하지 않는 교수도 있었다. 홍진기의 지도교수는 상법의 권위자였던 니시하라 간이치(西原寬一)였다. 그런 교수를 만난 것은 홍진기의 행운이었다. 니시하라에 대해 홍진기는 이렇게 회상한다. … 장래 대학 교수가 되겠다고 생각하고 있던 나로서는 니사하라 교수는 우상 같은 존재였다. 우리가 존경하는 교수가 몇 명 있었는데, 거기에는 우리 나름대로의 기준이 있었다. 첫째는 일본인 교수밖에 없었던 그 당시에 교수가 민족차별을 하지 않아야 했다. 그 다음에는 교수가 학문에만 전념하는 분이라야 했다. 그런 면에서 니시하라 교수는 내가 존경하는 교수로서 충분한 조건을 갖추고 있었다.…"라고 쓰고 있다.

해 온 것이다.

이 순간 한국상법전이 탄생하고 시행된 지 어언 50주년을 넘겼다. 제4장에서 보아온 바와 같이, 15번의 개정과정 속에 오늘의 상법전이 발전되어 오는 장면이 밀려오니 정말 감회가 짜릿하다. 분명한 것은 지난 50여년간 한국상사법학회가 그 상법전의 역사 속에서 중심을 이루고 버팀목이 되어 온 사실이다. 오늘의 자리도 한국상사법학회가 마련해 준 자리이다.

역사는 우리에게 무엇인가! 역사는 지나간의 삶의 기록이다. 수많은 삶의 기록들 중에서 유독 우리 후세인들에게 어떤 의미를 보내주고 있는 것을 찾아내서, 그 기록들이 현재의 우리들에게 어떤 메시지를 던져 주는가를 확인하는 작업이 상법사의 역할이다. 오늘의 상법사는 또 다른 반백년의 상법사를 향해 계속 한국 상법전의 발전의 길을 가고 있다. 태양 같은 젊은 그대들과 함께 한국상사법학회가 굳건히 밀고 갈 것이다.

참고문헌

改正商法(會社編) 解說, 법무부, 1999. 3.
고려대학교 100년사 편찬위원회, 고려대학교 법과대학 학술사, 고려대학교 출판부, 2011.
金祥演, 商法要義, 通文館, 1908.
______, 會社法, 通文館, 1908.
金宗炫, 株式會社의 計算, 法政 17권 2월호(1962. 2.).
法務資料 第57輯, 保險·海商法의 改正論点, 법무부, 1984.
邊太燮, 韓國史通論[四訂版], 2012.
商法 改正特別分科委員會 會議錄[總則·商行爲編], 법무부, 2008. 12.
商法 保險編 改正試案 公聽會, 법무부, 2007. 8. 17.
商法 會社編 改正試案 公聽會, 법무부, 2007. 9. 5.
상법 회사편 일부개정법률안(신주인수선택권) 해설자료 및 회의록, 법무부, 2010. 3.
商法[保險·海商]改正 公聽會資料, 법무부, 1989. 7. 26.
상법(복합운송규정)개정안 회의록 및 해설자료, 법무부, 2011. 7.
상법(복합운송규정)개정 공청회, 법무부, 2010. 11. 9.
商法(總則·商行爲·會社編)改正案 解說, 법무부, 1995. 9.
商法(海商編)改正 公聽會, 법무부, 2005. 9. 26.
商法(會社編)改正 公聽會, 법무부, 2006. 7. 4.
商法改正公聽會, 법무부, 1999. 9. 14.
商法改正公聽會, 법무부, 2000. 10. 11.
상법총칙 및 상행위편 개정안, 상법 항공운송편 개정안, 법무부, 2008. 6. 25.
徐燉珏, 商法案과 提案理由書, 考試界 6권 2호(1961. 2.).
______, 商法案의 審議經過와 新商法의 特色, 法制月報 4권 1호(1962. 1).
______, 授權資本制度, 法政 17권 2월호(1962. 2.).
서울지방변호사회/한국법학원 공동주최 심포지움, 「2011년 상법개정에 따른 제문제」, 한국법학원.
孫珠瓚, 商法典制定에 對한 小見, 法曹 (1), (2), (3) 10권 1호~3호(1961. 1.~3.).
______, 船主責任制限과 運送人의 責任, 法政 17권 2월호(1962. 2.).

______ 외 4인 共著, 改正商法解說, 三英社, 1984.
신현윤 監修, 상법 총칙·상행위편 해설, 법무부, 2012.
연세법학 90년사 편찬위원회, 연세법학 90년사(1921-2011), 연세대학교 출판부, 2011.
유길준 지음/허경진 옮김, 서유견문, 도서출판 서해문집, 2005.
李光麟, 全訂版 韓國開化史研究, 一潮閣, 1999.
李均成, 改正海商法의 概要(I)(II), 考試界 1992.
______, 新해상법대계, 한국해양수산개발원, 2010.
李瑄根, 震檀學會編 韓國史(最近世篇), 乙酉文化社, 1971.
______, 震檀學會編 韓國史(現代篇), 乙酉文化社, 1963.
李哲松, 2011 改正商法 - 축조해설 -, 博英社, 2011.
______, '95년 改正商法, 博英社, 1995.
李忠雨, 京城帝國大學, 多樂園, 1980.
林泓根, 商法總則, 法文社, 1987.
______, 荷換信用狀의 法的 構造, 三知院, 1991.
______, 韓國における商事立法の動向と課題(楊萬植譯, 日本·中國·韓國における會社法·證券取引法の變革と新たなる展開 所收), 25-68면, 早稻田大學日中韓商事法 シンポジウム組織委員會編, 成文堂, 1999.
______, 會社法, 法文社, 2002.
______, 商行爲法, 法文社, 1989.
張敬煥, 改正保險契約法의 槪觀(I),(II), 考試界, 1992.
財團法人 世林奬學會, 世林韓國學論叢, 第一輯, 1977.
田鳳德, 近代司法制度史, (1)~(11), 大韓辯護士協會誌, 1970. 3.~1977. 3.
______, 韓國近代法思想史, 博英社, 1981.
鄭東潤, 會社法[第7版], 法文社, 2002.
______ 監修, 상법 회사편해설, 법무부, 2012.
______ 외 6인 共著, 商法改正案解說, 法文社, 1995.
정연이, 경성제국대학 연구, 문음사, 2002.
鄭熙喆, 商法草案과 新民法, 法政 14권 1호(1959. 1.).
______ 외 共著, 企業法의 行方, 博英社, 1991.
______, 商事法學會回顧, 서울대학교 법학, 제19권 1호(1978).
______, 商人概念, 法政 17권 2월호(1962. 2.).
______, 朝鮮朝末期의 會社組織 - 그 胎動과 推移 -, 서울대학교 법학, 제24권 1호(1983).

鄭熙喆·李時潤, 現行商法과 商法案과의 比較檢討 (1), (2), (3), (4), 法曹 9권 11월호~10권 2월호(1960. 11.~1961. 2.).

曺圭大, 株式會社의 理事와 監事, 法政 17권 2월호(1962. 2.).

曺圭昌, 독일法史(春齊玄承種先生九秩華誕紀念著書) 下, 고대출판부, 2010.

崔星根, '95년 商法改正에 대한 檢討, 法制研究, 1996. 10월호.

崔鍾庫, 開化期의 韓國商法學, 서울대학교 법학, 제26권 1호(1985).

______, 韓國의 西洋法受容史, 博英社, 1982.

______, 開化期의 法學教育과 韓國法律家의 形成 -「法官養成所」와「普專」의 教課와 教授陣을 中心으로-, 제22권 1호(1981).

______, 法史와 法思想, 博英社, 1980.

______, 韓國商法典의 制定過程, 商事法研究 제9집(1991).

崔埈璿, 會社法[제7판], 三英社, 2012.

______ 監修, 상법 항공운송편해설, 법무부, 2012.

崔虎鎭, 近代朝鮮經濟史 - 李朝末期に於ける商業及び金融, 世經社, 1988.

한국경제 60년사 편찬위원회, 한국경제 60년사, 2010.

韓國學文獻研究所編, 會社法, 亞細亞文化史, 1981.

韓沽劤, 韓國開港期의 商業研究, 一潮閣, 1981.

玄勝鍾 著/曺圭昌 增補, 로마法, 法文社, 2004.

김건식·송옥렬·안수현·윤영신·정순섭·최문희·한기정, 21세기 회사법 개정의 논리-2008년 법무부 상법개정작업 기초실무 자료(기업재무편), 제2판, 小花, 2008.

四方 博, 朝鮮社會經濟史研究 - 京城帝國大學法文學部會 第一號論集.

伊藤正己編, 外國法と日本法, 岩波講座 現代法 14, 岩波書店, 1966.

碧海純一編, 現代法學の方法, 岩波講座 現代法 15, 岩波書店(日本·中國·韓國における), 1966.

早稻田大學日中韓商事法シンポジウム組織委員會編, 會社法·證券取引法の變革と新たなる展開, 成文堂, 1999.

Graveson/Cohn/Graveson, *The Uniform Laws on International Sales Act*, 1967.

Honnold, John, *Uniform Law on for International Sales - under the 1980 United Nations Convention*, 2nd Ed., Kluwer, 1991.

Kropholler, Jan, *Internationales Einheitsrecht*, C. F. Muller Juristischer Verlag,

1975.

Kübler, Friedrich, *Gesellschaftsrecht*, 2. Aufl., 1986.

Lawson, F.H., *A Common Lawyer Looks at the Civil Law*, Five lectures delivered at he University of Michigan November 16, 17, 18, 19, and 29, 1953. University of Michigan Law School An Arbor, 1953.

Mertens/Rehbinnder, *Internationales Kaufrecht*, Kommentar zu den Einheitlichen Kaufgesetzen, 1975.

Schanze, Erich, *Einmanngesellschaft und Durchgriffshaftung–Konzeptionalisierungsprobleme gesellschaftlicher Zurechnung*, Alfred Metzner Verlag, 1975.

Schiemann, Gottfried /新井 誠編譯, ドイツ私法學の構造と歷史的展開, 日本評論社, 2008.

Schmitthoff (ed.), *The Sources of the Law of International Trade*, Stevens, 1964.

Schmitthoff, C.M., *Commercial Law in a Changing Economic Climate*, 2nd Ed., 1981.

Wiacker, Franz, *Privatrectsgeschichte der Neuzeit*, Vandenhoeck & Ruprecht, Göttingen, 1967.

부　록

商法(草案)

大韓民國 商法典

어음법

수표법

商法(草案)

法制編纂委員會

正誤表

條數	項數	行數	誤	正
		一	第一編 總則	法律第 號 商法(案) 第一編 總則
一一	一	五	가름하여	갈음하여
五二	二	三	民法(草案)第五百二十一條	民法第五百三十條
一九七	一	七	가름하여	갈음하여
二一七	二	七	民法(草案)第百三十三條	民法第百四十條
二五四	二	八	民法(草案)第三百九十七條 및 第三百九十八條	民法第四百六條및第四百七條
三百七	三	四	民法第百二條但書	民法第百七條但書
三五三	三	九	民法第三百四十二條第三項	民法第三百五十三條第三項
八六四	一	一三	拾萬園以下의罰金	十萬園以下의罰金
八六五	一	四	〃	〃

目 次

第一編 總 則
- 第一章 通則
- 第二章 商人
- 第三章 商業使用人
- 第四章 商號
- 第五章 營業讓渡
- 第六章 商業帳簿
- 第七章 商業登記

第二編 商行爲
- 第一章 通則
- 第二章 賣買
- 第三章 相互計算
- 第四章 匿名組合
- 第五章 代理商
- 第六章 仲介業
- 第七章 委託賣買業
- 第八章 運送幹旋業
- 第九章 運送業
  - 第一節 物件運送
  - 第二節 旅客運送
- 第十章 任置
- 第一節 通則
- 第二節 倉庫業

第三編 會 社
- 第一章 總則
- 第二章 合名會社
  - 第一節 設立
  - 第二節 會社의內部關係
  - 第三節 會社의外部關係
  - 第四節 設立의無效와取消
  - 第五節 社員의退社
  - 第六節 會社의解散

第七節 清算
第三章 合資會社
第四章 株式會社
第一節 設立
第二節 株式
第三節 會社의機關
第一關 株主總會
第二款 理事및理事會
第三款 監事
第四節 定款의變更
第五節 會社의計算
第六節 社債
第七節 會社의整理
第八節 解散
第九節 清算
第五章 有限會社
第一節 設立
第二節 社員의權利義務
第三節 會社의管理
第四節 定款의變更
第五節 合併 및組織變更
第六節 解散및清算
第六章 外國會社
第七章 罰則

第四編 保 險
第一章 總則
第二章 損害保險
第一節 通則
第二節 火災保險
第三節 運送保險
第四節 海上保險
第五節 責任保險
第三章 生命保險

第五編 海 商
第一章 船舶
第二章 船舶所有者
第三章 船長및船員
第四章 運送
第一節 物件運送
第二節 旅客運送
第五章 共同海損
第六章 船舶衝突
第七章 海難救助
第八章 船舶債權
第九章 罰則

第六編 證券法
第一章 換證券
第一節 發行및方式
第二節 背書
第三節 引受
第四節 保證
第五節 滿期日
第六節 支給
第七節 引受또는支給의拒絶로因한遡求
第八節 参加
第九節 複本及謄本
第十節 變造
第十一節 消滅時效
第十二節 通則
第二章 約束證券
第三章 支給證券(手票)
第一節 發行및方式
第二節 讓渡
第三節 保證
第四節 提示및支給
第五節 橫線支給證券
第六節 支給拒絶로因한遡求
第七節 複本
第八節 變造
第九節 時效
第十節 支給保證
第十一節 通則
第四章 拒絶證書

附 則

第1編　總　則

第1章 通　則

第一條　商事에關하여本法에規定없는것은商慣習法에依하고商慣習法이없으면民法의規定에依한다

第二條　公法人의商行爲에對하여는다른法令에特別한規定이없는境遇에限하여本法을適用한다

第三條　當事者中그一人의行爲가商行爲인때에는全員에對하여本法을適用한다

第二章 商　人

第四條　自己名義로商行爲를하는者를商人이라한다

第五條　未成年者가法定代理人의許諾을얻어商行爲를하는때에는登記를하여야한다

第六條　未成年者가法定代理人의許諾을얻어會社의無限責任社員이된때에는그社員資格에因한行爲에는能力者로看做한다

第七條　法定代理人이未成年者또는禁治産者를爲하여商行爲를하는때에는登記를하여야한다

法定代理人의代理權에對한制限은善意의第三者에對抗하지못한다

第八條　限定治産者는後見人의同意를얻어支配人을選任하여商行爲를할수있다

第九條 商號, 商業帳簿및商業登記에關한規定은行商其他小商人에適用하지아니한다

第三章 商業使用人

第十條　商人은支配人을選任하여主營業所또는分營業所에서營業하게할수있다

第十一條　支配人은營業主에가름하여그營業에關한裁判上또는裁判外의行爲를할수있다

支配人은支配人아닌店員其他使用人을選任또는解任할수있다

支配人의代理權에關한制限은善意의第三者에對抗하지못한다

第十二條　商人은數人의支配人에게共同으로代理權을行使하게할수있다

前項의境遇에支配人一人에對한意思表示는營業主에對하여그效力이있다

第十三條　商人은支配人의選任및그代理權의消滅에關하여그支配人을둔主營業所나分營業所所在地에서登記하여야한다

前條第一項에規定한事項및그變更도같다

第十四條　主營業所또는分營業所의營業主任其他類似한名稱있는使用人은主營業所또는分營業所의支配人과同一한權限이있는것으로看做한다 但裁判上行爲에關하여는例外로한다

前項의規定은相對方이惡意인境遇에는適用하지아니한다

第十五條　營業의特定한種類또는特定한事項에對한委任을받은使用人은이에關한裁判外의一切行爲를할수있다

第十一條第三項의規定은前項의境遇에準用한다

第十六條　物品을販賣하는店鋪의使用人은그販賣에關한一切의權限있는것으로看做한다

第十四條第二項의規定은前項의境遇에準用한다

第十七條　商業使用人은營業主의許諾없이自己또는第三者를爲하여營業主의營業部類에屬한商行爲를하거나會社의無限責任社員, 理事또는다른商人의使用人이되지못한다

商業使用人이前項의規定에違反하여商行爲를할境遇에그行爲가自己를爲한것인때에는營業主는이를營業主를爲한것으로看做할수있고第三者를爲한것인때에는營業主는使用人에對하여이로因한利得의讓渡를請求할수있다

前項의規定은營業主로부터使用人에對한契約의解止또는損害賠償의請求에影響이없다

第二項에規定한權利는營業主가그行爲를알은날로부터二週間內그行爲있는날로부터一年內에行使하여야한다

第四章 商　號

第十八條　商人은그姓名其他名稱으로商號를定할수있다

第十九條　會社商號에는그種類에依하여合名會社, 合資會社, 株式會社, 有限會社의文字를使用하여야한다

第二十條　會社아니면商號에會社의文字를使用하지못한다　會社의營業을讓受한境遇에도같다

第二十一條　同一한營業의同一한營業所에는單一商號를使用하여야한다

分營業所의商號에는主營業所의從屬關係를表示하여야한다

第二十二條 他人의登記한商號는同一한特別市, 市, 邑, 面에서同種營業의商號로登記하지못한다

第二十三條 商號를登記한者는不正競爭의目的으로同一類似한商號를使用하는者에對하여그廢止를請求할수있다
前項의規定은損害賠償의請求에影響이없다
同一한特別市, 市, 邑, 面에서同種營業으로他人의登記한商號를使用하는者는不正競爭의目的으로使用하는것으로推定한다

第二十四條 누구든지不正한目的으로他人의營業으로誤認할수있는商號를使用하지못한다
前項의規定에違反하여商號를使用하는者가있는境遇에이로因하여損害를받을念慮있는者는그廢止를請求할수있다
前項의規定은損害賠償의請求에影響이없다

第二十五條 他人에게自己의姓名또는商號를使用하여營業할것을許諾한者는自己를營業主로誤認한第三者의商行爲에對하여그他人과連帶責任이있다

第二十六條 商號는營業을廢止하거나營業과함께하는境遇에限하여이를讓渡할수있다
商號의讓渡는登記하지아니하고第三者에對抗하지못한다

第二十七條 商號를登記한者가正當한事由없이二年間商號를使用하지아니하면이를廢止한것으로看做한다

第二十八條 商號를變更또는廢止한境遇에二週間內에登記하지아니하는때에는利害關係人은그登記의抹消를請求할수있다

第二十九條 第二十條第二十四條第一項에違反한者는十萬圜以下의過料에處한다 不正競爭의目的으로第二十三條第一項의商號를使用한者도같다

第五章 營業讓渡

第三十條 營業을讓渡한境遇에特別한約定이없으면讓渡人은十年間同一한特別市, 市, 邑, 面및隣接特別市, 市, 邑, 面에서同種의營業을하지못한다
讓渡人에同種의營業을하지아니함을約定한때에는同一한特別市, 市, 郡및隣接特別市, 市, 郡에限하여二十年을超過하지아니한範圍에서그效力이있다

第三十一條 營業讓受人이讓渡人의商號를繼續使用하는境遇에는讓渡人의從前營業에關한第三者의債權에對하여辨濟의責任이있다
前項의規定은讓受人이營業讓渡를받은後遲滯없이讓渡人의債務에對한責任없음을登記한때에는適用하지아니한다 讓渡人및讓受人이遲滯없이第三者에對하여그趣旨를通知한境遇에그通知를받은第三者에對하여도같다

第三十二條 前條第一項의境遇에讓渡人의從前營業에關한債權에對하여債務者가重大한過失없이讓受人에게辨濟한때에는그效力이있다

第三十三條 營業讓受人이讓渡人의從前營業에關한債務를引受함을公示한때에는辨濟의責任이있다

第三十四條 營業讓受人이第三十一條第一項또는前條의規定에依하여辨濟責任있는境遇에는讓渡人의第三者에對한債務는營業讓渡또는公示後二年이經過하면消滅한다

第六章 商業帳簿

第三十五條 商人은帳簿를備置하고日常의商行爲및其他財產에影響있는事項을明記하여야한다 但家事費用은每月總額만을記載할수있다
小商人은現金販賣와外上販賣로分類하여每月總額만을記載할수있다

第三十六條 商人은營業을開始한때및每年一回以上定期로動產, 不動產, 債權, 債務其他財產의目錄및貸借對照表를作成하여야한다
會社는成立한때및每決算期에前項의書類를作成하여야한다
財產目錄및貸借對照表는作成者이에記名捺印하고特別帳簿에記載하거나別冊으로編綴하여야한다

第三十七條 財產目錄에는動產, 不動產, 債權其他財產의價額을目錄作成當時의價格에依하여正確히記載하여야한다
營業用固定財產에對하여는前項規定에不拘하고取得價額또는製作價額으로부터相當한減損額을控除한價額을記載하여야한다

第三十八條 商人은十年間商業帳簿및營業에關한重要書類를保存하여야한다
前項期間은商業帳簿에는그閉鎖한날로부터起算한다

第七章 商業登記

第三十九條 登記事項은當事者의申請에依하여

營業所의所在地를管轄하는法院의商業登記簿에登記한다

第四十條　主營業所의所在地에登記할事項은特別한規定이없으면分營業所의所在地에도登記하여야한다

第四十一條　登記한事項은法院이遲滯없이公告하여야한다　公告가登記와相違되는때에는公告없는것으로看做한다

第四十二條　登記할事項은登記및公告後가아니면善意의第三者에게對抗하지못한다　登記및公告後라도第三者가正當한事由로因하여이를알지못한때에는前項과같다

第四十三條　分營業所의所在地에登記할事項을登記하지아니한때에는前條의規定은그分營業所의商行爲에限하여適用한다

第四十四條　故意또는過失로因하여事實과相違한事項을登記한者는그相違로써善意의第三者에게對抗하지못한다

第四十五條　登記事項에變更이있거나그事項이消滅한때에는當事者는遲滯없이變更또는消滅登記를하여야한다

第二編 商行爲

第一章 通　則

第四十六條　營業으로하는다음行爲를商行爲라한다

一. 動産, 不動産또는有價證券의賣買
二. 動産, 不動産또는有價證券의賃貸借
三. 手工業아닌商品의製造또는加工
四. 電氣, 電波, 瓦斯또는水道물의供給
五. 作業또는勞務의都給
六. 出版, 印刷또는撮影
七. 通信또는情報
八. 貸金, 換金其他金融業
九. 客의來集을爲한處所의提供
十. 代理商
十一. 仲介業
十二. 委託賣買業
十三. 任置
十四. 運送斡旋또는運送業
十五. 信託
十六. 保險
十七. 鑛物또는土石의採取

第四十七條　商人의營業에關한行爲는商行爲로看做한다

商人의行爲는營業에關한것으로推定한다

第四十八條　商行爲의代理人이本人을爲한것임을表示하지아니하여도그行爲는本人에對하여效力이있다　但相對方이本人을爲한것임을알지못한때에는代理人에對하여도履行의請求를할수있다

第四十九條　商行爲의委任을받은者는委任의本旨에反하지아니한範圍에서委任받지아니한行爲를할수있다

第五十條　商行爲의委任에依한代理權은本人의死亡으로因하여消滅되지아니한다

第五十一條　對話者間의契約要請은相對方이卽時承諾하지아니한때에는그效力이없다

第五十二條　隔地者間의契約要請은承諾期間이없으면相對方이相當한期間內에承諾通知를發送하지아니한때에는그效力이없다

民法(草案)第五百二十一條의規定은前項의境遇에準用한다

第五十三條　商人이常時商行爲의關係있는者로부터그營業部類에屬한契約要請을받은때에는遲滯없이諾否의通知를發送하여야한다　이를懈怠한때에는承諾한것으로看做한다

第五十四條　商行爲로因한債務의法定利率은年六分으로한다

第五十五條　商人間의金錢消費貸借에는貸主는法定利子를請求할수있다

商人이그營業範圍에서他人을爲하여金錢을替當한때에는替當한날以後의法定利子를請求할수있다

第五十六條　商行爲로因한債務履行의處所가그行爲의性質또는當事者의意思表示에依하여特定되지아니한境遇에는特定物의引渡는行爲當時의物件所在處所, 其他履行은債權者의營業所, 營業所가없는때에는그住所에서하여야한다　分營業所의商行爲에對하여는그分營業所를履行處所의營業所로看做한다

第五十七條　指示債權이나無記名債權의辨濟는債務者의營業所, 營業所가없는때에는그住所에서하여야한다

第五十八條　指示債權또는無記名債權의債務者는履行期限이있는境遇에도그期限이到來한後所持人이그證券을提示하고履行의請求를한때부터遲滯責任이있다

第五十九條　數人이그一人또는全員의商行爲되는共同行爲로因한債務를負擔한때에는連帶責任이있다
保證人이있는境遇에그保證이商行爲이거나主債務가商行爲로因한것인때에는主債務者및保證人이各別한行爲로다른時期에債務를負擔한境遇에도連帶責任이있다

第六十條　商人間의商行爲로因한債權이辨濟期에있는때에는債權者는辨濟를받을때까지그債務者에對한商行爲로因하여自己의占有에있는債務者所有의有價證券其他物件을留置할수있다 但當事者間의特約이있으면例外로한다

第六十一條 金錢, 有價證券其他物件의支給을目的으로한有價證券의所持人이그證券을喪失하여公示催告의申請을한때에는債務者에게對하여그債務의目的物의供託을請求할수있고相當한擔保의提供을條件으로그證券債務의履行을請求할수있다

第六十二條　商人이그營業部類에屬한契約의要請을받은境遇에見本其他物件을받은때에는그要請을拒絶한때에도要請者의費用으로그物件을保管하여야한다　但그物件價格이保管費用을償還하기不足하거나保管으로因하여損害를받을念慮있는때에는例外로한다

第六十三條　商人이그營業範圍內에서他人을爲하여어느行爲를한때에는相當한報酬를請求할수있다

第六十四條　法令또는慣習에依하여營業時間의定한바있는때에는債務의履行또는履行의請求는그時間內에하여야한다

第六十五條　商行爲로因한債權은特別한規定이없는때에는五年間行使하지아니하면消滅된다 但다른法律에短期時效의規定이있는때에는그規定에依한다

第六十六條　第八百八十五條乃至第八百八十七條第二項第九百五十六條第二項第九百六十五條및第九百六十七條의規定은金錢, 有價證券其他物件의支給을目的으로한有價證券에準用한다

第二章 賣　買

第六十七條　商人間의賣買에있어買主가目的物의受領을拒否하거나이를受領할수없는때에는賣主는그物件을供託하거나相當한期間을定하여催告한後競賣할수있다 이境遇에는遲滯없이買主에對하여그事由의通知를發送하여야한다
前項의境遇에買主에對한催告를할수없거나目的物이滅失또는毁損될念慮가있는때에는催告없이競賣할수있다
前二項의規定에依하여그目的物을競賣한때에는그代金에서競賣費用을控除한殘額을供託하여야한다　但그全部나그一部를賣買代金에充當할수있다

第六十八條　商人間의賣買에있어賣買의性質또는當事者의意思表示에依하여一定한日時또는一定한期間內에履行하지아니하면契約의目的을達成할수없는境遇에當事者一方이履行時期를經過한때에는相對方에卽時그履行을請求하지아니하면契約을解除한것으로看做한다

第六十九條　商人間의賣買에있어買主가目的物을受領한때에는遲滯없이이를檢查하여瑕疵또는數量不足을發見한境遇에卽時賣主에게通知하지아니하면이로因한契約解除, 代金減額또는損害賠償을請求하지못한다　賣買의目的物에卽時發見할수없는瑕疵있는境遇에買主가六月內에이를發見한때에도같다
前項의規定은賣主가惡意인境遇에는適用하지아니한다

第七十條　前條의境遇에買主가契約을解除한때에도賣主의費用으로賣買目的物을保管또는供託하여야한다　但그目的物이滅失또는毁損될念慮가있는때에는法院의許可를얻어競賣하여그代價를保管또는供託하여야한다
前項의規定에依하여買主가競賣한때에는遲滯없이賣主에게그事由의通知를發送하여야한다
前二項의規定은賣主및買主의營業所또는住所가同一特別市, 市, 邑, 面에있는때에는適用하지아니한다

第七十一條　前條의規定은賣主로부터買主에게引渡한物件이請求한目的物과相違하거나數量이超過한境遇에그相違또는超過한部分에對하여準用한다

第三章 相互計算

第七十二條　相互計算은商人間또는商人非商人間에常時商行爲의關係있는境遇에一定한期間의商行爲로因한債權債務의總額에關하여相計하고그殘額을支給할것을約定함으로써그效力이생긴다

第七十三條 換證券, 約束證券, 支給證券, 其他

商業證券에依한債權債務를相互計算에計入한境遇에그證券債務者가辨濟하지아니한때에는當事者는그債務의項目을相互計算에서除去할수있다

第七十四條　當事者가相計할期間을定하지아니한때는그期間은六月로한다

第七十五條　當事者가債權債務의各項目을記載한計算書를承認한때에는그各項目에對하여異議하지못한다　但錯誤나遺脫이있는때에는例外로한다

第七十六條　相計의殘額에對하여는債權者는計算終了日以後의法定利子를請求할수있다

前項의規定에不拘하고當事者는各項目을相互計算에計入한날로부터利子를附加할것을約定할수있다

第七十七條　各當事者는언제든지相互計算의契約을解止할수있다　이境遇에는卽時計算을終了하고殘額의支給을請求할수있다

第四章 匿名組合

第七十八條　匿名組合은當事者一方이相對方의營業을爲하여出資하고相對方은그營業으로因한利益을分配할것을約定함으로써그效力이생긴다

第七十九條　匿名組合員이出資한金錢其他財産은營業者의財産으로看做한다

第八十條　匿名組合員은營業者의行爲에關하여第三者에對한權利나義務가없다

第八十一條　匿名組合員이自己의姓名을營業者의商號中에使用하게하거나自己의商號를營業者의商號로使用할것을許諾한때에는그使用以後의債務에對하여營業者와連帶責任이있다

第八十二條　匿名組合員의出資가損失로因하여減少된때에는그損失을塡補한後가아니면利益配當을請求하지못한다

損失이出資額을超過한境遇에도匿名組合員은이미받은利益의返還또는增資할義務가없다

前二項의規定은當事者間의다른特約이있으면適用하지아니한다

第八十三條　組合契約으로組合의存續期間을定하지아니하거나當事者또는第三者의終身까지存續할것을約定한때에는各當事者는營業年度의終了時에契約을解止할수있다　但이解止는六月前에相對方에通告하여야한다

組合의存續期間의約定有無에不拘하고不得已한事情이있는때에는各當事者는언제든지契約을解止할수있다

第八十四條　組合契約은다음事由로因하여終了된다

一. 事業成功또는그成功의不能
二. 營業者의死亡또는禁治産
三. 營業者또는匿名組合員의破産

第八十五條　組合契約이終了된때에는營業者는匿名組合員에게그出資의價額을返還하여야한다　但出資가損失로因하여減少한때에는그殘額을返還한다

第八十六條　第二百七十七條第二百八十條및第二百八十三條의規定은匿名組合員에이를準用한다

第五章 代理商

第八十七條　一定한商人을爲하여常時그營業部類에屬한商行爲의代理또는仲介를業으로하는者를代理商이라한다

第八十八條　代理商이代理行爲또는仲介를한때에는遲滯없이本人에게通知하여야한다

第八十九條　代理商은本人의許諾없이自己가第三者를爲하여本人의營業部類에屬한商行爲를하거나同種營業會社의無限責任社員또는理事가되지못한다

第十七條第二項乃至第四項의規定은代理商이前項規定에違反한境遇에準用한다

第九十條　物品販賣나그仲介의委託을받은代理商은賣買目的物의瑕疵또는數量不足其他賣買로因한義務履行에關한通知를받을權限이있다

第九十一條　代理商은代理行爲또는仲介로因한債權이辨濟期에있는때에는그辨濟를받을때까지本人을爲하여占有한有價證券其他物件을留置할수있다　但當事者間에다른特約이있으면例外로한다

第九十二條　當事者가契約의存續期間을約定하지아니한때에는各當事者는二月前에豫告하고契約을解止할수있다

第八十三條第二項의規定은代理商의契約解止에準用한다

第六章 仲介業

第九十三條　他人間의商行爲의仲介를業으로하는者를仲介人이라한다

第九十四條　仲介人은그仲介한行爲에關하여當

事者를代理하여支給其他履行을받지못한다 但特約이나慣習이있으면例外로한다

第九十五條 仲介人이그仲介한行爲에關하여見本을받은때에는그行爲가完了될때까지이를保管하여야한다

第九十六條 當事者間에契約이成立된때에는仲介人은遲滯없이各當事者의姓名또는商號, 契約年月日및그要領을記載한書面을作成하여署名한後各當事者에게交付하여야한다

當事者가卽時로契約履行을하지아니하는境遇에는仲介人은各當事者로하여금前項書面에署名하게한後그相對方에交付하여야한다

前二項의境遇에當事者一方이書面의受領을拒否하거나署名하지아니한때에는仲介人은遲滯없이相對方에게이를通知하여야한다

第九十七條 仲介人은前條에規定한事項을帳簿에記載하여야한다

當事者는언제든지自己를爲하여仲介한行爲에關한帳簿의謄本을請求할수있다

第九十八條 當事者가그姓名또는商號를相對方에게表示하지아니할것을仲介人에게要求한때에는仲介人은그相對方에交付할第九十六條第一項의書面및前條第二項의謄本에이를記載하지못한다

第九十九條 前條의規定에依하여當事者一方의姓名또는商號를相對方에表示하지아니한때에는仲介人이相對方에對하여그履行責任이있다

第百條 仲介人은第九十六條의節次를完了하지아니하면報酬를請求하지못한다

仲介人의報酬는當事者雙方이平均負擔한다

第七章 委託賣買業

第百一條 自己名義로他人을爲하여有價證券其他物件의賣買를業으로하는者를委託賣買人이라한다

第百二條 委託賣買人은委託者를爲한賣買에關하여相對方에對하여直接權利를取得하고義務를負擔한다

第百三條 委託賣買人이委託者로부터받은有價證券其他物件이나委託賣買로因하여取得한權利또는有價證券其他物件은委託者와委託賣買人또는그委託賣買의相對方以外의委託賣買人의債權者에對한關係에는이를委託者의所有또는債權으로看做한다

第百四條 委託賣買人이委託받은賣買行爲를實行한때에는遲滯없이委託者에對하여그契約條項및相對方의住所姓名을通知하여야하며計算書를提出하여야한다

第百五條 委託賣買人은委託者를爲한賣買에關하여相對方이債務를履行하지아니하는境遇에는委託者에對하여이를履行할責任이있다 但特約이나慣習이있으면例外로한다

第百六條 委託者의指定한價額보다低價로賣渡하거나高價로買受한境遇에도委託賣買人이그差額을負擔한때에는그賣買는委託者에對하여效力이있다

委託者의指定한價額보다高價로賣渡하거나低價로買受한境遇에는그差額은特約이없으면委託者의利益으로한다

第百七條 委託賣買人이定期物市價있는物件의賣買委託을받은때에는直接그賣主나買主가될수있다 이境遇의賣買代價는委託賣買人이賣買의通知를發送한때의市價에依한다

前項의境遇에도委託賣買人은委託者에對하여報酬를請求할수있다

第百八條 委託賣買人이委託物件의引渡를받은後그物件의毁損또는瑕疵있음을發見하거나腐敗할念慮또는價額變動의商況을알은때에는遲滯없이委託者에게通知하여야한다

前項의境遇에委託者의指示를받을수없거나그指示가遲滯되는때에는委託賣買人은委託者의利益을爲하여適當한處分을할수있다

第百九條 委託賣買人의買受의委託을받은境遇에委託者가買受한物件의受諾을拒否하거나이를受領할수없는때에는第六十七條의規定을準用한다

第百十條 委託賣買人은委託을받은賣買行爲를終了한때에는委託者에對한報酬를請求할수있다

委託賣買人의責任없는事由로因하여賣買行爲를實行하지못한境遇에도委託物件의受渡및保管에關한報酬를請求할수있다

第百十一條 商人인委託者가其營業部類에屬한物件의買受를委託한境遇에는委託者와委託賣買人의關係에對하여第六十八條乃至第七十條의規定을準用한다

第百十二條 第九十一條의規定은委託賣買人에準用한다

第百十三條 委託者의委託賣買人의關係에는本章의規定外에委任및代理에關한規定을準用

한다

第百十四條　本章의規定은自己名義로他人을爲하여委託에依한賣買以外의行爲를業으로하는者에準用한다

第八章 運送幹旋業

第百十五條　自己의名義로物件運送의幹旋을業으로하는者를運送幹旋人이라한다

第百十六條　運送幹旋人은自己나使用人이運送物의受領, 引渡, 保管및運送人또는中間運送幹旋人의選擇其他運送에關하여注意를懈怠한때에는運送物의滅失, 毁損또는延着으로因한損害를賠償할責任이있다

第百十七條　運送幹旋人은特別한約定이없으면直接運送할수있다　이境遇에는運送幹旋人은運送人과同一한權利義務가있다

運送幹旋人이委託人의請求에依하여貨物相換證을作成한때에는直接運送하는것으로看做한다

第百十八條　數人이順次로運送幹旋을할境遇에는後者는前者에가름하여運送幹旋에關한權利義務가있다

前項의境遇에後者가前者에게運送幹旋에關한費用을支給한때에는前者의權利를取得한다

第百十九條　前條의境遇에中途또는到着地의運送幹旋人이運送人에게運賃을支給한때에는運送人의權利를取得한다

第百二十條　運送幹旋人은運送物을運送人에게引渡한때에는卽時報酬를請求할수있다

契約으로運送費의一定額을定한境遇에는報酬에關한特約이없으면이를請求하지못한다

第百二十一條　運送幹旋人은運送物에關한運賃, 報酬또는委託人을爲한替當金이나先貸金에限하여그運送物을留置할權利가있다

第百二十二條　運送幹旋人의責任은受荷人이運送物을受領한날로부터一年을經過하면時效로因하여消滅된다

運送物의全部滅失의境遇에는前項의期間은그運送物을引渡한날로부터起算한다

前二項의規定은運送幹旋人이나그使用人의惡意인境遇에는適用하지아니한다

第百二十三條　運送幹旋人의委託人또는受荷人에對한債權은一年을經過하면時效로因하여消滅된다

第百二十四條　運送幹旋人에對하여는本章의規定外에委託賣買人에關한規定을準用한다

第百二十五條　第百四十條第百四十四條第百四十五條의規定은運送幹旋業에準用한다

第九章 運送業

第百二十六條　陸上또는江, 湖, 川, 港灣에서物件또는旅客의運送을業으로하는者를運送人이라한다

第百二十七條　本章의規定은다른法律의規定이없으면空中運送을業으로하는者에準用한다

第一節 物件運送

第百二十八條　送荷人은運送人의請求에依하여運送狀을交付하여야한다

運送狀에는다음事項을記載하고送荷人이記名捺印하여야한다

一. 運送物의種類, 重量또는容積, 包裝의種別및個數, 記號

二. 到着地

三. 受荷人및運送人의姓名또는商號,住所또는營業所

四. 運賃및그先給또는着給

五. 運送狀의作成地및作成年月日

第百二十九條　送荷人이運送狀에虛僞또는不正確한記載를한때에는運送人에對하여이로因한損害를賠償할責任이있다

前項의規定은運送人이惡意인境遇에는適用하지아니한다

第百三十條　運送人은送荷人의請求에依하여貨物相換證을交付하여야한다

貨物相換證에는다음事項을記載하고運送人이記名捺印하여야한다

一. 第百二十八條第二項第一號乃至第三號의事項

二. 送荷人의姓名또는商號, 住所또는營業所

三. 運賃其他運送物에關한費用및그先給또는着給

四. 貨物相換證의作成地및作成年月日

第百三十一條　運送人은送荷人의請求에依하여貨物相換證에證券所持人에게運送物을引渡할것을記載하여야한다

第百三十二條　貨物相換證을作成한境遇에이와相換하지아니하면運送物의引渡를請求할수없다

第百三十三條　貨物相換證은記名式인境遇에도

背書에依하여讓渡할수있다 但貨物相換證에背書를禁止한때에는例外로한다

第百三十四條 貨物相換證을作成한境遇에는運送人과所持人間의運送에關한事項은貨物相換證의記載한바에依한다

第百三十五條 貨物相換證을作成한境遇에는運送物에關한處分은貨物相換證으로써하여야한다

第百三十六條 貨物相換證에依하여運送物을받을者에게貨物相換證을交付한때에는運送物의引渡와同一한效力이있다

第百三十七條 運送物의全部또는一部가送荷人의責任없는事由로因하여滅失한때에는運送人은그滅失된部分의運賃을請求하지못하며이미運賃을받은때에는返還하여야한다 運送物의全部또는一部가그性質瑕疵또는送荷人의過失로因하여滅失한때에는運送人은運賃의全額을請求할수있다

第百三十八條 運送人은運送物을받은때로부터引渡할때까지그滅失, 毁損또는延着으로因한損害를賠償할責任이있다 但그滅失, 毁損또는延着이不可抗力에因하거나運送物의性質또는送荷人이나貨物相換證所持人의指示에因한境遇에는例外로한다

第百三十九條 運送人은使用人이나그運送의實行에使用한者또는그選擇한運送斡旋人의過失에關하여도前條의規定과同一한範圍의責任이있다

第百四十條 貨幣, 有價證券其他高價物에對하여는送荷人이運送을委託할때에그種類및數量또는價額을明示할境遇에限하여運送人이損害를賠償할責任이있다

第百四十一條 運送物이全部滅失또는延着된境遇의損害賠償額은引渡할날의到着地價格에依한다

運送物의一部滅失또는毁損된境遇의損害賠償額은引渡한날의到着地價格에依한다

運送物의滅失, 毁損또는延着이運送人의故意나過失로因한때에는運送人은一切의損害를賠償하여야한다

運送物의滅失또는毁損으로因하여支給을要하지아니한運賃其他費用은前三項의賠償額에서控除하여야한다

第百四十二條 數人이順次로運送할境遇에는各運送人은連帶하여運送物의滅失, 毁損또는延着으로因한損害를賠償할責任이있다

運送人中一人이前項의規定에依하여損害를賠償한때에는그損害의原因된行爲者에對하여求償權이있다 그損害의原因된行爲者를알수없는때에는各運送人은그運賃額의比例로損害를分擔한다

第百四十三條 送荷人또는貨物相換證所持人은運送人에對하여運送의中止, 運送物의返還其他處分을請求할수있다 이境遇에運送人은이미運送한程度에相應한運賃, 替當金및그處分으로因한費用의支給을請求할수있다

前項送荷人의權利는運送物이到着地에到着한後受荷人이그引渡를請求한때에는消滅된다

貨物相換證이發行된때에는送荷人은第一項의權利를行使하지못한다

第百四十四條 運送物이到着地에到着한때에는受荷人은送荷人과同一한權利를取得한다

第百四十五條 受荷人이運送物을受領한때에는運送人에對하여運賃其他運送에附隨한費用및替當金을支給할義務가있다

第百四十六條 受荷人을確認할수없는때에는運送人은運送物을供託할수있다

前項의境遇에運送人은送荷人또는알은貨物相換證所持人에對하여相當한期間을定하여運送物의處分에對한指示를催告하고그期間內에指示를받지못한때에는運送物을競賣할수있다

運送人이前二項의規定에依하여運送物의供託또는競賣를한때에는遲滯없이送荷人또는알은貨物相換證所持人에게그事由를通知하여야한다

第百四十七條 前條의規定은受荷人이運送物의受領을拒否하거나受領할수없는境遇에準用한다 但運送人은送荷人또는貨物相換證所持人에對한催告前에受荷人에對하여相當한期間을定하여運送物의受領을催告하여야한다

第百四十八條 送荷人, 貨物相換證所持人및受荷人을알수없는때에는運送人은權利者에對하여六月以上의期間을定하여그期間內에權利를主張할것을公告하여야한다

前項公告는官報나日刊新聞紙에二回以上하여야한다

運送人이前二項規定에依한公告를하여도그期間內에權利를主張하는者가없는때에는運送物을競賣할수있다

第百四十九條 第六十七條第二項및第三項의規

定은前三條의競賣에準用한다

第百五十條 運送人의責任은受荷人또는貨物相換證所持人이留保없이運送物을受領한때에는消滅된다 但運送物에即時發見할수없는毁損또는一部滅失이있는境遇에運送物을受領한날로부터二週間內에運送人에게그事由를通知한때에는例外로한다

前項의規定은運送人또는그使用人이惡意인때에는適用하지아니한다

第百五十一條 第百十八條第百二十一條乃至第百二十三條의規定은이를運送人에게準用한다

第二節 旅客運送

第百五十二條 運送人은自己또는使用人이運送에關한注意를懈怠한때에는旅客에對하여運送으로因한損害를賠償할責任이있다

第百五十三條 運送人은旅客의委託을받은手荷物에關하여는運賃을받지아니한境遇에도物件運送人과同一한責任이있다

手荷物이到着地에到着한날로부터十日內에旅客이그引渡를請求하지아니한때에는第六十七條의規定을準用한다

第百五十四條 運送人은旅客의委託없는手荷物의滅失또는毁損에對하여는自己또는使用人의過失이없으면損害를賠償할責任이없다

第十章 任 置

第一節 通 則

第百五十五條 商人이그營業範圍에서物件의任置를받은때에는報酬를받지아니하는境遇에도善良한管理人의注意를하여야한다

第百五十六條 旅館, 飮食店, 浴湯其他客의來集을爲한處所의主人은客으로부터任置를받은物件의滅失또는毁損에對하여不可抗力에因함이아니면그損害를賠償할責任이있다

客으로부터任置를받지아니한境遇에도그處所에携帶한物件이處所의主人또는그使用人의過失로因하여滅失또는毁損된때에는主人은그損害를賠償할責任이있다

客의携帶物에對하여責任없음을揭示한때에도處所의主人은前項의責任을免하지못한다

第百五十七條 貨幣, 有價證券其他高價物에對하여는客이그價額또는種類를明示하여處所의主人에게任置하지아니하면主人은그物件의滅失또는毁損으로因한損害를賠償할責任이없다

第百五十八條 前二條의責任은處所의主人이任置物을返還하거나客이携帶物을携去한後六月을經過하면時效로因하여消滅된다

前項期間은物件全部滅失의境遇에는客이그處所를退去한날로부터起算한다

前二項의規定은處所主人이나그使用人이惡意인境遇에는適用하지아니한다

第二節 倉庫業

第百五十九條 他人을爲하여倉庫에物件을保管함을業으로하는者를倉庫業者라한다

第百六十條 倉庫業者는任置人의請求에依하여倉荷證券을交付하여야한다

倉荷證券에는다음事項을記載하고倉庫業者가記名捺印하여야한다

一. 任置物의種類, 品質, 數量, 包裝의種別, 個數및記號
二. 任置人의姓名또는商號및住所또는營業所
三. 保管處所
四. 保管料
五. 保管期間을定한때에는그期間
六. 任置物에保險있는때에는保險金額, 保險期間및保險者의姓名또는商號및住所또는營業所
七. 倉荷證券의作成地및作成年月日

第百六十一條 第百三十一條乃至第百三十六條의規定은倉荷證券에準用한다

第百六十二條 倉荷證券所持人은倉庫業者에對하여其證券을返還하고任置物을分割하여各部分에對한倉荷證券의交付를請求할수있다

前項의規定에依한任置物의分割및證券交付의費用은證券所持人이負擔한다

第百六十三條 倉荷證券으로任置物을入質한境遇에도質權者의承諾이있으면任置人은任置物의一部返還을請求할수있다 이境遇에는倉庫業者는返還한任置物의種類, 品質및數量을倉荷證券에記載하여야한다

第百六十四條 倉庫業者는任置物을받는때에는遲滯없이檢查하여滅失또는毁損이있으면即時任置人및알은倉荷證券所持人에게그事由를通知하여야한다

第百六十五條 倉荷業者는任置物에變質其他價格低下의念慮있음을알을때에는遲滯없이任置人및알은倉荷證券所持人에게그事由를通知하

여야한다

第百六十六條 前二條의境遇에倉庫業者가通知를解怠한때에는이로因한損害를賠償할責任이있다

第百六十七條 倉庫業者는自己또는使用人이任置物의保管에關하여注意를解怠한때에는任置物의滅失또는毁損에對하여損害를賠償할責任이있다

第百六十八條 任置人또는倉荷證券所持人은營業時間內에언제든지倉庫業者에對하여任置物의檢査또는見本의摘取를要求하고그保存에必要한處分을할수있다

第百六十九條 倉庫業者는任置物을出庫할때가아니면保管料其他費用및替當金의支給을請求하지못한다 但保管期間經過後에는出庫前이라도이를請求할수있다

任置物의一部出庫의境遇에는倉庫業者는그에相應한保管料其他費用및替當金의支給을請求할수있다

第百七十條 任置人의責任있는事由로因하여保管期間前에任置가終了된때에는倉庫業者는保管料의全額을請求할수있다

第百七十一條 當事者가任置期間을定하지아니한때에는倉庫業者는任置物을받은날로부터六月을經過하지아니하면이를返還하지못한다

前項의境遇에任置物을返還함에는二週日前에豫告하여야한다

第百七十二條 不得已한事由가있는境遇에는倉庫業者는前條의規定에不拘하고언제든지任置物을返還할수있다

第百七十三條 任置人또는倉荷證券所持人이任置物의受領을拒否하거나이를受領할수없는때에는倉庫業者는任置人또는알은倉荷證券所持人에對하여相當한期間을定하여任置物의受領을催告하고그期間內에受領하지아니하면이를競賣할수있다 이境遇에는遲滯없이任置人또는알은倉荷證券所持人에게그事由를通知하여야한다

第百七十四條 倉庫業者에對한任置物의滅失毁損으로因한損害賠償의債權은그物件出庫의날로부터一年이經過하면時效로因하여消滅된다

前項의期間은任置物의全部滅失의境遇에는任置人및알은倉荷證券所持人에게그滅失의通知를한날로부터起算한다

前二項의規定은倉庫業者또는그使用人의故意, 過失로因한境遇에는適用하지아니한다

第百七十五條 倉庫業者의任置人또는倉荷證券所持人에對한債權은그物件出庫의날로부터一年이經過하면時效로因하여消滅된다

第百七十六條 第百四十八條第百五十條의規定은倉庫業者에準用한다

第三編 會 社

第一章 總則

第百七十七條 本法에會社라함은商行爲를營業의目的으로하여設立한社團을이른다

商行爲以外의行爲를營利의目的으로하여設立한社團은이를會社로看做한다

第百七十八條 會社는合名會社, 合資會社, 株式會社및有限會社의四種으로한다

第百七十九條 會社는法人으로한다 會社의住所는本店所在地에있는것으로한다

第百八十條 會社는本店所在地의管轄法院에設立登記를完了함으로써成立된다

第百八十一條 會社의公告는官報나公報또는日刊新聞紙에揭載하여야한다

第百八十二條 會社는다른會社의無限責任社員이되지못한다

第百八十三條 會社는淸算없이다음方法에依하여다른會社와合併할수있다

一. 一方會社가財産全部를他方會社에讓渡하고他方會社는이에對하여그會社의持分또는株式을 付與하는것
二. 雙方會社가財産全部를合併으로因하여設立되는新會社에讓渡하고新會社는이에對하여그會社의持分또는株式을付與하는것

第百八十四條 會社의合併으로因하여新會社를設立하는境遇에는定款의作成其他設立에關한行爲는各會社에서選任한設立委員이共同으로하여야한다

第百八十五條 法院은다음事由가있는境遇에는利害關係人이나檢事長의請求에依하여또는職權으로써會社의解散을命할수있다

一. 會社가不正行爲를目的으로하여設立된것인때
二. 會社가正當한理由없이設立後一年內에營業을開始하지아니하거나一年以上營業을休止하는때

三. 理事또는會社의業務를하는社員이法令또는定款에違反하여會社의存續을許容할수없는行爲를한때

前項의請求가있는때에는法院은解散을命하기前에도利害關係人이나檢事長의請求에依하여또는職權으로써管理人의選任其他會社財產의保全에必要한處分을할수있다

利害關係人이前一項의請求를한때에는法院은會社의請求에依하여相當한擔保를提供할것을命할수있다

會社가前項의請求를함에는利害關係人의請求가惡意임을疎明하여야한다

第百八十六條 本法의規定에依하여登記할事項으로官廳의許可또는認可를要하는境遇에는그書類의到達이있는날로부터登記期間을起算한다

第二章 合名會社

第一節 設 立

第百八十七條 合名會社라함은二人以上의無限責任社員으로共同營業을目的으로하여設立한會社를이른다

第百八十八條 合名會社에는定款또는本法에特別한規定이없는事項은組合에關한民法의規定을準用한다

第百八十九條 合名會社의設立에는社員이共同으로定款을作成하여야한다

定款에는다음事項을記載하고總社員이記名捺印하여야한다

一. 目的
二. 商號
三. 本店및支店의所在地
四. 社員의出資種類및그價格또는評價의標準
五. 社員의姓名및住所
六. 定款의作成年月日

第百九十條 合名會社의設立登記는總社員의共同申請으로다음事項을登記하여야한다

一. 前條第二項第一號乃至第三號및第五號에揭記한事項
二. 社員의出資種類財產出資에는그價格및履行한部分
三. 存續期間其他解散事由를定한때에는그期間또는事由
四. 會社를代表할社員을定한때에는그姓名
五. 數人의社員이共同으로會社를代表할것을定한때에는그事由

前項의申請은書面으로하고定款의謄本을添付하여야한다

第百九十一條 會社의設立과同時에支店을設置하는境遇에는設立登記를完了한後二週間內에支店所在地에서前條第一項에揭記한事項을登記하여야한다

會社의設立後에支店을設置하는境遇에는本店所在地에서는二週間內에그支店所在地및設置年月日을登記하고그支店所在地에서는三週間內에前條第一項에揭記한事項을登記하여야하며다른支店이있는때에는그支店所在地에서同期間內에新設支店所在地및設置年月日을登記하여야한다

會社가支店또는支店所在地의管轄法院區域內에支店을設置하는境遇에는本店및支店所在地에서前項各期間內에新設支店所在地및設置年月日을登記하여야한다

第百九十二條 會社가本店을移轉하는境遇에는舊所在地에서二週間內에新所在地및移轉年月日을登記하고新所在地에서는三週間內에第百九十條第一項에揭記한事項을登記하여야한다

會社가支店을移轉하는境遇에는本店및支店所在地에서는二週間內에支店新所在地및移轉年月日을登記하고支店新所在地에서는三週間內에第百九十條第一項에揭記한事項을登記하여야하며다른支店이있는때에는그支店所在地에서同期間內에支店新所在地및移轉年月日을登記하여야한다

會社가本店또는支店所在地의管轄法院區域內에本店또는支店을移轉하는境遇에는本店및支店所在地에서二週間內에新所在地및移轉年月日을登記하여야한다

第百九十三條 第百九十條第一項에揭記한事項에變更이있는때에는本店所在地에서는二週間內, 支店所在地에서는三週間內에變更登記를하여야한다

第二節 會社의內部關係

第百九十四條 合名會社의內部關係는定款의定한바에依하고定款에定한바이없는事項은本節의規定에依한다

第百九十五條 社員은出資期間의定한바이있으면그期間內에期間이定한바이없으면相當한期

間內에會社에對하여出資의義務를履行하여야한다

金錢을出資의目的으로한社員은그義務의履行을遲滯한때에는遲延利子를加하여支給하여야한다

金錢以外의財産을出資의目的으로한社員은그權利를移轉하고그物件을引渡하여야한다

勞務를出資의目的으로한社員은그勞務를提供하여야한다

債權을出資의目的으로한社員은그債務者가辨濟期에支給하지아니한때에는그債權額에遲延利子를加하여支給하여야한다

前四項의規定에依한出資義務의履行을遲延한社員은이로因하여생긴會社의損害를賠償할責任이있다

第百九十六條　社員은總社員의同意가없으면自己또는第三者의計算으로會社의營業部類에屬하는行爲를하지못하며同種類의營業을目的으로하는다른會社의無限責任社員또는理事가되지못한다

社員되려는者가그會社의目的과同一한部類에屬하는營業을하거나同種類의營業을目的으로하는다른會社의無限責任社員또는理事가된때에는그事由를總社員에게告知하여同意를얻지못하면社員이되지못한다

第百九十七條　社員이前條의規定에違反된때에는會社는그社員에對하여損害의賠償을請求하거나이에가름하여그社員의自己計算으로한行爲는會社의計算으로한것으로看做하고第三者의計算으로한行爲는이로因하여그社員이얻은利益을會社의利益으로看做할수있다

前項의權利는總社員過半數決議에依하여行使하여야하며業務를執行하는社員의一人이그行爲있음을알은날로부터三月을經過하거나그行爲있은날로부터一年을經過하면消滅된다

第百九十八條　社員은總社員過半數의同意가없으면自己또는第三者의計算으로會社와營利에關한行爲를하지못한다

第百九十九條　各社員은定款또는社員總會의決議로써營業執行社員을定하지아니한때에는會社의業務를執行할權利와義務가있다

各社員의業務執行에關한行爲에對하여다른社員의異議가있는때에는各行爲를中止하고總社員過半數의決議에依하여야한다

第二百條　定款으로써社員의一人또는數人을業務執行者로定한때에는그社員이會社의業務를執行할權利와義務가있다

定款에業務執行社員을定하지아니한때에는總社員三分의二以上의決議로써一人또는數人의業務執行社員을定할수있다

數人의業務執行社員이있는境遇에그各社員의業務執行에關한行爲에對하여다른業務執行社員의異議가있는때에는곧그行爲를中止하고業務執行社員過半數의決議에依하여야한다

第二百一條　定款또는社員總會의決議로써數人의社員을共同業務執行者로定한때에는그全員의同意가없으면業務執行에關한行爲를하지못한다

第二百二條　業務執行社員은每年一回社員의通常總會를召集하여야한다

業務執行社員이必要하다고認定한때에는臨時總會를召集할수있다

總社員五分의一以上에該當한社員이會議의目的事項을提示하여總會의召集을請求한때에는業務執行社員은그請求를받은날로부터二週間內에臨時總會를召集하여야한다

前項의期間內에總會召集의通知를發하지아니한때에는請求한社員이總會를召集할수있다

第二百三條　總會를召集함에는會日을定하여그一週間前에各社員에對하여會議의目的및召集處所를記載한書面으로通知하여야한다

社員全員의同意있는때에는前項의節次없이總會를열수있고또는書面의回覽에依하여決議할수있다

第二百四條　社員總會의決議는定款또는本法에特定한規定있는境遇外에는總社員의過半數로써하여야한다

社員은書面또는代理人으로써決議權을行使할수있다

各社員의決議權은平等으로한다

第二百五條　支配人의選任및解任은定款에特別히定한바이없으면特定한業務執行社員이있는境遇에도總社員三分의二以上의決議에依하여야한다

第二百六條　定款의變更其他會社의目的範圍에屬하지아니한行爲를함에는總社員의同意가있어야한다

第二百七條　會社의業務를執行하는社員이業務를執行할能力을缺如하거나重大한義務에違反한行爲가있는때에는法院은社員의請求에依하

여業務執行權限의喪失을宣告할수있다

第二百八條 前條의訴訟은本店所在地의地方法院의管轄에專屬한다

第三節 會社의外部關係

第二百九條 定款또는社員總會의決議로써業務執行社員을定하지아니한때에는社員은各自가會社를代表한다

數人의業務執行社員을定한境遇에그中의代表社員을定하지아니한때에는業務執行社員은各自가會社를代表한다

第二百十條 會社는定款또는社員總會의決議로써數人의社員이共同으로會社를代表할것을定할수있다

共同代表의權限있는社員은그中의一人또는數人에게特定한行爲또는特定한種類의行爲를할權限을授與할수있다

第一項의境遇에도第三者의會社에對한意思表示는共同代表의權限있는社員一人에게對하여이를함으로써그效力이생긴다

第二百十一條 會社를代表하는社員은會社의業務에關하여裁判上또는裁判外의모든行爲를할權限이있다

前項의權限에加한制限은善意의第三者에게對抗하지못한다

第二百十二條 會社를代表하는社員이그業務執行으로因하여他人에게損害를加한때에는會社는그社員과連帶하여賠償할責任이있다

第二百十三條 社員은會社債務에對하여會社와連帶하여辨濟할責任이있다

會社設立後에加入한社員도그加入前에생긴會社債務에對하여다른社員과同一한責任이있다

前二項의規定에反하는會社및社員間의合意는第三者에對하여그效力이없다

第二百十四條 會社가社員에對하여또는社員이會社에對하여訴訟을提起하는境遇에會社를代表할社員이없는때에는總社員過半數의決議로써이를選定하여야한다

第二百十五條 社員이會社債務에關하여辨濟의請求를받은때에는會社가主張할수있는抗辯으로써그債權者에게對抗할수있다

會社가그債權者에對하여相計, 取消또는解除할權利가있는境遇에는社員은前項의請求에對하여辨濟를拒否할수있다

第二百十六條 第二百七條및第二百八條의規定은會社의代表社員에準用한다

第四節 設立의無效와取消

第二百十七條 會社의設立의無效는그社員에限하여設立의取消는그取消權있는者에限하여會社成立의날로부터一年內에訴訟으로서만이를主張할수있다

第二百八條의規定은前項의訴訟에準用하고民法(草案)第百三十三條의規定은前項의設立의取消에準用한다

第二百十八條 社員이그債權者를害할것을알고會社를設立한때에는債權者는그社員및會社에對한訴訟으로會社의設立取消를請求할수있다

第二百十九條 設立의無效또는取消의訴訟이提起된때에는會社는遲滯없이이를公告하여야한다

第二百二十條 數個의設立의無效또는取消의訴訟이提起된때에는法院은이를合併審理하여야한다

第二百二十一條 設立의無效또는取消의訴訟이그審理中에原因된瑕疵가補完되고會社의現況및諸般事情을參酌하여設立을無效또는取消하는것이不適當하다고認定한때에는法院은그請求를棄却할수있다

第二百二十二條 設立의無效또는取消의判決은第三者에對하여도그效力이있다 但判決確定前에생긴會社와社員및第三者間의權利義務에影響을미치지아니한다

第二百二十三條 設立의無效또는取消의訴訟을提起한者가敗訴한境遇에惡意또는重大한過失이있는때에는會社에對하여損害를賠償할責任이있다

第二百二十四條 設立의無效또는取消의判決이確定된때에는本店所在地에서는二週間內, 支店所在地에서는三週間內에그事實을登記하여야한다

第二百二十五條 設立의無效또는取消의判決이確定된때에는解散의境遇에準하여清算하여야한다

前項의境遇에는法院은社員其他利害關係人의請求에依하여清算人을選任할수있다

第二百二十六條 設立의無效또는取消의判決이確定된境遇에그無效나取消의原因이特定한社員에限한것인때에는다른總社員의同意로써會社를存續할수있다

前項의境遇에는그無效또는取消의原因있는社員은退社한것으로看做한다

第五節 社員의退社

第二百二十七條 定款으로써會社의存續期間을定하지아니하거나어느社員의終身까지存續할것을定한때에는社員은營業年度末에限하여退社할수있다 但六月前에이를總社員에게豫告하여야한다

第二百二十八條 社員은會社의存續期間의存否에不拘하고總社員의同意가있으면언제든지退社할수있다

社員이不得已한事由가있는때에는언제든지退社할수있다

第二百二十九條 社員은前二條의境遇外에다음事由로因하여退社된다

一. 定款에定한事由의發生
二. 死亡
三. 禁治產
四. 破產
五. 除名

第二百三十條 定款으로써社員이死亡한境遇에그相續人이會社에對한被相續人의權利義務를繼承하여社員이될수있음을定한때에는相續人은相續의開始를알은날로부터三月內에會社에對하여承繼또는拋棄의通知를하여야한다

相續人의前項의通知없이三月을經過한때에는社員될權利를拋棄한것으로看做한다

第二百三十一條 社員에게다음事由가있는때에는法院은會社또는다른社員의請求에依하여그社員의除名을宣告할수있다

一. 出資의義務를履行하지아니한때
二. 第百九十六條의規定에違反한行爲가있는때
三. 會社의業務에關하여不正한行爲가있는때
四. 權限없이業務執行의行爲를한때
五. 其他重要한事由가있는때

第二百八條의規定은前項의境遇에準用한다

第二百三十二條 退社한社員은本店所在地에서退社登記를하기前에생긴會社債務에對하여는다른社員과同一한責任이있다

第二百十三條第三項의規定은前項退社社員의責任에準用한다

第二百三十三條 退社한社員의姓名이會社의商號中에使用된境遇에는그社員은會社에對하여그使用의廢止를請求할수있다

第六節 會社의解散

第二百三十四條 會社는다음事由로因하여解散된다

一. 定款으로써定한存續期間의滿了其他事由의發生
二. 總社員의同意
三. 社員이一人된때
四. 合倂
五. 破產
六. 法院의命令또는判決

第二百三十五條 會社가解散된때에는合倂또는破產의境遇外에는그解散事由있는날로부터本店所在地에서는二週間內, 支店所在地에서는三週間內에解散登記를하여야한다

第二百三十六條 第二百三十四條第一號의境遇에는社員의全部또는一部의同意로써會社를存續할수있고第三號의境遇에는新社員의加入으로써會社를存續할수있다

前項의境遇에이미會社의解散登記를하였을때에는本店住所地에서는二週間內, 支店住所地에서는三週間內에會社의存續登記를하여야한다

第二百十三條第二項및第三項의規定은第一項新社員의責任에準用한다

第二百三十七條 會社는解散事由있는날로부터三週間內에財產目錄및貸借對照表를作成하여야한다

第二百三十八條 合名會社가다른會社와合倂을함에는總社員의同意가있어야한다

第二百三十九條 會社가合倂決議를한때에는그決議가있는날로부터三週間內에財產目錄및貸借對照表를作成하여야한다

第二百四十條 會社는前條의期間內에會社債權者에對하여合倂에異議가있으면提出할것을二月以上의期間을定하여公告하고特히알은債權者에對하여는各別로이를催告하여야한다

債權者가前項期間內에異議를提出하지아니한때에는合倂을承認한것으로看做한다

異議를提出한債權者가있는때에는會社는그債權者에對하여辨濟또는擔保를提供하거나이를目的으로하여相當한財產을信託하여야한다

第二百四十一條 會社의合倂이完了된때에는本店所在地에서는二週間內, 支店所在地에서는

三週間內에合併後存續한會社의變更登記, 合併으로因하여消滅한會社의解散登記, 合併으로因하여設立한會社의設立登記를하여야한다

第二百四十二條 合併後存續한會社또는合併으로因하여設立한會社는合併으로因하여解散된會社의權利義務를承繼한다

第二百四十三條 各會社의社員, 株主, 淸算人, 破産管理人또는合併을承認하지아니한會社債權者는合併無效의訴訟을提起할수있다

前項의訴訟은合併으로因한會社의變更解散設立의各本店登記있는날로부터六月內에提起하여야한다

第二百四十四條 合併을無效로한判決이確定된때에는各會社의本店所在地에서는二週間內, 支店所在地에서는三週間內에合併後存續한會社의變更登記, 合併으로因하여解散된會社의回復登記, 合併으로因하여設立한會社의解散登記를하여야한다

第二百四十五條 合併을無效로한判決이確定된때에는合併으로因하여解散된會社는合併後存續한會社또는合併으로因하여設立한會社의合併後負擔한債務에對하여連帶責任이있다

合併後存續한會社또는合併으로因하여設立한會社의合併後取得한財産은合併한會社의共有로한다

前二項의境遇에協議로써各會社의負擔部分또는持分을定하지못한때에는法院은그請求에依하여合併當時의各會社의財産狀況其他事情을參酌하여이를定한다

第二百四十六條 第二百八條第二百十九條乃至第二百二十三條의規定은合併無效의訴訟에準用한다

第二百四十七條 會社에重大한事由있는때에는各社員은會社의解散을法院에請求할수있다

第二百八條및第二百二十三條의規定은前項의請求에準用한다

第二百四十八條 合名會社는總社員의同意로써一部社員을有限責任社員으로하거나有限責任社員될新社員의加入에依하여合資會社로變更할수있다

第二百四十九條 合名會社를合資會社로變更한때에는本店所在地에서는二週間內, 支店所在地에서는三週間內에合名會社의解散登記, 合資會社의設立登記를하여야한다

第二百五十條 合名會社社員으로第二百四十八條의規定에依하여有限責任社員이된者는前條의規定에依한本店登記를完了하기前에생긴會社債務에對하여는無限責任社員의責任을免하지못한다

第七節 淸 算

第二百五十一條 會社는解散된後에도淸算이終了될때까지는淸算의目的範圍內에서存續한것으로看做한다

第二百五十二條 會社의解散後社員이死亡한境遇에그相續人이數人인때에는淸算에關한社員에權利를行使할一人을定하여야한다 이를定하지아니한때에는會社의通知또는催告는그中의一人에對하여行하면全員에對하여그效力이있다

第二百五十三條 解散된會社의財産處分方法은定款에定한바이없으면總社員三分의二以上의決議로써이를定할수있다

前項의決議로써財産의處分方法을定한때에는二週間內에會社債權者에對하여그處分方法의承認與否를催告하여야한다

第二百四十條의規定은前項의境遇에準用한다

第二百五十四條 會社가前條第二項및第三項의規定에違反하여그財産을處分함으로써會社債權者를害한때에는會社債權者는그處分의取消를法院에請求할수있다

第二百八條民法(草案)第三百九十七條및第三百九十八條의規定은前項取消의請求에準用한다

第二百五十五條 會社가解散된때에는合併또는破産의境遇外에는總社員三分의二以上의決議로써淸算人을選任할수있다 淸算人의選任이없는때에는業務執行社員이淸算人이된다

第二百五十六條 會社가法院의命令또는判決에依하여解散된때에는法院은社員其他利害關係者의請求에依하여淸算人을選任할수있다

第二百五十七條 會社와淸算人間의關係에는委任에關한民法의規定이準用한다

第二百五十八條 淸算人이選任된때에는그選任의날로부터業務執行社員이淸算人이된때에는解散의날로부터本店所在地에서는二週間內, 支店所在地에서는三週間內에다음事項을登記하여야한다

一. 淸算人의姓名및住所

二. 會社를代表할淸算人을定한때에는그姓名

三. 數人의淸算人이共同으로會社를代表할것을定한때에는그事由

前項登記事項의變更이있는때에는그變更의날로부터前項의各期間內에變更登記를하여야한다

第二百五十九條 淸算人의職務는다음과같다

一. 現存事務의終結
二. 債權의推尋및債務의辨濟
三. 財産의換價處分
四. 殘餘財産의分配

淸算人이數人인때에는淸算의職務에關한行爲는그過半數의決議로써定한다

第二百十一條의規定은會社를代表하는淸算人에準用한다

第二百六十條 淸算人은就任한後遲滯없이會社의財産狀況을調査하고그財産目錄및貸借對照表를作成하여各社員에게交付하여야한다

淸算人은社員의請求가있는때에는언제든지淸算의狀況을報告하여야한다

第二百六十一條 淸算人이會社의營業의全部또는一部를讓渡함에는總社員過半數의決議가있어야한다

第二百六十二條 會社의現存財産이그債務를辨濟함에不足한때에는淸算人은各社員에對하여出資를請求할수있다

前項의出資額은各社員의持分의比例로이를定한다

第二百六十三條 淸算人은辨濟期에이르지아니한會社債務에對하여도이를辨濟할수있다

前項의境遇에는條件附債權存續期間을不確定한債權其他價格의不確定한債權에對하여는法院의選任한鑑定人의評價에依하여辨濟하여야한다

第二百六十四條 淸算人은會社의債務를完濟한後가아니면會社財産을社員에게分配하지못한다 但爭議있는會社債務에對하여는그辨濟에必要한財産을保留하고殘餘財産을分配할수있다

第二百六十五條 社員總會의決議로써選任한淸算人은社員總會의同一한決議로써解任할수있다

第二百六十六條 淸算人이그職務를執行할能力을缺如하거나重大한任務에違反한行爲가있는때에는法院은社員其他利害關係人의請求에依하여淸算人을解任할수있다

第二百六十七條 淸算人은그任務가終了한때에는遲滯없이計算書를作成하여各社員에게交付하고그承認을얻어야한다

前項의計算書를받은社員이一月內에異議를하지아니한때에는그計算을承認한것으로看做한다 但淸算人의不正行爲가있는境遇에는例外로한다

第二百六十八條 淸算이完了된때에는淸算人은前條의規定에依한總社員의承認있는날로부터本店所在地에서는二週間內, 支店所在地에서는三週間內에淸算終結의登記를하여야한다

第二百六十九條 第百九十六條乃至第百九十八條第二百六條第二百十條乃至第二百十二條의規定은淸算人에準用한다

第二百七十條 會社의帳簿와營業및淸算에關한重要書類는淸算終結의登記를完了한後十年間이를保存하여야한다

前項保存에關하여는總社員過半數의決議로써保存人의保存方法을定하여야한다

第二百七十一條 第二百十三條의規定에依한社員의責任은本店所在地에서解散登記를한後五年을經過하면消滅된다

前項의期間經過後에도分配하지아니한殘餘財産이있는때에는會社債權者는이에對하여辨濟를請求할수있다

第三章 合資會社

第二百七十二條 合資會社라함은無限責任社員및有限責任社員으로共同營業을目的으로하여設立한會社를이른다

第二百七十三條 合資會社에는本章에特別한規定이없는事項은合名會社에關한規定을準用한다

第二百七十四條 合資會社의定款에는第百八十五條第二項에揭記한事項外에各社員의無限責任또는有限責任인것을記載하여야한다

第二百七十五條 合資會社의設立登記에는第百九十條第一項에揭記한事項外에各社員의無限責任또는有限責任인것을登記하여야한다

有限責任社員에關한登記事項의公告에는그員數및出資의總額만을揭記한다

第二百七十六條 會社의內部關係는定款의定한바에依하고定款에定하지아니한事項은本章의規定에依한다

第二百七十七條 有限責任社員은信用또는勞務

로써出資의目的으로하지못한다

第二百七十八條　有限責任社員은다른社員의同意없이自己또는第三者의計算으로會社의營業部類에屬하는行爲를할수있고同種類의營業을目的으로하는다른會社의無限責任社員또는理事가될수있다

第二百七十九條　有限責任社員은無限責任社員全員의同意가있으면그持分의全部또는一部를他人에게讓渡할수있다

第二百八十條　有限責任社員은營業年度末에限하여會社의財産目錄, 貸借對照表및帳簿其他書類를閱覽할수있고會社의業務및財産狀況을檢査할수있다

會社에重要한事由가있는때에는有限責任社員은언제든지法院의許可를얻어前項의閱覽및檢査를할수있다

第二百八十一條　有限責任社員은그出資價額에서이미그履行한部分을控除한價額을限度로하여會社債務를辨濟할責任이있다

第二百八十二條　有限責任社員은그出資를減少한後에도本店所在地에서登記를하기前에생긴會社債務에對하여는前條의責任을免하지못한다

第二百八十三條　有限責任社員은會社의業務執行이나代表行爲를할수없고無限責任社員의業務執行에關한行爲에對하여異議를하지못한다

第二百八十四條　無限責任社員은定款에特別히定한바이없으면各自가會社의業務를執行할權利와義務가있다

無限責任社員의業務執行에關한行爲에對하여다른無限責任社員의異議가있는때에는곧그行爲를中止하고無限責任社員의過半數決議에依하여야한다

第二百八十五條　支配人의選定및解任을特定한業務執行社員이있는境遇에도無限責任社員全員의同意가있어야한다

第二百八十六條　有限責任社員이死亡한때에는그相續人이그持分을承繼하여社員이된다

前項相續人이數人인때에는社員의權利를行使할一人을定하여야한다　이를定하지아니한때에는會社의通知또는催告는그中의一人에對하여行하면全員에對하여그效力이있다

第二百八十七條　有限責任社員은禁治産의宣告를받은境遇에도退社되지아니한다

第二百八十八條　合資會社는無限責任社員또는有限責任社員의全員이退社한때에는解散된다

前項의境遇에殘存한無限責任社員또는有限責任社員은全員의同意로써有限責任社員또는無限責任社員의新加入에依하여會社를存續할수있다

第二百十三條第二項第三項第二百三十六條第二項의規定은前項의境遇에準用한다

第二百八十九條　合資會社는社員全員의同意로써그組織을合名會社로變更하여存續할수있다

有限責任社員全員이退社한境遇에도無限責任社員은그全員의同意로써合名會社로變更하여存續할수있다

前二項의境遇에는本店所在地에서는二週間內, 支店所在地에서는三週間內에會社의變更登記를하여야한다

第二百九十條　合資會社의淸算人은無限責任社員三分의二以上의決議로써選任한다　이를選任하지아니한때에는業務執行社員이淸算人이된다

第四章 株式會社

第一節 設立

第二百九十一條　株式會社라함은五人以上의株主가株式에分割된資本에對한出資로써法人의目的된事業을經營하기爲하여設立한會社를이른다

第二百九十二條　株式會社의設立에는五人以上의發起人이共同으로定款을作成하여야한다

定款에는다음事項을記載하고發起人全員이記名捺印하여야한다

一. 目的
二. 商號
三. 資本의總額
四. 一株의金額
五. 本店및支店의所在地
六. 理事및監事의員數
七. 會社의公告方法
八. 發起人의姓名및住所
九. 定款의作成年月日

第二百九十三條　다음事項은定款에記載함으로써그效力이있다

一. 存續期間其他解散事由
二. 數種의株式을發行하는때에는그各種株式의內容및數量

三. 額面以上의株式을發行하는때에는그數量및金額
四. 株式一部의發行을理事에게委任하는때에는그數量및金額
五. 發起人이받을特別利益이있는때에는그價格및이를받을者의姓名
六. 現物出資를하는者의姓名및그目的된財產의種類, 數量, 價格과이에對하여付與할株式의數量
七. 無記名株式을發行하는때에는그數量및金額
八. 會社設立後에讓受할財產의種類, 數量, 價格및그讓渡者의姓名
九. 會社의負擔될設立費用및發起人이받을報酬額

第二百九十四條 定款은法院또는公證人의認證에依하여確定하여야한다

第二百九十五條 各發起人은書面에依하여株式을引受하여야한다

第二百九十六條 現物出資는發起人에限하여이를할수있다

第二百九十七條 無記名株式은株金의全額을納入하는境遇에限하여이를發行할수있다

第二百九十八條 第二百九十三條第四號의委任株式은資本總額의三分의一을超過하지못한다

第二百九十九條 發起人이株式의總數를引受한때에는遲滯없이各株式에對한株金二分의一以上을納入하여야한다

定款에定한委任株式이있는때에는株式의總數에서委任株式의數를控除한株式의全部를引受한境遇에도前項과같다

現物出資한發起人은遲滯없이第一回納入株金에相應한出資의目的되는財產을引渡하고登記, 登錄其他權利의設定또는移轉을要할境遇에는이에關한書類를完備하여提供하여야한다

額面以上의價格으로株式을引受한때에는그額面을超過한金額은第一回의株金納入과同時에그全額을納入하여야한다

第三百條 前條의規定에依한株金의納入및現物出資의履行이完了된때에는發起人은遲滯없이決議權의過半數로써理事및監事를選任하여야한다

發起人의決議權은그引受株式의一株에對하여一個로한다

第三百一條 發起人은決議錄을作成하여議事의經過및그結果를記載하고記名捺印하여야한다

第三百二條 理事는就任後遲滯없이會社設立의經過를調査하기爲하여檢査役의選任을法院에請求하여야한다

第三百三條 檢査役은다음事項을調査하여法院에報告하여야한다

一. 第二百九十九條第一項第二項및第四項의規定에依한株式의引受및株金納入의正確與否
二. 第二百九十九條第三項의規定에依한現物出資의目的物價額및그出資의履行과이에對하여付與한株式數量의正確與否
三. 設立費用의總額및그支給의正確與否
四. 其他設立에關한모든事項이定款의規定에違反되지아니하는與否

檢査役은前項調査報告書를作成한後遲滯없이그謄本을各發起人에게交付하여야한다

檢査役의調査報告書에事實相違한事項이있는때에는發起人은이에對한說明書를法院에提出할수있다

第三百四條 法院은檢査役의調査報告書및發起人의說明書를審査하여第二百九十二條및第二百九十三條의規定에依한事項에不當함이있다고認定한때에는이를變更하여各發起人에게通告할수있다

前項의變更通告에對하여各發起人은그株式의引受를取消할수있고定款을變更하여設立에關한節次를續行할수있다

法院의通告있은後二週間內에株式의引受를取消한發起人이없는때에는定款은通告에依하여變更된것으로看做한다

第三百五條 檢査役의調査에關한費用및報酬는法院이이를決定한다

前項의決定에關하여는卽時抗告를할수있다

第三百六條 第二百九十九條第一項및第二項의規定에依한株式의總數를引受하지아니한때에는株主를募集하여야한다

第三百七條 株式을引受하려는者는株式要請書二通에그引受할株式의數量및그住所를記載하고記名捺印하여야한다

株式要請書는發起人이이를作成하고다음事項을記載하여야한다

一. 定款의認證年月日및認證人의姓名
二. 定款에記載한事項
三. 各發起人이引受한株式의數量

四. 第一回株金의納入金額

五. 額面以上의株式을發行하는때에는그引受價額

六. 數種의株式을發行하는때에는그各種의數量및內容

七. 株式의讓渡를制限한때에는그制限事由

八. 株主에配當할利益으로써株式을消却할것을定한때에는그條項

九 一定한時期까지創立總會를終結하지아니한때에는株式의引受를取消할수있는條項

十. 株金을納入할銀行其他金融機關및處所

民法第百二條但書의規定은株式의要請에는適用하지아니한다

第三百八條 株式의引受를要請한者는發起人의配定한株式의數量에應하여株金을納入할義務가있다

第三百九條 株式引受人또는株式要請人에對한通知나催告는株式引受證또는株式要請書에記載한住所또는그者로부터會社에通告한住所로하여야한다

前項의通知또는催告는通常그到達할時期에到達한것으로看做한다

第三百十條 株式總數의引受가完了된때에는發起人은遲滯없이株式引受人에對하여各株式에對한株金二分의一以上의納入을請求하여야한다

株金의納入은株式要請書에記載한處所에하여야한다

第二百九十九條第二項乃至第四項의規定은第一項의境遇에準用한다

第三百十一條 會社의設立登記前에株金의納入處所또는納入한株金의保管을變更할때에는法院의許可를얻어야한다

第三百十二條 株式引受人이第三百十條의規定에依한株金의納入또는現物出資의履行을하지아니한때에는發起人은一定한期日을定하여그期日內에株金의納入또는現物出資의履行을하지아니하면그權利를喪失할趣旨를期日의二週間前에그株式引受人에게催告하여야한다

前項의催告를받은株式引受人이그期日內에株式納入또는現物出資의履行을하지아니한때에는그權利를喪失하고發起人은다시그株式에對한株主를募集하여야한다

前二項의規定은그株式引受人에對한損害賠償의請求에影響이없다

第三百十三條 株式引受人이株金의納入및現物出資의履行을完了한때에는發起人은遲滯없이創立總會를召集하여야한다

總會를召集함에는會日을定하여그二週間前에各株式引受人에對하여書面으로通知하여야한다

前項의通知書에는召集處所및會議의目的事項을記載하여야한다

第三百十四條 總會는定款에特히定한바이없으면本店所在地에召集하여야한다 但不得已한事由가있는때에는例外로한다

第三百十五條 創立總會의決議는株式引受人의半數以上및株式總數의三分의二以上을引受한者의出席으로그決議權의過半數로써하여야한다

株式引受人은代理人으로써決議權을行使할수있다 이境遇에는그代理人은代理權을證明하는書面을總會에提出하여야한다

決議權의數는一株에對하여一個로한다

第三百十六條 株式이數人의共有에屬한때에는共有者는株主의權利를行使할者一人을定하여야한다

株主의權利를行使할者를定하지아니한때에는共有者에對한通知나催告는그一人에게對하여할수있다

第三百十七條 總會의決議事項에特別한利害關係있는者는決議權을行使하지못한다

定款에決議權을制限한株式이있는境遇에는그株式으로써決議權을行使하지못한다

前二項의決議權없는株式은第三百十五條第一項의株式總數에算入하지아니한다

第三百十八條 總會에서는會議의續行또는延期의決議를할수있다

前項의境遇에는第三百十三條第二項및第三項의規定을適用하지아니한다

第三百十九條 定款으로써第二百九十三條第二號乃至第九號에揭記한事項을定한때에는發起人은이에關한調査를하기爲하여檢查役의選任을法院에請求하여야한다

前項檢査役報告書는이를創立總會에提出하여야한다

第三百二十條 發起人은會社의創立에關한事項을書面에依하여創立總會에報告하여야한다

前項報告書에는다음事項을明確히하여야한다

一. 株式의引受및株金納入에關한諸般狀況

二. 第二百九十三條記載事項에關한實態
三. 會社의營業第三期까지의損益計算의豫見에關한概要

第三百二十一條 創立總會에서는理事및監事를選任하여야한다

第三百二十二條 理事및監事는遲滯없이다음事項을調査하여創立總會에報告하여야한다
一. 株式總數에關한引受完了의正確與否
二. 株金의納入및現物出資의履行의正確與否
三. 第二百九十三條第二號乃至第九號에記載한事由가있으면그內容의正確與否

理事및監事中發起人이었던者또는會社成立後讓受할財産의契約當事者인者는前項의調査報告에參加하지못한다

理事및監事의全員이이에該當한때에는總會는前項의記載事項을調査하기爲하여檢查役을選任하여야한다

第三百二十三條 總會에서는第二百九十三條第二號乃至第九號의記載事項이不當하다고認定한때에는이를變更할수있다

前項境遇에는그變更된事由를遲滯없이各株式引受人에게通告하여야한다

第三百四條第二項및第三項의規定은前二項의境遇에準用한다

第三百二十四條 總會에서는定款의變更또는設立의廢止를決議할수있다

前項의決議는召集通知書에그事項의記載없는境遇에도이를할수있다

第三百二十五條 數種의株式이있는境遇에어느種類의株式引受人에게損害를미칠事項에關하여定款을變更하는때에는總會의決議外에그種類의株式引受人總會의決議가있어야한다

前項의株式引受人總會에는創立總會에關한規定을準用한다

第三百二十六條 總會의議事에는議事錄을作成하여야한다

議事錄에는議事의經過要領및그結果를記載하고議長및出席理事와監事가記名捺印하여야한다

第三百二十七條 株式會社의設立登記는發起人이株式의總數를引受한境遇에는第三百四條의規定에依한檢查節次終了의날로부터發起人이株式을募集한境遇에는創立總會終結의날로부터二週日內에이를하여야한다

前項設立登記는理事및監事의共同申請으로다음事項을登記하여야한다
一. 第二百九十二條第二項第一號乃至第五號및第七號에記載한事項
二. 發行株式의總數와그種類및各株式의數量
三. 會社의存續期間其他解散事由를定한때에는그條項
四. 開業前에利息을配當할것을定한때에는그條項
五. 株主에게配當할利益으로株式을消却할것을定한때에는그條項
六. 株式의讓渡를禁止또는制限할것을定한때에는그條項
七. 理事및監事의姓名및住所
八. 會社를代表할理事의姓名
九. 數人의理事가共同으로會社를代表할것을定한때에는그條項

第百九十一條乃至第百九十三條의規定은株式會社의登記에準用한다

第三百二十八條 前條의設立登記申請書에는다음書類를添付하여야한다
一. 定款
二. 會社의設立에政府의認可를要한때에는그認可證
三. 株式引受에關한書類
四. 株式의納入및現物出資의履行에關한證明書類
五. 發起人의創立報告書
六. 檢查役의調査報告書
七. 理事및監事의設立報告書
八. 創立總會議事錄

前項의書類는原本및理事와監事의認證있는謄本一通을提出하여야한다

第三百二十九條 法院은前二條의規定에依한申請書類를審査하여欠缺이있는때에는十日以內에補正할것을命하고그期間內에補正節次를하지아니한때에는決定으로써登記申請을却下하여야한다

前項의決定에對하여는卽時抗告할수있다

第三百三十條 株金을保管한銀行其他金融機關은發起人또는理事의請求가있는때에는그保管金額에關하여證明書를交付하여야한다

前項銀行其他金融機關은證明한保管金額에對하여는株金納入의不實또는그金額의支給에關한制限이있음을理由로하여會社에對抗하지못한다

第三百三十一條　總會의決議內容이法令또는定款에違反된때에는株主또는理事나監事는그決議의날로부터一年內에決議無效確認의訴訟을提起할수있다

總會의召集節次또는決議方法이法令또는定款에違反된때에는株主또는理事나監事는그決議의날로부터三月內에決議取消의訴訟을提起할수있다

第二百八條第二百十九條乃至第二百二十三條의規定은前二項決議의無效또는取消의訴訟에準用한다

第三百三十二條　決議事項의登記를終了한後에決議無效또는取消의判決이確定된때에는本店所在地에서는二週間內, 支店所在地에서는三週間內에그事由를登記하여야한다

第三百三十三條　會社의設立登記를終了하기前에株式引受로因하여생긴權利를讓渡한行爲는會社에對하여는效力이없다

第三百三十四條　會社의設立登記를終了하기前에發行한株券또는假株券은無效로한다

前項株券을發行한者는그株券所持人에對하여그發行으로因하여생긴損害를賠償할責任이있다

第三百三十五條　會社의設立登記를終了한後에는株式을引受한者가그行爲의錯誤또는株式要請書의欠缺을理由로하여그引受의無效를主張할수없고詐欺또는强迫을理由로하여그引受를取消하지못한다

創立總會에出席하여그權利를行使한者는會社의創立登記를終了하기前에도前項과같다

第三百三十六條　會社設立登記를完了한後에引受하지아니한株式이있거나株式의要請이取消되었음이發見된때에는發起人이그株式을共同引受한것으로看做한다

會社의設立登記를終了한後에株金의納入또는現物出資의履行을完了하지아니한株式있음이發見된때에는發起人은連帶하여그株金의納入또는現物出資의履行을하여야한다

第三百三十七條　發起人이會社의設立에關하여그任務를懈怠한때에는會社에對하여連帶하여損害를賠償할責任이있다

發起人이惡意또는重大한過失로因하여그任務를懈怠한때에는第三者에對하여도連帶하여損害를賠償할責任이있다

第三百三十八條　理事또는監事가第三百二十二條第一項의規定에依한任務를懈怠한때에는會社에對하여連帶하여損害를賠償할責任이있다

理事또는監事가惡意또는重大한過失로因하여그義務를懈怠한때에는第三者에對하여도連帶하여損害를賠償할責任이있다

第三百三十九條　前二條의境遇에株主는會社에對하여損害賠償의訴訟을提起할것을請求할수있다

會社가前項의請求를받은날로부터一月內에訴訟을提起하지아니한때에는그株主는會社를爲하여訴訟을提起할수있다　但期間의經過로因하여會社에回復할수없는損害가생길念慮있는境遇에는株主는前項의請求없이訴訟을提起할수있다

第三百四十條　法院이選任한檢查役또는總會의選任한檢查役이그任務를懈怠한때에는會社에對하여損害를賠償할責任이있다

檢查役이惡意또는重大한過失로因하여그任務를懈怠한때에는第三者에對하여도損害를賠償할責任이있다

第三百四十一條　會社가設立되지못한境遇에는發起人은그設立에關한行爲에對하여連帶責任이있다

第三百四十二條 株式要請書, 損益豫見書其他株式募集에關한書面에署名및會社의設立에贊助하는趣旨의記載를承諾한者는株式引受人에對하여發起人과同一한責任이있다

第二節 株 式

第三百四十三條　株式會社의資本總額은이를株式으로分割하여야한다

株式의金額은均一하여야한다

一株의金額은五百圜以上으로하여야한다

第三百四十四條　株式發行의價格은額面보다少額으로하지못한다

第三百四十五條　株式을引受한者는株式의額面金額을限度로하여株主의責任을負擔한다

株式의額面以上價額으로株式을引受한者는그引受價額을限度로하여株主의責任을負擔한다

株式의讓渡를받은者는株式의額面金額에서이미納入한株金을控除한金額을限度로하여株主의責任을負擔한다

數人이共同으로株式을引受또는讓受한者는連帶하여株主의責任을負擔한다

第三百四十六條　假設人의名義로써株式을引受

또는讓渡하거나他人의承諾없이그名義로써株式을引受또는讓受한者는株主와同一한責任을負擔한다

他人의承諾을얻어그名義로써株式을引受또는讓受한者는그他人과連帶하여株主의責任을負擔한다

第三百四十七條　株主는株金의納入에對하여相計로써會社에對抗하지못한다

第三百四十八條　株式의讓渡는定款에特別한規定이없으면이를禁止또는制限하지못한다

第三百四十九條　記名株式의讓渡는株券의背書또는株券및이에株主로表示된者의讓渡證書의交付에依하여이를할수있다

記名株式의所持人이前記讓渡證書에依하여그權利를證明한때에는이를適法한株式讓受人으로推定한다　그證明書에讓受人의姓名이記載되지아니한境遇에도같다

第八百八十五條乃至第八百八十七條第二項의規定은株券의背書에準用한다

第三百五十條　記名株式의移轉은取得者의姓名및住所를株主名簿에記載하지아니하면會社에對抗하지못한다

第三百五十一條　記名株式을質權의目的으로하는때에는株券을質權者에交付하여야한다

質權者는繼續하여株券을占有하지아니하면그質權으로써第三者에게對抗하지못한다

第三百五十二條 株式의消却, 併合, 分割, 轉換, 其他定款에定한事由로因하여株式의發行이있는때에는이로因하여從前株主의받을金錢또는株式은從前에株式을目的으로한質權의目的이된다

第三百五十三條　記名株式을質權의目的으로한境遇에會社가質權設定者의請求에依하여그姓名및住所를株主名簿에附記하고그姓名을株券에記載한때에는質權者는會社로부터利益또는利子의配當, 殘餘財産의分配또는前條의規定에依한金錢의支給을받어다른債權者에優先하여自己債權의辨濟에充當할수있다

前項質權者는會社에對하여前條의株式에對한株券의交付를請求할수있다

民法第三百四十二條第三項의規定은前二項의境遇에準用한다

第三百五十四條　會社는다음境遇外에는自己의株式을取得하거나質權의目的으로받을수없다

一. 株式을消却하기爲한때

二. 會社의合併또는다른會社의營業全部를讓受하는때

三. 會社의權利를實行함에있어그目的을達하기爲한때

第三百五十五條　會社는前條第一號의境遇에는遲滯없이株式失效의節次를하여야하며第二號및第三號의境遇에는相當한時期에株式또는質權의處分을하여야한다

第三百五十六條　株式은資本減少의規定에依하여만消却할수있다　但定款의定한바에依하여株主에게配當할利益으로써株式을消却하는것은例外로한다

第三百五十七條　株式을消却할때에는三月以上의期限을定하여消却의趣旨및株券所持人은그株券을會社에提出할것을公告하고株主名簿에記載된株主및質權者에對하여는各別로通告하여야한다

第三百五十八條　會社가數種의株式을發行하는때에는定款의定한바에依하여株式의種類에따라利益또는利子의配當, 殘餘財産의分配또는利益으로株式을消却함에關하여特殊한內容을定할수있다

會社가數種의株式을發行하는때에는定款에定한바이없는境遇에도株式의種類에따라新株의引受, 會社의合併, 株式의併合또는消却으로因한株式의割當에關하여特殊한數量을定할수있다

第三百五十九條　會社가數種의株式을發行하는境遇에는定款으로써株主는그引受한株式을다른種類의株式으로轉換을請求할수있음을定할수있다　이境遇에는轉換의請求期間및轉換으로因하여發行할株式의數量및內容을定하여야한다

前項의期間內에는前條第一項의規定에依한特殊株式의數量中轉換으로因하여發行할株式의數量은그發行을保留하여야한다

第三百六十條　前條第一項의境遇에는株式要請書에다음事項을記載하여야한다

一. 株式을다른種類의株式으로轉換을請求할수있는일

二. 轉換으로因하여發行할株式의數量및內容

三. 轉換을請求할수있는期間

第三百六十一條　轉換으로因하여新株式을發行하는境遇에는轉換前株式의發行價額으로써新株式의發行價額으로한다

第三百六十二條　株式의轉換을請求하는者는請求書二通에株券을添付하여會社에提出하여야한다

前項請求書에는轉換取得코저하는株式의種類, 數量및請求年月日을記載하고記名捺印하여야한다

轉換의請求는定款의規定에依한株主名簿의記載變更의停止期間中에는이를하지못한다

第三百六十三條　株式의轉換은利益또는利子의配當에對하여는그請求한때의營業期의終末에轉換된것으로看做한다

第三百六十四條　株式의轉換으로因한各種株式의增減登記는轉換의날로부터本店所在地에서는二週間內, 支店所在地에서는三週間內에이를하여야한다

第三百六十五條　會社는株主名簿를作成하여다음事項을記載하여야한다

一. 株主의姓名및住所
二. 各株主의所有株式의種類및그數量과株券의番號
三. 各株式의取得年月日
四. 無記名株式을發行할때에는그種類, 數量, 番號및發行年月日
五, 轉換株式을發行한때에는그數量및內容과轉換年月日

第三百六十六條　株主또는株式質權者에對한會社의通知또는催告는株主名簿에記載한住所또는그者로부터會社에通知한住所로하여야한다

第三百九條第二項의規定은前項의通知또는催告에準用한다

第三百六十七條　定款으로써會社는六十日을超過하지아니하는期間을定하여株主名簿의記載變更을停止할수있음을定할수있다

會社가前項의期間을定한때에는그始期三十日前에그事由를公告하여야한다

第三百六十八條　會社는第百四十六條의規定에依한設立登記를完了한後또는新株式을發行한境遇에는그株金의納入을完了한後遲滯없이株券을發行하여야한다

前項株金納入의完了前에發行한株券은會社에對하여그效力이없다

第三百三十四條第二項의規定은前項의境遇에準用한다

第三百六十九條　株券에는다음事項및番號를記載하고理事가記名捺印하여야한다

一. 會社의商號
二. 會社의成立年月日
三. 資本의總額
四. 一株의金額
五. 會社의成立後發行한株式에는그發行年月日
六. 數種의株式이있는때에는그株式의種類및內容
七. 轉換株式이있는때에는그種類및內容과發行年月日

一回에株金全額을納入하는境遇外에는株金의納入있을때마다그金額을株券에記載하여야한다

第三百七十條　無記名式의株券은定款에定한바이있으면이를發行할수있다

株主는언제든지無記名株券을記名式株券으로할것을會社에請求할수있다

第三百七十一條　無記名株券을所有한者는그株券을會社에供託하지아니하면株主의權利를行使하지못한다

第三百七十二條　第九百六十七條의規定은株券이無記名式인때또는記名式株券의所持人이第三百四十九條의規定에依하여그權利를證明하는때에準用한다

第三百七十三條　株券은公示催告의節次에依하여이를無效로할수있다

株券을喪失한者는除權判決을얻지아니하면會社에對하여株券의再發行을請求하지못한다

第三節 會社의機關

第一款 株主總會

第三百七十四條　株主總會는本法또는定款에特別한規定있는境遇外에는理事會가이를召集한다

第三百十三條第二項第三項및第三百十四條의規定은總會의召集에準用한다

會社가無記名式株券을發行한때에는會日의三週間前에總會의召集하는時日, 處所및會議의目的事項을公告하여야한다

第三百七十五條　定期總會는每年一回一定한時期에이를召集하여야한다

年二回以上의決算期를定한會社는每期에總會를召集하여야한다

臨時總會는必要있는境遇에臨時이를召集한다

第三百七十六條　發行株式의總額百分의五以上

에該當한株式을所有한株主또는監事는會議의目的事項및召集의理由를記載한書面을理事會에提出하여臨時總會의召集을請求할수있다

前項의請求있는後二週間內에總會召集의通知를發하지아니한때에는請求한株主또는監事는法院의許可를얻어總會를召集할수있다

前二項의規定에依한總會는會社의業務및財產狀況을調査하기爲하여檢查役을選任할수있다

第三百七十七條 株主總會는理事의提出한書類및監事의報告書를調査하기爲하여檢查役을選任할수있다

第三百七十八條 株主總會의決議는本法또는定款에特別한規定있는境遇外에는發行株式의總額過半數에該當株式을所有한株主의出席으로그決議權의過半數로써하여야한다

無記名式의株券을所有한者는會日의一週間前에그株券을會社에供託하여야한다

會社의所有株式은決議權이없다

第三百七十九條 會社가數種의株式을發行하는境遇에는定款으로써利益配當에關한優先的內容있는株式에對하여決議權없는것으로할수있다

前項決議權없는株式의總數는發行株式總數의四分의一을超過하지못한다

第三百八十條 株主總會의決議에는決議權없는株式은發行株式의總額및出席株主의決議權의數에算入하지아니한다

第三百八十一條 會社가다음行爲를함에는發行株式의總額三分의二以上에該當한株式을所有한株主의出席으로그決議權의過半數決議가있어야한다

一. 營業의全部또는重要한一部의讓渡
二. 營業全部의賃貸또는經營委任, 他人과營業의損益金全部를共同으로하는契約其他이에準할契約의締結, 變更또는解除
三. 他人의營業全部또는重要한一部의讓受

第三百八十二條 株主總會는第二回以後의株金納入을決議할수있다

前項의決議에는每回의納入金額, 納入期間및納入處所를定하여야한다

第三百八十三條 會社는株金納入期間의時期二週間前에各株主에對하여株主總會의決議內容을通知하고株金의納入을請求하여야한다

第三百八十四條 株主가前條의納入期間內에株金을納入하지아니한때에는會社는다시二週間以上의期間을定하여그期間內에株金을納入하지아니하면株主의權利를喪失할趣旨를그株主에게催告할수있다

株主가前項의催告에不拘하고그期間內에株金을納入하지아니한때에는株主의權利를喪失한다

第三百八十五條 株主가前條의規定에依하여그權利를喪失한때에는會社는그株式을競賣하여야한다

前項의競賣에依하여取得한金額이株金의延滯額에達하지못한때에는會社는그失權株主에對하여不足額의辨償을請求할수있다

第三百八十六條 株主가그權利를喪失한때에는會社는遲滯없이그株主의姓名, 住所및株券의番號를公告하여야한다

第三百八十七條 第三百十五條第二項및第三項第三百十六條乃至第三百十八條第三百二十五條第三百二十六條第三百三十一條第三百十二條의規定은株主總會에準用한다

第二款 理事및理事會

第三百八十八條 理事는株主總會에서選任한다

會社와理事의關係는委任에關한民法의規定을準用한다

第三百八十九條 理事는三人以上으로한다

理事의任期는三年을經過하지못한다

前項의任期는定款으로써그任期中의最終決算에關한定期株主總會의終結에이르기까지延長할수있다

第三百九十條 本法또는定款에定한理事의員數를缺한境遇에는任期의滿了또는辭任으로因하여退任한理事는新理事의就任할때까지理事의權利義務가있다

前項의境遇에必要하다고認定할때에는法院은理事, 監事其他利害關係人의請求에依하여一時理事의職務를行할者를選任할수있다 이境遇에는本店및支店所在地에서그登記를하여야한다

第三百九十一條 定款에特別히定한바이없으면株主總會에서會社를代表할理事를選定하여야한다

前項의境遇에는數人의理事가共同으로會社를代表할것을定할수있다

第二百十條第二項및第三項第二百十一條및前條의規定은代表理事에準用한다

第三百九十二條　定款및前條의規定에依한代表理事의選定이없는때에는各理事가會社를代表한다

第三百九十三條　理事會는代表理事가召集한다

理事會를召集함에는會日을定하고그週日前에各理事에對하여通知를發하여야한다

理事會는理事全員의同意있는때에는前項의節次없이언제든지會議할수있다

第三百九十四條　理事會의決議는理事過半數로써하여야한다

第三百九十五條　會社의業務執行및支配人의選任, 解任은理事會의決議로써한다

第三百十七條第一項및第三百十八條第一項의規定은理事會에準用한다

第三百九十六條　會社가理事에對하여또는理事가會社에對하여訴訟을提起하는境遇에는理事會는그訴訟行爲에限하여會社를代表할者를選定하여야한다

株主總會는前項의規定에不拘하고會社를代表할者를選定할수있다

第三百九十七條　定款또는株主總會의決議에依하여社長, 副社長, 專務, 常務其他會社를代表할權限이있는것으로認定될만한名稱을使用한理事의行爲에對하여는그理事가會社를代表할權限이없는境遇에도會社는善意의第三者에對하여그責任을負擔한다

第三百九十八條　理事는會社의定款, 株主總會및理事會의議事錄을本店및各支店에株主名簿및社債原簿를本店에備置하여야한다

株主및會社債權者는언제던지前項書類의閱覽또는謄寫를要求할수있다

第三百九十九條　理事는株主總會의承認이없으면自己또는第三者의計算으로會社의營業部類에屬한行爲를하거나同種類의營業을目的으로하는다른會社의無限責任社員이나理事가되지못한다

理事가前項의規定에違反한行爲를한때에는會社는株主總會의決議로써그理事의行爲를會社의計算으로한것으로看做할수있다

前項의權利는理事의行爲있는날로부터一年間行使하지아니하면消滅된다

第四百條　理事는理事會및監事의承認이없으면自己또는第三者의計算으로會社의營利에關한行爲를하지못한다

第四百一條　理事가法令또는定款에違反한行爲를하거나그任務를懈怠한때에는會社및第三者에對하여損害賠償의責任이있다

前項의行爲가理事會의決議에依한것인때에는그決議에贊成한理事는連帶하여賠償의責任이있다

第四百二條　發行株式의總額百分의五以上에該當한株式을所有한株主는會社에對하여理事의責任을追求할訴訟의提起를請求할수있다

前項의請求는그理由를記載한書面으로하여야한다

會社가前項의請求를받는날로부터三十日內에訴訟을提起하지아니한때에는第一項의株主는會社를爲하여訴訟을提起할수있다

前項期間의經過로因하여會社에回復할수없는損害가생길念慮가있는境遇에는前項의規定에不拘하고第一項의株主는곧訴訟을提起할수있다

第二百八條의規定은本條의訴訟에準用한다

第四百三條　前條第三項및第四項의規定에依하여訴訟을提起한株主가勝訴한때에는그株主는會社에對하여訴訟으로因한實費額의支給을請求할수있다

그株主가敗訴한때에는惡意인境遇外에는會社에對하여損害賠償의責任이없다

第四百四條　株主總會는언제던지理事를解任할수있다　但理事의任期있는境遇에正當한理由없이그任期중에이를解任한때에는그理事는會社에對하여解任으로因한損害의賠償을請求할수있다

第四百五條　理事가業務를執行할能力을缺如하거나그職務에關하여不正行爲또는法令이나定款에違反한重大事由있음에도不拘하고株主總會에서그解任을否決한때에는發行株式의總額百分의五以上에該當한株式을所有한株主는總會의決議있는날로부터一月內에그理事의解任을法院에請求할수있다

第二百八條의規定은前項의請求에準用한다

第四百六條　理事選任決議의無效나取消또는理事解任의訴訟이提起된境遇에는法院은當事者의申請에依하여理事의職務執行을停止할수있고또는職務代行者를選任할수있다　急迫한事情이있는때에는本案訴訟의提訴前에도그處分을할수있다

法院은當事者의申請에依하여前項의請求를變更또는取消할수있다

前二項의處分이있는때에는本店및支店所在地에서그事由를登記하여야한다

第四百七條 前條의職務代行者는假處分命令에特別히定한바있는境遇外에는會社의常務에屬하지아니한行爲를하지못한다 但法院의許可를얻은境遇에는例外로한다

職務代行者가前項의規定에違反한行爲를한境遇에도會社는善意의第三者에對하여그責任이있다

第四百八條 理事의報酬는定款에그數額을定하지아니한때에는株主總會의決議로써이를定한다

第四百九條 會社는그成立後理事會의決議로써第二百九十三條第四號의規定에依한株式을發行할수있다

前項의株式을發行하는境遇에는理事會는다음事項을定하여야한다

一. 新株의納入金額및納入期日
二. 株式의引受方法
三. 新株의種類및各株式의數量
四. 額面以上의株式을發行하는때에는그超過金額
五. 無記名株式을發行하는때에는그株式의數量과金額

前項第三號乃至第五號의株式의發行은定款에特別히定한境遇에限한다

第四百十條 株主는그所有株式의數에應하여新株의分配를받을權利가있다

第四百十一條 會社는株式要請書를作成하여다음事項을記載하여야한다

一. 第二百九十二條第二項第二號乃至第四號에記載한事項
二. 第三百七條第二項第六號乃至第八號및第十號에記載한事項
三. 第四百九條第二項에記載한事項
四. 特定한第三者에게株式을引受할것을定한때에는그條項
五. 株式發行의決議年月日

第四百十二條 會社는一定한期日을定하고그期日의三週間前에各株主에對하여株式發行의決議內容및同期日까지株式을引受하지아니하면그權利를喪失할趣旨를通知하여야한다

會社가無記名株式을發行한때에는前項의事由를公告하여야한다

前二項의通知또는公告에도不拘하고同期日까지株式을引受하지아니한때에는그株主는新株의引受權을喪失한다

第四百十三條 新株의引受가完了된때에는會社는遲滯없이一定한納入期日을定하여株式引受人에게株金의納入을請求하여야한다

第四百十四條 新株引受人은理事會의分配한株數에應하여그納入期日에各株에對한株金을納入하여야한다

株金의納入은株式要請書에記載한處所에하여야한다

第二百九十九條第四項의規定은前項株金納入의境遇에準用한다

第四百十五條 新株의引受人이前條의株金을納入한때에는그納入期日부터株主의權利義務가있다

第四百十六條 新株의引受人이그納入期日에株金을納入하지아니한때에는會社는다시二週間以上의期間을定하여그期間內에株金을納入하지아니하면그權利를喪失할趣旨를그引受人에게催告하여야한다

會社가無記名株式을發行한때에는前項의事由를公告하여야한다

新株의引受人이前二項의催告또는公告에도不拘하고同期間內에株金을納入하지아니한때에는引受人은그權利를喪失한다

第四百十七條 前條의規定에依하여新株의引受人이그權利를喪失한때에는會社는그引受人에對하여損害의賠償을請求할수있다

第四百十八條 新株의引受및株金의納入이完了된때에는理事會는遲滯없이株主總會를召集하여新株의發行에關한經過를報告하여야한다

第四百十九條 監事는다음事項을調査하여株主總會에報告하여야한다

一. 新株引受의正確與否
二. 株金納入의正確與否
三. 理事會의提出한經過報告書內容의適否

第四百二十條 第三百七條第一項및第三項第三百十一條및第三百三十條의規定은新株의發行에準用한다

第四百二十一條 會社는第四百十八條의規定에依한株主總會의終結의날로부터本店所在地에서는二週間內, 支店所在地에서는三週間內에新株發行에關한다음事項을登記하여야한다

一. 發行株式의增加額
二. 株式發行에關한理事會의決議年月日

三. 數種의株式을發行한때에는그各種株式의內容및數量

第四百二十二條 新株의發行으로因한變更登記있은後에는新株를引受한者가그行爲의錯誤또는株式要請書의欠缺을理由로하여그引受의無效를主張할수없고詐欺또는强迫을理由로하여그引受를取消하지못한다

株主總會에出席하여그權利를行使한者는變更登記前에도前項과같다

第四百二十三條 新株의發行으로因한變更登記있는後에引受하지아니한株式이있거나株式의要請이取消되었음이發見된때에는理事가그株式을共同引受한것으로看做한다

前項變更登記있은後에株金의納入을完了하지아니한株式있음이發見된때에는理事는連帶하여그株金을納入하여야한다

第四百二十四條 新株發行無效의訴訟은株主또는理事, 監事에限하여第四百二十一條의規定에依한本店登記있는날로부터六月內에이를提起할수있다

第四百二十五條 第二百八條第二百十九條乃至第二百二十三條의規定은前條의訴訟에準用한다

第四百二十六條 新株發行의無效判決이確定된때에는本店所在地에서는二週間內支店所在地에서는三週間內에그事由를登記하여야한다

第四百二十七條 新株發行의無效判決이確定된때에는新株는將來그效力을喪失한다

前項의境遇에는會社는遲滯없이그趣旨및一定한期間內에新株의株券을會社에提出할것을公告하고株主名簿에記載된株主및質權者에對하여는各別로通知하여야한다 但그期間은三月以上으로하여야한다

第四百二十八條 新株發行의無效判決이確定된때에는會社는新株의株主에對하여그納入한株金을返還하여야한다

第三百五十二條第三百五十三條第一項및第三項의規定은前項의境遇에準한다

第三款 監 事

第四百二十九條 監事는株主總會에서選任한다

監事의任期는二年을超過하지못한다

第四百三十條 監事는理事또는支配人其他使用人의職務를兼任하지못한다

第四百三十一條 監事는언제던지會社의業務및財產狀況을調査할수있고理事에對하여營業에關한報告를要求할수있다

第四百三十二條 監事는理事의株主總會에提出할書類를調査하여株主總會에그意見을陳述하여야한다

第四百三十三條 監事가그任務를懈怠한때에는會社에對하여損害를賠償할責任이있다

監事가惡意또는重大한過失로因하여그任務를懈怠한때에는第三者에對하여도損害를賠償할責任이있다

監事가會社또는第三者에對하여損害를賠償할責任있는境遇에理事도그責任이있는때에는監事및理事는連帶하여賠償의責任이있다

第四百三十四條 第三百八十八條第二項第三百八十九條第三項第三百九十條第四百二條乃至第四百四條및第四百八條의規定은監事에準用한다

第四款 定款의變更

第四百三十五條 定款의變更은株主總會의決議에依하여야한다

前項의決議는發行株式의總額三分의二以上에該當한株式을所有한株主의出席및그決議權의過半數로하여야한다

定款變更에關한議案의要領은第三百七十四條第二項및第三項의規定에依한通知및公告에記載하여야한다

第四百三十六條 會社는定款에定한資本總額의株式發行및그株式에對한株金의全額을納入한後가아니면그資本을增加하지못한다

第四百三十七條 資本增加의決議에는定款에特別히定한바이없으면다음事項을定하여야한다

一. 增加할資本額

二. 新株의納入金額

三. 新株의引受方法

四. 額面以上의株式을發行하는때에는그超過金額

五. 無記名株式을發行하는때에는株式의數量및그金額

第四百三十八條 會社는株式要請書를作成하여다음事項을記載하여야한다

一. 第四百十一條第一號및第二號의記載事項

二. 前條의記載事項

三. 資本增加의決議年月日

第四百三十九條 會社는株主總會의決議에依하

여資本增加로因한新株를募集할수있다

第四百四十條　新株의引受및株金의納入이完了된때에는理事會는遲滯없이株主總會를召集하여資本增加에關한經過를報告하여야한다

第四百四十一條　監事는다음事項을調査하여株主總會에報告하여야한다

一. 資本의增加額에對한新株引受의正確與否

二. 新株에對한資本納入의正確與否

三. 理事會의提出한報告書內容의適否

第四百四十二條　第三百七條第一項및第三項第三百十一條第三百三十條第四百十條第四百十二條乃至第四百十七條의規定은資本增加의境遇에準用한다

第四百四十三條　會社는第四百四十條의規定에依한株主總會의終結의날로부터本店所在地에서는二週間內, 支店所在地에서는三週間內에資本增加로因한다음事項을登記하여야한다

一. 資本의增加額

二. 株式增加의數量

三. 資本增加에關한株主總會의決議年月日

四. 數種의株式을發行한때에는各種株式의內容및數量

第四百四十四條　資本의增加는本店所在地에서前條의登記를함으로써效力이생긴다

新株의株券에는資本增加에年月日을記載하여야한다

第四百四十五條　資本增加無效의訴訟은株主또는理事, 監事에限하여第四百四十三條의規定에依한本店登記있는날로부터六月內에이를提起할수있다

第二百八條第二百十九條乃至第二百二十四條의規定은前項의訴訟에準用한다

第四百四十六條　第四百二十二條第四百二十三條第四百二十七條및第四百二十八條의規定은資本增加의境遇에準用한다

第四百四十七條　資本減少의決議에는다음事項을定하여야한다

一. 資本의減少額

二. 減少의方法

第二百三十條및第二百四十條의規定은資本減少의境遇에準用한다

第四百四十八條　株式을併合또는消却할境遇에는會社는三月以上의期間을定하여그併合또는消却의事由및同期間內에株券을會社에提出할것을公告하고株主名簿에記載된株主또는質權者에對하여는各別로이를通知하여야한다

第四百四十九條　株式의併合또는消却은前條의期間滿了한때에는그效力이생긴다　但第二百四十條의規定에依한節次가終了되지아니한때에는그終了한때에效力이생긴다

第四百五十條　株式을併合하는境遇에舊株券을會社에提出할수없는者가있는때에는會社는그者의請求에依하여三月以上의期間을定하고利害關係人에對하여그株券에對한異議가있으면同期間內에提出할趣旨를公告하고그期間經過後에新株券을請求者에게交付할수있다

前項의公告費用은請求者의負擔으로한다

第四百五十一條　併合에適當하지아니한數의株式이있는때에는그適當하지아니한部分에對하여發行한新株式을競賣하여各株數에適應한代金을前株主에게支給하여야한다　但法院의許可를얻어競賣以上의方法으로株式을賣却할수있다

第四百五十二條　前二條의規定은無記名株券으로第四百四十八條의規定에依한提出이없는境遇에準用한다

第四百五十三條　會社는資本減少의節次가終了한날로부터本店所在地에서는二週間內, 支店所在地에서는三週間內에資本減少의登記를하여야한다

第四百五十四條　資本減少無效의訴訟은株主, 理事, 監事또는資本減少를承認하지아니한債權者에限하여前條의規定에依한本店登記있는날로부터六月內에提起할수있다

第四百五十五條　第二百八條第二百十九條乃至第二百二十四條의規定은前條의訴訟에準用한다

第五款 會社의計算

第四百五十六條　理事는定期總會日의二週間前에다음書類를作成하여監事에게提出하여야한다

一. 財産目錄

二. 貸借對照表

三. 營業報告書

四. 損益計算書

五. 準備金및利益또는利子의配當에關한議案

第四百五十七條　監事는前條의書類에對한意見書를作成하여理事에게交付하여야한다

第四百五十八條　理事는定期總會日의一週間前

부터第四百五十六條에揭記한書類및監事의意見書를本店에備置하여야한다

株主및會社債權者는前項의備置書類를閱覽할수있고그書類의謄本또는抄本의交付를要求할수있다

第四百五十九條 理事는第四百五十六條에揭記한書類를定期總會에提出하여그承認을要請하여야한다

監事는前項書類에對한意見을總會에陳述하여야한다

理事는第一項의書類에對한總會의承認을얻을때에는遲滯없이貸借對照表를公告하여야한다

第四百六十條 定期總會에서前條第一項의書類를承認한때에는會社는理事및監事의責任을解除한것으로看做한다 但理事또는監事의不正行爲에對하여는例外로한다

第四百六十一條 財產目錄에記載하는會社의資本은發行株式의額面總額으로한다

第四百六十二條 財產目錄에記載하는營業用固定財產에는그取得價額또는製作價額을超過한金額, 市場의市價있는有價證券에는決算期前一月의平均價額을超過한價額을附加하지못한다

第四百六十三條 第二百九十三條第九號의規定에依한支出額및設立登記에支出한稅額을貸借對照表資產의部에計上할수있다

前項計上金額은營業開始後五年間한每決算期에五年均等額以上의償却을하여야한다

第四百六十四條 新株를發行한境遇에는그發行에必要한費用支出額은貸借對照表資產의部에計上할수있다

前項의計上金額은新株發行後三年間의每決算期에三年均等額以上의償却을하여야한다

第四百六十五條 社債를募集한境遇에그償還할總額이그募集에依한實收額을超過한때에는그差額은貸借對照表資產의部에計上할수있다

前項의計上金額은社債償還期限內의每決算期에그償還年限의均等額以上의償却을하여야한다

第四百六十六條 會社는다음揭記한金額은準備金으로積立하여야한다

一. 每決算期의利益二十分의一以上의金額
二. 額面以上의株式을發行한때에는그額面을超過한金額
三. 財產을再評價한때에는그評價利益에서評價損失을控除한金額
四. 資產減少의境遇에그減少額이株式의消却, 株金의返還에要한金額및缺損의塡補에充當한金額을超過한때에는그超過金額
五. 會社合併의境遇에그消滅된會社로부터承繼한財產의價額이그會社로부터承繼한債務額과그會社의株主에게支給한金額및合併後存續會社의資本增加額또는合併으로因한設立會社의資本額을超過한때에는그超過金額

第四百六十七條 前條의準備金은資本의缺損塡補에充當하는境遇外에는이를處分하지못한다

第四百六十八條 會社는損失을塡補하고準備金을積立한後가아니면利益의配當을하지못한다

前項의規定에違反하여利益을配當한때에는會社債權者는이를會社에返還할것을請求할수있다

第二百八條의規定은前項의請求에準用한다

第四百六十九條 會社는그目的된事業의性質에依하여會社設立後二年以上그營業全部를開始하기不能할것으로認定한때에는定款으로써一定한株式에對하여그開業前一定한期間에一定한利子를그株主에게配當할수있음을定할수있다

前項定款의規定또는그變更은法院의認可를얻어야한다

第四百七十條 前條의規定에依하여配當한金額은貸借對照表資產의部에計上할수있다

前項의計上金額은開業後資本總額에對하여年六分以上의利益을配當하는境遇에는그六分을超過한金額以上의償却을하여야한다

第四百七十一條 利益또는利子의配當은各株主의所有株式에對한株金의納入額에應하여이를支給한다 但第三百五十八條第一項의規定을適用하는境遇에는例外로한다

第四百七十二條 會社의業務執行에關하여不正行爲또는法令이나定款에違反한重大事實있음을疑心할事由가있는때에는發行株式의總額百分의五以上에該當한株式을所有한株主는會社의業務및財產狀況을調査하기爲하여法院에檢査役의選任을請求할수있다

檢査役은그調査의結果를法院에報告하여야한다

法院은前項의報告에依하여必要하다고認定한때에는理事에게株主總會의召集을命할수있다

第六款 社 債

第四百七十三條 會社는株主總會의決議에依하여社債를募集할수있다

第四百七十四條 社債의總額은發行株式의納入金總額을超過하지못한다

最終의貸借對照表에依한現存純財產額이發行株式의納入金額및總準備金의總額에達하지못할때에는社債는그現存財產額을超過하지못한다

舊社債를償還하기爲하여社債를募集하는境遇에는舊社債額은社債의總額에算入하지아니한다 이境遇에는新社債의納入期日또는數回에分納하는때에는第一回의納入期日로부터六月內에舊社債를償還하여야한다

第四百七十五條 會社는前에募集한社債總額의納入이完了된後가아니면다시社債를募集하지못한다

第四百七十六條 各社債의金額은五百圜以上으로하여야한다

同一種類의社債에는各社債의發行價額은均一하여야한다

第四百七十七條 社債의募集에應하려는者는社債要請書二通에그引受할社債의數額및住所를記載하고記名捺印하여야한다

社債要請書는理事가이를作成하고다음事項을記載하여야한다

一. 會社의商號
二. 發行株式의納入總額및準備金의總額
三. 最終의貸借對照表에依한會社의現存純財產額
四. 社債의總額
五. 各社債의金額
六. 社債發行의價額또는最低價額
七. 社債의利率
八. 社債償還및利子支給의方法과期限
九. 社債를數回에分納할것을定한때에는그分納金額및時期
十. 債券을記名式또는無記名式에限한때에는그事由
十一. 前에募集한社債가있는때에는그償還하지아니한金額
十二. 舊社債를償還하기爲하여第四百七十四條第一項및第二項의制限을超過한社債를募集하는때에는그事由
十三. 社債募集의委託을받은會社가있는때에는그商號및住所
十四. 前號의委託을받은會社가그募集額이豫定額에達하지못한境遇에그殘額을引受할것을約定한때에는그事由

社債發行의最低價格을定한境遇에는應募者는社債要請書에應募價格을記載하여야한다

第四百七十八條 社債의募集이完了된때에는會社는遲滯없이引受人에對하여各社債의全額또는第一回金額의納入을請求하여야한다

社債募集의委託을받은會社는그名義로써委託會社를爲하여前項의行爲를할수있다

第四百七十九條 會社는前條의規定에依한社債의納入이完了된때에는그完了의날로부터本店所在地에서는二週間內, 支店所在地에서는三週間內에社債의登記를하여야한다

前項의登記에는다음事項을登記하여야한다

一. 第四百七十七條第二項第四號第五號第七號第八號및第十三號에揭記한事項
二. 各社債의納入金額

第百九十三條의規定은前項의境遇에準用한다

外國에서社債를募集한境遇에登記할事項이外國에서생긴때에는登記期間은그通知의到達한날로부터起算한다

第四百八十條 債券은社債金額의納入이完了된後가아니면이를發行하지못한다

債券에는다음事項을記載하고理事가記名捺印하여야한다

一. 債券의番號
二. 第四百七十七條第二項第一號第四號第五號第七號第八號第十號및第十三號에揭記한事項

第四百八十一條 記名社債의移轉은取得者의姓名및住所를社債原簿에記載하고그姓名을債券에記載하지아니하면會社其他第三者에게對抗하지못한다

第四百八十二條 社債權者는언제든지記名式債券을無記名式으로또는無記名式債券을記名式으로할것을會社에請求할수있다

會社가債券을記名式또는無記名式에限할것으로定한때에는前項의請求를하지못한다

第四百八十三條 社債募集의委託을받은會社가그任務를開始한後에는委託會社의同意또는不得已한事由있음이아니면이를辭任하지못한다

第四百八十四條 社債募集을委託한會社는受託

會社가그任務를開始한後에는正當한理由없이이를解任하지못한다

第四百八十五條 社債募集의委託을받은會社는社債權者를爲하여社債의償還을받음에必要한裁判上또는裁判外의모든行爲를할權限이있다

前項의會社가社債의償還을받은때에는遲滯없이그事由를公告하고알은社債權者에對하여는各別이이를通知하여야한다

前項의境遇에社債權者는債券과交換으로그償還額의支給을請求할수있다

第四百八十六條 利券있는無記名社債를償還하는境遇에利券의欠缺이있는때에는그利券에相當한金額을償還額으로부터控除한다

前項의利券所持人은언제든지그利券과交換으로控除金額의支給을請求할수있다

第四百八十七條 社債의償還請求權은第四百八十五條第三項의請求權은十年을經過하면時效로因하여消滅된다

社債의利子및前條第二項의請求權은五年을經過하면時效로因하여消滅된다

第四百八十八條 會社는社債原簿를作成하고다음事項을記載하여야한다

一. 社債權者의姓名및住所
二. 社債의番號
三. 第四百七十七條第二項第四號第五號第七號乃至第九號및第十三號에揭記한事項
四. 各社債의納入金額및納入年月日
五. 債券의發行年月日
六. 各社債의取得年月日
七. 無記名式債券을發行한때에는그種類, 數量, 番號및發行年月日

第四百八十九條 第三百十六條및第三百六十六條의規定은社債權者에準用한다

第七節 會社의整理

第四百九十條 會社의業務狀況其他事情에依하여支給不能또는債務超過의念慮있다고認定하는때에는法院은理事, 監事, 發行株式의總額百分의五以上에該當하는株式을所有한株主또는資本百分의十以上에該當한債權있는會社債權者의申請에依하여會社에整理의開始를命할수있다

會社의業務를監督하는官廳은會社에前項의事由있다고認定한때에는法院에그事由를通告할수있고그通告를받은法院은職權으로會社에整理의開始를命할수있다

第四百九十一條 會社는前條의規定에依한整理開始의命令에對하여即時抗告할수있다

前條第一項의規定에依한整理開始의申請을却下한決定에對하여는申請人에限하여抗告할수있다

第四百九十二條 會社는整理開始의命令이있는때에는遲滯없이本店및支店所在地에서그事由를登記하여야한다

第四百九十三條 整理開始의命令이있는때에는會社財產에對한强制執行, 假執留또는假處分을하지못한다 이미實施한强制執行, 假執留또는假處分은이를中止한다

整理開始의命令이確定된때에는前項의規定에依하여中止된强制執行假執留또는假處分節次는整理關係에있어서는그效力을잃는다

第四百九十四條 整理의開始를命한境遇에債權者의一般利益에適應하고競賣申請人에게不當한損害를미칠念慮없다고認定한때에는法院은相當한期間을定하여競賣法에依한競賣節次의中止를命할수있다

第四百九十五條 整理開始의命令이있는때에는會社債權者의債權은整理開始의取消登記또는整理의終結登記있은날로부터二月내에는時效가完成되지아니한다

第四百九十六條 整理의開始를命한境遇에必要하다고認定한때에는法院은다음處分을할수있다

一. 會社의業務制限
二. 會社財產의保全
三. 株主의名義書換의禁止
四. 會社의業務및財產의檢查
五. 整理에關한立案및實行
六. 會社의業務및財產의管理
七. 理事및監事의解任

整理開始의申請또는通告있는때에는法院은整理의開始를命하기前에도第四百九十條第一項에揭記한者의申請또는職權에依하여前項第一號乃至第四號의處分을할수있다

第四百九十七條 前條第一項第四號의檢查는法院의選任한檢查役이이를한다

檢查役은會社의業務및財產의實況, 發起人, 理事및監事의任務에關한責任및會社의整理에必要한資料를調查하여다음事項을法院에報告하여야한다

一. 整理의可能與否
二. 發起人, 理事및監事의不正行爲또는任務怠慢의有無
三. 會社財產에對한保全處分의必要有無
四. 會社의業務및財產에對한管理의必要有無

第四百九十八條 第四百九十六條第一項第五號의處分을할境遇에는必要하다고認定한때에는法院은整理委員을選任할수있다
整理委員은會社의業務및財產의實況을調査하여整理方案을作成하고理事의그實行에對하여協力하여야한다

第四百九十九條 第四百九十六條第一項第六號의管理는法院이選任할管理人이 이를한다
會社의代表의業務執行, 財產의管理및處分의權利는管理人에게專屬한다

第五百條 第四百九十六條第一項第六號또는第七號의處分이있는때에는遲滯없이會社의本店및支店所在地에서그事由를登記하여야한다

第五百一條 整理가終了되거나整理의必要없음에이른때에는法院은第四百九十條第一項에掲記한者또는檢査役, 整理委員및管理人의申請에依하여整理終結의決定을하여야한다

第五百二條 整理終結의決定또는整理開始命令의取消決定이確定된때에는遲滯없이本店및支店所在地에서그事由를登記하여야한다

第五百三條 整理의開始를命한境遇에會社의理事또는檢査役, 整理委員및管理人의報告에依하여整理될수없다고認定한때에는法院은職權으로써會社의解散을命할수있다

第八節 解 散

第五百四條 株式會社는다음事由로因하여解散된다
一. 第二百三十四條第一號第四號乃至第六號에掲記한事由
二. 株主總會의決議

第五百五條 解散의決議는第四百三十五條第二項의規定에依하여야한다

第五百六條 會社가定款에定한存續期間의滿了其他事由의發生또는株主總會의決議에依하여解散된境遇에는第四百三十五條第二項의規定에依한決議로써會社를存續할수있다

第五百七條 다음事由있는境遇에는發行株式의總額百分의十以上에該當한株式을所有한株主는會社의解散을法院에請求할수있다
一. 會社의業務가顯著한停頓狀態를繼續하여回復할수없는損害가생긴때또는생길念慮있는때
二. 會社財產의管理또는處分의顯著한失當으로因하여會社의存立을危殆하게한때
第二百八條및第二百二十三條의規定은前項의請求에準用한다

第五百八條 會社가解散된때에는破產의境遇外에는理事는遲滯없이株主에對하여그事由를通知하고無記名式의株券을發行한境遇에는이를公告하여야한다

第五百九條 會社가合併을함에는合併契約書를作成하여株主總會의承認을얻어야한다
合併契約의要領은第三百十三條第二項및第三百七十四條第三項에定한通知및公告에記載하여야한다
第一項의決議는第四百三十五條第二項의規定에依하여야한다

第五百十條 合併會社의一方또는雙方이株式會社인때에는合併後存續하는會社또는合併으로因하여設立하는會社는株式會社로하여야한다

第五百十一條 合併할會社의一方이合併後存續하는境遇에는合併契約書에다음事項을記載하여야한다
一. 存續하는會社가合併으로因하여新株를發行하는때에는그株式의種類및數量
二. 存續하는會社의增加될資本및準備金의數額
三. 存續하는會社가合併으로因하여消滅하는會社의株主에對한新株의分配에關한事項
四. 存續하는會社가合併으로因하여消滅하는會社의株主에게支給할金額을定한때에는그에關한事項
五. 各會社에서合併의承認決議를할社員또는株主의總會期日
六. 合併할時期를定한때에는그에關한事項

第五百十二條 合併으로因하여會社를設立하는境遇에는合併契約書에다음事項을記載하여야한다
一. 設立하는會社의目的, 商號, 資本의總額, 一株의金額및本店所在地
二. 設立하는會社가數種의株式을發行하는때에는그種類및數量
三. 各會社의株主에對한株式의分配에關한事項

四. 各會社의株主에게支給할金額을定한때에는그에關한事項

五. 前條第五號및第六號에揭記한事項

第五百十三條　合併後存續하는會社또는合併으로因하여設立하는會社가株式會社인境遇에合併할會社의一方또는雙方이合名會社또는合資會社인때에는總社員의同意를얻어合併契約書를作成하여야한다

第五百十四條　合併後存續한會社의理事는合併에對한債權者의承認또는合併으로인한株式의整理에關한節次를終了한때에는遲滯없이株主總會를召集하여合併에關한事項을報告하여야한다

合併으로因하여發行한新株의引受人은前項의株主總會에서株主와同一한權利가있다

第五百十五條　合併으로因하여設立하는會社의設立委員은合併會社의債權者의承認또는株式의整理에關한節次를終了한때에는遲滯없이創立總會를召集하여야한다

創立總會에서는그定款變更의決議를할수있다 但合併契約의趣旨에違反하는決議를하지못한다

第三百十三條乃至第三百十八條第三百二十四條第二項및第三百二十六條의規定은第一項의創立總會에準用한다

第五百十六條　第二百三十五條및第二百三十六條의規定은株式會社의解散에準用한다

第二百三十九條乃至第二百四十六條및第三百五十二條의規定은株式會社의合併에準用한다

第三百三十一條및第三百三十二條의規定은合併無效의訴訟에準用한다

第九節 清 算

第五百十七條　會社가解散될때에는合併또는破產의境遇外에는理事가清算人이된다　但定款에特別히定한바이있거나株主總會에서他人을選任한때에는例外로한다

前項의規定에依한清算人이없는때에는法院은利害關係人의請求에依하여清算人을選任할수있다

第五百十八條　清算人은그就任의날로부터二週間內에다음事項을法院에申告하여야한다

一. 解散의事由및그年月日

二. 清算人의姓名및住所

第五百十九條　清算人은就任한後遲滯없이會社의財產狀況을調査하여財產目錄및貸借對照表를作成하고이를株主總會에提出하여그承認을얻어야한다

清算人은前項의承認을얻은後遲滯없이財產目錄및貸借對照表를法院에提出하여야한다

第五百二十條　清算人은그就任의날로부터二月內에會社債權者에對하여一定한期間內에그債權을申告할것과同期間內에申告하지아니하면清算에서除外될趣旨를二回以上의公告로써催告하여야한다　但그期間은二月以上으로하여야한다

清算人은알은債權者에對하여는各別로그債權의申告를催告하여야하며그債權者가申告하지아니한境遇에도이를清算에서除外하지못한다

第五百二十一條　清算人은前條第一項의申告期間內에는債權者에對하여辨濟를하지못한다 但會社는그辨濟의遲延으로因한損害賠償의責任을免하지못한다

清算人은前項의規定에不拘하고少額의債權, 擔保있는債權其他辨濟로因하여다른債權者를害할念慮없는債權에對하여는法院의許可를얻어이를辨濟할수있다

第五百二十二條　身元保證金의返還을받을債權其他會社와使用人間의雇傭關係에基因한債權이있는者는會社의總財產에對하여優先辨濟를받을權利가있다

第五百二十三條　清算人은現存財產으로그債務를辨濟함에不足한때에는各株主에對하여發行株式의額面金額에이르기까지納入未濟의株金納入을請求하여야한다

第五百二十四條　清算에서除外된債權者는分配되지아니한殘餘財產에對하여서만辨濟를請求할수있다

一部의株主에對하여財產의分配를한境遇에는그同一한比例로다른株主에게分配할財產은前項의殘餘財產에서控除한다

第五百二十五條　殘餘財產은各株主의所有株式에對한納入株金의比例에應하여株主에게分配하여야한다　但第三百五十八條第一項의規定을適用하는境遇에는例外로한다

第五百二十六條　清算人은法院이選任한境遇外에는언제던지株主總會의決議로써이를解任할수있다

清算人이業務를執行할能力을缺如하거나重大한任務에違反한行爲가있는때에는發行株式의

總額百分의五以上에該當한株式을所有한株主는法院에그淸算人의解任을請求할수있다

第二百八條의規定은前項의請求에準用한다

第五百二十七條 淸算事務가終了된때에는淸算人은遲滯없이決算報告書를作成하고이를株主總會에提出하여承認을얻어야한다

前項의承認이있는때에는會社는淸算人에對하여그責任을解除한것으로看做한다 但淸算人의不正行爲에對하여는例外로한다

第五百二十八條 會社의帳簿其他그營業및淸算에關한重要書類는本店所在地에서淸算終了의登記를한後十年間이를保存하여야한다

前項保存에關하여는淸算人其他利害關係人의淸算에依하여法院이保存人및保存方法을定한다

第五百二十九條 株式會社의設立無效는그成立의날로부터二年內에株主理事또는監事에限하여訴訟으로만이를主張할수있다

第二百二十五條및第三百三十一條의規定은前項의訴訟에準用한다

第五百三十條 設立無效의判決이確定된때에는本店所在地에서는二週間內, 支店所在地에서는三週間內에그事由를登記하여야한다

第五百三十一條 第二百五十一條第二百五十六條乃至第二百五十九條第二百六十三條第二百六十四條및第二百六十八條의規定은株式會社에準用한다

第三百二十六條第二項第三百七十四條第三百七十六條第三百七十七條第三百八十八條第二項第三百九十條第三百九十二條乃至第三百九十六條第三百九十八條乃至第四百三條第四百六條乃至第四百八條第四百三十條乃至第四百三十二條第四百三十三條第三項第四百五十八條乃至第四百六十條의規定은淸算人에準用한다

第五章 有限會社

第一節 設 立

第五百三十二條 有限會社라함은二人以上의有限責任社員으로共同營業을目的으로하여設立한會社를이른다

第五百三十三條 有限會社의設立에는社員이共同으로定款을作成하여야한다

定款에는다음事項을記載하고總社員이記名捺印하여야한다

一. 第百八十九條第二項第一號乃至第三號第五號및第六號에揭記한事項

二. 資本의總額

三. 出資一口의金額

四. 各社員의出資口數

第五百三十四條 다음事項은定款에記載하지아니하면그效力이없다

一. 存續期間其他解散의事由

二. 現物出資의社員姓名, 그目的物의種類, 數量, 價格및이에對하여그社員에게付與하는出資口數

三. 會社成立後에讓受할財產의種類, 數量, 價格및讓渡者의姓名住所

四. 會社의負擔할設立費用

第五百三十五條 會社의資本總額은百萬圜以上으로하여야한다

出資一口의金額을金壹萬圜以上으로均一하여야한다

第五百三十六條 各社員은그引受口數에應하여出資金額의二分의一以上을納入하여야한다

現物出資의社員은前項納入金額에相應한出資의目的되는財產을引受하고登記, 登錄其他權利의設定또는移轉을要할境遇에는이에關한書類를完備하여提出하여야한다

第五百三十七條 前條의規定에依한出資金額의納入및現物出資의履行이完了된때에는遲滯없이社員總會를召集하여야한다

前項의社員總會는各社員이이를召集할수있다

第三百十六條의規定은數人이出資의持分을共有한境遇에準用한다

第五百三十八條 定款으로써理事또는監事를定한境遇外에는前條第一項의社員總會에서理事및監事를選任하여야한다

第五百三十九條 第五百三十七條의規定에依한社員總會의決議는總出資口數三分의二以上및總社員半數以上의出席으로總出資決議權의三分의二以上으로써하여야한다

決議權의數는出資一口에對하여一個로한다

第五百四十條 有限會社의設立登記는第五百三十七條의規定에依한社員總會의終了의날로부터二週間內에本店所在地에서하여야한다

前項의登記는理事의申請으로다음事項을登記하여야한다

一. 第百八十九條第二項第一號乃至第三號에

揭記한事項
二. 資本의總額
三. 出資一口의金額
四. 理事및監事의姓名住所
五. 代表理事를定한때에는그姓名
六. 數人의理事가共同으로會社를代表할것을定한때에는그事由
七. 存續期間其他解散事由를定한때에는그期間및그事由
第百九十一條및第百九十二條의規定은有限會社의登記에準用한다

第五百四十一條 前條第二項의記載事項에變更이있는때에는本店所在地에서는二週間內, 支店所在地에서는三週間內에그變更事項을登記하여야한다

第五百四十二條 第五百三十四條第二號및第三號財産의會社成立當時의實價가定款에定한價格에顯著한不足이있는때에는會社成立當時의社員은會社에對하여그不足額을連帶하여支給할責任이있다

第五百四十三條 會社成立後에出資金額의納入또는現物出資의履行이完了되지아니하였음이發見된때에는會社成立當時에社員및理事, 監事는會社에對하여그納入되지아니한金額또는履行되지아니한現物의價額을連帶하여支給할責任이있다

第二節 社員의權利義務

第五百四十四條 各社員은本法에特別한規定이있는境遇外에는그出資金額을限度로하여會社債務에對한責任이있다

第五百四十五條 各社員은그出資口數에應하여持分權이있다
第三百四十五條第四項의規定은前項의持分이數人의共有에屬한境遇에準用한다

第五百四十六條 有限會社는社員의持分에對하여指示式또는無記名式의證券을發行하지못한다

第五百四十七條 社員은定款에特別한規定이없으면持分의全部또는一部를他人에게讓渡할수있고質權의目的으로할수있다
前項持分의讓渡또는質權設定은第五百三十九條의規定에依한社員總會의決議가있어야한다

第五百四十八條 持分의移轉또는質權設定은取得者또는質權者가이를證明하고그姓名住所및그目的되는出資口數를社員名簿에記載하지아니하면이로써會社및第三者에게對抗하지못한다

第五百四十九條 第三百五十二條第三百五十三條第一項및第三項第三百五十四條乃至第三百五十六條의規定은社員의持分에準用한다
第三百六十六條의規定은社員에對한通知또는催告에準用한다

第三節 會社의管理

第五百五十條 有限會社에는一人또는數人의理事및監事를두어야한다

第五百五十一條 理事는會社를代表한다
理事가數人인境遇에定款에特別히定한바이없으면社員總會에서會社를代表할理事를選定하여야한다
定款또는社員總會는數人의理事가共同으로會社를代表할것을定할수있다
第二百十條第二項및第三項의規定은前項의境遇에準用한다

第五百五十二條 理事가數人인境遇에定款에特別히定한바이없으면會社의業務執行및支配人의選任또는解任은理事過半數의決議에依하여야한다
社員總會는前項의規定에不拘하고支配人의選任또는解任을할수있다

第五百五十三條 資本의總額百分의五以上에該當한出資口數를所有한社員은會社에對하여理事또는監事의責任을追求할訴訟의提起를請求할수있다
第四百二條第二項乃至第五項및第四百三條의規定은前項의境遇에準用한다

第五百五十四條 理事는定款및社員總會의議事錄을本店및支店의社員名簿를本店에備置하여야한다
社員名簿에는社員의姓名住所및그出資口數를記載하여야한다
社員및會社債權者는언제든지第一項에揭記한書類의閱覽또는謄寫를要求할수있다

第五百五十五條 第三百九十條第三百九十九條乃至第四百一條第四百四條第四百六條乃至第四百八條의規定은有限會社의理事및監事에準用한다
第三百八十八條第三百九十五條第三百九十六條第三百九十九條第四百條및第二百二十五條

의規定은理事에準用한다

第三百八十八條第二項第四百二十九條第一項및第四百三十條乃至第四百三十三條의規定은監事에準用한다

第五百五十六條 社員總會는本法에特別한規定있는境遇外에는理事가이를召集한다

社員總會를召集함에는會日을定하고그二週間前에各社員에對하여書面으로通知하여야한다

第三百十三條第三項및第三百十四條의規定은社員總會의召集에準用한다

第五百五十七條 資本의總額百分의五以上에該當한出資口數를所有한社員또는監事는會議의目的事項및召集의理由를記載한書面을理事에게提出하여總會의召集을請求할수있다

前項의請求있은後二週間內에召集의通知를發하지아니한때에는그召集을請求한社員또는監事는法院의許可를얻어總會를召集할수있다

第五百五十八條 總社員의同意가있을때에는召集節次없이總會를열수있고또는書面의回覽에依하여決議할수있다

第五百五十九條 社員總會의決議는定款또는本法에特別히定한境遇外에는社員및出資口數의半數以上의出席으로그過半數로써하여야한다

第五百三十九條第二項의規定은前項의決議에準用한다

第五百六十條 有限會社가第三百八十一條第一號乃至第三號에揭記한行爲를함에는第五百三十九條의規定에依한總會의決議가있어야한다

第五百六十一條 第三百十五條第二項第三百十六條乃至第三百十八條第三百二十六條第三百三十一條第三百三十二條第三百三十五條第三百七十五條第三百七十七條第三百七十八條第三項및第三百八十條의規定은社員總會에準用한다

第五百六十二條 理事는每決算期에다음書類를作成하여定期總會의會日二週間前에監事에게提出하여야한다

一. 營業報告書

二. 財産目錄

三. 貸借對照表

四. 損益計算書

五. 準備金및利益配當에關한事項

第五百六十三條 準備金및利益金의配當은定款에特別히定한境遇外에는各社員의出資口數에應하여야한다

第五百六十四條 會社의業務執行에關하여不正行爲또는法令이나定款에違反한重大한事實이있다고疑心할事由있는때에는資本總額百分의五以上에該當한出資口數를所有한社員은會社의業務및財産狀況을調査하기爲하여法院에檢査役의選任을請求할수있다

檢査役은그調査의結果를書面으로써法院에報告하여야한다

法院은前項報告書에依하여必要하다고認定한때에는理事에게社員總會의召集을命할수있다

第五百六十五條 第四百五十七條乃至第四百六十條第四百六十二條第四百六十三條第四百六十六條第一號및第三號乃至第五號第四百六十七條및第四百六十八條의規定은有限會社의計算에準用한다

第四節 定款의變更

第五百六十六條 定款을變更함에는社員總會의決議가있어야한다

前項의決議는第五百三十九條의規定에依하여야한다

第五百六十七條 定款에特別한規定이없으면資本增加의決議에서다음事項을定하여야한다

一. 增加할資本額

二. 出資口數의引受方法

三. 增加할資本에對한出資口數의引受權을付與할者의姓名住所및그內容

第五百六十八條 社員은增加할資本에對하여그持分에相應한出資口數를引受할權利가있다但資本增加의決議에서出資의引受者를定한때에는例外로한다

第五百六十九條 有限會社는資本增加로因한出資金額의納入이完了된때에는本店所在地에서는二週間內支店所在地에서는三週間內에다음事項을登記하여야한다

一. 增加된資本의數額

二. 資本增加의決議年月日

第五百七十條 前條의登記完了後에資本增加로因한出資의引受또는金額의納入이完了되지아니하였음이發見된때에는理事및監事는連帶하여그出資를引受하고金額을納入할義務를負擔한다

第五百七十一條 第三百四十七條第四百十五條第四百二十二條第四百二十七條第四百二十八條第四百四十四條第一項第四百四十五條및第

五百三十六條의規定은資本增加의境遇에準用한다

第四百四十七條第四百五十一條第四百五十三條乃至第四百五十五條의規定은資本減少의境遇에準用한다

第五節 合併및組織變更

第五百七十二條 有限會社가다른會社와合併을함에는第五百三十九條의規定에依한社員總會의決議가있어야한다

第五百七十三條 有限會社가合名會社, 合資會社또는다른有限會社와合併하는때에는合併後存續하는會社또는合併으로因하여設立하는會社는有限會社로하여야한다

第五百七十四條 第百八十四條의規定에依한設立委員의選任은第五百三十九條의規定에依한社員總會의決議에依하여야한다

第五百七十五條 有限會社는總社員의一致決議가있는때에는法院의認可를얻어그組織을變更하여株式會社로할수있다

前項의境遇에는會社의現存純財產額에限하여資本의總額으로하여야한다

第一項의決議에서는定款其他組織變更에關한必要事項을定하여야한다

第五百七十六條 前項의規定에依한組織의變更이있는때에는本店所在地에서는二週間內, 支店所在地에서는三週間內에有限會社의解散登記및株式會社의設立登記를하여야한다

第五百七十七條 第二百八條第二百十九條乃至第二百二十三條第二百三十九條乃至第二百四十五條第三百五十二條第三百五十三條第五百九條第一項및第二項第五百十一條第五百十二條第五百十四條및第五百十五條第一項第二項의規定은有限會社의合併의境遇에準用한다

第二百三十九條第二百四十條第三百五十二條및第三百五十三條의規定은有限會社의組織變更의境遇에準用한다

第六節 解散및淸算

第五百七十八條 有限會社는다음事由로因하여解散된다

一. 第二百三十四條第一號第三號乃至第六號에揭記한事由

二. 社員總會의決議

前項第二號의決議는第五百三十九條의規定에依하여야한다

第五百七十九條 第二百三十四條第一號의事由로因하여會社가解散된境遇에는第五百三十九條의規定에依한社員總會의決議로써會社를存續할수있다

第二百三十四條第三號의事由로因하여會社가解散된境遇에는新社員의加入에依하여會社를存續할수있다

第五百八十條 第二百十三條第二項및第三項의規定은前條第二項新社員의責任에準用하고第二百三十六條第二項의規定은前條의會社存續의境遇에準用한다

第五百八十一條 淸算完了後의殘餘財產은定款에特別한規定있는境遇外에는各社員의出資口數에應하여分配하여야한다

第五百八十二條 第二百八條第二百十七條乃至第二百二十四條第二百三十五條第二百五十一條第二百五十六條第二百五十八條乃至第二百六十條第二百六十三條乃至第二百六十八條第五百十七條乃至第五百二十四條第五百二十六條乃至第五百二十九條의規定은有限會社에準用한다

第三百二十六條第三百三十一條第三百七十六條第三百八十八條第二項第三百九十條第三百九十四條第三百九十九條乃至第四百二條第四百六條乃至第四百八條第四百三十條乃至第四百三十三條第四百五十六條第四百五十八條第四百六十條第五百五十四條第五百五十六條第五百六十四條의規定은有限會社의淸算人에準用한다

第六章 外國會社

第五百八十三條 外國會社가大韓民國에서營業을하려는때에는大韓民國에서의代表者를定하고營業所를設置하여야한다

前項의境遇에는外國會社는그營業所의設置에關하여大韓民國에서設立하는同種의會社또는가장類似한會社의支店과同一한營業所의登記및公告를하여야한다

前項의登記에는大韓民國에서의代表者의姓名및住所를登記하여야한다

第二百十一條의規定은前項外國會社의代表者에準用한다

第五百八十四條 前條第二項및第三項의規定에依한登記事項이外國에서생긴때에는登記期間

은그通知의到達한날로부터起算한다

第五百八十五條 外國會社는그營業所의所在地에서第五百八十三條의規定에依한登記를完了하기전에는營業을開始하지못한다

前項의規定에違反하여營業에關한行爲를한者는그行爲에對하여會社와連帶責任을負擔한다

第五百八十六條 外國에서設立된會社라도大韓民國에그本店을設置하거나大韓民國에서營業할것을主된目的으로하는때에는大韓民國에서設立하는會社와同一한規定에依하여야한다

第五百八十七條 第三百四十八條乃至第三百五十一條第三百五十三條第一項第三百六十八條第三百六十九條第四百八十條第一項第四百八十一條및第四百八十二條의規定은大韓民國에서의外國會社의株券또는債券의發行및그株式의移轉이入質또는社債의移轉에準用한다

前項의境遇에는처음大韓民國에設置한營業所를本店으로看做한다

第五百八十八條 外國會社가大韓民國에營業所를設置한境遇에다음事由가있는때에는法院은利害關係人또는檢事長의請求에依하여그營業所의閉鎖를命할수있다

一. 營業所의設置登記를完了한後正當한理由없이一年內에營業을開始하지아니한때
二. 正當한理由없이一年以上營業을休止한때
三. 正當한理由없이債務의支給을停止한때
四. 會社의代表者其他業務를執行하는者가法令또는公序良俗에違反한行爲를한때

第百八十五條第二項의規定은前項의境遇에準用한다

第五百八十九條 前條의規定에依하여營業所의閉鎖를命한境遇에는法院은職權또는利害關係人의申請에依하여大韓民國에있는그會社財產의全部에對한淸算의開始를命할수있다 이境遇에는法院은淸算人을選任하여야한다

第五百二十條乃至第五百二十二條第五百二十四條및第五百三十一條의規定은그性質이許하지아니하는境遇外에는前項의淸算에準用한다

前二項의規定은外國會社가스스로그營業所를閉鎖한境遇에準用한다

第五百九十條 外國會社에對한一般法律의適用에있어서는法律에特別한規定있는境遇外에는大韓民國에서成立된同種또는가장類似한會社로看做한다

第七章 罰 則

第五百九十一條 會社의發起人, 業務執行社員, 理事, 監事또는第三百九十條第二項第四百六條第一項第四百三十四條第五百五十五條의規定에依한職務代行者, 支配人其他會社業務에關한어느種類또는特定한事項의委任을받은使用人이그任務에違背한行爲로써自己또는第三者의利益을爲하여會社에財產上의損害를加한때에는十年以下의懲役또는五十萬圜以下의罰金에處한다

會社의整理委員, 管理人, 淸算人또는그職務代行者, 第八條의規定에依한設立委員이前項의行爲를한때에도前項과같다

前二項의未遂犯은이를罰한다

第五百九十二條 前條第一項에揭記한者또는檢查役이다음行爲를한때에는五年以下의懲役또는二十萬圜以下의罰金에處한다

一. 株式또는出資의引受, 株金또는出資의納入, 現物出資의履行, 第二百九十三條또는第五百三十四條에揭記한事項에對하여法院또는總會에不實의報告를하거나이를隱蔽한때
二. 何人의名義를不問하고會社의計算으로不正히그株式또는持分을取得하거나質權의目的으로한때
三. 法令또는定款의規定에違反하여利益또는利子의配當을한때
四. 會社의業務範圍外에서投機行爲를하기爲하여會社財產을處分한때

第五百九十三條 會社의理事, 監事또는그職務代行者가會社의組織變更의境遇에그純財產額에對하여法院또는總會에不實의報告를하거나이를隱蔽한때에는五年以下의懲役또는二十萬圜以下의罰金에處한다

第五百九十四條 第五百九十一條第一項에揭記한者, 外國會社의代表者, 株式또는社債의募集委託을받은者가株式또는社債를募集함에있어重要事項의不實記載있는株式要請書, 社債要請書, 營業豫見書, 株式또는社債에關한廣告其他文書를行使한때에는五年以下의懲役또는二十萬圜以下의罰金에處한다

株式또는社債를賣出하는者가그賣出에關한重要事項의不實記載있는文書를行使한때에도前項과같다

第五百九十五條 第五百九十一條第一項에揭記한者가株金의納入또는出資의履行을假裝하는行爲를하거나그株金또는出資를會社의目的範圍外에使用한때에는五年以下의懲役또는二十萬圜以下의罰金에處한다

第五百九十六條 會社의發起人理事또는第三百九十條第二項第四百六條第一項및第五百五十五條第一項의規定에依한職務代行者가會社의資本總額을超過하여株式또는出資證券을發行한때에는五年以下의懲役또는二十萬圜以下의罰金에處한다

第五百九十七條 第五百九十一條에揭記한者또는檢査役이그職務에關하여不正의請託을받고財産上의利益을收受하거나要求또는約束한때에는五年以下의懲役또는二十萬圜以下의罰金에處한다

前項의利益을供與하거나提供의要請또는約束한者도前項과같다

第五百九十八條 다음事項에關하여不正의請託을받고財産上의利益을收受하거나要求또는約束한者는一年以下의懲役또는五萬圜以下의罰金에處한다

一. 創立總會, 社員總會또는株主總會에서의發言또는議決權의行使
二. 會社設立의無效또는取消, 總會決議의無效또는取消發起人, 理事또는監事에對한損害賠償의追求, 資本의增加또는減少의無效, 合併의無效또는理事의解任에關한訴訟의提起其他關係事項

前項의利益을供與하거나提供의要請또는約束한者도前項과같다

第五百九十九條 第五百九十一條乃至前條의刑은이를併科할수있다

第六百條 第五百九十七條第一項또는第五百九十八條第一項의境遇에는犯人의收受한利益은이를沒收한다 그全部또는一部를沒收하기不能한때에는그價額을追徵한다

第六百一條 會社의發起人, 設立委員, 業務執行社員, 理事, 監事, 外國會社代表者, 檢査役, 整理委員, 管理人, 支配人, 清算人, 社債募集의委託을받은會社및그事務承繼者또는第三百九十條第二項第四百六條第一項第四百三十四條第五百三十一條第二項및第五百五十五條의規定에依한職務代行者가다음事項에該當한行爲를한때에는十萬圜以下의過料에處한다

一. 本法에定한登記를懈怠한때
二. 本法에定한公告또는通知를懈怠하거나不正의公告또는通知를한때
三. 本法에定한檢査또는調査를妨害한때
四. 本法의規定에違反하여正當한理由없이書類의閱覽또는謄寫, 謄本또는抄本의交付를拒否한때
五. 官廳또는總會에不實의報告를하거나또는事實을隱蔽한때
六. 株券, 出資證券또는債權에記載할事項을記載하지아니하거나不實의記載를한때
七. 正當한理由없이株券의名義書換을하지아니한때
八. 法律또는定款에定한理事또는監事의員數를欠缺한境遇에그選任節次를懈怠한때
九. 發起人또는理事가株式또는出資의引受로因한權利를他人에게讓渡한때
十. 定款, 株主또는社員名簿社債名簿議事錄財産目錄貸借對照表營業報告書損益計算書準備金및利益또는利子의配當에關한議案, 決算報告書또는第三十五條第一項의帳簿에記載할事項을記載하지아니하거나또는不實의記載를한때
十一. 法院의選任한管理人또는清算人에게事務의引繼를怠慢하거나이를拒否한때
十二. 清算의終結을遲延할目的으로第五百二十條第一項또는第五百八十二條第一項의期間을不當한長期間으로定한때
十三. 第二百三十九條第二百四十條第二百五十三條第三項第四百四十七條第二項第五百十六條第二項第五百七十一條第二項第五百七十五條第五百七十七條의規定에違反하여會社의合併또는組織變更會社財産의處分또는資本의減少를한때
十四. 第二百六十四條第五百三十一條第一項또는第五百八十二條第一項의規定에違反하여會社財産을分配한때
十五. 第三百七條第二項第三百六十條第四百十一條第四百七十七條第二項의規定에違反하여株式要請書또는社債要請書를作成하지아니하거나이에記載할事項을記載하지아니하거나또는不實의記載를한때
十六. 第三百五十五條또는第五百四十九條第一項의規定에違反하여株式또는持分의失效節次株式또는持分의質權處分을懈怠한

때

十七. 第三百五十六條또는第五百四十九條第一項의規定에違反하여株式또는出資口數를消却한때

十八. 第三百六十八條第二項또는第五百八十七條의規定에違反하여株券을發行한때

十九. 第三百七十五條第一項및第二項第五百六十一條의規定또는第四百七十二條第三項第五百六十四條第三項의規定에依한法院의命令에違反하여總會를召集하지아니하거나定款에定한地以外의地에서또는第三百十四條第三百七十四條第二項第五百五十六條第三項의規定에違反하여總會를召集한때

二十. 第三百九十八條第一項第四百五十八條第一項第五百三十一條第二項또는第五百五十四條第二項第五百六十五條의規定에違反하여帳簿또는書類를備置하지아니한때

二十一. 第四百六十六條第四百六十七條또는第五百六十五條의規定에違反하여準備金을積立하지아니하거나이를使用한때

二十二. 第四百七十四條의規定에違反하여社債를募集하거나舊社債를償還하지아니한때

二十三. 第四百八十條第一項또는第五百八十七條의規定에違反하여債券을發行한때

二十四. 第四百九十六條의規定에依한法院의處分에違反한때

二十五. 第五百二十一條또는第五百八十二條第一項의規定에違反하여債務의辨濟를한때

二十六. 第五百八十八條第一項의規定에依한法院의命令에違反한때

二十七. 第五百四十六條의規定에違反하여持分에對한指示式또는無記名式의證券을發行한때

第六百二條 會社의成立前의會社의名義로써營業을한者는會社設立登記의稅額의倍額에相當한過料에處한다

前項의規定은第五百八十五條第一項의規定에違反한者에準用한다

第六百三條 第五百九十一條第五百九十二條第五百九十四條第五百九十五條第五百九十七條第一項에揭記한者가法人인때에는本章의處罰은그行爲를한理事, 監事其他業務를執行한社員또는支配人에適用한다

第四編 保 險

第一章 總 則

第六百四條 保險契約은當事者一方이約定한保險料를支給하고相對方이被保險者의財産또는生命, 身體에關하여不確定한事故가생길境遇에一定한保險金額을支給할것을約定함으로써그效力이생긴다

第六百五條 保險契約은他人을被保險者또는保險受益者로할수있다

他人을被保險者로하는境遇에는그同意를얻어야하며被保險者아닌他人을保險受益者로하는境遇에는被保險者의同意를얻어야한다

第六百六條 保險契約者가委任없이他人을위하여契約을締結하는境遇에는그趣旨를保險者에게告知하지아니하면그契約은效力이없다이를告知한때에는그他人은當然히保險利益을받는다

第六百七條 保險契約은그契約前의어느時期에遡及하여保險의始期로할수있다

第六百八條 保險者는保險證券을作成하여保險契約者에게交付하여야한다

保險證券에는다음事項을記載하고保險者이에記名捺印하여야한다

一. 保險의目的

二. 保險事故의性質

三. 保險金額

四. 保險料및그支給方法

五. 保險期間을定한때에는그始期및終期

六. 他人을被保險者또는保險受益者로定한때에는그住居및姓名또는商號

七. 無效및失權의事由

八. 保險契約者의住居및姓名또는商號

九. 保險契約의年月日

第六百九條 保險契約者는保險證券의交付를받은날로부터一月內에限하여그證券內容의正否에관한異議를主張할수있다

第六百十條 保險證券을滅失또는顯著하게毁損한때에는保險契約者는保險者에對하여證券의再交付를請求할수있다 그證券作成의費用은保險契約者의負擔으로한다

第六百十一條　保險契約當時에保險事故가이미發生하였거나또는發生할수없는것인때에는그契約은無效로한다　但當事者雙方과被保險者가이를알지못한때에는例外로한다

第六百十二條　保險契約當時에保險契約者또는被保險者만이保險事故의이미發生한것을알은때에는保險金額의請求權이없다

保險契約當時에保險者가保險事故의이미發生할수없는것임을알은때에는保險料의請求權이없다

第六百十三條　代理人에依하여保險契約을締結한境遇에代理人의알은事由는그本人이알은것과同一한것으로한다

第六百十四條　保險契約者는保險者에대하여約定한時期에約定한保險料를支給하여야한다　他人을被保險者또는保險受益者로한境遇에도같다

第六百十五條　他人을被保險者또는保險受益者로한境遇에保險契約者가保險料의支給을遲滯한때에는保險者는被保險者또는保險受益者에對하여保險料의支給을請求할수있다　但被保險者또는保險受益者가그權利를抛棄한때에는例外로한다

第六百十六條　保險契約의當事者가特別한危險을豫期하여保險料의額을定한境遇에保險期間中그豫期한危險이消滅한때에는保險契約者는그後의保險料의減額을請求할수있다

第六百十七條　保險契約의全部또는一部가無效인境遇에保險契約者및被保險者가善意이며重大한過失이없는때에는保險料의全部또는一部의返還을請求할수있다

第六百十八條　保險事故가發生하기前에는保險契約者는언제든지契約의全部또는一部를解止할수있다

前項의境遇에는當事者間의다른約定이없으면經過保險料의返還을請求하지못한다

第六百十九條　保險契約者, 被保險者및保險受益者가保險料를支給하지아니한때에는保險者는相當한期間을定하여保險契約者에게催告하고그期間內에支給하지아니한때에는契約을解止할수있다

第六百二十條　保險契約當時에保險契約者또는被保險者가故意또는重大한過失로因하여重要한事項을告知하지아니하거나不實의告知를한때에는保險者는그事實을알은날로부터一月內에契約을締結한날로부터5年內에限하여契約을解止할수있다　但保險者가契約當時에그事實을알거나重大한過失로因하여알지못한때에는例外로한다

第六百二十一條　保險期間中에保險契約者또는被保險者가事故發生의危險이顯著히變更또는增加된事實을알은때에는遲滯없이保險者에게通知하여야한다　이를懈怠한때에는保險者는그事實을알은날로부터一月內에限하여契約을解止할수있다

第六百二十二條　保險期間中에保險契約者被保險者또는保險受益者의故意또는重大한過失로因하여事故發生의危險이顯著하게變更또는增加된때에는保險者는契約을解止할수있다

第六百二十三條　保險事故가發生한後에도保險者가前三條의規定에依하여契約을解止한때에는保險金額을支給할責任이없고이미支給한保險金額의返還을請求할수있다　但告知義務에違反한事實또는危險의顯著한變更이나增加된事實이保險事故의發生에影響을미치지아니하였음이證明된때에는例外로한다

被保險者의死亡을保險事故로한保險契約에는前項의規定을適用하지아니한다

第六百二十四條　保險契約者및被保險者와保險受益者는保險事故및損害의防止또는減少에努力하여야한다　이에關한必要費用은保險金額의限度에서保險者가이를負擔한다

前項保險事故및損害의防止또는減少에關하여保險者의指示가있는때에는正當한이유없이이를拒絶하지못한다

이에關한費用은保險金額을超過한境遇에도保險者가이를負擔한다

第六百二十五條　保險者의責任은最初의保險料의支給을받은때로부터開始된다

第六百二十六條　保險契約者또는被保險者나保險受益者는保險事故의發生을알은때에는遲滯없이保險者에게通知하여야한다

第六百二十七條　保險者는保險金額의支給에關하여約定期間이있는때에는그期間內에, 約定期間이없는때에는前條의通知를받은날로부터十日內에保險金額을保險受益者에게支給하여야한다

第六百二十八條　保險事故가保險契約者또는被保險者나保險受益者의故意또는重大한過失로因하여發生한때에는保險者는保險金額을支給

할責任이없다 被保險者의死亡을保險事故로한保險契約에는事故가保險契約者또는被保險者나保險受益者의重大한過失로因하여發生한境遇에도保險者는保險金額을支給할責任을免하지못한다 但死刑의執行으로因하여死亡한때에는例外로한다

第六百二十九條 保險事故가戰爭其他의變亂으로因하여發生한때에는當事者間에特約이없으면保險者는保險金額을支給할責任이없다

第六百三十條 保險契約者는同一한保險事故에대하여重複으로各保險者와保險契約을締結할수있다

前項의重複契約을締結한保險契約者는各保險者에對하여各保險契約의內容을通知하여야한다

第六百三十一條 保險者는그負擔할保險事故의責任에對하여다른保險者와再保險契約을締結할수있다 이再保險契約은原保險契約의效力에影響을미치지아니한다

第六百三十二條 保險金額의請求權과保險料또는積立金의返還請求權은二年, 保險料의請求權은一年을經過하면時效로인하여消滅된다

第六百三十三條 本章의規定은當事者間의特約으로써保險契約者또는被保險者나保險受益者의不利益으로變更하지못한다

第六百三十四條 本章의規定은그性質이相反되지아니하는限度에서相互保險에準用한다

第二章 損害保險

第一節 通 則

第六百三十五條 損害保險은保險者가保險事故로因하여생길被保險者의財産上損害를補償할責任을負擔한다

第六百三十六條 損害保險은當事者間의特約이없으면保險事故로因하여喪失된被保險者의얻을利益이나報酬는保險者의補償할損害額에算入하지아니한다

第六百三十七條 損害保險은金錢으로그價額을定할수있는利益에限하여그目的으로할수있다

第六百三十八條 保險金額이保險目的의價額을超過한때에는그超過部分에對한保險契約은無效로한다

前項保險目的의價額은契約當時의價格에依하여定한다

第六百三十九條 當事者間에保險價額을定한때에는그價額은事故發生時의價額으로定한것으로推定한다 但그價額이顯著히事故發生時의價額을超過할때에는事故發生時의價額을保險價額으로한다

第六百四十條 當事者間에保險價額을定하지아니한때에는事故發生時의價額을保險價額으로한다

第六百四十一條 保險價額이保險期間中에顯著히減少된때에는保險契約者는保險料및保險金額의減額을請求할수있다 但保險料의減額은將來에만그效力이있다

第六百四十二條 同一한保險目的및同一한保險事故에關하여數個의保險契約이同時에締結된境遇에그保險金總額이保險價額을超過한때에는保險者는各自의保險金額의比例에依하여保險價額의限度에서補償할責任을負擔한다 但各保險者의分擔額에對하여는各自의保險金額의限度에서相互連帶責任이있다

前項數個의契約日字가同一한때에는그契約은同時에締結한것으로推定한다

第六百四十三條 同一한保險目的및同一한保險事故에對하여數個의保險契約이順次로締結된境遇에는先保險者가補償의責任을負擔하고그保險金額이損害의全部를補償함에足하지못한때에는後保險者가殘餘의損害額을補償하여야한다 但先保險者가損害의補償을할수없는때에는後保險者는自己의保險金額의限度에서補償할責任이있다

第六百四十四條 前二條의規定에依한數個의保險契約을締結한境遇에保險者一人에對한權利의抛棄는다른保險者의權利義務에影響을미치지아니한다

第六百四十五條 保險契約者가不法의財産上利益을얻을目的으로保險者를欺罔하여重複으로保險契約을締結한때에는그契約은無效로한다 但保險者는그事實을알은때까지의保險料를請求할수있다

第六百四十六條 保險目的의全部또는一部에對한保險事故로因하여保險價額一部의損害가생긴때에는保險者는保險金額의保險價額에對한比例에依하여서만補償의責任이있다 保險金額이保險價額의一部인境遇에保險價額一部의損害가생긴때에도前項과같다

第六百四十七條 保險의目的에對한保險事故로

因하여保險者의負擔할損害가생긴때에는그後그目的이保險者의責任없는事故로因하여滅失된境遇에도保險者는이미생긴損害에對한補償責任을免하지못한다

第六百四十八條　保險者의補償할損害額은그損害發生地의當時價格에依하여算定한다

前項損害額의算定에關한費用은保險者의負擔으로한다

第六百四十九條　保險者가損害를補償할境遇에保險料의支給을받지아니한殘額이있으면그支給期日이到來하지아니한때라도補償할金額에서이를控除할수있다

第六百五十條　保險目的의性質, 瑕疵또는自然消耗로因한損害는保險者이를補償할責任이없다

第六百五十一條　被保險者가保險의目的을讓渡한때에는保險契約으로因하여생긴權利를同時에讓渡한것으로推定한다

前項保險契約으로因하여생긴權利의讓渡에는民法債權讓渡에關한規定을準用한다

第六百五十二條　保險目的의全部가滅失된境遇에保險金額의全部를支給한保險者는그目的에對한被保險者의權利를取得한다　但保險價額의一部를保險의目的으로한境遇에는保險者의取得할權利는保險金額의保險價額에對한比例에依하여이를定한다

第六百五十三條　保險事故로因한損害가第三者의責任있는行爲로因하여생긴境遇에保險金額을支給한保險者는그支給한金額의限度에서그第三者에對한被保險者의權利를取得한다　但保險者가補償할保險金額의一部를支給한때에는被保險者의權利를害하지아니하는範圍에서그權利를行使할수있다

第二節 火災保險

第六百五十四條　火災保險者는火災로因하여생긴保險目的의滅失또는毁損에對한損害를補償할責任이있다

第六百五十五條　火災保險者는火災의消防또는減少에必要한處置로因하여생긴保險目的의滅失毁損에對한損害를補償할責任이있다

第六百五十六條　賃借人其他他人의物件을保管한者는그物件을保險目的으로하여保險契約을締結할수있다　이境遇에는그物件所有者는保險者에對하여直接그損害의補償을請求할수있다

第六百五十七條　火災保險證券에는第六百八條第二項의記載事項外에다음事項을記載하여야한다

一. 建物을保險의目的으로한때에는그所在地, 構造와用途
二. 動産을保險의目的으로한때에는그存置한場所의狀態와用途
三. 保險價額을定한때에는그價額

第六百五十八條　集合된物件을一括하여保險의目的으로한때에는被保險者의家族및使用人의所有에屬한物件도保險의目的에包含된것으로한다

第六百五十九條　集合된物件을一括하여保險의目的으로한때에는保險期間中에그個個物의代替가있은境遇에도保險事故의發生時에現存한物件은保險의目的에包含된것으로한다

第三節 運送保險

第六百六十條　運送保險者는運送人이運送物을受取한때로부터受荷人에게引渡할때까지保險事故로因하여생긴그物件에對한모든損害를補償할責任이있다

江, 湖, 川間의物件運送에關한保險은本節의運送保險으로看做한다

第六百六十一條　運送物의保險에는發送地의發送時價額및到着地까지의運送賃其他費用을保險價額으로한다

第六百六十二條　運送保險證券에는第六百八條第二項의記載事項外에다음事項을記載하여야한다

一. 運送의路程과方法
二. 運送人의住居와姓名또는商號
三. 受荷人의住居및姓名또는商號
四. 運送物을引渡할處所
五. 運送期間을定한때에는그期間
六. 保險價額을定한때에는그價額

第六百六十三條　運送上의必要에依하여一時運送을中止하거나運送의路程또는方法을變更한境遇에도保險契約의效力에影響을미치지아니한다

第六百六十四條　保險事故가送荷人또는受荷人의故意또는重大한過失로因하여發生한때에는保險者는이로因하여생긴損害를補償할責任이없다

第四節 海上保險

第六百六十五條 海上保險者는航海에關한事故로因하여생긴保險目的에對한모든損害를補償할責任이있다

第六百六十六條 保險者는被保險者의支給할共同海損의分擔額을補償할責任이있다 但保險價額의一部를保險의目的으로한境遇에는保險者의負擔額은保險金額의保險價額에對한比例에依하여이를定한다

第六百六十七條 海上保險證券에는第六百八條第二項의記載事項外에다음事項을記載하여야한다

一. 船舶을목적으로한때에는그船舶의名稱, 國籍및種類, 船長의姓名, 發航港및到着港, 寄港할豫定이있는때에는그寄航港
二. 積荷또는積荷의到着으로因하여얻을利益또는報酬를保險의目的으로한때에는船舶의名稱, 國籍및種類, 船積港과揚陸港
三. 保險價額을定한때에는그價額

第六百六十八條 船舶을保險의目的으로한때에는保險者의責任이開始될때의船舶價額으로써保險價額으로한다

第六百六十九條 船舶을保險의目的으로한때에는船內에있는屬具, 燃料, 食料其他航海에必要한모든物件은保險目的에包含된것으로한다

第六百七十條 積荷를保險의目的으로한때에는船積한때의船積地價額및船積과保險에關한費用으로써保險價額으로한다

第六百七十一條 積荷의到着으로因하여얻을利益또는報酬를保險의目的으로한境遇에保險價額의約定이없으면保險金額을保險價額으로한것으로推定한다

第六百七十二條 一回航海에關한船舶을保險의目的으로한때에는保險者의責任은荷物또는底荷의船積에着手한때에開始한다

積荷또는積荷의到着으로因하여얻을利益또는報酬를保險의目的으로한때에는保險者의責任은그荷物의船積에着手한때에開始된다

荷物또는底荷의船積에着手한後에前二項의保險契約이締結된때에는保險者의責任은契約이成立한때에開始된다

第六百七十三條 前條의規定에依한保險者의責任은到着港에荷物또는底荷를揚陸한때에終了된다 但不可抗力의事由없이揚陸이遲延된때에는그揚陸이通常終了되였을때에終了된것으로한다

第六百七十四條 保險者의責任이開始되기前에航海를變更한때에는保險契約은그效力을잃는다

保險者의責任이開始된後에保險契約者또는被保險者의責任있는事由로因하여航海를變更한때에는保險者는그變更後의事故에對하여責任을負擔하지아니한다

到着港을變更하고그航海를開始한境遇에는그航行이아직保險한航路와分離되지아니한때에도그航海를變更한것으로看做한다

第六百七十五條 被保險者가不可抗力또는正當한事由없이發航또는航海를懈怠하거나航路의變更其他의方法으로써危險을顯著히變更또는增加하게한때에는保險者는그變更또는增加後의事故에對하여責任을지지아니한다 但그危險의變更또는增加가事故의發生에影響을미치지아니한때에는例外로한다

第六百七十六條 積荷또는積荷의到着으로因하여얻을利益이나報酬를保險의目的으로한境遇에保險契約者또는被保險者의責任있는事由로因하여船舶을變更한때에는保險者는그變更後의事故에對하여責任을負擔하지아니한다

第六百七十七條 保險契約에荷物을積載할船舶을指定하지아니한境遇에保險契約者또는被保險者가그荷物이船積되었음을알은때에는遲滯없이保險者에對하여그船舶의名稱및國籍을通知하여야한다

保險契約者또는被保險者가前項의通知를懈怠한때에는保險契約은그效力을잃는다

第六百七十八條 保險契約에船長이指定된境遇에도그後의船長의變更은契約의效力에影響을미치지아니한다

第六百七十九條 保險者는다음損害와費用을補償할責任이없다

一. 船舶또는運賃을保險의목적으로한때에는發航當時安全航海에必要한準備를하지아니하거나必要한書類를備置하지아니함으로因하여생긴損害
二. 積荷또는積荷의到着으로因하여얻을利益또는報酬를保險의目的으로한때에는傭船者送荷人또는受荷人의故意또는重大한過失로因하여생긴損害
三. 水路引導料, 入港料, 燈台料, 檢疫料其他

船舶또는積荷에關한航海中의通常費用

第六百八十條　保險의目的인積荷가毁損되여揚陸港에到着한때에는保險者는그毁損된狀態의價額과毁損되지아니한狀態의價額과의比例에依하여保險價額의一部에對한損害를補償하여야한다

第六百八十一條　航海途中에不可抗力의事由로因하여保險의目的인積荷를賣却한때에는保險者는그代金에서運送賃其他必要한費用을控除한金額과保險價額과의差額을補償하여야한다

前項의境遇에買主가代金을支給하지아니한때에는保險者는그金額을支給하여야한다　保險者가그金額을支給한때에는被保險者의買主에對한權利를取得한다

第六百八十二條　다음事由있는境遇에는被保險者는保險의目的을保險者에게委付하고保險金額의全部를請求할수있다

一. 船舶이沈沒된때
二. 船舶의行方이不明이三月을經過한때
三. 船舶이修繕할수없게된때
四. 船舶의修繕費가保險金額의四分의三以上에達한때
五. 船舶또는積荷가捕獲된때
六. 船舶또는積荷가官公署에押收되어六月以上還付되지아니한때

前項第二號의期間內에保險의約定期間이終了된境遇에도被保險者는委付를할수있다　但船舶이保險期間中에滅失되지아니한證明이있는때에는그委付는無效로한다

第一項第三號또는第四號의境遇에船長이遲滯없이다른船舶으로積荷의運送을繼續하는때에는被保險者는그積荷를委付하지못한다

第六百八十三條　被保險者가委付를하려할때에는前條第一項第一號, 第三號乃至第五號의境遇에는그事由를알은날로부터第二號第六號의境遇에는그期間이經過된날부터二月內에保險者에對하여그趣旨를通知하여야한다

再保險의境遇에는그被保險者가自己의被保險者로부터의委付의通知를받은날로부터二月內에再保險者에對하여그趣旨를通知하여야한다

第六百八十四條　委付는無條件이여야한다

委付는保險目的의全部에對하여이를하여야한다　但委付의原因이그一部에對하여생긴때에는그部分에對하여서만委付할수있다

保險價額의一部를保險의目的으로한때에는委付는保險金額의保險價額에對한比例에依하여委付를하여야한다

第六百八十五條　被保險者가委付를함에있어서는保險者에對하여保險의目的에對한다른保險契約또는그負擔에屬한債務의有無와그種類및內容을通知하여야한다

保險者는前項의通知를받을때까지保險金額의支給을拒否할수있다

保險金額의支給에關한期間의約定이있는때에는그期間은第一項의通知를받은날로부터起算한다

第六百八十六條　保險者가委付를承認한때에는그委付에對하여異議를主張하지못한다

第六百八十七條　保險者가委付를承認하지아니한때에는被保險者는委付의原因을證明하지아니하면保險金額의支給을請求하지못한다

第六百八十八條　被保險者가委付로因하여保險金額의支給을받은때에는保險目的에關한모든書類를保險者에게交付하여야한다

保險者가委付로因하여保險金額을支給한때에는그保險目的에關한被保險者의모든權利를取得한다

第五節 責任保險

第六百八十九條　責任保險者는被保險者가保險期間中의事故로因하여第三者에게賠償할責任을負擔한境遇에이를補償할義務를負擔한다

第六百九十條　被保險者가第三者의請求를防禦하기爲하여支出한裁判上또는裁判外의必要費用은保險의目的에包含된것으로한다　被保險者는保險者에對하여그費用의先給을請求할수있다

被保險者가擔保의提供또는供託으로써裁判의執行을免할수있는境遇에는保險者에對하여保險金額의限度에서그擔保의提供또는供託을請求할수있다

前二項의行爲가保險者의指示에依한것인境遇에는그金額에損害額을加算한金額이保險金額을超過하는때에도保險者가이를負擔하여야한다

第六百九十一條　保險契約이被保險者가經營하는事業에關한責任을保險의目的으로한때에는被保險者의代理人또는그事業監督者의第三者에對한責任도保險의目的에包含된것으로한다

第六百九十二條　被保險者가第三者로부터賠償

의請求를받은때에는遲滯없이保險者에게그通知를發送하여야한다

第六百九十三條 被保險者가第三者에對하여辨濟, 承認, 和解또는裁判으로因하여債務가確定된때에는遲滯없이그事由를保險者에게그通知하여야한다

保險者는特別한期間의約定이없으면前項의通知를받은날로부터十日內에保險金額을保險受益者에게支給하여야한다

被保險者가保險者의同意없이第三者에對하여辨濟, 承認또는和解를한境遇에도그行爲가顯著히不當한것이아니면保險者는補償할責任을免하지못한다

第六百九十四條 本節의規定은再保險契約에適用한다

第三章 生命保險

第六百九十五條 生命保險은保險者가被保險者의生命또는身體에關한保險事故가생긴境遇에約定한保險金額을支給할責任을負擔한다

第六百九十六條 他人의死亡또는傷害를保險事故로하는保險契約은被保險者의書面에依한同意가없으면無效로한다

前項保險契約으로因하여생긴權利를讓渡하는境遇에도被保險者의書面에依한同意가없으면그效力이없다

第六百九十七條 十八歲未滿者, 心身喪失者또는心神薄弱者의死亡을保險事故로한保險契約은無效로한다

第六百九十八條 他人을保險受益者로指定한때에는그指定된者는當然히保險契約의利益을받는다

前項保險受益者가保險存續中에死亡한때에는保險契約者는다시保險受益者를指定할수있다

第六百九十九條 保險契約者는契約을締結함에있어保險受益者를指定또는變更할權利를保留할수있다

保險契約者가前項의權利를行使하지아니하고死亡하거나그權利를行使하기前에保險事故가發生한때에는保險受益者의指定을保留한境遇에는被保險者, 指定한保險受益者의變更을保留한境遇에는그指定된者의保險利益을받을權利가確定된다

第七百條 保險契約者가契約締結後에保險受益者를指定또는變更한때에는保險者에對하여그事由를通知를하지아니하면이로써保險者에게對抗하지못한다

第七百一條 被保險者의死亡을保險事故로한保險契約에는事故의發生없이保險期間이終了된때에도保險金額을支給할것을約定할수있다

第七百二條 保險者는保險料의支給을받은때에는每回그五分의一에該當한金額을保險受益者를爲한準備金으로積立하여야한다

第七百三條 第六百十八條乃至第六百二十二條의規定에依하여保險契約이解止된때에第六百二十八條및第六百二十九條의規定에依하여保險金額의支給責任이免除된때에는保險者는保險受益者를爲하여積立한金額을保險契約者에게支給하여야한다

第五編 海 商

第一章 船 舶

第七百四條 本法에船舶이라함은利益을얻을目的으로航海에使用하는船舶을이른다

第七百五條 本編의規定은뽀-트또는主로櫓櫂로運轉하는船舶에適用하지아니한다

第七百六條 船舶에積載한小艇또는船舶의從船은船舶의屬具로看做한다

船舶의屬具目錄에記載한物件은船舶의從物로推定한다

第七百七條 다음各號의船舶은大韓民國船舶으로看做한다

一. 大韓民國官公廳의所有에屬한船舶
二. 大韓民國國民의所有에屬한船舶
三. 本法에依하여設立되고本店이大韓民國에있는商事會社로서合名會社에있어서는社員의全員, 合資會社에있어서는無限責任社員의全員, 株式會社와有限會社에있어서는資本金三分의二以上이大韓民國國民의所有이고理事三分의二以上이大韓民國國民인會社의所有에屬한船舶
四. 大韓民國에主된事務所가있는法人으로그代表者의全員이大韓民國國民인法人의所有에屬한船舶

第七百八條 大韓民國의船舶이아니면大韓民國國旗를揭揚하지못한다

第七百九條 大韓民國船舶이아니면開港하지아니한國內浦口에寄着하지못하고國內各港間

의運送을하지못한다 但다음境遇에는例外로 한다

一. 條約其他協定에定한바있는때

二. 海難또는捕獲을避하기爲한때

三. 所管主務長官의許可가있는때

第七百十條 船舶에는그名稱, 番號, 總噸數와 積量및船積港其他必要事項을標示하고國旗를 揭揚하여야한다

第七百十一條 船舶은法令의定한바에좇아登記 한後船積港을管理하는主務官廳에登錄하여야 한다

船舶原簿에前項登記를한때에는主務官廳은船 舶國籍證書를交付한다

第七百十二條 前條의規定은船舶의登記事項에 變更이생긴境遇에準用한다

第七百十三條 船舶國籍證書를잃은때에는遲滯 없이船籍港을管理하는主務官廳에再交付를申 請하여야한다 國籍證書가顯著히毁損될때에 도같다

第七百十四條 船舶이外國에寄港또는航行中에 前條의事由가생긴때에는寄港地또는最初到着 地의所管官廳에申請하여假國籍證書의交付를 받어야한다 이假國籍證書는船舶이船積港에 到着한때에그效力을잃는다

外國에서船舶을取得한때에는그船舶所在地의 所管官廳에申請하여假國籍證書의交付를받어 야한다 이假國籍證書는船舶이그船積港으로 定할地에到着한때에效力을잃는다

第七百十五條 船舶은法令에特別한規定이있는 境遇外에는國籍證書또는假國籍證書의交付를 받은後가아니면航海를하지못한다

第七百十六條 船舶에關한權利의設定이나移轉 은登記를完了하고船舶國籍證書에이를記載하 지아니하면第三者에게對抗하지못한다

第七百十七條 航海의準備를完了한船舶및그屬 具는押留또는假押留를하지못한다 但航海를準 備하기爲하여생긴債務에對하여는例外로한다

第七百十八條 第七百十條乃至前條의規定은總 噸數十噸未滿또는積載量百石未滿의船舶에適 用하지아니한다

第七百十九條 船舶은本法에特別한規定이있는 境遇外에는民法動産에關한規定을適用한다

第二章 船舶所有者

第七百二十條 船舶所有者는航海에使用한船舶 및屬具運送賃그船舶에關한損害賠償또는報酬 의請求權및其他船舶附屬物의價格을限度로그 航海에關하여생긴다음事項의責任을負擔한다

一. 船長船員水路引導人其他船舶使用人의故 意또는過失로因하여第三者에게加한損害 의賠償

二. 運送하기爲하여船長에게引度된運送物또는 그船內에있는모든物件에對한損害의賠償

三. 船荷證券에基因하여생긴債務

四. 運送契約履行中의航海過失로因한損害의 賠償

五. 船舶이海港倉庫또는航路의工作物에加한 破損의修繕債務

六. 沈沒船舶의破損物除去의義務및이에關聯 한債務

七. 海難求助와船舶引揚에對한報酬

八. 共同海損에對한船舶所有者의分擔債務

九. 船長이船籍港에서船舶保存또는航海繼續 의現實的必要로그法定權限에基因하여締 結한契約또는處分行爲로因하여생긴債務, 但그必要가航海準備의不充分으로裝備또 는補給品의不足이나缺陷에基因한것인것 에는例外로한다

第七百二十一條 船舶所有者는航海를終了한때 에그船舶및屬具運送賃그船舶에關한損害賠償 또는報酬의請求權및其他船舶附屬物을前條各 號의規定에依한債權者에게委付하여그責任을 免할수있다

船舶의委付는登記함으로써그效力이생긴다

第七百二十二條 前二條의規定은다음의債務에 對한船舶所有者의責任에適用하지아니한다

一. 船舶所有者의故意또는過失로基因하는債 務

二. 船舶所有者가第七百二十條第九號의行爲 를許可또는追認한境遇의債務

三. 船長, 船員및船舶使用人에對한雇傭契約 에基因한債務

第七百二十三條 第七百二十條의規定에依하여 責任의制限을主張하는船舶所有者는船舶, 運 送賃과附屬物의價額을證明하여야한다

船舶의評價는다음時期의船舶狀態를標準으로 한다

一. 衝突其他事故로因하여생긴債務, 事故後 最初의港口에到着할때까지債務및共同海 損으로생긴債務에對하여는最初의港口에

到着하였을때의船舶狀態에依한다 이事故와關聯없는다른事故로船舶價格이減少된때에는그減少價格은前示債務에關한船舶評價에算入하지아니한다
船舶의碇舶中事故로因하여생긴債務에對하여는그碇泊港에서의事故後船舶狀態에依한다
二. 積荷에關한債務또는船舶證券에基因한債務에對하여는積荷의目的港또는航海를中止한處所에서의船舶狀態에依한다
積荷의目的港이數個인境遇에債務가同一原因으로생긴때에는最初到着港에서의船舶狀態에依한다
三. 第七百二十條에規定한其他債務에對하여는그航海를終了한때의船舶狀態에依한다
運送賃은그船舶의定額으로하고航海에定額의運送賃을얻지못한境遇에도그定額으로支給하여야한다

第七百二十四條 船舶所有者나共有者가船長인때에는單純한航海上의過失또는船員其他船舶使用人의過失의境遇外에는船長의過失에對하여그責任의制限을主張하지못한다

第七百二十五條 船舶所有者가債權者의同意없이그船舶을다시航海에使用한때에는그責任의制限을主張하지못한다

第七百二十六條 共有船舶의利用에關한事項은共有者의持分權의過半數로決定한다
船舶所有에關한契約을變更하는事項은共有者의全員一致로決定하여야한다

第七百二十七條 船舶共有者는그持分의比例로船舶의利用에關한費用및利用에關하여생긴債務를負擔한다

第七百二十八條 船舶共有者間에組合關係있는境遇에도各共有者는다른共有者의承諾없이그持分을他人에게讓渡할수있다

第七百二十九條 船舶共有者가그持分을他人에게讓渡할境遇에는이를다른共有者에게通知하여야한다
前項의通知를받은다른共有者는相當한期間內에相當한價額으로優先買取할權利가있다
前二項의規定은船舶共有者나合名會社社員또는合資會社無限責任社員이國籍을喪失한境遇에準用한다

第七百三十條 船舶共有者가新航路를開始하거나船舶의大修繕할것을決議한때에는그決議에異義있는共有者는다른共有者에對하여相當한價額으로自己의持分을買取할것을請求할수있다
前項의請求는그決議있음을알은날로부터五日內에다른共有者全員에對하여그通知를發送하여야한다

第七百三十一條 船舶의共有關係는組合契約에基因한境遇에도共有者의死亡, 破產또는禁治產으로因하여終了되지아니한다

第七百三十二條 航海中에船舶의所有權또는持分權을讓渡한境遇에當事者의特別한約定이없으면讓受人이그航海로부터생긴利益을얻고損失을負擔한다

第七百三十三條 船舶共有者는船舶管理人을選任할수있다 船舶共有者아닌者를船舶管理人으로함에는共有者全員一致의決議가있어야한다
船舶管理人의選任및그代理權의消滅은이를登記하고船積港을管理하는主務官廳에登錄하여야한다

第七百三十四條 船舶管理人은船舶의利用에關한裁判上또는裁判外의모든行爲를할權限이있다
船舶管理人의代理權에加한制限은善意의第三者에게對抗하지못한다

第七百三十五條 船舶의管理人은船舶共有者의書面에依한特別授權이없으면다음行爲를하지못한다
一. 船舶의讓渡, 賃貸또는擔保에提供하는일
二. 新航路를開始하는일
三. 船舶을保險에부치는일
四. 船舶을大修繕하는일
五. 借財하는일

第七百三十六條 船舶管理人은善良한管理人의注意로써船舶의利用에關한業務를處理하여야한다

第七百三十七條 船舶管理人은特히業務執行에關한帳簿를備置하고그船舶의利用에關한모든事項을記載하여야한다

第七百三十八條 船舶管理人은每航海의終了後에遲滯없이그航海의經過狀態및計算에關한書面을作成하여船舶共有者에게報告하고그承認을얻어야한다

第七百三十九條 船舶賃借人은船舶所有者에對하여賃貸借登記에協力할것을請求할수있다

船舶賃貸借를登記한때에는그때로부터第三者에對하여그效力이있다

第七百四十條　船舶賃借人이利益을얻을目的으로船舶을航海에使用하는境遇에는그利用에關한事項에는第三者에對하여船舶所有者와同一한權利義務가있다

第三章 船長및船員

第七百四十一條　船長은船舶所有者또는船舶管理人이選任또는解任한다

第七百四十二條　船員은船長이選任또는解任한다　그러나緊急을要하는境遇外에는船舶所有者또는船舶管理人의同意를얻어야한다

第七百四十三條　船舶所有者또는船舶管理人이正當한理由없이船長을解任한때에는船長은이로因하여생긴損害의賠償을請求할수있다

第七百四十四條　船長이航海中에解任또는任期滿了된境遇에는다른船長이그業務를處理할수있는때또는그船舶이船積港에到着할때까지그職務를執行할責任이있다

第七百四十五條　第七百三十六條의規定은船長의職務執行에準用한다

第七百四十六條　船長은그職務執行에關하여過失없음을證明하지아니하면船舶所有者, 送荷人其他利害關係者에對한損害賠償의責任을免하지못한다

船長의職務執行이船舶所有者또는船舶管理人의指示에依한境遇에도船舶所有者나船舶管理人以外의利害關係人에對한前項의責任을免하지못한다

第七百四十七條　船長은船員을指揮監督하고航海中船內의治安을維持하기爲하여職務上必要한處分을할수있다

第七百四十八條　船長은船員의選任監督에過失없음을證明하지아니하면船員의그職務執行에關하여他人에게加한損害賠償의責任을免하지못한다

第七百四十九條　船長이不可抗力의事由로因하여그職務를執行하기不能한境遇에船舶所有者또는船舶管理人의指示를받을수없을때에는自己의責任으로他人을選定하여船長의職務를執行하게할수있다

第七百五十條　船長은다음書類를船內에備置하여야한다

一. 船舶國籍證書
二. 航海證書
三. 船長및船員名簿
四. 屬具目錄
五. 旅客名簿
六. 積荷目錄
七. 航海日誌

第七百五十一條　船長은發航前에船舶의航海에堪能할狀態의適否와航海에適應할裝備積荷人員食料燃料其他準備의整否를檢査하여야한다

第七百五十二條　船長은運送契約에關한書類와稅關으로부터交付받은書類를船內에備置하여야한다

第七百五十三條　船長은航海의準備를完了한때에는遲滯없이發航하여야하며不得已한境遇外에는豫定航路및到着港을變更하지못한다

第七百五十四條　船長은荷物의船積또는旅客의乘船이開始된때부터荷物의揚陸및旅客의上陸이完了될때까지不得已한事由없이는그船舶에서떠나지못한다

船長이不得已한事由로因하여船舶에서떠날때에는미리船長의職務를代行할船員을指定하여야한다

第七百五十五條　船長은船籍港外에서는航海에必要한裁判上또는裁判外의모든行爲를할權限이있다

第七百五十六條 船長은船舶修繕料, 海難救助料其他航海의繼續에必要한費用을支給하여야할境遇外에는다음行爲를하지못한다

一. 船舶또는屬具를擔保에提供하는일
二. 借財하는일
三. 積荷의全部나一部를處分하는일

積荷를處分할境遇의損害賠償額은그荷物이到達할時期의揚陸港의市價에依하여이를定한다　그러나그價格中에서積荷의處分으로減少된公課및運用에관한費用을控除하여야한다

第七百五十七條　船長의代理權에加한制限은善意의第三者에게對抗하지못한다

第七百五十八條　船長이航海中에積荷를處分하는境遇에는利害關係人의利益을爲하여가장適當한方法으로하여야한다

前項의境遇에利害關係人은그荷物또는荷物의對價를船長의處分으로因하여생긴債權者에게委付하여그責任을免할수있다　但그利害關係人에게過失이있는때에는例外로한다

第七百五十九條　船籍港外에서船舶이항해에堪

能할수없는境遇에現在地에서修繕할수없고修繕할수있는地에運行하기不能하거나修繕費가船舶價額四分의三을超過할때에는船長은所管官廳의許可를얻어이를競賣할수있다

前項船舶價額은航海中에毁損된境遇에는그發航時의價格으로其他의境遇에는毁損되기直前의價格으로한다

第七百六十條 航海中에船舶이危難에當한때에는船長은人命, 船舶및積荷의救助에必要한모든方法을實施하여야하며旅客및船員을救出한後가아니면그船舶에서떠나지못한다

第七百六十一條 船長은航海에關한重要한事項을遲滯없이船舶所有者또는船舶管理人에게報告하여야한다

船長은每航海를終了한때에는그航海에關한計算書를遲滯없이船舶所有者또는船舶管理人에게提出하여그承認을얻어야한다

船長은船舶所有者또는船舶管理人의請求가있을때에는언제던지航海에關한事項및計算의報告를하여야한다

第七百六十二條 航海中에旅客또는船員이死亡하거나行方不明이된때에는船長은그遺留品에對하여保管또는其他必要한處置를하여야한다

第七百六十三條 船長은다음境遇에는遲滯없이그事由를主務官廳에報告하여야한다

一. 船舶의衝突, 坐礁, 沈沒, 滅失또는顯著한機關의損傷이있는때
二. 船舶이抑留또는捕獲된때
三. 豫定航路를變更한때
四. 人命또는船舶의救助에從事한때
五. 航海中旅客또는船員이死亡하거나行方不明이된때
六. 航海中다른船舶의遭難을確認한때
七. 其他航海에關한重大事故가생긴때

第七百六十四條 船長이死亡其他事故로因하여職務를行할수없는境遇에그職務를代行할船員의指定이없는때에는航海에從事하는船員이그職務의順位에좇아船長의職務를行하여야한다

第七百六十五條 船員은船長의命令및上級船員의指示에좇아그職務에誠實하여야하며特히다음事項을遵守하여야한다

一. 船長이指定한時間까지乘船할일
二. 船長의許可없이船舶에서떠나지아니할일
三. 船長의許可없이重要한屬具를使用하지아니할일
四. 船長의許可없이電氣其他火氣를使用하지아니할일
五. 船長의許可없이日用品以上의物件을船內에서所持하지아니할일

第七百六十六條 船員이船內에서兇器, 暴發物其他危險性있는物件을所持한때에는遲滯없이船長에게申告하여야한다

前項의境遇에船長은必要에應하여그物件에對하여保管, 廢棄其他處置를할수있다

第七百六十七條 船員이第七百六十五條및前條第一項의規定에違反한때에는船長은그船員에對하여譴責또는十日以內의上陸禁止를命할수있다

第七百六十八條 다음事由가있는때에는船長또는船員의雇傭契約은終了된다

一. 船舶이沈沒또는滅失된때
二. 船舶이修繕할수없게된때
三. 船舶이捕獲된때
四. 船舶의行方不明이三十日을經過한때

前項의規定에依하여雇傭契約이終了된境遇에도船長및船員은人命, 船舶및積荷의救助에必要한作業을하여야한다 이作業을繼續하는동안은雇傭契約이存續한것으로본다

第七百六十九條 船長이그職務를堪當할指能이없거나職務上重大한過失이있는때에는船舶所有者또는船舶管理人은雇傭契約을解止할수있다 船長이疾病其他事由로因하여그職務를行할수없는境遇에도같다

前項의規定은船長이船員에對한雇傭契約을解止하는境遇에도準用한다

第七百七十條 船長또는船員은不得已한事由없이는航海中에雇傭契約을解止하지못한다

第四章 運 送

第一節 物件運送

第七百七十一條 物件의運送契約은다음二種으로한다

一. 船舶의全部또는一部를他人의物件運送에提供함을目的으로하는傭船契約
二. 箇箇의物件의運送을目的으로하는契約

第七百七十二條 船舶의全部또는一部를運送契約의目的으로한때에는各當事者는契約書의交付를請求할수있다

第七百七十三條 船舶의全部또는一部를運送契

約의目的으로한境遇에運送物을船積함에必要한準備가完了된때에는船舶所有者는遲滯없이傭船者에게通知하여야한다

運送物을船積할期間의約定이있는境遇에는그期間은前項의通知있는날의翌日부터起算한다 이期間에는不可抗力으로因하여船積할수없는날을算入하지아니한다

前項의期間을經過한後運送物을船積한때에는船舶所有者는相當한報酬를請求할수있다

第七百七十四條 傭船者以外의第三者가運送物을船積할境遇에船長이그第三者를確知할수없거나그第三者가運送物을船積하지아니한때에는船長은遲滯없이傭船者에게그事由를通知하여야한다

第七百七十五條 傭船者는運送物의全部를船積하지아니한境遇에도船長에게對하여發航의請求를할수있다

船積期間의經過後에는傭船者가運送物의全部를船積하지아니한境遇에도船長은發航할수있다

前二項의境遇에는傭船者는運送賃의全額과運送物을船積하지아니함으로因하여생긴費用을支給하여야한다

第七百七十六條 箇箇의物件을運送契約의目的으로한때에는送荷人은船長의指示에좇아遲滯없이運送物을船積하여야한다

送荷人이運送物의船積을懈怠한때에는船長은發航할수있다 이境遇에는送荷人은運送賃의全額을支給하여야한다

第七百七十七條 傭船者또는送荷人은船積期間內에運送에必要한書類를船長에게交付하여야한다

第七百七十八條 船舶所有者는傭船者또는送荷人에對하여發航當時그船舶이安全航海에堪能함을擔保한다

第七百七十九條 船舶所有者는如何한特約을하여도自己의過失, 船長, 船員其他船舶使用人의惡意또는重大한過失및船舶이航海에堪能하지못함으로因하여생긴損害賠償의責任을免하지못한다

第七百八十條 法令또는契約에違反하여船積한運送物은船長은언제던지이를揚陸할수있고그運送物이船舶또는다른運送物에危害를미칠念慮가있는때에는이를廢棄할수있다

船長이前項의物件을運送하는때에는船積當時의그地에서의同種運送物의最高運送賃의支給을請求할수있다

前二項의規定은船舶所有者또는其他의利害關係人의損害賠償請求에影響이없다

第七百八十一條 發航前에는傭船者는運送賃의二分의一을支給하고契約을解除할수있다 往復航海의傭船契約인境遇에傭船者가그回航의發航前에契約을解止하는때에는運送賃의三分의二를支給하여야한다

船舶이他港에서船積港에航行한境遇에傭船者가船積港에서發港하기前에契約을解止하는때에도前項과같다

第七百八十二條 船舶의一部또는個個의運送物을運送契約의目的으로한境遇에는傭船者또는送荷人이다른傭船者및送荷人全員과共同으로하지아니하면發航前에契約을解除하는境遇에도運送賃의全額을支給하여야한다

第七百八十三條 前二條의境遇에運送物의全部또는一部를船積한때에는그船積및揚陸의費用은傭船者또는送荷人이負擔한다

第七百八十四條 發航後에는傭船者나送荷人은運送賃의全額, 替當金, 碇泊料와共同海損또는海難救助의負擔額을支給하고그揚陸하기爲하여생긴損害를賠償하거나이에對한相當한擔保를提供하지아니하면契約을解止하지못한다

第七百八十五條 船舶의全部또는一部를運送契約의目的으로한境遇에運送物을揚陸함에必要한準備가完了된때에는船長은遲滯없이受荷人에게通知하여야한다

運送物을揚陸할期間의約定이있는境遇에는그期間은前項의通知있는날의翌日부터起算한다 이期間에는不可抗力으로因하여揚陸할수없는날을算入하지아니한다

前項의期間을經過한後運送物을揚陸한때에는船舶所有者는相當한報酬를請求할수있다

第七百八十六條 個個의運送物을運送契約의目的으로한때에는受荷人은船長의指示에따라遲滯없이運送物을揚陸하여야한다

第七百八十七條 受荷人이運送物을受領하는때에는運送契約또는船荷證券의趣旨에따라運送賃, 替當金, 碇泊料, 共同海損및海難救助로因한負擔額을支給하여야한다

船長은前項의規定에依한金額의支給과相換함이아니면運送物을引渡하지아니한다

第七百八十八條 運送物의重量또는容積으로運

送賃을定한때에는運送物을引渡하는때의重量또는容積에依하여그額을定한다

第七百八十九條 期間으로運送賃을定한때에는運送物의船積을開始한날로부터그揚陸을終了한날까지의期間에依하여그額을定한다 이期間에는不可抗力으로因하여船舶이船積港이나航海途中에서碇泊한期間또는航海途中에서船舶을修繕한期間을算入하지아니한다

第七百九十條 受荷人이運送物의受領을懈怠한때에는船長은이를供託할수있다 이를供託한境遇에는遲滯없이受荷人에게通知하여야한다
受荷人을確知할수없거나受荷人이運送物의受領을拒否한때에는이를供託하고遲滯없이傭船者또는送荷人에게그通知를發送하여야한다

第七百九十一條 船舶所有者는第七百八十七條第一項의規定에依한金額의支給을받기爲하여法院의許可를얻어運送物을競賣할수있다
船長이受荷人에게運送物을引渡後에도船舶所有者는그運送物에對하여前項의權利를行使할수있다 但第三者가그運送物의占有權을取得한때에는例外로한다

第七百九十二條 船舶所有者가前條의規定에依한權利를行使하지아니한때에는傭船者또는送荷人에對한請求權을잃는다 그러나傭船者또는送荷人은그受益의限度에서償還할義務가있다

第七百九十三條 傭船者가第三者와運送契約한境遇에도船長의職務에屬한事項에限하여는船舶所有者만이그第三者에對한責任을負擔한다
이境遇에도船舶所有者는第七百二十一條의規定에依한權利를行使할수있다

第七百九十四條 運送契約은다음事由로因하여終了된다
一. 第七百六十八條第一項에規定한事由가있는때
二. 運送物이不可抗力으로因하여滅失된때
前項第1號의事由가航海途中에생긴때에는傭船者또는送荷人은運送의比例에依하여現存運送物의價額限度에서運送賃을支給하여야한다

第七百九十五條 航海또는運送이法令에違反되거나其他不可抗力으로因하여契約의目的을達할수없는때에는各當事者는契約을解除할수있다
前項의事由가航海途中에생긴境遇에契約을解止한때에는傭船者또는送荷人은運送의比例에依한運送賃을支給하여야한다

第七百九十六條 第七百九十四條第一項第二號및前條第一項의事由가運送物의一部에對하여생긴때에는傭船者또는送荷人은船舶所有者의責任이加重되지아니하는範圍內에서다른運送物을船積할수있다
傭船者또는送荷人이前의權利를行使코저하는때에는遲滯없이運送物의揚陸또는船積을하여야한다 그揚陸또는船積을懈怠한때에는運送賃의全額을支給하여야한다

第七百九十七條 船舶所有者의傭船者, 送荷人또는受荷人에對한債權은一年을經過하면時效로因하여消滅된다

第七百九十八條 第百二十二條, 第百三十七條乃至第百四十二條및第百五十條의規定은船舶所有者에準用한다

第七百九十九條 船長은運送物을船積한傭船者또는送荷人의請求가있는때에는一通또는數通(複本)의船荷證券을發行하여야한다
船舶所有者는船長아닌者에게船荷證券의發行을委任할수있다
複本은同一한文言으로作成하여야하며複本의番號를記載하여야한다

第八百條 船荷證券에는다음의事項을記載하고發行者가記名捺印하여야한다
一. 船舶의名稱, 國籍및噸數
二. 船長의姓名
三. 傭船者또는送荷人의姓名이나商號
四. 受荷人의姓名또는商號
五. 運送物의種類, 重量또는容積, 個數, 記號및包裝狀態
六. 船積港
七. 揚陸港
八. 運送賃
九. 發行地및그作成年月日
十. 複本을發한때에는그複本의數

第八百一條 船荷證券의交付를받은傭船者또는送荷人은發行者의請求가있는때에는船荷證券의謄本에記名捺印하여交付하여야한다

第八百二條 揚陸港에서는船荷證券複本의一通을所持한者가運送物의引渡를請求하는境遇에도船長은그引渡를拒否하지못한다
前項의規定에依하여數通의船荷證券複本의所持人中그一人이運送物의引渡를받은때에는다른所持人의船荷證券複本은그效力을잃는다

第八百三條　揚陸港아닌處所에서는船荷證券全部를所持한者의請求가아니면船長은運送物의引渡를拒否하여야한다

第八百四條　二人以上의船荷證券複本所持人이運送物의引渡를請求한때에는船長은遲滯없이運送物을供託하고各請求者에게通知하여야한다

船長이第八百二條第一項의規定에依하여運送物의一部를引渡한後複本所持人이運送物의引渡를請求한境遇에도그引渡하지아니한運送物에對하여는前項과같다

第八百五條　前條의規定에依하여供託한運送物에對하여는船荷證券複本所持人에게共通되는前者로부터먼저그交付를받은複本의所持人이다른複本의所持人에優先하여그權利를行使한다

隔地者에對하여發送한船荷證券의複本은그發送時를交付받은時때로看做한다

第八百六條　第百三十二條乃至第百三十六條의規定은船荷證券에準用한다

第二節 旅客運送

第八百七條　記名船票는이를他人에게讓渡하지못한다

第八百八條　旅客은船內의秩序에關한船長의指示에服從할義務가있다

第八百九條　旅客의航海中의食料는船舶所有者의負擔으로한다

第八百十條　航海의中途에서船舶을修繕하는境遇에는그修繕中旅客에게相當한住居및食料를提供하여야하며그費用은船舶所有者의負擔으로한다

前項의境遇에旅客은航海의程度에適應한運送賃을支給하고契約을解止할수있다

第八百十一條　航海의中途에서船舶의修繕을要하는境遇에旅客의權利를害하지아니하는程度의다른船舶으로上陸港까지運送할것을提供한때에는船舶所有者는前條第一項의規定에依한責任을負擔하지아니한다

第八百十二條　旅客이船內에서携帶할수있는小荷物에對하여는船舶所有者는特約이없으면運送賃을請求하지못한다

第八百十三條　旅客이乘船時까지乘船하지아니한때에는船長은發航할수있다　航海中途의碇泊港에서도같다

前項의境遇에는旅客은運送賃의全額을支給하여야한다

第八百十四條　旅客이發航前에契約을解除하는境遇에는運送賃의半額을支給하고發航後에契約을解止하는境遇에는運送賃의全額를支給하여야한다

第八百十五條　旅客이發航前에死亡, 疾病其他不可抗力의事由로因하여航海할수없게된때에는船舶所有者는運送賃의三割을請求할수있고發航後에그事由가생긴때에는船舶所有者의選擇으로運送賃의三割또는運送의比例에適應한運送賃을請求할수있다

第八百十六條　旅客이航海中에死亡한때에는船長은가장그相續人에게利益되는方法으로死亡者携帶의小荷物을處置하여야한다

第八百十七條　運送契約은第七百六十八條第一項의事由로因하여終了된다　그事由가航海中에생긴때에는旅客은運送의程度에適應한運送賃을支給하여야한다

第八百十八條　第百五十二條乃至第百五十四條, 第七十六條, 第九十二條및第九十四條의規定은海上旅客運送에準用한다

第八百十九條　旅客은運送하기爲하여船舶의全部또는一部를運送契約의目的으로한境遇에는船舶所有者와傭船者의關係에는第七百七十二條乃至第七百七十五條, 第七百七十七條乃至第七百八十五條第七百八十七條내지第七百八十九條第七百九十三條第七百九十五條第七百九十七條의規定을準用한다

第五章 共同海損

第八百二十條　船舶및積荷의共同危險을免하기爲한船長의船舶또는積荷에對한處分으로因하여생긴損害와費用은共同海損으로한다

第八百二十一條　共同海損은이로因하여保存된船舶또는積荷의價額및運送賃의半額과共同海損과의比例에應하여各利害關係人이이를分擔한다

第八百二十二條　共同海損으로因하여保存된船舶의價格은到達한地및그때의價格으로하고積荷의價額은揚陸한地및그때의價格에서運送賃및其他費用을控除한額으로한다

第八百二十三條　共同海損으로因하여損失된船舶의價格은到達한地및그때의價格으로하고積荷의價格은揚陸할地및그때의價格에서그損失로因하여支給을要하지아니한公課金및運送에

關한費用을控除한額으로한다

第八百二十四條 前三條의規定에依하여共同海損의分擔責任있는者는保存된船舶의到達또는積荷의引渡한때의現存價格의限度에서그責任을負擔한다

第八百二十五條 船舶및積荷의共同危險이船舶또는積荷의瑕疵나其他過失있는行爲로因하여생긴境遇에는共同海損의分擔者는그責任있는者에對하여求償權을行使할수있다

第八百二十六條 船舶에備置한武器, 船長船員의給料, 船長船員및乘客의食料와衣類는保存된境遇에도그價額을共同海損의分擔에算入하지아니하고損失된境遇에는그價額을共同海損의損害額에算入한다

第八百二十七條 屬具目錄에記載하지아니한屬具와船荷證券其他積荷의價額을定할수있는書類없이船積한荷物또는種類와數量또는그價額을明示하지아니한貨幣, 有價證券其他의高價物은保存된境遇에는그價額을共同海損의分擔에算入하고損失된境遇에는그價額을共同海損의損害額에算入하지아니한다

甲板上에積載한荷物에對하여도前項과같다但沿岸航行의境遇에는例外로한다

第八百二十八條 船荷證券其他積荷의價格을定할수있는書類에積荷의實價보다高價額을記載한境遇에그荷物이保存된때에는그記載價額에依하여共同海損의分擔額을定하고積荷의實價보다低價額을記載한境遇에그荷物이損失된때에는그記載價額을共同海損의損害額으로한다

第八百二十九條 船舶所有者, 傭船者, 送荷人其他利害關係人이共同海損의損害額을分擔한後그損失되었던船舶, 屬具또는積荷의全部나一部가所有者에게復歸된때에는그所有者는共同海損의償金으로받은金額에서救助料및一部損失로因한損害額을控除하고그殘額을返還하여야한다

第八百三十條 共同海損으로因하여생긴債權은그計算終了한날로부터一年을經過하면時效로因하여消滅한다

第六章 船舶衝突

第八百三十一條 船舶의衝突은如何한船舶이如何한水面에서發生한境遇에도本章의規定을適用한다

第八百三十二條 船舶의衝突이不可抗力의事由로因하여發生하거나衝突의原因이明白하지아니한때에는被害者는衝突로因한損害의賠償을請求하지못한다

第八百三十三條 船舶의衝突이一方의船員의過失로因하여發生한때에는그一方의船舶所有者는被害者에對하여衝突로因한損害賠償의責任을負擔한다

第八百三十四條 船舶의衝突이雙方의過失로因하여發生한때에는各者의過失의輕重에依하여損害賠償의責任을分擔하고그過失의輕重을判定할수없는때에는損害賠償의責任을平等負擔한다

前項의境遇에第三者에對한損害賠償은雙方의船舶所有者가連帶하여그責任을負擔한다

第八百三十五條 船舶의衝突이水路引導人의過失로因하여發生한境遇에도船舶所有者는前二條의規定에依하여損害賠償의責任을負擔한다

第八百三十六條 船舶의衝突로因하여생긴損害賠償의請求權은그衝突있은날로부터二年을經過하면時效로因하여消滅된다

第七章 海難救助

第八百三十七條 海難救助는如何한水面에서如何한船舶의危難을救助한境遇에도本章의規定을適用한다

第八百三十八條 船舶屬具또는積荷其他船內에있는모든物件에對한危難을救助한者는그效果에對하여相當한報酬를請求할수있다

第八百三十九條 救助의報酬에關한約定이없는境遇에그報酬額에對하여當事者間의合意가成立되지못한때에는法院은當事者의請求에依하여危難의程度救助의勞力과費用및救助의效果其他諸般事情을參酌하여그額을定한다

前項의報酬는救助에依하여保存된目的物의價格을超過하지못한다

第八百四十條 救助의報酬에關한約定이있는境遇에도그額이顯著히不當한때에는法院은當事者의請求에依하여그額을增減할수있다

第八百四十一條 數人이共同으로救助에從事한境遇에그報酬額分配의比率에關하여는第八百三十九條의規定을準用한다

第八百四十二條 船舶이救助에從事하여그報酬를받은境遇에는먼저船舶의損害및救助에要한費用을船舶所有者에게支給하고殘額의二分의一은船長에게二分의一은船員에게支給하여야

한다

前項船員에게支給할報酬額의分配는船長이各船員의勞力및그效果와其他事情을參酌하여그航海의終了前에分配案을作成하여一般船員에게告示하여야한다

第八百四十三條　海難救助에從事하여人命을救助한者는相當한報酬를請求할수있다

第八百三十九條第一項第八百四十條및第八百四十一條의規定은前項報酬의額및그分配에準用한다

人命을救助한者는第八百三十九條의規定에依하여받는報酬에對하여도相當한分配를받을수있다

第八百四十四條　曳船의本船에對한救助는曳船契約의履行으로볼수없는特殊한勞力을提供한境遇가아니면救助의報酬를請求하지못한다

第八百四十五條　同一所有者에屬한船舶의相互間에있어서도救助者는相當한報酬를請求할수있다

第八百四十六條　다음各號에該當한者는救助의報酬를請求하지못한다

一. 救助받은船舶에從事하는者

二. 過失로因하여海難을惹起한者

三. 船長의正當한拒否에不應하고救助를强行한者

四. 救助된物件을隱匿하거나正當한理由없이處分한者

第八百四十七條　救助者의報酬債權은救助된積荷에對하여先取特權이있다　그러나債務者가그積荷를第三取得者에게引渡한後에는그積荷에對하여이權利를行使하지못한다

前項의先取特權에는船舶債權者의先取特權에關한規定을準用한다

第八百四十八條　船長은報酬를支給할債務者에게가름하여그支給에關한裁判上또는裁判外의모든行爲를할權限이있다

船長은그報酬에關한訴訟當事者가될수있고그確定判決은救助料의債務者에對하여도效力이있다

第八百四十九條　救助에對한報酬의請求權은救助完了의날로부터一年을經過하면時效로因하여消滅된다

第八章 船舶債權

第八百五十條　다음各號의債權을船舶그屬具, 그債權이發生한航海의運送賃, 그船舶및運送賃에附隨한債權에對하여先取特權이있다

一. 債權者의共同利益을爲한訴訟費用, 船舶및屬具의競賣에關한費用, 航海에課한諸稅金, 水路引導와曳船에對한報酬및最後入港後의船舶및屬具의保存費와檢査費

二. 船長, 船員其他船舶使用人의雇傭契約에基因한債權

三. 船舶의救助에對한報酬와共同海損의分擔에對한債權

四. 船舶의衝突또는其他航海事故로因한航海施設및航路에對한損害와船長, 船員이나旅客의生命, 身體에對한損害및積荷와小荷物에對한損害의賠償債權

五. 船舶保存또는航海繼續의必要로因하여船長이船籍港外에서그權限에依하여締結된契約其他行爲로因한債權

六. 最後의航海準備에要한船舶의裝備, 食料品및燃料에關한債權

第八百五十一條　前條의規定에依한船舶및運送賃에附隨한債權은다음과같다

一. 船舶또는運送賃의損失로因하여船舶所有者에게支給할損害賠償

二. 共同海損으로因한船舶또는運送賃의損失에對하여船舶所有者에게支給할償金

三. 海難救助로因하여船舶所有者에게支給할報酬

第八百五十二條　運送賃에對한先取得權은支給을받지아니한運送賃또는支給을받은運送賃으로船舶所有者또는그代理人이所持한金額에限하여이를行使할수있다

第八百五十三條　保險契約에依하여船舶所有者에게支給할保險金및其他奬勵金이나補助金에對하여는第八百五十一條의規定을適用하지아니한다

第八百五十四條　第八百五十條第二號의規定에依한債權은雇傭契約存續中의모든航海로因한運送賃의全部에對하여先取特權이있다

第八百五十五條　同一航海로因한債權의先取特權이競合된때에는그優先의順位는第八百五十條各號의順序에依한다

第八百五十條第三號第五號의債權은그各號의先取特權이競合된때에는後에發生한債權이前에發生한債權에優先한다　同一한事故로因한債權은同時에發生한것으로본다

第八百五十六條 數回의航海에關한債權의先取特權이競合된때에는後의航海에關한債權이前의航海에關한債權에優先한다

第八百五十四條의規定에依한先取特權은그最後의航海에關한다른債權과同一한順位에依한다

第八百五十七條 前三條의規定에依한同一順位에依한先取特權이競合된때에는各基債權額의比例에應하여辨濟를받는다

第八百五十八條 船舶債權者의先取特權은그船舶所有權의移轉으로因하여影響을받지아니한다

第八百五十九條 船舶債權의先取特權은그債權發生한날로부터1年을經過하면時效로因하여消滅된다

第八百五十條第六號의規定에依한先取特權은그船舶의發航으로因하여消滅된다

第八百六十條 登記한船舶은抵當權의目的으로할수있다

船舶抵當權의效力은船舶屬具에미친다

船舶의抵當權에는不動産抵當權에關한規定을準用한다

第八百六十一條 船舶債權의先取特權은船舶抵當權에優先한다

第八百六十二條 登記한船舶은質權의目的으로하지못한다

第八百六十三條 本章의規定은建造中의船舶에準用한다

第九章 罰 則

第八百六十四條 大韓民國船舶아닌船舶이國籍을詐稱하기爲하여大韓民國國旗를揭揚하거나大韓民國船舶의國籍證書또는假國籍證書를船內에備置하고航行한때에는船長을二年以下의懲役또는拾萬圜以下의罰金에處하고船舶이船長의所有또는占有에屬한때에는이를沒收할수있다

前項의規定은船舶이大韓民國以外國의捕獲을避하기爲하야大韓民國國旗를揭揚한境遇에適用하지아니한다

大韓民國船舶이國籍을詐稱하기爲하야大韓民國國旗아닌旗를揭揚한境遇에도前二項과같다

第八百六十五條 船長이所管公務員의臨檢에提示하기爲하여다른船舶의國籍證書또는假國籍證書를船內에備置하고航行한때에는二年以下의懲役또는拾萬圜以下의罰金에處하고그船舶이船長의所有또는占有에屬한때에는이를沒收할수있다

第八百六十六條 船舶所有者또는船舶管理人이第七百十條의規定에違反한때에는拾萬圜以下의罰金에處한다

前項의規定은船舶所有者가無能力者인때에는法定代理人에게商事會社其他法人인때에는그代表者에게適用한다 但營業에關하여成年者와同一한能力이있는未成年者의法定代理人에對하여는例外로한다

第八百六十七條 船長이第七百九條本文第七百十四條의規定에違反한때에는一年以下의懲役또는五萬圜以下의罰金에處하고그船舶이船長의所有또는占有에屬한때에는이를沒收할수있다

第八百六十八條 船長이第七百五十條의規定에依한書類를備置하지아니하거나그書類에記載할事項을記載하지아니하거나虛爲事項을記載한때에는一年以下의懲役또는三萬圜以下의罰金에處한다

第八百六十九條 船長이第七百五十一條乃至第七百五十四條의規定에違反한때에는三萬圜以下의罰金에處한다

第八百七十條 船長이第七百六十條의規定에違反한때에는五年以下의懲役에處한다

第八百七十一條 船長이第七百六十三條의規定에依한報告를하지아니하거나虛爲의報告를한때에는六月以下의懲役또는二萬圜以下의罰金에處한다

第八百七十二條 船員이船長또는上級船員에對하여暴行또는脅迫을加한때에는二年以下의懲役또는三萬圜以下의罰金에處한다

第八百七十三條 船員이船舶의危難에當하여船長의許可없이船舶에서離脫한때에는一年以下의懲役또는三萬圜以下의罰金에處한다

第六編 證券法

第一章 換證券

第一節 發行및方式

第八百七十四條 換證券에는다음事項을記載하여야한다

一. 證券의文言中에그證券의作成에使用하는

國語로換證券임을表示하는文字
二. 一定한金額을支給할趣旨의無條件委託
三. 支給人의名稱
四. 滿期日
五. 支給地
六. 支給을받을者또는支給받을者를指示할者의名稱
七. 發行日및發行地
八. 發行人의署名

第八百七十五條　前條의記載事項을欠缺한證券은換證券의效力이없다　但다음各項의境遇에는例外로한다
滿期日의記載가없는때에는一覽支給의換證券으로看做한다
支給地의記載가없는때에는支給人의名稱에附記한地를支給地및支給人의住所地로看做한다
發行地의記載가없는때에는發行人의名稱에附記한地에서發行한것으로看做한다

第八白七十六條　換證券의發行人은自己를支給받을者로또는支給받을者를指示할者로하여發行할수있다
換證券의發行人은自己를支給人으로하여發行할수있다
換證券의發行人은支給人外의第三者를支給擔當者로하여發行할수있다

第八百七十七條　換證券은支給人의住所地에있거나다른地에있음을不問하고第三者의住所에서支給할것으로할수있다

第八百七十八條　一覽支給또는一覽後定期支給의換證券에는發行人은證券金額에利子를附加할約定을記載할수있다　그外의換證券에는利子의記載가있어도그效力이없다
利率은證券에記載하여야한다　利率의記載가없으면利子의記載가있어도그效力이없다
利子는證券에特定한日字의記載가없으면證券發行日로부터計算한다

第八百七十九條　換證券의金額을文字및數字로記載한境遇에그金額의差異가있는때에는文字로記載한金額을證券金額으로한다
換證券의金額을文字또는數字로重複記載한境遇에그金額의差異가있는때에는最少金額을證券金額으로한다

第八百八十條　換證券에行爲能力이없는者의署名, 僞造의署名, 假定人의署名또는其他理由로因하여그署名者나그本人이義務를負擔하게할수없는署名이있는境遇에도다른署名者의債務에影響을미치지아니한다

第八百八十一條　代理權없이他人의代理人으로換證券에署名한者는그證券에依하여義務를負擔한다　그證券金額을支給할때에는本人과同一한證券上의權利가있다　權限을超過한代理人의署名에對하여도前項과같다

第八百八十二條　發行人은證券의引受및支給을擔保한다
發行人은引受를擔保하지아니함을證券에記載하여引受에對한擔保責任을免할수있다 但支給에對한擔保責任은證券에擔保하지아니함을記載하여도그效力이없다

第八百八十三條　未完成으로發行한換證券에當事者의合意에違反하여다른補充을한境遇에도그違反으로써惡意또는重大한過失없이證券을取得한所持人에게對抗하지못한다

第二節 背 書

第八百八十四條　換證券은指示式으로發行하지아니한境遇에도背書에依하여讓渡할수있다
發行人이換證券에「指示禁止」의文字또는이와同一한意義있는文書를記載한때에는그證券은記名債權의讓渡에關한方式과그效力으로만讓渡할수있다
背書는引受한支給人이나引受하지아니한支給人, 發行人其他證券債務者에對하여도이를할수있고이러한者는다시證券에背書할수있다

第八百八十五條　背書는無條件으로하여야한다
背書에附加한條件은그效力이없다
一部의背書는無效로한다
持參人支給의背書는白地式背書와同一한效力이있다

第八百八十六條　背書는換證券이나이에結合한補箋에記載하고背書人이署名하여야한다
背書는被背書人의記名없이할수있고背書人의署名만으로할수있다　이境遇의背書는換證券이나또는이에結合한補箋에記載하지아니하면그效力이없다(白地式背書)

第八百八十七條　背書는換證券으로부터생기는모든權利를移轉한다
背書가白地式인때에는所持人은
一. 自己의名稱또는他人의名稱으로白地를補充할수있다
二. 白地背書로나또는被背書人을記載하여證

券에背書할수있다

三. 白地를補充하지아니하고다시背書도하지아니하고證券을他人에게交付하여讓渡할수있다

第八百八十八條 背書人은證券에反對의文言이없으면引受및支給을擔保한다

背書人이새로背書할것을禁止한境遇에는그背書人은禁止後의被背書人에對하여擔保의責任을負擔하지아니한다

第八百八十九條 換證券의占有者가背書의連續에依하여그權利를證明한때에는이를適法한所持人으로看做한다 最後의背書가白地背書인境遇에도같다

抹消한背書는背書의連續에關하여는背書의記載없는것으로看做한다 白地背書의다음에다른背書가있는때에는그背書人은白地背書에依하여證券을取得한것으로看做한다

事由의如何를不問하고換證券의占有를잃은境遇에그證券所持人이前三項의規定에依하여그權利를證明한때에는그證券을返還할義務가없다 但所持人이惡意또는重大한過失로因하여證券을取得한때에는例外로한다

第八百九十條 換證券에依한請求를받은者는發行人또는所持人의前者에對한自己의直接關係로因한抗辯으로써所持人에게對抗하지못한다 但所持人이그債務者를害함을알고證券을取得한때에는例外로한다

第八百九十一條 背書에「回收하기爲하여」「推尋하기爲하여」「代理하기爲하여」其他單純히代理權授與를表示하는文言이있는때에는所持人은證券으로부터생기는모든權利를行使할수있다 但所持人은代理하기爲한背書만을할수있다

前項의境遇에證券債務者는背書人에게對抗할수있는抗辯으로만所持人에게對抗할수있다

代理하기爲한背書에依한代理權은그授權者의死亡또는無能力者됨으로因하여終了되지아니한다

第八百九十二條 背書에「擔保하기爲하여」「入質하기爲하여」其他質權設定을表示한文言이있는때에는所持人은證券으로부터생기는모든權利를行使할수있다.但所持人의背書는代理하기爲한背書의效力만이있다

前項의境遇에證券債務者는背書人에對한自己의直接關係로因한抗辯으로써所持人에게對抗하지못한다 但所持人이그債務者를害함을알고그證券을取得한때에는例外로한다

第八百九十三條 滿期日後의背書는滿期日前의背書의同一한效力이있다 但支給拒絶證券作成後또는支給拒絶證券作成期間經過後의背書는記名債權讓渡의效力만이있다

日字의記載없는背書는支給拒絶證券作成期間의經過前에背書한것으로推定한다

第三節 引 受

第八百九十四條 換證券의所持人또는事實上占有者는滿期日에이르기까지引受하게하기爲하여支給人에게그住所에서證券을提示할수있다

第八百九十五條 發行人은證券에期間을定하거나定하지아니하고引受하게하기爲하여證券을提示할趣旨를記載할수있다

證券이第三者의住所에서또는支給人의住所地아닌地에서支給할것이아니거나一覽後定期支給이아닌때에는發行人은引受하게하기위한證券의提示를禁止하는趣旨를記載할수있다

發行人은一定한期日前에는引受하게하기위한證券의提示를禁止하는趣旨를記載할수있다

發行人이引受하게하기爲한證券의提示를禁止하지아니한때에는各背書人은期間을定하거나또는定하지아니하고引受하게하기爲하여證券을提示할趣旨를記載할수있다

第八百九十六條 一覽後定期支給의換證券은그發行日로부터一年內에引受하게하기爲한證券의提示를하여야한다

發行人은前項의期間을短縮또는伸長할수있다

背書人은第一項의期間을短縮할수있다

第八百九十七條 支給人은第一의提示있은翌日에第二의提示할것을請求할수있다

利害關係人은第二의提示請求가拒絶證書에記載된때에限하여그請求에應한提示가없음을主張할수있다

所持人은引受하게하기爲하여提示한證券을支給人에게交付할義務가없다

第八百九十八條 引受는換證券에「引受」또는이와同一한意義있는文言을記載하고支給人이署名하여야한다 證券의前面에支給人의單純한署名이있으면이를引受한것으로看做한다

證券이一覽後定期支給이거나特別한記載에依하여一定한期間에引受하게하기爲한提示를할것인때에는所持人이提示日字의記載를請求하는境遇外에는引受에는그引受日字를記載하여

야한다　提示및引受의日字記載가없는때에는所持人은發行人및背書人에對한遡求權을保全하기爲하여適法한時期에拒絶證書를作成하여그記載없음을確證하여야한다

第八百九十九條　引受는無條件이어야한다 但支給人은證券金額의一部에制限하여引受할수있다

引受에證券의記載事項을變更하는文言을加한때에는引受를拒絶한것으로看做한다　但引受人은그引受의文言에依하여責任을負擔한다

第九百條　發行人이支給人의住所와相異한支給地를證券에記載한境遇에第三者의住所에서支給할趣旨를記載하지아니한때에는支給人은引受하는때에第三者를指定하여記載할수있다 이를記載하지아니한때에는引受人이支給地에서直接支給할義務를負擔한다

證券이支給人의住所地에서支給할것인때에는支給人은引受할때에그支給地의支給處所를記載할수있다

第九百一條　支給人은引受로因하여滿期日에證券債務를支給할義務를負擔한다

前項의支給을하지아니한때에는所持人은第九百二十一條및第九百二十二條의規定에依하여請求할수있는金額에對하여引受人에對한直接請求權이있다　所持人이그證券의發行人인境遇에도같다

第九百二條　證券에引受를記載한支給人이그證券을所持人에게返還하기前에引受의記載를抹消한때에는引受를拒絶한것으로看做한다　抹消는證券의返還前에한것으로推定한다

前項의規定에不拘하고支給人이所持人또는證券에署名한者에對하여書面으로引受의通知를한때에는通知의相對方에對하여그引受의文言에依한責任을負擔한다

第四節 保 證

第九百三條　換證券의支給은保證에依하여그金額의全部나一部에對한擔保를할수있다

前項의保證은第三者또는證券에署名한者도이를할수있다

第九百四條　保證은證券또는補箋에이를하여야한다

保證은「保證」또는이와同一한意義있는文言을記載하고그保證人이署名하여야한다

證券의前面에單純한署名이있는境遇에支給人이나發行人의署名이아닌때에는이를保證한것으로看做한다

保證에는누구를爲하여保證한것임을表示하여야한다　그表示가없는때에는發行人을爲하여保證한것으로看做한다

第九百五條　保證人은保證된證券債務者와同一한責任을負擔한다

保證은保證된證券債務者가그方式에瑕疵있는境遇外에는어떤事由로因하여無效된때에도保證의效力에影響이없다

保證人이證券債務를支給한때에는保證된者및그에對한證券債務者에對하여證券으로부터생기는모든權利를取得한다

第五節 滿期日

第九百六條　換證券은다음種類로發行할수있다

一. 一覽支給

二. 一覽後定期支給

三. 發行日字後定期支給

四. 確定日支給

前項以外의方法으로定한滿期日또는分割支給日을定한換證券은無效로한다

第九百七條　一覽支給의換證券은證券의提示있는날이滿期日로된다　이證券은發行日로부터一年內에이를提示하여支給을請求하여야한다

發行人은前項의提示期間을短縮또는伸長할수있고背書人은그期間을短縮할수있다

發行人은一定한期日前에는支給을請求하기爲하여證券을提示하지못할趣旨를證券에記載할수있다 이境遇에는提示期間은그期日로부터開始한다

第九百八條　一覽後定期支給의換證券은引受日字또는拒絶證書의日字에依하여滿期日을定한다

拒絶證書를作成하지아니하고引受日에그日字를記載하지아니한境遇에는引受人에對한關係에限하여引受提示期間의末日에引受한것으로看做한다

第九百九條　發行日字後또는一覽後一月이나數月에支給할換證券은支給할月의該當日을滿期日로한다 그月에該當日이없는때에는그月의末日을滿期日로한다

發行日字後또는一覽後一月半이나數月半에支給할換證券은먼저前項의規定에依하여그全月을計算하고十五日을加算한날을滿期日로한다

月初, 月中, 月終으로滿期를表示한境遇에는 그月의一日, 十五日, 末日을滿期日로한다

「八日」또는「十五日」이란文言은一週또는二週가아니고滿八日또는滿十五日을이른다

「半月」이란文言은滿十五日을이른다

第九百十條 發行地와歲曆을달리하는地에서確定日에支給할換證券의滿期日은支給地의歲曆에依하여定한것으로看做한다

歲曆을달리하는兩地間에서發行한換證券이發行日字後定期支給인때에는發行日字를支給地의歲曆에該當한날로換算하고이에依하여滿期日을定한다

證券의提示期間은前項의規定에依하여計算한다

前三項의規定은換證券의文言에依하여特別한意思를알수있는때에는이를適用하지아니한다

第六節 支 給

第九百十一條 確定日支給發行日字後定期支給또는一覽後定期支給의換證券所持人은支給日또는그다음商去來있는二日內에支給을請求하기爲하여證券을提示하여야한다

證券交換所에證券을提示한때에는支給을請求하기爲한提示의效力이있다

第九百十二條 支給人은所持人에對하여支給과同時에證券에領收를證明하는文言을記載하여交付할것을請求할수있다 所持人은一部의支給을拒絶하지못한다

一部支給의境遇에는支給人은所持人에對하여證券에그支給한趣旨를記載하고領收證을交付할것을請求할수있다

第九百十三條 換證券의所持人은滿期日前의支給을받을義務가없다

滿期日前에支給하는支給人은自己의危險負擔으로하는것으로한다

滿期日에支給한支給人은惡意또는重大한過失이없으면그債務를免한다 支給人은背書連結의整否를調査할義務가있고背書人의署名의眞否를調査할義務는없다

第九百十四條 支給地의通貨아닌貨幣로서支給할것을記載한換證券은滿期日의換金市價에依하여支給地의通貨로支給할수있다 證券債務者가支給을遲滯한때에는所持人은그選擇에委아滿期日또는支給日의換金市價에依하여支給地의通貨로支給할것을請求할수있다

外國通貨의價格은支給地의慣習에依하여이를定한다 但發行人은證券에換算率을定하고그率에依하여支給額을計算할것을記載할수있다

前二項의規定은發行人이特種의通貨로할것을(外國貨幣現實支給文言)記載한境遇에는이를適用하지아니한다

發行國과支給國에서名稱은同一하고價格은相異한種類의貨幣에依하여證券金額을記載한때에는支給國의通貨에依하여定한것으로推定한다

第九百十五條 第九百十一條에規定한期間內에支給을請求하기爲한證券의提示가없는때에는各證券債務者는所持人의費用과危險負擔으로證券金額을管轄公務所에供託할수있다

第七節 引受또는支給의拒絶로因한遡求

第九百十六條 支給人이滿期日에支給하지아니하는때에는所持人은背書人發行人其他證券債務者에對하여遡求權을行使할수있다

다음境遇에는滿期日前에도遡求權을行使할수있다

一. 引受의全部또는一部의拒絶이있는때

二. 引受하였거나하지아니하였음을不問하고支給人의破産開始, 그支給停止또는財産에對한强制執行이效果을얻지못한때

三. 引受하게하기爲한證券의提示를禁止한發行人의破産이開始된때

第九百十七條 引受또는支給의拒絶은公正證書(引受拒絶證書또는支給拒絶證書)에依하여證明하여야한다

引受拒絶證書는引受하게하기爲한提示期間內에作成하여야한다 第八百九十七條第一項의境遇에期間의末日에第一의提示가있는때에는그翌日에도拒絶證書를作成할수있다

一覽支給證券의支給拒絶證書는引受拒絶證書의作成에關한前項의規定에依하여作成하여야한다

確定日支給, 發行日字後또는一覽後의定期支給의換證券에는支給拒絶證書는支給日또는그다음商去來있는二日內에作成하여야한다

引受拒絶證書의作成이있는때에는支給을請求하기爲한提示및拒絶證書作成을必要로하지아니한다

引受하였거나하지아니하였음을不問하고支給人이支給을停止한境遇또는그財産에對한强制

執行이效果를얻지못한境遇에는所持人은支給人에對하여證券을提示하여支給을請求하고拒絶證書를作成한後가아니면遡求權을行使하지못한다

引受하였거나하지아니하였음을不問하고支給人이破産宣告를받은境遇또는引受하게하기爲한證券의提示를禁止한發行人이破産宣告를받은境遇에는所持人이遡求權을行使함에는破産決定書를提出하면된다

第九百十八條 所持人은拒絶證書作成日또는「無費用償還」의文言의記載가있는境遇에는證券提示日의다음商去來있는四日內에自己의直接前者및發行人에對하여引受또는支給의拒絶이있었음을通知하여야한다 各背書人은通知를받은날의다음商去來있는二日內에前通知者全員의名稱및處所를表示하고그通知와同一한趣旨를自己의直接前者에게通知하여順次로發行人에게미치게하여야한다

前項의規定에依하여證券의背書人發行人에게通知하는때에는同一한期間內에그保證人에對하여同一한通知를하여야한다

背書人이그處所를記載하지아니하거나그記載가不明한境遇에는그背書人의直接前者에게通知하면된다

通知는如何한方法에依하여도할수있다 單純히證券의返送에依하여도할수있다

通知의義務있는者는適法한期間內에通知하였음을證明하여야한다 이期間內에通知하는書類를郵便에부친때에는그期間을遵守한것으로看做한다

法定期間內에通知를하지아니하여도遡求權을喪失하지아니한다 但그過失로因하여생긴損害를證券金額의限度에서賠償할責任이있다

第九百十九條 發行人背書人또는保證人은 「無費用償還」「拒絶證書不要」의文言또는이와同一한意義있는文言을證券에記載하고署名함으로서所持人에게遡求權을行使하기爲한引受拒絶證書또는支給拒絶證書의作成義務를免除할수있다

前項의文言은所持人에게法定期間內의提示및通知의義務를免除하지못한다 法定期間의不遵守는이를援用하는者가所持人에對하여證明하여야한다

發行人이第一項의文言을記載한때에는모든證券債務者에게그效力이미치고背書人또는保證人이이文言을記載한때에는그背書人그保證人에對하여서만그效力이있다 發行人이이文言을記載하였음에不拘하고所持人이拒絶證書를作成한때에는그費用은所持人이負擔하고背書人또는保證人이이文言을記載한境遇에所持人이拒絶證書를作成한때에는그費用은모든證券債務者가償還할義務를負擔한다

第九百二十條 換證券의發行, 引受, 背書또는保證을한者는所持人에對하여合同하여그責任을負擔한다

所持人은前項의證券債務者에對하여그債務負擔의順序에不拘하고그一人또는數人에對하여全部의履行을請求할수있다

證券債務者가그證券의返戾를받은境遇에도前項所持人과同一한權利가있다

證券債務者에對한請求는다른證券債務者에對한請求에影響이없다

第九百二十一條 所持人은遡求權에依하여다음金額의支給을請求할수있다

一. 引受또는支給하지아니한證券金額및利子의記載가있으면그利子
二. 年六分의利率에依한滿期日以後의利子
三. 拒絶證書의費用通知의費用및其他費用

滿期日前에遡求權을行使하는境遇에는證券金額에서利子를減한다 이利子는遡求한날의所持人住所地의公定率(銀行利率)에依하여計算한다

第九百二十二條 換證券의返戾를받은者는그前者에對하여다음金額의支給을請求할수있다

一. 그支給한總金額
二. 前號의金額에對한年六分의利率로計算한支給日以後의利子
三. 其他支出한費用

第九百二十三條 遡求를받은證券債務者나받을證券債務者는그支給과交換으로拒絶證書와그證券및領收證의交付를請求할수있다

證券의返戾를받은背書人은自己의背書및그後者의背書를抹消할수있다

第九百二十四條 證券金額의一部引受있는境遇에遡求權의行使로因하여引受하지아니한部分의證券金額을支給한者는所持人에게對하여그趣旨를證券에記載하고領收證을交付할것을請求할수있다 이境遇에所持人은一部의證券金額을支給한者로하여금그遡求를할수있게하기爲하여그證券의認定있는謄本및拒絶證書를交

付하여야한다

第九百二十五條 遡求權있는者는證券에反對文言의記載가없으면그前者의一人을支給人으로하고그住所地를支給地로한一覽支給의新證券(逆證券)을發行하는方法으로遡求權을行使할수있다

前項의證券에는第九百二十一條및第九百二十二條에規定한金額外에그新證券의仲介料와印紙稅를包含한다

所持人이前一項의新證券을發行하는境遇에는그金額은本證券의支給地에서그前者의住所地에向하여發行하는一覽支給證券의換市價에依하여이를定하고背書人이그新證券을發行하는境遇에는그金額은發行人의住所地에서그前者의住所地에向하여發行하는一覽支給證券의換市價에依하여이를定한다

第九百二十六條 다음期間을經過한때에는所持人은背書人, 發行人其他證券債務者에對한權利를잃는다 但引受人에對하여는例外로한다

一. 一覽支給證券또는一覽後定期支給證券의提示期間
二. 引受拒絶證書또는支給拒絶證書의作成期間
三. 「無費用償還」文言의記載있는境遇에支給을請求하기爲한提示期間

所持人이發行人의記載한提示期間內에引受하게하기爲한證券의提示를하지아니한때에는引受拒絶또는支給拒絶로因한遡救權을잃는다 但그記載의文言에依하여發行人이引受人에對한擔保責任을免할意思인것이明白한때에는例外로한다

背書에提示期間의記載가있는때에는그背書人에限하여이를援用할수있다

第九百二十七條 法定期間內證券의提示또는拒絶證書의作成이避할수없는障碍(國의法令에依한禁制其他不可抗力)로因하여妨害된때에는그期間을伸長한다

所持人은直接前者에對하여遲滯없이그障碍의事由를通知하고그證券또는補箋에通知의趣旨및日字와處所를記載하고署名하여야한다 其他의事項에는第九百十八條의規定을準用한다

障碍가終止된때에는所持人은遲滯없이引受또는支給을請求하기爲한證券을提示하고必要한境遇에는拒絶證書를作成하여야한다

障碍가滿期日로부터三十日以上繼續하는때에는證券의提示또는拒絶證書의作成없이遡求權을行使할수있다

一覽支給또는一覽後定期支給의換證券에는前項三十日의期間은所持人이提示期間前에障碍의事由를通知한境遇에도그通知의날로부터進行한다 一覽後定期支給의證券에는三十日期間에證券에記載한一覽後의期間을附加한다

所持人또는所持人으로부터證券의提示또는拒絶證書作成의委任을받은者의一身에關한事由는不可抗力의障碍로보지아니한다

第八節 參 加

第九百二十八條 換證券의發行人, 背書人또는保證人은證券에豫備支給人을記載할수있다

換證券은遡求를받을어느證券債務者를爲하여參加하는者도本節의規定에依하여引受또는支給할수있다

第三者, 支給人또는이미證券債務를負擔한者도引受人을除外하고는參加引受또는參加支給을할수있다

參加引受또는參加支給을한者는被參加人에對하여商去來있는二日內에그趣旨를通知하여야한다

參加引受人또는參加支給人이前項의規定을遵守하지아니한때에는그證券金額의限度에서그過失로因하여생긴損害를賠償할責任이있다

第九百二十九條 參加引受또는引受하게하기爲한提示를禁止하지아니한換證券의所持人이滿期日前에遡求權을行使할수있는모든境遇에이를할수있다

證券에支給地에있는豫備支給人의記載가있는때에는所持人은豫備支給人에게證券을提示하여參加引受의拒絶이있는때에는拒絶證書에依하여그事由를確證하지아니하면豫備支給人을記載한者및그後者에對하여滿期日前의遡求權을行使하지못한다

前項의境遇外에는所持人은參加引受를拒絶할수있다 但所持人이參加引受를許諾한때에는被參加人및그後者에對하여滿期日前의遡求權을잃는다

第九百三十條 參加引受는證券에이를記載하고參加人이署名하여야한다 參加引受에被參加人을記載하여야한다 이記載가없는때에는發行人을爲하여參加한것으로看做한다

第九百三十一條 參加引受人은所持人및被參加

人의後者에對하여被參加人과同一한責任이있다

被參加人및그前者는參加引受에不拘하고所持人에對하여第九百二十一條에規定한金額의支給과交換으로證券의交付를請求할수있고拒絶證書및領收를證明하는計算書가있는때에는그의交付도請求할수있다

第九百三十二條　參加支給은所持人이滿期日또는滿期日前에遡求權을行使할수있는모든境遇에이를할수있다

參加支給은被參加人이支給할全額을支給하여야한다

參加支給은支給拒絶證書를作成할수있는最終日의翌日까지하여야한다

第九百三十三條　支給地에住所있는者가證券의參加引受를한때또는證券支給地에住所있는豫備支給人의記載가있는때에는所持人은支給拒絶證書를作成할수있는最終日의翌日까지그全員에게證券을提示하여支給의拒絶이있는때에는支給拒絶證書를作成하여야한다

前項의期間內에拒絶證書의作成이없는때에는豫備支給人을記載한者또는被參加人및그後者는義務를免한다

第九百三十四條　所持人이參加支給을拒絶한때에는그支給에依하여義務를免할수있는者에對한遡求權을잃는다

第九百三十五條　參加支給은證券에被參加人을記載하고그領收를證明하는文言을記載하여야한다　이러한記載가없는때에는發行人을爲하여參加支給한것으로看做한다

參加支給이있는때에는換證券을參加支給人에게交付하여야하며拒絶證書를作成한때에는이것도交付하여야한다

第九百三十六條　參加支給人은被參加人및그에對한證券債務者에對하여證券으로부터생기는權利를取得한다

被參加人의後者는證券債務를免한다

參加支給의競合이있는境遇에는가장多數의證券債務者의義務를免하게할效果있는者를優先으로한다　이러한事情을알고이規定에違反하여參加支給을한者는이로因하여義務를免하지못한者에對한遡求權을잃는다

第九節 複本及謄本

第九百三十七條　換證券은同一한內容의數通(複本)으로發行할수있다

前項의複本에는그證券의文言中에連續番號를附記하여야한다　이를附記하지아니한때는그數通의複本은이를各別의換證券으로看做한다

證券에一通의正本으로만發行하는趣旨의記載가없는때에는所持人은自己의費用으로複本의交付를請求할수있다　이境遇에는所持人은自己의直接前者에對하여이를請求하고그前者는다시自己의直接前者에遡求하여順次로發行人에게미치게한다　各背書人은新複本에다시背書하여야한다

第九百三十八條　複本의一通에對한支給이있는때에는모든複本에一通에對한支給이다른複本을無效로하는趣旨의記載가없는境遇에도모든複本은그效力을잃는다　但支給人은引受한各通의返還을받지못한複本에對하여責任을負擔한다

背書人이數通의複本을各別히數人에게背書讓渡한때에는그背書人및그後者는署名한各通의返還을받지못한複本에對하여責任을負擔한다

第九百三十九條　引受하게하기爲하여複本의一通을送付한者는다른複本의各通에그送付를받은者의名稱및住所를記載하여야한다　이送付를받은者는다른複本의適法한所持人의請求에依하여이를交付할義務가있다

複本의送付를받은者가前項의交付를拒絶한때에는所持人은拒絶證書에依하여다음事由를確證하지아니하면遡求權을行使하지못한다

一. 引受하게하기爲하여送付한複本이所持人의請求에도不拘하고交付되지아니한일
二. 다른複本으로引受또는支給을받을수없는일

第九百四十條　換證券의所持人은그謄本을作成할權限이있다

謄本에는背書其他原本에記載된모든事項을正確히謄寫하고謄本의末尾임을表示하는記載를하여야한다

謄本은原本과同一한方法에依하여同一한效力있는背書또는保證을할수있다

第九百四十一條　謄本에는原本의所持人을記載하여야한다　原本의所持人은謄本의適法한所持人의請求에依하여이를交付할義務가있다

原本의所持人이前項의交付를拒絶한때에는謄本의所持人은拒絶證書에依하여原本의交付를請求하였음에도不拘하고交付를받지못한事實

을確證하지아니하면謄本에背書또는保證한者에對하여遡求權을行使하지못한다

謄本作成前에原本의最後背書後에「爾後背書는謄本에한것만이效力이있다」의文言또는이와同一한意義있는文言이原本에記載된때에는그原本에記載한그後의背書는無效로한다

第十節 變 造

第九百四十二條　換證劵의文言에變造가있는境遇에는그變造後에署名한者는變造한文言에依하여責任을負擔하고變造前에署名한者는原文言에依하여責任을負擔한다

第十一節 消滅時效

第九百四十三條　換證劵의引受人에對한證劵上의請求權은滿期日로부터三年의時效로因하여消滅한다

所持人의背書人및發行人에對한請求權은適法한期間內에作成된拒絶證書의日字로부터「無費用償還」의文言의記載있는境遇에는滿期日로부터一年의時效로因하여消滅한다

背書人의다른背書人및發行人에對한請求權은그背書人이證劵의返戾를받은날또는證劵債務의裁判上請求를받은날로부터六月의時效로因하여消滅한다

第九百四十四條　時效의中斷은그中斷의事由있는者에對하여서만그效力이있다

第十二節 通 則

第九百四十五條　換證劵의滿期日이法定休日인때에는그다음商去來있는날에支給을請求할수있다　證劵에關한다른行爲特히引受하게하기爲한證劵의提示및拒絶證書의作成은商去來있는날에限하여이를할수있다

前項의어느行爲를一定한期間內에하여야할境遇에그期間滿了의날이法定休日인때에는그다음商去來있는날까지이를伸長한다　期間中의休日은期間에算入한다

第九百四十六條　法定期間또는證劵에記載한約定期間에는그初日을算入하지아니한다

第九百四十七條　法律上또는裁判上의恩惠日은이를認定하지아니한다

第二章 約束證劵

第九百四十八條　約束證劵에는다음事項을記載하여야한다

一. 證劵이文言中에그證劵의作成에使用하는國語로約束證劵임을表示하는文字
二. 一定한金額을支給할趣旨의無條件約束
三. 滿期日
四. 支給地
五. 支給을받을者또는支給을받을者를指示할者의名稱
六. 發行日및發行地
七. 發行人의署名

第九百四十九條　前條의記載事項을欠缺한證劵은約束證劵의效力이없다　但다음各項의境遇에는例外로한다

滿期日의記載가없는때에는一覽支給의約束證劵으로看做한다

特別한記載가없는때에는發行地를支給地인同時에發行人의住所地로看做한다

發行地의記載없는約束證劵은發行人의名稱에附記한地에서發行한것으로看做한다

第九百五十條　다음事項에關한換證劵에對한規定은約束證劵의性質에違反되지아니하는限度에서이를約束證劵에準用한다

一. 背書(第八百八十四條乃至第八百九十三條)
二. 滿期日(第九百六條乃至第九百十條)
三. 支給(第九百十一條乃至第九百十五條)
四. 支給拒絶로因한遡求(第九百十六條乃至第九百二十三條第九百二十五조乃至第九百二十七條)
五. 參加支給(第九百二十八條第九百三十二條乃至第九百三十六條)
六. 謄本(第九百四十條및第九百四十一條)
七. 變造(第九百四十二條)
八. 時效(第九百四十三條및第九百四十四條)
九. 休日期間의計算및恩惠日의禁止(第九百四十五條乃至第九百四十七條)

前項外에第三者의住所에서또는支給人의住所地아닌地에서支給할換證劵에關한規定(第八百七十七條및第九百條)利子의記載에關한規定(第八百七十八條)證劵金額의記載差異에關한規定(第八百七十九條)證劵債務를負擔하게할수없는署名의效果에關한規定(第八百八十條)代理權限없는者또는代理權限을超過한者의署名의效果에關한規定(第八百八十一條)白地換證劵에關한規定(第八百八十三條)保證에

關한規定(第九百三條乃至第九百五條)는이를約束證券에準用한다

第九百四條第四項의境遇에어떤사람을爲하여保證한것임을表示하지아니한때에는約束證券의發行人을爲하여保證한것으로看做한다

第九百五十一條　約束證券의發行人은換證券의引受人과同一한義務를負擔한다

一覽後定期支給의約束證券은第八百九十六條에規定한期間內에發行人에게一覽하게하기爲하여이를提示하여야한다　一覽後의期間은發行人이證券에一覽의趣旨및日字를記載하고署名한날로부터進行한다　發行人이一覽의趣旨및日字의記載와署名을拒絶한때에는拒絶證書에依하여이를確證하여야한다(第八百九十八條) 이境遇에는一覽後의期間은拒絶證書作成日로부터進行한다

第三章 支給證券(手票)

第一節 發行및方式

第九百五十二條　支給證券에는다음事項을記載하여야한다

一. 證券의文言中에그證券의作成에使用하는國語로支給證券임을表示하는文字
二. 一定한金額을支給할趣旨의無條件委託
三. 支給人의名稱
四. 支給地
五. 發行日및發行地
六. 發行人의署名

第九百五十三條　前條의記載事項을欠缺한證券은支給證券의效力이없다　但다음各項의境遇에는例外로한다

支給地의記載가없는때에는支給人의名稱에附記한地를支給地로看做한다　支給人의名稱에數個의地를附記한때에는그初頭에記載한地에서支給할것으로한다

前項의記載및其他特別한記載가없는때에는發行地에서支給할것으로한다

發行地의記載가없는때에는發行人의名稱에附記한地에서發行한것으로看做한다

第九百五十四條　支給證券은그提示가있을때에發行人의處分할수있는資金있는銀行을支給人으로하여서만發行할수있다

支給證券은發行人이그資金있는銀行에對하여支給證券으로資金을處分할수있는明示또는默示의契約에依하여서만發行할수있다

前二項의境遇에違反한境遇에도支給證券인效力에影響이없다　但銀行以外의者를支給人으로한支給證券은指示債權의效力만이있다

第九百五十五條　支給證券은이를引受하지못한다　支給證券에引受의記載가있는境遇에도記載하지아니한것으로看做한다

第九百五十六條　支給證券은다음어떤方式으로도發行할수있다

一. 記名式또는指示式
二. 記名式으로「指示禁止」의文言또는이와同一한意義있는文言을記載한것
三. 持參人支給式

記名式支給證券에「또는持參人에」文言또는이와同一한意義있는文言의記載가있는때에는持參人支給式으로看做한다

受取人의記載없는支給證券은持參人支給式으로看做한다

第九百五十七條　支給證券은發行人이自己指示式으로發行할수있다

支給證券은發行人이自己를支給人으로發行할수있다

支給證券은第三者의計算으로發行할수있다

第九百五十八條　支給證券에利子의記載가있는境遇에도記載하지아니한것으로看做한다

第九百五十九條　支給證券은支給人의住所地거나아님을不問하고第三者의住所에서支給할것으로發行할수있다　但第三者는銀行이어야한다

第九百六十條　發行人은證券債務를擔保한다

證券發行人이擔保하지아니하는趣旨의記載가있는境遇에도記載하지아니한것으로看做한다

第九百六十一條　第八百七十九條乃至第八百八十一條및第八百八十三條의規定은支給證券의發行에準用한다

第二節 讓 渡

第九百六十二條　記名式또는指示式의支給證券은背書에依하여讓渡할수있다

記名式支給證券에「指示禁止」의文言또는이와同一한意義있는文言을記載한때에는그證券은記名債權의讓渡에關한方法과그效力으로만讓渡할수있다

背書는發行人其他證券債務者에對하여도이를할수있고이러한者는다시證券에背書할수있다

第九百六十三條　背書는無條件이어야한다 背書에條件의附加記載가있는境遇에도記載하지아니한것으로看做한다
一部의背書는無效로한다
支給人의背書도無效로한다
持參人支給의背書는白地式背書와同一한效力이있다
支給人에對한背書는領收證인效力만이있다 但支給人이數個의營業所가있는境遇에그證券發行의相對로한營業所以外의營業所에對한背書는例外로한다

第九百六十四條　背書人은證券에反對의文言이없으면支給을擔保한다
背書人이다시背書할것을禁止한境遇에는그背書人은禁止後의被背書人에對하여擔保의責任을負擔하지아니한다

第九百六十五條　背書로讓渡할수있는支給證券의占有者가背書의連續에依하여그權利를證明한때에는이를適法한所有人으로看做한다　最後의證書가白地式背書人인境遇에도같다
抹消한背書는背書의連續에關하여는背書의記載없는것으로看做한다　白地背書의다음에다른背書가있는때에는그背書人은白地背書에依하여證券을取得한것으로看做한다

第九百六十六條　持參人支給의支給證券에背書한者는遡求에關한規定에依하여責任을負擔한다　但이로因하여그證券이指示式證券으로變하는것이아니다

第九百六十七條　事由의如何를不問하고支給證券의占有를잃은者가있는境遇에그證券의所持人은그證券이持參人支給式이거나背書로讓渡할수있는것이거나第九百六十五條의規定에依하여그權利를證明한때에는證券을返還할義務가없다　但所持人이惡意또는重大한過失로因하여證券을取得한때에는例外로한다

第九百六十八條　拒絶證書나이와同一한效力있는宣言의作成後의背書또는提出其間經過後의背書는記名債權讓渡의效力만이있다　日字의記載가없는背書는拒絶證書나이와同一한效力있는宣言의作成前또는提示期間經過前에한것으로推定한다

第九百六十九條　第八百八十六條第八百八十七條第八百九十條및第八百九十一條의規定은支給證券의背書에準用한다

第三節 保 證

第九百七十條　支給證券의支給은保證에依하여그金額의全部나一部에對한擔保를할수있다
第三者는前項의保證을할수있고支給을除外하고는그證券에署名한者도保證할수있다

第九百七十一條　保證은證券또는補箋에이를하여야한다
保證은「保證」또는이와同一한意義있는文言을記載하고保證人이署名하여야한다
證券의前面에單純한署名이있는境遇에發行人의署名아닌때에는이를保證으로看做한다
保證에는누구를爲하여保證한것임을表示하여야한다　그表示가없는때에는發行人을爲하여保證한것으로看做한다

第九百七十二條　第九百五條의規定은支給證券의保證에準用한다

第四節 提示및支給

第九百七十三條　支給證券은一覽支給으로한다 이에違反되는모든記載는記載하지아니한것으로看做한다
證券에記載한發行日字의到來前에證券을提示하여支給을請求한때에는그提示한날에支給할것으로看做한다

第九百七十四條　同一한國內에서發行하고支給할支給證券은十日內에支給을請求하기爲한提示를하여야한다
支給地의國과다른國에서發行한支給證券은그發行地및支給地가亞細亞의諸國이거나歐羅巴및美洲의諸國인때에는三十日內에그發行地또는支給地가亞細亞와歐羅巴및美洲에各分된때에는六十日內에提示하여야한다
發行地또는支給地가地中海沿岸의諸國인때에는그提示期間은歐羅巴에서發行또는支給하는境遇와同一한것으로看做한다
第三項의期間은支給證券의發行日로부터起算한다

第九百七十五條　支給證券의發行地와支給地가歲曆을달리하는境遇에는發行日을支給地의歲曆에該當한날로換算한다

第九百七十六條　支給證券을證券交換所에提示한때에는支給을請求하기爲한提示의效力이있다

第九百七十七條　支給證券의支給委託의取消는

提示期間의經過後에만그效力이생긴다
前項支給委託의取消가없는때에는支給人은提示期間의經過後에도支給할수있다
第九百七十八條 支給證券을發行한後發行人이死亡하거나無能力者가된境遇에도그證券의效力에影響이없다
第九百七十九條 背書로讓渡할수있는支給證券의支給人은背書連續의整否를調査할義務가있고背書人의署名을調査할義務는없다
第九百八十條 支給地의通貨아닌貨幣로써支給할것을記載한支給證券은그提示期間內에는支給하는날의換金市價에依하여支給地의通貨로支給할수있다
前項의提示를하여도支給하지아니하는境遇에는所持人은그選擇에좇아提示한날이나支給하는날의換金市價에依하여支給地의通貨로支給할것을請求할수있다
外國通貨의價格은支給地의慣習에依하여이를定한다 但發行人은支給證券에換算率을定하여그率에依하여支給額을計算할것을記載할수있다
前二項의規定은發行人이特種의通貨로支給할것을(外國通貨現實支給文言)記載한境遇에는適用하지아니한다
發行國과支給國에名稱은同一하고價格은相異한通貨가있는境遇에그通貨에依하여證券金額을記載한때에는支給地의通貨에依하여定한것으로推定한다
第九百八十一條 第九百二條의規定은支給證券의支給에準用한다

第五節 橫線支給證券

第九百八十二條 支給證券의發行人이나所持人은그證券에橫線을그을수있다 이橫線은第九百八十三條에規定한效力이있다
橫線은支給證券의前面에二條의平行線을그어야한다 이橫線은一般또는特定의것으로할수있다
二條의橫線內에何等의記載를하지아니하거나「銀行」또는이와同一한意義있는文言을記載한때에는이를一般의것으로하고銀行의名稱을記載한때에는이를特定의것으로한다
一般橫線은特定橫線으로變更할수있어도特定橫線은一般橫線으로變更하지못한다
橫線또는指定銀行의名稱을抹消한때에는橫線또는銀行의指定을하지아니한것으로看做한다
第九百八十三條 一般橫線支給證券의支給人은銀行또는支給人의去來處에對하여서만支給할수있다
特定橫線支給證券의支給은指定된銀行에對하여서만또는特定된銀行이支給人인때에는自己의去來處에對하여서만支給할수있다 但指定된銀行은다른銀行에게證券金額의推尋을하게할수있다
銀行은自己의去來處나다른銀行에서만橫線支給證券을取得할수있다
銀行은自己의去來處나다른銀行以外의者를爲하여橫線支給證券의金額을推尋하지못한다
支給證券에數個의特定橫線이있는때에는支給人은이를支給하지못한다 但그一個의橫線이證券交換所에提示하여推尋하게하기爲한것인때에는이를支給할수있다
前四項의規定을遵守하지아니한支給人이나銀行은이로因하여생긴損害에對하여그證券金額의限度에서賠償의責任이있다

第六節 支給拒絶로因한遡求

第九百八十四條 適法한期間內에提示한支給證券의支給을받지못한境遇에所持人이다음어느方法에依하여支給拒絶을確證한때에는背書人, 發行人其他證券債務者에對하여遡求權을行使할수있다
一. 公證證書(拒絶證書)
二. 支給證券에提示한日字를記載하고書面에依한日字있는支給人의宣言
三. 適法한期間內에支給證券提示가있었으나支給이없는趣旨를證明하고書面에依한日字있는證券交換所의宣言
第九百八十五條 拒絶證書또는이와同一한效力있는宣言은提示期間經過前에作成하여야한다
提示期間의末日에提示한境遇에는拒絶證書또는이와同一한效力있는宣言은그다음商去來있는初日에作成하여야한다
第九百八十六條 所持人은拒絶證書나이와同一한效力있는宣言의作成日또는無費用償還文言의記載있는境遇에는證券의提示日의다음商去來있는四日內에自己의直接前者및發行人에對하여支給拒絶있음을通知하여야한다 各背書人은通知를받은날의다음商去來있는二日內에前通知者全員의名稱및處所를表示하고그通知

와同一한趣旨로自己의直接前者에게通知하여順次로發行人에게미치게하여야한다 이期間은各其通知를받은날로부터進行한다

前項의規定에依하여支給證券의背書人에게通知하는때에는그保證人에對하여도同一한期間內에同一한通知를하여야한다

背書人이그處所를記載하지아니하였거나그記載가不明한境遇에는그背書人의直接前者에通知하면된다

通知는如何한方法에依하여도할수있다 單純히證券의返送에依하여서도할수있다

通知의義務있는者는適法한期間內에通知하였음을證明하여야한다 이期間內에通知하는書類를郵便에부친때에는그期間을遵守한것으로看做한다 法定期間內에通知를하지아니하여도遡求權을喪失하지아니한다 但過失로因하여생긴損害를證券金額의限度에서賠償할責任이있다

第九百八十七條 發行人背書또는保證人은「無費用償還」「拒絶證書不要」의文言또는이와同一한意義있는文言을證券에記載하고署名함으로써所持人에게遡求權을行使하기爲한拒絶證書또는이와同一한效力있는宣言의作成義務를免除할수있다

前項의文言은所持人에게對하여法定期間內의提示및通知의義務를免除할수있다

法定期間의不遵守는이를援用하는者가證明하여야한다

發行人이第一項의文言을記載한때에는모든證券債務者에게그效力이미치고背書人또는保證人이이文言을記載한때에는그背書人또는그保證人에對하여서만效力이있다 發行人이文言을記載하였음에도不拘하고所持人이拒絶證書또는이와同一한效力있는宣言을作成한때에는그費用은所持人의負擔으로하고背書人또는保證人이이文言을記載한境遇에所持人이拒絶證書또는이와同一한效力이는宣言을作成한때에는그費用은모든證券債務者가償還의責任을負擔한다

第九百八十八條 支給證券上의各債務者는所持人에對하여合同하여그責任을負擔한다

所持人은前項의證券債務者에對하여그債務負擔의順序에不拘하고그一人또는數人에對하여全部의履行을請求할수있다

證券債務者가證券의返戾를받은境遇에도前項所持人과同一한權利가있다

證券債務者의一人에對한請求는다른證券債務者에對한請求에影響이없다

第九百八十九條 所持人은遡求權에依하여다음金額의支給을請求할수있다

一. 支給하지아니한支給證券의金額
二. 提示日以後의年六分의率에依한利子
三. 拒絶證書또는이와同一한效力있는宣言의費用 通知의費用및其他費用

第九百九十條 支給證券의返戾를받은者는그前者에對하여다음金額의支給을請求할수있다

一. 支給한總金額
二. 前號의金額에對한年六分의利率로計算한支給日以後의利子
三. 其他支出한費用

第九百九十一條 遡求를받은證券債務者나받을證券債務者는그支給과交換으로拒絶證書또는이와同一한效力있는宣言書그證券및領收證의交付를請求할수있다

證券의返戾를받은背書人은自己의背書및그後者의背書를抹消할수있다

第九百九十二條 法定期間內에支給證券의提示또는拒絶證書나이와同一한效力있는宣言의作成이避할수없는障碍(國의法令에依한禁制其他의不可抗力)로因하여妨害되었을때에는그期間을伸長한다

所持人은直接前者에對하여遲滯없이그障碍의事由를通知하고그證券또는補箋에通知의趣旨및日字와處所를記載하고署名하여야한다 其他事項에는第九百八十四條의規定을準用한다

障碍가終止된때에는所持人은遲滯없이支給을請求하기爲한證券의提示를하고必要한境遇에는拒絶證書또는이와同一한效力있는宣言을作成하여야한다

障碍가第二項의通知를한날로부터十五日以上繼續한때에는提示期間經過前에그通知를한境遇에도證券의提示또는拒絶證書나이와同一한效力있는宣言없이遡求權을行使할수있다

所持人또는所持人으로부터證券의提示또는拒絶證書나이와同一한效力있는宣言의作成委任을받은者의一身에關한事由는不可抗力의障碍로보지아니한다

第七節 複 本

第九百九十三條 一國에서發行하여他國이나發

行國의海外領土에서支給할支給證券一國의海外領土에서發行하여그國의本土에서支給할支給證券一國의海外領土에서發行하여그國의다른海外領土에서支給할支給證券은持參人支給의것을除外하고는同一한內容의數通(複本)으로發行할수있다　支給證券을數通으로發行한때에는그證券의文言中에連續番號를附記하여야한다　이를附記하지아니한때에는그數通을各別의支給證券으로看做한다

第九百九十四條　複本의一通에對한支給이있는때에는다른複本에그一通에對한支給은다른複本은無效로하는趣旨의記載가없는境遇에도모든複本은그效力을잃는다

數通의複本을各別히數人에게背書讓渡한때에는그背書人및後者는그署名한複本의返還을받지못한各通에對하여責任을負擔한다

第八節 變 造

第九百九ㅣ五條　支給證券의文言에變造가있는境遇에는그變造後에署名한者는變造한文言에依하여責任을負擔하고變造前에署名한者는原文言에依하여責任을負擔한다

第九節 時 效

第九百九十六條　所持人의背書人發行人其他證券債務者에對한遡求權은提示期間經過後六月의時效로因하여消滅한다

證券債務者의다른證券債務者에對한遡求權은그債務者가支給證券의返戾를받은날또는證券債務의訴訟을받은날로부터六月의時效로因하여消滅한다

第九百九十七條　第九百四十四條의規定은支給證券債務의時效에準用한다

第十節 支給保證

第九百九十八條　支給人은證券에支給保證를할수있다

支給保證은證券의前面에「支給保證」의文言또는이와同一한意義있는文言과日字를記載하고支給人이署名하여야한다

第九百九十九條　支給保證은無條件이어야한다

支給保證으로因하여支給證券의記載事項에變更을加한때에는그變更은記載하지아니한것으로看做한다

第千條　支給保證을한支給人은提示期間經過前에支給證券의提示있는經過에限하여支給할義務를負擔한다

前項支給을받지못한所持人은第九百八十四條의規定에依하여證券의提示를確證하여야한다

第九百八十九條및第九百九十條의規定은前項의境遇에準用한다

第千一條　發行人其他證券債務者는支給保證으로因하여그責任을免하지못한다

第千二條　第九百九十二條의規定은支給保證한支給人에對한權利行使에準用한다

第千三條　支給保證한支給人에對한證券上의請求權은提示期間經過後一年의時效로因하여消滅한다

第十一節 通 則

第千四條　支給證券에關한規定에「銀行」이란名稱은다른法令에依하여銀行과同視하는機關을包含한다

第千五條　支給證券에關한모든行爲特히證券의提示또는拒絶證書나이와同一한效力있는宣言의作成은商去來있는날에限하여이를할수있다

前項의어느行爲를一定한期間內에하여야할境遇에그期間의末日이法定休日인때에는그다음商去來있는날까지그期間을伸長한다　期間中의休日은그期間中에算入한다

第千六條　法定期間에는그初日을算入하지아니한다

第千七條　法律上또는裁判上의恩惠日은이를認定하지아니한다

第四章 拒絶證書

第千八條　換證券約束證券및支給證券의拒絶證書는公證人執達吏또는法院書記가이를作成한다

第千九條　拒絶證書에는다음事項을記載하고公證人執達吏또는法院書記가署名捺印하여야한다

一. 拒絶者및被拒絶者의名稱
二. 拒絶者에對한請求의趣旨및拒絶者가그請求에應하지아니한일또는拒絶者를面會할수없거나拒絶者에對한請求할處所를알수없는일
三. 請求를하였거나請求를할수없는地및그年月日
四. 拒絶證書를作成한處所및그年月日

五. 法定處所外에서拒絶證書를作成한境遇에는拒絶者가이에同意한일支給人이第八百九十七條의規定에依하여그翌日에第二의提示할것을請求한때에는拒絶證書에그趣旨를記載하여야한다

第千十條 拒絶證書는證券의背面이나이에結合한附箋에依하여作成하여야한다 附箋에依하여作成한때에는附箋과證券의接續處에作成者가捺印하여야한다

第千十一條 證券의數通의複本또는原本및謄本을提示한境遇에拒絶證書를作成하는때에는一通의複本또는原本에依하여作成하면된다 이境遇에는다른複本또는謄本에그趣旨를記載하고作成者가署名하여야한다

第千十二條 證券金額의一部에對한引受拒絶로因한拒絶證書는證券의謄本을作成하여그謄本에依하여作成하여야한다

第九百四十一條第二項의規定에依한拒絶證書는그證券의謄本에依하여作成하여야한다

第千十三條 數人에對하여證券上의請求를하거나同一人에對하여數回의證券上의請求를한境遇에는一通의拒絶證書를作成하면된다

第千十四條 拒絶證書는證券債務의引受또는支給을請求한處所에서作成하여야한다 但拒絶者의同意가있으면다른處所에서作成할수있다

證券債務의引受또는支給을請求할處所를알수없는때에는拒絶證書를作成할者의職務를行하는處所에서作成할수있다

第千十五條 公證人執達吏또는法院書記가拒絶證書를作成한때에는그謄本에다음事項을記載하여그職務를行하는處所에備置하여야한다

一. 證券의種別및番號있는때에는그番號
二. 證券의金額
三. 發行地및發行年月日
四. 發行人支給人및支給받을者또는支給을받을者를指示하는者의名稱
五. 滿期日의支給地
六. 支給人以外의支給擔當者豫備支給人이나參加引受人이있는때에는그名稱

第千十六條 拒絶證書를紛失또는滅失한境遇에利害關係人의請求가있는때에는公證人執達吏또는法院書記는前條의謄本을作成하여請求者에게交付하여야한다 이謄本은原本과同一한效力이있다

附 則

第一條 本附則에는本法을新法이라하고本附則으로廢止한法令을舊法이라하고廢止하지아니한商事에關한特別法令을存續法이라稱한다

第二條 新法은特別한規定있는境遇外에는新法施行前의事項에對하여도이를適用한다 但이미舊法에依하여생긴效力에影響이없다

第三條 存續法中新法의規定에抵觸된部分은新法施行의날로부터그效力을잃는다 但이미舊法에依하여생긴效力에影響이없다

第四條 新法의規定에依한法定期間은그期間이舊法에依하여新法施行前에開始된境遇에는新法施行의前後期間을通算하고그舊法에그期間의定한바이없는境遇에는新法施行의날로부터起算하여이를適用한다

第五條 新法第九條의行商이라함은店鋪없이物品을行路販賣하는商人을이름이요小商人이라함은總資本額五十萬圜未滿의商人을이른다

第六條 新法第二十七條의規定은商號를登記한者가新法施行前부터商號를使用하지아니한境遇에는新法施行의날로부터그期間을起算하여이를適用한다

第七條 新法의規定에抵觸된會社의定款條項은新法施行의날로부터그效力을잃는다

前項의境遇에는新法施行의날로부터六月內에定款變更의節次를하여야한다

第八條 新法의理事는舊法의取締役을이름이요新法의監事는舊法의取締役을이른다

第九條 新法第百八十五條第一項第二號의規定은會社가新法施行前부터開業을하지아니한境遇에는新法施行의前後期間을通算하고營業을休止한境遇에는新法施行의날로부터起算하여이를適用한다

第十條 新法施行前에成立한會社는新法施行前에新法에依한定款의變更을할수있다

前項의定款變更은新法施行의날로부터그效力이있다

第十一條 新法施行前에設立登記를한會社는新法施行의날로부터新法施行後에舊法에依하여設立登記를한會社는그登記의날로부터六月內에新法에依하여登記할新事項을登記하여야한다

前項의登記를하기前에다른事項의登記를할境遇에는먼저前項의登記를하여야한다

第一項의登記를하기前에그事項의變更이있는때에는먼저變更前의同事項을登記하여야한다

第十二條　會社가新法施行前에支店의設置本店또는支店의移轉登記事項의變更또는解散의事由가있는境遇에는그事項의登記에對하여는舊法을適用한다

第十三條　新法施行前에發行人株式의總額을引受하거나株主의募集에着手한境遇에는그設立에對하여는新法施行後에도舊法을適用한다 但新法施行後에設立登記를하는때에는그登記事項에對하여는新法에依한다

第十四條　新法第三百三十六條의規定은會社가新法施行前에成立한境遇에도이를適用한다

第十五條　新法施行前에株主總會의召集通知를發한境遇에는理事의株主總會에提示할書類및會社에備置할書類는舊法에依하여提出또는備置할수있다

第十六條　新法施行後에舊法에依하여成立한株式會社의發行하는株式의金額에는舊法의規定을適用한다

第十七條　舊法에依하여會社를代表할權限있는社員또는理事는新法에依한會社를代表할社員또는理事로看做한다

第十八條　新法施行當時에存在하는理事또는監事의任期에는舊法을適用한다

第十九條　新法施行前에理事의職務를代行할監事를定한境遇에는그監事에는舊法을適用한다

第二十條　會社의業務를執行하는社員또는理事의新法施行前의行爲에對한責任에는舊法을適用한다

第二十一條　新法第三百三十五條第四百二十二條및第四百四十五의規定은會社가新法施行前에成立또는資本增加를한境遇에도이를適用한다 但新法施行前에株式또는出資의引受無效를主張하였거나그引受를取消한境遇에는例外로한다

第二十二條　會社가新法施行前에自己의株式또는持分을取得하였거나質權의目的으로한境遇에는新法施行後遲滯없이또는相當한時期에新法第三百五十五條의規定에依하여그株式持分의失效節次또는質權의處分을하여야한다

第二十三條　新法施行前에資本增加또는資本減少의決議를한境遇에는그資本의增加또는減少에對하여는舊法을適用한다

第二十四條　新法第二百十七條의規定은新法施行前에成立한會社에對하여는新法施行의前後期間을通算하고新法施行後舊法에依하여成立한會社에對하여는本店所在地에서設立登記를한날로부터起算하여이를適用한다

第二十五條　新法施行前의資本增加또는資本減少에對하여는新法施行의날로부터六月內에新法施行後舊法에依한資本增加또는資本減少에對하여는本店所在地에서그登記를完了한날로부터六月內에限하여新法第四百四十五條또는第四百五十四條의規定에依한無效의訴訟을提起할수있다

第二十六條　新法第二百二十六條의規定은設立無效의判決이新法施行前에確定한境遇에도이를適用한다

第二十七條　合併할會社의全部가新法施行前에合併의決議를한境遇에는그合併에對하여는舊法을適用한다

第二十八條　新法第二百四十三條第二項의規定은新法施行前의合併에對하여는新法施行의前後期間을通算하고新法施行後舊法에依한合併에對하여는本店所在地에서合併으로因한登記를完了한날로부터起算하여이를適用한다

第二十九條　新法施行前에社債募集의決議를한境遇에는그社債募集에對하여는舊法을適用한다

第三十條　會社가新法施行前에組織變更의決議를한境遇에는그組織變更에對하여는舊法을適用한다

第三十一條　會社가新法施行前에解散된境遇에는그淸算에對하여는舊法을適用한다

第三十二條　新法第二百三十六條第二百八十八條第二項第五百六條第五百七十九條의規定은各會社가新法施行前에解散된境遇에도이를適用한다

第三十三條　外國會社가新法施行前에營業所의設置를登記한境遇에는新法施行의날로부터六月內에新法에依하여登記할新事項을登記하여야한다

第三十四條　新法第五百八十八條의規定은外國會社의營業所가新法施行前에同條第一項第一號乃至第四號에該當한行爲를한境遇에도이를適用한다

第三十五條　新法第五百八十九條의規定은新法施行前에外國會社의營業所에對하여閉鎖命令을한境遇또는그營業所가스스로閉鎖한境遇에

도이를適用한다

第三十六條 新法施行前의行爲에對한罰則의適用에는新舊法의輕重을比較하여行爲者에게有利한法을適用한다

第三十七條 新法施行前에成立한株式合資會社에對하여는新法施行後에도舊法을適用한다 但新法施行의날로부터三年을經過한때에는現存한株式合資會社는解散된다

第三十八條 新法第六百九十六條의規定은新法施行前의保險契約에는適用하지아니한다

第三十九條 新法第八百二十九條의江湖川港灣은交通部長官이定한다

第四十條 新法의換證券은舊法의爲替手形新法의約束證券은舊法의約束手形新法의支給證券은舊法의小切手를이른다

第四十一條 第六編의規定에署名을要할境遇에는記名捺印또는記名拇印으로써이에가름할수있다

第四十二條 本法施行前에發行한爲替手形約束手形및小切手에對하여는舊法의規定을適用한다

第四十三條 第九百十一條第二項및第九百七十六條의證券交換所는財務部長官이指定한다

第四十四條 換證券約束證券또는支給證券으로因한權利가節次의欠缺또는時效에依하여消滅한境遇에도所持人은發行人引受人背書人또는支給保證人에對하여그받은利益의限度에서償還의請求를할수있다

第四十五條 背書人의다른背書人및發行人에對한證券上請求權의消滅時效는그背書人이裁判上의請求를받은境遇에는그前者에對한訴訟告知를함으로因하여中斷된다
前項의規定에依하여中斷된時效는그裁判의確定된때로부터다시進行된다

第四十六條 本法施行直前까지施行된다음法令은廢止된다
一. 舊商法
二. 舊手形法
三. 舊小切手法
四. 舊商法施行法
五. 存續法令中新法의規定과抵觸되는法條

第四十七條 本法은 檀紀四二九 年 月 日로부터施行한다

大韓民國 商法典

[시행 1963.1.1] [법률 제1000호, 1962.1.20, 제정]

第1編 總 則

第1章 通 則

第1條 (商事適用法規) 商事에 關하여 本法에 規定이 없으면 商慣習法에 依하고 商慣習法이 없으면 民法의 規定에 依한다.

第2條 (公法人의 商行爲) 公法人의 商行爲에 對하여는 法令에 다른 規定이 없는 境遇에 限하여 本法을 適用한다.

第3條 (一方的商行爲) 當事者中 그 1人의 行爲가 商行爲인 때에는 全員에 對하여 本法을 適用한다.

第2章 商 人

第4條 (商人-當然商人) 自己名義로 商行爲를 하는 者를 商人이라 한다.

第5條 (同前-擬制商人) ①店鋪 其他 類似한 設備에 依하여 商人的 方法으로 營業을 하는 者는 商行爲를 하지 아니하더라도 商人으로 본다.

②會社는 商行爲를 하지 아니하더라도 前項과 같다.

第6條 (無能力者의 營業과 登記) 未成年者 또는 限定治產者가 法定代理人의 許諾을 얻어 營業을 하는 때에는 登記를 하여야 한다.

第7條 (無能力者와 無限責任社員) 未成年者 또는 限定治產者가 法定代理人의 許諾을 얻어 會社의 無限責任社員이 된 때에는 그 社員資格으로 因한 行爲에는 能力者로 본다.

第8條 (法定代理人에 依한 營業의 代理) ①法定代理人이 未成年者, 限定治產者 또는 禁治產者를 爲하여 營業을 하는 때에는 登記를 하여야 한다.

②法定代理人의 代理權에 對한 制限은 善意의 第三者에게 對抗하지 못한다.

第9條 (小商人) 支配人, 商號, 商業帳簿와 商業登記에 關한 規定은 小商人에 適用하지 아니한다.

第3章 商業使用人

第10條 (支配人의 選任) 商人은 支配人을 選任하여 本店 또는 支店에서 營業을 하게 할 수 있다.

第11條 (支配人의 代理權) ①支配人은 營業主에 갈음하여 그 營業에 關한 裁判上 또는 裁判外의 모든 行爲를 할 수 있다.

②支配人은 支配人이 아닌 店員 其他 使用人을 選任 또는 解任할 수 있다.

③支配人의 代理權에 對한 制限은 善意의 第三者에게 對抗하지 못한다.

第12條 (共同支配人) ①商人은 數人의 支配人에게 共同으로 代理權을 行使하게 할 수 있다.

②前項의 境遇에 支配人 1人에 對한 意思表示는 營業主에 對하여 그 效力이 있다.

第13條 (支配人의 登記) 商人은 支配人의 選任과 그 代理權의 消滅에 關하여 그 支配人을 둔 本店 또는 支店所在地에서 登記하여야 한다. 前條 第1項에 規定한 事項과 그 變更도 같다.

第14條 (表見支配人) ①本店 또는 支店의 營業主任 其他 類似한 名稱을 가진 使用人은 本店 또는 支店의 支配人과 同一한 權限이 있는 것으로 본다. 그러나, 裁判上의 行爲에 關하여는 그러하지 아니하다.

②前項의 規定은 相對方이 惡意인 境遇에는 適用하지 아니한다.

第15條 (部分的 包括代理權을 가진 使用人) ①

營業의 特定한 種類 또는 特定한 事項에 對한 委任을 받은 使用人은 이에 關한 裁判外의 모든 行爲를 할 수 있다.

②第11條第3項의 規定은 前項의 境遇에 準用한다.

第16條 (物件販賣店鋪의 使用人) ①物件을 販賣하는 店鋪의 使用人은 그 販賣에 關한 모든 權限이 있는 것으로 본다.

②第14條第2項의 規定은 前項의 境遇에 準用한다.

第17條 (商業使用人의 義務) ①商業使用人은 營業主의 許諾없이 自己 또는 第三者의 計算으로 營業主의 營業部類에 屬한 去來를 하거나 會社의 無限責任社員, 理事 또는 다른 商人의 使用人이 되지 못한다.

②商業使用人이 前項의 規定에 違反하여 去來를 한 境遇에 그 去來가 自己의 計算으로 한 것인 때에는 營業主는 이를 營業主를 爲한 것으로 볼 수 있고 第三者의 計算으로 한 것인 때에는 營業主는 使用人에 對하여 이로 因한 利得의 讓渡를 請求할 수 있다.

③前項의 規定은 營業主로부터 使用人에 對한 契約의 解止 또는 損害賠償의 請求에 影響을 미치지 아니한다.

④第2項에 規定한 權利는 營業主가 그 去來를 안날로부터 2週間을 經過하거나 그 去來가 있은 날로부터 1年을 經過하면 消滅한다.

第4章 商 號

第18條 (商號選定의 自由) 商人은 그 姓名 其他의 名稱으로 商號를 定할 수 있다.

第19條 (會社의 商號) 會社의 商號에는 그 種類에 따라 合名會社, 合資會社, 株式會社 또는 有限會社의 文字를 使用하여야 한다.

第20條 (會社商號의 不當使用의 禁止) 會社가 아니면 商號에 會社임을 表示하는 文字를 使用하지 못한다. 會社의 營業을 讓受한 境遇에도 같다.

第21條 (商號의 單一性) ①同一한 營業에는 單一商號를 使用하여야 한다.

②支店의 商號에는 本店과의 從屬關係를 表示하여야 한다.

第22條 (商號登記의 效力) 他人이 登記한 商號는 同一한 特別市, 市, 邑, 面에서 同種營業의 商號로 登記하지 못한다.

第23條 (主體를 誤認시킬 商號의 使用禁止) ①누구든지 不正한 目的으로 他人의 營業으로 誤認할 수 있는 商號를 使用하지 못한다.

②前項의 規定에 違反하여 商號를 使用하는 者가 있는 境遇에 이로 因하여 損害를 받을 念慮가 있는 者 또는 商號를 登記한 者는 그 廢止를 請求할 수 있다.

③前項의 規定은 損害賠償의 請求에 影響을 미치지 아니한다.

④同一한 特別市, 市, 邑, 面에서 同種營業으로 他人이 登記한 商號를 使用하는 者는 不正한 目的으로 使用하는 것으로 推定한다.

第24條 (名義貸與者의 責任) 他人에게 自己의 姓名 또는 商號를 使用하여 營業을 할 것을 許諾한 者는 自己를 營業主로 誤認하여 去來한 第三者에 對하여 그 他人과 連帶하여 辨濟할 責任이 있다.

第25條 (商號의 讓渡) ①商號는 營業을 廢止하거나 營業과 함께 하는 境遇에 限하여 이를 讓渡할 수 있다.

②商號의 讓渡는 登記하지 아니하면 第三者에게 對抗하지 못한다.

第26條 (商號不使用의 效果) 商號를 登記한 者가 正當한 事由없이 2年間 商號를 使用하지 아니하는 때에는 이를 廢止한 것으로 본다.

第27條 (商號登記의 抹消請求) 商號를 變更 또는 廢止한 境遇에 2週間內에 그 商號를 登記한 者가 變更 또는 廢止의 登記를 하지 아니하는 때에는 利害關係人은 그 登記의 抹消를 請求할 수 있다.

第28條 (商號 不正使用에 對한 制裁) 第20條와 第23條第1項에 違反한 者는 10萬환以下의 過怠料에 處한다.

第5章 商業帳簿

第29條 (日記帳) ①商人은 帳簿를 備置하고 日常의 去來와 其他 財産에 影響있는 事項을 明記하여야 한다. 그러나, 家事費用은 每月 總額만을 記載할 수 있다.

②少額의 去來는 現金去來와 外上去來로 分類하여 每日 總額만을 記載할 수 있다.

第30條 (財産目錄, 貸借對照表) ①商人은 營業을 開始한 때와 每年 1回以上 定期로 動産, 不動産, 債權, 債務 其他의 財産의 目錄과 貸借對照表를 作成하여야 한다.

②會社는 成立한 때와 每決算期에 前項의 書類를 作成하여야 한다.

③財産目錄과 貸借對照表는 作成者가 이에 記名捺印하고 特別帳簿에 記載하거나 別册으로 編綴하여야 한다.

第31條 (財産評價의 原則) ①財産目錄에는 動產, 不動產, 債權 其他의 財產의 價額을 目錄作成 當時의 價格에 依하여 正確히 記載하여야 한다.

②營業用 固定財産에 對하여는 前項의 規定에 不拘하고 取得價額 또는 製作價額으로부터 相當한 減損額을 控除한 價額을 記載하여야 한다.

第32條 (商業帳簿의 提出) 法院은 申請에 依하여 또는 職權으로 訴訟當事者에게 商業帳簿 또는 그 一部分의 提出을 命할 수 있다.

第33條 (商業帳簿等의 保存) ①商人은 10年間 商業帳簿와 營業에 關한 重要書類를 保存하여야 한다.

②前項의 期間은 商業帳簿에 있어서는 그 閉鎖한 날로부터 起算한다.

第6章 商業登記

第34條 (通則) 本法에 依하여 登記한 事項은 當事者의 申請에 依하여 營業所의 所在地를 管轄하는 法院의 商號登記簿에 登記한다.

第35條 (支店所在地에서의 登記) 本店의 所在地에서 登記할 事項은 다른 規定이 없으면 支店의 所在地에서도 登記하여야 한다.

第36條 (登記事項의 公告) ①登記한 事項은 法院이 遲滯없이 公告하여야 한다.

②公告가 登記와 相違한 때에는 公告없는 것으로 본다.

第37條 (登記, 公告의 效力) ①登記할 事項은 登記와 公告後가 아니면 善意의 第三者에게 對抗하지 못한다.

②登記와 公告後라도 第三者가 正當한 事由로 因하여 이를 알지 못한 때에는 前項과 같다.

第38條 (支店所在地에서의 登記의 效力) 支店의 所在地에서 登記할 事項을 登記하지 아니한 때에는 前條의 規定은 그 支店의 去來에 限하여 適用한다.

第39條 (不實의 登記) 故意 또는 過失로 因하여 事實과 相違한 事項을 登記한 者는 그 相違를 善意의 第三者에게 對抗하지 못한다.

第40條 (變更, 消滅의 登記) 登記한 事項에 變更이 있거나 그 事項이 消滅한 때에는 當事者는 遲滯없이 變更 또는 消滅의 登記를 하여야 한다.

第7章 營業讓渡

第41條 (營業讓渡人의 競業禁止) ①營業을 讓渡한 境遇에 다른 約定이 없으면 讓渡人은 10年間 同一한 特別市, 市, 邑, 面과 隣接特別市, 市, 邑, 面에서 同種營業을 하지 못한다.

②讓渡人이 同種營業을 하지 아니할 것을 約定한 때에는 同一한 特別市, 市, 郡과 隣接特別市, 市, 郡에 限하여 20年을 超過하지 아니한 範圍內에서 그 效力이 있다.

第42條 (商號를 續用하는 讓受人의 責任) ①營業讓受人이 讓渡人의 商號를 繼續 使用하는 境遇에는 讓渡人의 營業으로 因한 第三者의 債權에 對하여 讓受人도 辨濟할 責任이 있다.

②前項의 規定은 讓受人이 營業讓渡를 받은 後 遲滯없이 讓渡人의 債務에 對한 責任이 없음을 登記한 때에는 適用하지 아니한다. 讓渡人과 讓受人이 遲滯없이 第三者에 對하여 그 뜻을 通知한 境遇에 그 通知를 받은 第三者에 對하여도 같다.

第43條 (營業讓受人에 對한 辨濟) 前條第1項의 境遇에 讓渡人의 營業으로 因한 債權에 對하여 債務者가 善意이며 重大한 過失없이 讓受人에게 辨濟한 때에는 그 效力이 있다.

第44條 (債務引受를 廣告한 讓受人의 責任) 營業讓受人이 讓渡人의 商號를 繼續使用하지 아니하는 境遇에 讓渡人의 營業으로 因한 債務를 引受한 것을 廣告한 때에는 讓受人도 辨濟할 責任이 있다.

第45條 (營業讓渡人의 責任의 存續期間) 營業讓受人이 第42條第1項 또는 前條의 規定에 依하여 辨濟의 責任이 있는 境遇에는 讓渡人의 第三者에 對한 債務는 營業讓渡 또는 廣告後 2年이 經過하면 消滅한다.

第2編 商 行 爲

第1章 通 則

第46條 (基本的 商行爲) 營業으로 하는 다음의

行爲를 商行爲라 한다. 그러나 오로지 賃金을 받을 目的으로 物件을 製造하거나 勞務에 從事하는 者의 行爲는 그러하지 아니하다.

1. 動産, 不動産, 有價證券 其他의 財産의 賣買
2. 動産, 不動産, 有價證券 其他의 財産의 賃貸借
3. 製造, 加工 또는 修繕에 關한 行爲
4. 電氣, 電波, 까스 또는 물의 供給에 關한 行爲
5. 作業 또는 勞務의 都給의 引受
6. 出版, 印刷 또는 撮影에 關한 行爲
7. 廣告, 通信 또는 情報에 關한 行爲
8. 貸金, 換金 其他의 金融去來
9. 客의 集來를 爲한 施設에 依한 去來
10. 商行爲의 代理의 引受
11. 仲介에 關한 行爲
12. 委託賣買 其他의 周旋에 關한 行爲
13. 運送의 引受
14. 任置의 引受
15. 信託의 引受
16. 無盡
17. 保險
18. 鑛物 또는 土石의 採取에 關한 行爲

第47條 (補助的 商行爲) ①商人이 營業을 爲하여 하는 行爲는 商行爲로 본다.
②商人의 行爲는 營業을 爲하여 하는 것으로 推定한다.

第48條 (代理의 方式) 商行爲의 代理人이 本人을 爲한 것임을 表示하지 아니하여도 그 行爲는 本人에 對하여 效力이 있다. 그러나, 相對方이 本人을 爲한 것임을 알지 못한 때에는 代理人에 對하여도 이 履行의 請求를 할 수 있다.

第49條 (委任) 商行爲의 委任을 받은 者는 委任의 本旨에 反하지 아니한 範圍內에서 委任을 받지 아니한 行爲를 할 수 있다.

第50條 (代理權의 存續) 商行爲의 委任에 依한 代理權은 本人의 死亡으로 因하여 消滅하지 아니한다.

第51條 (對話者間의 請約의 拘束力) 對話者間의 契約의 請約은 相對方이 即時 承諾하지 아니한 때에는 그 效力을 잃는다.

第52條 (隔地者間의 請約의 拘束力) ①隔地者間의 契約의 請約은 承諾期間이 없으면 相對方이 相當한 期間內에 承諾의 通知를 發送하지 아니한 때에는 그 效力을 잃는다.
②民法 第530條의 規定은 前項의 境遇에 準用한다.

第53條 (請約에 對한 諾否通知義務) 商人이 常時 去來關係에 있는 者로부터 그 營業部類에 屬한 契約의 請約을 받은 때에는 遲滯없이 諾否의 通知를 發送하여야 한다. 이를 懈怠한 때에는 承諾한 것으로 본다.

第54條 (商事法定利率) 商行爲로 因한 債務의 法定利率은 年6分로 한다.

第55條 (法定利子請求權) ①商人間에서 金錢의 消費貸借를 한 때에는 貸主는 法定利子를 請求할 수 있다.
②商人이 그 營業範圍內에서 他人을 爲하여 金錢을 替當한 때에는 替當한날 以後의 法定利子를 請求할 수 있다.

第56條 (支店去來의 債務履行場所) 支店에서의 去來로 因한 債務履行의 場所가 그 行爲의 性質 또는 當事者의 意思表示에 依하여 特定되지 아니한 境遇에는 特定物의 引渡以外의 債務의 履行은 그 支店을 履行場所로 본다.

第57條 (多數債務者間 또는 債務者와 保證人의 連帶) ①數人이 그 1人 또는 全員에게 商行爲가 되는 行爲로 因하여 債務를 負擔한 때에는 連帶하여 辨濟할 責任이 있다.
②保證人이 있는 境遇에 그 保證이 商行爲이거나 主債務가 商行爲로 因한 것인 때에는 主債務者와 保證人은 連帶하여 辨濟할 責任이 있다.

第58條 (商事留置權) 商人間의 商行爲로 因한 債權이 辨濟期에 있는 때에는 債權者는 辨濟를 받을 때까지 그 債務者에 對한 商行爲로 因하여 自己가 占有하고 있는 債務者所有의 物件 또는 有價證券을 留置할 수 있다. 그러나, 當事者間에 다른 約定이 있으면 그러하지 아니하다.

第59條 (流質契約의 許容) 民法 第339條의 規定은 商行爲로 因하여 생긴 債權을 擔保하기 爲하여 設定한 質權에는 適用하지 아니한다.

第60條 (物件保管義務) 商人이 그 營業部類에 屬한 契約의 請約을 받은 境遇에 見品 其他의 物件을 받은 때에는 그 請約을 拒絶한 때에도 請約者의 費用으로 그 物件을 保管하여

야 한다. 그러나, 그 物件의 價額이 保管의 費用을 償還하기에 不足하거나 保管으로 因하여 損害를 받을 念慮가 있는 때에는 그러하지 아니하다.

第61條 (商人의 報酬請求權) 商人이 그 營業範圍內에서 他人을 爲하여 行爲를 한 때에는 이에 對하여 相當한 報酬를 請求할 수 있다.

第62條 (任置를 받은 商人의 責任) 商人이 그 營業範圍內에서 物件의 任置를 받은 境遇에는 報酬를 받지 아니하는 때에도 善良한 管理者의 注意를 하여야 한다.

第63條 (去來時間과 履行 또는 그 請求) 法令 또는 慣習에 依하여 營業時間이 定하여져 있는 때에는 債務의 履行 또는 履行의 請求는 그 時間內에 하여야 한다.

第64條 (商事時效) 商行爲로 因한 債權은 本法에 다른 規定이 없는 때에는 5年間 行使하지 아니하면 消滅時效가 完成한다. 그러나 다른 法令에 이보다 短期의 時效의 規定이 있는 때에는 그 規定에 依한다.

第65條 (有價證券과 準用規定) 金錢, 物件 또는 有價證券의 支給을 目的으로 하는 有價證券에는 民法 第508條 乃至 第526條의 規定을 適用하는 外에 어음法 第12條第1項, 第2項의 規定을 準用한다.

第66條 (準商行爲) 本章의 規定은 第5條의 規定에 依한 商人의 行爲에 準用한다.

第2章 賣 買

第67條 (賣渡人의 目的物의 供託, 競賣權) ①商人間의 賣買에 있어서 買受人이 目的物의 受領을 拒否하거나 이를 受領할 수 없는 때에는 賣渡人은 그 物件을 供託하거나 相當한 期間을 定하여 催告한 後 競賣할 수 있다. 이 境遇에는 遲滯없이 買受人에 對하여 그 通知를 發送하여야 한다.

②前項의 境遇에 買受人에 對하여 催告를 할 수 없거나 目的物이 滅失 또는 毁損될 念慮가 있는 때에는 催告없이 競賣할 수 있다.

③前2項의 規定에 依하여 賣渡人이 그 目的物을 競賣한 때에는 그 代金에서 競賣費用을 控除한 殘額을 供託하여야 한다. 그러나, 그 全部나 一部를 賣買代金에 充當할 수 있다.

第68條 (確定期賣買의 解除) 商人間의 賣買에 있어서 賣買의 性質 또는 當事者의 意思表示에 依하여 一定한 日時 또는 一定한 期間內에 履行하지 아니하면 契約의 目的을 達成할 수 없는 境遇에 當事者의 一方이 履行時期를 經過한 때에는 相對方은 卽時 그 履行을 請求하지 아니하면 契約을 解除한 것으로 본다.

第69條 (買受人의 目的物의 檢査와 瑕疵通知義務) ①商人間의 賣買에 있어서 買受人이 目的物을 受領한 때에는 遲滯없이 이를 檢査하여야 하며 瑕疵 또는 數量의 不足을 發見한 境遇에는 卽時 賣渡人에게 그 通知를 發送하지 아니하면 이로 因한 契約解除, 代金減額 또는 損害賠償을 請求하지 못한다. 賣買의 目的物에 卽時 發見할 수 없는 瑕疵가 있는 境遇에 買受人이 6月內에 이를 發見한 때에도 같다.

②前項의 規定은 賣渡人이 惡意인 境遇에는 適用하지 아니한다.

第70條 (買受人의 目的物保管, 供託義務) ①前條의 境遇에 買受人이 契約을 解除한 때에도 賣渡人의 費用으로 賣買의 目的物을 保管 또는 供託하여야 한다. 그러나 그 目的物이 滅失 또는 毁損될 念慮가 있는 때에는 法院의 許可를 얻어 競賣하여 그 代價를 保管 또는 供託하여야 한다.

②前項의 規定에 의하여 買受人이 競賣한 때에는 遲滯없이 賣渡人에게 그 通知를 發送하여야 한다.

③前2項의 規定은 賣渡人과 買受人의 營業所, 營業所가 없는 境遇에는 그 住所가 同一한 特別市, 市, 邑, 面에 있는 때에는 適用하지 아니한다.

第71條 (同前-數量超過等의 境遇) 前條의 規定은 賣渡人으로부터 買受人에게 引渡한 物件이 賣買의 目的物과 相違하거나 數量이 超過한 境遇에 그 相違 또는 超過한 部分에 對하여 準用한다.

第3章 相互計算

第72條 (意義) 相互計算은 商人間 또는 商人과 非商人間에 常時 去來關係가 있는 境遇에 一定한 期間의 去來로 因한 債權債務의 總額에 關하여 相計하고 그 殘額을 支給할 것을 約定함으로써 그 效力이 생긴다.

第73條 (商業證券上의 債權債務에 關한 特則) 어음 其他의 商業證券으로 因한 債權債務를

相互計算에 計入한 境遇에 그 證券債務者가 辨濟하지 아니한 때에는 當事者는 그 債務의 項目을 相互計算에서 除去할 수 있다.

第74條 (相互計算期間) 當事者가 相計할 期間을 定하지 아니한 때에는 그 期間은 6月로 한다.

第75條 (計算書의 承認과 異議) 當事者가 債權債務의 各項目을 記載한 計算書를 承認한 때에는 그 各項目에 對하여 異議를 하지 못한다. 그러나, 錯誤나 脫漏가 있는 때에는 그러하지 아니하다.

第76條 (殘額債權의 法定利子) ①相計로 因한 殘額에 對하여는 債權者는 計算閉鎖日 以後의 法定利子를 請求할 수 있다.

②前項의 規定에 不拘하고 當事者는 各項目을 相互計算에 計入한 날로부터 利子를 붙일 것을 約定할 수 있다.

第77條 (解止) 各當事者는 언제든지 相互計算을 解止할 수 있다. 이 境遇에는 卽時 計算을 閉鎖하고 殘額의 支給을 請求할 수 있다.

第4章 匿名組合

第78條 (意義) 匿名組合은 當事者의 一方이 相對方의 營業을 爲하여 出資하고 相對方은 그 營業으로 因한 利益을 分配할 것을 約定함으로써 그 效力이 생긴다.

第79條 (匿名組合員의 出資) 匿名組合員이 出資한 金錢 其他의 財産은 營業者의 財産으로 본다.

第80條 (匿名組合員의 對外關係) 匿名組合員은 營業者의 行爲에 關하여서는 第三者에 對하여 權利나 義務가 없다.

第81條 (姓名, 商號의 使用許諾으로 因한 責任) 匿名組合員이 自己의 姓名을 營業者의 商號中에 使用하게 하거나 自己의 商號를 營業者의 商號로 使用할 것을 許諾한 때에는 그 使用以後의 債務에 對하여 營業者와 連帶하여 辨濟할 責任이 있다.

第82條 (利益配當과 損失分擔) ①匿名組合員의 出資가 損失로 因하여 減少된 때에는 그 損失을 塡補한 後가 아니면 利益配當을 請求하지 못한다.

②損失이 出資額을 超過한 境遇에도 匿名組合員은 이미 받은 利益의 返還 또는 增資할 義務가 없다.

③前2項의 規定은 當事者間에 다른 約定이 있으면 適用하지 아니한다.

第83條 (契約의 解止) ①組合契約으로 組合의 存續期間을 定하지 아니하거나 어느 當事者의 終身까지 存續할 것을 約定한 때에는 各當事者는 營業年度末에 契約을 解止할 수 있다. 그러나 이 解止는 6月前에 相對方에게 豫告하여야 한다.

②組合의 存續期間의 約定의 有無에 不拘하고 不得已한 事情이 있는 때에는 各當事者는 언제든지 契約을 解止할 수 있다.

第84條 (契約의 終了) 組合契約은 다음의 事由로 因하여 終了한다.

1. 營業의 廢止 또는 讓渡
2. 營業者의 死亡 또는 禁治産
3. 營業者 또는 匿名組合員의 破産

第85條 (契約終了의 效果) 組合契約이 終了한 때에는 營業者는 匿名組合員에게 그 出資의 價額을 返還하여야 한다. 그러나, 出資가 損失로 因하여 減少된 때에는 그 殘額을 返還하면 된다.

第86條 (準用規定) 第272條, 第277條와 第278條의 規定은 匿名組合員에 準用한다.

第5章 代理商

第87條 (意義) 一定한 商人을 爲하여 商業使用人이 아니면서 常時 그 營業部類에 屬하는 去來의 代理 또는 仲介를 營業으로 하는 者를 代理商이라 한다.

第88條 (通知義務) 代理商이 去來의 代理 또는 仲介를 한 때에는 遲滯없이 本人에게 그 通知를 發送하여야 한다.

第89條 (競業禁止) ①代理商은 本人의 許諾없이 自己나 第三者의 計算으로 本人의 營業部類에 屬한 去來를 하거나 同種營業을 目的으로 하는 會社의 無限責任社員 또는 理事가 되지 못한다.

②第17條第2項 乃至 第4項의 規定은 代理商이 前項의 規定에 違反한 境遇에 準用한다.

第90條 (通知를 받을 權限) 物件의 販賣나 그 仲介의 委託을 받은 代理商은 賣買의 目的物의 瑕疵 또는 數量不足 其他 賣買의 履行에 關한 通知를 받을 權限이 있다.

第91條 (代理商의 留置權) 代理商은 去來의 代理 또는 仲介로 因한 債權이 辨濟期에 있는

때에는 그 辨濟를 받을때까지 本人을 爲하여 占有하는 物件 또는 有價證券을 留置할 수 있다. 그러나 當事者間에 다른 約定이 있으면 그러하지 아니하다.

第92條 (契約의 解止) ①當事者가 契約의 存續期間을 約定하지 아니한 때에는 各當事者는 2月前에 豫告하고 契約을 解止할 수 있다.
②第83條第2項의 規定은 代理商에 準用한다.

第6章 仲介業

第93條 (意義) 他人間의 商行爲의 仲介를 營業으로 하는 者를 仲介人이라 한다.

第94條 (仲介人의 給與受領代理權) 仲介人은 그 仲介한 行爲에 關하여 當事者를 爲하여 支給 其他의 履行을 받지 못한다. 그러나, 다른 約定이나 慣習이 있으면 그러하지 아니하다.

第95條 (見品保管義務) 仲介人이 그 仲介한 行爲에 關하여 見品을 받은 때에는 그 行爲가 完了될 때까지 이를 保管하여야 한다.

第96條 (契約書交付義務) ①當事者間에 契約이 成立된 때에는 仲介人은 遲滯없이 各當事者의 姓名 또는 商號, 契約年月日과 그 要領을 記載한 書面을 作成하여 記名捺印한 後 各當事者에게 交付하여야 한다.
②當事者가 卽時 履行을 하여야 하는 境遇를 除外하고 仲介人은 各當事者로 하여금 前項의 書面에 記名捺印하게 한 後 그 相對方에게 交付하여야 한다.
③前2項의 境遇에 當事者의 一方이 書面의 受領을 拒否하거나 記名捺印하지 아니한 때에는 仲介人은 遲滯없이 相對方에게 그 通知를 發送하여야 한다.

第97條 (仲介人의 帳簿作成義務) ①仲介人은 前條에 規定한 事項을 帳簿에 記載하여야 한다.
②當事者는 언제든지 自己를 爲하여 仲介한 行爲에 關한 帳簿의 謄本의 交付를 請求할 수 있다.

第98條 (姓名, 商號默秘의 義務) 當事者가 그 姓名 또는 商號를 相對方에게 表示하지 아니할 것을 仲介人에게 要求한 때에는 仲介人은 그 相對方에게 交付할 第96條第1項의 書面과 前條第2項의 謄本에 이를 記載하지 못한다.

第99條 (仲介人의 履行責任) 仲介人이 任意로 또는 前條의 規定에 依하여 當事者의 一方의 姓名 또는 商號를 相對方에게 表示하지 아니한 때에는 相對方은 仲介人에 對하여 履行을 請求할 수 있다.

第100條 (報酬請求權) ①仲介人은 第96條의 節次를 終了하지 아니하면 報酬를 請求하지 못한다.
②仲介人의 報酬는 當事者 雙方이 均分하여 負擔한다.

第7章 委託賣買業

第101條 (意義) 自己名義로써 他人의 計算으로 物件 또는 有價證券의 賣買를 營業으로 하는 者를 委託賣買人이라 한다.

第102條 (委託賣買人의 地位) 委託賣買人은 委託者를 爲한 賣買로 因하여 相對方에 對하여 直接 權利를 取得하고 義務를 負擔한다.

第103條 (委託物의 歸屬) 委託賣買人이 委託者로부터 받은 物件 또는 有價證券이나 委託賣買로 因하여 取得한 物件, 有價證券 또는 債權은 委託者와 委託賣買人 또는 委託賣買人의 債權者間의 關係에서는 이를 委託者의 所有 또는 債權으로 본다.

第104條 (通知義務, 計算書提出義務) 委託賣買人이 委託받은 賣買를 한 때에는 遲滯없이 委託者에 對하여 그 契約의 要領과 相對方의 住所, 姓名의 通知를 發送하여야 하며 計算書를 提出하여야 한다.

第105條 (委託賣買人의 履行擔保責任) 委託賣買人은 委託者를 爲한 賣買에 關하여 相對方이 債務를 履行하지 아니하는 境遇에는 委託者에 對하여 이를 履行할 責任이 있다. 그러나, 다른 約定이나 慣習이 있으면 그러하지 아니하다.

第106條 (指定價額遵守義務) ①委託者가 指定한 價額보다 廉價로 賣渡하거나 高價로 買受한 境遇에도 委託賣買人이 그 差額을 負擔한 때에는 그 賣買는 委託者에 對하여 效力이 있다.
②委託者가 指定한 價額보다 高價로 賣渡하거나 廉價로 買受한 境遇에는 그 差額은 다른 約定이 없으면 委託者의 利益으로 한다.

第107條 (委託賣買人의 介入權) ①委託賣買人이 去來所의 時勢있는 物件의 賣買를 委託받은 때에는 直接 그 賣渡人이나 買受人이 될 수 있다. 이 境遇의 賣買代價는 委託賣買人이 賣買의 通知를 發送한 때의 去來所의 時

勢에 依한다.

②前項의 境遇에도 委託賣買人은 委託者에 對하여 報酬를 請求할 수 있다.

第108條 (委託物의 毁損, 瑕疵等의 效果) ①委託賣買人이 委託賣買의 目的物을 引渡받은 後에 그 物件의 毁損 또는 瑕疵를 發見하거나 그 物件이 腐敗할 念慮가 있는 때 또는 價格低落의 商況을 안 때에는 遲滯없이 委託者에게 그 通知를 發送하여야 한다.

②前項의 境遇에 委託者의 指示를 받을 수 없거나 그 指示가 遲延되는 때에는 委託賣買人은 委託者의 利益을 爲하여 適當한 處分을 할 수 있다.

第109條 (買受物의 供託, 競賣權) 第67條의 規定은 委託賣買人이 買受의 委託을 받은 境遇에 委託者가 買受한 物件의 受領을 拒否하거나 이를 受領할 수 없는 때에 準用한다.

第110條 (買受委託者가 商人인 境遇) 商人인 委託者가 그 營業에 關하여 物件의 買受를 委託한 境遇에는 委託者와 委託賣買人間의 關係에는 第68條 乃至 第71條의 規定을 準用한다.

第111條 (準用規定) 第91條의 規定은 委託賣買人에 準用한다.

第112條 (委任에 關한 規定의 適用) 委託者와 委託賣買人間의 關係에는 本章의 規定外에 委任에 關한 規定을 適用한다.

第113條 (準委託賣買人) 本章의 規定은 自己名義로써 他人의 計算으로 賣買 아닌 行爲를 營業으로 하는 者에 準用한다.

第8章 運送周旋業

第114條 (意義) 自己의 名義로 物件運送의 周旋을 營業으로 하는 者를 運送周旋人이라 한다.

第115條 (損害賠償責任) 運送周旋人은 自己나 그 使用人이 運送物의 受領, 引渡, 保管, 運送人이나 다른 運送周旋人의 選擇 其他 運送에 關하여 注意를 解怠하지 아니하였음을 證明하지 아니하면 運送物의 滅失, 毁損 또는 延着으로 因한 損害를 賠償할 責任을 免하지 못한다.

第116條 (介入權) ①運送周旋人은 다른 約定이 없으면 直接運送할 수 있다. 이 境遇에는 運送周旋人은 運送人과 同一한 權利義務가 있다.

②運送周旋人이 委託者의 請求에 依하여 貨物相換證을 作成한 때에는 直接運送하는 것으로 본다.

第117條 (中間運送周旋人의 代位) ①數人이 順次로 運送周旋을 하는 境遇에는 後者는 前者에 갈음하여 그 權利를 行使할 義務를 負擔한다.

②前項의 境遇에 後者가 前者에게 辨濟한 때에는 前者의 權利를 取得한다.

第118條 (運送人의 權利의 取得) 前條의 境遇에 運送周旋人이 運送人에게 辨濟한 때에는 運送人의 權利를 取得한다.

第119條 (報酬請求權) ①運送周旋人은 運送物을 運送人에게 引渡한 때에는 即時 報酬를 請求할 수 있다.

②運送周旋契約으로 運賃의 額을 定한 境遇에는 다른 約定이 없으면 따로 報酬를 請求하지 못한다.

第120條 (留置權) 運送周旋人은 運送物에 關하여 받을 報酬, 運賃 其他 委託者를 爲한 替當金이나 先貸金에 關하여서만 그 運送物을 留置할 수 있다.

第121條 (運送周旋人의 責任의 時效) ①運送周旋人의 責任은 受荷人이 運送物을 受領한 날로부터 1年을 經過하면 消滅時效가 完成한다.

②前項의 期間은 運送物이 全部滅失한 境遇에는 그 運送物을 引渡한 날로부터 起算한다.

③前2項의 規定은 運送周旋人이나 그 使用人이 惡意인 境遇에는 適用하지 아니한다.

第122條 (運送周旋人의 債權의 時效) 運送周旋人의 委託者 또는 受荷人에 對한 債權은 1年間 行使하지 아니하면 消滅時效가 完成한다.

第123條 (準用規定) 運送周旋人에 關하여는 本章의 規定外에 委託賣買人에 關한 規定을 準用한다.

第124條 (同前) 第136條, 第140條와 第141條의 規定은 運送周旋業에 準用한다.

第9章 運送業

第125條 (意義) 陸上 또는 湖川, 港灣에서 物件 또는 旅客의 運送을 營業으로 하는 者를 運送人이라 한다.

第1節 物件運送

第126條 (運送狀) ①送荷人은 運送人의 請求에

依하여 運送狀을 交付하여야 한다.

②運送狀에는 다음의 事項을 記載하고 送荷人이 記名捺印하여야 한다.

1. 運送物의 種類, 重量 또는 容積, 包裝의 種別, 個數와 記號
2. 到着地
3. 受荷人과 運送人의 姓名 또는 商號, 營業所 또는 住所
4. 運賃과 그 先給 또는 着給의 區別
5. 運送狀의 作成地와 作成年月日

第127條 (運送狀의 虛僞記載에 對한 責任) ①送荷人이 運送狀에 虛僞 또는 不正確한 記載를 한 때에는 運送人에 對하여 이로 因한 損害를 賠償할 責任이 있다.

②前項의 規定은 運送人이 惡意인 境遇에는 適用하지 아니한다.

第128條 (貨物相換證의 發行) ①運送人은 送荷人의 請求에 依하여 貨物相換證을 交付하여야 한다.

②貨物相換證에는 다음의 事項을 記載하고 運送人이 記名捺印하여야 한다.

1. 第126條第2項第1號 乃至 第3號의 事項
2. 送荷人의 姓名 또는 商號, 營業所 또는 住所
3. 運賃 其他 運送物에 關한 費用과 그 先給 또는 着給의 區別
4. 貨物相換證의 作成地와 作成年月日

第129條 (貨物相換證의 相換證券性) 貨物相換證을 作成한 境遇에는 이와 相換하지 아니하면 運送物의 引渡를 請求할 수 없다.

第130條 (貨物相換證의 當然한 指示證券性) 貨物相換證은 記名式인 境遇에도 背書에 依하여 讓渡할 수 있다. 그러나, 貨物相換證에 背書를 禁止하는 뜻을 記載한 때에는 그러하지 아니하다.

第131條 (貨物相換證의 文言證券性) 貨物相換證을 作成한 境遇에는 運送에 關한 事項은 運送人과 所持人間에 있어서는 貨物相換證에 記載된 바에 依한다.

第132條 (貨物相換證의 處分證券性) 貨物相換證을 作成한 境遇에는 運送物에 關한 處分은 貨物相換證으로써 하여야 한다.

第133條 (貨物相換證交付의 物權的效力) 貨物相換證에 依하여 運送物을 받을 수 있는 者에게 貨物相換證을 交付한 때에는 運送物위에 行使하는 權利의 取得에 關하여 運送物을 引渡한 것과 同一한 效力이 있다.

第134條 (運送物滅失과 運賃) ①運送物의 全部 또는 一部가 送荷人의 責任없는 事由로 因하여 滅失한 때에는 運送人은 그 運賃을 請求하지 못한다. 運送人이 이미 그 運賃의 全部 또는 一部를 받은 때에는 이를 返還하여야 한다.

②運送物의 全部 또는 一部가 그 性質이나 瑕疵 또는 送荷人의 過失로 因하여 滅失한 때에는 運送人은 運賃의 全額을 請求할 수 있다.

第135條 (損害賠償責任) 運送人은 自己 또는 運送周旋人이나 使用人 其他 運送을 爲하여 使用한 者가 運送物의 受領, 引渡, 保管과 運送에 關하여 注意를 懈怠하지 아니하였음을 證明하지 아니하면 運送物의 滅失, 毁損 또는 延着으로 因한 損害를 賠償할 責任을 免하지 못한다.

第136條 (高價物에 對한 責任) 貨幣, 有價證券 其他의 高價物에 對하여는 送荷人이 運送을 委託할 때에 그 種類와 價額을 明示한 境遇에 限하여 運送人이 損害를 賠償할 責任이 있다.

第137條 (損害賠償의 額) ①運送物이 全部滅失 또는 延着된 境遇의 損害賠償額은 引渡한 날의 到着地의 價格에 依한다.

②運送物이 一部滅失 또는 毁損된 境遇의 損害賠償額은 引渡한 날의 到着地의 價格에 依한다.

③運送物의 滅失, 毁損 또는 延着이 運送人의 故意나 重大한 過失로 因한 때에는 運送人은 모든 損害를 賠償하여야 한다.

④運送物의 滅失 또는 毁損으로 因하여 支給을 要하지 아니하는 運賃 其他 費用은 前3項의 賠償額에서 控除하여야 한다.

第138條 (順次運送人의 連帶責任, 求償權) ①數人이 順次로 運送할 境遇에는 各運送人은 運送物의 滅失, 毁損 또는 延着으로 因한 損害를 連帶하여 賠償할 責任이 있다.

②運送人中 1人이 前項의 規定에 依하여 損害를 賠償한 때에는 그 損害의 原因이 된 行爲를 한 運送人에 對하여 求償權이 있다.

③前項의 境遇에 그 損害의 原因이 된 行爲를 한 運送人을 알 수 없는 때에는 各運送人은 그 運賃額의 比率로 損害를 分擔한다. 그

러나, 그 損害가 自己의 運送區間內에서 發生하지 아니하였음을 證明한 때에는 損害分擔의 責任이 없다.

第139條 (運送物의 處分請求權) ①送荷人 또는 貨物相換證이 發行된 때에는 그 所持人이 運送人에 對하여 運送의 中止, 運送物의 返還 其他의 處分을 請求할 수 있다. 이 境遇에 運送人은 이미 運送한 比率에 따른 運賃, 替當金과 處分으로 因한 費用의 支給을 請求할 수 있다.

②前項의 送荷人의 權利는 運送物이 到着地에 到着한 後 受荷人이 그 引渡를 請求한 때에는 消滅한다.

第140條 (受荷人의 地位) 運送物이 到着地에 到着한 때에는 受荷人은 送荷人과 同一한 權利를 取得한다.

第141條 (受荷人의 義務) 受荷人이 運送物을 受領한 때에는 運送人에 對하여 運賃 其他 運送에 關한 費用과 替當金을 支給할 義務를 負擔한다.

第142條 (受荷人不明의 境遇의 供託, 競賣權) ①受荷人을 알 수 없는 때에는 運送人은 運送物을 供託할 수 있다.

②前項의 境遇에 運送人은 送荷人 또는 알고 있는 貨物相換證所持人에 對하여 相當한 期間을 定하여 運送物의 處分에 對한 指示를 催告하여도 그 期間內에 指示를 하지 아니한 때에는 運送物을 競賣할 수 있다.

③運送人이 前2項의 規定에 依하여 運送物의 供託 또는 競賣를 한 때에는 遲滯없이 送荷人 또는 알고 있는 貨物相換證所持人에게 그 通知를 發送하여야 한다.

第143條 (運送物의 受領拒否, 受領不能의 境遇) ①前條의 規定은 受荷人이 運送物의 受領을 拒否하거나 受領할 수 없는 境遇에 準用한다.

②運送人이 競賣를 함에는 送荷人 또는 貨物相換證所持人에 對한 催告를 하기前에 受荷人에 對하여 相當한 期間을 定하여 運送物의 受領을 催告하여야 한다.

第144條 (公示催告) ①送荷人, 貨物相換證所持人과 受荷人을 알 수 없는 때에는 運送人은 權利者에 對하여 6月以上의 期間을 定하여 그 期間內에 權利를 主張할 것을 公告하여야 한다.

②前項의 公告는 官報나 日刊新聞紙에 2回以上 하여야 한다.

③運送人이 前2項의 規定에 依한 公告를 하여도 그 期間內에 權利를 主張하는 者가 없는 때에는 運送物을 競賣할 수 있다.

第145條 (準用規定) 第67條第2項과 第3項의 規定은 前3條의 競賣에 準用한다.

第146條 (運送人의 責任消滅) ①運送人의 責任은 受荷人 또는 貨物相換證所持人이 留保없이 運送物을 受領하고 運賃 其他의 費用을 支給한 때에는 消滅한다. 그러나, 運送物에 卽時 發見할 수 없는 毁損 또는 一部滅失이 있는 境遇에 運送物을 受領한 날로부터 2週間內에 運送人에게 그 通知를 發送한 때에는 그러하지 아니하다.

②前項의 規定은 運送人 또는 그 使用人이 惡意인 境遇에는 適用하지 아니한다.

第147條 (準用規定) 第117條, 第120條 乃至 第122條의 規定은 運送人에 準用한다.

第2節 旅客運送

第148條 (旅客이 받은 損害의 賠償責任) ①運送人은 自己 또는 使用人이 運送에 關한 注意를 懈怠하지 아니하였음을 證明하지 아니하면 旅客이 運送으로 因하여 받은 損害를 賠償할 責任을 免하지 못한다.

②損害賠償의 額을 定함에는 法院은 被害者와 그 家族의 情狀을 參酌하여야 한다.

第149條 (引渡를 받은 手荷物에 對한 責任) ①運送人은 旅客으로부터 引渡를 받은 手荷物에 關하여는 運賃을 받지 아니한 境遇에도 物件運送人과 同一한 責任이 있다.

②手荷物이 到着地에 到着한 날로부터 10日內에 旅客이 그 引渡를 請求하지 아니한 때에는 第67條의 規定을 準用한다. 그러나, 住所 또는 居所를 알지 못하는 旅客에 對하여는 催告와 通知를 要하지 아니한다.

第150條 (引渡를 받지 아니한 手荷物에 對한 責任) 運送人은 旅客으로부터 引渡를 받지 아니한 手荷物의 滅失 또는 毁損에 對하여는 自己 또는 使用人의 過失이 없으면 損害를 賠償할 責任이 없다.

第10章 公衆接客業

第151條 (意義) 劇場, 旅館, 飮食店 其他 客의

集來를 爲한 施設에 依한 去來를 營業으로 하는 者를 公衆接客業者라 한다.

第152條 (公衆接客業者의 責任) ①公衆接客業者는 客으로부터 任置를 받은 物件의 滅失 또는 毁損에 對하여 不可抗力으로 因함을 證明하지 아니하면 그 損害를 賠償할 責任을 免하지 못한다.

②公衆接客業者는 客으로부터 任置를 받지 아니한 境遇에도 그 施設內에 携帶한 物件이 自己 또는 그 使用人의 過失로 因하여 滅失 또는 毁損된 때에는 그 損害를 賠償할 責任이 있다.

③客의 携帶物에 對하여 責任이 없음을 揭示한 때에도 公衆接客業者는 前2項의 責任을 免하지 못한다.

第153條 (高價物에 對한 責任) 貨幣, 有價證券 其他의 高價物에 對하여는 客이 그 種類와 價額을 明示하여 任置하지 아니하면 公衆接客業者는 그 物件의 滅失 또는 毁損으로 因한 損害를 賠償할 責任이 없다.

第154條 (公衆接客業者의 責任의 時效) ①前2條의 責任은 公衆接客業者가 任置物을 返還하거나 客이 携帶物을 가져간 後6月을 經過하면 消滅時效가 完成한다.

②前項의 期間은 物件이 全部滅失한 境遇에는 客이 그 施設을 退去한 날로부터 起算한다.

③前2項의 規定은 公衆接客業者나 그 使用人이 惡意인 境遇에는 適用하지 아니한다.

第11章 倉庫業

第155條 (意義) 他人을 爲하여 倉庫에 物件을 保管함을 營業으로 하는 者를 倉庫業者라 한다.

第156條 (倉庫證券의 發行) ①倉庫業者는 任置人의 請求에 依하여 倉庫證券을 交付하여야 한다.

②倉庫證券에는 다음의 事項을 記載하고 倉庫業者가 記名捺印하여야 한다.

1. 任置物의 種類, 品質, 數量, 包裝의 種別, 個數와 記號
2. 任置人의 姓名 또는 商號, 營業所 또는 住所
3. 保管場所
4. 保管料
5. 保管期間을 定한 때에는 그 期間
6. 任置物을 保險에 붙인 때에는 保險金額, 保險期間과 保險者의 姓名 또는 商號, 營業所 또는 住所
7. 倉庫證券의 作成地와 作成年月日

第157條 (準用規定) 第129條 乃至 第133條의 規定은 倉庫證券에 準用한다.

第158條 (分割部分에 對한 倉庫證券의 請求) ①倉庫證券所持人은 倉庫業者에 對하여 그 證券을 返還하고 任置物을 分割하여 各部分에 對한 倉庫證券의 交付를 請求할 수 있다.

②前項의 規定에 依한 任置物의 分割과 證券交付의 費用은 證券所持人이 負擔한다.

第159條 (倉庫證券에 依한 入質과 一部出庫) 倉庫證券으로 任置物을 入質한 境遇에도 質權者의 承諾이 있으면 任置人은 債權의 辨濟期前이라도 任置物의 一部返還을 請求할 수 있다. 이 境遇에는 倉庫業者는 返還한 任置物의 種類, 品質과 數量을 倉庫證券에 記載하여야 한다.

第160條 (損害賠償責任) 倉庫業者는 自己 또는 使用人이 任置物의 保管에 關하여 注意를 懈怠하지 아니하였음을 證明하지 아니하면 任置物의 滅失 또는 毁損에 對하여 損害를 賠償할 責任을 免하지 못한다.

第161條 (任置物의 檢査, 見品摘取, 保存處分權) 任置人 또는 倉庫證券所持人은 營業時間內에 언제든지 倉庫業者에 對하여 任置物의 檢査 또는 見品의 摘取를 要求하거나 그 保存에 必要한 處分을 할 수 있다.

第162條 (保管料請求權) ①倉庫業者는 任置物을 出庫할 때가 아니면 保管料 其他의 費用과 替當金의 支給을 請求하지 못한다. 그러나, 保管期間 經過後에는 出庫前이라도 이를 請求할 수 있다.

②任置物의 一部出庫의 境遇에는 倉庫業者는 그 比率에 따른 保管料 其他의 費用과 替當金의 支給을 請求할 수 있다.

第163條 (任置期間) ①當事者가 任置期間을 定하지 아니한 때에는 倉庫業者는 任置物을 받은 날로부터 6月을 經過한 後에는 언제든지 이를 返還할 수 있다.

②前項의 境遇에 任置物을 返還함에는 2週間 前에 豫告하여야 한다.

第164條 (同前-不得已한 事由가 있는 境遇) 不得已한 事由가 있는 境遇에는 倉庫業者는 前

條의 規定에 不拘하고 언제든지 任置物을 返還할 수 있다.

第165條 (準用規定) 第67條第1項과 第2項의 規定은 任置人 또는 倉庫證券所持人이 任置物의 受領을 拒否하거나 이를 受領할 수 없는 境遇에 準用한다.

第166條 (倉庫業者의 責任의 時效) ①任置物의 滅失 또는 毁損으로 因하여 생긴 倉庫業者의 責任은 그 物件을 出庫한 날로부터 1年이 經過하면 消滅時效가 完成한다.

②前項의 期間은 任置物이 全部滅失한 境遇에는 任置人과 알고 있는 倉庫證券所持人에게 그 滅失의 通知를 發送한 날로부터 起算한다.

③前2項의 規定은 倉庫業者 또는 그 使用人이 惡意인 境遇에는 適用하지 아니한다.

第167條 (倉庫業者의 債權의 時效) 倉庫業者의 任置人 또는 倉庫證券所持人에 對한 債權은 그 物件을 出庫한 날로부터 1年間 行使하지 아니하면 消滅時效가 完成한다.

第168條 (準用規定) 第108條, 第142條 乃至 第146條의 規定은 倉庫業者에 準用한다.

第3編 會 社

第1章 通 則

第169條 (意義) 本法에서 會社라 함은 商行爲 其他 營利를 目的으로 하여 設立한 社團을 이른다.

第170條 (會社의 種類) 會社는 合名會社, 合資會社, 株式會社와 有限會社의 4種으로 한다.

第171條 (會社의 法人性, 住所) ①會社는 法人으로 한다.

②會社의 住所는 本店所在地에 있는 것으로 한다.

第172條 (會社의 成立) 會社는 本店所在地에서 設立登記를 함으로써 成立한다.

第173條 (權利能力의 制限) 會社는 다른 會社의 無限責任社員이 되지 못한다.

第174條 (會社의 合併) ①會社는 合併을 할 수 있다.

②合併을 하는 會社의 一方 또는 雙方이 株式會社 또는 有限會社인 때에는 合併後 存續하는 會社 또는 合併으로 因하여 設立되는 會社는 株式會社 또는 有限會社이어야 한다.

③解散後의 會社는 存立中의 會社를 存續하는 會社로 하는 境遇에 限하여 合併을 할 수 있다.

第175條 (同前-設立委員) ①會社의 合併으로 因하여 新會社를 設立하는 境遇에는 定款의 作成 其他 設立에 關한 行爲는 各會社에서 選任한 設立委員이 共同으로 하여야 한다.

②第230條, 第434條와 第585條의 規定은 前項의 選任에 準用한다.

第176條 (會社의 解散命令) ①法院은 다음의 事由가 있는 境遇에는 利害關係人이나 檢事의 請求에 依하여 또는 職權으로 會社의 解散을 命할 수 있다.

1. 會社의 設立目的이 不法한 것인때
2. 會社가 正當한 事由없이 設立後 1年內에 營業을 開始하지 아니하거나 1年以上 營業을 休止하는 때
3. 理事 또는 會社의 業務를 執行하는 社員이 法令 또는 定款에 違反하여 會社의 存續을 許容할 수 없는 行爲를 한 때

②前項의 請求가 있는 때에는 法院은 解散을 命하기 前일지라도 利害關係人이나 檢事의 請求에 依하여 또는 職權으로 管理人의 選任 其他 會社財產의 保全에 必要한 處分을 할 수 있다.

③利害關係人이 第1項의 請求를 한 때에는 法院은 會社의 請求에 依하여 相當한 擔保를 提供할 것을 命할 수 있다.

④會社가 前項의 請求를 함에는 利害關係人의 請求가 惡意임을 疎明하여야 한다.

第177條 (登記期間의 起算點) 本編의 規定에 依하여 登記할 事項으로서 官廳의 許可 또는 認可를 要하는 것에 關하여는 그 書類가 到達한 날로부터 登記期間을 起算한다.

第2章 合名會社

第1節 設 立

第178條 (定款의 作成) 合名會社의 設立에는 2人以上의 社員이 共同으로 定款을 作成하여야 한다.

第179條 (定款의 絶對的記載事項) 定款에는 다음의 事項을 記載하고 總社員이 記名捺印하여야 한다.

1. 目的
2. 商號
3. 社員의 姓名과 住所
4. 社員의 出資의 目的과 價格 또는 評價의 標準
5. 本店과 支店의 所在地
6. 定款의 作成年月日

第180條 (設立의 登記) 合名會社의 設立登記에 있어서는 總社員의 共同申請으로 다음의 事項을 登記하여야 한다.

1. 前條第1號 乃至 第3號와 第5號에 揭記한 事項
2. 社員의 出資의 目的, 財産出資에는 그 價格과 履行한 部分
3. 存立期間 其他 解散事由를 定한 때에는 그 期間 또는 事由
4. 會社를 代表할 社員을 定한 때에는 그 姓名
5. 數人의 社員이 共同으로 會社를 代表할 것을 定한 때에는 그 規定

第181條 (支店設置의 登記) ①會社의 設立과 同時에 支店을 設置하는 境遇에는 設立登記를 한 後 2週間內에 支店所在地에서 前條에 揭記한 事項을 登記하여야 한다.

②會社의 成立後에 支店을 設置하는 境遇에는 本店所在地에서는 2週間內에 그 支店所在地와 設置年月日을 登記하고 그 支店所在地에서는 3週間內에 前條에 揭記한 事項을 登記하여야 하며 다른 支店이 있는 때에는 그 支店所在地에서 同期間內에 新設支店所在地와 設置年月日을 登記하여야 한다.

③會社가 本店 또는 支店所在地의 登記管轄區域內에 支店을 設置하는 境遇에는 本店과 支店所在地에서 前項의 各期間內에 新設支店所在地와 設置年月日을 登記하여야 한다.

第182條 (本店, 支店의 移轉登記) ①會社가 本店을 移轉하는 境遇에는 舊所在地에서는 2週間內에 新所在地와 移轉年月日을 登記하고 新所在地에서는 3週間內에 第180條에 揭記한 事項을 登記하여야 한다.

②會社가 支店을 移轉하는 境遇에는 本店과 支店所在地에서는 2週間內에 支店新所在地와 移轉年月日을 登記하고 支店新所在地에서는 3週間內에 第180條에 揭記한 事項을 登記하여야 하며 다른 支店이 있는 때에는 그 支店所在地에서 同期間內에 支店新所在地와 移轉年月日을 登記하여야 한다.

③會社가 本店 또는 支店所在地의 登記管轄區域內에 本店 또는 支店을 移轉하는 境遇에는 本店과 支店所在地에서 2週間內에 新所在地와 移轉年月日을 登記하여야 한다.

第183條 (變更登記) 第180條에 揭記한 事項에 變更이 있을 때에는 本店所在地에서는 2週間內, 支店所在地에서는 3週間內에 變更登記를 하여야 한다.

第184條 (設立無效, 取消의 訴) ①會社의 設立의 無效는 그 社員에 限하여, 設立의 取消는 그 取消權있는 者에 限하여 會社成立의 날로부터 2年內에 訴만으로 이를 主張할 수 있다.

②民法 第140條의 規定은 前項의 設立의 取消에 準用한다.

第185條 (債權者에 依한 設立取消의 訴) 社員이 그 債權者를 害할 것을 알고 會社를 設立한 때에는 債權者는 그 社員과 會社에 對한 訴로 會社의 設立取消를 請求할 수 있다.

第186條 (專屬管轄) 前2條의 訴는 本店所在地의 地方法院의 管轄에 專屬한다.

第187條 (訴提起의 公告) 設立無效의 訴 또는 設立取消의 訴가 提起된 때에는 會社는 遲滯없이 公告하여야 한다.

第188條 (訴의 併合審理) 數個의 設立無效의 訴 또는 設立取消의 訴가 提起된 때에는 法院은 이를 併合審理하여야 한다.

第189條 (瑕疵의 補完等과 請求의 棄却) 設立無效의 訴 또는 設立取消의 訴가 그 審理中에 原因이 된 瑕疵가 補完되고 會社의 現況과 諸般事情을 參酌하여 設立을 無效 또는 取消하는 것이 不適當하다고 認定한 때에는 法院은 그 請求를 棄却할 수 있다.

第190條 (判決의 效力) 設立無效의 判決 또는 設立取消의 判決은 第三者에 對하여도 그 效力이 있다. 그러나, 判決確定前에 생긴 會社와 社員 및 第三者間의 權利義務에 影響을 미치지 아니한다.

第191條 (敗訴原告의 責任) 設立無效의 訴 또는 設立取消의 訴를 提起한 者가 敗訴한 境遇에 惡意 또는 重大한 過失이 있는 때에는 會社에 對하여 連帶하여 損害를 賠償할 責任이 있다.

第192條 (設立無效, 取消의 登記) 設立無效의

判決 또는 設立取消의 判決이 確定된 때에는 本店과 支店의 所在地에서 登記하여야 한다.

第193條 (設立無效, 取消判決의 效果) ①設立無效의 判決 또는 設立取消의 判決이 確定된 때에는 解散의 境遇에 準하여 淸算하여야 한다.
②前項의 境遇에는 法院은 社員 其他의 利害關係人의 請求에 依하여 淸算人을 選任할 수 있다.

第194條 (設立無效, 取消와 會社繼續) ①設立無效의 判決 또는 設立取消의 判決이 確定된 境遇에 그 無效나 取消의 原因이 特定한 社員에 限한 것인 때에는 다른 社員全員의 同意로써 會社를 繼續할 수 있다.
②前項의 境遇에는 그 無效 또는 取消의 原因이 있는 社員은 退社한 것으로 본다.
③第229條第2項과 第3項의 規定은 前2項의 境遇에 準用한다.

第2節 會社의 內部關係

第195條 (準用法規) 合名會社의 內部關係에 關하여는 定款 또는 本法에 다른 規定이 없으면 組合에 關한 民法의 規定을 準用한다.

第196條 (債權出資) 債權을 出資의 目的으로 한 社員은 그 債權이 辨濟期에 辨濟되지 아니한 때에는 그 債權額을 辨濟할 責任을 진다. 이 境遇에는 利子를 支給하는 外에 이로 因하여 생긴 損害를 賠償하여야 한다.

第197條 (持分의 讓渡) 社員은 다른 社員의 同意를 얻지 아니하면 그 持分의 全部 또는 一部를 他人에게 讓渡하지 못한다.

第198條 (社員의 競業의 禁止) ①社員은 다른 社員의 同意가 없으면 自己 또는 第三者의 計算으로 會社의 營業部類에 屬하는 去來를 하지 못하며 同種營業을 目的으로 하는 다른 會社의 無限責任社員 또는 理事가 되지 못한다.
②社員이 前項의 規定에 違反하여 去來를 한 境遇에 그 去來가 自己의 計算으로 한 것인 때에는 會社는 이를 會社의 計算으로 한것으로 보고 第三者의 計算으로 한것인 때에는 그 社員에 對하여 會社는 이로 因한 利得의 讓渡를 請求할 수 있다.
③前項의 規定은 會社의 그 社員에 對한 損害賠償의 請求에 影響을 미치지 아니한다.
④第2項의 權利는 다른 社員過半數의 決議에 依하여 行使하여야 하며 다른 社員의 1人이 그 去來를 안 날로부터 2週間을 經過하거나 그 去來가 있은 날로부터 1年을 經過하면 消滅한다.

第199條 (社員의 自己去來) 社員은 다른 社員過半數의 決議가 있는 때에 限하여 自己 또는 第三者의 計算으로 會社와 去來를 할 수 있다. 이 境遇에는 民法 第124條의 規定을 適用하지 아니한다.

第200條 (業務執行의 權利義務) ①各社員은 定款에 다른 規定이 없는 때에는 會社의 業務를 執行할 權利와 義務가 있다.
②各社員의 業務執行에 關한 行爲에 對하여 다른 社員의 異議가 있는 때에는 곧 行爲를 中止하고 總社員過半數의 決議에 依하여야 한다.

第201條 (業務執行社員) ①定款으로 社員의 1人 또는 數人을 業務執行社員으로 定한 때에는 그 社員이 會社의 業務를 執行할 權利와 義務가 있다.
②數人의 業務執行社員이 있는 境遇에 그 各社員의 業務執行에 關한 行爲에 對하여 다른 業務執行社員의 異議가 있는 때에는 곧 그 行爲를 中止하고 業務執行社員過半數의 決議에 依하여야 한다.

第202條 (共同業務執行社員) 定款으로 數人의 社員을 共同業務執行社員으로 定한 때에 그 全員의 同意가 없으면 業務執行에 關한 行爲를 하지 못한다. 그러나, 遲滯할 念慮가 있는 때에는 그러하지 아니하다.

第203條 (支配人의 選任과 解任) 支配人의 選任과 解任은 定款에 다른 定함이 없으면 業務執行社員이 있는 境遇에는 總社員過半數의 決議에 依하여야 한다.

第204條 (定款의 變更) 定款을 變更함에는 總社員의 同意가 있어야 한다.

第205條 (業務執行社員의 權限喪失宣告) ①社員이 業務를 執行함에 顯著하게 不適任하거나 重大한 義務에 違反한 行爲가 있는 때에는 法院은 社員의 請求에 依하여 業務執行權限의 喪失을 宣告할 수 있다.
②前項의 判決이 確定된 때에는 本店과 支店의 所在地에서 登記하여야 한다.

第206條 (準用規定) 第186條의 規定은 前條의 訴에 準用한다.

第3節 會社의 外部關係

第207條 (會社代表) 定款으로 業務執行社員을 定하지 아니한 때에는 各社員은 會社를 代表한다. 數人의 業務執行社員을 定한 境遇에 各業務執行社員은 會社를 代表한다. 그러나 定款 또는 總社員의 同意로 業務執行社員中 特히 會社를 代表할 者를 定할 수 있다.

第208條 (共同代表) ①會社는 定款 또는 總社員의 同意로 數人의 社員이 共同으로 會社를 代表할 것을 定할 수 있다.

②前項의 境遇에도 第三者의 會社에 對한 意思表示는 共同代表의 權限 있는 社員 1人에 對하여 이를 함으로써 그 效力이 생긴다.

第209條 (代表社員의 權限) ①會社를 代表하는 社員은 會社의 營業에 關하여 裁判上 또는 裁判外의 모든 行爲를 할 權限이 있다.

②前項의 權限에 對한 制限은 善意의 第三者에게 對抗하지 못한다.

第210條 (損害賠償責任) 會社를 代表하는 社員이 그 業務執行으로 因하여 他人에게 損害를 加한 때에는 會社는 그 社員과 連帶하여 賠償할 責任이 있다.

第211條 (會社와 社員間의 訴에 關한 代表權) 會社가 社員에 對하여 또는 社員이 會社에 對하여 訴를 提起하는 境遇에 會社를 代表할 社員이 없을 때에는 다른 社員 過半數의 決議로 選定하여야 한다.

第212條 (社員의 責任) ①會社의 財產으로 會社의 債務를 完濟할 수 없는 때에는 各 社員은 連帶하여 辨濟할 責任이 있다.

②會社財產에 對한 强制執行이 奏效하지 못한 때에도 前項과 같다.

③前項의 規定은 社員이 會社에 辨濟의 資力이 있으며 執行이 容易한 것을 證明한 때에는 適用하지 아니한다.

第213條 (新入社員의 責任) 會社成立後에 加入한 社員은 그 加入前에 생긴 會社債務에 對하여 다른 社員과 同一한 責任을 진다.

第214條 (社員의 抗辯) ①社員이 會社債務에 關하여 辨濟의 請求를 받은 때에는 會社가 主張할 수 있는 抗辯으로 그 債權者에게 對抗할 수 있다.

②會社가 그 債權者에 對하여 相計, 取消 또는 解除할 權利가 있는 境遇에는 社員은 前項의 請求에 對하여 辨濟를 拒否할 수 있다.

第215條 (自稱社員의 責任) 社員이 아닌 者가 他人에게 自己를 社員이라고 誤認시키는 行爲를 하였을 때에는 誤認으로 因하여 會社와 去來한 者에 對하여 社員과 同一한 責任을 진다.

第216條 (準用規定) 第205條와 第206條의 規定은 會社의 代表社員에 準用한다.

第4節 社員의 退社

第217條 (社員의 退社權) ①定款으로 會社의 存立期間을 定하지 아니하거나 어느 社員의 終身까지 存續할 것을 定한 때에는 社員은 營業年度末에 限하여 退社할 수 있다. 그러나, 6月前에 이를 豫告하여야 한다.

②社員이 不得已한 事由가 있을 때에는 언제든지 退社할 수 있다.

第218條 (退社原因) 社員은 前條의 境遇外에 다음의 事由로 因하여 退社한다.

1. 定款에 定한 事由의 發生
2. 總社員의 同意
3. 死亡
4. 禁治產
5. 破產
6. 除名

第219條 (社員死亡時 權利承繼의 通知) ①定款으로 社員이 死亡한 境遇에 그 相續人이 會社에 對한 被相續人의 權利義務를 承繼하여 社員이 될 수 있음을 定한 때에는 相續人은 相續의 開始를 안 날로부터 3月內에 會社에 對하여 承繼 또는 拋棄의 通知를 發送하여야 한다.

②相續人이 前項의 通知 없이 3月을 經過한 때에는 社員이 될 權利를 拋棄한 것으로 본다.

第220條 (除名의 宣告) ①社員에게 다음의 事由가 있는 때에는 會社는 다른 社員 過半數의 決議에 依하여 그 社員의 除名의 宣告를 法院에 請求할 수 있다.

1. 出資의 義務를 履行하지 아니한 때
2. 第198條第1項의 規定에 違反한 行爲가 있는 때
3. 會社의 業務執行 또는 代表에 關하여 不正한 行爲가 있는 때, 權限없이 業務를 執行하거나 會社를 代表한 때
4. 其他 重要한 事由가 있는 때

②第205條第2項과 第206條의 規定은 前項의 境遇에 準用한다.

第221條 (除名社員과 會社間의 計算) 除名된 社員과 會社와의 計算은 除名의 訴를 提起한 때의 會社財產의 狀態에 따라서 하며 그때로부터 法定利子를 붙여야 한다.

第222條 (持分의 還給) 退社한 社員은 勞務 또는 信用으로 出資의 目的으로 한 境遇에도 그 持分의 還給을 받을 수 있다. 그러나, 定款에 다른 規定이 있는 때에는 그러하지 아니하다.

第223條 (持分의 押留) 社員의 持分의 押留는 社員이 將來利益의 配當과 持分의 還給을 請求하는 權利에 對하여도 그 效力이 있다.

第224條 (持分押留債權者에 依한 退社請求) ① 社員의 持分을 押留한 債權者는 營業年度末에 그 社員을 退社시킬 수 있다. 그러나 會社와 그 社員에 對하여 6月前에 그 豫告를 하여야 한다.

②前項 但書의 豫告는 社員이 辨濟를 하거나 相當한 擔保를 提供한 때에는 그 效力을 잃는다.

第225條 (退社員의 責任) ①退社한 社員은 本店所在地에서 退社登記를 하기 前에 생긴 會社債務에 對하여는 登記後 2年內에는 다른 社員과 同一한 責任이 있다.

②前項의 規定은 持分을 讓渡한 社員에 準用한다.

第226條 (退社員의 商號變更請求權) 退社한 社員의 姓名이 會社의 商號中에 使用된 境遇에는 그 社員은 會社에 對하여 그 使用의 廢止를 請求할 수 있다.

第5節 會社의 解散

第227條 (解散原因) 會社는 다음의 事由로 因하여 解散한다.

1. 存立期間의 滿了 其他 定款으로 定한 事由의 發生
2. 總社員의 同意
3. 社員이 1人으로된 때
4. 合併
5. 破產
6. 法院의 命令 또는 判決

第228條 (解散登記) 會社가 解散된 때에는 合併과 破產의 境遇外에는 그 解散事由가 있은 날로부터 本店所在地에서는 2週間內, 支店所在地에서는 3週間內에 解散登記를 하여야 한다.

第229條 (會社의 繼續) ①第227條第1號와 第2號의 境遇에는 社員의 全部 또는 一部의 同意로 會社를 繼續할 수 있다. 그러나 同意를 하지 아니한 社員은 退社한 것으로 본다.

②第227條第3號의 境遇에는 새로 社員을 加入시켜서 會社를 繼續할 수 있다.

③前2項의 境遇에 이미 會社의 解散登記를 하였을 때에는 本店所在地에서는 2週間內, 支店所在地에서는 3週間內에 會社의 繼續登記를 하여야 한다.

④第213條의 規定은 第2項의 新入社員의 責任에 準用한다.

第230條 (合併의 決議) 會社가 合併을 함에는 總社員의 同意가 있어야 한다.

第231條 (財產目錄, 貸借對照表의 作成) 會社가 合併決議를 한 때에는 그 決議가 있은 날로부터 2週間內에 財產目錄과 貸借對照表를 作成하여야 한다.

第232條 (債權者의 異議) ①會社는 前條의 期間內에 會社債權者에 對하여 合併에 異議가 있으면 一定한 期間內에 이를 提出할 것을 公告하고 알고 있는 債權者에 對하여는 各別로 이를 催告하여야 한다. 그러나 그 期間은 2月以上이어야 한다.

②債權者가 前項의 期間內에 異議를 提出하지 아니한 때에는 合併을 承認한 것으로 본다.

③異議를 提出한 債權者가 있는 때에는 會社는 그 債權者에 대하여 辨濟 또는 相當한 擔保를 提供하거나 이를 目的으로 하여 相當한 財產을 信託會社에 信託하여야 한다.

第233條 (合併의 登記) 會社가 合併을 한 때에는 本店所在地에서는 2週間內, 支店所在地에서는 3週間內에 合併後 存續하는 會社의 變更登記, 合併으로 因하여 消滅하는 會社의 解散登記, 合併으로 因하여 設立되는 會社의 設立登記를 하여야 한다.

第234條 (合併의 效力發生) 會社의 合併은 合併後 存續하는 會社 또는 合併으로 因하여 設立되는 會社가 그 本店所在地에서 前條의 登記를 함으로써 그 效力이 생긴다.

第235條 (合併의 效果) 合併後 存續한 會社 또

는 合併으로 因하여 設立된 會社는 合併으로 因하여 消滅된 會社의 權利義務를 承繼한다.

第236條 (合併無效의 訴의 提起) ①會社의 合併의 無效는 各會社의 社員, 淸算人, 破産管財人 또는 合併을 承認하지 아니한 會社債權者에 限하여 訴만으로 이를 主張할 수 있다.

②前項의 訴는 第233條의 登記가 있은 날로부터 6月內에 提起하여야 한다.

第237條 (準用規定) 第176條第3項과 第4項의 規定은 會社債權者가 前條의 訴를 提起한 때에 準用한다.

第238條 (合併無效의 登記) 合併을 無效로 한 判決이 確定된 때에는 本店과 支店의 所在地에서 合併後 存續한 會社의 變更登記, 合併으로 因하여 消滅된 會社의 回復登記, 合併으로 因하여 設立된 會社의 解散登記를 하여야 한다.

第239條 (無效判決確定과 會社의 權利義務의 歸屬) ①合併을 無效로 한 判決이 確定된 때에는 合併을한 會社는 合併後 存續한 會社 또는 合併으로 因하여 設立된 會社의 合併後 負擔한 債務에 대하여 連帶하여 辨濟할 責任이 있다.

②合併後 存續한 會社 또는 合併으로 因하여 設立한 會社의 合併後 取得한 財産은 合併을 한 會社의 共有로 한다.

③前2項의 境遇에 各會社의 協議로 그 負擔部分 또는 持分을 定하지 못한 때에는 法院은 그 請求에 依하여 合併當時의 各會社의 財産狀態 其他의 事情을 參酌하여 이를 定한다.

第240條 (準用規定) 第186條 乃至 第191條의 規定은 合併無效의 訴에 準用한다.

第241條 (社員에 依한 解散請求) ①不得已한 事由가 있는 때에는 各社員은 會社의 解散을 法院에 請求할 수 있다.

②第186條와 第191條의 規定은 前項의 境遇에 準用한다.

第242條 (組織變更) ①合名會社는 總社員의 同意로 一部社員을 有限責任社員으로 하거나 有限責任社員을 새로 加入시켜서 合資會社로 變更할 수 있다.

②前項의 規定은 第229條第2項의 規定에 依하여 會社를 繼續하는 境遇에 準用한다.

第243條 (組織變更의 登記) 合名會社를 合資會社로 變更한 때에는 本店所在地에서는 2週間內, 支店所在地에서는 3週間內에 合名會社에 있어서는 解散登記, 合資會社에 있어서는 設立登記를 하여야 한다.

第244條 (組織變更에 依하여 有限責任社員이된 者의 責任) 合名會社社員으로서 第242條第1項의 規定에 依하여 有限責任社員이 된 者는 前條의 規定에 依한 本店登記를 하기 前에 생긴 會社債務에 對하여는 登記後 2年內에는 無限責任社員의 責任을 免하지 못한다.

第6節 淸 算

第245條 (淸算中의 會社) 會社는 解散된 後에도 淸算의 目的範圍內에서 存續하는 것으로 본다.

第246條 (數人의 持分相續人이 있는 境遇) 會社의 解散後 社員이 死亡한 境遇에 그 相續人이 數人인 때에는 淸算에 關한 社員의 權利를 行使할 者 1人을 定하여야 한다. 이를 定하지 아니한 때에는 會社의 通知 또는 催告는 그 中의 1人에 對하여 하면 全員에 對하여 그 效力이 있다.

第247條 (任意淸算) ①解散된 會社의 財産處分方法은 定款 또는 總社員의 同意로 이를 定할 수 있다. 이 境遇에는 解散事由가 있는 날로부터 2週間內에 財産目錄과 貸借對照表를 作成하여야 한다.

②前項의 規定은 會社가 第227條第3號 또는 第6號의 事由로 因하여 解散한 境遇에는 이를 適用하지 아니한다.

③第232條의 規定은 第1項의 境遇에 準用한다.

④第1項의 境遇에 社員의 持分을 押留한 者가 있는 때에는 그 同意를 얻어야 한다.

第248條 (任意淸算과 債權者保護) ①會社가 前條第3項의 規定에 違反하여 그 財産을 處分함으로써 會社債權者를 害한 때에는 會社債權者는 그 處分의 取消를 法院에 請求할 수 있다.

②第186條와 民法第406條第1項 但書, 第2項 및 第407條의 規定은 前項의 取消의 請求에 準用한다.

第249條 (持分押留債權者의 保護) 會社가 第247條第4項의 規定에 違反하여 그 財産을 處分한 때에는 社員의 持分을 押留한 者는 會社에 對하여 그 持分에 相當하는 金額의 支

給을 請求할 수 있다. 이 境遇에는 前條의 規定을 準用한다.

第250條 (法定清算) 第247條第1項의 規定에 依하여 會社財產의 處分方法을 定하지 아니한 때에는 合併과 破產의 境遇를 除外하고 第251條 乃至 第265條의 規定에 따라서 清算을 하여야 한다.

第251條 (清算人) ①會社가 解散된 때에는 總社員過半數의 決議로 清算人을 選任한다.

②清算人의 選任이 없는 때에는 業務執行社員이 清算人이 된다.

第252條 (法院選任에 依한 清算人) 會社가 第227條第3號 또는 第6號의 事由로 因하여 解散된 때에는 法院은 社員 其他의 利害關係人이나 檢事의 請求에 依하여 또는 職權으로 清算人을 選任한다.

第253條 (清算人의 登記) ①清算人이 選任된 때에는 그 選任된 날로부터, 業務執行社員이 清算人이 된때에는 解散된 날로부터 本店所在地에서는 2週間內, 支店所在地에서는 3週間內에 다음의 事項을 登記하여야 한다.

1. 清算人의 姓名과 住所
2. 會社를 代表할 清算人을 定한 때에는 그 姓名
3. 數人의 清算人이 共同으로 會社를 代表할 것을 定한 때에는 그 規定

②第183條의 規定은 前項의 登記에 準用한다.

第254條 (清算人의 職務權限) ①清算人의 職務는 다음과 같다.

1. 現存事務의 終結
2. 債權의 推尋과 債務의 辨濟
3. 財產의 換價處分
4. 殘餘財產의 分配

②清算人이 數人인 때에는 清算의 職務에 關한 行爲는 그 過半數의 決議로 定한다.

③會社를 代表할 清算人은 第1項의 職務에 關하여 裁判上 또는 裁判外의 모든 行爲를 할 權限이 있다.

④民法第93條의 規定은 合名會社에 準用한다.

第255條 (清算人의 會社代表) ①業務執行社員이 清算人으로 된 境遇에는 從前의 定함에 따라 會社를 代表한다.

②法院이 數人의 清算人을 選任하는 境遇에는 會社를 代表할 者를 定하거나 數人이 共同하여 會社를 代表할 것을 定할 수 있다.

第256條 (清算人의 義務) ①清算人은 就任한 後 遲滯없이 會社의 財產狀態를 調査하고 財產目錄과 貸借對照表를 作成하여 各社員에게 交付하여야 한다.

②清算人은 社員의 請求가 있는 때에는 언제든지 清算의 狀況을 報告하여야 한다.

第257條 (營業의 讓渡) 清算人이 會社의 營業의 全部 또는 一部를 讓渡함에는 總社員 過半數의 決議가 있어야 한다.

第258條 (債務完濟不能과 出資請求) ①會社의 現存財產이 그 債務를 辨濟함에 不足한 때에는 清算人은 辨濟期에 不拘하고 各社員에 對하여 出資를 請求할 수 있다.

②前項의 出資額은 各社員의 出資의 比率로 이를 定한다.

第259條 (債務의 辨濟) ①清算人은 辨濟期에 이르지 아니한 會社債務에 對하여도 이를 辨濟할 수 있다.

②前項의 境遇에 利子없는 債權에 關하여는 辨濟期에 이르기까지의 法定利子를 加算하여 그 債權額에 達할 金額을 辨濟하여야 한다.

③前項의 規定은 利子있는 債權으로서 그 利率이 法定利率에 達하지 못하는 것에 이를 準用한다.

④第1項의 境遇에는 條件附債權, 存續期間이 不確定한 債權 其他 價額이 不確定한 債權에 對하여는 法院이 選任한 鑑定人의 評價에 依하여 辨濟하여야 한다.

第260條 (殘餘財產의 分配) 清算人은 會社의 債務를 完濟한 後가 아니면 會社財產을 社員에게 分配하지 못한다. 그러나 다툼이 있는 債務에 對하여는 그 辨濟에 必要한 財產을 保留하고 殘餘財產을 分配할 수 있다.

第261條 (清算人의 解任) 社員이 選任한 清算人은 總社員過半數의 決議로 解任할 수 있다.

第262條 (同前) 清算人이 그 職務를 執行함에 顯著하게 不適任하거나 重大한 任務에 違反한 行爲가 있는 때에는 法院은 社員 其他의 利害關係人의 請求에 依하여 清算人을 解任할 수 있다.

第263條 (清算人의 任務終了) ①清算人은 그 任務가 終了한 때에는 遲滯없이 計算書를 作成하여 各社員에게 交付하고 그 承認을 얻어야 한다.

②前項의 計算書를 받은 社員이 1月以內에 異議를 하지 아니한 때에는 그 計算을 承認한 것으로 본다. 그러나 清算人에게 不正行爲가 있는 境遇에는 그러하지 아니하다.

第264條 (清算終結의 登記) 清算이 終結된 때에는 清算人은 前條의 規定에 依한 總社員의 承認이 있은 날로부터 本店所在地에서는 2週間內, 支店所在地에서는 3週間內에 清算終結의 登記를 하여야 한다.

第265條 (準用規定) 第199條, 第207條, 第208條, 第209條第2項, 第210條, 第382條第2項과 第399條의 規定은 清算人에 準用한다.

第266條 (帳簿, 書類의 保存) ①會社의 帳簿와 營業 및 清算에 關한 重要書類는 第247條의 境遇에는 本店所在地에서 解散登記를 한 後, 其他의 境遇에는 清算登記를 한 後 10年間 이를 保存하여야 한다.

②前項의 境遇에는 總社員過半數의 決議로 保存人과 保存方法을 定하여야 한다.

第267條 (社員의 責任의 消滅時期) ①第212條의 規定에 依한 社員의 責任은 本店所在地에서 解散登記를 한 後 5年을 經過하면 消滅한다.

②前項의 期間經過後에도 分配하지 아니한 殘餘財産이 있는 때에는 會社債權者는 이에 對하여 辨濟를 請求할 수 있다.

第3章 合資會社

第268條 (會社의 組織) 合資會社는 無限責任社員과 有限責任社員으로 組織한다.

第269條 (準用規定) 合資會社에는 本章에 다른 規定이 없는 事項은 合名會社에 關한 規定을 準用한다.

第270條 (定款의 絶對的 記載事項) 合資會社의 定款에는 第179條에 揭記한 事項外에 各社員의 無限責任 또는 有限責任인 것을 記載하여야 한다.

第271條 (登記事項) ①合資會社의 設立登記에서는 第180條에 揭記한 事項外에 各社員의 無限責任 또는 有限責任인 것을 登記하여야 한다.

②有限責任社員에 關한 登記事項의 公告에는 그 員數와 出資의 總額만을 揭記한다. 變更登記의 境遇에도 같다.

第272條 (有限責任社員의 出資) 有限責任社員은 信用 또는 勞務를 出資의 目的으로 하지 못한다.

第273條 (業務執行의 權利義務) 無限責任社員은 定款에 다른 規定이 없는 때에는 各自가 會社의 業務를 執行할 權利와 義務가 있다.

第274條 (支配人의 選任, 解任) 支配人의 選任과 解任은 業務執行社員이 있는 境遇에도 無限責任社員過半數의 決議에 依하여야 한다.

第275條 (有限責任社員의 競業의 自由) 有限責任社員은 다른 社員의 同意없이 自己 또는 第三者의 計算으로 會社의 營業部類에 屬하는 去來를 할 수 있고 同種營業을 目的으로 하는 다른 會社의 無限責任社員 또는 理事가 될 수 있다.

第276條 (有限責任社員의 持分讓渡) 有限責任社員은 無限責任社員全員의 同意가 있으면 그 持分의 全部 또는 一部를 他人에게 讓渡할 수 있다. 持分의 讓渡에 따라 定款을 變更하여야 할 境遇에도 같다.

第277條 (有限責任社員의 監視權) ①有限責任社員은 營業年度末에 있어서 營業時間內에 限하여 會社의 財産目錄, 貸借對照表, 帳簿 其他의 書類를 閱覽할 수 있고 會社의 業務와 財産狀態를 檢査할 수 있다.

②重要한 事由가 있는 때에는 有限責任社員은 언제든지 法院의 許可를 얻어 前項의 閱覽과 檢査를 할 수 있다.

第278條 (有限責任社員의 業務執行, 會社代表의 禁止) 有限責任社員은 會社의 業務執行이나 代表行爲를 하지 못한다.

第279條 (有限責任社員의 責任) ①有限責任社員은 그 出資價額에서 이미 履行한 部分을 控除한 價額을 限度로 하여 會社債務를 辨濟할 責任이 있다.

②會社에 利益이 없음에도 不拘하고 配當을 받은 金額은 辨濟責任을 定함에 있어서 이를 加算한다.

第280條 (出資減少의 境遇의 責任) 有限責任社員은 그 出資를 減少한 後에도 本店所在地에서 登記를 하기 前에 생긴 會社債務에 對하여는 登記後 2年內에는 前條의 責任을 免하지 못한다.

第281條 (自稱無限責任社員의 責任) ①有限責任社員이 他人에게 自己를 無限責任社員이라고 誤認시키는 行爲를 한 때에는 誤認으로

因하여 會社와 去來를 한 者에 對하여 無限責任社員과 同一한 責任이 있다.

②前項의 規定은 有限責任社員이 그 責任의 限度를 誤認시키는 行爲를 한 境遇에 準用한다.

第282條 (責任을 變更한 社員의 責任) 第213條의 規定은 有限責任社員이 無限責任社員으로 된 境遇에, 第225條의 規定은 無限責任社員이 有限責任社員으로 된 境遇에 準用한다.

第283條 (有限責任社員의 死亡) ①有限責任社員이 死亡한 때에는 그 相續人이 그 持分을 承繼하여 社員이 된다.

②前項의 境遇에 相續人이 數人인 때에는 社員의 權利를 行使할 者 1人을 定하여야 한다. 이를 定하지 아니한 때에는 會社의 通知 또는 催告는 그 中의 1人에 對하여 하면 全員에 對하여 그 效力이 있다.

第284條 (有限責任社員의 禁治產) 有限責任社員은 禁治產의 宣告를 받은 境遇에도 退社되지 아니한다.

第285條 (解散, 繼續) ①合資會社는 無限責任社員 또는 有限責任社員의 全員이 退社한 때에는 解散된다.

②前項의 境遇에 殘存한 無限責任社員 또는 有限責任社員은 全員의 同意로 새로 有限責任社員 또는 無限責任社員을 加入시켜서 會社를 繼續할 수 있다.

③第213條와 第229條第3項의 規定은 前項의 境遇에 準用한다.

第286條 (組織變更) ①合資會社는 社員全員의 同意로 그 組織을 合名會社로 變更하여 繼續할 수 있다.

②有限責任社員全員이 退社한 境遇에도 無限責任社員은 그 全員의 同意로 合名會社로 變更하여 繼續할 수 있다.

③前2項의 境遇에는 本店所在地에서는 2週間內, 支店所在地에서는 3週間內에 合資會社에 있어서는 解散登記를, 合名會社에 있어서는 設立登記를 하여야 한다.

第287條 (清算人) 合資會社의 清算人은 無限責任社員過半數의 決議로 選任한다. 이를 選任하지 아니한 때에는 業務執行社員이 清算人이 된다.

第4章 株式會社

第1節 設　立

第288條 (發起人) 株式會社의 設立에는 7人以上의 發起人이 있어야 한다.

第289條 (定款의 作成, 絶對的 記載事項) ①發起人은 定款을 作成하여 이에 다음의 事項을 記載하고 發起人全員이 記名捺印하여야 한다.

1. 目的
2. 商號
3. 會社가 發行할 株式의 總數
4. 1株의 金額
5. 會社의 設立時에 發行하는 株式의 總數
6. 本店, 支店의 所在地
7. 會社가 公告를 하는 方法
8. 發起人의 姓名과 住所
9. 定款의 作成年月日

②會社의 設立時에 發行하는 株式의 總數는 會社가 發行할 株式의 總數의 2分의 1以上이어야 한다.

③會社의 公告는 官報 또는 時事에 關한 事項을 揭載하는 日刊新聞紙에 하여야 한다.

第290條 (變態設立事項) 다음의 事項은 定款에 記載함으로써 그 效力이 있다.

1. 發起人이 받을 特別利益과 이를 받을 者의 姓名
2. 現物出資를 하는 者의 姓名과 그 目的인 財產의 種類, 數量, 價格과 이에 對하여 付與할 株式의 種類와 數
3. 會社成立後에 讓受할 것을 約定한 財產의 種類, 數量, 價格과 그 讓渡人의 姓名
4. 會社가 負擔할 設立費用과 發起人이 받을 報酬額

第291條 (設立當時의 株式發行事項의 決定) 會社設立時에 發行하는 株式에 關하여 다음의 事項은 定款에 다른 定함이 없으면 發起人全員의 同意로 이를 定한다.

1. 株式의 種類와 數
2. 額面以上의 株式을 發行하는 때에는 그 數와 金額

第292條 (定款의 認證) 定款은 公證人의 認證을 받음으로써 效力이 생긴다.

第293條 (發起人의 株式引受) 各發起人은 書面에 依하여 株式을 引受하여야 한다.

第294條 (現物出資者) 現物出資는 發起人에 限

하여 이를 할 수 있다.

第295條 (發起設立의 境遇의 納入과 現物出資의 履行) ①發起人이 會社의 設立時에 發行하는 株式의 總數를 引受한 때에는 遲滯없이 各株式에 對하여 그 引受價額의 全額을 納入하여야 한다.

②現物出資를 하는 發起人은 納入期日에 遲滯없이 出資의 目的인 財產을 引渡하고 登記, 登錄 其他 權利의 設定 또는 移轉을 要할 境遇에는 이에 關한 書類를 完備하여 交付하여야 한다.

第296條 (發起設立의 境遇의 任員選任) ①前條의 規定에 依한 納入과 現物出資의 履行이 完了된 때에는 發起人은 遲滯없이 議決權의 過半數로 理事와 監事를 選任하여야 한다.

②發起人의 議決權은 그 引受株式의 1株에 對하여 1個로 한다.

第297條 (發起人의 議事錄作成) 發起人은 議事錄을 作成하여 議事의 經過와 그 結果를 記載하고 記名捺印하여야 한다.

第298條 (檢查人의 選任) 理事는 就任後 遲滯없이 會社設立의 經過를 調查하게 하기 爲하여 檢查人의 選任을 法院에 請求하여야 한다.

第299條 (檢查人의 調查, 報告) ①檢查人은 다음의 事項을 調查하여 法院에 報告하여야 한다.

1. 第290條에 揭記한 事項과 第295條의 規定에 依한 納入과 現物出資의 履行
2. 其他 設立에 關한 모든 事項이 定款의 規定에 違反되지 아니하는 與否

②檢查人은 前項의 調查報告書를 作成한 後 遲滯없이 그 謄本을 各發起人에게 交付하여야 한다.

③檢查人의 調查報告書에 事實과 相違한 事項이 있는 때에는 發起人은 이에 對한 說明書를 法院에 提出할 수 있다.

第300條 (法院의 變更處分) ①法院은 檢查人의 調查報告書와 發起人의 說明書를 審查하여 第290條의 規定에 依한 事項을 不當하다고 認定한 때에는 이를 變更하여 各發起人에게 通告할 수 있다.

②前項의 變更에 不服하는 發起人은 그 株式의 引受를 取消할 수 있다. 이 境遇에는 定款을 變更하여 設立에 關한 節次를 續行할 수 있다.

③法院의 通告가 있은 後 2週間內에 株式의 引受를 取消한 發起人이 없는 때에는 定款은 通告에 따라서 變更된 것으로 본다.

第301條 (募集設立의 境遇의 株式募集) 發起人이 會社의 設立時에 發行하는 株式의 總數를 引受하지 아니한 때에는 株主를 募集하여야 한다.

第302條 (株式引受의 請約, 株式請約書의 記載事項) ①株式引受의 請約을 하고자 하는 者는 株式請約書 2通에 引受할 株式의 種類 및 數와 住所를 記載하고 記名捺印하여야 한다.

②株式請約書는 發起人이 이를 作成하고 다음의 事項을 記載하여야 한다.

1. 定款의 認證年月日과 公證人의 姓名
2. 第289條第1項과 第290條에 揭記한 事項
3. 會社의 存立時期 또는 解散事由를 定한 때에는 그 規定
4. 各發起人이 引受한 株式의 種類와 數
5. 第291條에 揭記한 事項
6. 開業前에 利子를 配當할 것을 定한 때에는 그 規定
7. 株主에게 配當할 利益으로 株式을 消却할 것을 定한 때에는 그 規定
8. 一定한 時期까지 創立總會를 終結하지 아니한 때에는 株式의 引受를 取消할 수 있다는 뜻
9. 納入을 맡을 銀行 其他 金融機關과 納入場所

③民法 第107條 但書의 規定은 株式引受의 請約에는 適用하지 아니한다.

第303條 (株式引受人의 義務) 株式引受를 請約한 者는 發起人이 配定한 株式의 數에 따라서 引受價額을 納入할 義務를 負擔한다.

第304條 (株式引受人 等에 對한 通知, 催告) ①株式引受人 또는 株式請約人에 對한 通知나 催告는 株式引受證 또는 株式請約書에 記載한 住所 또는 그 者로부터 會社에 通知한 住所로 하면 된다.

②前項의 通知 또는 催告는 普通 그 到達할 時期에 到達한 것으로 본다.

第305條 (株式에 對한 納入) ①會社設立時에 發行하는 株式의 總數가 引受된 때에는 發起人은 遲滯없이 株式引受人에 對하여 各株式에 對한 引受價額의 全額을 納入시켜야 한다.

②前項의 納入은 株式請約書에 記載한 納入

場所에서 하여야 한다.

③第295條第2項의 規定은 第1項의 境遇에 準用한다.

第306條(納入金의 保管者等의 變更) 納入金의 保管者 또는 納入場所를 變更할 때에는 法院의 許可를 얻어야 한다.

第307條(株式引受人의 失權節次) ①株式引受人이 第305條의 規定에 依한 納入을 하지 아니한 때에는 發起人은 一定한 期日을 定하여 그 期日內에 納入을 하지 아니하면 그 權利를 잃는다는 뜻을 期日의 2週間前에 그 株式引受人에게 通知하여야 한다.

②前項의 通知를 받은 株式引受人이 그 期日內에 納入의 履行을 하지 아니한 때에는 그 權利를 잃는다. 이 경우에는 發起人은 다시 그 株式에 對한 株主를 募集할 수 있다.

③前2項의 規定은 그 株式引受人에 對한 損害賠償의 請求에 影響을 미치지 아니한다.

第308條(創立總會) ①第305條의 規定에 依한 納入과 現物出資의 履行을 完了한 때에는 發起人은 遲滯없이 創立總會를 召集하여야 한다.

②第363條第1項・第2項, 第364條, 第368條第3項・第4項, 第369條第1項, 第371條第2項, 第372條, 第373條, 第376條 乃至 第381條와 第435條의 規定은 創立總會에 準用한다.

第309條(創立總會의 決議) 創立總會의 決議는 出席한 株式引受人의 議決權의 3分의 2以上이며 引受된 株式의 總數의 過半數에 該當하는 多數로 하여야 한다.

第310條(變態設立의 境遇의 調査) ①定款으로 第290條에 揭記한 事項을 定한 때에는 發起人은 이에 關한 調査를 하게 하기 爲하여 檢査人의 選任을 法院에 請求하여야 한다.

②前項의 檢査人의 報告書는 이를 創立總會에 提出하여야 한다.

第311條(發起人의 報告) ①發起人은 會社의 創立에 關한 事項을 書面에 依하여 創立總會에 報告하여야 한다.

②前項의 報告書에는 다음의 事項을 明確히 記載하여야 한다.

1. 株式引受와 納入에 關한 諸般狀況
2. 第290條에 揭記한 事項에 關한 實態

第312條(任員의 選任) 創立總會에서는 理事와 監事를 選任하여야 한다.

第313條(理事, 監事의 調査, 報告) ①理事와 監事는 遲滯없이 다음의 事項을 調査하여 創立總會에 報告하여야 한다.

1. 會社設立時에 發行하는 株式總數에 對한 引受의 正確與否
2. 第305條의 規定에 依한 納入과 現物出資의 履行의 正確與否
3. 第290條의 規定에 依한 檢査人의 報告書의 正確與否

②理事와 監事中 發起人이었던 者 또는 會社成立後 讓受할 財産의 契約當事者인 者는 前項의 調査報告에 參加하지 못한다.

③理事와 監事의 全員이 이에 該當한 때에는 總會는 第1項에 揭記한 事項을 調査하게 하기 爲하여 檢査人을 選任하여야 한다.

第314條(變態設立事項의 變更) ①創立總會에서는 第290條에 揭記한 事項이 不當하다고 認定한 때에는 이를 變更할 수 있다.

②第300條第2項과 第3項의 規定은 前項의 境遇에 準用한다.

第315條(發起人에 對한 損害賠償請求) 前條의 規定은 發起人에 對한 損害賠償의 請求에 影響을 미치지 아니한다.

第316條(定款變更, 設立廢止의 決議) ①創立總會에서는 定款의 變更 또는 設立의 廢止를 決議할 수 있다.

②前項의 決議는 召集通知書에 그 뜻의 記載가 없는 境遇에도 이를 할 수 있다.

第317條(設立의 登記) ①株式會社의 設立登記는 發起人이 會社設立時에 發行한 株式의 總數를 引受한 境遇에는 第299條와 第300條의 規定에 依한 節次가 終了한 날로부터, 發起人이 株主를 募集한 境遇에는 創立總會가 終結한 날 또는 第314條의 規定에 依한 節次가 終了한 날로부터 2週間內에 이를 하여야 한다.

②前項의 設立登記에 있어서는 理事의 共同申請으로 다음의 事項을 登記하여야 한다.

1. 第289條第1項第1號 乃至 第5號와 第7號에 揭記한 事項
2. 資本의 總額
3. 發行株式의 總數, 그 種類와 各種株式의 內容과 數
4. 會社의 存立期間 또는 解散事由를 定한 때에는 그 期間 또는 事由
5. 開業前에 利子를 配當할 것을 定한 때에

는 그 規定

6. 株主에게 配當할 利益으로 株式을 消却할 것을 定한 때에는 그 規定
7. 轉換株式을 發行하는 境遇에는 第347條에 揭記한 事項
8. 理事와 監事의 姓名과 住所
9. 會社를 代表할 理事의 姓名
10. 數人의 代表理事가 共同으로 會社를 代表할 것을 定한 때에는 그 規定

③第181條 乃至 第183條의 規定은 株式會社의 登記에 準用한다.

第318條 (納入金保管者의 證明과 責任) ①納入金을 保管한 銀行 其他의 金融機關은 發起人 또는 理事의 請求가 있는 때에는 그 保管金額에 關하여 證明書를 交付하여야 한다.

②前項의 銀行 其他의 金融機關은 證明한 保管金額에 對하여는 納入의 不實 또는 그 金額의 返還에 關한 制限이 있음을 理由로 하여 會社에 對抗하지 못한다.

第319條 (權利株의 讓渡) 株式의 引受로 因한 權利의 讓渡는 會社에 對하여 效力이 없다.

第320條 (株式引受의 無效主張, 取消의 制限) ①會社成立後에는 株式을 引受한 者는 株式請約書의 要件의 欠缺을 理由로 하여 그 引受의 無效를 主張하거나 詐欺, 强迫 또는 錯誤를 理由로 하여 그 引受를 取消하지 못한다.

②創立總會에 出席하여 그 權利를 行使한 者는 會社의 成立前에도 前項과 같다.

第321條 (發起人의 引受, 納入擔保責任) ①會社設立時에 發行한 株式으로서 會社成立後에 아직 引受되지 아니한 株式이 있거나 株式引受의 請約이 取消된 때에는 發起人이 이를 共同으로 引受한 것으로 본다.

②會社成立後 第295條第1項 또는 第305條第1項의 規定에 依한 納入을 完了하지 아니한 株式이 있는 때에는 發起人은 連帶하여 그 納入을 하여야 한다.

③第315條의 規定은 前2項의 境遇에 準用한다.

第322條 (發起人의 損害賠償責任) ①發起人이 會社의 設立에 關하여 그 任務를 懈怠한 때에는 그 發起人은 會社에 對하여 連帶하여 損害를 賠償할 責任이 있다.

②發起人이 惡意 또는 重大한 過失로 因하여 그 任務를 懈怠한 때에는 그 發起人은 第三者에 對하여도 連帶하여 損害를 賠償할 責任이있다.

第323條 (發起人, 任員의 連帶責任) 理事 또는 監事가 第313條第1項의 規定에 依한 任務를 懈怠하여 會社 또는 第三者에 對하여 損害를 賠償할 責任을 지는 境遇에 發起人도 責任을 질때에는 그 理事, 監事와 發起人은 連帶하여 損害를 賠償할 責任이 있다.

第324條 (發起人의 責任免除, 株主의 代表訴訟) 第400條와 第403條 乃至 第406條의 規定은 發起人에 準用한다.

第325條 (檢査人의 損害賠償責任) 法院이 選任한 檢査人이 惡意 또는 重大한 過失로 因하여 그 任務를 懈怠한 때에는 會社 또는 第三者에 對하여 損害를 賠償할 責任이 있다.

第326條 (會社不成立의 境遇의 發起人의 責任) ①會社가 成立하지 못한 境遇에는 發起人은 그 設立에 關한 行爲에 對하여 連帶하여 責任을 진다.

②前項의 境遇에 會社의 設立에 關하여 支給한 費用은 發起人이 負擔한다.

第327條 (類似發起人의 責任) 株式請約書 其他 株式募集에 關한 書面에 姓名과 會社의 設立에 贊助하는 뜻을 記載할 것을 承諾한 者는 發起人과 同一한 責任이 있다.

第328條 (設立無效의 訴) ①會社設立의 無效는 株主 또는 理事에 限하여 會社成立의 날로부터 2年內에 訴만으로 이를 主張할 수 있다.

②第186條 乃至 第193條의 規定은 前項의 訴에 準用한다.

第2節 株 式

第329條 (資本의 構成, 株式의 券面額) ①株式會社의 資本은 이를 株式으로 分割하여야 한다.

②株式의 金額은 均一하여야 한다.

③1株의 金額은 5千圜以上으로 하여야 한다.

第330條 (額面未達發行의 制限) 株式은 額面以下의 價額으로 發行하지 못한다. 그러나 第417條의 境遇에는 그러하지 아니하다.

第331條 (株主의 責任) 株主의 責任은 그가 가진 株式의 引受價額을 限度로 한다.

第332條 (假設人, 他人의 名義에 依한 引受人의 責任) ①假設人의 名義로 株式을 引受하거나 他人의 承諾없이 그 名義로 株式을 引受한 者는 株式引受人으로서의 責任이 있다.

②他人의 承諾을 얻어 그 名義로 株式을 引受한 者는 그 他人과 連帶하여 納入할 責任이 있다.

第333條 (株式의 共有) ①數人이 共同으로 株式을 引受한 者는 連帶하여 納入할 責任이 있다.

②株式이 數人의 共有에 屬하는 때에는 共有者는 株主의 權利를 行使할 者 1人을 定하여야 한다.

③株主의 權利를 行使할 者가 없는 때에는 共有者에 對한 通知나 催告는 그 1人에 對하여 하면된다.

第334條 (株主의 會社에 對한 相計禁止) 株主는 納入에 關하여 相計로써 會社에 對抗하지 못한다.

第335條 (株式의 讓渡性) ①株式의 讓渡는 定款에 依하여도 이를 禁止하거나 制限하지 못한다.

②株券發行前에 한 株式의 讓渡는 會社에 對하여 效力이 없다.

第336條 (記名株式의 讓渡方法) ①記名株式의 讓渡는 株券의 背書 또는 株券과 이에 株主로 表示된 者의 記名捺印 있는 讓渡證書의 交付에 依하여서만 이를 한다.

②어음法 第12條, 第13條, 第14條第2項과 第16條第1項의 規定은 株券의 背書에 準用한다.

③記名式의 株券의 占有者가 第1項의 讓渡證書에 依하여 權利를 證明한 때에는 이를 適法한 所持人으로 推定한다. 그 證明書에 讓受人의 姓名이 記載되지 아니한 境遇에도 같다.

第337條 (記名株式의 移轉의 對抗要件) 記名株式의 移轉은 取得者의 姓名과 住所를 株主名簿에 記載하지 아니하면 會社에 對抗하지 못한다.

第338條 (記名株式의 入質) ①記名株式을 質權의 目的으로 하는 때에는 株券을 質權者에게 交付하여야 한다.

②質權者는 繼續하여 株券을 占有하지 아니하면 그 質權으로써 第三者에게 對抗하지 못한다.

第339條 (質權의 物上代位) 株式의 消却, 倂合, 轉換이 있는 때에는 이로 因하여 從前의 株主가 받을 金錢이나 株式에 對하여도 從前의 株式을 目的으로 한 質權을 行使할 수 있다.

第340條 (記名株式의 登錄質) ①記名株式을 質權의 目的으로 한 境遇에 會社가 質權設定者의 請求에 依하여 그 姓名과 住所를 株主名簿에 附記하고 그 姓名을 株券에 記載한 때에는 質權者는 會社로부터 利益이나 利子의 配當, 殘餘財產의 分配 또는 前條의 規定에 依한 金錢의 支給을 받아 다른 債權者에 優先하여 自己債權의 辨濟에 充當할 수 있다.

②民法 第353條第3項의 規定은 前項의 境遇에 準用한다.

③第1項의 質權者는 會社에 對하여 前條의 株式에 對한 株券의 交付를 請求할 수 있다.

第341條 (自己株式의 取得等) 會社는 다음의 境遇外에는 自己의 株式을 取得하거나 質權의 目的으로 이를 받을 수 없다.

1. 株式을 消却하기 爲한 때
2. 會社의 合倂 또는 다른 會社의 營業全部의 讓受로 因한 때
3. 會社의 權利를 實行함에 있어 그 目的을 達成하기 爲하여 必要한 때

第342條 (自己株式의 處分) 會社는 前條第1號의 境遇에는 遲滯없이 株式失效의 節次를 밟아야 하며 第2號와 第3號의 境遇에는 相當한 時期에 株式 또는 質權의 處分을 하여야 한다.

第343條 (株式의 消却) ①株式은 資本減少에 關한 規定에 依하여서만 消却할 수 있다. 그러나 定款의 定한 바에 依하여 株主에게 配當할 利益으로써 株式을 消却하는 境遇에는 그러하지 아니하다.

②第440條와 第441條의 規定은 株式을 消却하는 境遇에 準用한다.

第344條 (數種의 株式) ①會社는 利益이나 利子의 配當 또는 殘餘財產의 分配에 關하여 內容이 다른 數種의 株式을 發行할 수 있다.

②前項의 境遇에는 定款으로 各種의 株式의 內容과 數를 定하여야 한다.

③會社가 數種의 株式을 發行하는 때에는 定款에 다른 定함이 없는 境遇에도 株式의 種類에따라 新株의 引受, 株式의 倂合, 消却 또는 合倂으로 因한 株式의 配定에 關하여 特殊한 定함을 할 수 있다.

第345條 (償還株式) ①前條의 境遇에는 利益配當에 關하여 優先的 內容이 있는 種類의 株式에 對하여 利益으로써 消却할 수 있는 것으로 할 수 있다.

②前項의 境遇에는 償還價額, 償還期間, 償還

方法과 數를 定款에 記載하여야 한다.

第346條 (轉換株式의 發行) ①會社가 數種의 株式을 發行하는 境遇에는 定款으로 株主는 引受한 株式을 다른 種類의 株式으로 轉換을 請求할 수 있음을 定할 수 있다. 이 境遇에는 轉換의 條件, 轉換의 請求期間과 轉換으로 因하여 發行할 株式의 數와 內容을 定하여야 한다.

②第344條第2項의 規定에 依한 數種의 株式의 數中 轉換으로 因하여 發行할 株式의 數는 前項의 期間內에는 그 發行을 保留하여야 한다.

第347條 (轉換株式發行의 節次) 前條第1項의 境遇에는 株式請約書에 다음의 事項을 記載하여야 한다.

1. 株式을 다른 種類의 株式으로 轉換할 수 있다는 뜻
2. 轉換의 條件
3. 轉換으로 因하여 發行할 株式의 內容
4. 轉換을 請求할 수 있는 期間

第348條 (轉換으로 因하여 發行하는 株式의 發行價額) 轉換으로 因하여 新株式을 發行하는 境遇에는 轉換前의 株式의 發行價額을 新株式의 發行價額으로 한다.

第349條 (轉換의 請求) ①株式의 轉換을 請求하는 者는 請求書 2通에 株券을 添附하여 會社에 提出하여야 한다.

②前項의 請求書에는 轉換하고자 하는 株式의 種類, 數와 請求年月日을 記載하고 記名捺印하여야 한다.

③轉換의 請求는 第354條第1項의 期間中에는 이를 하지 못한다.

第350條 (轉換의 效力發生) 株式의 轉換은 그 請求를 한 때에 效力이 생긴다. 그러나 利益이나 利子의 配當에 關하여는 그 請求를 한 때가 屬하는 營業年度末에 轉換된 것으로 본다.

第351條 (轉換의 登記) 株式의 轉換으로 因한 變更登記는 轉換한 날로부터 本店所在地에서는 2週間內, 支店所在地에서는 3週間內에 이를 하여야 한다.

第352條 (株主名簿의 記載事項) ①記名式의 株券을 發行한 때에는 株主名簿에 다음의 事項을 記載하여야 한다.

1. 株主의 姓名과 住所
2. 各株主가 가진 株式의 種類, 그 數와 株券의 番號
3. 各株式의 取得年月日

②無記名式의 株券을 發行한 때에는 株主名簿에 그 種類, 數, 番號와 發行年月日을 記載하여야 한다.

③前2項의 境遇에 轉換株式을 發行한 때에는 第347條에 揭記한 事項도 株主名簿에 記載하여야 한다.

第353條 (株主名簿의 效力) ①株主 또는 質權者에 對한 會社의 通知 또는 催告는 株主名簿에 記載한 住所 또는 그 者로부터 會社에 通知한 住所로 하면 된다.

②第304條第2項의 規定은 前項의 通知 또는 催告에 準用한다.

第354條 (株主名簿의 閉鎖, 基準日) ①會社는 議決權을 行使하거나 配當을 받을 者 其他 株主 또는 質權者로서 權利를 行使할 者를 定하기 爲하여 一定한 期間을 定하여 株主名簿의 記載變更을 停止하거나 一定한 날에 株主名簿에 記載된 株主 또는 質權者로서 그 權利를 行使할 株主 또는 質權者로 볼 수 있다.

②前項의 期間은 2月을 超過하지 못한다.

③第1項의 날은 株主 또는 質權者로서 權利를 行使할 날에 앞선 2月內의 날로 定하여야 한다.

④會社가 第1項의 期間 또는 날을 定한 때에는 그 期間 또는 날의 2週間前에 이를 公告하여야 한다. 그러나 定款으로 그 期間 또는 날을 指定한 때에는 그러하지 아니하다.

第355條 (株券發行의 時期) ①會社는 成立後 또는 新株의 納入期日後 遲滯없이 株券을 發行하여야 한다.

②株券은 會社의 成立後 또는 新株의 納入期日後가 아니면 發行하지 못한다.

③前項의 規定에 違反하여 發行한 株券은 無效로 한다. 그러나 發行한 者에 對한 損害賠償의 請求에 影響을 미치지 아니한다.

第356條 (株券의 記載事項) 株券에는 다음의 事項과 番號를 記載하고 代表理事가 記名捺印 하여야 한다.

1. 會社의 商號
2. 會社의 成立年月日
3. 會社가 發行할 株式의 總數

4. 1株의 金額
5. 會社의 成立後 發行된 株式에 關하여는 그 發行年月日
6. 數種의 株式이 있는 때에는 그 株式의 種類와 內容
7. 償還株式이 있는 때에는 第345條第2項에 定한 事項
8. 轉換株式이 있는 때에는 第347條에 掲記한 事項

第357條 (無記名式의 株券의 發行) ①無記名式의 株券은 定款에 定한 境遇에 限하여 이를 發行할 수 있다.
②株主는 언제든지 無記名式의 株券을 記名式으로 할 것을 會社에 請求할 수 있다.

第358條 (無記名株主의 權利行使) 無記名式의 株券을 가진 者는 그 株券을 會社에 供託하지 아니하면 株主의 權利를 行使하지 못한다.

第359條 (株券의 善意取得) 手票法 第21條의 規定은 株券이 無記名式인 때 또는 記名式의 株券의 所持人이 第336條第2項 또는 第3項의 規定에 依하여 그 權利를 證明하는 때에 準用한다.

第360條 (株券의 除權判決, 再發行) ①株券은 公示催告의 節次에 依하여 이를 無效로 할 수 있다.
②株券을 喪失한 者는 除權判決을 얻지 아니하면 會社에 對하여 株券의 再發行을 請求하지 못하다.

第3節 會社의 機關

第1款 株主總會

第361條 (總會의 權限) 株主總會는 本法 또는 定款에 定하는 事項에 限하여 決議할 수 있다.

第362條 (召集의 決定) 總會의 召集은 本法에 다른 規定이 있는 境遇外에는 理事會가 이를 決定한다.

第363條 (召集의 通知, 公告) ①總會를 召集함에는 會日을 定하여 2週間前에 各株主에 對하여 書面으로 通知를 發送하여야 한다.
②前項의 通知書에는 會議의 目的事項을 記載하여야 한다.
③會社가 無記名式의 株券을 發行한 境遇에는 會日의 3週間前에 總會를 召集하는 뜻과 會議의 目的事項을 公告하여야 한다.
④前3項의 規定은 議決權없는 株主에 對하여는 適用하지 아니한다.

第364條 (召集地) 總會는 定款에 다른 定함이 없으면 本店所在地 또는 이에 隣接한 地에 召集하여야 한다.

第365條 (總會의 召集) ①定期總會는 每年 1回 一定한 時期에 이를 召集하여야 한다.
②年 2回以上의 決算期를 定한 會社는 每期에 總會를 召集하여야 한다.
③臨時總會는 必要있는 境遇에 隨時 이를 召集한다.

第366條 (少數株主에 依한 召集請求) ①發行株式의 總數의 100分의 5以上에 該當하는 株式을 가진 株主는 會議의 目的事項과 召集의 理由를 記載한 書面을 理事會에 提出하여 臨時總會의 召集을 請求할 수 있다.
②前項의 請求가 있은 後 遲滯없이 總會召集의 節次를 밟지 아니한 때에는 請求한 株主는 法院의 許可를 얻어 總會를 召集할 수 있다.
③前2項의 規定에 依한 總會는 會社의 業務와 財産狀態를 調査하게 하기 爲하여 檢査人을 選任할 수 있다.

第367條 (檢査人의 選任) 總會는 理事가 提出한 書類와 監事의 報告書를 調査하게 하기 爲하여 檢査人을 選任할 수 있다.

第368條 (總會의 決議方法, 議決權의 行使) ①總會의 決議는 本法 또는 定款에 다른 定함이 있는 境遇外에는 發行株式의 總數의 過半數에 該當하는 株式을 가진 株主의 出席으로 그 議決權의 過半數로써 하여야 한다.
②無記名式의 株券을 가진 者는 會日의 1週間前에 그 株券을 會社에 供託하여야 한다.
③株主는 代理人으로 하여금 그 議決權을 行使하게 할 수 있다. 이 境遇에는 그 代理人은 代理權을 證明하는 書面을 總會에 提出하여야 한다.
④總會의 決議에 關하여 特別한 利害關係가 있는 者는 議決權을 行使하지 못한다.

第369條 (議決權) ①議決權은 1株마다 1個로 한다.
②會社가 가진 自己株式은 議決權이 없다.

第370條 (議決權 없는 株式) ①會社가 數種의 株式을 發行하는 境遇에는 定款으로 利益配當에 關한 優先的 內容이 있는 種類의 株式에 對하여 株主에게 議決權없는 것으로 할

수 있다. 그러나, 그 株主는 定款에 定한 優先的配當을 받지 아니한다는 決議가 있는 總會의 다음 總會부터 그 優先的配當을 받는다는 決議가 있는 總會의 終了時까지에는 議決權이 있다.

②前項의 議決權없는 株式의 總數는 發行株式의 總數의 4分의 1을 超過하지 못한다.

第371條 (定足數, 議決權數의 計算) ①總會의 決議에 關하여는 議決權없는 株主가 가진 株式의 數는 發行株式의 總數에 算入하지 아니한다.

②總會의 決議에 關하여는 第368條第4項의 規定에 依하여 行使할 수 없는 議決權의 數는 出席한 株主의 議決權의 數에 算入하지 아니한다.

第372條 (總會의 延期, 續行의 決議) ①總會에서는 會議의 續行 또는 延期의 決議를 할 수 있다.

②前項의 境遇에는 第363條의 規定을 適用하지 아니한다.

第373條 (總會의 議事錄) ①總會의 議事에는 議事錄을 作成하여야 한다.

②議事錄에는 議事의 經過要領과 그 結果를 記載하고 議長과 出席한 理事가 記名捺印하여야 한다.

第374條 (營業讓渡, 讓受, 賃貸等) 會社가 다음의 行爲를 함에는 第434條에 定하는 決議가 있어야 한다.

1. 營業의 全部 또는 重要한 一部의 讓渡
2. 營業全部의 賃貸 또는 經營委任, 他人과 營業의 損益全部를 같이하는 契約 其他 이에 準할 契約의 締結, 變更 또는 解約
3. 다른會社의 營業全部의 讓受

第375條 (事後設立) 前條의 規定은 會社가 그 成立後 2年內에 그 成立前부터 存在하는 財産으로서 營業을 爲하여 繼續하여 使用하여야 할 것을 資本의 20分의 1以上에 該當하는 對價로 取得하는 契約을 하는 境遇에 準用한다.

第376條 (決議取消의 訴) ①總會의 召集節次 또는 決議方法이 法令 또는 定款에 違反하거나 顯著하게 不公正한 때에는 株主 또는 理事는 決議의 날로부터 2月內에 決議取消의 訴를 提起할 수 있다.

②第186條 乃至 第188條, 第190條와 第191條의 規定은 前項의 訴에 準用한다.

第377條 (提訴株主의 擔保提供義務) ①株主가 決議取消의 訴를 提起한 때에는 法院은 會社의 請求에 依하여 相當한 擔保를 提供할 것을 命할 수 있다. 그러나 그 株主가 理事인 때에는 그러하지 아니하다.

②第176條第4項의 規定은 前項의 請求에 準用한다.

第378條 (決議取消의 登記) 決議한 事項이 登記된 境遇에 決議取消의 判決이 確定된 때에는 本店과 支店의 所在地에서 登記하여야 한다.

第379條 (法院의 裁量에 依한 請求棄却) 決議取消의 訴가 提起된 境遇에 決議의 內容, 會社의 現況과 諸般事情을 參酌하여 그 取消가 不適當하다고 認定한 때에는 法院은 그 請求를 棄却할 수 있다.

第380條 (決議無效確認의 訴) 第186條 乃至 第188條, 第190條, 第191條, 第377條와 第378條의 規定은 總會의 決議의 內容이 法令 또는 定款에 違反하는 것을 理由로하여 決議無效의 確認을 請求하는 訴에 準用한다.

第381條 (不當決議의 取消, 變更의 訴) ①株主가 第368條第4項의 規定에 依하여 議決權을 行使할 수 없었던 境遇에 決議가 顯著하게 不當하고 그 株主가 議決權을 行使하였더라면 이를 沮止할 수 있었을 때에는 그 株主는 그 決議의 날로부터 2月內에 決議의 取消의 訴 또는 變更의 訴를 提起할 수 있다.

②第186條 乃至 第188條, 第190條, 第191條, 第377條와 第378條의 規定은 前項의 訴에 準用한다.

第2款 理事와 理事會

第382條 (選任, 會社와의 關係) ①理事는 株主總會에서 選任한다.

②會社와 理事의 關係는 委任에 關한 規定을 準用한다.

第383條 (員數, 任期) ①理事는 3人以上이어야 한다.

②理事의 任期는 2年을 超過하지 못한다.

③前項의 任期는 定款으로 그 任期中의 最終의 決算期에 關한 定期株主總會의 終結에 이르기까지 延長할 수 있다.

第384條 (選任決議의 定足數) 理事의 選任決議는 定款에 다른 定함이 있는 境遇에도 發行

株式의 總數의 過半數에 該當하는 株式을 가진 株主의 出席으로 그 議決權의 過半數로 하여야 한다.

第385條 (解任) ①理事는 언제든지 第434條의 規定에 依한 株主總會의 決議로 이를 解任할 수 있다. 그러나 理事의 任期를 定한 境遇에 正當한 理由없이 그 任期滿了前에 이를 解任한 때에는 그 理事는 會社에 對하여 解任으로 因한 損害의 賠償을 請求할 수 있다.

②理事가 그 職務에 關하여 不正行爲 또는 法令이나 定款에 違反한 重大한 事實이 있음에도 不拘하고 株主總會에서 그 解任을 否決한 때에는 發行株式의 總數의 100分의 5以上에 該當하는 株式을 가진 株主는 總會의 決議가 있은 날로부터 1月內에 그 理事의 解任을 法院에 請求할 수 있다.

③第186條의 規定은 前項의 境遇에 準用한다.

第386條 (缺員의 境遇) ①法律 또는 定款에 定한 理事의 員數를 缺한 境遇에는 任期의 滿了 또는 辭任으로 因하여 退任한 理事는 새로 選任된 理事가 就任할 때까지 理事의 權利義務가 있다.

②前項의 境遇에 必要하다고 認定할 때에는 法院은 理事, 監事 其他의 利害關係人의 請求에 依하여 一時理事의 職務를 行할 者를 選任할 수 있다. 이 境遇에는 本店과 支店의 所在地에서 그 登記를 하여야 한다.

第387條 (資格株) 定款으로 理事가 가질 株式의 數를 定한 境遇에 다른 規定이 없는 때에는 理事는 그 數의 株券을 監事에게 供託하여야 한다.

第388條 (理事의 報酬) 理事의 報酬는 定款에 그 額을 定하지 아니한 때에는 株主總會의 決議로 이를 定한다.

第389條 (代表理事) ①會社는 理事會의 決議로 會社를 代表할 理事를 選定하여야 한다 그러나, 定款으로 株主總會에서 이를 選定할 것을 定할 수 있다.

②前項의 境遇에는 數人의 代表理事가 共同으로 會社를 代表할 것을 定할 수 있다.

③第208條第2項, 第209條와 第386條의 規定은 代表理事에 準用한다.

第390條 (理事會의 召集) ①理事會는 各理事가 召集한다. 그러나 理事會의 決議로 召集할 理事를 定한 때에는 그러하지 아니하다.

②理事會를 召集함에는 會日을 定하고 그 1週間前에 各理事에 對하여 通知를 發送하여야 한다. 그러나 그 期間은 定款으로 短縮할 수 있다.

③理事會는 理事全員의 同意가 있는 때에는 前項의 節次없이 언제든지 會議할 수 있다.

第391條 (理事會의 決議方法) ①理事會의 決議는 理事全員의 過半數로 하여야 한다.

②第368條第4項의 規定은 前項의 境遇에 準用한다.

第392條 (理事會의 延期, 續行과 議事錄) 第372條와 第373條의 規定은 理事會에 準用한다.

第393條 (業務執行의 決定) 會社의 業務執行과 支配人의 選任이나 解任은 理事會의 決議로 한다.

第394條 (理事와 會社間의 訴에 關한 代表) ①會社가 理事에 對하여 또는 理事가 會社에 對하여 訴를 提起하는 境遇에는 理事會는 그 訴에 關하여 會社를 代表할 者를 選定하여야 한다.

②株主總會는 前項의 規定에 不拘하고 會社를 代表할 者를 選定할 수 있다.

第395條 (表見代表理事의 行爲와 會社의 責任) 社長, 副社長, 專務, 常務 其他 會社를 代表할 權限이 있는 것으로 認定될만한 名稱을 使用한 理事의 行爲에 對하여는 그 理事가 會社를 代表할 權限이 없는 境遇에도 會社는 善意의 第三者에 對하여 그 責任을 진다.

第396條 (定款等의 備置, 公示義務) ①理事는 會社의 定款, 株主總會의 議事錄을 本店과 支店에, 株主名簿, 社債原簿와 理事會의 議事錄을 本店에 備置하여야 한다.

②株主와 會社債權者는 營業時間內에 언제든지 前項의 書類의 閱覽 또는 謄寫를 請求할 수 있다.

第397條 (競業禁止) ①理事는 株主總會의 承認이 없으면 自己 또는 第三者의 計算으로 會社의 營業部類에 屬한 去來를 하거나 同種營業을 目的으로 하는 다른 會社의 無限責任社員이나 理事가 되지 못한다.

②理事가 前項의 規定에 違反하여 去來를 한 境遇에 會社는 株主總會의 決議로 그 理事의 去來가 自己의 計算으로 한 것인 때에는 이를 會社의 計算으로 한 것으로 보고 第三者의 計算으로 한 것인 때에는 그 理事에 對하

여 이로 因한 利得의 讓渡를 請求할 수 있다.
③前項의 權利는 去來가 있는 날로부터 1年을 經過하면 消滅한다.

第398條 (理事와 會社間의 去來) 理事는 理事會의 承認이 있는 때에 限하여 自己 또는 第三者의 計算으로 會社와 去來를 할 수 있다. 이 境遇에는 民法 第124條의 規定을 適用하지 아니한다.

第399條 (會社에 對한 責任) ①理事가 法令 또는 定款에 違反한 行爲를 하거나 그 任務를 懈怠한 때에는 그 理事는 會社에 對하여 連帶하여 損害를 賠償할 責任이 있다.
②前項의 行爲가 理事會의 決議에 依한 것인 때에는 그 決議에 贊成한 理事도 前項의 責任이 있다.
③前項의 決議에 參加한 理事로서 異議를 한 記載가 議事錄에 없는 者는 그 決議에 贊成한 것으로 推定한다.

第400條 (會社에 對한 責任의 免除) 前條의 規定에 依한 理事의 責任은 總株主의 同意로 免除할 수 있다.

第401條 (第三者에 對한 責任) ①理事가 惡意 또는 重大한 過失로 因하여 그 任務를 懈怠한 때에는 그 理事는 第三者에 對하여 連帶하여 損害를 賠償할 責任이 있다.
②第399條第2項, 第3項의 規定은 前項의 境遇에 準用한다.

第402條 (留止請求權) 理事가 法令 또는 定款에 違反한 行爲를 하여 이로 因하여 會社에 回復할 수 없는 損害가 생길 念慮가 있는 境遇에는 發行株式의 總數의 100分의 5以上에 該當하는 株式을 가진 株主는 會社를 爲하여 理事에 對하여 그 行爲를 留止할 것을 請求할 수 있다.

第403條 (株主의 代表訴訟) ①發行株式의 總數의 100分의 5以上에 該當하는 株式을 가진 株主는 會社에 對하여 理事의 責任을 追窮할 訴의 提起를 請求할 수 있다.
②前項의 請求는 그 理由를 記載한 書面으로 하여야 한다.
③會社가 前項의 請求를 받은 날로부터 30日內에 訴를 提起하지 아니한 때에는 第1項의 株主는 卽時 會社를 爲하여 訴를 提起할 수 있다.
④前項의 期間의 經過로 因하여 會社에 回復할 수 없는 損害가 생길 念慮가 있는 境遇에는 前項의 規定에 不拘하고 第1項의 株主는 卽時 訴를 提起할 수 있다.
⑤第176條第3項, 第4項과 第186條의 規定은 本條의 訴에 準用한다.

第404條 (代表訴訟과 訴訟參加, 訴訟告知) ①會社는 前條第3項과 第4項의 訴訟에 參加할 수 있다.
②前條第3項과 第4項의 訴를 提起한 株主는 訴를 提起한 後 遲滯없이 會社에 對하여 그 訴訟의 告知를 하여야 한다.

第405條 (提訴株主의 權利義務) ①第403條第3項과 第4項의 規定에 依하여 訴를 提起한 株主가 勝訴한 때에는 그 株主는 會社에 對하여 訴訟으로 因한 實費額의 範圍內에서 相當한 金額의 支給을 請求할 수 있다.
②第403條第3項과 第4項의 規定에 依하여 訴를 提起한 株主가 敗訴한 때에는 惡意인 境遇外에는 會社에 對하여 損害를 賠償할 責任이 없다.

第406條 (代表訴訟과 再審의 訴) ①第403條의 訴가 提起된 境遇에 原告와 被告의 共謀로 因하여 訴訟의 目的인 會社의 權利를 詐害할 目的으로써 判決을 하게한 때에는 會社 또는 株主는 確定한 終局判決에 對하여 再審의 訴를 提起할 수 있다.
②前條의 規定은 前項의 訴에 準用한다.

第407條 (職務執行停止, 職務代行者選任) ①理事選任決議의 無效나 取消 또는 理事解任의 訴가 提起된 境遇에는 法院은 當事者의 申請에 依하여 假處分으로써 理事의 職務執行을 停止할 수 있고 또는 職務代行者를 選任할 수 있다. 急迫한 事情이 있는 때에는 本案 訴訟의 提起前에도 그 處分을 할 수 있다.
②法院은 當事者의 申請에 依하여 前項의 假處分을 變更 또는 取消할 수 있다.
③前2項의 處分이 있는 때에는 本店과 支店의 所在地에서 그 登記를 하여야 한다.

第408條 (職務代行者의 權限) ①前條의 職務代行者는 假處分命令에 다른 定함이 있는 境遇外에는 會社의 常務에 屬하지 아니한 行爲를 하지 못한다. 그러나 法院의 許可를 얻은 境遇에는 그러하지 아니하다.
②職務代行者가 前項의 規定에 違反한 行爲를 한 境遇에도 會社는 善意의 第三者에 對

하여 責任을 진다.

第3款 監 事

第409條 (選任, 任期) ①監事는 株主總會에서 選任한다.

②監事의 任期는 1年을 超過하지 못한다.

第410條 (選任方法) ①議決權없는 株式을 除外한 發行株式의 總數의 100分의 3을 超過하는 數의 株式을 가진 株主는 그 超過하는 株式에 關하여는 前條第1項의 監事의 選任에 있어서는 議決權을 行使하지 못한다.

②會社는 定款으로 前項의 比率보다 낮은 比率을 定할 수 있다.

第411條 (兼任禁止) 監事는 理事 또는 支配人 其他의 使用人의 職務를 兼하지 못한다.

第412條 (報告請求, 調査權限) ①監事는 언제든지 會計의 帳簿와 書類를 閱覽 또는 謄寫할 수 있고 理事에 對하여 會計에 關한 報告를 要求할 수 있다.

②監事는 그 職務의 遂行을 爲하여 特히 必要한 때에는 會社의 業務와 財産狀態를 調査할 수 있다.

第413條 (調査, 報告의 義務) 監事는 理事가 株主總會에 提出할 會計에 關한 書類를 調査하여 株主總會에 그 意見을 陳述하여야 한다.

第414條 (監事의 責任) ①監事가 그 任務를 懈怠한 때에는 그 監事는 會社에 對하여 連帶하여 損害를 賠償할 責任이 있다.

②監事가 惡意 또는 重大한 過失로 因하여 그 任務를 懈怠한 때에는 그 監事는 第三者에 對하여 連帶하여 損害를 賠償할 責任이 있다.

③監事가 會社또는 第三者에 對하여 損害를 賠償할 責任이 있는 境遇에 理事도 그 責任이 있는 때에는 그 監事와 理事는 連帶하여 賠償할 責任이 있다.

第415條 (準用規定) 第382條第2項, 第383條第3項, 第385條, 第386條, 第388條, 第400條, 第401條와 第403條 乃至 第407條의 規定은 監事에 準用한다.

第4節 新株의 發行

第416條 (發行事項의 決定) 會社가 그 成立後에 株式을 發行하는 境遇에는 다음의 事項으로서 定款에 規定이 없는 것은 理事會가 이를 決定한다. 그러나 本法에 다른 規定이 있거나 定款으로 株主總會에서 決定하기로 定한 境遇에는 그러하지 아니하다.

1. 新株의 種類와 數
2. 新株의 發行價額과 納入期日
3. 新株의 引受方法
4. 現物出資를 하는 者의 姓名과 그 目的인 財産의 種類, 數量, 價額과 이에 對하여 付與할 株式의 種類와 數

第417條 (額面以下의 發行) ①會社가 成立한 날로부터 2年을 經過한 後에 株式을 發行하는 境遇에는 會社는 第434條의 規定에 依한 株主總會의 決議와 法院의 認可를 얻어서 株式을 額面以下로 發行할 수 있다.

②前項의 株主總會의 決議에서는 株式의 最低發行價額을 定하여야 한다.

③法院은 會社의 現況과 諸般事情을 參酌하여 最低發行價額을 變更하여 認可할 수 있다. 이 境遇에 法院은 會社의 財産狀態 其他 必要한 事項을 調査하게 하기 爲하여 檢査人을 選任할 수 있다.

④第1項의 株式은 法院의 認可를 얻은 날로부터 1月內에 發行하여야 한다. 法院은 이 期間을 延長하여 認可할 수 있다.

第418條 (新株引受權의 內容) 株主는 定款에 다른 定함이 없으면 그가 가진 株式의 數에 따라서 新株의 配定을 받을 權利가 있다.

第419條 (新株引受權者에 對한 催告) ①會社는 一定한 期日을 定하고 그 期日의 2週間前에 新株의 引受權을 가진 者에게 그 者가 引受權을 가지는 株式의 種類와 數 및 그 期日까지 株式引受의 請約을 하지 아니하면 그 權利를 잃는다는 뜻의 通知를 하여야 한다.

②會社가 無記名式의 株劵을 發行한 때에는 前項의 期日의 2週間前에 前項의 事項을 公告하여야 한다.

③前2項의 通知 또는 公告에도 不拘하고 그 期日까지 株式引受의 請約을 하지 아니한 때에는 新株의 引受權을 가진 者는 그 權利를 잃는다.

第420條 (株式請約書) 理事는 株式請約書를 作成하여 다음의 事項을 記載하야야 한다.

1. 第289條第1項第2號 乃至 第4號에 揭記한 事項
2. 第302條第2項第7號와 第9號에 揭記한 事

項
3. 第416條에 揭記한 事項
4. 第417條의 規定에 依한 株式을 發行한 때에는 그 發行條件과 第455條의 規定에 依한 未償却額
5. 株主에 對한 新株引受權의 制限에 關한 事項 또는 特定한 第三者에게 이를 付與할 것을 定한 때에 그 事項
6. 株式發行의 決議年月日

第421條 (株式에 對한 納入) 理事는 新株의 引受人으로 하여금 그 配定한 株數에 따라 納入期日에 그 引受한 各株에 對한 引受價額의 全額을 納入시켜야 한다.

第422條 (現物出資의 檢査) ①現物出資를 하는 者가 있는 境遇에는 理事는 第416條第4號에 揭記한 事項을 調査하게 하기 爲하여 檢査人의 選任을 法院에 請求하여야 한다.
②法院은 檢査人의 報告書를 審査하여 前項에 揭記한 事項을 不當하다고 認定한 때에는 이를 變更하여 理事와 現物出資를 한 者에게 通告할 수 있다.
③前項의 變更에 不服하는 現物出資를 한 者는 그 株式의 引受를 取消할 수 있다.
④法院의 通告가 있은 後 2週間內에 株式의 引受를 取消한 現物出資를 한 者가 없는 때에는 第1項의 事項은 通告에 따라 變更된 것으로 본다.

第423條 (株主가 되는 時期, 納入懈怠의 效果) ①新株의 引受人은 納入 또는 現物出資의 履行을 한 때에는 納入期日로부터 株主의 權利義務가 있다.
②新株의 引受人이 納入期日에 納入 또는 現物出資의 履行을 하지 아니한 때에는 그 權利를 잃는다.
③前項의 規定은 新株의 引受人에 對한 損害賠償의 請求에 影響을 미치지 아니한다.

第424條 (留止請求權) 會社가 法令 또는 定款에 違反하거나 顯著하게 不公正한 方法에 依하여 株式을 發行함으로써 株主가 不利益을 받을 念慮가 있는 境遇에는 그 株主는 會社에 對하여 그 發行을 留止할 것을 請求할 수 있다.

第425條 (準用規定) 第302條第1項, 第3項, 第303條, 第305條第2項, 第3項, 第306條, 第318條와 第319條의 規定은 新株의 發行에 準用한다.

第426條 (未償却額의 登記) 第417條의 規定에 依한 株式을 發行한 境遇에 株式의 發行으로 因한 變更登記에는 第455條의 規定에 依한 未償却額을 登記하여야 한다.

第427條 (引受의 無效主張, 取消의 制限) 新株의 發行으로 因한 變更登記를 한 날로부터 1年을 經過한 後에는 新株를 引受한 者는 株式請約書의 欠缺을 理由로 하여 그 引受의 無效를 主張하거나 詐欺, 强迫 또는 錯誤를 理由로하여 그 引受를 取消하지 못한다. 그 株式에 對하여 株主의 權利를 行使한 때에도 같다.

第428條 (理事의 引受擔保責任) ①新株의 發行으로 因한 變更登記가 있은 後에 아직 引受하지 아니한 株式이 있거나 株式引受의 請約이 取消된 때에는 理事가 이를 共同으로 引受한 것으로 본다.
②前項의 規定은 理事에 對한 損害賠償의 請求에 影響을 미치지 아니한다.

第429條 (新株發行無效의 訴) 新株發行의 無效는 株主 또는 理事에 限하여 新株를 發行한 날로부터 6月內에 訴만으로 이를 主張할 수 있다.

第430條 (準用規定) 第186條 乃至 第192條의 規定은 前條의 訴에 準用한다.

第431條 (新株發行無效判決의 效力) ①新株發行無效의 判決이 確定된 때에는 新株는 將來에 對하여 그 效力을 잃는다.
②前項의 境遇에는 會社는 遲滯없이 그 뜻과 一定한 期間內에 新株의 株券을 會社에 提出할 것을 公告하고 株主名簿에 記載된 株主와 質權者에 對하여는 各別로 그 通知를 하여야 한다. 그러나 그 期間은 3月以上으로 하여야 한다.

第432條 (無效判決과 株主에의 還給) ①新株發行無效의 判決이 確定된 때에는 會社는 新株의 株主에 對하여 그 納入한 金額을 返還하여야 한다.
②前項의 金額이 前條第1項의 判決確定時의 會社의 財産狀態에 비추어 顯著하게 不當한 때에는 法院은 會社 또는 前項의 株主의 請求에 依하여 그 金額의 增減을 命할 수 있다.
③第339條와 第340條第1項, 第2項의 規定은 第1項의 境遇에 準用한다.

第5節 定款의 變更

第433條 (定款變更의 方法) ①定款의 變更은 株主總會의 決議에 依하여야 한다.
②定款의 變更에 關한 議案의 要領은 第363條의 規定에 依한 通知와 公告에 記載하여야 한다.

第434條 (定款變更의 特別決議) 前條第1項의 決議는 發行株式의 總數의 過半數에 該當하는 株式을 가진 株主의 出席으로 그 議決權의 3分의 2以上의 多數로써 하여야 한다.

第435條 (種類株主總會) ①會社가 數種의 株式을 發行한 境遇에 定款을 變更함으로써 어느 種類의 株主에게 損害를 미치게될 때에는 株主總會의 決議外에 그 種類의 株主의 總會의 決議가 있어야 한다.
②어느 種類의 株主의 總會의 決議는 그 種類의 發行株式의 總數의 過半數에 該當하는 株式을 가진 株主의 出席으로 그 議決權의 3分의 2以上의 多數로써 하여야 한다.
③株主總會에 關한 規定은 議決權없는 種類의 株式에 關한 것을 除外하고 第1項의 總會에 準用한다.

第436條 (同前) 前條의 規定은 第344條第3項의 規定에 依하여 株式의 種類에 따라 特殊한 定함을 하는 境遇와 會社의 合併으로 因하여 어느 種類의 株主에게 損害를 미치게될 境遇에 準用한다.

第437條 (發行豫定株式總數의 增加) 會社가 發行할 株式의 總數를 增加하는 境遇에는 發行株式의 總數의 2倍를 超過하지 못한다.

第6節 資本의 減少

第438條 (資本減少의 決議) ①資本의 減少에는 第434條의 規定에 依한 決議가 있어야 한다.
②資本의 減少에 關한 議案의 要領은 第363條의 規定에 依한 通知와 公告에 記載하여야 한다.

第439條 (資本減少의 方法, 節次) ①資本減少의 決議에서는 그 減少의 方法을 定하여야 한다.
②第231條와 第232條의 規定은 資本減少의 境遇에 準用한다.
③社債權者가 異議를 함에는 社債權者集會의 決議가 있어야 한다. 이 境遇에는 法院은 利害關係人의 請求에 依하여 社債權者를 爲하여 異議의 期間을 延長할 수 있다.

第440條 (株式併合의 節次) 株式을 併合할 境遇에는 會社는 3月以上의 期間을 定하여 그 뜻과 그 期間內에 株劵을 會社에 提出할 것을 公告하고 株主名簿에 記載된 株主와 質權者에 對하여는 各別로 그 通知를 하여야 한다.

第441條 (同前) 株式의 併合은 前條의 期間이 滿了한 때에 그 效力이 생긴다. 그러나 第232條의 規定에 依한 節次가 終了하지 아니한 때에는 그 終了한 때에 效力이 생긴다.

第442條 (新株劵의 交付) ①株式을 併合하는 境遇에 舊株劵을 會社에 提出할 수 없는 者가 있는 때에는 會社는 그 者의 請求에 依하여 3月以上의 期間을 定하고 利害關係人에 對하여 그 株劵에 對한 異議가 있으면 그 期間內에 提出할 뜻을 公告하고 그 期間이 經過한 後에 新株劵을 請求者에게 交付할 수 있다.
②前項의 公告의 費用은 請求者의 負擔으로 한다.

第443條 (端株의 處置) ①併合에 適當하지 아니한 數의 株式이 있는 때에는 그 併合에 適當하지 아니한 部分에 對하여 發行한 新株를 競賣하여 各株數에 따라 그 代金을 從前의 株主에게 支給하여야 한다. 그러나 法院의 許可를 얻어 競賣以外의 方法으로 株式을 賣却할 수 있다.
②前條의 規定은 前項의 境遇에 準用한다.

第444條 (同前) 前條의 規定은 無記名式의 株劵으로서 第440條의 規定에 依한 提出이 없는 것에 準用한다.

第445條 (減資無效의 訴) 資本減少의 無效는 株主, 理事, 清算人, 破産管財人 또는 資本減少를 承認하지 아니한 債權者에 限하여 資本減少로 因한 變更登記가 있는 날로부터 6月內에 訴만으로 主張할 수 있다.

第446條 (準用規定) 第176條第3項, 第4項과 第186條 乃至 第192條의 規定은 前條의 訴에 準用한다.

第7節 會社의 計算

第447條 (計算書類의 作成) ①理事는 定期總會會日의 2週間前에 다음의 書類를 作成하여 監事에게 提出하여야 한다.

1. 財産目錄
2. 貸借對照表
3. 營業報告書
4. 損益計算書
5. 準備金과 利益이나 利子의 配當에 關한 議案

②前項第1號의 財產目錄은 貸借對照表附屬明細表로써 갈음할 수 있다.

第448條 (計算書類의 備置, 公示) ①理事는 定期總會日의 1週間前부터 前條에 揭記한 書類와 監事의 意見書를 本店에 備置하여야 한다.
②株主와 會社債權者는 營業時間內에 언제든지 前項의 備置書類를 閱覽할 수 있으며 會社가 定한 費用을 支給하고 그 書類의 謄本이나 抄本의 交付를 請求할 수 있다.

第449條 (計算書類의 承認, 公告) ①理事는 第447條에 揭記한 書類를 定期總會에 提出하여 그 承認을 要求하여야 한다.
②理事는 前項의 書類에 對한 總會의 承認을 얻은 때에는 遲滯없이 貸借對照表를 公告하여야 한다.

第450條 (理事, 監事의 責任解除) 定期總會에서 前條第1項의 承認을 한 後 2年內에 다른 決議가 없으면 會社는 理事와 監事의 責任을 解除한 것으로 본다. 그러나 理事 또는 監事의 不正行爲에 對하여는 그러하지 아니하다.

第451條 (資本) 會社의 資本은 本法에 다른 規定이 있는 境遇外에는 發行株式의 額面總額으로 한다.

第452條 (資產의 評價方法) 財産目錄과 貸借對照表에 記載된 資産은 다음의 方法에 依하여 評價하여야 한다.

1. 流動資產은 取得價額 또는 製作價額에 依한다. 그러나 時價가 取得價額 또는 製作價額보다 顯著하게 낮은 때에는 時價에 依하여야 한다.
2. 固定資産에 關하여 豫測하지 못한 減損이 생긴 때에는 第31條의 規定에 不拘하고 그 額을 控除하여야 한다.
3. 金錢債權은 債權金額에 依한다. 그러나 債權을 債權金額보다 낮은 價額으로 取得한 때 또는 이것에 準하는 境遇에는 相當한 減額을 할 수 있다. 推尋不能의 念慮가 있는 債權은 그 豫想額을 減額하여야 한다.
4. 去來所의 時勢있는 社債는 決算期前 1月의 平均價格에 依하고 그 時勢없는 社債는 取得價額에 依한다. 그러나 取得價額과 社債의 金額이 다른 때에는 相當한 增額 또는 減額을 할 수 있다. 推尋不能의 念慮가 있는 社債에는 前號後段의 規定을 準用한다. 社債에 準하는 것도 같다.
5. 去來所의 時勢있는 株式은 取得價額에 依한다. 그러나 決算期前 1月의 平均價格이 取得價額보다 낮을 때에는 그 時價에 依한다. 去來 其他의 必要上 長期間 保有할 目的으로 取得한 株式은 去來所의 時勢의 有無를 不拘하고 取得價額에 依한다. 그러나 發行會社의 財産狀態가 顯著하게 惡化된 때에는 相當한 減額을 하여야 한다. 有限會社 其他에 對한 出資의 評價에도 같다.
6. 營業權은 有償으로 承繼取得한 境遇에 限하여 取得價額을 記載할 수 있다. 이 境遇에는 營業權을 取得한 後 5年內의 每決算期에 均等額以上을 償却하여야 한다.

第453條 (創業費의 計上) ①第290條第4號의 規定에 依한 支出額과 設立登記에 支出한 稅額은 貸借對照表 資產의 部에 計上할 수 있다.
②前項의 計上金額은 會社成立後 또는 開業前에 利子를 配當할 것을 定한 때에는 그 配當을 마친 後 5年內의 每決算期에 均等額以上의 償却을 하여야 한다.

第454條 (新株發行費用의 計上) ①新株를 發行한 境遇에는 그 發行에 必要한 費用의 額은 貸借對照表 資產의 部에 計上할 수 있다.
②前項의 計上金額은 新株發行後 3年內의 每決算期에 均等額以上의 償却을 하여야 한다.

第455條 (額面未達金額의 計上) ①第417條의 規定에 依하여 株式을 發行한 境遇에는 額面未達金額의 總額은 貸借對照表 資産의 部에 計上할 수 있다.
②前項의 計上金額은 株式發行後 3年內의 每決算期에 均等額以上의 償却을 하여야 한다.

第456條 (社債差額의 計上) ①社債를 募集한 境遇에 그 償還할 總額이 그 募集에 依한 實收額을 超過한 때의 그 差額은 貸借對照表 資産의 部에 計上할 수 있다.
②前項의 計上金額은 社債償還期限內의 每決算期에 均等額以上의 償却을 하여야 한다.
③第454條의 規定은 社債發行에 必要한 費用

의 額에 準用한다.

第457條 (配當建設利子의 計上) ①第463條의 規定에 依하여 配當한 金額은 貸借對照表 資產의 部에 計上할 수 있다.

②前項의 計上金額은 開業後 年6分以上의 利益을 配當하는 境遇에는 그 6分을 超過한 金額과 同額以上의 償却을 하여야 한다.

第458條 (利益準備金) 會社는 그 資本의 2分의 1에 達할 때까지 每決算期의 利益 20分의 1 以上의 金額을 利益準備金으로 積立하여야 한다.

第459條 (資本準備金) 會社는 다음의 金額을 資本準備金으로 積立하여야 한다.

1. 額面以上의 株式을 發行한 때에는 그 額面을 超過한 金額
2. 資本減少의 境遇에 그 減少額이 株式의 消却, 株金의 返還에 要한 金額과 缺損의 塡補에 充當한 金額을 超過한 때에는 그 超過金額
3. 會社合併의 境遇에 消滅된 會社로부터 承繼한 財產의 價額이 그 會社로부터 承繼한 債務額, 그 會社의 株主에게 支給한 金額과 合併後 存續하는 會社의 資本增價額 또는 合併으로 因하여 設立된 會社의 資本額을 超過한 때에는 그 超過金額 그러나 消滅된 會社의 任意準備金에 相當하는 額은 積立하지 아니할 수 있다.

第460條 (法定準備金의 使用) ①前2條의 準備金은 資本의 缺損塡補에 充當하는 境遇外에는 이를 處分하지 못한다.

②利益準備金으로 資本의 缺損의 塡補에 充當하고서도 不足한 境遇가 아니면 資本準備金으로 이에 充當하지 못한다.

第461條 (準備金의 資本轉入) ①會社는 株主總會의 決議에 依하여 準備金의 全部 또는 一部를 資本에 轉入할 수 있다.

②前項의 境遇에는 株主에 對하여 그가 가진 株式의 數에 따라 株式을 發行하여야 한다. 이 境遇에는 株主는 前項의 決議가 있은 때로부터 新株의 株主가 된다.

③第1項의 決議가 있은 때에는 理事는 遲滯없이 新株를 받은 株主와 株主名簿에 記載된 質權者에 對하여 그 株主가 받은 株式의 種類와 數를 通知하고 無記名式의 株券을 發行한 境遇에는 그 決議의 內容을 公告하여야 한다.

④第339條의 規正은 第2項의 規定에 依하여 株式의 發行이 있는 境遇에 準用한다.

第462條 (利益의 配當) ①會社는 貸借對照表上의 純財產額으로부터 다음의 金額을 控除한 額을 限度로 하여 利益配當을 할 수 있다.

1. 資本의 額
2. 그 決算期까지 積立된 資本準備金과 利益準備金의 合計額
3. 그 決算期에 積立하여야 할 利益準備金의 額

②前項의 規定에 違反하여 利益을 配當한 때에는 會社債權者는 이를 會社에 返還할 것을 請求할 수 있다.

③第186條의 規定은 前項의 請求에 關한 訴에 準用한다.

第463條 (建設利子의 配當) ①會社는 그 目的인 事業의 性質에 依하여 會社의 成立後 2年以上 그 營業全部를 開始하기가 不能하다고 認定한 때에는 定款으로 一定한 株式에 對하여 그 開業前 一定한 期間內에 一定한 利子를 그 株主에게 配當할 수 있음을 定할 수 있다. 그러나 그 利率은 年5分을 超過하지 못한다.

②前項의 定款의 規定 또는 그 變更은 法院의 認可를 얻어야 한다.

第464條 (利益等의 配當의 基準) 利益이나 利子의 配當은 各株主가 가진 株式의 數에 따라 支給한다. 그러나 第344條第1項의 規定을 適用하는 境遇에는 그러하지 아니하다.

第465條 (計算書類附屬明細書의 備置, 公示) ①理事는 決算期마다 決算期로부터 4月內에 第447條第1項에 揭記한 書類의 附屬明細書를 作成하여 本店과 支店에 備置하여야 한다.

②前項의 書類에는 會社의 業務와 財產狀態를 詳細하게 記載하고 特히 資本과 準備金의 增減, 理事, 監事 및 株主와의 去來, 擔保權의 設定, 金融을 營業으로 하지 아니하는 會社에 있어서는 金錢의 貸付, 다른 會社의 株式의 取得과 固定財產의 處分을 明示하여야 한다.

③株主는 營業時間內에는 언제든지 第1項의 書類의 閱覽 또는 謄寫를 請求하거나 會社가 定한 費用을 支給하고 그 謄本 또는 抄本의 交付를 請求할 수 있다.

第466條 (株主의 會計帳簿閱覽權) ①發行株式

의 總數의 100分의 5以上에 該當하는 株式을 가진 株主는 理由를 붙인 書面으로 會計의 帳簿와 書類의 閱覽 또는 謄寫를 請求할 수 있다.

②會社는 前項의 株主의 請求가 不當함을 證明하지 아니하면 이를 拒否하지 못한다.

第467條 (會社의 業務, 財産狀態의 檢査) ①會社의 業務執行에 關하여 不正行爲 또는 法令이나 定款에 違反한 重大한 事實이 있음을 疑心할 事由가 있는 때에는 發行株式의 總數의 100分의 5以上에 該當하는 株式을 가진 株主는 會社의 業務와 財産狀態를 調査하게 하기 爲하여 法院에 檢査人의 選任을 請求할 수 있다.

②檢査人은 그 調査의 結果를 法院에 報告하여야 한다.

③法院은 前項의 報告에 依하여 必要하다고 認定한 때에는 代表理事에게 株主總會의 召集을 命할 수 있다. 第310條第2項의 規定은 이 境遇에 準用한다.

第468條 (使用人의 優先辨濟權) 身元保證金의 返還을 받을 債權 其他 會社와 使用人間의 雇傭關係로 因한 債權이 있는 者는 會社의 總財産에 對하여 優先辨濟를 받을 權利가 있다. 그러나 質權이나 抵當權에 優先하지 못한다.

第8節 社 債

第1款 通 則

第469條 (社債의 募集) 會社는 理事會의 決議에 依하여 社債를 募集할 수 있다.

第470條 (總額의 制限) ①社債의 總額은 資本과 準備金의 總額을 超過하지 못한다.

②最終의 貸借對照表에 依하여 會社에 現存하는 純財産額이 資本과 準備金의 總額에 達하지 못할 때에는 社債의 總額은 그 財産額을 超過하지 못한다.

③舊社債를 償還하기 爲하여 社債를 募集하는 境遇에는 舊社債의 額은 社債의 總額에 算入하지 아니한다. 이 境遇에는 新社債의 納入期日, 數回에 分納하는 때에는 第1回의 納入期日로부터 6月內에 舊社債를 償還하여야 한다.

第471條 (社債募集의 制限) 會社는 前에 募集한 社債의 總額의 納入이 完了된 後가 아니면 다시 社債를 募集하지 못한다.

第472條 (社債의 金額) ①各社債의 金額은 千환以上으로 하여야 한다.

②同一種類의 社債에서는 各社債의 金額은 均一하거나 最低額으로 整除할 수 있는 것이어야 한다.

第473條 (券面額 超過償還의 制限) 社債權者에게 償還할 金額이 券面額을 超過할 것을 定한 때에는 그 超過額은 各社債에 對하여 同率이어야 한다.

第474條 (公募發行, 社債請約書) ①社債의 募集에 應하고자 하는 者는 社債請約書 2通에 그 引受할 社債의 數와 住所를 記載하고 記名捺印하여야 한다.

②社債請約書는 理事가 이를 作成하고 다음의 事項을 記載하여야 한다.

1. 會社의 商號
2. 資本과 準備金의 總額
3. 最終의 貸借對照表에 依하여 會社에 現存하는 純財産額
4. 社債의 總額
5. 各社債의 金額
6. 社債發行의 價額 또는 最低價額
7. 社債의 利率
8. 社債의 償還과 利子支給의 方法과 期限
9. 社債를 數回에 分納할 것을 定한 때에는 그 分納金額과 時期
10. 債券을 記名式 또는 無記名式에 限한 때에는 그 뜻
11. 前에 募集한 社債가 있는 때에는 그 償還하지 아니한 金額
12. 舊社債를 償還하기 爲하여 第470條第1項, 第2項의 制限을 超過하여 社債를 募集하는 때에는 그 뜻
13. 社債募集의 委託을 받은 會社가 있는 때에는 그 商號와 住所
14. 前號의 委託을 받은 會社가 그 募集額이 總額에 達하지 못한 境遇에 그 殘額을 引受할 것을 約定한 때에는 그 뜻

③社債發行의 最低價額을 定한 境遇에는 應募者는 社債請約書에 應募價額을 記載하여야 한다.

第475條 (總額引受의 方法) 前條의 規定은 契約에 依하여 社債의 總額을 引受하는 境遇에는 이를 適用하지 아니한다. 社債募集의 委

託을 받은 會社가 社債의 一部를 引受하는 境遇에는 그 一部에 對하여도 같다.

第476條 (納入) ①社債의 募集이 完了한 때에는 理事는 遲滯없이 引受人에 對하여 各社債의 全額 또는 第1回의 納入을 시켜야 한다.

②社債募集의 委託을 받은 會社는 그 名義로 委託會社를 爲하여 第474條第2項과 前項의 行爲를 할 수 있다.

第477條 (登記) ①會社는 前條의 規定에 依한 納入이 完了한 때에는 그 完了의 날로부터 本店所在地에서는 2週間內, 支店所在地에서는 3週間內에 社債의 登記를 하여야 한다.

②前項의 登記에서는 다음의 事項을 登記하여야 한다.

1. 第474條第2項第4號, 第5號, 第7號, 第8號와 第13號에 揭記한 事項
2. 各社債의 納入金額

③第183條의 規定은 前項의 登記에 準用한다.

④外國에서 社債를 募集한 境遇에 登記할 事項이 外國에서 생긴 때에는 登記期間은 그 通知가 到達한 날로부터 起算한다.

第478條 (債券의 發行) ①債券은 社債全額의 納入이 完了한 後가 아니면 이를 發行하지 못한다.

②債券에는 다음의 事項을 記載하고 理事가 記名捺印하여야 한다.

1. 債券의 番號
2. 第474條第2項第1號, 第4號, 第5號, 第7號, 第8號, 第10號와 第13號에 揭記한 事項

第479條 (記名社債의 移轉) 記名社債의 移轉은 取得者의 姓名과 住所를 社債原簿에 記載하고 그 姓名을 債券에 記載하지 아니하면 會社 其他의 第三者에게 對抗하지 못한다.

第480條 (記名式, 無記名式間의 轉換) 社債權者는 언제든지 記名式의 債券을 無記名式으로, 無記名式의 債券을 記名式으로 할 것을 會社에 請求할 수 있다. 그러나 債券을 記名式 또는 無記名式에 限할 것으로 定한 때에는 그러하지 아니하다.

第481條 (受託會社의 辭任) 社債募集의 委託을 받은 會社는 社債를 發行한 會社와 社債權者集會의 同意를 얻어서 辭任할 수 있다. 不得已한 事由가 있는 境遇에 法院의 許可를 얻은 때에도 같다.

第482條 (受託會社의 解任) 社債募集을 委託한 會社는 社債募集의 委託을 받은 會社가 그 事務를 處理함에 不適任하거나 其他 正當한 事由가 있을 때에는 法院은 社債를 發行하는 會社 또는 社債權者集會의 請求에 依하여 이를 解任할 수 있다.

第483條 (受託會社의 事務承繼者) ①前2條의 境遇에 社債募集의 委託을 받은 會社가 없게 된 때에는 社債를 發行한 會社와 社債權者集會의 一致로써 그 事務의 承繼者를 定할 수 있다.

②不得已한 事由가 있는 때에는 利害關係人은 事務承繼者의 選任을 法院에 請求할 수 있다.

第484條 (受託會社의 權限) ①社債募集의 委託을 받은 會社는 社債權者를 爲하여 社債의 償還을 받음에 必要한 裁判上 또는 裁判外의 모든 行爲를 할 權限이 있다.

②前項의 會社가 社債의 償還을 받은 때에는 遲滯없이 그 뜻을 公告하고 알고 있는 社債權者에 對하여는 各別로 이를 通知하여야 한다.

③前項의 境遇에 社債權者는 債券과 相換하여 償還額의 支給을 請求할 수 있다.

第485條 (2以上의 受託會社가 있는 境遇의 權限, 義務) ①社債募集의 委託을 받은 會社가 2以上있을 때에는 그 權限에 屬하는 行爲는 共同으로 하여야 한다.

②前項의 境遇에 各會社는 社債權者에 對하여 連帶하여 償還額을 支給할 義務가 있다.

第486條 (利券欠缺의 境遇) ①利券있는 無記名式의 社債를 償還하는 境遇에 利券이 欠缺된 때에는 그 利券에 相當한 金額을 償還額으로부터 控除한다.

②前項의 利券所持人은 언제든지 그 利券과 相換하여 控除額의 支給을 請求할 수 있다.

第487條 (元利請求權의 時效) ①社債의 償還請求權은 10年間 行使하지 아니하면 消滅時效가 完成한다.

②第484條第3項의 請求權도 前項과 같다.

③社債의 利子와 前條第2項의 請求權은 5年間 行使하지 아니하면 消滅時效가 完成한다.

第488條 (社債原簿) 會社는 社債原簿를 作成하고 다음의 事項을 記載하여야 한다.

1. 社債權者의 姓名과 住所

2. 債券의 番號
3. 第474條第2項第4號, 第5號, 第7號 乃至 第9號와 第13號에 揭記한 事項
4. 各社債의 納入金額과 納入年月日
5. 債券의 發行年月日
6. 各社債의 取得年月日
7. 無記名式의 債券을 發行한 때에는 그 種類, 數, 番號와 發行年月日

第489條 (準用規定) ①第353條의 規定은 社債應募者 또는 社債權者에 對한 通知와 催告에 準用한다.
②第333條의 規定은 社債가 數人의 共有에 屬하는 境遇에 準用한다.

第2款 社債權者集會

第490條 (決議事項) 社債權者集會는 本法에 다른 規定이 있는 境遇外에는 法院의 許可를 얻어 社債權者의 利害에 重大한 關係가 있는 事項에 關하여 決議를 할 수 있다.

第491條 (召集權者) ①社債權者集會는 社債를 發行한 會社 또는 社債募集의 委託을 받은 會社가 召集한다.
②社債總額의 10分의 1以上에 該當하는 社債權者는 會議의 目的인 事項과 召集의 理由를 記載한 書面을 前項의 會社에 提出하여 社債權者集會의 召集을 請求할 수 있다.
③第366條第2項의 規定은 前項의 境遇에 準用한다.
④無記名式의 債券을 가진 者는 그 債券을 供託하지 아니하면 前2項의 權利를 行使하지 못한다.

第492條 (議決權) ①各社債權者는 社債의 最低額마다 1個의 議決權이 있다.
②無記名式의 債券을 가진 者는 會日로부터 1週間前에 債券을 供託하지 아니하면 그 議決權을 行使하지 못한다.

第493條 (社債發行會社 또는 受託會社의 代表者의 出席) ①社債를 發行한 會社 또는 社債募集의 委託을 받은 會社는 그 代表者를 社債權者集會에 出席하게 하거나 書面으로 意見을 提出할 수 있다.
②社債權者集會의 召集은 前項의 會社에 通知하여야 한다.
③第363條第1項과 第2項의 規定은 前項의 通知에 準用한다.

第494條 (社債發行會社의 代表者의 出席請求) 社債權者集會 또는 그 召集者는 必要있다고 認定하는 때에는 社債를 發行한 會社에 對하여 그 代表者의 出席을 請求할 수 있다.

第495條 (決議의 方法) ①第434條의 規定은 社債權者集會의 決議에 準用한다.
②第481條 乃至 第483條와 前條의 同意 또는 請求는 前項의 規定에 不拘하고 出席한 社債權者의 議決權의 過半數로 決定할 수 있다.

第496條 (決議의 認可의 請求) 社債權者集會의 召集者는 決議한 날로부터 1週間內에 決議의 認可를 法院에 請求하여야 한다.

第497條 (決議의 不認可事由) ①法院은 다음의 境遇에는 社債權者集會의 決議를 認可하지 못한다.
1. 社債權者集會召集의 節次 또는 그 決議方法이 法令이나 社債募集의 計劃書의 記載에 違反한 때
2. 決議가 不當한 方法에 依하여 成立하게된 때
3. 決議가 顯著하게 不公正한 때
4. 決議가 社債權者의 一般의 利益에 反하는 때

②前項 第1號와 第2號의 境遇에는 法院은 決議의 內容 其他 모든 事情을 參酌하여 決議를 認可할 수 있다.

第498條 (決議의 效力) ①社債權者集會의 決議는 法院의 認可를 얻음으로써 그 效力이 생긴다.
②社債權者集會의 決議는 總社債權者에 對하여 그 效力이 있다.

第499條 (決議의 認可, 不認可의 公告) 社債權者集會의 決議에 對하여 認可 또는 不認可의 決定이 있은 때에는 社債를 發行한 會社는 遲滯없이 그 뜻을 公告하여야 한다.

第500條 (社債權者集會의 代表者) ①社債權者集會는 社債總額의 500分의 1以上을 가진 社債權者中에서 1人 또는 數人의 代表者를 選任하여 그 決議할 事項의 決定을 委任할 수 있다.
②代表者가 數人인 때에는 前項의 決定은 그 過半數로 한다.

第501條 (決議의 執行) 社債權者集會의 決議는 社債募集의 委託을 받은 會社, 社債募集의 委託을 받은 會社가 없는 때에는 前條의 代

表者가 執行한다. 그러나 社債權者集會의 決議로써 따로 執行者를 定한 때에는 그러하지 아니하다.

第502條(數人의 代表者, 執行者가 있는 境遇) 第485條第1項의 規定은 代表者나 執行者가 數人인 境遇에 準用한다.

第503條(社債償還에 關한 決議의 執行) 第484條, 第485條第2項과 第487條第2項의 規定은 代表者나 執行者가 社債의 償還에 關한 決議를 執行하는 境遇에 準用한다.

第504條(代表者, 執行者의 解任等) 社債權者集會는 언제든지 代表者나 執行者를 解任하거나 委任한 事項을 變更할 수 있다.

第505條(期限의 利益의 喪失) ①會社가 社債의 利子의 支給을 懈怠한 때 또는 定期에 社債의 一部를 償還하여야 할 境遇에 그 償還을 懈怠한 때에는 社債權者集會의 決議에 依하여 會社에 對하여 一定한 期間內에 그 辨濟를 하여야 한다는 뜻과 그 期間內에 辨濟를 하지 아니할 때에는 社債의 總額에 關하여 期限의 利益을 잃는다는 뜻을 通知할 수 있다. 그러나, 그 期間은 2月을 내리지 못한다.

②前項의 通知는 書面으로 하여야 한다.

③會社가 第1項의 期間內에 辨濟를 하지 아니하는 때에는 社債의 總額에 關하여 期限의 利益을 잃는다.

第506條(期限利益喪失의 公告, 通知) 前條의 規定에 依하여 會社가 期限의 利益을 잃은 때에는 前條第1項의 決議를 執行하는 者는 遲滞없이 그 뜻을 公告하고 알고 있는 社債權者에 對하여는 各別로 이를 通知하여야 한다.

第507條(受託會社等의 報酬, 費用) ①社債募集의 委託을 받은 會社代表者 또는 執行者에 對하여 줄 報酬와 그 事務處理에 要할 費用은 社債를 執行한 會社와의 契約에 約定이 있는 境遇外에는 法院의 許可를 얻어 會社로 하여금 이를 負擔하게 할 수 있다.

②社債募集의 委託을 받은 會社, 代表者 또는 執行者는 償還을 받은 金額에서 社債權者에 優先하여 前項의 報酬와 費用의 辨濟를 받을 수 있다.

第508條(社債權者集會의 費用) ①社債權者集會에 關한 費用은 社債를 發行한 會社가 負擔한다.

②第496條의 請求에 關한 費用은 會社가 負擔한다. 그러나 法院은 利害關係人의 申請에 依하여 또는 職權으로 그 全部 또는 一部에 關하여 따로 負擔者를 定할 수 있다.

第509條(數種의 社債있는 境遇의 社債權者集會) 數種의 社債를 發行한 境遇에는 社債權者集會는 各種類의 社債에 關하여 이를 召集하여야 한다.

第510條(準用規定) ①第363條, 第368條第3項, 第4項, 第369條第2項과 第371條 乃至 第373條의 規定은 社債權者集會에 準用한다.

②社債權者集會의 議事錄은 社債를 發行한 會社가 그 本店에 備置하여야 한다.

③社債募集의 委託을 받은 會社와 社債權者는 營業時間內에 언제든지 前項의 議事錄의 閱覽을 請求할 수 있다.

第511條(受託會社에 依한 取消의 訴) ①會社가 어느 社債權者에 對하여 한 辨濟, 和解 其他의 行爲가 顯著하게 不公正한 때에는 社債募集의 委託을 받은 會社는 訴만으로 그 行爲의 取消를 請求할 수 있다.

②前項의 訴는 社債募集의 委託을 받은 會社가 取消의 原因인 事實을 안 때로부터 6月, 行爲가 있은 때로부터 1年內에 提起하여야 한다.

③第186條와 民法 第406條第1項 但書 및 第407條의 規定은 第1項의 訴에 準用한다.

第512條(代表者等에 依한 取消의 訴) 社債權者集會의 決議가 있는 때에는 代表者 또는 執行者도 前條第1項의 訴를 提起할 수 있다. 그러나, 行爲가 있은 때로부터 1年內에 限한다.

第3款 轉換社債

第513條(轉換社債의 發行) ①會社는 轉換社債를 發行할 수 있다.

②前項의 境遇에는 定款 또는 第434條의 決議로써 轉換의 條件, 轉換으로 因하여 發行할 株式의 內容과 轉換을 請求할 수 있는 期間을 定하여야 한다.

③第346條第2項의 規定은 第1項의 境遇에 準用한다.

第514條(轉換社債發行의 節次) ①轉換社債에 關하여는 社債請約書, 債券과 社債原簿에 다음의 事項을 記載하여야 한다.

1. 社債를 株式으로 轉換할 수 있다는 뜻
2. 轉換의 條件

3. 轉換으로 因하여 發行할 株式의 內容
4. 轉換을 請求할 수 있는 期間

②社債의 登記에 있어서는 前項에 揭記한 事項을 登記하여야 한다.

第515條 (轉換의 請求) ①轉換을 請求하는 者는 請求書 2通에 債券을 添附하여 會社에 提出하여야 한다.

②前項의 請求書에는 轉換하고자 하는 社債와 請求의 年月日을 記載하고 記名捺印하여야 한다.

第516條 (準用規定) 第339條, 第348條, 第349條第3項, 第350條와 第351條의 規定은 社債의 轉換의 境遇에 準用한다.

第9節 解　散

第517條 (解散事由) 株式會社는 다음의 事由로 因하여 解散한다.

1. 第227條第1號, 第4號 乃至 第6號에 揭記한 事由
2. 株主總會의 決議

第518條 (解散의 決議) 解散의 決議는 第434條의 規定에 依하여야 한다.

第519條 (會社의 繼續) 會社가 存立期間의 滿了 其他 定款에 定한 事由의 發生 또는 株主總會의 決議에 依하여 解散한 境遇에는 第434條의 規定에 依한 決議로 會社를 繼續할 수 있다.

第520條 (解散判決) ①다음의 境遇에 不得已한 事由가 있는 때에는 發行株式의 總數의 100分의 10以上에 該當하는 株式을 가진 株主는 會社의 解散을 法院에 請求할 수 있다.

1. 會社의 業務가 顯著한 停頓狀態를 繼續하여 回復할 수 없는 損害가 생긴 때 또는 생길 念慮가 있는 때
2. 會社財產의 管理 또는 處分의 顯著한 失當으로 因하여 會社의 存立을 危殆롭게 한 때

②第186條와 第191條의 規定은 前項의 請求에 準用한다.

第521條 (解散의 通知, 公告) 會社가 解散한 때에는 破産의 境遇外에는 理事는 遲滯없이 株主에 對하여 그 通知를 하고 無記名式의 株券을 發行한 境遇에는 이를 公告하여야 한다.

第522條 (合併契約書와 그 承認決議) ①會社가 合併을 함에는 合併契約書를 作成하여 株主總會의 承認을 얻어야 한다.

②合併契約의 要領은 第363條에 定한 通知와 公告에 記載하여야 한다.

③第1項의 決議는 第434條의 規定에 依하여야 한다.

第523條 (吸收合併의 合併契約書) 合併할 會社의 一方이 合併後 存續하는 境遇에는 合併契約書에 다음의 事項을 記載하여야 한다.

1. 存續하는 會社가 合併으로 因하여 그 發行할 株式의 總數를 增加하는 때에는 그 增加할 株式의 總數, 種類와 數
2. 存續하는 會社의 增加할 資本과 準備金의 總額
3. 存續하는 會社가 合併當時에 發行하는 新株의 總數, 種類와 數 및 合併으로 因하여 消滅하는 會社의 株主에 對한 新株의 配定에 關한 事項
4. 存續하는 會社가 合併으로 因하여 消滅하는 會社의 株主에게 支給할 金額을 定한 때에는 그 規定
5. 各會社에서 合併의 承認決議를 할 社員 또는 株主의 總會의 期日
6. 合併할 時期를 定한 때에는 그 規定

第524條 (新設合併의 合併契約書) 合併으로 因하여 會社를 設立하는 境遇에는 合併契約書에 다음의 事項을 記載하여야 한다.

1. 設立되는 會社에 對하여 第289條第1項第1號 乃至 第4號에 揭記한 事項과 數種의 株式을 發行할 때에는 그 種類, 數와 本店所在地
2. 設立되는 會社가 合併當時에 發行하는 株式의 總數와 種類, 數 및 各會社의 株主에 對한 株式의 配定에 關한 事項
3. 設立되는 會社의 資本과 準備金의 總額
4. 各會社의 株主에게 支給할 金額을 定한 때에는 그 規定
5. 前條第5號와 第6號에 揭記한 事項

第525條 (合名會社, 合資會社의 合併契約書) ①合併後 存續하는 會社 또는 合併으로 因하여 設立되는 會社가 株式會社인 境遇에 合併할 會社의 一方 또는 雙方이 合名會社 또는 合資會社인 때에는 總社員의 同意를 얻어 合併契約書를 作成하여야 한다.

②前2條의 規定은 前項의 合併契約書에 準用한다.

第526條 (吸收合併의 報告總會) ①合併을 하는 會社의 一方이 合併後 存續하는 境遇에는 그 理事는 第232條의 節次의 終了後, 合併으로 因한 株式의 併合이 있을 때에는 그 效力이 생긴 後, 併合에 適當하지 아니한 株式이 있을 때에는 合併後, 存續하는 會社에 있어서는 第443條의 處分을 한 後 遲滯없이 株主總會를 召集하고 合併에 關한 事項을 報告하여야 한다.

②合併當時에 發行하는 新株의 引受人은 前項의 株主總會에서 株主와 同一한 權利가 있다.

第527條 (新設合併의 創立總會) ①合併으로 因하여 會社를 設立하는 境遇에는 設立委員은 第232條의 節次의 終了後, 合併으로 因한 株式의 併合이 있을 때에는 그 效力이 생긴 後, 併合에 適當하지 아니한 株式이 있을 때에는 第443條의 處分을 한 後 遲滯없이 創立總會를 召集하여야 한다.

②創立總會에서는 定款變更의 決議를 할 수 있다. 그러나 合併契約의 趣旨에 違反하는 決議는 하지 못한다.

③第308條第2項, 第309條, 第311條, 第312條와 第316條第2項의 規定은 第1項의 創立總會에 準用한다.

第528條 (合併의 登記) ①會社가 合併을 한 때에는 第526條의 株主總會 또는 前條의 創立總會가 終結한 날로부터 本店所在地에서는 2週間內, 支店所在地에서는 3週間內에 合併後 存續하는 會社에 있어서는 變更의 登記, 合併으로 因하여 消滅하는 會社에 있어서는 解散의 登記, 合併으로 因하여 設立된 會社에 있어서는 第317條에 定하는 登記를 하여야 한다.

②合併後 存續하는 會社 또는 合併으로 因하여 設立된 會社가 合併으로 因하여 社債를 承繼한 때에는 前項의 登記와 同時에 社債의 登記를 하여야 한다.

第529條 (合併無效의 訴) ①合併無效는 各會社의 株主, 理事, 淸算人, 破産管財人 또는 合併을 承認하지 아니한 債權者에 限하여 訴만으로 이를 主張할 수 있다.

②前項의 訴는 前條의 登記가 있은 날로부터 6月內에 提起하여야 한다.

第530條 (準用規定) ①第228條와 第229條第3項의 規定은 株式會社의 解散에 準用한다.

②第231條, 第232條, 第234條, 第235條, 第237條 乃至 第240條와 第439條第3項의 規定은 株式會社의 合併에 準用한다.

③第440條 乃至 第444條의 規定은 會社의 合併으로 因한 株式併合의 境遇에 準用한다.

④第339條와 第340條第3項의 規定은 株式을 併合하지 아니하는 境遇에 合併으로 因하여 消滅하는 會社의 株式을 目的으로 하는 質權에 準用한다.

第10節 淸 算

第531條 (淸算人의 決定) ①會社가 解散한 때에는 合併 또는 破産의 境遇外에는 理事가 淸算人이 된다. 그러나 定款에 다른 定함이 있거나 株主總會에서 他人을 選任한 때에는 그러하지 아니하다.

②前項의 規定에 依한 淸算人이 없는 때에는 法院은 利害關係人의 請求에 依하여 淸算人을 選任한다.

第532條 (淸算人의 申告) 淸算人은 就任한 날로부터 2週間內에 다음의 事項을 法院에 申告하여야 한다.

1. 解散의 事由와 그 年月日
2. 淸算人의 姓名과 住所

第533條 (會社財産調査報告義務) ①淸算人은 就任한 後 遲滯없이 會社의 財産狀態를 調査하여 財産目錄과 貸借對照表를 作成하고 이를 株主總會에 提出하여 그 承認을 얻어야 한다.

②淸算人은 前項의 承認을 얻은 後 遲滯없이 財産目錄과 貸借對照表를 法院에 提出하여야 한다.

第534條 (監事에 對한 計算書類提出義務) 淸算人은 財産目錄, 貸借對照表와 事務報告書를 作成하여 定期總會의 會日로부터 2週間前에 監事에게 提出하여야 한다.

第535條 (會社債權者에의 催告) ①淸算人은 就任한 날로부터 2月內에 會社債權者에 對하여 一定한 期間內에 그 債權을 申告할 것과 그 期間內에 申告하지 아니하면 淸算에서 除外될 뜻을 2回以上 公告로써 催告하여야 한다. 그러나 그 期間은 2月以上이어야 한다.

②淸算人은 알고 있는 債權者에 對하여는 各別로 그 債權의 申告를 催告하여야 하며 그

債權者가 申告하지 아니한 境遇에도 이를 淸算에서 除外하지 못한다.

第536條 (債權申告期間內의 辨濟) ①淸算人은 前條 第1項의 申告期間內에는 債權者에 對하여 辨濟를 하지 못한다. 그러나 會社는 그 辨濟의 遲延으로 因한 損害賠償의 責任을 免하지 못한다.

②淸算人은 前項의 規定에 不拘하고 少額의 債權, 擔保있는 債權 其他 辨濟로 因하여 다른 債權者를 害할 念慮가 없는 債權에 對하여는 法院의 許可를 얻어 이를 辨濟할 수 있다.

第537條 (除外된 債權者에 對한 辨濟) ①淸算에서 除外된 債權者는 分配되지 아니한 殘餘財産에 對하여서만 辨濟를 請求할 수 있다.

②一部의 株主에 對하여 財産의 分配를 한 境遇에는 그와 同一한 比率로 다른 株主에게 分配할 財産은 前項의 殘餘財産에서 控除한다.

第538條 (殘餘財産의 分配) 殘餘財産은 各株主가 가진 株式의 數에 따라 株主에게 分配하여야 한다. 그러나 第344條第1項의 規定을 適用하는 境遇에는 그러하지 아니하다.

第539條 (淸算人의 解任) ①淸算人은 法院이 選任한 境遇外에는 언제든지 株主總會의 決議로 이를 解任할 수 있다.

②淸算人이 그 業務를 執行함에 顯著하게 不適任하거나 重大한 任務에 違反한 行爲가 있는 때에는 發行株式의 總數의 100分의 5以上에 該當하는 株式을 가진 株主는 法院에 그 淸算人의 解任을 請求할 수 있다.

③第186條의 規定은 前項의 請求에 關한 訴에 準用한다.

第540條 (淸算의 終結) ①淸算事務가 終結한 때에는 淸算人은 遲滯없이 決算報告書를 作成하고 이를 株主總會에 提出하여 承認을 얻어야 한다.

②前項의 承認이 있는 때에는 會社는 淸算人에 對하여 그 責任을 解除한 것으로 본다. 그러나 淸算人의 不正行爲에 대하여는 그러하지 아니하다.

第541條 (書類의 保存) ①會社의 帳簿 其他 營業과 淸算에 關한 重要한 書類는 本店所在地에서 淸算終結의 登記를 한 後 10年間 이를 保存하여야 한다.

②前項의 保存에 關하여는 淸算人 其他의 利害關係人의 請求에 依하여 法院이 保存人과 保存方法을 定한다.

第542條 (準用規定) ①第245條, 第252條 乃至 第255條, 第259條, 第260條와 第264條의 規定은 株式會社에 準用한다.

②第362條, 第366條, 第367條, 第373條第2項, 第376條, 第377條, 第382條第2項, 第386條, 第388條 乃至 第391條, 第393條, 第394條, 第396條, 第398條 乃至 第408條, 第411條 乃至 第413條, 第414條第3項, 第448條 乃至 第450條, 第465條와 第466條의 規定은 淸算人에 準用한다.

第5章 有限會社

第1節 設 立

第543條 (定款의 作成, 絶對的 記載事項) ①有限會社의 設立에는 2人以上의 社員이 共同으로 定款을 作成하여야 한다.

②定款에는 다음의 事項을 記載하고 總社員이 記名捺印하여야 한다.

1. 第179條第1號 乃至 第3號, 第5號와 第6號에 揭記한 事項
2. 資本의 總額
3. 出資一座의 金額
4. 各社員의 出資座數

③第292條의 規定은 有限會社에 準用한다.

第544條 (變態設立事項) 다음의 事項은 定款에 記載함으로써 그 效力이 있다.

1. 現物出資를 하는 者의 姓名과 그 目的인 財産의 種類, 數量, 價格과 이에 對하여 付與하는 出資座數
2. 會社의 成立後에 讓受할 것을 約定한 財産의 種類, 數量, 價格과 그 讓渡人의 姓名
3. 會社가 負擔한 設立費用

第545條 (社員總數의 制限) ①社員의 總數는 50人을 超過하지 못한다. 그러나 特別한 事情이 있는 境遇에 法院의 認可를 얻은 때에는 그러하지 아니하다.

②前項의 規定은 相續 또는 遺贈으로 因하여 社員의 數에 變更이 생기는 境遇에는 適用하지 아니한다.

第546條 (資本總額, 出資 1座의 金額의 制限)

①會社의 資本總額은 百萬환以上으로 하여야 한다.

②出資1座의 金額은 萬환以上으로 均一하게 하여야 한다.

第547條 (初代理事의 選任) ①定款으로 理事를 定하지 아니한 때에는 會社成立前에 社員總會를 열어 이를 選任하여야 한다.

②前項의 社員總會는 各社員이 召集할 수 있다.

第548條 (出資의 納入) ①理事는 社員으로 하여금 出資全額의 納入 또는 現物出資의 目的인 財産全部의 給與를 시켜야 한다.

②第295條第2項의 規定은 社員이 現物出資를 하는 境遇에 準用한다.

第549條 (設立의 登記) ①有限會社의 設立登記는 前條의 納入 또는 現物出資의 履行이 있은 날로부터 2週間內에 하여야 한다.

②前項의 登記에서 다음의 事項을 登記하여야 한다.

1. 第179條第2號와 第5號에 揭記한 事項
2. 第543條第2項第2號와 第3號에 揭記한 事項
3. 理事의 姓名과 住所
4. 代表理事를 定한 때에는 그 姓名
5. 數人의 理事가 共同으로 會社를 代表할 것을 定한 때에는 그 規定
6. 存立期間 其他의 解散事由를 定한 때에는 그 期間과 事由
7. 監事가 있는 때에는 그 姓名과 住所

③第181條와 第182條의 規定은 有限會社의 登記에 準用한다.

第550條 (現物出資等에 關한 會社成立時의 社員의 責任) 第544條第1號와 第2號의 財産의 會社成立當時의 實價가 定款에 定한 價格에 顯著하게 不足한 때에는 會社成立當時의 社員은 會社에 對하여 그 不足額을 連帶하여 支給할 責任이 있다.

第551條 (出資未畢額에 對한 會社成立時의 社員等의 責任) 會社成立後에 出資金額의 納入 또는 現物出資의 履行이 完了되지 아니 하였음이 發見된 때에는 會社成立當時의 社員과 理事는 會社에 對하여 그 納入되지 아니한 金額 또는 履行되지 아니한 現物의 價額을 連帶하여 支給할 責任이 있다.

第552條 (社員等의 特別責任免除) ①前2條의 社員의 責任은 免除하지 못한다.

②前條의 理事의 責任은 總社員의 同意가 없으면 免除하지 못한다.

第2節 社員의 權利義務

第553條 (社員의 責任) 社員의 責任은 本法에 다른 規定이 있는 境遇外에는 그 出資金額을 限度로 한다.

第554條 (社員의 持分) 各社員은 그 出資座數에 따라 持分을 가진다.

第555條 (持分에 關한 證券) 有限會社는 社員의 持分에 關하여 指示式 또는 無記名式의 證券을 發行하지 못한다.

第556條 (持分의 讓渡) ①社員은 第585條의 規定에 依한 社員總會의 決議가 있는 때에 限하여 그 持分의 全部 또는 一部를 他人에게 讓渡할 수 있다. 그러나 定款으로 讓渡의 制限을 加重할 수 있다.

②讓渡로 因하여 社員의 總數가 第545條의 規定에 依한 制限을 超過하는 境遇에는 遺贈의 境遇를 除外하고는 그 讓渡는 效力이 없다.

③社員相互間의 持分의 讓渡에 對하여는 第1項의 規定에 不拘하고 다른 定함을 할 수 있다.

第557條 (持分移轉의 對抗要件) 持分의 移轉은 取得者의 姓名, 住所와 그 目的이 되는 出資座數를 社員名簿에 記載하지 아니하면 이로써 會社와 第三者에게 對抗하지 못한다.

第558條 (持分의 共有) 第333條의 規定은 持分이 數人의 共有에 屬하는 境遇에 準用한다.

第559條 (持分의 入質) ①持分은 質權의 目的으로 할 수 있다.

②第556條와 第557條의 規定은 持分의 入質에 準用한다.

第560條 (準用規定) ①第339條, 第340條第1項·第2項, 第341條, 第342條와 第343條第1項의 規定은 社員의 持分에 準用한다.

②第353條의 規定은 社員에 對한 通知 또는 催告에 準用한다.

第3節 會社의 管理

第561條 (理事) 有限會社에는 1人 또는 數人의 理事를 두어야 한다.

第562條 (會社代表) ①理事는 會社를 代表한다.

②理事가 數人인 境遇에 定款에 다른 定함이

없으면 社員總會에서 會社를 代表할 理事를 選定하여야 한다.
③定款 또는 社員總會는 數人의 理事가 共同으로 會社를 代表할 것을 定할 수 있다.
④第208條第2項의 規定은 前項의 境遇에 準用한다.

第563條 (理事, 會社間의 訴에 關한 代表) 會社가 理事에 對하여 또는 理事가 會社에 對하여 訴를 提起하는 境遇에는 社員總會는 그 訴에 關하여 會社를 代表할 者를 選定하여야 한다.

第564條 (業務執行의 決定) ①理事가 數人인 境遇에 定款에 다른 定함이 없으면 會社의 業務執行과 支配人의 選任 또는 解任은 理事過半數의 決議에 依하여야 한다.
②社員總會는 前項의 規定에 不拘하고 支配人의 選任 또는 解任을 할 수 있다.

第565條 (社員의 代表訴訟) ①資本의 總額의 100分의 5以上에 該當하는 出資座數를 가진 社員은 會社에 對하여 理事의 責任을 追窮할 訴의 提起를 請求할 수 있다.
②第403條第2項 乃至 第5項과 第404條 乃至 第406條의 規定은 前項의 境遇에 準用한다.

第566條 (書類의 備置, 閱覽) ①理事는 定款과 社員總會의 議事錄을 本店과 支店에, 社員名簿를 本店에 備置하여야 한다.
②社員名簿에는 社員의 姓名, 住所와 그 出資座數를 記載하여야 한다.
③社員과 會社債權者는 營業時間내에 언제든지 第1項에 揭記한 書類의 閱覽 또는 謄寫를 請求할 수 있다.

第567條 (準用規定) 第208條第2項, 第209條, 第210條, 第382條, 第385條第1項, 第386條, 第388條, 第395條, 第397條 乃至 第402條, 第407條와 第408條의 規定은 有限會社의 理事에 準用한다.

第568條 (監事) ①有限會社는 定款에 依하여 1人 또는 數人의 監事를 둘 수 있다.
②第547條의 規定은 定款에서 監事를 두기로 定한 境遇에 準用한다.

第569條 (監事의 權限) 監事는 언제든지 會社의 業務와 財產狀態를 調査할 수 있고 理事에 對하여 營業에 關한 報告를 要求할 수 있다.

第570條 (準用規定) 第382條, 第385條第1項, 第386條, 第388條, 第400條, 第407條, 第411條, 第413條, 第414條와 第565條의 規定은 監事에 準用한다.

第571條 (社員總會의 召集) ①社員總會는 本法에 다른 規定이 있는 境遇外에는 理事가 이를 召集한다.
②社員總會를 召集함에는 會日을 定하고 1週間前에 各社員에 對하여 書面으로 그 通知를 發送하여야 한다. 그러나 이 期間은 定款으로 短縮할 수 있다.
③第363條第2項과 第364條의 規定은 社員總會의 召集에 準用한다.

第572條 (少數社員에 依한 總會召集請求) ①資本의 總額의 100分의 5以上에 該當하는 出資座數를 가진 社員은 會議의 目的事項과 召集의 理由를 記載한 書面을 理事에게 提出하여 總會의 召集을 請求할 수 있다.
②前項의 規定은 定款으로 다른 定함을 할 수 있다.
③第366條第2項과 第3項의 規定은 第1項의 境遇에 準用한다.

第573條 (召集節次의 省略) 總社員의 同意가 있을 때에는 召集節次없이 總會를 열 수 있다.

第574條 (總會의 定足數, 決議方法) 社員總會의 決議는 定款 또는 本法에 다른 規定이 있는 境遇外에는 總社員의 議決權의 過半數를 가지는 社員이 出席하고 그 議決權의 過半數로써 하여야 한다.

第575條 (社員의 議決權) 各社員은 出資1座마다 1個의 議決權을 가진다. 그러나 定款으로 議決權의 數에 關하여 다른 定함을 할 수 있다.

第576條 (營業讓渡等과 事後設立) ①有限會社가 第374條第1號 乃至 第3號에 揭記한 行爲를 함에는 第585條의 規定에 依한 總會의 決議가 있어야 한다.
②前項의 規定은 有限會社가 그 成立後 2年內에 成立前으로부터 存在하는 財產으로서 營業을 爲하여 繼續하여 使用할 것을 資本의 20分의 1以上에 相當한 對價로 取得하는 契約을 締結하는 境遇에 準用한다.

第577條 (書面에 依한 決議) ①總會의 決議를 하여야 할 境遇에 總社員의 同意가 있는 때에는 書面에 依한 決議를 할 수 있다.
②決議의 目的事項에 對하여 總社員이 書面으로 同意를 한 때에는 書面에 依한 決議가 있은 것으로 본다.

③書面에 依한 決議는 總會의 決議와 同一한 效力이 있다.

④總會에 關한 規定은 書面에 依한 決議에 準用한다.

第578條 (準用規定) 第365條, 第367條, 第368條第3項·第4項, 第369條第2項, 第371條第2項, 第372條, 第373條와 第376條 乃至 第381條의 規定은 社員總會에 準用한다.

第579條 (計算書類의 作成) ①理事는 每決算期에 다음의 書類를 作成하여야 한다.

1. 財産目錄
2. 貸借對照表
3. 營業報告書
4. 損益計算書
5. 準備金과 利益配當에 關한 事項

②監事가 있는 때에는 理事는 定期總會의 會日로부터 2週間前에 前項의 書類를 監事에게 提出하여야 한다.

第580條 (利益配當의 基準) 利益의 配當은 定款에 다른 定함이 있는 境遇外에는 各社員의 出資座數에 따라 하여야 한다.

第581條 (社員의 會計帳簿閱覽權) ①資本의 100分의 5以上에 該當하는 出資座數를 가진 社員은 會計의 帳簿와 書類의 閱覽 또는 謄寫를 請求할 수 있다.

②會社는 定款으로 各社員이 前項의 請求를 할 수 있다는 뜻을 定할 수 있다. 이 境遇에는 第583條第1項의 規定에 不拘하고 第465條의 規定은 準用하지 아니한다.

第582條 (業務, 財産狀態의 檢査) ①會社의 業務執行에 關하여 不正行爲 또는 法令이나 定款에 違反한 重大한 事由가 있는 때에는 資本總額의 100分의 5以上에 該當하는 出資座數를 가진 社員은 會社의 業務와 財産狀態를 調査하게 하기 爲하여 法院에 檢査人의 選任을 請求할 수 있다.

②檢査人은 그 調査의 結果를 書面으로 法院에 報告하여야 한다.

③法院은 前項의 報告書에 依하여 必要하다고 認定한 때에는 理事에게 社員總會의 召集을 命할 수 있다. 第310條第2項의 規定은 이 境遇에 準用한다.

第583條 (準用規定) ①第448條, 第449條第1項, 第450條, 第452條, 第453條, 第458條 乃至 第460條, 第462條, 第465條와 第466條의 規定은 有限會社의 計算에 準用한다.

②第468條의 規定은 有限會社와 使用人間에 雇傭關係로 因하여 생긴 債權에 準用한다.

第4節 定款의 變更

第584條 (定款變更의 方法) 定款을 變更함에는 社員總會의 決議가 있어야 한다.

第585條 (定款變更의 特別決議) ①前條의 決議는 總社員의 半數以上이며 總社員의 議決權의 4分의 3以上을 가지는 者의 同意로 한다.

②前項의 規定을 適用함에 있어서는 議決權을 行使할 수 없는 社員은 이를 總社員의 數에, 그 行使할 수 없는 議決權은 이를 議決權의 數에 算入하지 아니한다.

第586條 (資本增加의 決議) 다음의 事項은 定款에 다른 定함이 없더라도 資本增加의 決議에서 이를 定할 수 있다.

1. 現物出資를 하는 者의 姓名과 그 目的인 財産의 種類, 數量, 價格과 이에 對하여 付與할 出資座數
2. 資本의 增加後에 讓受할 것을 約定한 財産의 種類, 數量, 價格과 그 讓渡人의 姓名
3. 增加할 資本에 對한 出資의 引受權을 付與할 者의 姓名과 그 權利의 內容

第587條 (增資의 境遇의 出資引受權의 付與) 有限會社가 特定한 者에 對하여 將來 그 資本을 增加할 境遇에 있어서 出資의 引受權을 付與할 것을 約束함에는 第585條에 定하는 決議에 依하여야 한다.

第588條 (社員의 出資引受權) 社員은 增加할 資本에 對하여 그 持分에 따라 出資를 引受할 權利가 있다. 그러나 前2條의 決議에서 出資의 引受者를 定한 때에는 그러하지 아니하다.

第589條 (出資引受의 方法) ①資本增加의 境遇에 出資의 引受를 하고자 하는 者는 引受를 證明하는 書面에 그 引受할 出資의 座數와 住所를 記載하고 記名捺印하여야 한다.

②有限會社는 廣告 其他의 方法에 依하여 引受人을 公募하지 못한다.

第590條 (出資引受人의 地位) 資本增加의 境遇에 出資의 引受를 한 者는 出資의 納入의 期日 또는 現物出資의 目的인 財産의 給與의 期日로부터 利益配當에 關하여 社員과 同一

한 權利를 가진다.

第591條 (資本增加의 登記) 有限會社는 資本增加로 因한 出資全額의 納入 또는 現物出資의 履行이 完了된 날로부터 本店所在地에서는 2週間內, 支店所在地에서는 3週間內에 資本增加로 因한 變更登記를 하여야 한다.

第592條 (增資의 效力發生) 資本의 增加는 本店所在地에서 前條의 登記를 함으로써 그 效力이 생긴다.

第593條 (現物出資等에 關한 社員의 責任) ①第586條第1號와 第2號의 財產의 資本增加當時의 實價가 資本增加의 決議에 依하여 定한 價格에 顯著하게 不足한 때에는 그 決議에 同意한 社員은 會社에 對하여 그 不足額을 連帶하여 支給할 責任이 있다.

②第552條第1項의 規定은 前項의 境遇에 準用한다.

第594條 (未引受出資等에 關한 理事等의 責任) ①資本增加後에 아직 引受되지 아니한 出資가 있는 때에는 理事가 共同으로 이를 引受한 것으로 본다.

②資本增加後에 아직 出資全額의 納入 또는 現物出資의 目的인 財產의 給與가 未畢된 出資가 있는 때에는 理事는 連帶하여 그 納入 또는 給與未畢財產의 價額을 支給할 責任이 있다.

③第552條第2項의 規定은 前項의 境遇에 準用한다.

第595條 (增資無效의 訴) ①資本增加의 無效는 社員 또는 理事에 限하여 第591條의 規定에 依한 本店所在地에서의 登記를 한 날로부터 6月內에 訴만으로 이를 主張할 수 있다.

②第430條 乃至 第432條의 規定은 前項의 境遇에 準用한다.

第596條 (準用規定) 第334條, 第427條, 第548條와 第576條第2項의 規定은 資本增加의 境遇에 準用한다.

第597條 (同前) 第439條第1項, 第2項, 第443條, 第445條와 第446條의 規定은 資本減少의 境遇에 準用한다.

第5節 合併과 組織變更

第598條 (合併의 方法) 有限會社가 다른 會社와 合併을 함에는 第585條의 規定에 依한 社員總會의 決議가 있어야 한다.

第599條 (設立委員의 選任) 第175條의 規定에 依한 設立委員의 選任은 第585條의 規定에 依한 社員總會의 決議에 依하여야 한다.

第600條 (有限會社와 株式會社의 合併) ①有限會社가 株式會社와 合併하는 境遇에 合併後存續하는 會社 또는 合併으로 因하여 設立되는 會社가 株式會社인 때에는 法院의 認可를 얻지 아니하면 合併의 效力이 없다.

②合併을 하는 會社의 一方이 社債의 償還을 完了하지 아니한 株式會社인 때에는 合併後存續하는 會社 또는 合併으로 因하여 設立되는 會社는 有限會社로 하지 못한다.

第601條 (物上代位) ①有限會社가 株式會社와 合併하는 境遇에 合併後 存續하는 會社 또는 合併으로 因하여 設立되는 會社가 有限會社인 때에는 第339條의 規定은 從前의 株式을 目的으로 하는 質權에 準用한다.

②前項의 境遇에 質權의 目的인 持分에 關하여 出資座數와 質權者의 姓名 및 住所를 社員名簿에 記載하지 아니하면 그 質權으로써 會社 其他의 第三者에 對抗하지 못한다.

第602條 (合併의 登記) 有限會社가 合併을 한 때에는 第603條에서 準用하는 第526條 또는 第527條의 規定에 依한 社員總會가 終結한 날로부터 本店所在地에서는 2週間, 支店所在地에서는 3週間內에 合併後 存續하는 有限會社에 있어서는 變更登記, 合併으로 因하여 消滅되는 有限會社에 있어서는 解散登記, 合併으로 因하여 設立되는 有限會社에 있어서는 第549條第2項에 定한 登記를 하여야 한다.

第603條 (準用規定) 第231條, 第232條, 第234條 乃至 第240條, 第443條, 第522條第1項·第2項, 第523條, 第524條, 第526條, 第527條와 第529條의 規定은 有限會社의 合併의 境遇에 準用한다.

第604條 (株式會社의 有限會社에의 組織變更) ①株式會社는 總株主의 一致에 依한 總會의 決議로 그 組織을 變更하여 이를 有限會社로 할 수 있다. 그러나 社債의 償還을 完了하지 아니한 境遇에는 그러하지 아니하다.

②前項의 組織變更의 境遇에는 會社에 現存하는 純財產額보다 많은 金額을 資本의 總額으로 하지 못한다.

③第1項의 決議에 있어서는 定款 其他 組織

變更에 必要한 事項을 定하여야 한다.

④第601條의 規定은 第1項의 組織變更의 境遇에 準用한다.

第605條 (理事, 株主의 純財産額塡補責任) ①前條의 組織變更의 境遇에 會社에 現存하는 純財産額이 資本의 總額에 不足하는 때에는 前條第1項의 決議當時의 理事와 株主는 會社에 對하여 連帶하여 그 不足額을 支給할 責任이 있다.

②第552條의 規定은 前項의 境遇에 準用한다.

第606條 (組織變更의 登記) 株式會社가 第604條의 規定에 依하여 그 組織을 變更한 때에는 本店所在地에서는 2週間, 支店所在地에서는 3週間內에 株式會社에 있어서는 解散登記, 有限會社에 있어서는 第549條第2項에 定하는 登記를 하여야 한다.

第607條 (有限會社의 株式會社에의 組織變更) ①有限會社는 總社員의 一致에 依한 總會의 決議로 그 組織을 變更하여 이를 株式會社로 할 수 있다.

②前項의 境遇에는 組織變更時에 發行하는 株式의 發行價額의 總額은 會社에 現存하는 純財産額을 超過하지 못한다.

③第1項의 組織變更은 法院의 認可를 얻지 아니하면 그 效力이 없다.

④第605條의 規定은 第1項의 境遇에 있어서 會社에 現存하는 純財産額이 組織變更時에 發行하는 株式의 總額에 不足한 때에 準用한다.

⑤第340條第3項, 第601條第1項, 第604條第3項과 前條의 規定은 第1項의 組織變更의 境遇에 準用한다.

第608條 (準用規定) 第231條와 第232條의 規定은 第604條와 前條의 組織變更의 境遇에 準用한다.

第6節 解散과 清算

第609條 (解散事由) ①有限會社는 다음의 事由로 因하여 解散한다.

1. 第227條第1號, 第3號 乃至 第6號에 掲記한 事由
2. 社員總會의 決議

②前項第2號의 決議는 第585條의 規定에 依하여야 한다.

第610條 (會社의 繼續) ①第227條第1號 또는 前條第1項第2號의 事由로 因하여 會社가 解散한 境遇에는 第585條의 規定에 依한 社員總會의 決議로써 會社를 繼續할 수 있다.

②第227條第3號의 事由로 因하여 會社가 解散한 境遇에는 新社員의 加入에 依하여 會社를 繼續할 수 있다.

第611條 (準用規定) 第229條第3項의 規定은 前條의 會社繼續의 境遇에 準用한다.

第612條 (殘餘財産의 分配) 殘餘財産은 定款에 다른 定함이 있는 境遇外에는 各社員의 出資座數에 따라 社員에게 分配하여야 한다.

第613條 (準用規定) ①第184條 乃至 第188條, 第190條, 第192條, 第194條, 第228條, 第245條, 第252條 乃至 第255條, 第259條, 第260條, 第264條, 第328條, 第532條 乃至 第537條, 第540條와 第541條의 規定은 有限會社에 準用한다.

②第208條第2項, 第209條, 第366條第2項・第3項, 第367條, 第373條第2項, 第376條, 第377條, 第382條第2項, 第386條, 第388條, 第398條, 第399條, 第401條, 第407條, 第408條, 第411條 乃至 第413條, 第414條第3項, 第448條, 第449條第1項, 第450條, 第465條, 第466條第2項, 第562條, 第563條, 第566條, 第571條, 第572條第1項과 第581條의 規定은 有限會社의 清算人에 準用한다.

第6章 外國會社

第614條 (代表者, 營業所의 設定과 登記) ①外國會社가 大韓民國에서 營業을 하고자 하는 때에는 大韓民國에서의 代表者를 定하고 營業所를 設置하여야 한다.

②前項의 境遇에는 外國會社는 그 營業所의 設置에 關하여 大韓民國에서 設立되는 同種의 會社 또는 가장 類似한 會社의 支店과 同一한 登記를 하여야 한다.

③前項의 登記에서는 會社設立의 準據法과 大韓民國에서의 代表者의 姓名과 그 住所를 登記하여야 한다.

④第209條의 規定은 外國會社의 代表者에게 準用한다.

第615條 (登記期間의 起算點) 前條第2項과 第3項의 規定에 依한 登記事項이 外國에서 생긴 때에는 登記期間은 그 通知가 到達한 날로부

터 起算한다.

第616條 (登記前의 繼續去來의 禁止) ①外國會社는 그 營業所의 所在地에서 第614條의 規定에 依한 登記를 하기 前에는 繼續하여 去來를 하지 못한다.

②前項의 規定에 違反하여 去來를 한 者는 그 去來에 對하여 會社와 連帶하여 責任을 진다.

第617條 (適用法規) 外國에서 設立된 會社라도 大韓民國에 그 本店을 設置하거나 大韓民國에서 營業할 것을 主된 目的으로 하는 때에는 大韓民國에서 設立된 會社와 同一한 規定에 依하여야 한다.

第618條 (準用規定) ①第335條 乃至 第338條, 第340條第1項, 第355條 乃至 第357條, 第478條第1項, 第479條와 第480條의 規定은 大韓民國에서의 外國會社의 株券 또는 債券의 發行과 그 株式의 移轉이나 入質 또는 社債의 移轉에 準用한다.

②前項의 境遇에는 처음 大韓民國에 設置한 營業所를 本店으로 본다.

第619條 (營業所閉鎖命令) ①外國會社가 大韓民國에 營業所를 設置한 境遇에 다음의 事由가 있는 때에는 法院은 利害關係人 또는 檢事의 請求에 依하여 그 營業所의 閉鎖를 命할 수 있다.

1. 營業所의 設置目的이 不法한 것인 때
2. 營業所의 設置登記를 한 後 正當한 事由없이 1年內에 營業을 開始하지 아니하거나 1年以上 營業을 休止한 때 또는 正當한 事由없이 支給을 停止한 때
3. 會社의 代表者 其他 業務를 執行하는 者가 法令 또는 公序良俗에 違反한 行爲를 한 때

②第176條第2項 乃至 第4項의 規定은 前項의 境遇에 準用한다.

第620條 (韓國에 있는 財産의 淸算) ①前條第1項의 規定에 依하여 營業所의 閉鎖를 命한 境遇에는 法院은 利害關係人의 申請에 依하여 또는 職權으로 大韓民國에 있는 그 會社財産의 全部에 對한 淸算의 開始를 命할 수 있다. 이 境遇에는 法院은 淸算人을 選任하여야 한다.

②第535條 乃至 第537條와 第542條의 規定은 그 性質이 許하지 아니하는 境遇外에는 前項의 淸算에 準用한다.

③前2項의 規定은 外國會社가 스스로 營業所를 閉鎖한 境遇에 準用한다.

第621條 (外國會社의 地位) 外國會社는 다른 法律의 適用에 있어서는 法律에 다른 規定이 있는 境遇外에는 大韓民國에서 成立된 同種 또는 가장 類似한 會社로 본다.

第7章 罰 則

第622條 (發起人, 理事 其他 任員等의 特別背任罪) ①會社의 發起人, 業務執行社員, 理事, 監事 또는 第386條第2項, 第407條第1項, 第415條 또는 第567條第1項의 職務代行者, 支配人 其他 會社營業에 關한 어느 種類 또는 特定한 事項의 委任을 받은 使用人이 그 任務에 違背한 行爲로써 財産上의 利益을 取하거나 第三者로 하여금 이를 取得하게 하여 會社에 損害를 加한 때에는 10年以下의 懲役 또는 2百萬환以下의 罰金에 處한다.

②會社의 淸算人 또는 第542條第2項의 職務代行者, 第175條의 設立委員이 前項의 行爲를 한 때에도 前項과 같다.

第623條 (社債權者集會의 代表者等의 特別背任罪) 社債權者集會의 代表者 또는 그 決議를 執行하는 者가 그 任務에 違背한 行爲로써 財産上의 利益을 取하거나 第三者로 하여금 이를 取得하게하여 社債權者에게 損害를 加한 때에는 7年以下의 懲役 또는 150萬환以下의 罰金에 處한다.

第624條 (特別背任罪의 未遂) 前2條의 未遂犯은 處罰한다.

第625條 (會社財産을 危殆롭게 하는 罪) 第622條第1項에 揭記한 者 또는 檢査人이 다음의 行爲를 한 때에는 5年以下의 懲役 또는 百萬환以下의 罰金에 處한다.

1. 株式 또는 出資의 引受나 納入, 現物出資의 履行, 第290條 또는 第544條에 揭記한 事項에 關하여 法院 또는 總會에 不實한 報告를 하거나 事實을 隱蔽한 때
2. 누구의 名義로 하거나를 不問하고 會社의 計算으로 不正하게 그 株式 또는 持分을 取得하거나 質權의 目的으로 이를 받은 때
3. 法令 또는 定款의 規定에 違反하여 利益이나 利子의 配當을 한 때

4. 會社의 營業範圍外에서 投機行爲를 하기 爲하여 會社財産을 처분한 때

第626條 (不實報告罪) 會社의 理事, 監事 또는 第386條第2項, 第407條第1項, 第415條 또는 第567條第1項의 職務代行者가 第604條 또는 第607條의 組織變更의 境遇에 第604條第2項 또는 第607條第2項의 純財産額에 關하여 法院 또는 總會에 不實한 報告를 하거나 事實을 隱蔽한 때에는 5年以下의 懲役 또는 百萬환以下의 罰金에 處한다.

第627條 (不實文書行使罪) ①第622條第1項에 揭記한 者, 外國會社의 代表者, 株式 또는 社債의 募集의 委託을 받은 者가 株式 또는 社債를 募集함에 있어서 重要한 事項에 關하여 不實한 記載가 있는 株式請約書, 社債請約書, 事業計劃書, 株式 또는 社債의 募集에 關한 廣告 其他의 文書를 行使한 때에는 5年以下의 懲役 또는 百萬환以下의 罰金에 處한다.

②株式 또는 社債를 賣出하는 者가 그 賣出에 關한 文書로서 重要한 事項에 關하여 不實한 記載가 있는 것을 行使한 때에도 前項과 같다.

第628條 (納入假裝罪等) ①第622條第1項에 揭記한 者가 納入 또는 現物出資의 履行을 假裝하는 行爲를 한 때에는 5年以下의 懲役 또는 百萬환以下의 罰金에 處한다.

②前項의 行爲에 應하거나 이를 仲介한 者도 前項과 같다.

第629條 (超過發行의 罪) 會社의 發起人, 理事 또는 第386條第2項 또는 第407條第1項의 職務代行者가 會社가 發行할 株式의 總數를 超過하여 株式을 發行한 때에는 5年以下의 懲役 또는 百萬환以下의 罰金에 處한다.

第630條 (發起人, 理事 其他의 任員의 瀆職罪) ①第622條와 第623條에 揭記한 者 또는 檢査人이 그 職務에 關하여 不正한 請託을 받고 財産上의 利益을 收受, 要求 또는 約束한 때에는 5年以下의 懲役 또는 百萬환以下의 罰金에 處한다.

②前項의 利益을 約束, 供與 또는 供與의 意思를 表示한 者도 前項과 같다.

第631條 (權利行使妨害等에 關한 贈收賂罪) ① 다음의 事項에 關하여 不正한 請託을 받고 財産上의 利益을 收受, 要求 또는 約束한 者는 1年以下의 懲役 또는 20萬환以下의 罰金에 處한다.

1. 創立總會, 社員總會, 株主總會 또는 社債權者集會에서의 發言 또는 議決權의 行使
2. 第3編에 定하는 訴의 提起, 發行株式의 總數의 100分의 5以上에 該當하는 株主 또는 社債總額의 10分의 1以上에 該當하는 社債權者의 權利의 行使
3. 第402條 또는 第424條에 定하는 權利의 行使

② 前項의 利益을 約束, 供與 또는 供與의 意思를 表示한 者도 前項과 같다.

第632條 (懲役과 罰金의 併科) 第622條 乃至 前條의 懲役과 罰金은 이를 併科할 수 있다.

第633條 (沒收, 追徵) 第630條第1項 또는 第631條第1項의 境遇에는 犯人이 收受한 利益은 이를 沒收한다. 그 全部 또는 一部를 沒收하기 不能한 때에는 그 價額을 追徵한다.

第634條 (納入責任免脫의 罪) 納入의 責任을 免하기 爲하여 他人 또는 假設人의 名義로 株式 또는 出資를 引受한 者는 1年以下의 懲役 또는 20萬환以下의 罰金에 處한다.

第635條 (過怠料에 處할 行爲) ①會社의 發起人, 設立委員, 業務執行社員, 理事, 監事, 外國會社의 代表者, 檢査人, 支配人, 淸算人, 社債募集의 委託을 받은 會社와 그 事務承繼者 또는 第386條第2項, 第407條第1項, 第415條, 第542條第2項 또는 第567條의 職務代行者가 다음의 事項에 該當한 行爲를 한 때에는 50萬환以下의 過怠料에 處한다. 그러나 그 行爲에 對하여 刑을 科할 때에는 그러하지 아니하다.

1. 本編에 定한 登記를 懈怠한 때
2. 本編에 定한 公告 또는 通知를 懈怠하거나 不正한 公告 또는 通知를 한 때
3. 本編에 定한 檢査 또는 調査를 妨害한 때
4. 本編의 規定에 違反하여 正當한 事由없이 書類의 閱覽 또는 謄寫, 謄本 또는 抄本의 交付를 拒否한 때
5. 官廳, 總會 또는 社債權者集會에 不實한 報告를 하거나 또는 事實을 隱蔽한 때
6. 株券 또는 債券에 記載할 事項을 記載하지 아니하거나 不實한 記載를 한 때
7. 正當한 事由없이 株券의 名義改書를 하지 아니한 때
8. 法律 또는 定款에 定한 理事 또는 監事의

員數를 闕한 境遇에 그 選任節次를 懈怠한 때
9. 定款, 株主名簿, 社員名簿, 社債原簿, 議事錄, 財產目錄, 貸借對照表, 營業報告書, 損益計算書, 準備金과 利益이나 利子의 配當에 關한 議案, 決算報告書, 第29條第1項의 帳簿 또는 第465條의 附屬明細書에 記載할 事項을 記載하지 아니하거나 또는 不實한 記載를 한 때
10. 法院이 選任한 清算人에 對한 事務의 引繼를 懈怠하거나 이를 拒否한 때
11. 清算의 終結을 遲延할 目的으로 第247條第3項, 第535條第1項 또는 第613條第1項의 期間을 不當하게 長期間으로 定한 때
12. 第254條第4項의 規定에 違反하여 破產宣告의 請求를 懈怠한 때
13. 第589條第2項의 規定에 違反하여 出資의 引受人을 公募한 때
14. 第231條, 第232條, 第247條第3項, 第439條第2項, 第530條第2項, 第597條, 第603條 또는 第608條의 規定에 違反하여 會社의 合併 또는 組織變更, 會社財產의 處分 또는 資本의 減少를 한 때
15. 第260條, 第542條第1項 또는 第613條第1項의 規定에 違反하여 會社財產을 分配한 때
16. 第302條第2項, 第347條, 第420條, 第474條第2項 또는 第514條第1項의 規定에 違反하여 株式請約書 또는 社債請約書를 作成하지 아니하거나 이에 記載할 事項을 記載하지 아니하거나 또는 不實한 記載를 한 때
17. 第342條 또는 第560條第1項의 規定에 違反하여 株式 또는 持分의 失效節次, 株式 또는 持分의 質權의 處分을 懈怠한 때
18. 第343條第1項 또는 第560條第1項의 規定에 違反하여 株式 또는 出資를 消却한 때
19. 第355條第2項 또는 第618條의 規定에 違反하여 株券을 發行한 때
20. 第365條第1項·第2項, 第578條의 規定 또는 第467條第3項, 第582條第3項의 規定에 依한 法院의 命令에 違反하여 總會를 召集하지 아니하거나 定款에 定한곳 以外의 곳에서 또는 第363條, 第364條, 第571條第2項·第3項의 規定에 違反하여 總會를 召集한 때
21. 第396條第1項, 第448條第1項, 第542條第2項, 第566條第1項 또는 第583條의 規定에 違反하여 帳簿 또는 書類를 備置하지 아니한 때
22. 第458條 乃至 第460條 또는 第583條의 規定에 違反하여 準備金을 積立하지 아니하거나 이를 使用한 때
23. 第470條의 規定에 違反하여 社債를 募集하거나 舊社債를 償還하지 아니한 때
24. 第478條第1項 또는 第618條의 規定에 違反하여 債券을 發行한 때
25. 第536條 또는 第613條第1項의 規定에 違反하여 債務의 辨濟를 한 때
26. 第619條第1項의 規定에 依한 法院의 命令에 違反한 때
27. 第555條의 規定에 違反하여 持分에 對한 指示式 또는 無記名式의 證券을 發行한 때

②發起人 또는 理事가 株式의 引受로 因한 權利를 讓渡한 때에도 前項과 같다.

第636條 (登記前의 會社名義의 營業等) ①會社의 成立前에 會社의 名義로 營業을 한 者는 會社設立의 登錄稅의 倍額에 相當한 過怠料에 處한다.

②前項의 規定은 第616條第1項의 規定에 違反한 者에 準用한다.

第637條 (法人에 對한 罰則의 適用) 第622條, 第623條, 第625條, 第627條, 第628條 또는 第630條第1項에 揭記한 者가 法人인 때에는 本章의 罰則은 그 行爲를 한 理事, 監事 其他 業務를 執行한 社員 또는 支配人에 適用한다.

第4編 保 險

第1章 通 則

第638條 (意義) 保險契約은 當事者 一方이 約定한 保險料를 支給하고 相對方이 財產 또는 生命이나 身體에 關하여 不確定한 事故가 생길 境遇에 一定한 保險金額 其他의 給與를 支給할 것을 約定함으로써 效力이 생긴다.

第639條 (他人을 爲한 保險) ①保險契約者는 委任을 받거나 委任을 받지 아니하고 他人을 爲하여 保險契約을 締結할 수 있다. 이 境遇에는 그 他人은 當然히 그 契約의 利益을 받

는다.

②前項의 境遇에는 保險契約者는 保險者에 對하여 保險料를 支給할 義務가 있다. 그러나 保險契約者가 破産宣告를 받거나 保險料의 支給을 遲滯한 때에는 그 他人이 그 權利를 抛棄하지 아니하는 限 그 他人도 保險料를 支給할 義務가 있다.

第640條 (保險證券의 交付) 保險者는 保險契約者의 請求에 依하여 保險證券을 作成하여 保險契約者에게 交付하여야 한다.

第641條 (證券에 關한 異議約款의 效力) 保險契約의 當事者는 保險證券의 交付가 있은 날로부터 一定한 期間內에 限하여 그 證券內容의 正否에 關한 異議를 할 수 있음을 約定할 수 있다. 이 期間은 1月을 내리지 못한다.

第642條 (證券의 再交付請求) 保險證券을 滅失 또는 顯著하게 毁損한 때에는 保險契約者는 保險者에 對하여 證券의 再交付를 請求할 수 있다. 그 證券作成의 費用은 保險契約者의 負擔으로 한다.

第643條 (遡及保險) 保險契約은 그 契約前의 어느 時期를 保險期間의 始期로 할 수 있다.

第644條 (保險事故의 客觀的 確定의 效果) 保險契約當時에 保險事故가 이미 發生하였거나 또는 發生할 수 없는 것 인때에는 그 契約은 無效로 한다. 그러나 當事者 雙方과 被保險者가 이를 알지 못한 때에는 그러하지 아니하다.

第645條 (保險事故의 主觀的 確定의 效果) ①保險契約當時에 保險契約者 또는 被保險者만이 保險事故가 이미 發生한 것을 안 때에는 保險金額을 請求하지 못한다.

②保險契約當時에 保險者가 保險事故가 이미 發生할 수 없는 것임을 안 때에는 保險料를 請求하지 못한다.

第646條 (代理人이 안것의 效果) 代理人에 依하여 保險契約을 締結한 境遇에 代理人이 안 事由는 그 本人이 안 것과 同一한 것으로 한다.

第647條 (特別危險의 消滅로 因한 保險料의 減額請求) 保險契約의 當事者가 特別한 危險을 豫期하여 保險料의 額을 定한 境遇에 保險期間中 그 豫期한 危險이 消滅한 때에는 保險契約者는 그 後의 保險料의 減額을 請求할 수 있다.

第648條 (保險契約의 無效로 因한 保險料返還請求) 保險契約의 全部 또는 一部가 無效인 境遇에 保險契約者와 被保險者가 善意이며 重大한 過失이 없는 때에는 保險者에 對하여 保險料의 全部 또는 一部의 返還을 請求할 수 있다. 保險契約者와 保險受益者가 善意이며 重大한 過失이 없는 때에도 같다.

第649條 (事故發生前의 任意解止) ①保險事故가 發生하기 前에는 保險契約者는 언제든지 契約의 全部 또는 一部를 解止할 수 있다.

②前項의 境遇에는 當事者間에 다른 約定이 없으면 未經過保險料의 返還을 請求할 수 있다.

第650條 (保險料不支給으로 因한 契約解止) 保險料가 適當한 時期에 支給되지 아니한 때에는 保險者는 相當한 期間을 定하여 保險契約者에게 催告하고 그 期間內에 支給하지 아니한 때에는 契約을 解止할 수 있다.

第651條 (告知義務違反으로 因한 契約解止) 保險契約當時에 保險契約者 또는 被保險者가 故意 또는 重大한 過失로 因하여 重要한 事項을 告知하지 아니하거나 不實의 告知를 한 때에는 保險者는 그 事實을 안 날로부터 1月內에, 契約을 締結한 날로부터 5年內에 限하여 契約을 解止할 수 있다. 그러나 保險者가 契約當時에 그 事實을 알았거나 重大한 過失로 因하여 알지 못한 때에는 그러하지 아니하다.

第652條 (危險變更增加의 通知와 契約解止) 保險期間中에 保險契約者 또는 被保險者가 事故發生의 危險이 顯著하게 變更 또는 增加된 事實을 안 때에는 遲滯없이 保險者에게 通知하여야 한다. 이를 懈怠한 때에는 保險者는 그 事實을 안 날로부터 1月內에 限하여 契約을 解止할 수 있다.

第653條 (保險契約者等의 故意나 重過失로 因한 危險增加와 契約解止) 保險期間中에 保險契約者, 被保險者 또는 保險受益者의 故意 또는 重大한 過失로 因하여 事故發生의 危險이 顯著하게 變更 또는 增加된 때에는 保險者는 契約을 解止할 수 있다.

第654條 (保險者의 破産宣告와 契約解止) ①保險者가 破産의 宣告를 받은 때에는 保險契約者는 契約을 解止할 수 있다.

②前項의 規定에 依하여 解止하지 아니한 保險契約은 破産宣告 後 3月을 經過한 때에는

그 效力을 잃는다.

第655條 (契約解止와 保險金額請求權) 保險事故가 發生한 後에도 保險者가 前4條의 規定에 依하여 契約을 解止한 때에는 保險金額을 支給할 責任이 없고 이미 支給한 保險金額의 返還을 請求할 수 있다. 그러나 告知義務에 違反한 事實 또는 危險의 顯著한 變更이나 增加된 事實이 保險事故의 發生에 影響을 미치지 아니하였음이 證明된 때에는 그러하지 아니하다.

第656條 (保險料의 支給과 保險者의 責任開始) 保險者의 責任은 當事者間에 다른 約定이 없으면 最初의 保險料의 支給을 받은 때로부터 開始한다.

第657條 (保險事故發生의 通知義務) 保險契約者 또는 被保險者나 保險受益者는 保險事故의 發生을 안 때에는 遲滯없이 保險者에게 그 通知를 發送하여야 한다.

第658條 (保險金額의 支給) 保險者는 保險金額의 支給에 關하여 約定期間이 있는 때에는 그 期間內에, 約定期間이 없는 때에는 前條의 通知를 받은 날로부터 10日內에 保險金額을 保險受益者에게 支給하여야 한다.

第659條 (保險者의 免責事由) ①保險事故가 保險契約者 또는 被保險者나 保險受益者의 故意 또는 重大한 過失로 因하여 생긴 때에는 保險者는 保險金額을 支給할 責任이 없다.
②死亡 또는 傷害를 保險事故로 한 保險契約에는 事故가 保險契約者 또는 被保險者나 保險受益者의 重大한 過失로 因하여 생긴 境遇에도 保險者는 保險金額을 支給할 責任을 免하지 못한다. 그러나 死刑의 執行으로 因하여 死亡한 때에는 그러하지 아니하다.

第660條 (戰爭危險等으로 因한 免責) 保險事故가 戰爭 其他의 變亂으로 因하여 생긴 때에는 當事者間에 다른 約定이 없으면 保險者는 保險金額을 支給할 責任이 없다.

第661條 (再保險) 保險者는 保險事故로 因하여 負擔할 責任에 對하여 다른 保險者와 再保險契約을 締結할 수 있다. 再保險契約은 原保險契約의 效力에 影響을 미치지 아니한다.

第662條 (消滅時效) 保險金額의 請求權과 保險料 또는 積立金의 返還請求權은 2年間, 保險料의 請求權은 1年間 行使하지 아니하면 消滅時效가 完成한다.

第663條 (保險契約者等의 不利益變更禁止) 本章의 規定은 當事者間의 特約으로 保險契約者 또는 被保險者나 保險受益者의 不利益으로 變更하지 못한다.

第664條 (相互保險에의 準用) 本編의 規定은 그 性質이 相反되지 아니하는 限度에서 相互保險에 準用한다.

第2章 損害保險

第1節 通 則

第665條 (損害保險者의 責任) 損害保險契約의 保險者는 保險事故로 因하여 생길 被保險者의 財産上의 損害를 補償할 責任이 있다.

第666條 (損害保險證券) 損害保險證券에는 다음의 事項을 記載하고 保險者가 記名捺印하여야 한다.
1. 保險의 目的
2. 保險事故의 性質
3. 保險金額
4. 保險料와 그 支給方法
5. 保險期間을 定한 때에는 그 始期와 終期
6. 無效와 失權의 事由
7. 保險契約者의 住所와 姓名 또는 商號
8. 保險契約의 年月日
9. 保險證券의 作成地와 그 作成年月日

第667條 (喪失利益等의 不算入) 保險事故로 因하여 喪失된 被保險者가 얻을 利益이나 報酬는 當事者間에 다른 約定이 없으면 保險者가 補償할 損害額에 算入하지 아니한다.

第668條 (保險契約의 目的) 保險契約은 金錢으로 算定할 수 있는 利益에 限하여 保險契約의 目的으로 할 수 있다.

第669條 (超過保險) ①保險金額이 保險契約의 目的의 價額을 顯著하게 超過한 때에는 保險者 또는 保險契約者는 保險料와 保險金額의 減額을 請求할 수 있다. 그러나, 保險料의 減額은 將來에 對하여서만 그 效力이 있다.
②前項의 價額은 契約當時의 價額에 依하여 定한다.
③保險價額이 保險期間中에 顯著하게 減少된 때에도 第1項과 같다.
④第1項의 境遇에 契約이 保險契約者의 詐欺로 因하여 締結된 때에는 그 契約은 無效로 한다. 그러나 保險者는 그 事實을 안

때까지의 保險料를 請求할 수 있다.

第670條 (旣評價保險) 當事者間에 保險價額을 定한 때에는 그 價額은 事故發生時의 價額으로 定한 것으로 推定한다. 그러나, 그 價額이 事故發生時의 價額을 顯著하게 超過할 때에는 事故發生時의 價額을 保險價額으로 한다.

第671條 (未評價保險) 當事者間에 保險價額을 定하지 아니한 때에는 事故發生時의 價額을 保險價額으로 한다.

第672條 (重複保險) ①同一한 目的과 同一한 事故에 關하여 數個의 保險契約이 同時에 또는 順次로 締結된 境遇에 그 保險金總額이 保險價額을 超過한 때에는 保險者는 各自의 保險金額의 比率에 따라 保險金額의 限度에서 補償할 責任을 진다. 이 境遇에는 各保險者는 各自의 保險金額의 限度에서 連帶責任이 있다.

②前項의 境遇에는 保險契約者는 各保險者에 對하여 各保險契約의 內容을 通知하여야 한다.

③第669條第4項의 規定은 第1項의 保險契約에 準用한다.

第673條 (重複保險과 保險者 1人에 對한 權利拋棄) 前條의 規定에 依한 數個의 保險契約을 締結한 境遇에 保險者 1人에 對한 權利의 拋棄는 다른 保險者의 權利義務에 影響을 미치지 아니한다.

第674條 (一部保險) 保險價額의 一部를 保險에 붙인 境遇에는 保險者는 保險金額의 保險價額에 對한 比率에 따라 補償할 責任을 진다.

第675條 (事故發生 後의 目的滅失과 補償責任) 保險의 目的에 關하여 保險者가 負擔할 損害가 생긴 境遇에는 그 後 그 目的이 保險者가 負擔하지 아니하는 危險의 發生으로 因하여 滅失된 때에도 保險者는 이미 생긴 損害를 補償할 責任을 免하지 못한다.

第676條 (損害額의 算定基準) ①保險者가 補償할 損害額은 그 損害가 發生한 때와 곳의 價額에 依하여 算定한다.

②前項의 損害額의 算定에 關한 費用은 保險者의 負擔으로 한다.

第677條 (保險料滯納과 補償額의 控除) 保險者가 損害를 補償할 境遇에 保險料의 支給을 받지 아니한 殘額이 있으면 그 支給期日이 到來하지 아니한 때라도 補償할 金額에서 이를 控除할 수 있다.

第678條 (保險者의 免責事由) 保險의 目的의 性質, 瑕疵 또는 自然消耗로 因한 損害는 保險者가 이를 補償할 責任이 없다.

第679條 (保險目的의 讓渡) 被保險者가 保險의 目的을 讓渡한 때에는 保險契約으로 因하여 생긴 權利를 同時에 讓渡한 것으로 推定한다.

第680條 (損害防止義務) ①保險契約者와 被保險者는 損害의 防止에 努力하여야 한다. 그러나 이를 爲하여 必要 또는 有益하였던 費用과 補償額이 保險金額을 超過한 境遇라도 保險者가 이를 負擔한다.

②第674條의 規定은 前項但書의 境遇에 準用한다.

第681條 (保險目的에 關한 保險代位) 保險의 目的의 全部가 滅失한 境遇에 保險金額의 全部를 支給한 保險者는 그 目的에 對한 被保險者의 權利를 取得한다. 그러나, 保險價額의 一部를 保險에 붙인 境遇에는 保險者가 取得할 權利는 保險金額의 保險價額에 對한 比率에 따라 이를 定한다.

第682條 (第三者에 對한 保險代位) 損害가 第三者의 行爲로 因하여 생긴 境遇에 保險金額을 支給한 保險者는 그 支給한 金額의 限度에서 그 第三者에 對한 保險契約者 또는 被保險者의 權利를 取得한다. 그러나, 保險者가 補償할 保險金額의 一部를 支給한 때에는 被保險者의 權利를 害하지 아니하는 範圍內에서 그 權利를 行使할 수 있다.

第2節 火災保險

第683條 (火災保險者의 責任) 火災保險契約의 保險者는 火災로 因하여 생긴 損害를 補償할 責任이 있다.

第684條 (消防等의 措置로 因한 損害의 補償) 保險者는 火災의 消防 또는 損害의 減少에 必要한 措置로 因하여 생긴 損害를 補償할 責任이 있다.

第685條 (火災保險證券) 火災保險證券에는 第666條에 揭記한 事項外에 다음의 事項을 記載하여야 한다.

1. 建物을 保險의 目的으로 한 때에는 그 所在地, 構造와 用途
2. 動産을 保險의 目的으로 한 때에는 그 存

置한 場所의 狀態와 用途
3. 保險價額을 定한 때에는 그 價額

第686條 (集合保險의 目的) 集合된 物件을 一括하여 保險의 目的으로 한 때에는 被保險者의 家族과 使用人의 物件도 保險의 目的에 包含된 것으로 한다. 이 境遇에는 그 保險은 그 家族 또는 使用人을 爲하여서도 締結한 것으로 본다.

第687條 (同前) 集合된 物件을 一括하여 保險의 目的으로 한 때에는 그 目的에 屬한 物件이 保險期間中에 隨時로 交替된 境遇에도 保險事故의 發生時에 現存한 物件은 保險의 目的에 包含된 것으로 한다.

第3節 運送保險

第688條 (運送保險者의 責任) 運送保險契約의 保險者는 다른 約定이 없으면 運送人이 運送物을 受領한 때로부터 受荷人에게 引渡할 때까지 생길 損害를 補償할 責任이 있다.

第689條 (運送保險의 保險價額) ①運送物의 保險에 있어서는 發送한 때와 곳의 價額과 到着地까지의 運賃 其他의 費用을 保險價額으로 한다.

②運送物의 到着으로 因하여 얻을 利益은 約定이 있는 때에 限하여 保險價額中에 算入한다.

第690條 (運送保險證券) 運送保險證券에는 第666條에 揭記한 事項外에 다음의 事項을 記載하여야 한다.

1. 運送의 路順과 方法
2. 運送人의 住所와 姓名 또는 商號
3. 運送物의 受領과 引渡의 場所
4. 運送期間을 定한 때에는 그 期間
5. 保險價額을 定한 때에는 그 價額

第691條 (運送의 中止나 變更과 契約效力) 保險契約은 다른 約定이 없으면 運送의 必要에 依하여 一時運送을 中止하거나 運送의 路順 또는 方法을 變更한 境遇에도 그 效力을 잃지 아니한다.

第692條 (運送補助者의 故意, 重過失과 保險者의 免責) 保險事故가 送荷人 또는 受荷人의 故意 또는 重大한 過失로 因하여 發生한 때에는 保險者는 이로 因하여 생긴 損害를 補償할 責任이 없다.

第4節 海上保險

第693條 (海上保險者의 責任) 海上保險契約의 保險者는 航海에 關한 事故로 因하여 생길 損害를 補償할 責任이 있다.

第694條 (共同海損分擔額의 補償) 保險者는 被保險者가 支給할 共同海損의 分擔額을 補償할 責任이 있다. 그러나, 保險價額의 一部를 保險에 붙인 境遇에는 保險者의 負擔額은 保險金額의 保險價額에 對한 比率에 따라 이를 定한다.

第695條 (海上保險證券) 海上保險證券에는 第666條에 揭記한 事項外에 다음의 事項을 記載하여야 한다.

1. 船舶을 保險에 붙인 때에는 그 船舶의 名稱, 國籍과 種類, 船長의 姓名, 發航港과 到着港, 寄航할 豫定이 있는 때에는 그 寄航港
2. 積荷를 保險에 붙이거나 積荷의 到着으로 因하여 얻을 利益 또는 報酬를 保險에 붙인 境遇에는 船舶의 名稱, 國籍과 種類, 船積港과 揚陸港
3. 保險價額을 定한 때에는 그 價額

第696條 (船舶保險의 保險價額과 保險目的) ①船舶의 保險에 있어서는 保險者의 責任이 開始될 때의 船舶價額을 保險價額으로 한다.

②前項의 境遇에는 船舶의 屬具, 燃料, 糧食 其他 航海에 必要한 모든 物件은 保險의 目的에 包含된 것으로 한다.

第697條 (積荷保險의 保險價額) 積荷의 保險에 있어서는 船積한 때와 곳의 價額과 船積 및 保險에 關한 費用을 保險價額으로 한다.

第698條 (希望利益保險의 保險價額) 積荷의 到着으로 因하여 얻을 利益 또는 報酬의 保險에 있어서는 契約으로 保險價額을 定하지 아니한 때에는 保險金額을 保險價額으로 한 것으로 推定한다.

第699條 (海上保險의 保險期間의 開始) ①航海單位로 船舶을 保險에 붙인 境遇에는 保險者의 責任은 荷物 또는 底荷의 船積에 着手한 때에 開始한다.

②積荷를 保險에 붙이거나 積荷의 到着으로 因하여 얻을 利益 또는 報酬를 保險에 붙인 境遇에는 保險者의 責任은 그 荷物의 船積에 着手한 때에 開始한다.

③荷物 또는 底荷의 船積에 着手한 後에 前2項의 保險契約이 締結된 때에는 保險者의 責任은 契約이 成立한 때에 開始한다.

第700條 (海上保險의 保險期間의 終了) 保險者의 責任은 前條第1項의 境遇에는 到着港에서 荷物 또는 底荷를 揚陸한 때에, 前條第2項의 境遇에는 荷物을 揚陸한 때에 終了한다. 그러나 不可抗力으로 因하지 아니하고 揚陸이 遲延된 때에는 그 揚陸이 普通終了될 때에 終了된 것으로 한다.

第701條 (航海變更의 效果) ①保險者의 責任이 開始하기 前에 航海를 變更한 때에는 保險契約은 그 效力을 잃는다.

②保險者의 責任이 開始한 後에 保險契約者 또는 被保險者의 責任있는 事由로 因하여 航海를 變更한 때에는 保險者는 그 變更後의 事故에 對하여 責任을지지 아니한다.

③到着港을 變更하여 그 航海를 開始한 境遇에는 그 航行이 原航路를 떠나지 아니한 때라도 航海를 變更한 것으로 본다.

第702條 (危險의 顯著한 變更等의 效果) 被保險者가 不可抗力 또는 正當한 事由없이 發航 또는 航海를 懈怠하거나 航路의 變更 其他의 方法으로 危險을 顯著하게 變更 또는 增加하게 한 때에는 保險者는 그 變更 또는 增加後의 事故에 對하여 責任을 지지 아니한다. 그러나, 그 危險의 變更 또는 增加가 事故의 發生에 影響을 미치지 아니한 때에는 그러하지 아니하다.

第703條 (船舶變更의 效果) 積荷를 保險에 붙이거나 積荷의 到着으로 因하여 얻을 利益이나 報酬를 保險에 붙인 境遇에 保險契約者 또는 被保險者의 責任있는 事由로 因하여 船舶을 變更한 때에는 그 變更後의 事故에 對하여 責任을 지지 아니한다.

第704條 (船舶未確定의 豫定保險) ①保險契約의 締結當時에 荷物을 積載할 船舶을 指定하지 아니한 境遇에 保險契約者 또는 被保險者가 그 荷物이 船積되었음을 안 때에는 遲滯없이 保險者에 對하여 그 船舶의 名稱과 國籍의 通知를 發送하여야 한다.

②保險契約者 또는 被保險者가 前項의 通知를 懈怠한 때에는 保險契約은 그 效力을 잃는다.

第705條 (船長變更의 效果) 保險契約에서 船長이 指定된 境遇에도 船長의 變更은 契約의 效力에 影響을 미치지 아니한다.

第706條 (海上保險者의 免責事由) 保險者는 다음의 損害와 費用을 補償할 責任이 없다.

1. 船舶 또는 運賃을 保險에 붙인 境遇에는 發航當時 安全하게 航海를 하기에 必要한 準備를 하지 아니하거나 必要한 書類를 備置하지 아니함으로 因하여 생긴 損害
2. 積荷를 保險에 붙이거나 積荷의 到着으로 因하여 얻을 利益 또는 報酬를 保險에 붙인 境遇에는 傭船者, 送荷人 또는 受荷人의 故意 또는 重大한 過失로 因하여 생긴 損害
3. 導船料, 入港料, 燈臺料, 檢疫料 其他 船舶 또는 積荷에 關한 航海中의 通常費用

第707條 (少額의 損害나 費用에 對한 免責) ①共同海損이 아닌 損害 또는 費用이 그 計算에 關한 費用을 算入하지 아니하고 保險價額의 100分의2를 超過하지 아니하는 때에는 保險者는 이를 補償할 責任이 없다.

②前項의 損害 또는 費用이 保險價額의 100分의2를 超過한 때에는 保險者는 그 全額을 支給하여야 한다.

③前2項의 規定은 當事者가 契約으로써 保險者가 負擔하지 아니하는 損害 또는 費用의 比率을 定한 때에 準用한다.

④前3項에 定한 比率은 航海單位로 計算한다.

第708條 (積荷의 一部損害의 補償) 保險의 目的인 積荷가 毁損되어 揚陸港에 到着한 때에는 保險者는 그 毁損된 狀態의 價額과 毁損되지 아니한 狀態의 價額과의 比率에 따라 保險價額의 一部에 對한 損害를 補償할 責任이 있다.

第709條 (積荷賣却으로 因한 損害의 補償) ①航海途中에 不可抗力으로 保險의 目的인 積荷를 賣却한 때에는 保險者는 그 代金에서 運賃 其他 必要한 費用을 控除한 金額과 保險價額과의 差額을 補償하여야 한다.

②前項의 境遇에 買受人이 代金을 支給하지 아니한 때에는 保險者는 그 金額을 支給하여야 한다. 保險者가 그 金額을 支給한 때에는 被保險者의 買受人에 對한 權利를 取得한다.

第710條 (保險委付의 原因) 다음의 境遇에는 被保險者는 保險의 目的을 保險者에게 委付

하고 保險金額의 全部를 請求할 수 있다.
1. 船舶이 沈沒된 때
2. 船舶의 行方이 不明한 때
3. 船舶이 修繕할 수 없게 된 때
4. 船舶 또는 積荷가 捕獲된 때
5. 船舶 또는 積荷가 官公署에 押收되어 6月 以上 還付되지 아니한 때

第711條 (船舶의 行方不明) ①船舶의 存否가 3月間 分明하지 아니한 때에는 그 船舶의 行方이 不明한 것으로 한다.
②保險期間의 定함이 있는 境遇에 그 期間이 前項의 期間內에 經過한 境遇라도 被保險者는 委付를 할 수 있다. 그러나, 船舶이 保險期間內에 滅失되지 아니한 證明이 있는 때에는 그 委付는 無效로 한다.

第712條 (代船에 依한 運送의 繼續과 委付權의 消滅) 第710條第3號의 境遇에 船長이 遲滯없이 다른 船舶으로 積荷의 運送을 繼續한 때에는 被保險者는 그 積荷를 委付할 수 없다.

第713條 (委付의 通知) ①被保險者가 委付를 하고자 할 때에는 第710條第1號, 第3號와 第4號의 境遇에는 그 事由를 안 날로부터, 第2號의 境遇에는 第711條第1項의 期間이 經過한 날로부터, 第5號의 境遇에는 그 期間이 經過한 날로부터 2月內에 保險者에 對하여 그 通知를 發送하여야 한다.
②再保險의 境遇에는 前項의 期間은 그 被保險者가 自己의 被保險者로부터 委付의 通知를 받은 날로부터 起算한다.

第714條 (委付權行使의 要件) ①委付는 無條件이어야 한다.
②委付는 保險의 目的의 全部에 對하여 이를 하여야 한다. 그러나 委付의 原因이 그 一部에 對하여 생긴 때에는 그 部分에 對하여서만 이를 할 수 있다.
③保險價額의 一部를 保險에 붙인 境遇에는 委付는 保險金額의 保險價額에 對한 比率에 따라서만 이를 할 수 있다.

第715條 (다른 保險契約等에 關한 通知) ①被保險者가 委付를 함에 있어서는 保險者에 對하여 保險의 目的에 關한 다른 保險契約과 그 負擔에 屬한 債務의 有無와 그 種類 및 內容을 通知하여야 한다.
②保險者는 前項의 通知를 받을 때까지 保險金額의 支給을 拒否할 수 있다.
③保險金額의 支給에 關한 期間의 約定이 있는 때에는 그 期間은 第1項의 通知를 받은 날로부터 起算한다.

第716條 (委付의 承認) 保險者가 委付를 承認한 後에는 그 委付에 對하여 異議를 하지 못한다.

第717條 (委付의 不承認) 保險者가 委付를 承認하지 아니한 때에는 被保險者는 委付의 原因을 證明하지 아니하면 保險金額의 支給을 請求하지 못한다.

第718條 (委付의 效果) ①保險者는 委付로 因하여 그 保險의 目的에 關한 被保險者의 모든 權利를 取得한다.
②被保險者가 委付를 한 때에는 保險의 目的에 關한 모든 書類를 保險者에게 交付하여야 한다.

第5節 責任保險

第719條 (責任保險者의 責任) 責任保險契約의 保險者는 被保險者가 保險期間中의 事故로 因하여 第三者에게 賠償할 責任을 진 境遇에 이를 補償할 責任이 있다.

第720條 (被保險者가 支出한 防禦費用의 負擔) ①被保險者가 第三者의 請求를 防禦하기 爲하여 支出한 裁判上 또는 裁判外의 必要費用은 保險의 目的에 包含된 것으로 한다. 被保險者는 保險者에 對하여 그 費用의 先給을 請求할 수 있다.
②被保險者가 擔保의 提供 또는 供託으로써 裁判의 執行을 免할 수 있는 境遇에는 保險者에 對하여 保險金額의 限度內에서 그 擔保의 提供 또는 供託을 請求할 수 있다.
③前2項의 行爲가 保險者의 指示에 依한 것인 境遇에는 그 金額에 損害額을 加算한 金額이 保險金額을 超過하는 때에도 保險者가 이를 負擔하여야 한다.

第721條 (營業責任保險의 目的) 被保險者가 經營하는 事業에 關한 責任을 保險의 目的으로 한 때에는 被保險者의 代理人 또는 그 事業監督者의 第三者에 對한 責任도 保險의 目的에 包含된 것으로 한다.

第722條 (被保險者의 事故通知義務) 被保險者가 第三者로부터 賠償의 請求를 받은 때에는 遲滯없이 保險者에게 그 通知를 發送하여야 한다.

第723條 (被保險者의 辨濟等의 通知와 保險金額의 支給) ①被保險者가 第三者에 對하여 辨濟, 承認, 和解 또는 裁判으로 因하여 債務가 確定된 때에는 遲滯없이 保險者에게 그 通知를 發送하여야 한다.

②保險者는 特別한 期間의 約定이 없으면 前項의 通知를 받은 날로부터 10日內에 保險金額을 支給하여야 한다.

③被保險者가 保險者의 同意없이 第三者에 對하여 辨濟, 承認 또는 和解를 한 境遇에는 保險者가 그 責任을 免하게 되는 合意가 있는 때에도 그 行爲가 顯著하게 不當한 것이 아니면 保險者는 補償할 責任을 免하지 못한다.

第724條 (保險者와 第三者와의 關係) ①保險者는 被保險者가 責任을 질 事故로 因하여 생긴 損害에 對하여 第三者가 그 賠償을 받기 前에는 保險金額의 全部 또는 一部를 被保險者에게 支給하지 못한다.

②保險者는 保險契約者에게 通知를 하거나 保險契約者의 請求가 있는 때에는 第三者에게 保險金額의 全部 또는 一部를 直接支給할 수 있다.

第725條 (保管者의 責任保險) 賃借人 其他 他人의 物件을 保管하는 者가 그 支給할 損害賠償을 爲하여 그 物件을 保險에 붙인 境遇에는 그 物件의 所有者는 保險者에 對하여 直接 그 損害의 補償을 請求할 수 있다.

第726條 (再保險에의 適用) 本節의 規定은 再保險契約에 適用한다.

第3章 人保險

第1節 通 則

第727條 (人保險者의 責任) 人保險契約의 保險者는 生命 또는 身體에 關하여 保險事故가 생길 境遇에 保險契約의 定하는 바에 따라 保險金額 其他의 給與를 할 責任이 있다.

第728條 (人保險證券) 人保險證券에는 第666條에 揭記한 事項外에 다음의 事項을 記載하여야 한다.

1. 保險契約의 種類
2. 被保險者의 住所와 姓名
3. 保險受益者를 定한 때에는 住所와 姓名

第729條 (第三者에 對한 保險代位의 禁止) 保險者는 保險事故로 因하여 생긴 保險契約者 또는 保險受益者의 第三者에 對한 權利를 代位하여 行使하지 못한다.

第2節 生命保險

第730條 (生命保險者의 責任) 生命保險契約의 保險者는 被保險者의 生命에 關한 保險事故가 생길 境遇에 約定한 保險金額을 支給할 責任이 있다.

第731條 (他人의 生命의 保險) ①他人의 死亡을 保險事故로 하는 保險契約에는 被保險者의 同意를 얻어야 한다.

②保險契約으로 因하여 생긴 權利를 被保險者가 아닌 者에게 讓渡하는 境遇에도 前項과 같다.

第732條 (18歲未滿者等에 對한 契約의 禁止) 18歲未滿者, 心身喪失者 또는 心神薄弱者의 死亡을 保險事故로 한 保險契約은 無效로 한다.

第733條 (保險受益者의 指定 또는 變更의 權利) ①保險契約者는 保險受益者를 指定 또는 變更할 權利가 있다.

②保險契約者가 前項의 指定權을 行使하지 아니하고 死亡한 때에는 被保險者를 保險受益者로 하고 保險契約者가 前項의 變更權을 行使하지 아니하고 死亡한 때에는 保險受益者의 權利가 確定된다. 그러나, 保險契約者가 死亡한 境遇에는 그 承繼人이 前項의 權利를 行使할 수 있다는 約定이 있는 때에는 그러하지 아니하다.

③保險受益者가 保險存續中에 死亡한 때에는 保險契約者는 다시 保險受益者를 指定할 수 있다. 이 境遇에 保險契約者가 指定權을 行使하지 아니하고 死亡한 때에는 保險受益者의 相續人을 保險受益者로 한다.

第734條 (保險受益者指定權等의 通知) ①保險契約者가 契約締結後에 保險受益者를 指定 또는 變更할 때에는 保險者에 對하여 그 通知를 하지 아니하면 이로써 保險者에게 對抗하지 못한다.

②第731條第2項의 規定은 前項의 指定 또는 變更에 準用한다.

第735條 (養老保險) 被保險者의 死亡을 保險事故로 한 保險契約에는 事故의 發生없이 保險期間이 終了한 때에도 保險金額을 支給할 것을 約定할 수 있다.

第736條 (保險積立金返還義務等) ①第649條

乃至 第655條의 規定에 依하여 保險契約이 解止된 때, 第659條와 第660條의 規定에 依하여 保險金額의 支給責任이 免除된 때에는 保險者는 保險受益者를 爲하여 積立한 金額을 保險契約者에게 支給하여야 한다. 그러나 다른 約定이 없으면 第659條第1項의 保險事故가 保險契約者에 依하여 생긴 境遇에는 그러하지 아니하다.

②前項의 規定에 依한 保險者의 義務는 2年을 經過하면 消滅時效가 完成한다.

第3節 傷害保險

第737條 (傷害保險者의 責任) 傷害保險契約의 保險者는 身體의 傷害에 關한 保險事故가 생길 境遇에 保險金額 其他의 給與를 할 責任이 있다.

第738條 (傷害保險證券) 傷害保險의 境遇에 被保險者와 保險契約者가 同一人이 아닐 때에는 그 保險證券記載事項中 第728條第2號에 揭記한 事項에 갈음하여 被保險者의 職務 또는 職位만을 記載할 수 있다.

第739條 (準用規定) 傷害保險에 關하여는 第732條를 除外하고 生命保險에 關한 規定을 準用한다.

第5編 海 商

第1章 船 舶

第740條 (船舶의 意義) 本法에서 船舶이라 함은 商行爲 其他 營利를 目的으로 航海에 使用하는 船舶을 이른다.

第741條 (短艇 또는 櫓櫂船) 本編의 規定은 短艇 또는 主로 櫓櫂로 運轉하는 船舶에 適用하지 아니한다.

第742條 (船舶의 從物) 船舶의 屬具目錄에 記載한 物件은 船舶의 從物로 推定한다.

第743條 (船舶에 關한 權利의 移轉) 船舶에 關한 權利의 移轉은 當事者間의 合意만으로써 效力이 생긴다. 그러나, 이를 登記하고 船舶國籍證書에 記載하지 아니하면 第三者에게 對抗하지 못한다.

第744條 (船舶의 押留, 假押留) 航海의 準備를 完了한 船舶과 그 屬具는 押留 또는 假押留를 하지 못한다. 그러나 航海를 準備하기 爲하여 생긴 債務에 對하여는 그러하지 아니하다.

第745條 (小型船舶) 前2條의 規定은 總톤數20톤未滿의 船舶에 適用하지 아니한다.

第2章 船舶所有者

第746條 (船舶所有者의 有限責任) 船舶所有者는 航海에 使用한 船舶과 그 屬具, 運賃, 그 船舶에 關한 損害賠償 또는 報酬의 請求權 其他 航海附屬物의 價額을 限度로 그 航海에 關하여 생긴 다음의 事項의 責任을 진다.

1. 船長, 海員, 導船士 其他의 船舶使用人의 故意 또는 過失로 因하여 第三者에게 加한 損害의 賠償
2. 運送하기 爲하여 船長에게 引度된 運送物 또는 그 船內에 있는 모든 物件에 對한 損害의 賠償
3. 船荷證券으로 因한 債務
4. 運送契約履行中의 航海過失로 因한 損害의 賠償
5. 沈沒船舶의 破損物除去의 義務와 이에 關聯한 債務
6. 海難求助와 船舶引揚에 對한 報酬
7. 共同海損에 對한 船舶所有者의 分擔債務
8. 船長이 船籍港外에서 船舶保存 또는 航海繼續의 現實的 必要로 그 法定權限에 依하여 締結한 契約 또는 處分行爲로 因하여 생긴 債務, 그러나 그 必要가 航海準備의 不充分으로 裝備 또는 補給品의 不足이나 缺陷으로 因한 것인 때에는 그러하지 아니하다.

第747條 (責任의 限度) 前條의 責任은 第1號 乃至 第5號의 債務에 對하여 그 船舶積量 每톤當 15萬환의 總額을 超過하지 못한다.

第748條 (有限責任의 排除) 前2條의 規定은 다음의 債務에 對한 船舶所有者의 責任에 適用하지 아니한다.

1. 船舶所有者의 故意 또는 過失로 因한 債務
2. 船舶所有者가 第746條第8號의 行爲를 許可 또는 追認한 境遇의 債務
3. 船長, 海員 其他의 船舶使用人에 對한 雇傭契約으로 因한 債務

第749條 (船舶等의 價額에 對한 證明과 評價의 基準) ①第746條의 規定에 依하여 責任의 制限을 主張하는 船舶所有者는 船舶, 運賃과

附屬物의 價額을 證明하여야 한다.

②船舶의 評價는 다음의 時期에 있어서의 船舶狀態를 基準으로 한다.

1. 衝突 其他의 事故의 境遇에는 이와 關聯되는 모든 債權으로서 事故後 最初의 港口에 到着할 때까지 생긴 것에 對하여는 最初의 港口에 到着하였을 때의 船舶狀態에 依한다. 이 境遇에는 契約으로 因한 債權을 包含한다. 위의 時期 以前에 前事故와 關聯없는 새로운 事故가 船舶의 價額을 減少시킨 때에는 그 價額의 減少는 前事故에 關聯되는 債權에 對하여는 이를 算入하지 아니한다. 船舶이 港口에 碇船中에 생긴 事故에 對하여는 事故後 그 港口에서의 船舶狀態에 依한다.
2. 前號의 境遇를 除外하고 積荷에 關한 債權 또는 船荷證券으로 因하여 생긴 債權에 對하여는 積荷의 目的港 또는 航海를 中止한 곳에서의 船舶狀態에 依한다. 積荷의 目的港이 數個인 境遇에 損害가 같은 原因에서 생긴 때에는 最初의 港口에서의 船舶狀態에 依한다.
3. 第746條에 規定한 以外의 모든 境遇에 있어서는 그 航海를 終了한 때에 있어서의 船舶狀態에 依한다.

③運賃은 定額으로 하고 發航時에 있어서의 船舶價額의 100分의 10으로 한다. 그 航海에서 定額의 運賃을 얻지 못한 境遇에도 그 定額을 支給하여야 한다.

④ 船舶이 航海의 開始後에 입은 物質上의 損害로서 아직 賠償 받지 아니한 것에 對한 請求權은 船舶附屬物로 한다. 保險金, 奬勵金, 補助金 其他의 國家援助金은 船舶附屬物로 하지 아니한다.

第750條 (死亡·傷害의 境遇의 責任의 限度) ①船長, 海員, 導船士 其他의 船舶使用人의 故意 또는 過失로 因하여 생긴 死亡 또는 身體의 傷害의 境遇에는 船舶所有者는 被害者 또는 그 利害關係人에 對하여 第747條의 規定에 依한 限度를 超過하여 船舶의 積量 每톤當 15萬환의 總額을 限度로 責任을 진다. 同一한 事故의 被害者 또는 그 利害關係人은 責任範圍의 金額에 對하여 競合한다.

②被害者 또는 利害關係人이 前項의 限度內에서 그 賠償額을 다 받지 못한 때에는 그 殘額에 關하여는 第747條의 規定에 依한 金額에 對하여 다른 債權者와 競合한다. 이 境遇에는 優先特權의 順位에 影響을 미치지 아니한다.

③前2項의 規定에 依한 責任의 制限은 船長, 海員 其他의 船舶使用人에 對하여는 適用하지 아니한다.

④第1項의 規定은 旅客의 運送에 從事하지 아니하는 積量3百톤未滿의 船舶所有者가 旅客의 死亡 또는 身體의 傷害로 因한 責任을 지는 境遇에는 適用하지 아니한다.

第751條 (船舶積量톤數의 計算方法) 船舶의 積量의 톤數는 다음과 같이 計算한다.

1. 汽船과 其他의 發動機船에 있어서는 純톤數를 定하기 爲하여 總톤數에서 控除된 發動機가 차지하고 있는 容積을 純톤數에 加算한것
2. 前號外의 모든 船舶에 있어서는 純톤數

第752條 (同時船長인 境遇의 責任에 關한 特則) 船舶所有者나 共有者가 船長인 때에는 單純한 航海上의 過失 또는 海員 其他의 船舶使用人의 過失의 境遇以外에는 船長의 過失에 對하여 그 責任의 制限을 主張하지 못한다.

第753條 (船舶共有者의 業務決定) ①共有船舶의 利用에 關한 事項은 共有者의 持分의 價格에 따라 그 過半數로 決定한다.

②船舶共有에 關한 契約을 變更하는 事項은 共有者의 全員一致로 決定하여야 한다.

第754條 (船舶共有와 費用의 負擔) 船舶共有者는 그 持分의 價格에 따라 船舶의 利用에 關한 費用과 利用에 關하여 생긴 債務를 負擔한다.

第755條 (損益分配) 損益의 分配는 每航海의 終了後에 있어서 船舶共有者의 持分의 價格에 따라서 한다.

第756條 (持分의 讓渡) 船舶共有者間에 組合關係가 있는 境遇에도 各共有者는 다른 共有者의 承諾없이 그 持分을 他人에게 讓渡할 수 있다. 그러나 船舶管理人의 境遇에는 그러하지 아니하다.

第757條 (共有船舶의 國籍喪失과 持分의 買受 또는 競賣請求) ①船舶共有者의 持分의 移轉 또는 國籍喪失로 因하여 船舶이 大韓民國의 國籍을 喪失할 때에는 다른 共有者는 相當한

代價로 그 持分을 買受하거나 그 競賣를 法院에 請求할 수 있다.

②社員의 持分의 移轉으로 會社의 所有에 屬하는 船舶이 大韓民國의 國籍을 喪失할 때에는 合名會社에 있어서는 다른 社員, 合資會社에 있어서는 다른 無限責任社員이 相當한 代價로 그 持分을 買受할 수 있다.

第758條 (決議反對者의 持分買受請求權) ①船舶共有者가 新航海를 開始하거나 船舶을 大修繕할 것을 決議한 때에는 그 決議에 異議가 있는 共有者는 다른 共有者에 對하여 相當한 價格으로 自己의 持分을 買受할 것을 請求할 수 있다.

②前項의 請求를 하고자 하는 者는 그 決議가 있은 날로부터, 決議에 參加하지 아니한 境遇에는 決議通知를 받은 날로부터 3日內에 다른 共有者 또는 船舶管理人에 對하여 그 通知를 發送하여야 한다.

第759條 (航海中船舶等의 讓渡) 航海中에 있는 船舶이나 그 持分을 讓渡한 境遇에 當事者間에 다른 約定이 없으면 讓受人이 그 航海로부터 생긴 利益을 얻고 損失을 負擔한다.

第760條 (船舶管理人의 選任, 登記) ①船舶共有者는 船舶管理人을 選任할 수 있다. 船舶共有者가 아닌 者를 船舶管理人으로 選任함에는 共有者全員의 同意가 있어야 한다.

②船舶管理人의 選任과 그 代理權의 消滅은 이를 登記하여야 한다.

第761條 (船舶管理人의 權限) ①船舶管理人은 船舶의 利用에 關한 裁判上 또는 裁判外의 모든 行爲를 할 權限이 있다.

②船舶管理人의 代理權에 對한 制限은 善意의 第三者에게 對抗하지 못한다.

第762條 (船舶管理人의 權限의 制限) 船舶管理人은 船舶의 共有者의 書面에 依한 委任이 없으면 다음의 行爲를 하지 못한다.

1. 船舶을 讓渡, 賃貸 또는 擔保에 提供하는 일
2. 新航海를 開始하는 일
3. 船舶을 保險에 붙이는 일
4. 船舶을 大修繕하는 일
5. 借財하는 일

第763條 (帳簿의 記載, 備置) 船舶管理人은 特히 業務執行에 關한 帳簿를 備置하고 그 船舶의 利用에 關한 모든 事項을 記載하여야 한다.

第764條 (船舶管理人의 報告, 承認) 船舶管理人은 每航海의 終了後에 遲滯없이 그 航海의 經過狀況과 計算에 關한 書面을 作成하여 船舶共有者에게 報告하고 그 承認을 얻어야 한다.

第765條 (船舶賃借人의 登記請求權, 登記의 效力) ①船舶賃借人은 船舶所有者에 對하여 賃貸借登記에 協力할 것을 請求할 수 있다.

②船舶賃貸借를 登記한 때에는 그 때로부터 第三者에 對하여 效力이 생긴다.

第766條 (船舶賃借와 第三者에 對한 法律關係) ①船舶賃借人이 商行爲 其他 營利를 目的으로 船舶을 航海에 使用하는 境遇에는 그 利用에 關한 事項에는 第三者에 對하여 船舶所有者와 同一한 權利義務가 있다.

②前項의 境遇에 船舶의 利用에 關하여 생긴 優先特權은 船舶所有者에 對하여도 그 效力이 있다. 그러나 優先特權者가 그 利用의 契約에 反함을 안 때에는 그러하지 아니하다.

第3章 船 長

第767條 (船長의 選任, 解任) 船長은 船舶所有者가 選任 또는 解任한다.

第768條 (船長의 不當한 解任에 對한 損害賠償請求權) ①船舶所有者가 正當한 事由없이 船長을 解任한 때에는 船長은 이로 因하여 생긴 損害의 賠償을 請求할 수 있다.

②船長이 船舶共有者인 境遇에 그 意思에 反하여 解任된 때에는 다른 共有者에 對하여 相當한 價額으로 그 持分을 買受할 것을 請求할 수 있다.

③船長이 前項의 請求를 하고자 하는 때에는 遲滯없이 다른 共有者 또는 船舶管理人에 對하여 그 通知를 發送하여야 한다.

第769條 (船長의 繼續職務執行의 責任) 船長이 航海中에 解任 또는 任期가 滿了된 境遇에는 다른 船長이 그 業務를 處理할 수 있는 때 또는 그 船舶이 船籍港에 到着할 때까지 그 職務를 執行할 責任이 있다.

第770條 (職務上의 注意責任) ①船長은 그 職務執行에 關하여 過失이 없음을 證明하지 아니하면 船舶所有者, 傭船者, 送荷人 其他의 利害關係人에 對한 損害賠償의 責任을 免하지 못한다.

②船長의 職務執行이 船舶所有者의 指示에 따른 境遇에도 船舶所有者 以外의 利害關係人에 對한 前項의 責任을 免하지 못한다.

第771條 (海員의 選任監督의 責任) 船長은 海員의 選任監督에 過失이 없음을 證明하지 아니하면 海員의 그 職務執行에 關하여 他人에게 加한 損害賠償의 責任을 免하지 못한다.

第772條 (代船長의 選任의 責任) 船長이 不可抗力으로 因하여 그 職務를 執行하기가 不能한 때에 法令에 다른 規定이 있는 境遇를 除外하고는 自己의 責任으로 他人을 選定하여 船長의 職務를 執行하게 할 수 있다.

第773條 (代理權의 範圍) ①船籍港外에서는 船長은 航海에 必要한 裁判上 또는 裁判外의 모든 行爲를 할 權限이 있다.

②船籍港에서는 船長은 特히 委任을 받은 境遇外에는 海員의 雇傭과 解雇를 할 權限만을 가진다.

第774條 (特殊한 行爲에 對한 權限) ①船長은 船舶修繕料, 海難救助料 其他 航海의 繼續에 必要한 費用을 支給하여야 할 境遇外에는 다음의 行爲를 하지 못한다.

1. 船舶 또는 屬具를 擔保에 提供하는 일
2. 借財하는 일
3. 積荷의 全部나 一部를 處分하는 일

②積荷를 處分할 境遇의 損害賠償額은 그 積荷가 到達할 時期의 揚陸港의 價格에 依하여 이를 定한다. 그러나, 그 價格中에서 支給을 要하지 아니하는 費用을 控除하여야 한다.

第775條 (代理權에 對한 制限) 船長의 代理權에 對한 制限은 善意의 第三者에게 對抗하지 못한다.

第776條 (利害關係人을 爲한 積荷의 處分) ①船長이 航海中에 積荷를 處分하는 境遇에는 利害關係人의 利益을 爲하여 가장 適當한 方法으로 하여야 한다.

②前項의 境遇에 利害關係人은 船長의 處分으로 因하여 생긴 債權者에게 積荷의 價額을 限度로 하여 그 責任을 진다. 그러나, 그 利害關係人에게 過失이 있는 때에는 그러하지 아니하다.

第777條 (船舶競賣權) 船籍港外에서 船舶이 修繕하기 不能하게 될 때에는 船長은 海務官廳의 認可를 얻어 이를 競賣할 수 있다.

第778條 (船舶의 修繕不能) ①다음의 境遇에는 船舶은 修繕하기 不能하게 된 것으로 본다.

1. 船舶이 그 現在地에서 修繕을 받을 수 없으며 또 그 修繕을 할 수 있는 곳에 到達하기 不能한 때
2. 修繕費가 船舶의 價額의 4分의 3을 超過할 때

②前項第2號의 價額은 船舶이 航海中 毁損된 境遇에는 그 發港한 때의 價額으로 하고 其他의 境遇에는 그 毁損前의 價額으로 한다.

第779條 (報告, 計算의 義務) ①船長은 航海에 關한 重要한 事項을 遲滯없이 船舶所有者에게 報告하여야 한다.

②船長은 每航海를 終了한 때에는 그 航海에 關한 計算書를 遲滯없이 船舶所有者에게 提出하여 그 承認을 얻어야 한다.

③船長은 航海所有者의 請求가 있을 때에는 언제든지 航海에 關한 事項과 計算의 報告를 하여야 한다.

第4章 運　送

第1節 物件運送

第1款 通 則

第780條 (運送契約의 種類) 物件의 運送契約은 다음의 2種으로 한다.

1. 船舶의 全部 또는 一部를 物件의 運送에 提供함을 目的으로 하는 傭船契約
2. 個個의 物件의 運送을 目的으로 하는 契約

第781條 (傭船契約과 運送契約書) 傭船契約의 當事者는 相對方의 請求에 依하여 運送契約書를 交付하여야 한다.

第782條 (傭船契約과 船積準備完了의 通知, 船積期間) ①傭船契約을 締結한 境遇에는 船舶所有者는 運送物을 船積함에 必要한 準備가 完了된 때에는 遲滯없이 傭船者에게 그 通知를 發送하여야 한다.

②運送物을 船積할 期間의 約定이 있는 境遇에는 그 期間은 前項의 通知가 있은 날의 翌日로부터 起算한다. 이 期間에는 不可抗力으로 因하여 船積할 수 없는 날을 算入하지 아니한다.

③前項의 期間을 經過한 後 運送物을 船積한 때에는 船舶所有者는 相當한 報酬를 請求할 수 있다.

第783條 (第三者가 船積人인 境遇의 通知, 船積) 傭船者以外의 第三者가 運送物을 船積할 境遇에 船長이 그 第三者를 確知할 수 없거나 그 第三者가 運送物을 船積하지 아니한 때에는 船長은 遲滯없이 傭船者에게 그 通知를 發送하여야 한다. 이 境遇에는 船積期間內에 限하여 傭船者가 運送物을 船積할 수 있다.

第784條 (傭船者의 發航請求權, 船長의 發航權) ①傭船者는 運送物의 全部를 船積하지 아니한 境遇에도 船長에게 發航을 請求할 수 있다.

②船積期間의 經過後에는 傭船者가 運送物의 全部를 船積하지 아니한 境遇에도 船長은 卽時 發航할 수 있다.

③前2項의 境遇에는 傭船者는 運賃의 全額과 運送物의 全部를 船積하지 아니함으로 因하여 생긴 費用을 支給하고 또 船舶所有者의 請求가 있는 때에는 相當한 擔保를 提供하여야 한다.

第785條 (個品運送과 船積, 發航) ①個個의 物件을 運送契約의 目的으로 한 때에는 送荷人은 船長의 指示에 따라 遲滯없이 運送物을 船積하여야 한다.

②送荷人이 運送物의 船積을 懈怠한 때에는 船長은 卽時 發航할 수 있다. 이 境遇에는 送荷人은 運賃의 全額을 支給하여야 한다.

第786條 (運送에 必要한 書類의 交付) 傭船者 또는 送荷人은 船積期間內에 運送에 必要한 書類를 船長에게 交付하여야 한다.

第787條 (堪航能力注意義務) 船舶所有者는 自己 또는 船員 其他의 船舶使用人이 發航當時 다음의 事項에 關하여 注意를 懈怠하지 아니하였음을 證明하지 아니하면 運送物의 滅失, 毁損 또는 延着으로 因한 損害를 賠償할 責任을 免하지 못한다.

1. 船舶이 安全하게 航海를 할 수 있게 할 것.
2. 必要한 船員의 乘船, 船舶艤裝과 必要品의 補給
3. 船艙, 冷藏室 其他 運送物을 積載할 船舶의 部分을 運送物의 受領, 運送과 保存을 爲하여 適合한 狀態에 둘 것.

第788條 (運送物에 關한 注意義務) ①船舶所有者는 自己 또는 船員 其他의 船舶使用人이 運送物의 受領, 船積, 積付, 運送, 保管, 揚陸과 引渡에 關하여 注意를 懈怠함으로 因하여 생긴 運送物의 滅失, 毁損 또는 延着에 關한 損害를 賠償할 責任이 있다.

②前項의 規定은 船長, 海員, 導船士 其他의 船舶使用人의 航海 또는 船舶의 管理에 關한 行爲 또는 船舶에서의 火災로 因하여 생긴 損害에는 適用하지 아니한다. 그러나, 船舶所有者의 故意 또는 過失로 因한 火災를 除外한다.

第789條 (同前-免責事由) ①船舶所有者는 前條의 注意를 다하였음을 證明하지 아니하면 그 責任을 免하지 못한다.

②船舶所有者는 다음 各號의 事實이 있었다는 것과 運送物에 關한 損害가 그 事實로 因하여 普通 생길 수 있는 것임을 證明한 때에는 前項의 規定에 不拘하고 前條의 責任을 免한다. 그러나 同條의 注意를 다하였더라면 그 損害를 避할 수 있었음에도 不拘하고 그 注意를 다하지 아니하였음을 證明한 때에는 그러하지 아니하다.

1. 海上 其他 航行할 수 있는 水面에서의 危險 또는 事故
2. 不可抗力
3. 戰爭, 暴動 또는 內亂
4. 海賊行爲 其他 이에 準한 行爲
5. 裁判上의 押留, 檢疫上의 制限 其他 公權에 依한 制限
6. 送荷人 또는 運送物의 所有者나 그 使用人의 行爲
7. 同盟罷業 其他의 爭議行爲 또는 船舶閉鎖
8. 海上에서의 人命이나 財産의 救助行爲 또는 이로 因한 離路 其他 正當한 理由로 因한 離路
9. 運送物의 包裝의 不充分 또는 記號의 表示의 不完全
10. 運送物의 特殊한 性質 또는 숨은 瑕疵

第790條 (船舶所有者의 責任等의 輕減禁止) 前3條의 規定에 反하여 船舶所有者의 義務 또는 責任을 輕減하는 當事者間의 特約은 效力이 없다.

第791條 (違法船積物의 處分) ①法令 또는 契約에 違反하여 船積한 運送物은 船長은 언제든지 이를 揚陸할 수 있고 그 運送物이 船舶 또는 다른 運送物에 危害를 미칠 念慮가 있

는 때에는 이를 抛棄할 수 있다.

②船長이 前項의 物件을 運送하는 때에는 船積한 때와 곳에서의 同種運送物의 最高運賃의 支給을 請求할 수 있다.

③前2項의 規定은 船舶所有者 其他의 利害關係人의 損害賠償請求에 影響을 미치지 아니한다.

第792條 (全部傭船의 發航前의 契約解除等) ①發航前에는 全部傭船者는 運賃의 半額을 支給하고 契約을 解除할 수 있다.

②往復航海의 傭船契約인 境遇에 全部傭船者가 그 回航前에 契約을 解止하는 때에는 運賃의 3分의 2를 支給하여야 한다.

③船舶이 他港에서 船積港에 航行하여야 할 境遇에 全部傭船者가 船積港에서 發港하기 前에 契約을 解止하는 때에도 前項과 같다.

第793條 (一部傭船과 發航前의 契約解除等) ①一部傭船者나 送荷人은 다른 傭船者와 送荷人 全員과 共同으로 하는 境遇에 限하여 前條의 解除 또는 解止를 할 수 있다.

②前項의 境遇外에는 一部傭船者나 送荷人이 發港前에 契約을 解除 또는 解止한 때에도 運賃의 全額을 支給하여야 한다.

③發港前이라도 一部傭船者나 送荷人이 運送物의 全部 또는 一部를 船積한 境遇에는 다른 傭船者와 送荷人의 同意를 얻지 아니하면 契約을 解除 또는 解止하지 못한다.

第794條 (附隨費用, 替當金等의 支給義務) ①傭船者나 送荷人이 第792條와 前條第1項의 規定에 따라 契約을 解除 또는 解止를 한 때에도 附隨費用과 替當金을 支給할 責任을 免하지 못한다.

②第792條第2項과 第3項의 境遇에는 傭船者나 送荷人은 前項에 揭記한 것 外에 運送物의 價額에 따라 共同海損 또는 海難救助로 因하여 負擔할 金額을 支給하여야 한다.

第795條 (船積, 揚陸費用의 負擔) 第792條와 第793條의 境遇에 運送物의 全部 또는 一部를 船積한 때에는 그 船積과 揚陸의 費用은 傭船者 또는 送荷人이 負擔한다.

第796條 (船積期間內의 不船積의 效果) 傭船者나 送荷人이 船積期間內에 運送物의 船積을 하지 아니한 때에는 契約을 解除 또는 解止한 것으로 본다.

第797條 (發航後의 契約解止) 發航後에는 傭船者나 送荷人은 運賃의 全額, 替當金, 碇泊料와 共同海損 또는 海難救助의 負擔額을 支給하고 그 揚陸하기 爲하여 생긴 損害를 賠償하거나 이에 對한 相當한 擔保를 提供하지 아니하면 契約을 解止하지 못한다.

第798條 (傭船의 境遇와 運送物의 揚陸) ①傭船契約을 締結한 境遇에 運送物을 揚陸함에 必要한 準備가 完了된 때에는 船長은 遲滯없이 受荷人에게 그 通知를 發送하여야 한다.

②運送物을 揚陸한 期間의 約定이 있는 境遇에는 그 期間은 前項의 通知가 있은 날의 翌日로부터 起算한다. 이 期間에는 不可抗力으로 因하여 揚陸할 수 없는 날을 算入하지 아니한다.

③前項의 期間을 經過한 後 運送物을 揚陸한 때에는 船舶所有者는 相當한 報酬를 請求할 수 있다.

第799條 (個品運送과 運送物의 揚陸) 個個의 物件의 運送을 契約의 目的으로 한 때에는 受荷人은 船長의 指示에 따라 遲滯없이 運送物을 揚陸하여야 한다.

第800條 (受荷人의 義務, 船長의 留置權) ①受荷人이 運送物을 受領하는 때에는 運送契約 또는 船荷證券의 趣旨에 따라 運賃, 附隨費用, 替當金, 碇泊料, 運送物의 價額에 따른 共同海損 또는 海難救助로 因한 負擔額을 支給하여야 한다.

②船長은 前項의 規定에 依한 金額의 支給과 相換하지 아니하면 運送物을 引渡할 義務가 없다.

第801條 (運賃) 運送物의 重量 또는 容積으로 運賃을 定한 때에는 運送物을 引渡하는 때의 重量 또는 容積에 依하여 그額을 定한다.

第802條 (同前) ①期間으로 運賃을 定한 때에는 運送物의 船積을 開始한 날로부터 그 揚陸을 終了한 날까지의 期間에 依하여 그 額을 定한다.

②前項의 期間에는 不可抗力으로 因하여 船舶이 船積港이나 航海途中에서 碇泊한 期間 또는 航海途中에서 船舶을 修繕한 期間을 算入하지 아니한다. 第782條第2項 또는 第798條第2項의 境遇에 船積期間 또는 揚陸期間이 經過한 後 運送物을 船積 또는 揚陸한 日數도 같다.

第803條 (運送物의 供託) ①受荷人이 運送物의

受領을 懈怠한 때에는 船長은 이를 供託할 수 있다. 이 境遇에는 遲滯없이 受荷人에게 그 通知를 發送하여야 한다.

②受荷人을 確知할 수 없거나 受荷人이 運送物의 受領을 拒否한 때에는 船長은 이를 供託하고 遲滯없이 傭船者 또는 送荷人에게 그 通知를 發送하여야 한다.

第804條 (船舶所有者의 運送物競賣權) ①船舶所有者는 第800條第1項의 規定에 依한 金額의 支給을 받기 爲하여 法院의 許可를 얻어 運送物을 競賣할 수 있다.

②船長이 受荷人에게 運送物을 引渡한 後에도 船舶所有者는 그 運送物에 對하여 前項의 權利를 行使할 수 있다. 그러나, 引渡한 날로부터 30日을 經過하거나 第三者가 그 運送物에 占有를 取得한 때에는 그러하지 아니하다.

第805條 (競賣權不行使의 效果) 船舶所有者가 前條의 規定에 依한 權利를 行使하지 아니한 때에는 傭船者 또는 送荷人에 對한 請求權을 잃는다. 그러나, 傭船者 또는 送荷人은 그 受益의 限度에서 償還할 義務가 있다.

第806條 (再運送契約과 船舶所有者의 責任) 傭船者가 第三者와 運送契約을 締結한 境遇에도 그 契約의 履行이 船長의 職務에 屬한 範圍內에서는 船舶所有者만이 그 第三者에 對하여 責任을 진다. 이 境遇에도 船舶所有者는 第746條 또는 第747條의 規定에 依한 權利를 行使할 수 있다.

第807條 (運送契約의 終了事由) ①運送契約은 다음의 事由로 因하여 終了한다.

1. 船舶이 沈沒 또는 滅失한 때
2. 船舶이 修繕할 수 없게 된 때
3. 船舶이 捕獲된 때
4. 運送物이 不可抗力으로 因하여 滅失된 때

②前項第1號 乃至 第3號의 事由가 航海途中에 생긴 때에는 傭船者 또는 送荷人은 運送의 比率에 따라 現存하는 運送物의 價額의 限度에서 運賃을 支給하여야 한다.

第808條 (法定事由로 因한 解除) ①航海 또는 運送이 法令에 違反하게 되거나 其他 不可抗力으로 因하여 契約의 目的을 達할 수 없게 된 때에는 各當事者는 契約을 解除할 수 있다.

②前項의 事由가 航海途中에 생긴 境遇에 契約을 解止한 때에는 傭船者 또는 送荷人은 運送의 比率에 따른 運賃을 支給하여야 한다.

第809條 (運送物의 一部에 關한 不可抗力) ①第807條第1項第4號와 前條第1項의 事由가 運送物의 一部에 對하여 생긴 때에는 傭船者 또는 送荷人은 船舶所有者의 責任이 加重되지 아니하는 範圍內에서 다른 運送物을 船積을 할 수 있다.

②傭船者 또는 送荷人이 前項의 權利를 行使하고자 하는 때에는 遲滯없이 運送物의 揚陸 또는 船積을 하여야 한다. 그 揚陸 또는 船積을 懈怠한 때에는 運賃의 全額을 支給하여야 한다.

第810條 (船長의 積荷處分과 運賃) 船舶所有者는 다음의 境遇에는 運賃의 全額을 請求할 수 있다.

1. 船長이 第774條第1項의 規定에 依하여 積荷를 處分하였을 때
2. 船長이 第832條의 規定에 依하여 積荷를 處分하였을 때

第811條 (船舶所有者의 債權의 時效) 船舶所有者의 傭船者, 送荷人 또는 受荷人에 對한 債權은 1年間 行使하지 아니하면 消滅時效가 完成한다.

第812條 (準用規定) 第121條, 第134條, 第136條 乃至 第138條와 第146條의 規定은 船舶所有者에 準用한다.

第2款 船荷證券

第813條 (船荷證券의 發行) ①船舶所有者는 運送物을 受領한 後 傭船者 또는 送荷人의 請求에 依하여 1通 또는 數通의 船荷證券을 交付하여야 한다.

②船舶所有者는 運送物을 船積한 後 傭船者 또는 送荷人의 請求에 依하여 1通 또는 數通의 "船積" 船荷證券을 交付하거나 前項의 船荷證券에 船積의 뜻을 表示하여야 한다.

③船舶所有者는 船長 또는 其他의 使用人에게 船荷證券의 交付 또는 前項의 表示를 委任할 수 있다.

第814條 (船荷證券의 記載事項) 船荷證券에는 다음의 事項을 記載하고 發行者가 記名捺印하여야 한다.

1. 船舶의 名稱, 國籍과 톤數
2. 船長의 姓名

3. 運送物의 種類, 重量 또는 容積, 包裝의 種別, 個數와 記號
4. 傭船者 또는 送荷人의 姓名 또는 商號
5. 受荷人의 姓名 또는 商號
6. 船積港
7. 揚陸港
8. 運賃
9. 作成地와 그 作成年月日
10. 數通의 船荷證券을 作成한 때에는 그 數

第815條 (謄本의 交付) 船荷證券의 交付를 받은 傭船者 또는 送荷人은 發行者의 請求가 있는 때에는 船荷證券의 謄本에 記名捺印하여 交付하여야 한다.

第816條 (數通의 船荷證券과 揚陸港에 있어서의 運送物의 引渡) ①揚陸港에서 數通의 船荷證券中 1通을 所持한 者가 運送物의 引渡를 請求하는 境遇에도 船長은 그 引渡를 拒否하지 못한다.

②前項의 規定에 依하여 數通의 船荷證券中 1通의 所持人이 運送物의 引渡를 받은 때에는 다른 船荷證券은 그 效力을 잃는다.

第817條 (數通의 船荷證券과 揚陸港外에서의 運送物의 引渡) 揚陸港外에서는 船長은 船荷證券의 各通의 返還을 받지 아니하면 運送物을 引渡하지 못한다.

第818條 (2人以上 所持人에 依한 運送物引渡請求와 供託) ①2人以上의 船荷證券所持人이 運送物의 引渡를 請求한 때에는 船長은 遲滞없이 運送物을 供託하고 各請求者에게 그 通知를 發送하여야 한다.

②船長이 第816條第1項의 規定에 依하여 運送物의 一部를 引渡한 後 다른 所持人이 運送物의 引渡를 請求한 境遇에도 그 引渡하지 아니한 運送物에 對하여는 前項과 같다.

第819條 (數人의 船荷證券所持人의 順位) ①前條의 規定에 依하여 供託한 運送物에 對하여는 數人의 船荷證券所持人에게 共通되는 前者로부터 먼저 交付를 받은 證券의 所持人이 다른 所持人에 優先하여 그 權利를 行使한다.
②隔地者에 對하여 發送한 船荷證券은 그 發送한 때를 交付 받은 때로 본다.

第820條 (準用規定) 第129條 乃至 第133條의 規定은 船荷證券에 準用한다.

第2節 旅客運送

第821條 (記名式의 船票) 記名式의 船票는 이를 他人에게 讓渡하지 못한다.

第822條 (食事提供義務) 旅客의 航海中의 食事는 다른 約定이 없으면 船舶所有者의 負擔으로 한다.

第823條 (船舶修繕中의 居處, 食事提供義務) ①航海의 中途에서 船舶을 修繕하는 境遇에는 船舶所有者는 그 修繕中 旅客에게 相當한 居處와 食事를 提供하여야 한다. 그러나 旅客의 權利를 害하지 아니하는 範圍內에서 上陸港까지의 運送의 便宜를 提供한 때에는 그러하지 아니하다.

②前項의 境遇에 旅客은 航海의 比率에 따른 運賃을 支給하고 契約을 解止할 수 있다.

第824條 (手荷物無賃運送義務) 旅客이 契約에 依하여 船內에서 携帶할 수 있는 手荷物에 對하여는 船舶所有者는 다른 約定이 없으면 따로 運賃을 請求하지 못한다.

第825條 (乘船遲滯와 船長의 發航權) ①旅客이 乘船時期까지 乘船하지 아니한 때에는 船長은 即時發航할 수 있다. 航海中途의 碇泊港에서도 같다.

②前項의 境遇에는 旅客은 運賃의 全額을 支給하여야 한다.

第826條 (旅客의 契約解除의 運賃) 旅客이 發航前에 契約을 解除하는 境遇에는 運賃의 半額을 支給하고 發航後에 契約을 解除하는 境遇에는 運賃의 全額를 支給하여야 한다.

第827條 (法定事由에 依한 解除) 旅客이 發航前에 死亡, 疾病 其他의 不可抗力으로 因하여 航海할 수 없게 된 때에는 船舶所有者는 運賃의 10分의 3을 請求할 수 있고 發航後에 그 事由가 생긴 때에는 船舶所有者의 選擇으로 運賃의 10分의 3 또는 運送의 比率에 따른 運賃을 請求할 수 있다.

第828條 (死亡한 旅客의 手荷物處分義務) 旅客이 死亡한 때에는 船長은 그 相續人에게 가장 利益이 되는 方法으로 死亡者가 携帶한 手荷物을 處分하여야 한다.

第829條 (法定終了事由) 運送契約은 第807條第1項第1號 乃至 第3號의 事由로 因하여 終了한다. 그 事由가 航海의 中途에서 생긴 때에는 旅客은 運送의 比率에 따른 運賃을 支

給하여야 한다.

第830條 (準用規定) ①第148條 乃至 第150條, 第808條와 第811條의 規定은 海上旅客運送에 準用한다.

②第791條와 第810條의 規定은 旅客의 手荷物에 準用한다.

第831條 (同前) 旅客運送을 하기 爲하여 傭船契約을 締結한 境遇에는 船舶所有者와 傭船者의 關係에는 第781條 乃至 第784條, 第786條, 第789條 乃至 第798條, 第800條 乃至 第802條, 第806條 乃至 第809條와 第811條의 規定을 準用한다.

第5章 共同海損

第832條 (共同海損의 要件) 船舶과 積荷의 共同危險을 免하기 爲한 船長의 船舶 또는 積荷에 對한 處分으로 因하여 생긴 損害 또는 費用은 共同海損으로 한다.

第833條 (共同海損의 分擔) 共同海損은 그 危險을 免한 船舶 또는 積荷의 價額과 運賃의 半額과 共同海損의 額과의 比率에 따라 各 利害關係人이 이를 分擔한다.

第834條 (共同海損分擔額의 算定) 共同海損의 分擔額을 定함에 있어서는 船舶의 價額은 到達의 때와 곳의 價額으로 하고 積荷의 價額은 揚陸의 때와 곳의 價額으로 한다. 그러나, 積荷에 關하여는 그 價額中에서 滅失로 因하여 支給을 免하게 된 運賃 其他의 費用을 控除하여야 한다.

第835條 (共同海損分擔者의 有限責任) 前2條의 規定에 依하여 共同海損의 分擔責任이 있는 者는 船舶이 到達하거나 積荷를 引渡한 때에 現存하는 價額의 限度에서 責任을 진다.

第836條 (共同海損의 損害額算定) 共同海損의 額을 定함에 있어서는 船舶의 價額은 到達의 때와 곳의 價額으로 하고 積荷의 價額은 揚陸의 때와 곳의 價額으로 한다. 그러나 積荷에 關하여는 그 損失로 因하여 支給을 免하게 된 모든 費用을 控除하여야 한다.

第837條 (責任있는 者에 對한 求償權) 船舶과 積荷의 共同危險이 船舶 또는 積荷의 瑕疵나 其他 過失 있는 行爲로 因하여 생긴 境遇에는 共同海損의 分擔者는 그 責任이 있는 者에 對하여 求償權을 行使할 수 있다.

第838條 (共同海損分擔除外) 船舶에 備置한 武器, 船員의 給料, 船員과 旅客의 糧食과 衣類는 保存된 境遇에도 그 價額을 共同海損의 分擔에 算入하지 아니하고 損失된 境遇에는 그 價額을 共同海損의 額에 算入한다.

第839條 (共同海損分擔請求에서의 除外) ①屬具目錄에 記載하지 아니한 屬具, 船荷證券 其他 積荷의 價格을 定할 수 있는 書類없이 船積한 荷物 또는 種類와 價額을 明示하지 아니한 貸幣나 有價證券 其他의 高價物은 保存된 境遇에는 그 價額을 共同海損의 分擔에 算入하고 損失된 境遇에는 그 價額을 共同海損의 額에 算入하지 아니한다.

②甲板에 積載한 荷物에 對하여도 前項과 같다. 그러나 沿岸航行의 境遇에는 그러하지 아니하다.

第840條 (積荷價格의 不實記載와 共同海損) ①船荷證券 其他 積荷의 價格을 定할 수 있는 書類에 積荷의 實價보다 高額을 記載한 境遇에 그 荷物이 保存된 때에는 그 記載額에 依하여 共同海損의 分擔額을 定하고 積荷의 實價보다 低額을 記載한 境遇에 그 荷物이 損失된 때에는 그 記載額을 共同海損의 額으로 한다.

②前項의 規定은 積荷의 價格에 影響을 미칠 事項에 關하여 虛僞의 記載를 한 境遇에 準用한다.

第841條 (共同海損인 損害의 回復) 船舶所有者, 傭船者, 送荷人 其他의 利害關係人이 共同海損의 額을 分擔한 後 船舶, 屬具 또는 積荷의 全部나 一部가 所有者에게 復歸된 때에는 그 所有者는 共同海損의 償金으로 받은 金額에서 救助料와 一部損失로 因한 損害額을 控除하고 그 殘額을 返還하여야 한다.

第842條 (共同海損債權의 時效) 共同海損으로 因하여 생긴 債權은 그 計算이 終了한 날로부터 1年間 行使하지 아니하면 消滅時效가 完成한다.

第6章 船舶衝突

第843條 (船舶衝突에의 適用法規) 航海船相互間 또는 航海船과 內水抗行船間의 衝突이 있은 境遇에 船舶 또는 船舶內에 있는 物件이나 사람에 關하여 생긴 損害의 賠償에 對하여는 어떠한 水面에서 衝突한 때라도 本章의 規定을 適用한다.

第844條 (不可抗力으로 因한 衝突) 船舶의 衝突이 不可抗力으로 因하여 發生하거나 衝突의 原因이 明白하지 아니한 때에는 被害者는 衝突로 因한 損害의 賠償을 請求하지 못한다.

第845條 (一方의 過失로 因한 衝突) 船舶의 衝突이 一方의 船員의 過失로 因하여 發生한 때에는 그 一方의 船舶所有者는 被害者에 對하여 衝突로 因한 損害를 賠償할 責任이 있다.

第846條 (雙方의 過失로 因한 衝突) ①船舶의 衝突이 雙方의 船員의 過失로 因하여 發生한 때에는 雙方의 過失의 輕重에 따라 各船舶所有者가 損害賠償의 責任을 分擔한다. 그 過失의 輕重을 判定할 수 없는 때에는 損害賠償의 責任을 均分하여 負擔한다.

②前項의 境遇에 第三者의 死傷에 對한 損害賠償은 雙方의 船舶所有者가 連帶하여 그 責任을 진다.

第847條 (導船士의 過失로 因한 衝突) 船舶의 衝突이 導船士의 過失로 因하여 發生한 境遇에도 船舶所有者는 前2條의 規定에 依하여 損害를 賠償할 責任이 있다.

第848條 (船舶衝突債權의 時效) 船舶의 衝突로 因하여 생긴 損害賠償의 請求權은 그 衝突이 있은 날로부터 2年間 行使하지 아니하면 消滅時效가 完成한다.

第7章 海難救助

第849條 (海難救助의 要件) 航海船 또는 그 積荷 其他의 物件이 어떠한 水面에서 危難에 遭遇한 境遇에도 義務없이 이를 救助한 者는 그 結果에 對하여 相當한 報酬를 請求할 수 있다. 航海船과 內水航行船間의 救助도 같다.

第850條 (救助料의 決定) 救助의 報酬에 關한 約定이 없는 境遇에 그 額에 對하여 當事者間에 合意가 成立하지 아니한 때에는 法院은 當事者의 請求에 依하여 危難의 程度, 救助의 勞力, 費用과 救助의 效果 其他의 諸般事情을 參酌하여 그 額을 定한다.

第851條 (約定救助料의 變更請求) 海難當時에 救助의 報酬額에 關한 約定을 한 境遇에도 그 額이 顯著하게 不當한 때에는 法院은 前條의 事情을 參酌하여 그 額을 增減할 수 있다.

第852條 (救助料의 限度) ①救助의 報酬額은 다른 約定이 없으면 救助된 目的物의 價額을 超過하지 못한다.

②先順位의 優先特權이 있을 때에는 救助의 報酬額은 優先特權者의 債權額을 控除한 殘額을 超過하지 못한다.

第853條 (共同救助者間의 救助料分配) ①數人이 共同으로 救助에 從事한 境遇에 그 報酬額分配의 比率에 關하여는 第850條의 規定을 準用한다.

②人命의 救助에 從事한 者도 前項의 規定에 따라 救助의 報酬額의 分配를 받을 수 있다.

第854條 (1船舶內部의 救助料分配) ①船舶이 救助에 從事하여 그 報酬를 받은 境遇에는 먼저 船舶의 損害額과 救助에 要한 費用을 船舶所有者에게 支給하고 殘額을 折半하여 船長과 海員에게 支給하여야 한다.

②前項의 規定에 依하여 海員에게 支給할 報酬額의 分配는 船長이 各海員의 勞力, 그 效果와 事情을 參酌하여 그 航海의 終了前에 分配案을 作成하여 海員에게 告示하여야 한다.

第855條 (曳船의 救助의 境遇) 曳船의 本船 또는 그 積荷에 對한 救助에 關하여는 曳船契約의 履行으로 볼 수 없는 特殊한 勞力을 提供한 境遇가 아니면 救助의 報酬를 請求하지 못한다.

第856條 (同一所有者에 屬한 船舶間의 報酬) 同一所有者에 屬한 船舶의 相互間에 있어서도 救助에 從事한 者는 相當한 報酬를 請求할 수 있다.

第857條 (救助料請求權없는 者) 다음의 者는 救助의 報酬를 請求하지 못한다.

1. 救助받은 船舶에 從事하는 者
2. 故意 또는 過失로 因하여 海難을 惹起한 者
3. 正當한 拒否에 不拘하고 救助를 强行하는 者
4. 救助된 物件을 隱匿하거나 正當한 理由없이 處分한 者

第858條 (救助者의 優先特權) ①救助에 從事한 者의 報酬債權은 救助된 積荷에 對하여 優先特權이 있다. 그러나, 債務者가 그 積荷를 第三取得者에게 引渡한 後에는 그 積荷에 對하여 이 權利를 行使하지 못한다.

②前項의 優先特權에는 船舶債權者의 優先特權에 關한 規定을 準用한다.

第859條 (救助料支給에 關한 船長의 權限) ①

船長은 報酬를 支給할 債務者에 갈음하여 그 支給에 關한 裁判上 또는 裁判外의 모든 行爲를 할 權限이 있다.

②船長은 그 報酬에 關한 訴訟의 當事者가 될 수 있고 그 確定判決은 救助料의 報酬額의 債務者에 對하여도 效力이 있다.

第860條 (救助請求權의 時效) 救助에 對한 報酬의 請求權은 救助가 完了한 날로부터 2年間 行使하지 아니하면 消滅時效가 完成한다.

第8章 船舶債權

第861條 (船舶優先特權있는 債權) ①다음의 債權을 가진 者는 船舶, 그 屬具, 그 債權이 생긴 航海의 運賃, 그 船舶과 運賃에 附隨한 債權에 對하여 優先特權이 있다

1. 債權者의 共同利益을 爲한 訴訟費用, 船舶과 屬具의 競賣에 關한 費用, 航海에 關하여 船舶에 課한 諸稅金, 導船料와 曳船料, 最後入港後의 船舶과 그 屬具의 保存費와 檢査費
2. 船員 其他의 船舶使用人의 雇傭契約으로 因한 債權
3. 船舶의 救助에 對한 報酬와 共同海損의 分擔에 對한 債權
4. 船舶의 衝突 또는 其他의 航海事故로 因한 航海施設 및 航路에 對한 損害, 船員이나 旅客의 生命, 身體에 對한 損害와 積荷 및 手荷物에 對한 損害의 賠償債權
5. 船舶의 保存 또는 航海繼續의 必要로 因하여 船長이 船籍港外에서 그 權限에 依하여 締結한 契約 또는 그 履行으로 因한 債權
6. 最後의 航海準備에 要한 船舶의 裝備, 糧食과 燃料에 關한 債權

②前項의 優先特權을 가진 船舶債權者는 本法 其他의 法律의 規定에 따라 前項의 財産에 對하여 다른 債權者보다 自己債權의 優先辨濟를 받을 權利가 있다. 이 境遇에는 그 性質에 反하지 아니하는 限 民法의 抵當權에 關한 規定을 準用한다

第862條 (船舶, 運賃에 附隨한 債權) 前條의 規定에 依한 船舶과 運賃에 附隨한 債權은 다음과 같다.

1. 船舶 또는 運賃의 損失로 因하여 船舶所有者에게 支給할 損害賠償
2. 共同海損으로 因한 船舶 또는 運賃의 損失에 對하여 船舶所有者에게 支給할 償金
3. 海難救助로 因하여 船舶所有者에게 支給할 報酬

第863條 (運賃에 對한 優先特權) 運賃에 對한 優先特權은 支給을 받지 아니한 運賃, 支給을 받은 運賃으로 船舶所有者나 그 代理人이 所持한 金額에 限하여 이를 行使할 수 있다.

第864條 (保險金等의 除外) 保險契約에 依하여 船舶所有者에게 支給할 保險金과 其他의 獎勵金이나 補助金에 對하여는 第862條의 規定을 適用하지 아니한다.

第865條 (船舶使用人의 雇傭契約으로 因한 債權) 第861條第1項第2號의 規定에 依한 債權은 雇傭契約存續中의 모든 航海로 因한 運賃의 全部에 對하여 優先特權이 있다.

第866條 (優先特權의 順位) ①同一航海로 因한 債權의 優先特權이 競合하는 때에는 그 優先의 順位는 第861條第1項各號의 順序에 依한다.

②第861條第1項第3號와 第5號의 債權은 그 各號의 優先特權이 競合하는 때에는 後에 생긴 債權이 前에 생긴 債權에 優先한다. 同一한 事故로 因한 債權은 同時에 생긴 것으로 본다.

第867條 (同前) ①數回의 航海에 關한 債權의 優先特權이 競合하는 때에는 後의 航海에 關한 債權이 前의 航海에 關한 債權에 優先한다.

②第865條의 規定에 依한 優先特權은 그 最後의 航海에 關한 다른 債權과 同一한 順位로 한다.

第868條 (同一順位의 優先特權이 競合한 境遇) 前3條의 規定에 依한 同一順位의 優先特權이 競合하는 때에는 各債權額의 比率에 따라 辨濟를 받는다.

第869條 (優先特權의 追及權) 船舶債權者의 優先特權은 그 船舶所有權의 移轉으로 因하여 影響을 받지 아니한다.

第870條 (優先特權의 時效等) ①船舶債權者의 優先特權은 그 債權이 생긴 날로부터 1年間 行使하지 아니하면 消滅時效가 完成한다.

②第861條第1項第6號의 規定에 依한 優先特權은 그 船舶의 發航으로 因하여 消滅한다.

第871條 (船舶抵當權) ①登記한 船舶은 抵當權

의 目的으로 할 수 있다.
②船舶의 抵當權은 그 屬具에 미친다.
③船舶의 抵當權에는 民法의 抵當權에 關한 規定을 準用한다.

第872條 (船舶抵當權等과 優先特權의 競合) 船舶債權者의 優先特權은 質權과 抵當權에 優先한다.

第873條 (登記船舶의 入質不許) 登記한 船舶은 質權의 目的으로 하지 못한다.

第874條 (建造中의 船舶에의 準用) 本章의 規定은 建造中의 船舶에 準用한다.

부칙 <제1000호, 1962.1.20>

第1條 (委任規定) 小商人의 範圍는 閣令으로 定한다.

第2條 (同前) 第125條의 湖川, 港灣의 範圍는 閣令으로 定한다.

第3條 (商業登記公告의 猶豫) ①第36條의 公告에 關한 規定은 相當한 期間 이를 適用하지 아니한다. 이 期間은 大法院規則으로 定한다.
②前項의 境遇에 그 期間中에는 登記한 때에 公告한 것으로 본다.

第4條 (大韓民國國民만으로 組織할 會社의 無記名式株券發行의 禁止) 法令의 規定에 依하여 大韓民國國民만으로 組織할 株式會社와 大韓民國國民만으로 組織할 것을 條件으로 하여 特別한 權利를 가진 株式會社는 無記名式의 株券을 發行하지 못한다. 이에 違反한 境遇에는 그 株券은 無效로 하고 最後의 記名株主를 株主로 한다.

第5條 (委任規定) 株式會社의 財產目錄, 貸借對照表, 損益計算書와 第465條의 附屬明細書의 記載方法 其他의 様式은 閣令으로 定한다.

第6條 (社債募集의 受託者等의 資格) 銀行 또는 信託會社가 아니면 社債의 募集의 委任을 받거나 第483條의 事務承繼者가 되지 못한다.

第7條 (無記名式債券所持人의 供託의 方法) 第491條第4項, 第492條第2項 또는 그 準用規定에 依하여야 할 供託局에 이를 하지 아니하는 境遇에는 大法院長이 定하는 銀行 또는 信託會社에 하여야 한다.

第8條 (社債權者集會에 關한 公告의 方法) 社債權者集會의 召集, 償還額의 支給 또는 償還에 關한 社債權者集會의 決議를 執行함에 있어야 할 公告는 社債를 發行한 會社의 定款에 定하는 公告方法에 따라야 한다.

第9條 (委任規定) 第742條의 屬具目錄의 書式은 閣令으로 定한다.

第10條 (同前) 第839條第2項 但書의 沿岸航行의 範圍는 閣令으로 定한다.

第11條 (同前) 本法施行에 關한 事項은 따로 法律로 定한다.

第12條 (施行期日과 舊法의 效力) ①本法은 1963年 1月 1日로부터 施行한다.
②朝鮮民事令 第1條에 依하여 依用된 商法, 有限會社法, 商法施行法과 商法中改正法律施行法은 本法施行時까지 그 效力이 있다.

어 음 법

[시행 1963.1.1] [법률 제1001호, 1962.1.20, 제정]

第1編 換 어 음

第1章 換어음의 發行과 方式

第1條 (어음要件) 換어음에는 다음의 事項을 記載하여야 한다.

1. 證券의 本文中에 그 證券의 作成에 使用하는 國語로 換어음임을 表示하는 文字
2. 一定한 金額을 支給할 뜻의 無條件의 委託
3. 支給人의 名稱
4. 滿期의 表示
5. 支給地
6. 支給을 받을 者 또는 支給을 받을 者를 指示할 者의 名稱
7. 發行日과 發行地
8. 發行人의 記名捺印

第2條 (어음要件의 欠缺) ①前條에 揭記한 事項의 어느 것을 闕한 證券은 換어음의 效力이 없다. 그러나 다음 各項의 境遇에는 그러하지 아니하다.

②滿期의 記載가 없는 때에는 一覽出給의 換어음으로 본다.

③支給地의 記載가 없는 때에는 支給人의 名稱에 附記한 地를 支給地이며 支給人의 住所地로 본다.

④發行地의 記載가 없는 換어음은 發行人의 名稱에 附記한 地에서 發行한 것으로 본다.

第3條 (自己指示어음, 自己앞어음, 委託어음) ①換어음은 發行人 自身을 支給받을 者로 하여 發行할 수 있다.

②換어음은 發行人 自身을 支給人으로 하여 發行할 수 있다.

③換어음은 第三者의 計算으로 發行할 수 있다.

第4條 (第三者方支給의 記載) 換어음은 支給人의 住所地에 있거나 다른 地에 있음을 不問하고 第三者方에서 支給할 것으로 할 수 있다.

第5條 (利子의 約定) ①一覽出給 또는 一覽後定期出給의 換어음에는 發行人은 어음金額에 關하여 利子가 생길 뜻의 約定을 記載할 수 있다. 그 外의 換어음에는 利子의 約定을 記載하여도 하지 아니한 것으로 본다.

②利率은 어음에 記載하여야 한다. 利率의 記載가 없으면 利子의 約定을 記載하여도 하지 아니한 것으로 본다.

③利子는 特定한 日字를 記載하지 아니한 때에는 어음發行當日로부터 計算한다.

第6條 (어음金額의 記載에 差異가 있는 境遇) ①換어음의 金額을 文字와 數字로 記載한 境遇에 그 金額에 差異가 있는 때에는 文字로 記載한 金額을 어음金額으로 한다.

②換어음의 金額을 文字 또는 數字로 重複하여 記載한 境遇에 그 金額에 差異가 있는 때에는 最少金額을 어음金額으로 한다.

第7條 (어음債務의 獨立性) 換어음에 어음債務를 負擔할 能力이 없는 者의 記名捺印, 僞造의 記名捺印, 假設人의 記名捺印 또는 其他의 事由로 因하여 換어음의 記名捺印者나 그 本人에게 義務를 負擔하게 할 수 없는 記名捺印이 있는 境遇에도 다른 記名捺印者의 債務는 그 效力에 影響을 받지 아니한다.

第8條 (어음行爲의 無權代理) 代理權없이 他人의 代理人으로 換어음에 記名捺印한 者는 그 어음에 依하여 義務를 負擔한다. 그 者가 어음金額을 支給한 때에는 本人과 同一한 權利를 가진다. 權限을 超過한 代理人에 關하여도 같다.

第9條 (發行人의 責任) ①發行人은 어음의 引

受와 支給을 擔保한다.
②發行人은 引受를 擔保하지 아니한다는 뜻을 記載할 수 있다. 支給을 擔保하지 아니한다는 뜻의 모든 文言은 記載하지 아니한 것으로 본다.

第10條 (白地어음) 未完成으로 發行한 換어음에 미리 한 合意와 다른 補充을 한 境遇에는 그 違反으로써 所持人에게 對抗하지 못한다. 그러나 所持人이 惡意 또는 重大한 過失로 因하여 換어음을 取得한 때에는 그러하지 아니하다.

第2章 背　書

第11條 (當然한 指示證券性) ①換어음은 指示式으로 發行하지 아니한 境遇에도 背書에 依하여 讓渡할 수 있다.
②發行人이 換어음에 "「指示禁止」"의 文字 또는 이와 同一한 意義가 있는 文言을 記載한 때에는 그 어음은 指名債權의 讓渡에 關한 方式에 따라서만 그리고 그 效力으로써만 讓渡할 수 있다.
③背書는 引受한 支給人이나 引受하지 아니한 支給人, 發行人 其他의 어음債務者에 對하여도 할 수 있다. 이러한 者는 다시 어음에 背書할 수 있다.

第12條 (背書의 要件) ①背書는 無條件으로 하여야 한다. 背書에 붙인 條件은 記載하지 아니한 것으로 본다.
②一部의 背書는 無效로 한다.
③所持人出給의 背書는 白地式 背書와 同一한 效力이 있다.

第13條 (背書의 方式) ①背書는 換어음이나 이에 結合한 補箋에 記載하고 背書人이 記名捺印하여야 한다.
②背書는 被背書人을 指名하지 아니하고 할 수 있고 또는 背書人의 記名捺印만으로 할 수 있다(白地式背書). 後者의 境遇의 背書는 換어음의 裏面이나 補箋에 記載하지 아니하면 效力이 없다.

第14條 (背書의 權利移轉的 效力) ①背書는 換어음으로부터 생기는 모든 權利를 移轉한다.
②背書가 白地式인 때에는 所持人은
1. 自己의 名稱 또는 他人의 名稱으로 白地를 補充할 수 있다.
2. 白地式으로 또는 他人을 表示하여 다시 어음에 背書할 수 있다.
3. 白地를 補充하지 아니하고 또 背書도 하지 아니하고 어음을 第三者에게 讓渡할 수 있다.

第15條 (背書의 擔保的 效力) ①背書人은 反對의 文言이 없으면 引受와 支給을 擔保한다.
②背書人은 다시하는 背書를 禁止할 수 있다. 이 境遇에 그 背書人은 어음의 그 後의 被背書人에 對하여 擔保의 責任을 지지 아니한다.

第16條 (背書의 資格授與的 效力, 어음의 善意取得) ①換어음의 占有者가 背書의 連續에 依하여 그 權利를 證明하는 때에는 이를 適法한 所持人으로 推定한다. 最後의 背書가 白地式인 境遇에도 같다. 抹消한 背書는 背書의 連續에 關하여는 背書의 記載가 없는 것으로 본다. 白地式 背書의 다음에 다른 背書가 있는 때에는 그 背書를 한 者는 白地式 背書에 依하여 어음을 取得한 것으로 본다.
②事由의 如何를 不問하고 換어음의 占有를 잃은 者가 있는 境遇에 그 어음의 所持人이 前項의 規定에 依하여 그 權利를 證明한 때에는 그 어음을 返還할 義務가 없다. 그러나 所持人이 惡意 또는 重大한 過失로 因하여 어음을 取得한 때에는 그러하지 아니하다.

第17條 (人的 抗辯의 切斷) 換어음에 依하여 請求를 받은 者는 發行人 또는 從前의 所持人에 對한 人的關係로 因한 抗辯으로써 所持人에게 對抗하지 못한다. 그러나 所持人이 그 債務者를 害할 것을 알고 어음을 取得한 때에는 그러하지 아니하다.

第18條 (推尋委任背書) ①背書에 "回收하기 爲하여", "推尋하기 爲하여", "代理를 爲하여" 其他 單純히 代理權 授與를 表示하는 文言이 있는 때에는 所持人은 換어음으로부터 생기는 모든 權利를 行使할 수 있다. 그러나 所持人은 代理를 爲한 背書만을 할 수 있다.
②前項의 境遇에는 어음의 債務者는 背書人에게 對抗할 수 있는 抗辯만으로써 所持人에게 對抗할 수 있다.
③代理를 爲한 背書에 依한 代理權은 그 授權者가 死亡하거나 無能力者가 됨으로 因하여 消滅하지 아니한다.

第19條 (入質背書) ①背書에 "擔保하기 爲하여", "入質하기 爲하여" 其他 質權設定을 表

示하는 文言이 있는 때에는 所持人은 換어음으로부터 생기는 모든 權利를 行使할 수 있다. 그러나 所持人이 한 背書는 代理를 爲한 背書의 效力만이 있다.

②前項의 境遇에 어음債務者는 背書人에 對한 人的 關係로 因한 抗辯으로써 所持人에게 對抗하지 못한다. 그러나 所持人이 그 債務者를 害할 것을 알고 어음을 取得한 때에는 그러하지 아니하다.

第20條 (期限後 背書) ①滿期後의 背書는 滿期前의 背書와 同一한 效力이 있다. 그러나 支給拒絶證書作成後 또는 支給拒絶證書作成期間經過後의 背書는 指名債權讓渡의 效力만이 있다.

②日字의 記載가 없는 背書는 支給拒絶證書作成期間經過前에 한 것으로 推定한다.

第3章 引 受

第21條 (引受提示의 自由) 換어음의 所持人 또는 單純한 占有者는 滿期에 이르기까지 引受를 爲하여 支給人에게 그 住所에서 어음을 提示할 수 있다.

第22條 (引受提示의 命令, 禁止) ①發行人은 換어음에 期間을 定하거나 定하지 아니하고 引受를 爲하여 어음을 提示하여야 할 뜻을 記載할 수 있다.

②發行人은 引受를 爲한 어음의 提示를 禁止하는 뜻을 어음에 記載할 수 있다. 그러나 어음이 第三者方에서 또는 支給人의 住所地 아닌 地에서 支給하여야 할 것이거나 一覽後 定期出給인 때에는 그러하지 아니하다.

③發行人은 一定한 期日前에는 引受를 爲한 어음의 提示를 禁止하는 뜻을 記載할 수 있다.

④各背書人은 期間을 定하거나 定하지 아니하고 引受를 爲하여 어음을 提示하여야 할 뜻을 記載할 수 있다. 그러나 發行人이 引受를 爲한 어음의 提示를 禁止한 때에는 그러하지 아니하다.

第23條 (一覽後 定期出給어음의 提示期間) ①一覽後 定期出給의 換어음은 그 日字로부터 1年內에 引受를 爲하여 이를 提示하여야 한다.

②發行人은 前項의 期間을 短縮 또는 延長할 수 있다.

③背書人은 前2項의 期間을 短縮할 수 있다.

第24條 (猶豫期間) ①支給人은 第1의 提示가 있은 翌日에 第2의 提示를 할 것을 請求할 수 있다. 利害關係人은 이 請求가 拒絶證書에 記載된 때에만 그 請求에 應한 第2의 提示가 없었음을 主張할 수 있다.

②所持人은 引受를 爲하여 提示한 어음을 支給人에게 交付함을 要하지 아니한다.

第25條 (引受의 方式) ①引受는 換어음에 記載하여야 한다. 引受는 "引受" 其他 이와 同一한 意義가 있는 文字로 表示하고 支給人이 記名捺印을 하여야 한다. 어음의 表面에 支給人의 單純한 記名捺印이 있으면 이를 引受로 본다.

②一覽後 定期出給의 어음 또는 特別한 記載에 依하여 一定한 期間內에 引受를 爲한 提示를 하여야 할 어음에 있어서는 所持人이 提示日字의 記載를 請求한 境遇外에는 引受에는 引受日字를 記載하여야 한다. 日字의 記載가 없는 때에는 所持人은 背書人과 發行人에 對한 遡求權을 保全하기 爲하여는 適法한 時期에 作成시킨 拒絶證書에 依하여 그 記載가 없었음을 證明하여야 한다.

第26條 (不單純引受) ①引受는 無條件이어야 한다. 그러나 支給人은 어음金額의 一部에 制限하여 引受할 수 있다.

②換어음의 다른 記載事項을 變更하여 引受한 때에는 引受를 拒絶한 것으로 본다. 그러나 引受人은 그 引受의 文言에 따라 責任을 진다.

第27條 (第三者方支給의 記載) ①發行人이 支給人의 住所地와 다른 支給地를 換어음에 記載한 境遇에 第三者方에서 支給할 뜻을 記載하지 아니한 때에는 支給人은 引受를 함에 있어 그 第三者를 定할 수 있다. 이를 記載하지 아니한 때에는 引受人은 支給地에서 直接 支給할 義務를 負擔한 것으로 본다.

②어음이 支給人의 住所에서 支給될 것인 때에는 支給人은 引受를 함에 있어 支給地에서의 支給場所를 定할 수 있다.

第28條 (引受의 效力) ①支給人은 引受로 因하여 滿期에 換어음을 支給할 義務를 負擔한다.

②支給을 받지 못한 境遇에는 所持人은 第48條와 第49條의 規定에 依하여 請求할 수 있는 모든 金額에 關하여 引受人에 對하여 換어음으로부터 생기는 直接의 請求權이 있다. 所持人이 發行人인 境遇에도 같다.

第29條 (引受의 抹消) ①換어음에 引受를 記載한 支給人이 그 어음을 返還하기 前에 引受의 記載를 抹消한 때에는 引受를 拒絶한 것으로 본다. 抹消는 어음의 返還前에 한 것으로 推定한다.

②前項의 規定에 不拘하고 支給人이 所持人 또는 어음에 記名捺印한 者에게 書面으로 引受의 通知를 한 때에는 通知한 相對方에 對하여 引受의 文言에 따라 責任을 진다.

第4章 保 證

第30條 (保證의 可能) ①換어음의 支給은 保證에 依하여 그 金額의 全部 또는 一部에 對한 擔保를 할 수 있다.

②第三者는 前項의 保證을 할 수 있다. 어음에 記名捺印한 者도 같다.

第31條 (保證의 方式) ①保證은 換어음 또는 補箋에 이를 하여야 한다.

②保證은 "保證" 또는 이와 同一한 意義가 있는 文言을 表示하고 保證人이 記名捺印하여야 한다.

③換어음의 表面에 單純한 記名捺印이 있는 境遇에는 이를 保證으로 본다. 그러나 支給人 또는 發行人의 記名捺印은 그러하지 아니하다.

④保證에는 누구를 爲하여 한 것임을 表示하여야 한다. 그 表示가 없는 때에는 發行人을 爲하여 保證한 것으로 본다.

第32條 (保證의 效力) ①保證人은 保證된 者와 同一한 責任을 진다.

②保證은 擔保된 債務가 그 方式에 瑕疵가 있는 境遇外에는 어떠한 事由로 因하여 無效가 된 때에도 그 效力이 있다.

③保證人이 換어음의 支給을 한 때에는 保證된 者와 그 者의 어음上의 債務者에 對하여 어음으로부터 생기는 權利를 取得한다

第5章 滿 期

第33條 (滿期의 種類) ①換어음은 다음 各號의 어느 하나로 發行할 수 있다.

1. 一覽出給
2. 一覽後 定期出給
3. 發行日字後 定期出給
4. 確定日出給

②前項과는 다른 滿期 또는 分割出給의 換어음은 無效로 한다.

第34條 (一覽出給어음의 滿期) ①一覽出給의 換어음은 提示된 때 滿期로 된다. 이 어음은 發行日字로부터 1年內에 支給을 爲하여 提示하여야 한다. 發行人은 이 期間을 短縮 또는 延長할 수 있고 背書人은 그 期間을 短縮할 수 있다.

②發行人은 一定한 期日前에는 一覽出給의 換어음의 支給을 爲한 提示를 禁하는 뜻을 記載할 수 있다. 이 境遇에는 提示期間은 그 期日로부터 開始한다.

第35條 (一覽後 定期出給어음의 滿期) ①一覽後 定期出給의 換어음의 滿期는 引受의 日字 또는 拒絶證書의 日字에 依하여 定한다.

②引受日字의 記載가 없고 拒絶證書도 作成하지 아니한 境遇에는 引受人에 對한 關係에서는 引受提示期間의 末日에 引受한 것으로 본다.

第36條 (滿期日의 決定, 期間의 計算) ①發行日字後 또는 一覽後 1月 또는 數月에 支給할 換어음은 支給할 달의 對應日을 滿期로 한다. 對應日이 없는 때에는 그 달의 末日을 滿期로 한다.

②發行日字後 또는 一覽後 1月半 또는 數月半에 支給할 換어음은 먼저 全月을 計算한다.

③月初, 月中 또는 月終으로 滿期를 表示한 境遇에는 그 달의 1日, 15日 또는 末日을 이른다.

④「8日」 또는 「15日」이라 함은 1週 또는 2週가 아니고 滿8日 또는 滿15日을 이른다.

⑤"半月"이라 함은 滿15日을 이른다.

第37條 (滿期決定의 標準이 되는 歲曆) ①發行地와 歲曆을 달리하는 地에서 確定日에 支給할 換어음의 滿期의 날은 支給地의 歲曆에 依하여 定한 것으로 본다.

②歲曆을 달리하는 兩地間에서 發行한 換어음이 發行日字後 定期出給인 때에는 發行日字를 支給地의 歲曆의 對應日로 換算하고 이에 依하여 滿期를 定한다.

③換어음의 提示期間은 前項의 規定에 依하여 計算한다.

④前3項의 規定은 換어음의 文言 其他의 記載에 依하여 다른 意思를 알 수 있는 때에는 適用하지 아니한다.

第6章 支 給

第38條 (支給의 提示의 必要) ①確定日出給, 發行日字後 定期出給 또는 一覽後 定期出給의 換어음의 所持人은 支給을 한 날 또는 이에 이은 2去來日內에 支給을 爲한 提示를 하여야 한다.

②어음交換所에서의 換어음의 提示는 支給을 爲한 提示의 效力이 있다.

第39條 (相換證券性, 一部支給) ①換어음의 支給人은 支給을 할 때에 所持人에 對하여 어음에 領受를 證明하는 記載를 하여 交付할 것을 請求할 수 있다.

②所持人은 一部支給을 拒絶하지 못한다.

③一部支給의 境遇에는 支給人은 所持人에 對하여 그 支給한 뜻을 어음에 記載하고 領受證을 交付할 것을 請求할 수 있다.

第40條 (支給의 時期, 支給人의 調査義務) ①換어음의 所持人은 滿期前에는 그 支給을 받을 義務가 없다.

②滿期前에 支給을 하는 支給人은 自己의 危險負擔으로 하는 것으로 한다.

③滿期에 支給하는 支給人은 詐欺 또는 重大한 過失이 없으면 그 責任을 免한다. 이 境遇에 支給人은 背書의 連續의 整否를 調査할 義務가 있으나 背書人의 記名捺印을 調査할 義務는 없다.

第41條 (支給할 貨幣) ①支給地의 通貨가 아닌 通貨로 支給할 것을 記載한 換어음은 滿期의 날의 價格에 依하여 支給地의 通貨로 支給할 수 있다. 어음債務者가 支給을 遲滯한 때에는 所持人은 그 選擇에 따라 滿期의 날 또는 支給의 날의 換時勢에 依하여 支給地의 通貨로 어음金額을 支給할 것을 請求할 수 있다.

②外國通貨의 價格은 支給地의 慣習에 依하여 定한다. 그러나 發行人은 어음에 定한 換算率에 依하여 支給金額을 計算할 뜻을 어음에 記載할 수 있다.

③前2項의 規定은 發行人이 特種의 通貨로 支給할 뜻(外國通貨現實支給文句)을 記載한 境遇에는 適用하지 아니한다.

④發行國과 支給國에서 同名異價를 가진 通貨에 依하여 換어음의 金額을 定한 때에는 支給地의 通貨에 依하여 定한 것으로 推定한다.

第42條 (어음金額의 供託) 第38條에 規定한 期間內에 換어음의 支給을 爲한 提示가 없는 때에는 各 어음債務者는 所持人의 費用과 危險負擔으로 어음金額을 管轄官署에 供託할 수 있다.

第7章 引受拒絶 또는 支給拒絶로 因한 遡求

第43條 (遡求의 實質的 要件) 滿期에 支給되지 아니하는 때에는 所持人은 背書人, 發行人 其他의 어음債務者에 對하여 遡求權을 行使할 수 있다. 다음의 境遇에는 滿期前에도 遡求權을 行使할 수 있다.

1. 引受의 全部 또는 一部의 拒絶이 있은때
2. 引受를 하였거나 하지 아니한 支給人의 破産의 境遇 그 支給停止의 境遇 또는 그 財産에 對한 强制執行이 奏效하지 아니한 境遇
3. 引受를 爲한 어음의 提示를 禁止한 어음이 發行人의 破産의 境遇

第44條 (遡求의 形式的 要件) ①引受 또는 支給의 拒絶은 公正證書(引受拒絶證書 또는 支給拒絶證書)에 依하여 證明하여야 한다.

②引受拒絶證書는 引受를 爲한 提示期間內에 作成시켜야 한다. 第24條第1項의 境遇에 期間의 末日에 第1項의 提示가 있은 때에는 그 翌日에도 拒絶證書를 作成시킬 수 있다.

③確定日出給, 發行日字後 定期出給 또는 一覽後 定期出給의 換어음의 支給拒絶證書는 支給을 할 날에 이은 2去來日內에 作成시켜야 한다. 一覽出給어음의 支給拒絶證書는 引受拒絶證書作成에 關한 前項의 規定에 따라 作成시켜야 한다.

④引受拒絶證書를 作成한 때에는 支給을 爲한 提示와 支給拒絶證書의 作成을 要하지 아니한다.

⑤引受를 하였거나 하지 아니한 支給人이 支給을 停止한 境遇 또는 그 財産에 對한 强制執行이 奏效하지 아니한 境遇에는 所持人은 支給人에 對하여 支給을 爲한 提示를 하고 拒絶證書를 作成시킨 後가 아니면 遡求權을 行使하지 못한다.

⑥引受를 하였거나 하지 아니한 支給人이 破産宣告를 받은 境遇 또는 引受를 爲한 提示를 禁止한 어음의 發行人이 破産宣告를 받은 境遇에 所持人이 遡求權을 行使함에는 破産

決定書를 提示하면 된다.

第45條 (引受拒絶, 支給拒絶의 通知) ①所持人은 拒絶證書作成日에 이은 또는 無費用償還의 文言의 記載가 있는 境遇에는 어음提示日에 이은 4去來日內에 自己의 背書人과 發行人에 對하여 引受拒絶 또는 支給拒絶이 있었음을 通知하여야 한다. 各背書人은 通知를 받은 날에 이은 二去來日內에 前通知者全員의 名稱과 處所를 表示하고 自己가 받은 通知를 自己의 背書人에게 通知하여 順次로 發行人에게 미치게 하여야 한다. 이 期間은 各通知를 받은 때로부터 進行한다.

②前項의 規定에 따라 換어음에 記名捺印한 者에게 通知할 때에는 同一한 期間內에 그 保證人에 對하여도 同一한 通知를 하여야 한다.

③背書人이 그 處所를 記載하지 아니하거나 그 記載가 分明하지 아니한 境遇에는 그 背書人의 直接의 前者에게 通知하면 된다.

④通知를 하여야 할 者는 어떠한 方法에 依하여도 할 수 있다. 單純히 어음의 返還에 依하여도 할 수 있다.

⑤通知를 하여야 할 者는 適法한 期間內에 通知를 하였음을 證明하여야 한다. 이 期間內에 通知의 書面을 郵便으로 부친 때에는 그 期間을 遵守한 것으로 본다.

⑥前項의 期間內에 通知를 하지 아니한 者도 遡求權을 잃지 아니한다. 그러나 過失로 因하여 損害가 생긴 때에는 換어음金額의 限度內에서 賠償할 責任을 진다.

第46條 (拒絶證書作成免除) ①發行人, 背書人 또는 保證人은 "無費用償還", "拒絶證書不要"의 文字 또는 이와 同一한 意義가 있는 文言을 換어음에 記載하고 記名捺印함으로써 所持人에 對하여 遡求權을 行使하기 爲한 引受拒絶證書 또는 支給拒絶證書의 作成을 免除할 수 있다.

②前項의 文言은 所持人에 對하여 法定期間內의 어음의 提示와 通知의 義務를 免除하지 아니한다. 法定期間의 不遵守는 所持人에 對하여 이를 援用하는 者가 證明하여야 한다.

③發行人이 第1項의 文言을 記載한 때에는 모든 어음債務者에 對하여 效力이 있고 背書人 또는 保證人이 이 文言을 記載한 때에는 그 背書人 또는 保證人에 對하여서만 效力이 있다. 發行人이 이 文言을 記載하였음에도 不拘하고 所持人이 拒絶證書를 作成시킨 때에는 그 費用은 所持人이 負擔하고 背書人 또는 保證人이 이 文言을 記載한 境遇에 拒絶證書를 作成시킨 때에는 모든 어음債務者에게 그 費用을 償還하게 할 수 있다.

第47條 (어음債務者의 合同責任) ①換어음의 發行, 引受, 背書 또는 保證을 한 者는 所持人에 對하여 合同하여 責任을 진다.

②所持人은 前項의 어음債務者에 對하여 그 債務負擔의 順序에 不拘하고 그 1人, 數人 또는 全員에 對하여 請求할 수 있다.

③어음債務者가 그 어음을 還受한 境遇에도 前項의 所持人과 同一한 權利가 있다.

④어음債務者의 1人에 對한 請求는 다른 債務者에 對한 請求에 影響을 미치지 아니한다. 이미 請求를 받은 者의 後者에 對하여도 같다.

第48條 (遡求金額) ①所持人은 遡求權에 依하여 다음의 金額의 支給을 請求할 수 있다.

1. 引受 또는 支給되지 아니한 어음金額과 利子의 記載가 있으면 그 利子
2. 年 6分의 利率에 依한 滿期 以後의 利子
3. 拒絶證書의 費用, 通知의 費用과 其他의 費用

②滿期前에 遡求權을 行使하는 境遇에는 割引에 依하여 어음金額을 減한다. 그 割引은 所持人의 住所地에서의 遡求하는 날의 公定割引率(銀行率)에 依하여 計算한다.

第49條 (再遡求金額) 換어음을 還受한 者는 그 前者에 對하여 다음의 金額의 支給을 請求할 수 있다.

1. 支給한 總金額
2. 前號의 金額에 對한 年 6分의 利率에 依하여 計算한 支給의 날 以後의 利子
3. 支出한 費用

第50條 (遡求義務者의 權利) ①遡求를 받은 어음債務者나 받을 어음債務者는 支給과 相換으로 拒絶證書, 領受를 證明하는 計算書와 그 어음의 交付를 請求할 수 있다.

②換어음을 還受한 背書人은 自己와 後者의 背書를 抹消할 수 있다.

第51條 (一部引受의 境遇의 遡求) 一部引受後에 遡求權을 行使하는 境遇에 引受되지 아니한 어음金額을 支給하는 者는 그 支給한 뜻을 어음에 記載할 것과 領受證의 交付를 請

求할 수 있다. 所持人은 그 後의 遡求를 할 수 있게 하기 爲하여 어음의 證明謄本과 拒絶證書를 交付하여야 한다.

第52條 (逆어음에 依한 遡求) ①遡求權이 있는 者는 어음의 反對文言의 記載가 없으면 그 前者의 1人을 支給人으로 하여 그 者의 住所에서 支給할 一覽出給의 새어음(逆어음)을 發行함으로써 遡求權을 行使할 수 있다.

②逆어음에는 第48條와 第49條에 規定한 金額外에 그 어음의 仲介料와 印紙稅를 包含한다.

③所持人이 逆어음을 發行하는 境遇에는 그 金額은 本어음의 支給地에서 그 前者의 住所地에 對하여 發行하는 一覽出給어음의 換時勢에 依하여 定한다. 背書人이 逆어음을 發行하는 境遇에는 그 金額은 逆어음의 發行人이 그 住所地에서 前者의 住所地에 對하여 發行하는 一覽出給어음의 換時勢에 依하여 定한다.

第53條 (遡求權의 喪失) ①다음의 期間을 經過한 때에는 所持人은 背書人, 發行人 其他의 어음債務者에 對하여 그 權利를 잃는다. 그러나 引受人에 對하여는 그러하지 아니하다.

1. 一覽出給 또는 一覽後 定期出給의 換어음의 提示期間
2. 引受拒絶證書 또는 支給拒絶證書의 作成期間
3. 無費用償還의 文言의 記載가 있는 境遇에 支給을 爲한 提示期間

②發行人이 記載한 期間內에 引受를 爲한 提示를 하지 아니한 때에는 所持人은 支給拒絶과 引受拒絶로 因한 遡求權을 잃는다. 그러나 그 記載한 文言에 依하여 發行人이 引受에 對한 擔保義務만을 免할 意思가 있었음을 알 수 있는 때에는 그러하지 아니하다.

③背書에 提示期間의 記載가 있는 때에는 그 背書人에 限하여 이를 援用할 수 있다.

第54條 (不可抗力과 期間의 延長) ①法定期間內에 換어음의 提示 또는 拒絶證書의 作成이 避할 수 없는 障碍(國家法令에 依한 禁制 其他의 不可抗力)로 因하여 妨害된 때에는 그 期間을 延長한다.

②所持人은 自己의 背書人에 對하여 遲滯없이 그 不可抗力을 通知하고 어음 또는 補箋에 그 通知한 뜻을 記載하고 日字를 附記하여 記名捺印하여야 한다. 其他의 事項에 關하여는 第45條의 規定을 準用한다.

③不可抗力이 終止된 때에는 所持人은 遲滯없이 引受 또는 支給을 爲하여 어음을 提示하고 必要한 境遇에는 拒絶證書를 作成시켜야 한다.

④不可抗力이 滿期로부터 30日을 넘어 繼續하는 때에는 어음의 提示 또는 拒絶證書의 作成없이 遡求權을 行使할 수 있다.

⑤一覽出給 또는 一覽後 定期出給의 換어음에는 30日의 期間은 提示期間經過 前이라도 所持人이 背書人에게 不可抗力의 通知를 한 날로부터 進行한다. 一覽後 定期出給의 換어음에는 30日의 期間에 어음에 記載한 一覽後의 期間을 加算한다.

⑥所持人 또는 所持人으로부터 어음의 提示 또는 拒絶證書作成의 委任을 받은 者의 單純한 人的事由는 不可抗力으로 보지 아니한다.

第8章 參 加

第1節 通 則

第55條 (參加의 當事者, 通知) ①發行人, 背書人 또는 保證人은 어음에 豫備支給人을 記載할 수 있다.

②換어음은 遡求를 받을 어느 債務者를 爲하여 參加하는 者도 本章의 規定에 따라 引受 또는 支給을 할 수 있다.

③第三者, 支給人 또는 이미 어음債務를 負擔한 者도 引受人을 除外하고는 參加人이 될 수 있다.

④參加人은 被參加人에 對하여 2去來日內에 參加의 通知를 하여야 한다. 參加人이 이 期間을 遵守하지 아니한 境遇에 過失로 因하여 損害가 생긴 때에는 參加人은 어음金額의 限度內에서 賠償할 責任을 진다.

第2節 參加引受

第56條 (參加引受의 要件) ①參加引受는 引受를 爲한 提示를 禁하지 아니한 換어음의 所持人이 滿期前에 遡求權을 行使할 수 있는 모든 境遇에 이를 할 수 있다.

②換어음에 支給地에 있는 豫備支給人을 記載한 境遇에는 어음의 所持人은 豫備支給人에게 어음을 提示하였으나 그 者가 參加引受를 拒絶하였음을 拒絶證書에 依하여 證明하

지 아니하면 豫備支給人을 記載한 者와 그 後者에 對하여 滿期前에 遡求權을 行使하지 못한다.

③前項의 境遇外에는 所持人은 參加引受를 拒絶할 수 있다. 所持人이 參加引受를 承諾한 때에는 被參加人과 그 後者에 對하여 滿期前에 行使할 수 있는 遡求權을 잃는다.

第57條 (參加引受의 方式) 參加引受는 換어음에 記載하고 參加人이 記名捺印하여야 한다. 參加引受에는 被參加人을 表示하여야 한다. 이 表示가 없는 때에는 發行人을 爲하여 한 것으로 본다.

第58條 (參加引受의 效力) ①參加引受人은 所持人과 被參加人의 後者에 對하여 被參加人과 同一한 義務를 負擔한다.

②被參加人과 그 前者는 參加引受에 不拘하고 所持人에 對하여 第48條에 規定한 金額의 支給과 相換으로 어음의 交付를 請求할 수 있다. 拒絶證書와 領受를 證明하는 計算書가 있는 때에는 그 交付도 請求할 수 있다.

第3節 參加支給

第59條 (參加支給의 要件) ①參加支給은 所持人이 滿期 또는 滿期前에 遡求權을 行使할 수 있는 모든 境遇에 이를 할 수 있다.

②支給은 被參加人이 支給할 全額을 支給하여야 한다.

③支給은 支給拒絶證書를 作成시킬 수 있는 最終日의 翌日까지 하여야 한다.

第60條 (參加支給의 提示의 必要) ①支給地에 住所가 있는 者가 參加引受를 한 때 또는 支給地에 住所가 있는 者가 豫備支給人으로 記載된 때에는 所持人은 늦어도 支給拒絶證書를 作成시킬 수 있는 最終日의 翌日까지 그 全員에게 어음을 提示하고 必要가 있는 때에는 參加支給拒絶證書를 作成시켜야 한다.

②前項의 期間內에 拒絶證書의 作成이 없는 때에는 豫備支給人을 記載한 者 또는 被參加人과 그 後의 背書人은 義務를 免한다.

第61條 (參加支給拒絶의 效果) 參加支給을 拒絶한 所持人은 그 支給으로 因하여 義務를 免할 수 있었던 者에 對한 遡求權을 잃는다.

第62條 (參加支給의 方法) ①參加支給이 있은 때에는 어음에 被參加人을 表示하고 그 領受를 證明하는 文言을 記載하여야 한다. 그 表示가 없는 때에는 發行人을 爲하여 支給한 것으로 본다.

②換어음은 參加支給人에게 交付하여야 한다. 拒絶證書를 作成시킨 때에는 이것도 交付하여야 한다.

第63條 (參加支給의 效力) ①參加支給人은 被參加人과 그의 어음上의 債務者에 對하여 어음으로부터 생기는 權利를 取得한다. 그러나 다시 어음에 背書하지 못한다.

②被參加人보다 後의 背書人은 義務를 免한다.

③參加支給의 競合이 있는 境遇에는 가장 多數의 어음債務者의 義務를 免하게 하는 者가 優先한다. 이러한 事情을 알고 이 規定에 違反하여 參加支給을 한 者는 義務를 免할 수 있었던 者에 對한 遡求權을 잃는다.

第9章 複本과 謄本

第1節 複 本

第64條 (複本發行의 方式) ①換어음은 同一한 內容의 數通의 複本으로 發行할 수 있다.

②前項의 複本에는 그 證券의 本文中에 番號를 붙여야 한다. 이를 闕한 때에는 그 數通의 複本은 이를 各別의 換어음으로 본다.

③어음에 1通만으로 發行한다는 뜻을 記載하지 아니한 때에는 所持人은 自己의 費用으로 複本의 交付를 請求할 수 있다. 이 境遇에는 所持人은 自己의 直接의 背書人에 對하여 이를 請求하고 그 背書人은 다시 自己의 背書人에 對하여 請求를 함으로써 이에 協力하여 順次로 發行人에게 미치게 한다. 各 背書人은 새 複本에 背書를 再記하여야 한다.

第65條 (複本의 效力) ①複本의 1通에 對한 支給이 있는 때에는 이 支給이 다른 複本을 無效로 하는 뜻의 記載가 없는 境遇에도 義務를 免하게 한다. 그러나 支給人은 引受한 各通으로서 返還을 받지 아니한 複本에 對하여 責任을 진다.

②數人에게 各別로 複本을 讓渡한 背書人과 그 後의 背書人은 그 記名捺印한 各通으로서 返還을 받지 아니한 것에 對하여 責任을 진다.

第66條 (引受를 爲하여 하는 送付) ①引受를 爲하여 複本의 1通을 送付한 者는 다른 各通에 이 1通을 保持하는 者의 名稱을 記載하여

야 한다. 이 者는 다른 複本의 正當한 所持人에 對하여 이를 交付할 義務가 있다.

②交付를 拒絶當한 때에는 所持人은 拒絶證書에 依하여 다음의 事實을 證明하지 아니하면 遡求權을 行使하지 못한다.

1. 引受를 爲하여 送付한 1通이 所持人이 請求하여도 交付되지 아니하였다는 것
2. 다른 1通으로 引受 또는 支給을 받을 수 없었다는 것

第2節 謄 本

第67條 (謄本의 作成, 方式, 效力) ①換어음의 所持人은 그 謄本을 作成할 權利가 있다.

②謄本에는 背書 其他 原本에 記載한 모든 事項을 正確히 再記하고 그 末尾를 表示하는 記載를 하여야 한다.

③謄本에는 原本과 同一한 方法에 依하여 同一한 效力으로 背書 또는 保證을 할 수 있다.

第68條 (謄本保持者의 權利) ①謄本에는 原本의 保持者를 表示하여야 한다. 그 保持者는 謄本의 正當한 所持人에 對하여 그 原本을 交付할 義務가 있다.

②交付를 拒絶當한 때에는 所持人은 原本의 交付를 請求하였음에도 不拘하고 交付를 받지 못하였음을 拒絶證書에 依하여 證明하지 아니하면 謄本에 背書 또는 保證한 者에 對하여 遡求權을 行使하지 못한다.

③謄本作成前에 한 最後의 背書의 뒤에 "이後의 背書는謄本에 한 것만이 效力이 있다"는 文言 또는 이와 同一한 意義가 있는 文言을 原本에 記載한 때에는 原本에 記載한 그 後의 背書는 無效로 한다

第10章 變 造

第69條 (變造와 어음行爲者의 責任) 換어음의 文言에 變造가 있는 境遇에는 그 變造後에 記名捺印한 者는 變造된 文言에 따라 責任을 지고 變造前에 記名捺印한 者는 原文言에 따라 責任을 진다.

第11章 時 效

第70條 (時效期間) ①引受人에 對한 換어음上의 請求權은 滿期의 날로부터 3年間 行使하지 아니하면 消滅時效가 完成한다.

②所持人의 背書人과 發行人에 對한 請求權은 適法한 期間內에 作成시킨 拒絶證書의 日字로부터, 無費用償還의 文言이 記載된 境遇에는 滿期의 날로부터 1年間 行使하지 아니하면 消滅時效가 完成한다.

③背書人의 다른 背書人과 發行人에 對한 請求權은 그 背書人이 어음을 還受한 날 또는 그 者가 提訴된 날로부터 6月間 行使하지 아니하면 消滅時效가 完成한다.

第71條 (時效의 中斷) 時效의 中斷은 그 中斷事由가 생긴 者에 對하여서만 效力이 생긴다.

第12章 通 則

第72條 (休日과 期日, 期間) ①換어음의 滿期가 法定休日인 때에는 이에 이은 第1의 去來日에 支給을 請求할 수 있다. 換어음에 關한 다른 行爲 特히 引受를 爲한 提示와 拒絶證書의 作成은 去來日에 限하여 할 수 있다.

②前項의 어느 行爲를 一定期間內에 하여야 할 境遇에 그 期間의 末日이 法定休日인 때에는 이에 이은 第1의 去來日까지 期間을 延長한다. 期間中의 休日은 그 期間에 算入한다.

第73條 (期間의 初日不算入) 法定期間 또는 約定期間에는 그 初日을 算入하지 아니한다.

第74條 (恩惠日의 不許) 恩惠日은 法律上이거나 裁判上임을 不問하고 認定하지 아니한다.

第2編 約束어음

第75條 (어음要件) 約束어음에는 다음의 事項을 記載하여야 한다.

1. 證券의 本文中에 그 證券의 作成에 使用하는 國語로 約束어음임을 表示하는 文字
2. 一定한 金額을 支給할 뜻의 無條件의 約束
3. 滿期의 表示
4. 支給地
5. 支給을 받을 者 또는 支給을 받을 者를 指示할 者의 名稱
6. 發行日과 發行地
7. 發行人의 記名捺印

第76條 (어음要件의 欠缺) ①前條에 揭記한 事項의 어느 것을 闕한 證券은 約束어음의 效力이 없다. 그러나 다음 各項의 境遇에는 그러하지 아니하다.

②滿期의 記載가 없는 때에는 一覽出給의 約

束어음으로 본다.

③다른 表示가 없는 때에는 發行地를 支給地이며 發行人의 住所地로 본다.

④發行地의 記載가 없는 約束어음은 發行人의 名稱에 附記한 地에서 發行한 것으로 본다.

第77條 (換어음에 關한 規定의 準用) ①다음의 事項에 關한 換어음에 對한 規定은 約束어음의 性質에 相反하지 아니하는 限度에서 이를 約束어음에 準用한다.

1. 背書(第11條 乃至 第20條)
2. 滿期(第33條 乃至 第37條)
3. 支給(第38條 乃至 第42條)
4. 支給拒絶로 因한 遡求(第43條 乃至 第50條, 第52條 乃至 第54條)
5. 參加支給(第55條, 第59條 乃至 第63條)
6. 謄本(第67條와 第68條)
7. 變造(第69條)
8. 時效(第70條와 第71條)
9. 休日, 期間의 計算과 恩惠日의 禁止(第72條 乃至 第74條)

②第三者方에서 또는 支給人의 住所地가 아닌 地에서 支給할 換어음(第4條와 第27條), 利子의 約定(第5條), 어음金額의 記載의 差異(第6條), 어음債務를 負擔하게 할 수 없는 記名捺印의 效果(第7條), 代理權限없는 者 또는 代理權限을 超過한 者의 記名捺印의 效果(第8條)와 白地換어음(第10條)에 關한 規定은 約束어음에 準用한다.

③保證(第30條 乃至 第32條)에 關한 規定도 約束어음에 準用한다. 第31條第4項의 境遇에 누구를 爲하여 保證한 것임을 表示하지 아니한 때에는 約束어음의 發行人을 爲하여 保證한 것으로 본다.

第78條 (發行人의 責任, 一覽後 定期出給어음의 特則) ①約束어음의 發行人은 換어음의 引受人과 同一한 義務를 負擔한다.

②一覽後 定期出給의 約束어음은 第23條에 規定한 期間內에 發行人에게 一覽을 爲하여 이를 提示하여야 한다. 一覽後의 期間은 發行人이 어음에 一覽의 뜻을 記載하고 日字를 附記하여 記名捺印한 날로부터 進行한다. 發行人이 一覽의 뜻과 日字의 記載를 拒絶한 때에는 拒絶證書에 依하여 이를 證明하여야 한다(第25條). 그 日字는 一覽後의 期間의 初日로 한다.

부칙 〈제1001호, 1962.1.20〉

第79條 (利得償還請求權) 換어음 또는 約束어음에서 생긴 權利가 節次의 欠缺로 因하여 消滅한 때나 그 消滅時效가 完成한 때라도 所持人은 發行人, 引受人 또는 背書人에 對하여 그가 받은 利益의 限度內에서 償還을 請求할 수 있다.

第80條 (訴訟告知로 因한 時效中斷) ①背書人의 다른 背書人과 發行人에 對한 換어음上과 約束어음上의 請求權의 消滅時效는 그 者가 提訴된 境遇에는 前者에 對한 訴訟告知를 함으로 因하여 中斷한다.

②前項의 規定에 依하여 中斷된 時效는 裁判이 確定된 때로부터 다시 進行을 開始한다.

第81條 (休日의 意義) 本法에서 休日이라 함은 國慶日, 公休日, 日曜日 其他의 一般休日을 이른다.

第82條 (本法 施行前에 發行한 手形) 本法 施行前에 發行한 爲替手形과 約束手形에 關하여는 從前의 規定에 依한다.

第83條 (어음交換所의 指定) 第38條第2項(第77條第1項에서 準用하는 境遇를 包含한다)의 어음交換所는 法務部長官이 指定한다.

第84條 (拒絶證書에 關한 事項) 拒絶證書의 作成에 關한 事項은 大統領令으로 定한다.〈개정 1995.12.6〉

第85條 (施行期日, 舊法의 廢止) ①本法은 1963年 1月 1日부터 施行한다.

②朝鮮民事令 第1條에 依하여 依用된 手形法은 本法施行時까지 效力이 있다.

수 표 법

[시행 1963.1.1] [법률 제1002호, 1962.1.20, 제정]

第1章 手票의 發行과 方式

第1條 (手票要件) 手票에는 다음의 事項을 記載하여야 한다.

1. 證券의 本文中에 그 證券의 作成에 使用하는 國語로 手票임을 表示하는 文字
2. 一定한 金額을 支給할 뜻의 無條件의 委託
3. 支給人의 名稱
4. 支給地
5. 發行日과 發行地
6. 發行人의 記名捺印

第2條 (手票要件의 欠缺) ①前條에 揭記한 事項의 어느 것을 闕한 證券은 手票의 效力이 없다. 그러나 다음 各項의 境遇에는 그러하지 아니하다.

②支給地의 記載가 없는 때에는 支給人의 名稱에 附記한 地를 支給地로 본다. 支給人의 名稱에 數個의 地를 附記한 때에는 手票의 初頭에 記載한 地에서 支給할 것으로 한다.

③前項의 記載 其他 다른 表示가 없는 때에는 發行地에서 支給할 것으로 한다.

④發行地의 記載가 없는 手票는 發行人의 名稱에 附記한 地에서 發行한 것으로 본다.

第3條 (手票資金, 手票契約의 必要) 手票는 提示한 때에 發行人이 處分할 수 있는 資金이 있는 銀行을 支給人으로 하고 發行人이 그 資金을 手票에 依하여 處分할 수 있는 明示 또는 默示의 契約에 따라서만 이를 發行할 수 있다. 그러나 이 規定에 違反하는 境遇에도 手票로서의 效力에 影響을 미치지 아니한다.

第4條 (引受의 禁止) 手票는 引受하지 못한다. 手票에 한 引受는 記載하지 아니한 것으로 본다.

第5條 (受取人의 指定) ①手票는 다음의 어느 하나의 方式으로 發行할 수 있다.

1. 記名式 또는 指示式
2. 記名式으로 「指示禁止」의 文字 또는 이와 同一한 意義가 있는 文言을 記載한 것
3. 所持人出給式

②記名式手票에 「또는 所持人에」의 文字 또는 이와 同一한 意義가 있는 文言을 記載한 때에는 所持人出給式手票로 본다.

③受取人의 記載가 없는 手票는 所持人出給式手票로 본다.

第6條 (自己指示手票, 委託手票, 自己앞手票) ①手票는 發行人 自身을 支給받을 者로 하여 發行할 수 있다.

②手票는 第三者의 計算으로 發行할 수 있다.

③手票는 發行人 自身을 支給人으로 하여 發行할 수 있다.

第7條 (利子의 約定) 手票에 記載한 利子의 約定은 記載하지 아니한 것으로 본다.

第8條 (第三者方支給의 記載) 手票는 支給人의 住所地에 있거나 다른 地에 있음을 不問하고 第三者方에서 支給할 것으로 할 수 있다. 그러나 그 第三者는 銀行이어야 한다.

第9條 (手票金額의 記載에 差異가 있는 境遇) ①手票의 金額을 文字와 숫자로 記載한 境遇에 그 金額에 差異가 있는 때에는 文字로 記載한 金額을 手票金額으로 한다.

②手票의 金額을 文字 또는 숫자로 重複하여 記載한 境遇에 그 金額에 差異가 있는 때에는 最少金額을 手票金額으로 한다.

第10條 (手票債務의 獨立性) 手票에 手票債務를 負擔할 能力이 없는 者의 記名捺印, 僞造의 記名捺印, 假設人의 記名捺印 또는 其他

의 事由로 因하여 그 記名捺印者나 그 本人에게 義務를 負擔하게 할 수 없는 記名捺印이 있는 境遇에도 다른 記名捺印者의 債務는 그 效力에 影響을 받지 아니한다.

第11條 (手票行爲의 無權代理) 代理權없이 他人의 代理人으로 手票에 記名捺印한 者는 그 手票에 依하여 義務를 負擔한다. 그 者가 手票金額을 支給한 때에는 本人과 同一한 權利를 가진다. 權限을 超過한 代理人에 關하여도 같다.

第12條 (發行人의 責任) 發行人은 支給을 擔保한다. 發行人이 擔保하지 아니한다는 뜻의 모든 文言은 記載하지 아니한 것으로 본다.

第13條 (白地手票) 未完成으로 發行한 手票에 미리 한 合意와 다른 補充을 한 境遇에는 그 違反으로써 所持人에게 對抗하지 못한다. 그러나 所持人이 惡意 또는 重大한 過失로 因하여 手票를 取得한 때에는 그러하지 아니하다.

第2章 讓 渡

第14條 (當然한 指示證券性) ①記名式 또는 指示式의 手票는 背書에 依하여 讓渡할 수 있다.

②記名式 手票에 「指示禁止」의 文字 또는 이와 同一한 意義가 있는 文言을 記載한 때에는 그 手票는 指名債權의 讓渡에 關한 方式에 따라서만 그리고 그 效力으로써만 讓渡할 수 있다.

③背書는 發行人 其他의 債務者에 對하여도 할 수 있다. 이러한 者는 다시 手票에 背書할 수 있다.

第15條 (背書의 要件) ①背書는 無條件으로 하여야 한다. 背書에 붙인 條件은 記載하지 아니한 것으로 본다.

②一部의 背書는 無效로 한다.

③支給人의 背書도 無效로 한다.

④所持人出給의 背書는 白地式背書와 同一한 效力이 있다.

⑤支給人에 對한 背書는 領受證의 效力만이 있다. 그러나 支給人의 營業所가 數個인 境遇에 그 手票가 支給될 곳으로 된 營業所 以外의 營業所에 對한 背書는 그러하지 아니하다.

第16條 (背書의 方式) ①背書는 手票 또는 이에 結合한 補箋에 記載하고 背書人이 記名捺印하여야 한다.

②背書는 被背書人을 指名하지 아니할 수 있고 또는 背書人의 記名捺印만으로 할 수 있다(白地式背書). 後者의 境遇의 背書는 手票의 裏面이나 補箋에 記載하지 아니하면 效力이 없다.

第17條 (背書의 權利移轉的效力) ①背書는 手票로부터 생기는 모든 權利를 移轉한다.

②背書가 白地式인 때에는 所持人은

1. 自己의 名稱 또는 他人의 名稱으로 白地를 補充할 수 있다.
2. 白地式으로 또는 他人을 表示하여 다시 手票에 背書할 수 있다.
3. 白地를 補充하지 아니하고 또 背書도 하지 아니하고 手票를 第三者에게 讓渡할 수 있다.

第18條 (背書의 擔保的效力) ①背書人은 反對의 文言이 없으면 支給을 擔保한다.

②背書人은 다시하는 背書를 禁止할 수 있다. 이 境遇에 그 背書人은 手票의 그 後의 被背書人에 對하여 擔保의 責任을 지지 아니한다.

第19條 (背書의 資格授與的 效力) 背書로 讓渡할 수 있는 手票의 占有者가 背書의 連續에 依하여 그 權利를 證明하는 때에는 이를 適法한 所持人으로 推定한다. 最後의 背書가 白地式인 境遇에도 같다. 抹消한 背書는 背書連續에 關하여는 背書의 記載가 없는 것으로 본다. 白地式背書의 다음에 다른 背書가 있는 때에는 그 背書를 한 者는 白地式背書에 依하여 手票를 取得한 것으로 본다.

第20條 (無記名式 手票의 背書) 所持人出給의 手票에 背書한 者는 遡求에 關한 規定에 따라 責任을 진다. 그러나 이로 因하여 手票는 指示式手票로 變하지 아니한다.

第21條 (手票의 善意取得) 事由의 如何를 不問하고 手票의 占有를 잃은 者가 있는 境遇에 그 手票의 所持人은 그 手票가 所持人出給式인 때 또는 背書로 讓渡할 수 있는 手票의 所持人이 第19條의 規定에 依하여 그 權利를 證明한 때에는 그 手票를 返還할 義務가 없다. 그러나 所持人이 惡意 또는 重大한 過失로 因하여 手票를 取得한 때에는 그러하지 아니하다.

第22條 (人的抗辯의 切斷) 手票에 依하여 請求를 받은 者는 發行人 또는 從前의 所持人에

對한 人的關係로 因한 抗辯으로써 所持人에게 對抗하지 못한다. 그러나 所持人이 그 債務者를 害할 것을 알고 手票를 取得한 때에는 그러하지 아니하다.

第23條 (推尋委任背書) ①背書에 「回收하기 爲하여」, 「推尋하기 爲하여」, 「代理를 爲하여」 其他 單純히 代理權授與를 表示하는 文言이 있는 때에는 所持人은 手票로부터 생기는 모든 權利를 行使할 수 있다. 그러나 所持人은 代理를 爲한 背書만을 할 수 있다.

②前項의 境遇에는 債務者는 背書人에게 對抗할 수 있는 抗辯만으로써 所持人에게 對抗할 수 있다.

③代理를 爲한 背書에 依한 代理權은 그 授權者가 死亡하거나 無能力者가 됨으로 因하여 消滅하지 아니한다.

第24條 (期限後 背書) ①拒絶證書나 이와 同一한 效力이 있는 宣言의 作成後의 背書 또는 提示期間經過後의 背書는 指名債權讓渡의 效力만이 있다.

②日字의 記載가 없는 背書는 拒絶證書나 이와 同一한 效力이 있는 宣言의 作成前 또는 提示期間經過前에 한 것으로 推定한다.

第3章 保 證

第25條 (保證의 可能) ①手票의 支給은 保證에 依하여 그 金額의 全部 또는 一部에 對한 擔保를 할 수 있다.

②支給人을 除外한 第三者는 前項의 保證을 할 수 있다. 手票에 記名捺印한 者도 같다.

第26條 (保證의 方式) ①保證은 手票 또는 補箋에 이를 하여야 한다.

②保證은 「保證」 또는 이와 同一한 意義가 있는 文言을 表示하고 保證人이 記名捺印하여야 한다.

③手票의 表面에 單純한 記名捺印이 있는 境遇에는 이를 保證으로 본다. 그러나 發行人의 記名捺印은 그러하지 아니하다.

④保證에는 누구를 爲하여 한 것임을 表示하여야 한다. 그 表示가 없는 때에는 發行人을 爲하여 保證한 것으로 본다.

第27條 (保證의 效力) ①保證人은 保證된 者와 同一한 責任을 진다.

②保證은 擔保된 債務가 그 方式에 瑕疵가 있는 境遇外에는 어떠한 事由로 因하여 無效가 된 때에도 그 效力이 있다.

③保證人이 手票의 支給을 한 때에는 保證된 者와 그 者의 手票上의 債務者에 對하여 手票로부터 생기는 權利를 取得한다.

第4章 提示와 支給

第28條 (手票의 一覽出給性) ①手票는 一覽出給으로 한다. 이에 違反되는 모든 記載는 記載하지 아니한 것으로 본다.

②記載된 發行日字의 到來前에 支給을 爲하여 提示된 手票는 그 提示한 날에 이를 支給하여야 한다.

第29條 (支給提示期間) ①國內에서 發行하고 支給할 手票는 10日內에 支給을 爲한 提示를 하여야 한다.

②支給地의 國과 다른 國에서 發行한 手票는 發行地와 支給地가 同一洲에 있는 境遇에는 20日內에, 다른 洲에 있는 境遇에는 70日內에 이를 提示하여야 한다.

③前項에 關하여는 유럽洲의 一國에서 發行하여 地中海沿岸의 一國에서 支給할 手票 또는 地中海沿岸의 一國에서 發行하여 유럽洲의 一國에서 支給할 手票는 同一洲內에서 發行하고 支給할 것으로 본다.

④前3項의 期間은 手票에 記載된 發行日字로부터 起算한다.

第30條 (標準이 되는 歲曆) 歲曆을 달리하는 兩地間에서 發行한 手票는 發行日字를 支給地의 歲曆의 對應日로 換算한다.

第31條 (어음交換所에 있어서의 提示) 어음交換所에서의 手票의 提示는 支給을 爲한 提示의 效力이 있다.

第32條 (支給委託의 取消) ①手票의 支給委託의 取消는 提示期間經過後에만 그 效力이 생긴다.

②支給委託의 取消가 없는 때에는 支給人은 提示期間經過後에도 支給을 할 수 있다.

第33條 (發行人의 死亡, 能力喪失) 手票를 發行한 後 發行人이 死亡하거나 無能力者가 된 境遇에도 그 手票의 效力에 影響을 미치지 아니한다.

第34條 (相換證券性, 一部支給) ①手票의 支給人은 支給을 할 때에 所持人에 對하여 手票에 領受를 證明하는 記載를 하여 交付할 것을 請求할 수 있다.

②所持人은 一部支給을 拒絶하지 못한다.

③一部支給의 境遇에는 支給人은 所持人에 對하여 그 支給한 뜻을 手票에 記載하고 領受證을 交付할 것을 請求할 수 있다.

第35條 (支給人의 調査義務) 背書로 讓渡할 수 있는 手票의 支給人은 背書의 連續의 整否를 調査할 義務가 있으나 背書人의 記名捺印을 調査할 義務는 없다.

第36條 (支給할 貨幣) ①支給地의 通貨가 아닌 通貨로 支給할 것을 記載한 手票는 그 提示期間內에는 支給의 날의 價格에 依하여 支給地의 通貨로 支給할 수 있다. 提示를 하여도 支給을 하지 아니하는 境遇에는 所持人은 그 選擇에 따라 提示한 날이나 支給하는 날의 換時勢에 依하여 支給地의 通貨로 手票金額을 支給할 것을 請求할 수 있다.

②外國通貨의 價格은 支給地의 慣習에 依하여 定한다. 그러나 發行人은 手票에 定한 換算率에 依하여 支給金額을 計算할 뜻을 手票에 記載할 수 있다.

③前2項의 規定은 發行人이 特種의 通貨로 支給할 뜻(外國通貨現實支給文句)을 記載한 境遇에는 適用하지 아니한다.

④發行國과 支給國에서 同名異價를 가진 通貨에 依하여 手票의 金額을 定한 때에는 支給地의 通貨에 依하여 定한 것으로 推定한다.

第5章 橫線手票

第37條 (橫線의 種類, 方式) ①手票의 發行人이나 所持人은 그 手票에 橫線을 그을 수 있다. 이 橫線은 다음 條에 規定한 效力이 있다.

②橫線은 手票의 表面에 2條의 平行線을 그어야 한다. 橫線은 一般 또는 特定으로 할 수 있다.

③2條의 橫線內에 아무런 指定을 하지 아니하거나 "銀行" 또는 이와 同一한 意義가 있는 文字를 記載한 때에는 一般橫線으로 하고 2條의 橫線內에 銀行의 名稱을 記載한 때에는 特定橫線으로 한다.

④一般橫線은 特定橫線으로 變更할 수 있으나 特定橫線은 一般橫線으로 變更하지 못한다.

⑤橫線 또는 指定된 銀行의 名稱의 抹消는 이를 하지 아니한 것으로 본다.

第38條 (橫線의 效力) ①一般橫線手票의 支給人은 銀行 또는 支給人의 去來處에 對하여서만 支給할 수 있다.

②特定橫線手票의 支給人은 指定된 銀行에 對하여서만 또는 指定된 銀行이 支給人인 때에는 自己의 去來處에 對하여서만 支給할 수 있다. 그러나 指定된 銀行은 다른 銀行으로 하여금 推尋하게 할 수 있다.

③銀行은 自己의 去來處 또는 다른 銀行에서만 橫線手票를 取得할 수 있다. 銀行은 이 以外의 者를 爲하여 橫線手票의 推尋을 하지 못한다.

④數個의 特定橫線이 있는 手票의 支給人은 이를 支給하지 못한다. 그러나 2個의 橫線이 있는 境遇에 그 하나가 어음交換所에 提示하여 推尋하게 하기 爲한 것인 때에는 그러하지 아니하다.

⑤前4項의 規定을 遵守하지 아니한 支給人이나 銀行은 이로 因하여 생긴 損害에 對하여 手票金額의 限度內에서 賠償할 責任을 진다.

第6章 支給拒絶로 因한 遡求

第39條 (遡求의 要件) 適法한 期間內에 提示한 手票의 支給을 받지 못한 境遇에 所持人이 다음의 어느 하나의 方法에 依하여 支給拒絶을 證明한 때에는 所持人은 背書人, 發行人 其他의 債務者에 對하여 遡求權을 行使할 수 있다.

1. 公正證書(拒絶證書)
2. 手票에 提示의 날을 記載하고 日字를 附記한 支給人의 宣言
3. 適法한 時期에 手票를 提示하였으나 支給이 없었던 뜻을 證明하고 日字를 附記한 어음交換所의 宣言

第40條 (拒絶證書等의 作成期間) ①拒絶證書 또는 이와 同一한 效力이 있는 宣言은 提示期間經過前에 作成시켜야 한다.

②提示期間末日에 提示한 境遇에는 拒絶證書 또는 이와 同一한 效力이 있는 宣言은 이에 이은 第1의 去來日에 作成시킬 수 있다.

第41條 (支給拒絶의 通知) ①所持人은 拒絶證書 또는 이와 同一한 效力이 있는 宣言의 作成日에 이은 또는 無費用償還의 文言의 記載가 있는 境遇에는 手票의 提示日에 이은 4去來日內에 自己의 背書人과 發行人에 對하여 支給拒絶이 있음을 通知하여야 한다. 各背書人은 通知를 받은 날에 이은 2去來日內에 前

通知者全員의 名稱과 處所를 表示하고 自己가 받은 通知를 自己의 背書人에게 通知하여 順次로 發行人에게 미치게 하여야 한다. 이 期間은 各 通知를 받은 때로부터 進行한다.
②前項의 規定에 따라 手票에 記名捺印한 者에게 通知할 때에는 同一한 期間內에 그 保證人에 對하여도 同一한 通知를 하여야 한다.
③背書人이 그 處所를 記載하지 아니하거나 그 記載가 分明하지 아니한 境遇에는 그 背書人의 直接의 前者에게 通知하면 된다.
④通知를 하여야 할 者는 어떠한 方法에 依하여도 할 수 있다. 單純히 手票의 返還에 依하여도 할 수 있다.
⑤通知를 하여야 할 者는 適法한 期間內에 通知를 하였음을 證明하여야 한다. 이 期間內에 通知하는 書面을 郵便으로 부친 때에는 그 期間을 遵守한 것으로 본다.
⑥前項의 期間內에 通知를 하지 아니한 者도 遡求權을 잃지 아니한다. 그러나 過失로 因하여 損害가 생긴때에는 手票金額의 限度內에서 賠償할 責任을 진다.

第42條 (拒絶證書等의 作成免除) ①發行人, 背書人 또는 保證人은 「無費用償還」, 「拒絶證書不要」의 文字 또는 이와 同一한 意義가 있는 文言을 手票에 記載하고 記名捺印함으로써 所持人에 對하여 遡求權을 行使하기 爲한 拒絶證書 또는 이와 同一한 效力이 있는 宣言의 作成을 免除할 수 있다.
②前項의 文言은 所持人에 對하여 法定期間內에 提示와 通知의 義務를 免除하지 아니한다. 法定期間의 不遵守는 所持人에 對하여 이를 援用하는 者가 證明하여야 한다.
③發行人이 第1項의 文言을 記載한 때에는 모든 債務者에 對하여 效力이 생기고 背書人 또는 保證人이 이 文言을 記載한 때에는 그 背書人 또는 保證人에 對하여서만 效力이 생긴다. 發行人이 이 文言을 記載하였음에도 不拘하고 所持人이 拒絶證書 또는 이와 同一한 效力이 있는 宣言을 作成시킨 때에는 그 費用은 所持人이 負擔하고 背書人 또는 保證人이 이 文言을 記載한 境遇에 拒絶證書 또는 이와 同一한 效力이 있는 宣言을 作成시킨 때에는 모든 債務者에게 그 費用을 償還하게 할 수 있다.

第43條 (手票上의 債務者의 合同責任) ①手票上의 各債務者는 所持人에 對하여 合同하여 責任을 진다.
②所持人은 前項의 債務者에 對하여 그 債務負擔의 順序에 不拘하고 그 1人, 數人 또는 全員에 對하여 請求할 수 있다.
③手票의 債務者가 手票를 還受한 境遇에도 前項의 所持人과 同一한 權利가 있다.
④手票의 債務者의 1人에 對한 請求는 다른 債務者에 對한 請求에 影響을 미치지 아니한다. 이미 請求를 받은 者의 後者에 對하여도 같다.

第44條 (遡求金額) 所持人은 遡求權에 依하여 다음의 金額의 支給을 請求할 수 있다.
1. 支給 되지 아니한 手票의 金額
2. 提示日 以後의 年 6分의 利率에 依한 利子
3. 拒絶證書 또는 이와 同一한 效力이 있는 宣言의 費用, 通知費用과 其他의 費用

第45條 (再遡求金額) 手票를 還受한 者는 그 前者에 對하여 다음의 金額의 支給을 請求할 수 있다.
1. 支給한 總金額
2. 前號의 金額에 對한 年 6分의 利率에 依하여 計算한 支給의 날 以後의 利子
3. 支出한 費用

第46條 (遡求義務者의 權利) ①遡求를 받은 債務者나 받을 債務者는 支給과 相換으로 拒絶證書 또는 이와 同一한 效力이 있는 宣言, 領受를 證明하는 計算書와 그 手票의 交付를 請求할 수 있다
②手票를 還受한 背書人은 自己와 後者의 背書를 抹消할 수 있다.

第47條 (不可抗力과 期間의 延長) ①法定期間內에 手票의 提示 또는 拒絶證書나 이와 同一한 效力이 있는 宣言의 作成이 避할 수 없는 障碍(國家法令에 依한 禁制 其他의 不可抗力)로 因하여 妨害된 때에는 그 期間을 延長한다.
②所持人은 自己의 背書人에 對하여 遲滯없이 그 不可抗力을 通知하고 手票 또는 補箋에 그 通知한 뜻을 記載하고 日字를 附記하여 記名捺印하여야 한다. 其他의 事項에 關하여는 第41條의 規定을 準用한다.
③不可抗力이 終止된 때에는 所持人은 遲滯없이 支給을 爲하여 手票를 提示하고 必要한

때에는 拒絶證書 또는 이와 同一한 效力이 있는 宣言을 作成시켜야 한다.

④不可抗力이 第2項의 通知를 한 날로부터 15日을 넘어 繼續하는 때에는 提示期間經過前에 그 通知를 한 境遇에도 手票의 提示 또는 拒絶證書나 이와 同一한 效力이 있는 宣言없이 遡求權을 行使할 수 있다.

⑤所持人 또는 所持人으로부터 手票의 提示 또는 拒絶證書나 이와 同一한 效力이 있는 宣言의 作成을 委任받은 者의 單純한 人的事由는 不可抗力으로 보지 아니한다.

第7章 複 本

第48條 (複本發行의 條件, 方式) 一國에서 發行하여 他國이나 發行國의 海外領土에서 支給할 手票, 一國의 海外領土에서 發行하여 그 本國에서 支給할 手票, 一國의 同一海外領土에서 發行하고 支給할 手票 또는 一國의 海外領土에서 發行하여 그 國의 다른 海外領土에서 支給할 手票는 所持人出給의 것을 除外하고는 同一한 內容의 數通의 複本으로 發行할 수 있다. 手票를 複本으로 發行할 때에는 그 證券의 本文中에 番號를 붙여야 한다. 이를 闕한 때에는 그 數通의 複本은 이를 各別의 手票로 본다.

第49條 (複本의 效力) ①複本의 1通에 對한 支給이 있는 때에는 그 支給이 다른 複本을 無效로 하는 뜻의 記載가 없는 境遇에도 義務를 免하게 한다.

②數人에게 各別로 複本을 讓渡한 背書人과 그 後의 背書人은 그 記名捺印한 各通으로서 返還을 받지 아니한 것에 對하여 責任을 진다.

第8章 變 造

第50條 (變造와 手票行爲者의 責任) 手票의 文言에 變造가 있는 境遇에는 그 變造後에 記名捺印한 者는 變造된 文言에 따라 責任을 지고 變造前에 記名捺印한 者는 原文言에 따라 責任을 진다.

第9章 時 效

第51條 (時效期間) ①所持人의 背書人, 發行人, 其他의 債務者에 對한 遡求權은 提示期間經過後 6月間 行使하지 아니하면 消滅時效가 完成한다.

②手票의 債務者의 다른 債務者에 對한 遡求權은 그 債務者가 手票를 還受한 날 또는 그 者가 提訴된 날로부터 6月間 行使하지 아니하면 消滅時效가 完成한다.

第52條 (時效의 中斷) 時效의 中斷은 그 中斷事由가 생긴 者에 對하여서만 效力이 생긴다.

第10章 支給保證

第53條 (支給保證의 可能方式) ①支給人은 手票에 支給保證을 할 수 있다.

②支給保證은 手票의 表面에 “支給保證” 其他 支給을 할 뜻을 記載하고 日字를 附記하여 支給人이 記名捺印하여야 한다.

第54條 (支給保證의 要件) ①支給保證은 無條件이어야 한다.

②支給保證에 依하여 手票의 記載事項에 加한 變更은 이를 記載하지 아니한 것으로 본다.

第55條 (支給保證의 效力) ①支給保證을 한 支給人은 提示期間經過前에 手票를 提示한 境遇에 限하여 支給할 義務를 負擔한다.

②前項의 境遇에 支給拒絶이 있는 때에는 手票의 所持人은 第39條의 規定에 依하여 手票의 提示를 證明하여야 한다.

③第44條와 第45條의 規定은 前項의 境遇에 準用한다.

第56條 (支給保證과 手票上의 債務者의 責任) 發行人 其他 手票上의 債務者는 支給保證으로 因하여 그 責任을 免하지 못한다.

第57條 (不可抗力과 期間의 延長) 第47條의 規定은 支給保證을 한 支給人에 對한 權利의 行使에 準用한다.

第58條 (支給保證人의 義務의 時效) 支給保證을 한 支給人에 對한 手票上의 請求權은 提示期間經過後 1年間 行使하지 아니하면 消滅時效가 完成한다.

第11章 通 則

第59條 (銀行의 意義) 本法에서 「銀行」이라는 文字는 法令에 依하여 銀行과 同視되는 사람 또는 施設을 包含한다.

第60條 (手票에 關한 行爲와 休日) ①手票의 提示와 拒絶證書의 作成은 去來日에 限하여 할 수 있다.

②手票에 關한 行爲를 하기 爲하여 特히 手

票의 提示 또는 拒絶證書나 이와 同一한 效力이 있는 宣言의 作成을 爲하여 法令에 規定된 期間의 末日이 法定休日인 때에는 이에 이은 第1의 去來日까지 期間을 延長한다. 期間中의 休日은 그 期間에 算入한다.

第61條 (期間과 初日不算入) 本法에 規定하는 期間에는 그 初日을 算入하지 아니한다.

第62條 (恩惠日의 不許) 恩惠日은 法律上이거나 裁判上임을 不問하고 認定하지 아니한다.

부칙 <제1002호, 1962.1.20>

第63條 (利得償還請求權) 手票에서 생긴 權利가 節次의 欠缺로 因하여 消滅한 때나 그 消滅時效가 完成한 때라도 所持人은 發行人, 背書人 또는 支給保證을 한 支給人에 對하여 그가 받은 利益의 限度內에서 償還을 請求할 수 있다.

第64條 (訴訟告知로 因한 時效中斷) ①背書人의 다른 背書人과 發行人에 對한 手票上의 請求權의 消滅時效는 그 者가 提訴된 境遇에는 前者에 對한 訴訟告知를 함으로 因하여 中斷한다.

②前項의 規定에 依하여 中斷된 時效는 裁判이 確定된 때로부터 다시 進行을 開始한다.

第65條 (計算手票) 發行人 또는 所持人이 證券의 表面에 "計算을 爲한"의 文字 또는 이와 同一한 意義가 있는 文言을 記載하고 現金의 支給을 禁止한 手票로서 外國에서 發行하여 大韓民國에서 支給할 것은 一般橫線手票의 效力이 있다.

第66條 (休日의 意義) 本法에서 休日이라 함은 國慶日, 公休日, 日曜日 其他의 一般休日을 이른다.

第67條 (違法한 發行에 對한 罰則) 手票의 發行人이 第3條의 規定에 違反한 때에는 50萬환以下의 過怠料에 處한다.

第68條 (本法 施行前에 發行한 手票) 本法 施行前에 發行한 小切手에 關하여는 從前의 規定에 依한다.

第69條 (어음交換所의 指定) 第31條의 어음交換所는 法務部長官이 指定한다.

第70條 (拒絶證書에 關한 事項) 拒絶證書의 作成에 關한 事項은 閣令으로 定한다.

第71條 (施行期日, 舊法의 廢止) ①本法은 1963年 1月 1日부터 施行한다.

②朝鮮民事令 第1條에 依하여 依用된 小切手法은 本法施行時까지 效力이 있다.

찾아보기

ㄱ

가맹상 399
가맹업 399
가장납입에 의한 회사설립 388
간이합병 322, 334
감사 184
____의 권한 186
____의 임기 185
____의 임기연장 297
____의 지위 185
____의 해임에 대한 의견진술권 297
감사록 189
감사보고서 185, 189, 190, 210, 211, 216, 217
감사업무의 실효성 298
감사위원회 327, 333, 384, 385
감사위원회제도 326
감항능력담보의무 131
감항능력주의의무 266, 361
갑오경장 9
갑판적 372
갑판적화물 370
____의 운송 271
강화도조약 10
개발비 300
개별적 책임제한 443
개정법률안 386
개정시안 223, 277, 348, 448
개품운송 355, 362
____계약 355, 360, 363, 367, 368
거증책임 92
건설이자 71
건설이자배당 71
격지자간 계약 395
결과책임주의 95, 96, 119
결손금처리계산서 208, 217
결의무효확인의 소 294
결의부존재확인의 소 294
경도대학 법학부 106
경성대학 법문학부 106
경성법학전문학교 40
경성제국대학 36, 37, 108
____ 법문학부 104, 105, 107, 112
경성척식(拓植)경제전문학교 41
경업금지의무 67, 77, 116
경제살리기 관련 법안 394
경제적 합리주의 134
계급법 3
계산단위 351, 356, 431
계산서류 208
계속보험료 232
계수 5
계약구조 375
계약운송인 436
고려대학교 105
고정자산 163
고지의무 232
공동해손 69, 133, 156
____분담 132
____분담액 239
____분담청구 372
공시서류 321
공시최고절차 194
공중운송 69, 92
공중접객업 120
____자 70, 397

공증인의 인증 165, 387, 449
공증인의 인증의무 387
과실책임주의 95, 119, 269
관비유학생 13, 15
관습 450
관습법 450
구간의 운송인 437
구법령정리사업 113
구조료 375
구조료분담가액 240
구조자 353, 374, 375
구조작업 374
국가법 3
국가재건최고회의 104, 113, 115
국내법화 7
국제거래법 9
국제매매계약에 관한 협약 452
국제매매법 453
국제물품매매계약의 성립의 통일법에 관한 협약 452
국제물품매매에 있어서 제한기간에 관한 협약 452
국제상거래위원회 452
국제상업회의소 451
국제연합 국제거래법위원회 8
국제통화기금 310
국제해법위원회 369, 371
금액주의 259
금액책임주의 130
금융기관의 잔고증명서 388
금융리스 394
____업 398
기명식주권 378
기명주식의 양도 170
기본적 상행위 281
기업 자체의 사상 54
기업경영의 투명성 313, 314, 315, 319, 327
기업경영의 효율성 402, 449
기업분할 334
기업의 자금조달 327
기업지배구조 448
기업하기 좋은 나라 401, 448
기준일 180, 181
____제도 196
긴급매각권 90

ㄴ

나용선 364
네트워크책임원칙 359

ㄷ

다른 회사주식취득의 통지 288
단권주의 120
단독주주권 315
단독해손 133
단수(端數)사채 200
단순분할 322, 323, 324
단주(端株) 195, 212
____의 처리 171, 173
____의 처리방법 212
단체보험 251, 253
단행법 103
당연상인 115
대리상 88, 118
____의 보상청구권 283, 447
대물변제 424
대용납입의제 204
대차대조표 161, 163, 208, 217, 218
대표소송제도 315
대표이사 143, 182
도달주의 85, 395
독일구상법 24, 102
독일구상법전 450
독일민법 5
독일상법 445
독일신상법 446, 450
독일제국상법전 4
동경제국대학 법문학부 111

등기사무의 공고제도 280
등기상호 162

ㄹ

로마법 3
____의 계수 1, 4
____의 Receptum 책임 96, 119
로마법대전 1
리스 394, 449
리스거래 398

ㅁ

면책약관 131
면책카탈로그 269
명의개서 170, 195, 196, 213, 290
명의개서대리인 169, 170, 289
____제도 161, 167
명치유신 11
모자관계가 없는 회사간의 주식보유 175
모집설립 285
모회사 174, 175, 176, 340, 382
몬트리올 협약 433, 437, 438, 440, 441
무과실의 거증책임 97
무과실책임(결과책임)주의 131
무기명주권 390
무액면주식 408, 423
무의결권주식 411
물건운송인의 책임 95
물융 394
물적손해 259
물품매매법 451
미국기업의 지배구조 418
미국모범사업법 304
미국통일상법전 112, 451
미국 해상물건운송법 355
미처분상태의 잉여금 424
미처분잉여금의 증액 424
民法의 商化 51

ㅂ

발기설립 285
발기인 285, 336
____의 보수 285
____의 특별이익 285
발신주의 85, 395
발항 또는 항해의 지연 242
방송 394
배당가능이익 424
배당건설이자 300
배당금지급청구권 215
배상책임제한규정 356
법관양성소 9, 24, 25, 26, 31, 32, 448
법발전 9
법인의 통상업무 346
법전기초위원회 46
법전적 계수 6
법전편찬위원회 52, 65, 113, 445
법전화 6, 7
법정청산 307
법정최저자본총액 220
法政學界 35
법제사법위원회 114, 115
法學提要 1
벤처기업 328
변태설립사항 285
병용주의 257
병존보험 236
보성전문학교 32, 41
보유주식의 매도 413
보유주식의 매수 413
보통거래약관 128, 265, 451
보통독일상법 4
보통독일어음조례 4
보통주 324
보통프로이센국법 4
보험계약 225, 227, 228, 230, 236
____의 부활 232
____의 청약 227

____의 해지 231
보험계약법 235
보험계약자 228, 229, 233
보험금 236
보험금액 236, 253
보험목적의 양도 238, 242, 249
보험사고 224, 226, 227, 229, 231, 234, 248, 252, 386
보험수익자 234, 252, 253
보험약관 225, 227
보험위부 246
보험이익불공여조항 271
보험자대위 250
보험자의 낙부통지의무 227
보험자의 면책사유 235
보험자의 통지의무 247
보험증권 225, 230, 231
복합운송 359
복합운송인 359
부분적 계수 7
부실기업 134
부정기해운 266
부합계약 128
분리형 신주인수권부사채 204, 205
분할계획서 324
분할에 의한 회사설립 322
분할합병 322, 323, 324, 326, 334
분할합병계획서 324
불법한 작위 또는 부작위 435
불성공-무보수의 원칙 374
불완전분할 323
불이익변경금지원칙 224, 235
불특정타인을 위한 보험 225
불특정타인을 위한 보험계약 228
불평등조약 11
비례보상주의 236
비분리형 신주인수권부사채 205
비상인에 대한 법정이자청구권 395
비상장회사 287, 335
비스비규칙 275

ㅅ

사고발생의 통지의무 234
사고주의 259
사망보험 235, 250
사망보험계약의 금지 251
사망수익자 252
사법통일국제협회 452
사외이사 335, 382, 385, 416, 418, 418
사원의 업무집행 347
사채 197, 198, 202, 203, 425
____의 발행 426
____의 발행한도 303
____의 인수인 427
사채관리 427
사채관리회사 426, 427
사채권자 427
____집합 71
____집회 101
____집회제도 101, 126
사채등기제도 198
사채모집 71
사채발행비용 300
사채발행한도 197
사채원부 170, 204
사채차액 300
사채청약서 170, 203, 427
산 동물의 운송 271
상관습 450, 451
상관행 450, 451
상근감사 384
상법개정시안 446
상법개정심포지움 159
상법개정안 135, 159
상법개정의 논점 110, 159
상법개정특별심의위원회 223
상법사 2, 8, 9, 135, 454
상법심의소위원회 104, 114

상법안 65, 74, 75, 78, 79, 80, 81, 82, 84, 85, 86, 87, 88, 90, 91, 92, 93, 95, 96, 97, 99, 101, 102, 103, 104, 114, 115, 122
상법안심의소위원회 113
상법안예비심의소위원회 115
상법전 8, 9, 103, 104, 112, 126, 127, 134, 135, 223, 445, 446, 447, 450, 451
____의 개정작업 134
상법중개정법률 222, 223, 443
상법중개정법률안 160, 161, 162, 221, 224, 278, 311, 336, 345, 446, 447, 448
상법초안 113, 114, 121, 445
상사 3
상사과실 131
상사법연구 110
상사시효 279
상사채무의 이행장소 86
상업과실 269
상업등기 117
____의 공고유예 117
상업사용인 77, 78
____의 경업금지의무 116
상업안 98
상업장부 80, 163, 278
상여금 418
상인개념 115
상장법인 328
상장회사 288, 291, 293, 299, 320, 335, 376, 378, 379, 384, 385, 448
상해보험 127, 129, 235, 250, 252
상행위 78, 82, 116, 118
상호 78
____의 가등기 277
상호계산 86
상호・상표 등의 사용허락에 의한 영업에 관한 행위 447
상호주 288
상호주보유제한에 관한 규정 162
____안 161
상호주취득금지 161
상환에 관한 종류주식 411
상환조항 123
상환주식의 상환 423, 424
상환주식제도 71, 123
생명보험 127, 129, 225, 235, 250, 386
서구화사상 9
서면투표제도 331
서명제도 282
서양주의 9
서울대학교 법과대학 110, 111
선가책임주의 73, 130
선급금 440
선박 347
____개념 350
____의 범위 349
____이 충돌 73, 102, 103, 133, 373
____의 행방불명 246
선박검사증서 351
선박공유 256
선박공유제도 256
선박관리인 256
선박국적증서 350
선박법 350
선박보험 244
____증권 241
선박분손시 245
____의 손해액산정기준 245
선박불감항과실 269
선박소유권 348, 350
선박소유자 267, 351, 358, 364
____의 유한책임제도 73, 130
____의 책임 131
____의 책임한도 352
선박소유자중심주의 257, 267
선박실화 269
선박우선특권 133, 254, 355
선박이용약관 268
선박임대차 364

선박충돌에 관한 조약 373
선원사용약관 268
선장 264, 364
____의 지위 265
선적선하증권 132
선주책임제한제도 256, 257, 270
선체용선 365
선체용선계약 364, 365
선택적 계수 6, 7
선하증권 132, 275, 366, 367, 368, 371
선하증권조약 266
설립의 취소 135
설립절차 325
성문법 1
성문상법 2
소규모합병 320, 322, 334
____제도 319
소규모 회사 387, 389, 392, 449
소멸회사의 준비금 301
소상인 69, 81
소수주주 124, 125, 291, 413
____의 매수청구 414
____의 매수청구권제도 413
소수주주권 313, 379, 447
소액손해부담보 244
소형선박 351
손익계산서 208, 217, 321
손해방지비용 237, 240
손해방지의무 239
손해보상원칙 250
손해보험 127, 129, 239
____제도 119
____증권 236
손회사 174
수권자본의 확대 166
수권자본제 101
수권자본제도 121, 122, 124, 191
수령선하증권 132
수정통일책임원칙 359
수탁회사 427
수표법통일조약 103
수하물표 442
숙박업자 397
순수지주회사 341
순차운송 96, 437
순차운송인 437
____의 연대책임 437
CIF 약관 451
신가보험 238
신사유람단 12
신설합병 70, 178
신의칙설 167
신종사채 425
신주발행무효의 소 188
신주발행비용 300
신주배정일 195, 196
____제도 212, 213
신주인수권 62, 191, 192, 195, 199, 200, 205, 335, 343, 421, 428
____의 양도 192
____의 양도방법 193
____의 양도성 191
____의 행사 205
신주인수권부사채 198, 202, 203, 204, 205, 206, 425, 427
신주인수권부사채의 상환 205
신주인수권사채 289
신주인수권증서 170, 192, 193, 204, 421, 428
신주인수권증서제도 192
신주인수인의 책임 195
신품가액 238
실권예고부최고 192, 193
실권예고부최고의 통지 203
실권예고부통지 200
실권주 195
실손보상계약 237
실제운송인 436

실질주주명부 291
실행운송인 267

ㅇ

IMF사태 327
IMF체제 446
IMF특별인출권 259
액면미달금액 300
액면주식 423
앤트워프규칙 133
약속증권 104
어음능력 103
어음법통일조약 103
엄격책임 398
업무감사 186
____권 187
업무집행 346
업무집행사원 346
업무집행지시자 319
FOB 약관 451
여객운송 435
여객항공권 442
연구개발비 300
연금보험 253
연대책임주의 236
열후주 324
영국해상보험법 246
영미의 injunction 제도 125
영업법 3
영업보고서 180, 189, 208, 210, 211, 217
영업비밀준수의무 283
영업상의 채권의 매입·회수 등에 관한 행위 447
영업소 78
영업양도 66, 117, 304
영업양수인의 경업금지기간 117
영업에 관한 중요서류 279
영업용 고정재산의 평가 117
영업의 경영의 위임 63
영업의 임대계약 63
영업적 상행위 69, 115, 118
영업주의 개입권 116
예증권 120
완전모회사 340
완전분할 323
외무감사인 422
용선계약 268, 364, 366, 368
용선료 364
우발감가 163
우선주 123, 324
운송계약 363
운송물에 대한 선장의 유치권 268
운송물의 인도지연 270
운송보험 127
운송알선업 92
운송약관 241
운송업 92
운송인 267
____의 손해배상책임 119, 356
____의 책임 및 면책사유 441
____의 책임경감금지 368
운송인중심주의 267, 275
____로의 이행 267
운송장 67, 69, 93
운송증서 366, 442
운항용 항공기 434
원가주의 163
원자력손해에 관한 채권 258
위부주의 130
위원회 418
위원회 대안 401
위임주식제도 68
위임주의 73
위탁매매업 90
위탁매매인의 개입권 396
위탁수하물 440
위탁회사 427
위험보험 237

위험부담범위 443
유가증권 86, 282, 396
유도법 163
유동자산 163
유류오염 375
유류오염손해에 관한 채권 258
유상신주 289
UNCITRAL 8
유지청구권 187, 206
유한책임회사 402, 403, 449
유한회사 220, 221, 222, 308
____의 출자좌 221
육법전서 135
의결권불통일행사 178
의결권의 행사에 관한 종류주식 411
의용상법 65, 66, 68, 72, 75, 76, 77, 79, 80, 81, 82, 84, 86, 87, 89, 90, 92, 96, 97, 98, 101, 102, 104, 115, 116, 120, 122, 123, 124, 127, 128, 129, 130, 131, 132, 133
의제상인 67, 74, 75, 115
이득금지의 원칙 250
이로(離路)에 관한 규정 242
이사 182
____의 경업행위 296
____의 비밀유지의무 342
____의 선임 295
____의 정보접근권 335
____의 충실의무 317, 335, 417
____의 회사기회 유용금지 조항 402, 449
이사회 182
____의 결의방법 183
____의 권한 184
이사회내의 위원회제도 332
이사회제도 124
이연자산 300
이익공동관계 63
이익배당 215, 424
이익배당금의 지급시기 301, 302
이익배당이나 잔여재산의 분배에 관한 종류주식 411
이익소각 339
이익잉여금처분계산서 208, 217
이익준비금 424
____의 적립기준 211
이익처분 424
익명조합 88
인과주의 132
인보험 127, 129, 250
인보험계약의 피보험자 227
인보험증권 249
인보험통칙 249
인수권 203
인적손해 259
인코텀즈 452
인허자본 61
일기장 163
일본회사법 445
1인회사 336
임시총회 136, 148
임원 101
임치물 397
임치물보관 397
입질증권 120

ㅈ

자금조달의 편의 121, 134
자기자본 424
자기주식 171, 294
____의 질취 172, 173
____의 처분 173
____의 취득 171, 294, 409, 423
자동차보험 248
자동차의 양도 249
자본시장과 금융투자업에 관한 법률 376, 377, 448
자본시장육성 176
자본잉여금 212
자본준비금 212, 301, 424

____의 조절 212
자산평가의 원칙 163
자조매각권 90
자치규약 3
자회사 174, 175, 176, 382
____에 의한 모회사주식의 취득 174
____의 가격이전거래 298
장부열람권 125
재무구조의 개선 134
재무제표 180, 189, 208, 210, 216, 217, 422
재무제표와 그 부속명세서 210
재보험 235
재산목록 163
____법 163
재산의 임대차에 관한 행위 447
재산평가의 원칙 117
재용선 363
재운송 268
재판소구성법 24
적하보험 244
____증권 240
적하분손시의 손해액산정기준 245
적하예정보험 243
전손 246
전액납입주의 122
____의 원칙 205
전액보상주의 244
전자등록 412, 421
____기관 412
____부 426, 428
전자무역 370
전자문서 378, 379, 387, 389, 412, 449
전자서명 370
전자선하증권 366, 369, 370
____제도 348
전자여객항공권 442
전자주주명부 387, 449
전자투표 449
____제도 391
전환사채 198, 199, 200, 202, 203, 205, 206, 289, 343, 425
전환사채발행권 199, 200
전환사채인수권 199
전환사채제도 72
전환에 관한 종류주식 411
전환주식 289
절대적 상행위 67, 115
정관의 절대적 기재사항 165
정기용선 226, 363
____계약 226, 268
____자 226, 357
정기총회회일 143
정액배상주의 96
제3자의 신주인수권 191
제3자의 직접청구권 247
제국법 4
제권판결 204
제정법 451
제정위원 114
조선민사령 36
존속회사 320
종류주식 411
____총회 292
종이선하증권 370
주관주의적 입법 118
주권교부에 의한 주식양도 168
주권발행전의 주식양도 167
주권불소지제도 167, 176
주권상장법인 377
주권상장회사 378, 379, 381, 385
주금납입의무 205
주금납입의제 205
주금액납입금 보관증명서 388
주금액납입의무 388
주금의 전액납입제도 122
주식 413
____의 매도 413
____의 병합절차 166

____의 상호보유 174, 175
____의 소각 339
____의 액면가 166
____의 자유양도성 286
____의 전자등록 421
____의 전자등록제도 412, 428
____의 최저액면가 312
____의 포괄적 교환 · 이전제도 340, 448
____의 할인발행제도 122
주식 · 사채의 전자등록 449
주식 · 사채의 전자등록제 402
주식매수선택권 327, 328, 377, 418
____제도 328
주식매수청구권 293, 304, 320
주식배당 214, 215, 289
____제도 211
주식병합 212
주식분할 312, 447
주식양도성의 확보 123
주식청약서 142, 170, 194
주식합자회사제도 67, 126
주식회사 177
____의 기관 177
____의 설립 121, 164, 284
____의 자금조달 191
____의 정관 165
____의 최저자본액 220
____의 특별청산제도 68
____의 합병 304
주주 195
____의 대표소송 195
____의 발언권 330
____의 서면의결권행사 327
____의 신주인수권 191, 343, 448
____의 의결권불통일행사 178
____의 의결권불통일행사의 원칙 178
____의 전환사채발행유지청구권 200
____의 전환사채인수권 199, 200
____의 지위 124
주주 등에 대한 이익공여의 금지 179
주주대표소송 319
____의 활성화 315
주주명부 170, 176, 196, 213, 389
주주명부폐쇄 72
주주명부폐쇄기간 180, 181, 205
주주유한책임의 원칙 324
주주제안권 313
주주제안제도 313
주주총회 177, 179
____의 의사정족수 292
____의 질서유지 330
____의 특별결의 166, 292, 415
____의 형해화 179
주주총회결의부존재확인의 소 177, 179
주주총회결의취소의 소 294
주주총회소집권 298
주주평등원칙 123, 323, 325, 337
____의 예외 408
준법지원인 429
준법통제기준 429
준법통제 프로그램 429
준비금 212
____의 감소 424
____의 자본전입 212
____의 자본전입권 191, 196, 212, 213
중간배당 447
중간배당제도 316, 334
중개업 89
중복보험 128, 236, 248
증거문서 282
증권거래법 376, 377
증권법 103
증권예탁원 291
지급증권 104
지배인 116
지배주주 319, 413
____의 매도청구 414
____의 매도청구권제도 413

지상 제3자에 대한 손해배상책임 443
지상 제3자에 대한 손해배상책임에 관한 1952년 로마협약 433
지점거래의 채무이행장소 396
지주회사 340, 448
지참채무 396
질문표 232
집중투표 380, 381, 447
____제 335, 380, 381
____제도 314
집행임원 416, 418, 421
____제 416
____제도 418

ㅊ

창고업자 99
____의 손해배상책임 99
창고영업 100
창고증권 67, 100
창립총회 71, 178, 179
창업비 300
창업절차 간소화 449
채권매입업 400
채권매입업자 400
책임보험 101, 127, 129, 247
책임보험제도 68, 101
1924년 선주책임제한조약 225
1924년 헤이그규칙 225, 270
1926년 선박우선특권 · 저당권조약 255
1940년 연방투자회사법 377
1961년 과다하라협약 433
1968년 비스비규칙 270, 271
1968년 헤이그 · 비스비규칙 225
1969년 유탁민사책임조약 258
1976년 국제해사채권책임제한조약 352, 353
1978년 몬트리올 개정의정서 434
1978년 유엔해상물건운송계약 267, 270
1978년 함부르크규칙 271
1980년 유엔 국제복합물건운송협약 359
1990년 전자선하증권통일규칙 370
1992년 국제복합운송업자연맹 359
1996년 개정의정서 352
청산대차대조표 216
초과보험 128
초과액보상주의 244
총괄약관 268
총회결의취소의 소 188
최고집행임원 418
최저자본금제도 387
최저자본제 164
최종시안 431
최종 운송인 437
최초보험료 231
충돌손해배상액산정에 관한 리스본규칙 373
취체역회 101

ㅋ

컨테이너운송 371
콘체른 62

ㅌ

타인을 위한 보험 228
타인을 위한 생명보험계약 253
타인의 생명보험 250
타인의 생명보험계약 253
통상감가상각 163
통일책임원칙 359
투자자의 이익보호 134
특별보상제도 374
특별인출권 351

ㅍ

판결의 불소급효 294
팩토링 394, 400, 449
팩토링업자 400
편무적 최혜국대우조항 11

평이사의 정보접근권 342
포괄적 계수 6
포괄적 교환·이전제도 336
포괄적 이전 340
표준약관 268
프랑스상법 103
____전 4
프랜차이즈 394, 399, 449
피보험자의 제3자에 대한 항변 247
피보험자의 협조의무 247
피분할회사 324

ㅎ

하버드대학 Law School 112
學說彙纂 1
한국법학원 66
한국상법전 446, 450, 454
한국상사법학회 159, 454
한국해법학회 348, 448
함무라비법전 2
함부르크규칙 267, 270
합동회사 403
합리적 시기설 167
합명회사 70
합병경과의 보고 305
합병계약서 303
합병교부금 424
합병대차대조표 217
합병무효의 소 188
합병사항의 공고 305
합병차익 301
합자조합 402, 449
항공기 434
항공기등록령 434
항공기사고 431
____의 특수성 430
항공기운항 443
항공기운항자 443
____의 유한책임 443
항공기저당법 434
항공법 434
항공여객운송인의 책임한도액 431
항공운송 441
____계약 443
항공운송사업진흥법 434
항공운송인의 민사책임 430, 432
항공운송증서 442
항공철도사고조사에 관한 법률 434
항공화물운송장 442
항해과실 131, 269
항해용선 361, 362, 363
____계약 362
항해용선자 357
해난구조 73, 102, 103, 260, 354, 373, 375
____료 265
해난구조보수 373
해난구조조약 373
해난사고 374
해사채권책임제한조약 257
해산분할 323
해산의제일 220
해상기업금융 254
해상물건운송계약 266
해상물건운송인의 손해배상책임 271
해상법개정문제연구회 448
해상법통일운동 102
해상보험 127, 235, 239
____자의 손해보상책임 239
해상보험증권 241
해상사업 239
해상여객운송 267
____계약 266, 360
해상여객운송인의 책임 351
해상운송계약 266, 267
해상운송인의 손해배상책임 269
해상화물운송장 366, 371
____제도 347, 349
해상화물운송장통일규칙 371

해원 364
행상 69
헤이그규칙 266, 270, 271, 275
현금배당 214
현물배당 424
현물출자 71, 285
협회보험약관 246
화물상환증 95, 284, 397
화물수령증 442
화물운송 442
화재보험 127
환경손해 374, 375
환경손해방지작업 374, 375
환경오염의 위험 374
환증권 104
회계감사 186
회계감사권 187
회계관행 161, 163
회계장부 163
회계장부열람권 335
회계장부와 서류의 열람권 125
회사 336
____의 사단성 336
____의 사업기회의 이용 417
____의 설립 135
회사기회유용금지의 원칙 417
회사분할 324
회사분할제도 322
회사설립무효 70
____의 소 188
회사설립시의 창립총회 178
회사정리 72
회사정리제도 126
회사제도의 남용 134
회사합병 67
____으로 인한 주식병합 213
휴대수하물 440
휴면회사 166, 219, 220
흡수합병 70, 304
희망이익보험 72, 241
히말라야 약관 435
히말라야조항 271

[편저자 약력]

서울대학교 법과대학 졸업
법학박사(서울대학교)
독일 Bonn대학 국제사법 · 비교법연구소에서 2년간 상법연구
성균관대학교 법과대학 교수
현재, 성균관대학교 명예교수

〈저서 및 역서〉

무역거래법 (1972, 정림사)
외국환관리법 (1974, 삼영사)
관세법 (공저, 1975, 삼영사)
수출무역계약의 법리/Clive M. Schmitthoff, Legal Aspects of Export Sales (번역, 1976, 삼영사)
무역신용장 (1981, 삼영사)
상법총칙 (1986, 법문사)
상행위법 (1989, 법문사)
국제물품매매계약에 관한 UN협약상의 제문제 (공편, 1991, 삼지원)
체계 상법판례집 회사편 4권 (공편, 1993, 성대 법학연구소)
체계 상법판례집 어음 · 수표법 10권 (공편, 1998, 법문사)
회사법 (2000, 법문사)
상법 [총칙 · 상행위] (2001, 법문사)
법률영어사전 (공편, 2007, 법문사)
법률한영사전 (2010, 법문사)

한국 상법전 50년사

2013년 2월 23일 초판 인쇄
2013년 2월 28일 초판 1쇄발행

편저자 임 홍 근
발행인 배 효 선
발행처 도서출판 法 文 社
주 소 413-756 경기도 파주시 문발동 526-3
등 록 1957년 12월 12일 / 제2-76호(윤)
전 화 031-955-6500~6, 팩스 031-955-6525
e-mail(영업) : bms@bobmunsa.co.kr
(편집) : edit66@bobmunsa.co.kr
홈페이지 http ://www.bobmunsa.co.kr
조 판 대 경 문 화 사

정가 30,000원 ISBN 978-89-18-08626-2